A Luta pela República e Democracia no Brasil

A Luta pela República e Democracia no Brasil

DO DESCOBRIMENTO À REVOLUÇÃO DE 1930

2022 • Volume 4

Edson Simões

ALMEDINA

A LUTA PELA REPÚBLICA E DEMOCRACIA NO BRASIL
DO DESCOBRIMENTO À REVOLUÇÃO DE 1930 – VOLUME 4

AUTOR: Edson Simões

DIRETOR ALMEDINA BRASIL: Rodrigo Mentz
EDITORA JURÍDICA: Manuella Santos de Castro
EDITOR DE DESENVOLVIMENTO: Aurélio Cesar Nogueira
ASSISTENTES EDITORIAIS: Isabela Leite e Larissa Nogueira

DIAGRAMAÇÃO: Almedina
DESIGN DE CAPA: Roberta Bassanetto

ISBN: 9786556274867
Março, 2022

Dados Internacionais de Catalogação na Publicação (CIP)
(Câmara Brasileira do Livro, SP, Brasil)

Simões, Edson
A luta pela República e democracia no Brasil :
do descobrimento à revolução de 1930, volume 4 /
Edson Simões. – 1. ed. – São Paulo : Almedina,
2022.

Bibliografia
ISBN 978-65-5627-486-7

1. Antropofagia 2. Brasil – Política e governo
3. Democracia – Brasil 4. Direito 5. República –
Brasil I. Título.

22-98351 CDD-320.981

Índices para catálogo sistemático:

1. Brasil : Política e governo 320.981

Maria Alice Ferreira - Bibliotecária - CRB-8/7964

Este livro segue as regras do novo Acordo Ortográfico da Língua Portuguesa (1990).

EDITORA: Almedina Brasil
Rua José Maria Lisboa, 860, Conj.131 e 132, Jardim Paulista | 01423-001 São Paulo | Brasil
editora@almedina.com.br
www.almedina.com.br

SUMÁRIO

INTRODUÇÃO

Conforme analisado em volumes anteriores, as Constituições representam um pacto social que expressa a vontade de um povo à procura da liberdade, da justiça e da qualidade de vida, ou seja, de uma Democracia. No caso do Brasil, desde a legislação colonial às constituições implantadas após a independência (1822), o resultado não tem alcançado o sucesso desejado pela sociedade brasileira, muito ao contrário, as ideias e ideais constitucionais não se encaixaram, nem se encaixam na realidade da população.

A questão aprofundou-se com a implantação da República (1889), que teve diversas constituições (sete) desmoralizadas ou rasgadas em seu contexto histórico, na tentativa de fixar uma Democracia. As nossas constituições são cópias ou adaptações oriundas do exterior sem conexão com a realidade e necessidade do povo brasileiro.

A última Constituição, por exemplo, abriga dicotomias que geraram problemas em sua aplicação; é só acompanharmos o que acontece no País desde 1988 até a atualidade no campo econômico, social, cultural e jurídico em nome do Estado Democrático de Direito.

Neste volume a análise será sobre o que ocorreu no Brasil de ontem até a atualidade, sob o ponto de vista da luta pela implantação de um Estado Democrático.

Diante de indicadores econômicos do final da década de 2010, por que a vigente "Constituição Cidadã" de 1988, advinda dos anseios do povo brasileiro por "democracia plena", cujo sentido da expressão deveria reverberar em conquistas no âmbito social, político e econômico, talvez represente um óbice a que o País reassuma, mesmo na proporção de uma filigrana, posição de destaque no mundo civilizado? Afinal, o que está acontecendo com a nossa "casa", e qual é o motivo para nos encontrarmos tão combalidos e impassíveis, sem reagir a esse cenário, assistindo, como num processo de autofagia, à destruição de nossa própria carne, de nossa "pátria mãe gentil", se o período da ditadura teria ficado para trás?

Talvez se explique em parte essa impassibilidade a partir dos fatos que se sucederam após o desembarque de Tomé de Souza na Bahia, em março de 1549. Ele trazia consigo as disposições expressas sobre o Regimento do Governo e, entre outras iniciativas político-administrativas, preparou o terreno para pôr fim ao "descentralismo senhorial das capitanias hereditárias. Notava-se apenas uma lacuna: não havia povo. A população indígena (...) não constituía, obviamente, o povo da nova entidade política, tampouco o formavam os degredados aqui desembarcados em número crescente a partir de 1530". Formou-se, portanto, uma organização estatal antes mesmo de ter povo. A história brasileira mostraria, *a posteriori*, como os oligarcas manteriam uma relação de desprezo com o que derivasse da manifestação popular, acrescido do fato de que o próprio povo já demonstrava certa apatia pelo que se poderia avaliar como relevante:

> *"(...) em 15 de novembro de 1889, quando da insurreição do Marechal Deodoro e sua tropa contra o Gabinete do Primeiro-Ministro Ouro Preto (...). O povo assistiu àquilo bestializado, atônito, surpreso, sem conhecer o que significava (...). Muitos acreditavam (...) estar vendo uma parada" (trecho do jornalista Aristides Lobo no jornal Diário Popular).*

Ao fazermos um salto na história da humanidade, poderíamos encontrar resposta convincente, por um lado, nos efeitos do ritmo atual de transformação da sociedade, que decorrem, principalmente, do alucinante processo de desenvolvimento tecnológico, com mutações, aliás, de proveito às vezes duvidoso em diversas áreas do saber, pois, dadas as enormes injustiças sociais entre pobres e ricos, representados na pirâmide social brasileira, é certo que nem todos os cidadãos da base da pirâmide têm pleno acesso à informação. Vejamos.

Ao final do século XX, por exemplo, quando o fenômeno da globalização surgiu, foi cunhado o termo "sociedade da informação", ligado ao desenvolvimento de tecnologias de informação e comunicação (TIC). Esse fenômeno, também denominado "sociedade do conhecimento" ou "nova economia", tem motivado constantes debates:

"Alguns observadores chegam a formular os desafios éticos da sociedade da informação como uma busca por formas de enfrentar uma múltipla perda: perda de qualificação, associada à automação, e desemprego; de comunicação interpessoal e grupal, transformada pelas novas tecnologias ou mesmo destruída por elas; de privacidade, pela invasão de nosso espaço individual e efeitos da violência visual e poluição acústica; de controle sobre a vida pessoal e o mundo circundante; e do sentido da identidade, associado à profunda intimidação pela crescente"[1].

Por sua vez, outros estudiosos postulam esta linha de pesquisa:

"(...) outros se dedicam a examinar estratégias de resistências para, como um novo luddismo, lutar contra os aspectos perniciosos da tecnologia virtual, acusada de disseminar na sociedade a utilização de um simulacro de relacionamento como substituto de interações face a face, e contra a alegada usurpação pelo capital do direito de definir a espécie de automação desejada, escolha que tem conduzido a um processo que desqualifica trabalhadores, amplia o controle gerencial sobre o trabalho, intensifica as atividades e corrói a solidariedade"[2].

Talvez a atual Constituição brasileira tenha se distanciado do frenético ritmo de "evolução" (ou involução) da sociedade brasileira, embora a Carta Magna contenha cerca de 79 direitos, em contraposição à quantidade reduzida de deveres, e de ter o próprio texto se submetido, desde 1988, a mudanças que até outubro de 2021 totalizaram 112 emendas constitucionais, além das 6 emendas de revisão, que datam de 7 de junho de 1994[3].

Se, como dissemos, a intitulada "sociedade da informação" impõe mudanças que parecem fugir do nosso controle, pois, a exemplo do coelho numa esteira de laboratório a perseguir cenouras, o homem também não consegue acompanhar nem alcançar o desenvolvimento tecnológico; por outro lado, se nos ativermos ao comportamento humano individu-

[1] WERTHEIN, Jorge. *Aspectos éticos da sociedade da informação: a marca da UNESCO no debate global.* Brasília: Observatório da Sociedade da Informação – Unesco, 2003.

[2] Ibidem.

[3] MENEZES FILHO, Naercio; SOUZA, André Portela (orgs). *A Carta – para entender a Constituição.* São Paulo: Todavia, 2019, p. 19.

almente considerado, constata-se que boa parte de um processo, digamos, antropofágico, no qual indivíduos não medem esforços para, num cenário de extrema concorrência, sem rodeios éticos ou morais, ocupar o espaço alheio, possa ser atribuído à forma irracional de pensar, sabendo-se notoriamente que, em tempos de simplificação do pensamento e "comportamento de manada"[4], qualquer amostra do que possa aparentemente oferecer vantagem ou esclarecimento imediato sem o emprego da fundamentação ou raciocínio lógicos, parece satisfazer o cidadão médio.

As *fake news* são um exemplo de manipulação da opinião pública, pois no Brasil e no mundo perfis falsos exibem mensagens que são compartilhadas para as pessoas acreditarem em falsas verdades e, pior, como seres autômatos, deixam de refletir, de forma crítica, sobre a informação que está sendo repassada (comunicação esta replicada por meio, também, de retuítes e curtidas provenientes de *bots* – robôs de internet). No País, em especial, políticos utilizam-se de perfis para falar a seu favor com base em dados muitas vezes infundados e sem indicação da fonte; além disso, ao mesmo tempo, limitam-se a atacar seus adversários com alegações sem fundamento[5].

Logo, há um generalizado "Maria vai com as outras", um desmedido "vai com a opinião do outro". Levando-se em conta que esse perverso método de disparo de informações mentirosas também encontra respaldo nos baixos níveis de escolaridade da população, boa parte dela parece não dispor hoje da mínima capacidade para entender o que, na realidade, esteja acontecendo com a Nação a meio palmo de distância dos próprios olhos, tampouco medir as consequências de seus atos de

[4] A expressão "comportamento de manada" deriva da observação a um grupo de animais, movido unicamente pelo instinto, que se une para defender-se de um predador ou perigo iminente sem direção ou estratégia planejada. Mas entre humanos refere-se à atitude de cada pessoa imitar a decisão de outras ou de determinado grupo, supondo tratar-se de uma maioria muito bem informada, por isso convencida a reagir ou tomar a mesma decisão dos agentes anteriores.

[5] Declaração de Bolsonaro em 28 de novembro de 2019: "[A UNE não vai mais arrecadar] mais de R$ 100 milhões por ano também." O presidente refere-se à receita obtida pela UNE (União Nacional dos Estudantes) com a distribuição das carteiras de estudante. Na verdade, em 2017, últimos dados disponíveis, foram faturados R$ 14 milhões com a emissão dos documentos, sendo, portanto, muito inferior ao anunciado.

hoje no futuro. Lembre-se de que, ao longo das três últimas décadas, as escolhas do povo brasileiro nas urnas foram distorcidas da realidade e não proporcionaram benefícios concretos à nação. Prova disso é que podemos mensurar o retrocesso econômico e social em que o País se encontra, resultado de medidas mal implementadas, desde governos anteriores até os mais recentes[6]:

> *"Superar o fundo do poço dá trabalho. Requer uma conduta macroeconômica impecável perante os novos desafios. Por enquanto, tudo o que conseguimos oferecer ao mundo e a nós mesmos foram floreios linguísticos, imagens fortes e narrativas distorcidas da realidade. Desse jeito, superaremos o fundo do poço em mais de um sentido"*[7].

[6] "O que explica a piora no desempenho exportador? As *commodities* explicam cerca de 60% do valor exportado pelo Brasil e cresceram 1,6%, em termos de volume, e seus preços caíram 5,1% na comparação do acumulado do ano até outubro. As exportações de não *commodities* recuaram 6,8% (volume) e 5,3% (preços) nesse mesmo período. Em outubro, todos os dois grupos registraram piora no desempenho em termos de volume e preços. Ressalta-se o resultado para o volume: *commodities* (-4,4%) e não *commodities* (-15,4%)." *Vide* ICOMEX-IBRE/FGV. Disponível em https://portalibre.fgv.br/publicacoes/economia-aplicada/boletim-macro/recuperacao-domestica-em-curso-mas-os-desafios-persistem.htm. Acessado em 5 dez. 2019.

Gráfico 7: **Variação (%) do Índice de Preços e de Volume das Exportações e Importações do Brasil**

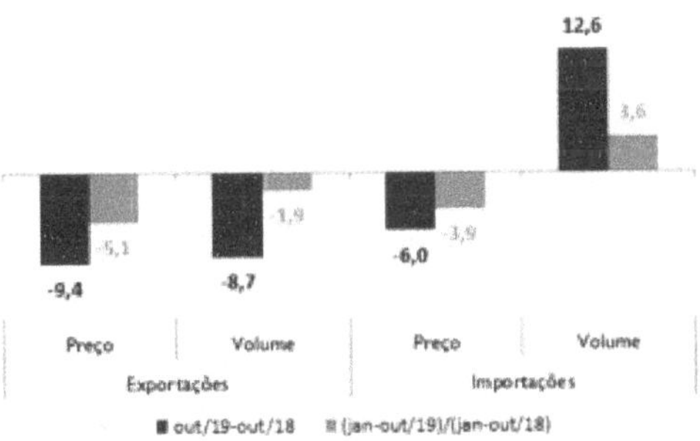

Fonte: ICOMEX - IBRE/FGV. Elaboração: IBRE/FGV.

[7] Bolle, Monica Baumgarten de. *Como matar a borboleta-azul: uma crônica da era Dilma.* Rio de Janeiro: Intrínseca, 2016, posição 2369 (livro digital).

Na política, diante de tantos casos de corrupção, parece haver um processo contínuo de descrédito ou desconfiança até mesmo em relação à democracia, agravado pelas notícias, na seara de segurança cibernética, de perfis *fakes* que influenciam o resultado de eleições pelo Brasil e pelo mundo. De acordo com Lee Foster, da FireEye, empresa americana de segurança cibernética, nas eleições americanas, a tentativa de manipulação até pode não fazer as pessoas mudarem seus votos, mas "a ver o processo eleitoral todo como mais corrupto, diminuindo sua confiança na democracia"[8].

Precipitado, então, para o povo, em razão das atuais circunstâncias, acreditar nos partidos políticos e naqueles que provavelmente ainda vão ser criados. Claramente, o grande desafio do momento é desarmar a sociedade, que está muito polarizada entre uma direita e esquerda de vieses extremados. Os partidos têm atuado com base num pensamento raso, pois tamanha descaracterização ideológica, que acondiciona no mesmo compartimento religião com política e liberdade de ir e vir e pensar com intervenção estatal até na própria sexualidade do cidadão, denota que carecemos de uma base, de homens fundamentados no saber humanista propriamente dito.

Não mais encontramos nos partidos brasileiros legítimas lideranças políticas, por isso há uma efervescente manifestação antidialética de culto ao heroísmo, de adoração ao herói de esquerda, ao herói de direita e ao herói de centro. Em síntese, só super-heróis são bem-vindos. Como não se encontra estampada a referida liderança em cada partido, o foco das discussões, que deveria dirigir-se em torno da Constituição Federal, acaba se desviando para questões menores ou incompatíveis com as reais urgências do País. Discutem-se temas ou pronunciam-se falas que atrapalham qualquer governo. Por exemplo, sobre a necessidade ou não da cadeirinha do bebê no veículo (antes questão já resolvida no âmbito dos costumes e da lei); questões de gênero (menino deve usar azul e menina usar rosa); ideologização do Ministério da Educação; o retorno do AI-5 etc., temas que provocam polêmica e trazem retrocesso político (usado pela direita), deslocando o foco da governabilidade (ou falta dela). Em

[8] Gragnani, Juliana. "Como 'comportamento de manada' permite manipulação da opinião pública por *fakes*". *BBC Brasil* em Londres. Disponível em https://www.bbc.com/portuguese/brasil-42243930. Acessado em 4 dez. 2019.

suma, declarações absurdas ou falsas de líderes políticos desviam a atenção da população dos verdadeiros temas de interesse[9].

Por último, mas não menos importante, a autofagia revela-se também no plano jurídico. Se Montesquieu, o filósofo francês, havia preconizado que não haveria intromissão ou ingerência recíproca nos limites de atuação dos três poderes, ou seja, do Executivo, Legislativo e Judiciário, haja vista que a própria Constituição de 1988 dispõe em seu art. 2º que "são Poderes da União, independentes e harmônicos entre si, o Legislativo, o Executivo e o Judiciário" (princípio da separação dos poderes), temos hoje, por exemplo, um Judiciário com poderes ampliados, liberto ou sem peias para legislar ou "concretizar, na prática, as normas constitucionais, definindo ilegalidades no Executivo e no Legislativo"[10].

Os três Poderes mostram-se movidos por um subjetivismo desvinculado do que está expressamente contido nas normas jurídicas, vocacionados a interpretar a lei segundo a própria conveniência e oportunidade.

Podemos citar, no âmbito do Executivo, a emanação de atos reiterados por parte de presidentes da República, no caso, decretos. Considerando a dificuldade sazonal de articulação do Executivo com o Congresso, a implementação de decretos também tem o condão de cumprir promessas de campanha. *Vide*, por exemplo, o decreto de Jair Bolsonaro, que dispôs sobre a flexibilização da posse e do porte de armas, e a intenção de acelerar mudanças que, em teoria, deveriam passar pelo crivo do Legislativo, no caso, da Câmara e do Senado[11].

[9] Por exemplo, em 27 de novembro de 2019, disse o presidente Jair Bolsonaro: "*E nós temos o estado do Amazonas hoje, a maior parte, tomado por reservas indígenas, áreas de proteção ambiental, estações ecológicas, parques nacionais...*". Os dados do Ministério do Meio Ambiente apontam, no entanto, que o estado do Amazonas tem 19 (dezenove) Unidades de Conservação de proteção integral e 70 de uso sustentável. Elas ocupam uma área de 417.400 km^2. Como a área total do estado é de 1.559.161 km^2, as zonas protegidas correspondem a 26,7%, e não à maior parte.

[10] DELGADO, Paulo. 30 anos de uma constituição traída: "nunca foram solucionados os enigmas da Constituição de 88". In BENEDITO, Alexandre; FREITAS, Aline da Silva; e COSTA, Pedro Vitor Melo (orgs.). *Constituição Federal 30 anos – há o que comemorar?* Londrina: Thoth Editora, 2019, p. 66

[11] SALOMÃO, Lucas. Com média de 1,3 por dia, governo Bolsonaro só fez menos decretos que Collor nos 6 primeiros meses. 29 jun. 2019. Disponível em https://g1.globo.com/

A título de comparação, o panorama a seguir elucida o ativismo legislativo por parte de presidentes brasileiros que mais editaram decretos durante os primeiros 6 meses de governo: Fernando Collor: 351 decretos (de março a setembro de 1990); Itamar Franco: 126 (de outubro de 1992 a abril de 1993); Fernando Henrique Cardoso: 184 (de janeiro a junho de 1995); Luiz Inácio Lula da Silva: 208 (de janeiro a junho de 2003); Michel Temer: 125 (de maio a novembro de 2016); Dilma Rousseff: 89 (de janeiro a junho de 2011); Jair Bolsonaro: 237 (do dia 1º de janeiro ao dia 30 de junho de 2019)[12].

À guisa de exemplo, cite-se a atuação de alguns membros do Ministério Público, que de maneira ativista têm extrapolado a competência constitucional originária. *Vide* o caso de um promotor de justiça de Ribeirão Preto, interior de São Paulo, que vem notificando pessoas multadas por estacionar em vagas reservadas a idosos ou deficientes e, não contente, tem lhes proposto a assinatura de um Termo de Ajustamento e Conduta, comprometendo-se a doarem R$ 2.000,00 aos fundos do Idoso e da Pessoa com Deficiência da cidade ou ajuizamento de ação civil pública para cobrar R$ 4.000,00 a título de indenização por danos morais coletivos[13]. Outro exemplo foi o acordo assinado pela Petrobras e pelos procuradores da "Lava Jato", prevendo a criação de um fundo administrado pelo Ministério Público Federal. A intenção era investir no que o "consórcio de Curitiba" chamou de "projetos de combate à corrupção". O acordo previa que R$ 2,5 bilhões da Petrobras seriam depositados em uma conta vinculada à 13ª Vara Federal de Curitiba e seriam geridos por uma fundação controlada pelo MPF, embora tivessem alegado que apenas iam participar do fundo. Quando tal tema veio à tona, a fundação em questão foi vetada pelo STF, uma vez que extrapolava as funções atribuídas constitucionalmente ao Ministério Público.

E quanto ao Legislativo, que em sua atuação deveria expressar a vontade máxima do poder popular por meio da edição de novas leis e regras

politica/noticia/2019/06/29/com-media-de-13-decreto-por-dia-governo-bolsonaro-so-editou-menos-que-collor-em-seis-meses.ghtml. Acessado em 9 dez. 2019.

[12] Ibidem.

[13] Divulgado por CANÁRIO, Pedro. "Promotor de São Paulo cria punição extra para quem em vaga reservada". *Revista Consultor Jurídico*, 5 dez. 2019.

que serão dirigidas a todos, tem se valido, até como forma de demonstrar "serviço" à população, da instalação indistinta de CPIs de caráter persecutório e não instrutório para apuração de irregularidades nos atos do Poder Executivo.

Em tempos atuais de imersão no combate à corrupção, que "serviu de mola propulsora para mergulhar a sociedade numa catarse de limpeza e numa neurose por higienização do Estado e da sociedade, juristas são chamados a separar realidade de fantasia"[14].

No afã de se chegar à verdade, muitos agentes estão a "confundir a urgente e necessária punição por prática de atos de corrupção com o uso da sua justificativa para legitimar quaisquer atitudes e, também, perseguir os inimigos políticos, afastar os divergentes ideológicos e isolar os adversários sociais inventados". Hoje, numa visão maniqueísta de que há um "inimigo etéreo", o que acabou gerando o ódio recíproco entre pessoas que pensam diferente, erigiu-se uma narrativa de terceiro que "nega o conhecimento, ignora a verdade e ofende a racionalidade"[15].

Feitas as referidas digressões, que resultariam até mesmo em obras de diferentes títulos, ao restringir-nos à proposta deste livro e à noção de que o estudo científico deve submeter-se a uma visão de mundo enquanto sistema, conforme demonstrado em volumes anteriores sobre as manifestações de 2013, os pensadores que mais influenciaram a formatação política e jurídica em nível mundial e nacional e analisar os regimes políticos e governos de alguns países com o intuito de apresentar semelhanças ou evidenciar diferenças, a discussão nos volumes 4 e 5, de forma minudente, será sobre o Brasil, com foco nos antecedentes do seu descobrimento, nos períodos de Colônia, Império e República, chegando aos governantes brasileiros do século XXI, Lula, Dilma, Temer e Bolsonaro, sempre com o propósito de abordar as Constituições brasileiras, a legislação, o quadro socioeconômico de forma contextual e dialética, ou seja, do Estado lusitano até a organização do Estado brasileiro atual.

[14] Bello, Ney. Cem Anos de Solidão: a desconstrução da verdade no processo penal. *Revista Consultor Jurídico*, 7 abr. 2019.
[15] Ibidem.

Capítulo 1
ANTECEDENTES DO DESCOBRIMENTO DO BRASIL: A FORMAÇÃO E EVOLUÇÃO DE PORTUGAL

1.1 Origens e evolução de Portugal

1.1.1 Localização e ocupação

Portugal limita-se a leste com a Espanha e a oeste com o Oceano Atlântico. O seu clima é suave, sem invernos rigorosos. Existem diversas planícies no litoral e nas margens dos principais rios: Douro, Tejo, Sado e Guardiana. Os portos, como o de Lisboa, são importantes para a navegação mundial. A pesca é fundamental para a economia nacional. É que o mar que banha as costas portuguesas, com profundidades reduzidas e influenciado pela ação benéfica da corrente do golfo, possui, desde remotas eras, condições magníficas para o desenvolvimento de certas espécies marinhas, em cardumes densos, como acontece com a sardinha e o atum. Na atualidade, o território português encontra-se ainda numa dependência absoluta do mar, pela importância que, para a navegação mundial, têm os portos de Lisboa e das ilhas adjacentes e pelo valor que na economia nacional tem a indústria da pesca.

A região de Portugal foi povoada desde a Idade da Pedra, e os principais grupos foram os celtas (guerreiros) e os iberos (agricultores). A fusão desses grupos resultou nos celtiberos, que apresentavam várias ramificações, sendo a mais importante a dos lusitanos. Outros povos também ocuparam a região, como os fenícios, os gregos, os cartagineses, os romanos, os bárbaros (com destaque para os visigodos) e os muçulmanos.

Os bárbaros irão dominar a Península Ibérica a partir de 409 e posteriormente terão que enfrentar a invasão muçulmana, que começa em 709/711.

Durante o século VII, os árabes dedicam-se à expansão dos seus domínios num movimento denominado Guerra Santa, tendo como objetivo a invasão da Europa. O líder muçulmano Tarique (Tarik), vindo do norte da África, invadiu a Península Ibérica em 711 (século VIII), que tinha sido ocupada anteriormente (século V) pelos visigodos.

A luta contra os mouros, a Reconquista, durará aproximadamente oito séculos. Os principais reinos cristãos que surgiram durante esse período foram Leão, Castela, Navarra, Aragão e Galícia.

Na expulsão dos muçulmanos vão se destacar os reinos de Leão, Castela e Galiza (Galícia), dirigidos por Afonso VI, que receberá ajuda francesa.

Em consequência dessa ajuda haverá o casamento das filhas de Afonso VI com os príncipes de Borgonha. Dª Urraca com D. Raimundo (ficando com o reino de Galiza). D. Henrique com Dª Tereza (ficando com o Condado Portucalense).

No século XII, por intermédio de D. Afonso Henriques, filho de D. Henrique e Dª Tereza, Portugal conseguiu autonomia, após uma série de lutas contra os mouros e o reino de Leão. Todavia, o reconhecimento como reino independente só ocorre em 1143, com o Tratado de Samora (Zamora)[16], havendo a intervenção do Papa Inocêncio III. Nasceu assim a dinastia dos Borgonha.

1.1.2 A dinastia de Borgonha (1140-1385) – a organização de Portugal – características

Sob a dinastia de Borgonha, o reino de Portugal apresentava-se nitidamente como uma "monarquia agrária" cujos monarcas têm na exploração meticulosa dos seus domínios a sua maior fonte de renda, motivo por que são incessantes os conflitos entre os diretórios reais e as ambições e manobras de uma nobreza que não hesita em se apossar das terras da Coroa sempre que vê oportunidade[17].

[16] O Tratado de Zamora foi um diploma resultante da conferência de paz entre D. Afonso Henriques e seu primo, Afonso VII de Leão. Assinado a 20 de dezembro de 1143, esta é considerada por alguns como a data da independência de Portugal e o início da dinastia afonsina.

[17] SODRÉ, Nelson Werneck; MELLO, Maurício Martins; UCHOA, Pedro Celso; FIGUEIRA; Pedro Alcântara; FERNANDES, Rubens Cézar; SANTOS, Joel Rufino dos. *História nova do*

A população local era reduzida, pobre, mal obtendo da atividade agrícola o suficiente para a sua subsistência. Frise-se que trabalhava, em sua quase totalidade, nas terras das grandes propriedades reais, eclesiásticas e da nobreza, sob variadas formas de relação com os senhores. Embora fosse geral a tendência ao afrouxamento da servidão típica do feudalismo, o mesmo não se podia dizer da escravidão, especialmente ao sul do Tejo[18].

O aspecto agrário da monarquia reflete-se nas alcunhas de alguns monarcas da época, por exemplo: D. Sancho I, "O Povoador" (1185-1211), D. Diniz, "O Lavrador" (1279-1325). O mesmo pode-se dizer dos forais, da lei das sesmarias, do comércio. Os forais procuraram incentivar a criação de núcleos urbanos, aumentando as rendas em numerário da Coroa. A lei das sesmarias (1375) visava ao aumento das áreas cultivadas, distribuindo as terras incultas a quem quisesse aproveitá-las. O comércio consistia na simples exportação e importação de produtos agrícolas[19].

Durante o século XIV, sofrendo também os efeitos da contração econômica, a monarquia lusa empenhou-se na tentativa de frear a alta dos salários agrícolas, defendendo assim os seus interesses e os senhores leigos e eclesiásticos. Tudo inútil devido à escassez da mão de obra, esta atraída pelas guerras e pela iminente expansão marítima. Acentuou-se, então, a tendência à substituição do jornaleiro (aquele que trabalha por jornada ou diária) pelo negro escravo, em concorrência ao pequeno agricultor independente[20].

Nas regiões à beira-mar, desde cedo, desenvolveu-se a pesca. Com as Cruzadas, estando os portos lusitanos na rota dos navios que circulavam entre o Mediterrâneo e os mares setentrionais, houve grande incentivo ao comércio, constituindo-se o núcleo inicial do grupo mercantil. Ao mesmo tempo, desenvolvia-se a marinha mercante e a frota de guerra, incrementando-se a construção naval (século XII ao XIV)[21].

Todo trato mercantil de Portugal com o estrangeiro tinha por base a agricultura, que destinava os produtos à exportação, e cujas necessidades

Brasil. São Paulo: Loyola, 1993, p. 30.

[18] Ibidem, p. 30.

[19] Ibidem, p. 30.

[20] Ibidem, p. 30.

[21] Ibidem, p. 30.

os de importação satisfaziam. A população urbana, central ou da costa, formava o traço de união dos campos ao mar. O país era, na realidade, a sede de uma associação vasta de lavradores. As indústrias limitavam-se à atividade estritamente doméstica, e relacionadas com a terra[22]. O quadro a seguir traz os nomes dos monarcas e as épocas de seus governos:

MONARCAS	ÉPOCA
D. Afonso Henriques (O Conquistador)	1140-1185
D. Sancho I (O Povoador)	1185-1211
D. Afonso II (O Gordo)	1211-1223
D. Sancho II (O Capelo)	1223-1247
D. Afonso III (O Bolonhês)	1248-1279
D. Dinis (O Lavrador)	1279-1325
D. Afonso IV (O Bravo)	1325-1357
D. Pedro I (O Justiceiro)	1357-1367
D. Fernando (O Formoso)	1367-1383
D. João I, de Castela (Revolução – Transição)	1383-1385

Esse período se caracterizou pelo confronto intenso com os mouros, o que resultou no fortalecimento do chefe militar, função esta exercida pelo rei, que estava à frente da centralização política, diferentemente do restante da Europa, onde predominava a descentralização política, visto que o feudalismo era dominante. A centralização política em Portugal foi bem anterior à dos demais países europeus[23].

1.1.3 A sociedade

Quanto às classes sociais no período, temos:

Nobreza – essa classe social tinha sob seu controle o direito público e privado. Em meados do século XIII, os graus da nobreza eram, por

[22] Ibidem, p. 30.

[23] Koshiba, Luiz; Pereira, Denise Manzi Frayze. *História do Brasil.* São Paulo: Atual, 1996, p. 11.

ordem descendente: rico-homem, infanção, cavaleiro, escudeiro. Outras considerações:

> *"Cada rico-homem exercia domínio administrativo, militar e judicial num distrito chamado 'terra'. A morada fixa do nobre recebia o nome de 'solar'. O seu direito de jurisdição nas 'terras' limitava muito a ação do rei, com prejuízo do povo. (...). Além da administração das terras, a ocupação dos nobres era a caça, uma necessidade naquela época. Frequentes vezes se guerreavam, ferindo-se então verdadeiras batalhas. Um dos grandes males da nação foi que a fidalguia se não enraizou nos seus campos, não exerceu um verdadeiro papel civilizador – um papel de direção e proteção dos seus povos – antes se fez parasita do povo e do Poder Central"*[24].

Rei – este era assistido por "conselheiros", e nas monarquias medievais da Ibéria ocidental há o seguinte cenário:

> *"(...) a autoridade do monarca excede à que cabe contemporaneamente aos outros soberanos europeus. Ela aparece, no entanto, limitada pelo clero e pela nobreza, pelas assembleias chamadas cortes, pelo povo (desde que teve representantes nelas), pelos estatutos dos conselhos e pelos costumes herdados da monarquia leonesa. As terras da nobreza e do clero eram 'isentas', isto é, não pagavam impostos. Tais terras tendiam a aumentar, por novas doações ou por usurpação, o que prejudicava as finanças do Estado. Boa parte dos rendimentos do rei era, além disso, cedida frequentemente por ele aos nobres e ao clero, a título de préstamos'"*[25].

Clero – trata-se de classe privilegiadíssima; aliás, os bispos gozam, além dos privilégios eclesiásticos, os dos grandes senhores[26].

Ordens militares – a atuação das ordens militares foi importante na guerra contra os mouros, destacando-se os Templários e os Hospitalários[27].

[24] SÉRGIO, António. *Breve interpretação da história de Portugal*. Coleção Clássicos Sá da Costa. Lisboa: Livr. Sá da Costa, 1972, p. 17.

[25] Ibidem, p. 18.

[26] Ibidem, p. 16.

[27] "Os Templários eram senhores, desde o tempo de D. Teresa, da vila de Soure, bem como das terras entre Coimbra e Leiria, que arroteavam e cultivavam. Nos meados do século XII construíram o Convento e o Castelo de Tomar. Seus, também, os Castelos de Almourol, no meio do Tejo, de Pombal, e vários outros. Quando extintos, reformaram-se,

Povo (ou os "miúdos") – o povo, de condição livre, dividia-se em categorias: os cavaleiros vilões e os peões. Abaixo destes, os servos. Com dedicação à agricultura, havia o cultivo de trigo, centeio, cevada, milho miúdo e legumes, tratando pomares de macieiras, de pereiras, de figueiras, de pessegueiros, bem como olivais, soutos, carvalhais, nogueirais. Quanto ao regime de propriedade:

> *"No Minho dividiram-se os terrenos em casais de povoação, dados a grupos de povoadores. Cada casal, de ordinário, ficava obrigado a pagar um foro, em cereais, galinhas e dinheiro. Era um regime individualista, mas associado, aberto à entrada de colonos novos, que viessem levantar os seus casais ao pé dos casais já construídos. Em Trás-os--Montes, ao contrário, vigorava a ideia do comunismo no regime da posse e utilização da terra, que se dava de foro a certo povo, o qual dividia entre os seus membros os encargos respectivos, como na Rússia procedia o mir. Os aforamentos, mantendo no regime coletivo o forno e o moinho, a pastagem e a viação, e frequentemente a própria cultura, impediam a entrada dos adventícios. No Centro vigorava, por seu turno, a contribuição predial direta, num regime misto de lavradores-proprietários e jornaleiros-agricultores. No Sul foi excluído o povo, por assim dizer, predominando em máximo grau as doações à fidalguia, e criando-se aí, logo de inicio os alicerces legais da grande propriedade"*[28].

1.1.4 A ordem política

Os Concelhos (ou Conselhos): Algumas das pequenas localidades portuguesas tinham o privilégio de manter concelhos, isto é, certa autonomia administrativa e magistrados eletivos. Chamava-se "foral", ou "carta de

em Portugal, sob o título de 'Ordem de Cristo'. Os Hospitalários (...) vinham do tempo de Afonso Henriques (casas de Leça, de Belver, do Crato). Os freires de Calatrava, vindos no meio do século XII, estabeleceram-se em Évora; em 1211 foi-lhes doado o lugar de Avis (ao sul do Tejo), donde mais tarde tomaram o nome (Ordem de Avis); [libertos em 1391 de quaisquer dependências em relação a Castela, por uma Bula de Bonifácio IX]; foi seu mestre, no [fim do] século XIV, um infante bastardo que veio a ser D. João I, fundador da segunda dinastia. A Ordem de Sant'lago da Espada teve Palmela, Almada, Arruda, Alcácer, Aljustrel, Sessimbra, Métola, Aiamonte, Tavira". Os hospitalários, por sua vez, que sobrevivem até os dias de hoje, eram quase todos fidalgos e usavam uma túnica branca com uma cruz pintada em branco ao lado. Posteriormente se tornaram a Ordem de Malta ao receber de Carlos V a Ilha de Malta como doação em 1530. *Vide* SÉRGIO, António. *Breve interpretação da história de Portugal*, cit., p. 16-17.

[28] Ibidem, p. 18.

foral", o diploma que constituía um concelho e as normas jurídicas dos seus habitantes. O regime variava de concelho para concelho[29].

Cortes: Periodicamente, reuniam-se assembleias consultivas chamadas "cortes", com representantes do clero e da nobreza, e também dos concelhos. Calcula-se que as reuniões iniciaram-se a partir de 1254[30].

Estados: Aos representantes de cada classe social, em conjunto, atribuía-se a denominação "braço". Logo, havia três braços do Estado: do clero, da nobreza e do povo; posteriormente, deu-se aos três braços o nome "estados"[31].

1.1.5 Dinastia de Avis (1385-1580) – a burguesia, a expansão ultramarina e o absolutismo

Foi uma monarquia ligada aos interesses do mercantilismo, tendo em vista o apoio que o Mestre de Avis recebeu da burguesia durante a revolução que o levou ao trono.

A revolução de 1383/1385 foi um conflito entre o litoral e suas principais cidades, como Lisboa e Porto e o interior feudal. Ao lado da nova dinastia, teriam se colocado os judeus financiando a Revolução. Durante esse período ocorre a expansão ultramarina e a centralização do poder real.

Conforme tabela abaixo, governaram os seguintes monarcas:

MONARCAS	ÉPOCA
D. João I (Boa memória)	1385-1433
D. Duarte (O Eloquente)	1433-1438
D. Afonso V (O Africano)	1438-1481
D. João II (O Príncipe Perfeito)	1481-1495
D. Manuel (O Virtuoso)	1496-1521
D. João III (O Piedoso)	1521-1557
D. Sebastião (O Desejado)	1557-1578
D. Henrique (O Casto)	1578-1580

[29] Ibidem, p. 18-19.
[30] Ibidem, p. 19.
[31] Ibidem, p. 19.

O período da dinastia de Avis à frente de Portugal revelou-se a mais importante da história do reino luso. Durante aquele tempo, deu-se início à expansão marítima, que levou o pequeno reino luso a seu período de maior prestígio e poderio, a época das Grandes Descobertas[32].

O Mestre de Avis, d. João I, tornou-se o novo rei, e o regime feudal em que se organizara a nação se enfraqueceu notavelmente. Na verdade, as instituições políticas típicas do feudalismo jamais conseguiram desenvolver-se em toda a sua plenitude em Portugal. Não há dúvida, porém, que no âmbito dos domínios pertencentes ao rei e aos nobres, as relações entre os que trabalhavam na terra e os seus donos eram de natureza feudal. Social e economicamente, portanto, o feudalismo era o fato essencial e predominante. As extensas doações feitas por D. João I aos aliados de 1383/1385 aumentaram ainda mais o poderio econômico e o prestígio dos aristocratas[33].

Uma forte crise trouxe dificuldades aos nobres proprietários, mas auxiliou a burguesia mercantil. Portugal modernizou-se, superou a crise feudal do século XIV, estruturou a centralização marítima e conquistou o apoio da nobreza para a política de expansão (encarnada como Cruzada).

D. João I (1385-1433) começa a fazer um programa de governo que previa a restrição aos privilégios feudais, tentando estender a autoridade real a todo o reino. Aliás, durante seu reinado formou-se uma nova nobreza, e teve início a projeção marítima de Portugal, com a conquista de Ceuta, hoje uma cidade autônoma da Espanha.

1.1.5.1 Escola de Sagres e as grandes navegações

Após a conquista de Ceuta, em 1415, D. Henrique[34], um dos sucessores de D. João, fundou no Algarve – extremidade ocidental da Península Ibérica – a Escola de Sagres, importante centro de estudos náuticos, que

[32] Ibidem, p. 19.

[33] Ibidem, p. 19.

[34] O Infante Dom Henrique de Avis, 5º filho de D. João I, 1.º duque de Viseu e 1.º senhor da Covilhã (Porto, 4 de março de 1394 – Sagres, 13 de novembro de 1460), foi um infante português e a mais importante figura do início da era das descobertas, popularmente conhecido como Infante de Sagres ou "O Navegador".

contribuiu enormemente para a realização dos empreendimentos marítimos portugueses[35].

A partir do advento da escola, em poucos anos o país estaria na linha de frente das grandes navegações. O Infante D. Henrique recebeu de D. Duarte, em 1433, plenos direitos sobre as ilhas da Madeira, Porto Santo e Deserta, em caráter vitalício[36].

Em 1443 a carta régia estabelecia que ninguém poderia ultrapassar o Bojador sem licença de D. Henrique, ficando isentos de pagamento do quinto e da dízima à Coroa tanto o príncipe quanto os que ele mandasse ou fossem com sua licença. Cabia ao Infante o monopólio do tráfico e a cobrança do quinto. As viagens organizadas por comerciantes isolados necessitavam de licença prévia e pagamento do quinto ao príncipe, ao retornarem os navios carregados. Nas viagens de que D. Henrique participava diretamente, sua porcentagem nos lucros podia chegar a 50%[37].

Com a morte de D. Henrique, em 1460, retornou o monopólio do comércio africano à Coroa; Diogo Gomes[38], em 1460, descobriu Serra Leoa; Pedro Sintra[39], em 1461 e 1462, chegou a Guiné, onde encontrou ouro. A seguir, voltou a predominar a influência aristocrática, guerreira, dirigindo os recursos da Coroa para novas aventuras marroquinas, como, aliás, já ocorrera em 1458, na expedição contra Alcácer-Ceguer (Marrocos)[40].

[35] SÉRGIO, António, *Breve interpretação da história de Portugal*, cit., 72.

[36] "Para compreender tais doações régias é preciso ter em vista que o ultramar era considerado patrimônio da Coroa, inclusive o tráfico, podendo explorá-lo diretamente ou cedê-lo a outrem, deixando sempre bem claro que o privilégio de empreender viagens dependia de autorização do soberano e implicava em pagamento de certa contribuição. O quinto foi conservado pela Coroa e aplicado à expansão comercial e colonial, princípio que atingia apenas as presas de guerra, típico, portanto, do ambiente de 'reconquista'". *Vide* SODRÉ, Nelson Werneck et al, *História nova do Brasil*, cit., p. 37.

[37] Ibidem, p. 37-38.

[38] Diogo Gomes ([?] – 1502) – Piloto luso, singrou os rios da atual Guiné-Bissau que havia descoberto e ajudou no reconhecimento das ilhas de Cabo Verde.

[39] Pedro de Sintra ([?] - 1484) – Navegador luso, escudeiro de D. Afonso V. Explorou a costa da África (1461-1462), batizou uma área de Serra Leoa e descobriu a região que hoje chamamos de Libéria.

[40] SODRÉ, Nelson Werneck et al, *História nova do Brasil*, cit., p. 38.

Sob a regência de D. Pedro, prosseguem as doações, acompanhando o avanço da expansão ultramarina. A ideia da nobreza de um império territorial, senhorial e guerreiro cedeu lugar à de um poderoso império marítimo, mercantil que é o que Portugal, efetivamente, se tornaria[41].

D. Duarte, filho e sucessor de D. João I, continua a obra paterna, particularmente no que diz respeito à restrição dos privilégios da nobreza. Aliás, em seu reinado a atividade marítima foi interrompida pela expedição de Tânger (1437)[42], que resultou em desastre[43]. Por sua vez, com Afonso V, neto de D. João I, Portugal enfrenta uma situação difícil. Gasta-se demasiadamente. As contínuas expedições à África desordenam as finanças reais. Afonso V no continente negro trava guerra pela guerra, visto que em seu reinado voltou-se ao cruzadismo, e Tânger foi tomada em 1471. O rei pretendeu tomar o trono de Leão e Castela, sem, no entanto, conquistá-lo. "Seu sucessor, D. João II[44], lançou-se à empresa das navegações, entrosado com o grupo mercantil, tendo descoberto o cabo da Boa Esperança e firmado o Tratado de Tordesilhas. D. Manuel deu prosseguimento às navegações, colhendo-se então o fruto mais pre-

[41] Ibidem, p. 37.

[42] "Conquistar praças no norte de África, dominar o comércio, construir um império. O sonho dos portugueses transformou-se num pesadelo em Tânger, em 1437. (...) A expedição foi preparada sem o secretismo que envolvera a operação de Ceuta. Os mouros sabiam que os portugueses iam chegar e prepararam bem a sua defesa. A expedição, aprovada pelo rei D. Duarte, levava cerca de 8 mil homens e chegou a Tânger em setembro de 1437. Os combates duraram 37 dias, até que os portugueses ficaram cercados e o Infante D. Henrique aceitou render-se, fazendo promessa de devolver Ceuta em troca da liberdade do irmão, feito refém juntamente com outros portugueses. (...) o Infante, apoiado pela nobreza, recusava entregar a cidade, um ponto estratégico para a sua campanha em África e um símbolo da cruzada contra o Islã em terras desconhecidas. (...) a questão permaneceu em aberto e D. Fernando acabou por morrer. Tânger acabou por ficar sob domínio português em 1471. Quase duzentos anos depois, foi oferecida à coroa inglesa como dote do casamento de D. Catarina de Bragança com Carlos II, rei da Grã-Bretanha e da Irlanda". *Vide* O fracasso da expedição a Tânger. Disponível em http://ensina.rtp.pt/artigo/o-fracasso-da-expedicao-a-tanger/. Acessado em 22-8-2017.

[43] Sodré, Nelson Werneck et al, *História nova do Brasil*, cit., p. 32.

[44] D. João II (1455-1495), filho de D. Afonso V, assumiu formalmente o trono em 1481, embora exercesse anos antes funções de influência, como a direção da política atlântica desde 1474.

cioso dos esforços de gerações sucessivas: o caminho marítimo para as Índias". Esse feito grandioso foi obtido em um trabalho coletivo no qual tomaram parte também os italianos, que navegaram a serviço de Portugal; os judeus, com seus conhecimentos científicos; e a burguesia mercantil portuguesa[45].

Na pátria, enquanto isso, o rei recuperava o patrimônio real em poder da nobreza, codificando as leis. Empenharam-se os monarcas, acima de tudo, no fortalecimento do poder real e na implantação do absolutismo. O soberano, d. João II, sentindo-se firmemente apoiado pela burguesia mercantil, investiu com violência e decisão contra as veleidades conspiratórias da nobreza. São sintomáticas as execuções dos duques de Bragança e de Viseu[46].

D. João II, o "Príncipe Perfeito", ao contrário do sucessor, investe contra a nobreza, por isso apoia-se no povo. Considerado o primeiro rei moderno de Portugal, projeta-se com ele o grupo mercantil litorâneo, que levaria Portugal à expansão marítima (1481/1495), período em que os portugueses começam de fato a procurar uma passagem no sul da África para chegar às Índias, estendendo-se a empreitada também com Manuel I, o Venturoso (1496/1521). Seria para este rei que o escrivão da esquadra de Cabral, Pero Vaz de Caminha, mandaria a carta com o relato da descoberta do Brasil[47].

[45] Sodré, Nelson Werneck et al, *História nova do Brasil*, cit., p. 32.

[46] Ibidem, p. 33.

[47] "Diogo Cão descobriu a foz do Congo (1484) e Bartolomeu Dias atingiu em 1488 a ponta meridional de África, a que deu o nome de cabo das Tormentas, mas a que o rei João II preferiu chamar cabo da Boa Esperança. Quando Cristóvão Colombo, a quem o rei de Portugal recusara navios, anunciou em 1493 que alcançara a Índia pelo Ocidente (tratava-se afinal da América), João II mostrou-se cético e aprontou uma expedição pela rota oriental. Foi a ele Vasco da Gama, que, partindo de Lisboa em julho de 1497, contornou pela primeira vez o cabo da Boa Esperança, seguiu ao longo da costa africana do Oceano Índico, depois singrou sem hesitar na direção do Leste e chegou a Calcutá, na Índia (1498). Desde esta época, espanhóis e portugueses rivalizavam entre si para obter o domínio absoluto do mar; em 1454, Portugal conseguira uma espécie de monopólio da navegação ao longo da costa ocidental de África (bula de Calisto III). Em 1493, o papa Alexandre VI, a pedido dos reis Católicos, traçou no meio do Atlântico uma linha de demarcação (meridiano de Alexandre VI), situada cem léguas a oeste das ilhas de Cabo Verde; a zona situada a oeste deste meridiano foi atribuída à Espanha, a zona oriental aos

O príncipe faria valer seu poder para implantar o absolutismo monárquico, tornando lei a vontade do soberano e conferindo origem divina ao seu poder, o que consolidou a centralização do poder real. Centralização e absolutismo neutralizam, até certo ponto, as instituições políticas que caracterizam o modo de produção feudal. No final do século XV, Portugal era de fato uma monarquia fortemente centralizada, hereditária, com a nobreza totalmente subjugada[48].

O grupo mercantil apoiava o poder real, em disputa com a nobreza. Persistiam, no entanto, as relações feudais no âmbito dos domínios senhoriais, mas os mercadores tinham grande interesse na expansão marítima. "Boa parte destes, os empréstimos a juros elevados, os lucros crescentes do grupo mercantil ou burguesia incipiente (constituída em parte de judeus ricos e ativos), davam ao reino um período de expansão incontestável"[49].

A exploração do comércio ultramarino foi arrendada, em 1469, ao comerciante Fernão Gomes, credor do rei em várias ocasiões, que obteve grandes lucros com o comércio africano e se comprometeu a prosseguir no devassamento do litoral daquela região, ficando o monarca com o monopólio do marfim e das especiarias.

Em 1474 o monopólio voltou à Coroa até que, em 1481, o monopólio do tráfico da Guiné foi entregue ao príncipe herdeiro. Salvo as negociações com Castela, que visavam afastá-la da Guiné, mediante o abandono das pretensões lusas sobre as Canárias (tratado de 1479), em troca do reco-

portugueses. Estes, descontentes com a partilha, lograram uma importante retificação no Tratado de Tordesilhas (7 de junho de 1494): a zona atribuída a Portugal alargou-se até uma linha que passava trezentas e setenta léguas a oeste das ilhas de Cabo Verde. Este novo acordo permitiu que Portugal tomasse posse do Brasil, descoberto por Pedro Álvares Cabral em abril de 1500. Carecendo de homens, os portugueses não puderam criar nesse tempo um autêntico império colonial, no sentido moderno da palavra. Contentaram-se em aperfeiçoar a rota das índias, em organizar cruzeiros regulares, enquadrados pela marinha real, esforçando-se por eliminar o comércio árabe e veneziano do oceano Índico". *Vide* Sodré, Nelson Werneck *et al. História nova do Brasil*, cit., p. 39-40.

[48] Sodré, Nelson Werneck *et al, História nova do Brasil*, cit., p. 34.

[49] Ibidem, p. 34.

nhecimento do monopólio do tráfico africano por Portugal, D. Afonso V levou mesmo a sério o cruzadismo, tomando Arzila e Tânger (1471)[50].

1.1.6 O Vaticano como árbitro internacional – as Bulas

No contexto internacional, o papa exercia funções de árbitro, e Portugal estava sujeito a essas implicações da política mundial. O poder do líder da Igreja era espiritual, portanto podia sancionar os "pecadores" com penas simbólicas, como excomunhão e interdição. O papa procurava exercer, na comunidade cristã das nações europeias, uma espécie de administração supranacional, com poder de conhecer ou depor reis[51].

Portugal, como outros países de matriz cristã, tentava obter do papa a autorização pontifícia para suas viagens de descobrimento e a confirmação das conquistas. Aliás, inúmeras reivindicações do povo português podem ser citadas. Por exemplo, sob D. Afonso IV, no século XIV, os direitos portugueses às Canárias. Por sua vez, D. João I mereceu do Papa Martinho V, em 1418, Bula concessória do caráter de cruzada à empresa marroquina (*Sane Charissimus*). Seu filho D. Duarte, querendo legitimar o prosseguimento da ação ultramarina, pleiteou do Papa Eugênio IV Bula que lhe submetia, e a seus sucessores, "as terras por ele conquistadas dos infiéis" (*Rex Regnum*, de 8 de setembro de 1436)[52].

Em 9 de janeiro de 1442 o papa Eugênio IV confirmou as doações de D. Duarte e D. Afonso V ao Infante D. Henrique e à Ordem de Cristo, da jurisdição espiritual, permitindo ao Infante conservar o poder temporal em seu ducado de Viseu (Bula *Etsi Suscepti* – o rei D. João I, em 1415, criou o título "Duque de Viseu")[53].

As principais bulas e os principais tratados da época, relacionados à expansão portuguesa, são os seguintes[54]:

50 Ibidem, p. 38.

51 AVELLAR, Hélio de Alcântara. *História administrativa e econômica do Brasil.* São Paulo: Fename, 1970, p. 36.

52 Ibidem, p. 37.

53 Ibidem, p. 36.

54 Outras Bulas: *Praeclara Charissimi; Dum Fidei Constatium; Pro Excellenti Praeminentia; Super Specula Militantis Ecclesiae; Inter Pastoralis Officii; Romani Pontificis; Ad Sacram Beati Petri.*

Bula Romanus Pontifix – penaliza os que transacionassem, guerreassem ou aprisionassem escravos do Cabo Bojador para o sul, área de influência lusa (31/8/1474);

Bula Inter coetera quae nobis (13 de março de 1456, do papa Calisto III) – outorgou ao rei de Portugal o controle sobre todos os territórios desde os cabos do Bojador e do Não [Chaunar], através de toda a Guiné e indo além da costa sul, até a Índia. Também outorgou à Ordem de Cristo a autoridade eclesiástica sobre toda essa região;

Em 1454, o pontífice Nicolau V expediu Bula em favor do rei D. Afonso V, o Africano, declarando caber-lhe perpetuamente, e ao Infante D. Henrique, a "conquista que vai desde os cabos Bojador e Não [hoje se chama Cabo Chaunar, a noroeste da costa atlântica da África], correndo por toda a Guiné e passando além dela vai para a plaga meridional", e proibindo a qualquer pessoa levar mercadorias a tais terras sem licença daquelas autoridades, sob pena de excomunhão, ou de interdito, para as entidades (*Romanus Pontifex*, de 8 de janeiro de 1454, confirmada pela *Inter Coetera*, de 13 de março de 1456, do Papa Calisto III que, embora sendo um Bórgia espanhol, concedeu à Ordem de Cristo jurisdição espiritual nas terras do cabo Não até a Índia)[55].

Bula Eximia e Devotonis e Dudum Siquidem (26 de setembro de 1456) – estende para a Espanha os mesmos privilégios de Portugal – diminui as terras dos lusos.

Tratado de Toledo (6 de março de 1480) – pelo tratado, o rei Afonso V de Portugal desistia para sempre das suas pretensões ao trono de Castela. Portugal obtinha o reconhecimento de direitos sobre as ilhas atlânticas e do Golfo da Guiné. Garantia o prosseguimento da exploração da costa africana e a esperança de conseguir a passagem marítima para as Índias. Por sua vez, Castela recebia o arquipélago das Canárias e renunciava a navegar ao Sul do Cabo Bojador, ou seja, do Paralelo 27. Regulamentava também as áreas de influência e de expansão de ambas as Coroas pelo reino de Fez, no Norte de África.

Bula Inter Coetera (4 de maio de 1493) – estabeleceu um acordo que determinava as regiões de exploração de cada uma das nações ibéricas.

[55] Sodré, Nelson Werneck *et al*, *História nova do Brasil*, cit., p. 38.

De acordo com o documento, uma linha imaginária a 100 léguas da Ilha de Açores dividia o mundo, determinando que todas as terras a oeste dessa linha seriam de posse da Espanha e a leste seriam fixados os territórios portugueses. Foi elaborada após Cristóvão Colombo ter chegado no Caribe. Em suma garantia a África para Portugal e a América para a Espanha. Portugal não concordou com tal divisão.

Tratado de Tordesilhas (Tratado de Capitulação e divisão do Mar Oceano – 7 de junho de 1494) – previa a divisão das terras "descobertas e por descobrir" pelas Coroas de Portugal e Espanha fora da Europa, e traça a linha demarcatória que passaria a 370 léguas a partir das ilhas de Cabo Verde, ficando a Espanha com as terras ocidentais e Portugal com as orientais. Em 7 de junho de 1494 o rei João II, por Portugal, e Fernando II de Aragão, em nome da Espanha, assinaram, na localidade espanhola de Tordesilhas, o Tratado. Ocorreu num momento de transição entre a hegemonia do Papado, poder até então universalista, e a afirmação do poder singular e secular dos monarcas nacionais – uma das muitas facetas da transição da Idade Média para a Idade Moderna[56]. Tratou-se de um momento de transição entre a Idade Média e a Moderna, quando a hegemonia do papado, até então universalista, chocava-se com o poder singular e secular dos monarcas nacionais[57].

No reinado de D. Manuel (1495-1521), realiza-se a última etapa da expedição de contato com a Índia por Vasco da Gama, saindo a expedição em 1497 e, após contornar a África e cruzar o Oceano Índico, atingiu Calecute, na Índia, em 1498. Retornou carregada de especiarias e drogas orientais, produzindo lucros consideráveis. Tornou-se evidente a necessidade de enviar armadas poderosas ao Oriente, a fim de estabelecer entrepostos comerciais permanentes (feitorias) e assegurar-lhes a defesa, bem como a navegação no Índico (Mar das Índias) contra a hostilidade muçul-

[56] A partição operava-se por um meridiano 370 léguas a oeste de Cabo Verde (sem precisar de qual ilha), cabendo à Espanha as terras encontradas a oeste da raia, e a Portugal a leste. Era a predestinação do Brasil oriental para os portugueses e, antes do descobrimento oficial, a prefixação de suas fronteiras (assinaladas, segundo a demarcação mais aceitável, por uma linha que, nos extremos, cortaria as proximidades de Belém e Laguna). *Vide* Sodré, Nelson Werneck *et al*, ob. cit., p. 39.

[57] Sodré, Nelson Werneck *et al*, *História nova do Brasil*, cit., p. 39.

mana. Resultou daí a frota que partiu em 1500, sob o comando de Pedro Álvares Cabral e chegou ao Brasil[58].

Temos, portanto, que o comércio com a Região Oriental e os descobrimentos foram monopolizados pela Espanha e Portugal, o que explica um esquema de zona de influência para conseguirem os seus objetivos, e que constituirão dois ciclos:

- Ciclo Oriental[59] – conduzido pelos lusitanos;
- Ciclo Ocidental[60] – foi efetuado pelos espanhóis.

[58] Ibidem, p. 40.

[59] Ciclo Oriental (portugueses): 1415 – Conquista de Ceuta; 1418 – Descoberta da Ilha de Porto Santo; 1419 – Descoberta da Ilha de Madeira; 1432 – Descoberta da Ilha de Santa Maria; 1434 – Chegada ao Cabo Bojador; 1446 – Descoberta do Cabo Verde; 1482 – Dobram o cabo da Boa Esperança; 1498 – Descoberta do caminho marítimo para as Índias; 1500 – Descobrimento do Brasil.

[60] Ciclo Ocidental (espanhóis): 1492 – descoberta da América; 1500 – chegada à Foz do Rio Amazonas; 1513 – descoberta do Oceano Pacífico; 1519 – efetuada a Primeira Viagem de Circunavegação.

Capítulo 2
PORTUGAL: DESCOBRIMENTOS, A COLONIZAÇÃO DO NOVO MUNDO E A REPÚBLICA (SINOPSE)

Depois de chegar às Índias em 1498, com Vasco da Gama, Portugal resolveu consolidar a sua posição no Oriente e, para isso, organizará algumas expedições para aquela área. A Carta Régia de 15 de fevereiro de 1500, assinada por D. Manuel I, dava o comando de uma expedição para as Índias a Pedro Álvares de Gouveia (Cabral). Este fidalgo e navegador português (Pedro Álvares Cabral – 1467-1520) foi o escolhido para comandar a expedição ao Brasil, com naus carregadas de soldados, comerciantes, funcionários e degredados. A esquadra de Cabral partiu de Lisboa a 9 de março de 1500 com 10 caravelas, 3 navios e aproximadamente 1500 homens. Os principais acompanhantes da Armada foram: Bartolomeu Dias, Diogo Cão, Nicolau Coelho, Sancho de Tovar, Gaspar de Lemos, Pero Escobar, Pero Vaz de Caminha, Mestre João, frei Henrique Soares de Coimbra e Duarte Pacheco Pereira. Na altura do Golfo da Guiné, a esquadra se afastou da costa africana e, no dia 22 de abril, os marinheiros avistaram o Monte Pascoal, na atual Porto Seguro, na Bahia, e a 23 de abril chegaram alguns lusitanos à terra, travando contato com os nativos que já viviam na terra. Após rezarem duas missas e reconhecerem a "nova terra" que se chamará Ilha de Vera Cruz[61] (pensava-se ser uma enorme ilha), a esquadra de Cabral continuará o seu caminho para as Índias (2 de maio). O acontecimento sustentou controvérsias sobre a intencionalidade ou não do descobrimento, mas sem qualquer importância para o fato histórico e suas consequências[62].

[61] Nomes recebidos pelo Brasil: Ilha de Vera Cruz, Terra de Santa Cruz e Brasil.

[62] Sodré, Nelson Werneck *et al*, *História nova do Brasil*, cit., p. 40-41.

Em suma, o que de fato merece asseverar, é que as principais causas que motivaram os descobrimentos foram as seguintes: econômica – surgimento do capitalismo; social – ascensão da burguesia; política – absolutismo, nacionalismo; tecnocientífica – surgimento da bússola, pólvora, vela latina, caravela, papel etc.

Os primeiros registros acerca da terra *brasilis* foram os seguintes: *a Carta de Pero Vaz de Caminha*, que descreve a vida dos nativos, os seus costumes e, além disso, os aspectos físicos e geográficos da terra descoberta, cujo teor foi publicado, pela primeira vez, em 1817, o que propiciou a análise da descoberta do Brasil; *a Carta de Mestre João*, que descreve aspectos geográficos do Brasil; *a Carta de D. Manuel* ao rei da Espanha, documento que comunicava o descobrimento da Terra de Santa Cruz; e a *relação do Piloto Anônimo*, que descrevia o Brasil sem trazer a identificação de seu autor.

2.1 Consequências gerais das grandes navegações e dos descobrimentos

Portugal experimentou grande desenvolvimento econômico a partir das grandes navegações e da exploração dos novos territórios, destacando-se as seguintes consequências:

- A Coroa arrendou o monopólio e permitiu a participação de bancos particulares nas armadas da Índia[63].
- A monarquia efetuou uma política agressiva contra os mouros no Oriente e dominou o acesso ao Índico. Tinham exclusividade no fornecimento das especiarias para distribuir na Europa[64].
- No início, os lucros foram excelentes, pois havia comércio, saques, confiscos e tributos[65].
- Posteriormente, as despesas aumentaram com a militarização da empresa mercantil, trazendo prejuízo para os empreendimentos e

[63] Ibidem, p. 44.
[64] Ibidem, p. 44.
[65] Ibidem, p. 44.

levando a empréstimos a banqueiros e a comerciantes com juros elevados[66].

- A corte de D. Manuel I elevou os gastos pessoais, e o imperador transformou-se no "soberano mais opulento da Europa", obrigando Portugal a recorrer a empréstimos flamengos (holandeses), italianos e alemães[67].
- A Corte virou uma casa de negócios. Os flamengos fortalecem-se no mercado[68].
- A nobreza supera o grupo mercantil. A monarquia, agindo em benefício da primeira, transferiu-lhe a maior parte dos benefícios da empresa ultramarina[69].
- O capitalismo comercial desenvolve-se, o que enfraquece o regime feudal[70].
- O eixo econômico europeu passa a ser o "Mar-Oceano", ocorrendo a integração do Atlântico e do Índico na economia ocidental. O Mediterrâneo ficou ultrapassado pelas nações atlânticas[71].
- Banqueiros e comerciantes europeus estabeleceram filiais em Lisboa ou entraram em estreito contato com a feitoria portuguesa em Antuérpia. O monopólio do comércio afroasiático, mantido a todo custo pela Coroa, fazia de Lisboa o grande empório onde se concentravam as mercadorias importadas das regiões setentrionais e destinadas ao ultramar ou ao consumo de luxo dos fidalgos e homens ricos lusitanos[72].

[66] Ibidem, p. 44.

[67] "É, portanto, de evidência que em meio da aparente prosperidade, a nação empobrecia. Podiam os empreendimentos da Coroa ser de vantagem para alguns particulares: assim, os feitos de África rendiam tenças e graças à fidalguia; com o tráfico da Guiné, enriqueciam certos mercadores; mas, para que esses lograssem proveitos, recaía sobre os povos o fardo dos impostos e o agravo das levas, para o serviço militar, que um estado perpétuo de guerra exigia, ao mesmo tempo que no País escasseavam os braços. Sucedeu, porém, que o ganho de alguns, poucos, depressa se tornou, como sempre, sedução para todos". *Vide* SODRÉ, Nelson Werneck *et al*, *História nova do Brasil*, cit., p. 43.

[68] SODRÉ, Nelson Werneck *et al*, *História nova do Brasil*, cit., p. 45.

[69] Ibidem, p. 45.

[70] Ibidem, , p. 47.

[71] Ibidem, p. 47.

[72] Ibidem, p. 47.

- Portugal, sem manufaturas, sem grandes capitais próprios, com empréstimos, torna-se deficitário. Antuérpia, Nuremberg, Augsburgo levavam o ouro luso[73].
- Devido ao empobrecimento de Portugal, os judeus são expulsos. O monopólio da Coroa dificultava as transações e provocava imensos desperdícios. Estes, beneficiando a nobreza com pensões e postos rendosos, tornavam-na mais poderosa e exigente. A própria natureza do sistema comercial, impedia a acumulação no reino e tendia a atrair os elementos do comércio para outras terras. Aos poucos, com a ruína da empresa mercantil, reduziu-se o elemento mercantil a número inexpressivo e afirmou-se em toda a sua plenitude a nobreza cortesã, vivendo à sombra dos recursos do tesouro real, disputando os altos postos da administração e as pródigas benesses[74].

2.2 A expansão marítima de Portugal

A expansão marítima teve início com a formação de um grupo mercantil, interessado nas navegações e no comércio, sobretudo marítimo. A Coroa estabeleceu monopólio sobre as atividades da empresa mercantil ultramarina, sobretudo no período que se encerra em 1460, quando ocorre breve retorno à iniciativa de particulares, mediante pagamento de arrendamento à Coroa. No final do século XV ocorre a implantação em definitivo do monopólio real, através do qual iria processar-se a transferência dos lucros obtidos na empresa ultramarina do grupo mercantil para a classe nobre[75].

Apesar da exploração colonial nesse período, os portugueses não souberam organizar a distribuição das riquezas que recebiam. Lisboa, apesar de ter sido durante algum tempo o principal entreposto dos produtos da Índia, acabaria por declinar paralelamente aos progressos da concorrência holandesa, a qual, por outro lado, era animada pela iniciativa privada. No momento em que os portugueses, diante do desafio exaltante

[73] Ibidem, p. 50.
[74] Ibidem, p. 50.
[75] Ibidem, p. 43.

da aventura colonial, necessitavam apelar a todas as suas forças vivas, os quadros da monarquia portuguesa começaram a decompor-se[76].

Enquanto os mercadores portugueses monopolizavam o tráfico dos escravos negros, o rei D. Sebastião (1557/1578) sonhava anacronicamente com uma cruzada contra o Islã. Assim, depois de ter preparado demoradamente a sua expedição, ele desembarcou em Marrocos e foi desbaratado e morto na batalha de Alcácer Quibir (4 de agosto de 1578)[77]. Sua morte provocou uma crise dinástica que acabou levando o rei da Espanha ao trono de Portugal. A dinastia de Avis ainda sobreviveu durante dois anos, com o tio de Sebastião, o cardeal Henrique. Após a morte deste (31 de janeiro de 1580), apresentaram-se alguns pretendentes ao trono (entre outros, D. Antonio, prior do Crato, bastardo de um irmão de João III). O clima de incerteza foi aproveitado por Filipe II de Espanha, que encarregou o duque de Alba de ocupar Portugal (1580/1581)[78].

2.3 O domínio espanhol (União Ibérica) e a Restauração

Com a morte de D. Henrique, Portugal será dominado pela Espanha por intermédio de Felipe II, que criou a chamada União Ibérica. A referida dominação permanecerá até 1640[79].

Os monarcas ligados à dinastia dos Habsburgos foram:

MONARCAS	ÉPOCA
D. Felipe II	1581-1598
D. Felipe III	1598-1621
D. Fclipc IV	1621-1640

[76] Mourre, Michel, *Dicionário de História Universal*, cit., v. III, p. 1101.

[77] A morte de d. Sebastião, o Desejado, nas mãos dos mouros na batalha de Alcácer Quibir levou à posterior criação do chamado sebastianismo, uma crença popular, de origem mítico-religiosa segundo a qual o rei desaparecido em combate reapareceria milagrosamente para resolver todos os problemas do país e salvar o povo. O sebastianismo se iniciou no século XVI e sobreviveu muitos séculos em Portugal e no Brasil.

[78] Mourre, Michel, *Dicionário de História Universal*, cit., p. 1101.

[79] Ibidem, p. 1101.

Filipe II era sobrinho de João III de Portugal, e não cumpriu as várias promessas que fez aos portugueses. Toda a alta administração do país passou rapidamente para as mãos dos espanhóis, e Portugal sofreu as consequências desastrosas das guerras da Espanha contra as Províncias Unidas. Os holandeses escorraçaram os portugueses do Japão; apoderaram-se de Ceilão e das Molucas (Indonésia); estiveram mesmo prestes a anexar o Brasil, o que seria um desastre para o império lusitano. Em 1634 e 1637 ocorreram revoltas em Portugal contra a dominação espanhola[80].

Por fim, com a ajuda de Richelieu[81], a Revolução triunfou no dia 1º de dezembro de 1640 e colocou no trono João IV, príncipe da casa de Bragança (aparentada com as antigas dinastias de Borgonha). Após uma guerra, no decurso da qual os portugueses receberam ajuda inglesa (Carlos II de Inglaterra casou-se com Catarina de Bragança em 1662), a Espanha teve de reconhecer a independência de Portugal (Tratado de Lisboa, 1668)[82].

A luta contra a Espanha provocou traumatismo duradouro na mentalidade portuguesa; por aversão à breve dominação espanhola, Portugal foi levado a romper os seus laços originários e essenciais com o hispanismo. A preocupação de afirmar a sua particularidade, a sua diferença, lançou-o na aliança inglesa[83], que, selada pelo Tratado de Methuen[84] (27

[80] Ibidem, p. 1101.

[81] Armand Jean Du Plessis, o Cardeal de Richelieu, foi primeiro-ministro de Luís XIII de 1628 a 1642 e arquiteto do absolutismo na França, além de defensor da hegemonia francesa na Europa.

[82] MOURRE, Michel, *Dicionário de História Universal*, cit., p. 1101.

[83] A aliança "mostrou-se, sobretudo, vantajosa para os ingleses e redundou numa tutela econômica e comercial sobre o país, o qual extraía grandes riquezas do Brasil. No século XVIII, durante o reinado de José I (1750/1777), o ministro Pombal empreendeu uma série de reformas dentro do espírito do 'despotismo esclarecido'. Limitou os privilégios concedidos aos ingleses, reanimou o comércio, criou novas indústrias (seda, cutelaria), reorganizou a Universidade de Coimbra e deu um exemplo aos outros Estados europeus, tomando a iniciativa de expulsar os jesuítas (1759). Arrastado pela aliança inglesa, Portugal entrou em guerra contra a França revolucionária no ano de 1793". *Vide Dicionário de História Universal*, cit., p. 1101.

[84] O "Tratado de Methuen", também conhecido como "Tratado dos Panos e Vinhos" ou o "Tratado da Rainha Ana" foi um acordo militar e comercial firmado entre o reino da Inglaterra e o reino de Portugal no dia 17 de Dezembro de 1703, na cidade de Lisboa

de dezembro de 1703), iria permanecer até o século XX como a pedra angular da política externa de Portugal[85]. Os portugueses jamais se livrariam dos seus tutores ingleses[86]. O nome do tratado refere-se ao diplomata inglês John Methuen (1650-1706), que o idealizou.

A dinastia de Bragança, que governou até 1910, surgiu com a Restauração em Portugal, por intermédio de D. João IV. Os monarcas, durante a Dinastia de Bragança (1640-1910), foram:

MONARCAS	ÉPOCA
D. João IV	1640-1656
D. Afonso VI	1656-1668
D. Pedro II	1668-1706
D. João V	1706-1750
D. José I	1750-1777
D. Maria I	1777-1816
D. João VI	1816-1826
D. Maria II (regente)	1826-1828
D. Miguel	1828-1834
D. Pedro IV	1834-1834
D. Maria II	1834-1853
D. Pedro V	1853-1861
D. Luís I	1861-1889
D. Carlos I	1889-1908

e vigorou até o ano de 1836. O tratado foi muito desfavorável à economia portuguesa e favorável aos ingleses, ajudando a fomentar a Revolução Industrial na Inglaterra, expandindo a produção têxtil deste país e as exportações de manufaturados, enquanto estrangulou a incipiente manufatura portuguesa. Outro ponto importante é que este acordo também envolvia a integração militar de Portugal à Grande Aliança, junto com a Áustria e Inglaterra para fazer frente à França e Espanha. Contudo, o que ficou mais conhecido foram os termos comerciais do tratado, a saber: os britânicos reduziriam as tarifas de importação dos vinhos portugueses, enquanto estes abririam seu mercado aos têxteis britânicos, especialmente os lanifícios, muito superiores àqueles manufaturados em Portugal.

85 MOURRE, Michel, *Dicionário de História Universal*, cit., p. 1101.

86 Ibidem, p. 1101.

Após o assassinato de Carlos I e do Príncipe Luís Filipe, o rei Manuel assumiu e foi destronado pela Revolução de 1910 (5 de outubro), sendo proclamada a República.

2.4 A República portuguesa

O início foi turbulento, com greves e golpes de estado. Houve 16 golpes, com destaque para o do general Pimenta de Castro (1915) e de Sidónio Pais (1917). Portugal, também, devido à ligação com a Inglaterra, participou da Primeira Guerra Mundial (1916-1918).

Ao longo de 15 anos houve 40 governos em que predominou a instabilidade. O regime democrático foi derrubado em 28 de maio de 1926 pelo general Gomes da Costa[87]. Depois, em 1928, elegeu-se para presidente o general Carmona[88]. Neste mesmo ano, diante da crise econômica, assume como ministro das finanças o professor de Coimbra, Antônio de Oliveira Salazar[89], com poderes excepcionais, visto que exerceu os cargos de ministro das colônias (1930), presidente do Conselho (1932), ministro dos Negócios Estrangeiros (1936). Acabou como supremo mandatário da nação, implantando uma ditadura (estado novo), até 1968. Com

[87] Manuel Gomes da Costa (1863 – 1929) – Descendente de militares, ingressou com 10 anos no Colégio Militar, chegando ao posto de Marechal. Monarquista convicto, liderou a direita conservadora, cujos revolucionários lideraram o golpe de estado de 28 de maio de 1926 em Braga, que derrubou a Primeira República portuguesa. Assumiu os cargos de presidente da República e presidente do Conselho de Ministros (primeiro-ministro) em 17 de junho de 1926. O seu governo foi o primeiro a incluir como ministro [da Fazenda] António de Oliveira Salazar, que posteriormente instaurou uma ditadura que durou décadas em Portugal.

[88] António Óscar de Fragoso Carmona (1869 – 1951) – Marechal luso, político, presidente da República de 1928 até 1951, quando faleceu.

[89] António de Oliveira Salazar (1889 – 1970) – Professor de economia, político luso, ministro das Finanças (1928-1940), presidente do Conselho (1932-1968), ministro da Guerra (1936-1944) e dos Negócios Estrangeiros (1936-1947). Instituiu o Estado Novo (ditadura) que predominou até após a sua morte. Reconheceu o governo de Franco, ficou neutro durante a 2ª Guerra Mundial, mas permitiu instalações de bases inglesas e americanas nos Açores. Colocou Portugal na ONU (1955) e na OTAN (1949). Na década de sessenta enfrentou revoltas de liberação nas colônias de Ultramar. Renunciou ao poder em 1968 devido a problemas de saúde, apesar de a ditadura ter continuado até 1974, quando a Revolução dos Cravos derrubou o regime autoritário.

base na Constituição de 1933, teve o apoio da Igreja Católica durante este período.

O crescimento de Portugal, contudo, foi moderado, havendo a partir dos anos 1960 a imigração de mão de obra, principalmente da juventude lusa. Durante a Segunda Guerra Mundial optou pela neutralidade. Em 1949, aderiu à Nato e, em 1960, tornou-se membro da Associação Europeia do Livre Comércio. Salazar colocou-se contra a descolonização das províncias portuguesas de "além-mar". Em 1968 teve um AVC e veio a falecer em 1970. A chefia do governo ficou, então, com o professor Marcello Caetano[90], que enfrentou a continuação das revoltas coloniais contra o domínio luso, apesar de conceder alguma abertura política. Enfrentou uma sedição militar (15/16 março 1974), que controlou, mas foi derrubado pela Revolução dos Cravos, de 25 de abril de 1974, dirigida pelo Movimento das Forças Armadas - M.F.A., de tendência esquerdista.

Após o golpe militar de 25 de abril, António de Spínola assume a presidência da Junta de Salvação Nacional e a presidência da República em 15 de maio de 1974, iniciando o processo democrático português, mas abandonou o cargo após poucos meses de mandato, num cenário de crise política.

O General Spínola renunciou em setembro de 1974 (setembro) e cedeu lugar aos militares de esquerda (Costa Gomes, presidente e Vasco Gonçalves, primeiro-ministro). Nas eleições de abril de 1975, os socialistas e os comunistas saíram vitoriosos, obtendo 38% e 12,5% dos votos, respectivamente. Na sequência, devido às medidas revolucionárias que foram tomadas, houve confronto entre a classe média e o governo.

Em 1975, Vasco Gonçalves renuncia, e António Ramalho Eanes, que chefiava o exército, afastou os militares de extrema-esquerda, e foi eleito presidente em 1976 (abril). Nesse período Mario Soares organizou um governo homogêneo e minoritário. Em 1979 (dezembro) ganhou uma

[90] Marcello Caetano José das Neves Alves (1906 - 1980) - Professor, escritor e político luso, ministro de Ultramar, presidente da Câmara Corporativa, ministro da Presidência, reitor da Universidade Clássica de Lisboa e presidente do Conselho (1968-1974). Foi deposto em 25 de Abril de 1974 por iniciativa das Forças Armadas durante a Revolução dos Cravos e asilou-se no Brasil. Obras principais *Lições de Direito Corporativo, Lições de Direito Penal.*

coligação de centro-direita, liderada por Francisco Sá Carneiro. As tensões sociais aumentaram, após a morte de Sá Carneiro em acidente de avião. Em 1983, Mario Soares, após a eleição, organizou um governo de centro-esquerda, e Portugal aderiu ao CEE. Em 1985, Aníbal Cavaco Silva forma um governo de centro-direita e tenta reequilibrar a situação econômica caótica portuguesa. Em 1986, Mario Soares foi eleito presidente e, tendo a maioria parlamentar, reprivatiza a agricultura e abre o capital privado às empresas nacionalizadas, diminuindo o desemprego e a dívida externa. Em 1988 a Constituição foi revisada e manteve uma abertura liberal. Em 1993 eclodiu nova crise econômica que gerou greves e manifestações populares, levando, novamente, os socialistas ao poder (1995).

Em 1996 o socialista Jorge Sampaio conquistou a presidência, sendo reeleito em 14 de janeiro de 2001, destacando-se por sua constante intervenção político-cultural.

Em 2006, Aníbal Cavaco Silva tornou-se o 19º presidente da República portuguesa, tendo sido reeleito em 2011.

Em Portugal, um país onde o regime é semipresidencialista, o presidente é eleito de forma direta pelo voto popular, para um mandato de 5 anos. Uma das suas prerrogativas é nomear o primeiro-ministro, que pode ser aceito ou recusado pelos deputados da Assembleia da República. Em 2015 houve uma composição improvável de partidos de esquerda, apelidada em Portugal de "geringonça", dada a orientação ideológica divergente de cada um deles, principalmente entre comunistas e socialistas. Essa "união" ou arranjo tem se estendido por razoável período, visto que assim permanece há 4 anos.

O início, digamos, dessa "aproximação" partidária ocorreu durante as referidas eleições parlamentares de 2015. Embora tivessem concorrido separadamente, sem cogitarem aliança alguma, depois de terem tomado posse, os parlamentares de esquerda passaram a atuar contra a ala de direita e de centro-direita. Como, na prática, o presidente costuma indicar um primeiro-ministro que pertença ao partido político com o maior número de cadeiras na Assembleia, por ocasião das eleições desse período a coligação vencedora de direita, que obteve 38,5% dos votos, foi surpreendida quando o então presidente, Aníbal Cavaco Silva, teve rejeitada a indicação para primeiro-ministro de um político ligado ao bloco majoritário, Pedro Passos Coelho, do PSD (Partido Social-Democrata).

Na verdade, o Partido Socialista havia obtido 32,3% dos votos, e estaria supostamente impedido de refutar a indicação do primeiro-ministro por Cavaco Silva por não ser maioria. Mas cada um dos partidos de esquerda, que não haviam se juntado desde 1974 por diferenças programáticas, agora representados pelo Bloco de Esquerda (obteve 10% dos votos), pela Coligação Democrática Unitária, composta pelo Partido Comunista Português e pelo Partido Ecologista (8,25% dos votos), bem como por outros partidos menores (cada um com porcentagem de votos inferior a 2%), forçaram Cavaco a indicar António Costa, do Partido Socialista, partido este que habilmente negociou com os demais partidos a condução de um governo minimamente estável.

Em 9 de março de 2016, os eleitores portugueses elegeram Marcelo Rebelo de Sousa, também do PSD, como o 20º presidente da República, com mandato até 2021. Nas eleições de outubro de 2019, o Partido Socialista venceu as eleições parlamentares, e a centro-esquerda obteve 36,6% dos votos. Os socialistas deram continuidade ao objetivo de manter a aliança vigente com os outros partidos de esquerda. Como visto, a "geringonça" ainda se mantém, pois apesar de Portugal ter na presidência um representante da centro-direita (2020-2021), a esquerda é que indicou o primeiro-ministro, António Costa, confirmando o veto à posse de Pedro Passos, um primeiro-ministro de direita, defensor de uma proposta de austeridade econômica.

Capítulo 3
O DIREITO PORTUGUÊS: REFLEXOS NO BRASIL

3.1 Introdução

O direito romano (201 a.C.) e visigótico (456 d. C.) influenciaram a Península Ibérica, além do direito canônico (589 d. C.) e árabe.

Período Romano – Augusto efetuou uma nova divisão territorial, mantendo a Lusitânia como província e dando mais duas circunscrições administrativas. Caracala[91] criou uma nova província, denominada Nova Citerior Antoniana, e estendeu os direitos de todos os súditos romanos aos habitantes das províncias, por intermédio da Constituição Antoniana, de 212. Foram criadas quatro grandes prefeituras, "com a Lusitânia integrando a Prefeitura das Gálias"[92].

Na prefeitura exercia seu trabalho um governador ou magistrado que detinha, em sua jurisdição, os mesmos poderes e as mesmas atribuições dos magistrados de Roma. Ele podia manter, então, um *auditorium* de jurisconsultos e varões prudentes (homens de destaque na sociedade) que atuavam como tribunal. Havia, ainda, conventos jurídicos ou tribunais superiores. Em cada província existia uma Assembleia Provincial destinada a servir de contrapeso ao poder do governador, constituída segundo o sistema de desconfianças recíprocas, característica do direito público romano. A intenção do método era evitar uma eventual concentração de poder[93].

[91] Trata-se do codinome de Marco Aurélio Antonino, imperador romano de 211 até sua morte, em 217 d.C., então com 29 anos.

[92] Brandão, Cláudio; Saldanha, Nelson; Freitas, Ricardo (coords.). Pontes. *História do Direito e do pensamento jurídico em perspectiva*. São Paulo: Atlas, 2012, p. 262.

[93] Ibidem, p. 262.

Período Godo – Alarico, filho de Eurico, estabeleceu as leis godas na Ibéria (506). Lançou o Código de Alarico, *Liber Legum Romanorum, Lex Theodosii, Codex Theodogiani Legibus atque setentiis juris vel diversis electus,* ou Breviário de Aniano[94].

O Código de Alarico representa o elemento romano a reagir contra o germânico, adaptando-o pelas condições de luta ao meio bárbaro, e vindo a ser por este aparentemente suplantado. Essa compilação de leis visigodas, que revela fusão dos direitos romano e bárbaro, denominou-se *Forum Iudicum,* também conhecido por *Codex Legum, Liber Legum, Liber Hothorum* e *Liber Iudicum*; traduzida para o espanhol, tomou o nome de *Fuero juzgo*[95].

O *Fuero Juzgo,* primeiro código de caráter nacional, supostamente traduzido por Fernando III de Castela, sobreviveu à ocupação moura por terem os visigodos, considerados bárbaros por Roma, após inicial resistência, se fundido com as populações locais, pelo que as instituições, e não só as jurídicas, serão utilizadas mesmo séculos após a invasão árabe[96].

Na prática, coexistiam duas legislações: o Breviário de Aniano[97], imposto pelos conquistadores visigodos, e as leis peculiares locais, ou seja, os usos e costumes. O direito costumeiro foi profundamente marcante em toda a Idade Média da Ibéria, sobrepondo-se mesmo à lei comum. Outros autores veem a existência de mais de dois corpos legislativos, tanto que, ao iniciar-se um processo, pergunta-se ao réu: *sub qua legi vivis?*

[94] Ibidem, p. 264.

[95] Ibidem, p. 264-265.

[96] Ibidem, p. 265.

[97] Trata-se de uma compilação de leis romanas em vigor no reino Visigodo de Tolosa, durante o reinado de Alarico II (487-507 d.C.) e promulgado a 2 de fevereiro de 506. É também referido como *Breviarium Alarici, Breviarium Alaricianum,* Código de Alarico e Breviário de Aniano. Constitui fundamentalmente uma obra recompilatória de direito romano pós-clássico e vulgar, e é considerada como a mais importante realizada num reino germânico. Por esse motivo, e em atenção à forma como foi elaborada e posterior influência, foi qualificada – respeitando obviamente as proporções – como o equivalente ocidental do *Corpus Iuris Civilis* de Justiniano I.

(sob qual lei vive?). Evidente manifestação do princípio da personalidade das leis do direito germânico[98].

O *Fuero Juzgo* extinguiu a dupla legislação vigente na península – o Breviário de Alarico, imposto aos vencidos, e os usos e costumes visigodos –, subordinando a todos, conforme o espírito que por muito tempo imperou entre os visigodos: banir o direito romano[99].

Direito Canônico – o Direito Canônico influenciou o visigodo por suas ideias igualitárias e pelas noções democráticas de governo[100].

Direito no Período Árabe – pouca influência no campo do Direito, haja vista que "as instituições muçulmanas, de acordo com o estudioso Henrique da Gama Barros, enlaçavam-se de tal modo com o islamismo, que mal poderia radicar-se entre povos professando crença diversa"[101].

No período que durou a retomada da Península Ibérica pelos europeus, a chamada Reconquista, o *Fuero Juzgo* continuou "regulando a vida jurídica. A unidade apresentava-se como imprescindível para a nascente monarquia, contra a qual agia o fracionamento foral. Mas foram os foros municipais substituindo o *Fuero Juzgo*. É o momento em que surgem os reinos cristãos, e, no quadro da Reconquista, Portugal se torna independente, entrando seu direito em uma nova fase"[102].

A partir do século XII surgiria a monarquia portuguesa (século XII), efetivando-se "a existência própria do organismo nacional português, desde então politicamente diferenciado. Os portucalenses vão contar, daí em diante, com suas instituições peculiares, vão desenvolver-se por si como uma personalidade consciente, compenetrada dos seus elementos de vida e da justiça de suas aspirações"[103].

98 Brandão, Cláudio; Saldanha, Nelson; Freitas, Ricardo (coords.). Pontes. *História do Direito e do pensamento jurídico em perspectiva*, cit., p. 265.

99 Ibidem, p. 265.

100 Ibidem, p. 266-267.

101 "O estudo da jurisprudência muçulmana descobre-nos analogias, mais ou menos remotas, entre essa jurisprudência e o direito dos godos; as disposições das leis sarracenas relativas ao dote, dom nupcial, ao Talião e ao preço do sangue estão nesse caso a muitos respeitos. Dos mouros, também, a vindicta (vingança) privada". Brandão, Cláudio *et al. História do direito e do pensamento jurídico em perspectiva*, cit., p. 267.

102 Ibidem, p. 268.

103 Ibidem, p. 268.

Os reis Afonso Henrique, Sancho e Afonso I dedicaram-se ao povoamento e não à legislação. Portugal começa, assim, a ser regido por uma legislação fragmentária, de leis particulares e variadas que se destinavam às diferentes regiões do reino, de características marcadamente locais. São os forais que formam a primeira das fases em que se divide o direito nacional português: a do direito foraleiro e a das leis gerais[104].

Segundo antigo ditado lusitano, "Portugal nasceu com uma espada nas mãos", o que explica por que para expulsar os mouros seria necessário conquistar-lhes suas terras, mas não no modelo feudal, pois a terra conquistada não trazia a "delegação de poder hereditário". Ademais, as instituições municipais eram fortes e hierarquicamente sob o rei, e não sob o nobre local. Isso explica, ainda, a tensão entre o direito foral e a centralização, da qual resultaram as leis gerais, segundo período da fase nacional do direito português[105].

3.2 Os forais – miniaturas de Constituição

Os forais consistem em verdadeiras "miniaturas de Constituições políticas outorgadas aos *concelhos* municipais durante a Idade Média". E apresentam sentido duplo: "como instituição municipal, consistente na outorga de certas concessões aos *concelhos*, e como modalidades de leis civis, ou criminais, de caráter supletório, destinadas a suprir a ausência de costumes de certas localidades. No primeiro desses aspectos exigem mais atenção, porque é mediante essa forma que tal instituição irá mais tarde refletir-se na organização municipal dos domínios de além-mar, como embrião das posturas que constituem a legislação dessas pessoas jurídicas de Direito Público Interno"[106].

Outras classificações: forais municipais e nobiliários. "Os municipais determinavam a condição jurídica do povo e da classe média (burguesa). Os nobiliários dividiam-se em forais da nobreza e forais do clero. Observam-se ainda os forais pessoais e jurisdicionais, tais como os forais milita-

[104] Ibidem, p. 268-269.

[105] Ibidem, p. 269.

[106] Nascimento. Walter Vieira do. *Lições de história do direito*. Rio de Janeiro: Forense, 1990, p. 185.

res, escolástico ou acadêmico, eclesiástico, dos empregados e dependentes da Casa Real"[107].

Enfim, os forais expedidos pelos reis portugueses concederam franquias e privilégios aos municípios e abordaram o arrendamento de terras, individual ou coletivo[108].

[107] Brandão, Claudio *et al. História do direito e do pensamento jurídico em perspectiva*, cit., p. 271.

[108] Os primeiros tempos da monarquia portuguesa foram quase exclusivamente dominados pela legislação foraleira. Mas em 1211, no tempo de Afonso II, apareceram as primeiras leis gerais. O escritor, historiador, jornalista e poeta português da era do romantismo, Alexandre Herculano, enumera quatro espécies de forais:
"a) As cartas de povoação em que se estabeleceram a existência e as relações dessas sociedades elementares chamadas concelhos com a sociedade complexa e geral chamada nação ou com os seus agentes, incluindo debaixo desta denominação o mesmo rei;
b) As verdadeiras leis civis ou criminais dadas a um concelho que já existia ou se formava de novo, e faltavam costumes ou leis consuetudinárias que regulassem os direitos e obrigações recíprocas dos indivíduos, ou esses costumes fossem tais que se tornasse necessário reformá-los para se estabelecer a ordem e a paz dentro do município;
c) os simples aforamentos feitos coletivamente, ou por título genérico, a um número de indivíduos, determinado ou não, em que se estipulava o foro ou pensão que cada morador devia pagar ao senhor do terreno, quer este fosse do Estado (terras da Coroa), quer do rei (reguengos), quer particular (herdamentos);
d) os destinados, não a constituir ou restaurar um município, nem a suprir a falta de costumes tradicionais, nem a fixar a propriedade individual por via de uma carta de enfiteuse mas a remover a desordem nascida da má organização anterior disso tudo, ou da tirania e violência do senhor da terra (donatário) ou da barbaria e desenfreamento dos habitantes. (...) Os primeiros podem ser considerados como o pacto social, a constituição política dos municípios; os segundos como leis civis locais; os terceiros como um gênero de enfiteuse ou emprazamento; os quartos, enfim, como um composto de tudo isso".
Por sua vez, em oposição a Herculano, afirma Teófilo Braga, poeta, político e ensaísta português: "Os forais portugueses podem considerar-se como verdadeiras cartas de comunas (...). Para nós as cartas de foral não são mais do que a redução à lei escrita, da isenção da obrigação prescrita, um instrumento dessas imunidades alcançadas numa hora de revolta". Teófilo atribui aos forais um caráter de legislação comunal imposta e obtida pela burguesia triunfante aos dominadores da época. Mas para a maioria dos escritores portugueses, as cartas de foral provieram do impulso espontâneo dos reis, determinado, aliás, pelo desejo e pela necessidade de encontrar apoio no terceiro estado contra as pretensões cada vez mais caprichosas e impertinentes do clero unido à nobreza. Isso explicaria, por exemplo, o fato de que no reinado de D. Afonso III, o mais fecundo em concessão de forais, não houve nenhum movimento insurrecional nos municípios ou concelhos foralizados. *Vide* Martins Junior, José Izidoro. *História do direito nacional*. Rio

3.2.1 Câmaras e Concelhos[109]

Pode-se afirmar que "as câmaras, em cuja composição entravam um juiz, um representante de concelho e dois vereadores, completam toda a administração das cidades e vilas, compreendendo naturalmente a sua atividade o exercício do Executivo, do Legislativo e do Judiciário. Eram delas que emanavam as leis, ainda hoje conhecidas por Posturas, as quais dependiam de ratificação do Provedor ou Procurador da Fazenda, autoridade representante do poder central, a fim de adquirirem eficácia"[110].

Na formação do direito foraleiro muito contribuiu o fortalecimento dos municípios ibéricos. Com o desaparecimento da autoridade central, as liberdades públicas concentravam-se em municípios autônomos, calcados nos municípios góticos que, por sua vez, se inspiravam nos romanos. Em certa fase da Reconquista, alguns municípios foram virtualmente independentes[111].

Os municípios, de herança romana, assumiram características próprias na Ibéria e representaram relevante papel na reconquista, contribuindo para a sua liberação do jugo árabe. Importa notar, o que parece contraditório, que a existência dos foros locais foi favorecida pelos árabes quando permitiram aos hispano-godos regerem-se por suas próprias leis[112].

As leis de governança municipal, as militares, as penais, as civis, encontravam-se confundidas nesses numerosos pequenos códigos, escritos, em geral, em latim vulgar. Muitos não continham mais do que o traslado ou referência a outros, de outras terras. Neles se achavam taxados os foros, os serviços, as prestações e os direitos que os povos a eles submetidos deveriam pagar. Para atrair povoadores, a cada passo, empregam a concessão de isenções, privilégios e direito de asilo[113].

As circunstâncias da Reconquista, a necessidade de defesa do território e do seu povoamento foram os principais fatores aos quais se deve

de Janeiro: Typographia da Empreza Democrática Editora, 1895. Disponível em http://www2.senado.leg.br/bdsf/handle/id/224218. Acesso em 13 nov. 2019, p. 58-62.

[109] São heranças da democracia direta.

[110] Nascimento, Walter Vieira do. *Lições de história do direito*, cit., p. 184.

[111] Brandão, Claudio *et al. História do direito e do pensamento jurídico em perspectiva*, cit., p. 269.

[112] Ibidem, p. 269.

[113] Ibidem, p. 270.

a multiplicação das cartas de foral e do incremento dos Concelhos, ou seja, das municipalidades e de seu governo. Alguns forais concederam as mais amplas liberdades e autonomia, enquanto outros, concedendo liberdades mais ou menos amplas, não reconhecem qualquer autonomia administrativa ou judiciária"[114].

3.3 Leis Gerais

As Leis Gerais surgiram no reinado de Afonso II (após 1210) em toda a nação portuguesa. D. Afonso III incrementou a legislação geral[115].

As Leis Gerais não implicaram a abolição dos forais de D. Diniz[116], que aplicou a lei das Sete Partidas (1290), cujo conteúdo dispunha sobre direito, filosofia, história e moral sistematizados e redigidos como leis. Apresentavam preceitos romanos e canônicos efetuados a pedido de Afonso, *o Sábio*, de 1256 a 1265, e organizadas em sete partes. D. Manuel e D. João IV, também, estabeleceram Leis Gerais para administração da justiça em que foram criados juízes independentes, frutos de eleição popular, que limitaram os privilégios do clero[117].

3.4 Ordenações

Com D. João I, que iniciou a Dinastia de Avis, ocorreu a consolidação das diversas leis esparsas existentes, procedimento que continuou com D. Duarte e D. Pedro (regente), e com D. Afonso V, este coroado em 1446, tendo lançado o Código denominado Ordenações Afonsinas em 1521. Essas ordenações, que vigeram por pouco mais de meio século, divididas em cinco livros e um preâmbulo, consolidam, em definitivo, a legislação geral base para o direito português, fortalecendo a monarquia, o

[114] Ibidem, p. 270.

[115] Martins Junior, José Izidoro. *História do direito nacional*, cit., p. 77.

[116] "D. Dinis foi o rei verdadeiramente criador do espirito nacional português. Data do seu reinado a obrigatoriedade do uso da língua da pátria nos documentos públicos, antes escritos em latim. Ainda a D. Dinis deveram-se algumas providências de caráter processual, tais como: a) separação da jurisdição militar da jurisdição civil; b) aplicação de novas normas na administração da justiça através da Lei das Pontarias; c) regulamentação do direito de apelar diretamente para o rei (*vide*). *Vide* Martins Junior, José Izidoro. *História do direito nacional*, cit., p. 89.

[117] Ibidem, p. 90.

Estado Nacional e depois o Absolutismo. A partir de sua edição, o direito romano transformou-se em lei subsidiária. Desse modo, passou a ser aplicado somente nos casos omissos da legislação nacional[118].

Posteriormente, surgiram as ordenações Manoelinas[119] e Filipinas. Cada um dos referidos códigos se dividiu em cinco livros (...): Livro I – Direito Administrativo e Organização Judiciária; Livro II – Direito dos Eclesiásticos, do Rei, dos Fidalgos e dos Estrangeiros; Livro III – Processo Civil; Livro IV – Direito Civil e Direito Comercial; Livro V – Direito Penal e Processo Penal. A natureza das matérias contidas nas três Ordenações era a mesma, embora o seu conteúdo apresentasse pontos divergentes.

"(...) Em síntese: a) as Ordenações Afonsinas resultaram de um vasto trabalho de consolidação das leis promulgadas desde Afonso II, das resoluções das cortes desde Afonso IV e das concordatas de D. Dinis, D. Pedro e D. João, da influência do direito canônico e Lei das Sete Partidas[120], dos costumes e usos; b) as Ordenações Manoelinas formaram-se da reunião das leis extravagantes promulgadas até então e das Ordenações Afonsinas; c) as Ordenações Filipinas compuseram-se de disposições das ordenações Manoelinas e de outras decorrentes das reformas legislativas que se processaram no século XVI".

3.4.1 Ordenações Afonsinas

Antes de Afonso V, que editou as Ordenações que derivam de seu nome, Afonso III[121], ao cercear o poder da nobreza e, especialmente, dos prelados, também com o intuito de impor o poder real sobre as próprias

[118] Ibidem, p. 90.

[119] Nascimento, Walter Vieira do. *Lições de história do direito*, cit., p. 195.

[120] As Sete Partidas são um Código de Direito, ordenado pelo rei Afonso X de Castela (1252-1284), elaborado entre 1256 e 1265 com o nome de *Libro del Fuero*, ou *Fuero de las Leyes*, dividido em sete partes ou "Livros". Redatado em castelhano, a língua comum dos naturais do reino – que tinham como línguas sagradas o latim, o hebreu e o árabe –, o texto define sempre com precisão cada vocábulo empregado, apontando às vezes a palavra latina a que corresponde, e outras vezes sua etimologia, criando assim uma língua jurídica vernácula até então inexistente. A primeira letra de cada *Partida* forma o nome de "Alfonso". Cada Livro está dividido em "Títulos", que por sua vez estão divididos em "Leis".

[121] Filho do rei Afonso II e de Urraca de Castela.

povoações foralizadas, promulgou um grande número de leis gerais, de natureza penal, e, modificando as de Afonso II sobre juízes eleitos pelo povo, criou, à semelhança dos *missi dominici* das capitulares, magistrados especiais, encarregados de fazer inquisições anuais sobre o procedimento daqueles juízes"[122].

A D. Afonso III sucederam no trono, até o fim da primeira dinastia, os reis D. Diniz, Afonso IV, Pedro I e Fernando I. Em todos esses reinados continuou a faina da promulgação de leis gerais, abrangendo quase todas as matérias de direito privado:

> "*D. Diniz, sempre no intuito de favorecer toda propaganda que tendesse ao fortalecimento do poder da coroa, além de mandar traduzir em português a Lei das Sete Partidas (promulgada na Espanha por Afonso, o Sábio) e de ordenar ou permitir que ela fosse adotada em Portugal como legislação subsidiária, promoveu e realizou a fundação da Universidade de Lisboa (1291), determinando que nela fosse ensinado o Direito Romano. É que a Lei das Sete Partidas era essencial e profundamente romanista, e que da Universidade haviam de sair, ao influxo do direito justiniâneo (relativo a Justiniano), os jurisconsultos realistas, os acérrimos defensores da onipotência monárquica*"[123].

Com D. Afonso IV e D. Pedro I, o número das leis gerais aumentou e dentre elas podem ser apontadas as que eram feitas e publicadas nas Concordatas – assembleias de prelados, que decidiam sobre as dúvidas referentes à jurisdição e a imunidades do clero. D. Pedro I teve de publicar 33 artigos de lei, resolvendo algumas dessas dúvidas, seguindo, assim, os passos de D. Diniz, que também legislara sobre a mesma matéria[124].

D. Fernando I mantém o programa dos seus antecessores. Administrou questões ligadas à organização militar, mendigos, agricultura, comércio e navegações. Lembre-se de que o reinado de D. Fernando é a véspera do nascimento da 2ª dinastia. Vago o trono em 1383, por morte desse monarca, surgiu na cena política de Portugal o Mestre de Aviz, D. João, filho bastardo de D. Pedro, a quem a dialética do doutor João das

[122] MARTINS JUNIOR, José Izidoro. *História do direito nacional,* cit., p. 90.
[123] Ibidem, p. 89.
[124] Ibidem, p. 90.

Regras[125] e a espada do condestável Nuno Álvares[126], – o direito romano e Aljubarrota – asseguraram a Coroa[127].

É também, então, que o Direito vai entrar na sua fase orgânica, compenetrando-se da sua missão nacional, afirmando-se, especializando-se, consubstanciando-se em leis gerais que se transformarão nas Ordenações Afonsinas, Manoelinas e Filipinas[128].

D. João I criou, a pedido da população, um código português, encarregando desse trabalho o mestre João Mendes[129], corregedor da Corte, que, aos poucos, compilou, reformou e selecionou a legislação em vigor, que era um inextrincável "canevás" de cartas de foral e de leis gerais. O "mestre" morreu no reinado de D. Duarte e foi substituído por Dr. Ruy Fernandes[130], conselheiro do rei, que finalizou o trabalho em 1446[131].

[125] João Afonso das Regras (1357 – 1404) – Jurista luso, com estudos em Bolonha, foi chanceler de D. João I e organizou as "Ordenações". Defendeu que os reis de Castela não eram herdeiros do trono lusitano e apoiou a posse de D. João, o Mestre de Avis, como rei de Portugal. Era o início da dinastia de Avis (1385) com apoio das cortes lusas. Surgiu daí a "Teoria da origem popular de poder político". As cortes representam este poder.

[126] Nuno Álvares Pereira (1360 – 1431) – (São Nuno de Santa Maria – canonizado em 2005). Exerceu o cargo de Fronteiro de Entre Tejo e Guadiana (Alentejo) para defender a fronteira de sudeste, tendo vencido as batalhas de Atoleiros, Arronchos e Alegrete, contra os inimigos Castela e Leão. Foi nomeado "Condestável" do reino por D. João I, ou seja, ministro da Defesa e Chefe do Estado-Maior-General das Forças Armadas. Foi vencedor da Batalha de Aljubarrota contra os Castelhanos (1385).

[127] Martins Junior, José Izidoro. *História do direito nacional*, cit., p. 90.

[128] Ibidem, p. 91.

[129] João Mendes de Góis ([?] – 1433 /1440) João Mendes, cavaleiro, escolar em leis e corregedor da Corte de D. João I, principal responsável pela elaboração das Ordenações Afonsina, publicadas em 1446. Foi um dos funcionários de carreira mais duradoura, com um total de 73 cartas inventariadas e um múnus de mais de 30 anos (1402-1433). Não há qualquer dúvida que já era corregedor da Corte no ano de 1402. A 9 de fevereiro, desse ano, em Montemor-o-Novo, publica uma lei de D. João I para que os aforamentos se não façam por ouro, nem prata, mas pela moeda geral corrente no reino.

[130] Ruy Fernandes – Doutor em Direito, magistrado integrante do Conselho Real. Após o falecimento de João Mendes, a compilação das Ordenações Afonsinas foi continuada por ele, tanto durante o governo de D. Duarte quanto do infante D. Pedro e terminou em julho de 1446, na vila de Arruda. Em seguida, foi sujeita à aprovação de uma comissão revisora composta pelo próprio Ruy Fernandes, Lopo Vasques, Luís Martins e Fernão Rodrigues.

[131] Martins Junior, José Izidoro. *História do direito nacional*, cit., p. 93.

À época, ocupava o trono português D. Afonso V, sob a regência de seu tio, o príncipe D. Pedro. Foi este príncipe, portanto, quem tomou conhecimento da obra dos jurisconsultos João Mendes e Ruy Fernandes e mandou imediatamente publicá-la com o título de Ordenações Afonsinas (1446 ou 1447)[132].

Subira ao trono, em 1495, D. Manoel, sucedendo a D. João II, que recebera a Coroa por morte de D. Afonso V. Seu antecessor não havia aumentado grande coisa ao espólio jurídico de Afonso V. Mas isso não impediu D. Manoel de planejar e levar a efeito uma segunda compilação das leis portuguesas, as Ordenações Manoelinas[133].

3.4.2 Ordenações Manoelinas

A carta régia de 9 de fevereiro de 1506 indicou os "leterados" e "entendudos" (expressões correntes desde o século anterior para designar os legistas em geral) que se deviam ocupar da projetada reforma. Os incumbidos dela foram: o chanceler-mor do reino, Ruy Boto[134], o licenciado Ruy da Grãa[135], desembargador do Paço, e o bacharel João Cotrim[136], corregedor do cível da Corte[137].

Em 1513 o trabalho dos juristas era impresso em Lisboa, no entanto, essa edição não foi a definitiva, surgindo outra versão, um ano depois. Uma revisão foi feita sob a responsabilidade dos desembargadores João Cotrim, Pedro Jorge, João de Faria e Christóvão Esteves. Assim, só em

132 Ibidem, p. 93.

133 Ibidem, p. 96.

134 Ruy Boto – Doutor em Direito Romano (Cesareo), membro do Conselho do rei D. Manoel e Chanceler-mor do reino. Por ordem deste Monarca emendou o primeiro e segundo livros das Ordenações do Reino. A carreira deste letrado na administração central foi bastante longa: iniciou-a durante o reinado de D. Afonso V, quando foi nomeado desembargador da Casa da Suplicação em 1476; quando D. João II subiu ao trono, era Terceiro dos Agravos, e já tinha sido Ouvidor da Suplicação; foi durante esse reinado que se tornou Chanceler-mor, antes de abril de 1494.

135 Ruy da Grãa ([?] – 1519) Jurista e licenciado, desembargador do Paço, foi chanceler-mor em substituição a Ruy Boto. Foi um dos encarregados da Reforma das Ordenações (Manuelinas) concluída em 1514 (?) (1512-1513). A edição definitiva (gov. D. Manuel) ocorreu em 1521.

136 João Cotrim – Jurista, foi corregedor dos feitos cíveis da Corte.

137 Martins Junior, José Izidoro. *História do direito nacional*, cit., p. 96.

2 de março de 1521 as Ordenações Manoelinas foram publicadas como novo Código destinado a substituir o Afonsino[138]. Trouxe como principais novidades em relação ao ordenamento anterior a inclusão do direito marítimo, do direito dos mercadores e dos contratos mercantis, que já apareciam como legislação extravagante, necessários após o advento das grandes navegações.

No mesmo ano em que entravam em vigor as suas Ordenações, o rei D. Manoel morreu. D. João III o substituiu e modificou, em alguns pontos, a codificação de seu antecessor. Legislou sobre a ordem do processo, reformando-a, mandou rever o regimento dos desembargadores do Paço e o da Casa da suplicação, criou a Mesa da Consciência e Ordem[139].

Como houve alterações, foi organizada uma nova compilação geral das Ordenações Manoelinas, que o cardeal D. Henrique, que passou à história como Henrique I, regente do reino na menoridade de D. Sebastião, mandou Duarte Nunes de Leão[140] fazer e que foi confirmada por alvará de 1569[141].

3.4.3 Ordenações Filipinas

Foi em 1581 que o monarca espanhol Filipe II começou a reinar em Portugal sob o nome de Filipe I. Era o período da União Ibérica, em que os dois países tornaram-se um reino só, logo após a morte de d. Sebastião[142].

Em 5 de junho de 1595 mandou-se rever, reformar e codificar novamente toda a legislação portuguesa. Em janeiro de 1603, Filipe II decretou a observância, por todo o reino, das Ordenações Filipinas, o código destinado a reger por mais de dois séculos a nação portuguesa, e a ser a pedra angular do direito civil brasileiro[143].

As Ordenações Filipinas, assim como as anteriores, compreenderam cinco livros, divididos em títulos. O Livro I contém o Regimento dos

[138] Ibidem, p. 97.

[139] Ibidem, p. 97.

[140] Duarte Nunes de Leão (Évora, 1530? — Lisboa, 1608) foi um jurista, gramático e historiador português.

[141] Martins Junior, José Izidoro. *História do direito nacional*, cit., p. 97.

[142] Ibidem, p. 98.

[143] Ibidem, p. 98.

Magistrados e Oficiais da Justiça (exceto o do Desembargo do Paço, de 1582), definindo as respectivas atribuições. O Livro II define as relações entre o Estado e a Igreja, trata de direitos e bens da Coroa, privilégios do Fisco, da Igreja e dos donatários e proprietários. O Livro III cuida do processo civil e criminal (enquanto o correspondente Manuelino regulava o processo penal no Livro V). O Livro IV, do direito das pessoas e das coisas – Código Civil. O Livro V versa sobre direito penal, até militar[144].

As Ordenações Afonsinas, Manoelinas e Filipinas representam, em última análise, o esforço pacífico, ao mesmo tempo teórico e prático, da nação portuguesa para a consolidação da sua independência política pelo enaltecimento decisivo da monarquia e do poder majestático"[145].

3.4.3.1 O Código Filipino após a Restauração (1640)

A dominação dos Filipes de Espanha (1580-1640) não se perpetuou em Portugal:

> "*Por mais que fizessem para subordinar definitivamente os seus novos súditos, recordando e fazendo manter aparentemente a promessa proferida nas Cortes de Thomar, de que guardariam os foros costumes e isenções da nação portuguesa, fariam andar em separado do resto da Espanha o seu governo, administração e economia, e só a portugueses dariam os empregos do reino. Não conseguiram os príncipes estrangeiros captar a amizade sincera dos depositários das glórias de Aljubarrota. O movimento revolucionário de 1640 explodiu finalmente, como resultante natural das condições político-sociais da já então metrópole brasileira. O dia da aclamação foi a véspera da vitória do rei aclamado: – o duque de Bragança, D. João, quarto dos reis portugueses desse nome*"[146].

As Cortes de 1641 solicitaram ao novo rei a revisão das Ordenações Filipinas e a confecção de novo código nacional. No entanto, após ouvir os conselhos do legista Tomé Pinheiro da Veiga, procurador da Coroa,

144 Avellar, Hélio de Alcântara, *História administrativa e econômica do Brasil*, cit., p. 32.
145 Martins Junior, José Izidoro. *História do direito nacional*, cit., p. 102.
146 Ibidem, p. 103.

D. João, que entrou à história com o nome d. João IV, resolveu adiar a revisão da legislação. Justificou-se com a guerra, após sua aclamação[147].

Somente dois anos depois, em 29 de janeiro de 1643, foi editada a lei que confirmou e revalidou as Ordenações Filipinas. Com isso, o monarca preparava o espírito público para o regime de absolutismo sem freio que D. Pedro II, d. João V e D. José proclamariam no futuro. As Ordenações Filipinas regeriam por mais dois séculos o reino de Portugal[148].

Vale salientar que desde a Lei das Sete Partidas, durante o reinado de D. Diniz, até o advento da Lei da Boa Razão, em 1769, o *Corpus Juris Civilis* (e seus comentários, como as glosas de Bártolo e Acúrsio) e o Direito Canônico foram utilizados como direito subsidiário em Portugal, complementando inclusive as Ordenações quando fossem identificadas lacunas.

3.5 Estrutura judicial, legislação e jurisprudência portuguesas

3.5.1 Período de 1640 a 1750

Nesse período, a legislação e a jurisprudência portuguesas passaram por duas fases:

> *"Na primeira sofreram os efeitos da profunda reação política contra os restos do passado domínio espanhol. Isso quer dizer que foi vigoroso o embate do elemento nacional representado nas valentes cortes*[149] *de 1641, 1643, 1668, 1674, 1679 e 1697, de*

[147] Ibidem, p. 104.

[148] Ibidem, p. 105.

[149] *As Cortes* – "as leis gerais aprovadas pelas Cortes estavam sujeitas à sanção do rei. As Cortes tinham função legislativa, mas sob controle direto do poder central, ou seja, o soberano. Inicialmente tinham representantes da nobreza e do clero, posteriormente vieram os representantes do povo. (...) Antes de 1254, os procuradores dos conselhos não intervieram nas assembleias políticas da monarquia. Das Cortes, porém, deste ano data o chamamento dos delegados municipais aos Parlamentos. O povo, constituído e vigorizado lentamente, vê enfim assentarem-se os seus representantes no concelho dos reis, e a voz do homem de trabalho patentear solenemente contra as classes privilegiadas. (...) as cortes que depois desta data se reuniram são três as classes que ali têm representantes: o clero, por meio de seus superiores mais categorizados – bispos, abades e priores dos mosteiros, bem como mestres das ordens militares; a nobreza, por meio dos fidalgos mais elevados,

encontro ao absolutismo real, acastelado no Direito Romano e nas tradições dos séculos anteriores. Na segunda fase, a corrente jurídica voltou ao seu primitivo leito romano, reatando-se com duplo vigor a cadeia do predomínio do Poder Real. Foi assim, a partir do começo do século XVIII, isto é, desde os últimos tempos do reinado de D. Pedro II, até D. José, passando por D. João V"[150].

Ao findar 1747, apareceu a edição Vicentina das Ordenações, que foi compilada pelos religiosos de São Vicente de Fora, com o acréscimo das leis, dos decretos, das provisões etc., publicados nos reinados de D. João IV e seus sucessores, e o Repertório das Ordenações, contendo um extrato de toda a legislação, acompanhados de notas e remissões[151].

3.5.2 Período de 1750 a 1778

Vige o "discricionaríssimo pombalino, cruel, porém salutar e fecundo". Dá-se, então, o fenômeno interessante do decaimento do Direito Romano, tal como era ensinado, "surgindo dentre as ruínas da *escola bartolina*[152] o *método cujaciano*"[153].

Durante essa época, a legislação e jurisprudência tomaram nova direção:

> *"Pedantes e opressoras ou não, a verdade é que as leis de Sebastião José de Carvalho e Melo, sucessivamente conde de Oeiras e marquês de Pombal, fizeram, à monarquia, e, podemos dizer, à civilização, o enorme serviço de afastar delas*

escolhidos, segundo parece, conforme indicação do rei; o povo ou terceiro estado, por meio de representantes dos conselhos ou 'homens bons'".
Em síntese, "as cortes, quando ouvidas nas deliberações de ordem geral, tinham muitas vezes um papel de órgão antes consultivo do que deliberativo, à semelhança de alguns modernos Parlamentos políticos, ou corporativos nos tempos atuais". NASCIMENTO, Walter Vieira do. *Lições de história do direito*, cit., p. 186.

[150] Ibidem, cit., p. 186.

[151] Ibidem, cit., p. 186.

[152] A escola bartolina provém dos postulados do jurista Bártolo de Sassoferrato, jurista medieval que inseriu o método de interpretação baseado na *ratio legis*. Quanto ao método cujaciano, este substituiu justamente a Escola de Bártolo, impondo diretrizes metodológicas de cunho sintético, compendiário e demonstrativo.

[153] MARTINS JUNIOR, José Izidoro, *História do direito nacional*, cit., p. 110.

os tentáculos perigosos da teocracia e da oligarquia aristocrática. Pelos alvarás de 10 de março de 1764 e de 18 de janeiro de 1765 determinou-se que a jurisdição ordinária dos prelados era restrita aos negócios puramente espirituais; puseram-se em vigor as leis de amortização, proibiu-se a instituição da alma por herdeira, restringiu-se a antiga liberdade de testar em legados pios, capelas e sufrágios etc.; por outro lado, as leis de 7 de março de 1761, de 3 de agosto de 1770 e de 9 de julho de 1773 caíram sobre os privilégios da nobreza reduzindo-os quanto possível, e permitiram à burguesia aspirar às honras do segundo estado. No último ano desta época e primeiro do reinado de D. Maria (1778), teve lugar a tentativa da confecção de um novo código, aparecendo então o decreto de 31 de março, que criou para o fim a que se visava, uma junta composta de seis magistrados e presidida pelo Ministro do reino, o Visconde de Vilanova da Cerveira. Na conformidade daquele Decreto os compiladores deviam discutir os respectivos trabalhos em conferências, de modo a evitar antinomias e redundâncias. E realmente a Junta, por sua atividade, mostrou desejo tal de realizar a sua missão, que não se fez esperar o decreto de 17 de julho, pelo qual foram declaradas suspensas, provisoriamente, algumas leis anteriores, até a conclusão do projeto de Código. A nova compilação, porém não chegou a seu termo, fosse pelo eclipse das faculdades intelectuais de D. Maria, fosse pelos acontecimentos imediatamente subsequentes que levaram a Portugal as tropas de Junot"[154].

Duas importantíssimas leis podem ser mencionadas: as de 18 de agosto de 1769 e de 28 de agosto de 1772, ambas referendadas pelo grande estadista que assessorou D. José no governo. A primeira dessas leis é a chamada Lei da Boa Razão, pela interpretação que veio dar ao dispositivo da Ordenação do Livro III Título 64, em especial à parte final do respectivo preâmbulo[155].

Em linhas gerais, destacam-se as seguintes disposições:

[154] Jean-Andoche Junot, 1.° Duque de Abrantes (Bussy-le-Grand, 24 de setembro de 1771 — Montbard, 29 de julho de 1813), chamado de "a Tempestade", foi um militar francês, coronel-general dos Hussardos. *Vide* Martins Junior, José Izidoro, *História do direito nacional*, cit., p. 111.

[155] Martins Junior, José Izidoro, *História do direito nacional*, cit., p. 111.

"a) o cerceamento das liberdades doutrinárias e do arbítrio jurídico, de que gozavam advogados e julgadores, em manifesto prejuízo da jurisprudência pátria e da suprema judicatura da Realeza (preâmbulo, e ns. 1, 2, 3, 4, 5, 6, 7 e 8 da lei);
b) a redução da influência e prestígio do Direito Romano como elemento subsidiário da legislação; relegado tal Direito para um plano inferior não só pela definição da boa razão como pela condenação das glosas de Acúrsio e Bartolo (ns. 9, 10, 11 e 13 da Lei)"[156].

Sobre a Lei da Boa Razão cumpre ponderar:

"A Lei da Boa Razão afigura-se-nos ter sido, no Direito português, um equivalente da obra dos pretores e dos jurisconsultos no Direito Romano. Do mesmo modo que os 'magistratum edicta' e as 'responsa prudentium', isto é, as ficções e exceções pretorianas acompanhadas das opiniões dos 'conditores juris' modificaram profundamente o 'jus quiritarium' pela ação renovadora do 'jus gentium' e do 'jus naturale'; as disposições da Lei de 18 de agosto revolucionaram o velho Direito português pela intervenção do elemento crítico-filosófico na interpretação e aplicação das leis. O Marquês de Pombal forjou (...) o 'jus honorarium' português, resumindo no seu ato legislativo a tarefa dos magistrados e jurisconsultos romanos. O 'jus civile' lusitano era Acúrsio e a Glosa; a Lei da Boa Razão veio a ser, contra ele, o 'jus gentium' e 'naturale' reunidos sob o influxo de Cujácio"[157].

3.5.3 Período de 1778 a 1823

D. Maria I determinava: "se averiguassem Primo: quaes leis se acham antiquadas e pela mudança de coizas inúteis para o presente futuro. Secundo: quais estão revogadas em tudo ou em parte. Tertio: quais são as que na practica forense tem sofrido diversidade de opiniões na sua intelligencia causando variedade no estilo de julgar. Quarto: as que pela experiência pele reforma e inovação em benefício publico para que sendo elle presente tudo *Eu determine estabeleça o que deve constituir-se no novo Código*"[158].

[156] Ibidem, p. 117.
[157] Ibidem, p. 119.
[158] SILVA, Nuno J. Espinosa da. *História do direito português*. Lisboa: Fundação Calouste Gulbenkian, 2006, p. 482.

No período "de 1778 a 1823 nada de superiormente notável floresceu no revolto mar da vida nacional portuguesa. A não ser os trabalhos do jurisconsulto e magistrado Pascoal José de Melo Freire[159] (autoria dos projetos de Código Criminal e de Direito Público – 1780 a 1790)"[160].

Nessa época, prevalece a vacilação e a incerteza, o desfalecimento e o desgosto por obras sérias de legislação. Observamos, nessa fase, "as tentativas de Código Penal Militar e Código Militar da Marinha, manifestadas no princípio da regência de D. João VI, não modificam o *status quo* porque frustraram imediatamente. Depois disso há só a notar os atos legislativos emanados da corte do Rio de Janeiro e, na maior parte, referentes ao Brasil. Com relação a Portugal avultam apenas, nessa época, a Carta Régia de 1810, o Alvará de 2 de abril de 1815 (relativos aos forais) e os atos de 1822, consecutivos à Revolução de 1820 e à volta de D. João VI para a velha sede do reino"[161].

3.5.4 As Leis Agrárias

Lei das Sesmarias – foi promulgada em 1375 por D. Fernando, com o objetivo de suprir a escassez de cereais, ocasionada pelo abandono das lavouras; sanar a carência de mão de obra, devido à constante evasão do trabalho rural para atividades menos penosas; amenizar o encarecimento dos gêneros e elevação dos salários dos homens do campo; suprir a falta de gado para lavoura e seu preço exorbitante; apoiar a criação de gado em detrimento da agricultura; regularizar a oscilação entre o preço da terra pedido pelo senhorio e o valor oferecido pelo locatário; e, finalmente, combater o aumento dos ociosos, vadios e pedintes. Produziu bons resultados, sendo incorporada ao Livro IV das Ordenações do Reino (Afonsinas, Título 81; Manoelinas, Titulo 67; e Filipinas, Titulo 43)[162].

Lei Mental – foi editada em 1434 no reinado de D. Duarte (1433-1438), sendo realizada segundo a vontade de D. João I para limitar a força da nobreza.

[159] Pascoal José de Melo Freire (1733 – 1798) – Jurista luso, escreveu: *Instituições do direito civil criminal português* e *História do direito civil português*.

[160] Martins Junior, José Izidoro, *História do direito nacional*, cit., p. 116.

[161] Ibidem, p. 116.

[162] Nascimento, Walter Vieira do. *Lições de história do direito*, cit., p. 189.

"Com a Lei de 1434 foi possível impor um cerceamento indiscriminado aos privilégios da aristocracia, largamente beneficiada pela concessão que acumulou durante o reinado de D. João I. Graças a essa lei, o feudalismo não teve em Portugal o mesmo desenvolvimento que alcançou em vários outros países da Europa, embora não lhe faltasse forte oposição por parte da nobreza. Ainda na vigência das Ordenações Afonsinas de 1446, era tida como contrária ao direito e à justiça. Daí, talvez, o fato de a Lei Mental ter sido inserida somente nas Ordenações Manuelinas de 1521 (Livro II, Titulo 35)"[163].

3.5.5 A estrutura judicial portuguesa

A estrutura judicial adquire contornos no século XIV, durante o reinado de D. Afonso IV (1325-1357). Já se percebe a ascensão da classe dos juristas profissionais sob os auspícios da Coroa. Em específico, em 1352 criaram-se os juízes de fora e deu-se o regimento geral dos corregedores (magistrados incumbidos de fiscalizar o trâmite processual e os serviços judiciários). Assim ocorreu:

"A ascensão dos legistas continuou, e com a Revolução de 1383, que conduzira D. João I, Mestre de Aviz, ao trono, obtiveram nova vitória. As Cortes de Coimbra, reunidas em 1385 para aclamar e legitimar a escolha de D. João I, alçaram os letrados (juristas oriundos da universidade) à condição de fidalgos. Estabelecida progressivamente a hierarquia dos tribunais régios e a profissionalização dos letrados, sobrepondo-se aos juízes eleitos e leigos, a magistratura começava a tornar-se uma carreira e uma corporação. Uma carreira porque os magistrados poderiam ser alçados de cargos inferiores a superiores. Uma corporação porque seus interesses se autonomizaram, seja perante outros estamentos, seja perante o próprio rei"[164].

A estrutura judicial idealizada e desenvolvida no reinado de D. João II (1481-1495) tende a se subordinar à justiça régia. É nesse reinado que se cria o Desembargo do Paço, o grande órgão da administração da justiça; um Conselho de Justiça, que administra todos os outros tribunais,

[163] MATTOSO, José. *História de Portugal – antes de Portugal.* Lisboa: Círculo de Leitores. 1992, v. I, p. 187.

[164] LOPES, José Reinaldo de Lima. *O direito na história – lições introdutórias.* 3.ed. São Paulo: Atlas, 2008, p. 259-260.

nomeia juízes, corregedores e desembargadores. Trata-se do órgão superior do sistema judicial. Ao lado dele estão os altos Tribunais do reino: em primeiro lugar, a Casa da Suplicação de Lisboa; em segundo lugar, a Mesa de Consciência e Ordens (cuja competência abrangia as matérias eclesiásticas, as Ordens Militares – dos cavaleiros religiosos, com os Hospitaleiros de São João, bem como a Universidade de Coimbra, os benefícios e títulos eclesiásticos e os interesses dos órfãos e escravos). Havia outros Tribunais intermediários, chamados relações: a Relação do Porto (criada em 1580), a Relação de Goa, na Índia, a Relação da Bahia (criada em 1609) e a Relação do Rio de Janeiro (estabelecida em 1751). As relações eram os tribunais ordinários de apelação ou recurso, de modo geral. Abaixo das relações havia os ouvidores-gerais, e abaixo destes os juízes ordinários (juízes das câmaras) ou juízes de fora, conforme o caso[165].

Juízes de fora – quanto aos juízes de fora e corregedores, temos:

> *"Os juízes de fora[166] e os corregedores foram instrumentos diretos de intervenção régia nas autonomias locais. Eram letrados nomeados pelo rei para exercerem uma jurisdição que competia com a dos juízes ordinários, leigos e eleitos pelas Câmaras. Eram juízes de fora das câmaras. Os juízes de fora portavam uma vara (bastão) branca em público. Vale lembrar que na sociedade daquele tempo todos deviam vestir-se com roupas que os distinguissem ou identificassem por estamento, ou profissão, ou grupo social (as leis regulavam esta apresentação pública): nobres como nobres, clérigos como clérigos e juízes como juízes, distinguindo-se pela vara ou bastão que completava o traje. O regimento de 1609, do Tribunal da Relação da Bahia, por exemplo, impunha que os desembargadores não usassem vestidos de cor, mas se apresentassem trajados com roupas usadas pelos desembargadores de Lisboa, no tribunal ou na cidade, de maneira que 'representassem o cargo que detinham', disposição repetida no regimento de 1652 e no regimento da Relação do Rio de Janeiro (1751). Organizado o regimento dos corregedores, estes também já se sobrepuseram aos Conselhos: sua jurisdição era definida como uma Comarca ou Correição. Passaram a ouvir os recursos e investigar e inspecionar*

[165] Ibidem, p. 260.

[166] Tratava-se o juiz de fora de um magistrado, nomeado pela Coroa portuguesa, para atuar em qualquer lugar, sob o pretexto de que administravam melhor a justiça aos povos do que os juízes ordinários ou do lugar, em razão de suas afeições e ódios.

eleições, denunciar criminosos (portanto com funções de acusação ex officio), supervisionar os serviços públicos"[167].

Juízes de órfãos – havia ainda os juízes de órfãos, pois sob sua jurisdição ficavam as causas envolvendo interesses de órfãos, ausentes, escravos, irmandades ou associações religiosas leigas, as casas de misericórdia e outras estruturas paralelas que contassem com um provedor (um juiz interno, sobrevivente da autonomia jurisdicional das corporações). Ligados à justiça, sem exercer a jurisdição, havia os oficiais auxiliares (escrivães, inquiridores, meirinhos etc.)[168].

"De maneira geral, a estratégia da Coroa para ter ainda algum controle do aparelho judicial era a criação de vários cargos com jurisdições que se sobrepunham. Existiam, pois, diversos funcionários judiciais que se fiscalizavam reciprocamente, com progressiva ampliação dos poderes dos mais diretamente subordinados à Coroa"[169]. Em relação ao "sistema judiciário e recursal pode-se dizer o mesmo que disse Caio Prado Jr.[170] acerca do sistema administrativo em geral: 'Todas estas limitações da autoridade do governador são consequência do sistema geral da administração portuguesa: restrição de poderes, estreito controle, fiscalização opressiva das atividades funcionais. Sistema que não é ditado por um espírito superior de ordem e método, mas reflexo da atividade de desconfiança generalizada que o governo central assume em relação a todos seus agentes, com presunção muito mal disfarçada de desleixo, incapacidade, desonestidade mesmo em todos eles. A confiança, com outorga de autonomia, contrabalançada embora por uma responsabilidade efetiva, é coisa que não penetrou nunca nos processos da administração portuguesa'"[171].

O desenvolvimento da administração da justiça ocorreu paralelamente à regulamentação crescente do procedimento. O sistema foi regu-

[167] Lopes, José Reinaldo de Lima. *O direito na história – lições introdutórias*, cit., p. 260.
[168] Ibidem, p. 261.
[169] Ibidem, p. 261.
[170] Caio Prado Jr. (1907 – 1990) – Professor, historiador, deputado a Assembleia Legislativa Paulista (1947) e dono da Editora Brasiliense. Representou a linha marxista na análise da História do Brasil. Obras: "Evolução Política do Brasil", "Formação do Brasil contemporâneo", História econômica do Brasil, "A revolução brasileira" etc.
[171] Lopes, José Reinaldo de Lima. *O direito na história – lições introdutórias*, cit., p. 261.

lado de modo a permitir cada vez mais que os tribunais mais próximos do rei pudessem ouvir apelos e recursos vindos de tribunais e magistraturas locais e inferiores. No caso de Portugal, isto significava apelo para a Casa de Suplicação de Lisboa, ou a Mesa de Consciência e Ordens ou o Desembargo do Paço. Os Tribunais superiores faziam a correção das sentenças dos juízes inferiores para adaptá-las ou ao direito régio ou – em caso de lacunas – ao direito comum, erudito[172].

Na medida em que os procedimentos deviam ser levados eventualmente a um tribunal superior, sua uniformização dependeu de dois fatores: sua redução a escrito e profissionalização de seus agentes. Cresceram em importância os profissionais letrados do direito, oficiais de carreira ou detentores de cargos doados pela Coroa. Decresceram em importância os juízes leigos, eletivos, e tenderam a desaparecer a oralidade e o contato imediato do juiz com os fatos e as pessoas envolvidas no litígio. Seja a profissionalização, isto é, a entrega de cargos judiciais a letrados (especialistas em direito civil e canônico), seja a venalidade ou a patrimonialidade dos cargos, ambas levaram ao declínio progressivo das formas "populares" de participação no processo e na justiça, como em toda parte. Em Portugal, a partir de 1539, exigiu-se de todo juiz de fora e corregedor o título de bacharel universitário em direito[173].

Juízes ordinários – eleitos pelas Câmaras, os juízes ordinários provinham de classes superiores (*meliores terrae*), e não se cogitava escolher judeus, mouros, cristãos-novos, trabalhadores braçais. Logo, os escolhidos "representavam também uma força de oposição à modernização do Estado: eram os maiores proprietários, maiores no clero etc.", e "deram voz, sobretudo, à nobreza rural (os rentistas tinham tempo para a vida pública). Quanto à sua atuação judicial, dispunham da alternativa de proferir decisões orais, conforme o costume local, diferentemente do previsto na lei de origem régia ou nos textos do direito romano (civil) ou canônico. Aliás, na senda das Ordenações Filipinas (Livro I, Título 65, 7/23/25/73), privilegiava-se o procedimento oral e até mesmo decisões

172 Ibidem, p. 261-262.
173 Ibidem, p. 262.

desmotivadas, evitando-se longos processos a fim de baratear os custos (laudas escritas eram cobradas)"[174].

O longo período em que se incorporou a jurisdição popular, ou corporativa, senhorial, ou eclesiástica, terminará finalmente nas reformas dos fins do século XVIII e início do século XIX, umas feitas sob o impacto da Revolução Francesa e outras já anunciadas nos Estados e governos influenciados pelo Iluminismo, os absolutismos esclarecidos. A ideia de que o juiz é um delegado do poder estatal central tem cerca de 200 anos e equivale à separação entre Estado e sociedade civil que se afirma com a modernidade e o capitalismo[175].

A estrutura judicial portuguesa, durante a monarquia, caracterizou-se por três fases[176]:

1ª) direito consuetudinário ou costumeiro (forais); 2ª) legislação geral e escrita, codificações (Ordenações do Reino: Afonsinas, de 1446; reinado de D. Afonso V; código impresso pela primeira vez em 1792; Manoelinas, publicadas em 11 de março de 1521, nos fins da vida de D. Manuel, o Afortunado; e Filipinas, instituídas por lei de 11 de janeiro de 1603, de Filipe II de Portugal ou III da Espanha); 3ª) período liberal, das codificações do século XIX em diante[177].

Vale ressaltar que as dinastias reinantes em Portugal correspondem às seguintes fases, que foram anteriormente indicadas:

- Dinastia de Borgonha ou Afonsina (1140-1383): 1ª fase.
- Dinastia de Avis (1385-1580): transição da 1ª para a 2ª fase e parte desta.
- Dinastia Filipina, Espanhola, Austríaca ou de Habsburgo (União Ibérica, 1580 a 1640): prosseguimento da 2ª fase.

174 Ibidem, p. 262.

175 Ibidem, p. 262-263.

176 O historiador João Camilo de Oliveira Tôrres diverge, em parte, da periodização da monarquia lusa apresentada e prefere adotar a seguinte subdivisão: "até o fim da primeira dinastia, monarquia de tipo feudal; monarquia de soberania limitada – reis da dinastia de Avis, os Filipes e os primeiros Braganças; absolutismo, ou monarquia de soberania absoluta, de D. João V a D. João VI; monarquia constitucional, depois da Revolução do Porto". *Vide* Avellar, Hélio de Alcântara. *História administrativa e econômica do Brasil*, cit., p. 26.

177 Ibidem, p. 26.

- Dinastia de Bragança (1640-1910): continuação da 2ª fase; a partir de D. João VI, 3ª fase[178].

3.6 A descentralização política do Brasil-Colônia – o papel das Câmaras Municipais

Nesse período, as vilas tiveram papel relevante na ocupação da Colônia, e destacaram-se as Câmaras Municipais.

Tiveram início nas Vilas de São Vicente e de Piratininga em 1532, por intermédio de Martim Afonso de Souza[179]. Os vereadores, inicialmente, eram nomeados entre os denominados "homens bons", pessoas de haveres, mas que não fossem judeus, nem estrangeiros, nem expressassem ofício mecânico. Normalmente, eram designados dois ou mais vereadores, dois juízes ordinários ou da terra, para realizarem as variações dos concelhos, para administrarem o município e defenderem a sua autonomia. Realizavam, portanto, a ligação entre a população e os órgãos administrativos da Colônia, sendo, conforme afirmou Caio Prado Jr., o "cabeça do povo"; era um espaço de negociação política. Com as Ordenações Filipinas os vereadores ou concelhos, transformando-se em Câmaras Municipais ou Senado da Câmara, passaram a ter uma composição de três ou quatro vereadores, dois juízes ordinários, um procurador, um tesoureiro e um escrivão. As eleições ocorriam a cada três anos quando, também, eram indicados os oficiais camarários, nomeados conforme a demanda da administração.

As nomeações eram: juiz de vintena, almotacés (fiscais) depositados e quadrilheiros (pedestres, guardas ou policiais). As reuniões ocorriam duas vezes por semana, em média, e quem faltasse era multado. Os assuntos tratados abordavam principalmente fiscalização das condições de vida urbana, abastecimento de gêneros, salubridade e higiene das vilas, as

[178] Ibidem, p. 27.

[179] Martim Afonso de Souza (1500 – 1571) – Nobre luso, fundador das primeiras vilas brasileiras, donatário da Capitania de S. Vicente, comandou uma expedição de povoamento e de Guarda-costas do Brasil (1530). Fundou também o núcleo denominado Piratininga, nove léguas para o interior que irá originar São Paulo.

regras gerais do império luso, discussão das "posturas", realizavam representações do rei[180].

A partir de 1696, o rei passou a nomear os juízes de fora, que trabalhavam por intermédio de posturas e editais, substituindo, assim, os juízes ordinários, estes eleitos pelo povo e que exerciam a função de presidência da câmara.

As Câmaras taxavam desde salários de índios e demais trabalhadores livres em geral, aos artefatos dos ofícios mecânicos, à carne, à farinha, ao sal, à aguardente, ao pano e fio de algodão; regulavam o curso e valor da moeda, prendiam funcionários particulares, faziam alianças políticas entre si; finalmente, até chegavam a nomear e a suspender governadores e capitães.

Em suma, as câmaras e as misericórdias formaram os dois pilares que deram sustentação ao império luso, mas perderam força a partir do surgimento dos vice-reis[181].

As vilas maiores do litoral afirmaram-se como base da administração e do poder metropolitano, base militar e ponto de contato com a Metrópole, enquanto centros do comércio exportador e importador. A elite colonial dominante beneficiou-se com a política real não só pelas grandes porções de terra que recebeu com as doações de sesmarias, como pelo controle que assumiu dos organismos políticos locais.

Apesar de as instituições municipais implantadas no Brasil serem as mesmas de Portugal, aqui elas assumiram configurações peculiares. As condições da Colônia fizeram com que, na prática, o esquema administrativo proposto pelas Ordenações adquirisse características próprias. O isolamento das vilas, afastadas geralmente dos centros de poder, fazia com que ganhassem uma autonomia que não constava nas Ordenações. A resolução de uma série de problemas, que em condições normais seriam resolvidos pelo governo central, ficava a cargo do Senado da Câmara, que acabava por beneficiar os grandes proprietários, de quem era o efetivo órgão representativo. A mostra de Independência que davam os colo-

180 Avellar, Hélio de Alcântara. *História administrativa e econômica do Brasil*, cit., p. 165.

181 Salles, Hyllo Nader de Araújo. *Negócios e negociantes em uma conjuntura crítica: o porto de Salvador e os impactos da mineração*. Juiz de Fora: Universidade Federal de Juiz de Fora -1697-1731, 2014.

nos, reunidos em suas câmaras, não preocupou a Coroa até a segunda metade do século XVII. Ao contrário, esta até abonou um procedimento nas vezes em que se solicitou sua intervenção.

Os colonos realizavam justamente os interesses da Coroa – ocupação e povoamento das terras, busca de pedras e metais preciosos, desenvolvimento do sistema exportador etc. –, não havendo, portanto, razão para tolhê-los em suas iniciativas e muito menos para temer qualquer proposição libertária. Apenas após a restauração portuguesa é que veríamos a preocupação clara da Coroa em sujeitar os colonos às autoridades de sua administração, que se ampliava e afirmava, quando se rompia a identidade de interesses que houvera entre os colonos e a Coroa[182].

A dominação espanhola[183] sobre Portugal teve consequências imediatas para o Brasil, a saber:

1) Declínio do ciclo da cana (devido à luta contra os holandeses e ao arrasamento da esquadra portuguesa).
2) Diversas invasões de franceses, ingleses e holandeses (de certa forma, tiveram aspectos positivos).
3) Expansão territorial do Brasil (Tratado de Tordesilhas não tinha mais razão de ser).

[182] Ibidem.

[183] 1521-1557 – Governo de D. João III em Portugal. Com sua morte, sucede-o seu neto, D. Sebastião. Durante a menoridade governam D. Catarina (avó de D. Sebastião) e depois dela o Cardeal D. Henrique (irmão de D. João III).
1568 – D. Sebastião foi considerado maior. Seu sonho foi reconquistar o império marroquino.
1578 – Desaparece D. Sebastião na Batalha de Alcácer-Quibir, em que o exército português foi totalmente arrasado pelos marroquinos. Governa Portugal o Cardeal D. Henrique já com 65 anos e muito doente. Durante seu governo há luta pela questão da sucessão. Havia vários pretendentes e entre eles Felipe II da Espanha, que era sobrinho de D. Henrique, neto de D. Manuel. O Cardeal morre, sem indicar o sucessor. Organiza-se um governo provisório, mas Felipe II toma o poder com 25.000 homens, comandados pelo Duque de Alba. Inicia-se assim a Dominação Espanhola sobre Portugal e suas colônias. Para saber mais acerca da dominação espanhola sobre Portugal, *vide* Mendes Jr., Antonio; Roncari, Luiz; e Maranhão, Ricardo. *Brasil – história, texto e consulta – Colônia.* v. 1, São Paulo: Brasiliense, 1988, p. 146.

4) Advento do sentimento de nacionalidade com a luta contra os holandeses.
5) A expansão da vida urbana e origem da burguesia (holandeses no Nordeste).

Apesar de o Brasil não figurar entre as principais peças econômicas do império colonial espanhol, nem por isso alegrava-se a Metrópole pelos constantes desmandos de seus representantes no ultramar. Um exemplo dessa negligente ação dos oficiais da Fazenda real estava no caso da nau inglesa Mercador Real, que aportara a Pernambuco carregada de fazenda e que deveria ter pago direitos de entrada no valor de 7 a 8.000 cruzados; mas os oficiais da Alfândega haviam repartido entre si o dinheiro.

Outra modificação importante deu-se em termos da organização judiciária da Colônia, com a criação do Tribunal de Relação de Salvador, o primeiro dessa espécie em terras brasileiras (1587). Era moroso, até então, o curso da justiça, uma vez que as apelações de sentenças eram julgadas em Lisboa, causando inúmeros transtornos aos colonos. Alguns meses mais tarde foi estabelecido um Regimento dos desembargadores e outros funcionários da nova Relação, estabelecendo os limites de sua autoridade, de acordo com os regulamentos a que estava submetida a Casa de Suplicação, tribunal de grande importância na capital lusitana.

Em 1572, o Brasil foi dividido em *dois governos*: Governo do Norte – sede em Salvador – D. Luís de Brito de Almeida[184]; Governo do Sul – sede no Rio de Janeiro – D. Antonio Salema[185].

Significativa modificação no campo administrativo foi a criação, em 1621, do Estado do Maranhão, separado do Estado do Brasil. Compunha-se o primeiro das capitanias reais do Grão-Pará, do Maranhão e do Ceará,

[184] Sob o reinado de D. Sebastião, a Metrópole incumbiu D. Luís de Brito de Almeida a tarefa de conquistar a parte norte do Brasil. Por sua vez, D. Antonio Salema tratou de impedir a escravização do índio. Assim, D. Sebastião justificou os motivos da divisão: "sendo as terras da costa do Brasil tão grandes e distantes umas das outras e haver já agora nelas muitas povoações e esperanças de se fazerem muitas mais pelo tempo em diante, não podiam ser tão inteiramente governadas como cumpria, por um só Governador, como até aqui nelas houve". *Vide* MENDES JR., Antonio; RONCARI, Luiz; e MARANHÃO, Ricardo, *Brasil: história, texto e consulta – Colônia*. v. 1, cit., p. 127.

[185] Ibidem, p. 127.

enquanto as demais capitanias ficavam afetas ao segundo. A sede do novo Estado seria estabelecida em São Luís do Maranhão. Essa divisão objetivava, fundamentalmente, a melhoria dos contatos da Metrópole com a região norte da Colônia, uma vez que as correntes marítimas dificultavam muito o contato com Salvador. Além do mais, a Espanha interessava-se politicamente pela defesa da região, cobiçada pelos seus principais inimigos europeus – franceses, ingleses, holandeses. O Estado do Maranhão existiu até 1774, quando foi extinto por ordem do Marquês de Pombal.

As Câmaras Municipais do período colonial derivaram do modelo português, isto é, da organização municipal portuguesa com raízes romanas e funções político-administrativas previstas no Livro I das Ordenações. O poder municipal era representado por dois elementos constitutivos: a Alcaidaria e a Câmara Municipal, ou "Senado da Câmara", denominação esta que variava de cidade para cidade[186].

O donatário da capitania incumbia-se da Alcaidaria e de suas rendas, bem como da nomeação do alcaide, este um subordinado e capitão da vila. Quanto ao Senado da Câmara, este, ao mesmo tempo, funcionava como um órgão de caráter local e integrava-se ao conjunto da administração geral. Por sua vez, em relação à Câmara, cujos membros exerciam cargos eletivos, exercia uma dupla função: representar a vontade de uma população qualificada (os grandes proprietários); e cumprir ou executar as decisões do governador, por estar subordinada a ele. Compunha-se de um juiz presidente, ora chamado de juiz ordinário, se eleito com

[186] "(...) as instituições municipais implantadas no Brasil (...) assumiram configurações peculiares. (...) O isolamento das vilas, afastadas geralmente dos centros de poder, fazia com que ganhassem uma autonomia que não constava nas Ordenações. A resolução de uma série de problemas, que em condições normais seriam resolvidos pelo governo central, ficava a cargo do Senado da Câmara, que acabava por beneficiar os grandes proprietários, de quem era o efetivo órgão representativo. A mostra de Independência que davam os colonos, reunidos em suas câmaras, não preocupou a Coroa até a segunda metade do século XVII. Ao contrário, esta até abonou um procedimentos nas vezes em que se solicitou sua intervenção". Entende-se que não havia como repreender o comportamento independente dos colonos, visto que, na verdade, estes atendiam aos interesses da Coroa em sua iniciativa de ocupar e povoar as terras, explorar a atividade mineradora; exportar etc. *Vide* MENDES JR., Antonio; RONCARI, Luiz; e MARANHÃO, Ricardo, *Brasil: história, texto e consulta – Colônia*. v. 1, cit., p. 127-128.

os demais membros da Câmara, ora de juiz de fora, eventualmente um letrado da Metrópole, se nomeado pela Coroa[187].

As Câmaras dispunham de patrimônio próprio, oriundo de terras cedidas durante a criação da vila, e geriam suas próprias finanças, por meio dos réditos (cobrança de impostos municipais), dos foros (renda das terras aforadas) e demais tributos fixados em lei geral ou instituídos pela Coroa[188].

3.7 O século XVII e a nova política e administração colonial da Metrópole – atinge as Câmaras Municipais

Foi uma política de abafar as possibilidades de autonomia da Colônia, para aproveitar apenas o que era útil ao mercado europeu e pudesse dar lucro a Portugal.

As mudanças observadas no comportamento econômico de Portugal com relação ao Brasil, no sentido de aumentar a exploração colonial, deveriam ser acompanhadas de transformações no campo político-administrativo, ao estabelecer uma centralização político-administrativa e de afirmar o poder metropolitano sobre a Colônia[189].

[187] "Os juízes ordinários eram sempre dois, que exerciam alternadamente suas funções, mudando de mês em mês, durante o ano para o qual haviam sido eleitos. Diversamente dos juízes de fora, exerciam o cargo sem remuneração, como os demais membros da Câmara. Os juízes, ordinário ou de fora, além de suas funções como membro e Presidente da Câmara, tinham outras atribuições próprias como julgar e dar sentenças, resolvendo litígios (...). Os outros membros da Câmara eram os oficiais: três vereadores e um procurador. Onde havia juiz de fora, acontecia em geral de não serem eleitos, mas também nomeados pelo poder central. Nas vilas em que ocorriam eleições, (...) votava apenas o povo qualificado, os homens bons. Preparavam-se listas qualificando os que tinham direito de voto, às vezes chamados republicanos, cujo critério era fundamentalmente ser proprietário de terras e escravos. Não foi pequena a resistência oposta por estes à participação na Câmara de homens ligados a outras atividades que não a exploração da grande propriedade agrícola. Todo um período de nossa história colonial está permeado de conflitos entre os grandes proprietários e os comerciantes, reinóis na maior parte, em que os primeiros recusavam a estes últimos o direito de participação nas eleições, obviamente também de serem eleitos, para as câmaras municipais". Ibidem, p. 128.

[188] Ibidem, p. 128.

[189] Ibidem, p. 192.

Um dos aspectos importantes desse fenômeno foi a criação do Conselho Ultramarino (reedição do antigo Conselho das Índias) pelo decreto de 14 de julho de 1642, assinado por D. João IV.

Cabia-lhe o tratamento dos assuntos concernentes à Fazenda do Ultramar, bem como o controle das embarcações que vinham das colônias ou para lá partiam, sua equipagem e seu armamento:

> "Deveria, ainda, através de seus membros nobres, tratar dos problemas referentes à guerra nas conquistas ultramarinas; examinar questões judiciais, através do conselheiro letrado; discutir cartas e relatórios dos Vice-Reis, Governadores-Gerais e Capitães-Mores; distribuir mercês por serviços prestados; dar pareceres sobre praticamente todos os assuntos relativos às colônias"[190].

Centralizava-se, assim, a administração metropolitana das colônias nas mãos deste todo-poderoso tribunal, numa tentativa de torná-la mais eficiente e adequada aos propósitos lusitanos[191].

Observaram-se, também, modificações político-administrativas realizadas na própria Colônia, a começar pela sensível redução do poder das Câmaras Municipais (Senado da Câmara):

> "Estes organismos, que até então haviam gozado de uma autonomia praticamente completa, regulamentando preços, salários, valores monetários, impostos e, até mesmo, como nos diz Caio Prado Jr., chegando a suspender e prender funcionários reais, viram, a partir daí, diminuir sempre mais seu campo de autoridade"[192].

Em seu lugar, começou a sobressair o poder dos representantes da Coroa portuguesa, até aqui muito mais teórico do que verdadeiro. As Câmaras foram terminantemente proibidas de desobedecer às ordens dos governadores, bem como de convocá-los para comparecer ao Senado. Os antigos juízes ordinários, que eram eleitos pelos "homens bons" do

[190] Ibidem, p. 192.
[191] Ibidem, p. 192.
[192] Ibidem, p. 193.

município, foram substituídos pelos juízes de fora, nomeados diretamente pelo rei. Nas capitanias, os novos governadores nomeados, também chamados governadores de armas, tinham poderes para formar corpos de tropa, que garantissem a autoridade metropolitana[193].

Portanto: "desloca-se a autoridade das mãos dos proprietários territoriais, a antiga classe dominante, para as da Coroa portuguesa. Despojam-se as Câmaras, como vimos, de todas as suas prerrogativas e a elas se substitui a onipotência dos governadores. No correr do século XVIII só existe na colônia uma autoridade: a da metrópole portuguesa"[194].

Por sinal, "a tendência ao crescimento do poder político dos governadores-gerais do Brasil revelou-se até mesmo na mudança de seus títulos: a partir de 5 de junho de 1640, alguns deles passaram a ser chamados 'vice-reis', embora, na verdade, apenas em 1720 o Brasil tenha sido oficialmente elevado a vice-reino"[195].

Entre as mais significativas funções dos governadores-gerais ou vice-reis, regulamentadas pelos "Regimentos", destacavam-se: o cuidado com a defesa do território (fortes e suas respectivas guarnições e armamentos); exercício de vigilância sobre os capitães-mores e governadores das capitanias para obrigá-los a cumprir seus deveres e impedi-los de "cometer violências e extorsões"; cuidar, com o provedor-mor da Fazenda dos problemas relativos aos rendimentos do Estado; impedir o contrabando e punir com rigor os contraventores; participar, com o Ouvidor, dos julgamentos em que coubesse a aplicação da pena de morte; prestar contas ao rei de Portugal, por meio de relatórios enviados ao Conselho Ultramarino.

Desde 1763 em diante, quando a sede do governo-geral foi mudada da Bahia para o Rio de Janeiro, por iniciativa do Marquês de Pombal, aumentou ainda mais o poderio dos vice-reis. E a partir do governo de D.

[193] Ibidem, p. 193.
[194] Ibidem, p. 193.
[195] Ibidem, p. 193.

Antônio Álvares da Cunha[196], Conde da Cunha, os vice-reis tornaram-se verdadeiros soberanos, com poderes praticamente absolutos"[197].

Nesse período, temos o regime das minas, o mais opressivo possível. Toda a população sob controle. Fiscalizava-se a extração, a condução, revestiam-se as casas dos moradores, fechavam-se estradas.

3.8 O direito no período de D. José I e Pombal

3.8.1 As leis e os Tribunais da Relação

Na época ocorre a reforma do direito para Portugal e o Brasil, com forte crítica ao romanismo.

"Se, por um lado, manifestava-se desapreço pelo Direito Romano puro, por outro crescia a simpatia pelo direito estrangeiro contemporâneo. Admitia-se aplicar o que não estivesse morto no Direito Romano, desde que subordinado à boa razão natural. E esta devia ser utilizada sempre no interesse da Coroa"[198].

"As ideias de Luís Antônio Verney[199], voltadas para a reforma do ensino, também frutificaram no campo jurídico, ante a divulgação da escola do direito natural. Para ele, da filosofia surgia a jurisprudência e da jurisprudência natural, as leis civis. Para haver compreensão das leis fazia-se necessário conhecer os usos antigos e modernos e a história do direito nacional"[200].

"O novo pensamento manifestou-se: a) na *Lei da Boa razão*, de 18 de agosto de 1769, cujas normas faziam contraste com as das Ordenações,

[196] D. Antônio Alvares da Cunha – Conde da Cunha (1700 – 1791) – Primeiro vice-rei do Brasil (1763 a 1767) sediado no Rio de Janeiro, construiu fortificações e arsenais de guerra e marinha. Proibiu a profissão de Ourives para evitar o contrabando do ouro.

[197] MENDES JR., Antonio; RONCARI, Luiz; e MARANHÃO, Ricardo. *Brasil – história, texto e consulta – Colônia*, cit., p. 193.

[198] AVELLAR, Hélio de Alcântara. *História administrativa e econômica do Brasil*, cit., p. 160.

[199] Luís António Verney (Lisboa, 1713 — Roma, 1792) foi um filósofo, teólogo, padre, professor e escritor português. Escreveu *O verdadeiro método de estudar* (Valença, 1746). Em Roma, doutorou-se em Teologia e Jurisprudência. A pedido de João V de Portugal, atuou no processo de reforma pedagógica do reino, sob influência do progresso cultural europeu, em especial do iluminismo.

[200] AVELLAR, Hélio de Alcântara. *História administrativa e econômica do Brasil*, cit., p. 160.

com relação à interpretação das leis; b) no *Compêndio Histórico*, obra de combate ao jesuitismo e à filosofia escolástica; c) nos *Estatutos*, de 1772, da Universidade de Coimbra, que deram forma legislativa às ideias contidas no Compêndio, embora, sob certos aspectos, reabilitassem o romanismo; d) na *Lei de 16 de Janeiro de 1773*, que aboliu a escravidão dos negros no reino, de sorte que ficassem "hábeis para todos os ofícios, honras e dignidades, sem a nota distintiva de libertos, que a superstição dos romanos estabeleceu nos seus costumes e que a união cristã e a sociedade civil fazem hoje intolerável"[201].

"O longo contato de Verney com os iluministas italianos suscitara nele a aversão à escolástica professada na universidade pelos jesuítas. Em todas as suas obras Verney imprime o timbre de sua formação iluminista. A ideia central de sua filosofia, reitera Cabral de Moncada, é iluminista. Verney sofreu, por assim dizer, a obsessão do Iluminismo, que lhe viera de sua permanência na Itália, e de Genovese, com quem se compara. Por não ter perdido a fé, mergulhado embora na nebulosa filosófica, Verney fez do Iluminismo uma espécie de religião. O seu racionalismo filosófico, apesar da influência de Locke, não conseguia despir-se de uma certa nota de paixão e emoção religiosas. (...). Verney atraiu Portugal à Revolução das ideias, e foi, também ele, ou ele, principalmente, o batedor das mudanças que se operaram no universo cultural lusitano, na segunda metade do século XVIII. Preocupado com o repertório de males que arrolou em Portugal, quis saná-los, difundindo a ilustração, como bom filho de seu século, diz Cabral de Moncada. Foram, pois, as ideias desse padre que fecundaram em Portugal o território da Revolução, tomada como processo de mudança"[202].

As grandes transformações pela qual estava passando a Europa de além-Pireneus chegou a Portugal "por esse roteiro estranho que é o itinerário das ideias. Conquistando a inteligência, no todo ou em parte, o iluminismo circulou na Europa, conduzido sempre com raríssima eficácia, pois abalada estava a fé, desde a Reforma, e o império do intelecto adequado à natureza das coisas, a partir do cartesianismo e seus sequazes. Visando a Pombal, nas cartas que redigiu sobre o método de ensinar, Ver-

201 Ibidem, p. 160.
202 SCANTIMBURGO, João de. *O Brasil e a Revolução Francesa*, São Paulo: Pioneira, 1973, p. 45.

ney sabia, perfeitamente, que, se interessasse o todo-poderoso Ministro de D. José I, iluminaria, ou seja, entornaria sobre a cultura portuguesa as luzes que nos subterrâneos profundos da fermentação das ideias preparavam na França a grande Revolução de 1789, como, no outro lado do Atlântico, triunfariam na Independência das colônias inglesas, e nesse modelo de racionalismo que é a Declaração da Independência, como o seu complemento, a Constituição americana"[203].

O Segundo Livro das Ordenações de 1603 revelava a limitação da jurisdição eclesiástica pelo poder civil, tanto que este se tornava senhor do foro, no caso de dúvida entre juízes eclesiásticos e seculares ou leigos.

A Lei de 20 de junho de 1774, regulamentando leilões e arrematações de bens, estabeleceu, no item 19, que não prosseguisse o juiz na execução quando "verificasse que o devedor executado não possuía mais bens (nem o credor provasse que os ocultava). Era uma importante revolução jurídica, pois as Ordenações determinavam a prisão dos devedores (ver Livro 11, títulos 52 e 53). Finalmente, o Assento de 18 de agosto de 1774 aboliu a prisão por dívidas"[204].

Quanto à administração judiciária, a América Portuguesa, até 1751, compreendeu dois distritos: o do Estado do Maranhão, dependente da Casa da Suplicação de Lisboa; o do Estado do Brasil, dependendo da Relação da Bahia.

Com o Alvará de 13 de outubro de 1751, criando a Relação do Rio de Janeiro "por ficar a tanta distância a Relação da Bahia, passou a haver três distritos, reduzidos, novamente, a dois após a extinção do Estado do Maranhão"[205].

Os distritos de Relação subdividiam-se em comarcas e estas em termos (correspondendo a municípios) e não se confundiam com os distritos na conceituação atual (que são divisões dos termos, na esfera judiciária, e dos municípios, na administrativa).

A partir de 1775 (já extinto o Estado do Grão-Pará e Maranhão), o distrito da Relação da Bahia reunia as capitanias reais do Rio Negro (Ama-

203 Ibidem, p. 46.

204 Avellar, Hélio de Alcântara. *História administrativa e econômica do Brasil*, cit., p. 161.

205 Ibidem, p. 161.

zonas), Pará, Maranhão, Piauí, Ceará, Rio Grande (do Norte), Paraíba, Pernambuco e Bahia.

O distrito da Relação do Rio de Janeiro, as treze comarcas do Centro-Sul, além das judicaturas, ouvidorias e capitanias instituídas no Brasil Central e Meridional. As treze comarcas eram: Espírito Santo, Campos dos Goitacazes, Rio de Janeiro, São Paulo, Paranaguá, Ilha de Santa Catarina, Ouro Preto, Rio das Mortes, Sabará, Rio das Velhas, Serro Frio, Goitacazes e Cuiabá.

O Regimento da Relação do Rio de Janeiro, de 13 de outubro de 1751, baseou-se no da Bahia, de 12 de setembro de 1652. Assim se estruturavam as Relações: governador ou regedor (presidente), desembargadores (no Rio, dez: chanceler, o chefe do tribunal judicante; cinco agravistas, que julgavam apelações e agravos; um ouvidor-geral do cível e outro do crime; um juiz dos feitos da Coroa e Fazenda um procurador da Coroa e Fazenda. Na Bahia, identicamente, com menos três agravistas e mais um provedor da Fazenda dos Defuntos e Ausentes) [206].

As atribuições dos membros da Relação eram judicantes ou mistas (administrativas ou judiciárias). Um deles tinha encargos hoje situados no âmbito do Ministério Público (procurador da Coroa e Fazenda).

As funções do governador (ou vice-rei) no tribunal consistiam em, nas idas ao local, formar mesa com o chanceler e o agravista mais antigo, para concessão de fianças, perdão, comutação de penas e sanear nulidades de processos criminais, determinar rito sumário em casos urgentes, nomear ministro para devassa de culpa de juízes e subordinados, nomear interinamente oficiais da Relação, havendo vaga, dar conta anual ao rei dos feitos julgados, diligenciar o andamento do processo de réus presos. Não julgava, no cível ou no crime[207].

Quando ausente, cabia ao chanceler desempenhar seus encargos. Este desembargador poderia conhecer das suspeitas arguidas contra governador, desembargadores e oficiais da Relação, entre outros encargos.

As Relações dividiam-se em turmas, para apreciar os recursos de agravo e apelação. Em certos casos, de suas decisões poderia ser concedida revista pela Suplicação de Lisboa.

206 Ibidem, p. 162.
207 Ibidem, p. 162.

Em cada comarca havia corregedor, chanceler, ouvidores, provedores e contadores de comarca. Nos termos (municípios), juiz ordinário ou de fora, de órfãos, almotacés, exercendo os vereadores certas funções judicantes. Nas aldeias, juízes de vintena.

O corregedor (com jurisdição sobre todos os juízes da comarca) deveria fazer correição pelo menos uma vez por ano e processar as causas contra pessoas poderosas, se os juízes locais fossem suspeitos.

Os provedores das Comarcas cuidavam das coisas pias (orfanatos, confrarias, capelas).

As Juntas da Justiça, previstas no Regimento de Tomé de Sousa, só se efetivaram com a Carta Régia de 28 de agosto de 1758, que criou uma no Pará, e de 20 de outubro do mesmo ano, que estabeleceu outra em Pernambuco.

A jurisdição das juntas foi ampliada em Carta Régia de 18 de junho de 1761, e um Alvará de 18 de junho de 1765 estendeu a instituição a todo território do Brasil onde houvesse ouvidores.

A Justiça Militar foi reorganizada em Portugal em 1763, pelo Regulamento do Conde de Lippe. Já a Justiça Eclesiástica perdurava, mas sob crescente intervenção regalista (temporalidades).

Há uma série de outros colegiados que também atuaram no período em exame: Conselho Ultramarino, Mesa da Consciência e Ordens, Conselhos da Fazenda (sem importância para o Brasil, pela absorção dos negócios fazendários coloniais pelo Ultramarino), da Guerra (sem maior atuação administrativa no Brasil), Tribunal da Bula da Cruzada[208].

3.8.2 Direito e abuso fiscal da Metrópole contra o Brasil

Não se limitaram as inovações tributárias de Pombal ao ouro e aos diamantes. Criou um sem-número de taxas e impostos, muitos deles circunstanciais, como: em 1727, para o casamento dos príncipes; em 1756, para a reconstrução de Lisboa; em 1778, para a restauração do Palácio da Ajuda, em Lisboa, devorado por um incêndio. "Estes 'donativos' acentuavam ainda mais os encargos que pesavam sobre os colonos, como as entradas, direitos que incidiam sobre as mercadorias vendidas na capita-

208 Ibidem, p. 163.

nia; os impostos, ou sisas sobre o consumo; o subsídio literário, criado por Pombal para financiar a instrução pública que, uma vez tirada das mãos dos jesuítas, praticamente não se efetivou no Brasil"[209].

Sintetizando a administração pombalina, que vai de 1750 a 1777, temos:

"Pode ser dividida, *grosso modo*, em duas fases: a primeira, que culmina em 1761, com a criação do Erário Real é de natureza fiscal e judicial, sob o influxo da prosperidade do comércio colonial. A cobrança de impostos e a alfândega são as grandes preocupações do governo. A prosperidade decorrente da exploração do ouro do Brasil, que vinha do tempo de D. João V, continuava, embora certos fatos, como a política monopolista, a perseguição ao comércio livre, ao jesuitismo e parte da nobreza, tornassem o ambiente menos propício. Um dos traços peculiares da economia pombalina foi a criação das grandes Companhias, como a do Comércio da Ásia (1753), do Grão-Pará e Maranhão (1755); da Pesca da Baleia (1756), dos Vinhos do Alto Douro (1756), de Pernambuco e Paraíba (1759) que, além de não constituírem uma inovação (pois já existiam antes), obedeceram a várias finalidades, como a da centralização do Estado, concentração do comércio colonial em poucas mãos, reduzindo com isso o contrabando. A legislação pombalina oscila entre a liberdade de certas vias comerciais e a monopolização em outras, por não ser uma política sistematicamente monopolista, mas sim, mercantilista, da defesa do lucro, visando beneficiar sobretudo Lisboa e o Porto. Também a legislação consagra a influência da nobreza, no intuito educativo de prepará-la para uma atuação mais complexa. Essas companhias garantiram largos lucros aos seus participantes, até a crise, concorrendo igualmente de modo apreciável para a receita do Estado. Além disso, marcava o triunfo dos comerciantes monopolistas sobre o pequeno comércio livre dos 'comissários volantes'. Dentro deste contexto das companhias monopolistas é preciso compreender a luta contra os jesuítas"[210].

[209] MENDES JR., Antonio; RONCARI, Luiz; e MARANHÃO, Ricardo. *Brasil – história, texto e consulta – Colônia*. p. 274.
[210] LIMA, Heitor Ferreira. *História político-econômica e industrial do Brasil*. São Paulo: Companhia Editora Nacional, 1970, p. 120.

A segunda fase da administração pombalina, de 1771 a 1777, é dominada completamente por uma crise denominada colonial, relacionada à queda na venda de açúcar e na produção de diamantes. Tornou-se particularmente grave porque afetava a mineração de Mato Grosso (1766-1768), o açúcar (1749-1776), os diamantes (1760-1770) e o mercado de escravos, além de assumirem perigosos aspectos os problemas da crise do trigo, da pescaria e do mercado do sal português no Brasil.

Complicou-se ainda mais a situação com uma série de catástrofes ocorridas, como o terremoto de Lisboa (1755), o incêndio da alfândega de Lisboa (1764), a guerra de 1762. "Para se compreender os efeitos maléficos da crise dos dois produtos brasileiros (açúcar e diamantes) sobre a economia portuguesa, é preciso saber que cerca de 55% da exportação portuguesa para o exterior constava de produtos nossos e mais de 80% da exportação da metrópole para as províncias ultramarinas destinavam-se ao Brasil. De modo geral, os produtos coloniais predominavam nas exportações portuguesas e a diferença da balança comercial, quase sempre deficitária, era coberta com ouro proveniente das colônias, o que tornava a economia de Portugal duplamente ligada às colônias"[211].

3.9 A estrutura jurídica do Brasil e a administração colonial (1530-1808)

No período colonial não houve um "direito brasileiro" propriamente dito, mas observam-se "alguns atos legislativos" nos primeiros anos da colonização de base "eclesiástica e civil", representadas por Bulas papais, alvarás e Cartas-Régias, a saber:

1 – No campo eclesiástico:

I – Bula de 1506, que confirmava os direitos dos portugueses em relação ao Brasil em consequência do tratado de Tordesilhas, assinada pelo papa Júlio II.
II – Bulas de 1514 e de 1551, que ratificaram a de 1506, assinadas pelo Papa Leão X e Júlio III, respectivamente.

[211] Ibidem, p. 121.

2 – Na área civil:

I – O arrendamento do território brasileiro (1502) para extrativismo do pau-brasil ao cristão-novo Fernão de Noronha (ou Loronha) por três anos, mediante envio de seis navios por ano, o reconhecimento de trezentas léguas de terra e a construção e manutenção de fortalezas.
II – Alvarás lançados por D. Manuel em 1516, que obrigava ao leitor e oficiais da Casa da Índia a doar instrumentos aos colonos que viessem povoar o Brasil, tais como machados, enxadas e ferramentas necessárias para o trabalho, além de indicar um homem prático que no Brasil deveria construir engenho de açúcar tendo as estruturas necessárias e ajuda de custo.
III – Cartas régias (1530) lançadas por D. João III nomeando Martim Afonso de Souza com poderes amplos e excepcionais para organizar a administração colonial brasileira. As três cartas tinham normas administrativas, políticas, judiciais e militares, dando ao capitão maior poder absoluto para criar, aplicar e executar as leis.

3.9.1 As capitanias hereditárias

Concomitante com a criação das quinze capitanias hereditárias (1534) destinadas a 12 donatários, tivemos a edição dos seguintes atos normativos:

Cartas de Doação – "na carta de doação estavam regulados os privilégios, regalias e deveres do donatário. Seu poder, ainda que discricionário no âmbito do governo e da justiça, não se opunha às liberdades dos colonos cujos direitos e interesses não podiam ser lesados. A carta de doação era editada juntamente com o foral"[212];

2) Cartas de Foral – "texto que estipulava precisamente todos os direitos e deveres dos colonos, tanto em relação ao capitão-donatário quanto à Coroa. Ficava assim cedido aos capitães-donatários um certo número de léguas de terras, com a respectiva jurisdição civil e criminal. As capitanias eram hereditárias – como o próprio nome indicava –, sendo inalienáveis e indivisíveis. O capitão assumia a obrigação de repartir as terras em sesmarias, entre seus colonos, os beneficiários, podendo dividir as terras por outros colonos. Os capitães ficavam encarregados de receber

[212] Vainfas, Ronaldo. *Dicionário do Brasil Colonial* (1500-1808). Rio de Janeiro: Objetiva, 2009, p. 93.

um certo número de impostos destinados ao rei, a exemplo de 10% sobre o peixe pescado pelos colonos, 10% de todas as rendas reais na capitania e 1/20 dos lucros obtidos com o corte do pau-brasil"[213]. "As cartas de foral constituíam uma consequência e um complemento das de doação, mas estas estabeleciam 'apenas a legitimidade da posse, os direitos e privilégios dos donatários', ao passo que aquelas eram 'um contrato enfitêutico, em virtude do qual se constituíam perpétuos tributários da coroa, e dos donatários capitães-mores, os solarengos que recebessem terras de sesmarias'"[214].

"Quanto ao monarca, o que lhe reservavam as cartas de doação e os forais era uma espécie de protetorado sobre as capitanias criadas, as quais emanavam da sua dupla autoridade de rei e de Grão-Mestre da Ordem de Cristo. Cedendo aos donatários a maior parte das suas regalias majestáticas, ele apenas reservava para si os direitos das alfândegas, o monopólio das drogas e especiarias, o quinto dos metais e pedras preciosas e o dízimo de todos os produtos, destinado aos encargos do culto divino. Os deveres respectivos emanavam das isenções e privilégios garantidos aos colonos e donatários", que "receberam com as capitanias (que eram vinculadas a suas famílias e, salvo o caso de traição à coroa, deviam passar indivisivelmente ao herdeiro mesmo feminino) os títulos de capitão e governador e os direitos de: fundar vilas, concedendo-lhes foros especiais e nomeando-lhes governadores, ouvidores, meirinhos etc.; delegar a indivíduos de sua escolha a alcaidaria das ditas vilas, tomando-lhes o juramento de fidelidade; prover, mediante pensão de quinhentos réis por ano, os ofícios de tabeliães; julgar, sem apelação nem agravo, os feitos cíveis de valor não excedente a cem mil réis, as causas crimes até às penas de morte natural para os peões, escravos e gentios e de degredo e multa de cem cruzados para as pessoas de condição superior; conhecer das apelações e agravos de qualquer juízo da capitania; apurar as listas dos homens bons incumbidos de eleger os juízes e mais oficiais dos conselhos das vilas; dar sesmarias aos cristãos que as pedissem com o encargo único do tributo do dízimo; cativar índios para serviço seu e preenchimento do seu pessoal de marinheiros, podendo mandar vendê-los em Lisboa,

[213] Ibidem, cit., p. 93.

[214] MARTINS JUNIOR, José Izidoro. *História do direito nacional*, cit., p. 163.

até um certo número por ano; finalmente, cobrar o dízimo do quinto dos metais e pedras preciosas, a meia dízima ou vintena de todo o pescado e do produto do pau-brasil exportado para o reino, a redizima dos produtos da terra ou o dízimo de todos os dízimos etc."[215].

"Os colonos, por sua vez, obtiveram, em virtude dos competentes forais, as seguintes regalias: pagar unicamente pelas suas sesmarias o tributo do dízimo, sendo considerados isentos de quaisquer sisas ou impostos não constantes da doação e foral; exportar livremente para Portugal – menos a sisa ordinária, quando vendidas todas as suas mercadorias ou produtos; importar, sem imposições de taxas, quaisquer artigos portugueses, uma vez que fossem trazidos por navios também portugueses; comerciar livremente de uma capitania a outra e privilegiadamente com a população indígena, quando não fossem associados com estrangeiros etc"[216].

"Ao tempo em que D. João III distribuiu as terras do Brasil por doze donatários com poderes soberanos, regiam as relações de direito, em Portugal, as Ordenações Manoelinas, acompanhadas de alguns regimentos especiais, como o da Fazenda e da Mesa da Consciência e Ordem. As referidas Ordenações dispunham, no seu livro 2º, título 17, sobre o modo de sucessão das terras e bens da Coroa do Reino e o conjunto das suas determinações, a respeito, era conhecido pela denominação de Lei Mental, em virtude da circunstância de haver D. João I pensado e executado tais determinações sem prévia promulgação e publicação – coisas que só no reinado de D. Duarte tiveram lugar"[217].

"O espírito e o dispositivo da Lei Mental eram positivamente infensos a certos privilégios de natureza feudal anterior e comumente concedidos aos nobres, e destinavam-se sobretudo a 'fazer voltar à coroa os bens doados pela própria norma, com pouca prudência e em épocas de crise'. Eis aqui como um escritor português faz a motivação dessa lei, naturalmente devida ao talento jurídico e ideias políticas do Dr. João das Regras: 'Vendo o Sr. D. João I que muitas doações eram inoficiosas pela absoluta e irreversível alienação, e pela Independência em que os donatários a este respeito ficaram da coroa, e querendo por uma parte remediar estes males;

[215] Ibidem, p. 163.
[216] Ibidem, p. 164.
[217] Ibidem, p. 165.

mas, por outra, conhecendo que as circunstâncias do tempo o não permitiam fazê-lo abertamente, como podemos conjeturar; formou na sua mente (*in petto*) uma certa norma, segundo a qual regulava intelectual e intencionalmente os direitos dos donatários sobre os bens doados, sobre a forma e modo das sucessões etc.'"[218].

"E que já por ocasião do advento da dinastia de Aviz se fazia sentir em Portugal o antagonismo entre o poder real ou monárquico e as pretensões da nobreza, imbuída de pensamentos e preconceitos feudais. Tinha-se travado a luta entre os interesses da realeza e os da aristocracia e esta sofria os embates da potência rival, no ponto mesmo que era a fonte de sua força e de seu prestígio: a propriedade territorial" [219].

"Nestas condições, parece que D. João III não podia nem devia fazer quaisquer doações de terras do reino, ferindo o direito pátrio e realentando ao mesmo tempo as aspirações e pretensões da nobreza. Mas a Coroa pensou e procedeu de modo contrário. Pondo de parte a Ordenação do liv. 2º título 17, embora sem a revogar expressamente, o rei piedoso criou para o Brasil um regime francamente feudal em que a lei, ideada por D. João I e publicada por D. Duarte foi sacrificada do modo o mais completo. Transplantava-se assim para a virgem e livre América portuguesa a moribunda instituição europeia que emergira das ondas empoladas da invasão bárbara para flutuar na Idade Média como a *foederis* arca dos elementos esparsos, dos *disjecta membra* das grandes raças chocadas" [220].

Para Alexandre Herculano, houve em Portugal costumes ou práticas feudais capazes de ser aplicadas ao Brasil depois de reprimidas na Metrópole:

"A feudalidade, sem poder penetrar no cerne da árvore social, derramou-se, todavia, pelo alburno (a parte mais nova da madeira das árvores, em geral mais clara). A ideia dos feudos generalizou-se na Galiza e em Portugal, como hoje vemos generalizarem-se entre nós ideias peregrinas, em política, em literatura, de um modo nebuloso e confuso. Não faltam provas de se dar o título de feudo até a simples concessões vitalícias do usufruto de certas propriedades: e se nos deixarmos levar pelo soido de muitas fórmu-

[218] Ibidem, p. 165.
[219] Ibidem, p. 166.
[220] Ibidem, p. 166.

las, frases e palavras dos antigos monumentos, e ainda por alguns costumes locais e instituições secundárias, nesses obscuros tempos a nação tomará muitas vezes a nossos olhos o aspecto de uma sociedade feudal"[221].

Evidencia-se, portanto, o caráter feudal das doações que, "em contrário ao disposto no liv. 2º, tít. 17, das Ordenações Manoelinas, foram feitas por D. João III, com o fim de promover a colonização do Brasil"[222].

Também o historiador Sílvio Romero[223], ao referir-se à colonização portuguesa do Brasil, denomina o século XVI como "o século feudal da colonização".

Varnaghen assim se refere ao nosso primeiro sistema de administração colonial:

"As concessões Outorgadas pelas cartas de doação, passadas quase por igual teor, são mais latas do que se devia esperar em uma época em que, na Europa, os reis tratavam de concentrar, cada dia mais, a autoridade, fazendo prevalecer o direito real dos Imperadores, em detrimento dos antigos senhores, ou de certas corporações privilegiadas; mas a benefício, em geral, do povo. Os meios feudais tinham sido, porém, os mais profícuos para colonizar os Países quase ermos de gente: por isso mesmo que o desejo do poder existe na natureza humana e é um estímulo vigoroso para convocar os ambiciosos a exporem no meio de trabalhos, quanto já têm, para adquirirem mais"[224]. (...) "Ora, outra cousa não continha, nem era, o sistema das capitanias doadas hereditariamente, nos termos das cartas régias de 1534 e 1535. Nele vamos encontrar a propriedade territorial constituindo-se por mercê de el-rei, inalienavelmente, transmitindo-se por herança, e caindo em comisso no caso de traição à Coroa; vamos também ver donatários-soberanos, com os direitos de administrar e julgar, – os de escravizar e de condenar à morte inclusive – tendo mais a regalia de não poderem entrar em suas terras «nem corregedor, (...) nem alguma

[221] Ibidem, p. 166.

[222] Ibidem, p. 167.

[223] Silvio Romero (1851-1914) – sergipano, crítico, historiador e poeta. Lecionou no Colégio Pedro II. Participou da fundação da Academia Brasileira de Letras. Foi deputado federal e relator geral da revisão do Código Civil. Algumas obras: *História da Literatura brasileira*, *Filosofia do Brasil*, *Últimos Arpejos*.

[224] Martins Júnior, José Izidoro. *História do direito nacional*, cit., p. 169.

outra espécie de justiça, para exercitar jurisdição de qualquer modo em nome do rei; vamos achar finalmente o sesmeiro e o simples morador, ou colono de segunda classe, subordinados ao donatário, numa perfeita mas visível hierarquia econômico-jurídica. A conclusão iniludível é que o modo ou regime de colonização, posto em prática no Brasil por D. João III foi real e verdadeiramente de caráter feudal, embora, no momento de ser ele adotado, meio século já se tivesse escoado sobre o túmulo da Idade Média; embora o feudalismo puro não tivesse existido em Portugal, como pretende A. Herculano; embora as leis do reino bafejadas pelo hálito imperialista do direito romano trouxessem expressa nas suas letras a condenação dos privilégios feudais"[225].

"A característica jurídica do primitivo sistema colonial brasileiro decorre, portanto, da sua própria natureza de instituição anacrônica, imperfeita e artificialmente implantada em terras do novo mundo.

Os direitos dos colonos livres e os dolorosos deveres dos trabalhadores escravos codificavam-se na vontade e nos atos do donatário-chefe militar e chefe industrial, senhor das terras e da justiça, distribuidor de sesmarias e de penas, fabricador de vilas e empresário de guerras indianófobas.

Acima dos capitães-governadores estava, de certo, o rei, naqueles poderes de que não havia feito cessão e outorga, e estavam as Ordenações e leis gerais do reino, naquilo que não tinha sido objeto de determinações especiais nas cartas de doação e foral. Mas ficou visto e constatado que essas cartas deixavam quase completa soberania política aos donatários, nas respectivas circunscrições enfeudadas.

Assim, embora em geral nos domínios do direito privado, a legislação da metrópole fosse a reguladora das relações entre os diversos elementos constitutivos das colônias, na esfera do direito público a situação era outra: aí, o poder ilimitado, excepcional, dos governadores-proprietários abria brechas no edifício legislativo da mãe-pátria.

Mesmo no que se refere ao chamado direito substantivo, alguns pontos da legislação comum e geral foram modificados: particularmente o regime da propriedade territorial e o sucessório definido no liv. 2º, tit. 17, da compilação manoelina.

[225] Ibidem, p. 173.

Quanto ao direito adjetivo ou processual, as alterações foram notáveis, quer para o departamento do cível, quer para o do crime. Aí estão para atestá-lo as prerrogativas de jurisdição e alçada especiais, conferidas aos donatários, que delas tão cruelmente abusaram inúmeras vezes. (...)

Jurídico-politicamente o inventário dos institutos coloniais dava em resumo um certo número de pequenos senhores absolutos e despóticos, independentes entre si, vassalos de uma coroa longínqua, e detentores de um formidável poder de administrar e julgar, só limitado pelo arbítrio individual e próprio.

É claro que uma tal organização trazia no bojo os seus elementos de morte. As leis históricas e especialmente a grande dominadora de todas elas – a da evolução, não suportam represas e muito menos retrocessos. Numa época em que a Idade Moderna, ao estrondo da queda de Constantinopla, convidava o mundo a ligar o presente ao passado pela Renascença, e ao futuro pela Constituição política das grandes nacionalidades, e, simultaneamente, pela incorporação ao patrimônio europeu de novos continentes entrevistos. A superfetação feudal, levada a uma região virgem onde as tradições eram as da simpleza primitiva e não as das pretensiosas distinções aristocráticas, certo que não podia vingar. O próprio instituidor do regime havia de reconhecer isso, deliberando-se dentro de pouco tempo a reformá-lo, para pô-lo de acordo com a situação política da Europa, caracterizada, no momento, pela reação centralizadora, unitária e absolutista da realeza contra a dispersão federativa do feudalismo.

Demais, a anarquia, que logo começou a lavrar intensamente nas capitanias, era um sintoma de grave moléstia a debelar por meio de uma medicação enérgica. Com exceção dos de Pernambuco e São Vicente, os vários núcleos coloniais fundados no litoral brasileiro afundavam numa insondável degenerescência material e moral. O trabalho escravo, extorquido a chicote, caminhava lento e pouco produtivo ao passo que os mares 'estavam pior do que, nesse tempo, os de Túnis e Argel' porque em muitas das povoações 'se armavam navios de contrabandistas, ou, para melhor dizer, de piratas, que iam a corso pela costa'"[226].

[226] Ibidem, p. 175.

Os ciúmes e intrigas entre os donatários ou seus representantes davam lugar a péssimas práticas administrativas, tais como os asilos ou açoitamento concedidos a criminosos que se evadiam de umas para outras capitanias. Os excessos, os abusos de poder dos capitães governadores, que se aproveitavam da sua ampla jurisdição criminal sobre os colonos, para tomarem vinganças brutais e praticarem crueldades, alarmavam e revoltavam os habitantes.

Por outro lado, "o rebaixamento do nível moral das capitanias afrouxava todos os laços sociais, dissolvia os costumes, apagando os sentimentos de sociabilidade e de justa subordinação à ordem legal. Os vícios dos escravos e dos degredados contaminavam tudo [visão do período histórico em análise], e até entre as 'pessoas de maior qualidade' não eram raros os desvios e crimes de toda ordem: 'Cumpre saber que a desmoralização e irreligiosidade, em várias das capitanias nascentes, chegou a tal ponto que se cometiam assassinatos, entrando em o número dos criminosos alguns eclesiásticos'"[227].

"À vista disso, não se admira o fato de que o regime das capitanias hereditárias só tenha chegado a manter-se durante quatorze anos; que tantos foram os que mediaram entre as primeiras doações e a instituição de um governo-geral na Bahia" [228].

Não há dúvida em dizer com Oliveira Martins[229] que esses quatorze anos não foram somente de erros. A seguir, as palavras do publicista português, nas quais se apanha o aspecto geral do Brasil, no momento de sair do primeiro para o segundo estágio de colonização[230]:

"Esboçavam-se já os lineamentos da futura nação. Erguiam-se ao longo da costa, desde Pernambuco até São Vicente, os focos de colonização ulterior. Já se viam rudimentos de cidades e – coisa decerto fecunda para o progresso futuro – esses rudimentos apresentavam a fisionomia

[227] Ibidem, cit., p. 176.

[228] Ibidem, p. 176.

[229] Joaquim Pedro de Oliveira Martins (Lisboa, 30 de Abril de 1845 — Lisboa, 24 de Agosto de 1894) foi um historiador, político e cientista social português. Foi uma das figuras-chave da historiografia portuguesa contemporânea cujas obras marcaram sucessivas gerações de portugueses, influenciando escritores do século XX, como António Sérgio, Eduardo Lourenço ou António Sardinha.

[230] Martins Júnior, José Izidoro. *História do direito nacional*, cit., p. 176.

europeia, e não a desordenada e confusa mistura de raças diversas, não a anarquia dissoluta dos estabelecimentos castelhanos, mineiros e não agrícolas quais eram os do Brasil. A ocupação da costa não excedia, por um lado, 7° N. e, pelo outro, 24° S – proximamente um terço do desenvolvimento total entre as duas colônias florescentes de Pernambuco e de Santos. Do Cabo Branco ao Oiapoque pelo norte, e de Santos à Lagoa dos Patos pelo sul, não havia ainda estabelecimentos. Mas nas duas colônias então extremas, e que depois vieram a ser o coração dos dois Brasis do século XVII, em Santos (São Paulo) ao sul, e em Pernambuco ao norte, divisavam-se já os sintomas da primeira época da vida histórica da América portuguesa"[231].

No regime de capitanias hereditárias havia uma tripartição de poderes jurisdicionais, isto é: "Essencialmente há os Juízes municipais (ordinários, das Câmaras) que ocupam a base do sistema; no topo, o rei conserva sua regalia maior, ou seja, a competência para ouvir apelações e agravos pelos seus Tribunais próprios e superiores. Entre as duas justiças está uma espécie de justiça senhorial dos donatários e governadores: ora exclusiva (conforme a pessoa ou a matéria), ora servindo como instância de recurso à decisão municipal. A justiça dos capitães é exercida pelos ouvidores. Justiça senhorial em termos, naturalmente. Não derivava de costumes ou tradições antigas, mas era doada pelo rei, e rei de caráter moderno de vocação absolutista. Nestes termos, embora exercendo funções públicas pela sua qualidade de donatário de terras, estas lhe vinham do rei mesmo"[232].

A estrutura judicial começara no Brasil, portanto, nas mãos dos capitães-donatários, com poderes para estabelecer atividades econômicas e organizar a vida civil na terra[233]. O Regimento de Martim Afonso de

[231] MARTINS JÚNIOR, José Izidoro. *História do direito nacional*, cit., p. 176.

[232] LOPES, José Reinaldo de Lima. *O direito na história – lições introdutórias*, cit., p. 263.

[233] Como no regime de exploração da terra em larga escala nas capitanias hereditárias o que importava era disponibilidade de capitais para a referida empreitada, segundo Caio Prado esse modelo não é característico do modo de produção feudal, uma vez que para se ter condição decisiva para o acesso a terra o montante de capitais tornava-se uma necessidade imperiosa: "É de grande importância essa constatação. Ela nos leva à conclusão de que, no Brasil Colônia, a simples propriedade da terra, independentemente dos meios de a explorar, do capital que a fecunda, nada significa. Nisso se distingue a nossa

Sousa (1530) previa competência, como capitão e governador de sua capitania, para aplicar pena de morte, sem recurso, exceto se o réu fosse fidalgo. "Capitães-donatários não exerciam jurisdição nem julgamento pessoalmente: nomeavam ouvidores, para o crime e o cível. Para garantir a autonomia, o privilégio e o poder dos capitães-donatários, às autoridades reais foi proibida a entrada nas capitanias sem sua autorização"[234].

formação daquela da Europa medieval saída da invasão dos bárbaros. Lá encontraram os conquistadores descidos do norte uma população relativamente densa e estável que já se dedicava à agricultura como único meio de subsistência. O predomínio econômico e político dos senhores feudais resultou assim direta e unicamente da apropriação do solo, o que automaticamente gerava em relação a eles os laços de dependência dos primitivos ocupantes. Aqui, não. A organização político-econômica brasileira não resultou da superposição de uma classe sobre uma estrutura social já constituída, superposição esta resultante da apropriação e monopolização do solo. Faltou-nos este caráter econômico fundamental do feudalismo europeu". PRADO JR., Caio. *Formação do Brasil contemporâneo – Colônia*. São Paulo Companhia das Letras, 2012, p. 7. Nelson Werneck Sodré, por sua vez, com o hábito de questionar e revisar suas teses acerca do Brasil, promoveu uma ruptura com a tradição de historiografia econômica majoritária no Brasil (Roberto Simonsen, Caio Prado Jr. e Celso Furtado), uma vez que o historiógrafo do Rio de Janeiro elabora o conceito de *regressão feudal*, negando o caráter capitalista da colonização que antes ele próprio detinha. Desse modo, o conceito de "feudalismo" foi alterado com ênfase pelo próprio autor entre as obras *Formação da sociedade brasileira*, de 1944, e *Formação histórica do Brasil*, de 1962. Em 1944 Sodré escreveu: "isso explica, em parte, certas identidades e semelhanças da empresa das capitanias com o regime feudal, morto há tanto tempo e quase inexistente na terra lusitana. É certo que esses traços não deram lugar senão a semelhanças, identidades formais, nada tendo do essencial do medievalismo, mesmo porque não seria possível, ainda numa terra longínqua, retornar a condições mortas de propriedade (...)". Em 1962, seu ponto de vista inverte. Embora admitisse a importância do grupo social dedicado ao comércio em Portugal dos séculos XIV e XV, Sodré afirma que de nenhum modo pode-se confundir esse grupo com uma classe burguesa dominante, que teria influenciado cada vez mais na política do reino, uma vez que ele teve de enfrentar uma poderosa aristocracia militar, que distribuiu entre si a terra reconquistada aos muçulmanos e conferiu, sim, à sociedade portuguesa um traço feudal. GRESPAN, Jorge. O conceito de "modo de produção" em Nelson Werneck Sodré. In CUNHA, Paulo; e CABRAL, Fátima (orgs.). *Nelson Werneck Sodré – entre o sabre e a pena*. São Paulo: Unesp, 2006, p. 135.

[234] Ibidem, p. 263.

3.9.2 O governo-geral

Com o resultado negativo das capitanias hereditárias, "D. João III decidiu criar ali uma forma de governo 'mais vigorosa' e centralizadora no Brasil. Foi assim criado o 'governo-geral', justaposto ao regime das capitanias hereditárias que vigia desde 1534. Segundo frei Vicente Salvador[235], estabeleceu-se um centro que serviria como um 'coração' do território colonial, capaz de promover maior articulação entre as diversas regiões da América Portuguesa. Nomeou Tomé de Souza como governador-geral do Estado do Brasil, amparado no regimento de dezembro de 1548"[236].

A organização do governo-geral do Brasil implicou também o estabelecimento do posto de ouvidor-geral, de provedor-mor da Fazenda e de alcaide-mor para a cidade de Salvador. Segundo Rodolfo Garcia[237], o regimento de 1548 introduziu uma alteração significativa no caráter da legislação metropolitana editada para o Brasil, na medida em que o principal meio pelo qual o rei mandava povoar o Brasil era o da redução da população indígena à fé católica. Não por acaso, os primeiros jesuítas chegaram ao Brasil na comitiva de Tomé de Souza. O governador-geral foi definido como chefe supremo da administração colonial, com ênfase nas suas funções militares, sendo o posto de comandante da tropa sua atribuição fundamental. Em termos administrativos, ficava responsável pelo governo civil, articulando as diversas capitanias e cuidando dos assuntos fazendários. Na área judiciária, assumiu a responsabilidade de preencher cargos serventuários, comutar penas e, posteriormente, supervisionar os trabalhos do Tribunal da Relação da Bahia, instalado em 1609. Por fim, ficava também encarregado de assessorar as autoridades eclesiásticas na

235 Frei Vicente Salvador (1564 – 1636/1639) – Baiano, estudou direito em Coimbra (1587), optou pela ordem franciscana com o nome de Vicente do Salvador, lecionou filosofia em Olinda. Escreveu "História do Brasil", importante obra para análise do Brasil Colonial.

236 Vainfas, Ronaldo. *Dicionário do Brasil Colonial (1500-1808)*, cit., p. 265.

237 Rodolfo Augusto de Amorim Garcia (1873 – 1949) – Lecionou história, geografia, francês e português nos Colégios Wolf e Santa Margarida em Pernambuco. Publicou, de sua autoria, *Dicionário de brasileirismos* e *Notas a um dicionário corográfico, histórico, e estatístico de Pernambuco.* Foi diretor do Museu Histórico Nacional e dirigiu a Biblioteca Nacional, a 17 de novembro de 1932. Participou, como colaborador, do *Dicionário histórico, geográfico e etnográfico do Brasil*, organizado pelo Instituto Histórico, no qual contribuiu com "Etnografia indígena" e "História das explorações científicas no Brasil".

nomeação dos párocos e capelas e fiscalizar as autoridades religiosas em geral[238].

A instituição do governo-geral provocou protestos por parte de alguns donatários e colonos, especialmente em Pernambuco. A Coroa procurou contemporizar, proibindo a ida de Tomé de Souza àquela capitania.

O governo-geral produziu forte golpe na autoridade dos capitães-donatários, mas a maioria dos historiadores sugere que a autoridade do governador-geral se encontrava muito restrita à Bahia, até 1763, quando a sede do governo foi transferida para o Rio de Janeiro. De todo modo, no início do século XVII, houve momentos em que foi necessário determinar a obrigatoriedade de residência do governador-geral na cidade de Salvador, porque havia uma forte tendência de os nomeados aportarem em Pernambuco e ficarem por ali, particularmente em Olinda. Com o tempo, a máquina administrativa do governo-geral tornou-se mais complexa, com a superposição de competências e a interpenetração entre sua instância e a de outras instituições de poder, como o bispado da Bahia (1551) e o Tribunal da Relação da Bahia (1609). Assistiu-se também a duas tentativas de dividir o Estado do Brasil em dois governos, tendo Salvador e o Rio de Janeiro como respectivas sedes (1572-1577 e 1608-1612). A grande novidade do período filipino (1580-1640) foi a criação, em 1621, do Estado do Maranhão e Grão-Pará – compreendendo as capitanias do Maranhão e Pará e do Ceará –, separado do governo-geral do Brasil. Apesar da pequena mudança de nome, foi esse um experimento administrativo de longa duração, sendo extinto apenas em 1774. A maior facilidade de comunicação entre Maranhão e Lisboa explica muito essa longevidade[239].

O tempo médio de exercício de poder dos governadores-gerais nomeados para o Estado do Brasil foi de 4,2 anos, no período entre 1570 e 1670, mas houve mesmo o caso do governo vitalício de Mem de Sá, que governou por 14 anos (1558-72). Isto tornou possível o enraizamento do poder de sua família no Brasil através de várias gerações subsequentes[240].

Pretendia-se, pois, iniciar a necessária reação do sistema centralizador sobre o feudal, o que se concretizaria somente dois séculos à frente por

[238] Vainfas, Ronaldo. *Dicionário do Brasil Colonial (1500-1808)*, cit., p. 265.
[239] Ibidem, p. 266.
[240] Ibidem, p. 266.

meio da incorporação à Coroa de todas as terras doadas, mas que convinha ser apressada por inúmeras razões de ordem política e econômica[241].

Para a realização desse pensamento, era preciso enviar ao Brasil delegados imediatos do governo da Metrópole, incumbidos de amplas funções executivas e judiciárias, limitativas e subordinadoras de algumas das atribuições primitivamente conferidas aos donatários. O supremo poder que havia ferido a Lei Mental para instituir o regime das capitanias hereditárias não tinha que recuar diante das cartas de doação e forais desse regime[242].

Nesse percurso, a 17 de dezembro de 1548 assinava o monarca português vários regimentos gerais e parciais, fixando as atribuições e encargos do novo funcionalismo colonial, criado para as suas possessões da América.

Tal funcionalismo, cujas figuras principais deviam servir durante três anos, compunha-se de: um governador-geral, um ouvidor-geral, um provedor-mor, fiscal e chefe dos provedores de capitanias, um capitão-mor da costa, um tesoureiro das rendas, um almoxarife dos mantimentos, um mestre de fortificações, alguns escrivães da provedoria dos contos e do almoxarifado, e grande número de entidades administrativas subalternas, além de meros artistas, mecânicos e homens de ofício[243].

Os altos interesses da justiça, isto é, as aplicações das regras de direito aos casos ocorrentes, ficavam a cargo do ouvidor-geral. Este era um magistrado incumbido de julgar e punir, na maior parte dos casos sem apelação nem agravo, mas, em alguns, com audiência do governador, em toda a extensão do território colonizado[244].

Aos provedores, quer o chamado mor, quer os seus auxiliares parciais, cabia a gestão administrativa e judicial dos interesses da fazenda pela fiscalização das alfândegas na percepção dos respectivos direitos, e pelo julgamento das ações ou pleitos sobre sesmarias e taxas aduaneiras. Quanto ao capitão-mor da costa, suas funções eram as de protetor e defensor militar do litoral[245].

241 Martins Júnior, José Izidoro. *História do direito nacional*, cit., p. 180.

242 Ibidem, p. 180.

243 Ibidem, p. 181.

244 Martins Júnior, José Izidoro. *História do direito nacional*, cit., p. 181.

245 Ibidem p. 181.

Governador-geral, ouvidor-geral, provedor-mor e provedores parciais tiveram, em 17 de dezembro de 1548, os seus regimentos firmados pelo rei e redigidos, segundo consta, pelo conde da Castanheira. Somente os poderes e deveres do capitão-mor da costa ficaram dependendo de ulteriores instruções do governador-geral.

Foi nessas condições e com essa engrenagem que se assentou e pôs-se a funcionar no Brasil o segundo aparelho político administrativo destinado a colonizar sob o imediato influxo régio, a soberba região que coube a Cabral tomar posse.

Logo, para sede do "maquinismo governativo corporizador do plano da metrópole", escolheu-se a capitania da Bahia, outrora doada a Francisco Pereira Coutinho, o desventurado fundador de Vila Velha, o infeliz náufrago vitimado pelos índios de Itaparica. Manoel Coutinho, o herdeiro do donatário, não pusera dúvida em cedê-la à Coroa, mediante "um padrão de quatrocentos mil réis de juro por ano, pagos pela redízima da mesma capitania e vinculados para si e seus herdeiros"[246].

"Realizada essa fundação, que era a primeira das determinações consignadas no seu Regimento, dispôs-se o enérgico e operoso delegado do rei a atender às outras expressas recomendações do mesmo Regimento. Dissera este: 'o principal fim porque se manda povoar o Brasil é a redução do gentio à fé católica: este assunto deve o Governador praticá-lo muito com os demais capitães'. Tomé de Souza não se demorou portanto em voltar sua atenção para os índios, utilizando nesse assunto o ardor proselitista dos padres jesuítas vindos em sua companhia, entre os quais salientavam-se os de nomes Manoel da Nóbrega[247] e Azpilcueta Navarro[248]"[249].

[246] Ibidem, p. 183.

[247] Padre Manoel da Nóbrega (1517 – 1570) – Português, formado em Cânones pela Universidade de Coimbra, chefiou os inacianos que chegaram a Bahia com Tomé de Sousa (1549). Foi o primeiro superior e primeiro Provincial da Companhia de Jesus no Brasil. Trabalhou vinte e um anos na organização da colonização brasileira. Introduziu a catequese e o ensino para os filhos dos indígenas. Fundou o Colégio de São Paulo do Campo de Piratininga (1554) que originou a cidade de São Paulo.

[248] Azpilcueta Navarro ([?] – 1557) – Jesuíta, ingressou na Companhia de Jesus em 1545 e veio para o Brasil em 1549, junto com o governador Tomé de Sousa. Participou em várias entradas pelo interior Brasileiro.

[249] Martins Júnior, José Izidoro. *História do direito nacional*, cit., p. 183.

Depois de tomar contra os aborígenes algumas medidas, aliás cruéis, de intimidação, acoroçoou o governador o zelo dos missionários pela catequese, não só auxiliando nas suas incursões e práticas pelo território da capitania, como também lhes facilitando o transporte para lugares distantes e carecedores de providências ao mesmo tempo materiais e morais. Foi assim que logo se realizaram com grande proveito as viagens dos padres Nóbrega, Navarro, Afonso Brás[250], Simão Gonçalves[251] e Manoel de Paiva[252] às capitanias de São Vicente, Porto Seguro, Espírito Santo e Ilhéus[253].

De uma dessas viagens aproveitou-se Tomé de Souza para pôr em atividade o capitão-mor da costa e para obrigar o ouvidor-geral e provedor-mor a exercitarem suas funções fora da sede do governo, nos termos dos respectivos regimentos. Duas caravelas e um bergantim[254] saíram da Bahia, levando a seu bordo os padres e os funcionários, e visitaram sucessivamente Ilhéus, Porto Seguro, Espírito Santo e São Vicente[255].

Em todas essas capitanias foram tomadas providências relativas à catequese, à administração da justiça, ao serviço da fazenda e também ao seguinte:

"Ocupou-se mui zelosamente o ouvidor-geral (diz Varnaghen) de por em ordem as coisas da justiça, mandando que nenhum degradado servisse nos ofícios, e provendo que os cargos do conselho ficassem reduzidos a um juiz ordinário e dois vereadores, servindo um de provedor e

[250] Afonso Brás (1524 – 1610) – Jesuíta português, considerado um dos fundadores de São Paulo. Foi enviado ao Brasil em 1550, tendo estado inicialmente na capitania do Espírito Santo. Em 1553, foi responsável pela construção no planalto da capitania de São Vicente, do que viria ser o Pátio do Colégio. No Rio de Janeiro, encarregou-se de outras construções.

[251] Simão Gonçalves da Câmara (1460 – 1530) – Foi o terceiro capitão do donatário da Capitania do Funchal e Fidalgo da Casa Real. Notabilizou-se nas campanhas portuguesas contra os mouros no Norte de África.

[252] Manoel de Paiva (1521 – 1584) – Jesuíta luso, participou da fundação de São Paulo (1554). Veio para o Brasil em 1550. Foi o primeiro diretor do Real Colégio de São Paulo. Em 1564, foi nomeado superior dos jesuítas no Espírito Santo, substituindo o padre Braz Lourenço. Manoel Paiva também foi reitor da Casa de Espírito Santo e primeiro capelão militar do Brasil.

[253] Martins Júnior, José Izidoro. *História do direito nacional*, cit., p. 183.

[254] Trata-se de uma embarcação antiga, a remo, estreita, com vela dupla.

[255] Martins Júnior, José Izidoro. *História do direito nacional*, cit., p. 184.

outro de tesoureiro. Meteu também na ordem alguns tabeliães que nem estavam encartados, nem juramentados, nem tinham livros de querelas, e as tomavam em pedaços de papel, levando às partes o que bem queriam. Degradou de umas para as outras capitanias alguns colonos que viviam abarregados, etc. O provedor-mor, também por sua parte, tratou de dar ordem a todas as provedorias, nomeando para elas pessoas de confiança e entendendo-se com os donatários, ou seus lugar-tenentes, sobre as melhoras necessitadas nas alfândegas, almoxarifados e coletorias"[256].

Foram concedidas aos sesmeiros as terras do esteiro de Pirajá e da Ilha de Itaparica. Não foram encontradas minas de ouro por Tomé de Souza[257]. O governador-geral pediria ainda ao rei que mandasse dez indivíduos "hábeis e honestos" para os fazer capitães da terra e oficiais da fazenda, que fossem intimados os donatários a vir morar nas suas capitanias, que fosse enviado para Salvador um capitão especial que pudesse responder pela cidade durante a ausência do governador-geral, que lhe fornecessem recursos para povoar o Rio de Janeiro, que ordenassem a construção de castelos nas vilas de Santos e São Vicente, que se suprimissem os cargos de provedor-mor e capitão-da costa, ficando as atribuições do primeiro incorporadas às do ouvidor-geral.

Eram feitos esses pedidos quase na véspera da terminação do seu governo, cujo prazo, aliás, findara desde janeiro de 1552. Isso explica por que Tomé de Souza não foi o executor de qualquer dessas medidas, quase todas aceitas e mandadas pôr em prática pouco a pouco. Aos seus sucessores, o primeiro dos quais foi Duarte da Costa[258], que tomou posse do cargo a 13 de julho de 1553, devia caber a realização delas[259].

[256] Ibidem, p. 184.
[257] Ibidem, p.184.
[258] Duarte da Costa (1505 – 1560) – Nobre luso, segundo governador-geral do Brasil (1553-1558). Trouxe diversos jesuítas, entre eles José de Anchieta. Lutou contra os indígenas no Recôncavo Baiano e realizou uma administração cheia de conflitos locais.
[259] Com o fracasso das capitanias, Tomé de Sousa, governador-geral a partir de 1549, foi diretamente financiado pelo Tesouro Real. No seu regimento menciona-se o seu ouvidor-geral, que ocuparia o primeiro lugar hierárquico na vida judiciária colonial, pois a este os donatários tiveram que dar apelo e agravo. O cargo de ouvidor, no Brasil, equivalia ao de corregedor na Metrópole. Começava a diminuição da justiça dos capitães. As restrições aos poderes dos donatários continuaram pelo Alvará de 5 de março de 1557: limitava-se

Com o governo-geral foi de fato duplicada a estrutura judicial, "pois sobrevivia parte dos poderes e competências das Capitanias e Câmaras ao lado da nova justiça, desempenhada pelo Ouvidor-geral. Desta forma, o Ouvidor recebia recursos vindos de ouvidores de comarca, mas conhecia por ação nova, como jurisdição originária, conflitos que se dessem a uma distância de dez léguas de sua sede ou estada. Como podiam (e deviam) viajar para exercer a atividade de inspetoria, sua jurisdição conflitava muitas vezes com a jurisdição ordinária das câmaras. De suas decisões podia-se recorrer à Casa de Suplicação em Lisboa. Ao lado do ouvidor vinha o séquito de oficiais menores: escrivão para lavratura dos atos (autos) do processo, tabelião (para a redação de documentos como notário), meirinhos (oficiais de diligências), eventualmente os inquiridores (cuja função era tomar os depoimentos das testemunhas e inquiri-las) etc."[260].

Desde 1587 já se preparava a criação de um Tribunal Régio propriamente dito no Brasil, elaborando-se seu regimento. No entanto, foi só em 1609 que de fato se instalou, já com um novo Regimento (Lei de 7 de março de 1609). "Felipe I justificara a criação do Tribunal da Relação da Bahia pelo aumento do comércio e dos descobrimentos: com o crescimento das demandas e dúvidas já não se poderia administrar a justiça somente com o Ouvidor-geral. Além disso, estando a Bahia na rota da navegação para a África, a Relação ficou incumbida de julgar causas dos territórios africanos, ou fazer correição naquele outro lado do Atlântico, em Angola"[261].

O recém instalado Tribunal da Relação da Bahia "fiscalizava a Câmara de Salvador e respectivos Juízes, assim como todos os 'oficiais de jus-

o seu poder de impor pena de morte em casos de heresia, sodomia, moeda falsa, traição. Permitiu-se a partir daí a entrada de funcionários reais na capitania. O regimento do ouvidor-geral do Brasil, de 14 de abril de 1628, revogava expressamente o privilégio concedido aos capitães-donatários de fazerem justiça em suas terras: "Este regimento se cumprirá, sem embargo das doações feitas por el-rei D. João III aos capitães das partes do Brasil: revogados os privilégios que se lhes concederam de não poderem entrar as justiças reais nas terras das suas capitanias, e de não poderem eles ser suspensos, e reduzida sua alçada, na forma já declarada". Lopes, José Reinaldo de Lima. *O direito na história – lições introdutórias*, cit., p. 263-264.

[260] Lopes, José Reinaldo de Lima. *O direito na história – lições introdutórias*, cit., p. 264.

[261] Ibidem, p. 264.

tiça', 'tirando devassa a cada três anos por um desembargador nomeado'. Tinha, pois, um caráter de agente de correição. Neste mesmo sentido, procedia a residências, ou seja, tomada de relatório do tempo de exercício do cargo por determinados oficiais, como os ouvidores de capitanias e governadores respectivos, por iniciativa do governador da Relação. A função jurisdicional abrangia não apenas decisão de litígios entre particulares, ou entre particulares e autoridades, mas também exercício do poder de polícia. Sua instalação desagradou aos comerciantes e outros habitantes de Salvador: envolveu-se em diversos conflitos e foi extinto por Alvará de 5 de abril de 1626, sob o pretexto do esforço de guerra contra os holandeses"[262].

No sistema dos governos gerais, representantes imediatos da soberania da Coroa, outra coisa não podia suceder, a não ser com a única diferença de que a partir de 1603 tiveram vigência as Ordenações Filipinas e não mais as Manoelinas. As leis codificadas e extravagantes de Portugal foram, em geral, o nosso direito positivo privado durante o período histórico a que nos reportamos. Mas as determinações reais, decretadas especialmente para o Brasil (regimentos, alvarás, cartas régias, ordens, provisões, instruções etc.), avultavam, de modo notável, sobretudo em matéria de direito público e administrativo. Nesse terreno os regimentos dados aos governadores por ocasião de serem despachados para a Colônia são as leis de órbita mais ampla, e, com os expedidos para ouvidores e provedores, constituem a legislação orgânica superior da segunda fase da colonização[263].

Acabou-se de dizer que os regimentos dos governadores lhes eram dados por ocasião do seu despacho para a Colônia. Não se deve depreender desta afirmação que cada governador do Brasil tinha ou teve forçosamente o seu regimento. Podia tê-lo, de certo, se assim aprouvesse ao rei, como algumas vezes sucedeu. Mas para não repetir de três em três anos as mesmas regras e disposições, o soberano, em geral, ordenava por cartas ou instruções aos nomeados tais ou quais providências e mantinha a legislação orgânica anterior[264].

[262] Ibidem, p. 264-265.

[263] MARTINS JÚNIOR, José Izidoro. *História do direito nacional*, cit., p. 117.

[264] Ibidem, p. 117.

Por exemplo: "o Regimento de 17 de dezembro de 1548 – base do segundo sistema de administração colonial – vigorou por mais de um século, servindo a todos os sucessores de Tomé de Souza até 1677. Foi somente no começo desse ano que se deu novo Regimento ao Governador nomeado – Roque da Costa Barreto[265]. Teve tal regimento a data de 23 de Janeiro e compunha-se de 61 artigos explícitos e minuciosos"[266].

A seguir, temos as determinações exaradas naquela legislação reguladora dos poderes e obrigações dos delegados da Coroa:

"No complexo das disposições contidas nesses diversos documentos (os regimentos gerais) notam-se ao mesmo tempo duas tendências constantes, mas opostas entre si, já para alargar o poder dos Governadores, já para o restringir, e precaver os abusos a que a extensão dele, unida às dificuldades da repressão, incessantemente os estimulava. Eles proviam a serventia da maior parte dos empregos e todos os postos da milícia até coronel, o que equivalia a provimentos interinos propostos à confirmação del-rei, a quem unicamente competiam os definitivos; remuneravam os serviços pecuniária ou honorificamente; concediam perdão em certos crimes e determinadas épocas; repartiam livremente em sesmarias as terras dos seus governos; dispunham de toda a força militar; declaravam e faziam a guerra aos índios; prendiam e deportavam os turbulentos de umas para outras capitanias; presidiam às relações e às juntas de justiça; criavam vilas e povoações segundo as leis e com todos os funcionários costumados no reino; decidiam os conflitos de jurisdição que surgiam entre os magistrados; admoestavam-nos, suspendiam os seus vencimentos, ordenavam o seu processo, podiam até prendê-los e remete-los para o reino, havendo perigo na mora; e foram autorizados a fazê-lo sem cláusulas restritivas no tempo do marquês de Pombal, ampliada para esse fim a jurisdição que lhes concediam os antigos regimentos; suspendiam e

[265] Roque da Costa Barreto ([?] – 1696) – governador-geral do Brasil (1678-1682). Aplicou um novo regimento administrativo (o antigo era de 1548) que determinava a subordinação ao governador-geral dos capitães-generais de Pernambuco e do Rio de Janeiro, evitando divergências. Em seu governo realizou expedições ao interior com vistas à expansão territorial e econômica, intensificou a evangelização dos índios, publicando regulamento com esse fim (1768). Enviou expedição para fundação da colônia do Sacramento, na margem esquerda do Rio da Prata, que deu origem a um longo conflito com os espanhóis.

[266] Martins Júnior, José Izidoro. *História do direito nacional*, cit., p. 118.

rebaixavam os oficiais militares dos seus postos; e sobre muitas outras atribuições diretas e pessoais que acumulavam, militares, civis, judiciárias e financeiras, exerciam finalmente a suprema inspeção sobre todos os ramos da administração pública e vigiavam em geral a execução das leis"[267].

"Em sentido oposto, no intuito de restringir estas imensas atribuições, e não poucas vezes em formal contradição com as disposições anteriores, o que de resto se explica pela flutuação das ideias alternativamente em voga, eram os Governadores obrigados a dar conta a el-rei, por intermédio do conselho ultramarino, em todas as ocasiões possíveis, de todos os negócios e acontecimentos que ocorressem; era-lhes proibido criar, de novo, empregos ou postos de milícia; nomear para os existentes criados seus ou degradados, salvo prestando estes relevantes serviços; demorar-se nas conquistas depois de acabado o seu tempo; levar a elas seus filhos ou consentir que lá fossem ter; mandar presentes aos membros do conselho ultramarino; comerciar por qualquer forma; consentir que se tirassem os seus retratos, ou que as câmaras representassem a seu favor, durante o exercício do seu governo; delegar poderes; fazer prisões arbitrárias por mais de oito dias, sem sujeitar logo os presos ao poder judiciário; e entender, por qualquer modo, nas coisas da justiça, e suspender e prender os magistrados, que nas matérias de seus ofícios eram independentes e não tinham que dar-lhes contas"[268].

Em suma, esse é o desenho da suprema administração colonial durante os séculos XVI, XVII e XVIII – especialmente durante os dois últimos. Os outros planos do quadro são constituídos pela legislação judiciária e de Fazenda, isto é, pelos regimentos dos ouvidores e provedores. Já tiveram, também, na data de 17 de dezembro de 1548, os primitivos códices regulamentares das funções do ouvidor-geral e provedor-mor, bem como os dos provedores subalternos das capitanias. Essa legislação foi, como era natural, e pelo correr dos tempos, progressivamente modificada[269].

Até hoje não se encontrou o texto integral do Regimento da Ouvidoria Geral, de 1548. "São conhecidos, porém, muitos outros posteriores,

[267] Ibidem, p. 121.
[268] Ibidem, p. 121.
[269] Ibidem, p. 121.

datados de 1628, 1630, 1643. O primeiro, de 14 de abril de 1628 constante de 23 artigos dá-nos a conhecer perfeitamente a extensão dos encargos e direitos conferidos ao funcionário encarregado de administrar justiça nas terras do Brasil em nome de el-rei. Os regimentos que se seguiram, inclusive os que foram dados aos ouvidores do Maranhão, do Rio de Janeiro, de Pernambuco, consignavam as mesmas disposições fundamentais do de 1628, alterados ligeiramente alguns pontos secundários. O de 2 de abril de 1630 deu ao ouvidor-geral do Brasil funções novas de auditor de guerra e de juiz dos feitos da Coroa"[270].

Os Regimentos das provedorias-mores e parciais conservaram, como os das ouvidorias, o mesmo fundo comum e constante de disposições regulamentares. A mais profunda alteração por que passaram foi a proveniente das determinações tomadas sobre a fazenda dos defuntos e ausentes das partes ultramarinas nos termos do Regimento de 10 de dezembro de 1613[271].

Diante do exposto, forma-se bem uma ideia geral do mecanismo administrativo da Colônia no ponto central e culminante de sua engrenagem governamental. O referido mecanismo compunha-se de outras peças que se faziam necessárias ao regular funcionamento do todo, ou seja, os governadores subalternos, os capitães-mores não donatários que o governo português nomeava para as capitanias da Coroa[272].

> *"A princípio (refere Varnaghen), ao colonizar-se o Brasil, capitão-mor não queria dizer mais que chefe superior, quer fosse de uma frota ou esquadrilha, quer de um ou mais estabelecimentos de terra, quer finalmente daquela e destes; como sucedeu com Martim Afonso. Os poderes de tais capitães-mores eram consignados em seus regimentos. Seguiu-se a divisão da terra pelos donatários, e a cada um deles, e aos outros a quem a Coroa depois conferiu novas doações de terras, se permitiu que se intitulassem capitães-mores das suas terras, que daí ficaram chamando-se capitanias. Quando a Coroa colonizou sucessivamente por sua conta, o Rio de Janeiro, Sergipe, a Paraíba, o Rio Grande do Norte, o Ceará, o Maranhão, o Pará, e, mais adiante, Santa Catarina e o Rio Grande do Sul, para algumas destas suas novas capitanias nomeou desde o princí-*

[270] Ibidem, p. 121.
[271] Ibidem, p. 121.
[272] Ibidem, p. 121.

pio, ou pouco depois, capitães-mores trienais, e geralmente ficaram sujeitos aos Governadores, e destes recebiam regimentos parciais, quando os não traziam do reino"[273].

A partir de então, com a constante expansão material e moral da Colônia, essa hierarquia administrativa se foi acentuando e provendo novos órgãos ou graus[274].

No âmbito normativo, "Poucos destes Regimentos chegaram *in extenso* até nós; são conhecidos quase exclusivamente o de 9 de maio de 1609, dado ao capitão-mor da Paraíba, e o de 5 de junho de 1669, expedido ao do Pará. Em algumas leis extravagantes encontram-se disposições relativas aos capitães-mores e respectivos governos, não sendo raras aquelas em que se comete aos Governadores gerais a organização de regimentos para as capitanias sob sua dependência. Varnaghen diz, por exemplo, que o vice-rei conde de Óbidos deu aos capitães-mores um regimento em 13 artigos, datado de 1º de outubro de 1663"[275].

Verifica-se que dos Regimentos particulares de 1609 e 1669 os direitos e poderes dos capitães-mores eram muito menos importantes que os dos governadores. "De resto era isso uma consequência natural da sua inferioridade hierárquica. A esse respeito basta observar que não podiam os capitães-mores conceder sesmarias, intrometer-se na administração da fazenda etc. e, por outro lado, só interinamente podiam prover os empregos de justiça, fazenda ou guerra, resumindo-se, quase, suas funções à Inspeção das tropas e fortalezas e à proteção às autoridades civis, financeiras e judiciárias. Quanto à alçada no cível e crime, tinham-na alguns, como o da Paraíba, até dezesseis mil réis nos imóveis e vinte nos móveis, e até as penas de açoites e de dois anos de degredo, para os peões da terra, escravos e livres, podendo, também, impor multas de até dez cruzados em pessoas de qualquer qualidade"[276]. Prova disso são os Regimentos particulares de 19 de agosto de 1670 e de 9 de janeiro de 1679, dados aos governadores de Pernambuco e do Rio de Janeiro, regimentos que tinham grande semelhança com os dos governadores-gerais. Realmente

[273] Ibidem, p. 121.

[274] Ibidem, p. 121.

[275] Ibidem, p. 121

[276] Ibidem, p. 121.

os dois aludidos estatutos governamentais têm uma fisionomia especial que os diferencia notavelmente dos regimentos dos capitães-mores, sem, todavia, igualá-los em absoluto aos dos governadores-gerais[277].

Mais significativa, porém, do que a indicada, é a circunstância de terem tido existência real e legal os capitães-mores de vilas, meros oficiais milicianos com atribuições militares e policiais, os quais não tinham privilégios como os capitães de capitanias e podiam até ser presos e processados pelos ouvidores[278].

Poder-se-ia, ainda, observar, que durante muito tempo, ao lado dos capitães-mores não donatários de capitanias e de vilas, existiam os capitães-mores donatários, representantes e herdeiros do regime instituído em 1534, o qual só no século XVIII veio a cessar inteiramente, como já tivemos ocasião de dizer[279].

Resta-nos falar da legislação orgânica peculiar ao Estado do Maranhão, criado no norte do Brasil pela Carta Régia de 13 de junho de 1621 e subsistente como unidade político-administrativa sem laço algum de dependência para com o governo da Bahia, até o ano de 1774[280].

Compôs-se primitivamente o referido Estado das capitanias do Ceará, Maranhão e Pará, e foi seu primeiro governador e capitão-general Francisco de Albuquerque Coelho de Carvalho[281], que só em 1626 tomou posse no cargo[282].

A organização dada ao novo centro de vida colonial modelou-se exatamente pela do Estado do Brasil. Vamos encontrar nas capitanias do Maranhão os mesmos funcionários e as mesmas regras administrativas

277 Ibidem, p. 121.

278 Ibidem, p. 121-122.

279 Ibidem, p. 122.

280 Ibidem, p. 122.

281 Francisco de Albuquerque Coelho de Carvalho – Filho do governador da Paraíba, Feliciano Coelho, foi nomeado capitão por este para defender a capitania de Itamaracá. Primeiro governador-geral do Maranhão, sua nomeação deu-se em 1623, mas somente tomou posse em 1626. Suas atribuições eram amplas e, à semelhança do governador-geral do Estado do Brasil, abrangiam todas as áreas da administração do Estado, incluindo funções relacionadas à Justiça, à Fazenda e à esfera militar.

282 Martins Júnior, José Izidoro. *História do direito nacional*, cit., p. 122.

e judiciárias, que vimos e examinamos nas terras sujeitas ao governo da Bahia ou do Rio de Janeiro[283].

Com a edição do Regimento de 14 de abril de 1655, constante de 58 artigos e dado ao governador André Vidal de Negreiros[284], verifica-se que ao "Chefe do Governo do Maranhão foram ampliadas algumas atribuições, dando-se-lhe certos poderes que aos governadores-gerais do Brasil haviam sido já cerceados, em proveito da autoridade do ouvidor ou da Independência da justiça. Ouvidores e provedores ficavam pelo Regimento de Vidal de Negreiros numa visível dependência do governador, ao passo que nas capitanias do sul essa dependência era formalmente impedida pelos regimentos parciais daqueles funcionários"[285].

Ocorre aqui uma situação inusitada: "o Regimento de 18 de julho de 1644, dado ao ouvidor do Maranhão, reproduz quase as mesmas disposições do de 14 de abril de 1628 e 2 de abril de 1630, dados ao ouvidor-geral do Brasil. E nestes documentos estavam declaradas as isenções e os privilégios daqueles magistrados vis-à-vis dos Governadores. Parece, portanto, que há antinomia entre tais regimentos e o do Governador do Estado. Existe, com efeito, essa antinomia"[286].

Não se suponha, porém, que por esse motivo ia tornar-se impossível o governo de André Vidal de Negreiros, pelas colisões necessárias entre alguns dos seus poderes e as prerrogativas do ouvidor. É sabido que para casos dessa natureza há em Direito o remédio pela aplicação da regra posterior *prioribus derogant*, ou seja, norma posterior revoga norma anterior. Como o regimento do governador foi posterior ao dos ouvidores, pois é datado de 1655, estabeleceu direito novo para os funcionários em questão, revogando implicitamente as determinações dos regimentos parciais anteriores, incompatíveis com as do novo regimento geral[287].

283 Ibidem, p. 122.

284 André Vidal de Negreiros (1620 – 1680) – Um dos líderes responsáveis pela expulsão dos holandeses, iniciou a Insurreição Pernambucana em 1645. Foi governador do Estado do Maranhão, Grão-Pará e Pernambuco.

285 Martins Júnior, José Izidoro. *História do direito nacional*, cit., p. 122.

286 Ibidem, p. 123.

287 Ibidem, p. 123.

Embora fora dito que o regimento do ouvidor-geral do Estado do Maranhão tem a data de 18 de julho de 1644, cumpre notar que não foi esse regimento, composto de 25 artigos, o primeiro expedido para a Ouvidoria de que se trata. A precedência cabe ao Regimento de 7 de novembro de 1619, constante de 19 artigos, e dado ao ouvidor Sebastião Barbosa[288]. Este, em 1620, foi substituído no cargo de ouvidor por Jorge da Costa Machado.

Isso significa que, antes mesmo de decretada a criação do Estado do Maranhão, a autonomia judiciária dessa região do Brasil fora estatuída pelo governo português.

"Foi em tempo de Domingos da Costa [governador regente da Capitania do Maranhão, entre 7 de novembro de 1619 e 20 de abril de 1622] que a metrópole deliberou criar no Maranhão um governo especial, independente do Brasil; segundo já terminantemente se declara no Alvará de 7 de novembro de 1619, pelo qual foi dado ao ouvidor Sebastião Barbosa, então nomeado, um regimento em dezenove artigos com jurisdição por ação nova até cinco léguas em derredor do distrito onde estivesse, nas causas tanto cíveis como crimes, não só dos moradores e naturais como dos capitães, soldados e gente de guerra, sentenciando-os afinal ou dando apelação ou agravo nos casos excedentes à sua alçada para a Casa de Suplicação de Lisboa"[289].

Segundo o artigo 12 do Regimento de 1619, o ouvidor faria o ofício de provedor, enquanto tal cargo não fosse criado, e exercê-lo-ia na forma e com os poderes dos provedores de comarca[290].

Quanto à legislação orgânica do Estado do Maranhão, "frise-se que a Coroa portuguesa não tinha nem devia ter, aliás, dois planos, dois sistemas diversos de governo para a sua larguíssima possessão da América. O que ela quis, com a criação do novo Estado, foi prover o norte do Brasil de meios de administração e colonização numa época em que os franceses pretendiam fixar-se nele e em que a invasão holandesa ameaçava a parte média de litoral brasileiro, devendo fatalmente interceptar as comunicações do governo central da Bahia com as capitanias setentrionais. E para

[288] Ibidem, p. 123.
[289] Ibidem, p. 123.
[290] Ibidem, p. 123.

atingir esse *desideratum* não havia necessidade de inventar um maquinismo administrativo diferente do que já estava experimentado nas capitanias do sul, e que ia dando frutos relativamente apreciáveis"[291].

3.9.3 O direito especial

O direito especial, além do direito comum, foi representado na Colônia por:

1 – *Regimentos* – complemento do Livro I das Ordenações (Leis orgânicas) organizavam os cargos da administração pública, como o que criou o sistema de governos gerais (1548).

2 – *Cartas régias* – eram dirigidas às autoridades públicas ou à autoridade, contendo determinações gerais e permanentes. Funcionavam como resoluções do rei. Ex.: Carta de Abertura dos Portos (1808).

3 – *Cartas de lei* – lançavam normas de caráter Geral. Ex.: A carta de 1815 que elevou o Brasil à categoria de Reino Unido a Portugal e Algarves.

4 – *Alvarás* – por determinação do rei, geralmente tinha efeito por um ano, eram normas específicas e, portanto, de vigência temporária. Ex.: Alvará criando o Banco do Brasil (1808).

As Ordenações Filipinas (1603), vigentes durante o domínio espanhol (1580-1640) sobre Portugal e Brasil coincidem, também, com o domínio holandês[292] ocorrido no Nordeste (1630-1655). "Constituíram-se em peça fundamental da prática político-administrativa em todo o império português, e seu conhecimento por parte dos oficiais da Coroa, espe-

[291] Ibidem, p. 123.

[292] "O Estado holandês, consubstanciado na forma de uma 'República patrícia', sob a liderança da Casa de Orange, empenhou-se em criar condições para a obtenção dos territórios cobiçados. O poder legislativo, denominado 'Estados-Gerais', era composto por representantes da alta burguesia das várias cidades flamengas e defendia seus interesses. Para melhor concentrar os esforços no sentido de conquistar as fontes de produtos primários, aboliu-se a, competição entre as várias companhias comerciais holandesas e fundou-se, em 1602, a poderosíssima Companhia das Índias Orientais, que reunia capitais de numerosos empresários.

cialmente os magistrados, era pressuposto essencial para o governo do império"[293].

As Ordenações mais longevas do período colonial foram as Filipinas, texto reformado do Código Manoelino. O espírito da reforma foi marcado pela preocupação com o aspecto coordenado do direito então vigente, tornando-o mais simples e atualizado. Tratou-se de reforma realizada sob o signo do "autêntico espírito nacional" português, oportunidade em que os Habsburgos procuraram demonstrar aos portugueses o seu apreço pelas tradições lusitanas. Tanto é que, mais tarde, após a Restauração (1640), D. João IV não hesitou em confirmar o Código Filipino como a espinha dorsal do direito português[294].

Concomitante com as ordenações Filipinas havia uma legislação suplementar comum à Metrópole e a Colônia, a saber: leis sobre o comércio (letras de câmbio, seguros, câmbio marítimo e corretores de câmbio);

Constituía-se numa verdadeira repartição do Estado batavo, dele recebendo proteção e apoio e contribuindo, por sua parte, com três por cento de seus lucros para os cofres públicos.
Seus sucessos foram evidentes: conquistaram sucessivamente a ilha Maurícia (1598), as Molucas (1609), pontos na África Ocidental (1612), Senegal (1617), Indonésia (1619), Cabo Verde e Costa do Ouro (1624), controlando ainda o comércio com os chineses, japoneses e persas, bem como parte do tráfico de escravos negros.
Com os êxitos obtidos no leste pela Companhia das Índias Orientais, decidiram os batavos fundar, em 1621, outra grande Companhia, chamada das 'Índias Ocidentais', à qual foi concedido, pelos Estados-Gerais, 'o monopólio por 24 anos do comércio, navegação e conquista das terras das Américas e parte das da África'.
Seria esta a responsável pelos planos e organização das expedições ao território brasileiro, onde os holandeses vinham buscar o precioso açúcar, um dos pilares de seu comércio na Europa.
Não seria inútil lembrar, a esta altura, que durante a trégua de 12 anos, assinada em 1609 entre Holanda e Espanha, aproveitaram-se os flamengos não só para realizar várias operações comerciais no Brasil, mas também para obter conhecimentos a respeito da colônia espanhola, o que lhes foi muito útil, mais tarde, quando da invasão. Quando as hostilidades foram reiniciadas, em 1621, os batavos tinham já uma razoável ideia das terras que iriam invadir." *Vide* Mendes Jr., Antonio; Roncari, Luiz; e Maranhão, Ricardo. *Brasil, história texto e consulta – Colônia*, p. 168-169.

[293] Vainfas, Ronaldo. *Dicionário do Brasil Colonial* (1500-1808), cit., p. 436.

[294] Ibidem, p. 436.

leis que proibiam o preamento de índios para trabalho escravo; Leis sobre a escravidão negra; leis referentes às minas[295].

Já as leis pragmáticas eram decisões régias, com valor de lei, ligadas a dois principais objetivos: a preocupação com a delimitação do uso de artigos de luxo – as leis suntuárias –, autorizando ou proibindo o uso de certas roupas ou adereços, conforme a posição dos indivíduos na hierarquia social; a preocupação da Coroa com a proteção das manufaturas do reino, especialmente nos séculos XVII e XVIII[296].

"Os regimentos (...) serviam como uma espécie de Constituição regional, limitando o poder pessoal e despótico dos capitães-gerais e governadores. Tinham o caráter de uma carta passada ao destinatário e adstrita à sua jurisdição. Já as posturas eram resoluções votadas e editadas pelos vereadores no âmbito das câmaras municipais: eram de importância fundamental, na medida em que regulamentavam aspectos da vida cotidiana nos municípios – especialmente nas áreas de abastecimento, comportamento social e higiene –, conciliando e adaptando as normas gerais definidas pelas ordenações às especificidades locais. Apesar das alterações realizadas na vigência das Ordenações Filipinas, foram elas a base do direito português até o século XIX"[297].

Em 1677 o Regimento, que vinha desde Tomé de Souza, foi substituído pelo de Roque da Costa Barreto, o último para os governadores gerais. "Sua adequação à realidade administrativa brasileira fica patente no fato de, só a 30 de julho de 1796, ter uma provisão do Conselho Ultramarino determinado algumas modificações ao seu texto. Fixava o artigo primeiro, revigorando alvará de 20 de fevereiro de 1620, a Bahia como sede governamental ordinária, de onde o governador não deveria sair 'sem ordem expressa del-rei'. (Alguns governadores haviam tomado posse em Olinda, a começar por Diogo Botelho[298], em 1602, seguindo-

[295] Ibidem, p. 437.

[296] Ibidem, p. 437.

[297] Ibidem, p. 437.

[298] Diogo Botelho (séc. XVI – séc. XVII) – governador-geral do Brasil (1602-1608). Procurou agilizar a conquista do Norte do Brasil e travou lutas com os índios Aimorés.

-se o respectivo sucessor, D. Diogo de Meneses[299], em 1608, e Gaspar de Sousa, que exerceu todo o seu governo em Pernambuco. Também D. Luís de Sousa[300] tomou posse em Olinda, tornando-se necessária ordem expressa para passar à Bahia, nas cartas régias de 30 de maio e 6 de novembro de 1618. A ordem foi obtida, provavelmente, pela interferência do donatário Duarte de Albuquerque Coelho, cuja autoridade ficava reduzida pela presença do governador-geral)"[301].

Os artigos subsequentes dispunham a respeito da entrega do governo e das fortificações. Recomendavam proteção aos silvícolas e jesuítas, casas de misericórdia, hospitais e mandavam relacionar os empregados públicos, informar sobre o seu bom exercício, estabelecendo a forma de provimento dos cargos vagos[302]. Outros dispositivos recomendavam estabelecimento de feiras para o gentio; melhoria da arrecadação pública, devendo os contratos de arrendamento de sua cobrança serem feitos por três anos, só se considerando definitivas as arrematações após aprovação do Conselho Ultramarino (mais tarde a arrematação passaria a operar-se perante o Erário Régio ou Juntas da Fazenda do Brasil)[303].

Dispunha ainda o texto "sobre administração militar (inspeção e melhoramento das fortalezas, provimento de postos de ordenanças, pontualidade no pagamento da tropa de linha, faculdade de armar cavaleiros os militares que se distinguissem, posteriormente cassada pelos abusos praticados)[304]. Mandava o regimento desenvolver o País, aumentar os

[299] Diogo de Meneses e Sequeira (1560 – [?]) – Filho de João de Meneses, ex-governador de Tânger. Sabe-se que esteve com o pai na batalha de Alcácer-Quibir e que foi governador do Algarve no início do século XVII. Foi nomeado governador-geral do Brasil em 22 de agosto de 1606, tomando posse do governo, em Olinda, em 7 de janeiro de 1608, cargo que ocupou até 1612.

[300] Luís de Sousa (1580 – 1643) – Segundo conde do Prado (o primeiro foi seu bisavô), morreu em 1643 em Madrid. Foi também senhor de Beringel e Sagres, alcaide-mor de Beja e comendador de Nossa Senhora da Purificação na Ordem de Cristo. Em 1602 serviu em Flandres e em 1605 na Armada. Foi governador do Algarve e depois nomeado governador e capitão-general do Brasil, cargo que ocupou entre 1º de janeiro de 1617 e 12 de outubro de 1621.

[301] Avellar, Hélio de Alcântara. *História Administrativa e Econômica do Brasil*, cit., p. 136.

[302] Ibidem, p. 136.

[303] Ibidem, p. 136.

[304] Ibidem, p. 136.

engenhos, conservar as matas, em particular as de pau-brasil, examinar as jazidas de salitre, melhorar o produto do contrato da baleia (abolido, afinal, em Alvará com força de lei de 24 de abril de 1801)"[305].

O Regimento determinava que o governador "administrasse justiça aos povos, observando e fazendo cumprir o regimento do tribunal da Relação da Bahia (o tribunal criado em 1609, com dez desembargadores, fora suprimido, e restaurado, a pedido da câmara e povo da Bahia, recebendo regimento em 12 de setembro de 1652, reduzidos a oito seus desembargadores, sob a presidência do governador, sem direito a voto, mas, com o de comutar pena e conceder fiança e perdão). Mandava-lhe ainda observar os direitos dos donatários e dos oficiais da justiça, fazenda e guerra (os três ramos da administração régia). Em certos casos, poderia exercer o direito de graça"[306].

Obrigava o Regimento ao pontual "pagamento da folha eclesiástica (côngruas), com o produto dos dízimos, cuidando o Governador de não se imiscuir na jurisdição da Igreja. Sabe-se que houve muitos conflitos entre a autoridade temporal e a espiritual: D. Duarte da Costa e D. Pero Fernandes Sardinha[307], D. Diogo de Meneses e o Bispo D. Constantino Barradas[308]"[309].

O governador podia "admoestar os próprios desembargadores da Relação (o que chegou a ocorrer). Estabelecia castigo para os estrangeiros que, sem licença e contra o acordado com holandeses, franceses e ingleses, entrassem no Brasil (uma carta régia de 28-2-1707 apenas permitia a permanência de quatro familiares de ingleses e holandeses, além disso só se permitindo, por Aviso do Secretário do Estado; de 21 de abril

[305] Ibidem, p. 135.

[306] Ibidem, p. 135.

[307] D. Pero Fernandes Sardinha (1495 – 1556) – Foi professor de teologia em Coimbra, Salamanca e Paris e nomeado pelo papa Júlio III para a primeira Diocese do Brasil (1550). Inaugurou o bispado de Salvador durante a administração de Tomé de Sousa. No governo de Duarte da Costa brigou como o seu filho (Álvaro da Costa) e foi chamado de volta para Portugal. Em maio de 1556 a nau que o levava naufragou no litoral alagoano e o bispo, juntamente com a comitiva, foram trucidados pelos índios Caetés.

[308] Constantino Barradas (1550 – 1618) – Doutor em teologia pela Universidade de Coimbra, foi o quarto bispo português de São Salvador da Bahia de Todos os Santos.

[309] Avellar, Hélio de Alcântara. *História Administrativa e Econômica do Brasil*, cit., p. 137.

de 1717, estrangeiros casados com portuguesas, e que tivessem filhos, não sendo homens de negócios)"[310].

O Regimento revigorou "a ordem de elaborar o Título do Estado, isto é, uma tabulação estatística do Brasil, indicativa de força, fortificações, armas e munições das capitanias. Em atendimento a essa norma foi, por exemplo, organizada em 1747 a Informação geral da Capitania de Pernambuco, publicada nos 'Anais da BNRJ' – XXVIII"[311].

O governador devia prestar contas ao "Ultramarino dos negócios da justiça, guerra e fazenda, assim também devendo proceder os ministros (no sentido amplo de funcionários) de sua jurisdição, os quais só poderiam aceitar ordens passadas pelo Conselho Ultramarino, Secretarias de Estado ou, no que respeitasse a negócios eclesiásticos, de ausentes e defuntos, pela Mesa da Consciência e Ordens[312]. As pessoas providas em benefícios eclesiásticos que vencessem ordinárias (côngruas) da Real Fazenda ficavam obrigadas a munir-se de 'Alvará de mantimentos' expedido pelo Ultramarino"[313].

O Código Administrativo colonial de 1677 estabeleceu que, "nos casos omissos, o governador deveria aconselhar-se com os ministros da Relação, provedor-mar da Fazenda (cargo extinto em Alvará de 3 de março de 1770) e mais pessoas capazes, prevalecendo seu arbítrio nos casos sigilosos em que divergissem os pareceres, ser de tudo enviado traslados à Corte[314]. De ofício, deveria o governador escrever sempre que seguissem navios para o Reino, mesmo não havendo novidade, cuidando de não impedir que também escrevessem, ainda que para se queixarem, câmaras e oficiais das câmaras, justiça, fazenda e guerra"[315].

3.9.4 O primeiro tribunal brasileiro e o Judiciário

O primeiro tribunal do Brasil, o Tribunal da Relação da Bahia, foi instalado em Salvador, em 1609, composto de dez desembargadores. Esta

[310] Ibidem, p. 137.
[311] Ibidem, p. 137.
[312] Ibidem, p. 137.
[313] Ibidem, p. 137.
[314] Ibidem, p. 137.
[315] Ibidem, p. 137.

cidade "*(...) por volta de 1700 (...) tinha aproximadamente 40.000 habitantes, 57% dos quais escravos. Numa cidade portuária, colonial, de cultura portuguesa, os passatempos, dizia-se, eram sexo e religião. O comércio do açúcar, naquele século, sofria a crescente competição do exterior (Caribe, especialmente). A cultura do tabaco era, por sua vez, a cultura do pequeno agricultor, a criação e o comércio do gado, atividades em expansão: os boiadeiros já eram os poderosos do interior. O regime colonial impusera que o comércio com Lisboa se fizesse pelo comboio anual (entre 1649-1765), inclusive para defesa contra a pirataria*[316].

"Neste quadro econômico, a cidade do Salvador, cidade colonial, dependente do exterior quanto a sua riqueza, dependente do oficialato régio, dos grandes comerciantes e finalmente dos proprietários fundiários, os senhores de engenho, apresentava problemas particulares de justiça. De um lado as desordens e arruaças, de outro as disputas de poder familiar, heranças e casamentos, grandes setores ausentes ou indesejosos de obedecer à ordem régia, conservando certa autonomia social e política associada ao mandonismo local. Os castigos ou penas mais comuns que se aplicavam, seguindo os critérios normais da época, eram multas, degredo (obrigação de residência em certo lugar), galés, marca com ferro (para identificação de certos tipos como criminosos, assim o F, para escravo negro fujão), espancamento e morte por enforcamento ou decapitação. A prisão não era pena propriamente dita: era preventiva, assegurando a devassa ou investigação, ou garantia contra certa desordem temporária. A prisão por dívidas era também usada"[317].

"As punições, claro, tinham um caráter espetacular, querendo com isso instruir e advertir os outros. Em 1718, 26 piratas ingleses foram enforcados de uma só vez. Os índios em geral eram tidos como desordeiros, pouco interessavam no que dizia respeito aos senhores e às questões patrimoniais. O Regimento de 1609 recomendava que o governador tivesse particular cuidado de mandar guardar e executar a lei 'sobre a liberdade do gentio do Brasil'. Os escravos fugidos eram marcados com ferro. Devido a queixas, em 1700 uma ordem da Coroa mandara ver se os escravos eram maltratados por seus senhores, ou se os deixavam morrer.

316 SCHWARZ, Stuart (1979, p. 193), apud LOPES, José Reinaldo de Lima. *O direito na história – lições introdutórias*, cit., p. 265.

317 LOPES, José Reinaldo de Lima. *O direito na história – lições introdutórias*, cit., p. 265.

Houve muita leniência do Tribunal (...). Os criminosos muitas vezes eram beneficiados por numerosas cartas de fiança, de modo que se livravam, soltos. Os brancos compravam assim suas liberdades e os negros escravos eram assim resgatados por interesse de seus senhores. Quem sofria as penas afinal? Os brancos pobres, ou os libertos, os artesãos e os trabalhadores braçais"[318].

Outros problemas enfrentava o tribunal. Havia muitas ausências dos juízes: o *quorum* para deliberação era de seis desembargadores, mas muitas vezes não se chegava a esse número. Entre 1685 e 1687 uma epidemia de febre amarela matou cinco juízes. Como resultado a pauta atrasava, e os presos que não haviam conseguido livrar-se ficavam definhando na cadeia aguardando julgamento[319].

As tarefas dos desembargadores "não se resumiam ao que hoje se chama propriamente adjudicação contenciosa. Encarregou-se de estabelecer o preço do açúcar, arbitrando disputas resultantes das queixas de que os comerciantes manipulavam os preços no embarque e na compra dos engenhos. Somente em 1751 essa função passou à Mesa de Inspeção"[320].

"Se a instalação do tribunal visava atender à necessidade de justiça dos habitantes do Brasil, teria sido eficaz? Não Era caro para as partes irem a Salvador, de modo que o tribunal teve uma influência muito mais local do que geral. Era caro e desconfortável para os desembargadores irem até o sertão fazer residências ou correições. A dificuldade começava com hospedar-se"[321].

"Com tantas dificuldades materiais e pessoais, o sertão tornava-se sinônimo de esconderijo e terra sem lei (...). As testemunhas viviam aterrorizadas. Os juízes da terra temiam os capitães, e não julgavam. As devassas eram muito caras: como pagar? A população, mediante requisição, dava comida e casa aos desembargadores, na falta de recursos. Os culpados pagavam multas que iam para a Relação, conforme o Regimento, mas alguns desembargadores quando voltavam de suas viagens

[318] Ibidem, p. 265-266.
[319] Ibidem, p. 266.
[320] Ibidem, p. 266.
[321] Ibidem, p. 266.

cobravam quantias consideradas astronômicas pelo governador-geral, gerando outro foco de conflito. Os conflitos da Relação com a Câmara de Salvador também existiam. Os desembargadores não respeitavam os juízes ordinários, que eram iletrados, tidos como corruptos. Esta disputa, como visto, marcava boa parte do Antigo Regime, pois os letrados e os funcionários reais opunham-se aos juízes ordinários, que, segundo constava do pedido feito ao rei para criar a Relação da Bahia, estavam sujeitos ao favoritismo dos poderes locais, e apropriação indébita de fundos"[322].

Em 1626 o Tribunal da Relação da Bahia foi extinto devido à pressão dos governadores-gerais que perderam o controle sobre o Judiciário. Coincidiu com o período das invasões holandesas. Nesse período criaram-se três ouvidores-gerais, que davam recurso à Casa de Suplicação (de Lisboa): o ouvidor-geral do Maranhão (Estado separado do restante do Estado do Brasil entre 1621 e 1774), o ouvidor-geral do Estado do Brasil (regimento de 1628, demissível pelo rei) e o ouvidor-geral da Repartição do Sul. No judicial, todos dependiam da Casa de Suplicação de Lisboa, para quem iam os recursos de suas decisões; no administrativo dependiam do governador-geral respectivo. Ocorre que a segurança dos jurisdicionados, as denúncias contra os ouvidores, contando com o apoio da Mesa de Vereação, sensibilizaram D. João IV, que assinou carta régia em 12 de setembro de 1652, reinstalando a Relação da Bahia, agora com oito desembargadores.

Já o ouvidor-geral do Sul "fora inicialmente instalado em 1608, com a criação do governo-geral da Repartição do Sul (abrangendo o Rio de Janeiro, a capitania do Espírito Santo e a de São Vicente). A repartição foi extinta em 1612, mas o ouvidor continuou a existir"[323].

"A incapacidade de controlar efetivamente o território continuou patente. Exemplar das dificuldades, a propósito, houve em São Paulo um caso célebre em 1620, registrado nas atas da Câmara da Vila e que se tornou mais célebre ainda pela poesia de Mário de Andrade (Moda da Cama de Gonçalo Pires)[324]. O ouvidor Amâncio Rebelo Coelho fora a

322 Ibidem, p. 266.

323 Ibidem, p. 267.

324 Na verdade, a cama fora tomada do morador à força, com uso de policiais. Afinal, o ouvidor não podia dormir em rede ou catres, tal era a pobreza da vila. Somente depois do

São Paulo tirar correição geral. Ficara alojado na Casa da Câmara mesmo, mas na falta de uma cama, os vereadores requisitaram a de Gonçalo Pires. Lembremos que São Paulo era uma vila de poucas posses e que o costume de dormir em rede era geral. Finda a correição, Gonçalo Pires recusou-se a receber de volta a cama, porque estragada e ainda com cheiro de ouvidor-geral. A disputa durou sete anos (de 1620 a 1627)"[325].

O Tribunal da Relação do Rio de Janeiro foi instalado por alvará de D. José I, de 13 de outubro de 1751, em face do desenvolvimento das capitanias do Sul. "Eram dez desembargadores, presididos pelo governador da Capitania do Rio de Janeiro. Sua competência territorial alcançava Rio de Janeiro, São Paulo, Ouro Preto, Rio das Mortes, Sabará, Rio das Velhas, Serro Frio, Cuiabá, Paranaguá, Espírito Santo, Ilha de Santa Catarina, Goiás, Itacazes (Campos dos Goitacases) e seus membros poderiam atuar como juízes de primeira instância em determinados casos (conhecer feitos por ação nova) ou em segundo grau conhecendo apelações e agravos (inclusive de decisões singulares de membros do próprio tribunal)"[326].

Em 18 de janeiro de 1765 foram criadas as Juntas de Justiça onde quer que houvesse ouvidores de capitania. Elas contariam com um ouvidor (que seria o seu presidente e relator) e dois adjuntos (letrados) ou dois bacharéis (nomeados pelo ouvidor)[327].

"O sistema judiciário do Antigo Regime é, pois, integrado numa ordem social e política dominada por características que só virão a alterar-se com as revoluções liberais do século XIX. E dominado pelo sistema de privilégios sociais sobreviventes do regime feudal e corporativo, aliado à união do Estado e da Igreja (seja nos países católicos, seja nos protestantes), e teve na tradição e nos costumes fontes privilegiadas de direito. As reformas realizadas pelo Iluminismo (especialmente pelos monarcas esclarecidos dos Estados semiperiféricos ou periféricos, como a Prússia, a Áustria-Hungria, Portugal e Espanha) já indicaram mudanças como o fim dos privilégios estamentais, laicização, fim da influência das Igrejas, antifeudalismo, racionalização, centralização e ordem: reformas por

uso, a cama, um luxo praticamente ausente na Colônia, seria devolvida.

325 LOPES, José Reinaldo de Lima. *O direito na história – lições introdutórias*, cit., p. 267.

326 Ibidem, p. 267.

327 Ibidem, p. 267.

cima, isto é, conduzidas pela autoridade ou pelos livre-pensadores filósofos. Tal processo, que desembocará no século XIX em reformas mais profundas, liga-se no século XVIII ao movimento pela codificação do direito e pela sua nacionalização, obedecida a razão natural moderna. Em Portugal, a Lei da Boa Razão, de 1769, a Reforma dos Estatutos da Universidade de Coimbra em 1772, e a Constituição de uma Junta do Novo Código em 1778 já anunciavam os novos tempos, o fim da tradição do Antigo Regime e nascimento do Estado legislador legalista. Uma parte do Novo Código avançou, convertendo-se no Projeto de Código Criminal de Pascoal de Melo, apresentado em 1784 e não adotado como lei. A Prússia, de Frederico II, sim adota, em 1794, o Código Geral, com cerca de 16.000 artigos"[328].

3.9.5 A fonte do direito e as Ordenações Filipinas

Para o direito lusitano foi de extrema importância o advento das Ordenações Filipinas. "No Brasil vigoram como leis gerais por toda nossa vida colonial as Ordenações do Reino, ou Ordenações Filipinas. Foram editadas em 1603 por Felipe II de Portugal tanto para reorganizar o direito régio português, quanto para agradar os portugueses. Como observam todos, as ordenações não foram inovadoras, restringindo-se especialmente a consolidar o que já havia nas Ordenações Manoelinas (de 1521) e na Coleção de Leis Extravagantes (obra de D. Duarte Nunes de Leão), aprovada em 1569. Antes delas, Portugal conhecera as Ordenações Afonsinas (1446). Nas Ordenações, a estrutura seguida parece ser a das Decretais de Gregório IX: divisão em cinco livros, cada um contendo títulos e parágrafos. Os livros das Decretais dispunham respectivamente de matérias relativas ao juiz (*iudex*), ao processo (*iudicium*), ao clero, a matrimônio e a crimes"[329].

"Destaca-se, ainda, a forma como as Ordenações Filipinas preservaram critérios, bem como a estrutura e a classificação das matérias observadas no interior das Ordenações Manoelinas. A sua promulgação, em 1603, foi acompanhada da revogação de toda a legislação extravagante até então existente". (...) As ordenações articulavam-se com outros textos

[328] Ibidem, p. 267-268.
[329] Ibidem, p. 268.

normativos editados pela Coroa, a exemplo das leis extravagantes, assim chamadas porque extravasavam o código maior. Faziam-no 'por fora', suprindo lacunas ou provendo soluções mais específicas para assuntos já tratados nas ordenações. Eram formadas por diferentes tipos de leis: cartas de lei ou cartas patente, alvarás com força de lei, decretos, cartas régias, provisões, resoluções, portarias, avisos, enfim, uma plêiade de instrumentos a um só tempo administrativos e legislativos"[330].

A elaboração das Ordenações Filipinas é atribuída a portugueses, e, segundo versões, D. Filipe aceitou para evitar rebeliões contra a Espanha. Estas ordenações continuaram em Portugal até 1867 e no Brasil estiveram presentes até 1917 (ano em que entrou em vigência o Código Civil Brasileiro)[331]. As Ordenações Filipinas dispõem a respeito dos oficiais do rei no Livro I. O Livro II, com base na sociedade estamental da época, traz um conjunto de disposições sobre os estamentos privilegiados (nobreza, clero), fontes de direito, jurisdição e poderes, privilégios do rei etc. O Livro III é essencialmente de caráter processual, tanto cível como penal, trazendo também regras gerais sobre fontes, vigência das leis e temas correlatos, que auxiliavam o juiz no julgamento. O Livro IV traz muito do que hoje se considera matéria de direito civil, como as regras de contratos (compra e venda, sociedade, aluguéis e rendas da terra), relações entre servos e amos, aforamentos, censos, sesmarias, meações e parceria entre marido e mulher, empréstimos, mútuos, depósitos, fianças, doações etc. O Livro V trata dos crimes e da punição dos criminosos. Vale informar que alguns atos processuais criminais constam no Livro III.

"Não se tratava de um código, no sentido moderno, mas de uma consolidação de direito real. As Filipinas, especialmente, são criticadas pelas contradições e repetições, perfeitamente compreensíveis quando se sabe que nem pretendiam ser um código (não há partes gerais sobre atos, negócios, pessoas, etc.) nem desejava o rei castelhano impor novidades a Portugal, preferindo manter (consolidando) o que já havia. Daí o respeito à tradição e aos textos legislativos encontrados, que foram man-

[330] Vainfas, Ronaldo. *Dicionário do Brasil Colonial* (1500-1808), cit., p. 436.
[331] Ibidem, p. 437.

tidos mesmo quando contraditórios, mesmo se levantada a hipótese de omissões e cochilos dos redatores"[332].

Eram as seguintes as penas previstas nas Ordenações Filipinas: perda e confisco dos bens e as multas, prisão simples e prisão com trabalhos forçados, galés[333] temporárias ou perpétuas, desterro, degredo, banimento ou exílio, açoites, decepação de membro e as várias formas de pena de morte: "morte simples (sem tortura), morte natural (forca), morte para sempre (com exposição do cadáver exposto na forca), morte atroz (com o cadáver esquartejado) e morte cruel (tortura prévia). Se as penas fossem infamantes, ou vis, a elas não poderiam ser submetidos alguns que gozavam de privilégios (os privilégios de fidalguia, de cavalaria, de doutorado em cânones ou leis, ou medicina, os juízes e os vereadores)"[334].

Fatores que impactaram na vigência das Ordenações Filipinas no Brasil foi o fato de a carreira judicial portuguesa ser unificada e a Universidade de Coimbra formar todos os magistrados letrados. "Mas aqui, dadas as distâncias e o poder das Câmaras, o fato de suas disposições permanecerem formalmente em vigor precisa ser temperado com um grão de sal. E não é de se desprezar a fonte eclesiástica: no Brasil, a partir de 1707, pode-se contar com as Constituições Primeiras do Arcebispado da Bahia. Resultado do único sínodo realizado no Brasil e no Maranhão antes da Independência, é um testemunho da época, seja das atitudes e comportamentos em matérias hoje tidas como de vida privada e de consciência, seja do papel social da disciplina eclesiástica. Embora fonte importante, as Constituições também lembram a dificuldade de se impor disciplina no imenso território americano português"[335].Com a independência do Brasil e a necessidade de criar um arcabouço legislativo próprio, "as Ordenações vão sendo pouco a pouco revogadas. O Livro V é logo substituído pelo Código Criminal do Império de 1830; o processo e a estrutura da magistratura são reformados pelo Código do Processo Criminal de 1832, e o processo civil vai reger-se a partir de 1850 também pelo Regulamento (decreto) 737. Os Livros I e II perdem sua razão de ser com os

[332] LOPES, José Reinaldo de Lima. *O direito na história – lições introdutórias*, cit., p. 268-269.
[333] Trabalho em obras públicas.
[334] LOPES, José Reinaldo de Lima. *O direito na história – lições introdutórias*, cit., p. 269.
[335] Ibidem, p. 272-273.

eventos revolucionários a partir de 1820 (Revolução do Porto) e 1821-1822 (Independência), sem falar na transformação do Brasil em Reino Unido (1815) e na transferência da Corte (1808). O único a ter vida mais longa foi o Livro IV, mesmo assim bastante temperado pelo uso da doutrina e das consolidações privadas de leis civis, que durante o século XIX antecedem o Código Civil, muito especialmente a Consolidação das Leis Civis de Teixeira de Freitas (1858). Mesmo assim, como lembra Ascarelli, as Ordenações e sua respectiva prática forense impuseram aos brasileiros uma enorme tradição jurídica, cuja pesada herança ainda pode ser vista debaixo da camada mais recente de cultura legal"[336].

As Ordenações Filipinas trouxeram valioso sistema de fontes do direito, que serviam para suprir suas eventuais lacunas. "No Livro III, Título 64 a regra é que os conflitos devem ser julgados segundo as leis, estilos ou costumes do reino para os casos ali previstos. Leis eram atos do príncipe; estilos eram os 'costumes' da Casa de Suplicação, ou jurisprudência determinada e aceita pelo mais alto tribunal do reino. Os costumes eram muitos e variados, locais. Nos casos não previstos (casos de lacuna), aplicava-se o direito canônico se a matéria trazia pecado ou as leis imperiais, isto é, o direito romano, quando não era matéria de pecado. Na falta deste, valiam como regra as glosas de Acúrsio e finalmente as opiniões de Bártolo. Não era por acaso que os Tribunais deviam ter não apenas as Ordenações, mas o seu jogo de *Corpus Juris Civilis* e de Bártolos. Em última instância, na falta de qualquer solução nestas fontes, o caso deveria ser remetido ao rei, que o 'determinaria' e cuja decisão passava a valer como lei 'para o desembargo' de outros feitos semelhantes"[337].

A disciplina das fontes de direito foi reformada pela Lei de 18 de agosto de 1769, a conhecida "Lei da Boa Razão". Esta lei proibiu o uso de Bártolo e Acúrsio[338], nos seguintes termos:

[336] Ibidem, p. 273.

[337] Ibidem, p. 269.

[338] A célebre Lei da Boa Razão adotaria a opinião humanista, ao proscrever Acúrsio e Bártolo e a condená-los pela sua ignorância do bom latim e da história romana. Tratou-se o primeiro de glosador, representante da primeira corrente de juristas modernos, posteriores ao término da vigência do direito romano antigo. Acúrsio, autor da *Magna Glosa*, reuniu noventa e seis mil glosas. Bártolo pertencia ao movimento seguinte, ou seja, ao dos

"Sendo certo, e hoje de nenhum douto ignorado, que Acúrsio e Bartholo, cujas autoridades mandou seguir a mesma Ord. no parágrafo 1 do sobredito título, forão destituídos não só da instrução da História Romana, sem a qual não podião bem entender os textos que fizerão os assumtos dos seus vastos escriptos; e não só do conhecimento da Philologia, e da bôa latinidade, em que fôrão concebidos os referidos textos; mas também das fundamentaes regras do Direito Natural, e Divino, que devião reger o espírito das Leis, sobre que escreverão. E sendo igualmente certo, que ou para suprirem aquelas luzes, que lhes faltavão; ou porque na falta delas ficarão os seus juizos vagos, errantes, e sem boas razões a que se contraíssem; vierão a introduzir na Jurisprudência (cujo caráter formão a verdade, e a simplicidade) as quasi inumeráveis questões metaphysicas, com que depois daquela Escola Bartholina se tem illaqueado, e confundido os direitos, e domínios dos litigantes intoleravelmente: mando que as glossas, e opiniões dos sobreditos Acúrsio, e Bartholo não possão mais ser alegadas em Juízo, nem seguidas na pratica dos Julgadores (...)"[339].

3.9.6 A Lei da Boa Razão

A Lei da Boa Razão não resultou no total abandono do Direito Romano. "Este continuaria a ser guardado (sem recurso a Acúrsio e Bártolo, como visto) pela boa razão dele, como dizia a Ordenação de 1603. Mas a lei nova vai definir o critério de boa razão que passará a ser aceito. Esta boa razão, diz a Lei de 1769, deve ser a que 'consiste nos primitivos princípios que contém verdades essenciais, intrínsecas e inalteráveis, que a ética dos mesmos romanos havia estabelecido, e que os direitos natural e divino formalizaram para servirem de regras morais e civis entre o cristianismo: ou aquela boa razão que se funda nas outras regras, que de universal consentimento estabeleceu o direito das gentes para a direção e governo de todas as nações civilizadas: ou aquela boa razão que se estabelece nas leis políticas, econômicas, mercantis e marítimas que as mesmas nações cristãs têm promulgado com manifestas utilidades para o sossego

comentadores. Enquanto os primeiros atuaram nos séculos XI e XII, os segundos existiram nos séculos XIII e XIV.
Bártolo de Saxoferrato, o comentador por excelência, vangloriava-se ao afirmar que ninguém era jurista se não fora bartolista. *Vide* https://direitoromanolacerda.wordpress.com/2013/02/22/os-juristas-medievais-e-o-direito-romano-2/. Acessado em 28 set. 2019.

[339] Lopes, José Reinaldo de Lima. *O direito na história – lições introdutórias*, cit., p. 269-270.

público (...)'. Logo, o direito romano passava agora pelo filtro da modernidade e da razão moderna, jusnaturalista ou utilitarista conforme o caso. Ainda em 1812, quando se criou o Tribunal da Relação de São Luís (Alvará de 13 de maio de 1812) mandou-se prover a corte com um 'Corpo de Direito Romano'"[340].

A Lei de 1769 alterou substancialmente várias características do direito à época, trazendo no seu bojo ideais iluministas. "Em primeiro lugar quanto aos costumes: passou-se a exigir que fosse também conforme a boa razão, que não contrariasse o direito pátrio e que fosse antigo de pelo menos 100 anos. Os estilos da corte foram declarados como aqueles aprovados pela Casa de Suplicação (tribunal superior às relações do Porto, Bahia, Índia e Rio de Janeiro). O item 7 da Lei destacava que se haviam introduzido abusos na interpretação dos textos e tais interpretações dos advogados consistiam ordinariamente em 'raciocínios frívolos e ordenados mais a implicar com sofismas as verdadeiras disposições das leis, do que a demonstrar por elas a justiça das partes'. Tentava-se pôr uma nova Ordem, sob a custódia do poder central e segundo novos critérios interpretativos"[341].

"Considerando-se que até 1769, quando por lei de 14 de agosto (Lei da Boa Razão) o sistema de fontes foi alterado, o costume é uma fonte plenamente reconhecida, é claro que no Brasil os julgamentos dependeram sempre e em grande parte de tais costumes. Por outro lado, aplicaram-se aqui também muitas regras especiais. Assim, no que diz respeito a sesmarias, a legislação para o Brasil foi especial. O mesmo no que diz respeito a relações entre senhores e servos (escravos), tanto para o caso dos índios quanto para o dos negros. A abolição da escravidão na metrópole (1773) não se aplicava ao Brasil, por exemplo. Além disso, é bom lembrar que muitos processos não tinham figura de juízo, eram informais, verbais, decididos por jízes eleitos nas Câmaras, que não precisavam (em certos casos) fundamentar sentenças nem dá-las por escrito"[342].

Em uma análise da mentalidade pré-liberal com relação à lei, "Hespanha narra um episódio característico '*O influente valido de D. João V reco-*

[340] Ibidem, p. 270.
[341] Ibidem, p. 270-271.
[342] Ibidem, p. 271.

mendava rispidamente ao desembargador Inácio da Costa Quintela: Sua Magestade manda advertir V. M., que as leis são feitas com muito vagar e socego, e nunca devem ser executadas com aceleração; e que nos casos crimes sempre ameaçam mais do que na realidade mandam [...] porque o legislador he mais empenhado na conservação dos Vassalos do que no castigo da Justiça, e não quer que os Ministros procurem achar nas leis mais rigor que ellas impõem. (...) *O rei é mais pastor e pai do que senhor e mandante*'"[343].

"Esse mesmo sentido pode ser bem apreciado na própria lei que mandou fazer as Ordenações, datada de 5 de junho de 1595. Como, em geral, na legislação antiga, a 'exposição de motivos', os 'consideranda', fazem parte do próprio texto da lei. A lei é fundamentada e seu mandamento, que só vem depois de um longo introito justificador, diz o seguinte em determinado trecho: 'E assim como a justiça é virtude, não para si, mas para outrem, por aproveitar somente àqueles a que se faz, dando-se-lhes o seu, e fazendo-os bem viver, aos bons como prêmios, e aos maus com temor das penas, donde resulta a paz e assossego na República[344] (porque o castigo dos maus é a conservação dos bons); assim deve fazer o bom Rei, pois por Deus foi dado principalmente, não para si nem para seu particular proveito, mas para bem governar os seus Povos e aproveitar a seus súditos, como a próprios filhos; e como quer que a República consista e se sustente em duas coisas; principalmente em armas e em as Leis, e uma haja mister à outra; porque assim como as Leis com a força das armas se mantém, assim a arte militar com a ajuda das Leis é segura'"[345].

"O trecho é significativo em dois aspectos: legislar é garantir a justiça, especialmente retribuindo (prêmios e castigos). Mas é também atividade paternal, pois o soberano tem a seus súditos como filhos. Naturalmente, se os tem como filhos, pode e deve corrigi-los e salvá-los: exerce o poder em seu benefício"[346].

Outro aspecto a ressaltar é que "a permeabilidade entre poder local, poder privado e poder 'soberano' impuseram no Brasil uma nota tradicional de exercício misto de autoridade e força pelos privados. A distân-

[343] Ibidem, p. 271.

[344] O termo "República", na época, tem atualmente o sentido de "Estado".

[345] Lopes, José Reinaldo de Lima. *O direito na história – lições introdutórias*, cit., p. 272.

[346] Ibidem, p. 272.

cia da corte (como chegar da Vila de Goiás até a Casa de Suplicação?), a necessidade de delegar poderes, a presença institucionalizada de escravos negros e '*de facto*' de índios, as restrições estamentais ao exercício de privilégios ligados a funções públicas e o caráter colonial da ocupação do território; tudo isto somado impôs ao direito brasileiro, do ponto de vista da proteção de grandes setores da população, pouca efetividade"[347].

O direito luso terá reflexos diretos na colonização do Brasil, que se estenderão até a consolidação do Império, entre 1822 e 1889.

3.10 A legislação e administração da época holandesa

Apesar da mínima ou nenhuma influência holandesa no Brasil, são necessários alguns comentários sobre a administração e legislação durante o domínio em Pernambuco. Afinal, os holandeses lutaram contra o domínio espanhol, desenvolveram um capitalismo avançado para a época, conquistaram uma República, investiram anteriormente no Brasil devido à produção canavieira e ocorreram e ocorrem especulações irreais do que seria o Brasil sob o domínio e a colonização dos flamengos. Daí a inclusão deste item no livro.

No início, a presença holandesa no Brasil foi registrada na Bahia, especificamente em Salvador (1624-1625), no Maranhão, em Alagoas e, principalmente, em Pernambuco (1637-1654).

A administração do Brasil holandês da época efetivou-se por intermédio do documento chamado "Regimento do Governo das praças conquistadas ou que forem conquistadas nas índias Ocidentais", preparado pela diretoria da Companhia e aprovado pelos Estados Gerais em 13 de outubro de 1629. Contém 69 artigos que dispõem sobre a estrutura e administração do Brasil Holandês. Em essência, as prescrições desse regimento vigoraram até o fim do domínio, sofrendo apenas pequenas alterações e adendos que não lhes modificaram a substância[348].

Esse regimento, de 13 de outubro de 1629, prescrevia que a autoridade suprema e a direção, em tudo que dissesse respeito aos negócios de administração, de polícia, de finanças e de justiça, seriam delegadas a um colégio de conselheiros; outros documentos designam esses conselheiros

[347] Ibidem, p. 272.
[348] Neme, Mario. *Fórmulas políticas no Brasil holandês*. Difusão Europeia do Livro, 1971, p. 23.

sob o nome de conselheiros políticos. Os conselheiros deviam ser pessoas versadas nos negócios de polícia, de justiça e de comércio, e se possível, em número de nove. A presidência desse colégio renovava-se cada mês. A esse colégio era adjunto um assessor, versado nas ciências jurídicas, encarregado da função de pensionário, de secretário e de notário. Cabia ao colégio dos conselheiros políticos velar pelo exercício do culto cristão reformado, e o regimento reiterava, de acordo com instrução secreta, a promessa de liberdade de consciência tanto para os habitantes católicos como para os judeus. Previa-se banimento aos jesuítas e conventos e outras associações religiosas. Para o ensino da mocidade seriam enviados da Metrópole mestres que professassem a religião reformada. No que respeita aos habitantes da região conquistada que se submetessem aos Estados Gerais, o regimento estabelecia que podiam conservar seus bens. As propriedades daqueles que ficassem fiéis à autoridade espanhola, como também às propriedades dos jesuítas, seriam confiscadas[349].

As terras sem donos e não cultivadas deviam ser dadas pelos conselheiros políticos a quem as explorasse com proveito. A estes incumbiam todas as decisões com relação ao exército e à guerra; "ficavam eles, entretanto, obrigados a pedir o parecer do general e governador, comandante em chefe sobre terra e mar. Para os lugares vagos de oficiais nas companhias, os conselheiros políticos apresentariam candidatos, entre os quais o governador faria a escolha. A administração das finanças era confiada a dois conselheiros políticos, com o título de tesoureiros; estes se renovam todos os anos. O colégio dos conselheiros pronunciar-se-ia nos negócios criminais; para a jurisdição dos negócios civis, três conselheiros-comissários seriam designados cada vez por três meses; suas decisões eram suscetíveis de apelação para o colégio dos conselheiros, reunido em sessão plenária. A jurisdição militar, quando se tratasse de delitos militares, incumbia aos conselhos de guerra para o exército de terra e para a marinha"[350].

Segundo o artigo 62 do Regimento supramencionado, o colégio dos conselheiros poderia fazer ordenanças ou leis, para as quais, entretanto, a aprovação da Assembleia dos XIX era indispensável. Nesse sentido, o

[349] Ibidem, p. 23.
[350] Ibidem, p. 24.

governo autorizava em Recife a implementação de "posturas e regulamentos relativos aos mercados, às tabernas, às pequenas indústrias e ofícios e a outros negócios que forem necessários para a boa ordem e polícia" – assuntos estes da competência das Câmaras Municipais. Mesmo assim, porém, tais posturas e regulamentos deviam ser enviados para a Holanda "pelos primeiros navios, e aguardarão a aprovação da Assembleia dos Dezenove"[351].

O governo do Brasil holandês, constituído por um colegiado, o Conselho Político, com alçada sobre todos os ramos de administração – ordem pública, finanças, educação, religião, guerra – tratava-se de uma unidade quando em reunião plenária, mas normalmente destacavam os seus titulares, individualmente ou em duplas, para funções específicas de natureza executiva. Juntos formavam a Corte de Justiça e o governo propriamente dito, para os assuntos administrativos. O Conselho de Finanças, o de Guerra e o de Marinha eram formados pelos oficiais superiores dessas armas. O Conselho Eclesiástico, em moldes idênticos, foi assunto negligenciado até 1636, quando então foi criado[352].

O cargo de governador era ocupado pelo coronel comandante das tropas de terra que, todavia, não exercia as funções normalmente conferidas aos governadores de Estado ou Província. Como chefe militar, suas atribuições se restringiam a um mínimo, pois as decisões todas relativas ao Exército não lhe competiam – tampouco as da Marinha ao almirante –, mas ao Conselho Político, ao qual cabia exclusivamente indicar os candidatos aos lugares que vagavam no quadro da oficialidade das duas armas. Os movimentos da campanha, as expedições militares contra este ou aquele objetivo competiam à decisão e determinação do Conselho Político e, em todas elas, fosse por mar ou por terra, devia seguir um dos conselheiros políticos, como uma espécie de mentor e fiscal. Ao almirante chefe e ao coronel comandante cabia o direito de opinar sobre os planos de campanha, bem como o dever de presidir os tribunais de guerra constituídos para julgar delitos de elementos do Exército e da Marinha[353].

[351] Ibidem, p. 24.
[352] Ibidem, p. 25.
[353] Ibidem, p. 25.

O Regimento de 1629 será depois acrescido de emendas, como as de setembro de 1630, pelas quais se estabelecem as condições para a concessão de liberdade de comércio; entre outras, até um Regulamento do povoamento e cultivo das terras e cidades conquistadas no Brasil. Mas o Regimento não se altera como "lei orgânica" da junta de governo propriamente dita, dizendo respeito as instruções posteriores aos órgãos e serviços novamente criados. Modifica-se primeiro a competência do governador nas suas relações com o Conselho Político; depois, desdobra-se a junta de governo, dela se destacando as atribuições judiciárias, o mesmo sucedendo no que diz respeito ao trato das finanças. Mas com tudo isso, o Regimento de 1629 não se modificará como regulamento básico do governo central de Recife[354].

Apesar das modificações na primeira organização do Brasil Holandês, nem a forma nem a substância submeteram a quaisquer mudanças. "As funções do poder público que se exerciam na Colônia – do executivo e do judiciário – estão cumulativamente confiadas a uns poucos homens que recebem seus ordenados da Companhia das Índias Ocidentais e são da confiança dos diretores da empresa; isto se mantém do início até o fim, sem que jamais se cogite de colocar na Colônia, por meio de composição com a Companhia das Índias, um ou mais organismos destacados do próprio governo da metrópole, com atribuições judiciárias, para fins de correição e de recurso. Para o irremediável enfraquecimento desse governo, alia-se à imprecisão da sua estrutura e das suas funções o vício de origem, que é a ausência do princípio da autoridade política, donde necessariamente lhe advém a carência de autoridade moral"[355].

A título de esclarecimento, havia na Holanda um órgão do poder público – os Estados Gerais – que devia exercer as funções de poder central, mas que, na verdade, era impotente ante a autonomia e as prerrogativas das Províncias. "Os Estados Gerais apenas retinham o direito, no tocante a determinados assuntos, de aprovar ou não aprovar as resoluções da Companhia relativas ao governo da Colônia. E como era lógico que acontecesse, a fonte criadora do Estado do Brasil Holandês, ou seja a Companhia das Índias Ocidentais, carecia não apenas de identificação

[354] Ibidem, p. 28.
[355] Ibidem, p. 29.

com ideias políticas, fator básico essencial a toda e qualquer forma de governo, senão também de aptidão natural para gerir em assuntos de administração pública, e ainda de experiência em matéria de governo colonial"[356].

No caso do Brasil holandês o que existe é um único diploma – não mais extenso que qualquer dos numerosos regimentos portugueses – contendo todas as normas para as esferas da administração, da justiça, da fazenda etc., todas a cargo de uma junta de governo, uma espécie de governo central, mas não assentado em uma hierarquia de órgãos e funções. E quando, com a reforma de 1636, se destaca da junta de governo uma junta de justiça, não tem esta a conformá-la qualquer código ou coleção de leis. Não se vislumbra aí uma organização, um esquema de distribuição de cargos e funções; o que existe é um grupo de pessoas designadas para julgarem as causas do direito público e de direito privado em todas as suas modalidades; um grupo de pessoas designadas para julgarem as causas – em instância superior – pelo próprio arbítrio; pessoas das quais não se exige que sejam formadas em Direito ou sequer que tenham conhecimento mais íntimo das leis da sua Província natal, ou das da Província da Holanda, de certo modo tomadas para padrão na Colônia.

"O Conselho Político, Junta de Justiça, falhou completamente em sua função judiciária – 'o que não é de admirar, porquanto a maior parte de seus membros não possuía o mais insignificante preparo jurídico'. A verdade é que ainda em junho e setembro de 1642, quase cinco anos completos depois de efetivada a reforma de 1636, o Supremo Conselho de Recife instava para a Holanda: 'Enviai-nos Conselheiros Políticos, mas mandai-nos homens práticos e conhecedores do Direito (...)'"[357].

No que se refere à distribuição da justiça no "Brasil Holandês, 'uma colônia que se bastava a si mesma', todas as causas, demandas, sentenças e condenações criminais obedeciam a uma finitude calculada, pois, por carecerem os moradores de possibilidades de recurso, eles encontravam-se impossibilitados de apelar para juízes ou tribunais da metrópole"[358].

[356] Ibidem, p. 117.

[357] Wätjen, Hermann. *O domínio colonial holandês no Brasil*. Recife: Companhia Editora de Pernambuco, 2004, apud Neme, Mario. *Fórmulas políticas no Brasil holandês*, cit., p. 266.

[358] Ibidem, p. 265.

No período de 1630 a 1636, quando vigora um primeiro tipo de administração, o "Conselho Político – que era ao mesmo tempo o órgão de gestão dos negócios públicos e o de gestão dos negócios privativos da Companhia das Índias Ocidentais – reunia a função judiciária no domínio, competindo-lhe julgar as causas e, sendo o caso, reformar ou confirmar as sentenças, por apelação. Em primeira instância, a sentença era dada por um dos três conselheiros designados periodicamente para esta função judiciária, sob a designação de comissários; em caso de recurso, o julgamento cabia ao Conselho pleno, que decidia em última instância. Dessa maneira, a impossibilidade de apresentar novas razões em tribunais autônomos da Holanda ganha em expressão ao se refletir em que este Conselho Político respondia pelo governo da colônia, defendia os interesses particulares da Companhia nessa mesma colônia e aí decidia das causas judiciais até mesmo aquelas em que a Companhia fosse uma das partes contra moradores. Eram três funções incompatíveis atribuídas a um mesmo e único órgão, a um mesmo grupo de pessoas, todas elas estipendiadas pela mesma Companhia, não pelo governo da Holanda"[359].

Com a criação, em fins de 1636, de um Supremo e Secreto Conselho, passam a este as atribuições administrativas, continuando com o Conselho Político as funções judiciárias – motivo por que este Conselho Político será chamado também de Conselho de Justiça. Desobriga-se, assim, o Conselho Político da gestão do governo da Colônia, mas, ao contrário do que seria de esperar, os seus membros não ficam encarregados apenas dos serviços da justiça; todos eles recebem encargos de natureza administrativa e passam a funcionar como subordinados do Conselho Supremo. Dessa maneira, este por assim dizer novo órgão responsável pela administração da justiça, além de não se libertar de funções do executivo, torna-se um colégio subalterno, perdendo com isso em autoridade e em dignidade.

Seria menor este inconveniente se o "Conselho Supremo fosse por sua vez um órgão judiciário, de instância superior ao do Conselho Político. Mas isto não acontecia, a despeito do que vários autores têm escrito sobre o Brasil Holandês e até em obras especializadas. Por exemplo, Hermann

[359] Ibidem, p. 265.

Watjen[360] em 'O domínio colonial holandês no Brasil' e Valdemar Ferreira[361] em 'História do Direito Brasileiro', segundo o qual 'era o Conselho Supremo e Secreto órgão judiciário. Não somente entrava na sua competência nomear magistrados provinciais e urbanos, como ainda decidir, em última instância, demandas e reclamações dos cidadãos, depois das sentenças dos juízes inferiores. Sendo o mais alto tribunal colonial holandês, conhecia, em grau de apelação, das decisões do Conselho de Justiça'"[362].

Segundo o art. 54, "A Justiça Criminal será administrada, em virtude de acusação ou queixa do advogado fiscal, pelo Colégio dos Conselheiros, convertido em tribunal". E previa o art. 55: "Quanto ao processo criminal, tortura (*scherpe examinatie*), julgamento dos criminosos e execução da pena, se observarão os usos ordinários das Províncias Unidas, e o direito comum escrito, aplicando-os, como o pedirem as circunstâncias, de modo que os maus não fiquem impunes, nem haja também mui grande rigor".

Art. 56: "A justiça civil em todos os casos de ações reais e pessoais será administrada por três Comissários do Conselho, que o mesmo Conselho designará alternadamente de três em três meses. Esses comissários observarão o processo comum (*de gemeene ordre*) das Províncias Unidas ou o que parecer bem à Assembleia dos Dezenove. Farão porém que os processos sejam breves e sumários, suprimindo as delongas quanto isto se possa conseguir, conforme a natureza das causas e sem prejuízo das partes". Art. 57: "Sentindo-se alguém agravado por sentença definitiva dos ditos comissários, ou por sentença interlocutória que não possa ser reformada pela definitiva, em alguma causa cujo valor exceda a 25 florins, poderá apelar para o Conselho pleno, o qual, segundo o uso aludido, tomará conhecimento do recurso e decidirá *au bene vel mate judicatum*. Da

[360] Hermann Julius Edward Wätjen (1876 – 1944) – Historiador e professor alemão que, mesmo passando pelas dificuldades de um campo de concentração, tornou-se uma das fontes mais importantes para o estudo dos holandeses no Brasil com sua obra *O domínio colonial holandês no Brasil,* editado pela Companhia Editora Nacional, 1938, Coleção Brasiliana, v. 123.

[361] Valdemar Martins Ferreira (1885 – 1964) – Advogado, professor e político brasileiro, foi secretário de Justiça e Segurança Pública do Governo do Estado de São Paulo na gestão de Pedro de Toledo. Quanto à autoria de *História do direito brasileiro,* produziu em quatro volumes (1951-1956). Foi professor catedrático de direito comercial do Largo são Francisco.

[362] Neme, Mario. *Fórmulas políticas no Brasil holandês,* cit., p. 265.

sentença dos Conselheiros porém não caberá apelação". E o art. 58: "É mui recomendado aos Conselheiros que, de acordo com o seu juramento, administrem justiça retamente, assim no civil como no crime, sem ódio, favor, parcialidade ou acepção de pessoas e qualidades, ou se trate de espanhóis, portugueses e outros moradores, ou de indivíduos da nossa nação e de outras terras e países".

No âmbito da justiça comum, civil e criminal, o "Regimento refere-se aos usos ordinários das Províncias Unidas ao falar de processo criminal, o que por certo não deixaria de acarretar diversidade de procedimento na administração da justiça, porquanto os usos ordinários diferiam de província para província da Holanda, e os conselheiros políticos de Recife provinham de diferentes províncias"[363].

Quanto à extensão e profundidade, as falhas do sistema judiciário, implantado pelos holandeses: "o tribunal se constituía exclusivamente de juízes holandeses, que julgavam pelas leis holandesas até mesmo as demandas causadas por dúvidas na interpretação de leis portuguesas; leis holandesas que, diferentes de província para província, era impossível a um advogado português apreender e assimilar o suficiente para cumprir o seu ofício; leis que os próprios julgadores desconheciam, por não serem formados em Direito e não terem tido nenhuma prática da vida judiciária nas suas províncias natais. Não existindo tribunal superior a este de Recife, nele mesmo se decidiam os recursos de revista, no julgamento dos quais, todavia, não intervinha maior número de juízes do que o responsável pelas sentenças recorridas e objeto de revisão – o que quer dizer que os mesmos juízes, três ou quatro, davam a sentença e a examinavam em caso de revista, sem que se lhes juntasse um ao menos mais. O tribunal não exerce ação própria sobre a polícia, no caso representada pelos escoltetos[364], para fins de fiscalização e de correção; donde os repetidos abusos de escoltetos e oficiais militares no tocante a prisões arbitrárias e extorsões sob ameaça de prisão. Que não existe regimento de custas, para

[363] Ibidem, p. 266.

[364] Os escoltetos presidiam as Câmaras de Escabinos, que era a justiça da primeira instância dos holandeses. Além das funções de presidência do colégio dos magistrados de primeira instância, exerciam muitas outras, sendo também a autoridade executiva, ou delegado da administração e promotor público do lugar; e ao mesmo tempo exator da fazenda.

disciplinar a matéria e pôr um limite aos excessos das despesas exigidas das partes; e que, ao deixar o Brasil, o Conde de Nassau confirmará que existia na colônia verdadeira 'opressão resultante dos salários e espórtulas que cobravam os secretários, os notários, os tradutores, os procuradores, os solicitadores e os meirinhos'"[365].

A Câmara dos Escabinos "que devia representar melhor garantia de justiça, (...) estes (...) não precisavam ter, e de fato não tinham, nem formação profissional, nem conhecimentos especializados de direito, e o que é mais, não dispunham, para orientá-los, de um corpo de legislação geral, um *corpus juris* que contemplasse o direito público, o direito privado, o direito penal, o direito processual civil e criminal, como ocorria na área portuguesa, onde um corpo de leis gerais, organicamente constituído, pautava pelos mesmos padrões a vida jurídica nas diferentes comunidades. É de notar, a este propósito, que nas próprias Províncias Unidas o município somente veio a ser orgânica e juridicamente estruturado ao tempo das reformas liberais do gabinete Thorbecke (1849-1853), ocasião em que se estabelecem no país leis eleitorais menos retrógradas, uniformidade na organização das províncias e 'a sua lei municipal básica'"[366].

As câmaras de escabinos do Brasil holandês "deveriam proceder de acordo com as normas seguidas pelos escabinos das províncias da Holanda e Frísia Ocidental, nos termos do relatório do governo de Recife, de 19 de janeiro de 1638: 'Há alguns meses que os colégios dos escabinos se acham instalados e funcionam, mas até o presente não tem sido possível que procedam conforme a ordenança e estilo da Holanda e Frísia Ocidental, 1º porque é cousa mui grave fazer com que um povo inteiro mude de leis, ordem e estilo, e 2º por causa da diferença da língua, e por ser difícil verter a nossa ordenança do holandês para o português, no que entretanto estamos muito empenhados, e em breve lhes daremos traduzidas em português as ordenanças sobre cousas de justiça, tanto quanto forem concernentes a esses colégios'. Percebe-se por essas expressões, e pelo termo repetidamente usado – 'ordenança' – que se tratava apenas de normas de procedimento, normas que em nada supriam quanto à substância do direito, que era o que faltava não apenas aos escabinos da colônia, mas

[365] Neme, Mario. *Fórmulas políticas no Brasil holandês*, cit., p. 266.
[366] Ibidem, p. 220.

aos das próprias províncias da Holanda e Frísia Ocidental. Como ocorria no caso do Conselho Político, também os membros dos colégios de escabinos tinham de julgar as causas segundo o bom entendimento de cada um, e é por isso que dizemos que talvez em nenhuma parte do mundo ocidental de então a garantia de direito dependeu tanto da personalidade dos juízes quanto no Brasil Holandês"[367].

[367] Ibidem, p. 221.

Capítulo 4
O CENÁRIO COLONIAL BRASILEIRO: CONTEXTO EM QUE FOI APLICADO O DIREITO LUSO (1500 A 1808)

Existe em nossa formação três períodos marcantes: a Colônia, o Império e a República. Há diversas possibilidades de divisão e subdivisão da história brasileira. Optamos pela mais didática, que traz as seguintes fases:

I - Pré-Colonial (1500-1530);
II - Colonial (1530-1808);
III - Emancipação (1808-1822);
IV - Primeiro Reinado (1822-1831);
V - Regencial (1831-1840);
VI - Segundo Reinado (1840-1889);
VII - República Velha (1889-1930);
VIII - República Nova (1930-1985);
IX - Nova República (1985-).

4.1 Fase pré-colonial - a exploração do pau-brasil ("caesalpinia brasiliensis ou echinata") - uma concessão

Nesta fase o Brasil era negligenciado pela Metrópole, visto que a região oriental proporcionava grandes lucros aos portugueses. Frise-se que a única atividade que despertava interesse econômico era a exploração do pau-brasil por toda a costa litorânea por meio das pequenas companhias portuguesas e vários contrabandistas franceses[368].

[368] SODRÉ, Nelson Werneck *et al*, *História nova do Brasil - 1693-1993*. São Paulo: Loyola, 1993, p. 54.

Destacam-se, na época, algumas expedições exploradoras e Guarda-Costas[369].

Expedições Exploradoras

ANO	COMPONENTES
1501	Gaspar de Lemos e Vespucci
1503	Gonçalo Coelho e Vespucci
1503	Fernão de Loronha[370]
1503-1505	Afonso de Albuquerque
1511	Nau Bretoa
1519	Fernão de Magalhães

As Expedições Guarda-Costas

1516-1519	Cristóvão Jacques
1526-1528	Cristóvão Jacques

Principais Corsários

±1503	Honfleur e Dieppe
±1503 (4)	Binot Palmier de Gonville
1521	Huges Roger
1525	Jean Parmentier

Em seus relatórios, Américo Vespúcio[371] demonstra entusiasmo pela beleza da terra, porém não se refere ao ouro e a pedras preciosas. Acrescenta que a única coisa economicamente expressiva era o pau-brasil, que

[369] As expedições Guarda-Costas, organizadas pela Coroa, visavam combater o contrabando de pau-brasil promovido por corsários franceses, que criarão inúmeras feitorias no litoral, e a ameaça de invasão estrangeira.

[370] Também conhecido como Fernando de Noronha.

[371] Américo Vespúcio, italiano de nascença (1454), trabalhou como navegador para Espanha e Portugal, tendo alcançado, em 1500, a costa norte da América do Sul e retornado ao território espanhol. Depois, em 1501, a serviço dos portugueses, chegou ao litoral do Brasil em sentido ao sul, deparando-se com o que se denominou Rio de Janeiro, por tratar-se, supostamente, da foz de um rio. *Vide* ARMESTO, Felipe Fernandéz. *Américo*. São Paulo: Companhia das Letras, 2002, p. 16.

daria lucro imediato por três anos a uma companhia de comerciantes portugueses, mediante o pagamento de uma taxa à Coroa. Os arrendatários[372] deveriam mandar expedições e construir fortes. Entre eles figurava Fernando de Noronha, rico mercador em Lisboa[373].

Conhecido como originário da Ásia, o pau-brasil era utilizado pelos chineses como corante. Sua introdução na Europa deu-se no século XIII, período em que todas as tarifas alfandegárias da Europa incluíram-no como mercadoria corrente. Foi especiaria de alto preço até fins do século XVI[374].

Na terra *brasilis*, conhecido pelos povos autóctones como "ibirapitanga", a exploração econômica ocorreu inicialmente no litoral[375], por se tratar da primeira riqueza a ser encontrada e de fácil exploração. Desenvolveu-se mediante monopólio da Coroa, que a concedia a companhias particulares portuguesas. Por se tratar de atividade extrativista, não gerou grandes lucros, tampouco propiciou núcleo colonial nem fixação, dada a natureza nômade da atividade. Ao mesmo tempo, franceses[376]

[372] Termos do contrato de arrendamento, de acordo com: a) Simonsen – a companhia deveria mandar no mínimo três navios num ano, descobrir 300 léguas de costa, manter uma feitoria por 3 anos e pagar uma taxa de 1/5 do pau-brasil explorado; b) Capistrano de Abreu – a companhia deveria mandar seis navios por ano, manter a feitoria por três anos, explorar 300 léguas de costa e pagar uma taxa que aumentaria no decorrer desse período.

[373] O nome hoje é lembrado no arquipélago de Fernando de Noronha, território pertencente ao Estado de Pernambuco.

[374] BANDECCHI, Brasil. *História econômica e administrativa do Brasil.* 5. ed. São Paulo: Didática Irradiante, 1970, p. 42.

[375] Durante o comércio inicial da madeira, utilizou-se da nau "Bretôa". Em viagem de 1511, diz-se que essa nau transportara 5 mil toras de pau-brasil, alguns escravos e muitos papagaios e macacos. As toras deviam pesar de 20 a 30 quilos, umas pelas outras. A área litorânea de exploração compreendia entre o Cabo São Roque e o Cabo Frio, bem como entre o Cabo de Santo Agostinho e o Rio Real (latitude 12°), onde se encontrava a maior produção. *Vide* BANDECCHI, Brasil, *História econômica e administrativa do Brasil*, cit., p. 42.

[376] Apesar de não dispor dos meios apropriados, o arrendatário (ou arrendatários) devia responder pela manutenção e defesa das terras, que eram cobiçadas por piratas e contrabandistas franceses. Dada a situação de total abandono do território recém-descoberto, a Metrópole obrigou-se a tomar efetivas medidas de defesa, da qual a mais concreta foi a de 1530 (já no reinado de D. João III), com o envio da armada de Martim Afonso de Sousa, que havia sido precedida de outras de alguma importância, sob o comando de Cristóvão Jacques. BANDECCHI, op cit, p. 42-43,

promoviam contrabando de forma intensa. A mão de obra provinha dos indígenas[377], empregados ante o pagamento em quinquilharias.

Saliente-se que o auge da exploração de pau-brasil ocorre desde o descobrimento até final do século XVI, quando Leonardo Cá Messer, agente veneziano, calculou que a exportação anual para a Europa era de 20000 quintais (segundo o *Dicionário Houaiss*, antiga unidade brasileira de medida de massa, equivalente a quatro arrobas). Destaque-se que apesar de continuar a atividade até metade do século XIX, ela pouco representou em termos econômicos devido ao esgotamento das reservas. O comércio do pau-brasil não propiciou impulso colonizador, mas deixou plantadas nas costas algumas feitorias e motivou alguns incipientes povoados, como o de São Vicente, que já era porto de escravos e servia de pouso para algumas naus que se dirigiam para o Sul do continente, e, ali, se abasteciam de alimentos e água[378].

Recebiam, assim, os europeus duas coisas em troca das "bugigangas": os objetos que buscavam, principalmente o pau-brasil, e o trabalho necessário à sua obtenção. Posteriormente, após o período entre 1532 e 1534, os portugueses tentaram obter apenas o trabalho, conforme iam desenvolvendo as plantações, em troca de artigos, e, não conseguindo, passaram à escravização pura e simples. Passava-se assim às relações de conflito, verdadeiras guerras, motivadas pela escravização forçada do indígena[379].

[377] Na língua tupi, nheêngatu – língua boa e que os portugueses chamavam de língua geral – os índios tratavam o pau-brasil como ibirapitanga (ibira – pau e pitanga – vermelho). Como não havia animais de carga ou tração, utilizou-se o índio para derrubar a árvore, cortá-la em pequenas toras e empilhá-las junto à costa. No método português, trazia-se, assim, o pau-brasil para a feitoria, onde se fazia a permuta com artigos europeus de posse do feitor, aguardando-se, depois, a chegada de algum navio. No francês, o lugar do feitor era quase sempre preenchido pelo intérprete, elemento que, vivendo entre os indígenas, reunia mercadoria suficiente para um carregamento. "Não estabeleciam os franceses feitorias, provavelmente porque seriam vulneráveis aos ataques portugueses, e não, como querem alguns, por não possuírem recursos, pois tudo indica que seus navios eram pelo menos tão frequentes quanto os dos portugueses no nosso litoral". *Vide* Sodré, Nelson Werneck et al,*História nova do Brasil*, cit., p. 57.

[378] Bandecchi, Brasil, *História econômica e administrativa do Brasil*, cit., p. 43.

[379] Sodré, Nelson Werneck *et al*, *História nova do Brasil*, cit., p. 58.

4.2 Fase colonial (1530-1808)

D. João III, rei de Portugal, decide incentivar o processo de colonização do Brasil devido à ameaça estrangeira de ocupação, à crise do comércio indiano e à possibilidade de encontrar metais preciosos[380].

Nesse cenário, foi providenciada a expedição de Martim Afonso de Souza (1530), que deveria expulsar os franceses da costa brasileira, explorar a parte sul do Brasil até a foz do Prata e fundar núcleos de povoamento. Iniciou-se o reconhecimento do litoral (norte a sul), e Martim Afonso de Souza fixou-se em São Vicente. A base econômica será a agricultura da cana de açúcar, vinda da Ilha da Madeira.

Portugal mantinha o monopólio da cana na Europa. Ao introduzi-la no Brasil, inicia-se o ciclo em Olinda. Além da cana de açúcar, Martim Afonso desenvolveu a cultura da vinha e do trigo, feijão (introduzido), milho e mandioca. O primeiro engenho construído foi estabelecido em São Vicente, Engenho do Governador[381], no ano de 1533, com o auxílio de capitalistas italianos e flamengos. Mais tarde, Martim Afonso mandou vir as primeiras cabeças de gado das Ilhas de Cabo Verde para o transporte e alimentação.

4.2.1 Os primeiros colonos – as capitanias hereditárias (direitos, deveres e fracassos)

Os colonos eram soldados, degredados[382] e nobres arruinados. Não havia interesse pelo Brasil. Mas o colono branco aqui vai encontrar ótimas con-

[380] Destaque-se que a grande extensão da costa impossibilitava a sua defesa, por isso, na intitulada fase colonial, o governo português foi obrigado a tentar colonizar o Brasil por meio do envio, então, da expedição colonizadora de Martim Afonso de Souza, em 1530.

[381] Engenho do Governador – foi financiado por capital estrangeiro dos Erasmos. Johan Von Hiest, representante em Lisboa da companhia Schetz, da Antuérpia, foi um dos construtores. Depois de Martim Afonso, passou a se chamar Engenho São Jorge dos Erasmos e a propriedade era de Erasmo Schetz da Antuérpia e seus filhos. Suas ruínas são preservadas como patrimônio nacional. *Vide* CHRISTOFOLETTI, Rodrigo e NUNES, André, Monumento nacional ruínas do Engenho São Jorge dos Erasmos, entre a teoria e a prática preservacionista. Revista *Histórica da USP*, 26 de maio de 2014.

[382] Degredo consiste em "pena de desterro ou exílio imposta judicialmente em caráter excepcional como punição de um crime grave, constituindo uma forma de banimento". *Vide Dicionário Houaiss da Língua Portuguesa*. Rio de Janeiro: Objetiva, 2003. Seu papel foi decisivo na era dos descobrimentos portugueses e tiveram grande importância no

dições para a exploração da terra. Não vem para constituir mão de obra, e sim para ser proprietário. Martim Afonso dividiu as terras em sesmarias, doando-as aos colonos, que deveriam fazê-las produzir dentro de um ano[383].

O rei informa que reservaria para Martim Afonso e Pero Lopes três lotes de terra, e Martim Afonso poderia voltar, se desejasse. Ele realmente o faz. Antes de partir, publica um alvará, segundo o qual os colonos que desejassem passar para o planalto só poderiam fazê-lo com a permissão dos dirigentes da vila. Isto porque eram muitos os que preferiam o planalto e se fixaram no interior, comerciando com os índios. O alvará, mais vantajoso, tentava impedir a decadência do litoral, pois haveria a dificuldade de transporte para tudo o que o planalto produzisse; mais tarde, o alvará será revogado: o planalto progredirá, enquanto a vila de São Vicente entrará em decadência.

Posteriormente, João de Sousa, que veio de Portugal com uma carta de D. João III, comunica a decisão do rei de dividir o Brasil em capitanias hereditárias. Alegava que os franceses continuavam explorando a costa e tentando colonizar o Brasil. Era o fracasso da expedição colonizadora quanto ao seu principal objetivo de defender o Brasil contra o estrangeiro. Será colocado em prática no Brasil, a partir de 1534, por meio das Cartas de Doação e Forais[384].

estabelecimento inicial de colônias na Ásia, África e Brasil. Por exemplo, em 1549, o governador-geral Tomé de Sousa levou cerca de 400 a 600 degredados para estabelecer Salvador. *Vide* Schwarcz, Lilia & Starling, Heloisa. *Brasil, uma biografia*. São Paulo: Companhia das Letras, 2015, p. 54.

[383] O desenvolvimento de São Vicente foi rápido; mas também será rápida a sua decadência. Quando Tomé de Souza a visita em 1552, encontra-a totalmente decaída.

[384] Em síntese, os motivos que suscitaram a divisão em capitanias foram os seguintes: "1) Continuavam as invasões francesas. (...) Pero Lopes de Sousa, quando voltava para Portugal, destruiu mais um forte francês em Pernambuco. Havia notícias de que novas feitorias seriam fundadas, pois os franceses pretendiam colonizar. O objetivo da política colonialista portuguesa era obter lucros imediatos e não povoar. Mas diante da ameaça representada pelos franceses, a coroa decide uma maneira de resolver o problema e ocupar a terra, sem despender capital e tempo. 2) O fato da coroa não querer despender capital no Brasil, já que seus interesses estão voltados para o comércio mais lucrativo do Oriente. Daí a divisão em capitanias e a atribuição ao donatário do dever de desenvolver a terra às suas custas. 3) O fato de que o sistema já havia sido aplicado nas ilhas da Madeira e Açores,

Nesse sistema, os dirigentes eram os capitães de suas terras, e o sistema era hereditário. Precisavam ter capital para desenvolver seus lotes. Daí a dificuldade do rei para encontrar quem viesse, pois os homens de posses preferiam aplicar seu capital no comércio seguro do Oriente. O Brasil representava um grande risco. Não havia grande interesse. Os donatários não serão os homens de maiores recursos nem os de maior categoria social do reino. Terão de recorrer ao capital estrangeiro (italiano e holandês), que financiará engenhos no Brasil[385].

A Coroa buscou indivíduos pertencentes à pequena nobreza, não de muitas posses e riquezas, mas de títulos obtidos nas tarefas das Índias e da alta administração. Eles representarão a autoridade real. A vinda para uma terra desconhecida, para eles, representou a possibilidade de aumento de poder, de representação majestática, e constituiu a razão fundamental que determinou a aceitação de tal encargo pelos donatários, mesmo levando-se em consideração as dificuldades representadas pela necessidade de levantar os fundos necessários à viagem e, logo depois, ao estabelecimento no Brasil[386].

A postura da Coroa era de controlar o cenário a distância, tanto que, poucos anos depois, alterou o panorama colonial, com a criação do governo-geral. Ao donatário cabia a função de representante real, que

com ótimos resultados. (...) as condições nas ilhas eram muito outras (...): a) menores extensões de terra, o que exigia menos capital e mão de obra; b) proximidade de Portugal; c) facilidades do meio geográfico (no Brasil, problemas com a mata, a serra, os índios)". Foram 15 lotes de 30 a 70 léguas ao longo da costa, indo até a linha de Tordesilhas e 12 donatários. A divisão foi feita em 1532, mas o sistema só entrou em execução dois anos depois; precisariam ter dinheiro, e os mais ricos não queriam se aventurar.

385 Não se confunde o sistema de capitanias hereditárias com o sistema feudal da Idade Média. Há, no entanto, certas semelhanças: divisão em lotes, a hereditariedade, o poder do dirigente dentro de seus domínios. Mas as condições são totalmente outras: para o senhor feudal a simples posse da terra representa o poder econômico; para o donatário, de nada valeria a terra, sem os meios para desenvolvê-la. Os donatários recebiam dois documentos: carta de doação para usufruto da terra e hereditariedade do titulo de governador da capitania e o foral (direitos e deveres).

386 Muitos se desfizeram de seus bens na Metrópole, associaram-se a terceiros, para poderem-se transferir ao Brasil. Outros, diferentemente, não se interessaram pela empresa, ou não vindo ao Brasil, ou transferindo o encargo a terceiros. *Vide* SODRÉ, Nelson Werneck et al, *História nova do Brasil*, cit., p. 68.

detinha uma série de privilégios e obrigações que o transformaram na autoridade máxima dentro da capitania. Observam-se na carta de doação e no foral as relações entre o donatário e a Coroa. A carta de doação sintetiza a cessão de uma faixa de terra, a capitania, ao donatário; O foral pormenoriza as prerrogativas da Coroa e do donatário[387].

Principais direitos e deveres, que constavam nos respectivos forais:

- *Deveres* – ao donatário construir núcleos, administrar e desenvolver a capitania à sua custa, estimular o uso das terras e pagar tributos à Coroa. À Coroa reservava-se o monopólio do pau-brasil; 20% da exploração de metais e pedras preciosas; 10% de tudo quanto a capitania produzisse; direitos das alfândegas.
- *Direitos* – 1) político-administrativos: fundar vilas, usufruir dos rendimentos, escravizar índios ou vendê-los; os donatários teriam direito a 5% sobre o pau-brasil, vendido em Portugal; 5% sobre o produto da pesca; 2% sobre metais e pedras preciosas descobertas; monopólio sobre os engenhos; de 20% das terras; 2) judiciários: cada donatário determina a lei em sua capitania; podiam condenar à morte os peões (trabalhadores sem propriedades nem títulos), escravos e gentios. Quanto às "pessoas de qualidades", estas detinham até poderes de aplicar a pena de degredo; 3) de defesa militar – nesse caso, é mais um dever, pois a capitania não poderia se desenvolver se não tivesse como se defender dos ataques de índios e estrangeiros[388].

Anteriormente, quando tratamos da estrutura jurídica do Brasil e da administração colonial, abordamos os instrumentos que conferiam poderes aos donatários.

4.2.2 Causas do fracasso das capitanias

Apontam-se as seguintes causas: 1) falta de capital; 2) falta de mão de obra (o índio não se adaptou à lavoura; o tráfico negreiro só se inten-

[387] Ibidem, p. 67.

[388] Os direitos dos donatários poderiam parecer muito vantajosos; no entanto, na realidade, poderemos falar num verdadeiro "conto da capitania". Poucos conseguiram iniciar uma colonização; muitos perderam tudo e alguns até a própria vida.

sifica a partir de 1550; os colonos brancos eram poucos e não vinham para trabalho); 3) ataques dos índios; 4) falta de interesse por parte dos donatários (muitos não vieram; outros nem mandaram substitutos); 5) descentralização, distância e independência entre as capitanias, que nem se uniram no caso de combater índios ou de ataques dos corsários; 6) incursões francesas.

Propriamente, apenas se desenvolveu a capitania de Pernambuco, porque a de São Vicente já tinha se desenvolvido fora do sistema. Martim Afonso nunca mais voltou para o Brasil, pois deixou como dirigentes da capitania o padre Gonçalo Monteiro[389], Pero de Gois[390] e Rui Pinto[391].

Ressalte-se que, com a decadência de São Vicente, a produção de cana de açúcar progride em Pernambuco devido: 1) à capacidade de Duarte Coelho (Filho de Gonçalo Coelho), donatário que não pensava em fazer fortuna e regressar, mas sim em se fixar, fazer aqui a sua própria pátria; 2) amizade de Duarte Coelho com os índios (seu cunhado, Jerônimo de Albuquerque, casou-se com a filha do cacique Arco-verde, da tribo dos Tabajaras, que se uniram aos portugueses contra os potiguaras); 3) ao desenvolvimento do ciclo da cana em Olinda, que foi fundada em 1535. A Coroa se interessou por Olinda (proximidade de Portugal: terra e clima favoráveis à cana de açúcar).

4.2.3 A economia – o ciclo da cana de açúcar

Sabemos que o açúcar é originário do Oriente (China e Índia). Parece ter sido introduzido na Europa pelos árabes, que mantinham relações comerciais com os muçulmanos. Foi considerado artigo de luxo e verdadeira preciosidade (só os reis podiam presentear com o açúcar; porções

[389] Gonçalo Monteiro – Padre português, chegou ao Brasil em 1532, junto com a esquadra de Martim Afonso de Sousa. Foi pároco da primeira paróquia da capitania de São Vicente, tendo também sido capitão-mor da capitania.

[390] Pero de Góis (1503 – 1554) – Colonizador luso, acompanhou Martim Afonso de Sousa, foi donatário da capitania de São Tomé (1534), lutou contra os índios Goitacazes, e foi nomeado capitão-mor da Costa no Governo de Tomé de Sousa.

[391] Rui Pinto – Fidalgo português que recebeu em 10 de fevereiro de 1533 uma carta de sesmaria de Martin Afonso de Souza, donatário da capitania de São Vicente, contemplando como doação as terras onde hoje fica a cidade de Cubatão – SP. Enfrentou os indígenas de Iguape.

de açúcar fizeram parte de dotes e de testamentos), até que os portugueses lançassem a seu cultivo e comércio nas ilhas atlânticas, como Madeira e São Tomé (século XV)[392].

A produção açucareira do Brasil, numa época em que já decaía a lavoura da Madeira devido às dívidas contraídas pelos fazendeiros em transações financeiras, manterá com vantagens a posição de destaque de Portugal no comércio do açúcar. Será também muito visada por estrangeiros, principalmente pelos holandeses que, para explorar o açúcar na própria fonte, por duas vezes invadiram o Brasil.

Finda a primeira fase de economia extrativa, baseada na exploração do pau-brasil, que foi até meados do século XVI, a atividade econômica básica, exclusiva, os interesses da Metrópole então se dirigem para a agricultura. Teve como motivos a necessidade de fixar o homem ao solo, resolvendo o problema da defesa (a extração do pau-brasil era atividade nômade que não deu origem a nenhum povoamento); a escolha do açúcar como produto básico, pelo fato de Portugal já manter o monopólio de seu comércio na Europa; as condições favoráveis de clima (tropical e úmido) e solo (massapé) encontrados no Nordeste para o cultivo da cana.

A partir de meados do século XVI, a agricultura será a base da economia brasileira, exceto no século XVIII, quando a mineração assume relevância. Antes disso, o açúcar será, durante um século e meio, o "produto-rei", base da economia da Colônia. Olinda tornou-se a primeira cidade

392 Há registros de plantações de cana, introduzida pelos árabes, na Sicília desde o século X. Eles a transportaram da Pérsia para diversos lugares, entre os quais, Egito e Síria, que, ao fim da Idade Média, eram os únicos produtores. A partir do século XIII, o Velho Mundo já importava açúcares, graças ao transbordo das caravanas árabes para os navios de Veneza. Até o século XV o comércio dos produtos do Oriente esteve em mãos dos italianos; entre os produtos que os navios venezianos iam buscar no Egito e na Síria estava o açúcar, considerado uma especiaria. Os portugueses lançaram-se aos descobrimentos para quebrar o monopólio das cidades italianas com relação aos produtos orientais; logo no início do século XV, trataram de introduzir o açúcar na ilha da Madeira em São Tomé (litoral da África). A produção da Madeira cresceu consideravelmente e foi responsável pela difusão do produto e baixa do preço. As primeiras moendas foram movidas à mão, depois pela tração animal e, em 1452, montou-se o engenho de água. Uma produção da ilha difundiu-se na Europa: Flandres e a própria Veneza passaram a comprar o açúcar da Madeira. Vemos, portanto, que Portugal já mantinha o monopólio do açúcar na Europa, quando introduziu a cana no Brasil (1532).

a produzir em larga escala por intermédio do Engenho Forno da Cal, no ano de 1537, ocasião em que o estabelecimento da lavoura da cana somente se concretizou após a derrota dos índios caetés, e ao ser introduzida a escravidão negra[393].

Em meados do século XVI, a produção de açúcar da América Portuguesa já era superior à da América Espanhola, visto que, ao finalizar o primeiro século da colonização, o Brasil lançava nos mercados, anualmente, 300 mil arrobas[394]. Ou seja, no final do século XVI o Brasil era o maior exportador mundial de açúcar.

> *"Em 1600 a população do Brasil já podia ser calculada em 20.000 habitantes, o número de engenhos era de quase 200, com uma produção média de 7.000 arrobas por fábrica. (...).*
> *O açúcar representava (...) 91% da exportação total (...) e o Norte respondia por 60% da formação da renda nacional. O número de escravos negros e índios no país, em 1627, era de 30.000. Cada engenho empregava em média 100 escravos e produzia 7.000 arrobas anuais. A produção média de 50 arrobas anuais por escravo era alta, se se levar em conta que os meios tecnológicos eram precários. (...) o (...) trabalhava de 12 a 16 horas por dia, pelo que tinha apenas uma média de vida estimada em 7 anos. (...) afirma Gilberto Freire em 'Casa Grande e Senzala' que o açúcar 'adoçou'[395] a escravidão negra no Brasil*"[396].

[393] MELO, Clóvis. *Os ciclos econômicos do Brasil.* Rio de Janeiro: Ed. Laemmert, 1969, p. 27.

[394] O Norte possuía 137 engenhos, visto que Pernambuco contava com aproximadamente 100. A Bahia vinha em segundo lugar com 50; a Paraíba com 12; Itamaracá, 10; Ilhéus, 5; Sergipe, Porto Seguro e Rio Grande do Norte, 1 cada; no Sul, São Vicente aparecia com 4; Rio de Janeiro, 2; Espírito Santo, 6. No Rio de Janeiro: de 3 em 1583, a 40, em 1627. O Rio ainda fixa traços desse passado na sua fisionomia urbana: Engenho Velho, Engenho Novo. Ibidem, p. 30.

[395] Gilberto Freyre, antropólogo pernambucano (1900-1986), foi um dos mais complexos e contraditórios pensadores sociais brasileiros. Sua obra *Casa Grande & Senzala*, de 1933, é considerada um dos mais completos estudos sobre o País. Em uma década marcada pela eugenia, o "branqueamento" da população e o surgimento do nazifascismo na Europa, Freyre, filho de uma das mais tradicionais famílias do Estado nordestino e formado em Sociologia na Universidade de Baylor, no Texas (EUA), defendeu uma tese contrária segundo a qual a mestiçagem era um fator favorável ao desenvolvimento do País, contrariando todo o pensamento da época, também defendido por pensadores brasileiros, como Silvio Romero. Na sua obra, depois complementada por *Sobrados e Mocambos*, de

Afirma-se que a exportação de açúcar, de 1600 a 1700, chegou a valer 3 milhões de libras esterlinas, superando a da Inglaterra. Portugal, ao conduzir a atividade colonizadora, outorgou "poderes majestáticos" a poucos súditos, distribuindo-lhes terras, mas impunha-lhes como condição ser cristão e, principalmente, ter "condições" de explorá-las, ou seja, disporem de recursos, para atender às demandas do mercado externo. Constatou-se, no entanto, que nem todos, aos quais foram concedidas as sesmarias, desenvolveram a atividade produtiva a contento[397].

Apesar disso, atribuiu-se à sesmaria a qualidade de pedra fundamental da grande propriedade no Brasil, por ter constituído, juntamente com o engenho (cujo privilégio cabia, por lei, aos donatários), "os centros da empresa colonial"[398].

A decadência do ciclo de cana ocorreu a partir de meados do século XVII e sofreu um grande golpe com a descoberta das minas de ouro no final do século XVII. Além desta, teve como principais causas:

1) *A deficiência da esquadra portuguesa* (praticamente arrasada, durante a dominação espanhola) para o transporte de gêneros agrícolas. O açúcar deveria ser transportado em grande quantidade, enquanto o ouro, em pequena quantidade, expressava grandes valores.

1935, afirmou que índios, negros e brancos viviam em "relativa harmonia" nos engenhos, o que lhe custou a pecha de defensor da escravidão e de teses que tentavam suavizar esse crime. Suas ideias de mestiçagem acabaram aproveitadas por Getúlio Vargas, que pretendia encontrar formas de unificar o Brasil sob seu comando. Poucos anos depois da instalação do Estado Novo, entretanto, estava na oposição ao ditador e foi preso e espancado, retornando aos Estados Unidos. Em 1964, apoiou o golpe de Estado e pediu a cabeça do reitor da Universidade Federal de Pernambuco, integrando o Conselho Federal de Cultura, a convite do ditador Emílio Garrastazu Médici. Chegou a receber de Joseph Armstrong, diretor da universidade em que estudou, um convite para se tornar cidadão americano, mas não aceitou.

396 Melo, Clóvis. *Os ciclos econômicos do Brasil*, p. 29-30.

397 Ibidem, p. 30.

398 O colonizador propunha-se a cultivar e transformar o produto. "Assim, a propriedade fundiária voltada para o exterior, como elemento produtor, vai tornar-se o centro nervoso da instalação produtiva do País. (...) a grande propriedade e a monocultura, juntamente com a mão de obra escrava, serão as bases da agricultura, acompanhando-a durante largo período de seu desenvolvimento". *Vide* Sodré, Nelson Werneck *et al. História nova do Brasil*, cit., p. 206.

2) *A luta para a expulsão dos holandeses*[399] do Nordeste, durante a qual se enfraqueceu a aristocracia rural; houve fugas de escravos, formação de quilombos e com isto falta de mão de obra; e houve desinteresse por parte dos holandeses pela aplicação de capitais no Brasil – irão fazê-lo em outras regiões.

3) *a concorrência da produção açucareira das Antilhas e da América Central*, sentida a partir de meados do século XVII. É necessário destacar que a espoliação colonial se mostrava maior no século XVIII do que nos séculos XVI e XVII. Antes o lavrador ficava com 33% do preço final, ao passo que, depois, sua parte se reduzira apenas a 21%:

> *"O açúcar custava 1.600 reis por arroba no Brasil, 2.400 quando posto em Portugal e alcançava 7.000 na capital inglesa. Muito dos atuais males da agroindústria se revelavam a olhos vistos: baixa produtividade por engenho, imensa capacidade ociosa, muitos engenhos de 'fogo morto'. Em Pernambuco, a produção estava em franco declínio"*[400].

Ao final do século XVIII, superada pela mineração, mas ainda com força econômica, a produção açucareira era representada por 806 engenhos no Norte e 616 no Sul. Pernambuco era ainda o líder setentrional com 296, seguido por Bahia com 260 e Sergipe com 240. Os 616 engenhos sulistas se situavam na Guanabara, Cabo Frio, Ilha Grande, Angra dos Reis e Campo dos Goitacases. Só esta última região contava com 324 engenhos. Quanto aos engenhos sulistas de aguardente, havia 253[401].

399 "(...) quando a Inglaterra declarou guerra à Holanda, em 1652, os batavos já estavam sitiados no Recife, reduzidos à impotência, desde 1649. Não se pode deixar de assinalar o interregno nassauviano, período curto, mas, florescente, em que um príncipe alemão, com mentalidade progressista, governou uma colônia estrangeira como se fora território metropolitano: o país conheceu a liberdade de cultos, realizaram-se eleições tão democráticas que o partido brasileiro triunfou sobre o holandês. Nassau instituiu o dia de descanso para os escravos, fez coexistirem, pacificamente, europeu e americano, mesmo os tão desprezados indígenas. Ademais construiu uma cidade da Renascença sobre charcos: (...) teve castelos, pontes, observatórios astronômicos, canais, ruas traçadas previamente como a Brasília de hoje. E desse passado nada restou: o Colonialismo Português demoliu tudo quanto pôde, talvez por medo do confronto, que lhe seria desfavorabilíssimo (...)". *Vide* Melo, Clóvis. *Os ciclos econômicos do Brasil*, cit., p. 33.

400 Melo, Clóvis, *Os ciclos econômicos do Brasil*, cit., p. 36.

401 Ibidem, p. 39.

4) *O aparecimento das primeiras minas de ouro e início do ciclo da mineração*, com o século XVIII. O ouro canaliza todos os interesses, fazendo decair o Nordeste e a agricultura.

5) *A política colonialista exclusivista*, que predominou na primeira metade do século XVIII e que explica o relacionamento exclusivo das metrópoles com suas colônias, onde buscavam o abastecimento em gêneros agrícolas; isto provocou uma situação muito desfavorável para a colocação desses gêneros no mercado, em toda primeira metade do século XVIII.

As consequências do ciclo foram: a) criação do regime latifundiário; b) incremento da monocultura, que sustenta toda a economia do País; c) eixo econômico, centralizado na região Nordeste; d) povoamento da zona da mata e recôncavo baiano; e) incremento da escravidão negra, em substituição à indígena; f) cultivo acessório do tabaco (fumo), que é bem aceito na Europa, além de servir para trocar por escravos (negros) na África; g) criação da sociedade patriarcal, em que "o senhor do engenho" é o centro de todas as atenções; h) miscigenação entre índios, negros e brancos, nascendo o mestiço; i) criação de inúmeras vilas e, consequentemente, nascimento de quatro importantes cidades: São Luís, Cabo Frio, Belém e Olinda.

4.2.4 A pecuária – subciclo

O fato de não ter sido atividade central, voltada para a exportação, não diminui a importância da pecuária, pois a carne pôde satisfazer as necessidades alimentares da população (tornou-se o alimento fundamental); o boi pôde mover engenhos e carros de lenha e transportar o açúcar; e, do ponto de vista social, a pecuária vai gerar uma organização diferente da organização canavieira, dando origem à atividade do vaqueiro, intermediária entre a do senhor e a do escravo.

O gado destaca-se na ocupação de novos territórios, sendo responsável pelo povoamento de várias regiões do País. Aliás, a pecuária está entre as razões de penetração para o interior ao unir os centros produtores do interior do Nordeste aos centros consumidores da carne no litoral.

As primeiras cabeças de gado vieram das ilhas portuguesas do arquipélago de Cabo Verde e foram introduzidas em São Vicente por Martim Afonso, e na Bahia por Tomé de Sousa. A atividade desenvolveu-se nas fazendas de cana do litoral – cada fazenda tinha certo número de cabeças para a alimentação, o transporte, e para mover engenhos. Mas com o avanço da criação bovina, esta prejudicará o desenvolvimento da cana de açúcar, então principal fonte de lucro, de forma que será empurrada para o interior, enquanto se destinou a cultura de cana às melhores terras[402].

Na pecuária empregavam-se índios, mestiços, escravos em fuga e alguns aventureiros e criminosos foragidos dos centros policiados do litoral. Lembre-se de que o Nordeste foi o primeiro grande centro criador do Brasil Colônia. Além dessa atividade, desenvolve-se a agricultura de subsistência, com exceção de raras zonas de produção agrícola, como junto ao rio Parnaíba e no Ceará, na Chapada do Araripe e junto ao rio Jaguaribe.

Em meados do século XVIII, o sertão nordestino atingiu o seu apogeu como centro criador, abastecendo todo o litoral do Maranhão à Bahia. Mas, mesmo nessa época, a carne era insuficiente, pois o gado enfraquecia a caminho dos centros do litoral. No fim do século, as secas ainda se intensificaram e o litoral do Nordeste terá de ser abastecido pela carne seca, vinda do Rio Grande do Sul.

O gado do sul supria bem as exigências locais de alimentação, transporte e couro, por terem sido as correspondentes regiões, até o século XVIII, menos povoadas do que os centros do Nordeste. Embora o gado fosse em menor número, sua densidade era maior e as fazendas menos dispersas. Os principais centros criadores eram: Campo dos Goitacazes, no Rio de Janeiro, abastecendo a cidade do Rio; Campos Gerais, localizados ao sul do atual Estado de São Paulo e no Paraná, abastecendo São Vicente e o Rio. O gado expandiu-se das missões jesuíticas do Paraguai para o Paraná, Santa Catarina e Rio Grande do Sul. O gado também se expandiu da região do alto São Francisco, em fins do século XVIII, para a região de Goiás e do Mato Grosso.

402 Lembre-se que o gado do interior do Nordeste, em termos de qualidade, era inferior ao do sul até fins do século XVIII. Isso se explica em razão das condições desvantajosas de clima e solo. A produção não foi suficiente para abastecer os centros do litoral (do Maranhão à Bahia), acrescentando-se a dificuldade do transporte das reses pelas vias de escoamento disponíveis.

4.2.4.1 Consequências

Apontam-se as seguintes consequências: a) a pecuária realizou a penetração para o interior do País, conseguindo unir os centros produtores do interior com os do litoral; b) propiciou a ocupação humana de todo o interior nordestino e, depois, pela região sul; c) fomentou um novo tipo étnico: o sertanejo ou o caboclo; d) criou a "Sociedade do Couro", porque tudo era feito dessa matéria-prima: vasilhas, malas, roupas, camas etc.; e) fomentou a criação de vilas e cidades distantes do litoral; f) incrementou um novo tipo de economia, baseada no gado; g) criou a chamada "ocupação intermediária".

4.2.5 Os Governos Gerais – centralização política e administrativa

Em 1548, Portugal muda o sistema para *governos gerais*[403]. As causas que levaram Portugal a adotar essa estratégia foram o insucesso das capitanias para resolver o problema da ocupação e afastar as invasões dos franceses; o prenúncio de decadência do comércio oriental, visto que, apesar dos grandes lucros, o Brasil tornava-se um mercado promissor[404].

Os donatários exigiam uma intervenção do rei quanto aos franceses, pois, caso contrário, perderiam a vida, e os invasores tomariam o Brasil de Portugal. O donatário Pero Góis da Silveira (Paraíba do Sul) aconselhou a D. João III a aquisição de uma capitania à qual todas as outras deveriam se unir para facilitar a cooperação entre elas. Aproveitando-se da morte do

[403] "Os capitães-donatários tornavam-se verdadeiros soberanos de suas donatarias, mantendo uma autonomia que poderia tornar-se perigosa à autoridade da Coroa. Urgia, portanto, uniformizar a administração em toda a Colônia, reprimindo o arbítrio dos governadores, de modo a concentrar os esforços na solução dos problemas que ela enfrentava. A criação do governo-geral pretendia ser, por um lado, o fortalecimento dos instrumentos de combate aos estrangeiros, como força militar auxiliar dos diversos governadores, e por outro, um elemento de centralização da administração colonial, pelas prerrogativas que eram atribuídas ao governador-geral nos regimentos, em detrimento dos diversos donatários. Consequentemente, uma afirmação da soberania e da autoridade da Coroa na Colônia. *Vide* MENDES JR., ANTONIO; RONCARI, LUIZ; E MARANHÃO, RICARDO, *Brasil: história, texto e consulta – Colônia*, p. 121-123.

[404] A Coroa se interessa por resolver os problemas trazidos pelo sistema de capitanias. A solução não deveria anular totalmente o regime anterior – as capitanias não vão desaparecer (com o tempo, vão sendo compradas pela Coroa ou abandonadas pelos donatários). Somente duas delas, a de Pernambuco e a de São Vicente, serão bem-sucedidas.

donatário da Bahia, Francisco Pereira Coutinho, a Coroa comprou essa capitania, o que se converteu na primeira tentativa de centralização.

Em decorrência, lançou-se o Regimento de 1548, em que constavam as leis para a administração, os direitos e deveres dos donatários e governadores. Os direitos dos donatários foram restringidos em nome de uma centralização. O governador seria o coordenador dos diversos esforços. A centralização visava corrigir os pontos falhos do sistema de capitanias.

4.2.6 Os governadores – principais decisões

Tomé de Sousa (primo de Martim Afonso), primeiro governador (1549-1553), desembarcou na Bahia em 29 de março de 1549 com cerca de mil pessoas[405], sendo esta designada sede do governo-geral devido à fertilidade da terra, ao clima agradável, à boa condição das águas, dentre outros atrativos que recomendavam ser povoada, como o fato de estar no meio das outras capitanias, o que facilitaria o ato de governar.

Permanecendo provisoriamente em Vila Velha, partiu para o recôncavo e a baía, em busca de um local retirado para estabelecer a sede do governo-geral. E assim o fez, sob a denominação "Salvador", no dia 1º de novembro do mesmo ano, quando Tomé de Sousa declarou instalada a nova cidade, e assumiu o cargo de governador-geral do Brasil[406]. Localizada no interior do Recôncavo, construíram-se os primeiros edifícios públicos, casas dos colonos e fundou-se o primeiro colégio dos jesuítas no Brasil (início da catequese).

No início, a cidade destaca-se como grande centro produtor do Brasil colonial. Num cenário de escassez de mão de obra, o avanço da cultura da cana fomenta o tráfico de escravos para trabalharem na atividade canavieira. Observa-se, no século XVII, o desenvolvimento da cultura do tabaco, visto que este era trocado por negros na costa da África. Outra atividade, a criação de gado, introduzida por Tomé de Souza ao trazer

[405] 400 soldados, 600 degredados e seis jesuítas, chefiados pelo padre Manuel da Nóbrega, este primeiro provincial do Brasil.

[406] *Vide* Mendes Jr., Antonio; Roncari, Luiz; e Maranhão, Ricardo. *Brasil – história, texto e consulta – Colônia.* São Paulo: Brasiliense, 1988, p. 124.

espécies das Ilhas de Cabo Verde, torna a Bahia o maior centro desse setor[407].

Em 1552, durante viagem ao sul, Tomé de Sousa impressiona-se com a decadência da capitania de São Vicente e aconselha ao rei recolonizá-la. Outra medida foi a de elevar Santo André à categoria de vila. Nesse percurso, o padre Manuel da Nóbrega, que o acompanhava, considerou que o planalto de Piratininga poderia abrigar a construção de um colégio[408].

Duarte da Costa, segundo governo-geral (1553-1556), assumiu a função por insistência das cartas de Tomé de Sousa, que pedia um sucessor. Junto com o governador-geral vieram os jesuítas, entre eles o noviço José de Anchieta[409], que serão chefiados pelo padre Manuel da Nóbrega. O primeiro colégio dos jesuítas foi o da Bahia – Colégio dos Meninos de Jesus. Depois outros surgiram em São Vicente, Ilhéus, Espírito Santo, Pernambuco e Rio de Janeiro. O objetivo da Companhia era integrar o índio na civilização ocidental cristã. Para impedir que os colonos escravizassem o índio, os jesuítas fundam as missões, que começam se estabelecendo em volta da Baía de Todos os Santos[410].

[407] Ibidem, p. 124.

[408] Surgiria, em razão dessa observação, poucos anos depois, a cidade de São Paulo, da qual Nóbrega foi um dos fundadores, em 25 de janeiro de 1534.

[409] José de Anchieta (1534 – 1597) – Jesuíta, veio para o Brasil com o governador Duarte da Costa e desembarcou na Bahia. Estudou em Coimbra, onde se dedicou às Letras, latim e vernáculo, filosofia e dialética. Encontrou-se com o Padre Nobrega em São Vicente e colaborou para a criação do Colégio no Planalto de Piratininga, núcleo do surgimento da cidade de São Paulo (1554). Ensinou os filhos dos colonos e aos índios. Estudou Tupi e escreveu a "Arte de gramática da língua mais usada na costa do Brasil" (1595), além de autos, hinos e canções. Foi pacificar os tamoios, que eram aliados dos franceses contra os portugueses e conseguiu o armistício de Iperoig, evitando graves ataques a Bertioga, São Vicente e outros pontos do litoral norte de São Paulo.

[410] Acrescente-se o fato de que Diogo Alvares Correia (Caramuru), sabendo da vinda do governador, prepara o terreno para catequizar os índios. Os objetivos dos jesuítas estavam ligados à Contrarreforma (fortalecer o catolicismo, conseguir maior número de adeptos, vencer a Reforma Protestante). Foi uma ordem mais militante do que contemplativa; seus membros juravam obediência ao papa. Principais nomes: Padre José de Anchieta, Padre Manuel da Nóbrega, Padre Antonio Vieira, São Francisco Xavier (agiu na Ásia). A ordem foi introduzida em Portugal por D. João III e expulsa em 1759 pelo Marques de Pombal. Teve o domínio do ensino na Península Ibérica. Foi suprimida por Clemente XIV em 1773 e restabelecida por Pio VII, em 1818.

O novo governador-geral, cuja gestão se manteve diminuta se comparada à de Tomé de Sousa e de Mem de Sá, fixou-se no Rio de Janeiro, foi repudiado pela população de Salvador e pelo bispo local, D. Pero Fernandes Sardinha. Ocorre que o administrador contava com o apoio da Companhia de Jesus, do ouvidor-geral, D. Pero Borges[411], e de Tomé de Sousa, por isso pôde resistir aos opositores, visto que o bispo partiu para Portugal em 1556[412].

O governo de Duarte da Costa fracassou pelos seguintes motivos: 1) falta de capacidade administrativa; 2) falta de capacidade militar (Tomé de Souza era soldado; Duarte da Costa era fidalgo, acostumado com a vida na corte); 3) não soube manter harmonia entre clero e colonos e nem resolver os conflitos entre colonos e índios; 4) estagnação econômica, devido às desordens; 5) invasão dos franceses no Rio de Janeiro em 1555, sob o comando de Nicolas Durand de Villegaignon, que se fixaram na ilha Sirigipe (na baía da Guanabara) com o intuito de fundar a França Antártica (tentativa de colonizar o Brasil), mas Duarte da Costa não conseguiu expulsá-los.

Mem de Sá, terceiro governador-geral (1556-1572), assumiu efetivamente a função em 1558. Combateu o jogo, a vadiagem e os vícios entre os colonos. Promoveu nova aproximação com os jesuítas e o novo bispo,

[411] Pero Borges (1519 – [?]) – Fidalgo, nascido na corte (filho do aio da infanta D. Beatriz, Gonçalo Pedroso de Brito), estudou em Coimbra e fez carreira judiciária, que lhe absorveu a vida, envelhecendo no ofício. Ex-corregedor de Justiça no Algarve, ainda jovem, em alvará régio assinado em Almeirim, no dia 17 de dezembro de 1548, foi nomeado primeiro ouvidor-mor do Brasil. Ficou no Brasil quatorze anos e, ao voltar para Portugal, exerceu sucessivamente o juizado de Latões, a corregedoria de Port'Alegre, a provedoria de Vizeu, último cargo que lhe conhecemos.

[412] Mendes Jr., Antonio; Roncari, Luiz; e Maranhão, Ricardo. *Brasil – história, texto e consulta – Colônia*. v. 1, cit., p. 125. Na volta a Portugal, o navio em que viajava o bispo naufragou e ele e os demais sobreviventes foram devorados por índios caetés. Em retaliação, as autoridades portuguesas condenaram toda a nação indígena à escravidão. No Brasil, d. Pero Fernandes Sardinha tinha problemas com d. Duarte da Costa, o governador, causados por desavenças com o filho deste, Álvaro da Costa, que tinha como "imoral". Sena, Consuelo Pondé de. Artigo publicado no jornal *Tribuna da Bahia*, edição de 24/03/2010, p. 4.

D. Pedro Leitão[413], este chegado em 1559. Fortaleceu o trabalho da catequese e aproximação dos índios submetidos, sendo impiedoso com os que não se sujeitavam a essa medida, segundo relato do frei Vicente do Salvador: "pelo que o governador em pessoa os cometeu dentro de suas terras e, feita neles grande matança e queimadas mais de sessenta aldeias, os desfez, de sorte que lhes foi forçado pedirem a paz, a qual lhes concedeu com as mesmas condições que havia posto aos outros"[414].

Em síntese, as principais ações de Mem de Sá foram as seguintes:

1) Aproximou-se dos jesuítas (apoio indispensável na época) – autoriza as missões; chama de volta os religiosos que estavam no sul.
2) Organizou a administração. Proibiu o jogo e a bebida. Resolveu o conflito entre índios e colonos.
3) Desenvolveu a indústria açucareira e a pecuária.
4) Expulsou os franceses. Após João de Bolés[415] trair os franceses e ter ocorrido a organização da Confederação dos Tamoios, união dos

[413] Pedro Leitão (1519-1573) – Foi um prelado português, o segundo bispo de São Salvador da Bahia de Todos os Santos.

[414] MENDES JR., Antonio; RONCARI, Luiz; e MARANHÃO, Ricardo, *Brasil: história, texto e consulta – Colônia*, cit., p. 125.

[415] João de Bolés (Jean de Cointac) ([?] – 1572) – Foi um "calvinista" francês que chegou ao Brasil, na cidade do Rio de Janeiro, em 7 de março de 1557, a bordo do navio comandado por Bois Le Comte, sobrinho de Nicolas Durand de Villegaignon, líder da invasão francesa da baía da Guanabara, incursão que deu origem à chamada *França Antártica*. A difusão de uma doutrina heterodoxa e a defesa "*das opiniões dos lutharos*" (na época, *lutharos* era um termo genérico para denominar os *protestantes*) no Rio de Janeiro, acabou atraindo os olhares da Inquisição sobre esse calvinista erudito, que transitou com fluidez em várias partes da Colônia, dialogando com diversas pessoas dos diversos estratos sociais. Denunciado por supostamente ter proferido proposições consideradas heréticas, como "a igreja de Roma era igual às demais; o papa é um homem como qualquer outro; Pedro não foi o primeiro papa; as bulas papais são falsas; através de dinheiro facilmente absolvem-se as culpas; a sagrada escritura é a única fonte para a crença; o homem não é salvo através das obras; não cria haver santos, senão os apóstolos; apenas a paixão de Jesus Cristo é suficiente para levar o homem ao céu; o casamento é mais perfeito que o estado dos padres etc.", foi enviado para Portugal, e lá foi julgado em 12 de agosto de 1564, sendo condenado a uma pena branda, como confessar regularmente e rezar os sete salmos penitenciais em todas as quartas e sextas-feiras. Em novembro de 1564 foi libertado, mas foi preso novamente em 1569 na Índia, por suas práticas luteranas. Reincidente, foi condenado à morte na

índios para massacrar os núcleos portugueses sob a liderança de Cunhambebe[416] (em Ubatuba), Mem de Sá reage.

4.2.7 Os governadores durante o período do domínio espanhol

Os governadores perderam quase toda a autonomia anteriormente existente. Segue quadro com a relação dos governadores daquele período:

GOVERNADORES	ÉPOCA
Cosme Rangel	1581-1853
Tales Barreto	1583-1587
D. Antonio Barreiros e Cristovam de Barros	1587-1591
D. Francisco de Souza	1591-1602
Diogo Botelho	1602-1608[417]
Diogo de Menezes	1608-1612
Gaspar de Souza	1612-1617
D. Luís de Souza	1617-1621
Diogo de Mendonça Furtado	1621-1624

fogueira em janeiro de 1572. In SILVA, Ivo Pereira da. As aventuras e desventuras de João de Bolés: um "calvinista" renascentista nos trópicos, século XVI. *Simpósio Internacional de Estudos Inquisitoriais.* Salvador, ago. 2011.

[416] Cunhambebe ([?] – 1555) – Chefe indígena dos tupinambás, denominado tamoios, do sul do Rio de Janeiro até Bertioga (SP) que combateu os portugueses (metade do séc. XVI) e apoiou os franceses. Guerreiro destemido afirmava ter comido centenas de inimigos. Hans Staden, que esteve prisioneiro dos indígenas (1550) o descreve em "Duas viagens ao Brasil".

[417] "Em 1608, em função de notícias da provável existência de metais preciosos em algumas capitanias do sul (principalmente em São Vicente), houve por bem o Rei Filipe III (que reinou entre 1598 e 1621) dividir novamente o Brasil em dois governos-gerais: um compreendendo São Vicente, Rio de Janeiro e Espírito Santo e o outro abrangendo o restante do Brasil. Para o governo do sul foi nomeado o ex-governador D. Francisco de Sousa. Quanto ao governo do norte, D. Diogo Botelho foi logo substituído por D. Diogo de Meneses (1608). Essa segunda divisão do Brasil (a primeira ocorrera entre 1572 e 1578, antes, portanto, da União Ibérica) duraria até 1613, quando foi nomeado D. Gaspar de Sousa como governador único". *Vide* MENDES JR., Antonio; RONCARI, Luiz; e MARANHÃO, Ricardo, *Brasil: história, texto e consulta – Colônia*, cit., p. 147.

GOVERNADORES	ÉPOCA
Francisco Nunes	1624
Francisco Rolim	1624-1626
Diogo de Oliveira	1626-1635
D. Pedro da Silva	1635-1639
D. Fernando Mascarenhas (Conde da Torre)	1639
D. Vasco Mascarenhas (Conde de Óbidos)	1639-1640
D. Jorge Mascarenhas (Marquês de Montalvão)	1640-1641

A partir de 1640, com a nomeação de D. Jorge de Mascarenhas[418], Marquês de Montalvão, "vice-rei" do Brasil por Filipe IV, ainda que então não fosse um título oficial, na medida em que o Brasil se tornaria vice-reino somente em 1720, os governadores do Brasil, a partir da metade do século XVII, obteriam mais poder[419].

O término do domínio espanhol ocorre no final de 1640, com a aclamação de D. João IV de Bragança como novo rei de Portugal. Nesse contexto, os portugueses detinham todo o litoral, o que lhes possibilitava combater os franceses. Quanto à ocupação do interior, esta se deu a partir do século XVII por meio da pecuária e das entradas e bandeiras.

No Brasil, os principais reflexos imediatos da dominação espanhola sobre Portugal foram os seguintes:

1) Declínio do ciclo da cana (devido à luta contra os holandeses e ao arrasamento da esquadra portuguesa).
2) Diversas invasões de franceses, ingleses e holandeses (de certa forma, tiveram aspectos positivos).
3) Expansão territorial do Brasil (o Tratado de Tordesilhas não tinha mais razão de ser).

[418] Jorge de Mascarenhas (1597 – [?]) – 1º Conde de Castelo Novo e 1º marquês de Montalvão, foi um fidalgo e administrador colonial português. Foi governador de Mazagão (1615-1619), de Tânger (1622-1624) e do Algarve. No final da Dinastia Filipina, Mascarenhas foi nomeado por Filipe IV de Espanha como 1º vice-rei do Brasil (1640), encarregado de expulsar os holandeses do Brasil.

[419] Ibidem, p. 148.

4) Maior sentimento de nacionalidade, representado pela luta contra os holandeses.
5) O desenvolvimento da vida urbana e aparecimento da burguesia (holandeses no Nordeste).
6) Constantes desmandos por parte de oficiais da Fazenda Real no ultramar – por exemplo, quando ao aportar a nau inglesa Mercador Real em Pernambuco, carregada de fazenda, os direitos de entrada pagos no valor de 7 a 8.000 cruzados foram repartidos entre os oficiais da Alfândega.
7) Justiça – maior celeridade processual com a criação do Tribunal de Relação de Salvador (1587), que permitia aos colonos apelar das sentenças – antes as lides eram decididas em Lisboa[420].
8) Mudança no campo administrativo – criação, em 1621, do Estado do Maranhão, separado do Estado do Brasil, composto pelas capitanias reais do Grão-Pará, do Maranhão e do Ceará, sob a justificativa de que isso melhoraria os contatos da Metrópole com a região norte da Colônia, uma vez que as correntes marítimas dificultavam o contato com Salvador, e atenderia aos interesses de a Espanha dificultar os ataques por parte de franceses, ingleses e holandeses. Essa iniciativa perdurou até 1774, quando, por ordem do Marquês de Pombal, o referido estado foi extinto.

4.2.8 Os jesuítas e a administração da Colônia

Os jesuítas desempenharam importante papel nos setores administrativo e cultural. Ajudaram os governadores na moralização dos costumes, impediram abusos e agressividade no meio social e amenizaram os confrontos entre índios e colonos. Os jesuítas Manuel da Nóbrega, de origem portuguesa, e José de Anchieta, natural das Ilhas Canárias, portanto espanhol, contribuíram para a fundação de Salvador, São Paulo e Rio de Janeiro.

Por outro lado, acrescentem-se os graves conflitos entre jesuítas e colonos, no que se refere à escravização do índio. Nas principais zonas

420 Criou-se um Regimento dos desembargadores e de outros funcionários da nova Relação, estabelecendo os limites de sua autoridade, de acordo com os regulamentos à que estava submetida a Casa de Suplicação, tribunal de grande importância na capital lusitana.

açucareiras houve acordo entre colonos e missionários, porque o trabalho era realizado pelo negro. O choque se deu nas áreas mais pobres, de produção secundária, porque estas não podiam adquirir escravos negros e nelas o trabalho coube ao índio. Isto aconteceu em diversas áreas, de características diferentes e em tempos diversos: São Paulo, Maranhão e Amazônia. Os colonos não eram propriamente contra a catequese. Alegavam que o erro estava em que os missionários, que recebiam grande parte dos impostos para realizar a catequese, subtraiam a mão de obra disponível e a utilizavam em proveito próprio, em suas empresas materiais.

Instituiu-se a norma da escravização do índio apanhado em "guerra justa" quando São Paulo participou da expulsão dos franceses da Guanabara, ocasião em que havia índios lutando a favor desses estrangeiros. Os paulistas passam a se dedicar ao tráfico de mão de obra indígena, daí o conflito entre paulistas e missionários, pois o índio era objeto de catequese religiosa. O apresamento de índios se intensifica durante a dominação espanhola, em que grande parte do tráfico de mão de obra negra estava em mãos dos holandeses e havia, portanto, carência de mão de obra.

No Maranhão houve várias lutas entre colonos e jesuítas. Por várias vezes os colonos se unem e conseguem expulsar os padres da região. Devemos lembrar os episódios com o padre Vieira[421]. Em 1680 a Companhia de Jesus conseguiu o controle sobre os índios, o que motivará a Revolta de Beckman de 1684[422].

[421] O padre português Antônio Vieira (1608-1697) foi um crítico constante, enquanto esteve no Maranhão, da escravização dos indígenas, opondo-se a todas as tentativas de cativeiro. Envolveu-se tanto em conflitos com os poderosos da terra que foi denunciado à Corte, em Lisboa, como um defensor do controle absoluto sobre os índios, como se estivesse nas missões jesuíticas no Paraguai. Antônio Ladislau Monteiro Baena, um dos seus críticos, afirmou que ele havia se tornado mais que um pregador, um "arbitrista e ministro político". SILVA, Maria Beatriz Nizza da. Luso- Brazil Review, University of Wisconsin, 1998, p. 79-82

[422] A revolta eclodiu na noite de 24 de fevereiro de 1684, durante as festividades de Nosso Senhor dos Passos. Sob a liderança dos irmãos Manuel e Tomás Beckman, senhores de engenho na região, e de Jorge de Sampaio de Carvalho, com a adesão de outros proprietários e comerciantes insatisfeitos com o governo, um grupo de sessenta a oitenta homens mobilizou-se para a ação, assaltando os armazéns da Companhia. Organizou-se na Câmara Municipal uma Junta Geral de Governo, composta por seis membros, sendo dois

Na Amazônia as ordens religiosas infiltram-se pelo vale na segunda metade do século XVII (jesuítas e carmelitas). Há quem defenda a hipótese de que os jesuítas tinham na América um plano de grandes proporções – assentar nela um imenso império temporal da Igreja Católica.

Ao estabelecer as Missões, os jesuítas conquistaram todo o coração do continente sul-americano. As missões espanholas (do Uruguai, Paraguai, Bolívia) alcançaram as missões portuguesas do Amazonas. Formavam um bloco coeso de territórios plantados. As missões realizaram grande tarefa econômica no vale Amazônico – desbravaram a mata, através da exploração dos gêneros naturais como cravo, canela, castanha, salsaparrilha e cacau; madeira e produtos do reino animal, como peixes, caça e ovos de tartarugas.

Para organizar as missões, os jesuítas reuniam os índios em aldeias, submetendo-os a um regime disciplinado e rigoroso de trabalho e de vida em geral. Diferentemente do que os colonos pretendiam, as missões convenceram os índios a construir habitações, desenvolver a agricultura para a subsistência e frequentar as atividades de exploração florestal.

Na metade do século XVIII, a administração portuguesa, por iniciativa do Marquês de Pombal, ministro de D. José I, liberta-se da influência jesuítica e abre luta contra o poder excessivo dos padres na América. Em 1755, aboliu-se o poder temporal dos eclesiásticos nas missões indígenas, e foram mandados para as aldeias administradores leigos. Os padres conservaram apenas o poder espiritual, e os inconformados foram expulsos dos domínios portugueses.

Os jesuítas tiveram participação na formação cultural clássica brasileira[423]. Os holandeses, de forma passageira, transmitiram alguns traços

representantes de cada segmento social – latifundiários, clero e comerciantes. Principais deliberações da Junta: a deposição do capitão-mor; a deposição do governador; a abolição do estanco; a extinção da Companhia de Comércio; a expulsão dos Jesuítas. *Vide* Revolta de Beckman in Schwarcz, Lilia e Starling, Heloísa. *Brasil: uma biografia*, cit., p. 136.

[423] Os inacianos, ou jesuítas, foram responsáveis, por exemplo, pela introdução do teatro no Brasil, sob a influência do barroco lusitano. A Companhia de Jesus, fundada em 1540 por Inácio de Loyola, utilizava os princípios cristãos e humanísticos para difundir a fé católica por meio da poesia, da retórica, da música, da lógica e do teatro. Nóbrega nomeou o noviço José de Anchieta para que realizasse um auto comemorativo para a conversão religiosa dos indígenas na Colônia. A primeira peça recebeu o nome de *Auto da pregação*

culturais ao Nordeste, mas isso se perdeu. Destaque-se que, apenas em 1808, a formação científica terá início com D. João VI[424]. Acontecimentos marcantes:

- 1759 – os jesuítas foram expulsos por ordem de Pombal.
- 1773 – extinção da ordem pelo papa Clemente XIV[425].

4.2.9 A Holanda e sua relação com Portugal e Espanha

Entre 1580 e 1640 Portugal submete-se ao controle dos espanhóis. O Duque de Alba, em 1580, dominara militarmente Portugal, e, em 1581, Felipe II, aclamado rei, acabou comprando a classe feudal portuguesa. Observa-se, no entanto, que, se na segunda metade do século XVI a produção do açúcar em áreas portuguesas era financiada pelo capital holandês, durante o domínio espanhol isso era inconcebível, na medida em que os espanhóis eram inimigos dos holandeses devido ao episódio de libertação destes[426].

Diante da dificuldade de comercializar com as colônias portuguesas devido ao domínio espanhol, a Holanda fundou a Companhia das Índias Orientais (1602) e, posteriormente, a Companhia das Índias Ocidentais (1621). A primeira companhia incumbia-se das questões mercantis, enquanto a segunda visava a colonização de territórios. A luta era por

nacional e foi encenada na aldeia de São Paulo de Piratininga entre 1567 e 1570. Escrita em tupi, português e espanhol, serviu como modelo para a catequese na Colônia, mesclando tradições literárias, científicas e culturais. O espetáculo apresentava cantos e danças, tendo como modelo a "estrutura narrativa sobre o cerimonial indígena do recebimento", quando chegavam estrangeiros à tribo. Foi a primeira forma de prática pedagógica de educação através da arte no Brasil e era encenada em datas festivas, ao ar livre, com a participação dos moradores das aldeias. Salvador era o centro da apresentação dos autos. A seguir, foram encenadas outras peças ligando o teatro português, principalmente de Gil Vicente, ao brasileiro. Algumas delas foram *Auto da festa de São Lourenço* (1583), *Auto da Vila da Vitória* (1586), *Auto da Aldeia de Guaraparim*, *Auto do Dia da Assunção* (1590), *Auto da Festa de Natal* e *Auto da visitação de Santa Isabel*. SIMÕES, Edson, in *Intercâmbio cultural Brasil-Japão* (coord. Kiyoshi Harada), São Paulo: Cadaris Comunicação, 2016, p. 574.

[424] Ibidem, p. 574.

[425] Ibidem, p. 574.

[426] Ibidem, p. 110.

dominação, *manu militari*, dos territórios com objetivo de enfraquecer o poder espanhol[427].

Segundo a concepção holandesa, sustentava-se o princípio da liberdade dos mares, essencial ao livre comércio, em oposição ao monopolismo ibérico[428].

A direção geral das Companhias cabia ao Conselho dos XIX, composto de representantes das cinco câmaras de comércio dos Países Baixos (as principais eram as de Amsterdã e Midelburgo) e por um dos Estados Gerais, a quem competia a decisão no caso de operações militares[429]. A Companhia não foi bem sucedida na América do Norte, haja vista que o território norte-americano se submeteu ao domínio inglês; e no sul da América os portugueses acabaram restaurando a soberania[430].

A *Companhia das Índias Orientais* comerciava e lutava no Oriente, tendo privilégio exclusivo de navegação a leste do Cabo da Boa Esperança. Conquistou todos os pontos estratégicos portugueses, que estavam sob o controle espanhol. Tomou, por exemplo, Madagascar, Ilha Maurício, Molucas, Indonésia e além, pois esse domínio dos mares prevaleceu numa ocasião em que a Espanha perdera a sua "Invencível Armada" na luta com os ingleses[431].

Obteve inúmeras conquistas no Atlântico, a ponto de impedir a Espanha de receber a prata americana. Dominou os Açores, a embocadura do Hudson etc.[432]

A *Companhia das Índias Ocidentais* foi criada assim que findo o armistício entre Holanda e Espanha, que durou 12 anos, em 1621, destinada

427 "A Companhia das Índias Ocidentais recebeu monopólio comercial por 24 anos, na costa oeste africana; desde o trópico de Câncer até o Cabo da Boa Esperança, nas Américas do Norte e do Sul e no Pacífico, a leste da Nova Guiné. Para maior eficácia, obteve, por delegação, o direito de estabelecer tratados de comércio e aliança com os régulos nativos, de erguer fortificações, de nomear governadores e funcionários sujeitos às suas ordens (sem prejuízo das determinações dos altos poderes do Estado). As tropas necessárias seriam fornecidas pelo Estado e pagas e mantidas pela Companhia." Ibidem, p. 110.

428 Simões, Edson, in *Intercâmbio cultural Brasil-Japão* (coord. Kiyoshi Harada), cit., p. 110.

429 Ibidem, p. 110.

430 Ibidem, p. 110.

431 Ibidem, p. 110-111.

432 Ibidem, p. 111.

a conquistar as colônias portuguesas no Ocidente, fazer alianças com os nativos e, em consequência, fomentar o comércio[433]. A Companhia pretendia exercer o domínio em terras brasileiras, onde há muito tempo se produzia açúcar para o mercado europeu, recebendo até investimento de capital holandês para a organização dos engenhos[434].

Para essa conquista os comerciantes holandeses não pretendiam atuar diretamente na atividade produtora (engenhos e terras), mas somente reapropriar-se dos lucros da distribuição e venda do açúcar brasileiro (característica do capitalismo-comercial). Realizariam, também, saques a navios carregados de mercadorias e aos portos[435].

4.2.10 O domínio holandês no Brasil

A Companhia das Índias Orientais financiou algumas invasões nas colônias portuguesas. Coube, no entanto, à nova Companhia das Índias Ocidentais, criada em 3 de junho de 1621, as grandes invasões[436], como decorrência dos bons resultados da anterior[437].

Os holandeses exerciam intensa atividade comercial, dirigida por um grupo mercantil, a ponto de dominar o setor no século XVII com o total

433 Ibidem, p. 111.

434 Na época, Jan Andries Moerbeeck escreveu a obra *Motivos por que a Companhia das Índias Ocidentais deve tentar tirar ao rei da Espanha a terra do Brasil – lista de tudo o que o Brasil pode produzir anualmente*. A situação do Brasil neerlandês é relatado em relatório do conselheiro Walbeeck (de 2 de julho de 1633) aos diretores da Companhia. A capitania de Pernambuco reunia as freguesias e povoações de Penedo do São Francisco, de Alagoas (duas), Porto Calvo, S. Gonçalo ou Una, Serinhaem, S. Miguel de Pojuca (lpojuca), Santo Antônio do Cabo, Muribeca, Várzea do Capibaribe, S. Lourenço e Igaraçu. Nelas havia cultura de mandioca, de tabaco e algodão, pecuária, extração do pau-brasil, cultura da cana e fabrico de açúcar, a principal riqueza. A parte final do documento retrata as dificuldades maiores do invasor (a falta de recrutas e reforços) e as perspectivas de domínio total da terra (a cujos defensores só restavam então as praças fortes de Paraíba e Cabo de Santo Agostinho, que, não sendo submetidas, "não poderemos jamais assenhorear-nos desta costa"). Ibidem, p. 111.

435 Ibidem, p. 111.

436 O idealizador foi Willem Ussenhx, natural da Antuérpia, uma das capitais comerciais da época.

437 Avellar, Hélio de Alcântara. *História administrativa e econômica do Brasil*, cit., p. 110.

de 10 mil navios, algo astronômico para a época. Seguem alguns fatores que contribuíram para esse domínio:

- A posição geográfica, face para o Mar do Norte e na desembocadura dos rios Mosa e Reno, que banham ricas regiões, propiciou-lhes o domínio dessas áreas.
- A decadência das potências marítimas, como Portugal e Espanha.
- Comércio interno fluvial, mais barato que o terrestre.
- Lucros provenientes da pesca, atividade antiga dos holandeses.
- Os fretes dos seus navios eram baixos e as taxas de portos baixas (impostos).
- O sistema bancário e as taxas de juros facilitavam os empréstimos.
- A imigração de vários grupos mercantis para a região impedia restrições no comércio interno.

Os holandeses irão se tornar, portanto, os intermediários entre as colônias e a Europa, os países baixos do Báltico e a Europa Ocidental. Dada a concentração de capital comercial e usuários, juntamente com a produção artesanal, Amsterdã tornou-se a cidade de maior importância comercial da época, o que repercutirá na qualidade da vida social e cultural do País. Haverá, portanto, completo liberalismo na parte econômica e social[438].

4.2.11 As invasões holandesas

Costuma-se dividir a guerra holandesa no Brasil em quatro períodos:

[438] Nessa época destacam-se Hugo Grócio, autor da obra *Direito da guerra e da paz* (1625), em que defende a liberdade dos mares e expressa o pensamento da burguesia comerciante, sendo considerado o fundador do direito internacional; Spinoza (1632), filósofo, que explicava o mundo, e achava o homem como senhor e não escravo da natureza (*Ética* é o seu livro de maior destaque). Rembrandt, Brueghel o velho, Boch, por sua vez, sobressaem-se no campo das artes, manifestação esta que se libertará das influências (diretas) políticas e oficiais, visto que os artistas darão nova dimensão à pintura ao retratar o mundo material. Essas ideias eram consequências das atividades dos comerciantes, e defendiam os seus objetivos. *Vide* Avellar, Hélio de Alcântara. *História administrativa e econômica do Brasil*, cit., p. 110-111.

- soteropolitano (conquista de Salvador, isto é, Soterápolis), de 1624 a 1625;
- pré-nassoviano (conquista de Pernambuco), de 1630 a 1637;
- nassoviano (governo do Conde João Maurício de Nassau-Siegen[439]), de 1637 a 1644; e
- pós-nassoviano (campanha de libertação contra os holandeses), de 1645 a 1654.

Durante a invasão à Bahia (1624), a Companhia das Índias Ocidentais visa ferir decisivamente o monopolismo ibérico com a conquista do centro político do Brasil, a Bahia, que se deu em 9 de maio de 1624. Trata-se do primeiro passo visando o domínio da zona açucareira e centro político do Brasil[440]. No entanto, os invasores não foram bem sucedidos e acabaram derrotados.

Em reação, organizaram-se guerrilhas ou Companhias de Emboscadas, compostas de 25 a 40 homens cada uma, que não davam trégua aos invasores. Ao final, foram degolados o comandante holandês Johan

[439] Conde João Maurício de Nassau-Siegen (1604 – 1679) – Fidalgo, nasceu na Alemanha. Ex-combatente da guerra dos 30 anos, foi contratado para organizar o domínio holandês no Brasil pela Companhia das Índias Ocidentais. Foi nomeado como governador-geral, capitão-general e almirante e recebia 6000 florins para as despesas, 1500 florins para a mesa e tratamento e 2% dos lucros que desse para a Companhia. Iniciou a sua administração em 1637 e combateu as guerrilhas e as tropas luso-brasileiras a norte e a sul de Pernambuco, indo até a Bahia. Incentivou os senhores de engenho a produzirem mais açúcar, tentou pacificar o convívio entre católicos, judeus e calvinistas, realizou reformas urbanistas (cidade Maurícia), construiu pontes, trouxe pintores e naturalistas, tais como Franz Post, Albert Eckhout, George Marcgraf/Margrafou e Wilhem Piso. Contudo, entrou em divergências com a Companhia que só visava lucros imediatos dos senhores de Engenho e comerciantes e se retirou do Brasil em 1644, deixando uma carta de orientação (testamento) para os seus substitutos que não foi cumprida e culminou na expulsão dos holandeses em 1654.

[440] O porto de Salvador era de fácil acesso, e o coronel Johan Van Dorth, conjuntamente com Jacob de Willkens, conseguiu dominar a capitania, que era bastante rica, após um dia e uma noite de combate. O coronel dedicou-se aos aspectos militares. Os holandeses arrecadaram com a vitória 3900 caixas de açúcar e grande quantidade de pau-brasil. Todavia, a conquista durará pouco, apesar de a Companhia assegurar a vida e a propriedade dos habitantes. AVELLAR, Hélio de Alcântara. *História administrativa e econômica do Brasil*, cit., p. 111.

Van Dorth[441] e o seu sucessor, o major Albert Schouten[442], ambos após emboscadas. Visando um cerco de combate aos invasores, a Espanha organizou uma esquadra de 52 navios, também composta por embarcações portuguesas, e expulsou os holandeses em 1º de maio de 1625, destacando-se o governador Diogo de Mendonça Furtado, o capitão Francisco Padilha (chefe guerrilheiro) e Francisco de Toledo Osório (comandante da esquadra)[443].

Apesar da derrota, contudo, sem modificar seus planos, a Companhia promoveu a invasão do Centro Econômico de Pernambuco (1630), rico em açúcar.

A invasão de Pernambuco foi comandada por Diederick van Waerdenburg[444] e Hendrik Loncq[445]. Este comandava uma esquadra poderosa com mil canhões e sete mil homens de desembarque. Travaram luta no dia 15 de fevereiro no porto de Olinda, mas foram rechaçados. Parte da esquadra holandesa, então, desembarcou grande contingente de soldados ao norte de Olinda (em Pau-Amarelo). Marcharam para Olinda e Matias de Albuquerque[446] (governador), notando a eminente derrota das forças pernambucanas, mandou atear fogo aos armazéns e destruir

441 Johan van Dorth (1586 – 1624) – coronel, governador holandês durante o domínio da Bahia. Governou com tolerância, mas foi emboscado e morto pelo guerrilheiro Francisco Padilha que defendia a expulsão dos invasores.

442 Albert Schouten (Souten) – Também substituto de Van Dorth, era irmão de Wilhen Schouthen, sucessor de Van Dorth e morto pelos guerrilheiros que defendiam a Bahia. Albert S. foi morto por uma rebelião dos próprios soldados, que estavam em pânico, devido às guerrilhas da Bahia em 1625.

443 Avellar, Hélio de Alcântara. *História administrativa e econômica do Brasil*, cit., p. 111.

444 Diederick van Waerdenburg (Waerdenburch) – Comandou a invasão holandesa de Pernambuco com 56 navios, 3780 tripulantes e 3500 soldados, que desembarcaram na praia do Pau-amarelo, e dominaram Olinda e Recife. Coronel, foi nomeado governador e comandante de armas até 1633. A sua governança foi conflituosa.

445 Hendrik Corneliszoon Loncq (1568 – 1634) – Auxiliava Waerdenburch no ataque a Pernambuco.

446 Matias de Albuquerque (1595 – 1647) – Militar, nasceu em Olinda. Era governador de Pernambuco (1630) durante a invasão holandesa. Resistiu aos flamengos se fixando no Arraial do Bom Jesus durante 5 anos, de onde comandava a guerrilha para expulsá-los. Executou o traidor Domingos Fernandes Calabar em Porto Calvo. Foi substituído no governo por D. Luís de Rojas y Borja. Lutou nas guerras de "Restauração" contra a Espanha.

os navios. Os habitantes fugiram da cidade, levando seus objetos de valor e de fácil transporte. Os defensores fixaram-se no Arraial do Bom Jesus e, chefiados por Albuquerque, impuseram resistência aos holandeses[447].

Por não se tratar de uma localização estratégica para a fixação de governo, os holandeses rumaram para o Recife, onde conseguiriam fortificações melhores. Incendiaram Olinda. Em Recife estabeleceram o conselho político, mas os guerrilheiros, durante esse período, promoveram ataques sob a forma de emboscadas[448].

Em 26 de dezembro de 1634, a administração da Companhia propõe à população liberdade de religião, direito de propriedade de bens, isenção do serviço militar, equiparação perante a lei com os holandeses em troca de fidelidade às autoridades holandesas. Hesitante, a população, que havia abandonado a localidade, voltará, aos poucos, às suas terras, ocasião em que os holandeses conquistam a Paraíba, após vencerem os comandos do governador Antônio de Albuquerque[449] em Santo Antônio e Cabedêlo[450].

Em 1635, os holandeses já haviam dominado as seguintes capitanias: Pernambuco, Paraíba, Itamaracá, Rio Grande do Norte. Quanto aos senhores de terra, voltarão para os seus engenhos, temendo perder propriedades e privilégios. Contudo, boa parte da elite açucareira descontente vai continuar tramando a derrota dos holandeses. Em resposta, estes montam um organismo administrativo e fazem uma adaptação do sistema jurídico colonial português, instaurando um esquema de segurança com as suas forças militares, estas superiores às da resistência. Os senhores de engenho começaram a produzir o açúcar e se adaptaram ao novo sistema administrativo[451].

[447] AVELLAR, Hélio de Alcântara. *História administrativa e econômica do Brasil*, cit., p. 112.

[448] Ibidem, p. 112. Os holandeses batizaram a rica capitania de Pernambuco como Zuickerand (Terra do Açúcar), tal era a riqueza e a pujança da região.

[449] Antônio de Albuquerque Maranhão (1590 – 1667) – Foi capitão-mor e governador da capitania do Maranhão, em substituição ao seu pai, Jerônimo de Albuquerque Maranhão, que faleceu em 11 de fevereiro de 1618. Foi também capitão-mor e governador da capitania da Paraíba, nomeado para o cargo em 1622, assumiu apenas por volta de 1627, tendo governado até a conquista da Paraíba, pelos holandeses, em dezembro de 1634.

[450] AVELLAR, Hélio de Alcântara. *História administrativa e econômica do Brasil*, cit., p. 112.

[451] Ibidem, p. 112.

4.2.12 O governo de Mauricio Nassau – os holandeses e a Colônia (1637-1644)

Em 1637, encarregado pela companhia de governar o Brasil holandês, desembarca o conde João Mauricio de Nassau, com responsabilidade no poder militar e na administração civil[452].

Na sua administração ocorrerá completa acomodação entre a classe dominante (senhores de engenho e latifundiários) e os objetivos dos holandeses, uma vez que respeitou a propriedade rural, mas em acertos com a classe dominante[453]. Destaque, aliás, que:

> *"Neste período, o único órgão de governo de cunho institucional que vigorou no Brasil Holandês foi a Câmara dos Escabinos, que aí, a partir de 1637, substituiu o antigo Concelho Municipal, a Câmara de Vereadores do regime português. Somente desta forma de governo se pode dizer que foi transplantada das Províncias Unidas para a sua colônia brasileira, não passando as demais, a de governo central e a de seus vários Conselhos, de meras improvisações sem fundamento em leis ou em usos consagrados"*[454].

O referido órgão, em sua estrutura e funcionamento, apresenta-se como uma réplica da antiga câmara dos vereadores. Cabia-lhe julgar as causas cíveis e criminais em primeira instância e desempenhar os encar-

[452] Sentindo a Companhia que o problema central da conquista sul-americana era administrativo, isto é, a carência de um governador-geral com ampla jurisdição civil e militar, o Conselho dos XIX nomeou o Conde João Mauricio de Nassau-Siegen, com o título de governador, capitão e almirante-general. Alemão, de educação esmerada (cursara as Universidades de Basiléia e Genebra), jovem (nascera em 1604), sobrinho-neto de Guilherme, o Taciturno (da Casa de Orange), iniciara sua vida militar a serviço da República neerlandesa. Assinou o Conde contrato com a Companhia por cinco anos para governar o Brasil. Competia-lhe: presidir o Alto Conselho Secreto; nomear os comandantes das fortalezas, dos regimentos, os oficiais de alferes para cima e, com aprovação do Conselho dos XIX, o "Almirante da costa brasileira"; criar cargos administrativos e aumentar salários com aprovação do Diretório Geral da Companhia. Nassau concedeu brasões às circunscrições em que se repartia o Brasil holandês, Rio Grande, Paraíba, ltamaracá, Pernambuco, Alagoas, Sergipe, permanecendo desconhecidos (se foram outorgados) os do Ceará e Maranhão, onde não resultou duradoura a ocupação flamenga. *Vide* AVELLAR, Hélio de Alcântara. *História administrativa e econômica do Brasil*, cit., p. 116.

[453] Ibidem, p. 116.

[454] Ibidem, p. 117.

gos de administração local[455]. Observa-se, no período, o desenvolvimento da arquitetura e de alguma cultura no Nordeste, a partir de exigência dos próprios holandeses que queriam viver exatamente como em sua terra natal[456].

Com os holandeses, essencialmente comerciantes, houve afluxo de moradores para a cidade de Recife, que se transforma no modelo de cidade burguesa moderna, com indústria e comércio[457]. Em suma, a sociedade caracteriza-se pelo surgimento de uma classe burguesa, intermediária, e de uma classe dominante, composta por senhores de engenho e latifundiários, além dos escravos, estes sem nenhum direito, e os pequenos proprietários, que dependiam dos latifundiários.

Em 1640 (27 de agosto a 4 de setembro), a fim de colher a opinião pública de seus jurisdicionados, o conde João Maurício de Nassau convocou um Parlamento, sob inspiração do costume germânico do Landtag, de tendência democrática, visando conciliar antagonismos econômicos de classes. O poder político transferira-se dos proprietários rurais, relegados praticamente à condição de classe média, aos negociantes urbanos, com forte predominância de holandeses e judeus[458].

Os representantes luso-brasileiros, ao concederem crédito de confiança ao governador, criticaram e exigiram, para os católicos, igualdade de direitos com os reformados (pois, apesar da tolerância de Nassau, mais eficaz em Recife e arredores, os calvinistas tiranizaram a maioria católica)[459]. O referido Parlamento pôde sinalizar ao conde as verda-

[455] Ibidem, p. 117.

[456] Diante do florescimento da vida urbana, criam-se mercados de escravos e de peixes e a implementação de vias de transportes. Vieram para o Brasil naturalistas, médicos e matemáticos. Criou-se o bairro da Mauriceia em frente ao lugarejo dos pescadores – uma ilha que ficou ligada ao bairro por intermédio de pontes. Aliás, efetivou-se o serviço de pontes, anteriormente projetado. Frise-se que as pontes representaram um dos mais nítidos traços distintivos entre a cidade flamenga e as luso-brasileiras. Ibidem, p. 118.

[457] Os holandeses, com senso urbano desenvolvido, ensinam aos colonos o gosto pela vida nas cidades, iniciam a formação dos centros urbanos, com uma série de atividades com funcionários públicos, mascates, comerciantes, com os quais aparece uma classe intermediária – a classe burguesa, que se desenvolve junto com as cidades.

[458] Avellar, Hélio de Alcântara. *História administrativa e econômica do Brasil*, cit., p. 119.

[459] Ibidem, p. 119.

deiras reivindicações das classes, na medida em que o cenário do Brasil holandês era de uma crise econômico-financeira[460].

Em 1642, justamente com o propósito de sanar a crise financeira, o Conselho dos XIX instituiu Conselho de Finanças, com cinco integrantes, todos eles mercadores holandeses. Os resultados não foram os almejados, pois adveio nova crise monetária, e um dos conselheiros, Pieter van der Hagen, foi processado e banido[461].

Nassau, a fim de equilibrar despesa e receita, adotou a praxe administrativa portuguesa para aumentar a receita. Arrendou, mediante licitação, a arrecadação dos tributos, o direito de captura de gado bravio que penetrasse no Rio Grande e entre o São Francisco e Sergipe; elevou as dízimas da lavoura e do açúcar, de peagem e barcagem, obtendo maior arrecadação[462].

O conde incentivou a tolerância religiosa, mas persistiam confrontos, a exemplo da ação de pastores calvinistas contra os papistas, em especial jesuítas e franciscanos, que foram expulsos por determinação do Conselho Político, e da campanha contra judeus, patrocinada por calvinistas e católicos, ocasião em que foram fechadas duas sinagogas de Recife, devendo os judeus proferir sua fé somente em suas próprias casas[463].

Para povoar a "Nova Holanda", Nassau invocou a vinda de imigrantes europeus, especialmente alemães, vítimas da Guerra dos 30 Anos, sem sucesso. Pediu, sem ser atendido, a concessão de terras a soldados com o prazo de recrutamento expirado. Recorreu, sem alternativa, ao tráfico negreiro, razão por que a Companhia se apossou dos empórios de embarque de cativos na África (S. Jorge da Mina, 1637; S. Paulo de Loanda e ilha de S. Tomé, 1641)[464].

460 Ibidem, p. 120.

461 Ibidem, p. 120.

462 Ibidem, p. 121.

463 Ibidem, p. 121.

464 O Conselho dos XIX providenciou o ensino da religião reformada à mão de obra servil, sob a crença de que isso poderia melhorar o seu rendimento. Tentou, também, estabelecer ensino profissional para os negros, tendo ordenado a Nassau e ao Conselho Político (em carta de 24 de outubro de 1643) que os operários holandeses a serviço da Companhia ensinassem, mediante gratificação, os respectivos ofícios aos africanos. Saliente-se que a primeira escola para negros surgiu em 1645. Ibidem, p. 122.

Preocupado com a higiene pública, acredita-se que influenciado por seu médico Willem Piso (coautor, com Marcgrav, da *História "Naturalis Brasiliae"*), fez instalar no Castelo de Tura (forte de S. Jorge), no Recife, o primeiro hospital, em 1641. O segundo, bastante amplo, foi o da Cidade Maurícia[465]. Como Olinda fora proibida de erguer novas casas, mesmo com o respectivo restauro após o incêndio, os holandeses concentraram-se em Recife e ergueram a Cidade Maurícia. Em 1641, considerava-se o serviço portuário como o melhor da América do Sul, visto que contava com um capitão do porto (Havenrrieester)[466].

Quanto à política rural de Nassau-Siegen, destacam-se as seguintes medidas: estabeleceu a policultura; defendeu a produção vegetal, como o cultivo de legumes, ainda que a farinha fosse a base alimentar na Colônia; introduziu plantas exóticas, como o índigo; atenuou o monopólio exercido pela Companhia sobre o comércio do açúcar; fomentou a produção do açúcar, mas obrigou os senhores de engenho a plantarem, por escravo utilizado, 200 (e depois 500) covas de mandioca, quantidade elevada a 1.000 para os agricultores que não plantassem cana; proibiu a derrubada de cajueiros, porque o caju era importante na alimentação indígena; determinou o corte dos canaviais, por trilhas ou aceiros, que impedissem a propagação dos incêndios e facilitassem a ação das patrulhas rurais contra os assaltos dos Boschloopers, bandos salteadores formados de desertores e escravos fugidos; respeitou a propriedade rural, procurando não contrariar os interesses dos proprietários[467].

A administração de Nassau[468] foi ativa e pragmática, mas enfrentou a oposição da Companhia, pois esta considerava que ele pretendia libertar

465 Ibidem, p. 122.

466 Por prevalecer entre Recife e Mauriceia a comunicação por via fluvial, promoveu-se o arrendamento do contrato do serviço de barcos (Veer), algo vantajoso, tendo-se reservado à Companhia o serviço de balsas (Pont), privativas dos servidores civis e militares. Ibidem, p. 122.

467 Ibidem, p. 123.

468 Há quem critique a gestão Nassau: "A gestão do conde foi confundida com a imagem romântica do território e aquilo que seria um mero episódio da crônica colonial atraiu para a figura do mecenas a atenção dos centros culturais da Europa. Superestruturas secundárias foram confundidas com estruturas fundamentais, iniciando-se um processo de deturpação. A história superficial tomou o lugar da história profunda. Para a história do regime

o Brasil holandês e ficar como governador. Na verdade, a classe dominante pernambucana dependia, economicamente, da Companhia, por ter contraído empréstimos para a construção de engenhos e plantações. Os holandeses começaram a reivindicar o pagamento das dívidas, e acabaram entrando na área de produção, deixando de participar somente dos lucros da distribuição de açúcar. Como forma de ressarcimento, iniciaram o confisco de terras, engenhos, açúcar, máquinas e utensílios como forma de pagamento das dívidas[469].

Nassau, então, tenta postergar as dívidas, colocando-se como agente conciliador entre as partes, mas não obtém sucesso, pois, contrariado com a intransigência da Companhia, abandona sua função em 1644 e formaliza o seguinte testamento[470], no qual aconselhava a futura administração:

> *"Nobres, veneráveis, mui avisados e prudentes senhores. Seja o último ato do meu governo esta memória ou instrução que deixo a V. Sas. como despedida, confiando que, se V. Sas. a observarem e procederem segundo o seu teor, como fiz durante o tempo de meu governo, os resultados hão de ser com o favor de Deus, em todas as ocasiões de paz e guerra, mais felizes de que o foram até o presente. (...)*
> *V. Sas. ficam a governar um tríplice Estado ou comunidade, que se compõe principalmente de três sorte de indivíduos, soldados, mercadores e moradores de nacionalidade*

político-colonial dos povos submetidos e das nações colonizadoras, o período holandês destaca-se pelas medidas governamentais que alteraram para pior a ordem política, jurídica e econômica preexistente no Brasil. Desde os primeiros anos da conquista, a Companhia das Índias Ocidentais deixou transparecer a sua incapacidade de planejamento em todos os níveis. No Brasil Holandês nunca houve tolerância religiosa, liberdade de comércio real ou autonomia municipal. Em consequência da obra de glorificação de Nassau, empreendida por Barleu, 'um regime de dominação pela força, de opressão e violência (...) se transfigura como por encanto num regime de franquias constitucionais e liberdades públicas tão somente pela presença de um dado personagem no centro dos acontecimentos'. (...) Uma companhia de capitalistas das Províncias Unidas não estava preparada, nem podia estar, para assumir no Brasil a função de Estado. O resultado da presença holandesa, contrariamente ao que toda uma historiografia apologética ensina, foi, assim, naturalmente, uma involução das conquistas liberais dos povos do Ocidente no século XVII". NEME, Mario. *Fórmulas políticas no Brasil holandês*. Difusão Europeia do Livro, 1971, p. 145.

[469] AVELLAR, Hélio de Alcântara. *História administrativa e econômica do Brasil*, cit., p. 123.

[470] Ibidem, p. 123.

portuguesa, o domínio sobre este povo que deixo às mãos de V. Sas., compreende três matérias, de que depende a boa ou má administração, o militar o civil e o eclesiástico.

Com relação a cada uma dessas matérias, comunicarei a V. Sas., em desempenho de minha promessa (posto faço sem ordem e confusamente, por me faltar tempo para lançar no papel alguma coisa de um modo apurado) algumas observações que me parecem necessárias e de acordo com as quais até o presente proceder, tanto quanto me era possível.

A audiência dos militares e o despacho de seus requerimentos ou pedidos dever ser de breve expediente, sem que eles fiquem a esperar por muito tempo diante da câmara do Conselho, o que é particularmente tomado em consideração ainda pelos maiores monarcas para não caírem no tédio e na aversão dos seus soldados; e V. Sas. devem tanto mais atender e é mais cedo afetada do que no Brasil, atenta a situação do país.

No pagamento da pensão e nos empréstimos as coisas devem ser dirigidas de modo, que, por maior que seja a estreiteza não falte o necessário aos oficiais, porquanto nada há que mais depressa os faça por de lado e esquecer o respeito do que a necessidade e a privação. Queiram V. Sas. tomar em consideração este ponto pois receio muito uma grande desgraça por causa do pouco caso e apreço.

V. Sas. devem impedir que os militares vaguem pelo interior, pois isto não sucede sem gravame dos moradores e ruína da agricultura. É o único meio, que vejo para obstá-los, é cuidarem da ração que lhes é devida, pois então torna-se fácil conservá-los nos fortes pelo freio do castigo. Os Portugueses se preocupam sumamente com isto, e receiam maior destruição de parte dos nossos soldados em tempo de paz do que tem sofrido do inimigo em tempo de guerra. Esta matéria é de grande relevância, e V. Sas. acharão que o (procedimento) contrário dará incentivos para revoltas e para ruínas da terra.

Convém que V. Sas., procurem angariar e manter, por meio de favores e de dinheiro, alguns Portugueses particularmente dispostos e dedicados para com V. Sas. dos quais possam vir a saber em segredo os preparativos do inimigo., os seus novos desígnios e empresas.

Esses Portugueses devem ser dos mais importantes e honrados da terra, e lhes será recomendado que exteriormente se mostrem como se fossem dos mais desafetos aos holandeses para não caírem em suspeição. Os mais próprios seriam os padre, pois são eles que de tudo tem melhor conhecimento.

Nesse particular não se pode fazer muito fundamento em gente ínfima, pois, se um dia dizem a verdade, em outro enganam com muitas mentiras. Devem contudo ser admitidos para que V. Sas. aproveitem de suas comunicações o que lhes deve parecer bem, pois às vezes de alguns deles se pode tirar alguma coisa de importância.

Mas os avisos e as comunicações mais seguras devem ser procuradas entre os mais qualificados. Um ou dois deles bastam para comunicar segredos que, a não ser assim, escapariam a V. Sas.
Cumpre que nesta matéria V. Sas. mandem com particular cautela para evitar muito embuste.
Maior cautela deve ser tomada nas confissões por tortura, pois, por temos e dor fazem-se declarações que nunca foram pensadas nem sonhadas.
Cumpre que V. Sas. cuidem dos fortes e das fortificações, mantendo-os providos de munição e víveres.
Principalmente devem ter cuidado em que as paliçadas e estacas sejam conservadas, pois aqui dificilmente se encontrará um forte que, se caírem por terra aquelas obras, não posse ser tomada de assalto por serem secos os fossos.
Não convém desgostar o governador da Bahia por coisas de pouca monta, pois a nação Portuguesa tem muito em atenção correspondências e cortesias embora vãs e de pouca importância.
Ponderem V. Sas. a vantagem que ele tem contra este Estado, quão desejosos os seus soldados se mostram de correrias e pilhagens nas capitanias, quão grande é sem poder e que em um momento e com uma palavra se pode formar com os nossos moradores um exército, ao qual não faltaria o sustento e a munição necessária.
Devem V. Sas. abster-se de lançar novos impostos, pois os tributos geram indisposição no povo.
O povo é um rebanho de carneiros que se tosquiam, mas quando a tosquia vai até a carne, produz infalivelmente a dor e, como esses carneiros raciocinam, por isso mesmo se convertem muitas vezes em terríveis alimárias.
As ordens e resoluções do Conselho dos XIX devem ser observadas e executadas quando for possível. Havendo incompatibilidade com a conservação do país, devem ser sustadas e pedidas ao Conselho dos XIX a sua extinção, ou adaptação.
Quanto às cobranças das dívidas da Companhia, deve-se proceder com rigor contra os negociantes, porquanto os mais deles mercadiam somente com os bens que lhes são creditados pela Companhia. Nenhuma vantagem resulta dos prazos que lhes são dados até as safras, pois a Companhia não cobra juros aos lavradores.
Em relação a estes e aos senhores de engenho, convém proceder com mais brandura, examinando-lhes os frutos no começo das safras e concordando com eles sobre a parte que hão de entregar; no que se usará de moderação de modo que eles não fiquem inteiramente privados dos meios necessários para porem a moer os engenhos no ano seguinte.

No eclesiástico ou em coisas da igreja, a tolerância ou condescendência é a mais necessária ao Brasil do que entre qualquer outro povo a que se tenha concedido a liberdade de religião.
Não convém por agora que a prática da nossa religião seja abertamente introduzida entre os Portugueses com abolição dos seus ritos e cerimonias, pois nada há que mais os exacerbe.
Também não convém agora que V. Sas. se envolvam em suas disciplinas eclesiásticas e no que disto depende; deixem essa matéria, 'servastis servandis', a seus padres e vigários porquanto o contrário disso é prematuro, sem utilidade e reputação, e V. Sas. acharão de fato que nada há que mais lhes doa do que meter o governo secular e ter que ver com seus 'sacerdotes'".

4.2.12.1 A administração após Nassau – a insurreição pernambucana

Após a saída de Nassau, reduz-se a receita. Ao mesmo tempo, multiplicam-se os abusos das autoridades[471], contrariando as suas previsões.

Iniciou-se a insurreição luso-brasileira quando governava o Brasil Antônio Teles da Silva, sendo organizada sob a proteção secreta do governador, visto que este patrocinava às escondidas o movimento devido à trégua do pacto entre Portugal e Holanda, e de seus sucessores, pelo mameluco André Vidal de Negreiros, da Paraíba, com o apoio do índio Antônio Filipe Camarão[472], do negro Henrique Dias[473] e do ilhéu português João Fernandes Vieira[474], chefe de maior prestígio social e que tinha sido protegido de Nassau[475].

[471] Ibidem, p. 124.
[472] António Filipe Camarão (1580 – 1648) – Indígena potiguar, batalhou contra os holandeses de forma intensiva. Converteu-se ao cristianismo, quando mudou o nome para António Filipe, em homenagem ao rei espanhol Felipe. que lhe deu o título de Dom.
[473] Henrique Dias ([?] – 1662) – Filho de escravos alforriados, destacou-se na luta contra os holandeses, sob o comando de Matias Albuquerque. Sua atuação foi decisiva na vitória de Porto Calvo. Durante as lutas em Porto Calvo perdeu a mão esquerda. Em decorrência da sua atuação recebeu a honra de fidalgo e a patente de "cabo e governador dos crioulos, negros e mulatos do Brasil".
[474] João Fernandes Vieira (1610 – 1681) – Português, mulato, destacou-se durante a invasão holandesa, fazendo, inicialmente, jogo político duplo, ou seja, conciliando-se com os invasores. Entre 1630 e 1635 lutou nas guerrilhas contra os holandeses e depois aderiu aos flamengos. Neste período fez fortuna no comércio, administrou engenhos e conseguiu empréstimos da Companhia das Índias Ocidentais. Foi Conselheiro Municipal

A revolta se alastrou rapidamente; e os holandeses tiveram os seus alimentos racionados, devido à distância da Metrópole. A fome chegou. Os transportes ficaram difíceis. Em decorrência disso:

> *"Sob o lema 'Deus e Liberdade'*[476]*, a luta pela expulsão dos holandeses, para cuja chefia foi escolhido Fernandes Vieira, explodiu em junho de 1645. Culminou quando, em 1648, Segismundo von Schkoppe e, em 1649, Van den Brinck, foram batidos nas duas Batalhas de Guararapes. Afinal, em dezembro de 1653, aproveitando a chegada da frota mandada pela Companhia Geral do Comércio do Brasil, Francisco Barreto, à frente dos luso-brasileiros, apertou as tenazes no cerco de Recife, levando Von Schkoppe à Capitulação da Campina do Taborda, em 26 de janeiro de 1654"*[477].

Os holandeses perdem a luta do Monte das Tabocas (1645); em seguida, são derrotados em Olinda. Recife é sitiada, forma-se o Arraial Novo do Bom Jesus. A revolta se alastra pelo Nordeste (até a Paraíba). A 1ª Batalha dos Guararapes ocorre em 1648, com a vitória dos pernambucanos. Em 1649, há a 2ª Batalha dos Guararapes, e nova derrota dos holandeses.

Os holandeses lutaram por mais 5 anos, mas devido à falta de recursos, uma vez que o país estava em luta com a Inglaterra, são obrigados a capitular, ficando acordado que eles poderiam voltar com seus bens móveis ou permanecer, caso desejassem aceitar a cidadania lusitana. Na sequência, formou-se em Portugal a Companhia Geral do Comércio do Brasil, para bloquear o porto de Recife. A Inglaterra deu apoio direto a Portugal

da Cidade Maurícia (1641-43). Passou a hostilizar os holandeses quando foi cobrado pelos empréstimos contraídos. Em 1645 propôs a libertação de Pernambuco e ajudou nas batalhas de Tabocas (1645), Guararapes (1648-49) e na rendição final dos holandeses (1654). Acabou sendo membro do conselho de guerra em Lisboa, tendo recebido comendas da Ordem de Cristo. Conseguiu fazer uma fortuna, sendo proprietário de 16 engenhos e diversos currais de gado.

475 Avellar, Hélio de Alcântara. *História administrativa e econômica do Brasil*, cit., p. 124.

476 As palavras de ordem caracterizaram a luta política no Brasil desde este período até a atualidade, quando em 2018 foi usado o jargão ou refrão pró-Bolsonaro: "o Brasil acima de tudo; Deus acima de todos". Sem contar o lema integralista na década de 1930: "Deus, pátria e família".

477 Avellar, Hélio de Alcântara. *História administrativa e econômica do Brasil*, cit., p. 124.

na luta contra os batavos e, após a derrota, estes tiveram que aceitar o domínio comercial dos ingleses[478].

4.2.13 A Restauração lusa e o papel das Companhias de Comércio

Com o advento da Restauração portuguesa, criaram-se companhias lusas, que desempenhavam um papel comercial. Após 1640, Portugal inicia uma nova política colonial, pois a população lusitana, empobrecida sem o comércio asiático, emigrará intensamente para o Brasil a partir do século XVII. Em um século, os portugueses terão ocupado efetivamente, embora de forma dispersa, todo o território que hoje constitui o Brasil. Isto provocará distúrbios de equilíbrio econômico e social da Colônia – atritos entre os que aqui estavam e os que chegavam (causa dos movimentos nativistas).

Companhia Geral de Comércio do Brasil (1649) – Trata-se da primeira empresa, no reinado de D. João IV, e que também exercia funções militares – no caso, a luta contra os holandeses no Nordeste. Dela podia ser acionista qualquer pessoa ou estrangeiro residente em Portugal, contanto que aportasse mais de 10.000 cruzados. Como exemplo, os Carvalhos, Botelhos e Sertões, todos provavelmente cristãos-novos, que não ficariam sujeitos aos Tribunais, mas só ao rei ou, em certos casos, a um juiz conservador[479].

[478] Ibidem, p. 124.

[479] "Antônio Vieira foi o mentor dessa Companhia que abrigou, sobretudo, capitais de cristãos-novos. Ela podia usar as armas nacionais, reter as presas que fizesse, contratar tripulação estrangeira, ter isenção de imposto do vinho consumido em seus navios e nenhuma subordinação aos Tribunais, além de deter o privilégio do comércio na costa do Brasil. Obteve o estanco de todo o vinho, azeite, farinha e bacalhau de consumo no Brasil, além do pau-brasil. Seu dever era escoltar todos os navios mercantes que navegassem entre o reino e o Brasil, arrecadando não mais que 10% de imposto sobre todas as mercadorias carregadas e comboiadas, e seguro de 25%. A Companhia organizou nove frotas, entre 1649 e 1664. A terceira frota, de 1653, ajudou na definitiva expulsão dos holandeses do Recife, em 1654. As resistências à Companhia partiram de vários segmentos sociais. A Inquisição não viu com bons olhos a participação de cristãos-novos como acionistas; os mercadores alegavam que ela não cumpria o número de frotas combinado; outros acusavam-na de negócios ilícitos. Por outro lado, o próprio governo português acabou permitindo que navios isolados fizessem o tráfego, além de não ter fiscalizado a produção de vinho, de

Funcionaria por dez anos, prorrogáveis pelo mesmo período, e exerceria o comércio luso-brasileiro mediante o monopólio do tráfico do pau-brasil e do fornecimento da farinha de trigo, bacalhau, vinho e azeite, com preços preestabelecidos. Para esse fim, cabia-lhe manter 36 navios de guerra, artilhados cada um com 20 a 30 peças, a serem enviados em duas frotas anuais de 18 barcos, que ficavam obrigados a comboiar, mediante pagamento, quaisquer navios mercantes entre Metrópole e Colônia[480].

No plano administrativo, a Companhia isentava-se de se submeter às autoridades do Brasil, e detinha o poder de requisitar-lhes o que fosse preciso à frota. Importava para o reino, ante o recebimento de frete e seguro marítimo, açúcar, fumo, couros, algodão etc.[481]. Na época, noticiou-se que os agentes da Companhia especulavam o preço das mercadorias. Sinal disso foram os protestos apoiados pelas câmaras, por governadores (o próprio governador-geral da Bahia, 6.° Conde de Atouguia) e até pelas Cortes portuguesas, pela Inquisição (chegou a faltar vinho para missa), pelos Conselhos de Estado e da Fazenda (encarecimento do açúcar)[482].

Com o tempo, dado o descontentamento em relação à sua atuação, a Companhia foi estatizada, em detrimento dos comerciantes que até então a geriam. Em 1663, ela se transformou na Junta de Comércio, passando a tratar de variados negócios, não só do Brasil. Mas os problemas continuaram até que, em 1720, D. João V extinguiu o que dela restava[483].

Companhia do Comércio do Maranhão (1682) – Destinou-se a desenvolver a economia do Maranhão e da Amazônia. Recebeu, pelo respectivo

mel e de aguardente de cana". VAINFAS, Ronaldo. *Dicionário do Brasil Colonial (1500-1808)*, cit., p. 128-129.

480 AVELLAR. Hélio de Alcântara. *História administrativa e econômica do Brasil*, cit., p. 128.

481 "Administrava a Companhia uma junta de nove diretores deputados, dos quais um designado pela municipalidade de Lisboa e os outros pelos acionistas de mais de 5.000 cruzados. A entidade possuía sua própria bandeira, ostentando de um lado a esfera armilar manoelina e o lema *Pro fide pro patri mori (É belo e nobre morrer pela pátria*) e, de outro, a imagem de Nossa Senhora da Imaculada Conceição, com o lema *Sub tuum praesidium (Sob a vossa proteção)*". AVELLAR. Hélio de Alcântara. *História administrativa e econômica do Brasil*, cit., p. 128.

482 Ibidem, p. 128.

483 VAINFAS, Ronaldo. *Dicionário do Brasil Colonial*, cit., p. 129.

regimento, monopólio de 20 anos, durante os quais deveria introduzir 10 mil negros (500 por ano), a preços preestabelecidos e até a prazo, bem como todos os gêneros necessários ao consumo[484]. Detinha a exclusividade do comércio entre a Metrópole e o Estado, devendo enviar, no mínimo, um navio do Grão-Pará e outro do Maranhão, anualmente, a Lisboa, e desse porto, igualmente, a Belém e São Luís[485].

Cabia-lhe desenvolver a cultura da baunilha, do cacau e cravo e utilizar-se do trabalho de indígenas administrados, mediante pagamento, para assegurar a produção de farinha de mandioca o bastante para a alimentação dos escravos transportados[486]. Houve inúmeras queixas contra a empresa. Em fase inicial, devido à exclusão dos jesuítas e franciscanos do estanco; depois, em razão do descumprimento de obrigações, como fraudes na pesagem, desobediência aos preços fixados, recusa de certos produtos locais (açúcar, fumo, cacau), favoritismo na precedência nos embarques de carga etc.[487].

Em 1684 os maranhenses se revoltaram contra a Companhia do Estanco, invadiram e saquearam seu depósito e depuseram o então governador, o que se denominou Rebelião de Beckman. Depois de serem contidos os revoltosos, dada a repercussão do movimento, o novo governador, Freire de Andrada, recomendou a extinção do monopólio, sob a anuência do rei Pedro II de Portugal[488].

Na administração do marquês de Pombal revigorou-se a viabilidade das companhias, mas a solicitação da iniciativa privada jamais ofereceu autonomia aos investidores, pois, ao contrário, as companhias pombalinas tinham como princípio básico a preponderância do Estado como gestor do negócio. Nessa época organizaram-se as companhias do Grão-Pará e Maranhão, em 1755, e a de Pernambuco e Paraíba, em 1759, sob o comando da sede em Lisboa e com estatutos muito similares. As prerrogativas das companhias eram o monopólio do abastecimento das regiões,

[484] AVELLAR. Hélio de Alcântara. *História administrativa e econômica do Brasil*, cit., p. 129.
[485] Ibidem, p. 129.
[486] Ibidem, p. 129.
[487] Ibidem, p. 130.
[488] Ibidem, p. 130.

do comércio e da navegação, suspendendo-se toda navegação livre"[489]. Possuíam, também, o direito de navegar para a África e manter feitorias na costa para a provisão e escravos. O Estado, por sua vez, forneceria meios materiais, como prédios, estaleiros, armazéns e demais edificações para que se instalassem, além de agraciar os acionistas com foros e privilégios de nobreza[490].

Apesar da acusação de vendas de mercadorias e negros escravos por preços exorbitantes e de produtos deteriorados, manipulação de preços e fraude nas rendas aduaneiras, a empreitada prosperou. Verificou-se aumento do número de engenhos no Nordeste, da exportação do açúcar, da produção do tabaco, de couros, anil, algodão e arroz. No Maranhão, por exemplo, incentivou-se a produção de algodão, cacau, cravo, café e arroz, e aumentou o volume do tráfico africano. Mas a reação contra as companhias tornou-se incontornável após o início do reinado de D. Maria I (1777-1816), o que levou à extinção da Companhia do Grão-Pará e Maranhão (1777) e da Companhia de Pernambuco e Paraíba (1780)[491].

4.2.14 A Restauração e a nova política colonial da Metrópole – uma síntese

Após a restauração portuguesa, houve centralização crescente, fiscalização rigorosa, administração absorvente e fortes restrições econômicas. Medidas dessa política:

1642 – D. João IV cria o Conselho Ultramarino (órgão especial para tratar dos assuntos do Brasil). Centralização – a Coroa se interessa por comprar todas as capitanias que, em meados do século XVIII, terão voltado ao domínio direto da Coroa; haverá cada vez maior interferência do reino nas câmaras (vereadores e juízes de fora serão nomeados pelo rei).

489 Ibidem, p. 130.

490 Vainfas, Ronaldo. *Dicionário do Brasil colonial*, cit., p. 129.

491 "Em comparação com outras companhias, como as holandesas e inglesas, que duraram mais de 100 anos, 'as de Portugal foram efêmeras'. A aristocracia portuguesa, direta ou indiretamente, tinha forte interesse no comércio ultramarino e se sentia prejudicada com o privilégio outorgado às companhias. Em termos estruturais, portanto, segundo essa interpretação, o expediente que melhor atendia aos interesses gerais era manter a exclusão somente de estrangeiros, o que, aliás, funcionava precariamente." *Vide* Vainfas, Ronaldo. *Dicionário do Brasil colonial*, cit., p. 129.

1647 – Companhia Geral do Comércio para o Estado do Brasil (elementos judeus). Deveria dominar o comércio exterior do Rio Grande do Norte a São Vicente, por 20 anos. Teria, na totalidade, o monopólio do vinho, do azeite, da farinha de trigo e do bacalhau. Houve protestos intensos dos colonos, até que foi abolida depois de 12 anos.

1661 – proibição do comércio com todo navio estrangeiro.

1682 – Companhia para o Pará e Maranhão. Foi uma das causas da revolta de Beckman no Maranhão.

1684 – navios do Brasil não podem aportar em portos estrangeiros. Todo comércio é feito sob o controle do reino; penas severas ao contrabando. Concessões a companhias privilegiadas que tinham exclusividade no comércio exterior, quer importação, quer exportação e que prejudicavam muito o interesse dos colonos, causando muitas vezes revoltas.

1756 a 1777 – Companhia do Grão-Pará e Maranhão, responsável pelo desenvolvimento da cultura do algodão e ainda a companhia de Pernambuco e Paraíba.

1785 – Proibição de qualquer manufatura, salvo apenas os grosseiros tecidos do algodão. Conclusão – foi uma política de abafar as possibilidades de autonomia da Colônia, para aproveitar apenas o que era útil ao mercado europeu e pudesse dar lucro a Portugal.

D. João IV criou o Conselho Ultramarino (reedição do antigo Conselho das Índias) por meio do Decreto de 14 de julho de 1642, responsável pelos assuntos concernentes à Fazenda do Ultramar e pelo controle das embarcações que vinham das colônias ou para lá partiam, por sua equipagem e seu armamento[492].

Centralizava-se, assim, a administração metropolitana das colônias nas mãos deste todo-poderoso tribunal, numa tentativa de torná-la mais eficiente e adequada aos propósitos lusitanos.

Observaram-se, também, modificações político-administrativas realizadas na própria Colônia, a começar pela sensível redução do poder

[492] Deveria, ainda, através de seus membros nobres, tratar dos problemas referentes à guerra nas conquistas ultramarinas; examinar questões judiciais, através do conselheiro letrado; discutir cartas e relatórios dos vice-reis, governadores-gerais e capitães-mores; distribuir mercês por serviços prestados; dar pareceres sobre praticamente todos os assuntos relativos às colônias.

das Câmaras Municipais (Senado da Câmara). Estes organismos, que até então haviam gozado de uma autonomia, regulamentando preços, salários, valores monetários, impostos e, até mesmo chegando a suspender e prender funcionários reais, viram, a partir daí, diminuir sempre mais seu campo de autoridade.

No lugar daquelas Casas Legislativas, começou a sobressair o poder dos representantes da Coroa portuguesa, até aqui muito mais teórico do que verdadeiro. As Câmaras foram terminantemente proibidas de desobedecer às ordens dos governadores, bem como de convocá-las para comparecer ao Senado. Os antigos juízes ordinários, que eram eleitos pelos "homens bons" do município, foram substituídos pelos juízes de fora, nomeados diretamente pelo rei. Nas capitanias, os novos governadores nomeados, também chamados governadores de armas, tinham poderes para formar corpos de tropa, que garantissem a autoridade metropolitana[493].

O crescimento do poder político dos governadores-gerais do Brasil representa-se também em sua nova denominação, pois, a partir de 5 de junho de 1640, alguns deles passaram a ser chamados "vice-reis", ainda que somente em 1720 o Brasil tenha sido oficialmente elevado a vice-reino.

Entre outras funções dos governadores-gerais ou vice-reis, regulamentadas pelos "Regimentos", destacavam-se:

> *"o cuidado com a defesa do território (fortes e suas respectivas guarnições e armamentos); exercício de vigilância sobre os capitães-mores e governadores das capitanias para obrigá-los a cumprir seus deveres e impedi-los de 'cometer violências e extorsões'; cuidar, com o provedor-mor da Fazenda, dos problemas relativos aos rendimentos do Estado; impedir o contrabando e punir com rigor os contraventores; participar, com o Ouvidor, dos julgamentos em que coubesse a aplicação da pena de morte; prestar contas ao rei de Portugal, através de relatórios enviados ao Conselho Ultramarino"*[494].

[493] Portanto, desloca-se a autoridade das mãos dos proprietários territoriais, a antiga classe dominante, para as da Coroa portuguesa. Despojam-se as Câmaras, como vimos, de todas as suas prerrogativas e a elas se substitui a onipotência dos governadores. No correr do século XVIII só existe na Colônia uma autoridade: a da Metrópole portuguesa.

[494] Ressalte-se que, de 1763 (quando a sede do governo-geral foi mudada da Bahia para o Rio de Janeiro, por iniciativa do Marquês de Pombal) em diante, aumentou ainda

Nesse período, temos o Regime das minas. Opressivo, nele se controla toda a população. Fiscalizava-se a extração, a condução, revestiam-se as casas dos moradores, fechavam-se estradas.

4.2.15 A mineração – ouro e diamante

O terceiro ciclo econômico foi o da mineração, que, durante três quartos do século XVIII, será o centro das atenções de Portugal e o centro da economia da Colônia. As outras atividades decaem, e as zonas em que ocorrem se empobrecem e se despovoam.

As causas da decadência do ciclo da cana de açúcar no Nordeste foram: aparecimento das minas; decadência da esquadra portuguesa, arrasada desde a dominação espanhola, impossibilitando o transporte de gêneros agrícolas (o ouro, em pequena quantidade e fácil transporte, representa grandes valores); no início do século XVIII, não há mercado para os gêneros agrícolas (domina uma política colonialista exclusivista, em que cada metrópole comercia somente com suas colônias).

Fase do ouro – a procura por ouro foi infrutífera durante os primeiros dois séculos da colonização. Em fins do século XVI, durante a divisão em dois governos, houve em São Vicente uma pequena mineração aurífera de lavagem, mas sem importância econômica (o ouro de aluvião não marcou ciclo). A Coroa reservava como tributo a quinta parte de todo ouro extraído. Em fins do século XVII, efetivaram-se os primeiros achados e multiplicaram-se até meados do século XVIII, auge da mineração[495].

As primeiras expedições desse ciclo foram as de Fernão Dias Pais e, na sequência, de seu filho Garcia Rodrigues Pais, que encontrou ouro em Caeté (1693); Bartolomeu de Siqueira fez o mesmo em Urubuço e Caeté (mesma época). Logo em seguida, ocorreram as descobertas auríferas em Sabará, Ouro Preto e quase todo o interior mineiro.

Houve dois momentos peculiares da atividade mineradora:

mais o poderio dos vice-reis. Sabemos que a partir do governo de D. Antônio Álvares da Cunha, Conde da Cunha, os vice-reis tornaram-se verdadeiros soberanos, com poderes praticamente absolutos." *Vide* MENDES JR., Antonio; RONCARI, Luiz; e MARANHÃO, Ricardo. *Brasil – história, texto e consulta – Colônia*, cit., p. 193.

[495] Diante dessa atividade de exploração econômica, a região centro-sul é beneficiada, ocorrendo sua ocupação.

- 1760 – ponto máximo da extração aurífera – 2,5 milhões de libras.
- 1780 – início do declínio da atividade de extração, com margem inferior a 1 milhão de libras.

Características da infraestrutura do ciclo:

1) Não exigiu grandes capitais – consequentemente houve distribuição mais equilibrada da renda e, em virtude disso, aparecimento de um mercado interno sulino.

2) Transporte – mediante cavalos e burros.

3) Mão de obra – escrava (elemento negro).

4) Abastecimento da região das minas – exigiu o grande desenvolvimento dos produtos de subsistência (agricultura em minifúndios e o gado para a carne e o couro).

5) Intendência das Minas (1702) – órgão encarregado de administração especial para dirigir a mineração, fiscalizá-la e cobrar o quinto (tributo calculado sobre todo ouro encontrado nas minas[496]). Seria criada em cada capitania em que se descobrisse ouro e não dependeria do governo da Colônia, mas sim da Metrópole. O descobrimento era obrigatoriamente comunicado à intendência da capitania em que se dera. Capitães-mores iam ao local para repartir as terras para mineração, que recebiam o nome de "datas". O descobridor tinha o direito de escolher a sua, e a Coroa reservava uma para si. Os que recebiam as datas deveriam iniciar a exploração no prazo de 40 dias e não poderiam negociá-las[497].

[496] Para que os mineradores não declarassem quantia menor que a extraída, estabeleceu-se que o quinto deveria corresponder anualmente à quantia de 100 arrobas (1500 kg). Mas se o quinto não atingisse a quantidade determinada, a população teria de completar. Derrama era o dia da cobrança de impostos atrasados. Houve abusos e violências; quando decretado o derrame, durante meses desaparecia a garantia pessoal. Depois de meados do século, o quinto nunca mais atingiu 100 arrobas; haveria um derrame todo ano. No entanto, a subversão e revolta por parte dos moradores foi tão grande que as derramas se tornaram cada vez mais espaçadas, até que a última teve de ser suspensa, diante da notícia de um levante geral em Minas para o dia da cobrança (Inconfidência Mineira).

[497] Houve luta constante nas minas entre os fiscais portugueses e os mineradores, que tentavam dissimular a produção. Com isso, a fiscalização foi se tornando cada vez mais rigorosa e, por outro lado, foi se intensificando o sentimento de revolta contra a política portuguesa.

6) Casas de Fundição (1719): onde todo o ouro era fundido e transformado em barras, marcadas com o selo real, sendo deduzido o quinto.

As principais causas da decadência do ciclo do ouro foram as seguintes:

1) Esgotamento das jazidas – são raras as rochas matrizes que não sofreram o processo de desagregação, pois a maior parte do ouro encontrava-se sob a forma de aluviões e não para trabalho de vulto, dando lugar apenas a faiscadores isolados.

2) Técnica deficiente – falta de recursos e de conhecimento técnico.

3) A própria administração só visava o quinto e, quando este abaixava, culpava os mineradores de fraude. Em vez de técnicos, mandava cobradores. A decadência foi prematura. Havia necessidade de reorganizar a exploração, mas faltavam recursos, apesar de todo o luxo da corte e da administração ineficiente.

O ouro em pó deixara de ser a moeda corrente em Minas Gerais, configurando prejuízo para os pobres. Em decorrência disso,

> *"A usura campeava. O dinheiro sempre foi, no Brasil, uma mercadoria difícil e cara. Na época da Colônia, à sua falta, o sal, o fumo, o couro, o açúcar, o algodão e outros produtos tropicais facilitavam a economia de troca. Os latifúndios chegaram a emitir o seu próprio dinheiro: nas usinas de Pernambuco circulava, até bem pouco, o 'gabão', uma esfera de metal, com um determinado valor inscrito, com o que se podia adquirir gêneros até mesmo nas cidades próximas. O Museu do Banco do Brasil possui inúmeros exemplares dessas emissões de dinheiro particular. O meio-circulante de Portugal, em 1760, era muito escasso. Alcançava o equivalente a 20 milhões de libras, enquanto o País devia só à Inglaterra 72 milhões. O déficit da balança comercial portuguesa era da ordem de 1 milhão de libras. O ouro brasileiro cobria o déficit. Portugal tomava, então, empréstimos em Londres a 3 1/2 e colocava esse dinheiro a 10%. A usura se tornou, assim, uma instituição, tanto lá como aqui. E uma instituição que tem resistido aos tempos"*[498].

4) O governo absoluto de D. João V em Portugal foi um dos piores reinados da história portuguesa, haja vista que, apesar da riqueza das minas do Brasil, deixou de erguer a economia portuguesa porque esbanjou ouro

[498] MELO, Clóvis. *Os ciclos econômicos do Brasil*, cit., p. 99.

e diamantes do Brasil no luxo da corte; fez grandes doações a igrejas e mosteiros; enviou muito ouro para Roma, a fim de obter as indulgências. A grande parte do ouro do Brasil vai parar na Inglaterra, para pagamento de dívidas. Considera-se que D. João V nada fez pela independência econômica de Portugal, comprometido com a Inglaterra, por imposição do tratado de Methuen – 1703[499].

5) O governo de D. João V (1706-1750) caracterizou-se por impor aumento tributário, visto que visou confiscar bens dos cristãos-novos do Brasil. Nesse cenário, aliaram-se o Estado regalista e o tribunal do Santo Ofício. De 1707 a 1711, em certos anos, foram presas mais de 150 pessoas, às vezes famílias inteiras. Em 1713, sessenta e seis habitantes do Brasil foram sentenciados na Metrópole"[500].

Os Diamantes – as primeiras descobertas ocorreram em 1729. Em relação ao ouro, a exploração de diamante foi de menor valor. No início, a exploração do distrito de Diamantino, depois cidade de Diamantina, foi outorgada a certas pessoas que pagariam uma quantia fixa à Coroa pelo direito de exploração. Mais tarde, incumbe-se a Metrópole de explorar por intermédio da Junta da Administração Geral dos Diamantes[501].

[499] *Vide* BATISTA, Felipe de Alvarenga. *Os Tratados de Methuen de 1703, guerras, portos, panos e vinhos.* Rio de Janeiro: Ed. UFRJ, 2014, p. 112. Trata-se de um acordo entre Portugal e Inglaterra vigente entre 1703 e 1836 e que envolvia a troca entre os produtos têxteis ingleses e o vinho português. Seu nome é uma referência ao embaixador britânico que dirigiu as respectivas negociações.

[500] AVELLAR, Hélio de Alcântara, *História administrativa e econômica do Brasil*, cit., p. 148.

[501] "Diamantina produzia, em 1808, 25.000 quilates de diamantes para garantir as dívidas da Coroa (...). A fim de satisfazer os compromissos dos empréstimos negociados em Amsterdã, a firma Hope & Cia recebeu de 1802 a 1819, em consignação para serem adjudicados ao serviço da dívida externa, 348.928 quilates de diamantes lapidados, representando a importância liquida de 8.810.479 florins. O Brasil pagava tudo: o dote da rainha portuguesa que desposou o rei da Inglaterra; a reconstrução de Lisboa depois do terremoto. Até as aventuras bocacianas de Dom João V, o qual violava conventos de freiras, à cata de possíveis donzelas e tapava a boca da Religião construindo igrejas suntuosas! (...). Tudo isso carreou para D. João V abundantes recursos, que lhe permitiram manter corte faustosa e realizar obras suntuárias, enquanto a nação estagnava". MELO, Clóvis, *Os ciclos econômicos do Brasil*, cit., p. 103.

Enfim, à época da chegada do Príncipe Dom João ao Brasil, a produção de ouro declinara sensivelmente. John Mawe[502], comerciante inglês que visitou o Brasil por ocasião da chegada da comitiva real ao Rio e que obteve permissão de viajar a Minas Gerais, descreve em seu livro um quadro de desolação e ruínas. Em 1817 outro viajante estrangeiro, Louis Françoş de Tonellare, calculava em 22 milhões de francos o valor da produção de ouro no Brasil. Viviam da mineração remanescente 80 mil pessoas, e o Barão de Eschwege, engenheiro de minas, que trabalhou no Brasil nesse período, tentou introduzir, sem êxito, máquinas modernas, uma vez que os mineiros preferiam as suas bateias, originárias da África, os picões, os instrumentos pesados, as lavagens excessivas que importavam numa perda de 20 a 30% do produto[503].

Nesse estágio de decadência da atividade mineradora, a força econômica concentrava-se na província cafeeira do Rio de Janeiro, nos distritos agrícolas de São Paulo, da Bahia e de Pernambuco[504].

4.2.16 Consequências do ciclo da mineração

1) A mineração ocupou durante boa parte do século XVIII a maior parte das atenções do País; com isto provocou a decadência de outras atividades, como a agricultura no Nordeste. Aventureiros, novos portugueses e os senhores rurais buscavam a exploração do ouro (corrida do ouro). Houve, portanto, o deslocamento do centro econômico do Nordeste para a região das minas (centro-sul – sudeste).

2) Estima-se que foram dizimados mais de 500 mil índios[505].

3) Entre 1748 a 1750, com a retração da atividade mineradora, saíram das minas cerca de 15 mil escravos, e foram colocados no trabalho da agricultura. É que se pagava um preço tão alto para se possuir um escravo que

[502] John Mawe (Derbyshire, 1764 — Londres, 26 de outubro de 1829) foi um mineralogista britânico. Escreveu mais de dez trabalhos sobre mineralogia e geologia. Sua principal obra é *On a Gold Mine in South America* (1812), que se encontra na biblioteca da London Geological Society. Foi recebido no Rio de Janeiro por Dom João VI, com quem obteve autorização para visitar as jazidas de diamantes de Minas Gerais e do interior entre 1809 e 1810.

[503] Melo, Clóvis, *Os ciclos econômicos do Brasil*, cit., p. 97-98.

[504] Ibidem, p. 98.

[505] Ibidem, p. 88.

não valia a pena tê-lo. Para o escravo, fora um alívio voltar à lavoura do açúcar, do fumo ou do algodão, por ser este um trabalho menos esgotante:

> *"Eram dizimados pela silicose, pelo desabamento de galerias, asfixiados no fundo das minas, traziam os pés eternamente com frieiras, por causa da lavagem contínua, o corpo coberto de chagas, devido aos mosquitos, criavam deformações anatômicas. O que não impediu que alguns deles, como o Chico Rei, enriquecesse, graças ao ouro roubado e com seu produto obtivesse não só a sua alforria, como os de sua nação, dando um exemplo eloquente de solidarismo. Havia a possibilidade de ser livre encontrando diamante. Outra hipótese, a de despertar a sexualidade dos homens ricos, como o fez a mulata Chica da Silva, que reinava no coração do contratado de diamantes e podia se dar ao luxo, segundo a lenda, de querer viajar de navio no Tejuco, pelo que o amante mandou fazer um lago artificial para atender-lhe o capricho"*[506].

4) Povoamento do interior da Bahia, de Minas Gerais, Goiás e Mato Grosso (mais de 2 milhões de km^2)[507].

5) O desenvolvimento das cidades mineiras – Vila Rica, São João Del Rei, Diamantina, Sabará, Mariana – resulta na intensificação da vida urbana, no aparecimento dos sobrados. Além da valorização da cultura, na medida em que os jovens vão estudar na Europa. Nota-se, ao mesmo tempo, o enfraquecimento do patriarcalismo. E essas cidades mineiras, com o tempo, decaem com o ouro.

6) Conflitos na região das minas, entre mineradores contra os fiscais portugueses e contra a política portuguesa em geral (Guerra dos Emboabas, Revolução em Vila Rica e Inconfidência Mineira).

7) A atividade mineradora propiciou a aproximação entre a região mineradora a São Paulo, Rio de Janeiro, Goiás, Mato Grosso, Bahia e rota que levava à zona platina. Desenvolveram-se as regiões vizinhas, como sul de Minas, São Paulo e Rio de Janeiro, que farão o abastecimento, em gêneros agrícolas e carne, da região das minas, imprópria para as atividades rurais. Assim se iniciou o desenvolvimento do sul, mesmo do Rio

[506] Ibidem, p. 92.

[507] O povoamento foi esparso, através de pequenos núcleos, separados por imensas áreas desertas (será a forma característica do povoamento do Brasil centro-sul até nossos dias). Portanto, conhecimento amplo do território brasileiro.

Grande do Sul, como centro criador. O Rio de Janeiro, por onde se dava o escoamento da produção das minas, transforma-se no principal centro urbano da Colônia e, em 1763, na capital, em detrimento de Salvador.

8) Criação de novas capitanias – Minas Gerais (1720), Goiás e Mato Grosso (1749).

9) Aumento do aparelho administrativo (militar, judiciário e fiscal).

Calcula-se que a atividade da mineração rendeu 200 milhões de libras esterlinas, tendo ocupado mais de um século da economia colonial. Nesse cenário, nasceu o idealismo da Inconfidência, o gênio artístico de Aleijadinho, a opulência de Chica da Silva e a solidariedade de Chico Rei[508]. No âmbito econômico, admite-se que proporcionou o nascimento do mercado colonial.

4.2.17 Os reflexos da mineração no cenário mundial

Com a criação da capitania de Minas Gerais em 1709, separando-a da de São Paulo, a descoberta do ouro no Brasil coincide com a imposição por Methuen, ministro inglês, de um tratado de comércio a Portugal segundo o qual à Inglaterra é assegurada preferência na compra e venda de tudo quanto a Metrópole lusa e suas colônias produzirem[509]. Apresenta-se o seguinte cenário:

> *"A redistribuição do açúcar, do fumo e do algodão, na Europa, já era privilégio inglês, desde 1651, quando Londres, pela Ata da Navegação, reduzira a Holanda a potência tributária. Agora Albion*[510] *se tornava absoluta dona do ouro, do Brasil, com o que consolidava seu reinado metálico, pois a prata colonial da Espanha lhe caíra nas mãos. A Inglaterra então adota o ouro como padrão do seu comércio externo. A libra atinge o seu máximo esplendor e torna-se moeda de curso forçado internacional, primazia que mantém até 1939, quando o dólar lhe toma o lugar"*[511].

[508] MELO, Clóvis. *Os ciclos econômicos do Brasil*, cit., p. 84. Chico Rei, de acordo com a lenda, era Muzinga, um rei do antigo Congo, que foi capturado pelos portugueses e vendido como escravo. Em Ouro Preto, se tornou próximo de um padre que comprou sua alforria. A seguir, libertou toda a tribo, tornando-se um rei no Novo Mundo. Teria sido tolerado pelas autoridades coloniais por evitar problemas com os escravos.

[509] Ibidem, p. 89.

[510] Albion (em grego: Ἀλβιών) é o nome celta ou pré-céltico da Grã-Bretanha.

[511] Ibidem, p. 89.

Aponta-se que o auge da mineração no Brasil deu-se entre 1700 e 1750. Marx, em referência ao Barão de Eschwege[512], advertia que a economia mineira, baseada apenas na exportação e comércio mundiais, não podia garantir a uma nação desenvolvimento sustentável[513].

Esse período foi marcado pela política colonial exclusivista, em que cada metrópole, como na França e na Inglaterra, reserva seu mercado para os produtos de sua colônia.

Quanto a Portugal, o país estava sem Marinha e, por isso, a produção agrícola não podia transitar. Mas na segunda metade do século XVIII a situação mudou, e a agricultura assumiu posição dominante. Motivos:

- desenvolvimento considerável da população europeia no correr do século XVIII e incremento das relações comerciais em todo o mundo;
- Revolução Industrial, que passa a exigir grande quantidade de matéria-prima e o aperfeiçoamento dos teares, com o maior aproveitamento do algodão;
- lutas pela independência dos EUA (1775), fazendo com que a Inglaterra passasse a comprar o algodão do Brasil;
- o açúcar retoma sua importância; desenvolvem-se o arroz (Maranhão, Pará e Rio), o anil[514] e também o café no Rio;
- São Paulo lança-se na agricultura, já com pequena exportação de açúcar; as zonas mineiras voltaram às atividades de algodão e gado, com destaque à indústria de queijos, laticínios e tabaco.

[512] O barão de Eschwege foi geólogo, geógrafo, arquiteto e metalurgista alemão. Contratado pela Coroa portuguesa para proceder ao estudo do potencial mineiro do País, encontrava-se em Portugal quando, em 1808, a corte se transferiu para o Brasil devido à invasão francesa comandada por Junot. No Brasil, notabilizou-se pela realização da primeira exploração geológica científica.

[513] Segundo Eschwege, de 1700 a 1822 o Brasil exportou 1.042.500 quilogramas de ouro (mais da metade do ouro que circulou no mundo por essa época), algo da ordem de 200 milhões de libras. Ressalte-se que os referidos resultados estiveram aquém do que os Estados Unidos obtiveram com as jazidas auríferas da Califórnia e do Alasca; a Rússia com as da Sibéria; e a África do Sul com as minas locais. *Vide* MELO, Clóvis. *Os ciclos econômicos do Brasil*, cit., p. 92-93.

[514] Nome científico *Indigofera tinctoria*. Trata-se de uma espécie de planta da família *Fabaceae*, conhecida popularmente como anil, anileira, erva anil, guajana, timbó, caachica, jiquilite, anil das lavadeiras.

4.2.18 A legislação e o poder da Metrópole na área mineradora

A Metrópole impôs à Colônia uma legislação draconiana, isto é, ordens régias que criavam obrigações novas todos os dias, pelo fato de que o Código Mineiro, de 1603, filipino, era considerado insuficiente, liberal demais[515]. Observa-se:

> *"Muda-se o sistema das 'capitações', a forma de pagamento dos dízimos sobre o ouro, criam-se taxas sobre escravos, secos e molhados, surge o imposto de capitulação geral sobre os cativos, os tributos sobre fazendas, alimentos etc. As municipalidades mineiras deviam pagar, anualmente, à Coroa, 30 arrobas de ouro. O poder local foi praticamente eliminado pela presença do Governador, representante direto do Vice-Rei. Em 1718 as Câmaras Municipais já pagavam 37 arrobas. Mas a Coroa ainda se sentia roubada pelos camaristas (e de fato o era) e instituiu as Casas de Fundição, voltando, em 1725, ao sistema dos quintos. Num só ano arrecadaram-se 133 arrobas. As Câmaras insistiram e obtiveram outra vez o direito da cobrança, mediante a contribuição de 100 arrobas, em 1733. Em 1735 a Coroa rompe o acordo, volta à capitulação geral, porém só consegue 125 arrobas anuais. D. José I restabelece as casas de fundição e concorda em 100 arrobas anuais, sujeitas à 'derrama', isto é, à cobertura dos déficits, quando o julgasse necessário à Coroa"*[516].

4.2.19 D. José I, o Marquês de Pombal e o Brasil

Após a morte de D. João V, assume D. José I (1750-1777), que nomeou Sebastião José de Carvalho e Melo (Marquês de Pombal) como ministro de Estado. Este, na realidade, foi quem exerceu o governo nesse período[517].

A fim de aumentar a arrecadação, Pombal promoveu reforma burocrática, no sentido de racionalizar a administração, como atividade-meio e, assim, equilibrar as finanças e ativar a vida econômica, como atividade-fim[518].

Pretendeu industrializar o País, por isso instalou manufaturas (lã, algodão, seda, tapetes, chapéus, serralheria, joalheria, fundição, vidros),

[515] MELO, Clóvis. *Os ciclos econômicos do Brasil*, cit., p. 92-93, p. 90.
[516] Ibidem, p. 91.
[517] AVELLAR, Hélio de Alcântara. *História administrativa e econômica do Brasil*, cit., p. 153.
[518] Ibidem, p. 153.

das quais muitas não prosperaram devido à má qualidade da produção, esta acentuada pelo confronto com o esmero dos produtos ingleses. Ao mesmo tempo em que melhorava o aparelho fiscal, o ministro procurou fortalecer o Poder Executivo, dificultando a expansão da riqueza entre os burgueses (cuja subserviência assegurou de vários modos, inclusive elevando muitos à fidalguia) e restringindo os privilégios das classes altas (nobreza e clero)[519].

No plano externo, a gestão caracterizou-se pelas circunstâncias da época, ou seja, enquanto pleiteava apoio por meio de aliança com os ingleses, a fim de se opor à intervenção espanhola, na gestão interna prejudicava os interesses mercantis britânicos, seja por meio concessões, seja por recuos, segundo o ritmo da conveniência de momento na política exterior[520].

[519] Fomento industrial – "Assentava-se esta atividade numa realidade preexistente, baseada na técnica tradicional, em oficinas dispersas pelas zonas rurais e centros urbanos, concentradas nas melhores regiões de matéria-prima, ou tradicionalmente ligadas a determinada atividade industrial. Era uma indústria predominantemente caseira e artesanal, dada a estrutura agrária colonial, mercantil e de técnica atrasada, utilizando rios e ribeiros como força motriz, além da força humana e a de tração animal. As crises antes mencionadas (mineração, açúcar, escravos) refletiram-se sobre a indústria, provocando baixa na produção de bens manufaturados. (...) com o alvará de 1769, (...) procurou reconstituir o regulamento dos lanifícios de 1690, o que deu resultado, pois 80% das fábricas existentes na época foram montadas depois de 1770. A legislação estatuía ou alargava monopólios e privilégios, estabelecia isenção de direitos, protegia a entrada de matérias-primas e a saída dos produtos. O fomento se fazia estimulando manufaturas e oficinas novas, multiplicando-se os subsídios, oriundos da receita da alfândega, para o que se cobrava um imposto de 4% sobre as importações. Cerca de uma quarta parte das fábricas era propriedade do rei. Tal estímulo era preferentemente dado à indústria do interior, porque nos centros populacionais de fáceis comunicações com o mar, predominava a produção estrangeira. Com a morte de D. José I e a demissão de Pombal em 1777, operou-se uma transformação na política econômica de Portugal, sendo abolidas as Companhias que negociavam com o Brasil e as superintendências, com repercussões na vida industrial. Em dezembro de 1779 foi criada a Academia das Ciências de Lisboa, que desempenhou notável papel nos estudos dos problemas econômicos portugueses. Foram melhoradas as estradas e estimularam-se algumas indústrias". *Vide* LIMA, Heitor Ferreira. *História do pensamento econômico no Brasil*, São Paulo: Editora Nacional, 1978, p. 48.

[520] Ibidem, p. 49.

O ministro convencera-se de que a criação de companhias de comércio estimularia a economia nacional, como a do Comércio da Ásia (1753), a do Grão-Pará e Maranhão (1755), a da Pesca da Baleia e a da Agricultura das Vinhas do Alto Douro (1756), a de Pernambuco e Paraíba (1759)[521].

Iniciou-se o processo de marginalização da aristocracia na vida administrativa com o advento de uma conspiração de fidalgos, em 1756, visando à derrubada do ministro e instalação de uma Junta da Providência, da qual deveriam participar elementos da alta nobreza. Houve prisões e desterros, e o ministro da época, Diogo de Mendonça Corte-Real, teve a reputação abalada por implicar-se na conjura[522].

Devido a esse episódio, instituiu-se, no mesmo ano, o Tribunal da Inconfidência, órgão de Segurança Nacional, mas a notícia de amplos privilégios concedidos à Companhia das Vinhas motivou comerciantes e produtores, ingleses e portugueses, a promoverem uma sublevação, em fevereiro de 1757, conhecida como o Motim do Porto, mas Pombal os repeliu de forma extremada[523].

Outras medidas da política de Pombal foram marcantes, podendo-se salientar:

1) Apesar de ter enfraquecido o prestígio dos nobres como indivíduos, revigorou a nobreza como instituição ao criar o Colégio dos Nobres, preparando-os nos futuros encargos de comando administrativo, e impediu a distinção[524].

2) Redução da força política das três classes e reforma do ensino de português[525].

3) Reforma do direito em Portugal e no Brasil, ante a crítica ao romanismo[526].

[521] Avellar, Hélio de Alcântara. *História administrativa e econômica do Brasil*, cit., p. 153.

[522] Ibidem, p. 153.

[523] Quarenta, dentre quase quinhentos acusados, foram condenados à morte, até mesmo dezessete menores. Idem, ibidem, p. 153.

[524] Avellar, Hélio de Alcântara. *História administrativa e econômica do Brasil*, cit., p. 154.

[525] Por exemplo, reforma dos estudos menores (curso médio) e, depois, dos superiores. Ibidem, p. 154.

[526] "Se, por um lado, se manifestava desapreço pelo Direito Romano puro, por outro crescia a simpatia pelo direito estrangeiro contemporâneo. Admitia-se aplicar o que não estivesse morto no Direito Romano, desde que subordinado à boa razão natural." Ibidem, p. 154.

4) Desenvolvimento do Iluminismo e do despotismo esclarecido.

5) Após a morte de D. José I em 24 de fevereiro de 1777, iniciou-se, em 1779, o processo de decadência do ministro Pombal, ainda que este sustentasse em sua defesa que o declínio provinha da administração de D. José I. Isso não evitou que a filha do falecido rei, D. Maria I, demitisse-o, até pelo fato de ela não ter se convencido da forma brutal como ele coordenou a condenação dos Távoras, por ocasião do atentado de D. José I[527].

Alguns atritos entre Pombal e os jesuítas marcaram a gestão do marquês. Por exemplo, diante do protesto de jesuítas e comerciantes de Lisboa contra os privilégios das primeiras Companhias, estes foram presos – até um padre que proferira críticas em sermão –, e o advogado que postulara em nome dos acusados foi degredado. Ao final, após o violento terremoto que arrasou Lisboa, todos foram beneficiados com indulto geral[528].

Em outra ocasião, ao se firmar o Tratado de Madri entre espanhóis e portugueses,[529] o acordo resultou em dificuldades aos jesuítas, pois foram acusados de insuflar os nativos à resistência, a qual ficou conhecida como Guerra Guaranitica, dominada pelas forças coligadas luso-castelhanas. Alega-se que nenhum jesuíta português, documentadamente, envolveu-se nessa guerra, apesar da manifestação do então comissário demarcador, Francisco Xavier de Mendonça Furtado[530], que em extensa carta a

[527] Ibidem, p. 155.

[528] Ibidem, p. 155.

[529] A discussão mais polêmica no Tratado entre portugueses e espanhóis envolvia um território na região Sul. Decidiu-se que cada nação cederia parcela de seu território para firmar acordo. Portugal abriria mão da Colônia de Sacramento e a Espanha, dos Sete Povos das Missões. Quanto à Colônia do Sacramento o processo de povoamento luso-brasileiro ocorreu da seguinte maneira: em 1647, fundação de Paranaguá; 1660, de São Francisco; 1670, Laguna; 1680, Colônia do Sacramento, próximo a Buenos Aires, na margem do Rio da Prata, resultando em constantes lutas entre portugueses e espanhóis. Em 1681, os jesuítas fundam os Sete Povos das Missões, entre os Rios Ibicuí e Uruguai (Rio Grande do Sul), onde irão fixar-se, aproximadamente, 30.000 índios guaranis, que obedecerão ao governo espanhol.

[530] Francisco Xavier de Mendonça Furtado (1701 – 1769) – governador e capitão-general do Estado do Maranhão, irmão do Marquês de Pombal, participou das discussões sobre a demarcação dos limites da Amazônia com a Espanha. Fundou a Capitania de São José

Pombal responsabilizou os padres por criarem entraves à conclusão do pacto[531].

Afirma-se que o Marquês de Pombal, "ressentido com o antagonismo dos inacianos à Companhia do Grão-Pará e Maranhão, quis, através de contrapropaganda, intrigá-los com a opinião pública e Roma. Utilizou, friamente, o pretexto da oposição aos trabalhos demarcatórios, pelos padres espanhóis, para envolver os jesuítas portugueses"[532].

Apesar da previsão em lei, Pombal pretendia efetivar a liberdade dos índios, integrando-os à "comunidade lusíada", a começar pelo aprendizado obrigatório do português, o que gerou inconformismo entre os jesuítas, por entenderem que se tratava de "ingerência nos seus aldeamentos"[533].

Principais acontecimentos na gestão de Pombal relacionado aos povos autóctones:

- 5 de fevereiro de 1757: Francisco de Mendonça Furtado publicou, em Belém, as instruções secretas de 1755, relativas à liberdade dos indígenas e demissão do poder temporal dos religiosos. Essa medida estendeu-se a todo o território pelo Alvará de 8 de março de 1758[534].
- Maio de 1757: segundo o Regulamento do Diretório dos Índios (em vigor até 1798), o índio liberto poderia desempenhar funções

do Rio Negro e atacou os jesuítas por desrespeito às demarcações de limites, ajudando a expulsá-los em 1760 do Brasil.

531 Avellar, Hélio de Alcântara. *História administrativa e econômica do Brasil*, cit., p. 155.

532 Ibidem, p. 155.

533 "Queria, ainda, o governo a integração econômica dos naturais, mediante participação no trabalho da colônia, em vez de limitar-se à pequena comuna missionária. Um decreto da época recomendou o casamento de portugueses com índias, (...) e seus descendentes 'hábeis e capazes de qualquer emprego' (...). As Instruções dadas a Mendonça Furtado em 1751, no seu conjunto, esclarecem bem quanto à política indígena do ministério carvalhista. Nelas a autoridade é advertida contra 'o excessivo poder que têm nesse Estado os eclesiásticos, principalmente no domínio temporal nas suas aldeias'. Mandavam também as Instruções fixar os salários dos nativos e ensinar-lhes os ofícios a que tivessem mais propensão". Ibidem, p. 156.

534 Ibidem, p. 156.

públicas, ser vereador e juiz ordinário, o que feria os interesses eclesiásticos[535].

- 1757: por ordem de Pombal, publica-se vasta publicidade antijesuítica, e os confessores reais, filiados à Ordem, foram expulsos do paço e da cidade[536].
- 3 de setembro de 1758: após atentado ao rei, em que o soberano saiu ferido, foram denunciados fidalgos e jesuítas. Alguns nobres (os Távoras) se submeteram a prisão e pena capital, com tortura (1759). Essa ação sustentava a prioridade do trono temporal sobre o espiritual[537].
- 1774: reforma da Inquisição portuguesa. Paulo de Carvalho[538], irmão do ministro, tornou-se inquisidor-mor. Aboliu-se a condenação à fogueira, diferentemente dos maus-tratos e da tortura. Em 1773, Pombal obtivera a extinção pontifícia da Sociedade de Jesus[539].
- 1768: o Estado-censor, representado agora pelo tribunal da Real Mesa Censória, substituiu o direito eclesiástico de investigar a conduta religiosa dos fiéis[540].

4.2.20 Pombal e sua política

Verney[541] foi o pensador que, apesar da influência racionalista de Locke, submergiu numa espécie de paixão religiosa pelas ideias propostas por iluministas italianos e convenceu-se de que se oporia, em suas próprias obras, à escolástica ministrada na universidade pelos jesuítas. Coube-lhe, ao difundir a ilustração, atrair Portugal à revolução das ideias que se operavam no universo cultural europeu, na segunda metade do século XVIII. Partiu do próprio filósofo a iniciativa de endereçar cartas em que expõe a D. José I o novo método de ensinar, capaz de conduzir Portugal às "luzes

[535] Ibidem, p. 157.
[536] Ibidem, p. 157.
[537] Ibidem, p. 158.
[538] Paulo António de Carvalho e Mendonça (1702 – 1770) – Foi um clérigo português e depois inquisidor-geral e cardeal.
[539] Avellar, Hélio de Alcântara. *História administrativa e econômica do Brasil*, cit., p. 160.
[540] Ibidem, p. 160.
[541] Luís Antônio Verney (1713-1792) – representante do Iluminismo em Portugal, foi filósofo, teólogo, padre, professor e escritor português.

que nos subterrâneos profundos da fermentação das ideias preparavam na França a grande Revolução de 1789[542].

Sinal de que a escolástica começou a perder força foi a partir de 1603, quando o Segundo Livro das Ordenações previu que o poder civil prevalecia sobre a jurisdição eclesiástica, caso houvesse dúvida entre juízes eclesiásticos e seculares ou leigos[543].

Se antes as Ordenações previam a prisão de devedores no Livro 11, Títulos 52 e 53, por sua vez a Lei de 20 de junho de 1774, que regulamentou leilões e arrematações de bens, estabeleceu, no Item 19, que nem mesmo prosseguisse o juiz na execução, quando verificasse que o devedor executado não possuía mais bens (nem o credor provasse que os ocultava). Finalmente, o Assento de 18 de agosto de 1774 aboliu a prisão por dívidas[544].

É exatamente a teoria de Verney que irá influenciar a gestão de Pombal. Resumidamente, neste período, Pombal implementou:

- Lei da Boa Razão, de 18 de agosto de 1769 – os dispositivos contrastaram com as disposições contidas nas Ordenações, no que se refere à interpretação das leis;
- Compêndio Histórico – obra de combate ao jesuitismo e à filosofia escolástica;
- Estatutos, de 1772, da Universidade de Coimbra – deram forma legislativa às ideias contidas no Compêndio, embora, sob certos aspectos, reabilitassem o romanismo;
- Lei de 16 de janeiro de 1773 – aboliu a escravidão dos negros no reino, para que ficassem "hábeis para todos os ofícios, honras e dignidades, sem a nota distintiva de libertos, que a superstição dos romanos estabeleceu nos seus costumes e que a união cristã e a sociedade civil fazem hoje intolerável"[545].

[542] SCANTIMBURGO, João de. *O Brasil e a Revolução Francesa*, São Paulo: Pioneira, 1973, p. 46.
[543] AVELLAR, Hélio de Alcântara. *História administrativa e econômica do Brasil*, cit., p. 160.
[544] Ibidem, p. 161.
[545] Ibidem, 161.

4.3 As Revoltas Nativistas no Brasil e os caminhos para a Independência

O chamado sentimento nativista[546], segundo algumas versões, aparece no Brasil com a Insurreição Pernambucana, uma séria de revoltas de colonos brasileiros entre 1645 e 1654, que culminou na expulsão dos holandeses do Nordeste. Com isso, os colonos adquirem confiança de que podem se defender por si mesmos, de que têm tanta força quanto a Metrópole e isto prepara a luta pela tentativa de independência. Há quem diga, entretanto, que aí havia somente uma questão comercial e não se caracterizava como nativista a luta da população local.

A partir de então, reagirão diante de qualquer injustiça. Surgem os conflitos, discórdias entre portugueses adaptados ao Brasil e os que estão em Portugal, que levam a uma série de movimentos, alguns francamente nativistas, vários possuindo a ideia de separação.

Podemos citar, ainda, outros fatores que contribuíram para o desenvolvimento desse sentimento nativista, germe da Independência:

- na região das minas, o choque entre os naturais da região e os forasteiros;
- o desenvolvimento de uma elite intelectual, imbuída de novas ideias, capaz de compreender os abusos da política colonial portuguesa;
- o surgimento da miscigenação com o mulato, o mameluco e, mesmo o português, adaptados ao Brasil, com novos interesses, que não poderia ver contrariados pelos reinóis. Os principais movimentos nativistas foram movimentos de revolta contra a opressão da Coroa e que trouxeram o germe da Independência e o da República. Todas essas situações levaram a sociedade brasileira a passar por fortes transformações.

As classes sociais existentes nesse período eram:

Negociantes portugueses – eram intermediários dos europeus e trabalhavam por comissão. Formavam uma burguesia reinol, na dependência da

[546] Nativista pode ser definido como alguém que pratica alguma ação que visa a valorizar a cultura de um lugar em oposição à cultura externa, em geral dominante.

Metrópole, sendo o ponto de apoio da política lusitana de extorsão dos nativos.

Aristocracia rural lusa – era a parte da aristocracia rural que estava ligada aos interesses da burguesia reinol, na parte referente aos negócios e aos privilégios e, por conseguinte, defendia os interesses da Metrópole.

Aristocracia nativa – era uma parte da aristocracia rural que não recebia ajuda da Coroa. Era constituída por brasileiros descendentes dos lusitanos, que conseguiram enriquecer. Irão contra a Metrópole.

Povo (Agregados, moradores mascateiros) – era consequência do cruzamento entre o negro e o branco e o índio. Formavam a camada social que não era composta de proprietários nem escravos. Essa camada da população (considerada livre e paupérrima) irá se dedicar ao artesanato, ao comércio (mascates), ao trabalho nos engenhos como agregados e moradores ou à vadiagem.

Escravos – constituídos de negros, sem nenhum direito, exceto o de trabalhar. Devido à política vigente no país, entrarão em choques, expressando o seu descontentamento por intermédio de revoltas e motins nas diversas províncias.

As primeiras manifestações de sentimento nativista acontecem em Pernambuco e em São Paulo:

- ***Insurreição Pernambucana*** (1645 a 1654), em que os colonos se ergueram contra o estrangeiro (holandeses), visto que prejudicava os seus interesses.
- Os paulistas não queriam obedecer ao novo governo português de 1640. Isto porque, durante a dominação espanhola, gozaram de certa liberdade. Pretenderam aclamar **Amador Bueno**[547] rei (1641), mas este não aceitou e nem os paulistas estavam preparados para tal revolta. Conta apenas como uma expressão de descontentamento.

[547] Amador Bueno de Ribeira (1584 – 1649) – Latifundiário da Vila de São Paulo, contador da Fazenda Real, ouvidor e provedor, quando da Restauração lusa (1640) foi aclamado rei (1641) e líder de uma possível independência da província. A manobra teve participação de espanhóis que não desejavam a soberania lusa, mas Amador Bueno recusou a proposta e permaneceu fiel a Portugal. Ele não aceitou a proposta e se refugiou no mosteiro de São Bento devido a exaltação do povo, de onde pregou: "Viva o Senhor D. João IV, nosso rei e senhor, pelo qual darei a vida".

Em síntese, as causas socioeconômicas das revoltas foram:

- A nova política econômica a partir de 1640. Houve contraste entre o desenvolvimento das riquezas no Brasil (ciclo do ouro) e, por outro lado, as restrições econômicas impostas pela Metrópole. Até 1640, houve aliança de interesses entre a Coroa e a classe dominante no Brasil (aristocracia da cana). A partir de 1640, a Coroa quer tirar o maior proveito possível do Brasil e o faz através da burguesia portuguesa, que explora o Brasil por intermédio das companhias de comércio.
- Rivalidades entre os colonos fixados (passam a se considerar brasileiros) e os portugueses recém-vindos (reinóis, ligados aos interesses da Metrópole). Estes vão procurar se estabelecer no comércio e na mineração. Estavam em união com a Metrópole e contra as demais classes. Para eles era vantajosa a situação de Colônia. Tinham o predomínio no comércio (em que não se permitia estrangeiros) e na maioria das vezes foram acionistas das companhias comerciais. Eram também os funcionários públicos, fiscais, intendentes na administração das minas. Enfim, os reinóis representavam no Brasil a opressão lusitana, daí os colonos estabelecidos se revoltarem contra eles.

A seguir, breves explanações sobre os **principais movimentos** ocorridos durante o período colonial.

Vale destacar a terminologia que será utilizada nos itens a seguir[548]: *Conjuração*, segundo o *Vocabulário Ortográfico da Língua Portuguesa*, significa uma conspiração de um movimento revoltoso que não chegou a seu termo; *Inconfidência*, por sua vez, de acordo com a mesma fonte, refere-se à falta de lealdade ou à revelação de um segredo. Na história do Brasil, dois movimentos de sedição contra a Coroa portuguesa, ambos ocorridos no período colonial, têm características semelhantes, apesar de algumas diferenças. A Inconfidência Mineira, de 1789, e a Conjuração Baiana, de 1798, contestavam a autoridade lusitana e ambas ocorreram em um período de crise na produção, integrando os chamados movimentos

[548] *Vocabulário Ortográfico da Língua Portuguesa*. 5. ed. Rio de Janeiro: Academia Brasileira de Letras, 2009, p. 112 e 146.

emancipacionistas, influenciados pelo Iluminismo, pela independência dos Estados Unidos e pelas ideias republicanas, que levariam, em 1822, à Independência do Brasil diante da Metrópole portuguesa. No entanto, há diferenças fundamentais entre as revoltas: a Inconfidência Mineira foi um movimento elitista, do qual participaram os mais ricos e cultos da província, enquanto a Conjuração Baiana, também conhecida como Conjuração dos Alfaiates, tinha um caráter popular. Na Bahia, por exemplo, discutiu-se a abolição da escravatura, algo que os inconfidentes mineiros jamais cogitaram. Ambos os movimentos também tinham como pano de fundo a questão dos altos impostos cobrados pela Metrópole e as tentativas de escapar das cobranças.

4.3.1 Revolta de Beckman (1684) – luta contra os jesuítas e a Companhia de Comércio

Como antecedentes podemos citar os seguintes acontecimentos:

1621 – Criação do Estado do Maranhão (região do Pará, Maranhão, Piauí e Ceará). Era um Estado de economia secundária. Naquela época, os colonos que viviam no local não podiam comprar escravos (um insumo muito caro) e tiveram a ideia de escravizar os índios para trabalhar nas lavouras de cana. No entanto, os jesuítas se opuseram a essa ideia. Houve confrontos e os colonos chegaram a expulsar os padres, mas estes conseguiram voltar e passaram a pressionar a Coroa para que não permitisse a escravidão dos silvícolas.

1680 – a Coroa proíbe a escravidão dos índios e torna os jesuítas responsáveis por eles.

1682 – Criação da Companhia para o Estado do Maranhão, que deveria controlar o comércio exterior por 20 anos.

Situação dos colonos: não podiam comprar os produtos importados nem escravos devido aos preços pedidos pela Companhia. Por outro lado, recebiam pouco pelo que produziam e vendiam à Companhia, e não podiam escravizar os índios, sob a proteção e direção dos jesuítas.

1684 – Estoura a revolta dos colonos do Maranhão, chefiados por Manuel Beckman[549], um rico fazendeiro. Os rebeldes depuseram o

549 "Beckman, latifundiário maranhense, filho de portuguesa e alemão, exerceu o cargo de vereador no Senado da Câmara de São Luís, onde revelou grande capacidade de ação,

governo, expulsaram os jesuítas e declararam extinta a Companhia do Comércio.

No ano seguinte a revolta foi debelada, presos e mortos os chefes.

Vale lembrar que a revolta foi contra os jesuítas e o comércio. Não se fala absolutamente em separação de Portugal, pois Beckman era português. O superior das Missões Jesuíticas no Maranhão, padre Antônio Vieira, foi à luta e, em 1680, conseguiu a promulgação de uma lei que não só dava liberdade aos nativos como ainda estabelecia duras penalidades para quem os escravizasse[550].

Ao mesmo tempo, para suprir a falta de braços para a lavoura, em 1682 o governo português criou a Companhia do Comércio do Estado do Maranhão, que tinha como uma de suas funções a compra de escravos. A Companhia, porém, deixou de cumprir o contrato quanto à importação

apreciável cultura e espírito progressivo em relação à época, com estrita submissão às determinações da Coroa. Benquisto pelo povo, chamavam-no Bequimão, e o próprio assim escrevia o seu nome, aportuguesando-o. Utilizava-se do índio para o trabalho forçado nas suas terras e, por isso, andava, como os demais fazendeiros e senhores de engenho, em desavenças contínuas com os jesuítas, que desde os primeiros tempos coloniais se empenharam na defesa do gentio. (...) Quanto à Metrópole, "ora atendia aos reclamos de uns, ora aos de outros. Em 1654, acedendo às reclamações dos maranhenses contra os jesuítas, admitiu D. João IV a escravidão "por guerra justa ou resgate", destarte propiciando a organização de Entradas de caça ao índio, sob os pretextos mais fúteis e até sem pretexto algum. (...) Vieira se viu na contingência de embarcar para Portugal e pessoalmente tratar com o soberano sobre a necessidade de proteger o indígena, não só por piedade religiosa, como também e especialmente por boa política de conquista e progresso da terra. Convenceu-se o rei, nomeando para o cargo de governador do Maranhão a André Vidal de Negreiros, herói da Insurreição Pernambucana que na época se encontrava em Lisboa; amigo dos jesuítas, veio com o propósito de os atender no amparo aos índios. Revoltaram-se com isso os maranhenses, e em revide à demonstração do prestígio que se dera à Companhia de Jesus, investiram contra o Colégio dos Jesuítas e no interior deste prenderam os inacianos. O pretexto imediato para essa violência fora uma carta de Vieira ao bispo confessor da rainha, relatando intrigas dos colonos e a qual se extraviara, indo ter às mãos de um frade carmelita, que por sua vez a entregara aos maranhenses: os frades, pelo que se vê, a essa altura se punham contra os jesuítas, provavelmente por rivalidades entre as várias ordens religiosas que para o Brasil tinham enviado missionários". *Dicionário de História do Brasil*, Org. geral – Departamento Editorial Melhoramentos – Diversos autores. São Paulo: Edições Melhoramentos, 1973, p. 72.

550 Ibidem, cit., p. 49.

de cativos negros e ainda mais agravou a questão, aumentando sensivelmente o preço dos produtos que monopolizava[551].

Sentindo-se prejudicados pelo monopólio oficial e irritados contra a lei que proibia a escravização dos índios, os maranhenses resolveram ir à guerra, com apoio (quem diria) dos carmelitas e franciscanos. Tramando a expulsão dos inacianos (jesuítas), após a prisão do capitão-mor de São Luís, autoridade máxima de Portugal no lugar, e a abolição do monopólio, passaram os insurretos a reunir-se na casa de Manuel Beckman, designado líder do movimento[552].

Nas primeiras horas do dia 24-2-1684 dirigiram-se ao Corpo da Guarda, prenderam um oficial e cinco soldados, e então rumaram para a casa do capitão-mor Baltasar Fernandes, onde Beckman lhe deu voz de prisão e suspensão do cargo, ficando sob a guarda da mulher do latifundiário maranhense. Fernandes, por sua vez, gritou que preferia a morte a tal afronta intolerável para um soldado; mas a multidão o prendeu, sem fazer caso de suas lamúrias, e levou-o para o colégio dos padres, ficando preso e incomunicável com guardas à vista. Apoderando-se em seguida dos armazéns da Companhia do Comércio, organizou-se no dia 25 uma Junta Geral, integrada por dois representantes de cada classe, clero, nobreza e povo, e que reconhecia vitoriosa a revolução.

Quanto a Beckman, adotara o papel de guia e condutor do povo maranhense. Era uma espécie de tribuno chefe, aconselhando, reprimindo, contendo pela palavra. Frequentemente falava a multidões, e das próprias janelas do Senado, provocando aplausos[553].

Ao longo dos primeiros dias, cuidou o líder da revolta de estender a revolução não só na Capitania como em todo o Estado. Após enviar emissários a Belém, a fim de obter a adesão dos paraenses, nada conseguiu. O governador do Estado do Maranhão, que lá se encontrava, na oportunidade tentou restabelecer a ordem legal, prometendo abolir a Companhia do Comércio, a concessão de anistia, honras, empregos e 4 mil cruzados aos revoltosos se estes depusessem as armas. Beckman não aceitou a proposta; e ao tempo que mandava a Lisboa seu irmão, Tomás Beckman, nas

551 Ibidem, cit., p. 72.

552 Ibidem, p. 72.

553 Ibidem, p. 73.

funções de procurador do povo do Maranhão, providenciou a expulsão dos inacianos presos no Colégio[554].

Portugal, entretanto, havia se preparado para reagir à revolta de Manuel Beckman. Em 15 de maio de 1685 "chegou o novo governador, Gomes Freire de Andrada, o Conde de Bobadela, que restaurou as autoridades depostas, restabeleceu a Companhia do Comércio e ofereceu pela captura de Beckman, já então foragido, a patente de capitão da Companhia de Ordenanças. Traído por um seu afilhado, Lázaro de Melo, o líder rebelde foi capturado no seu engenho do Mearim para São Luís. O processo foi sumaríssimo: em 2 de novembro de 1685 foi enforcado juntamente com outro componente da Junta Geral, Jorge Sampaio, grande proprietário local. Confiscados e levados à hasta pública seus bens, arrematou-os o próprio Gomes Freire de Andrada, que os restituiu à viúva e às filhas do revolucionário que, embora liderando um movimento não propriamente nativista, mas de entrechoque entre comerciantes interessados na própria manutenção e progresso, constituiu-se na primeira manifestação formal contra os processos da metrópole"[555].

Quanto aos jesuítas, acabaram retornando à região, continuando com o mesmo tipo de atividade que já lhes trouxera tanta oposição[556].

4.3.2 Guerra dos Emboabas (1707-1709) – a expulsão dos paulistas

Os principais acontecimentos dessa guerra, no início do século XVIII, na região das minas, decorreram das desavenças entre os paulistas e os portugueses (emboabas).

O termo emboabas era atribuído a forasteiros, ou seja, aos que não eram paulistas e vinham para a exploração do ouro. Considerando-se donos exclusivos das minas, os paulistas chamavam a todos os demais o apelido de emboabas, derivado de *mbuab*, ou *pinto calçudo*, designação indígena de uma ave com pernas e pés emplumados até às unhas. Aplicada a expressão primeiro aos reinóis (portugueses), que andavam sempre em botas altas, estendeu-se depois a todos os que não fossem paulis-

554 Ibidem, p. 73.
555 Ibidem, p. 74.
556 Ibidem, p. 74.

tas, isto é, os forasteiros. Por terem descoberto as minas, os paulistas não toleravam concorrência em sua exploração[557].

Estes se organizaram em torno de Jerônimo Pedroso de Barros[558], seu líder. Os emboabas, por sua vez, ficaram sob a liderança do rico reinol Manuel Nunes Viana[559]. No episódio de um combate no Rio das Mortes, que passou à história como o Capão da Traição, 300 paulistas foram mortos pelos emboabas, chefiados por Bento do Amaral Coutinho[560], depois de se renderem. O crime gerou desejos de vingança. Preocupado, o governador Antônio Albuquerque enviou tropas do Rio de Janeiro para reestabelecer a ordem.

Manuel Nunes foi nomeado como governador das Minas e passou a agir como verdadeiro ditador. Os paulistas acabam desistindo da luta quando os emboabas já estavam praticamente derrotados. A principal consequência da Guerra dos Emboabas foi a criação da Capitania das Minas Gerais, desmembrada em 1720 da Capitania de São Paulo. A mudança representou um golpe para o predomínio dos paulistas na região das minas.

Poucos anos depois, novas áreas auríferas surgirão em Cuiabá e Goiás, incorporando essas extensas regiões do Centro-Oeste brasileiro à área de sua influência e garantindo, para Portugal, a posse definitiva destes terri-

[557] Ibidem, p. 278.

[558] Jerônimo Pedroso de Barros (1686 – 1758) – Era detentor de muito poder e riqueza em Minas Gerais, sendo um dos principais participantes da Guerra dos Emboabas.

[559] Manuel Nunes Viana ([?] – 1735-38 ou 1742) – Português, era mascate na região mineradora, passou a vendedor de gado, depois virou latifundiário e chefiava os Milicianos. Conseguiu o título de mestre de campo devido ao combate aos índios do Rio São Francisco. Liderou a revolta contra os paulistas que desejavam o controle absoluto na exploração de riquezas de Minas Gerais e que desembocou na Guerra dos Emboabas. Participou, junto com Bento do Amaral Coutinho, do massacre contra os paulistas no Rio das Mortes. Colaborou para o lançamento do "Compêndio Narrativo do Peregrino na América", escrito por Nuno Marques Pereira.

[560] Bento do Amaral Coutinho (1683 – 1711) – Marginal, carioca, ladrão de escravos, junto com seu irmão Francisco do Amaral Coutinho, que se refugiou em Minas Gerais para evitar a prisão decretada no Rio de Janeiro. Aliou-se aos Emboabas e derrotou os paulistas nas margens do Rio das Mortes (1709), massacrando-os num local denominado "Capão da Traição". Morreu lutando contra os franceses de René Duguay-Trouin quando invadiram o Rio de Janeiro.

tórios, quando, em 1750, tiveram de ser delimitadas as fronteiras entre a América Espanhola e a América Portuguesa.

Ao contrário do que se afirmava outrora, a "revolta nativista" expressa o conflito entre os paulistas desbravadores das Minas, e os "estrangeiros" ou portugueses. Tratou-se, na verdade, de uma luta muito específica pelo poder, terras e ouro na nascente Minas Gerais. Segundo Laura de Mello e Souza[561], "a guerra exprimiu o anseio crescente dos poderosos locais pelo controle da administração regional"[562].

Em síntese, a guerra durou dois anos (1708/1710) e teve enormes bandos em luta. A historiografia oficial dirá que foi uma das primeiras lutas nativistas no Brasil, mas isso não corresponde à realidade. Os paulistas não pretendiam livrar-se de Portugal. Na verdade, queriam apenas ouro. A consequência dessa guerra foi a percepção por parte do governo português de organizar uma melhor administração, criando a capitania das Minas do Ouro, separada do Rio de Janeiro[563].

4.3.3 Guerra dos Mascates (1710-1711) – uma luta de classes municipal

Depois da Guerra dos Emboabas, no Norte do País, outro conflito traria à luz as contradições entre a aristocracia nativa e a burguesia lusa. Foi a Guerra dos Mascates, travada em Pernambuco.

Na época, Olinda constituía um centro de aristocracia rural que estava decadente. A lavoura decaíra com a guerra contra os holandeses e com a mineração. Por sua vez, Recife, centro da burguesia comerciante, era formada por reinóis recém-chegados. Depois da expulsão dos holande-

[561] Laura de Mello e Souza (1953) – Historiadora, filha do crítico literário Antonio Candido e da filósofa Gilda de Mello e Souza, tornou-se docente do Departamento de História da Faculdade de Filosofia, Letras e Ciências Humanas da Universidade de São Paulo em 1983. Obras: *Desclassificados do ouro: a pobreza mineira no século XVIII* (Rio de Janeiro: Graal, 1983); *O diabo e a terra de Santa Cruz: feitiçaria e religiosidade popular no Brasil colonial* (São Paulo: Companhia das Letras, 1986); *Norma e conflito: aspectos da história de Minas no século XVIII* (Belo Horizonte: UFMG, 1999); *O Sol e a Sombra: política e administração na América portuguesa do século XVIII* (São Paulo: Companhia das Letras, 2006); *Cláudio Manuel da Costa: o letrado dividido* (São Paulo: Companhia das Letras, 2011).

[562] Vainfas, Ronaldo. *Dicionário do Brasil Colonial* (1500-1808), cit., p. 272.

[563] Chiavenato, Julio José. *As lutas do povo brasileiro – do "descobrimento" a Canudos*. São Paulo: Moderna, 1988, p. 20.

ses, Recife transformou-se em grande porto e centro comercial. Os novos portugueses tornaram-se credores dos senhores de engenho endividados.

As rivalidades iniciam-se quando os mascates (nome pejorativo, com que os proprietários designavam os comerciantes portugueses), que já tinham adquirido poder econômico, procuravam poder político. É que em 1703 os habitantes do Recife conseguem representação na Câmara Regional e, em 1705, a cidade consegue sua autonomia, sendo elevada a vila.

O povo de Olinda ergue-se contra Recife, invadindo-a, destruindo o pelourinho. Acusam o governador de Pernambuco, Sebastião de Castro Caldas, de defender Recife[564] e obrigam-no a se refugiar na Bahia. Os mascates preparam-se para a desforra. Olinda levava vantagem na luta, mas o governo estava nas mãos dos portugueses, que dão ganho de causa a Recife, e esta, depois da guerra, passa a ser a capital da província. O chefe dos proprietários de Olinda, Bernardo Vieira de Melo, chegou a falar numa República, mas sua ideia não foi compartilhada.

Embora frequentemente credores dos olindenses, portanto em situação econômica superior, os recifenses não se conformavam com a sua inferioridade política, então vigente, sendo vedado aos mercadores, entre outras coisas, o acesso às funções de camarista[565]. Contudo, seu enriquecimento progressivo fez que gradativamente passasse às suas mãos o controle da vida econômica da Capitania, e isto lhes aumentou o prestígio; finalmente, julgando-se já, se não superiores, ao menos em pé de igualdade com os senhores de Olinda, mandaram os habitantes do Recife

[564] Defender Recife – Esse ato do governador tivera origem em ocorrências anteriores: em 17 de outubro, passando pela Rua das Aguas Verdes, fora atingido por um tiro, ainda que levemente; não se soube a identidade do autor do disparo; não obstante, numerosas prisões se efetuaram, entre as quais as dos Capitães André Dias de Figueiredo e Lourenço Cavalcânti Uchoa; porém, quando um emissário do governador tentou prender o Capitão Pedro Ribeiro, este é que deu voz de prisão àquela autoridade, proclamando a revolta geral. Logo os olindenses invadiram o Recife, derrubaram o pelourinho e demais padrões da vila, puseram em liberdade os detidos e substituíram os oficiais da milícia, forçando a fuga do governador para a Bahia (7 de novembro).

[565] Camaristas eram uma espécie de camareiro real, ou seja, um funcionário que exercia suas funções nos aposentos dos reis ou príncipes. Tratava-se de um cargo muito disputado na época.

um requerimento a D. João V, solicitando a elevação do povoado à categoria de vila. Em carta ao governador Sebastião de Castro e Caldas[566], o rei determinou que o governador e o ouvidor José Inácio de Arouche[567] fixassem os limites da nova vila. Surgiram, porém, desentendimentos: Castro e Caldas era favorável aos mascates, ao passo que o ouvidor Arouche protegia os olindenses; aumentando as dissensões, Arouche renunciou ao cargo, passando a exercê-lo o juiz Luís de Valenzuela Ortiz[568]. Entretanto, sem que este chegasse a manifestar opinião, determinou Castro e Caldas a autonomia municipal do Recife, mandando erguer na praça principal do povoado o simbólico pelourinho (15-2-1710) [569].

O governador Castro e Caldas refugiou-se na Bahia após tomar um tiro, que teria sido disparado por um olindense. Para não ficar acéfala a capitania, foi escolhido o bispo, D. Manuel Álvares da Costa[570], para substituí-lo. Reuniu-se o Senado de Olinda, propondo um dos chefes olindenses, o já então célebre sertanista Bernardo Vieira de Melo, que ali se erigisse uma república, com governo próprio, como o da Holanda ou de Veneza. Discutida a proposta, surgiram considerações mais pru-

[566] Sebastião de Castro e Caldas (1650 – 1726) foi um fidalgo português, com longa experiência militar. Entrou na carreira das armas ainda moço e participou da guerra de Restauração. Tornou-se, em 19 de abril de 1695, governador do Rio de Janeiro e, ao regressar a Lisboa, foi encarcerado no perímetro urbano até que se apurassem as denúncias contra ele. Saiu ileso das acusações e ofereceram-lhe o governo da Colônia do Sacramento, o que ele recusou. Por último, em 1707 aceitou o mesmo posto em Pernambuco, até que em 1710, quando levou um tiro, foi expulso da capitania e rumou para a Bahia, dando início à Guerra dos Mascates.

[567] José Inácio de Arouche – Ouvidor-geral da capitania de Pernambuco durante a Guerra dos Mascastes, favorável aos de Olinda.

[568] Luís de Valenzuela (Valençuela) Ortiz – Ouvidor-geral da capitania de Pernambuco favorável aos de Olinda durante a Guerra dos Mascastes. Substituiu Arouche, que renunciou ao cargo por discordar da autonomia de Recife.

[569] *Dicionário de História do Brasil*, cit. p. 282.

[570] Manuel Alvares da Costa (1651 – 1753) – Ordenado a 26 de julho de 1674, iniciou uma carreira eclesiástica que o levou sucessivamente a prior de Santa Justa, a vigário geral do Arcebispado de Lisboa (1705) e a desembargador da Relação Eclesiástica de Lisboa. Foi o 5.º bispo da Diocese de Olinda, no Pernambuco (atual Arquidiocese de Olinda e Recife), de 1706 a 1721, e o 19.º bispo da Diocese de Angra, de 1721 a 1733. Governou Pernambuco na sequência da Guerra dos Mascates.

dentes. A Capitania permaneceria fiel ao rei, mas sob certas condições: o perdão geral para os revoltosos; o fim da Vila do Recife; a abertura dos portos de Pernambuco a duas naus de nacionalidade estrangeira (inglesa e holandesa), que deveriam carregar apenas açúcar; uma regularização para a cobrança de dívidas e juros por parte dos mascates; a confirmação das nomeações e demissões efetuadas no curso da revolta. Nesse meio tempo, todavia, preparou-se a gente do Recife para um levante geral, contando até com a adesão do capitão-mor da Paraíba, João da Maia da Gama[571].

Logo seriam retomadas as hostilidades contra o sertanista Vieira de Melo, que tomara conta do Recife, disposto até a impedir o desembarque do novo governador luso que se anunciava. Se este não viesse munido de poderes para satisfazer todas as exigências dos filhos da terra, assumiria a chefia dos mascates João da Mota[572], aclamado pelos rebelados governador provisório, lugar-tenente de Sebastião de Castro e Caldas[573].

O "governador", porém, deixa ao bispo D. Manuel Alvares da Costa (que, assustado, se refugiara no Colégio dos Jesuítas) o exercício do cargo, "mas ali, com a soldadesca à frente". Conseguindo fugir para Olinda, o religioso reassumiu sua autoridade e com apoio da Câmara e de todos os habitantes, que a essa altura de novo se declaravam súditos fiéis de S. Majestade, desde que o governador interino os atendesse no que era devido.

O conflito logo se estenderia para Paraíba e Alagoas, o que faria com que o governador-geral do Brasil interferisse. Os olindenses havia três meses mantinham o cerco do Recife, quando ali aportou uma esquadra de Portugal trazendo a bordo o novo governador de Pernambuco, Félix

571 João da Maia da Gama – Lusitano, parente longínquo de Vasco da Gama, após prestar anos de serviços militares na Índia e na Guerra da Sucessão Espanhola (1702-1714), assumiu o cargo de capitão-mor e governador da Paraíba em 1708. Participou ativamente da administração colonial, inclusive envolvendo-se na Guerra dos Mascates (1710-1711) em Pernambuco.

572 João da Mota – Natural de Alagoas, foi alçado à condição de capitão mandante por ser o oficial mais antigo. Foi indicado como chefe dos mascates, tendo obtido o apoio do governador da Paraíba, João da Maia Gama. Foi encarregado de prender o capitão-mor Pedro Ribeiro.

573 *Dicionário de História do Brasil*, cit. p. 282.

José Machado de Mendonça, que vinha munido de poderes para acabar com as desordens e confirmar as anistias acaso concedidas pelo bispo (6-10-1711).

Inicialmente, o novo governador agiu com prudência, conciliando ambas as facções. Logo depois de soltos os presos políticos e entregues por João da Mota as fortificações do Recife, repentinamente pendeu para o lado dos mascates. Em 18 de novembro mandou restaurar o pelourinho e os foros do Recife; ordenou a prisão de 19 olindenses de prestígio e ofereceu prêmios pela captura dos implicados ausentes, ameaçando de castigos aos que lhes dessem refúgio ou proteção. Perseguidos, os antigos chefes olindenses se refugiaram em Tracunhaém, onde formaram uma Liga de aproximadamente 500 homens dispostos a continuar a luta.

Contra a Liga de Tracunhaém enviaram-se expedições que conseguiram aprisionar alguns chefes olindenses, entre os quais Bernardo Vieira de Melo e seu filho André Dias de Figueiredo; com outros nove prisioneiros foram remetidos para Lisboa, mas por pouco tempo: D. João V os libertou. A aristocracia nativa perdeu a guerra, mas não vai perdoar essa derrota e esperará uma nova possibilidade para conseguir os seus intentos políticos.

4.3.4 Rebelião dos Juízes do Povo ou do Maneta (1712) – povo nas ruas

Essa revolta se tratou de um movimento em Salvador contra o aumento das taxas sobre as mercadorias de importação e monopólio do sal. Houve motim do povo que destruiu a casa do funcionário encarregado da venda do sal. O movimento saiu vitorioso, o governador cedeu, sem derramamento de sangue. Cumpre identificar os fatores que culminaram na Rebelião do Maneta, como ficou conhecido.

O século XVIII começou difícil na Bahia. Os preços do açúcar não paravam de cair em razão da concorrência das Antilhas. A situação agravou-se com a descoberta das minas de ouro, que atraíram a compra de escravos para as áreas de mineração e fizeram aumentar o preço dos cativos. Para piorar, instaurou-se um clima de desconfiança na capitania com a nomeação para governador do capitão-geral Pedro de Vasconcelos e Sousa, encarregado de implementar uma nova política tributária. Por determinação da Coroa, passou-se a cobrar uma dízima na alfândega (10% das mercadorias que entravam no porto de Salvador) e uma taxa sobre os escravos enviados para as Minas. Essas medidas tinham a finalidade de subsidiar despesas de segurança contra o assédio de nações estrangeiras atraídas pelo ouro recém-descoberto[574]. A dízima da Alfândega correspondia ao imposto de 10% cobrado sobre as fazendas que davam entrada nos portos da Colônia.

Durante as guerras de Restauração, a monarquia transferiu o ônus da defesa para a Colônia, que recorria aos municípios. Dessa forma, a Câmara ficava em boa posição para resistir às pretensões da Metrópole, que, quando tentou retomar esses poderes e funções, encontrou resistência por parte das Câmaras[575].

Portanto, os tributos na Colônia, no século XVII, estavam, em geral, sob o controle das Câmaras e insidiam sobre a atividade mercantil, uma vez que o controle político dos conselhos municipais estava nas mãos dos senhores de terras, o que acabou por gerar um predomínio da tributação sobre a circulação e não sobre a produção[576].

Por sua vez, a dízima da Alfândega, no Rio de Janeiro, era administrada pela Câmara e pelos seus cidadãos, isto é, aqueles que, por eleição, desempenhavam cargos administrativos nas Câmaras Municipais – vereadores, procuradores e juízes locais[577].

Em Salvador, no dia 19 de novembro de 1711, a praça em frente ao Palácio do Governador ficou repleta de pessoas. Para convocar os moradores, o juiz do povo, que representava os "oficiais mecânicos" (artesãos como ferreiros, marceneiros e trabalhadores manuais em geral), ordenou que

[574] Souto Maior, Armando. *História do Brasil*. São Paulo: Companhia Editora Nacional, 1968, p. 127.

[575] Salles, Hyllo Nader de Araújo. *Negócios e negocianes em uma conjuntura crítica – o porto de Salvador e os impactos da mineração (1697-1731)*, cit, p. 21.

[576] Ibidem, p. 21.

[577] Bicalho, Maria Fernanda. "As Câmaras Municipais no império Português: o exemplo do Rio de Janeiro". *Revista Brasileira de História*. São Paulo, v. 18, n. 36, 1998, p. 251-580, apud Salles, Hyllo Nader de Araújo. *Negócios e negociantes em uma conjuntura critica: o porto de Salvador e os impactos da mineração, 1697-1731* (dissertação de mestrado). Universidade Federal de Juiz de Fora: Juiz de Fora, 2014, p. 22.

o sino da Igreja tocasse sem parar. O governador chegou a cogitar uma repressão violenta mas, aconselhado, desistiu da ideia[578].

Os rebeldes reivindicavam a suspensão dos 10% da alfândega e condenavam o abusivo aumento do preço do sal, que saltara de 480 para 720 réis o alqueire (em cálculos aproximados, 1 alqueire correspondia a 36,27 litros e 1 grama de ouro equivalia a 334,5 réis). O governador Pedro de Vasconcelos argumentou que aquela reivindicação não deveria ser feita a ele, mas ao rei, o que serviu para deixar a população ainda mais furiosa. Nesse momento, os rebelados ganharam a liderança daquele que daria nome à revolta, o negociante João de Figueiredo da Costa, o Maneta, assim chamado em razão de uma deficiência[579].

Havia a crença, entre os amotinados, que o aumento vertiginoso do preço do sal – considerado um bem de primeira necessidade – era devido à interferência de Manuel Dias Filgueiras[580], responsável pelo abastecimento do gênero na cidade. A multidão marchou então até sua casa, destruiu as portas do sobrado a machadadas, subiu ao andar superior e pela janela atirou às ruas seus refinados pertences. Em seu armazém, localizado na parte de baixo, quebraram vários barris de licor, derramando-o pelas ruas. A residência ficou quase toda destruída[581].

Seu sócio, Manoel Gomes Lisboa[582], também foi vítima da fúria popular. Sua casa foi invadida e jogaram pela janela objetos caros, inclusive ouro em pó. Em nenhum dos casos houve registro de que os rebeldes tenham se apossado de qualquer bem[583].

Enfraquecido por falta de tropas, Vasconcelos, aconselhado por dom Lourenço de Almada (ex-governador-geral), suspendeu os tribu-

578 Rodrigues, Gefferson Ramos. Ordem na baderna. Rio de Janeiro: UFF, *Revista de História*, fev. 2017, p. 2.

579 Ibidem, p. 2.

580 Manuel Dias Filgueiras – Responsável pelo abastecimento de sal na cidade de Salvador, teve seu depósito de sal invadido pelo líder rebelde "Maneta". A fúria dos amotinados voltou-se ainda contra o seu sócio Manoel Gomes Lisboa. Também invadiram a sua casa e lançaram pela janela objetos caros, inclusive ouro em pó.

581 Rodrigues, Gefferson Ramos. Ordem na baderna, cit., p. 2.

582 Manoel Gomes Lisboa – Comerciante em Salvador, sócio de Manuel Dias Filgueiras e também teve sua casa destruída pelos revoltosos.

583 Rodrigues, Gefferson Ramos. Ordem na baderna, cit., p. 2.

tos, manteve o preço do sal, além de perdoar todos os envolvidos[584]. O povo novamente tomou as ruas de Salvador e a praça da Câmara no dia 2 de dezembro de 1711. Os rebeldes agora "exigiam providências contra a segunda invasão francesa ao Rio de Janeiro, liderada pelo corsário francês René Duguay-Trouin[585] assunto em que Pedro de Vasconcelos e Sousa mostrou-se reticente. Segundo o governador-geral, não havia recursos suficientes para tal empreitada. Então, os homens de negócio propuseram uma contribuição para custear a frota expedicionária a fim de expulsar os franceses. Apesar da mobilização popular, o socorro não se efetivou, pois, em meio aos preparativos, chegou a notícia de que os invasores haviam deixado a praça do Rio de Janeiro após tê-la saqueado"[586]. A Coroa portuguesa foi forçada a pagar um resgate em ouro, açúcar e gado ao invasor francês, que tomou o Rio e exigiu pagamento.

O governador-geral comunicou ao Conselho Ultramarino o ocorrido e a abertura de devassa em 20 de abril de 1712. Em maio do mesmo ano, a devassa ainda não havia sido concluída, mas Pedro de Vasconcelos deixou claro que, quando concluída, "os que forem culpados terão as merecidas penas"[587].

Em setembro de 1712, o governador-geral apresentou ao Ultramarino as penas imputadas aos três homens de negócio identificados como principais cabeças e autores do segundo motim: Domingos da Costa Guimarães[588], Luiz Chafet[589] e Domingos Gomes[590] [591].

[584] FIGUEIREDO, Luciano Raposo de Almeida. Da revolta popular do Maneta à revolta patriótica Bahia, 1711. *Revoltas, fiscalidade e identidade colonial na América portuguesa*: Rio de Janeiro, Bahia e Minas Gerais, 1640-1761. São Paulo, 1996 (Tese), p. 71-131, p. 111, apud SALLES, Hyllo Nader de Araújo. *Negócios e negociantes em uma conjuntura critica: o porto de Salvador e os impactos da mineração, 1697-1731* (dissertação de mestrado). Universidade Federal de Juiz de Fora: Juiz de Fora, 2014, p. 23.

[585] René Duguay-Trouin (1673 – 1736) – Corsário francês (desde os 16 anos) que capturou aproximadamente 300 navios mercantes e 20 de guerra, destacando-se durante o reinado de Luís XIV. Invadiu e saqueou o Rio de Janeiro em 1711.

[586] SALLES, Hyllo Nader de Araújo. *Negócios e negociantes em uma conjuntura critica*, cit., p. 23.

[587] Ibidem, p. 23.

[588] Domingos da Costa Guimarães – Luso, era casado com uma "filha da terra", Luísa de Souza, irmã do vigário de Nossa Senhora do Socorro do Recôncavo. Como a maior parte dos emigrantes do norte de Portugal, viajou ainda jovem para a América portuguesa e instalou-se na capitania da Bahia. No início do século XVIII o homem escolhido pelos

Surgiu, entretanto, um problema: "para o Conselho, o perdão concedido pelo governador ao primeiro motim deveria ser declarado como nulo, pois este não possuía jurisdição para poder concedê-lo mercê, na medida em que somente Sua Majestade poderia fazê-lo. Já sobre o segundo motim, de acordo com o parecer, assim se manifestou: 'não é o povo nele o mais culpado [...], porque só foi um requerimento feito com mais procuradores do que era necessário'. Logo, os homens de negócio identificados como cabeças do segundo motim, segundo o Conselho, não deveriam ser castigados, mas ao contrário: deviam 'ser restituídos da forma antiga'"[592].

Para o conselheiro Antônio Rodrigues da Costa, a segunda alteração fora "nascida do zelo do serviço de Vossa Majestade, por quererem [os homens de negócio] se socorrer vigorosamente ao Rio de Janeiro" e era necessário que se mandasse pôr 'perpétuo silêncio' e que não se executassem as penas proferidas. Propunha, ainda, como condição *sine qua non* para o perdão dos envolvidos na primeira alteração – Revolta do Maneta – que os homens de negócio aceitassem os novos impostos, 'porque sem esta condição não se deve perdoar o primeiro motim, que verdadeiramente foi motim'"[593].

Na perspectiva do Conselho Ultramarino expressa no parecer de Costa, o segundo motim não foi um motim. Então Pedro de Vasconcelos e Sousa havia subvertido a ordem: perdoou aqueles que se amotinaram

homens de negócio da Bahia para representá-los junto ao governador era português, casado com uma mulher natural da Bahia, familiar do Santo Ofício, tendo ascendido socialmente por intermédio do comércio intercolonial.

589 Luiz Chafet – Foi, junto com Domingos da Costa Guimarães e Domingos Gomes, um dos líderes da segunda Rebelião do Maneta, nome pelo qual era conhecido João de Figueiredo Costa. Era, como os outros dois, próspero comerciante local. O governador mandou processá-los por sedição, tendo sido preso, torturado, confiscado e degradado. O Conselho Ultramarino, ao estranhar a atitude do governador, determinou que as penas fossem comutadas.O governador acabou perdendo o cargo e sendo substituído por Pedro Antônio de Noronha Albuquerque.

590 Domingos Gomes – Próspero homem de negócios na Bahia.

591 SALLES, Hyllo Nader de Araújo. *Negócios e negociantes em uma conjuntura critica*, cit., p. 23.

592 Ibidem, p. 23.

593 Ibidem, p. 23.

contra a ordem régia de estabelecer o direito da dízima da Alfândega e mandou prender os que participaram da falsa rebelião[594].

A Revolta do Maneta foi um exemplo da afirmação dos poderes locais no ultramar, isto é, de como os colonos em determinadas conjunturas foram capazes de exercer suficiente pressão sobre as autoridades metropolitanas no sentido de evitar ou modificar totalmente as políticas propostas. No entanto, o preço elevado do sal se manteve; em 1714, a dízima da Alfândega fora implantada, e, cerca de nove anos depois, a cobrança foi submetida ao sistema de contratos[595].

Ficou evidente que "Pedro de Vasconcelos e Sousa não compreendeu qual era o seu papel como agente da administração central numa região periférica do império ultramarino português. Logo, a tarefa do governador-geral era zelar pela 'boa ordem' e o 'bem comum', ou seja, construir um consenso entre os interesses da Coroa e os dos potentados locais, em suma: negociar. O governador confundiu o bom governo com a boa arrecadação da Fazenda Real, erodindo, assim, os princípios engendrados pela 'economia moral' dessa sociedade coorporativa, levando os vassalos de Sua Majestade a se amotinarem duas vezes"[596].

Houve uma ligação da política externa com a rebelião:

> *"A invasão do Rio de Janeiro acertou em cheio os interesses dos homens de negócio sediados na praça soteropolitana. Estes já haviam experimentado os prejuízos provocados pela primeira invasão francesa, que, ao encontrar resistência na Guanabara, dirigira-se para a tríade dos portos de Angra dos Reis, Ilha Grande e Parati, onde efetivamente conseguira saquear. E foi também nessa região que a segunda invasão teve início, pois os relatos dão notícias que, na armada de Duguay-Trouin, havia navios de Parati, Ilha Grande e Angra dos Reis.*
> *Em síntese, 'estes excessos dos especuladores deram lugar a várias revoltas populares que as crônicas registram, sob o pretexto de que era preciso manter uma armada de guarda-costas contra os inimigos que infestavam nossos mares'"*[597].

594 Ibidem, p. 23.
595 Ibidem, p. 23.
596 Ibidem, p. 23.
597 Lima, Heitor Ferreira. *História político-econômica e industrial do Brasil*, p. 90.

4.3.5 Revolta de Filipe dos Santos ou de Vila Rica (1720) – luta contra as autoridades fiscais

Também motivada por excessos das autoridades fiscais, "a Revolta de Felipe dos Santos deveu-se à ação abusiva por parte das autoridades fiscais, estas encarregadas de tributar a atividade mineradora em face da criação, por D. João V, das casas de fundição. Essa tarefa a Coroa atribuíra ao recém-chegado governador, D. Pedro de Almeida, o Conde de Assumar"[598], que realizou uma administração opressiva. O ouro só poderia circular livremente após a cunhagem das casas de fundição, ou seja, teria que passar pelo Fisco.

Ressalte-se que isso provocou duas sublevações em 1720: 1) dirigida pelo paulista Domingos Rodrigues do Prato; 2) revolta de Vila Rica (ou Filipe dos Santos), insufladas por Pascoal da Silva Guimarães e Sebastião da Veiga Cabral.

Durante a revolta, os mineradores tentam fechar as casas de fundição. O governador fingiu ceder, mas depois mandou prender os revoltosos. Filipe dos Santos Freire não foi o chefe, porém o único enforcado e esquartejado.

Vários freis participaram: Vicente Botelho[599], Francisco de Monte Alverne[600] e Manuel de Afonseca[601]. Ao final, vence a Metrópole.

O movimento sedicioso foi organizado pelos potentados locais, incluindo o mestre de campo Pascoal da Silva Guimarães, Sebastião da Veiga Cabral e Manuel Nunes Viana. Este último fora, anos antes, um dos principais líderes reinóis na Guerra dos Emboabas (1709).

Na noite do dia 28 de junho de 1720, um bando de negros armados, dirigidos por mascarados, amotinou o morro de Ouro Podre, arrombando

[598] VAINFAS, Ronaldo. *Dicionário do Brasil Colonial (1500-1808)*, cit., p. 235.

[599] Frei Francisco Vicente Botelho ([?] – 1720) – Foi um dos participantes do grupo que organizou a Sedição de Vila Rica (atual Ouro Preto), revolta que estourou em 1720 contra as casas de fundição.

[600] Frei Francisco de Monte Alverne – Amigo de Pascoal da Silva e do Brigadeiro João Lobo de Macedo, serviu várias vezes de intermediário entre os revoltosos e o poder central, mas, ao que tudo indica, estava do lado dos primeiros, residindo na própria casa de Pascoal da Silva.

[601] Manuel de Afonseca – Era secretário de D. Lourenço de Almeida e passava informações aos rebeldes e falsários existentes em Minas que lesavam a Coroa.

casas e obrigando seus moradores a participarem do tumulto, enquanto outro grupo fazia o mesmo no bairro do Padre Faria. Uniram-se os bandos em frente à casa do ouvidor e, não o encontrando ali, convocaram o letrado José Peixoto da Silva para redigir proposta contrária às casas de fundição do ouro a ser enviada ao governador.

Filipe dos Santos Freire foi o único insurgente executado na revolta de Vila Rica de 1720. Era reinol (português) e desenvolvia atividades comerciais de pequeno porte na região de Vila Rica. Foi o "chefe e tribuno da plebe, único sedicioso verdadeiramente popular"' e adepto de resoluções extremas. Condenado à morte em sentença datada de 18 de julho de 1720, foi enforcado em Vila Rica e teve o corpo atado às caudas de quatro cavalos e esquartejado, a despeito de ter desempenhado papel menor no movimento sedicioso. A pena foi considerada excessiva pelas autoridades portuguesas, mas o conde de Assumar justificou o rigor pela necessidade de dar exemplo e intimidar a população.

4.3.6 Inconfidência Mineira (1789) e as ideias revolucionárias europeias

Ao longo do século XVIII a velha Europa fervilhava com a propagação de ideias revolucionárias. Apesar de todos os obstáculos impostos pelos repressivos Estados absolutistas, um número crescente de indivíduos buscava com avidez se informar das mudanças que ocorriam ou que deveriam ocorrer. Livros eram publicados, burlando os mecanismos de censura existentes, e rapidamente devorados por leitores que discutiam as novas ideias em festivos salões ou em furtivas reuniões onde se tramavam planos revolucionários[602]. Era o Iluminismo em ação, que no Brasil assim se desenvolveu:

> *"Entre 1772 e 1785, 300 estudantes brasileiros tinham se matriculado na Universidade de Coimbra. Outros prosseguiram seus estudos em escolas francesas ou matricularam-se diretamente na Faculdade de Medicina de Montpellier, onde 15 brasileiros estudaram entre 1767 e 1793 (...). Maia [José Joaquim da Maia] em 1785 escrevia*

[602] Aquino, Fernando; Aquino, Rubim Santos Leão de; Vieira, Fernando Antonio da Costa; Agostino, Carlos Gilberto Werneck; e Roedel, Hiran. *Sociedade brasileira: uma história através dos movimentos sociais.* Rio de Janeiro: Record, 1999, p. 337.

poemas em que atacava 'o monstro horrendo do Despotismo' e que restavam povoados de uma confusa profusão de heróis, inclusive Rousseau, Voltaire, Locke, Pope, Virgílio e Camões. José Alvares Maciel, filho de abastado fazendeiro e comerciante de Vila Rica, e contemporâneo de Maia em Coimbra, viajou à Inglaterra, ali passando ano e meio, estudando técnicas manufatureiras e, sempre que possível, comprando relatos da Revolução Americana. Ele discutiu a possibilidade da Independência do Brasil com negociantes ingleses amigos"[603].

Objetivavam a independência e até a implantação de uma República. Participaram ativamente Tomas Antônio. Gonzaga[604], Cláudio Manuel da Costa[605], Alvarenga Peixoto[606], Alvares Maciel[607], padre José de Oliveira Rolim[608] e José Joaquim da Silva Xavier, conhecido como Tiradentes.

603 MAXWELL, Kenneth. *A devassa da devassa – a Inconfidência Mineira: Brasil – Portugal (1750-1808)*. Rio de Janeiro: Paz e Terra, 1985, p. 102, apud AQUINO, Fernando; AQUINO, Rubim Santos Leão de; VIEIRA, Fernando Antonio da Costa; AGOSTINO, Carlos Gilberto Werneck; e ROEDEL, Hiran. *Sociedade brasileira: uma história através dos movimentos sociais.* cit., p. 337.

604 Tomás António Gonzaga (1744 – 1810) – Português, veio para o Brasil em 1749, onde foi criado. Posteriormente, formou-se em Direito pela Universidade de Coimbra (1762-68), tornando-se magistrado em 1779. Voltou para o Brasil em 1782 como ouvidor de Vila Rica e depois desembargador da Relação da Bahia. Participou da Inconfidência Mineira, como elaborador de leis, foi preso e degredado para Moçambique (1792). Era poeta e escreveu a célebre "Marília de Dirceu", em homenagem a sua noiva Maria Joaquina Doroteia de Seixas. Escreveu ainda, *Cartas chilenas e Tratado de direito natural.*

605 Claudio Manuel da Costa (1729 – 1789) – Nasceu em Mariana (Vila do Carmo), estudou filosofia com os jesuítas no Rio de Janeiro e se formou em Direito na Universidade de Coimbra. Em Vila Rica, onde se radicou, atuava como advogado, foi secretário do governo de Gomes Freire e participava da Academia Brasílica dos Renascidos como poeta. Participou do movimento inconfidente e elaborava a Constituição do Novo Estado. Preso, foi encontrado enforcado e considerado oficialmente suicida. Kenneth Maxwell, em seu livro "A Devassa da Devassa" considera a sua morte como "queima de arquivo". Também desenvolveu grande atividade literária, tendo escrito "Vila Rica" e participado da "Arcádia Ultramarina".

606 Inácio José de Alvarenga Peixoto (1744 – 1793) – Carioca, formou-se em Direito pela Universidade de Coimbra (1767). Foi juiz em Sintra e no Brasil foi nomeado ouvidor da Comarca do Rio das Mortes (Minas Gerais). Casou-se com Bárbara Heliodora Guilhermina da Silveira e explorava lavras auríferas no Sul de Minas. Não podendo pagar os impostos cobrados participou da inconfidência, sendo considerado um dos chefes da revolta. Preso, foi degredado para Angola, onde faleceu. Dedicou poemas a sua esposa e participou do Movimento Arcadista (Obras Poéticas).

607 José Álvares Maciel (1760 – 1804) – Filho do capitão-mor de Vila Rica, José Alves

Entre os motivos que impeliram o grupo de intelectuais, mineradores, clérigos e militares a organizar a conspiração contra a Metrópole em 1789, é possível distinguir, analiticamente, três ordens de fatores. São os seguintes:

Fatores econômicos: a política restricionista e a "Derrama". A opressão econômica do colonialismo português sobre o Brasil jamais foi tão intensa como a partir de meados do século XVIII. O restabelecimento das Companhias de Comércio monopolistas, sob a égide de Pombal, trouxera novas reclamações dos colonos de várias partes do País que se sentiam prejudicados pelos desmandos e arbitrariedades dos donos do estanco[609].

As deficiências da economia reinol, aprofundadas pela dependência em relação à Grã-Bretanha, obrigavam Portugal "a sugar, com crescente avidez, as riquezas proporcionadas por sua colônia"[610].

Maciel e Juliana Francisca de Oliveira, aos vinte e um anos de idade foi para a Universidade de Coimbra cursar Filosofia Natural, onde se destacou. Ao concluir o curso, seguiu para a Inglaterra para estudar as indústrias de Birminghan, nomeadamente as siderurgias e as manufaturas têxteis, tendo entrado em contato não apenas com industriais e técnicos, mas também com os ideais do liberalismo e da maçonaria. Voltou ao Brasil em 1788 e logo passou a participar ativamente da conjuração Mineira. Maciel foi encarregado pelo governador de fazer prospecções mineralógicas em Sabará, Caeté e nos arredores de Vila Rica, onde permaneceu até 1789, quando foi detido pela Devassa, sendo remetido para interrogatório no Rio de Janeiro e recolhido aos calabouços da Fortaleza de São Francisco Xavier da Ilha de Villegagnon. Após ser julgado e condenado à morte, teve a sua pena comutada em degredo perpétuo em Angola, para onde seguiu em 23 de maio de 1792, lá falecendo em 1804, aos 44 anos.

608 José da Silva de Oliveira Rolim (1747 – 1835) – Filho do contratador de diamantes da cidade, o sargento-mor José da Silva de Oliveira, era amasiado com Quitéria Rita, filha de Chica da Silva e do antigo contratador João Fernandes de Oliveira. Conhecido como padre Rolim, foi um contrabandista de diamantes e participante ativo da Conjuração Mineira. Por tal fato foi condenado e passou quinze anos preso, primeiro na Fortaleza de São Bento da Saúde – até 1796 –, e depois no Mosteiro de São Bento da Saúde, em Lisboa. Em 1805 voltou ao Brasil com a esposa e filhos. Lutou, então, para reaver seus bens que haviam sido confiscados, feito que logrou com a Declaração da Independência do Brasil, em 1822, quando foi também indenizado.

609 Mendes Jr., Antonio; Roncari, Luiz e Maranhão, Ricardo. *Brasil – história, texto e consulta (Império)*. São Paulo: Brasiliense, 1979, p. 57, v. 2.

610 Ibidem, p. 57.

Em Minas Gerais, especificamente, que se constituía na mais importante região aurífera e diamantífera brasileira, o peso da espoliação lusitana fazia-se sentir com maior intensidade[611].

Aliás, "desde 1731 vigorava o monopólio régio da extração de diamantes, afastando os particulares de tal atividade. O fato chamava atenção de Thomas Jefferson, por ocasião de seus encontros com José Joaquim da Maia, na França, levando-o a escrever, na carta que enviou a seu governo: 'Só ele (o rei) tem o direito de explorar as minas de diamantes, que lhe rendem quase seis milhões e meio de cruzados'"[612].

Havia outro problema. "O ouro de aluvião das Gerais esgotava-se com relativa rapidez. Seria possível, é verdade, reativar a produção, mas isto demandaria recursos técnicos e financeiros de que os mineradores não dispunham. Na visão dos referidos autores, a diminuição da produtividade das minas refletia-se diretamente no imposto pago à Coroa (o 'quinto') que, sendo proporcional à quantidade de ouro extraída, minguava a olhos vistos. A Coroa, entretanto, não se convencia do esgotamento das aluviões auríferas e persistia em atribuir a diminuição do rendimento do quinto a fraude e extravio"[613].

Para garantir o nível do imposto, o governo português, através do ministro Pombal, estabeleceu em 1750 a quota fixa de cem arrobas anuais (1500 kg). "No entanto, devido à escassez do metal, as contribuições muitas vezes não atingiam o 'quantum' programado e a Coroa resolveu, em 1763, cobrar a derrama: tratava-se simplesmente de obrigar a população a pagar aquilo que faltava. Outros impostos, sucessivamente acrescidos, agravaram as condições econômicas da indústria mineira, tornando excessivamente áspera a vida nas Minas Gerais e provocando um êxodo de moradores que, nas outras capitanias, menos vexadas, iam procurar 'melhores condições de existência'"[614]. Além disso, é possível inferir outras questões:

[611] Ibidem, p. 57.
[612] Ibidem, p. 57-58.
[613] Ibidem, p. 58.
[614] Ibidem, p. 58.

> *"Podemos acrescentar a tudo isto o alto índice dos preços de produtos essenciais à mineração, tais como o aço, o ferro, a pólvora e os escravos, gerando inúmeras dificuldades, às vezes insuperáveis, aos mineradores. Em 1785, D. Maria I, a Louca, baixou um alvará que viria a trazer ainda maiores problemas aos habitantes das Gerais: tratava-se da proibição da existência de manufaturas no Brasil, devendo-se importá-las de Portugal. Os efeitos do alvará foram particularmente desastrosos para a população interiorana, que costumava abastecer-se de tecidos, calçados e outros gêneros nas pequenas oficinas locais ou mesmo domésticas e que, a partir daí, dependeria das tropas que traziam do litoral os produtos importados, por preços muito elevados e em quantidade nem sempre suficiente"*[615].

Fatores políticos internos: os problemas de ordem econômica[616] foram complicados ainda mais pelas leis discricionárias de D. Maria I, bem como pela desastrosa administração de D. Luís da Cunha Meneses, nomeado governador da capitania em 1783 e que mereceu a depreciativa alcunha de "*Fanfarrão Minésio*", dada por Cláudio Manuel da Costa em suas "*Cartas Chilenas*". As cartas foram uma denúncia pública contra ele.

Coronel de infantaria, Cunha Meneses foi descrito por alguns de seus contemporâneos como um homem violento e cruel, capaz de todos os desmandos à testa da administração pública. Logo após sua posse, demitiu de seus cargos vários funcionários importantes, membros de poderosas famílias locais, colocando em seus lugares gente de sua estrita confiança. O próprio Cláudio Manuel da Costa, secretário do governo durante várias gestões anteriores, foi afastado e substituído por um militar de nome José Romão Jeunot[617].

Com o objetivo de distribuir favores aos seus apaniguados, Cunha Meneses criou vários novos Regimentos de Tropas Auxiliares, nomeando muitos de seus amigos para os quadros de oficiais[618].

615 Ibidem, p. 58.
616 Ibidem, p. 58.
617 Ibidem, p. 58.
618 Ibidem, p. 58.

Na época da vigência do alvará de 1785, chegou ao auge a violência do governador, prendendo e espancando todos os que, por ignorância do édito ou por necessidade, continuavam trabalhando em seus teares[619].

A continuidade desses problemas levou o Ouvidor Tomás Antônio Gonzaga, mais tarde conspirador na Inconfidência, a escrever a D. Maria I, solicitando providências. Diz Gonzaga em sua missiva: "*Ele (o governador) tira os padecentes do patíbulo, açoita, com instrumentos de castigar escravos, as pessoas livres, sem mais culpa ou processo do que uma simples informação dos comandantes. Mete os advogados e homens graves a ferro. Dá portarias aos contratadores para prenderem a todos os que eles querem... Revoga os julgados e ainda mesmo os das Relações; enfim, Senhora, ele não tem outra lei e razão mais do que o ditame de sua vontade e a dos seus criados*"[620].

Fatores ideológicos (a Revolução Americana e as ideias francesas) – a expulsão dos jesuítas das escolas portuguesas por Pombal abriu as portas da Independência do Brasil, na medida em que proporcionou, aos estudantes da época, o contato com as novas ideias que agitavam a Europa, em lugar dos ultrapassados e rançosos ensinamentos dos inacianos[621].

"Estudantes brasileiros que faziam seus cursos na Europa traziam consigo as ideias então correntes na Europa, produto de uma situação em que o 'Antigo Regime' e o sistema colonial eram postos em xeque. Entre elas destacavam-se o liberalismo de Locke e, principalmente, as 'ideias francesas', expressas na Enciclopédia e nas obras político-filosóficas de Montesquieu, Rousseau, Voltaire e Diderot"[622].

Nas casas dos homens cultos de Vila Rica "podia-se encontrar inúmeras obras, desde *O espírito das leis* até *O contrato social*, e o pensamento iluminista era absorvido até mesmo por setores do clero, vítima, como se sabe, de enérgicas críticas de Voltaire e outros filósofos da ilustração. Na biblioteca do cônego Luís Vieira da Silva[623] foram apreendidos livros de

[619] Ibidem, p. 58.

[620] Ibidem, p. 58-59.

[621] Ibidem, p. 59.

[622] Ibidem, p. 59.

[623] Cônego Luís Vieira da Silva (1735 – 1809) – Foi um sacerdote da Igreja Católica, cônego do Cabido da Catedral de Mariana, professor de Filosofia no Seminário de Mariana e um dos principais articuladores do movimento revoltoso conhecido como Conjuração Mineira. Fez os primeiros estudos no Seminário de Mariana onde ingressou em 1750,

Montesquieu, d'Alembert, Mably, Turgot, Raynal, Bierfíl, a Enciclopédia de Diderot, assim como o *Recueil des Lois Canstitutives de L 'État d'Amérique*, texto igualmente importante para os revolucionários"[624].

Mas talvez ainda mais forte tenha sido a "influência da independência norte-americana, proclamada em 1776 e definitivamente alcançada em 1781. A emancipação das antigas 'treze colônias' inglesas forneceu a 'justificação pelo exemplo'. Pela primeira vez na história do colonialismo, uma região obtinha, ainda que à custa de grandes sacrifícios e com apoio de outras potências (França e Espanha, no caso), sua liberdade da metrópole. E – a inferência é imediata – se os norte-americanos se livraram do domínio inglês, não há razão para que outras colônias não conseguissem o mesmo em relação a suas metrópoles"[625].

Os participantes da Conjuração de 1789 eram ricos, ligados à extração mineral ou à produção agrícola, instruídos, vários deles tendo estudado em universidades europeias. Na realidade, era exatamente sobre as camadas abastadas que recaía o maior peso da opressão colonial. São os grandes proprietários que têm seus interesses lesados pelo pacto colonial. Por outro lado, às camadas pobres, aos escravos, a independência não soava como uma solução: realizada a separação de Portugal, nem por isso deixariam eles de ser pobres ou escravos[626].

O caso de Cláudio Manuel da Costa serve como exemplo, pois:

transferindo-se posteriormente para o Colégio dos Jesuítas em São Paulo, onde graduou-se em Filosofia e Teologia em 1757. Era um orador de fama reconhecida em toda Minas Gerais, chamado sempre para as cerimônias de maior destaque. Considerado um dos mais cultos conjurados, foi preso em 22 de junho de 1789 aos 54 anos de idade. Na sentença prolatada em 1792 pela sua participação na Conjuração Mineira, foi sentenciado ao degredo na ilha de São Tomé. Lá ficou preso por quatro anos na fortaleza de São Julião da Barra, quando obteve permissão para deixar a prisão e recolheu-se no Convento de São Francisco onde permaneceu mais seis anos. O jesuíta foi indultado em 1802 e regressou ao Brasil. Há notícia de que teria falecido em 1809 em Paraty, sendo lá enterrado, como simples sacerdote; mas há suposição em contrário, mais lógica diante da inexistência de provas, de que teria regressado a Soledade para viver em companhia das irmãs e da filha, Joaquina Angélica da Silva.

624 MENDES JR., Antonio; RONCARI, Luiz e MARANHÃO, Ricardo. *Brasil – história, texto e consulta (Império)*, cit., p. 59.

625 Ibidem, p. 59.

626 Ibidem, p. 59.

> *"Nascido em 1729 no distrito de Mariana, era um rico minerador, filho de português e brasileira. Aprendeu as primeiras letras com um tio eclesiástico prosseguindo seus estudos no Rio de Janeiro, e, mais tarde, em Portugal, onde cursou a Universidade de Coimbra. Esteve no reino até 1753, diplomando-se em Direito Canônico e publicando vários poemas (entre os quais o 'Minúsculo Métrico' e o 'Culto Métrico'). Voltando ao Brasil, permaneceu durante cinco anos no Rio de Janeiro, partindo depois para Vila Rica, exercendo cargos importantes na administração pública"*[627].

Merece menção especial "Joaquim José da Silva Xavier, o 'Tiradentes', filho do proprietário rural Domingos da Silva Santos. Nasceu em 1746, na fazenda do Pombal, de propriedade do pai, localizada às margens do rio das Mortes. Aprendeu a ler e a escrever com sua mãe, D. Antônia da Encarnação Xavier, indo depois para São João d'El Rei, onde provavelmente frequentou a escola"[628].

> *"Já adulto, tentou a mineração, foi tropeiro, comerciando em vários pontos da capitania, exerceu a profissão de dentista (que lhe valeu o apelido) para, finalmente, tentar a carreira militar, onde atingiu o posto de alferes, no corpo de cavalaria paga de Minas Gerais. Os vários ofícios exercidos concomitantemente nos mostram Joaquim José como um dos membros daquela 'camada média' das Gerais, que se achava em grandes dificuldades, pela própria decadência da mineração e pelo aumento de impostos e preços e que precisava trabalhar em diversos setores para sobreviver. O futuro líder da Inconfidência era um dos poucos membros da conspiração que não tinham grandes posses e se constituiu no seu principal agitador político"*[629].

Foi na tropa que Tiradentes entrou em contato com as ideias revolucionárias e iluministas, pelas quais tomou-se de entusiasmo. "Em várias oportunidades ele tentou obter 'livros ingleses' e um dicionário de francês. Suas atividades (em parte ligadas ao comércio) permitiam-lhe o conhecimento e a aproximação com muitas pessoas e o alferes fazia

[627] Ibidem, p. 60.
[628] Ibidem, p. 60.
[629] Ibidem, p. 61.

o possível para divulgar as ideias políticas que acabariam por levá-lo ao patíbulo"[630].

A situação social dos inconfidentes teve, como é claro, íntimas relações com sua postura ideológica. A conjura foi um movimento de proprietários para proprietários. Quando, nas reuniões dos conspiradores, realizadas nas casas do tenente-coronel Freire de Andrade ou de Cláudio Manuel da Costa, surgiu a discussão sobre o problema da escravatura, ficaram claros os interesses envolvidos: a maior parte dos seus membros se opôs à abolição da escravidão, embora alguns, entre eles Tiradentes, tivessem advogado a causa dos escravos[631].

Também não eram unânimes as posições em torno do problema do regime político a ser adotado caso o movimento viesse a ser vitorioso. Embora a maioria dos líderes fosse francamente republicana – influência indubitável da independência dos Estados Unidos –, havia os que, como Luís Vieira da Silva, defendiam a adoção de uma monarquia de poderes limitados.

Informações fragmentárias revelam alguns dos propósitos dos inconfidentes:

> *"A capital da República deveria ser São João d'El Rey; seria criada a Casa da Moeda; manufaturas seriam implantadas e estimulada a exploração de minério de ferro; seria criada uma fábrica de pólvora; libertos os escravos e mulatos nascidos no País; fundada uma universidade em Vila Rica (o exemplo era Harvard); os padres das paróquias poderiam recolher dízimos com a condição de manterem professores, hospitais e casas de caridade; as mulheres que gerassem determinado número de filhos receberiam prêmio pago pelo Estado; não haveria Exército permanente, em vez dele os cidadãos deveriam usar armas e servir, quando necessário, na milícia nacional; seria instalado um Parlamento em cada cidade, subordinado ao Parlamento principal localizado na Capital; o desembargador Gonzaga governaria durante os primeiros três anos, após o que haveria eleições anuais; não seriam admitidas distinções ou restrições no vestuário e os ricos seriam forçados a usar produtos manufaturados localmente; todos os devedores da Fazenda Real seriam perdoados. Também a Tiradentes eram atribuídas diversas refe-*

630 Ibidem, p. 61.
631 Ibidem, p. 61.

rências na Revolução Americana. 'Livre e republicano, como a América Inglesa, o Brasil poderia ser ainda maior' – dizia o Alferes – por ser melhor dotado pela natureza"[632].

A saída de Cunha Meneses não melhoraria a situação. Em meados de 1788, chegava ao Brasil Luís Antônio Furtado de Mendonça, Visconde de Barbacena, nomeado novo governador da Capitania de Minas Gerais que o substituiu. Vinha incumbido expressamente de lançar a derrama na capitania, uma vez que havia um déficit de 384 arrobas de ouro (5760 kg) na cobrança do imposto. Barbacena deveria agir com todo o rigor para carrear ao erário real essa quantia[633].

"Essa medida impopular foi a 'gota d'água' na paciência dos habitantes das Minas Gerais, que já não aguentavam mais a exploração de que eram vítimas. Na época da chegada de Barbacena ao País, Tiradentes achava-se no Rio de Janeiro. Um de seus contatos foi com Álvares Maciel, recém-vindo da Europa e que lhe disse da efervescência política que por lá havia, relatando-lhe, inclusive, as tentativas de José Joaquim da Maia para obter o apoio americano à luta pela independência do Brasil"[634].

Em agosto de 1788 o revolucionário estava a caminho das Minas, fazendo parte da escolta da própria Viscondessa de Barbacena, que ia ao encontro do marido, já instalado em seu cargo. Chegando a Vila Rica, deparou-se com uma situação criada pelas atitudes do novo governador, que se mostrara, segundo os moradores, pior que Cunha Meneses. Barbacena vinha disposto a sanear o sistema fiscal e a cumprir rigorosamente suas ordens. A situação era grave na capitania:

"A notícia da derrama, ainda que não anunciada oficialmente, corria à boca pequena, era um segredo de polichinelo. A população estava alarmada e, principalmente os contratadores de dízimos, que deviam altas somas ao governo, achavam-se aterrorizados. Nos últimos meses de 1788, nas reuniões nas casas das altas personalidades de Vila Rica, discutiam-se assuntos que giravam em torno do governo inaugurado por Barbacena a 11 de julho daquele ano. Aos cochichos, de modo velado, corria o murmúrio que

[632] CERQUEIRA, Marcello. *A constituição na história*, cit., p. 331-332.
[633] MENDES JR., Antonio; RONCARI, Luiz; e MARANHÃO, Ricardo. *Brasil: história, texto e consulta – Império*, v. 2, cit., p. 61.
[634] Ibidem, p. 62.

o governador estava tomando medidas para a cobrança dos atrasados. A capitania não suportaria mais essa prova, e o povo, ou se levantaria ou se mudaria das Minas"[635].

Tiradentes podia não ser um grande poeta, como Cláudio Manuel da Costa, ou um grande teórico, como Tomás Antônio Gonzaga, nem conhecia profundamente os clássicos iluministas; mas era o único, dentre todos os que conspiraram, que tinha as qualidades de um grande agitador, imaginava-se um líder popular expressivo, homem capaz de levantar o povo e de levá-lo à insurreição. Era também pouco discreto, a todos comentando sobre a insurreição[636].

Em dezembro de 1788, o alferes Xavier entrava em contato com vários dos conspiradores:

"*Perto de oito horas de uma fria e chuvosa tarde em dezembro de 1788 um mensageiro desceu correndo a ladeira da Rua Direita de Vila Rica... A recém-construída casa de João Rodrigues de Macedo ficava ao lado da ponte. A estrutura baixa e retangular ... era a mais esplêndida residência privada de Minas Gerais. Na porta, o escravo entregou um bilhete fechado ao guarda-livros e administrador do estabelecimento, Vicente Vieira da Mota. Era endereçado a Inácio José de Alvarenga Peixoto, que estava jogando cartas com o opulento contratador. A mensagem dizia: 'Alvarenga, estamos reunidos, venha imediatamente, (seu) amigo (Carlos Correia de) Toledo.*
Carlos Correia estava em Vila Rica como convidado do desembargador Gonzaga. A mensagem chamou Alvarenga para um encontro previamente combinado na casa de Francisco de Paula Freire de Andrade, Comandante dos Dragões. O propósito do encontro era fomentar uma revolução. Quando a chuva cessou, Alvarenga Peixoto... seguiu para a casa de Freire de Andrade. O tenente-coronel. (...) e quatro outros homens esperavam: Dr. José Álvares Maciel, filho do capitão-mor de Vila Rica e cunhado de Freire de Andrade, Padre José da Silva de Oliveira Rolim, filho do primeiro tesoureiro do Distrito Diamantino, o Alferes Joaquim José da Silva Xavier e Carlos Correia, vigário de São José"[637].

[635] Ibidem, p. 62.
[636] Ibidem, p. 62.
[637] Ibidem, p. 62.

Os inconfidentes, como eram chamados os rebeldes, discutiram a possível estratégia para o movimento rebelde. A derrama era esperada para o primeiro semestre de 1789 e, quando fosse lançada, seria desencadeada a revolução. A senha seria: "hoje é o dia do batizado". Tiradentes seria encarregado do assalto ao palácio do governador. Não faltaram propostas para que Barbacena fosse imediatamente executado, juntamente com outros funcionários da administração, como o ouvidor Araújo Saldanha e o escrivão Carlos José da Silva. E enquanto explodia o levante em Vila Rica, os demais confederados acorreriam de vários pontos... com pistolas escondidas e confraternizariam com as tropas de Francisco de Paula, partidário do levante. Guarnições bem apetrechadas iriam para os piquetes da Serra, com a finalidade de tomarem o caminho do Rio; enquanto para São Paulo iriam tropas que confraternizariam com as que fossem cooptadas por Luís Vaz de Toledo Piza[638] [639].

Assim, estavam acertados os pontos principais da revolta, que poderia contar com pólvora suficiente, doada pelos mineradores, bem como armas e mantimentos para a resistência contra as tropas que certamente viriam do litoral[640].

No começo de março, partiu Tiradentes em direção ao Rio de Janeiro, sob o pretexto de tratar de assuntos particulares. Na verdade, o alferes desejava, provavelmente, sondar uma vez mais o estado de espírito nas demais capitanias, principalmente no Rio, com relação ao levante. Dessa viagem chegaram-nos relatos que mostram que o líder inconfidente jamais hesitava em fazer propaganda aberta da rebelião, falando a todos dos "novos tempos" que estavam por vir. Um dos que encontrou no cami-

[638] Luís Vaz de Toledo Piza (1739 – 1807) – Foi o único filho da família Toledo Piza que não seguiu a carreira eclesiástica. Inclusive o pai, após ficar viúvo, se ordenou padre e foi vigário de Pindamonhangaba. Assim como seu irmão, padre Carlos Corrêa de Toledo e Mello, foi uma das lideranças da Conjuração Mineira. Pela participação na sedição foi condenado à morte, sendo a sentença posteriormente comutada para degredo em Angola, onde se estabeleceu em Luanda. Foi nomeado escrivão da ouvidoria em 1797, vindo a falecer no exílio em 1807, aos 68 anos de idade.

[639] Mendes Jr., Antonio; Roncari, Luiz; e Maranhão, Ricardo. *Brasil: história, texto e consulta – Império*, cit., p. 62.

[640] Ibidem, p. 62.

nho foi o coronel de Auxiliares Joaquim Silvério dos Reis, que se dirigia para a vila de São José[641].

Português de nascimento, Silvério dos Reis nascera em 1756, vindo para o Brasil cerca de vinte anos depois. Minerador, foi também contratador dos direitos de entradas e devia à Coroa impostos no valor de 220:423$144 réis, o que o levou a aderir à ideia da independência (como, aliás, muitos dos demais conspiradores)[642].

Silvério espantou-se com a desenvoltura com que Tiradentes agia, temendo que o movimento fosse descoberto. Preocupava-o a possibilidade de se ver implicado e resolveu denunciar a conjura[643], para ter isenção de impostos atrasados e outros benefícios que recebera diante desta espécie de "delação premiada"[644].

[641] Ibidem, p. 63.

[642] Ibidem, p. 63.

[643] Ibidem, p. 63.

[644] Provavelmente antecede, de forma primeira, o que chamamos hoje de delação premiada a figura jurídica das Ordenações Filipinas, comuns em nossos dias em vários processos de vulto envolvendo investigações de corrupção. Além de não ser preso ao denunciar os inconfidentes, Silvério dos Reis ainda teve sua dívida perdoada pelo Erário português. Não muito diferente, como vemos, dos atuais delatores dos episódios de corrupção na política brasileira dos dias de hoje (2020). As origens da delação premiada estão no sistema judiciário anglo-saxão. No caso da Espanha, Felipe II sofreu influência do seu pai, Carlos I da Espanha, também habsburgo, que governou o Sacro Império Germânico. País de origem latina, a Espanha absorveu esse princípio, presente em seu ordenamento jurídico. No Quinto Livro das Ordenações Filipinas, "Título CXVI – Como se perdoará aos malfeitores, que derem outros à prisão", encontrava-se redigido: "Qualquer pessoa, que der á prisão cada hum dos culpados, e participantes em fazer moeda falsa, ou em cercear, ou per qualquer artificio mingoar, ou corromper a verdadeira, ou em falsar nosso sinal, ou sello, ou da Rainha, ou do Principe meu filho, ou em falsar sinal de algum Védor de nossa fazenda, ou Dezembargador, ou de outro nosso Official Mór, ou de outros Officiaes de nossa Caza, em cousas, que toquem a seus Officios, ou em matar, ou ferir com bêsta, ou espingarda, matar com peçonha, ou em a dar, ainda que morte dela se não siga, em matar atraiçoadamente, quebrantar prisões e Cadêas de fora per força, fazer furto, de qualquer sorte e maneira que seja, pôr fogo acinte para queimar fazenda, ou pessoa, forçar mulher, fazer feitiços, testemunhar falso, em soltar presos por sua vontade, sendo carceireiro, em entrar em Mosteiro de Freiras com proposito desonesto, em fazer falsidade em seu Officio, sendo Tabellião, ou Scrivão; tanto que assi dér á prisão os ditos malfeitores, ou cada hum deles, e lhes provar, ou forem provados cada um deles, e lhes provar, ou forem provados cada hum dos ditos delictos, se esse, que o assi deu á prisão, participante em cada hum

O delator não perdeu tempo. No dia 15 de março de 1789 dirigiu-se ao palácio do Visconde de Barbacena e relatou o que sabia, não poupando pormenores e delatando, um por um, todos, os inconfidentes. O depoimento, tomado por escrito, consolida a negociação com o governo. Uma semana depois, Barbacena ordenou a suspensão da derrama, motivo imediato do levante. Logo surgiram suspeitas, entre os conjurados, de que alguma coisa não ia bem: a suspensão da cobrança forçada dos impostos não seria adiada se algo de muito grave não houvesse ocorrido. A hipótese da delação passou pela cabeça de todos, e Alvarenga Peixoto aconselhou os implicados a negar qualquer participação na conspiração[645]. Foram delatores, concomitantes, Correia Pamplona[646] e Basílio de Brito[647].

A atitude de Barbacena foi um golpe político de grande habilidade, pois retirou aos conspiradores o maior trunfo com que contavam para estimular a revolta popular. Em pouco tempo, vários membros da conspiração, tentando aliviar de si as possíveis suspeitas, começaram a aparecer no palácio do governador, para "felicitá-lo pela sábia medida". Entre outros, lá estiveram Gonzaga e Alvarenga Peixoto. No entanto, o

dos ditos malefícios, em que he culpado aquelle, que he preso, havemos por bem que, sendo igual na culpa, seja perdoado livremente, postoque não tenha perdão da parte.
E se não fôr participante no mesmo maleficio, queremos que haja perdão para si (tendo perdão das partes) de qualquer maleficio, que tenha, postoque grave seja, e isto não sendo maior daquele, em que he culpado o que assi deu á prisão.
E se não tiver perdão das partes, havemos por bem de lhe perdoar livremente o degredo, que tiver para Africa, até quatro anos, ou qualquer culpa, ou maleficio, que tiver commettido, porque mereça degredo até os ditos quatro anos.
Porém, isto se entenderá, que o que dêr á prisão o malfeitor, não haja perdão de mais pena, nem degredo, que de outro tanto, quanto o malfeitor merecer".

[645] MENDES JR., Antonio; RONCARI, Luiz; e MARANHÃO, Ricardo. *Brasil: história, texto e consulta – Império*, cit., p. 63.

[646] Inácio Correia Pamplona (1731 – 1810) – Foi um comerciante, mestre de campo e bandeirante português, mais conhecido por ser um dos que delataram Tiradentes e seus companheiros a respeito das suas pretensões de independência de Portugal durante a Conjuração Mineira de 1789. Também foi responsável pela destruição de várias aldeias indígenas e refúgios de escravos da região das Minas gerais, especialmente do quilombo Campo Grande (1784), que seria o embrião do futuro município de Bambuí – MG.

[647] Basílio de Brito Malheiro do Lago ((?) – 1808) – Possuía o cargo de Tenente Coronel na capitania das Minas Gerais. Ao lado de Joaquim Silvério dos Reis, foi um dos delatores da Conjuração Mineira de 1789, em troca do perdão de suas dívidas.

visconde não agia, pelo menos aparentemente. Parecia brincar de gato e rato, divertir-se com o desespero dos inconfidentes. Na verdade, já enviara carta ao Rio de Janeiro dirigida ao vice-rei, D. Luís de Vasconcelos, solicitando instruções e relatando minuciosamente os fatos. Como demorasse a chegar a resposta, mandou Silvério dos Reis à capital, como portador de nova missiva[648].

O delator chegou ao Rio, apresentando-se ao vice-rei, que lhe pediu uma denúncia por escrito. O cerco em torno de Tiradentes começava a se apertar. O vice-rei, embora não mandasse prender logo o alferes, negou-se a conceder-lhe o passaporte, que lhe permitiria voltar a Minas. Sentindo o perigo, o líder da Inconfidência ainda tentou a fuga, pensando em ir para São Paulo, de onde voltaria às Gerais[649].

Seu esconderijo foi, entretanto, descoberto por Silvério dos Reis e, no dia 10 de maio de 1789, Joaquim José da Silva Xavier era feito prisioneiro, na casa de Domingos Fernandes da Cruz, e enviado para o forte da Ilha das Cobras[650].

Alguns dias depois, em Minas, iniciava-se a caça aos implicados no movimento: Tomás Antônio Gonzaga foi preso em sua casa, depois Domingos de Abreu Vieira e Padre Lopes de Oliveira[651]. Alvarenga Peixoto, o padre Carlos Correia de Toledo[652], o tenente-coronel Freire de

[648] MENDES JR., Antonio; RONCARI, Luiz; e MARANHÃO, Ricardo. *Brasil: história, texto e consulta – Império*. v. 2, cit., p. 63.

[649] Ibidem, p. 63.

[650] Ibidem, p. 64.

[651] Padre José Lopes de Oliveira (1740 – 1796) – Era filho de José Lopes de Oliveira, homônimo de seu pai, e de dona Bernardina Caetana do Sacramento. Tinha vários irmãos, dentre eles, Francisco Antônio de Oliveira Lopes, que também participara do movimento inconfidente. Estudou em Coimbra, formando-se em Direito Canônico, embora tenha se ordenado padre no Brasil, antes de estudar em Portugal. Condenado à morte pela Alçada e sequestro de todos os seus bens, a sua pena foi comutada para exílio e manteve-se em sigilo, como a dos demais padres. Enviado para a Fortaleza de São Julião da Barra, acabou falecendo em 1796, quatro anos após a sua chegada a Portugal.

[652] Carlos Correia de Toledo e Melo (1731 – 1803) – Foi um padre católico. Durante 12 anos foi o Vigário da Comarca do Rio das Mortes, obtendo essa nomeação em março de 1776. No ano seguinte, chegou à Vila de São José del-Rei (hoje Tiradentes) para tomar posse de uma das mais ricas paróquias da Coroa portuguesa. Teve importante participação na Conjuração Mineira e, por este motivo, foi deportado para Portugal sem saber sua

Andrade[653], Cláudio Manuel da Costa e o padre Oliveira Rolim foram aprisionados em sequência. Pouco a pouco, enchiam-se as celas da Cadeia Pública de Vila Rica[654].

No Rio de Janeiro, por ordem do vice-rei, fora aberta uma devassa para apurar os delitos; seguida de outra, iniciada em Minas, por ordem do Visconde de Barbacena, Aliás, entre essas duas sindicâncias, houve conflitos de jurisdição, pois os juízes, ciosos de suas prerrogativas e cada qual querendo mostrar maior eficiência às altas autoridades da Metrópole, causavam-se mútuos empecilhos, prejudicando o desenvolvimento do processo, que duraria mais de dois anos[655].

4.3.6.1 A repressão aos Inconfidentes – uma delação premiada?

No dia 4 de julho de 1789, "foi encontrado morto em sua cela Cláudio Manuel da Costa, dois dias depois de ter sido interrogado pela primeira vez. Oficialmente, sua morte foi considerada como suicídio, pois o 'Auto de Corpo de Delito' afirma que o poeta teria se enforcado 'com uma liga de cadarço'[656]. Hoje, restam poucas dúvidas de que Cláudio

sentença, ficando preso na Fortaleza de São Julião da Barra e depois levado para a clausura dos franciscanos de Lisboa, onde hoje é a Academia de Belas Artes da Universidade de Lisboa. Lá faleceu em 1803.

653 Francisco de Paula Freire de Andrade (1752 – 1808) – Era filho do 2º conde de Bobadela. Como seus antepassados, seguiu a carreira militar, chegando ao posto de Tenente Coronel na Capitania das Minas Gerais. Participou ativamente da Conjuração Mineira de 1789, inclusive cedendo sua casa para as reuniões dos conjurados. Quando foi descoberta a sedição foi preso e condenado a degredo para Pedras d'Angola, Moçambique, para onde partiu em 1792. Apesar do seu grande desejo de regressar para sua terra natal, só obteve licença em 1808, depois que a família real partiu para o Rio. Morreu em viagem em março do mesmo ano.

654 Mendes Jr., Antonio; Roncari, Luiz; e Maranhão, Ricardo. *Brasil: história, texto e consulta – Império,* cit., p. 64.

655 Ibidem, p. 65.

656 A história de Claudio Manoel da Costa lembra um fato da época da ditadura militar no Brasil, especificamente em 1976, quando o jornalista Vladimir Herzog foi torturado e morto nos porões do DOI-CODI em São Paulo, mas seus torturadores montaram uma farsa usando uma fotografia montada em que ele aparecia enforcado, como se tivesse se suicidado. O detalhe é que seus pés tocavam o chão, o que tornava impossível o ato. A farsa acabou sendo desmoralizada na sequência, em parte pela ação do Sindicato dos Jornalistas, e a morte de Herzog ajudou a precipitar o fim do regime militar. À missa em

Manuel tenha sido assassinado, provavelmente devido à sua atitude firme no interrogatório, mas os detalhes do crime ainda permanecem desconhecidos"[657]. Insta informar que era o conjurado um dos principais advogados da época, e que defendia os interesses de inúmeros contrabandistas, retendo por isso informações privadas e comprometedoras de muitas pessoas influentes[658].

O primeiro dos conjurados a confessar sua participação na trama foi o vigário de São José d'El Rei, Carlos Correia de Toledo. No dia 27 de novembro de 1789, prestou depoimento descrevendo minuciosamente as reuniões, os planos e os nomes dos implicados. Em seguida, foi a vez do tenente-coronel Freire de Andrade que, além de confirmar o depoimento do padre Toledo, declarou que tinha participado da conspiração para poder denunciá-la mais tarde ao Visconde de Barbacena. Era, claro, uma tentativa de se eximir das responsabilidades.

Alvarenga Peixoto, que no início tinha tentado negar, acabou concordando em falar, ao perceber que outros já tinham confessado. Com o depoimento de Inácio José, tinham os juízes os principais elementos para a instrução do processo. Uniformemente, as declarações apontavam Tiradentes como o verdadeiro líder e inspirador da Inconfidência. No conjunto dos depoimentos o alferes – o mais simples dos inconfidentes – surge rodeado de mofa e zombaria, a cingirem-no quase como uma Coroa de espinhos: "o louco do Alferes"; "gênio ardentíssimo"; "homem sem nenhum conceito"; "rústico e atroado"[659].

Joaquim José da Silva Xavier – o Tiradentes, "em seus três primeiros interrogatórios, manteve-se numa atitude de firme negação de tudo que dissesse respeito à conjura. Suas declarações, contidas nos 'Autos da Devassa da Inconfidência Mineira', são no sentido de afirmar que ele,

sua homenagem, na Praça da Sé, compareceram 8 mil pessoas, em claro desafio à ditadura, que cairia alguns anos depois. Houve uma polêmica jurídica e a União foi condenada a reconhecer o crime e a indenizar a família do jornalista, vítima de um pseudo-suicídio.

657 MENDES JR., Antonio; RONCARI, Luiz; e MARANHÃO, Ricardo. *Brasil: história, texto e consulta – Império,* v. 2, cit., p. 80.

658 Tal fato foi constatado pelo historiador norte-americano Kenneth Maxwell, na obra *Conflicts and Conspiracies: Brazil and Portugal, 1750-1808.*

659 MENDES JR., Antonio; RONCARI, Luiz; e MARANHÃO, Ricardo. *Brasil: história, texto e consulta – Império,* cit., p. 80.

depoente, se limitara a comentar que a aplicação da derrama seria má-política da metrópole, pois 'traria desassossego às Gerais'. Negou também que houvesse um movimento planejado ou 'lideranças' para uma revolta"[660].

No entanto, não dava para continuar negando. Na quarta audiência, ocorrida no começo de 1790, o alferes percebeu que não havia mais condições de continuar escondendo sua participação. Os juízes possuíam vários depoimentos que o incriminavam. Mas ao contrário de seus companheiros que, tentando safar-se, jogaram toda a culpa às suas costas, Tiradentes confessou ter sido o idealizador de tudo[661].

Começou, então, a fase do julgamento. A rainha de Portugal, D. Maria I (1777-1816), conhecida como *Maria, a Louca*, nomeava os juízes para ditar as sentenças dos envolvidos: Sebastião de Vasconcelos Coutinho, Antônio Gomes Ribeiro e Antônio Dinis da Cruz e Silva. Ordenava também a rainha que os réus pertencentes ao clero fossem julgados separadamente e que se mantivessem suas sentenças em segredo. Apesar dessas medidas, apenas em outubro de 1791 seriam dadas por encerradas as investigações, para poder passar-se à fase de julgamento. As devassas pronunciaram, como réus do crime de lesa-majestade, 34 pessoas, sendo 5 eclesiásticos e 3 já mortos[662].

No dia 19 de abril de 1792, eram finalmente lidas as penas a que tinham sido condenados os réus considerados culpados; onze dos acusados foram sentenciados à morte por enforcamento: Tiradentes, Francisco de Paula Freire de Andrade, José Álvares Maciel, Luís Vaz de Toledo Piza, Alvarenga Peixoto, Salvador do Amaral Gurgel[663], Domingos Bar-

[660] Ibidem, p. 80.

[661] Ibidem, p. 80.

[662] Ibidem, p. 80.

[663] Salvador Carvalho do Amaral Gurgel (1762 – 1812) – Filho do capitão-mor Salvador Carvalho Cunha do Amaral Gurgel e de Domiciliana de Jesus, então amante de seu pai. Mudou-se de Paraty para a capital, Rio de Janeiro, onde tirou a carta de praticante de cirurgia em 1787. No mesmo ano mudou-se para Vila Rica, onde viria conhecer o clima mais libertário das ideias iluministas, estudadas em Minas Gerais, sendo um dos participantes da Conjuração Mineira de 1789. Como consequência foi condenado a forca em 17 e abril de 1792, pena que foi comutada para degredo pela rainha D. Maria I. Foi para a Ilha de Moçambique, onde atuou como cirurgião e ocupou o cargo de vereador da

bosa[664], Francisco Antônio de Oliveira Lopes [665], José Resende da Costa (pai)[666], José Resende da Costa (filho)[667] e Domingos de Abreu Vieira[668]. Cláudio Manuel da Costa, apesar de morto, foi condenado ao confisco de bens e à "infame memória". Tomás Antônio Gonzaga, Vicente Vieira

vila de Inhambane, sendo transferido, em 1804, para o regimento de infantaria da Ilha de Moçambique, como cirurgião-mor. Em Inhambane, Gurgel fabricava medicamentos na botica do regimento e os distribuía entre os pobres, gratuitamente. Viveu em degredo até a sua morte, em 10 de dezembro de 1812.

664 Domingos Vidal de Barbosa (1761 - 1792) - Mineiro, médico pela Universidade de Bordeaux, entrou em contato na França com as ideias iluministas e os estudantes Mariano Leal e José Joaquim Maia que defendiam a independência do Brasil. Ao voltar para o Brasil envolveu-se com os inconfidentes, sendo preso e depois degredado para a Ilha de Santiago (Arquipélago de Cabo Verde).

665 Francisco Antônio de Oliveira Lopes (1750 - 1794) - Latifundiário e minerador, foi coronel do Regimento de São João Del-Rey, implicado na Conjuração Mineira de 1789. Por seu envolvimento no movimento, foi condenado ao degredo perpétuo em Moçambique, para o qual partiu em 25 de maio de 1792. Também teve metade de seus bens confiscados e, caso voltasse ao Brasil, seria executado na forca. Por sua riqueza, foi um dos poucos envolvidos na Inconfidência motivados por idealismo e não por problemas financeiros.

666 José de Resende Costa [pai] (1730 - 1798) - Ocupou o posto de capitão do Regimento de Cavalaria Auxiliar da vila de São José del Rei (atual Tiradentes). Participou da Conjuração Mineira de 1789. Seu envolvimento na sedição teve como resultado o degredo para a África e o confisco de parte dos seus bens.

667 José de Resende Costa [filho] (1766 - 1841) - Assim como seu pai, seu homônimo, foi imortalizado como um dos integrantes da Conjuração Mineira de 1789, cujo envolvimento lhe rendeu o degredo para a África e o confisco de parte dos seus bens. Foi um dos poucos que regressaram ao Brasil e o mais jovem dos 11 inconfidentes condenados à morte em 1792, mas teve sua pena comutada em degredo. Casou-se durante o cumprimento da pena em Santiago, em Cabo Verde, no ano de 1795. Cumprida sua pena, voltou ao Brasil em 1809, sendo investido em importantes cargos públicos. Foi, inclusive, deputado brasileiro às Cortes de Lisboa, em 1820, pela Província de Minas Gerais. Morreu em 17 de junho de 1841, no Rio de Janeiro.

668 Domingos de Abreu Vieira (1724 - 1792) - Era comerciante e administrador dos contratos e coletas de impostos. Durante o processo de devassa para apurar denúncias de crime de lesa-majestade em Minas Gerais, como resultado da Conjuração Mineira de 1789, foi preso na cadeia de Vila Rica, atual Ouro Preto. Condenado a morrer na forca de acordo com a sentença de 19 de abril de 1792, sua pena foi comutada para degredo perpétuo em Muxima, Angola. Viria a falecer neste mesmo ano, logo após ter desembarcado.

da Mota[669], José Aires Gomes[670], Francisco Antônio de Oliveira Lopes e João da Costa Rodrigues[671] receberam sentenças de degredo perpétuo. Gonçalves Veloso[672] foi condenado ao açoite e ao degredo. Alguns dos réus foram libertados, considerando-se os três anos de cadeia como suficiente pena[673].

Os réus eclesiásticos Carlos Correia de Toledo, Lopes de Oliveira e Oliveira Rolim foram condenados à morte por enforcamento, mas Luís

[669] Vicente Vieira da Mota (Porto, Portugal, 1735 – Moçambique, 1798) – Veio jovem para o Brasil, onde exerceu a função de Capitão da Companhia de Ordenanças de Minas Novas e guarda-livros do comerciante João Rodrigues de Macedo, em Vila Rica. Preso em 1791, foi levado para o Rio de Janeiro e entregue na cadeia da Relação a 3 de junho daquele ano. Foi condenado a degredo na África e teve metade de seus bens confiscados.

[670] José Aires Gomes (1734 – 1794) – Foi um fazendeiro, proprietário de terras, participante da Conjuração Mineira de 1789. Era filho de João Gomes, fundador do Arraial que levou o seu nome, sendo chamado posteriormente de Palmira e atualmente é a cidade de Santos Dumont, em Minas Gerais. Foi compadre e sócio de João Rodrigues de Macedo, considerado uma das eminências pardas da conjuração, mas que não foi processado por sua participação. Em 20 de abril de 1792 foi condenado a degredo para toda a vida em Ambaca, em Angola, e apreendidos os seus bens para o Fisco e Câmara Real, sentença esta depois modificada para a pena de oito anos de prisão em Inhambane, em Moçambique.

[671] João da Costa Rodrigues (1748 – [?]) – Era dono de uma hospedaria em Varginha do Lourenço, a meio caminho entre Ouro Branco e Carijós, na Capitania das Minas Gerais. Por sua participação na Conjuração Mineira de 1789 foi sentenciado ao degredo por toda a vida, teve a pena comutada por uma de 10 anos na África. Caso voltasse ao Brasil, seria pena de morte e confisco dos bens.

[672] Vitoriano Gonçalves Veloso (1738 – 1803) – Foi Alferes do Regimento de Cavalaria Auxiliar, no distrito de Bichinho ou Gritador, da Comarca do Rio das Mortes. Era o mensageiro de confiança dos conjurados. Alfaiate e mulato, foi o único dos inconfidentes condenado a chibatas e degredo. Por ser mulato, recebeu a pior das penas entre todos os demais conjurados, exceto a de morte a Tiradentes. Foi obrigado a receber chibatas em caminhadas em torno do patíbulo em 1º de maio de 1792 e depois, degredado para a África, onde morreu. A vida de Vitoriano ainda carece de maiores e melhores pesquisas, sendo que nem mesmo na Região Mineira do Campo das Vertentes, onde ele viveu, conhece-se bem a sua trajetória a ponto de poder dissertar com plena segurança sobre a sua atuação.

[673] Mendes Jr., Antonio; Roncari, Luiz; e Maranhão, Ricardo. *Brasil: história, texto e consulta – Império*, cit., p. 80.

Vieira e Rodrigues da Costa[674] seriam degredados. Todos perderam seus bens[675].

De todas essas sentenças de morte, apenas uma, a do alferes Joaquim José da Silva Xavier, seria realmente cumprida. As demais, pela "Real Piedade" e "Real Clemência" de D. Maria I, foram comutadas em penas de degredo perpétuo[676].

O homem que seria o líder da conjuração, Tiradentes, foi executado em 21 de abril de 1792, ao meio-dia, no patíbulo erguido no Campo de São Domingos, no Rio de Janeiro. Esquartejado, seus "quartos" e sua cabeça foram levados a Minas, onde foram expostos como advertência a novas tentativas de rebelião[677]. Os analistas atuais da Inconfidência Mineira acreditam que, na verdade, o movimento não teve grande importância, sendo valorizado na historiografia somente após a implantação da República. Os historiadores de antigamente, entretanto, tinham a Inconfidência em outro conceito.

4.3.7 Conjuração do Rio de Janeiro (1794) – e os escritores

Um grupo de escritores fundou, em 1771, sob a proteção do Marquês de Lavradio, a Academia Científica do Rio de Janeiro, que deveria se dedicar

[674] Manuel Rodrigues da Costa (1754 – 1844) – Foi um sacerdote católico, revolucionário e político brasileiro que participou da Inconfidência Mineira e da Primeira Assembleia Nacional Constituinte do Brasil. Estudou no seminário da cidade de Mariana e ordenou-se padre em 1780. Como consequência de sua participação na Conjuração Mineira de 1789, foi condenado a degredo de dez anos em Lisboa, em dependências eclesiásticas. Também foram confiscados muitos de seus bens, dentre os quais metade de uma fazenda, um título de terras minerais, sua rica biblioteca, móveis, utensílios domésticos, dois escravos, tabaco e uma batina, que atualmente está exposta no Museu da Inconfidência, em Ouro Preto. Cumprida a pena, regressou ao Brasil, onde teve intensa participação política. Após a Revolução liberal do Porto, de 1820, foi eleito para as Cortes Gerais Extraordinárias e Constituintes da Nação Portuguesa, pela Província das Minas Gerais. Ao mesmo tempo, participou ativamente nos acontecimentos que levaram ao "Dia do Fico" e à Independência do Brasil. Elegeu-se deputado por Minas Gerais à Assembleia Constituinte de 1823 e reelegeu-se para a Legislatura Ordinária de 1826, embora não tenha exercido este último mandato. Foi o último dos inconfidentes a falecer, em 1844.

[675] Mendes Jr., Antonio; Roncari, Luiz; e Maranhão, Ricardo. *Brasil: história, texto e consulta – Império,* cit., p. 81.

[676] Ibidem, p. 81.

[677] Ibidem, p. 81.

a assuntos científicos, divididos em três classes, uma de história, outra de cirurgia e outra de físico-química, farmácia e agricultura, e durou poucos anos, deixando, também, poucas realizações. Entre elas, a elaboração da *Flora Fluminensis* de Frei José Mariano da Conceição Veloso[678].

Uma nova entidade, "a Sociedade Literária, seria fundada em 1786, com autorização oficial do governo de Luís de Vasconcelos, reunindo alguns intelectuais do Rio de Janeiro, cujo estatuto foi aprovado pelo vice-rei. Sua proposição inicial era também de tratar de temas científicos, chegando a prever um eclipse total da Lua, em 1787. Entretanto, as discussões entre os sócios evoluíram para temas políticos e filosóficos, sugeridos pela desagregação colonial e pela política obscurantista seguida por D. Maria I. Em tais discussões, segundo testemunhos da devassa, destratavam-se os religiosos, principalmente os franciscanos; exaltava-se Pombal, de quem Mariano Pereira da Fonseca[679] era admirador; e mostrava-se simpatia à ideia republicana, com críticas às monarquias, como a portuguesa, que se empenhava contra a França revolucionária"[680].

[678] Ibidem, p. 82.

[679] Mariano José Pereira da Fonseca, marquês de Maricá (1773 – 1848) – Foi escritor, filósofo e político. Estudou no Real Colégio de Mafra entre 1785 e 1788. Neste mesmo ano, ingressou na Universidade de Coimbra, formando-se bacharel em Filosofia. Também consta que se formou em Direito por esta universidade, atuando como advogado no Rio de Janeiro. Escritor respeitado, integrou a Sociedade Literária, criada no governo do vice-rei Luís de Vasconcelos e Sousa, em 1788. Participou de suas reuniões até 1790 quando o vice-rei foi substituído pelo conde de Resende e as reuniões cessaram, só retornando em 1794, período que as ideias políticas ganhavam terreno no Brasil, desde a morte de Tiradentes e com a difusão dos princípios das Revoluções Americanas e Francesa pelo mundo. Denunciados como conspiradores, alguns membros da sociedade foram implicados na Conspiração Carioca de 1794. Mariano Fonseca estava entre eles. Levado à fortaleza da Conceição, passou dois anos e oito meses na prisão sem que fosse provada sua culpa. Se quando jovem tinha ideias liberais, após a libertação passa a ser conservador e ascende na vida pública brasileira. Assume diversos cargos no serviço régio a partir de 1808. Como agradecimento por seu trabalho como um dos redatores da Constituição de 1824, foi agraciado por D. Pedro I com o título de Visconde de Maricá, em 1825, elevando-se à Marquês no ano seguinte. Foi redator do jornal literário *O Patriota* e escreveu *Máximas, pensamentos e reflexões,* composta de quatro volumes, com um total de 3169 aforismos, publicada entre os anos de 1837 e 1841.

[680] MENDES JR., Antonio; RONCARI, Luiz; e MARANHÃO, Ricardo. *Brasil: história, texto e consulta – Império,* cit., p. 82.

Não havia nos debates nenhuma proposta de revolução ou ideais de rebeldia, mas alguns viam nos debates sobre as temáticas sensíveis um risco à ordem estabelecida. "Logo, um militar, Diogo Francisco Delgado[681], denunciou os intelectuais fluminenses. No entanto, somente após as acusações do frei Raimundo Penaforte da Anunciação, antipombalino, que se irritou contra as sátiras que faziam dos frades é que o vice-rei determinou o fechamento da sociedade. Posteriormente, sob o pretexto de que seus membros continuavam a reunir-se clandestinamente, mandou prendê-los nas masmorras da fortaleza da Conceição"[682].

Foram detidos o professor de retórica e poeta Manuel Inácio da Silva Alvarenga, o bacharel em Coimbra e proprietário no Rio de Janeiro, Mariano José Pereira da Fonseca, o professor de grego João Marques Pinto, o entalhador Francisco Antônio, o marceneiro João da Silva Antunes, Francisco Coelho Solano e Antônio Gonçalves dos Santos[683].

Com a devassa não foi possível apurar grande coisa, "senão algumas acusações, como a que pesava sobre Pereira da Fonseca, de que possuía uma obra de Rousseau, a que este replicava que esta não era completa e sim uma antologia; ou então, acusações como a do vice-rei: 'Devassa contra algumas pessoas mal intencionadas que sustentavam em vários lugares públicos e particulares proposições opostas aos governos monárquicos e que se encaminhavam ou ao menos pareciam encaminhar-se a semear e propagar entre estes povos os mesmos princípios que transformavam a monarquia francesa'"[684].

Quando a repressão se abateu sobre os acusados de conspirar contra a dominação colonial, dentre os papéis apreendidos na casa de Manoel Inácio da Silva Alvarenga foram encontrados os Estatutos Secretos da Sociedade Literária do Rio de Janeiro. Seus dispositivos eram profundamente políticos e sociais, destacando-se os seguintes:

[681] Diogo Francisco Delgado – Português, natural de Bombarral, era alferes ajudante de terço da Candelária e um dos delatores que denunciou a Sociedade Literária.

[682] MENDES JR., Antonio; RONCARI, Luiz; e MARANHÃO, Ricardo. *Brasil: história, texto e consulta – Império,* cit., p. 82.

[683] Ibidem, p. 83.

[684] Ibidem, p. 83.

"1) A boa-fé e o segredo, de modo que ninguém saiba do que se tratou na sociedade.
2) Não deve haver superioridade alguma nesta sociedade e será dirigida igualmente por modo democrático.
3) O objetivo principal será a filosofia em toda a sua extensão, no que compreende tudo quanto pode ser interessante.
4) Não só trabalhará somente sobre matérias novas, mas também sobre as já sabidas, porque será útil conservar e renovar as ideias adquiridas e comunicá-las aos que tiverem falta desses conhecimentos (...).
5) Para ser admitido, qualquer novo sócio deve preceder boa informação de sua probidade e segredo e aplicação: de sorte que se possa esperar a utilidade da sua companhia e será recebido por pluralidade de votos" (*Autos da devassa: prisão dos letrados do Rio de Janeiro, 1794, pág. 137*)[685].

Não se conseguindo provar nada contra os acusados, "teve o desembargador Antônio Dinis da Cruz e Silva que soltá-los, assim opinando: 'Contra nenhum dos presos se diz ou prova que eles entrassem no projeto de conspiração, sendo toda a culpa que se lhes imputa e contra alguns se prova, a de sustentarem em conversações, ou particulares ou públicas, que o governo das repúblicas deve ser preferido aos das monarquias, que os reis são uns tiranos opressores dos vassalos, e outras detestáveis e perigosas, principalmente na conjuntura presente'"[686].

4.3.8 Inconfidência Baiana ou Conjuração dos Alfaiates (1798) – Iluminismo, República e igualdade entre negros, pardos e brancos

No fim do século XVIII, a Bahia era um dos principais núcleos coloniais do Brasil, com sua economia voltada para o mercado exterior e baseada, em sua totalidade, no trabalho escravo. Salvador aparecia como um centro urbano de movimento. O porto estava sempre cheio de navios que embarcavam carga para a Europa, África e Rio da Prata (Rio Grande,

685 Aquino, Fernando; Aquino, Rubim Santos Leão de; Vieira, Fernando Antonio da Costa; Agostino, Carlos Gilberto Werneck; e Roedel, Hiran, *Sociedade brasileira: uma história – através dos movimentos sociais*, cit., p. 352.
686 Mendes Jr., Antonio; Roncari, Luiz; e Maranhão, Ricardo. *Brasil, história, texto e consulta – Império*, v. 2, cit., p. 83.

Montevidéu e Buenos Aires) e desembarcavam artigos manufaturados e de consumo, importados da Europa. Existia um rico comércio de exportação e importação[687].

> *"A lavoura produzia açúcar, fumo, algodão. A técnica era primária. Por isso, era crescente a necessidade de escravos, de sempre mais e mais escravos. Ao mesmo tempo, apareciam os preconceitos de cor, contra o negro e contra o mulato, não só contra o negro e o mulato escravos, mas contra o negro e os mulato livres. A eles eram proibidas muitas coisas, inclusive de ascender ao posto de oficial e suboficial nas tropas de linha. Recordando o movimento de 1798, (...), o Marechal Comandante das tropas da Capitania da Bahia opunha-se, ainda em 1803, à criação de um regimento de milícias dos pardos. No mesmo ofício, considerava os mulatos 'classe de gente a mais orgulhosa e inquieta de todo o país'"*[688].

4.3.8.1 Ideologia

"Em 1789 a Revolução Francesa destruiu uma das mais velhas e poderosas monarquias da Europa e pôs em evidência as novas ideias do Estado republicano e democrático, baseado na maioria da Nação, com respeito às liberdades humanas e ao princípio da igualdade de todas as pessoas perante a Lei"[689].

"Essas ideias chegaram à Bahia através de Portugal. Os livros em circulação eram poucos e estavam policiados. Leis severíssimas proibiam a leitura das obras de Voltaire, Rousseau, Volney, Montesquieu, Holbach. Não obstante, na Universidade de Coimbra, no Porto, em Lisboa, existiam partidários das ideias desses autores proibidos e muitos simpatizantes da causa da Revolução Francesa. Com eles aprenderam os jovens baianos que iam estudar na Europa. É possível, portanto, que nos anos de 1793 e 1794 já tenham circulação em Salvador alguns trechos do livro de Volney, *As Ruínas*, poesias de Rousseau e trechos do seu famoso livro A *Nova Heloísa* (Júlia). (...) Em torno das conversas, formou-se um grupo do qual pouco se sabe. Parece que faziam parte Dr. Cipriano Barata, os militares Hermógenes Francisco de Aguillar Pantoja e José Gomes de

[687] Tavares, Luís Henrique Dias. *História da Bahia*. Salvador: Itapuã, 1969, p. 104.
[688] Ibidem, p. 104-105.
[689] Ibidem, p. 105.

Oliveira Borges, o presbítero Francisco Agostinho Gomes, o professor de Retórica em Minas do Rio das Contas, Francisco Moniz Barrete, José Raimundo Barata de Almeida, Pedro Leão de Aguillar Pantoja. Alguns autores (Borges de Barros, Braz do Amaral, Afonso Ruy de Sousa) informam que esses e outros se organizaram em clube maçônico, denominado Cavaleiros da Luz"[690].

O soldado e artesão Lucas Dantas do Amorim Tôrres, o ourives Luís Pires, o soldado Luís Gonzaga das Virgens e Veiga, o alfaiate João de Deus do Nascimento e o ex-escravo e alfaiate Manuel Faustino dos Santos Lira estiveram no centro de um grupo que se formou em 1797. Pretendia-se uma revolução que proclamaria a República baiense e a igualdade, com o fim de acabar a discriminação entre pretos e brancos[691]. O manifesto lançado conclamava:

> "*Aviso ao Povo Bahíense*
> *Ó vós Homens cidadãos; ó vós Povos curvados, e abandonados pelo Rei, pelos seus despotismos, pelos seus Ministros. O vós Povo que nascestes para seres livres e para gozardes dos bons efeitos da liberdade, Ó vós Povos que viveis flagelados com o pleno poder do indigno Coroado, esse mesmo Rei que vós criastes: esse mesmo Rei tirano é quem se firma no trono para vos vexar, para vos roubar e para vos maltratar. Homens, o tempo é chegado para a vossa ressurreição, sim, para ressuscitardes do abismo da escravidão, para levantardes a Sagrada Bandeira da liberdade. É chegada a hora que não haverá diferenças entre negros, pardos e brancos*"[692].

Como os de Minas, em 1789, os revolucionários baianos de 1798 ainda estavam na fase das conversas, quando foram descobertos, com a diferença que nesta teve a participação do povo na sua construção. É certo que desejavam a independência, embora se referissem à Bahia e não ao Brasil. Pensavam na fundação de uma república representativa, na qual

[690] Ibidem, p. 105-106.

[691] Ibidem, p. 106.

[692] AQUINO, Fernando; AQUINO, Rubim Santos Leão de; VIEIRA, Fernando Antonio da Costa; AGOSTINO, Carlos Gilberto Werneck; e ROEDEL, Hiran. *Sociedade brasileira: uma história através dos movimentos sociais*, cit., p. 360. O texto era, sem dúvida, muito revolucionário para a época, meados do século XVIII.

os representantes do povo seriam eleitos e sob a qual existiria igualdade, visto que "os acessos a lugares representativos seriam comuns, sem diferença de cor, nem condição"[693].

Os revolucionários espalharam suas ideias nas conversas e em boletins manuscritos. As ideias principais foram:

- Independência da capitania;
- governo republicano com governo democrático;
- abertura dos portos às nações, "mormente a França";
- o fim da escravidão;
- a separação entre Igreja e Estado;
- o fim da dominação colonial;
- a igualdade de direitos, sem distinção de cor ou riqueza;
- o pagamento de melhor soldo para os soldados – 200 réis por dias;
- a punição para aqueles que se opusessem ao movimento. Os padres refratários estariam sujeitos à pena de morte;
- a garantia dos direitos dos comerciantes e dos plantadores de cana, de fumo e de mandioca[694].

Repressão – a divulgação dos boletins motivou o início da repressão. Era capitão-geral da Bahia D. Fernando José de Portugal e Castro[695]. E ele decidiu:

> *"Ordenou um inquérito para se saber qual o autor dos boletins. Iniciadas as investigações, foi preso um solicitador de causas, o mulato Domingos da Silva Lisboa. Sua letra parecia igual à dos 'avisos'. No entanto, como surgissem mais dois, a investigação procurou outro culpado e identificou o soldado Luís Gonzaga das Virgens. Foi encarcerado. Lucas Dantas, Luís Pires, Santos Lira, João de Deus Pedro Leão, decidiram libertá-lo. Estiveram convidando diversas pessoas para uma reunião no Campo do Dique do Des-*

693 Ibidem, p. 361.

694 Ibidem, p. 361.

695 Fernando José de Portugal e Castro (1752-1817) – Português, bacharel em Direito pela Universidade de Coimbra, magistrado do tribunal de Relação de Lisboa e da Casa de Suplicação, foi governador da Bahia (1788-1801) e vice-rei do Brasil (1806). Reprimiu a Conjuração Baiana (1798).

terro. Três dos convidados, Joaquim José da Veiga, Joaquim José de Santa Anna e José Joaquim de Siqueira, fizeram a denúncia"[696].

Em 25 de agosto de 1798, começaram as prisões, que se sucederam até fevereiro de 1799, somando mais de cinquenta detidos[697].

Todos os encarcerados ficaram submetidos a processo. "Mas os desembargadores Manoel de Magalhães Pinto de Avelar de Barbedo e Francisco Sabino Álvares da Costa Pinto concentraram a responsabilidade do movimento em cinco principais: Lucas Dantas do Amorim Tôrres, Manuel Faustino dos Santos Lira, João de Deus do Nascimento, Luís Gonzaga das Virgens e Veiga e Luís Pires. Foram defendidos pelo advogado José Barbosa de Oliveira. Ao fim, cinco foram condenados à morte, cumprindo-se a sentença para quatro: Lucas Dantas, Santos Lira, João de Deus e Luís Gonzaga. O quinto condenado, Luís Pires, não chegou a ser preso, conseguindo escapar"[698].

A sentença foi cumprida no dia 8 de novembro de 1799.

Quanto aos outros presos, alguns receberam o castigo do degredo na África e do flagelo do açoite. Cipriano Barata, Hermógenes Pantoja e Raimundo Barata foram condenados à prisão[699]. "No cumprimento de uma política cada vez mais repressiva, a Coroa ordenou o pagamento de prêmios e a concessão de privilégios e cargos a quaisquer denunciantes de crimes de "lesa-majestade". Fato é que os delatores[700] da contestação política foram agraciados com pensões, como José Joaquim de Santana, que havia entregado João de Deus e os principais implicados"[701]. Era, a

[696] Aquino, Fernando; Aquino, Rubim Santos Leão de; Vieira, Fernando Antonio da Costa; Agostino, Carlos Gilberto Werneck; e Roedel, Hiran. *Sociedade brasileira: uma história através dos movimentos sociais*, cit., p. 360, p. 361.

[697] Ibidem, p. 362.

[698] Ibidem, p. 362.

[699] Ibidem, p. 363.

[700] Mais uma vez, é possível traçar um paralelo com os dias atuais, em que delatores denunciam supostos corruptores à Justiça e conseguem uma série de benefícios na pena que deveriam cumprir quando, na realidade, cometeram os mesmos crimes que delatam em outros.

[701] Mendes JR., Antonio; Roncari, Luiz; e Maranhão, Ricardo. *Brasil, história, texto e consulta – Império*, v. 2, cit., p. 72-73.

exemplo da Inconfidência Mineira, mais um caso que a República futuramente chamaria de delação premiada.

4.3.9 Conspiração ou Conjuração dos Suassunas (1801) e as Academias

Das conjurações frustradas que precederam a independência brasileira, apenas na pernambucana de 1801 houve a participação explícita da maçonaria[702], sociedade secreta muito atuante na época.

Em 1798 o "Padre Arruda Câmara fundou uma sociedade chamada 'Areópago de Itambé', cujos objetivos ultrapassavam os das antigas sociedades literárias e definiam seu sentido, como o de difundir a instrução e as ideias liberais. Tinha por fim tornar conhecido o Estado Geral da Europa, os estremecimentos e destroços dos governos absolutos, sob o influxo das ideias republicanas democráticas. Era uma espécie de magistério que instruía e despertava o entusiasmo pela república, mais em harmonia com a natureza e dignidade do homem, inspirando, ao mesmo tempo, ódio à tirania dos reis. Era finalmente a revolução doutrinada que traria oportunamente a independência e o governo republicano a Pernambuco"[703].

Os chefes da conjuração foram acusados de pretender instituir em Pernambuco uma república sob a proteção de Napoleão Bonaparte. "O movimento, também chamado 'Conjuração dos Cavalcanti', tinha como líderes Francisco de Paula (Barão de Suassuna), Luís Francisco e José Francisco Cavalcanti de Albuquerque. A presença de membros do Areópago entre os suspeitos da conjura, a sua dissolução depois de 1801 e a viagem do padre Arruda Câmara para Lisboa são os únicos dados disponíveis para se estabelecer uma conexão entre o Areópago e a conjura, e entre esta e a maçonaria"[704].

[702] Foi no Nordeste que se desenvolveram em maior número as seitas dos pedreiros-livres. Depois da Academia de Suassana surgiram a Academia do Paraiso, a Universidade Secreta, fundada por Antônio Carlos Ribeiro de Andrada, a Escola Secreta, de Vicente Ferreira dos Guimarães Peixoto, e as lojas Patriotismo, Pernambuco do Oriente e Pernambuco do Ocidente. As lojas proliferaram com relativa segurança em Pernambuco, Bahia e Rio de Janeiro. Em sua maioria em ligação com o "Grande Oriente" francês, cujos interesses não se limitavam ao antiabsolutismo mas também à perspectiva de desligar o Brasil de Portugal.

[703] MENDES JR., Antonio; RONCARI, Luiz; e MARANHÃO, Ricardo. *Brasil, história, texto e consulta – Império,* v. 2, cit., p. 81.

[704] Ibidem, p. 81.

O Barão de Suassuna, rico proprietário, havia criado em seu engenho uma academia com o objetivo de estudar e propagar a ciência da liberdade. "As ideias liberais, então em voga, mostravam-se incapazes de conviver com a sujeição a um governo absoluto e prepotente, assim como iam de encontro à situação colonial. Foi essa tomada de consciência e sua difusão através das sociedades organizadas o que lhes deu um sentido político (a luta de independência e republicana), que representou um passo à frente das antigas sociedades literárias"[705].

Foi o que bastou. Depois de 1817, a maçonaria foi mais severamente reprimida tanto em Portugal, pela sua participação no levante do mesmo ano na Metrópole, como no Brasil. Entretanto, esses esforços foram infrutíferos, pois continuou ela a disseminar entre seus membros as ideias da Revolução Francesa, e na Colônia tornou-se o centro mais ativo de trabalho e da propaganda emancipadora[706].

A posterior historiografia pernambucana identificou os irmãos Cavalcanti de Albuquerque, membros de uma das mais antigas e maiores famílias brasileiras, como mártires do processo de emancipação do Brasil, incluindo a Conjuração dos Suassunas entre os movimentos de rebeldia dos colonos (como as Inconfidências Mineira e Baiana) que anunciariam a Independência de 1822. Apesar disso, o episódio foi pouco estudado e, além da própria devassa, as fontes disponíveis são escassas[707]. O historiador Hélio Viana considerava uma lenda esta conspiração.

4.3.10 A Revolução Pernambucana (1817) e a maçonaria

A Revolução Pernambucana, mais bem organizada que suas tentativas anteriores, ocorreu em um momento que o Brasil já havia sido elevado à condição de Reino Unido a Portugal e Algarves. Contou com a participação de duas lojas maçônicas que se instalaram na província após a chegada da família real ao País. Ambas pregavam a Independência e a República, com base nos ensinamentos da Independência dos Estados Unidos e da Revolução Francesa. Também havia grande descontentamento com a Metrópole. Alguns elementos que expressavam a presença do poder no

[705] Ibidem, p. 81.

[706] Ibidem, p. 82.

[707] VAINFAS, Ronaldo, *Dicionário do Brasil colonial* (1500-1808), p. 143.

cotidiano da população serão a seguir elucidados, quais sejam: Justiça, fiscalidade, recrutamento militar e preconceito étnico.

a) Justiça – o aparato judiciário que pesava sobre o conjunto da população era o aparato do Antigo Regime. Isto significava em primeiro lugar que toda a legislação, especialmente a legislação penal, estava teórica e praticamente baseada no reconhecimento de privilégios diante das leis. A gravidade dos crimes e com ela a das correspondentes punições era baseada na *posição social dos sujeitos*. Assim, é possível deduzir que:

> *"Todos eram desiguais perante a lei. De modo geral, com exceção para alguns crimes da alçada da Inquisição ou os que diziam respeito às pessoas reais e ao Real Erário, como os de lesa-majestade ou os de fabricação de moedas falsas, os nobres e fidalgos tinham penas mais leves que os peões, mesmo havendo praticado os mesmos crimes. As penas infamantes, as galés, o ferro em brasa, as mutilações, os açoites, o baraço e pregão e a tortura como meio de obtenção de provas judiciais atingiam a todos os que não tinham sangue nobre ou títulos quaisquer de algum privilégio. Toda a legislação era por princípio sanguinária, cruel e infamante para os réus de baixa condição. Por consequência, raro o juiz que não abusava de seu poder ou que não se aproveitava do cargo para extorsões e rápido enriquecimento. Não era necessário haver lido Beccaria, Voltaire ou Verri, para desejar mudar uma tal situação"*[708].

b) Fiscalidade – O poder do Estado absolutista em matéria fiscal gerou uma série de abusos que pesavam sobre a maioria da população, deles excetuados os nobres e o clero, o que tornava mais odioso e inaceitável sua imposição[709].

> *"Imposição decidida ao arbítrio do poder real, segundo suas necessidades e desejos. Ora, a instalação da corte portuguesa no Rio de Janeiro foi seguida pela criação de dezenas de novos tributos e imposições, muitos deles sobre produtos ou atividades que atingiam o cotidiano da população mais pobre, especialmente quando incidiam sobre produtos de consumo corrente como a carne e a aguardente. Entre muitos outros impostos criados após 1808 e aplicados ao território brasileiro indicamos alguns que atingiam uma*

[708] Dantas, Monica Duarte (org.). *Revoltas, motins, revoluções: homens livres e libertos no Brasil do século XIX*. São Paulo: Alameda, 2011, p. 74-75.

[709] Ibidem, p. 76.

larga faixa da população: dízimo do algodão, imposto sobre a carne verde, décima dos prédios urbanos, direito sobre a destilação da aguardente. As dezenas de novos impostos não aboliam os já existentes, alguns datando do século XVI. Mesmo as autoridades régias eram, muitas vezes, conscientes da insatisfação geral quanto aos novos tributos e sabiam da dificuldade em cobrá-los. Ao peso do fisco acrescentava-se a consciência das transferências feitas pela capitania de Pernambuco para o Erário Régio no Rio de Janeiro. Pernambuco enviava 30 contos de réis mensais para o Erário Régio, quando muitas das necessidades da capitania não eram atendidas. Muitas vezes as Câmaras Municipais, ou mesmo particulares, oficiaram à Coroa solicitando a revogação ou diminuição dos tributos, sem que fossem atendidas. Houve mesmo uma ocasião em que tal tipo de crítica ou petição foi tomada como um ato potencialmente perigoso para a soberania real e uma investigação secreta foi ordenada sobre o assunto"[710].

c) Recrutamento militar – o enquadramento militar da população masculina era um princípio do poder do Estado monárquico no Antigo Regime. Todos os que não fossem inválidos, entre 15 e 65 anos faziam parte das forças auxiliares e deviam se apresentar regularmente, ou quando convocados, para exercícios militares, rondas, postos de vigia. Este enquadramento aumentou após 1789 quando as autoridades portuguesas passaram a enviar repetidas ordens de vigilância para as cidades e vilas litorâneas no temor de ataques franceses e, mais adiante, dos insurgentes platinos. Além das tropas auxiliares havia as tropas de linha, de caráter profissional e pagas. Seus quadros eram preenchidos pelo recrutamento, na verdade uma espécie de sequestro oficial sobre a população dos homens livres pobres, especialmente pequenos agricultores. A duração do serviço militar, que podia começar aos 15 anos de idade, era de 16 anos, em condições disciplinares extremamente duras e, quase sempre, com paga miserável e em constante atraso[711].

Além disso:

"O recrutamento era um flagelo para os homens livres pobres, atingia a força de trabalho familiar dos pequenos agricultores ou artesãos. Por isto, os que tinham alguma ocasião para fazê-lo fugiam do recrutamento ou, quando tinham alguma posse, pagavam

[710] Ibidem, p. 76.
[711] Ibidem, p. 77.

aos mais pobres para substituí-los no que era percebido como uma corveia de sangue. Por isto, ainda, as deserções serem uma constante e, consequentemente, a busca, captura e castigo dos desertores. Em Pernambuco, a documentação oficial da segunda metade do século XVIII registra dezenas e dezenas de conselhos militares para julgar crimes de deserção ou de insubordinação, muitos deles castigados com o desterro para a África. O volume das deserções chegara a um nível tal que o príncipe regente d. João, em 13 de maio de 1808, decretou o perdão dos desertores que no prazo de seis meses se apresentassem aos seus batalhões e na mesma data outro decreto reduziu de dezesseis para oito anos o tempo do serviço militar para os que se apresentassem como voluntários. Que o primeiro decreto de anistia dos desertores não teve o efeito esperado temos a prova em um novo decreto, datado de 13 de novembro do mesmo ano, prorrogando o prazo de anistia aos desertores de primeira e segunda deserção simples"[712].

d) Preconceito étnico – Nos corpos militares eram comuns preconceitos e discriminações contra soldados e oficiais brasileiros, especialmente os negros, pardos e mulatos. Brasileiros, brancos ou não, dificilmente galgavam os mais altos postos da hierarquia militar, independentemente de capacidade ou talento. Além do mais, muitos corpos militares eram organizados em função da origem étnica e da cor da pele dos seus componentes, como os Regimentos dos Henriques para os negros, ou os regimentos de pardos e mulatos[713]. Havia uma segregação dos brasileiros:

> "'*O ser pernambucano foi uma prova indescritível dos maiores crimes e atentados; e o ser natural de Portugal uma justificação de prova de inocência, ainda naqueles casos em que uns e outros obraram de mãos dadas*'.
> *Um episódio acontecido às vésperas da eclosão da Revolução de 1817 é bastante ilustrativo deste estado de tensão entre os brancos, especialmente os portugueses e os descendentes de africanos, presente no cotidiano das casernas recifenses. No dia 1° de março de 1817, na festa de Nossa Senhora da Estância, instituída por Henrique Dias para comemorar a derrota dos holandeses neste sítio e comemorada, a partir de então, todos os anos, viu-se pela primeira vez um negro oficial do regimento denominado dos Henriques bater um português que ousava soltar palavras injuriosas contra os brasileiros.*

[712] Ibidem, p. 77.
[713] Ibidem, p. 79.

O governador Caetano Pinto de Miranda Montenegro[714] *alarmou-se com esta quebra da ordem étnica e viu nela, com razão, uma manifestação que ultrapassava uma querela individual. Era algo mais fundo e perigoso que se fazia presente, a oposição entre portugueses e brasileiros sobre a qual já havia recebido diversas denúncias e advertências. No temor de que tal oposição tomasse proporções sem controle e atingisse o conjunto da tropa divulgou uma ordem do dia condenando as divisões derivadas do lugar de nascimento e conclamou os soldados e oficiais a viverem 'entre si na melhor harmonia e amizade'. O efeito da ordem do governador foi exatamente o contrário do que ele esperava*"[715].

A revolução começou quando o governador Caetano Pinto mandou prender alguns militares. E a revolta conseguiu rápida vitória e o governador fugiu[716].

Vitoriosos, "os revoltosos instituíram um governo provisório, composto de cinco membros. Representavam o comércio (Domingos José Martins), a agricultura (Manuel Correia de Araújo), a magistratura José Luís de Mendonça), a tropa (Domingos Teotônio Jorge) e o clero (padre João Ribeiro), e eram assessorados por um conselho de notáveis locais, como o desembargador Antônio Carlos Andrada e Silva (irmão de José Bonifácio), o dicionarista Antônio de Morais Silva e o deão da Sé, Bernardo Luís Ferreira Portugal, Miguel Joaquim de Almeida e Castro, o padre Miguelinho, professor de retórica do Seminário de Olinda,

[714] Caetano Pinto de Miranda Montenegro (1747-1827) – Político luso, formado em Direito pela Universidade de Coimbra, nomeado intendente do ouro no Rio de Janeiro (1791-1796), governador de Mato Grosso (1796-1803) e de Pernambuco (1804-1817). Durante a Revolução de 1817 foi derrubado do governo e enviado para o Rio de Janeiro pelos revoltosos. Esteve preso e reabilitado posteriormente, participando do governo de D. Pedro I, quando ocupou a pasta da Fazenda e da Justiça (1823). Recebeu os títulos de Visconde e Marquês. Faleceu como senador de Mato Grosso.

[715] DANTAS, Monica Duarte (org.). *Revoltas, motins, revoluções: homens livres e libertos no Brasil do século XIX*, cit., p. 79-80.

[716] O capitão brasileiro João de Barros Lima, conhecido como Leão Coroado por ser muito valente e careca no topo da cabeça, mas cabeludo dos lados, foi preso devido ao assassinato do brigadeiro português Barbosa de Castro, que tentou prendê-lo, de forma humilhante, em frente à tropa. O fato precipitou a revolta.

de secretário[717], Frei Caneca[718] (Joaquim do Amor Divino), Padre Roma (atuou na Bahia), Jose Martiniano de Alencar (Ceará) e Leão Coroado. A bandeira revolucionária, ainda usada no Estado, tem em seu topo três estrelas, que representam Pernambuco, Paraíba e Rio Grande do Norte, as três províncias revoltosas"[719].

Uma das primeiras ações dos revoltosos foi conceder aumento de soldo aos militares e abolir alguns impostos. "Em seguida, para evitar os tumultos, diversas proclamações procuraram conter o arraigado antilusitanismo da arraia-miúda e garantir o apoio das províncias de Alagoas, Paraíba e Rio Grande do Norte, que tinham espontaneamente aderido ao movimento"[720].

Chegou-se a redigir uma Lei Orgânica, a exemplo de uma constituição. O referido documento pregava a liberdade de imprensa e a tolerância religiosa, representando o esboço de uma Carta Magna que, embora concentrasse no governo provisório os poderes Executivo e Legislativo, limitava o período de sua vigência até a elaboração de uma futura Carta provincial[721].

No plano externo, os revoltosos buscaram apoio em Washington e Londres, mas sem sucesso. Por sua vez, no interno, hesitações e dissenções, como o receio dos proprietários de que fosse abolida a escravidão, enfraqueceram o movimento[722].

> *"Embora contivesse, sem dúvida, sentimentos autonomistas e ideais republicanos, parece mais difícil, hoje em dia, aceitar-se a interpretação tradicional da Revolução de 1817, construída pela historiografia regional como um prenúncio da Independência de 1822 e até da República de 1889. Na realidade, o movimento pode ser compreendido como resultante de diversos fatores, dentre os quais se destaca o imaginário próprio da província, elaborado em decorrência da participação nas lutas contra os holandeses no*

[717] Vainfas, Ronaldo. *Dicionário do Brasil Imperial (1822-1889)*, cit., p. 651.

[718] Frei Caneca foi condenado a quatro anos de prisão. Participará, posteriormente, da confederação do Equador.

[719] Vainfas, Ronaldo. *Dicionário do Brasil Imperial (1822-1889)*, cit., p. 651.

[720] Ibidem, p. 651.

[721] Dantas, Monica Duarte (org.). *Revoltas, motins, revoluções: homens livres e libertos no Brasil do século XIX*, cit., p. 80.

[722] Ibidem, p. 80.

século XVII e consolidado por ocasião da Guerra dos Mascates (1710-11), essa fronda dos mazombos, que opôs a 'nobreza da terra' aos comerciantes reinós e estimulou um acentuado antilusitanismo. Num segundo plano, a criação do Seminário de Olinda pelo bispo Azeredo Coutinho, em 1800, uma instituição de ensino única na colônia, modelada na reforma pombalina da Universidade de Coimbra, permitiu a formação de toda uma geração, sobretudo de clérigos, afinada com os ideais reformistas que gravitavam em torno de Rodrigo de Souza Coutinho, e que, com o aparecimento da Maçonaria, na segunda década do século XIX, encontrou um espaço próprio de sociabilidade para desenvolver-se"[723].

Mais do que uma antecipação da independência, a revolta de 1817 pode ser compreendida como uma daquelas explosões de violência, tão frequentes no Antigo Regime, que constituíam, na ausência de outros mecanismos de negociação, a única forma de protesto possível numa situação limite. Por outro lado, o movimento denunciou de forma clara o papel de Metrópole que o Rio de Janeiro assumira com a presença da Corte, revelando insatisfações regionais que se iriam manifestar, repetidamente, no Primeiro Reinado e no período regencial[724].

Enquanto a euforia revolucionária brilhava no Recife, D. Marcos de Noronha e Brito[725], o Conde dos Arcos, organizava a repressão. Por terra, era enviada a tropa comandada pelo Marechal Cogominho de Lacerda, e por mar, uma frota sob o comando do Capitão Rufino Pires Batista, com o objetivo de bloquear a capital rebelde e os portos adjacentes[726].

[723] Ibidem, p. 81.

[724] Ibidem, p. 81.

[725] D. Marcos de Noronha e Brito oitavo conde dos Arcos (1771-1828) foi um nobre e administrador colonial português, último vice-rei do Brasil. Governou de 21 de agosto (ou 14 de outubro) de 1806 a 22 de janeiro de 1808, quando d. João VI, príncipe regente de Portugal, aportou na cidade de Salvador, transferindo para o Brasil a sede da monarquia. Havia sido enviado ao Brasil para ocupar o cargo de governador e capitão-geral do estado do Grão-Pará e Rio Negro. Chamado ao Rio de Janeiro, substituiu d. Fernando José de Portugal e Castro. Com a chegada da família real ao Brasil, foi transferido para a Bahia, como governador.

[726] MENDES JR., Antonio; RONCARI, Luiz; e MARANHÃO, Ricardo. *Brasil, história, texto e consulta – Império,* v. 2, cit., p. 127.

"Em ajuda das forças da ordem absolutista portuguesa chegava, pouco depois, o vice--Almirante Rodrigo Lobo para reforçar o bloqueio do Recife, enquanto se preparava no Rio uma expedição terrestre sob o comando do General Luís do Rego Barreto. D. João colocou todo empenho e recurso no combate à Revolução. As forças terrestres desembarcaram em Alagoas e se dirigiram para as vilas do interior pernambucano e paraibano, dando combate em Vitória de Santo Antão, Pau-d'Alho, Brejo da Areia etc. Algumas das vilas resistiram intensamente ao assédio das tropas portuguesas, como Mamanguape, na Paraíba. Muitas vezes, quando não se tornava possível o enfrentamento direto das forças repressivas, estabeleciam-se núcleos de resistência em lugares de difícil acesso, como foi o exemplo dos rebeldes da serra da Raiz"[727].

Houve vários combates entre revolucionários e legalistas. Estes levavam a melhor por causa do despreparo do exército rebelde. Sua maior fraqueza manifestava-se na falta de coesão política entre a elite dirigente. As divergências surgidas em torno do futuro do trabalho escravo, e a utilização destes na luta, cindiram a frente revolucionária. Enquanto elementos ligados ao comércio nativo, como Domingos José Martins, formavam uma camada radical, empenhada numa perspectiva abolicionista, cuja bandeira facilitaria a utilização dos negros na resistência à contrarrevolução, única forma de mobilizar eficientemente a massa escrava homens como Francisco de Paula, representante da aristocracia rural, o grupo mais numeroso, mantiveram sua posição reacionária contra qualquer sugestão de mobilização dos escravos e muito mais à de abolição[728].

A coordenação do bloqueio do Recife e os ataques por terra pelo interior, contra os revolucionários enfraquecidos, principalmente pelas hesitações e recuos do grupo dirigente mais importante, os proprietários, ciosos de seus escravos, tornaram difícil a situação da cidade. Com a declaração da "pátria em perigo" e os fracassos militares, organizou-se a ditadura, confiada a Domingos Teotônio Jorge. Este novo governo só serviria para negociar as condições de rendição com o comandante da esquadra portuguesa, Rodrigo Lobo[729].

[727] Ibidem, p. 127.
[728] Ibidem, p. 127.
[729] Ibidem, p. 127.

Em 19 de maio, "desembarcaram os portugueses na cidade, encontrando-a abandonada pelos revolucionários. Haviam, na maior parte, buscado refúgio no interior. Alguns ainda tentaram resistir; outros levavam para o sertão a ideia utópica de construir uma "república ideal". João Ribeiro enforcou-se no engenho paulista. Muitos foram mortos[730] pela tirania; outros mais, ainda, foram para o cárcere, de onde renasceriam com novo ânimo para novas lutas"[731].

Após a vitória dos portugueses, "foi registrado tratamento diferente para cada um dos contendores. Os soldados de infantaria e de artilharia que não foram considerados cabeças da revolução foram perdoados, mas cerca de 650 deles foram remetidos para Montevidéu, somente retornando em 1822. Os escravos foram castigados cruelmente e depois entregues aos seus donos"[732].

Lembrando que se tratou de uma violência "especialmente marcada pelo restabelecimento da antiga ordem étnica e social, ainda mais que o Governo Provisório havia prometido alforria aos escravos que lutassem em defesa da república. Bem nos moldes do Antigo Regime, a pena capital foi imposta àqueles considerados 'cabeças' no crime de lesa-majestade, a prisão para os que tiveram alguma participação que caracterizasse um tipo de adesão deliberadamente política e os humilhantes castigos de açoites à gente comum, notadamente aos negros, mulatos e, em alguns casos, aos brancos pobres"[733].

Não se deve iludir por uma visão idealizada da participação popular em 1817, mas atentar para as inevitáveis relações de interesse e de oposição presentes naquele momento entre a liderança e a massa popular, nos seguintes termos:

730 Foram executados: Domingos Teotônio Jorge, padre Miguelinho, padre Pedro Tenório, Padre Roma, Domingos José Martins, José Mendonça e Leão Coroado.

731 Mendes Jr., Antonio; Roncari, Luiz; e Maranhão, Ricardo. *Brasil, história, texto e consulta – Império*, v. 2, cit., p. 127.

732 Dantas, Monica Duarte (org.). *Revoltas, motins, revoluções: homens livres e libertos no Brasil do século XIX*, cit., p. 83.

733 Ibidem, p. 83.

> *"A presença da 'massa popular' nas agitações que marcaram os principais episódios da luta de 1817 em Pernambuco, estava de acordo com a própria situação vivida por esse setor da população naquele momento histórico. A tensão social que a atingia justificava sua presença, mesmo espontaneamente. Acrescente-se a isso que sua presença se fez necessária e foi solicitada, não na defesa de interesses próprios, mas na defesa de interesses das lideranças. A resposta positiva a esse apelo não decorreu de uma identidade de objetivos porque, na realidade, eles eram conflitantes. Entretanto, de certa maneira, havia pontos comuns. Para ambos os grupos havia necessidade de mudar uma situação e, para que isso se concretizasse, era preciso organizar um contingente armado em condições de enfrentar o poder estabelecido. Nesse sentido, a 'massa popular' foi arregimentada, chegando as lideranças a acenar-lhes com perspectivas de melhores oportunidades"*[734].

Uma parte significativa da população percebeu que a "revolução podia melhorar suas existências, libertá-los da escravidão, por exemplo, ou dar-lhes alguma igualdade com a gente branca e abastada. Pelo menos uma igualdade civil" [735]. Este era o clima que antecedia o processo de independência do Brasil no início do século XIX.

[734] Ibidem, p. 84.
[735] Ibidem, p. 86.

Capítulo 5
A CONSTITUIÇÃO DE 1824 E A ORDEM JURÍDICA IMPERIAL

5.1 A Constituição de 1824

5.1.1 O Anteprojeto da Constituição da Mandioca – o projeto constitucional e a Constituinte

A Assembleia Geral, Constituinte e Legislativa do Império do Brasil foi instalada em 3 de maio de 1823, na cidade do Rio de Janeiro. Funcionou como um órgão legislativo especial e ordinário. Era função do colégio examinar os grandes projetos de reforma que se devessem fazer na administração geral e particular do Estado, propor medidas e planos, e advogar e zelar pelas utilidades das províncias. A Assembleia era Constituinte e Legislativa: "a Constituinte brasileira nascera com vício congênito. O decreto de convocação denominava-a também legislativa; ela entendeu, desde logo, que não só se devia ocupar de fazer a Constituição, mas igualmente de fazer leis ordinárias. Estas tiveram preferência e encheram o tempo das sessões celebradas antes da apresentação do projeto principal, para o qual não se tinha previamente preparado bases, como se fizera em Lisboa"[736].

O principal redator do projeto Constitucional, Antônio Carlos Ribeiro de Andrada e Silva, participou do movimento pernambucano de 1817 e foi deputado nas Cortes de Lisboa. O projeto, extenso, apresentava 272 artigos. Aceitou ser o redator após criticar a Comissão especial na apresentação de projeto constitucional em 16/08/1823. Declarou, sobre o fato:

[736] MONTEIRO, Tobias. *História do império: a elaboração da independência*. Belo Horizonte: Itatiaia-Edusp, 1981, p. 688. t. 2.

"Alguns senhores ignoraram como ela [a Constituição] foi formulada (...) Eu tive a honra de ser nomeado presidente desta Comissão, que em pouco tempo me apresentou os seus trabalhos; e eu tive a sem-cerimônia de dizer que não prestavam. Um copiou a Constituição portuguesa, outro pedaços da espanhola"[737].

O Projeto de Constituição[738], à qual se atribuiu o codinome "Constituição da Mandioca", foi subscrito a 30 de agosto de 1823 por Antônio Carlos Ribeiro de Andrada e Silva, José Bonifácio de Andrada e Silva, Pereira da Cunha, Manuel Ferreira da Câmara Bittencourt e Sá[739], Pedro de Araújo Lima[740], José Ricardo da Costa Aguiar[741], Francisco Muniz

[737] MENEZES, Paulo Braga de. *As constituições outorgadas ao Império do Brasil e ao Reino de Portugal.* Rio de Janeiro: Arquivo Nacional, 1974, p. 25.

[738] Foi também denominada "Constituição da Mandioca". A mandioca era a base da cultura de subsistência. A cultura da mandioca assumia tal importância que no projeto de Constituição de Antônio Carlos (cuja discussão foi encerrada pela dissolução da Assembleia, em 1823) a classificação da renda dos cidadãos, para qualificação eleitoral, era indicada não em dinheiro, mas em capacidade aquisitiva de farinha de mandioca, ao preço médio da época da constatação (daí o intitulativo "Constituição da Mandioca"...).

[739] Manuel Ferreira da Câmara Bittencourt Aguiar e Sá (1762 – 1835) – Colega de José Bonifácio na Universidade de Coimbra, liderou o grupo que ganhou a bolsa de estudos do governo português para a viagem científica pela Europa da qual participou o futuro patriarca da Independência. Em 1808, Câmara voltou ao Brasil para administrar a Real Extração de Diamantes. Em 1820 elegeu-se deputado às Cortes de Lisboa. Foi presidente da primeira Assembleia Constituinte do Brasil, em 1823. Foi desembargador dos Agravos da Casa de Suplicação, conselheiro honorário da Fazenda no Conselho de d. João VI, dignitário honorário da Ordem Imperial do Cruzeiro e Comendador da Ordem de Cristo, tendo também publicado inúmeros trabalhos na área científica. Foi senador do Império do Brasil de 1827 a 1835, falecendo no dia 13 de dezembro de 1835, na Bahia.

[740] Pedro de Araújo Lima – Marquês de Olinda (1793-1870) – Político pernambucano, formado em Cânones pela Universidade de Coimbra, ouvidor de Paracatu (Minas Gerais), eleito para as Cortes de Lisboa (por Pernambuco) em 1821. Participou da Constituinte brasileira (1823) e da Assembleia geral do Império, sendo eleito senador por Pernambuco em 1837. Foi opositor do Padre Feijó durante a Regência e acabou sendo regente até o Golpe da Maioridade (1840). Enfrentou e reprimiu as revoltas da Bahia, do Maranhão e a Farroupilha. Chefiou o Partido Conservador e foi ministro seis vezes durante o Segundo Reinado (duas no Primeiro Reinado). Colaborou com a fase de Conciliação (1858) e acabou no campo dos Liberais e do Partido Progressista do Império. Recebeu os títulos de Visconde e Marquês de Olinda.

[741] José Ricardo da Costa Aguiar (1787-1846) – Político, magistrado, filólogo santista, foi ministro do Supremo Tribunal de Justiça, deputado às Cortes de Lisboa (1821) e à

Tavares[742] e determinava os princípios para as futuras Assembleias Constituintes:

> "Art. 271 – A Assembleia de revista será de uma sala só, igual em número aos dois terços dos membros de ambas as salas, e eleita como é a sala dos Deputados.
> Art. 272 – Não se ocupará senão daquilo para que foi convocada, e findo o trabalho dissolver-se-á".

A "concentração de atribuições gerou um paradoxo e contribuiu para a crise da Assembleia e atritos com o Imperador, que na fala do trono informava: 'espero que a Constituição que façais, mereça a minha imperial aceitação'"[743].

As críticas, todavia, foram se radicalizando em relação ao Imperador e aos poderes que deveria exercer; seus principais mentores eram os Andradas. Esse processo culminou na dissolução da Constituinte em 12/11/1823.

A atuação da Assembleia Constituinte foi notável, quer no campo legislativo, quer na elaboração constitucional, não somente pela revelação de tantas figuras consideradas de saber e probidade, como pelo interesse de resolver os problemas nacionais. A Assembleia elaborou um anteprojeto e votou 23 artigos dos 272 de que ele se compunha, suas comissões apresentaram 237 pareceres, bem como ocupou-se também de matérias de natureza legislativa ordinária, sancionando seis importantes leis dos 39 projetos de lei apresentados[744].

Assembleia Constituinte brasileira (1823). Estudou, também, os dialetos africanos. Obras: "Projeto da Constituição para o Império do Brasil", "História da Descoberta, Fundação e Povoação" ou (Anais da Província do Pará). Recebeu a Ordem Imperial do Cruzeiro.

742 Francisco Muniz Tavares (1793-1875) – Padre, historiador, teólogo pela Universidade de Paris, participou da Revolução de 1817, foi deputado às Cortes de Lisboa (1821) e à Constituinte de 1823. Foi indicado para os Negócios do Império junto ao Vaticano e presidiu o Instituto Histórico e Arqueológico de Pernambuco. Escreveu: "História da Revolução Pernambucana de 1817" e "Notas Bibliográficas e Documentais".

743 MENEZES, Paulo Braga de. *As constituições outorgadas ao Império do Brasil e ao Reino de Portugal*, cit., p. 24.

744 Ibidem, p. 24.

O projeto era liberal, como assegurava Antônio Carlos:

"Todo mundo sabe que, na Assembleia Constituinte, ajuntamo-nos sem plano. Não havendo sobre que discutir, nomeou-se uma comissão para tratar da Constituição; eu tive a honra de ser um dos nomeados, o atual regente, meu falecido irmão, outro, o finado Marquês de Inhambupe, o Sr. Tavares, meu sobrinho Costa Aguiar e outros (...). Em vista da minha declaração, a nobre comissão teve a bondade de incumbir-me da redação da nova Constituição. Que fiz eu? Depois de assentar nas bases fundamentais, fui examinar o que havia em todos os códigos constitucionais, comparei-os, aproveitei aquilo que me pareceu aplicável e coordenei o trabalho. Mas 15 dias somente para um trabalho tão importante! Era impossível que saísse perfeito. Eu mesmo o disse, quando o apresentei à Assembleia Constituinte, mas lembrei que, na discussão, se podia ir emendando e melhorando"[745].

Seguem as principais características do projeto:

- Reconhecia três poderes: o Legislativo, o Executivo e o Judiciário.
- O Imperador não podia dissolver a Câmara dos Deputados. Teria poderes apenas para convocá-la, adiá-la ou prorrogá-la.
- O herdeiro da Coroa ou Imperador do Brasil que suceder em Coroa estrangeira e a aceitar, entende-se que renunciou ao Império (artigo 157).
- Aos ministros condenados, o Imperador só pode perdoar a pena de morte (artigo 142, § 8º).
- Veto do Imperador teria caráter suspensivo, ou seja, só teria validade após avaliação da Câmara.
- As Forças Armadas ficavam sob o controle da Câmara.
- Limitava as naturalizações dos portugueses.
- As eleições ocorreriam em dois graus: no primeiro momento eram votados os eleitores privilegiados ou de segundo grau; estes escolheriam os Deputados e Senadores.
- Para ser eleitor de primeiro e de segundo grau era necessário ter um valor equivalente a 150 alqueires de farinha de mandioca e 250

[745] Ibidem, p. 25.

alqueires de farinha de mandioca, respectivamente. Em decorrência desta posição foi chamada de "Constituição da Mandioca".

- Para o cargo de deputado, era necessário ter uma renda no valor de 500 alqueires de farinha de mandioca e para o cargo de senador, 1.000 alqueires. O voto era censitário e excluía os pobres, mulatos, negros libertos, as mulheres e os escravos. Excluíam-se os que participassem do comércio.
- Buscava eliminar monopólios e privilégios, abrindo o mercado brasileiro ao comércio internacional, em especial o inglês.
- Reconhecia, juridicamente, a escravidão como instituição a ser defendida pelo Estado[746].

Acrescente-se que:

"No esboço formulado pela Assembleia as garantias contra a opressão e o arbítrio foram arroladas de modo menos genérico e com a clara intenção de resguardar a 'sociedade civil' do abuso do poder. Os Deputados optaram por explicitar que tanto quanto as corporações de ofício qualquer forma de monopólio era opressiva e devia ser abolida, o mesmo acontecendo com quaisquer constrangimentos que obrigasse alguém a prestar serviços pessoais gratuitamente. Por outro lado, além de propor que direitos e garantias somente seriam suspensos por tempo determinado e pelo Poder Legislativo, os Constituintes conferiram especial atenção aos 'contratos entre senhores e escravos', à instrução pública e aos estabelecimentos de caridade, dispondo também sobre a 'catequese e civilização dos índios', sobre a 'emancipação lenta dos negros e sua educação religiosa e industrial' e sobre 'casas de correção e trabalho' destinadas aos que 'não acham emprego', aos 'vadios', criminosos condenados e 'dissolutos de ambos os sexos'"[747].

À exceção dessas questões e das referências aos monopólios e às corporações de ofício, todas as demais garantias estavam presentes nas Bases da Constituição Política da Monarquia Portuguesa e no texto final votado pelas Cortes de Lisboa, devendo-se notar que, diferentemente da Carta

[746] OLIVEIRA, Cecília Helena Lorenzini de Salles. Nação e cidadania: a constituição de 1824 e suas implicações políticas. Bragança Paulista: *Revista Horizonte*, 1998, p. 22.
[747] Ibidem, p. 22.

de 1824, o Projeto da Constituinte incorporou até mesmo o artigo da Carta portuguesa referente aos deveres dos cidadãos[748].

O projeto foi realizado em poucos dias com a participação de 90 Deputados e "traduzia bem as condições políticas dominantes. Afastando o perigo da recolonização; excluindo dos direitos políticos as classes inferiores e praticamente reservando os cargos da representação nacional aos proprietários rurais; concentrando a autoridade política no Parlamento e proclamando a mais ampla liberdade econômica, o projeto consagra todas as aspirações da classe dominante dos proprietários rurais, oprimidos pelo regime da Colônia, e que a nova ordem política vinha justamente liberar.

Assim, a ideologia da Assembleia de 1823 – que era a da classe dominante, por ela representada em grande maioria – reflete perfeitamente seus interesses, o mais perfeito retrato do liberalismo burguês"[749].

O Projeto Constitucional elaborado pela Assembleia de 1823 não foi convertido em lei devido à dissolução prematura da Assembleia Constituinte em novembro de 1823. Porém merece um estudo porque revela os interesses da aristocracia rural e como pretendia realizá-las e exercer seu domínio. Baseou-se nas Constituições da época, inglesa e francesa, principalmente na francesa e nos princípios filosóficos e políticos do Contrato Social de Rousseau. Se bem que das ideias liberais da época, a aristocracia apega-se às que dizem respeito ao liberalismo econômico (está interessado em substituir a estrutura econômica da Colônia, sujeita às restrições por uma nova estrutura em que a aristocracia tenha liberdade de ação), mantendo-se conservadora do ponto de vista social. Os Constituintes adotam os princípios da liberdade econômica e soberania nacional, mas o projeto nem vai se preocupar com o problema dos escravos que não forem considerados brasileiros. Podemos, de acordo com Caio Prado, destacar três características no projeto de 1823:

1. Xenofobismo – isto é, a aversão ao estrangeiro, no caso ao português. Em vários artigos revela a rivalidade entre brasileiros e portugueses. A naturalização ficava dificultada.e ainda estabelecia incompatibilidade

[748] Ibidem, p. 23.

[749] Prado JR, Caio. *Evolução política do Brasil e outros estudos*. São Paulo: Editora Brasiliense, 1999, p. 57.

dos naturalizados para exercer cargos políticos. Podemos dizer que entre o projeto e as Constituições da Europa, há uma identidade de meios para fins diferentes: enquanto lá as Constituições garantiam os direitos da burguesia contra a aristocracia, o projeto defendia a aristocracia rural contra os privilégios da burguesia portuguesa[750].

2. Limitação dos poderes do Imperador – que será encarado como elemento português, representante do perigo de recolonização. O projeto visa diminuir o poder do Imperador e valorizar o da representação nacional (Câmara e Senado). Defende a indissolubilidade da Câmara e que as Forças Armadas ficassem sujeitas ao Parlamento e não ao Imperador[751].

3. Caráter classista na discriminação dos direitos políticos – os grandes proprietários rurais reservaram-se todas as vantagens políticas – quanto maior for o proprietário, maiores seus direitos políticos. Não são cidadãos ativos os criados de servir, os jornaleiros e caixeiros de casas comerciais[752].

Ressalte-se que se excluíram dos cargos políticos os de profissão mercantil. O projeto, como vimos, é típico de uma aristocracia rural que se reserva todos os direitos, procurando limitar os do Imperador e dos portugueses[753].

Em conclusão:

"A Assembleia Constituinte não conseguiu estruturar a ordem política de modo a conciliar, organicamente, o Imperador ao País"[754], resultando em sua dissolução por D. Pedro I em 12 de novembro de 1823. O imperador nomeou em seguida um Conselho de Estado para elaborar uma Constituição que lhe deu amplos poderes, outorgada em 1824.

5.1.2 A Carta outorgada de 1824 – a organização do Império

Dissolvida a Assembleia Constituinte e presos alguns parlamentares e adeptos, nomeia-se um Conselho 10 notáveis, dos quais seis são ministros, para redigir a nova Constituição que foi entregue em 23 de dezem-

[750] Ibidem, p. 58.

[751] Ibidem, p. 58.

[752] Ibidem, p. 58.

[753] Ibidem, p. 59.

[754] FAORO, Raymundo. *Os donos do poder*. Porto Alegre: Editora Globo S.A., 1976, p. 289.

bro de 1823 e promulgada em 25 de março de 1824. Foi usado como base o projeto de Antônio Carlos[755].

Participaram o ministro do Império, João Severiano Maciel da Costa (Marquês de Queluz), o ministro da Justiça Clemente Ferreira (Marquês de Nazaré), o ministro dos Estrangeiros Luís José de Carvalho e Melo (Visconde da Cachoeira), o ministro da Guerra Brigadeiro João Gomes da Silveira Mendonça (Visconde do Fanado e 1º Marquês de Sabará), o da Marinha Francisco Vilela Barbosa (1º Marquês de Paranaguá); o da Fazenda Mariano José Pereira da Fonseca, (Marquês de Maricá); e os conselheiros José Egídio Álvares de Almeida (Barão, Visconde e Marquês de Santo Amaro), Antônio Luís Pereira da Cunha (Marquês de Inhambupe), Manuel Jacinto Nogueira da Gama (Marquês de Baependi) e José Joaquim Carneiro (Marquês de Caravela). Na preparação do texto tiveram papel relevante José Joaquim Carneiro de Campos e seu irmão Francisco Carneiro de Campos[756].

D. Pedro I participou dos trabalhos. "A 11 de dezembro, o projeto foi enviado para algumas Câmaras de vilas para serem 'ouvidas' em substituição à manifestação da Assembleia Constituinte. Estas fariam observações e reparos que julgassem pertinentes, preparando definições e conclusões que estariam a cargo de representantes provinciais novamente eleitos. Por essa via, os membros do governo, além de exteriorizarem seu compromisso com a formulação de um texto constitucional, pareciam convencidos, ou desejavam fazer crer, que a Constituição não seria imposta pelo Imperador e pela Corte do Rio de Janeiro e que a fonte de legitimidade do 'pacto social' seria a vontade soberana do conjunto de cidadãos, manifestada pelas Câmaras e avalizada, posteriormente, pelos deputados. Ao fazer uso desses estratagemas e ao privilegiar, formalmente, as tradições coloniais que faziam das Câmaras espaços para o exercício do direito civil de representação dos 'povos', o Imperador lançava mão de argumentos e práticas que D. João VI havia utilizado, mas sem sucesso, em fevereiro de 1821"[757].

[755] Oliveira, Cecilia Helena Lorenzini de Salles. *Nação e cidadania: A Constituição de 1824 e suas implicações políticas*, cit., p. 16.
[756] Ibidem, p. 16.
[757] Ibidem, p. 16.

A Constituição teve como fonte a Carta de 1814, outorgada por Luís XVIII na França, e os escritos de Benjamin Constant (*Cours de Politique Constitutionnelle*, 1814 / *Principes de Politique*, 1815), que tinha sido influenciado por Clermont-Tonnerre. Continha 179 artigos, sendo considerada "duplamente liberal" pelo Imperador[758].

A forma de Estado adotada foi o unitário, de Poder Executivo fortemente centralizado. As Províncias do Império não gozavam de autonomia, sendo governadas pelos Conselhos Gerais das Províncias e pelos presidentes, de livre nomeação do Imperador. Estabeleceu como forma de governo a Monarquia constitucional hereditária (Casa de Bragança) e vitalícia. Além dos clássicos Poderes Executivo, Legislativo e Judiciário, apresentava um quarto poder, o Poder Moderador, que radicava na pessoa do Imperador e mediante o qual este coordenava os outros três poderes[759].

A principal característica do Poder Moderador, segundo o seu artigo 98, era velar pela "manutenção da Independência, equilíbrio e harmonia dos demais poderes". O Poder Moderador foi considerado a "chave de toda a organização política", uma vez que o Imperador podia nomear os senadores, dissolver o Parlamento, suspender os juízes do exercício das suas funções e nomear os membros do Conselho de Estado. A representação nacional era constituída por uma Câmara de Deputados, eleita pelos representantes das Províncias, e por um Senado cujos membros eram nomeados pelo Imperador em caráter vitalício, dentre os três candidatos mais votados de cada província, que formavam a "lista tríplice". O sistema eleitoral consagrava o voto indireto: primeiro as Assembleias paroquiais elegiam os representantes das Províncias; estes elegiam os deputados. Característica elitista era a *capacidade eleitoral*, que se regulava por critério econômico, que estabeleceu o chamado voto censitário. Assim, para poder votar nas Assembleias paroquiais o eleitor tinha de perceber uma renda anual mínima de 100 mil-réis; para votar nas eleições de deputados, 200 mil-réis; para ser votado nas eleições a deputado, 400 mil-réis e, para o Senado, a renda anual mínima devia ser de 800 mil-réis[760].

[758] Ibidem, p. 25.
[759] Ibidem, p. 25.
[760] Ibidem, p. 25.

Isso significou, certamente, o alijamento dos pobres, como os jornaleiros (trabalhadores de jornadas móveis), e de homens livres que viviam de empreitada ou não tinham emprego regular. Considere-se que o enorme contingente de pequenos proprietários urbanos e rurais, assim como rendeiros, meeiros e foreiros, estava incorporado aos procedimentos eleitorais e em muitos casos não apenas como votantes nas eleições primárias. Os cidadãos do novo Império não se circunscreviam aos círculos restritos dos proprietários de grandes fortunas e dos setores mercantis que controlavam ou pretendiam controlar o mercado, se bem que eram pessoas desse porte que ocupavam os cargos decisórios e que compuseram o Conselho de Estado responsável pelo texto constitucional[761].

A Carta outorgada apresentou, ainda: "continuidade da organização administrativa municipal tradicional, baseada nas Câmaras de Vereadores; vigência das Ordenações do Reino, desde que não revogadas por leis brasileiras; abolição das corporações de ofício, à semelhança do que ocorria na maioria dos Países europeus; gratuidade da instrução primária (art. 179, § 32)"[762].

As variações substanciais entre o projeto de Antônio Carlos e a Carta "que prevaleceu com a outorga, não eram lá tão importantes do ponto de vista da ideologia constitucional que imperava entre a elite presente do País, salvo naturalmente a questão do Poder Moderador e de vitaliciedade do Senado, atenuado pelo projeto"[763].

As diferenças fundamentais entre o projeto de Antônio Carlos e a Carta ocorreram nos seguintes pontos:

1º – O projeto só reconhece três poderes: o Legislativo, Executivo e Judiciário; e nenhuma menção do Poder Moderador, cujas funções, marcadas na atual Constituição, são ali definidas e atribu-

[761] O Conselho de Estado, composto de conselheiros vitalícios, era de livre nomeação do Imperador. A religião oficial do Império era a católica: só os católicos apostólicos romanos podiam ser eleitos para os cargos oficiais. Ibidem, p. 25.

[762] Avellar, Hélio de Alcântara. *História administrativa e econômica do Brasil*, cit., p. 207.

[763] Bonavides, Paulo e Andrade, Paes de. *História constitucional do Brasil*. Rio de Janeiro: Editora Paz e Terra, 1991, p. 92.

ídas ao Imperador como ramo da legislatura, e chefe do Poder Executivo.

2º – Pelo projeto, o Imperador não pode dissolver a Câmara dos Deputados. Só pode convocá-la, adiá-la ou prorrogá-la.

3º – O herdeiro da Coroa ou Imperador do Brasil que suceder em Coroa estrangeira e a aceitar, entende-se que renunciou à do Império (artigo 157 do projeto).

4º – Pelo Projeto as Forças Armadas ficavam sob o controle da Câmara[764].

Mas, em geral, a Carta de 1824 "recuperava, sob redação e arranjo diversos, muitas das disposições contidas no projeto da Constituinte e isso se evidencia claramente em relação aos direitos individuais e políticos ali consagrados. A Comissão da Assembleia dera destaque especial a esse tópico, alocando-o logo de início, após a definição dos 'membros da sociedade do Império do Brasil'. No texto de 1824 aparecem no final e entre as disposições gerais. Afirmava-se que a liberdade, a segurança individual e a propriedade eram direitos invioláveis, estabelecendo-se o primado da lei sobre diferentes formas de arbítrio e opressão"[765].

A nossa primeira Constituição apresentava garantias aos "cidadãos brasileiros" com os seguintes direitos: "as liberdades de expressão, de religião, de representação e de circulação; a inviolabilidade da casa e da correspondência; a igualdade perante a lei; a inviolabilidade da propriedade e da pessoa, que não podia ser presa sem culpa formada ou em flagrante delito; e a equidade na distribuição e cobrança de impostos. Ficavam abolidos todos os privilégios de qualquer natureza, assim como torturas, açoites, penas cruéis e entraves ao trabalho, culturas, indústria e comércio, suprimindo-se as corporações de ofícios (juízes, escrivães e mestres). O texto ainda garantia os 'socorros públicos' e determinava que a instrução primária fosse gratuita a todos os cidadãos. Finalmente, ressaltava-se que, em casos de 'rebelião ou invasão de inimigos', pode-

[764] Mello, F. I. M. Homem de. A Constituinte perante a História. In *A Constituinte de 1823*. Lima Sobrinho, Barbosa *et al.* Brasília: Centro Gráfico do Senado, 1973, p. 100.

[765] Oliveira, Cecilia Helena Lorenzini de Salles. *Nação e cidadania*: a Constituição de 1824 e suas implicações políticas, cit., p. 22.

ria haver a suspensão dessas garantias por decisão do Poder Legislativo ou por 'medida provisória' do Executivo, quando a Assembleia não se achasse reunida"[766].

Concluindo, a "carta criava condições para a supressão das regulamentações coloniais e delineava o Império também enquanto mercado, configurando-se a 'sociedade civil' na sua dupla dimensão: espaço visível da liberdade, das lutas políticas e das relações de poder, espaço de trocas mercantis e simbólicas e lugar de engendramento da dominação"[767]. A Constituição tinha aparência liberal, mas na prática era autoritária, pois dava grande força ao Imperador, por intermédio do Poder Moderador.

5.1.3 Aspectos ideológicos da Carta outorgada

Com a Constituição de 1824 foi adotada no País uma organização de poder que se inspirou tropicalmente nos fundamentos ideológicos liberais[768]. A filosofia liberal buscava pelas vias da razão demonstrar que o homem, titular dos direitos naturais, é por essência um ente livre. A partir destes princípios o liberalismo procurou vincular-se com o pensamento político e social, transformando-se numa ideologia de poder. Procurava derrubar séculos de autoridade pessoal absoluta, de que era expressão concreta e histórica as chamadas monarquias do direito divino. Pregavam: a livre empresa, a livre iniciativa, a livre troca, a livre competição, o homem-razão, o homem-governante, o homem-cidadão, o homem-sujeito que substituiria o sub-homem ou o súdito e servo das épocas anteriores[769]. Esses interesses estavam ligados aos valores da burguesia, que procurava atrelar a sociedade e o Estado à sua dominação econômica e política, concretizando-se por intermédio de um novo pacto social expresso pelas Constituições, que eram consideradas atos de vontade geral. Essas ideias foram divulgadas no século XVIII pelo abade Sieyès, Rousseau e Mon-

[766] Ibidem, p. 22.

[767] Ibidem, p. 25.

[768] Na prática, acabou em posições absolutistas de D. Pedro I, já que representava, ao mesmo tempo, o Poder Executivo e Moderador, sobrepondo-se fortemente aos depois Poderes.

[769] D'Ávila, Luiz Felipe. *As constituições do Brasil.* São Paulo: Brasiliense, 1993, p. 13.

tesquieu, entre outros, que cimentaram a ideologia do liberalismo para o século seguinte.

Ocorre que o "liberalismo" brasileiro foi bem diferente do europeu. Aqui foi utilizado apenas no aspecto da liberdade econômica e defesa da propriedade, passando ao largo da liberdade individual, soberania popular, descentralização administrativa, tolerância e outros libelos oriundos do iluminismo[770].

O Brasil recebeu o impacto de algumas posições liberais e D. Pedro I adicionou o pensamento de Benjamin Constant de Rebecque, constitucionalista, político e literato franco-suíço, que era crítico do seu conterrâneo e antecessor Jean-Jacques Rousseau. "Constant, que vivenciou os extremos de terror jacobino, desejava paz social pelo equilíbrio das forças e a limitação dos poderes, por convicções liberais, inspiradas na Inglaterra"[771], afirmava:

> "*Uma Constituição é a garantia da liberdade de um povo; por consequência, tudo o que se refere à liberdade é constitucional, e, por consequência também, nada é constitucional que à liberdade não se refira. Estender a Constituição a tudo é fazer de tudo perigos para ela; é criar escolhos para cercá-la. Existem grandes bases nas quais as autoridades nacionais não podem tocar (...) Entre nós, por exemplo, essas bases são: uma representação nacional em duas Casas, a Independência dos Tribunais, a manutenção inviolável da propriedade garantida pela Constituição, a segurança de não ser detido arbitrariamente, de não ser subtraído ao juiz competente, de não ser atingido por leis retroativas, e alguns outros princípios em muito pequeno número*"[772].

Em *Esboço da Constituição*, publicado em 1814, antes da carta de Luís XVIII, Constant ratificava:

"Tudo o que não se refere aos limites e às atribuições respectivas dos poderes, aos direitos políticos e aos direitos individuais não faz parte

[770] Em pleno século XXI ainda há no Brasil a defesa do liberalismo econômico, mas com viés autoritário quando se trata do liberalismo político e administrativo, sendo que em alguns caso, no campo político, há inclusive tons totalitários.

[771] D'Ávila, Luiz Felipe. *As Constituições do Brasil*, cit., p. 13.

[772] Constant, Benjamin. *Principes de politique* (documento eletrônico) – Central National de La Recherche Scientifique, p. 13.

da Constituição e pode ser modificado pelo concurso do rei e das duas Câmaras"[773].

Constant influenciará o projeto constitucional brasileiro de 1823 e a Carta outorgada de 1824, no que diz respeito à "ideia de que havia nas Constituições uma parte inatingível e outra reformável, sendo aquela a única propriamente constitucional"[774].

Além disso, lançou cinco distinções, de naturezas diversas de uma monarquia constitucional: 1- O poder régio; 2- o poder executivo; 3- o poder representativo de duração; 4- o poder representativo de opinião; 5- o poder judiciário[775].

Afirmava, ainda:

"O poder representativo de duração reside na Assembleia hereditária; o poder representativo de opinião reside numa Assembleia eleita; o poder executivo é confiado aos Ministros; o poder judiciário aos Tribunais. Os dois primeiros poderes fazem as leis, o terceiro poder providencia a sua execução geral, o quarto as aplica nos casos particulares. O poder régio está no meio, mas acima dos outros quatro, autoridade, por sua vez superior e intermediário, sem interesse em prejudicar o equilíbrio, mas tendo, pelo contrário, todo o interesse em mantê-lo.

Sem dúvida, como os homens não obedecem sempre, certamente, para seu interesse, é preciso tomar esta precaução, que o chefe de Estado não possa agir no lugar dos outros poderes.

É nisto que consiste a diferença entre a monarquia absoluta e a monarquia constitucional. Como é sempre útil sair das abstrações para os fatos, citamos a Constituição inglesa"[776].

Em busca de um país moderno, D. Pedro I aceitou que se adotasse uma constituição, mas não uma que retirasse seus poderes nos moldes liberais. A Carta outorgada, portanto, não é liberal como pretendia a aristocracia rural, pois dava grande força ao Imperador, frustrando a ideia de

[773] Ibidem, p. 13.

[774] FRANCO, Afonso Arinos de Melo. *Curso de direito constitucional brasileiro*. Rio de Janeiro: Forense, 1960, p. 11.

[775] CONSTANT, Benjamin. *Principes de politique* (Documento Eletrônico) – Central National de La Recherche Scientifique, cit., p. 13.

[776] Ibidem, p. 17.

descentralização política. O Poder Moderador dava margem a um regime autoritário, como aconteceu durante o Primeiro Império, em que, de 1824 a 1826, D. Pedro não convocou Assembleia. Mas o Poder Moderador poderá também dar margem ao parlamentarismo; foi o que aconteceu durante o Segundo Império, a partir de 1847, quando D. Pedro II abdicou muito do poder que lhe era atribuído, criando o cargo de presidente do Conselho de Ministros: os ministros governarão, com o voto de confiança do Legislativo[777]. Saliente-se que não era o parlamento que indicava o presidente do Conselho de Ministros, mas o Imperador.

Na realidade os vários artigos da Carta de 1824 mantiveram o poder absolutista da casa imperial, como pode se depreender da análise de vários de seus dispositivos. Vejamos.

- Administração das Províncias – (eram 18 províncias, sendo o Amazonas unido ao Pará, e não havia o Paraná) – em cada província havia um Presidente e um chefe de armas nomeado pelo Imperador e um conselho geral, cujos membros eram eleitos pelo sistema indireto[778].
- Criação do Conselho do Estado – seria um conselho privado do Imperador, composto por conselheiros por ele nomeados e despedidos. Condições para ser conselheiro: ter, no mínimo, 40 anos; ter uma renda anual mínima de 800 mil réis; poderia ser estrangeiro naturalizado ou cidadão nascido em Portugal que tivesse, pelo menos, 12 anos de Brasil e fosse casado com uma mulher brasileira ou viúvo dela. Os conselheiros juravam manter a religião católica apostólica romana, observar a Constituição e as leis e serem fiéis ao Imperador, aconselhando-o, segundo suas consciências e o bem da nação.
- Sucessão do trono – o Imperador será menor até 18 anos. Durante a menoridade, será regente o parente mais chegado ao Imperador, maior de 25 anos. No caso de não haver esse parente governará: uma regência trina composta por 3 membros, eleitos pela Assembleia; enquanto esta regência não for eleita, governará uma Regência Trina Provisória composta por dois ministros do Estado e presidida

[777] Ibidem, p. 17.
[778] Ibidem, p. 17.

pela imperatriz viúva ou, na falta desta, por um membro mais antigo do Conselho do Estado.

Será tutor do Imperador menor: 1) quem seu pai tiver nomeado em testamento; 2) a Imperatriz mãe enquanto viúva; 3) a Assembleia Geral nomeará um tutor (nunca poderá ser aquele a quem tocar a sucessão do trono).

- A religião oficial será a católica apostólica romana. Haverá liberdade de culto particular de todas as outras religiões, mas sem forma exterior de culto. A Igreja ficava ligada ao Estado brasileiro; o clero não poderia ter propriedades particulares.

A Carta outorgada apresentou, ainda: "continuidade da organização administrativa municipal tradicional, baseada nas Câmaras de Vereadores; vigência das Ordenações do Reino, desde que não revogadas por leis brasileiras; abolição das corporações de ofício, à semelhança do que ocorria na maioria dos Países europeus; gratuidade da instrução primária (art. 179, § 32)"[779].

5.1.4 A influência do pensamento de Benjamin Constant no constitucionalismo do Brasil Império: a criação do Poder Moderador

Há algumas peculiaridades no modo de pensar de Constant:

"O pensamento de Constant faz parte da corrente moderada que influenciou a nova era da teoria política, a Restauração. O pensamento restaurador veio após o fim do Império Napoleônico e teve o objetivo de restituir a ordem dos pensamentos políticos mais seguros, em oposição às ideias radicais do período revolucionário. Seguindo a tendência da maioria dos teóricos do seu tempo, Constant deslumbrou-se com a política inglesa e passou a repudiar as ideias influenciadoras da Revolução, entre elas a de Rousseau"[780].

Ao tratar das consequências da teoria de Rousseau, do livro *Princípios políticos*, "Constant ataca o escritor culpando-o pela tirania dos gover-

[779] Avellar, Hélio de Alcântara. *História administrativa e econômica do Brasil*, cit., p. 207.

[780] *Vide* Derosa, Cristian. *O poder moderador e o legado de Benjamin Constant no Brasil.* Disponível em http://hid0141.blogspot.com.br/2011/04/o-poder-moderador-e-o-legado-de.html. Acesso em 4 dez. 2019.

nos populares idealizados por ele, o que considera muito mais terríveis do que as monarquias absolutas. E ataca impiedosamente o adversário: 'Seria fácil mostrar, por incontáveis exemplos, que os sofismas mais grosseiros dos apóstolos mais ardorosos do terror, e nas circunstâncias mais revoltantes, foram apenas consequências perfeitamente consistentes dos princípios de Rousseau'. Constant ressalta insistentemente que uma nação não é mais livre se possui uma Constituição que assegure poder a mais representantes. 'Somente o grau de poder político, independente das mãos em que esteja concentrado, torna uma Constituição livre ou um governo opressor; e quando a tirania subsiste, ela é mais terrível se o grupo tirânico for grande'"[781].

Os princípios de Benjamin Constant foram, durante todo o período monárquico brasileiro, a grande inspiração que levou, junto aos políticos conservadores e liberais, o impulso pelas garantias e leis que melhor representassem a liberdade dos povos de acordo com o melhor do constitucionalismo inglês e da Santa Aliança. "Constant era francês, mas profundamente decepcionado com os frutos da Revolução Francesa, ao ponto de ir estudar na Inglaterra. Em *Princípios políticos aplicáveis a todos os governos*, Constant refutou as ideias de Rousseau sobre o poder ilimitado e a ideia da Vontade Geral. Para Constant, o mais importante bem que a sociedade pode prover é a limitação de todas as formas de poder. Isso não significa limitar os detentores do poder com a criação de um poder regulador, mas o poder em si, uma diferença capital no que diz respeito à administração pública. A Vontade Geral de Rousseau, segundo Constant, havia sido entendida de múltiplas formas por muitos escritores, caracterizando-se muito mais por um instrumento de poder do que de garantia constitucional"[782].

Tanto na forma de atuar e legislar como no modo de administrar o Estado, o Brasil sofreu influência ininterrupta deste pensador que tinha, como grande admirador, D. Pedro II, por meio de José Bonifácio de Andrada e dos tutores que educaram os príncipes imperiais. A estratégia de conciliação, na qual o Imperador se aliou inúmeras vezes com a elite agrária, quem de fato deteve o poder no Brasil até a metade do século XX,

[781] Ibidem, acesso em 4 dez. 2019.
[782] Ibidem, acesso em 4 dez. 2019.

provém da máxima de Constant, na qual o poder deve ser compartilhado com o proprietário, valorizando assim a propriedade que é o verdadeiro exercício da liberdade. Suas teorias tornaram possível uma transição do conservadorismo português para, junto de outros teóricos de influência conjunta, colaborar na criação de uma consciência conservadora autenticamente brasileira[783].

Foi baseado nas máximas de Constant que os ideólogos do Império criaram, a partir de 1840, o modelo parlamentarista brasileiro[784], baseado no britânico. "Este modelo possuía a inconfundível marca de Constant, o que o diferia inegavelmente do modelo inglês. O Poder Moderador, dessa forma, só passou a ser efetivamente posto em prática a partir da efetivação do modelo parlamentar que vigorou até o fim do Império. Neste modelo, o Imperador passava a ser detentor somente do quarto poder e não mais do executivo como era anteriormente, apesar de ainda estar vinculado a ele por meio da Constituição. Ao cargo de presidente do Conselho de Ministros, equivalente ao primeiro-ministro, era atribuída a chefia do executivo. O cargo fora criado em 1847 e representou o início oficial da monarquia parlamentar. Em relação ao resto do mundo, o Brasil caminhava igualmente na direção das democracias legítimas e encontrava-se anos-luz à frente, por exemplo, dos seus vizinhos latino-americanos, que criavam suas Repúblicas com base na herança da Revolução Francesa, já desgastada e arrependida na Europa. No primeiro reinado, porém, o poder monárquico ainda guardava resquícios do absolutismo unindo em si as ideias liberais que culminaram na Revolução Liberal do Porto, a partir de 1821"[785].

Uma das grandes obras de Benjamin Constant, *Princípios políticos aplicáveis a todos os governos*, devia fazer parte da biblioteca de qualquer político. Afinal, "para Constant, independentemente da forma ou do regime adotado por um País, há princípios que devem ser seguidos, por fazerem parte das reais aspirações presentes na natureza humana. No entanto, pouco se houve falar, tanto no meio acadêmico quanto em esferas políti-

[783] Ibidem, acesso em 4 dez. 2019.

[784] O presidente do Conselho de Ministros, equivalente ao cargo de primeiro-ministro, era nomeado pelo Imperador e não pelo Parlamento, como na Inglaterra.

[785] Ibidem, acesso em 4 dez. 2019.

cas mais letradas, a respeito deste homem que influenciou nossos princípios constitucionais. E há um motivo para isso. Ao defender a limitação de toda forma de poder, Constant torna-se um autor desconfortável para a imensa maioria dos intelectuais brasileiros amantes de Rousseau e do que queiram acreditar ser a Vontade Geral"[786].

O liberalismo no Brasil segundo o ponto de vista do pensador francês pode ser explicado da seguinte forma:

"Os ideais liberais chegaram ao Brasil no século XVIII, dando origem a diversos movimentos emancipacionistas que tendiam expressamente para a formação de um Estado Nacional inspirado na experiência republicana estadunidense. Assim foi a Inconfidência Mineira, cujos líderes receberam grande influência dos patriarcas de Filadélfia, e nesse período a luta pela Independência confundia-se com uma mentalidade antimonárquica. Entretanto, a transferência da Família Real Portuguesa para o Brasil, em 1808, alterou profundamente o curso da história. Os movimentos separatistas praticamente se dissiparam, enquanto o Rio de Janeiro permaneceu como sede da Monarquia lusa. Com a elevação formal do Brasil ao *status* de Reino Unido ao de Portugal, em 1815, um significativo passo foi dado na direção da emancipação política da antiga colônia, que teria caráter irreversível"[787].

Com a transferência da Corte para o Brasil em 1808, incrementou-se consideravelmente a infraestrutura administrativa, "e a expectativa dos brasileiros era a de que o Rei não mais retornasse a Portugal, governando daqui todo o seu Reino. Todavia, Dom João VI viu-se na contingência de retornar a Lisboa, para acompanhar mais de perto a elaboração da Constituição que vinha sendo reclamada pelo povo português. E aqui deixou, como Príncipe Regente, seu filho Dom Pedro de Alcântara, preparando, destarte, a futura separação do Brasil de Portugal, que acabou por se consumar em 1822. Dom Pedro era adepto das ideias do constitucionalismo liberal e, tão logo foi aclamado imperador, comprometeu-se a convocar uma Assembleia Constituinte. Todos esses fatos explicam, pois, a pecu-

[786] Ibidem, acesso em 4 dez. 2019.

[787] ALVES, Cleger Francisco. A influência do pensamento de Benjamim Constant na formação do Estado Imperial Brasileiro, Brasília: *Revista de informação legislativa,* v. 45, n. 180, p. 65-75, out./dez. 2008, p. 67.

liar característica da formação do Estado Brasileiro sob a forma monárquica, diferentemente dos demais países latino-americanos"[788].

Evidente que "as elites brasileiras do início do século XIX, mesmo aquelas que tiveram oportunidade de se aprofundar no estudo dos mais destacados pensadores políticos daquela época, refutavam o modelo liberal rousseauniano francês, assim como os ideais republicanos da América do Norte, pois consideravam que o regime monárquico era realmente fundamental para assegurar o futuro da nação recém-emancipada de Portugal. Preferiam filiar-se ao modelo liberal inglês, inspirando-se também na experiência continental pós-napoleônica, quando as propostas teóricas de Benjamin Constant alcançaram significativo destaque na tentativa da sociedade francesa de superar os fracassos e mazelas na esfera político-institucional que tanto afligiam seu povo, nos anos iniciais que se seguiram à Revolução Francesa. Aliás, o grande temor era exatamente o de que o País se assemelhasse às colônias hispano-americanas, que se fragmentaram ao alcançar sua Independência da Espanha, mergulhando em sangrentas lutas intestinas"[789].

O discurso de José Bonifácio na "Sessão da Assembleia Constituinte de 1823, no dia 5 de maio, explicita tal pensamento. Eis o que disse o Patriarca da Independência: '*Queremos uma Constituição que nos dê aquela liberdade*[790] *de que somos capazes, aquela liberdade que faz a felicidade do Estado e não a liberdade que dura momentos e que é sempre a causa e fim de terríveis desordens. Que quadro nos apresenta a desgraçada América! Há 14 anos que se dilaceram os povos que, tendo saído de um governo monárquico, pretendem estabelecer uma licenciosa liberdade e, depois de terem nadado em sangue, não são mais do que vítimas da desordem, da pobreza e da miséria. Que temos visto na Europa, todas as vezes que homens alucinados por princípios metafísicos e sem conhecimento da natureza humana quiseram criar poderes impossíveis de sustentar? Vimos os hor-*

[788] Ibidem, p. 67-68.

[789] Ibidem, p. 68.

[790] A respeito dessa noção de liberdade aspirada por José Bonifácio, é também inequívoca a influência de Benjamin Constant, que tratou dessa matéria no célebre discurso proferido no Ateneu Real de Paris, em 1819, cujo texto está publicado na Revista "Filosofia Política" (n. 2), sob o título "Da liberdade dos antigos comparada à dos modernos".

rores da França; as suas Constituições apenas feitas e logo destruídas, e por fim Bourbon, que os franceses tinham execrado, trazer-lhes a paz e a concórdia...'"[791].

"Pode-se concluir, portanto, que a opção pela monarquia constitucional representativa, como forma de governo adotada pelo Brasil, traduziu uma opção pela estabilidade e unidade do novo País, ideais que foram a tônica fundamental do pensamento de Benjamin Constant. É importante assinalar a preocupação marcante desses primeiros momentos do Brasil independente no sentido de dotar o País de uma Constituição"[792].

Inúmeras iniciativas e atos governamentais de Dom Pedro, ainda como Príncipe Regente, ressaltaram a dimensão liberal de sua personalidade. Contudo, seu temperamento arrebatado e voluntarioso, e os preconceitos de sua formação dinástica absolutista faziam latentes em sua personalidade alguns traços antiliberais que afloravam muito frequentemente. Isso preocupava as lideranças políticas nacionais, tendo causado inúmeros conflitos, que somente cessaram com a Abdicação ao Trono, ocorrida em 1831.

791 ALVES, Cleger Francisco, *A influência do pensamento de Benjamim Constant na formação do Estado Imperial Brasileiro*, cit., p. 68.

792 Esse propósito fica patente no discurso do Imperador, na abertura da Assembleia Constituinte, em 3 de maio de 1823, em cujas palavras se nota claramente a influência desse pensamento liberal europeu, *verbis*: "Ratifico hoje mui solenemente perante vós esta promessa e espero que me ajudeis a desempenhá-la, fazendo uma Constituição sábia, justa, adequada e executável, ditada pela razão e não pelo capricho, que tenha em vista tão somente a felicidade geral, que nunca pode ser grande, sem que esta Constituição tenha bases sólidas, bases que a sabedoria dos séculos tenha mostrado que são as verdadeiras para darem uma justa liberdade aos povos... uma Constituição em que os três poderes sejam bem divididos, de forma que não possam arrogar direitos que lhes não compitam, mas que sejam de tal modo organizados e harmonizados que lhes torne impossível, ainda pelo decurso do tempo, fazerem-se inimigos, e cada vez mais concorram de mãos dadas para a felicidade geral do Estado. Afinal, uma Constituição que, pondo barreiras inacessíveis ao despotismo, quer real, quer aristocrático, quer democrático, afugente a anarquia e plante a árvore daquela liberdade a cuja sombra deva crescer a união, a tranquilidade e independência deste Império, que será o assombro do mundo novo e velho". Não há como negar, nesse contexto, a expressiva influência das ideias de Benjamin Constant. Ibidem, p. 69.

No seu *Curso de direito constitucional brasileiro* (1960) o Prof. Afonso Arinos de Melo Franco[793] menciona vários fatos que confirmam essa assertiva, como os decretos que fixavam garantias à liberdade pessoal[794], à propriedade privada[795], o que criava um órgão local de controle do Poder Executivo e ainda atos oficiais mais triviais, como a denominação de logradouros públicos[796]. Mas seus vestígios absolutistas também se fizeram presentes nas diversas proclamações dirigidas à Assembleia Constituinte, quando condicionava a aceitação da Carta Política a que fosse considerada digna de si. Essa postura do Imperador gerou descontentamento entre os Constituintes, acirrando as animosidades, que acabaram por desaguar na dissolução da Assembleia, acontecimento esse que representou inequívoco retrocesso na fase de consolidação do Estado liberal brasileiro.

Ato contínuo à dissolução da Assembleia Constituinte, com o intuito de "evitar um agravamento da crise, e, ainda, no intuito de dar testemu-

[793] Afonso Arinos de Melo Franco (1905-1990) – mineiro, diplomata e historiador, representou o Brasil na Conferência Mundial de Desarmamento (1932). Foi deputado Federal por Minas Gerais (1947), Senador (1958), ministro das Relações Exteriores do Brasil (duas vezes), chefe da delegação brasileira na assembleia geral da ONU, professor de Direito Constitucional (Faculdade Nacional de Direito – RJ), pertenceu à Academia Brasileira de Letras e ao Instituto Histórico e Geográfico Brasileiro. Obras: *Conceito de civilização brasileira* (1936), *O índio brasileiro e a Revolução Francesa* (1937), *Síntese da história econômica do Brasil* (1938), *A história do Banco do Brasil* (1947), *Um estadista da República* (1955) etc.

[794] Assim dispunha o Decreto datado de 23 de maio de 1821: "nenhuma pessoa livre no Brasil pode jamais ser presa sem ordem, por escrito, do juiz ou magistrado criminal", salvo caso de "flagrante delito", e que nenhum juiz poderia expedir tal ordem "sem preceder a culpa formada pela inquirição sumária de três testemunhas".

[795] A propriedade era, na época, "o símbolo da liberdade individual, porque representava um limite sério ao arbítrio da Monarquia Absoluta". Daí a significação importantíssima do Decreto datado de 21 de maio de 1821, em que o Príncipe Regente deixa clara essa perspectiva liberal, vedando que o Estado se apoderasse arbitrariamente da propriedade do súdito.

[796] Dom Pedro, em 2 de março de 1821, alterou a denominação do largo do Rocio, no Rio de Janeiro, determinando que passasse a se chamar "Praça da Constituição". Em visita a Minas Gerais, exige que lhe reconheçam a autoridade de "regente constitucional", sendo que, ao entrar na capital mineira, expede uma proclamação que diz ao povo: "Sois livres. Sois constitucionais. Uni-vos comigo e marchareis constitucionalmente...".

nho de sua postura constitucional, Dom Pedro criou um Conselho de Estado – composto de dez membros, entre os quais sete haviam sido Constituintes – e conferiu a esse órgão a atribuição de elaborar o projeto da futura Constituição. Desse grupo, destacavam-se Maciel da Costa (Marquês de Queluz), que tinha sido o Presidente da Assembleia dissolvida, e a figura de Carneiro de Campos (Marquês de Caravelas), jurista de escol, a quem coube a tarefa de redigir o texto constitucional. O Projeto elaborado pelo Conselho de Estado, que mantinha em muito as contribuições do Projeto anterior da Assembleia Constituinte, foi submetido ao Parecer das Câmaras Municipais, que se manifestaram, em sua maioria, favoravelmente à imediata adoção desse texto, o que foi feito pelo Imperador em 25 de março de 1824. Estava, pois, juridicamente consolidado o Estado Brasileiro, com uma Constituição que, apesar do vício de origem, revelava-se bastante avançada para os padrões da época, cuja importância fica patente pelo fato de ter sido o Estatuto Político que permaneceu vigendo por maior tempo na história constitucional do País até a presente data"[797].

Ressalte-se que o pensamento de Benjamin Constant se situa numa perspectiva de crítica aos excessos da Revolução Francesa, especialmente ao período do Terror. O autor busca "conciliar as conquistas revolucionárias ligadas às liberdades individuais, e à afirmação da cidadania e da representação política na formação dos governos, sem, contudo, dispensar o modelo monárquico, num processo de acomodação das instituições políticas e sociais que a história havia colocado em rivalidade. Fica patente a influência da experiência inglesa, em que a evolução das instituições políticas ocorreu de forma muito menos abrupta comparativamente à situação vivenciada na França"[798]. Os ensinamentos de Constant encontraram eco e encaixavam-se na realidade brasileira do século XIX, afinal a elite brasileira desejava reformas e conciliações e não revoluções.

797 Alves, Cleger Francisco, *A influência do pensamento de Benjamim Constant na formação do Estado Imperial Brasileiro*, cit., p. 69-70.
798 Ibidem, p. 70.

5.1.5 A práxis do Poder Moderador no Brasil – do liberalismo ao absolutismo ou a ditadura constitucional

Sem dúvidas que a contribuição mais significativa "do pensamento de Benjamin Constant para as instituições políticas do Brasil Império foi a ideia de previsão constitucional de um Poder Moderador, que na descrição do autor francês era chamado de Poder Real. Constant reconhece que a originalidade da propositura desse instituto não lhe pertencia; ele se inspirara nos escritos de Clermont Tannerre, deputado aos Estados-Gerais, que fora morto no período revolucionário francês"[799].

O Poder Moderador ou Real proposto por Constant, "apesar de já ter-se revelado presente na prática constitucional inglesa e nas entrelinhas da Constituição francesa de 1814, não chegara a ser previsto expressamente em nenhuma outra constituição escrita anterior. Portanto, coube à Constituição Brasileira de 1824 a iniciativa pioneira de implantar expressamente essa inovação" [800].

A prática brasileira acabou por distanciar-se da teoria benjaminiana, tendo em vista a presença de outros dispositivos constitucionais, como anteriormente visto, que tutelavam o absolutismo e colocavam, indiretamente, o Poder Moderador como superior aos demais. A possibilidade de dissolução da Câmara, o voto censitário, a concentração de poderes na pessoa do monarca, sobretudo, revelam a nova face da movimentação política brasileira: um imperador respaldado na nova onda do absolutismo, mas que contava com o suporte de um grupo político, o Partido Português[801].

A ideologia liberal encontrou seu lugar dentro da Carta de 1824, mesmo porque os interesses dos donos da capital foram ali atendidos, entretanto estava deformada e mutilada, não numa comparação ao liberalismo europeu, mas em relação ao próprio ideário do liberalismo bra-

[799] Ibidem, p. 70-71.

[800] Ibidem, p. 71.

[801] A plasticidade, mobilidade e flexibilidade da Constituição de 1824 pareciam ser estratégicas, já que a realidade política brasileira e o jogo de poder mostram-se extremamente pendulares no curso histórico. Interessante se faz ressaltar que apesar de contar, naquele momento, com uma base política conservadora, absolutista e escravista, a Constituição de Dom Pedro I não prescrevia a escravidão.

sileiro. As mudanças no cenário político afastaram o liberalismo mais acentuado do Partido Brasileiro e puseram em execução o conservadorismo do Partido Português. A nova ordem do poder direcionava-se para um Estado liberal sob o aspecto econômico e monárquico constitucional sob o aspecto político, entretanto assentava suas bases econômicas sobre pilares de uma estrutura política tirânica. Assim, a Carta Constitucional de 1824 era a "tradução do equilíbrio político de uma sociedade em normas jurídicas fundamentais[802].

A ideia de um liberalismo que poderia ser a fonte de um processo eficaz destacou-se na condição da existência entre a reforma que poderia ser realizada e o poder conservador, que não admitia a ideia de mudança, pois o poder do imperador permaneceria absoluto. Desse modo, quando se destaca a ideia da Revolução Francesa pelo ideal de liberdade, igualdade e liberdade, cujo lema se torna importante para o Brasil Império, este era necessário por uma organização da Constituinte diante dos compromissos inerentes ao Brasil[803].

Além da instalação de um sistema parlamentar bicameral, ou seja, Câmara e Senado, criou-se o quarto poder (Moderador) a ser exercido pelo imperador. O Senado era composto unicamente por membros vitalícios, ao contrário da Câmara dos Deputados formada por mandatários temporários[804]. A Constituição de 1824 pode ser considerada como uma:

> *"[...] frustração da dissolução da Constituinte de 1823 em que não apenas começou a gerar divórcio entre a Coroa e a opinião pública, mas manchou de*

[802] PRADO JR, Caio. *Evolução política do Brasil*. São Paulo: Editora Brasiliense, 1972, p. 49.

[803] A esse respeito BONAVIDES Paulo e ANDRADE, Paes de. *História constitucional do Brasil*, cit., p. 95, entendem que o estabelecimento dos poderes ocorreu pelas questões liberais e conservadoras na constituição do Império: "A constituição do Império, objeto agora de consideração, não foi na história do país a constituição-modelo do nosso liberalismo na plenitude com o advento da República. Teve a constituição, contudo, um alcance incomparável, pela força do equilíbrio e compromisso que significou entre o elemento liberal, disposto a acelerar a caminhada para o futuro, e o elemento conservador propenso a referendar o status quo e, se possível, tolher indefinidamente a mudança e o reformismo nas instituições. O primeiro era descendente da Revolução Francesa, o segundo, da Santa Aliança e do absolutismo".

[804] BONAVIDES Paulo e ANDRADE, Paes de. *História constitucional do Brasil*, cit., p. 90.

sangue o governo de D. Pedro I, com a reação pernambucana de 1824, vincando de forma indelével a vocação autoritária do monarca"[805].

Nesse caso, os poderes do Estado tornaram-se evidenciados pelos poderes do Imperador. Contudo, a Constituição estabelecia a igualdade de todos perante a lei, e consequentemente, em tese, qualquer pessoa era capaz de ser admitida para qualquer cargo público, mas isso não acontecia de fato. Havia também a liberdade de pensamento e expressão, entretanto somente católicos poderiam exercer a política e diversas pessoas foram mortas por terem pensamentos republicanos[806].

O voto censitário e a eleição indireta para o Senado fortaleciam o conservadorismo e as bases do Imperador: "o fato é que pela escolha dos senadores que formaram a primeira Legislatura, e que em 1826, D. Pedro I o compôs com uma grande maioria de áulicos, adeptos do que à época se chamava o 'Partido Português'"[807]. Formou-se dentro do Poder Legislativo não só uma força conservadora, mas uma força conservadora vitalícia.

O absolutismo deriva do fato de o Imperador acumular a titularidade tanto do Poder Executivo como do Poder Moderador. Ademais, era ele o responsável pela nomeação dos membros do Poder Judiciário e podia vetar as leis aprovadas pelo Poder Legislativo. Sem contar que os senadores eram por ele escolhidos a partir da lista tríplice. Mesmo quando passa a vigorar uma monarquia parlamentarista, a partir de 1847, a situação não se alterou. É que o responsável por indicar o presidente do Conselho de Ministros era o Imperador, e não o Poder Legislativo. Vale lembrar que a Constituição de 1824, em seu art. 98, definia o Poder Moderador como a chave de toda a organização política, sendo delegado privativamente ao Imperador, como chefe supremo da nação e seu primeiro representante, para que incessantemente vele sobre a manutenção da independência, equilíbrio e harmonia dos demais poderes políticos.

[805] NOGUEIRA, Octaciano. *Constituições Brasileiras*: 1824. Coleção Constituições Brasileiras, Volume I. Brasília: Senado Federal e Ministério da Ciência e Tecnologia, Centro de Estudos Estratégicos, 2001, p. 17.

[806] Ibidem, p. 17.

[807] Ibidem, p. 58.

O Poder Moderador revela o conceito doutrinário enquanto quarto poder. Efetivamente a figura do monarca como rei se caracteriza na condição da organização política, e assim, a força do Império se molda ao regime político caracterizado na sua determinação do governo, pois efetivamente o seu papel é real e decisivo nas ações governamentais[808].

Para caracterizar bem esse poder, o art. 99 do texto constitucional prescreve: "A pessoa do imperador é inviolável e sagrada. Ele não está sujeito a responsabilidade alguma". Enquanto forma de organização política é necessário que os seus poderes sejam responsáveis para se manter o equilíbrio necessário. O Poder Moderador possui uma força social política mais ativa, mais influente em todas as instituições da nação, e como tal cabe a ele estabelecer a fiscalização da nação estabelecendo os poderes definidos e constituídos como necessários à manutenção da ordem dentro de um ideal positivista e liberal vigente na época[809].

O Poder Moderador serviu como instrumento de intervenção do imperador em todos os assuntos de governo. Mesmo os assuntos judiciários foram invadidos pela presença real, quer suspendendo magistrados, como perdoando as penas impostas aos réus por sentenças válidas em processos judiciais, ou mesmo concedendo anistia. Na prática representava a centralização de poder. O Poder Moderador estabelece as relações do governo para com o povo, ou seja, desenvolve os meios necessários para governar o País. Por isso, o que marcou a ação do Poder Moderador foi efetivamente o exercício de um sistema que mantivesse o poder do Império.

Em síntese, as principais atribuições do Poder Moderador eram:

- nomear um terço dos senadores;
- convocar Assembleia Geral em caráter extraordinário, nos intervalos das sessões;

[808] A discussão sobre o poder moderador ocorre também entre Hobbes e Rousseau, pois enquanto o primeiro defende a ideia de uma soberania do rei, o segundo defende que esta deve ser emanada do povo em busca da democracia. Assim, Rousseau entende que o Contrato Social deve ter o seu equilíbrio, limitando os poderes do povo, pois caso contrário o poder seria despótico, tanto do povo como do rei. A tônica central é a análise a respeito do absolutismo, definindo os limites do exercício do poder pelo monarca.

[809] BUENO, José Pimenta. (Marquês de São Vicente). *Direito Público Brasileiro e análise da Constituição do Império*. São Paulo: Ed. 34, 2002, p. 280.

- sancionar os decretos e resoluções da Assembleia Geral;
- aprovar e suspender interinamente as resoluções dos Conselhos Provinciais;
- prorrogar ou adiar a Assembleia Geral e dissolver a Câmara dos Deputados nos casos em que o exigir a salvação do Estado. Neste caso deve convocar imediatamente outra que a substitua;
- nomear e demitir livremente os ministros de Estado;
- suspender os magistrados na forma prevista pela lei;
- perdoar e reduzir as penas impostas aos réus condenados por sentenças irrecorríveis;
- conceder anistia em caso urgente e que assim aconselham a humanidade e o bem do Estado[810].

Desse modo, o ato de governar é dado ao imperador definindo as bases da governabilidade, nomeando e demitindo livremente os ministros, bem como perdoando as penas dos réus, ou dissolvendo o Parlamento. Talvez por isso os críticos afirmem que consistia em um poder autoritário. O Poder Moderador estabeleceu a manutenção da ordem e das necessidades imperiais, e esteve presente nas decisões de governo:

> "*Facilitou-se, com isto a interpretação de que o poder moderador não era o ponto de equilíbrio entre todas as forças que se encontravam naquele nível, mas uma que abria qualquer porta. Isso fez com que o Imperador, aliás perfeitamente dentro das suas atribuições, usasse o Poder Moderador como chave. Ele abria a porta do Partido Liberal, abria a porta do Partido Conservador, dissolvia quando quisesse a Assembleia Geral, demitia ministros*"[811].

Assim, o imperador, ao utilizar-se das ideias liberais no desenvolvimento dos poderes, permitiu que os Partidos Liberal e Conservador utilizassem as suas próprias forças para o exercício do poder. Contudo, sempre coube ao imperador a manutenção do equilíbrio do poder destacando-se pela força exercida. Na realidade, o constitucionalismo do Império marcado pelos princípios de uma ideologia liberal estabeleceu

[810] Bonavides Paulo e Andrade, Paes de. *História constitucional do Brasil*, cit., p. 90.
[811] Ibidem, p. 90.

uma ordem liberal. Contudo, o Poder Moderador estabeleceu limites nesta liberdade, pondo em primeiro plano a manutenção da monarquia Constituinte: "Esbravejava-se contra o Poder Moderador e se invocava ele ao mesmo tempo para realizar as reformas. Era preciso pôr freios a esse poder absoluto, deixado nas mãos de um só homem. Tornava-se necessário ultrapassar essa situação ambígua, quando não contraditória. A República se propunha a realizar essa aspiração"[812].

O Projeto Constitucional de 1823 acabou sendo superior, principalmente por seu sucessor apresentar o Poder Moderador. O liberalismo, enquanto um processo caracterizado pela época, foi decisivo para que se estabelecessem condições necessárias à governabilidade, fortalecendo a ideia de que era necessário repensar o poder moderador. Por isso que se estabeleceu o Ato Adicional de 1834.

Com o advento do Poder Moderador, instaurou-se, no Primeiro Reinado, uma espécie de ditadura constitucional do imperador, pois ele exercia o pleno controle sobre os ministros e a condição existente enquanto organização frente aos poderes organizados no Império. O Poder Moderador, ao dar amplos poderes ao monarca, passa a constituir um poder autoritário e que levou à abdicação, em 1831, de D. Pedro I, advindo a seguir o Ato Adicional. Com a sua renúncia e a instalação da regência, modificar-se-ia o exercício do poder.

5.2 Código Criminal (1830) e Código de Processo Criminal (1832) – um avanço liberal

O primeiro código na formação do arcabouço jurídico brasileiro foi o criminal. Surgiu devido ao fato de os avanços liberais do século XVIII, sequência do humanismo, ter trazido a valorização do ser humano, tornando o corpo humano imaculado. Com isso, torna-se cada vez mais inconcebível as penas corporais e cruéis, como a tortura e a marca a ferro quente. É que o direito criminal do Livro V das Ordenações Filipinas reproduzia uma ideia ainda medieva, suas normas não correspondiam ao anseio social e, nesse caso, não surtiam o efeito desejado.

[812] Ibidem, p. 91.

Como o Poder Legislativo era dominado pelos liberais, em 1830 fizeram o Código Criminal com clara orientação liberal, principalmente pautado na descentralização do Judiciário, que se notava tanto na ampla competência atribuída aos juízes de paz como no grande número de membros dos conselhos de jurados. Mas vale ressaltar que o direito penal de uma sociedade desigual acaba por reproduzir essa desigualdade. Sem contar o fato de que grande parte da população não era considerada como sujeito de direitos. Afinal, os liberais também eram grandes proprietários na época.

Já o projeto de Código de Processo Criminal, considerado uma vitória legislativa dos liberais após o advento da abdicação de D. Pedro I, foi promulgado em 1832, sob influência de institutos jurídicos trazidos da Inglaterra e dos Estados Unidos, como o Conselho de Jurados (Tribunal do Júri) e o recurso do *habeas corpus*. Se antes prevalecia o regime inquisitorial das Ordenações, agora prevalece o sistema instrutório, norteado pelo contraditório, sob a direção do juiz de paz, leigo e eleito.

As principais características do Código de Processo Criminal foram as seguintes:

- Divide-se em duas partes: organização judiciária e forma do processo.
- Segundo o art. 8º, extinguem-se as Ouvidorias de Comarca, os juízes de fora e ordinários e os da jurisdição criminal de qualquer outra autoridade, exceto o Senado, o Supremo Tribunal de Justiça, as Relações, os Juízos Militares, que continuam a conhecer de crimes puramente militares, e juízos eclesiásticos em matérias puramente espirituais.
- Composição da Justiça: juízes de direito, juízes municipais, juízes de paz, promotores de justiça e jurados.
- A justiça em grau de recurso: Juntas de Paz e as Relações. Os Tribunais da Relação, existentes até 1874, vinham da Colônia, e estavam localizados na Bahia, Rio de Janeiro, São Luís e Recife.
- As audiências serão públicas, com destaque para o papel dos escrivães.

- Nomeação dos juízes de Direito pelo imperador[813], desde que maiores de 22 anos, conceituados, bacharéis em direito, com prática de um ano no foro e garantia à vitaliciedade (art. 44).
- Os juízes municipais eram nomeados pelos presidentes de Província (art. 49).
- As províncias foram divididas em comarcas, termos e distritos de paz. O distrito apresentava no mínimo 75 casas. O juiz de paz trabalhava com um escrivão e com os inspetores de quarteirão. Representavam a população.
- No termo havia um juiz municipal, um promotor público e um conselho de jurados. Na comarca havia o juiz de direito. Teoricamente, o novo código era liberal, mas a sua prática foi "desvirtuada e as eleições foram controladas por chefe locais, em geral proprietários de terras, que impõem suas vontades e fazem e desfazem autoridades"[814].
- A reforma do processo objetiva sistematizar os preceitos, mas não consegue consolidar a democratização do acesso à justiça.

5.3 O Ato Adicional de 1834 – uma reação à centralização do Império

As críticas à Constituição de 1824 concentravam-se na "centralização" excessiva em relação às províncias. Os liberais pregavam a reforma do texto; e os exaltados desejavam o federalismo de influência norte-americana. Um projeto de lei de 1832 indicou os artigos passíveis de mudança para que a próxima legislatura efetuasse as reformas (1834). O projeto foi realizado por uma Comissão que tinha os seguintes participantes: Miranda Ribeiro[815] (depois Visconde de Uberaba), Sousa Paraíso[816] e Francisco Paula Souza de Melo[817].

[813] A principal função dos juízes de direito consistia em presidir o conselho de jurados e "aplicar a lei aos fatos" (artigo 46).

[814] IGLESIAS, Francisco. *Trajetória política do Brasil: 1500 – 1964.* São Paulo: Companhia de Letras, 1993, p. 151.

[815] José Cesário de Miranda Ribeiro, Visconde de Uberaba (1792 – 1856) – Formado em Direito pela Universidade de Coimbra, exerceu, entre outros, os cargos de deputado geral, presidente da província de São Paulo e também de Minas Gerais, ministro do Supremo Tribunal da Justiça, conselheiro de Estado e senador do Império do Brasil de 1844 a 1856, ano de sua morte.

[816] Francisco de Sousa Paraíso (1793 – 1843) – Formado em Direito, foi juiz de fora e

As principais disposições do projeto eram as seguintes: transformação do Império em Monarquia Federativa; supressão do Poder Moderador; diminuição da duração das legislaturas (2 anos para os deputados); Senado temporário e eletivo sem intervenção da Coroa e com duração de 6 anos; atenuação do poder de veto do Executivo; supressão do Conselho de Estado; criação das Assembleias Legislativas provinciais; Regência Una eleita pelas Assembleias provinciais. Notamos a influência da Constituição dos Estados Unidos nessas propostas, pois a figura de regente uno e eleito lembrava a do presidente norte-americano.

O projeto demorou para ser aprovado no Senado, que introduziu várias emendas, "entre as quais as seguintes: manutenção do Poder Moderador, do Conselho de Estado e da vitaliciedade do Senado; restabelecimento da legislatura de quatro anos e da Regência Trina. Em lugar da criação das Assembleias provinciais, o Senado preferiu a ampliação da competência dos Conselhos Gerais das Províncias, previstos na Constituição"[818].

Os liberais ficaram descontentes, e Feijó, então ministro da Justiça, tramou um frustrado golpe de Estado para impor a chamada Constituição de Pouso Alegre, redigida pelo deputado José Bento[819], que restabelecia as reivindicações cortadas pelo Senado e instituía "o referendo obrigatório dos ministros, para validade dos atos do Executivo, o que conduzia a uma verdadeira prática parlamentar"[820].

ouvidor de comarca. Na política ocupou os cargos de deputado geral, presidente de província da Bahia e senador do Império do Brasil, de 1838 a 1843, ano de seu falecimento.

[817] Francisco Paula Souza e Melo (1791-1851) – Político de Itu (SP), autodidata, liberal, lutou pela independência brasileira, foi deputado constituinte (1823), senador, ministro do Império (1847) e presidente do Conselho de Ministros.

[818] Franco, Afonso Arinos de Melo. *Curso de direito constitucional brasileiro*, cit., p. 108, v. II.

[819] José Bento Leite Ferreira de Melo (1785 – 1844) – Foi um sacerdote católico, jornalista e político brasileiro. Foi deputado geral e senador do Império do Brasil de 1834 a 1844. Editou, em Pouso Alegre, o primeiro jornal do Sul de Minas, *O Pregoeiro Constitucional*, que fez campanha pelas reformas liberais durante o primeiro reinado. Como deputado, aliou-se ao Padre Feijó, junto a quem participou do Golpe de 30 de julho em 1832, sendo em sua tipografia que foi publicada a chamada Constituição de Pouso Alegre. Como senador, tomou parte, ainda, do Golpe da Maioridade de 1840, que levou ao trono o imperador Dom Pedro II, ainda impúbere. Morreu assassinado em 8 de fevereiro de 1844, quando, a cavalo, se dirigia à sua fazenda.

[820] Franco, Afonso Arinos de Melo. *Curso de direito constitucional brasileiro*, cit., p. 109.

O movimento foi abortado pela reação da maioria da Câmara, liberada por Honório Hermeto Carneiro Leão[821] (Marquês do Paraná). Em decorrência desse fato, houve um acordo entre as duas instituições, e ficou acertado que a Legislatura de 1834 poderia realizar a reforma cujos contornos coincidem com o Ato Adicional. O Senado foi excluído do processo, e a votação das reformas ficou apenas com a Câmara. A Comissão Especial da Câmara era composta por Bernardo de Vasconcelos, Paula Araújo[822] e Limpo de Abreu[823]. O trabalho foi apresentado a 7 de junho e a discussão foi tumultuosa e confusa, com aprovação em 12 de agosto de 1834, recebendo o nome de Ato Adicional, provavelmente, em homenagem ao Ato redigido por Benjamin Constant à Constituição francesa de 1814. O Senado aceitou o golpe de força da Câmara por razões políticas e não por motivos legais.

O Ato Adicional, todavia, ficou aquém do que desejavam os "liberais exaltados" com as reformas, já que pretendiam uma monarquia federativa ou pelo menos o fim do Poder Moderador junto com o Conselho de Estado. A onda liberal suprimiu o Conselho de Estado e instituiu as Assembleias Legislativas provinciais, dotadas de considerável autonomia, além de aprovar a regência una, medidas que de alguma forma trazem uma experiência republicana durante esse período.

As Assembleias Provinciais tinham competência para legislar sobre as seguintes matérias:

[821] Honório Hermeto Carneiro Leão (1801-1856) – Político mineiro, formado em Direito pela Universidade de Coimbra, juiz (SP), ouvidor (RJ), desembargador, deputado (Minas Gerais), ministro da Justiça, fundador do Partido Conservador, presidente da Província do Rio de Janeiro e Pernambuco e senador. Ajudou a organizar o Ministério de D. Pedro II (1843), como ministro da Justiça e em 1849, como presidente de Pernambuco reprimiu a Revolução Praieira. Foi, também, ministro plenipotenciário em Montevideo, colaborando para a derrubada do caudilho argentino Juan Manuel de Rosas. Foi agraciado com os títulos de Visconde e depois Marquês do Paraná. Liderou o chamado Ministério da Conciliação.

[822] Francisco de Paula Araújo e Almeida (1799-1844) – Formado em medicina pelo Colégio Médico-Cirúrgico da Bahia em 1820, no qual tornou-se professor de Fisiologia. Deputado geral pela Bahia, teve ampla atuação no Ato Adicional de 1834. Entre 1836 e 1844 ocupou o cargo de diretor da agora (desde 1832) Faculdade de Medicina da Bahia.

[823] Antônio Paulino Limpo de Abreu (1798-1883) – Luso, adotou a cidadania brasileira após a Independência formou-se em Direito na Universidade de Coimbra, foi magistrado, senador, ministro de Estado e ministro do Supremo Tribunal de Justiça.

- divisão civil, judiciária e eclesiástica local;
- a mudança da capital da província;
- instrução pública e estabelecimentos destinados a promovê-la, salvo academias de medicina, direito e outras então existentes, bem como as que viessem a ser criadas por lei geral;
- desapropriação por utilidade pública municipal, mediante propostas prévias das Câmaras;
- a fixação das despesas provinciais e os impostos que para tanto se fizessem mister desde que não prejudicassem as imposições gerais do Estado e pudessem as Câmaras propor os meios de ocorrer as despesas dos seus municípios;
- a fiscalização das rendas provinciais e municipais e contas da receita e da despesa, sendo as das províncias fixadas mediante proposta do presidente e as municipais mediante propostas das respectivas câmaras;
- a criação e supressão dos empregos municipais e estabelecimentos de seus ordenados, salvo as exceções constitucionais estabelecidas e reservadas ao Poder Central;
- obras públicas, estradas e navegação no interior da província, que não pertencessem à administração geral;
- penitenciárias, casas de prisão e respectivos regimes;
- casas de socorros públicos, conventos e quaisquer associações políticas ou religiosas;
- os casos e as formas de nomeação, suspensão e demissão pelo presidente dos empregados provinciais. Tinham, também, as Assembleias Legislativas provinciais competência para organizar seus regimentos internos.

Estabelecia, porém, o texto constitucional a inovação dos seguintes dispositivos regimentais obrigatórios: nenhum projeto de lei ou resolução poderia entrar em discussão sem haver sido dado para a ordem do dia, pelo menos, com antecedência de 24 horas; a sujeição de todos eles ao mínimo de três discussões; o intervalo de 24 horas entre uma e outra discussão.

Em relação aos colégios provinciais, estabeleceu-se para eles as seguintes competências:

- fixar, mediante informação do presidente, a força policial da província;
- autorizar o governo provincial e os governos municipais a contraírem empréstimos;
- regular a administração dos bens da província, sendo esses bens designados por lei geral;
- promover cumulativamente com o governo e a Assembleia Geral, a organização da estatística da província, a catequese e civilização dos indígenas e o estabelecimento de colônias;
- decidir sobre a continuidade do processo do presidente, no caso de província e sobre a sua suspensão do cargo, nos casos em que pela lei tivesse lugar a suspensão;
- decretar a suspensão ou a demissão do magistrado contra quem houvesse queixa de responsabilidade, sendo ele ouvido e dando-se lugar à defesa;
- exercer cumulativamente com o governo-geral nos casos e pela forma marcada no artigo 179, § 35, da Constituição (suspensão de garantias) o direito àquele conferido;
- velar pela guarda da Constituição e das leis e representar ao governo local contra as leis das outras províncias que ofenderem os seus direitos (esboço de controle político de constitucionalidade das leis).

Às Assembleias era vedado legislar sobre impostos de importação, bem como sobre os assuntos diversos dos que foram anteriormente enumerados.

Em relação ao processo legislativo o Ato Adicional inovou, reagindo à "asfixia centralizadora" contra os poderes locais. Após a reforma constitucional, ficou da seguinte forma:

a) Todas as leis e resoluções das Assembleias eram enviadas diretamente ao presidente da província para a sanção, salvo as referentes: à polícia e economia municipal; à receita, despesa e empregos dos municípios; às resoluções sobre seus regimentos, pronúncia e suspensão do presidente, suspensão e demissão de magistrados acusados de crime de responsabilidade; a representação ao governo-

-geral, quando exercessem a atribuição de velar pela Constituição e contra leis de outras províncias;

b) o veto do presidente era motivado, e o projeto enviado à Câmara para ser novamente discutido;

c) se o projeto fosse aprovado, ou modificado, de acordo com as razões do veto por dois terços de votos dos membros da Assembleia, remeter-se-ia ao presidente, obrigado, então, a sancioná-lo;

d) não sendo o projeto adotado nesta última discussão, ficava vedado propô-lo de novo na mesma sessão;

e) se, porém, o presidente vetasse o projeto por ofender outra província, em casos de obras públicas, estradas e navegações, via-se, outra vez, submetido à discussão e, uma vez aprovado, na forma dantes estabelecida, era remetido, com o veto, ao Governo e Assembleias Gerais, para decisão definitiva;

f) ocorrendo essa última hipótese, na ausência da Assembleia Geral, o governo-geral podia sancioná-lo provisoriamente;

g) além da sanção, as leis e resoluções eram publicadas pelo presidente;

h) o prazo para a sanção ou veto era de 10 dias, e o silêncio do presidente durante esse prazo importaria em sanção;

i) se a lei fosse sancionada pelo silêncio durante o decêndio, ou se o presidente não a sancionasse quando, depois de vetada, fosse aprovada por dois terços, era ela publicada pela Assembleia com esta declaração e assinada pelo respectivo presidente;

j) o presidente da província obrigava-se a enviar cópia autêntica de todos os Atos promulgados da Assembleia ao Governo e Assembleias Gerais, a fim de se examinar se eram ofensivos à Constituição, aos impostos gerais e aos direitos das outras províncias ou aos tratados internacionais;

k) só nesses casos poderiam ser revogados pelo governo-geral.

Com o Ato Adicional, os deputados provinciais ficaram invioláveis pelas opiniões emitidas no exercício de suas funções, passaram a desfrutar de subsídios e indenização pela viagem de ida e volta quando não morassem na sede da Assembleia. Vedava, no entanto, a acumulação do ordenado de deputado que fosse funcionário público com subsídio percebido, podendo optar por um deles.

Foi definida, também, a participação constitucional do presidente da província no exercício da tarefa legislativa, pois deveria convocar a nova Assembleia Provincial dentro do prazo marcado para suas sessões. Caso não convocasse seis meses antes do dito prazo, a Câmara Municipal de província deveria fazê-lo.

O presidente da província passava a concentrar a atribuição de expedir ordem, instrução e regulamentos adequados à boa execução das leis provinciais.

Em resumo, com o Ato Adicional, a Regência ficou Una, com o titular eleito por 4 anos. O "Regente" tornava-se a figura dissimulada de um chefe republicano, era investido pelos eleitores da respectiva legislatura, reunidos nos seus colégios, com escrutínio secreto. Após a votação lavravam-se três atas: uma enviada à Câmara Municipal a que pertencesse o colégio; outra ao governador-geral, por intermédio do presidente da Província; e uma terceira, remetida ao presidente do Senado.

Durante a Assembleia Geral, o presidente do Senado abria as atas e proclamava o eleito por maioria. Enquanto o Regente não tomasse posse, ou durante a sua falta ou impedimento, governava o ministro do Império; e na falta deste, assumia o governo o ministro da Justiça.

O poder do regente saiu fortalecido com a extinção do Conselho de Estado.

Foi "uma lei ambígua, cuja imprecisão a tornou inexequível"[824]. Em vez de resolver as dúvidas existentes, criou outras, de modo a tornar a administração um emaranhado de dificuldades. A "inconsistência técnica do documento"[825] pode ser explicada pela posição de Hermeto Carneiro Leão e Bernardo Pereira de Vasconcelos que afirmaram ser necessário "parar o carro revolucionário", o que significa preocupação com o "andamento do processo", colocando entraves para aprovação completa do projeto que gerou o Ato Adicional. Liberais, preocupados com a dita "anarquia", colaboraram com o Partido Conservador. Foram esvaziadas as teses mais radicais do reformismo quando se promulgou o Ato. Na reali-

824 Iglesias, Francisco. *Trajetória política do Brasil: 1500-1964*, cit., p. 152.

825 Ibidem, p. 152.

dade, o Ato Adicional pode ser considerado "um exemplo de transação das forças moderadas"[826].

O artigo 25 do texto dizia: "No caso de dúvida sobre a inteligência de algum artigo desta reforma, ao Poder Legislativo Geral compete interpretá-lo", ou seja, abre a perspectiva para todos os tipos de aplicações da lei, adequando a sua aplicação aos interesses dos que estivessem no comando do processo político.

Após esse período (1834), notamos o declínio da autoridade regencial e a evolução de uma crise que desembocou na "maioridade" de D. Pedro, marcada por agitações, rebeliões, competições convulsivas, em que grupos, facções e seitas partidárias disputavam o poder. Era o confronto entre a chamada "ordem ou anarquia", segundo o juízo conservador, em que ideias progressistas, lançadas durante a crise de abdicação, foram gradativamente sendo abandonadas.

Portanto, o Ato conseguiu resolver "a difícil situação política do momento, para satisfazer os liberais e ao mesmo tempo preparar o caminho para o conservadorismo, nota mais constante na vida brasileira"[827].

O Ato Adicional foi, assim, o resultado de uma conciliação na fase em que a extrema direita restauradora parecia poderosa e armava-se politicamente para tentar a reconquista do poder, compelindo os liberais a se unirem e a se fazerem mutuas concessões: ficou abolido o Conselho de Estado, conseguiu-se uma centralização relativa, nem despojando o centro, que viria a ser o monarca, de todos os seus poderes sobre as províncias, nem entregando a estas o governo regional, como alguns pretendiam. As reinvindicações populares mais sentidas ficaram fora do texto da reforma, que se esmerou em medidas meramente politicas ou administrativas, limitando consideravelmente os seus efeitos reformistas.

Em consequência surgiu a Lei de Interpretação do Ato Adicional.

5.4 A Lei de Interpretação do Ato Adicional

A Lei de Interpretação foi apresentada durante a regência de Padre Diogo Antônio Feijó, em 1837, por Paulino José Soares de Souza (Visconde do

826 Mercadante, Paulo. *A consciência conservadora no Brasil*. Rio de Janeiro: Editora Civilização Brasileira 1972, pg. 107.

827 Iglesias, Francisco. *Trajetória política do Brasil : 1500-1964*, cit., p. 152.

Uruguai), Honório Hermeto (Marquês do Paraná) e Miguel Calmon de Pina Almeida[828] (Marquês de Abrantes). Foi um contragolpe dos conservadores que conseguiram a sua aprovação em 12 de maio de 1840. A lei foi decretada pela Assembleia Geral Legislativa e sancionada pelo regente Pedro de Araújo Lima, tendo 32 artigos.

A Lei de Interpretação baseava-se em dois dispositivos constitucionais, o do artigo 15, nº 8, que incluía entre as atribuições da Assembleia a de "fazer leis, interpretá-las, suspendê-las e revogá-las", e do artigo 179, segundo o qual, tudo o que não fosse matéria especificamente constitucional, na Constituição, poderia ser alterado por simples Lei Ordinária"[829]. Com essa conclusão, por meio da Lei Ordinária, poderiam interpretar alguns artigos do Ato Adicional, compatibilizando-os com os interesses das propostas conservadoras.

A maior parte dos dispositivos da nova lei, que é considerada constitucional, convergiam para restringir os poderes das câmaras provinciais, em proveito do poder central, e a favor da competência do Poder Legislativo geral.

Os poderes dos presidentes das províncias foram limitados, "quando o artigo 7º da Lei nº 105, em consideração, dispôs que o artigo 16 do Ato Adicional compreendia implicitamente o caso em que o sobredito presidente negasse sanção a um projeto por entendê-lo ofensivo à Constituição do Império"[830].

Para aprovação da Lei de Interpretação, os conservadores argumentavam que havia perigo na "manutenção da unidade do Império" devido, segundo Justiniano José da Rocha, a "duas tendências fatais: uma para criar antagonismos de interesses territoriais e fiscais entre elas; outra para alterar a legislação, transformá-la, e acabando com a unidade dela, acabar com a unidade nacional"[831].

[828] Miguel Calmon de Pina Almeida (1794-1865) – Político baiano, formado em direito pela Universidade de Coimbra, deputado, senador, ministro da Fazenda, ministro dos Estrangeiros e conselheiro de Estado. Atuou na Questão Christie e recebeu os títulos de Visconde e depois Marquês de Abrantes.

[829] Franco, Afonso Arinos de Melo. *Curso de direito constitucional brasileiro*, cit., p. 112.

[830] Bonavides, Paulo e Andrade, Paes de. *História constitucional do Brasil*, cit., p. 122.

[831] Rocha, Justiniano José. *Ação, reação, transação*. Rio de Janeiro: [s.e], 1855, p. 33-34.

Paulino José Soares de Sousa (Visconde do Uruguai), em seu *Ensaio sobre o direito administrativo e Estudos práticos sobre a administração das províncias*, também analisa inúmeros casos de incursões provinciais nos "direitos do Império", justificando as preocupações dos conservadores, que levaram à aprovação da Lei de Interpretação. Alguns conservadores, mesmo vitoriosos, não ficaram totalmente satisfeitos com o resultado, e Honório Hermeto Carneiro Leão, Marquês do Paraná, numa sessão de 17 de maio de 1844, em resposta a Francisco de Paula Souza e Melo, disse:

"O nobre senador se engana, quando pensa que nós julgamos que podíamos restringir todos os abusos das Assembleias provinciais; nenhum de nós negou nunca a insuficiência do Ato Adicional, nem como ele passou, nem depois da interpretação; conhecíamos que tínhamos faculdade de interpretar e não de revogar. Se tivéssemos a faculdade de revogar o Ato Adicional ele não seria tal qual é; as nossas opiniões são mui claras a este respeito, mas nós nos devíamos limitar ao que era simples interpretação, e simples interpretação era insuficiente para fazer o bem ao País; era e ainda é insuficiente"[832].

A interpretação do Ato Adicional se fez com o objetivo centralista, reforçando a Carta de 1824.

Sintetizando, em 1834 entra em execução o Ato Adicional, que sofre algumas emendas na Câmara. Foram aprovadas as seguintes medidas:

a) A regência passará a una, eletiva e temporária (4 anos).
b) As assembleias das províncias de consultivas passam a legislativas.
c) Cada província terá o direito de organizar a sua força policial.
d) Ficará extinto o Conselho de Estado.
e) O Rio de Janeiro se desligaria da província do mesmo nome, passando a município neutro.

5.5 A ordem jurídica no período (Primeiro Império e Regência)

O período que envolve o Primeiro Império e a Regência estabelece a formação do Estado-nação no Brasil, que apresentou os seguintes fatos e características: "Na sessão de 16 de agosto de 1823, Antônio Carlos

[832] Leal, Aurelino. *História constitucional do Brasil,* Rio de Janeiro: Imprensa Nacional, 1915, p. 182.

Ribeiro de Andrada comunicou aos deputados eleitos para a Assembleia Constituinte do Brasil o término do projeto constitucional elaborado pela Comissão eleita para esse fim. O projeto apresentado continha 272 artigos. Os debates estenderam-se até 12 de novembro de 1823, quando a Assembleia foi fechada por D. Pedro I[833]. Nos três volumes que compõem o Diário da Assembleia é possível observar grandes debates que envolveram a aprovação de artigos que diziam respeito diretamente à compreensão sobre pátria, nação, soberania, federação, direitos individuais, liberdade, igualdade, diferença, cidadania, entre outros relacionados com a formação de um Estado moderno"[834].

Havia preocupação com a elaboração dos Códigos Civil e Criminal. O artigo 79 determinava: "Organizar-se-á, quanto antes, um código civil e um código criminal, fundado nas sólidas bases de justiça e equidade". Três anos após iniciou-se a elaboração do Código Penal, que foi concluído em 1830 sob o nome de Código Criminal do Império, sancionado em 16 de dezembro de 1830.

A Constituição já determinara, no art. 179, a igualdade de todos perante a lei, a não retroatividade da lei penal e a aplicação da pena somente à pessoa do delinquente. O projeto não foi alterado pela comissão mista que nele trabalhou, o que possibilitou o afastamento das Ordenações, em matéria criminal, que até então vigoravam no Brasil.

"A opinião de que o Código Penal Brasileiro influenciou enormemente o Código espanhol, de 1848, não é apenas emitida por juristas brasileiros. José Cerezo Mir, reconhecido jurista espanhol, diz: '[...] No Código Penal de 1848 se adverte a influência do Código Penal francês de 1810, do Código brasileiro de 1830, do napolitano de 1819 e do Código Penal espanhol de 1822'. O Código Penal brasileiro foi o mais perfeito e sua originalidade é enfatizada por Roberto Lyra:

> *'No esboço da indeterminação relativa e de individualização da pena, contemplado, já os motivos do crime, só meio século depois na Holanda e, depois na Itália e na Noruega; na fórmula de cumplicidade (codelinquência como agravante) com traços do que viria a ser a teoria positiva a respeito; na revisão da circunstância atenuante da menoridade*

[833] Esse episódio ficou conhecido como Noite da Agonia.

[834] Brandão, Cláudio *et al. História do direito e do pensamento jurídico em perspectiva*, cit., p. 277.

desconhecida, até então, das legislações francesa, napolitana e adotada muito tempo após; no arbítrio judicial no julgamento dos menores de 14 anos; na responsabilidade sucessiva nos crimes por meio da imprensa antes da lei belga, e portanto, esse sistema é brasileiro e não belga, como é conhecido';

Conforme Bitencourt: '[...] o tão decantado sistema dias-multa também foi criação deste código, em art. 55'. O referido artigo pode ser considerado um dos mais democráticos ainda em nossos dias. Essa imposição do cumprimento das penas previa que

> *'A pena de multa obrigará os réus ao pagamento de uma quantia pecuniária, que será sempre regulada pelo que os condenados puderem haver em cada dia pelos seus bens, empregos ou indústria, quando a lei especificadamente a não designar de outro modo'"*[835].

O responsável direto pelo Código Penal do Império, Bernardo de Vasconcelos, formou-se em Leis em 1818, em Coimbra: ele fora aluno de Melo Freire, que ensinava Beccaria[836]. Melo Freire teria influenciado Bernardo de Vasconcelos, que utilizou no Código de 1830 muitos preceitos do jurista milanês.

O projeto do Código de Processo Criminal foi redigido em 1831 por uma comissão mista do Senado e da Câmara. A organização moderna da estrutura das instituições brasileiras possibilitou reformas administrativas que desenharam um novo perfil para o Estado e para a sociedade.

A estrutura jurídica do Estado foi legitimada através de uma concepção moderna do direito natural. Os juristas trouxeram, além do direito natural, a tradição das teorias *jusnaturalistas*, nascidas no pensamento cristão e secularizadas. Sua função no processo político nacional não se limitou a conduzir a administração pública. Eles desempenharam um papel duplo: o de administradores, de juristas políticos e o de construtores do Estado-nação.

[835] Ibidem, p. 278-279.

[836] Cesare Bonasana, Marquês de Beccaria (1738-1794) foi um jurista e economista milanês, considerado o maior representante do iluminismo penal e autor de *Dos delitos e das penas*, clássico jurídico do período.

A norma legítima é aplicada pela autoridade legítima, diferentemente do poder, pois este garante a obediência mesmo quando há oposição. Max Weber, cientista político alemão, desenvolveu análise detalhada para a compreensão do conceito de legitimação. Para o autor, esse é, fundamentalmente, o processo de criar poder, ou um padrão de ordens e obediência justo na opinião dos membros de determinadas sociedades. Os exemplos apontados para essa forma de obediência estão relacionados pela legitimidade "tradicional", a exemplo dos patriarcas e dos príncipes patrimoniais do antigo regime. Uma segunda forma de legitimidade vincula-se à autoridade do encanto (carisma) pessoal e extraordinário com base na confiança pessoal. Ao contrário da legitimidade baseada na legalidade, na crença na validade de preceitos legais e na competência objetiva. É importante lembrar ainda que é a legitimidade de uma figura que Weber identifica como "alguém que leva dentro a chamada para ser condutor de homens, os quais lhe não prestam obediência porque o mande o costume ou uma norma legal, mas porque acreditam nele".

A tradição política brasileira, desde seu início, assumiu explicitamente não apenas a necessidade de um sentimento comum racionalizado e homogeneizado, mas também o culto das instituições, em particular das instituições jurídicas, sem as quais esse sentimento se fragmentaria. A preocupação com a fragmentação talvez seja um dos problemas que leva à manutenção das tradições de forma conservadora. A estrutura da sociedade moderna está pautada no direito da forma como analisado por Weber na obra *Ciência e política: duas vocações*[837]. O autor descreve o papel do cientista e do jurista na construção do Estado e das instituições modernas. Seguindo as reflexões de Weber, podemos afirmar que o cientista responsável pela construção do Estado moderno foi o jurista[838]. E tal fato é evidente na construção do Estado brasileiro no decorrer do século XIX.

[837] Essa obra nasceu a partir de uma série de palestras do autor em 1917. No Brasil, há várias edições do livro.

[838] Brandão, Claudio, *et al. História do direito e do pensamento jurídico em perspectiva*, cit., p. 280.

5.6 Considerações sobre a ordem jurídica no Império – a "longa" Constituição de 1824

O início do século XIX é marcado pelos fundamentos do absolutismo ilustrado[839] e das revoluções francesa e americana. Consolida-se a ideia de constitucionalização dos Estados, ocasião em que o liberalismo e a democracia se confundiram[840]. Esse cenário é atribuído a conquistas inglesas, estas contidas na obra de John Locke, que fomentou a Revolução Gloriosa de 1688[841] ao difundir as ideias da burguesia, as quais serviram de base para os pensadores franceses.

Há nesse período duas constituições específicas: as históricas, que preveem normas gerais para problemas concretos e, por isso, caracterizam-se pela sua grande flexibilidade – por exemplo, as constituições inglesa e norte-americana; e as teóricas, ligadas "mais à razão que à objetividade, mais ao que deve ser que às realidades enfocadas"[842] – diz-se das constituições francesas, como a de 1791, ou a de 1814, durante a Restauração. Enquanto isso, no Brasil observa-se a influência da corrente francesa, que acarreta reformas constitucionais constantes e, em alguns momentos, instabilidade política.

D. João VI, no contexto português, promove a abertura dos portos brasileiros (1808) e a criação do Reino Unido do Brasil (1815), nos moldes do espírito modernizador, ainda absolutista, mas sob ideais democráticos e revolucionários franceses.

A Revolução do Porto (1820)[843], constitucionalista, além de pressionar D. João VI, no Rio de Janeiro, a jurar a futura Constituição, acelerou

[839] O absolutismo ilustrado provinha da iniciativa monárquica de se contrapor aos ideais de liberdade e igualdade e às correntes que defendiam a descentralização do poder do rei, daí a reafirmação da autoridade real e do Estado absolutista com autoritarismo, que consiste a base do absolutismo.

[840] IGLESIAS, Francisco. *Trajetória Política do Brasil: 1500-1964*, cit., p. 134.

[841] Ibidem, p. 134.

[842] Ibidem, p. 135.

[843] A Revolução Liberal do Porto de 1820, que exigiu inicialmente o retorno de D. João VI à Metrópole, foi motivada pela crise econômica, política e social de Portugal, visto que desde 1808 a Família Real havia fugido para o Brasil devido à invasão das tropas de Napoleão. Frise-se que a abertura dos portos em 1808 foi determinante para o fim do monopólio comercial português sobre o Brasil.

o processo de mobilização pela Independência do Brasil, que, inclusive, enviou deputados eleitos às Cortes portuguesas em 1821.

Na prática, a Constituição lusitana aprovada era antiliberal e recolonizadora[844]. Do ponto de vista da cultura jurídica, o liberalismo – como doutrina econômica mais do que política – foi um elemento chave no discurso dos brasileiros. Diante desse quadro, D. João VI volta a Lisboa (em 26/04/1821) e deixa como regente, no Brasil, seu filho D. Pedro.

Devido ao aumento da tensão entre as Cortes e o Brasil, no final de 1821, o movimento pela Independência assumiu maior dimensão, haja vista que, em 3 de junho de 1822, D. Pedro convoca uma Assembleia Constituinte. A crise com Portugal atingiu maior embate em agosto, ocasião em que o regente publica o Manifesto às Nações Amigas, redigido por José Bonifácio, o Patriarca da Independência. Nesse texto, D. Pedro invoca a separação de Portugal, mas como reino irmão daquele país, o que culminará com a total ruptura em setembro do mesmo ano.

Os trabalhos da Constituinte iniciaram-se em 3 de maio de 1823. Ao final, rejeitou-se a proposta de uma democracia radical porque se temia tanto o clima de instabilidade vivenciado na França e as lutas internas nas Repúblicas latino-americanas quanto as discussões envolvendo população escrava ou de libertos, mestiços e camadas populares em geral. Constata-se, pois, que o liberalismo da Independência se apoia na luta contra o sistema colonial, os monopólios e estanco[845], o fisco, a antiga administração da justiça e contra a administração portuguesa.

As discussões mais acaloradas ocorreram em torno dos poderes das províncias, da organização judiciária, dos limites do Poder Moderador, da "questão servil" (abolição do tráfico e da escravatura), da definição da propriedade rural e demarcação de terras devolutas e do problema da religião oficial de Estado.

Houve reformas no âmbito da Justiça, do Governo, da Fazenda e da Guerra. Para ilustrar, o Código Criminal foi promulgado em 1830 e o de Processo Criminal, em 1832. Enquanto não se aprovavam as mudanças legislativas, aplicavam-se leis, regimentos, alvarás e outras normas edi-

[844] IGLESIAS, Francisco. *Trajetória Política do Brasil: 1500-1964*, cit., p. 136.

[845] A expressão significa o monopólio real de alguns produtos, de acordo com o *Dicionário Aurélio*.

tadas pelos reis de Portugal até 1821, como as Ordenações Filipinas de 1603[846].

5.6.1 O sistema partidário e o constitucionalismo

Joaquim Nabuco afirma que o nascimento, de fato, dos dois partidos (Liberal e Conservador) do Império ocorreu na legislatura de 1838.

Antes disso, tendências políticas e partidárias foram as responsáveis pelos rumos da Assembleia Constituinte, da Carta outorgada, do Ato Adicional e das modificações na legislação do Império. Diga-se, aliás, que durante os trabalhos da Assembleia Constituinte de 1823 figuravam duas tendências: "os partidários do fortalecimento da Coroa e os outros, defensores da definição constitucional dos poderes da Coroa"[847].

As origens do constitucionalismo nacional vinculam-se a movimentos análogos ocorridos na Península Ibérica, cuja evolução se assemelha muito à que se verificou nos países latinos, principalmente Espanha e França.

Para Adolfo Posada, o constitucionalismo brasileiro faz-se da seguinte maneira:

> "*O constitucionalismo (...) se inicia, como o de França, em momentos determinados e historicamente precisos, engendrados por movimentos violentos; seus progressos, como o do constitucionalismo francês, se produzem por bruscas mutações políticas que se concretizam em reformas quase sempre integrais, de uma Constituição para outra (...)*"[848].

Cumpre salientar, aliás, que antes da promulgação e vigência da Constituição de 1824 e do funcionamento do Parlamento, não houve, na acepção técnica da palavra, "partidos políticos", mas sim a ingerência de associações ou grupos políticos, de forma que as diversas tendências

[846] A Constituição de 1824 assim dispôs sobre a codificação: "Organizar-se-á quanto antes um Código Civil e Criminal fundado nas sólidas bases da Justiça e Equidade" (artigo 179, XVIII). *Vide* Lopes, José Reinaldo de Lima. *O direito na história*, cit., p. 281.

[847] Paim, Antonio e Barreto, Vicente. *Evolução do pensamento político brasileiro*. Belo Horizonte: Itatiaia, 1989, p. 93.

[848] Posada, Adolfo. *La Nouvelle Constitution Espagnole* [A Nova Constituição Espanhola]. Paris: Libr. Du Recueil Sirey, 1932, p. 47.

careciam de doutrinas e ideologias em choque para firmar organizações partidárias[849].

A evolução dos segmentos políticos pode ser retratada da seguinte maneira:

- surgiram, primeiro, duas tendências, ou seja, a de limitação do poder da Coroa e outra de fortalecimento;
- depois, durante o período em que D. Pedro I governou sob a vigência da Constituição de 1824[850], ou seja, entre 1826 e 1831, surgiram dois agrupamentos: um do governo e outro da oposição[851];
- destaque-se a oposição de Frei Caneca à Carta de 1824, para quem a Constituição deveria derivar-se de um pacto social que conteria: as relações entre governantes e governados; direitos e deveres capazes de defender e sustentar "a vida dos cidadãos, a sua liberdade, a sua propriedade, e dirijam todos os negócios sociais à sua conservação, bem-estar e vida cômoda"[852];

[849] Franco, Afonso Arinos de Melo. *História e teoria dos partidos políticos no Brasil*. São Paulo: Editora Alfa Omega, 1974, p. 23.

[850] Nascido em 1779, Joaquim da Silva Rabelo, conhecido como Frei do Amor Divino Caneca, foi revolucionário em 1817 e líder da Confederação do Equador de 1824. Alinhava-se como ardoroso defensor do liberalismo, e se opôs à Carta outorgada de D. Pedro I, opondo-se ao absolutismo de Império: "a soberania, isto é, aquele poder sobre o qual não há outro reside na nação essencialmente; e deste princípio nasce como primária consequência que a mesma nação é que se constitui [...] logo é sem questão que a mesma nação, ou pessoa de sua comissão, é quem deve esboçar a sua Constituição, purificá-la das imperfeições e afinal estatuí-la; portanto como s.m.j. não é nação, não tem soberania, nem comissão da nação brasileira para arranjar esboços de Constituição e apresentá-los, não vem esse projeto de fonte legítima, e por isso se deve rejeitar por exceção de incompetência. Muito principalmente quando vemos que estava a representação nacional usando da sua soberania em constituir a nação, e s.m., pelo mais extraordinário despotismo e de uma maneira mais hostil, dissolveu a soberana Assembleia e se arrogou o direito de projetar Constituições". *Vide* Mello, Evaldo Cabral de. *Frei Joaquim do Amor Divino Caneca*. São Paulo: Editora 34, 2001, p. 564.

[851] Walsh, R. *Notices of Brazil*. Boston: Richardson, 1831, v. II, p. 234.

[852] Com exceção da quase unanimidade dos constituintes, Frei Caneca opôs-se ao absolutismo de D. Pedro: "o poder Moderador da nova invenção maquiavélica é a chave mestra da opressão da nação brasileira e o garrote mais forte da liberdade dos povos". *Vide* Mello, Evaldo Cabral de. *Frei Joaquim do Amor Divino Caneca*, cit., p. 561. Ao final

- numa fase seguinte (1837), durante a Regência, havia aqueles que visavam restringir de forma radical o poder da Coroa, e ficaram conhecidos como "exaltados" por não se apegarem à tradição monárquica, pois, dado a radicalismo próprio, pretendiam completar o movimento de 7 de abril de 1831[853], decretando reformas constitucionais e promovendo o mais amplo cunho democrático; havia os que não atacavam o monarca e aceitavam algumas reformas, sendo chamados de "moderados" ou independentes; e os que defendiam o movimento pela restauração de D. Pedro no trono do Brasil, conhecidos por restauradores[854];
- por ocasião do advento do Código de Processo Criminal e do Ato Adicional de 1834[855], criam-se dois grandes partidos, o Liberal e o Conservador[856];

de seu voto, concluiu: "é por todas estas razões que eu sou de voto que se não adote e muito menos jure o projeto de que se trata, por ser inteiramente mau, pois não garante a Independência do Brasil, ameaça a sua integridade, oprime a liberdade dos povos, ataca a soberania da nação, e nos arrasta ao maior dos crimes contra a divindade, qual o perjúrio, e nos é apresentado da maneira mais coativa e tirânica". *Vide* MELLO, Evaldo Cabral de. *Frei Joaquim do Amor Divino Caneca*, cit., p.566.

[853] Em 7 de abril de 1831 D. Pedro I abdicou do trono em favor de seu filho, D. Pedro II, este na ocasião com 5 anos. Inicia-se, diante desse acontecimento, o período regencial.

[854] BUARQUE, Felício. *Origens republicanas*. São Paulo: Editora Edaglit, 1962, p. 63.

[855] O Ato Adicional de 1834 alterou a Constituição de 1824, quando o País era governado pela Regência Trina Permanente, e foi uma tentativa de conter os conflitos entre liberais e conservadores nas disputas pelo poder político central. Quanto à origem dos partidos Liberal e Conservador, esta se deveu, no inicio, à divisão do Partido Moderado, ocasião em que o regente Diogo Antônio Feijó rompe com parte da maioria da Câmara, e o Partido Liberal o apoia. *Vide* SOUSA, José Antonio Soares de. *A vida do Visconde de Uruguai*. São Paulo: Cia. Editora Nacional, 1944, p. 63. Saliente-se que, paulatinamente, o movimento liberal concentra e organiza-se na Câmara desde a Abdicação. Logo, os requisitos para a existência de um partido estão presentes: a Constituição vigente, a Câmara funcionando e, dentro dela, elementos reunidos em ação contínua para o cumprimento de um programa liberal comum. Assim o Partido Liberal adquiria um contorno próprio. *Vide* FRANCO, Afonso Arinos de Melo. *História e teoria dos partidos políticos no Brasil*, cit., p. 32.

[856] O Partido Liberal propunha-se a representar os interesses das "camadas urbanas" do capitalismo comercial, dos intelectuais progressistas e dos magistrados e se organizaram em torno das leis descentralizadoras. Por sua vez, os conservadores preocupam-se com os interesses agrários, quando o café passa a ser o centro das atenções dos fazendeiros sulistas

- descartada a Restauração com a morte de Pedro I, a ala direita dos liberais aproximou-se dos antigos restauradores, postulando a formação de um bloco conservador ao criticar a "anarquia"[857], tendo como principal figura Bernardo de Vasconcelos, o "chefe do liberalismo constitucional" e maior responsável pelo movimento intelectual conservador que, nas eleições de 1836, manifesta-se a favor dos interesses agrários, em especial, num momento em que o café dos fazendeiros sulistas constitui a base econômica do movimento conservador, a princípio chamado "regressista", por oposição ao excessivo progresso liberal[858];
- A Lei de 1841 suspendeu o Conselho de Estado, época em que o Ato Adicional, reconhecidamente, fora a "vitória máxima" dos liberais, mas que não correspondeu a todos os desejos dos exaltados, que pretendiam a Federação, o Senado eletivo, a instauração do Poder

e suplanta o açúcar do Nordeste. Nesse sentido, *vide* Carvalho, José Murilo de. *A construção da ordem – teatro de sombras*. Rio de Janeiro: Editora Civilização Brasileira, 2003, p. 204. Mas cumpre lembrar, todavia, que ambos os partidos defendiam a monarquia constitucional, na medida em que esse regime garantiria "a neutralidade do estado e o governo popular ao mesmo tempo". Sobre essa visão, *vide* Torres, João Camilo de Oliveira. *A democracia coroada* – teoria política do Império do Brasil. Rio de Janeiro: Vozes, 1964, p. 292.

[857] Considera-se o discurso de Bernardo de Vasconcelos o primeiro manifesto do Partido Conservador: "Fui liberal, então a liberdade era nova no País, estava nas aspirações de todos, mas não nas leis, não nas ideias práticas; o poder era tudo; fui liberal. Hoje, porém, é diverso o aspecto da sociedade; os princípios democráticos tudo ganharam e muito comprometeram: a sociedade, que então corria risco pelo poder, corre agora risco pela desorganização e pela anarquia. Como então quis, quero agora servi-la, quero salvá-la e por isso sou regressista". *Vide* Nabuco, Joaquim. *Um estadista do Império*. Rio de Janeiro: Editora Nova Aguilar S/A, 1975, p. 69.

[858] Carvalho, José Murilo de. *A construção da ordem – teatro de sombras*, cit., p. 204. Aliás, os conservadores acreditavam que a "autoridade deveria ser imparcial e neutra, para garantir a liberdade dos cidadãos e que houvesse uma lei uniforme e igual para todos, e acreditavam que o perigo mais sério residia na formação de agrupamentos poderosos, cuja influência seria nefasta à liberdade". Defendiam a "monarquia com as suas prerrogativas essenciais em nome do princípio liberal da imparcialidade e da neutralidade do Estado e eram centralizadores, por acharem que o sistema unitário consistia num progresso real, a supremacia da autoridade nacional sobre as formações feudais". *Vide* Torres, João Camilo de Oliveira, *A democracia coroada* – teoria política do Império do Brasil, cit., p. 292.

Legislativo Provincial e o fim do Poder Moderador e do Conselho de Estado;

- após a maioridade de D. Pedro II, na década de 1940, o antagonismo partidário começou a perder a sua intensidade e culminou com o "Ministério da Conciliação" (1853), integrado por liberais e conservadores, durando quase dez anos[859];
- na década de 1860, mantiveram-se as demandas anteriores dos programas liberais, mas introduzidas reivindicações sobre liberdades civis, participação política e reforma social[860].
- surgimento, em 1862, da Liga Progressista, resultante do entendimento entre conservadores dissidentes e liberais históricos (estes reivindicavam as aspirações democráticas da Regência) em torno do "ideal de progresso", que em 1864 se tornou o Partido Progressista do Império[861]. O programa do partido foi influenciado pelo principal líder, José Thomás Nabuco de Araújo, um conservador dissidente atento a temas ligados à organização judiciária e aos processos judiciários[862];

[859] Refere-se a Conciliação, em essência, a uma orientação política, e não, propriamente, a um grupo político. Saliente-se que a Liga Progressista seguiu essa orientação, mas na forma de grupo político, de forma transitória e estável. *Vide* CARVALHO, José Murilo de, *A construção da ordem*, cit., p. 210.

[860] Inspirado em autores ingleses e americanos, Silveira da Motta foi um destacado representante do liberalismo doutrinário. Opunha-se ao predomínio dos magistrados na política, e no início em 1870 participou de uma série de conferências públicas sobre direito constitucional, com o objetivo de iniciar um movimento em favor de uma prática autêntica do governo representativo. *Vide* CARVALHO, José Murilo de. *A construção da ordem*, cit., p. 207.

[861] Antes de existir o Partido Progressista em 1864, as divergências entre liberais e conservadores restringiam-se à questão da centralização e descentralização do poder. Os primeiros, cujos principais teóricos foram Teófilo Ottoni, Paula Souza e Vergueiro, defendiam: maior autonomia provincial; Justiça eletiva; separação da polícia e da Justiça; redução das atribuições do poder moderador. Quanto aos conservadores, representados por Bernardo Pereira de Vasconcelos e o discípulo político Paulino José Soares de Sousa, eram favoráveis ao fortalecimento do poder central, ao controle centralizado da magistratura e da polícia e ao fortalecimento do poder moderador.

[862] CARVALHO, José Murilo de, *A construção da ordem*, cit., p. 206.

- cria-se, em 1868, o "Clube da Reforma", que reestrutura os princípios liberais[863], sendo estes acolhidos por Nabuco de Araújo, Zacarias de Góes e Teófilo Ottoni, entre outros - lança-se o manifesto "a reforma ou a Revolução", cujo objeto consistiu em "desenvolver o elemento democrático da Constituição e a maior amplitude e garantia em liberdades individuais e políticas"[864].
- a partir de 1870 atua o Partido Republicano, que contribuirá para a derrocada do Império em 1889 (o manifesto dos republicanos refletia o liberalismo clássico e se preocupava com a federação);
- por fim, destaque-se que durante o Império houve estabilidade do sistema político, mas grande instabilidade de governos, isto porque a duração média dos 36 ministérios foi de menos de um ano e meio (os conservadores se mantiveram duas vezes mais que os liberais)[865].

5.6.2 O Poder Moderador e o Conselho de Estado - as polêmicas no Império

Sob influência das ideias de Benjamin Constant, como vimos anteriormente, trata-se esse poder de criação original e polêmica da Constituição

[863] Há de se distinguir o liberalismo dos proprietários rurais daquele dos profissionais liberais. O liberalismo clássico se desenvolve com o crescimento urbano a partir da década de 1860. Os profissionais liberais se concentravam no Partido Liberal, junto com proprietários de terras.

[864] O Partido Liberal postulava, no âmbito político, eleição direta, temporariedade do Senado, restrições ao poder da polícia, descentralização com maior autonomia das províncias, reforma do Conselho de Estado, garantias à liberdade religiosa, independência do Judiciário, redução das forças militares, abolição da guarda nacional e do recrutamento, limitação do poder do clero; no campo econômico, emancipação gradual dos escravos, melhoramento da situação do operariado, derrogação de monopólios e privilégios econômicos, liberdade de comércio e indústria; na seara cultural, incremento, organização e ampla liberdade de ensino. *Vide* FRANCO, Afonso Arinos de Melo. *História e teoria dos partidos políticos no Brasil*, cit., p. 44.

[865] O referido cenário influenciou o funcionamento do Legislativo, Executivo e a atuação do Poder Moderador durante o período imperial e, portanto, a organização da ordem jurídica do Império. *Vide* CARVALHO, José Murilo de. *A construção da ordem*, cit., p. 210.

de 1824. Pretendia-se, com o referido poder, estabilizar a política nacional[866], como previa o art. 98 da Carta, já descrito nesta obra.

José Pimenta Bueno[867], Marquês de São Vicente, assim define a natureza do Poder Moderador:

> "(...) o Poder Moderador, cuja natureza a Constituição esclarece bem em seu artigo 98, é a suprema inspeção da nação, (...) de examinar o como os diversos poderes políticos, que ela criou e confiou a seus mandatários, são exercidos. (...) é enfim a mais elevada força social, o órgão político mais ativo, o mais influente de todas as instituições fundamentais da nação"[868].

Sobre a delegação do Poder Moderador temos:

> "Na maior parte das monarquias constitucionais e representativas, o Poder Moderador está reunido ao poder Executivo, de quem forma a parte mais elevada, e que é exercida pela Coroa, pela ação e direção do monarca. É, porém, mais lógico e conveniente não confiá-lo, e menos confundi-lo, com nenhum outro poder, por isso mesmo que ele tem de inspecionar a todos (...)"[869].

E acerca da pessoalidade monárquica:

> "(...) está cercado de todos os respeitos, tradições e esplendor, da força da opinião e do prestígio. (...) o exercício do poder Moderador é quem evita nos perigos públicos o terrível dilema da ditadura ou da Revolução"[870].

[866] O Marquês de Caravelas (José Joaquim Carneiro de Campos) propôs na Constituinte o intitulado Poder Moderador, denominação esta que substituiu os termos Poder Neutro ou Poder Real do *Cours de Politique Constitutionelle* (Constant).

[867] José Antônio Pimenta Bueno (1803-1878) – Político paulista, cursou a Faculdade de Direito de São Paulo, deputado e senador pela província de São Paulo, presidente das províncias de Mato Grosso e Rio Grande do Sul, ministro dos Negócios Estrangeiros e membro do Conselho de Estado, destacou-se também como jurista. Recebeu o título de marquês de São Vicente. Escreveu as seguintes obras: *Direito público brasileiro e análise da Constituição do Império*; *Apontamentos sobre as formalidades de processo civil*; *Direito internacional privado e aplicação de seus princípios às leis particulares do Brasil*; e *Apontamentos sobre o processo criminal brasileiro*.

[868] KUGELMAS, Eduardo. *Marquês de São Vicente*. São Paulo: Editora 34, 2002, p. 280.

[869] Ibidem, p. 281.

[870] Ibidem, p. 280 e 282.

Ainda no que diz respeito às garantias do imperador, acrescente-se que, nos termos do art. 99, seus atos são invioláveis e desprovidos de qualquer responsabilidade. Em outros termos, são atributos intrínsecos da monarquia; portanto, "dogmas políticos consagrados por justo e irrecusável interesse público"[871].

Dúvida comum concerne à necessária distinção entre Poder Moderador e o Poder Executivo:

> *"(...) embora o imperante, o Poder Moderador, seja chefe do poder Executivo, estes dois poderes são, e devem ser distintos; senão teríamos apenas uma fraseologia, e não uma realidade diferente"*[872].

Nessa linha:

> *"(...) os ministros de Estado não são agentes, nem intervêm no exercício deste último Poder [Moderador], pelo menos essa é a presunção, ou crença constitucional; assinando tais atos seu nome não aparece senão para autenticar o reconhecimento, a veracidade da firma imperial, não são, pois, responsáveis por eles"*[873].

Paulino José Soares de Sousa, Visconde do Uruguai[874], na obra *Ensaio sobre direito administrativo*, também elucida a diferença entre o Poder Moderador e o Executivo:

> "(...) o Imperador exerce o Poder Moderador privativamente, por uma delegação da nação, como chefe supremo dela, como seu primeiro representante,

[871] Ibidem, p. 282.
[872] Ibidem, p. 287.
[873] Ibidem, p. 292.
[874] Nascido em 1807, em Paris, elegeu-se, pela primeira vez, deputado provincial pelo Rio de Janeiro em 1835. Daí em diante sua carreira progrediu rapidamente: deputado geral em 1836, ministro da Justiça em 1841, ministro dos Negócios Estrangeiros em 1843, senador a partir de 1849 e membro do Conselho de Estado a partir de 1853. Foi líder político e teórico do Partido Conservador. *Vide* VAINFAS, Ronaldo (organizador). *Dicionário do Brasil Imperial* (1822-1889), cit., p. 566.

e não como chefe do Poder Executivo. Prova evidente de que a Constituição quis separar completamente o Poder Moderador do Executivo"[875].

Adiante, acrescenta:

"(...) o imperador não é o Poder Executivo, não constitui por si só o poder Executivo. É simplesmente o chefe do Poder Executivo. Não confundamos a parte com o todo. É o chefe de um corpo composto de agentes de cuja referenda dependem os atos desse poder, e sem a qual não podem ser executados. Por mais importante que seja a parte que possa caber ao Imperador como chefe do Poder Executivo, nesse corpo não é ele o mesmo corpo. Os ministros, por isso mesmo que são responsáveis, não podem ser agentes passivos"[876].

Quanto à tese da referenda dos atos do Poder Moderador pelos ministros, escreve Visconde do Uruguai:

"(...) todos os poderes políticos são delegações da nação, artigo 12. Mas o Poder Moderador não é delegação, como os outros, simplesmente por virtude da disposição geral desse artigo 12, é delegação especial e privativa, por virtude do artigo 98, que diz: 'e é delegado privativamente ao Imperador'"[877].

Segundo Uruguai, a referenda de um ministro colocaria o Poder Moderador abaixo do Executivo, "é fazer depender o fiscal do fiscalizado"[878]. E o pensador complementa:

"(...) privativamente, em português, quer dizer com exclusão dos outros. Foi sempre essa a significação que teve essa palavra. Com exclusão de outros. Que outros? Não pode ser senão de outros poderes, a saber o Legislativo, o Executivo e o Judicial. Se pertencesse ao imperador como chefe do Poder Executivo, não seria mais privativo, porque os agentes deste último poder, os

[875] Carvalho, José Murilo de. *Visconde do Uruguai*. São Paulo: Editora 34, 2002, p. 349.
[876] Ibidem, p. 349.
[877] Ibidem, p. 354.
[878] Ibidem, p.349.

ministros, teriam quinhão nele. Não se daria a exclusão que a Constituição quer[879].

Em conclusão, o Visconde do Uruguai é adepto da tese de que os atos emanados pelo Poder Moderador prescindem da assinatura ministerial, sendo exequíveis por si mesmos[880].

Servindo de contraponto à visão conservadora de Uruguai sobre o Poder Moderador, Zacarias de Góis e Vasconcelos[881], líder liberal, postulava que os atos do imperador prescindiam da anuência dos ministros:

> *"se os atos do poder Moderador prescindissem da assinatura dos ministros, teriam de ser expedidos só com o nome do Imperador, porque o Conselho de Estado foi instituído somente para dar conselhos, e portanto não há, absolutamente, na Constituição, quem, na falta dos Ministros de Estado, possa dar execução a tais atos. Isso, porém, que a razão política chamaria de rematado absurdo, a prática felizmente nunca tolerou no*

[879] Ibidem, p.349.

[880] Sobre a questão da responsabilidade ministerial pelos atos do Poder Moderador, Afonso Arinos destaca o ponto de vista dos conservadores da época, aos quais se filia: "se os ministros fossem corresponsáveis nos seus atos, o Imperador só poderia praticá-los com o referendo ministerial. E como o referendo ministerial poderia causar a queda do gabinete, no Parlamento, seguia-se, logicamente, que o Poder Moderador deixava de ser árbitro entre os demais poderes, uma vez que seus atos, no fim das contas, ficavam dependendo da aprovação de um deles. Daí, parece-nos não há sair. Toda a argumentação liberal em torno do Poder Moderador era, no fundo incompatível com a própria instituição, com a sua declarada razão de ser". *Vide* Franco, Afonso Arinos de Melo. *Direito constitucional*, cit., p. 162.

[881] Nascido na cidade Valença (Bahia), a 5 de novembro de 1815. Formou-se pela Faculdade de Direito de Olinda e ali exerceu o magistério. Iniciou-se na vida pública no Partido Conservador, do qual se retiraria em 1861, para ingressar na Liga Constitucional, aliança firmada entre conservadores moderados e liberais progressistas, que acarretou na formação do Partido Progressista. Presidiu as províncias de Sergipe, do Piauí e do Paraná. Elegeu-se deputado sucessivas legislaturas e entrou para o Senado em 1863, tomando assento pela Bahia. Ocupou as pastas da Marinha, do Império, da Justiça e da Fazenda em diferentes ministérios, e, por três vezes, assumiu a presidência do Conselho de Ministros. Deixou importante obra parlamentar, onde se destaca, dentre outras contribuições, o título *Da natureza e limites do Poder Moderador*. Conferir: Vainfas, Ronaldo (organizador). *Dicionário do Brasil Imperial (1822-1889)*, cit., p. 724.

País, sendo certo que todos os atos do Poder Moderador são expedidos por intermédio dos Ministros de Estado".[882]

No dizer de Afonso Arinos, o "êxito" ou o "malogro" do Império dependia da solução envolvendo a controvérsia sobre responsabilidade ou não dos ministros pelos atos do Poder Moderador: "Ou se admitia o princípio e se ia criando o costume constitucional da responsabilidade política do ministério perante as Câmaras, pelos atos do Imperador, ou ficava prevalecendo a letra da Constituição e, em tal caso o 'enxerto absolutista' de que fala Clóvis Bevilaqua seria, afinal, a força decisiva no jogo das instituições"[883].

Um Ato Adicional punha fim ao arbítrio do Poder Moderador. O Ato, de iniciativa da Câmara dos Deputados, a "Câmara Baixa", foi chamado na época de "a verdadeira independência do Brasil". Dois pensadores do Direito[884] reforçam a esse respeito que:

"N*em o Poder moderador caiu nem a Federação se proclamou. Mas ainda assim a onda liberal suprimiu o Conselho de Estado com aquela lei, instituindo também as Assembleias Legislativas provinciais, dotados para a época – sobretudo para uma forma de Estado unitário como era o império – de considerável autonomia".*

A partir do Ato Adicional, ocorreu a eleição bienal da Câmara e do Senado. Os mesmos autores lembram:

"Mas a alteração consubstanciada na Lei de 12 de Agosto de 1834, o chamado Ato Adicional, ficou deveras aquém do que estava no ânimo dos mais ardorosos defensores da Regência como promotores da iniciativa reformista e estiveram até julho de 1832 bem perto de executar os desígnios amplos de uma mudança mais significativa, que abrangia, como vimos, a introdução no País da Monarquia Federativa ou pelo menos o fim do Poder Moderador e do Conselho de Estado"[885].

[882] OLIVEIRA, Cecília Helena Lorenzini de Salles. *Zacarias de Góes e Vasconcelos.* São Paulo: Editora 34, 2002, p. 34.

[883] FRANCO, Afonso Arinos de Melo. *Estudos de direito constitucional*, cit., p. 248.

[884] BONAVIDES, Paulo e ANDRADE, Paes de, *História constitucional do Brasil*,cit., p. 113.

[885] Ibidem, p. 113.

Ficava, aos poucos, cada vez mais forte o ideal republicano na sociedade. No entanto, eram necessárias as reformas políticas e institucionais. Com o Ato Adicional, o ideal liberal, cada vez mais forte, se fortaleceu ainda mais. Um pesquisador do tema[886] entende que a abdicação desencadeou forças fortemente reprimidas, como a nacionalização do trono imperial, "estivemos bem perto com o projetado modelo de monarquia federativa".

O movimento liberal e anti-absolutista ascendeu ao poder com a abdicação, mas o Ato Adicional não alcançou tudo o que os liberais almejavam. Nesse sentido, a autonomia das províncias se configurava como um processo próprio de regular as competências, descentralizando as ações. O Artigo 1.º do Ato Adicional dizia o seguinte[887]:

> *O direito reconhecido e garantido pelo Art. 71 da Constituição será exercitado pelas câmaras dos distritos e pelas Assembleias que substituindo os conselhos gerais, se estabelecerão em todas as províncias com o título de Assembleias Legislativas Provinciais".*

Com as mudanças, o Conselho de Estado foi suprimido e as Assembleias Legislativas foram constituídas, o que marcou o papel das províncias na luta por autonomia administrativa. Estas passaram a ter um papel importante no processo político e os deputados provinciais tornaram-se invioláveis[888]. Não restam dúvidas de que a Lei de Interpretação do Ato Adicional tinha todas as características de um projeto reformista dos liberais da Abdicação. No entanto, a monarquia federativa fez com que fosse intensificado o declínio da autoridade da Regência. Ao mesmo tempo, havia a preparação gradativa de uma crise que levaria à transição do primeiro ao Segundo Reinado[889].

886 Ibidem, p. 111.

887 Pimenta Bueno, José Antonio, *Direito público e análise da Constituição do Império*, cit., p. 600.

888 Bonavides, Paulo e Andrade, Paes de, *História constitucional do Brasil*,cit., p. 119.

889 Bonavides afirma a este respeito que "com a lei de Interpretação e a Maioridade o quadro se definiu novamente em proveito da integridade do Império". Através da lei de interpretação e da maioridade a manutenção do Império e sua integridade foram possíveis. Ibidem, p. 121.

Quanto à Lei de Interpretação, promulgada em 12 de maio de 1840, fundava-se em dois dispositivos constitucionais, ou seja, de fazer leis, interpretá-las e revogá-las. Com isso, estabeleceu "os interesses da autodeterminação das províncias, base implícita da tese contida nos princípios de monarquia federativa tão presente ao cabo do Primeiro Reinado e princípio da Regência"[890]. Na ocasião, estabeleceu-se a proposta de fundação de uma monarquia federativa, que acabou rejeitada. O Ato Adicional, entretanto, introduziu princípios federalistas como, por exemplo, a criação das Assembleias Provinciais que substituíram os antigos Conselhos Gerais.

As reformas constitucionais asseguraram o desenvolvimento de um regime que pudesse contemplar os propósitos liberais. As questões da descentralização administrativa e da autonomia provincial, tão caras aos liberais, tornaram-se temas constantes das discussões liberais mais contidas[891]. As relações constitucionais então vigentes não permitiam a descentralização e autonomia provincial e inflavam a ira liberal; a Carta deixava de ser um reflexo da transformada realidade política e perdia, porquanto, legitimidade. Propunha-se o federalismo[892]!

Cumpre lembrar, a título histórico, que o Poder Moderador atingiu o seu pleno exercício com a edição da Lei n. 234, de 23 de novembro de 1841, logo após a maioridade de D. Pedro II, durante o Segundo Reinado. Além de assegurar ao imperador todas as prerrogativas anteriores, a nova disposição legal reorganizou o Conselho de Estado, alterando-lhe a feição[893].

[890] Ibidem, p. 123.

[891] Com a crise do Império, a ideia de federalismo foi contagiosa ao desenvolvimento das províncias, como foi o caso da República do Rio Grande ou do Piratini. Deste modo, com a ideia do federalismo, crescia o movimento em prol da formação da República, o que de fato aconteceu mais tarde em 1889 com a Proclamação da República do Brasil pelo Marechal Deodoro da Fonseca.

[892] "Cada Estado tem seu respectivo centro, e cada um destes centros formando um anel da grande cadeia nos tornará invencíveis. SALDANHA, Nelson, *Formação da teoria constitucional*, cit., p. 163.

[893] Saliente-se que no texto original da Constituição de 1824 os conselheiros seriam ouvidos em todos os negócios graves e medidas gerais da administração pública, mas a referida Lei de 1841, a de n. 234, dispôs que as consultas se dessem quando o imperador

Entre conservadores e liberais havia dissonância acerca do papel do Poder Moderador. Para os primeiros, seria o único poder capaz de superar o facciosismo e a divisão natural dos outros poderes que representam os grupos e interesses particulares[894]. Por sua vez, os liberais reprovavam a interferência do Poder Moderador nos outros poderes, sob a justificativa de que ele era capaz de desfazer politicamente o que não era de seu interesse[895].

Ainda que as críticas proviessem de ambos os partidos, nenhum deles foi capaz de extinguir o Poder Moderador, pois, seguindo o exemplo da monarquia constitucional inglesa, detinham-se diante da garantia cons-

houvesse por bem ouvi-los, até mesmo no que constituía exceção, como a nomeação e demissão dos ministros de Estado. *Vide* KUGELMAS, Eduardo. *Marquês de São Vicente*, cit., p. 292.

[894] Durante o Segundo Reinado, em 1857, o Conselheiro de Estado e jurista Pimenta Bueno defendeu o Poder Moderador na obra *Análise da Constituição do Império*. Em 1864, o político, jurista e professor brasileiro Braz Florentino Henriques de Souza também defendeu o referido poder no texto "Do Poder Moderador": "Em resumo: ou os três poderes marcham de acordo, ou estão em divergência. No primeiro caso, eles formarão uma unidade, sua ação será absoluta, e poderão abusar do poder, tanto quanto um monarca, tanto quanto o povo mesmo. No segundo caso não haverá ação, os conflitos estorvarão o regular andamento dos negócios, o ciúme recíproco dos poderes obstará a que eles se entendam para fazer o bem. Haverá imobilidade ou anarquia. (...) É ele [Poder Moderador] quem manda a todos com império: ao legislativo pelo veto, pelo adiantamento da Assembleia Geral; pela dissolução da câmara dos Deputados; ao executivo pela demissão dos ministros; ao judicial pela suspensão dos magistrados, pelo perdão das penas, e pela anistia. É ele quem a todos dá, por esses meios, uma direção uniforme, quem a todos comunica os princípios de vida e ordem necessários à manutenção da sociedade". *Vide* SOUZA, Braz Florentino de Henriques. *Do Poder Moderador*. Brasília: Senado Federal, 1978, p. 44.

[895] Em 1860, Zacarias de Góes e Vasconcelos, advogado e político brasileiro, ao escrever o texto "Da natureza e limites do Poder Moderador", propôs uma interpretação compatível desse poder com o regime constitucional, sob o preceito de que os ministros e conselheiros de Estado deveriam responsabilizar-se pelos atos do Poder Moderador quando eles os referendassem. Em outras palavras, o ministro concordaria com o ato do Imperador mediante assinatura ou demonstraria discordância mediante recusa em referendá-lo por julgar o ato contrário à lei, à Constituição, ao interesse da nação ou do Estado. Enfim, a linha de argumentação do jurista permeia os preceitos constitucionais, a questão da inviolabilidade do monarca e a tese da responsabilidade dos ministros por atos emanados desse poder. *Vide* OLIVEIRA, Cecília Helena Lorenzini de Salles. *Zacarias de Góes e Vasconcelos*, cit., p. 28.

titucional que impedia a revogação, por revisão judicial, dos atos do rei e do Parlamento.

Houve, entretanto, um pensador que se opunha à visão de liberais e conservadores. Trata-se de Tobias Barreto[896], para quem ambos os partidos estariam envolvidos num debate inútil, na medida em que não atingiam o ponto central do tema:

> *"A questão do Poder Moderador, a que se acham reduzidos quase todos os problemas do nosso direito público, serve hoje de alimento a muita ignorância e covardia política. Dir-se-ia que ela existe somente para dar à posteridade mais um testemunho, entre os muitos que devem convencê-la da pobreza e do atraso em que vivemos"*[897].

Em suma, para esse pensador, os juristas equivocaram-se ao não mostrar como o Poder Moderador é fruto de circunstâncias particulares (Restauração Francesa) e como o regime parlamentar inglês é também fruto de suas particulares circunstâncias.

[896] Tobias Barreto (1839-1889) – Sergipano, mulato, professor aos 15 anos, poliglota, formado em direito (1869) pela Faculdade de Recife, introduziu as ideias positivistas no Brasil. Desejava criar uma ciência positiva para reorganizar a sociedade brasileira tendo como princípio a moralidade e a ordem. Afirmava que os políticos brasileiros tinham desconhecimentos teóricos, faltando uma doutrina com base científica que mostrasse a realidade Nacional. Militou no Partido Liberal, foi Deputado da Assembleia Provincial (1878). Estudou os alemães Rudolf Von Jhering e Hermann Post, transformando-se em germanófilo. Quando lecionou na Faculdade de Direito de Recife, a defender o positivismo e o cientificismo, ficou conhecido como ideólogo desta instituição. Ocupou a cadeira nº 38 da Academia Brasileira de Letras. Lançou diversas obras, com destaque para*Questões vigentes da filosofia e direito e crítica da religião; Estudos de filosofia; e Estudos alemães.*

[897] Barreto, Tobias. *A questão do poder moderador e outros ensaios brasileiros.* Petrópolis: Editora Vozes, 1977, p. 97. Segundo este pensador, em alusão ao texto de Zacarias de Góes e Vasconcelos, a perspectiva errônea dos publicistas brasileiros é a de acreditar que seria possível impor no Brasil o governo parlamentarista dos ingleses: "A simples cópia de um princípio teórico em um artigo da Constituição não quer dizer que se tenha realizado ideia alguma. Isto é apenas passar de um livro para outro livro, sem que deixe de ficar em estado de pura teoria. Quer na obra de Constant, quer na do rei constituinte, a questão existe ainda para resolver-se".

Segundo Barreto, mais importante do que a discussão envolvendo o Poder Moderador em si, é a análise que diz respeito à atitude reprovável dos intelectuais por tentarem transportar uma realidade ou um sistema de governo (parlamentarismo), no caso o inglês, para o Brasil, sob o pretexto de solucionar todos os nossos males:

> *"(...) para quem a solução de todas as questões depende de um fato único e simples. Eis o caso: o Brasil tornar-se inglês em assunto de governo, continuando, porém, a ser ele mesmo em religião, ciência, indústria (...)"*[898].

Nesse contexto, o Brasil não se enquadraria no referido sistema:

> *"O parlamentarismo é um produto da história: o constitucionalismo um produto do entendimento, da faculdade de criar conceitos, que não tendo base na experiência, são tão vazios e fúteis, como os produtos da imaginação.*
> *(...) convém banir essas ideias do constitucionalismo liberal, e deixar que o Imperador seja o que a Constituição quis que ele fosse, isto é, independente, preponderante e soberano*[899]*".*

Enfim, o parlamentarismo inglês, para Barreto, derivaria das tradições e da "penetração recíproca entre Estado e sociedade"[900], de forma que introjetar o parlamentarismo no Brasil seria impor uma abstração, na medida em que se "(...) as instituições não são filhas dos costumes, mas um produto abstrato da razão (...) vão logo quebrar-se contra os fatos. Indubitavelmente o nosso governo se acha em tal estado"[901].

Na realidade, o Poder Moderador, sob a concepção democrática de que impediria o domínio do Estado por parte das maiorias eleitorais, passageiras e eventualmente pouco representativas, foi, em vez disso, um retrocesso, visto que não atingiu o fim desejado. Se na teoria o Poder Moderador arbitraria os outros poderes de Estado, na prática ele não se impunha por meio de regras bem definidas. Aliás, como o imperador

[898] BARRETO, Tobias. *A questão do Poder Moderador e outros ensaios brasileiros*, cit., p. 84.
[899] Ibidem, p. 85 e 108.
[900] Ibidem, p. 86.
[901] Ibidem, p. 87.

estava acima dos outros poderes, acabava não se responsabilizando institucionalmente pelos seus atos.

Em decorrência, Nabuco de Araújo, magistrado e político brasileiro, em 17 de julho de 1868, em face da deposição do Gabinete Zacarias (liberal), substituído por Caxias (conservador), afirmou:

> "*Segundo os preceitos mais comezinhos do regime constitucional, os ministérios sobem por uma maioria, como hão de descer por outra maioria; o Poder Moderador não tem o direito de despachar ministros como despacha empregados, delegados e subdelegados de polícia; há de cingir-se, para organizar ministérios, ao princípio dominante do sistema representativo. Por sem dúvida, senhores, vós não podeis levar a tanto a atribuição que a Constituição confere à Coroa de nomear livremente os seus ministros; não podeis ir até o ponto de querer que nessa faculdade se envolva o direito de fazer política sem a intervenção nacional, o direito de substituir situações como lhe aprouver. Ora, dizei-me, não é isto uma farsa? Não é isto um verdadeiro absolutismo, no estado em que se acham as eleições no nosso País? Vede este soritesfatal, este sorites*[902]*que acaba com a existência do sistema representativo: o Poder Moderador pode chamar a quem quiser para organizar ministérios; esta pessoa faz a eleição, porque há de fazê-la; esta eleição faz a maioria. Eis aí está o sistema representativo do País*"[903].

Como se nota, as discussões envolvendo o Poder Moderador motivaram polêmica por toda a monarquia, pois, para os críticos, o imperador impunha uma ditadura constitucional, haja vista que o art. 102 da Constituição da época garantia-lhe o poder de exercer o Poder Executivo pelos seus ministros de Estado, estes indicados mediante sua livre escolha e destituição[904].

Há quem defenda a tese de que o Poder Moderador atuante, como se deu até 1888, permitiu mudanças políticas regulares, capazes de impedir revoluções, ainda que suscetíveis aos resultados desejados por elas, sem

[902] Sorites significa um tipo de raciocínio composto por um número indeterminado de proposições dispostas de modo que o atributo da primeira se torna o sujeito da segunda, o da segunda o sujeito da terceira e assim por diante. *Dicionário Aulete*, São Paulo.

[903] NABUCO, Joaquim. *Um estadista do Império*, cit., p. 663.

[904] Lembre-se de que o Poder Moderador terá o seu fim por ocasião da República, momento em que o Poder Judiciário ocupará seu lugar.

suas consequências negativas. Tal é o exemplo da repercussão da Abolição, sem que as províncias escravocratas fizessem uma reedição brasileira e vitoriosa da guerra americana[905].

O Visconde do Uruguai também rebatia a tese de que a praxe de os ministros lançarem suas assinaturas como referendas aos atos do Imperador significasse a responsabilidade ministerial. Para ele, não era esse o entendimento da Constituição, e era essencial que se preponderasse o texto constitucional, pois "do fato não se conclui o direito"[906].

No plano doutrinário, diferentemente de uma visão idealista sobre o Poder Moderador, ou seja, de que esse poder teria sido "a chave de toda a organização política", Afonso Arinos de Mello Franco[907] assim se contrapõe:

> *"(...) o Poder Moderador não era o ponto de equilíbrio entre todas as forças que se encontravam naquele nível, mas uma que abria qualquer porta. Isso fez com que o Imperador, aliás, perfeitamente dentro de suas atribuições, usasse o Poder Moderador como chave. Ele abria a porta do Partido Liberal, abria a porta do Partido Conservador, dissolvia quando quisesse a Assembleia Geral, demitia ministros [...] o exercício de tal poder sempre enfraqueceu a organização partidária imperial. Com o tempo, os ataques dos partidos ao Poder Moderador foram se transformando em oposições a Pedro II"*[908].

[905] Torres, João Camilo de Oliveira. *Interpretação da realidade brasileira*. Rio de Janeiro: Livraria José Olympio, 1969, p. 188-189. Saliente-se que o Poder Moderador foi previsto pelas seguintes constituições: França (1791); Cádis (1812); Costa Rica (1825); Portugal (1826) e, tacitamente, a da França, de 1814, inspirada no modelo inglês e elaborada por Luís XVIII.

[906] Carvalho, José Murilo de. *Visconde do Uruguai*, cit., p. 382.

[907] Nascido em 1905, em Belo Horizonte, político, jurista, historiador e memorialista, elegeu-se deputado federal por MG 1947-1959, senador pelo DF 1959-1961, ministro das Relações Exteriores em 1961, senador pela Guanabara 1961-1962, ministro das Relações Exteriores em 1962, senador pela GB 1962-1967, constituinte em 1987-1988 e senador RJ 1987-1990. Vide Abreu, Alzira Alves de *et al* (Coord.). *Dicionário histórico-biográfico brasileiro: pós-1930*, cit., p. 336.

[908] Mello Franco, Afonso Arinos. *O pensamento constitucional brasileiro*. apud: Bonavides, Paulo e Paes De Andrade, Antônio. *História constitucional do Brasil*. 8. ed. Brasília: Editora OAB, 2006, p.101.

Para Arinos, o intuito de D. Pedro I era, de fato, o de aumentar seu poder, sem se ater, necessariamente, ao "equilíbrio" entre os demais poderes, visto que esse poder se tornou, como disse certa vez Clóvis Beviláqua, "um enxerto do absolutismo introduzido na Carta Constitucional"[909].

No mesmo sentido temos o argumento de Tobias Barreto[910] sobre o Poder Moderador. Ao comentar o artigo 10 da Carta, afirma:

> *"(...) se o Poder Moderador é superior aos outros poderes, esses não são independentes (...). Se esses poderes não são independentes, a Constituição mentiu no artigo 9º [neste dispositivo, a Constituição declara: 'a divisão e harmonia dos poderes políticos é o princípio conservador dos direitos dos cidadãos']. Que Independência pode existir entre os poderes de categorias diferentes, subordinados uns aos outros? Serão independentes do Poder Moderador os outros poderes, que estão obrigados a recorrer a ele, quando houver, dúvidas sobre duas respectivas atribuições? [...] Vê-se, portanto, que a própria Constituição encarregou-se de desmentir seu asserto do artigo 9º"*[911].

O mau emprego desse poder, como adverte Barreto, explica o arbítrio e o despotismo impostos pela vontade centralizadora e inquestionável do imperador[912].

E Barreto, além de contestar o empréstimo do parlamentarismo inglês, no que diz respeito ao Poder Moderador, opõe-se, por exemplo, à linha argumentativa de Zacarias de Góis, visto que os modelos de constitucionalismo europeus só poderiam ser aplicados a nossas instituições

[909] Mello Franco, Afonso Arinos. *Estudos de direito constitucional.* Rio de Janeiro: Freitas Bastos, 1957, p. 246.

[910] Nascido em 1839, em Sergipe, bacharelou-se em Direito em Recife no ano de 1869. Notabilizou-se pelo magistério, carreira que dedicou toda a vida. Ideólogo da Escola do Recife, foi o responsável pela introdução das teses acerca do positivismo e do cientificismo do direito e pela divulgação das ideias filosóficas do movimento realista-naturalista, influenciando toda a elite intelectual do País. Publicou, entre outras obras, o livro *A questão do poder moderador e outros ensaios brasileiros.* Conferir: Vainfas, Ronaldo (organizador). *Dicionário do Brasil Imperial* (1822-1889), cit., p. 698.

[911] Barreto, Tobias. *A questão do Poder Moderador e outros ensaios brasileiros.* Petrópolis: Editora Vozes, 1977, p. 139.

[912] Ibidem, p. 57.

se houvesse a devida adequação à realidade constitucional brasileira[913]: "é fazer como o Sr. Zacarias [...] no intuito de provar que o imperador não é o imperador, superior e preexistente a todos os poderes políticos, como fê-lo a Constituição, porém somente aquilo que o publicista liberal queria que ele fosse, isto é, um grande nada, no estilo do protoconstitucionalismo britânico, um capitel suntuoso, mas também inofensivo, da coluna do Estado"[914].

5.6.3 O Conselho de Estado – outra discussão no Império

Um dos órgãos constitucionais mais importantes da Monarquia, o Conselho de Estado, foi criado em duas versões. O primeiro Conselho, instituído pelo Decreto de 13/11/1823, compunha-se de 10 membros vitalícios e três honorários[915]. Cabia-lhe solucionar os problemas mais importantes da administração pública, como declarar guerra, ajustar a paz e negociar com países estrangeiros. Sua extinção se dá pela reforma constitucional de 12/08/1834, e a criação do segundo Conselho concretiza-se por meio da Lei de 23/11/1841[916], cuja composição passa a ser de 12 membros ordinários vitalícios, além dos ministros de Estado, quando se mantiveram as respectivas garantias, a exemplo dos correspondentes vencimentos[917].

Em resumo, as principais atribuições do Conselho de Estado eram:

1 – Como órgão do Poder Moderador – o Imperador ao exercitar as suas graves atribuições privativas, convocava o Conselho.

2 – Como órgão consultivo do governo – elaborava regulamentos e decidia a respeito de questões técnicas.

913 Góis lembrava que não se pode, de fato, transportar de outras realidades uma Constituição para a realidade brasileira, como tem sido feito em toda a história do Brasil, até os tempos atuais.

914 Barreto, Tobias. *A questão do Poder Moderador e outros ensaios brasileiros*, p. 107.

915 O primeiro Conselho de Ministros foi encarregado de redigir o projeto da Constituição promulgada em 1824.

916 D. Pedro II defendeu a "necessidade de um Conselho de Estado que pudesse ser ouvido em todos os negócios graves e principalmente nos relativos ao exercício do Poder Moderador".

917 Franco, Afonso Arinos de Melo. *Curso de direito constitucional*, cit., p. 102.

3 – Como Tribunal administrativo[918].

José Antonio Pimenta Bueno (Marquês de São Vicente), em linhas gerais, afirma que o Conselho de Estado tratava-se de importante instituição à qual cabia auxiliar o governo e a administração nacional com opiniões ou pareceres[919]. Nesse sentido, para o marquês, tornava-se indispensável para a manutenção das tradições, sendo capaz de neutralizar os inconvenientes que decorriam da passagem ou instabilidade dos ministros, estes depositários móveis da autoridade que detêm pretensões administrativas, às vezes não só diferentes, mas até opostas[920]. Além disso, incumbia-se o Conselho de aplicar e uniformizar as leis administrativas, assemelhando-se ao papel exercido pelo Supremo Tribunal Federal[921].

Quanto à composição do Conselho, nele se identificam políticos experimentados, conservadores e liberais, aptos a promover sugestões ao imperador antes de qualquer dissolução de gabinete ou da Câmara dos Deputados, colaborando também no direito de veto e sanção[922].

Outras funções do Conselho de Estado:

Servir de consulta sobre todos os negócios políticos ou medidas governamentais, em que o imperador houver por bem ouvi-lo (Constituição, arts. 7º e 142), como nas hipóteses de declaração de guerra e paz, de negociações ou relações com nações estrangeiras ou com o poder espiritual ou chefe da Igreja Católica[923].

Joaquim Nabuco, por sua vez, assim se expressou sobre o tema:

"*Como o Parlamento, o Conselho de Estado foi com efeito uma grande concepção política, que mesmo a Inglaterra nos podia invejar, esse Conselho de Estado, ouvido sobre*

[918] Entende-se que o segundo Conselho de Estado era "quase um novo poder no Estado – um órgão meramente consultivo, não há dúvida, mas ouvido pelo Imperador e pelos ministros, que falava a respeito de tudo. Era um tribunal político e administrativo muito embora apenas opinasse". *Vide* Torres, João Camilo de Oliveira. *O Conselho de Estado*. Rio de Janeiro: Edições G.R.D., 1965, p. 51.

[919] Bueno, José Antonio Pimenta. *Direito público brasileiro e análise da constituição do Império*, cit., p. 283.

[920] Ibidem, p. 283.

[921] Ibidem, p. 284.

[922] Ibidem, p. 284.

[923] Ibidem, p. 285.

todas as grandes questões, conservador das tradições políticas do Império, para o qual os partidos contrários eram chamados a colaborar no bom governo do País, onde a oposição tinha que revelar os seus planos, suas alternativas, seu modo diverso de encarar as grandes questões cuja solução pertencia ao ministério. Essa admirável criação do espírito brasileiro, que completava a outra, não menos admirável, tomada de Benjamin Constant, o Poder Moderador, reunia, assim, em torno do Imperador as sumidades políticas de um e outro lado, toda a sua consumada experiência, sempre que era preciso consultar sobre um grave interesse público, de modo que a oposição era, até certo ponto, partícipe da direção do País, fiscal dos seus interesses, depositária dos segredos do Estado"[924].

5.6.4 O Código Criminal – oposição às práticas das Ordenações

Em consonância com a Carta Magna de 1824, que abolia as penas de açoites, tortura, marca de ferro quente e demais penas cruéis e estabeleceu a pessoalidade das punições[925], foi promulgado em 1830 o Código Criminal e revogado o Livro V das Ordenações.

Principais disposições legais do Código:

- Parte Geral sobre os crimes e as penas;
- definição de crime, "crimes justificáveis", criminoso, circunstâncias agravantes e atenuantes no Título I, bem como a previsão sobre a indenização da vítima;
- definição das penas de morte, galés, prisão com trabalhos, prisão simples, banimento, degredo, desterro, privação de direitos políticos, perda de emprego público, multas[926];

[924] NABUCO, Joaquim. *Um estadista do Império*, cit., p. 944-945.

[925] Ao estabelecer a pessoalidade das penas, o Código Criminal dispôs que nenhuma pena passaria da pessoa do delinquente e que seria abolido o confisco e a infâmia hereditária.

[926] O banimento significava expulsão do território do Império, com privação dos direitos de cidadão. A volta clandestina implicaria prisão perpétua. O degredo consistia em residir em local determinado. O desterro obrigava a não entrar nos termos do local do delito ou da residência da vítima. A pena de galés obrigava o condenado a trabalhar em obras públicas, "com calceta no pé e corrente de ferro".

- previsão de crimes públicos ou privados, conforme a vítima[927], e de crimes policiais[928];
- permanência de desigualdades no Império: submissão da pena de açoites a escravos, ainda que extinta pela Constituição; justificativa do crime efetuado pelo marido contra a mulher adúltera, sob a justificativa de "defesa da própria pessoa, ou de seus direitos", incluindo a liberdade, honra, vida e fortuna pessoais;
- delitos de opinião por "abuso de liberdade de comunicar os pensamentos", sendo punidos os impressores, os editores, os autores, os vendedores ou distribuidores e os que comunicassem a mais de 15 pessoas os escritos;
- mantidas as seguintes espécies de crimes policiais: celebrar cultos que não fossem católicos, em edifícios com forma de templo ou publicamente, assim como zombar ou abusar de culto estabelecido no Império (arts. 276 e 277); divulgar doutrinas que destruíssem as verdades sobre a existência de Deus (art. 278), ou ofender a moral pública (art. 279), ou "praticar qualquer ação, que na opinião pública seja considerada como evidentemente ofensiva da moral, e bons costumes, sendo em lugar público" (art. 288)[929].

5.6.5 A Reforma do Código de Processo Criminal – a Restauração de 1841

Com a chegada ao poder dos conservadores, após a queda do Gabinete liberal que tinha chegado ao poder devido ao golpe da maioridade em 1840, estes se empenharam em suprimir aspectos liberais das legislações anteriormente aprovadas. Sob a justificativa de conter excessos e a necessidade de fortalecer a autoridade, Bernardo Pereira de Vasconcelos

[927] Crimes públicos – aqueles cometidos contra a existência do Império, contra o livre exercício dos poderes políticos e gozo dos mesmos direitos dos cidadãos, contra a segurança interna do País e a tranquilidade pública, contra a boa ordem e administração pública, contra o tesouro e a propriedade pública. Crimes privados – os cometidos contra a liberdade e segurança individual, que incluía homicídios (artigo 192) e contra a honra (artigo 219), contra a propriedade e contra a pessoa.

[928] Tratava-se de crimes contra as normas de polícia administrativa, tais como as posturas sanitárias das cidades e províncias.

[929] Iglesias, Francisco. *Trajetória política do Brasil*: 1500-1964, cit., p. 142.

propõe à Câmara reforma da legislação criminal e das funções do Júri, bem como a retirada das funções de polícia do Poder Judiciário, as quais seriam concedidas ao chefe de polícia[930].

Com efeito, aprova-se a Lei n. 261, de 3 de dezembro de 1841, que altera o Código de Processo Criminal. Destacam-se as principais inovações:

- o chefe de Polícia (art. 6º), ao substituir o juiz de paz no âmbito da jurisdição policial, passa a ter grande importância, cabendo-lhe poderes de repressão (nomeado pelo presidente da província);
- a instrução criminal passou do Poder Judiciário eleito (juízes de paz) para o Executivo;

Além das modificações do Código de Processo, o Decreto nº 207, de setembro de 1840, determinou a nomeação dos vice-presidentes das províncias pelo governo central, sem passar pelas Assembleias, e a Lei nº 234, de novembro de 1841, restabeleceu o Conselho de Estado extinto pelo Ato Adicional.

5.6.6 O Código Comercial – as regras jurídicas do capitalismo no Império

Diante da chegada da família real ao Brasil em 1808 e da liberação de produção de manufaturas, os locais supuseram que entraríamos na Revolução Industrial. Mas os tratados de Portugal com a Inglaterra em 1810 acabaram por postergar em 40 anos o início do processo de industrialização do Brasil. Saliente-se que o Código Comercial não veio só, mas interligado a outras normas jurídicas que garantiam a já presente concentração de renda; a Lei Eusébio de Queirós (liberou dinheiro para investir em outras áreas), a Lei de Terras (lei racial que limitou o acesso a terra aos que detinham poder econômico) e o Regulamento 737, todas de 1850, são exemplos.

Antes do Projeto de Código Comercial que foi enviado à Câmara em 1834, vigiam desde 25 de abril de 1821 no País leis sobre o comércio[931].

930 Ibidem, p. 153.

931 Visconde de Cairu (José da Silva Lisboa) foi o primeiro a estudar a doutrina relativa ao Direito Comercial, pois, em 1815, publicou *Princípios de direito mercantil* e *Observações sobre o comércio franco*, em Lisboa.

Acrescente-se que o Código Comercial francês, de 1807, os Códigos Comerciais da Espanha, de 1829, e de Portugal, de 1833, constituíam, na prática, a legislação mercantil nacional[932].

Com o desenvolvimento das relações comerciais e, também, por uma questão de soberania, buscava-se a aprovação de um Código Comercial, até que em 25 de junho de 1850 promulgou-se o referido diploma[933]. Na sequência, foram instituídos os Tribunais de Comércio por ocasião da vigência do Decreto n. 737, de 25 de novembro de 1850, que ficou conhecido como Regulamento n. 737, o qual se consolidou como Código de Processo Civil do Império.

Dividido em três partes, é possível elencar estas principais características do diploma comercial[934]:

- na primeira parte, "Do comércio em geral", destacam-se as disposições sobre os comerciantes, as praças de comércio, os agentes auxiliares de comércio, os banqueiros, os contratos e as obrigações mercantis, o mandato mercantil, os juros mercantis, a hipoteca e penhor mercantil, as companhias e sociedades comerciais;
- na segunda, "Do comércio marítimo", os proprietários, as embarcações, os capitães e mestres dos navios, o ajuste e soldados dos oficiais e gente da tripulação, seus direitos e obrigações e fretamentos dos seguros marítimos e do naufrágio;
- na terceira parte, "Das quebras", a natureza e declaração das quebras e seus efeitos, a reunião dos credores e concordata, o contrato de união, os administradores, a liquidação e os dividendos, as moratórias e disposições gerais.

[932] MENDONÇA, J. X. Carvalho. *Tratado de direito comercial brasileiro.* Rio de Janeiro: Livraria Freitas Bastos, 1953, p. 19.

[933] Os códigos francês de 1807, o espanhol de 1829 e o português de 1833 influenciaram o código comercial do Império. *Vide* CARVALHO DE MENDONÇA, J. X. *Tratado de direito comercial brasileiro*, cit., p. 19.

[934] Saliente-se que o Código Comercial também dispunha sobre princípios relativos à área cível, dada a inexistência, até então, do referido diploma. E era aplicado, de forma subsidiária e por analogia, para interpretar contratos e garantias, até que fosse editada a Lei Geral das Hipotecas de 1864.

Apesar da vigência do Código Comercial, não havia disposição legal acerca dos limites da responsabilidade da companhia. À época, o Regulamento n. 737, de 1850, previa casos de prisão civil por dívida; por isso, no limiar do século XIX surgiu a figura da pessoa jurídica, de forma que o fundo comum dos sócios passou a ser tratado como um terceiro em relação aos sócios e a seus prepostos[935].

Diante da necessidade de intensificarem as relações entre Metrópole e Colônia, as potências marítimas, como Inglaterra, Holanda e Portugal, criaram companhias com o privilégio de responsabilidade limitada, monopólio de certos produtos e capital representado por ações, ou seja, títulos transferíveis.

A França, por sua vez, acolheu as sociedades anônimas no contexto do período revolucionário, mas sem perder o caráter de privilégio, pois todos os outros tipos sociais conservavam a responsabilidade – ainda que subsidiária – dos sócios.

Na Inglaterra, o caráter privilegiado das sociedades anônimas também foi objeto de longo debate, até que se generalizasse a "incorporação" para as companhias que não fossem monopolistas ou criadas pela Coroa ou pelo Parlamento[936].

Outra alteração no Código Comercial a se destacar diz respeito à matéria dos juros, que, no geral, eram proibidos pelas Ordenações (Livro IV, Título 67), exceto em casos especiais, como nas indenizações por pactos, nas promessas ou nos contratos não cumpridos[937]. Lembre-se de que, a partir da Lei de 24 de outubro de 1832, os juros poderiam ser cobrados desde que houvesse uma estipulação prévia mediante escritura[938].

935 A discussão sobre a definição das sociedades como pessoas jurídicas e acerca da responsabilidade limitada dos sócios impunha-se em nível mundial, até que o Código de Comércio francês, em 1807, previu as disposições sobre companhia ou sociedade anônima, num contexto em que o privilégio da responsabilidade limitada lembrava os privilégios das companhias monopolistas.

936 Galgano, Francesco. *Le Institutioni dell'Economia Capitalística* [As instituições da economia capitalista]. Bologna: Zanichelli, 1984, p. 85.

937 Podia-se cobrar juros se se tratasse de contratos de câmbio, sendo aplicável, para dirimir conflitos, o direito canônico.

938 Atribui-se a essa mudança relativa a cobrança de juros o início do calvário dos mutuários.

5.6.7 O Regulamento 737 – o "substituto" do Código de Processo Civil

Conforme indicado, o Regulamento n. 737 firmou-se como Código de Processo Civil. O diploma apresenta, na primeira parte, o processo comercial em geral (até a sentença); na segunda, execuções; e na terceira, recursos, cuja sistematização é a seguinte:

- Parte I (Do Processo Comercial) – subdivide-se em Títulos I a VII[939] e conserva a tradição proveniente das Decretais de Gregório IX[940].
- Parte II (Da execução) – subdivide-se em Títulos I a VI[941]; e
- Parte III (Dos recursos) – subdivide-se em Títulos I, II e Único[942].

Apesar das mudanças que foram trazidas pelo Regulamento de 1850, foi mantida uma parte das previsões anteriores. Por exemplo, os juramentos entre os meios de prova admissíveis em alguns casos e a quantidade de testemunhas que podiam ser apresentadas, ou seja, até 56[943].

Na época, a obra *Doutrina das ações,* de autoria de José Homem Corrêa de Telles[944] e adaptada ao foro brasileiro por Augusto Teixeira de

[939] Título I – Do Juízo Commercial; Título II – Da ordem do Juízo; Título III – Das ações sumárias; Título IV – Das ações especiais; Título V – Das ações executivas; Título VI – Dos processos preparatórios, preventivos e incidentes; Título VII – Do Juízo Arbitral.

[940] Refere-se à compilação de direito canônico publicada em 1234. Inclui principalmente (não apenas) decretais papais desse período, isto é, tanto declarações com ou sem a participação do conselho da cúria romana sobre matérias jurídicas após uma *provocatio* da hierarquia inferior, como ainda sentenças judiciais, quando estas chegavam à cúria romana, além de outras manifestações papais dadas a particulares. *Vide* MALACARNE, Cassiano. *Decretais de Gregório IX* (Livro 5, Títulos 1-2). Tese de doutorado. Porto Alegre: Universidade Federal do Rio Grande do Sul, 2016.

[941] Título I – Do ingresso da execução; Título II – Das sentenças ilíquidas; Título III – Das sentenças líquidas; Título IV – Das sentenças sobre ação real, ou cousa certa, ou em espécie; Título V – Dos embargos; Título VI – Das preferências.

[942] Título I – Dos recursos; Título II – Das nulidades; Título Único – disposições gerais.

[943] Inquiriam-se as testemunhas por cartas e depositavam-se as perguntas em cartório com antecipação. As próprias partes incumbiam-se da "audiência", sendo o termo lavrado pelo escrivão. Na verdade, os juízes pouco compareciam.

[944] José Homem Correia Teles (10 de maio de 1780 – 3 de julho de 1849) era um jurista, juiz e político português. Destacam-se as obras: *O manual de tabelião; Manual de processo civil; O Código Civil*; e *O direito português.*

Freitas[945], auxiliava aos juristas, período em que, diga-se de passagem, o processo tinha um objetivo político reconhecido pelos legisladores, não se desligava da própria organização da magistratura que é, ao mesmo tempo, um poder de Estado e um estamento social[946].

5.6.8 As leis civis – A luta pela cidadania

Ainda que no Império a Constituição de 1824 determinasse a elaboração de um Código Civil, isso se concretizou somente em 1916, ou seja, quase três décadas após o advento da República.

Antes da edição desse diploma, propôs-se o *Digesto português* de José Homem Corrêa de Telles (1835), de teor doutrinário e legislativo, o qual serviu de base para a edição do Código Civil português de 1867[947], e a obra de Coelho da Rocha[948], *Instituições de direito civil português,* mas não foram adotados.

Em face desse hiato jurídico, preenchia-se a lacuna com os modelos jurídicos francês (Código Civil de 1804) e alemão (compilação de jurisconsultos romanos antigos). O Código Civil francês dispunha, no Livro I, sobre as pessoas. No Livro II, o direito das coisas e das transferências

[945] Augusto Teixeira de Freitas (1816-1883) – baiano, formou-se na Faculdade de Olinda (Recife) em 1837. Pioneiro na tentativa de realizar o Código Civil para o Brasil. Revolucionário, participou da Sabinada na Bahia. Fundou o Instituto da Ordem dos Advogados do Brasil (1857). Foi contratado pelo Ministério da Justiça (1855) para elaborar a Consolidação das Leis Civis (codificação). Em 1859 passou a trabalhar no Código Civil brasileiro. Todavia, não concluiu seu "Esboço do Código Civil", por motivos de saúde (loucura), contudo a Argentina aproveitou o seu trabalho de cinco mil artigos na elaboração das suas leis civis.

[946] Os liberais insistiam na participação dos poderes locais no procedimento e defendiam os juízes leigos (juízes de paz e jurados). Quanto aos conservadores, desejavam disciplinar tais poderes submetendo-os ao poder imperial.

[947] Quem propôs foi Eusébio de Queirós Coutinho Matoso da Câmara (São Paulo de Luanda, 1812 – Rio de Janeiro, 7 de maio de 1868), magistrado e político brasileiro. Foi ministro da Justiça (1848-1852) e autor da lei que reprimia o tráfico negreiro e estabelecia sua posterior extinção (Lei Eusébio de Queirós), assim como do Código Comercial de 1850.

[948] Manuel António Coelho da Rocha (1793-1850) – Jurista famoso luso, escreveu diversas obras, destaque para *Instituições do direito civil português e Ensaio sobre a história do governo e da legislação de Portugal.*

de propriedade. E, no Livro III, as formas de aquisição de propriedade, regime de bens entre cônjuges, contratos, delitos, direitos reais de garantia e prescrição. No plano alemão, por não dispor, até então, de um Código, haja vista que nem mesmo havia um Estado nacional alemão, tampouco uma revolução burguesa, objetivava-se a precisão conceitual, a generalidade e a abstração, que criavam a possibilidade de aprendizado (e ensino) abstrato.

Mas em 1855 o governo imperial contratou Teixeira de Freitas para consolidar as leis civis, que adotou o viés alemão, pois, na sua visão, o modelo francês era criticado pela excessiva simplicidade, até que, decorridos três anos, o governo aprovou o trabalho de consolidação das leis civis promovido pelo referido jurista[949].

Em seu trabalho, Teixeira de Freitas reuniu todo o direito vigente, até o que se considerava mais necessário no âmbito do direito privado à luz das Ordenações Filipinas.

Em 1865, publicou-se nova consolidação de leis civis, momento este em que o texto revisto passava a contar com um "Título Preliminar" sobre lugar e tempo dos atos jurídicos, bem como acerca dos conflitos de leis; algo, em suma, similar ao que está previsto atualmente na Lei de Introdução às normas do Direito Brasileiro. Assim, a divisão ficou a seguinte: Título Preliminar; Parte Geral e Parte Especial, que dispunha sobre direitos de aquisição, exercício, conservação e extinção.

Enquanto isso, entre 1859 e 1864, Teixeira de Freitas[950] esboçava o Código Civil do Império, que assim ficou estruturado: a) parte geral – em Livro Único dispunha-se sobre pessoas, bens e fatos; b) parte especial –

[949] O parecer foi dado pela comissão provisória, composta pelo Visconde do Uruguai e por José Tomás Nabuco de Araújo e Caetano Alberto Soares. Apresentava a seguinte divisão de matérias: uma parte geral sobre as pessoas e as coisas; uma parte especial dividida em dois livros, o primeiro sobre os direitos pessoais, incluindo as relações pessoais em função da família e as relações derivadas dos contratos e dos atos ilícitos (esbulho e dano), o segundo tratando dos direitos reais, inclusive a matéria de sucessões, e direitos reais de garantia.

[950] Devido a vários atritos entre Freitas e o poder imperial, o jurista decidiu abandonar o trabalho em 1867. Ele escreveu: "há desarmonia profunda entre o meu pensamento atual sobre tais assuntos e as vistas do governo imperial". Na verdade, o jurista defendia a ideia de reunir em único código o direito civil e comercial. Para o governo, por discordar, o Código Civil abrangeria apenas a Legislação Civil, devendo-se excluir as leis que regulamentavam

no Livro II, direitos pessoais[951]; no Livro III, direitos reais[952]; e no Livro IV, direitos pessoais e reais.

O esboço de Código Civil[953] também contava com um Título Preliminar antes da Parte Geral, ou seja, reunia os temas hoje previstos na Lei de Introdução às normas do Direito Brasileiro e que já eram previstos no Código Civil francês, como: aplicação das leis e requisitos de validade; irretroatividade em geral; conflito de leis (aplicação de lei estrangeira); e contagem de prazos.

A título de comparação, a Consolidação das Leis Especiais apresentou 1.333 artigos e o Esboço, 4.908. É que Teixeira de Freitas não abria mão de sua visão de unificação do direito privado, ampliando em demasia o número de artigos de seu projeto. Acabou sendo engavetado e, só após o advento da República que uma nova proposta de Código teve lugar, sob a condução de Clóvis Beviláqua, cuja tarefa redacional não foi tão simples como poderia parecer.

Exemplo da problemática em relação ao texto do Código:

as relações comerciais. *Vide* GRINBERG, Keila. *Código Civil e cidadania*. Rio de Janeiro: Jorge Zahar Editora, 2001, p. 14.

951 O Livro II subdividia-se em três seções: I – Direitos Pessoais em Geral (obrigações, respectivos objetos – dar, fazer e não fazer –, alternativas, facultativas, indivisíveis, cláusula penal, extinção das obrigações); II – Direitos Pessoais nas Relações de Família (casamento, paternidade, maternidade, filiação, obrigações dos parentes, adoção, tutela, curatela); III – Direitos Pessoais nas Relações Civis (contratos, não contratos – fiança legal, judicial, gestão oficiosa, emprego útil, atos voluntários –, fatos e ilícitos).

952 O Livro III também se subdividia em três seções: I – Direitos Reais em Geral – sua natureza, modos de aquisição, efeitos, extinção; II – Direitos Reais sobre Coisas Próprias – domínio, condomínio; III – Direitos Reais sobre Coisas Alheias – usufruto, enfiteuse, uso, habitações, servidões. Finalmente, o Livro IV dispunha sobre herança, concurso de credores, prescrição.

953 Teixeira de Freitas, ao classificar as pessoas (art. 273 e s.), apresentou sua própria doutrina: "pessoas jurídicas de existência necessária" (o povo do Império, o Estado, as Províncias, os Municípios, a Coroa, a Igreja Católica, se nacionais); e pessoas jurídicas de existência possível (estabelecimentos de utilidade pública, corporações instituídas para fins públicos – como as ordens e as confrarias com patrimônio –, sociedades anônimas e em comandita por ações, uma vez autorizadas). Estas são tratadas como pessoas públicas. Ao lado delas, aparecem as pessoas jurídicas privadas, de existência possível, que seriam as sociedades civis ou comerciais de caráter contratual, heranças jacentes, representações voluntárias por procuradores, representações necessárias.

> *"(...) uma das chaves para se compreender as dificuldades para a realização do projeto de codificação do direito civil no Brasil, está justamente nas disputas em torno da definição do conceito de cidadania em fins do século XIX e início do XX. Dificuldades que eram comuns a todos os Países que tinham, entre as suas pretensões, a construção de um Estado liberal através da tradição jurídica romano-canônica, como a França, a Áustria, a Alemanha, Portugal e Espanha. Mas que também eram específicas dos países americanos que, naquele momento, ainda dispunham de um regime de trabalho escravo ou que planejavam deixar de tê-lo um dia"*[954].

Para se ter ideia da dificuldade para definir o que é cidadania nesse período da história brasileira, basta lembrar que no século XIX encontravam-se pessoas destituídas da plena capacidade de praticar atos jurídicos na vida civil, como os menores trabalhadores, que não podiam defender-se perante a justiça; as mulheres casadas de famílias abastadas, que não podiam testar; o não reconhecimento pelo Estado do casamento de protestantes e judeus, uma vez que o efeito civil da celebração da cerimônia matrimonial somente seria reconhecido pela justiça em igrejas católicas; e os escravos urbanos, que alugavam seus serviços e repartiam os ganhos com seus senhores, mas nem por isso deixavam de ser escravos[955].

Em conclusão, como desde a Independência havia pressões de diversos grupos sociais pelo exercício dos direitos de cidadania, a elaboração do texto do diploma civil tornou-se problemática[956].

5.6.9 A Lei das Terras e a Lei das Hipotecas – a propriedade como mercadoria e garantia dos empréstimos

5.6.9.1 A Lei das Terras

Antes da promulgação da Lei das Terras[957], esta ocorrida em 18 de setembro de 1850, identificavam-se no Brasil as terras concedidas e confirma-

[954] Grinberg, Keila. *Código Civil e cidadania*, cit., p. 9.

[955] Ibidem, p. 10.

[956] Ibidem, p. 10.

[957] Em 1843, Bernardo P. de Vasconcelos, membro do Conselho de Estado da época, incumbiu-se do projeto de Lei das Terras. Antes disso, já se havia feito uma primeira alteração no sistema pela Lei nº 317, de 1843, do Registro Geral de Hipotecas, de modo

das, demarcadas e utilizadas por sesmaria (a minoria dos casos). Havia, também, sesmarias concedidas, não demarcadas; glebas de simples posse; e, finalmente, glebas sem ocupação, que ficariam com o Império, já que eram terras devolutas[958].

Outro caso era a posse de terras por parte do pequeno lavrador pobre e de inúmeras terras novas que eram usadas nas lavouras cafeeiras do Rio de Janeiro, São Paulo e Minas Gerais.

Observa-se, também, que o objetivo era regularizar o regime das terras, acabar com a escravidão, a fim de que fosse possível atrair colonos estrangeiros e, dessa forma, estes se tornassem pequenos proprietários.

Destacam-se as seguintes disposições sobre a Lei das Terras:

1. proibia a concessão gratuita de sesmarias:
2. definia as terras devolutas, que seriam adquiridas mediante compra feita à Coroa em hasta pública;
3. ordenava o despejo de quem fizesse derrubadas ou queimadas (para evitar que se alegasse posse recente e sem cultivo);
4. definia como terras devolutas as que não tivessem uso público nem título legítimo de particular, nem houvessem sido dadas em sesmarias revalidadas, bem como as que não tivessem posse legítima[959].

que as terras passaram a servir de garantias para empréstimos e também para compra de escravos. A partir de 1848 há incentivos à colonização com a Lei nº 514. Saliente-se que a Lei das Terras foi aprovada com modificações essenciais do projeto original. Haveria limites territoriais para as posses serem reconhecidas e seria criado um imposto territorial de 1$500 réis por meio de quarto de légua em quadra e aquelas terras, cujo imposto não fosse recolhido por três anos consecutivos, voltariam à propriedade da Coroa para venda. *Vide* Costa, Maria Emilia Viotti da. *Da Monarquia à República – momentos decisivos*. 6. ed., São Paulo: Brasiliense, 1994, p. 171.

958 Identificam-se os seguintes regimes de propriedade das terras no Brasil: o das sesmarias, entre 1500 e 1822, em que as doações de sesmarias foram de competência dos capitães ou governadores; o da posse, desde 1822, quando se suspendem as doações de sesmaria pelo Decreto de 17 de julho, até setembro de 1850, data da Lei nº 601, a Lei das Terras; finalmente, o regime que se completa formalmente com o advento da Lei Geral de Hipotecas de 1864 (alterando a Lei nº 317, de 1843) e com o Código Civil de 1916, que muda os serviços de registros públicos, ao introduzir o princípio da transferência de propriedade pela transcrição.

959 As posses mansas e com cultura, então existentes, seriam legitimadas. A legitimação poderia ser feita levando documentos de posse ao Registro de Hipotecas. Ao mesmo

Posteriormente, a Lei das Terras foi regulamentada pelo Decreto n. 1.318, de 1854, destacando-se o seguinte:

- juízes (de paz, municipais e de direito), delegados e subdelegados deveriam informar aos presidentes de províncias a existência de posses sujeitas a revalidação em suas respectivas jurisdições[960];
- nos termos do art. 91, aos vigários caberia abrir registro de títulos de posse, o que resultou na burocratização de um sistema que veio gerar a grilagem e a falsificação[961];
- o governo fixou preços mínimos para a venda de terras devolutas – na prática, nem todos podiam pagar, sendo facultada a venda fora de hasta pública.

Algumas conclusões acerca dos efeitos da Lei das Terras:

- representa uma fase de transição em que a terra deixa de ser domínio da Coroa e título de prestígio, num momento em que o regime de sesmarias era de doação ou ocupação, para transformar-se em mercadoria, permitindo a hipoteca do bem e gerando a concessão do crédito imobiliário em tempos modernos[962];
- legitimação de grandes ocupações de terra, como as dos fazendeiros de café;

tempo, a lei ordenou a discriminação de terras públicas por iniciativa do governo. Criou-se também em cada freguesia ou paróquia (repartições administrativas eclesiásticas, que serviam também de repartições públicas num Estado que tinha religião oficial) um registro de títulos de terras, que ficou conhecido como Registro do Vigário, no qual os possuidores declaravam a sua posse ao vigário em cada Freguesia. O artigo 12 da lei mandava o governo reservar terras devolutas para o aldeamento de indígenas. Começou assim um debate novo sobre o estatuto jurídico da posse originária dos índios. *Vide* COSTA, Maria Emilia Viotti da. *Da Monarquia à República – momentos decisivos*, cit., p. 172.

960 Na medida em que esses entes eram eleitos ou indicados, lembre-se de que a sua atuação se restringia aos interesses de seus adversários ou aliados. E os pequenos possuidores raramente poderiam influenciar no cumprimento da lei.

961 COSTA, Maria Emilia Viotti da. *Da Monarquia à República – momentos decisivos*, cit., p. 176. Daí surgiu a expressão “Conto do Vigário” , expressando golpes praticados por estelionatários.

962 Ibidem, p. 179.

- em vez de democratizar, a nova Lei resultou num cerceamento à posse da terra brasileira, uma vez que estabeleceu um sistema de propriedade em evolução, exclusivista e mercantil[963].

5.6.9.2 A Lei das Hipotecas – Lei n. 1.237/1864

A referida lei, que retirou do Código Criminal o regime de hipotecas, tornando-se um instituto do ramo civil, permitiu que financistas emprestassem dinheiro a fazendeiros e tomassem, em hipoteca, os imóveis. Outra inovação a se destacar, foi o sistema da transcrição, que, na prática, tratou-se do registro como ato solene constitutivo da propriedade.

Com a Lei das Hipotecas, criaram-se companhias para emissão de letras hipotecárias, sobre hipotecas regulares, que as negociavam no mercado, formando as sociedades de crédito real, ressaltando-se que essas companhias não se sujeitavam à falência, mas sim a um pedido de liquidação forçada, por iniciativa do procurador da Coroa perante o juiz do cível.

5.6.10 O Poder Judiciário e sua estrutura

Naquele período, ainda no século XIX, a reforma do Judiciário teve início, de fato, com o Código de Processo Criminal de 1832, quando foram extintos os cargos que existiam anteriormente. Com a mudança, a organização judicial começou a tomar forma com os cargos de juiz de paz, juiz municipal e juiz de direito na primeira instância que não existiam na legislação anterior.

No caso da segunda instância, tudo ficou como antes, ou seja, permaneceram os Tribunais de Relações, que já existiam durante o período colonial e foram mantidos após a Independência em 1822. Em 1828, foi promulgada uma lei determinando a criação do Supremo Tribunal de

963 "As sucessivas prorrogações de prazo para registro e regularização, segundo o relatório do Ministro em 1875, faziam crer aos fazendeiros que nunca seriam privados de suas terras. Aos poucos, reconheceu-se que a lei era letra morta, que os 'proprietários' tratavam os agentes do governo como espoliadores. O próprio registro do vigário era pouco confiável, ou porque os vigários eram, eles mesmos, proprietários, ou porque a igreja era uma das grandes proprietárias". *Vide* CARVALHO, José Murilo de, *A construção da ordem – teatro das sombras*, cit., p. 342.

Justiça (antiga Casa de Suplicação), ao mesmo tempo em que estabelecia sua organização e competência técnica. O Tribunal do Júri, tal como atualmente, tinha na presidência um juiz de Direito.

Os juízes de paz – que não precisavam ser bacharéis em Direito – participavam de uma assembleia paroquial em que se recolhiam os votos de cada cidadão e os remetiam para apuração na sede de cada vila ou cidade. A partir de 1832, com a edição no Código de Processo Criminal, os juízes de paz ficavam encarregados, também, da instrução criminal. Assim, a vítima ou promotor público faziam queixa perante esses magistrados, que davam início à "formação de culpa", recolhendo provas, ouvindo o suspeito e preparando sumários de culpas que seria estudado pelo júri de acusação. Também emitiam julgamento sobre as causas menores.

Os juízes municipais, por sua vez, substituíam os juízes de Direito. Eram de preferência bacharéis ou advogados nomeados pelos presidentes de província – cargo equivalente ao atual governador –, escolhidos pelas Câmaras Municipais em listas enviadas ao presidente. Atuavam na área cível, ao contrário dos juízes de paz. A partir de 1841, essa nomeação passou a caber ao imperador. Os juízes de Direito eram nomeados pelo imperador, dada a sua importância. Os cargos eram vitalícios, mas eles não eram inamovíveis, ou seja, podiam ser enviados para diferentes partes do País. Eles presidiam os julgamentos pelo Júri e podiam, caso o desejassem, candidatar-se a cargos de deputados provinciais (correspondente aos atuais deputados estaduais). A política e a magistratura, na prática, se confundiam.

De acordo com a legislação da época, o Conselho de Jurados reunia-se para examinar o caso em duas fases. Inicialmente, o Conselho de Acusação respondia se no processo havia esclarecimento o suficiente sobre o crime e seu autor para proceder à acusação (artigo 244). Se fosse constado que não havia, seria determinada nova instrução ao Conselho, que deveria ratificar o processo e responder a outra pergunta: "procede a acusação contra alguém?" (artigo 248). Em seguida, o processo seguia para o Júri de julgamento ou sentença e o caso prosseguia. Não havia tribunais de segunda instância em todo o País, mas havia as relações do Rio de Janeiro, Salvador, Recife e São Luís (MA), consideradas cidades importantes na época. Em seguida, foram instaladas as de São Paulo, Porto Alegre, Cuiabá, Belém, Fortaleza e Ouro Preto (MG). Os cartórios, por sua vez, continuavam existindo, e os cargos e ofícios de justiça eram privados. Não podiam ser tratados como propriedade, mas continuavam a ser privados de forma vitalícia, e os sucessores eram indicados pelos próprios serventuários.

O Supremo Tribunal de Justiça era formado por 17 ministros letrados, desembargadores que atuavam nas relações. As funções do Supremo eram determinadas pelo artigo 164 da Constituição – compreender, conceder e negar revistas, conhecer dos delitos que cometessem seus ministros, desembargadores das relações e funcionários do corpo diplomático e presidentes das províncias. Conflitos de jurisdição seriam remetidos ao Conselho de Estado. Em 1851, passou à jurisdição do Supremo o julgamento de bispos e arcebispos (Decreto 609), e o Decreto 1911, de 1857, passou a permitir o recurso à Coroa, ou seja, ao imperador, nos casos de usurpação da jurisdição temporal.

Uma das principais funções do Supremo era promover a Revista, procedimento que tinha a característica de cassação. De acordo com Pimenta Bueno: "O fim a que a parte tem em vista é que o Supremo Tribunal de Justiça, atento à violação da lei, casse, anule o processo ou a sentença, que consequentemente mande retificar o processado ou julgada de novo a causa"[964]. Além da Revista comum, havia a no interesse da Lei que só poderia ser solicitada pelo procurador da Coroa com o intuito de garantir o respeito pelo Judiciário às decisões da Assembleia Geral. A Revista podia ser solicitada quando tinha nulidade manifesta, ou seja, consistia na desobediência a ordem do juízo e de injustiça notória, quando consistia na violação dos preceitos legais. Ainda lembra Pimenta Bueno: "quando uma sentença manda diretamente o contrário do que a lei determina, dá-se uma rebelião aberta contra ela, que ofende gravemente a sociedade"[965]. Se um tribunal ou juiz aplicasse a lei de forma incorreta, ocorreria a Revista, determinada pelo Supremo. O funcionamento desse recurso jurídico era simples: o Supremo cassava a sentença considerada errada e remetia os autos a uma corte diferente daquela que havia proferido a primeira decisão, para que o caso fosse novamente julgado.

964 BUENO, José Antonio Pimenta, *Direito público brasileiro e análise da constituição do Império*, cit., p. 350.
965 Ibidem, p. 350.

Em suma, o Código de Processo Criminal foi liberal, mas sua reforma (em 1841) se caracterizou pelo conservadorismo. Aliás, a reforma ficou conhecida como Restauração.

De acordo com a reforma, os chefes de polícia eram nomeados pelos presidentes de província e atribuíam suas funções aos delegados de polícia no interior para investigaram os crimes. Os juízes de paz e juízes municipais perderam a "jurisdição policial". Pouco tempo depois, em 1871, ocorreu uma nova reforma judiciária. Alguns dos pontos cruciais levantados naquele momento foram a decretação de incompatibilidade entre os cargos da magistratura e os eletivos (para evitar a situação anterior), o controle dos poderes de polícia, a ampliação do *habeas corpus* e a profissionalização completa da magistratura. Ainda era criada uma relação em cada província e garantida a vitaliciedade para toda a primeira instância, além de assegurada a competência judicial para formação de culpa.

5.6.11 A magistratura e a construção nacional – aspectos gerais

Toda a ordenação brasileira foi fortemente influenciada pelo direito europeu, assim como vários outros países latino-americanos. Os Códigos de Direito Comercial, Processual e Direitos Civis, assim como o papel do juiz no processo judicial, tiveram sua gênese no sistema romano-germânico aplicado nos países ibéricos (Portugal e Espanha). A doutrina de separação dos poderes, presente na obra de Montesquieu, viria da França, considerada o berço da cultura mundial até meados do século XIX. Assim, as cortes não podiam criar direito, mas interpretá-lo e aplicá-lo.

Logo após a Independência, em 1822, o País teria no cenário político três tendências políticas: a liberal, a conservadora e, posteriormente, a republicana. Cada lado tinha uma visão, totalmente diferente dos outros, da organização dos poderes do Estado. A Assembleia Constituinte de 1823 tinha tendências liberais e desejava que a Câmara fosse indissolúvel, limitando o poder do imperador. Acabou sendo dissolvida por d. Pedro I, que outorgou uma nova Carta no ano seguinte.

A Constituição de 1824, que era imbuída de ideias liberais, originadas da Revolução Francesa, institucionalizou uma monarquia parlamentar que, no entanto, excluía a maior parte da população do País, ocultando a escravidão. Na teoria, os princípios constitucionais, como o direito à liberdade, à segurança e à propriedade estavam garantidos. No entanto, a realidade cruel do País se impunha. O Brasil continuava um país agrário e atrasado, cuja mão de obra estava centrada na aviltante escravidão africana, fato que fazia que os princípios constitucionais valessem apenas para pequeno segmento da população.

Um pesquisador do tema assinala que a Carta de 1824 instrumentaliza "fórmulas conciliatórias para ajustar o Estado patrimonial ao modelo liberal de exercício do poder (...)"[966]. A comprovação de que o texto assumia teor liberal-conservador, expurgando traços mais radicais e democráticos, e projetando preceituações legais que se transformavam em meras ilusões discursivas, era revelada quando retoricamente se proclamavam e ao mesmo tempo anulavam-se as liberdades, ainda, quando se asseguravam direitos, mas os tornavam "passíveis de serem suspensos; e a igualdade suscitada era frequentemente remetida à existência de desigualdades naturais entre os indivíduos"[967]. Assim, o ar liberal existia somente na teoria, não se convertendo em fato devido à dura realidade vivida pelo País. Dessa forma, víamos se formar o processo atípico de cidadania brasileiro, através de sistema jurídico outorgado e não promulgado, que dificultava a implantação do verdadeiro liberalismo democrático.

A obra de Benjamin Constant exerceu grande influência sobre a Constituição de 1824 por intermédio dos seus *Princípios políticos constitucionais*, principalmente no que se refere à sua original contribuição, assentada na teoria do Poder Real, transformado em Moderador no Brasil. Esse Poder tornaria o imperador munido de grande força. Da ideia original de ser um remédio para os impasses do partidarismo, como um árbitro dos outros poderes, tornou-se um poder absoluto. Após a outorga da Constituição de 1824, o Poder Judiciário, no artigo 151, adquiriu estatuto e configuração constitucionais. Pimenta Bueno, Marquês de São Vicente, o grande constitucionalista do Império, sustentava que "o Poder Judiciário (...) é como os demais, uma emanação da autoridade soberana da nação"[968] e rechaçava a diretiva francesa, até hoje vigente, de que o Poder Judiciá-

[966] Adorno, Sérgio. *Os Aprendizes do Poder*. Rio de Janeiro: Editora Paz e Terra, 1988, p. 61.
[967] Ibidem, p. 63.
[968] Bueno, José Antonio Pimenta. *Direito público e análise da Constituição do Império*, cit., p. 350.

rio era um ramo distinto do Poder Executivo, de maneira que se filiava à corrente norte-americana do Judiciário como poder independente, com a manutenção do Júri como elemento democratizador do referido poder, vendo a influência do Poder Executivo sobre o Poder Judiciário como fator de risco à isenção e credibilidade deste poder, e, embora omitisse as falhas do sistema vigente, punha suas esperanças na evolução benéfica do futuro.

Na prática, o imperador podia, a seu bel-prazer, transferir ou suspender juízes por arbítrio do Poder Moderador. Os membros do Poder Judiciário não tinham – como hoje – a garantia da inamovibilidade. Até mesmo os Conselhos de Jurados ou júris populares reproduziam a ideologia da classe dominante, uma vez que só poderiam ser formados por eleitores ou cidadãos ativos – estes eram os que se destacavam da população em geral por possuírem bens, ou seja, eram os extratos abastados da população. Naturalmente, isso tirava qualquer caráter democrático da instituição. O caráter era, como se pode perceber, de excesso de poder do imperador por meio do Poder Moderador.

"Na verdade tudo convergia às mãos do imperador, o que nos permite concluir que a realidade brasileira era outra, ou seja, de superposição do Poder Moderador sobre os demais (Legislativo, Executivo e Judicial), pois a Constituição superestimou o poder real, tornando esses princípios peças decorativas. O Poder Moderador pousava sobre os demais poderes, através do poder de prerrogativa, que permitia ao imperador sancionar resoluções, prorrogar e adiar sessões, dissolver a Câmara dos Deputados, nomear e demitir livremente os ministros, suspender os magistrados e conceder indulto e anistia"[969].

O Conselho de Estado, que era um órgão de consulta inicialmente obrigatória do imperador no uso de suas atribuições do Poder Moderador e funcionava, na prática, como um freio para neutralizar a prática política das atribuições dessas prerrogativas do monarca, tinha previsão constitucional. No entanto, foi extinto em 1834 e não foi criado um órgão que o substituísse. Assim, o monarca ficava desobrigado de qualquer restrição no uso do seu poder, que se transformou num poder de exceção,

[969] Araújo, Rosalina Corrêa de. *O Estado e o Poder Judiciário no Brasil*. Rio de Janeiro: Lumen Juris, 2000, p. 60.

sobrepondo-se ao Judiciário. Durante o período de 1832 a 1837, vigiam o Código de Processo Criminal e o Ato Adicional, elaborados pelos liberais e que enfraqueciam o Poder Imperial.

Em 1841, seria criado um novo Conselho de Estado. O imperador, entretanto, não era obrigado a ouvir os conselheiros antes de decisões importantes, como no passado. O Conselho podia exercer o controle da legalidade dos atos administrativos e o Poder Judiciário não participava deste julgamento. "Assim, naquela época, as opiniões se dividiam: uns entendiam que o contencioso administrativo era usurpação da justiça ordinária; outros, que a resolução de questões governamentais, por meio do contencioso administrativo, era o mesmo que governar e administrar, de modo que transferi-la ao Poder Judiciário, além de subordinar a questão ao moroso processo judicial, aniquilaria a força governamental"[970]. Houve inúmeras discussões sobre as deficiências do Código de 1832 e a Lei de 1841 no Parlamento. De acordo com os conservadores, o Código de 1832 havia lançado o País na anarquia e teria sido a Lei de 1841 a que havia restaurado a autoridade do governo, pela manutenção da ordem, já para os liberais havia ocorrido um retrocesso nos direitos de cidadania.

Em uma vitória do Judiciário, no ano de 1850, os juízes obtiveram a garantia de inamovibilidade com a Resolução nº 559. Somou-se à vitaliciedade e independência, que já haviam anteriormente sido garantidas. Um problema muito sério, entretanto, permaneceu sem solução. Tratava-se da corrupção: "A organização judiciária, por outro lado, conquanto assinalasse sensível progresso em relação à situação anterior, deixava muito a desejar: a corrupção da magistratura, por suas vinculações políticas, era fato notório, acremente condenado por muitos contemporâneos"[971].

Na verdade, houve, de acordo com estudiosos do tema, uma violação ao princípio de separação dos poderes. Isso se deu porque com a "a supervalorização do Poder Moderador e a centralização das suas decisões na linha da administração, decorrentes também do modelo unitário de Estado, restringiram as competências deste Poder e viabilizaram o fortalecimento do poder administrativo, que incluía nas suas atribuições

[970] Ibidem, p. 113.

[971] LEAL, Victor Nunes. *Coronelismo, Enxada e Voto*. São Paulo: Alfa Omega, 1986, p. 197.

poderes jurisdicionais, inclusive para definir o que era da competência do Poder Judicial"[972], configurando essa violência com o instituto.

Somente após a Proclamação da República, em 1889, o Poder Moderador foi abolido, com parte de suas atribuições sendo transferidas para o Poder Judiciário, a exemplo do modelo americano, o que lhe deu competência para arbitrar conflitos entre poderes e atestar a constitucionalidade das leis. Durante o Império, nenhum dos grandes agrupamentos, conservadores e liberais, teve disposição para extinguir esse superpoder. No fim das contas, a Carta Constitucional de 1824 consagrou "o compromisso entre a burocracia patrimonial, conservadores e liberais moderados, como também instrumentalizou fórmulas conciliatórias para ajustar o estado patrimonial ao modelo liberal do exercício do poder"[973].

O texto assumia, frequentemente, um viés contraditório. Era liberal-conservador, mas ao mesmo tempo expurgava traços mais radicais e democráticos, e projetava preceituações legais que se transformavam em meras ilusões discursivas. A contradição era revelada quando, teoricamente, se proclamavam e ao mesmo tempo anulavam-se as liberdades, ainda quando se asseguravam direitos, mas os tornavam "passíveis de serem suspensos; e a igualdade suscitada era frequentemente remetida à existência de desigualdades naturais entre os indivíduos"[974], o que demonstrava que suas inovações não eram, de fato, para valer. Dois dos seus institutos merecem destaque: o Ato Adicional de 1834 e o Código Criminal de 1830.

O Código afinava-se perfeitamente com o espírito liberal da época. Entre seus avanços estavam o princípio da legalidade, que estabelecia a proporcionalidade entre o crime e a pena e o da pessoalidade das penas. Negros escravos e índios, entretanto, foram propositadamente esquecidos. Um dos pesquisadores do tema lembra que a análise do Código Criminal "é muito reveladora, porque, por um lado, mostra uma omissão em relação aos índios, não considera sequer sua orfandade"[975]. Já em

[972] Ibidem, p. 117-118.

[973] ADORNO, Sérgio. *Os Aprendizes do Poder*, cit., p. 61.

[974] Ibidem, p. 63.

[975] MARÉS, Carlos F. de Souza Filho. O Direito Envergonhado (O direito dos juízes no Brasil), in *Estudos jurídicos* – PUC, n. 1, Curitiba, 1993, p. 29.

relação aos escravos, omitidos totalmente na legislação civil, são tratados na lei criminal. É estranho, mas perfeitamente compreensível dentro do sistema: a lei penal – dedicada integralmente aos marginalizados sociais – não registra referência à mais marginal de todas as populações, os indígenas, porque ou estavam fora da sociedade, não lhes alcançando a ação penal o simples revide guerreiro, ou dentro da sociedade não se diferenciavam dos pobres marginalizados. Em relação aos escravos, diz tão somente que as penas de trabalhos forçados em galés e as de morte serão substituídas pela de açoites, para que o seu dono não sofresse prejuízo, isto é, a direção da norma é a proteção da propriedade do senhor, não a pessoa do apenado"[976].

Além disso, o Código combinava práticas processualistas oriundas do sistema francês e inglês, o que significava uma vitória do espírito liberal em relação ao sistema inquisitorial filipino. Os reflexos podemos observar na inovação do *habeas corpus*, no sistema de jurado e na modificação da hierarquia e da composição judiciária. Foram eliminados os "restos formais do sistema legal português"[977].

Na sequência, a reforma de 1841, dos conservadores, substituiu "as diretrizes judiciais descentralizadas por uma centralização rígida, poderosa e policialesca"[978]. O aparato democrático da dominação patrimonialista ficou reforçado, e o exercício da justiça era sustentado de forma conservadora pelo mais "absoluto policialismo judiciário"[979]. A etapa seguinte da evolução jurídica foi o Código Comercial (1850), que após um lento processo de redação parlamentar, reproduziu a conveniência de relações mercantis e os interesses contratuais e obrigacionais da elite local.

As necessidades imediatas do desenvolvimento comercial fizeram com que fosse priorizada a regulamentação da vida econômica sobre

[976] Ibidem, p. 29.

[977] Flory, Thomas. *El Juez de Paz y el Jurado en el Brasil Imperial*. México: Fondo de Cultura Económica, 1986, p. 175.

[978] Lacombe, Américo Jacobina. A Cultura Jurídica in *História Geral da Civilização Brasileira*. T.II, v. 3. O Brasil Monárquico. Dir. Holanda, Sérgio Buarque. São Paulo: Editora Difel, 1976, p. 257-258.

[979] Adorno, Sérgio. *Os Aprendizes do Poder*, cit., p. 66.

a vida civil, com o apoio da burguesia e das classes produtoras locais. Seguiu-se o regulamento 737 (1850), expedido pela Administração Real e que "disciplinava o processo comercial estendido às causas civis, até o advento da República, ditando as linhas gerais do processo, de execução e dos recursos cabíveis"[980].

Por outro lado, as tentativas de codificação civil durante o Império malograram (Teixeira de Freitas -1860, Nabuco de Araújo – 1872, Felício dos Santos – 1881). Somente em 1916, durante a República Velha, o primeiro Código Civil brasileiro foi promulgado. Foi redigido por Clóvis Beviláqua, integrante da Escola de Recife e simpatizante do direito alemão. Os magistrados e o Judiciário, nos tempos do Império, integravam os mecanismos funcionais e os segmentos sociais que compuseram a máquina da administração da Justiça, ungidos para interpretar e aplicar a legalidade estatal, garantir a segurança do sistema e resolver os conflitos de interesses das elites dominantes. Observamos o procedimento profissional dos magistrados enquanto participantes da cúpula imperial, sua relação com o poder político, com a sociedade civil e sua contribuição na formação das instituições nacionais.

Outras marcas da postura do magistrado no período anterior à Independência eram o corporativismo, a burocracia como poder de construção nacional e até a corrupção como prática oficializada. A partir da década de 1830 era possível observar que em função da educação superior que recebiam e dos valores e ideias que incorporavam, a categoria dos juízes se constituiu num dos setores essenciais da unidade e um dos pilares constitutivos da organização política nacional. Em geral, os magistrados eram formados em Coimbra, em Portugal, uma das universidades mais antigas do mundo, enquanto os advogados, em sua maioria, foram educados no Brasil. Na condição de funcionários públicos de carreira, os juízes aplicavam os preceitos legais e garantiam a aplicação das leis, enquanto os advogados representavam os interesses coletivos ou individuais, o que os tornava porta-vozes tanto das oposições quanto do poder público. A magistratura se distinguia de todas as outras ocupações porque representava e desenvolvia formas de ação rígidas, hierarquizadas e disciplinadas

[980] NASCIMENTO, Walter Vieira do. *Lições de história do direito*, cit., p. 234.

que melhor revelavam o padrão que favorecia práticas burocráticas para o exercício do poder público e para o fortalecimento do Estado.

Essa classe privilegiada seria, no dizer de um historiador[981], "a espinha dorsal do governo", mesmo em comparação com clérigos e militares, também de importância fundamental para a formação do Estado nacional. Treinada nas tradições do mercantilismo e absolutismo portugueses, ligada ideologicamente por valores, crenças e práticas que em nada se identificavam à cultura da população do País, estavam preparadas para exercer papel de relevância nas tarefas do governo. Daí que, marcadas por um sentido mais ou menos político, sua homogeneidade social e ocupação projetavam-nas não só como os primeiros funcionários modernos do Estado nascente, mas, sobretudo, como os principais agentes de articulação da unidade e da consolidação nacional[982].

De fato, ocorreu a montagem de uma estrutura, em que pareceu pacífico supor que a magistratura era "o emprego público de ocupação que mais favorecia uma orientação estatista e que se treinava para as tarefas de construção do Estado na fase inicial da acumulação do poder"[983]. Na verdade, os magistrados podem ser considerados construtores do Estado no Império, porque "eles tinham a experiência de aplicação cotidiana da Lei e sua carreira lhes fornecia elementos adicionais de treinamento para o exercício do poder"[984]. Na prática, o Poder Judiciário se identificava com o poder político, embora, institucionalmente, suas funções fossem distintas.

O poder central controlava os mecanismos de nomeação e remoção de juízes e utilizava-se dessa prerrogativa para que estes atendessem seus interesses, partidarizando a Justiça. Os cargos, que deviam estar voltados à aplicação da Justiça, eram usados para recompensar aliados políticos. Com isso, os juízes deixavam de apreciar conflitos de sua competência, com impessoalidade e neutralidade como devia ser, para assumir uma prática conservadora fortemente antijudiciária, em que só havia preocupação com o atendimento aos pleitos dos partidos aliados e dos chefetes

[981] Carvalho, José Murilo de. *A construção da ordem – teatro de sombras*, cit., p. 172.
[982] Ibidem, p. 194.
[983] Ibidem, p. 99.
[984] Ibidem, p. 99.

do interior. Em consequência, a conduta do juiz apresentava, por vezes, uma duplicidade. Ora estava submetido às exigências da legalidade partidária, ora impelido aos deveres funcionais do cargo, como aplicador da lei. Portanto, se a magistratura era um modelo privilegiado de ingresso na elite imperial os juízes eram, ao mesmo tempo, reféns dos "poderes de remoção, promoção, suspensão e aposentadoria do governo central"[985].

Em síntese, os atores jurídicos buscaram, no período em que se edificavam os quadros político-burocráticos do Império, conciliar determinadas práticas cujos limites nem sempre estavam muito claros, alternando, ou conjugando, ideias liberais e conservadoras, tanto no campo político como no jurídico.

5.6.12 A ordem jurídica no período imperial – síntese

A ordem jurídica no Império erigiu-se à luz dos fundamentos do absolutismo ilustrado e das Revoluções francesa e americana, que marcaram o início do século XIX. Solidificou-se, nesse período, a ideia de "constitucionalização dos Estados, e o liberalismo e a democracia confundiram-se"[986]. John Locke, ideólogo da Revolução Gloriosa de 1688, ao consolidar em sua obra as conquistas inglesas, colaborou nesse processo, por ter expressado as ideias da burguesia em ascensão, e deu informações básicas para os pensadores franceses[987].

As reivindicações e transformações que caracterizaram o século XIX resultaram em "dois tipos de Constituição": as históricas, como a inglesa e a norte-americana, com normas gerais para problemas concretos e, em consequência, com grande flexibilidade, e as teóricas, seguidoras dos modelos de Constituições francesas, como a de 1791 e outras do período revolucionário, ou a de 1814, ditada pela Restauração. Estas estão ligadas "mais à razão que à objetividade, mais ao que deve ser que às realidades enfocadas". O Brasil, nesse contexto, abraçou, mas adiante, a corrente

[985] KOERNER, Andrei. *O Poder Judiciário na Constituição da República*. Dissertação de Mestrado em Ciência Política. São Paulo: USP, 1992, p. 42.
[986] IGLESIAS, Francisco. *Trajetória política do Brasil: 1500-1964*, cit., p. 134-135.
[987] Ibidem, p. 135.

francesa, o que explicam as reformas constantes em suas Constituições e, às vezes, instabilidade política[988].

Segundo o Visconde de Cairu (José da Silva Lisboa), as reformas legislativas feitas por D. João VI quando governou o reino a partir do Rio de Janeiro, apesar de ampliar a liberdade de negócios dos súditos, continha as "perniciosas ideias democráticas e revolucionárias da França"[989].

Em 1820, a Revolução do Porto, constitucionalista, pressionou D. João VI, no Rio de Janeiro, a jurar a futura Constituição, o que acelerou o processo de mobilização pela Independência do Brasil, que, aliás, conforme vimos anteriormente, enviou deputados eleitos às Cortes em 1821. Os representantes brasileiros em Portugal ficaram isolados, porque se a "Constituição discutida era liberal, na prática, relativamente ao Brasil, era antiliberal e recolonizadora", e acabaram abandonando as Cortes. Do ponto de vista da cultura jurídica, o liberalismo – como doutrina econômica mais do que política – foi um elemento chave no discurso dos brasileiros. Diante desse quadro, D. João VI volta à Lisboa (em 26/04/1821) e deixa como regente, no Brasil, seu filho D. Pedro[990]. Era iminente a independência do Brasil.

A tensão entre as Cortes e o Brasil aumentou e, no final de 1821, cresceu o movimento que propunha a Independência. Em 3 de junho de 1822 D. Pedro convocou uma Assembleia Constituinte, no auge da crise com Portugal; em agosto, lançou o "manifesto às nações amigas"; e em setembro houve a ruptura com Portugal, apesar de reações lusitanas em vários pontos da antiga colônia[991].

D. Pedro I, o novo imperador, postulava uma Constituição, e os trabalhos da Constituinte iniciaram-se em 3 de maio de 1823. O liberalismo da Independência foi envolvido nos mesmos temas de autonomia nacional (luta contra o sistema colonial, os monopólios e o estanco, o fisco, a antiga administração da justiça e a administração portuguesa). A democracia radical foi, em geral, rejeitada tanto por medo da instabilidade, que já marcara a sucessão dos regimes da França e, de certo modo também, as

988 Ibidem, p. 135.

989 Ibidem, p. 135.

990 IGLESIAS, Francisco. *Trajetória política do Brasil: 1500-1964*, cit., p. 136.

991 Ibidem, p. 136.

lutas internas nas Repúblicas latino-americanas, quanto pelo problema, sempre presente, da população escrava ou de libertos, mestiços e camadas populares em geral[992].

O processo de Independência, iniciado em 1821, termina com a abdicação de D. Pedro em 1831, e o liberalismo, durante o Primeiro Império (1822-1831), dividiu-se entre as chamadas tendências radicais e moderadas, que se confrontarão na Constituinte de 1823, e nas lutas para a construção de um Estado de Direito. Inicialmente, tudo foi feito por uma geração de letrados formados, em grande parte, em Coimbra, de forma que a cultura jurídica brasileira é, a princípio, a cultura de seus legisladores, que precisavam dotar o País de um quadro legal institucional[993].

Nesse passo, tendo em vista que as reformas no Antigo Regime se faziam necessárias, destacam-se, por exemplo, as seguintes inovações na seara jurídica: a promulgação de Códigos, como o Criminal (1830), que revogou o Livro das Ordenações; o de Processo Criminal (1832), que instituiu o juizado de instrução, de perfil contraditório, sob a direção do juiz de paz, leigo e eleito; o Comercial (1850), em substituição à Lei da Boa Razão, esta de 1769; o Ato Adicional de 1834, que introduziu elementos do federalismo, ao criar as Assembleias Provinciais em substituição aos antigos Conselhos Gerais; a Lei de Interpretação do Ato Adicional, instituída para fazer leis, interpretá-las, suspendê-las e revogá-las; o Regulamento n. 737 (1850), que dispôs sobre processo judiciário, a exemplo de um Código de Processo Civil; a Lei das Terras (1850); Lei das Hipotecas (1864).

[992] Ibidem, p. 136.

[993] Ibidem, p. 136. Juridicamente, "era necessário reformar as instituições do Antigo Regime: a justiça, o governo, a fazenda e a guerra. Em todos estes campos houve alterações. Em todos eles as diferentes concepções políticas se enfrentaram. Os exemplos mais importantes foram os dois códigos promulgados: o Criminal (1830) e o de Processo Criminal (1832). Enquanto não se alterava a legislação, a Assembleia Constituinte, pela Lei de 20 de outubro de 1823, mandou aplicar no País as leis, regimentos, alvarás e outras normas editadas pelos reis de Portugal até 1821. Entre elas, naturalmente, estavam as Ordenações Filipinas de 1603. Em 1824, a Carta Constitucional dispôs o seguinte sobre a codificação: 'Organizar-se-á quanto antes um Código Civil e Criminal fundado nas sólidas bases da Justiça e Equidade' (artigo 179, XVIII)". Nesse sentido, *vide* Lopes, José Reinaldo de Lima. *O direito na história*, cit., p. 281.

Frise-se que durante todo esse processo, em que se organizou a ordem jurídica do Império, houve conflitos entre os regeneradores ou portugueses, os reacionários, os exaltados ou nativistas, os moderados, e os debates compreendiam questões sobre: os poderes das províncias, a organização judiciária, os limites do Poder Moderador, a abolição do tráfico e da escravatura, a definição da propriedade rural e demarcação de terras devolutas e o problema da religião oficial de Estado.

Capítulo 6
A CONSTITUIÇÃO, OS PARTIDOS POLÍTICOS, O POSITIVISMO E OS REPUBLICANOS NO IMPÉRIO

6.1 Os partidos políticos

Os partidos políticos servem de auxílio e de corretivo aos governos livres na gerência dos negócios públicos. São eles a reunião sistemática de indivíduos que, observando certos princípios e normas de conduta, imprimem direção política a seu país. Guardas dos povos contra os governos, são os intérpretes daqueles perante estes. Assim, nos países de regime constitucional, as agremiações políticas orientam os altos poderes do Estado, expressando em seus programas as necessidades coletivas da nação.

Nessa medida, sendo o governo simples delegado da comunhão social, ele não deve contrariar a vontade manifesta das partes delegantes.

Na dominação monárquica, a história dos partidos assinala uma lamentável inversão de funções. O poder pessoal, tão frequente no sistema decaído, esgotou-lhes toda a seiva de vida autônoma. Nesse período dois partidos ficaram em destaque: o liberal e o conservador.

Os liberais desejavam monarquia Federativa, extinção do Poder Moderador, eleição bienal dos deputados, senado eletivo e temporário, supressão do Conselho de Estado, intendentes nos municípios, sendo estes o mesmo que os presidentes nas províncias.

Os conservadores, por sua vez, desejavam a interpretação do Ato Adicional, restringindo as atribuições das assembleias provinciais, rigorosa observância dos preceitos da Constituição, resistência a inovações políticas que não fossem maduramente estudadas, restabelecimento do Conselho de Estado, centralização política, toda a força à autoridade e leis de compressão contra as aspirações anarquizadoras para que se restituísse e restaurasse a paz e a ordem, o progresso pautado e refletido e a unidade do Império sob o regime representativo e monárquico, o que, no entendimento conservador, exclusivamente conseguiria fazer a nação prosperar e engrandecer-se.

Esses dois partidos congregavam, em torno de si, os donos de terras e de escravos e os que dominavam politicamente o País. Como não tinham uma expressão nitidamente popular, observamos que praticamente não existia "diferenças" entre a atuação de ambos os partidos, visto que a "diferença" era puramente formal.

A partir de certo momento não foi mais possível distinguir nitidamente a atuação desses partidos, pois seus planos e programas desapareceram, ocorrendo a associação de interesses da classe dominante. Ambos os partidos eram, na realidade, agrupamento de políticos ao redor de homens que representavam certos interesses. O que desejavam, na realidade, era o poder.

Em 1862 ocorreu a fundação da liga progressista (Partido Liberal Progressista), cujos integrantes renunciaram às influências dos velhos partidos. Um dos representantes desse partido foi Silveira da Mota, que apresentou o seguinte programa à Câmara:

1) a reforma da Constituição política, a qual consagra o maior respeito e a adesão ao imperador e à dinastia;
2) eleição indireta, não sendo possível realizá-la por meio de sufrágio universal, pois, com a vigência do voto censitário ou de qualquer outra distinção entre as classes sociais, muitos cidadãos brasileiros privavam-se do exercício dos seus direitos;
3) descentralização política, que consideram incompatível com a integridade e a força do Império;
4) exclusivismo nos cargos públicos a todos os brasileiros que dispõem de talentos específicos.

Esse manifesto não era completamente avançado (em suas reivindicações), mas serviu para o ajuntamento parcial das opiniões liberais e progressistas do País. Em 1868, ocorreu a união definitiva entre as correntes liberais, havendo a fundação do Clube da Reforma, que divulgava as suas ideias pelo jornal *A Reforma*.

Lançaram o seguinte manifesto: "Ou a Reforma ou a Revolução. A reforma para conjurar a revolução; a revolução como consequência necessária da natureza das coisas da ausência do sistema representativo do exclusivismo, da oligarquia de um partido. Não há que hesitar na escolha: a reforma e o Brasil será salvo". Depois vinham doze artigos que procuravam apresentar as "reformas" para o Brasil. Era um manifesto bastante radical para a época.

Com a evolução das reivindicações políticas surgiu, em 3 de dezembro de 1870, o manifesto Republicano no jornal *A República*, assinado por 57 pessoas (políticos, advogados, jornalistas etc.).

Em 17 de janeiro de 1872, fundou-se o Partido Republicano Paulista. Em paralelo, multiplicavam-se os clubes republicanos e outros partidos no país inteiro. Com o aparecimento dos republicanos, começaria nova etapa no desenvolvimento da crise política do Império.

Durante o Império, devido às restrições ao direito de voto, o povo mantém-se à margem do processo de votação e alheio ao conhecimento das questões do Estado, visto que nem depreende da noção de pátria. A classe que votava era a dos senhores de terra, os latifundiários, a burguesia-feudal dos senhores, das fazendas e das estâncias. Pressionada por eles, votava uma pequena, débil e paupérrima classe média. E o povo, politicamente, era uma abstração teórica.

Logo, conclui-se que os dois partidos, o Liberal e o Conservador, disputavam constantemente o poder no Império. Alguns conservadores como Marquês de Olinda, Duque de Caxias, Cotegipe e Rio Branco tinham fortes divergências. Era comum que um Gabinete apresentasse o mesmo programa do Gabinete do partido contrário que havia derrubado. As agremiações partidárias surgiram no período regencial. No início dessa época, um grupo, os Exaltados ou Farroupilhas, passou a pressionar por reformas constitucionais, entre as quais o fim do Poder Moderador, privativo do imperador, o que representava uma enorme quantidade de poder concentrada nas mãos do monarca. Havia ainda os caramurus, da Sociedade Conservadora da Constituição Brasileira, depois Sociedade Militar, e os moderados. Estes deram origem ao Partido Liberal, enquanto os moderados geraram o Partido Conservador. No entanto, não havia, rigorosamente, partidos políticos no Brasil[994].

[994] Vainfas, Ronaldo. *Dicionário do Brasil Imperial (1822-1889)*, cit., p. 564.

Famosa frase de autoria do líder político Holanda Cavalcanti[995] – "nada é mais igual a um saquarema do que um luzia[996] no poder" – queria demonstrar que não havia grande diferença programática e ideológica entre as agremiações que, no poder, se comportavam da mesma forma.

Em linhas gerais, apontam-se as seguintes diferenças em relação às principais ideias defendidas pelos dois partidos: os liberais apegavam-se ao mote de que o rei reina, mas não governa, ao passo que os conservadores argumentavam que o exercício do poder moderador impedia o monarca de se manter alheio aos negócios públicos – premissa que deu origem ao princípio de que o rei reina, governa e administra. Os liberais defendiam certa descentralização administrativa e alguma autonomia provincial, enquanto os conservadores julgavam a centralização política fundamental para manter a integridade territorial do Império; os liberais desejavam reduzir ao mínimo a ação da polícia e pleiteavam a eleição popular de magistrados e agentes judiciais, a exemplo do que ocorria nos Estados Unidos, ao passo que os conservadores entendiam que a manutenção das prerrogativas do Poder Judiciário era condição *sine qua non* para a administração da Justiça.

6.2 Forças que levaram à República e ao Positivismo: Exército x Guarda Nacional

O Exército[997] e a Guarda Nacional[998], esta criada em 1831 durante o Período Regencial, eram instituições diametralmente opostas naquele perí-

[995] Antônio Francisco de Paula de Holanda Cavalcanti de Albuquerque (1797-1863) – Pernambucano, militar, político, deputado, senador, ministro da Fazenda na Regência e no Império. Foi candidato derrotado a regente contra Feijó, que era liberal. Defendeu a "maioridade" de D. Pedro e recebeu o título de Visconde.

[996] Liberal exaltado do Segundo Reinado.

[997] O Exército era desprezado pelo Estado. Fora da alçada militar, subordinado à autoridade política, a serviço direto dos interesses da classe dominante, a Guarda Nacional se reserva o direito de recrutar os elementos melhores da sociedade, e distribuía os comandos segundo a confiança dos senhores de terra. Era uma força de elite, por cima e por baixo, nos comandos e na tropa. Enquanto isso o Exército se obrigava a caçar os elementos marginalizados da sociedade para construir a tropa, enquanto recrutava nas camadas média a oficialidade... Já o mesmo não acontecia na Marinha, encarada como atividade enobrecedora, quando na oficialidade evidentemente, porque a condição do marinheiro

odo. A primeira era uma força regional, de caráter aristocrático, em que um grande proprietário reunia um grupo de caráter militar e ganhava o título de coronel, forma como até pouco tempo atrás eram chamados os grandes fazendeiros do interior. O Exército, por sua vez, teve sua gênese na primeira Batalha dos Guararapes,em 1684. No entanto, permaneceu fraco e pouco expressivo, tornando-se uma instituição nacional somente durante a Guerra do Paraguai (1864-1870) quando o grupamento militar enfrentou o enorme e poderoso exército de López e o Brasil teve necessidade de criar uma força permanente. Aos poucos, o Exército se tornaria uma força do povo e da classe média em contraste com a aristocrática Guarda Nacional. O Exército, naquele momento, era republicano de major para baixo. A nova geração dos militares defendia ideias liberais e republicanas. Entre eles, Benjamim Constant Botelho de Magalhães, professor de matemática na Escola Militar, era positivista e pregava suas ideias em plena sala de aula, exercendo influência sobre a maior parte dos seus alunos.

envilecia; para a Marinha se encaminhava, em esmagadora maioria, elementos oriundos da classe dominante.

998 A Guarda Nacional era, segundo a lei que a criou, uma organização permanente, consistindo o serviço ordinário, dentro e fora dos municípios, em destacamentos à disposição dos juízes de paz, criminais, presidentes de províncias e ministro da Justiça, mediante requisição da autoridade civil. Seu serviço pessoal e obrigatório abrangia todos os homens maiores de dezoito anos, com exceção dos militares de terra e mar da ativa, senadores, deputados, conselheiros de Estado, clérigos, carcereiros, oficiais da Justiça e da polícia, maiores de cinquenta anos, reformados do Exército e da Marinha, empregados postais, e os provadamente inaptos para serviço das armas. A Guarda Nacional fornecia destacamentos para fora dos municípios, em defesa das praças costas e fronteiras, como auxiliar do Exército. A Guarda Nacional estava à disposição do Ministério da Justiça (completamente político) e não da Guerra. A Guarda Nacional foi criada em 1831 tendo como paradigma a reorganização da Guarda Nacional da França, no período regencial, devido às agitações que assolavam o Império. Era uma força paramilitar concebida no Primeiro Reinado e oficializada por acharem o Exército sem capacidade para manter a ordem. Estava à disposição dos juízes de paz, dos presidentes das províncias e sob o comando dos coronéis (aristocracia nativa). O Exército ficava colocado em segundo plano. "A Guarda Nacional fornecia destacamentos para fora dos municípios, em defesa das praças, costas e fronteiras, como auxiliar do Exército". Segundo Nelson W. Sodré, em *História militar do Brasil* (p. 119-120), era uma força de elite.

Seguem as principais características dos princípios filosóficos que norteavam as posições positivistas, corrente em franca ascensão no final do século XIX, principalmente entre os militares:

- filosofia empírica – toda a verdade é proveniente da observação e das experiências realizadas no mundo físico;
- o único conhecimento realmente válido é o proveniente das ciências, isto é, o positivo.
- a metafísica é rejeitada, pois o homem não pode descobrir o porquê, a causa final dos fatos; pode descobrir apenas como se realizam e as suas relações;
- o altruísmo deve predominar no campo social, visando a criação da religião da humanidade, de tal forma que se possa realizar o bem social.

Os militares sofreram a influência dessa doutrina[999], assim como vários civis, alguns dos quais eram personalidades importantes do Império que se tornaram republicanos. Entre eles estavam, além de Benjamim Constant, os futuros presidentes Deodoro da Fonseca e Floriano Peixoto, o escritor Euclides da Cunha[1000], entre outros.

[999] Positivismo – filosofia desenvolvida por Augusto Comte (1798-1857) que se baseia no princípio de que o único conhecimento válido é o positivo, oriundo das ciências. Esta filosofia se encontra entre as empíricas, pois deriva toda a verdade da observação e da experiência do mundo físico. Rejeita a metafísica, de forma que não podemos descobrir o porquê, a causa última dos fatos, apenas o "como se processam, quais suas relações." No Brasil destacam-se os nomes de Miguel Lemos e Teixeira Mendes. "Nós estávamos alheios a tudo quanto se tramara. Não aconselhamos a revolta, porque seria infringir os preceitos de nosso mestre", diz Teixeira Mendes ao se referir à República." As academias militares, médicas, de engenharia e de direito foram os espaços intelectuais onde primeiro começaram a ser defendidas teses com base nos pressupostos teóricos de Comte.

[1000] Euclides da Cunha (1866-1909) – Carioca, cursou a Escola Militar da Praia Vermelha (foi expulso). Engenheiro, escritor, jornalista, professor (colégio Pedro II), e participou do movimento republicano. Participou, como jornalista do "Estado de São Paulo", da Guerra de Canudos, que culminou no "Diário de uma Expedição". Posteriormente, gestou a obra-prima "Os Sertões" sobre a Campanha de Canudos e se tornou membro da Academia

No País, o positivismo, nascido na França, mas que já se espraiava pela Europa e Estados Unidos, surgiu cedo. Segue breve relato sobre sua evolução durante o século XIX no território brasileiro:

"(...) Em 5 de setembro de 1878, surgia a Sociedade Positivista do Rio de Janeiro, ligada ao parisiense Pierre Laffitte, pensador francês que seguira a mudança de Comte no sentido da religião da humanidade. Após 1881, depois de ter passado alguns anos em Paris, onde foi consagrado por Laffitte como aspirante ao sacerdócio da humanidade, Miguel Lemos, ao lado de Teixeira Mendes, assumiu a presidência da sociedade. Na sala de frente do primeiro andar da casa da travessa do Ouvidor instalava-se a primeira Igreja Positivista do Brasil (Apostolado Positivista do Brasil). Sob a direção de Lemos e Mendes, o apostolado radicalizou suas posições no tocante à ortodoxia doutrinal, razão pela qual muitos positivistas, dentre eles Benjamin Constant e Silva Jardim, afastaram-se da associação. (...)
Apesar das diferenças entre os positivistas, havia assuntos em que todos concordavam, dentre eles, a abolição da escravidão e o republicanismo. Benjamin Constant, um dos mais influentes positivistas, alforriou os seus escravos e influiu decisivamente na atitude assumida pelo Exército, em 1887, de não atuar na captura de fugidos. Os positivistas brasileiros manifestavam-se abertamente a favor da República, embora nem sempre participassem do Partido Republicano. A relação entre o positivismo e a implantação da República pode ser vista como convergente, de um lado, pois o ideário da Corte defendia este regime como o único caminho para o progresso. Alguns participantes da proclamação da República, por sua vez, adotavam aspectos da filosofia positivista, a exemplo de Benjamin Constant e seus alunos das escolas militares. Muitas bandeiras do positivismo, como a separação entre a Igreja e o Estado, o casamento civil, a secularização dos cemitérios e a reforma do ensino militar, encontravam boa acolhida entre os grupos médios urbanos e foram implementadas no alvorecer do novo regime. Por outro lado, não havia unanimidade sobre o conteúdo da República que se pretendia estabelecer. Alguns aceitavam o governo parlamentar e os mais ortodoxos propunham um regime liderado pelo 'bom ditador'.
O novo regime se faria sem os positivistas e apesar deles. Diversas propostas dos positivistas não encontraram nenhuma receptividade na jovem República. Embora atuantes, sua contribuição acabou rendendo mais frutos na busca de símbolos cívicos para a

Brasileira de Letras. Foi assassinado em um duelo, por motivos amorosos, por Dilermando Cândido de Assis, amante de sua esposa.

> *nova República, como a construção de monumentos para os heróis da pátria, a exaltação da figura feminina, o mito de Tiradentes e a bandeira republicana, especialmente a da inscrição 'ordem e progresso'"*[1001], um lema positivista.

A atuação do positivismo no âmbito da realização do movimento republicano foi oscilante. Na realidade, os "intelectuais positivistas" omitiram-se, pois se fecharam numa sociedade que apresentava características de uma seita (quase religiosa).

Segundo Teixeira Mendes[1002], um dos líderes do apostolado, ocorria o seguinte: "Nós estávamos alheios a tudo quanto se tramara. Não aconselhamos a revolta, porque seria infringir os preceitos de nosso mestre".

Em síntese, o positivismo foi a única filosofia que penetrou no Brasil naquele período, defendendo os princípios republicanos, apesar de não ter uma atuação muito prática no desencadear do movimento. Os principais positivistas, como visto anteriormente, foram: Teixeira Mendes, Miguel Lemos[1003], Benjamin Constant Botelho de Magalhães (professor de matemática da escola militar), entre outros.

[1001] VAINFAS, Ronaldo. *Dicionário do Brasil Imperial*, cit., p. 586-587.

[1002] Raimundo Teixeira Mendes (1855-1927) – Maranhense, filósofo, matemático, estudou engenharia em Paris. Positivista, fundou a primeira igreja considerada Religião da Humanidade no Brasil. Propôs o lema "Ordem e Progresso" para a Bandeira Nacional. Obra: "Culto Positivista do Brasil" e "Esboço Biográfico de Benjamim Constant"

[1003] Miguel Lemos (1854-1917) – Carioca, estudou na Escola Politécnica (mas não concluiu o curso de Engenharia). Morou em Paris (1877 a 1881), era cunhado de Teixeira Mendes e considerava-se apóstolo do positivismo. Publicou *Circulares* (de propaganda do positivismo), *Bases de uma Constituição, Política ditatorial federal para a República brasileira* e *Luís de Camões.*

6.3 Anexos

6.3.1 Tabela 1 – A estrutura do sistema judicial no Brasil Imperial

Órgão	Supremo Tribunal de Justiça	Tribunais da Relação	Juiz de Direito e Jurados (Comarca)	Juiz Municipal (Termos)	Juiz de Paz (Distritos)
Criação	Lei de 18/09/1828	Procederam do regime colonial (Salvador, Rio, São Luís e Recife). Em 1874 foram criadas mais 7 Relações	Constituição (art. 151) e Código de Processo Criminal	Código de Processo Criminal	Lei de 15/09/1827 e Código de Processo Criminal
Principal função	Revista e recursos previstos na Constituição e leis especiais	Segunda instância em geral, nas províncias, julgar revistas	Juiz de Direito: presidir os júris	Substituir os juízes de Direito	Conciliar os casos civis e presidir a instrução penal (contraditória) nos casos criminais
Nomeação	Escolhidos pelo Imperador por antiguidade, dentre os desembargadores das Relações	Pelo Imperador	Pelo Imperador, entre bacharéis em Direito, eram vitalícios, mas removíveis. Os jurados eram eleitos entre os que podiam ser eleitores, criando grande exclusão		Eleito pelas Câmaras Municipais
Lei de 03 de dezembro de 1841 (Reforma do Processo)			Art. 95 – Abole o 1º Conselho de Jurados (júri de pronúncia)	Perde a atividade policial para o chefe de polícia; passam a ser nomeados pelo Imperador por quatro anos. Assumem a jurisdição penal que antes era do juiz de paz e as funções que eram do júri de pronúncia	Perde a função de presidir a instrução penal para o delegado de polícia, nomeado pelo Chefe de Polícia da Província
Lei nº. 2033 de 20 de setembro de 1871				Vedou à polícia a "formação de culpa", mas continuou baseada no inquérito (não contraditório). Ampliou *o habeas corpus*	Organiza o inquérito policial

Fonte: Lopes, José Reinaldo de Lima. *O direito na história*

6.3.2 Tabela 2 – Organogramas (início do Império – após maioridade – Poder Moderador)

ORGANOGRAMA 1

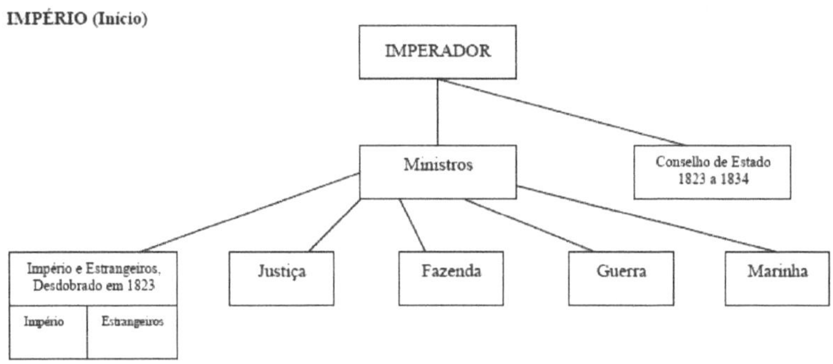

ORGANOGRAMA 2

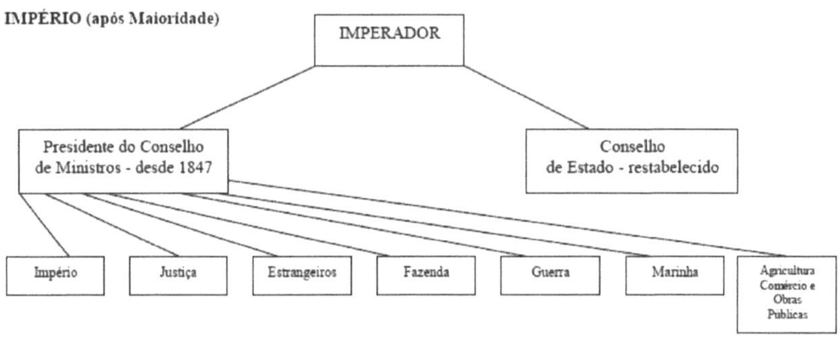

ORGANOGRAMA 3

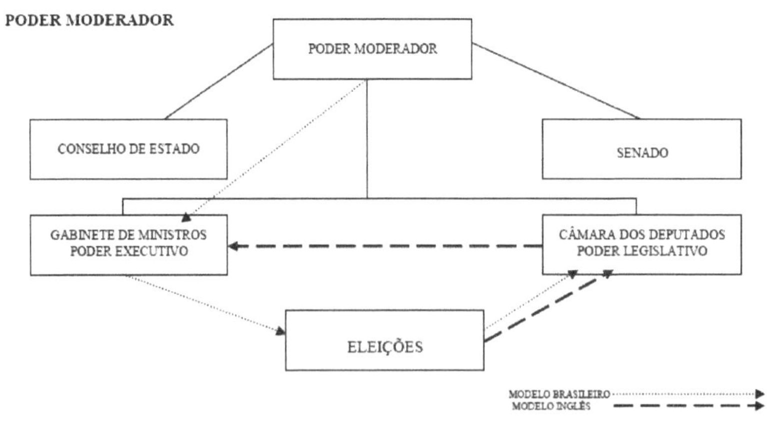

Fonte: Lopes, José Reinaldo de Lima, *O direito na história.*

6.3.3 Tabela 3 - Ordem jurídica - Brasil / EUA / Europa

Histórico Comparativo

ANO	BRASIL	EUA	EUROPA
1787		Constituição	
1789	Inconfidência Mineira		Revolução Francesa
1791		Bill of Rights - As 10 Primeiras Emendas	Constituição Francesa (monárquica)
1793			Constituição Francesa (republicana)
1795			Convenção (França)
1803		Marbury vs. Madison	
1815	Reino Unido de Portugal e Brasil		Congresso de Viena -- Restauração Monárquica na França
1820			Revolução do Porto
1822	Junho - Convocação de uma Assembleia Constituinte No Brasil		
1823	- Projeto Constitucional (A. Carlos) - Dissolução da Assembleia Constituinte		
1824	Constituição do Império		
1827	Lei da Organização Judiciária - atribuições e normas eleitorais dos juízes de paz/ criados os cursos jurídicos no Brasil		
1828	Criado o Supremo Tribunal de Justiça		
1830	Código Criminal		Queda de Carlos X - Luís Felipe rei
1832	Código de Processo Criminal	Liberdade das Cortes decidirem de acordo com princípios do Direito Comercial	
1834	- Ato Adicional - Extinção do Conselho de Estado		
1840	Lei de Interpretação do Ato Adicional	Eleição dos juízes estaduais	

ANO	BRASIL	EUA	EUROPA
1841	- Volta Conselho de Estado com atribuições do Poder Judicial - Reforma do Código de Processo Criminal		
1848		Código de Processo Civil de Nova York	- Revolução Liberal – Queda de Luís Felipe na França - Manifesto Comunista (Marx-Engels)
1850	- Código Comercial - Regulamento 737 - Lei das Terras - Lei Eusébio de Queirós		
1858	- Consolidação das Leis Civis		
1861			Statuto del Regno di Sardegna (de 1848) abrange a Itália unificada
1864	Lei das Hipotecas / Esboço do Código Civil		
1865		Abolição da Escravatura	
1868	Programa do Partido Liberal (Nabuco de Araújo)	XIV Emenda (*equal protection*)	
1870	Manifesto Republicano/reforma do ensino jurídico		
1871	- Reforma do Processo Penal - Lei do Ventre Livre	Separação da Justiça e Política (Lei das Reformas)	- Constituição do Império alemão - Comuna de Paris/ III República na França

Fonte: Lopes, José Reinaldo de Lima, *O direito na história.*

Capítulo 7
CENÁRIO EM QUE FOI APLICADA A CONSTITUIÇÃO DE 1824 E A ORDEM JURÍDICA NO IMPÉRIO (1808 A 1889)

7.1 A fuga da Família Real para o Brasil e suas consequências – transição para o Império no Brasil

Para entender as circunstâncias que obrigaram a Família Real a deixar Portugal, é importante situar o conturbado cenário em que a França, por meio de Napoleão Bonaparte, se impunha perante outros países (coligações napoleônicas). Nas duas primeiras coligações, a Inglaterra aceitou a paz imposta pela França. Na terceira, Napoleão perde para o almirante Nelson, na batalha de Trafalgar. Na quarta, Napoleão vence os aliados da Inglaterra, a Rússia e a Prússia, e declara o Bloqueio Continental, obrigando os países do continente a fecharem os portos à Inglaterra. Dessa forma, ele pretendia obrigá-la a pedir a paz.

Portugal também foi atingido pelas ordens de Napoleão. D. João, príncipe regente, hesitava entre a Inglaterra, com quem o governo português mantinha relações há tempos, e o Exército francês, que ameaçava invadir o reino português e dividi-lo entre França e Espanha. Diante da política de contemporização do governo português, Napoleão exigiu uma definição, e deu um prazo de 5 dias para que D. João se pronunciasse[1004].

[1004] Napoleão realizou três invasões a Portugal, a saber: – primeira invasão, comandada pelo general Junot (1807) que foi expulso após a Convenção de Sintra (30-08-1808); – segunda invasão, comandada pelos general Soult (1809), dominou a cidade do Porto, mas foram expulsos pelos exércitos anglo-lusos, – terceira invasão, comandada pelo general Massena (1810-1811) e com a participação dos comandantes anteriores (Junot e Soult). Tomaram Coimbra, Leiria e ao marcharem para Lisboa foram bloqueados entre Torres Vedras e Alenquer (linha de Torres).Posteriormente, fugiram para Salamanca (Espanha).

O monarca português optou por declarar fechados os portos para a Inglaterra, mas isso não evitou que Napoleão impusesse a divisão do reino entre Espanha e França (Tratado de Fontainebleau, de 27 de outubro de 1807) e ordenasse que as tropas do general Jean-Andoche Junot invadissem Portugal.

Nesse contexto, ainda que o testamento de D. João IV previsse que, em caso de perigo, a família reinante deveria retirar-se para o Brasil, o que mais influiu na decisão de fugir foi a ação diplomática da própria Inglaterra, na medida em que o ministro inglês Lord Strangford apoiou e referendou o ato da família real. A Inglaterra, impedida de estabelecer comércio na Europa devido ao bloqueio, seria beneficiada com a transferência da corte, uma vez que seria reforçado o comércio na América, favorecendo-a economicamente

Para Caio Prado Junior, 1808 representa, de fato, as forças que fizeram a Independência do Brasil, e não 1822, que passara a ser apenas uma data simbólica. Se em outras colônias lutou-se pela autonomia, no caso brasileiro ela se concretizou em razão da própria iniciativa do governo da Metrópole. A chegada da Família Real representou o fim da diferença entre "país dominante e dominado". Assim que o príncipe regente aboliu a nossa condição de Colônia, caíram as restrições econômicas, e o Brasil de 1808 a 1822 deixou de ser inserido na fase colonial, tornando-se, na prática, a sede da Metrópole portuguesa.

A iniciativa da Família Real de promover a abertura econômica e estabelecer um governo próprio no Rio de Janeiro, representando a centralização política, contribuiu para a Independência do Brasil. Essa libertação econômica foi representada pela abertura dos portos e pela liberação da indústria, que, a rigor, ainda não existia. Embora o governo português estimasse que a abertura dos portos seria uma medida provisória devido à intervenção napoleônica em seu território, e o Brasil deveria voltar à situação de Colônia, isso não se concretizou porque a independência econômica acabou por acelerar a independência política. Em decorrência desse processo, o Brasil ganhou forças e exigiu ainda maior liberdade. Lembre-se também de que a centralização política, com todo um aparelho político administrativo no Rio de Janeiro, motivou o referido processo de independência. Entende-se que antes, quando as capitanias estavam separadas e ligadas diretamente à Coroa, esta podia controlá-las por intermédio de seus representantes. Isso explicaria o fracasso dos movimentos nativistas, que foram regionais, visto que as capitanias tinham reduzidas possibilidades de comunicação. Com a fixação da Família Real no Rio de Janeiro, transformando a localidade em sede de governo, isso significou o início da unidade política do Brasil.

As principais transformações ocorridas após 1808, em que se efetiva a chegada da Família Real, foram:

1) econômicas – 1808 significou o fim da economia colonial imposta pela Metrópole, considerando-se queda das restrições, da política de monopólios e concessões a companhias particulares que controlavam todo o comércio exterior.

Medidas de abertura econômica:

- 28 de janeiro de 1808 – ainda na Bahia, D. João assina a Lei da Abertura dos Portos às Nações Amigas, com apoio do brasileiro José da Silva Lisboa, depois Visconde de Cairu. Estando a Europa em guerra, a única a se beneficiar de imediato será a Inglaterra, com quem comerciaremos com exclusividade. A partir de 1808, o mercado brasileiro, que era grande consumidor dos produtos portugueses, passa para a Inglaterra, que a partir daí começa a intervir enormemente nos assuntos nacionais.
- 1º de abril de 1808 – já no Rio, haverá a lei da liberação da indústria (proibida desde 1785), que vivenciou um surto de desenvolvimento, mas logo decaiu devido às facilidades para a importação. No caso da Inglaterra, que a partir de 1808 dominava o mercado, em 1810 manteve essa *performance*, conseguindo, mediante acordos com o governo brasileiro, tarifas alfandegárias bem mais baixas para os produtos ingleses que pagariam de alfândega 15% *ad valorem* (enquanto os portugueses pagariam 16% e os das outras nações, 26%).
- Em 1816, outro acordo determinou que tanto os produtos portugueses como os ingleses pagariam 15%. No entanto, de nada adiantou, pois Portugal não poderia vencer a concorrência da Inglaterra, já altamente industrializada. Esses tratados impediram o desenvolvimento da indústria no Brasil e também representaram um golpe na economia portuguesa.

Do ponto de vista econômico-financeiro, um ponto importante a notar é a criação do Banco do Brasil, primeira instituição de crédito que teve o País. O governo se fez acionista, entrando com mil contos de réis. O Banco do Brasil irá falir com a volta de D. João VI a Portugal. Outra realização importante de D. João foi a criação da Casa da Moeda.

2) sociais – a cidade do Rio de Janeiro transforma-se em grande centro social e cultural, tornando-se uma referência onde a aristocracia rural pretendia fixar residência, a ponto de abandonar os moldes tradicionais e simples da vida e começar a ostentar o luxo, o que acentua as diferenças de classe e piora a situação dos escravos. Distinguem-se três classes com interesses definidos:

- Burguesia portuguesa – antiga mantenedora do monopólio, destacava-se como acionista das companhias que dominavam o comércio exterior; contrária às medidas de liberação econômica, postulava o retorno ao período colonial porque, após 1808, perdiam os antigos privilégios, e a política de D. João lhes trouxera concorrentes, principalmente ingleses.
- Aristocracia rural – beneficiou-se com a abertura econômica de 1808, pois, se antes se opunha às opressões da Metrópole, agora pretendia garantir os direitos econômicos adquiridos, sendo favorável, também, à independência política.
- Classe média e maioria do povo (escravos e índios) – viviam em péssimas condições. A classe média não tinha possibilidades de trabalho (os portugueses dominavam o comércio nas cidades, e grande parte do artesanato era realizado por escravos). Iniciou-se um período de agitações, motivadas pelas diferenças sociais e econômicas que vêm à tona. Os movimentos chegarão ao auge no período regencial. Antes da independência haverá grande participação, principalmente da classe média, no sentido da emancipação. As classes oprimidas viam nela possibilidades de melhores condições de vida.

3) políticas – o Brasil transformou-se em sede do governo como Reino Unido ao de Portugal e Algarves. Fixou-se no Rio de Janeiro toda uma máquina político-administrativa: três secretarias (negócios do Reino, Marinha e Ultramar, Guerra e Estrangeiros) e mais o Conselho do Estado,

formado por homens que tinham a função de aconselhar o príncipe regente, o Conselho da Fazenda, a Junta do Comércio e a Intendência Geral da Polícia. A maior consequência política foi apressar a independência, visto que as províncias ligaram-se ao Rio, e a unidade nacional foi mantida após 1822. Chama atenção, em 1817, a Revolução Pernambucana e a enorme repressão a que seus participantes foram submetidos.

4) culturais – a partir de 1808 Portugal interessa-se, pela primeira vez, pelo desenvolvimento cultural no Brasil. O pouco que se fez nesse campo, até então, deveu-se aos jesuítas. D. João promoveu muitas realizações: Escola de Belas Artes, Jardim Botânico, Biblioteca Pública, fundação da Imprensa Régia, Museu Nacional, Faculdades de Medicina e Cirurgia na Bahia e no Rio[1005].

7.1.1 Política externa

Enquanto D. João estava no Brasil, ocorreram os seguintes fatos na Europa:

- 1808 – Napoleão é derrotado em Portugal, que teve o apoio dos ingleses. Isso se deu na Batalha do Vimeiro, em 20 de agosto de 1808, em que 18 mil portugueses e britânicos derrotaram 13 mil franceses e espanhóis. D. João modifica a regência, colocando como chefe um representante inglês, o general Arthur Wellesley (primeiro duque de Wellington), que comandou as tropas luso-britânicas.
- 1815 – queda de Napoleão na Europa; Brasil elevado à categoria de Reino Unido ao de Portugal e Algarve.
- 1816 – morre D. Maria I; D. João será aclamado rei, com o título de D. João VI. Não volta para Portugal, onde governava uma regência inglesa, chefiada por William Carr Beresford[1006] (Lord Beresford).

[1005] D. João mandou vir da França (1816) artistas e cientistas, como o pintor Debret, o arquiteto Grand-Jean de Montigny e o professor de mecânica aplicada Francisco Ovide. O primeiro jornal impresso no Brasil foi "A Gazeta do Rio de Janeiro". Depois, surgiram outros, que terão grande importância na divulgação das ideias liberal-democráticas que levaram à independência.

[1006] William Carr Beresford (1768 – 1854): militar e político anglo-irlandês que ocupou o posto de governador e comandante em chefe durante seis meses na Madeira, a fim de impedir a ocupação da ilha por Napoleão.

- Crise econômico-financeira provocada pelos acordos de 1808 e 1810 entre Portugal e Inglaterra, que implicaram para Portugal a perda do mercado brasileiro, que passava para a Inglaterra, e isto representou um grande abalo na economia lusitana. O momento revolucionário em Portugal será contra as últimas medidas de D. João VI no Brasil e pretendia a recolonização da antiga colônia.
- Desenvolvimento dos ideais liberais-democráticos da Revolução Francesa, pela ação das lojas maçônicas em Portugal[1007].
- Conspiração em Portugal contra o Lord Beresford (1816), tramada na Maçonaria, tendo como chefe o general Gomes Freire de Andrade. Os revolucionários queriam a volta de D. João VI, a recolonização do Brasil e o estabelecimento de uma monarquia constitucional em Portugal.
- Como reflexo da política externa, D. João conquistou a Guiana Francesa em 1º de maio de 1808, invadindo-a sob o comando de Manuel Marques. A região ficará pertencendo ao Brasil até 1815, quando foi restituída à França.

Foram trazidas da Guiana para o Brasil certas plantas, como a fruta-pão, o cravo da índia, a noz moscada. Outra conquista foi a anexação da Província Cisplatina (atual Uruguai) em 1821, que fazia parte de um plano de Carlota Joaquina, irmã de Fernando VII e mulher de D. João VI, para formar um grande império espanhol na América[1008].

[1007] As lojas maçônicas constituíam sociedades secretas que se intensificaram com a Revolução Francesa e se encarregaram de difundir seus ideais liberal-democráticos em vários países. Vão agir contra o absolutismo e os privilégios do clero e da nobreza.

[1008] Carlota Joaquina, apoiada por D. João, manterá do Brasil contato com as diversas colônias americanas espanholas, que não aceitaram o domínio napoleônico. A princesa dir-se-á representante da autoridade do rei Fernando VII na América, mas na realidade pretendia a formação de um grande império para si mesma. Seu plano fracassará principalmente pela intervenção da Inglaterra, a quem não interessava esse império. Durante o governo de D. João VI, Portugal conseguirá estender os limites meridionais do Brasil até a foz da Prata. Aproveitando-se de lutas internas na região do Uruguai, D. João manda as tropas portuguesas avançarem. Tomam Montevidéu em 1817 e, em 1821, a Banda Oriental ficou anexada ao Brasil com o nome de Província Cisplatina, conservando, porém, suas leis, língua e relativa autonomia e, por parte dos revolucionários, já um grande desejo de tornar-se independente. Não tardarão na Província Cisplatina as lutas pela

7.1.2 Revolução Constitucionalista do Porto (1820) – a monarquia constitucional e as repercussões no Brasil

Movimento vitorioso em que os revolucionários aproveitaram-se da vinda do Lord Beresford ao Brasil para executar o plano. Após irromper no Porto, a revolução propagou-se em Lisboa. Fora organizada por uma sociedade secreta – "Sinédrio", que reunia as lojas maçônicas[1009]. Eles tiveram a promessa do auxílio da Espanha, onde já vigorava a Constituição de 1812[1010].

Inicia-se quando o coronel Sebastião Cabreira lançou suas tropas armadas à praça pública. A resistência foi nula. Os revolucionários formaram uma Junta Provisória do Governo Supremo do Reino, composta por 15 membros. Exigiram a reunião das Cortes que não se abriam há mais de um século (as Cortes eram Assembleias Legislativas na Espanha e em Portugal; existiram desde as origens do reino, em que o clero e a nobreza deliberavam)[1011].

Independência do Uruguai, que levarão à guerra Cisplatina (1824 a 1828). Firmou-se um acordo de paz em dezembro de 1824 que previu a criação da República Oriental do Uruguai.

[1009] Sinédrio era uma associação secreta que congregava intelectuais do Porto, ligados aos princípios da Maçonaria francesa, que discutiam as ideias liberais e a mudança do regime luso. Houve, também, a participação de militares na conspiração que culminou na Revolução do Porto (24-08-1820). A revolução se consolidou em setembro de 1825, com a formação das Juntas Provisórias (Junta do Governo Supremo do Reino e Preparatória das Cortes). Foi implantada a Monarquia Constitucional com base na constituição espanhola de 1812 e a francesa (1791). O Sinédrio teve um papel de destaque na conspiração.

[1010] A Constituição de 1812, também conhecida como Constituição de Cádis ou La Pepa, foi aprovada pelas Cortes Gerais Extraordinárias na cidade de Cádis em 18 de março de 1812 e promulgada de imediato. A Constituição espanhola – Constituição liberal de Cadiz, votada quando Napoleão estava sendo derrotado na Rússia, apresentou 384 artigos (em 10 títulos), com estilo sofisticado. É uma constituição temporariamente rígida. As reformas ocorreram após 8 anos. Foi, portanto, realizada durante a invasão francesa e propunha combater os invasores. A Constituição foi um libelo contra o absolutismo e adotou princípios jurídicos da Revolução Francesa. A Constituição lusa teve como fonte a de Cadiz (1812).

[1011] Em Portugal as Cortes tiveram o apogeu com D. João I, mas foram decaindo à medida que o absolutismo se tornava mais forte. Reuniram-se, pela ultima vez, antes da vitória do momento liberal de 1820, durante o reinado de D. Pedro II de Portugal, que dissolveu

Com a vitória dos liberais, ficava proclamada a monarquia constitucional: os reis portugueses deixavam de ser absolutos. Teriam de governar com um Parlamento, composto pelos representantes do povo. Convocadas as Cortes, assembleias dos representantes do povo foram incumbidas de redigir a Constituição do Reino.

Nota-se que apesar de a causa revolucionária ser apoiada por diversas classes, os interesses e as reivindicações eram complexos e contraditórios entre si. A burguesia comerciante portuguesa, força reacionária, apoiou o movimento constitucionalista porque a recolonização do Brasil estava na pauta dos ideais das cortes portuguesas, que antes de 1808 detinham o monopólio do comércio exterior e agora enfrentavam fortes concorrentes, principalmente os ingleses, que gozavam de privilégios especiais (como exemplo, basta dizer que os negociantes ingleses, em todos os seus litígios, tinham direito de ser julgados por um juiz especial, por eles escolhido).

A aristocracia rural, que lucrou com o fim da economia colonial de restrições econômicas e monopólios, apoiara o movimento constitucionalista porque era a classe que se agarrava aos ideais liberal-democráticos (a maçonaria já agia no Brasil) e via na Constituição possibilidades de maior liberdade para lutar pela independência e garantir as liberdades adquiridas.

O povo e a classe média (intelectuais, parte da população urbana) apoiaram a Constituição, na esperança de que lhes proporcionasse reformas e melhores condições de vida, mas a base da economia manteve-se apoiada, como de costume, no sistema de diferença de classes, mesmo no trabalho escravo; portanto, a organização social não mudou. Ganhou a aristocracia rural, pois a Revolução constitucional evoluiu no sentido da independência. No Brasil, o chamado partido brasileiro (aristocracia rural e classe média) identificou em D. Pedro, filho de d. João VI, a personalidade capaz de se insurgir contra as cortes portuguesas e os projetos de recolonização. As forças portuguesas retrógradas nada conseguem: não era mais possível fazer o Brasil caminhar para trás e deter os acon-

a Assembleia. Nos reinados de D. João V e José I e o Marquês do Pombal não houve convocação das Cortes.

tecimentos; as transformações acarretadas por 1808 e a repercussão do movimento de 1820 levam à Independência.

As Cortes exigiam a volta de D. João VI, mas ele hesitava, fazia promessas e retrocedia, preferindo ficar no Brasil.

No plano legislativo, destaque-se que desde as primeiras notícias da Revolução do Porto foram promulgados e publicados os seguintes atos:

- Decreto de 18 de fevereiro de 1821, que dispôs sobre a ida do príncipe D. Pedro a Lisboa, a convocação dos procuradores eleitos pelas cidades e vilas do Brasil e ilhas do Atlântico que tivessem juízes letrados, e a nomeação de uma comissão de 20 membros para estudar as medidas adaptáveis ao Brasil;
- Decreto de 24 de fevereiro, que aprovava desde logo a Constituição que se estava fazendo em Lisboa;
- Decretos de 7 de março, que anunciaram a resolução de partir para Portugal e dispuseram sobre as eleições de deputados das províncias às Cortes de Lisboa – eleição de 50 deputados brasileiros, enquanto havia 130 lusos;
- Decreto de 21 de abril, que mandou, à vista de reclamação dos eleitores de paróquias, observar estrita e literalmente no Brasil a Constituição espanhola de 1812;
- Decretos de 22 de abril, que mandaram vigorar a Constituição espanhola e nomear regente e lugar-tenente no Brasil o príncipe D. Pedro[1012].

O último decreto era acompanhado de instruções, que estabeleciam o modo pelo qual o regente tinha de agir no governo e na administração do País[1013].

1012 Martins Júnior, José Izidoro. *História do direito nacional*, cit., p. 252.

1013 "Pelas referidas instruções devia o príncipe tomar as suas resoluções em conselho formado por Ministros de Estado e secretário da competente repartição e eram-lhes conferidos todos os poderes para a administração da justiça, fazenda e governo econômico, com os direitos de comutar e perdoar a pena de morte aos réus nela incursos, de prover todos os lugares civis e militares e ofícios de justiça ou fazenda, bem como todos os benefícios curados, com exceção dos bispados. Era também o regente autorizado a fazer guerra ofensiva ou defensiva contra qualquer inimigo que atacasse o reino do Brasil e

Após a publicação do último decreto, num clima de ameaça ao trono português e de interferência da Inglaterra e de D. Carlota Joaquina, D. João VI retornou à Europa (27/04/1821), ficando o príncipe herdeiro D. Pedro como regente, e o Brasil permaneceu imerso numa séria crise política e financeira.

Ainda que, de certa forma, a fixação do governo português no Brasil tenha proporcionado vários benefícios, a população sofria com os efeitos de um fiscalismo acentuado, que compreendia a incidência de vários tributos especiais e locais (selos, foros de patentes, taxas do sal, do correio, de sesmarias, direitos de Chancelaria, taxas municipais) e, principalmente, de impostos gerais[1014]:

"• *subsídio real ou nacional (sobre carnes, couros, aguardentes e lã grossa de manufatura local);*
• *subsídio literário, para custeio dos professores régios (sobre reses abatidas, aguardentes destiladas e, em certas províncias, carne-seca);*

conferia-se-lhe competência e autoridade para conceder como graças honoríficas os hábitos das ordens de Cristo, de Aviz e de S. Thiago da Espada". Ibidem, p. 252.

[1014] Inovações no plano administrativo, econômico e jurídico: "liberdade de indústria no Brasil e Domínios Ultramarinos e criação do Supremo Conselho Militar e de Justiça no Rio de Janeiro (Alvará de 1º-4); criação da Intendência Geral de Polícia da Corte e do Estado do Brasil (Alvará de 5-4), pouco depois complementada pela do lugar de intendente Geral da Polícia do Brasil (Alvará de 10-4), para o qual, após preenchimento interino, foi nomeado o enérgico Desembargador Paulo Fernandes Viana, que o exerceu até fevereiro de 1821; criação do Real Arquivo Militar do Brasil (Dec. de 7 -4-1808); instituição da Mesa do Desembargo do Paço e da Consciência e Ordens, no Rio (Alvará de 22-4); estabelecimento de um Juiz conservador da Nação Inglesa, no Rio de Janeiro, com jurisdição privativa para os súditos ingleses, à semelhança do que havia em Lisboa (Alvará de.4-5); elevação da Relação do Rio de Janeiro a Casa da Suplicação do Brasil (Alvará de 10-5), como última instância judicial; regulamentação da impressão Régia no Brasil e criação da Real Academia dos Guardas-marinha (Decretos de 13-5); instituição, com o respectivo regimento, do Erário e do Conselho da Fazenda do Rio de Janeiro (Alvará de 28/6); Constituição, no Rio de Janeiro, do Banco do Brasil (Alvará de 12-10), cujos estatutos haviam sido, pouco antes, publicados, com capital de 1.200:000$000; instalação da Faculdade de Medicina da Bahia e da Escola Anatômica, Cirúrgica e Médica, no Real Hospital Militar do Rio de Janeiro (Dec. de 2-4-1808)." *Vide* AVELLAR, Hélio de Alcântara, *História administrativa e econômica do Brasil*, cit., p. 189-190.

- *taxa suntuária (sobre carruagens de quatro e duas rodas, lojas de mercadorias e armazéns, lojas de ofícios e obras feitas, embarcações, exceto de pescaria) e imposto de 12$800 (sobre cada negociante, boticário e livreiro, lojas de ouro, prata, cobre e estanho, tabaco etc., isentas apenas as de barbeiro e sapateiro) – ambos em benefício do Banco do Brasil;*
- *taxa sobre engenhos de açúcar e destilarias (variável);*
- *sisa (10% do valor das vendas do imóveis urbanos) e meia-sisa (5% de venda de escravos ladinos, isto é, adestrados em um ofício);*
- *décima predial urbana (sobre imóveis, exceto os do sertão);*
- *novos direitos (10% dos vencimentos dos servidores da Justiça e Fazenda)*"[1015].

7.2 A regência de D. Pedro e o processo de emancipação política do Brasil

Com a volta de D. João VI para Portugal, D. Pedro assume a regência do Brasil, cujo período, de abril de 1821 a 7 de setembro de 1822, se caracteriza por grande rivalidade entre portugueses e brasileiros, que disputam a simpatia do regente, pretendendo trazê-lo para sua causa, e entre os próprios brasileiros. De um lado, a classe dos proprietários rurais, que dominará na assembleia e que será socialmente conservadora; do outro, democratas radicais, que se dizem representantes das classes populares e que aspiram a reformas sociais profundas, uma vez que a situação piorou para as classes pobres com a chegada da família real[1016].

Os portugueses, a favor das próprias cortes, pretendiam a recolonização; os brasileiros lutam para impedir uma volta ao passado, na medida em que visam conquistar cada vez maior independência. Os representantes do Brasil foram mal recebidos na Assembleia Constituinte em Portugal, visto que a orientação das cortes era no sentido da retomada do *status* de Colônia, o que os brasileiros não aceitavam mais. O governo português (D. João VI pouco representava), decepcionado por D. Pedro

[1015] MARTINS JÚNIOR, José Izidoro. *História do direito nacional*, cit., p. 254.

[1016] Entre as mudanças advindas com a chegada da família real, cita-se o fim da vida tradicional das famílias, que agora passam a morar na capital e levam vida de luxo, ostentação, festas. Querem mais lucro, mais escravos, e deixam de plantar para subsistência. Além disso, os brasileiros foram excluídos do comércio, este agora nas mãos dos portugueses e ingleses.

ter ficado, tudo fazia para diminuir o seu prestígio e quebrar a unidade no Brasil, voltando a dominar pela força cada província. A luta contra as imposições das cortes será desenvolvida através das lojas maçônicas, unidas pela causa da Independência, sob o nome de "Grande Oriente", que reunia tanto a aristocracia rural como os elementos mais democráticos da classe média. Foi escolhido como Grão-Mestre da Maçonaria José Bonifácio de Andrada e Silva. Este, nascido em Santos, foi com 20 anos para a Europa, onde passara 36 anos, destacando-se como cientista e inteirando-se dos assuntos políticos. De volta ao Brasil, liderará o movimento pela independência.

7.2.1 A Independência – evolução da crise

Em reação à luta da maçonaria contra as imposições das Cortes, em dezembro de 1821 foram publicados dois decretos, postulando a recolonização:

1) anulação de toda a máquina político-administrativa do Rio de Janeiro;
2) D. Pedro deveria regressar para Portugal e nomear um chefe de armas para cada província, subordinados à Coroa.

Em consequência, sucederam-se os seguintes fatos:

- 9 de janeiro de 1822 ("Dia do Fico") – D. Pedro parecia disposto a voltar. O fato provocou grande tumulto, e a maçonaria patrocinou campanha visando colher abaixo-assinados de diversas províncias. O jornal de Joaquim Gonçalves Ledo, o *Reverbero Constitucional Fluminense*, combatia a volta do regente. A maçonaria conseguiu que D. Pedro marcasse um dia para dar a resposta definitiva. No dia, José Clemente Pereira, Presidente da Câmara Municipal do Rio, fez discurso contundente contra a volta do regente. A primeira resposta de D. Pedro foi dúbia e provocou descontentamento: o regente afirmava que ficaria... "até que o rei e as cortes decidissem o contrário". Horas depois, o presidente da Câmara recebeu a declaração enfática: "como é para o bem de todos e felicidade geral da nação, estou pronto; diga ao povo que fico". A resposta foi muito festejada e simbolizou o rompimento com Portugal.

- 16 de janeiro de 1822 – D. Pedro nomeou um ministério ("Ministério da Independência") sob a chefia de José Bonifácio, e este consegue que as tropas portuguesas do general Jorge de Avilez (encarregadas de levar D. Pedro) voltem para a Europa.
- Fevereiro de 1822 – "Cumpra-se o Regente" – nenhuma ordem seria cumprida sem o visto de D. Pedro.
- Maio de 1822 – a Câmara, por influência da maçonaria, dirigida por José Bonifácio, promove uma manifestação, oferecendo a D. Pedro o título de "Defensor Perpétuo do Brasil".
- Em 3 de junho de 1822, é convocada uma assembleia Constituinte que tinha representantes de todas as províncias do Brasil. A Metrópole reage com o envio de tropas contra o Brasil e ameaça prender José Bonifácio.

No transcorrer de 1822, Dom Pedro assinou os seguintes decretos:

- 16 de fevereiro – convoca um conselho de procuradores gerais das províncias para o Rio de Janeiro;
- 21 de fevereiro – ordena que nenhuma lei portuguesa seja executada no Brasil sem o cumpra-se do príncipe regente;
- 3 de junho – convoca uma assembleia geral constituinte e legislativa, composta de deputados das províncias do Brasil;
- 18 de junho – dispõe sobre a liberdade de imprensa;
- 1º de agosto – promove o rompimento das relações entre Brasil e Portugal (são declaradas inimigas as tropas portuguesas vindas para o Brasil sem ciência e assentimento do regente)[1017].

Houve reação por parte de portugueses e a principal foi na Bahia, chefiada pelo general Inácio Luiz Madeira de Melo. Houve também desordens em São Paulo, para onde se dirigiu D. Pedro a fim de conseguir o apoio da província. José Bonifácio, no Rio, recebe as cartas da Metrópole e manda comissários a São Paulo. Estes encontram D. Pedro, que retornava de Santos. As novas ações das cortes determinavam a queda

[1017] Martins Junior, José Izidoro. *História do direito nacional*, cit., p. 255.

do ministério e designação de outros ministros. Além disso, seria aberto processo de responsabilidade contra os que convocaram uma Assembleia Constituinte no Brasil. D. Pedro declara o Brasil independente em 7 de setembro de 1822.

Afirma-se que o 7 de setembro é apenas uma data simbólica, ao contrário de 1808, que representa a base estrutural da Independência. As causas da independência do Brasil são bem remotas e não se limitam aos últimos acontecimentos que levaram ao "grito do Ipiranga", por isso se faz necessário caracterizar a política colonial portuguesa principalmente a partir de 1640; entender o aparecimento das reações nativistas e nacionalistas; comparar as possibilidades econômicas do Brasil com as restrições impostas pela Metrópole; e, principalmente, considerar as contribuições de 1808 para a Independência, como a liberação econômica, a centralização política e a determinação das forças progressistas e retrógradas.

A emancipação contou, principalmente, com a elite nativa. Teve o apoio das classes mais populares, mas durante o Primeiro Império irá romper com a classe média. A aristocracia soube manejar D. Pedro para a causa da Independência, acenando-lhe com o Império. Apesar da participação da aristocracia no processo de independência, esta se voltou contra D. Pedro, na medida em que postulava uma Constituição que lhe garantisse o liberalismo econômico e a autonomia política.

7.3 O Primeiro Império (1822-1831)

Aclamado Imperador do Brasil a 12 de outubro de 1822, D. Pedro jurou respeitar a Constituição, que seria elaborada pela Assembleia. A 1º de dezembro, foi coroado imperador, com o título de D. Pedro I.

O monarca enfrentou inúmeros problemas de ordem interna e externa, pois adotara medidas contrárias à aristocracia rural. Em síntese, o Primeiro Império será a luta do partido brasileiro contra o absolutismo do imperador. Ao final, abdicou.

Com a independência, a reação lusa logo se manifestou nas províncias: Bahia, Pará, Maranhão e Província Cisplatina. Para destruir os focos rebeldes, o imperador teve que organizar um exército e uma marinha às pressas, sendo contratados oficiais, tropas e forças navais do estrangeiro.

Em combate, os baianos não puderam vencer a superioridade lusitana. Foram enviados reforços pelo governo sob o comando do general francês

Pierre (Pedro) Labatut, que organizou o Exército Pacificador, e as lutas prosseguiram contra os lusos até 1823.

Com o bloqueio do porto de Salvador pelo almirante inglês Alexandre Thomas Cochrane, os portugueses foram expulsos da Bahia em 2 de julho de 1823. A cidade de São Luís foi, também, tomada por Cochrane, e o oficial John Pascoe Grenfell[1018], com o objetivo de forçar a adesão de outro Estado à independência do Brasil, dominou Belém. O general Carlos Frederico Lecor e outros oficiais sitiaram Montevidéu (Província Cisplatina) e derrotaram as tropas portuguesas ali entrincheiradas.

No campo externo, o reconhecimento da Independência deu-se na seguinte ordem cronológica:

- 1824 – Estados Unidos. Foi representante do Brasil J. Silvestre Rebelo[1019], que depois de 59 dias nos EUA conseguiu o reconhecimento.
- 1825 – Portugal. Em agosto desse ano, Portugal e Brasil assinam um tratado de paz e amizade. O custo do reconhecimento português representou ao Brasil o pagamento de uma indenização de 2 milhões de libras esterlinas, assumindo, portanto, uma dívida de guerra de Portugal com a Inglaterra (1.400.000 libras) e indenizando D. João VI (600 mil) pelas propriedades que perdia no Brasil. Além disso, D. João VI ficaria com o direito de usar o título de Imperador do Brasil.

[1018] John Pascoe Grenfell (1800-1869) – Inglês, veio para o Brasil com o Lorde Cochrane, tendo lutado pela Independência. Comandou uma ação naval em Belém (1823), sufocando os lusos que se opunham à independência. Neste período reprimiu violentamente uma revolta popular, mandando fuzilar arbitrariamente alguns rebeldes e prendeu 254 que foram colocados nos porões dos navios "Diligente" e "Palhaço", onde sobreviveu apenas um prisioneiro. Lutou na guerra Cisplatina onde perdeu o braço direito e contra os farroupilhas. Lutou ainda contra Oribe e Rosas quando foi promovido a vice-almirante e condecorado por serviços prestados (Grã-Cruz da Rosa e Medalha de Ouro da Passagem do Tonelero). Foi nomeado cônsul-geral do Império na Inglaterra, onde veio a falecer.

[1019] José Silvestre Rebello ([?] - 1844) – Foi o primeiro Encarregado de Negócios do Império brasileiro a servir nos EUA e também negociou o reconhecimento da independência do Brasil por parte do governo dos Estados Unidos. Designado encarregado de negócios em Washington em 21 de janeiro de 1824, chegou ao seu futuro posto a três de abril, obtendo o reconhecimento da independência do Brasil pelos Estados Unidos ao apresentar suas credenciais ao presidente James Monroe em 26 de maio do mesmo ano.

- 1826 – Santa Sé. Representou os interesses brasileiros o monsenhor Francisco Corrêa Vidigal[1020]. Enquanto isso, na França, representando o Brasil Borges Barros, impuseram-se, como condições, acordos comerciais.
- 1826 – Inglaterra. Enviado para este país o diplomata Felisberto Caldeira Brant[1021], Marquês de Barbacena, os ingleses reconheceram a independência do Brasil em novembro de 1826; exigiram a diminuição das tarifas alfandegárias para os produtos ingleses, que passariam a 10% *ad valorem*, que não foram aceitas de imediato. Outras condições:
  1) que a tarifa fosse mantida em 15% *ad valorem* (conforme ficara estabelecida pelo acordo de 1810);
  2) que o Brasil extinguisse o tráfico negreiro no prazo de 5 anos.

O reconhecimento por parte da Inglaterra, por ser a maior potência da época, seria o meio de evitar a luta com a Metrópole. Na verdade, a Inglaterra não pretendia romper laços nem com Portugal nem com o Brasil, importante mercado para seus produtos[1022].

[1020] Monsenhor Francisco Corrêa Vidigal – Plenipotenciário enviado por Dom Pedro I, em 1826 apresentou cartas credenciais ao Papa Leão XII, em busca do reconhecimento da Independência do Brasil pela Santa Sé. Revestido de plenos poderes, viajou para a Europa e, recebido em Paris o passaporte do Núncio Macchi, partiu logo para Roma, onde chegou no dia 5 de janeiro de 1825 com o seu secretário Vincente Antônio da Costa. Ambos eram conhecedores de Roma e da língua italiana, porque anteriormente tinham estado em Roma: Vidigal como estudante de Teologia, e Costa como Adido da Embaixada de Portugal.
[1021] Felisberto Caldeira Brant (1772-1841) – Mineiro, militar, político, diplomata, negociou com a Inglaterra o reconhecimento da Independência do Brasil. Foi deputado da Assembleia Constituinte, senador e membro do Conselho de Estado. Efetuou empréstimos com a Inglaterra para o Brasil e foi alvo de suspeição durante as negociações, realizados com consórcios capitalistas ingleses. Foi acusado de receber 2% do total do primeiro empréstimo brasileiro com a Inglaterra no valor de 3 milhões de libras. Recebeu, também, o título de Marquês de Barbacena.
[1022] O primeiro ministro George Canning enviou para Portugal o diplomata Charles Stuart, incumbido de convencer o governo português de que a Inglaterra se via forçada por seus interesses a reconhecer a independência do Brasil. Charles Stuart, transformado também em ministro plenipotenciário dos interesses portugueses, veio ao Brasil onde fez o reconhecimento por parte de Portugal.

- 1827 – Áustria. Reconheceu-se a independência mediante acordos comerciais. Foi diplomata pelo Brasil Antônio Teles. A Áustria e a França faziam parte da Santa Aliança e, reconhecendo o Império, seriam uma grande força contra a recolonização. Facilitou o reconhecimento pela Áustria o fato de a imperatriz do Brasil, D. Leopoldina, ser filha do rei da Áustria.
- 1828 – Argentina. Este país reconheceu a independência somente após a guerra Cisplatina, visto que esteve em guerra contra o Brasil devido à questão da independência do Uruguai.

7.3.1 A Confederação do Equador – uma contestação à Carta outorgada e em defesa da ideia de República

Trata-se de revolta de 1824 que se iniciou em Pernambuco e teve caráter republicano. Em linhas gerais, decorreu da dissolução da Assembleia Constituinte de 1823. Na verdade, Pernambuco era o foco da aristocracia latifundiária que temia perder seu prestígio para a burguesia portuguesa. O chefe da província, Manuel Carvalho Paes de Andrade[1023], discordou da nomeação do presidente (Carlos Mayrink[1024]). Inspirado na Revolução Francesa, o movimento, inicialmente pernambucano, recebeu depois

[1023] Manoel de Carvalho Paes de Andrade (1774 ou 1788-1855) – Pernambucano, comerciante e político. Revolucionário de 1817, foi preso, mas fugiu para os EUA. Anistiado (1821), regressou ao Brasil e foi indicado para intendente da Marinha em Pernambuco. Foi escolhido para presidente de Pernambuco (1823) e realizou uma política antilusitana. Em decorrência, D. Pedro I afastou-o do governo, levando-o a proclamar a Confederação do Equador (1824). Derrotado, fugiu para a Inglaterra, voltando para o Brasil em 1831, após a abdicação de D. Pedro I. Participou da Campanha da Maioridade e defendeu a autonomia das províncias. Alcançou o cargo de Senador.

[1024] José Carlos Mayrink da Silva Ferrão (1771 – 1846) – Foi um proprietário rural e político brasileiro. No Rio de Janeiro, onde foi estudar, conheceu Caetano Pinto de Miranda Montenegro, governador nomeado de Mato Grosso, de quem se tornou secretário. Quando Montenegro foi transferido para Pernambuco, em 1804, José Carlos o acompanhou, continuando como secretário do governador. Permaneceu no cargo até a deposição do governador em 1817. Envolvido na Revolução Pernambucana de 1817, teve que fugir e foi para o exílio em Paris. Voltando ao Recife, algum tempo depois, foi nomeado o primeiro presidente da província de Pernambuco, cargo que ocupou de 23 de maio de 1824 até 14 de abril de 1826, quando viajou para o Rio de Janeiro para assumir o cargo vitalício de senador do Império do Brasil, de 1826 até seu falecimento, em 1846.

a adesão do Ceará, Rio Grande do Norte e Paraíba. Pretendia-se uma República dos Estados autônomos. Houve quem defendesse essas ideias, como o Frei Joaquim do Amor Divino Caneca (poeta, literato, jornalista, orador), por meio do jornal *O Farol*. As províncias declararam-se independentes do governo do Rio, unindo-se numa República com nome de Confederação do Equador. Os rebeldes resolveram adotar a Constituição da Colômbia, enquanto não fosse elaborada uma legislação própria.

Em represália, uma esquadra comandada por Chochrane e tropas sob a chefia de Francisco de Lima e Silva[1025] prenderam os chefes, e os castigos impostos por D. Pedro I foram tão severos quanto costumavam ser os impostos pelas autoridades portuguesas. Foram condenados à morte e executados 16 republicanos. Dada a enorme repercussão, as mortes simbolizaram um marco do absolutismo de D. Pedro. Entre os executados estavam Frei Caneca e Padre Murorô. No Rio de Janeiro foram mortos Ratecife, Pio Methrowich e Silva Loureiro, presos na esquadra republicana da Confederação.

Alega-se que a derrota da Confederação do Equador impôs durante alguns anos a ordem imperial centralizadora e conteve os que desejaram uma nação fundada nos princípios da Declaração dos Direitos do Homem e do Cidadão, de 1789. Exemplo disso, a criação em Pernambuco, entre 1824 e 1829, de apenas um jornal, o *Diário de Pernambuco*. A partir de 1826, com a volta de funcionamento da Assembleia Geral do Império, a sociedade foi retomando sua capacidade de mobilização política[1026].

Argumenta-se, em síntese, que esse movimento revolucionário deu continuidade a uma "tendência liberal-radical", iniciada no Nordeste em 1817. Apesar de não ser bem sucedido, tratou-se de uma das principais expressões da reação contra a política absolutista de D. Pedro I e como o principal foco de resistência ao centralismo político imposto pela Cons-

[1025] Francisco de Lima e Silva (1785-1853) – Carioca, militar, político, governador de Pernambuco, (gov. de armas de São Paulo e Rio de Janeiro), membro da Regência Trina Provisória e Permanente, senador (1837). Foi agraciado com a grã-cruz da Imperial Ordem do Cruzeiro, sendo pai de Luiz Alves de Lima e Silva (futuro Duque de Caxias).

[1026] DANTAS, Mônica Duarte, *Revoltas, motins, revoluções*, cit., p. 156.

tituição Imperial, ao apresentar as contradições da primeira constituição brasileira, uma Carta outorgada[1027].

7.3.2 D. Pedro I e a Assembleia de 1826

Convocada a Assembleia Geral Legislativa, a primeira sessão preparatória da Câmara dos Deputados vem a ocorrer somente em 29 de abril de 1826, e a sessão de abertura da primeira legislatura da Assembleia Geral Legislativa (reunião conjunta da Câmara dos Deputados e da Câmara dos Senadores), no dia 6 de maio do mesmo ano, quando enfim os deputados e senadores puderam participar do processo legislativo brasileiro, regulamentando os dispositivos constitucionais e criando as instituições previstas na Carta outorgada, três anos e meio após a proclamação da Independência. Durante o período imperial, as legislaturas eram de quatro anos, mas as sessões legislativas duravam apenas quatro meses.

O ano de 1826 foi um período crítico para o Brasil, uma vez que o País estava envolvido na Guerra Cisplatina e numa crise econômico-financeira caracterizada por déficit na balança comercial. D. Pedro I enfrentava uma forte oposição no Parlamento.

Culpado pela situação econômica e pelas perdas na guerra, a situação agravou-se devido à política portuguesa, pois, com a morte de D. João VI (março de 1826), D. Pedro estava disposto a aceitar o trono português. A percepção de que o Brasil poderia ser recolonizado e de que a declaração de independência fosse anulada, fez com que a Assembleia forçasse o imperador a abdicar ao trono português, e ele o fez, em nome de sua filha, Maria da Glória[1028].

[1027] MENDES JR., Antonio; RONCARI, Luiz; e MARANHÃO, Ricardo, *Brasil – história, texto e consulta*, cit., p. 183.

[1028] D. Pedro providenciou uma missão à Europa sob a responsabilidade do Barão de Santo Amaro, para garantir o direito de sua filha ao trono, isto porque Carlota Joaquina queria restaurar o absolutismo com seu filho D. Miguel. Na sequência desses acontecimentos, os brasileiros encaravam a missão com desconfiança, pois avaliavam que D. Pedro estava mais inclinado às questões da política e do trono portugueses. Outro fator que contribuiu para o desprestígio do imperador foi a morte da imperatriz D. Leopoldina, muito estimada pelo povo. A Marquesa de Santos passou a viver no palácio e estabeleceu uma política vingativa de perseguições. A Independência não estava consolidada. Os conselheiros consideravam que a vida íntima de D. Pedro poderia desprestigiar o Brasil perante os outros impérios.

Foi um período de desconfianças em relação a D. Pedro I, havendo alegações de que, estimulado por portugueses com trânsito livre na corte, sonhava com uma possível reunificação com Portugal. Outros boatos diziam que o monarca vivia distraído, preocupando-se apenas com os problemas que envolviam a filha.

No Brasil, a grande maioria das forças políticas já não acreditava na retidão ideológica de D. Pedro I e no seu envolvimento com o País. A oposição referia-se a ele como "pé de chumbo", "corcunda", "absolutista", alcunhas utilizadas também pela imprensa e ouvidas nas ruas. Mas se no Brasil essa era a imagem de D. Pedro I, em Portugal – um reino em crise, fragilizado política e economicamente, era visto como liberal pela maioria da população, que, a partir de 1828, lutava contra o irmão D. Miguel. Qualificado em correspondências imperiais como "monstruoso Miguel, o Caracala, o Calígula!", anulara, por meio de um golpe político, a Constituição outorgada pelo irmão, usurpara o trono da sobrinha e autoproclamara-se rei[1029].

Em março de 1828, D. Miguel dissolve a Câmara dos Deputados e, em julho, toma posse como rei absoluto de Portugal. Tentando restaurar os direitos da filha ao trono e contando com o apoio e o incentivo de constitucionalistas portugueses, D. Pedro I resolveu auxiliar financeiramente a luta contra D. Miguel em Portugal. Isso aumentou a crise econômica e financeira vivida pelo Império do Brasil.

Diante desses fatos, cresceu mais ainda o descontentamento das forças políticas de oposição, que entendiam que o imperador estava mais interessado na questão da sucessão do trono português do que nas dificuldades que o Brasil vinha enfrentando.

Ao final, foi realizada uma missão no sentido de levar D. Maria da Glória para casar-se com o tio D. Miguel e e outra para tratar do casamento de D. Pedro com a imperatriz Amélia de Leuchtenberg da Bavária.

[1029] D. Miguel – Irmão de D. Pedro I, veio para o Brasil com 5 anos e voltou para Lisboa em 1821. Era o favorito da mãe (D. Carlota Joaquina). Com a morte de D. João VI, ficou como legitimo herdeiro do trono luso, D. Pedro, que abdicou a favor da filha D. Maria da Glória, ainda criança. Em decorrência, foi proposto para D. Miguel o casamento com a sobrinha e a regência de Portugal (1828). Após receber o titulo de D. Maria II foi afastada do poder pelo tio, que permaneceu até 1834 na governança de Portugal, quando foi derrotado pelo irmão (D. Pedro I) que recebeu o titulo de D. Pedro IV. Exilou-se em Gênova (Itália).

7.3.3 Guerra Cisplatina (1825)

A Província Cisplatina, desde 1821, estava anexada ao Brasil, porém sua população nunca se considerou inteiramente brasileira, e logo surgiram sentimentos de revolta. Chefes separatistas, como Juan Antonio Lavalleja e Fructuoso Rivera, iniciam a luta pela independência em 1825. A Argentina intervém na luta, apoiando o Uruguai. O Brasil declara guerra à Argentina e esta foi mais uma das causas para a abdicação, pois os brasileiros atribuem a guerra aos desejos imperialistas de D. Pedro I.

A guerra durou quatro anos, e as forças estavam equilibradas (o Brasil vencia as campanhas por mar e a Argentina, as terrestres). O conflito representou um desgaste para o Brasil nos planos econômico e político, e os brasileiros culpavam o imperador. O então general Lecor acabou substituído pelo marechal Felisberto Caldeira Brant (Marquês de Barbacena). A certa altura, a paz começou a ser negociada, com a mediação da Inglaterra, o que se concretizou em 28 de agosto de 1828, sendo o Uruguai reconhecido como país independente[1030].

Além de enfrentar uma situação em que o País acabou completamente debilitado em razão da guerra, D. Pedro foi acusado de cuidar mais de Portugal do que dos interesses nacionais. Muitos o acusavam de querer recolonizar o Brasil.

7.3.4 Crise política e abdicação

A partir de 1829, D. Pedro I resolve renomear um ministério, formado por membros da oposição, mas não consegue pacificar o momento de turbulência. Depois, em 1830, a Revolução Liberal na França, em que é deposto Carlos X, terá grande repercussão no Brasil, onde se intensifica a campanha pelo liberalismo, que aqui ataca a política de D. Pedro I. A campanha contra o imperador desenvolve-se sob o propósito de deflagrar

[1030] A Inglaterra, sob a orientação do ministro Caning, (que representava os ultra conservadores ingleses), defende a tendência do seu grande comércio e, por conseguinte, não apoiará o Brasil na luta contra os uruguaios. O novo país será conhecido no mundo da diplomacia como "um algodão entre cristas", servindo como um anteparo entre dois vizinhos turbulentos, Brasil e Argentina, tal como a Suíça, na Europa, entre os rivais Alemanha e França.

uma revolução e será liderada por Evaristo Ferreira da Veiga, por intermédio do jornal *Aurora Fluminense*.

Em São Paulo houve o assassinato do médico italiano Libero Badaró, que escrevia artigos sobre o movimento revolucionário mundial[1031]. O crime foi atribuído a partidários de D. Pedro. Em Minas, por sua vez, havia grande agitação, e para lá se dirige D. Pedro, pretendendo reconquistar simpatias, porém foi recebido com hostilidade. Quando volta ao Rio é recebido com grande festejo por parte dos portugueses, mas os brasileiros se revoltam e os festejos terminaram em luta sangrenta entre os partidários e opositores ao imperador. Isto ocorreu a 13 de março de 1831 – "foi a noite das garrafadas"[1032].

Em 5 de abril de 1831, visando fortalecer o governo, D. Pedro I nomeou um ministério somente com portugueses – "Ministério dos Marqueses", o que resultou em profunda revolta. Alertado pelo intendente de polícia, Costa Gavião, que a situação tornara-se insustentável, sob a ameaça do povo, da classe média, da aristocracia rural e das tropas reunidas no Campo de Santana, dois dias depois D. Pedro I assinou a abdicação: "*Usando do direito que a Constituição Me Concede, Declaro que Hei mui voluntariamente Abdicado na pessoa de Meu muito Amado e Prezado filho D. Pedro de Alcântara. Boa Vista, sete de abril de mil oitocentos e trinta e um, décimo da independência do império. Pedro*".

Assim terminou o Primeiro Reinado, ao encontro da pressão dos mais extremados. Após esse ato, por meio de decreto com data anterior à da abdicação, D. Pedro nomeou para tutor do seu filho, este então com 5 anos de idade, José Bonifácio. Nesse dia o imperador recolheu-se à bordo da nau inglesa *Werspite* e, no dia 13 de abril, a corveta inglesa *Volage*, acompanhada da charrua francesa *La Sirêne* e outras embarcações, zarpava do porto do Rio de Janeiro, conduzindo D. Pedro, D. Maria II de Portugal,

[1031] João Batista Líbero Badaró (1798-1830) foi um médico e jornalista italiano radicado no Brasil. Dirigia o jornal Observador Constitucional e se indispôs com muitas autoridades provinciais, entre os quais Ladislau Japiaçu. Foi morto a tiros de bacamarte por quatro alemães que o abordaram na rua que leva o seu nome, no centro de São Paulo. Ao cair, teria gritado: "morre um liberal, mas não morre a liberdade".

[1032] Os portugueses eram, de forma pejorativa, chamados de 'pés-de-chumbo' pelos brasileiros. Estes eram tratados pelos lusos como 'cabras' ou 'moleques'.

D. Amélia de Leutchternberg, os marqueses de Loulé, de Cantagalo, os barões da Saúde, Inhomerim e Sabugal[1033].

No Brasil, em substituição a D. Pedro I, que abdicara em nome de seu filho D. Pedro de Alcântara, organizou-se a regência trina provisória, composta pelo brigadeiro Francisco de Lima e Silva, deputado José da Costa Carvalho[1034] e João Bráulio Muniz[1035], este substituindo Campos Vergueiro[1036], à qual se juntou como ministro da Justiça o padre Diogo Antônio Feijó. A partir desse momento, José Bonifácio passou a se opor, durante o período regencial, ao governo. Apesar da mudança política, o "patriarca" tornara-se elemento retrógrado, favorável a D. Pedro I. E defendeu até a sua volta.

7.3.5 Reação à abdicação: a Abrilada

Tratou-se a Abrilada de movimento revolucionário que eclodiu em Pernambuco a 14 de abril de 1832 e cujo objetivo era devolver o Trono do Brasil a D. Pedro I. Essa mobilização consistiu em uma série de três levantes após a abdicação. As ações compreenderam conflitos militares entre a

[1033] Duque-Estrada, Luiz Gonzaga; Francisco Foot Hardman (ORG.); e Vera Lins (Orgs.). *Revoluções brasileiras*. São Paulo: Unesp, 1998, p. 107

[1034] José da Costa Carvalho (1796-1860) – Baiano, bacharel em Direito (Universidade de Coimbra), magistrado, deputado à constituinte (1823), jornalista (de "O Farol Paulistano), regente, senador, presidente de Província (SP), ministro, pertenceu ao Conselho de Estado. Fez oposição a D. Pedro I e, como participante do governo, colaborou com as seguintes medidas: Código Comercial e Lei das Terras (1850), repressão ao tráfico de escravos, reorganização bancária, criação da província do Amazonas, telégrafo elétrico etc. Ajudou na "Política da Conciliação". Recebeu o título de Barão de Monte Alegre.

[1035] João Bráulio Muniz (1796-1835) – Maranhense, bacharel em Direito (Universidade de Coimbra), liberal, político, deputado (Maranhão), regente, opositor de D. Pedro I, ajudou o regente Feijó em medidas repressivas. Conflitou-se com o Brigadeiro Lima e Silva e acabou falecendo precocemente (ataque cardíaco).

[1036] Nicolau Pereira de Campos Vergueiro (1778-1859) – Político, luso, radicado no Brasil (SP), bacharel em Direito (Universidade de Coimbra), deputado às Cortes de Lisboa (1821), deputado Constituinte (1823 – defendendo o Brasil), senador, regente e ministro do Império e da Fazenda. Participou do Golpe da Maioridade e, posteriormente, esteve na revolução liberal de 1842. Defendeu a abolição dos escravos e introduziu a mão de obra livre em suas fazendas (Limeira) com os imigrantes (lusos, alemães, suíços) por intermédio do "Sistema de Parcerias".

tropa e membros do partido lusitano restaurador, mas também se caracterizavam por manifestações do acentuado nativismo, com bandos de exaltados perseguindo comerciantes portugueses[1037].

7.3.6 Aspectos econômicos do período

Conforme exposto, a economia durante o período enfrentou grandes dificuldades, oriundas das transformações econômicas propiciadas pela vinda da Corte Portuguesa e vigentes no reinado de D. Pedro I[1038]. A Independência não liberou o País dos efeitos do Tratado de Comércio de 1810 com a Inglaterra[1039].

Ao aceitar as condições para o reconhecimento da Independência por Portugal, o Brasil obrigou-se a pagar parte da dívida com a Grã-Bretanha, o que acentuou ainda mais a subordinação econômica aos ingleses, pois, com a queda de Napoleão, aqueles firmaram seu poderio político, mercante e industrial[1040].

Sinal de que as dificuldades econômico-financeiras do Brasil alcançaram tamanho grau de exasperação foi a liquidação do Banco do Brasil, cujas causas principais foram: a descapitalização decorrente do regresso da Família Real; os reflexos da guerra da Independência na produção; e a Guerra Cisplatina[1041].

Somente no reinado de Pedro II, em que o País assume um processo desenvolvimentista, as dificuldades diminuem, seja pela adoção de uma política alfandegária protecionista, seja pela expansão das fazendas de café, e do plantio do fumo, algodão, milho, cacau e tabaco[1042].

[1037] *Dicionário de história do Brasil*, cit., p. 9.

[1038] Avellar, Hélio de Alcântara. *História administrativa e econômica do Brasil*, cit., p. 213.

[1039] Ibidem, p. 213.

[1040] Pelos Tratados de 1810 e 1827, a Inglaterra usufruía de tratamento preferencial no comércio com o Brasil, mas o País mantinha acordos mercantis e de navegação com outros países. Ocorre que nessas relações comerciais as importações cresceram, o que gerou desequilíbrio cambial, uma vez que as exportações ficavam muito aquém das compras. Essa situação, favorecendo os demais países, explica o estabelecimento, aqui, de comerciantes ingleses, franceses e de outras origens. Avellar, Hélio de Alcântara. *História administrativa e econômica do Brasil*, cit., p. 213.

[1041] Ibidem, p. 213.

[1042] Ibidem, p. 213.

Houve algumas medidas de estímulo à indústria local, como a fundação da Sociedade Auxiliadora da Indústria Nacional. Em relação à agricultura, esta se manteve organizada sob a mão de obra servil. Em resposta, com a Convenção de 1826, a Inglaterra abolia o tráfico a partir de 1831[1043].

1043 Ibidem, p. 213.

Capítulo 8
FASE REGENCIAL (1831-1840)

O período da regência durou nove anos e foi instável e agitado. As principais causas disso foram:

1 – falta de capacidade administrativa;
2 – a decepção causada pela Revolução de 1831, que levou D. Pedro I a abdicar. Como a aristocracia rural usou a população como instrumento para pressionar o imperador, esta se sentiu lograda, pois a aristocracia dirigia a política, independentemente da população. Esta vai fazer suas reivindicações e durante o período regencial a pressão revolucionária será muito grande;
3 – fortes rivalidades partidárias (em consequência da desilusão política).

Havia três partidos na ocasião: liberal moderado (os chimangos); liberal exaltado (os farroupilhas de jurujubas); e partido restaurador (os caramurus).

Partido Liberal Moderado – essa agremiação era formada pela aristocracia rural, que dominava a política no período. Era, na prática, o partido da situação, que tinha interesse em manter a ordem e a autoridade do governo regencial. Seus líderes fundarão a Sociedade Defensora da Independência e da Liberdade Nacional. Os membros desta sociedade serão alguns dos mais importantes líderes civis do período entre os quais Evaristo da Veiga, Bernardo de Vasconcelos, o Regente Feijó e o fazendeiro Nicolau de Campos Vergueiro.

Partido Liberal Exaltado – era constituído pelos que ficaram decepcionados com o movimento da abdicação e que vão lutar por reformas extremistas. Deste partido sairá o movimento republicano.

Partido Restaurador – é o partido dos Andradas e dos antigos absolutistas. Desejavam restaurar o governo de D. Pedro I aproveitando-se da luta entre os próprios brasileiros. Os antigos absolutistas, que com a abdicação haviam perdido as esperanças de recolonização, tornam-se agora restauradores e fundam a "Sociedade Conservadora", também chamada Sociedade Caramuru, em 1832.

A classe da aristocracia rural sairá mais uma vez vencedora. O movimento dos liberais exaltados (classe média e povo) não consegue mais do que tomar o poder em algumas províncias. Alguns historiadores atribuem a agitação do período regencial, ainda, a dois fatores: crescimento do ideal republicano e desenvolvimento das ideias parlamentaristas no Brasil.

As Regências foram: Trina Provisória (abril de 1831 a julho de 1832); Trina Permanente (julho de 1831 a outubro de 1835); e Regência Una (Padre Feijó – 1835 a 1837; e Pedro de Araújo Lima 1837 a 1840).

8.1 Regência Trina Provisória

A Regência Trina Provisória foi nomeada pela Assembleia Legislativa no dia 7 de abril de 1831. Os três membros eram: um da pasta militar (o brigadeiro Francisco de Lima e Silva); outro da Sociedade Defensora da Independência e Liberdade Nacional (senador Nicolau de Campos Vergueiro); e o terceiro José Joaquim Carneiro de Campos, o Marquês de Caravelas.

Seus atos foram:

- readmitir o ministério liberal deposto por D. Pedro I;
- anistia dos crimes políticos;
- confirmar a tutoria de José Bonifácio sobre o futuro imperador d. Pedro II;
- eleição da Regência Trina Permanente.

8.2 Regência Trina Permanente (mudanças constitucionais) – Ato adicional

Interessados em consolidar o governo regencial para enfrentar a pressão revolucionária, resolvem eleger a Regência Trina Permanente. Isto se dá em 17 de julho de 1831. O militar, Lima e Silva, é mantido e são eleitos dois deputados: João Braulio Muniz e José da Costa Carvalho. É formado o ministério da 1º regência, podendo-se destacar o ministro da Fazenda, Bernardo Vasconcelos; e o da Justiça, padre Feijó[1044], que será a figura mais importante do triunvirato.

Atos do ministério e, principalmente, de Feijó:

1 – Feijó irá reprimir a ação conservadora do partido de José Bonifácio. Lutará para destituí-lo do cargo de tutor e reprimirá a tentativa de golpe do Partido Restaurador em abril de 1832.

O regente pediu à Câmara a destituição de José Bonifácio. A Câmara aceita, mas o Senado não, pois os Andradas tinham a maioria do Senado. Feijó planeja um golpe em que a Câmara decidiria independentemente do Senado. Como esta não pactua com Feijó, este pede demissão. É substituído por Holanda Cavalcanti. Mais tarde, em junho de 1833, os Andradas preparam um novo golpe, e tudo já estava combinado com D. Pedro I.

Em dezembro de 1833 o aniversário de D. Pedro de Alcântara foi festejado com luta armada. José Bonifácio foi destituído e preso. Passa a ser tutor o rico proprietário rural Manuel Inácio de Andrade Souto Maior, o Marquês de Itanhaém (1782-1867).

Em 1834, morreu D. Pedro I, o que acabou com o sonho restaurador.

2 – Feijó determina a fundação da Guarda Nacional para reprimir as rebeliões, já que até agora a confiança na fidelidade das tropas não podia ser absoluta.

3 – Elaboração do 1º projeto de Código Civil do Império, com papel preponderante de Feijó e Bernardo de Vasconcelos.

4 – Mudança da Constituição de 1824 – a modificação foi proposta por Feijó, mas só em 1834 é que o Ato Adicional, que prevê as transformações, vai entrar em cxccução.

Feijó pretendia:

a) A unificação da Regência trina para una com um vice-regente, eleito pelas assembleias provinciais, criar um intendente em cada

[1044] Diogo Antonio Feijó (1784-1843), o Regente Feijó, foi um estadista, regente imperial e padre brasileiro. Criador do Partido Liberal, notabilizou-se por ser contrário à escravidão e manter uma grande rivalidade com José Bonifácio, tutor do imperador e outro importante personagem do período imperial, na condição de líder do Partido Conservador.

município, exercendo nele poderes semelhantes aos dos presidentes de províncias[1045];

b) dar maior autoridade tanto administrativa como policial às províncias – os conselhos gerais das províncias seriam transformados em câmaras legislativas, com dois ramos (Câmaras e Senado);
c) extinguir o Conselho de Estado e o Poder Moderador;
d) descriminar as atribuições do legislativo, estabelecendo a legislatura Brasil e extinguindo a vitaliciedade do Senado. Isto para ir contra o prestígio dos Andradas, mas aqui Feijó perderá porque o Senado só aprovará as outras mudanças, contanto que este permanecesse vitalício;
e) discriminar as rendas em nacionais e provinciais, dividindo o poder tributário entre os legislativos nacional e provincial.

8.3 Regência Una (1835-1840)

Os principais regentes foram Padre Diogo Antônio Feijó (1835-1837), liberal, e Araújo Lima (1837-1840), conservador.

À época da eleição para a Regência Una, em 7 de abril de 1834, eram candidatos: Feijó (partido Liberal Moderado), o deputado liberal Antônio Francisco de Paula e Holanda Cavalcanti de Albuquerque. Ao final, Feijó ganha a eleição. Renuncia em 1837.

Feijó enfrentou uma série de problemas que culminou em sua decisão de renunciar ao cargo. Foram eles:

1 – rivalidades partidárias – Feijó não tem maioria no Parlamento. Em 1836, Bernardo de Vasconcelos e Honório Hermeto Carneiro Leão

[1045] "Os radicais liberais perderam contra a classe dominante. Ocorre (em 1831), portanto, a repressão violenta da fase revolucionária.
- Uma série de motins no Rio (destacando-se a revolta de julho de 1831, que desejava reforma constitucional, deportação dos conservadores, proibição da imigração lusa, exoneração de Feijó, etc.).
- A setembrada em Pernambuco, sedição militar.
- Rebelião no Ceará, Maranhão e Paraíba.
- Culminando com a Abrilada em 1832 no Pará.

Dai por diante o liberalismo estaria completamente ameaçado em suas bases, pois a aristocracia rural temendo as reformas que se apresentavam de uma forma revolucionaria, ajudará a sufocar os focos de lutas que se esboçam contra estrutura predominante.

fundam o Partido Conservador, que obtém maioria na Assembleia. Ele pretendeu uma política pessoal e não aderiu ao Partido Conservador, por isso perdeu muito de seu prestígio, a ponto de não conseguir governar junto com o Legislativo e o Executivo (ministros);

2 – a morte de Evaristo da Veiga, que o tinha apoiado em sua campanha, por meio do *Aurora Fluminense*;

3 – Feijó fica doente e desanimado;

4 – agitações em vários pontos do Brasil, que abriram caminho para diversos movimentos, a saber: Cabanada, Farrapos, Sabinada e Balaiada;

5 – pela Constituição, Feijó seria substituído pelo ministro do Império, Pedro de Araújo Lima, do Partido Conservador, e assim o foi. Em abril de 1838, há eleição novamente. Os candidatos são Araújo Lima (Partido Conservador) e Holanda Cavalcanti (Liberal). Vitória de Araújo Lima, que governa de 1838 a 1840. Há certo progresso. A principal figura do ministério é Bernardo de Vasconcelos, que apoiou Araújo Lima na eleição. Lima destacou-se por reformar o ensino primário; fundar o Instituto Histórico e Geográfico; criar a Casa da Moeda; sancionar, em 1840, a Lei da Interpretação do Ato Adicional; fundar, mediante Decreto de 31-1-1838, o Colégio D. Pedro II; instituir o arquivo público, por meio do Decreto 31-1-1838; e reorganizar o Exército do Brasil, ante o Decreto de 29-2-1839;

6 – período muito agitado com revoltas mais importantes do que as que Feijó combatera em 1831 e 1832.

8.4 As revoltas no período regencial – as tendências republicanas

8.4.1 Cabanagem e cabanos (no Pará)

Em linhas gerais, tratou-se de um movimento contra o governo regencial, organizado pela população. As principais figuras foram os irmãos Vinagre (seringueiros). Foi debelada em 1836 por Soares Andreia e converteu-se no primeiro movimento popular que chegou a tomar o poder.

Vários historiadores, como Caio Prado Jr., são unânimes em considerar a Cabanagem como “o mais notável movimento popular do Brasil (...), o único em que as camadas mais inferiores da população conseguem ocupar o poder de toda uma província com certa estabilidade"[1046].

A Cabanagem inscreve-se no quadro de agitações que marcaram o período de consolidação do Estado nacional, em que, rompidas as amarras da política colonial, emergiram conflitos de interesse entre setores das classes dominantes regionais. Nestes, foram mobilizados amplos contingentes das camadas mais baixas da população, a reboque das facções dominantes. Abriu-se uma crise profunda no sistema de dominação, marcada pela agitação de ideias liberais e pela desestruturação do aparato repressivo. Por essa brecha do sistema irrompeu a violência "das camadas dominadas da população, ameaçando o *status quo*, até que se criasse o novo consenso entre os setores dominantes. Na Cabanagem, as camadas mais baixas da população – os índios aldeados, tapuios, negros escravos e caboclos – foram inicialmente requisitadas pelas facções locais a participar das agitações em torno da independência e acabaram por controlar, com certa autonomia, uma parcela da violência que se disseminara. Essa violência foi utilizada contra a ordem dominante, atingindo vários pontos do imenso território da Amazônia, conforme confessava o próprio presidente Francisco Soares de Andrea, em relatório dirigido à Assembleia Provincial do Pará, em 2 de março de 1838: 'À exceção da Vila de Cametá, Freguesia de Abaeté, Praça de Macapá, e das Vilas e pequenas Povoações do Rio Xingu, não me consta que alguma outra parte desta província escapasse ao furor dos malvados; assim foram destruídos a maior parte dos engenhos, fazendas, (...) consumidos os gados de criação e extinta a sementeira dos gêneros mais precisos do sustento ordinário; e há distritos aonde não deixaram vivos nem um só homem branco'"[1047].

Os antecedentes do movimento estão ligados à perturbação da ordem pública, ocorrida no período da Regência Trina Permanente. Começou em 1832 por um motim na então Província de Pernambuco, alastrando-se, depois, pela de Alagoas. Levada a efeito por um grupo de escravos foragidos, vários salteadores e desordeiros, bem assim gente simples que

[1046] Mendes Jr., Antonio; Roncari, Luiz; e Maranhão, Ricardo. *Brasil: história, texto e consulta – Império*, cit., p. 223.
[1047] Ibidem, p. 224.

residia em cabanas (donde o nome da revolta), terminou pela intervenção do Bispo de Olinda, D. João da Purificação[1048].

Esse movimento eclodiu em 7 de janeiro de 1835 no Grão-Pará, alastrando-se depois até o Amazonas, onde foi sufocado em 25 de março de 1840. Os cabanos eram membros de uma facção política que pretendia alijar do poder a minoria portuguesa. Teve seu início em 1833, quando se começaram a organizar reuniões na Fazenda Acará, de propriedade de um dos chefes cabanos, Félix Antônio Clemente Malcher[1049]. Dois anos depois, Francisco Pedro Vinagre[1050] conduziu à capital várias centenas de sertanejos armados, que a tomaram de surpresa na madrugada de 7 de janeiro de 1835. Assassinaram o presidente da província, Bernardo Lobo de Sousa[1051], bem como o comandante de armas, coronel Joaquim José da Silva Santiago e o capitão de fragata Guilherme James Inglis. Em caráter revolucionário, Malcher assumiu o governo, sob a declaração de que ali não mais se receberiam presidentes originários da Corte enquanto D. Pedro II fosse menor. Entretanto, nem os próprios revoltosos acabaram se entendendo, de forma que o partido dividiu-se e ambas as facções se agrediram em escaramuças e atentados. Malcher foi assassinado, e Francisco Pedro Vinagre assumiu o governo. Nesse meio tempo, a Regência

[1048] Dom Frei João da Purificação Marques Perdigão (1779 – 1864) – Foi um religioso agostiniano e 17º Bispo de Olinda. Dom João chegou ao Brasil em 1809, e permaneceu no Rio de Janeiro até ser nomeado Bispo de Olinda, por Dom Pedro I, a 18 de outubro de 1829. Seu episcopado foi o mais longo da história da Diocese de Olinda, hoje Arquidiocese de Olinda e Recife, estendendo-se até 1864, ano de seu falecimento, que se deu em extrema pobreza, porque distribuía aos pobres todos os seus recursos. *Dicionário de História do Brasil*, cit., p. 99.

[1049] Felix Antonio Clemente Malcher (1772-1835) – Político, latifundiário, governou Belém (1835-1836) durante a Cabanagem. Tenente-coronel Miliciano comandou as armas da província, confrontou-se com os irmãos Vinagre (Francisco e Antonio), foi preso e assassinado pelo rebelde Quintiliano Barbosa.

[1050] Francisco Pedro Vinagre (1793-1873) – Paraense, pequeno proprietário, governou o Grão-Pará durante a Cabanagem (1835), liderou os Cabanos contra Malcher, foi preso e anistiado (1840). Como opositor de D. Pedro II foi degredado para Fernando de Noronha.

[1051] Bernardo Lobo de Sousa (1792 – 1835) – Presidente da província do Pará durante um dos períodos da Cabanagem, de 4 de dezembro de 1833 a 7 de janeiro de 1835, data em que foi assassinado.

enviara o marechal de campo Manuel Jorge Rodrigues[1052], posteriormente Barão de Taquari, com a incumbência de pacificar a província[1053].

Auxiliado por forças navais do comando de John Taylor[1054], conseguiu o marechal tomar posse do governo; contudo, por pouco tempo, pois em agosto foi derrubado por outro chefe cabano, Eduardo Francisco Nogueira Angelim[1055]. Rodrigues refugiou-se na Ilha Tatuoca, ali encontrando o brigadeiro Francisco José de Sousa Soares de Andreia[1056], que fora nomeado pela Regência comandante de armas e presidente da província. Em abril e maio de 1836 realizou-se nova investida contra o presidente cabano, Angelim, que só foi preso em outubro. Francisco Pedro Vinagre permaneceu em liberdade, continuando a manter em agitação o interior da província, inclusive com a ajuda de mestiços e indígenas. Em

[1052] Manuel Jorge Rodrigues, 1.º barão de Taquari, (1777 – 1845) – Militar e político luso-brasileiro. Veio para o Brasil, no posto de tenente-coronel agregado à Divisão de Voluntários Reais do Rei, chegando ao Rio de Janeiro em 30 de março de 1816. Participou da Guerra contra Artigas, sendo nomeado marechal em 1826. Foi comandante das armas e presidente da província do Pará, de 10 de abril a novembro de 1835. Em 1840 foi nomeado governador das armas da corte. Faleceu em 1845.

[1053] *Dicionário de História do Brasil*, cit., p. 99.

[1054] John Taylor (1789-1855) – Almirante inglês, contratado pela Armada Imperial Brasileira, lutou pela independência do Brasil junto com Lorde Cochrane. Lutou contra a Confederação do Equador, na Guerra Cisplatina e nas repressões internas como a Cabanagem. Naturalizou-se brasileiro e alcançou o cargo de chefe-de-esquadra e de vice-almirante (1855). Morreu de febre amarela no Rio de Janeiro

[1055] Eduardo Francisco Nogueira Angelim (1814-1882) – Cearense, maior líder da Cabanagem, caixeiro de casa comercial, arrendatário de terras, fazendeiro, lutou pela independência no Pará. Inicialmente aliado dos irmãos Vinagre, posteriormente não aceitando a conciliação proposta, derrubou-os e assumiu o governo do Grão-Pará (1835) em nome dos Cabanos. Derrotado (1836), ficou preso até 1840, quando ocorreu a anistia. Deslocado para a Corte por decisão judicial fez oposição a D. Pedro II e foi novamente preso em Fernando de Noronha. Foi considerado um líder que "não trai o povo".

[1056] Francisco José de Sousa Soares de Andreia (1781-1858) – Luso, militar, passou para a Marinha em 1807 e acompanhou a vinda da família real para o Brasil. Em 1808 foi transferido para o Corpo de Engenheiros. Destacou-se na Guerra de Independência no Sul e na Guerra Cisplatina e participou na repressão da Cabanagem e da Revolta Liberal de Teófilo Ottoni, em Minas Gerais. Foi deputado pelo Rio de Janeiro (1843) e Pará (1838). Recebeu o titulo de Barão de Caçapava.

25 de março de 1840, se rendeu o último chefe cabano, Gonçalo Jorge de Magalhães[1057].

Durante 9 meses, foram presos 1672 integrantes e mortos a bala 2320 índios, não entrando nesse número os que pereceram nas florestas por ferimentos, moléstias e fome. "O saldo final da Cabanagem foi trágico, calculando-se que morreram cerca de 30 mil pessoas – 20% da população estimada da província"[1058].

A Cabanada incita uma questão instigante para a historiografia brasileira, pois foi uma revolta cujos principais protagonistas foram homens pobres do interior, índios e cativos foragidos em luta contra o Estado imperial. Os objetivos expressos da revolta, todavia, contradizem o que se esperava de um movimento de resistência armada dessa natureza. Os cabanos lutavam explicitamente pela restauração de Dom Pedro I. A bravura dos cabanos, e as articuladas respostas enviadas por seus líderes aos oficiais que os combatiam, não deixam dúvidas: era por Pedro I que lutavam. O que cabe, portanto, é entender o significado da restauração para eles[1059].

"Os 'pés de chumbo' urbanos, que pugnaram pela restauração do imperador, certamente estavam defendendo seus interesses políticos e econômicos. Os militares que se revoltaram nas capitais provinciais após o 7 de abril, por exemplo, lutavam pela sua carreira, não queriam ser rebaixados, muito menos dispensados sem o pagamento do soldo ou qualquer garantia de aposentadoria. A queda de Pedro I, portanto, poderia levar um militar e sua família à miséria. Para os burocratas, que dependiam dos seus empregos, a abdicação jogara-os na incerteza, ou mesmo na pobreza"[1060].

"A Cabanagem foi um dos mais importantes movimentos sociais ocorridos no País e o maior de toda a história da Amazônia. Como movimento de massas, foi notável pela sua duração, abrangência e radicalização.

[1057] Gonçalo Jorge de Magalhães – O último líder dos cabanos, que se rendeu em Luzeia, atual Maués, no Pará. *Dicionário de História do Brasil*, cit., p. 99.

[1058] Vainfas, Ronaldo. *Dicionário do Brasil Imperial (1822-1889)*, cit., p. 105.

[1059] Dantas, Monica Duarte (org.). *Revoltas, motins, revoluções – Homens livres pobres e libertos no Brasil do século XIX*, cit., p. 190-191.

[1060] Ibidem, p. 191.

Nela, toda a população do Norte foi mobilizada, participando ativamente dos protestos e lutas contra as múltiplas formas de opressão vigentes no Grão-Pará. Contra ela ergueram-se numerosas tropas imperiais, preparadas nas capitais do Norte e no Rio de Janeiro, e o resultado de uma década de lutas sangrentas produziu efeitos devastadores na estrutura socioeconômica regional"[1061].

8.4.2 Guerra dos Farrapos – proposta de República

Tratou-se de conflito no Rio Grande do Sul e Santa Catarina entre 1835 e 1845. Chefiados por Bento Gonçalves da Silva[1062], os farroupilhas pretendiam a República Federalista, de modo que fundaram a República Rio-grandense no Rio Grande do Sul e a República Juliana em Santa Catarina.

Feijó tenta, sem sucesso, extinguir o movimento, apesar das diversas expedições. Em 1837 o movimento está no auge, e ele pede à Assembleia aumento de tropas. Como não é atendido, renuncia. As profundas desavenças políticas entre dois partidos resultaram num conflito que perdurou por 10 anos. A denominação farroupilhas ou farrapos era utilizada em tom pejorativo pelos adversários políticos – tanto liberais moderados quanto restauradores – para designarem os liberais exaltados, numa alusão às roupas maltrapilhas e ao chapéu de palha utilizados pelo liberal radical Cipriano Barata, numa atitude de protesto contra a política recolonizadora das cortes portuguesas[1063].

Dada a importância estratégica do extremo Sul, consolidou-se, ao longo do século XVIII, uma elite militarizada que concentrou em suas mãos as grandes propriedades dedicadas à criação de gado, as estâncias.

1061 Ibidem, p. 203.

1062 Bento Gonçalves da Silva (1788-1849) – Estancieiro gaúcho, líder da Guerra dos Farrapos, militar na Guerra Cisplatina, adepto dos liberais maçônicos (Loja Filantropia e Liberdade). Criticava o Governo Imperial desencadeando o movimento Farroupilha. Defendia o Federalismo e liderou a Revolução que tinha componentes republicanos, sendo nomeado chefe de Estado em 1836. Aprisionado após a batalha de Fanfa, foi levado para o Forte do Mar em Salvador, de onde acabou fugindo (1837). Voltou para o Rio Grande do Sul e instalou a República de Piratini, que considerava um "Estado independente, soberano e federal sob o governo republicano".

1063 Vainfas, Ronaldo. *Dicionário do Brasil Imperial* (1822-1889), cit., p. 264.

O setor produtor de charque (carne salgada), principal item da alimentação popular, sofreu então um grande incremento, passando a abastecer o Centro-Sul pela navegação de cabotagem. Na primeira metade do século XIX, o Rio Grande apresentava uma economia voltada para o mercado interno[1064].

Entre as principais reivindicações farroupilhas destacaram-se a extinção ou a redução da taxação sobre o gado nas fronteiras com o Uruguai, estabelecendo-se a livre circulação de rebanhos entre os dois países, já que muitos criadores gaúchos possuíam propriedades na antiga Cisplatina. Por outro lado, os charqueadores – muitos dos quais eram também estancieiros – defendiam a cobrança de impostos sobre a carne salgada que vinha da Banda Oriental e da Argentina que, dada a política fiscal do governo central, tornava-se mais barata do que a gaúcha, favorecendo os interesses dos grandes consumidores, fazendeiros na região do centro-sul[1065].

Nenhuma revolução brasileira durou tanto tempo. Durante dez anos os "gaúchos", organizados em "companhias de guerrilha", correram dos pampas as tropas do Império. Se alguma coisa pode explicar essa capacidade de resistência da província de São Pedro contra as imposições centralizadoras do Rio de Janeiro, é a peculiaridade do seu desenvolvimento histórico. Este possibilitou a formação de uma camada dominante semiorganizada militarmente e coesa, não permitindo que a independência e sua continuidade política a fracionasse tão profundamente como nas demais províncias. Da mesma forma, a importância relativa do trabalho escravo ali foi bem menor e a massa de homens livres não proprietários pôde integrar-se mais facilmente, o que possibilitou utilizá-los, e não temê-los, na luta. Também nenhuma outra revolução brasileira foi tão bem sucedida na realização de um projeto político e na sua implantação. Apesar de forçada à rendição e "pacificada", muitas das suas realizações e reivindicações ficaram e foram aceitas[1066].

1064 Ibidem, p. 264.

1065 Ibidem, p. 265.

1066 Mendes Jr., Antonio; Roncari, Luiz; e Maranhão, Ricardo. *Brasil – história, texto e consulta* principais expressões da reação, cit., p. 230.

Governava a província Antônio Rodrigues Fernandes Braga, considerado fraco. Assim abandonado, não se podia esperar outro procedimento dos políticos senão o que tiveram com ele, viu-se dominado pelo grupo contrário dos que lhe prestavam apoio, o qual se subordinava à orientação de Pedro Rodrigues Fernandes Chaves[1067].

Entregue o presidente à vontade do Partido Conservador, não tardaram as perseguições e injustiças aos políticos do outro partido, e tantas e tais foram as queixas que, em 20 de setembro de 1835, os liberais, também designados sarcasticamente farrapos ou farroupilhas, sob o comando do coronel rio-grandense Bento Gonçalves da Silva, tomavam conta da capital, obrigando o presidente a fugir com destino à cidade do Rio Grande[1068].

Antes, porém, que a Regência tomasse medidas a respeito dos graves acontecimentos daquela província, a ideia revolucionária propagou-se rápida, levantando entusiastas, anulando o procedimento de Bento Gonçalves que pretendia restabelecer a ordem, e acendendo a luta intestina[1069].

O governo regencial, que lutava com as rusgas no Rio de Janeiro, pensou em acalmar os ânimos na província, nomeando para sua administração um rio-grandense de prestígio, José de Araújo Ribeiro. Apenas chegado a Pelotas, Araújo Ribeiro escreveu a Bento Gonçalves, pedindo-lhe a sua interferência para apaziguar os ânimos em Porto Alegre[1070].

Por esse fato, a Assembleia reuniu-se secretamente, protestando não dar posse ao novo presidente sobre quem havia suspeitas de imparcialidade; por isso, ele decidiu abandonar a província, mas o comandante das armas, o coronel Bento Manoel Ribeiro[1071], antepôs a essa deci-

[1067] Duque-Estrada, Luiz Gonzaga; Francisco Foot Hardman (ORG.); e Vera Lins (Orgs.). *Revoluções brasileiras*, cit., p. 163.

[1068] Ibidem, p. 163.

[1069] Ibidem, p. 163.

[1070] Ibidem, p. 164.

[1071] Bento Manoel Ribeiro (1783-1855) – Paulista, militar, participou das guerras no Sul, principalmente dos Farrapos (ao lado de Bento Gonçalves), depois aderiu ao Governo Imperial ficando Comandante das Armas da província gaúcha. Afastado deste posto voltou a apoiar os revolucionários até 1839, quando fugiu para o Uruguai. Anistiado, foi lutar

são a sua promessa de sustentar a autoridade provincial e combater os sediciosos[1072].

Decidida a resistência, Araújo Ribeiro resolveu tomar conta do governo e prestar o respectivo juramento na Câmara Municipal da cidade do Rio Grande, e assim o fez no dia 15 de janeiro de 1836, o que comunicou à Assembleia. Esta o convidou a ir a Porto Alegre ratificar o seu juramento, sem o que o não reconheceria. Ele não foi, por achar que seria vítima de uma cilada[1073].

Com essa recusa, estava iniciada a guerra civil. A província tinha dois governos: um, a princípio, com a sede em Porto Alegre, que era o de Araújo Ribeiro, apoiado por Bento Manoel; outro na cidade do Rio Grande, sob a direção do vice-presidente da província, Américo Cabral, que nomeou comandante das armas o major João Manoel de Lima, irmão do futuro Duque de Caxias[1074].

Logo nas primeiras ações da campanha, o major João Manoel derrota os caramurus (partidários de Araújo Ribeiro, ou governistas) em Capané, vitória a que corresponde o triunfo do governista Bento Manoel, no Rosário, sobre Afonso Corte Real. Das forças de Bento Manoel faziam parte o coronel caramuru Manoel Luiz da Silva Borges e seus dois filhos, os tenentes José e Manoel Luiz Osório, este último veio a ser, muitos anos depois, o general Osório, marquês do Herval[1075].

Em seguida, o major dirigiu-se a Pelotas, onde bateu a força comandada pelo major Manoel Marques de Souza, o que lhe deu o completo domínio da cidade. Depois disso, *"em maio do mesmo ano Bento Manoel avança sobre Porto Alegre e o revolucionário João Manoel se dispõe a marchar sobre o Rio Grande, onde estava o presidente Araújo Ribeiro. Mas o chefe legalista Bento Manoel é surpreendido no dia 1°. de junho, às oito horas da noite, em uma sanga junto ao arroio dos Ratos pelas avançadas de Bento Gonçalves e vê-se obrigado a*

com o Duque de Caxias contra os farroupilhas. Foi promovido a Marechal de Campo e reformado como Marechal de Exército.

1072 Duque-Estrada, Luiz Gonzaga; Francisco Foot Hardman (ORG.); e Vera Lins (Orgs.). *Revoluções brasileiras*, cit., p. 164.

1073 Ibidem, p. 164.

1074 Ibidem, p. 164.

1075 Ibidem, p. 164-165.

uma retirada precipitada. Ao passo que o revolucionário João Manoel, com uma coluna de 800 homens nesse mesmo dia chega à margem esquerda do S. Gonçalo, cujas águas estavam guarnecidas por navios de guerra da legalidade e aí fazendo construir dois redutos; durante a noite, pela madrugada seguinte bombardeia a esquadrilha que levanta seus ferros para recuar, dando lugar, com isso, à passagem do bravo rebelde em direção à cidade do Rio Grande. Ao seu caminho se opuseram o coronel João da Silva Tavares[1076] *e Calderón, os quais, por menor número de suas cavalarias, foram varridos para o Estado Oriental. Mas o intrépido chefe rebelde estava gravemente ferido; um tiro de bordo tinha alcançado seu rosto e já lhe faltavam as forças físicas quando o carregaram, em rede, para a cidade de Pelotas*"[1077].

Em socorro da cidade de Porto Alegre, sitiada, Bento Manoel consegue levantar o cerco, batendo as forças republicanas. A tomada de Porto Alegre animou o presidente Araújo Ribeiro a mudar o seu governo para a capital da província, vindo para esse fim na esquadra do vice-almirante Grenfell[1078]. Desde o dia desse acontecimento começaram os reveses, as alternativas da guerra civil.

Em 10 de setembro de 1836, as forças sediciosas, sob o comando de Antônio de Souza Neto[1079], obtinham, ao sul, um triunfo. Antes do confronto, Antônio Neto bradara aos seus comandados:

– *Camaradas! não quero ouvir um tiro. Seja a carga à espada e à lança*[1080].

"João da Silva Tavares, que, de volta do Uruguai, comandava as tropas legais, esperou Neto com uma descarga de clavineiros, derrubando alguns adversários. Seguiu-se a luta à arma branca. As tropas de Silva

[1076] João Nunes da Silva Tavares – Joca Tavares (1818-1906) – Participou da Revolução Farroupilha e da Guerra do Paraguai. Tornou-se Brigadeiro Honorário e Barão de Itaqui. Era um dos lideres de Maragatos – Barão de Itaqui – General e líder dos federalistas – Organizou as tropas Bagé.

[1077] Duque-Estrada, Luiz Gonzaga; Francisco Foot Hardman (ORG.); e Vera Lins (Orgs.). *Revoluções brasileiras*, cit., p. 165.

[1078] Ibidem, p. 166.

[1079] Antônio de Souza Neto (1801-1866) – Gaúcho, coronel da Guarda Nacional, um dos líderes da Guerra dos Farrapos e partícipe da implantação da República Rio-Grandense. Obteve o Comando Geral do Exército farroupilha. Após 1845, com a anistia, chegou a Brigadeiro de Exército Imperial (1852), lutou contra os Uruguaios e na Guerra do Paraguai, onde se destacou na Batalha de Tuiuti (1866). Enfermo, faleceu em Corrientes.

[1080] Duque-Estrada, Luiz Gonzaga; Francisco Foot Hardman (ORG.); e Vera Lins (Orgs.). *Revoluções brasileiras*, cit., p. 167.

Tavares bateram em retirada[1081]. Ao ter notícia da proclamação da República, Bento Gonçalves, que estava em Viamão, enquanto Bento Manoel guardava Porto Alegre, resolveu marchar para Jaguarão. Mas os seus movimentos foram conhecidos e quando passava pela ilha do Fanfa, Bento Manoel e as forças navais do vice-almirante Grenfell derrotaram-no e o obrigaram a capitular no dia 4 de outubro"[1082].

Preso, foi levado, ao lado de Corte Real e Onofre Pires, para a fortaleza de Santa Cruz, no Rio de Janeiro. Pouco depois, Bento Gonçalves foi enviado ao forte do Mar, na Bahia[1083]. Souza Neto, ignorando as recentes derrotas da rebeldia, proclamou a República de Piratini, elevando a província a Estado livre, com a denominação de Estado Rio Grandense, separada do Brasil, ao qual passava a não dever obediência. João Manoel de Lima tornou-se o general em chefe do exército republicano e Bento Gonçalves foi eleito presidente da República[1084].

Como símbolo da recém-proclamada República, os rebeldes criaram uma bandeira. "Foram fundados tribunais e o Conselho Supremo Militar. No ano seguinte, foi decretada a abolição dos escravos, ao mesmo tempo em que eram organizados curtumes de couro, um almoxarifado do exército, o arsenal militar e laboratórios de inflamáveis. A erva-mate ficou livre de impostos, as bebidas alcoólicas sofreram a taxa de 20%, e outra de 10% recaiu sobre os gêneros de importação"[1085].

O presidente da República recebeu autonomia administrativa. "Nenhuma deliberação podia ser posta em prática, no tocante à administração pública, sem prévio conhecimento do povo; se o pensamento geral dos cidadãos fosse adverso à medida projetada, ela seria abandonada ou modificada consoante a opinião pública. Enquanto isso, a guerra continuava. Surpreendentemente, o chefe das forças imperiais, Bento Manoel Ribeiro, passou para o lado dos farroupilhas. A razão da deserção foi a indicação pelas cortes do brigadeiro Antero José Ferreira de Brito para substituir José de Araújo Ribeiro como presidente da província de São

[1081] Ibidem, p. 167.
[1082] Ibidem, p. 167.
[1083] Ibidem, p. 167.
[1084] Ibidem, p. 167-168.
[1085] Ibidem, p. 168-169.

Pedro do Rio Grande do Sul e comandante das forças imperiais. Ligado aos setores mais extremistas dos caramurus, Brito logo perdeu a cooperação de Bento Manoel na luta. Na noite de 23 de março, enquanto transpunha o arroio Itapevi, foi preso pelo ex-legalista à frente de tropas republicanas. O mandatário ficou como refém até 9 de janeiro de 1838, quando foi trocado pelo prisioneiro republicano tenente-coronel Francisco Xavier do Amaral"[1086].

O tenente Manoel Luiz Osório foi convidado para se integrar ao exército republicano pelo próprio Bento Manoel, mas se recusou, alegando que servia à legalidade. Um novo presidente, Feliciano Nunes Pires, foi indicado pela corte para chefiar a província, mas logo se demonstrou simpático à causa republicana, o que o tornou suspeito ao chefe dos caramurus, Pedro Chaves[1087].

Bento Gonçalves conseguiu escapar do forte do Mar, enquanto Onofre Pires e Corte Real fugiram da fortaleza de Santa Cruz. Na província, um novo presidente, o marechal Antônio Elisiário de Miranda e Brito, era imposto pelos caramurus. Em um primeiro confronto entre Gonçalves, de volta à província, e Brito, o segundo foi batido de forma definitiva. Aliado ao revolucionário brasileiro David Canabarro, o rebelde italiano José Garibaldi determinou a construção de grandes carretas sobre as quais colocou seus barcos, puxando cada uma por cem bois. Os barcos moveram-se 18 léguas até a lagoa Tramandaí, daí passando para o oceano. Era um porto de mar na costa do Atlântico que permitiria aos republicanos o contato direto com potências estrangeiras[1088].

Assim, o exército de Canabarro seguia por terra em direção a Laguna, enquanto por mar, na escuna Rio Pardo, secundado pelas escunas republicanas Caçaqua e Seiva I, sob o comando do americano João Griggs[1089] e

[1086] Ibidem, p. 169-170.

[1087] Ibidem, p. 170.

[1088] Ibidem, p. 172.

[1089] John Griggs ([?] – 1839) – Também conhecido como João Grandão, foi um mercenário norte-americano que participou da Revolução Farroupilha, contratado pelos farrapos. Chegou a Porto Alegre como imediato no brigue norte-americano Toucan no início da Revolução Farroupilha, a última embarcação a receber a permissão de ancorar em Porto Alegre, dominada pelos rebeldes. Em 27 de março, abandonou o seu navio e juntou-se aos revoltosos. Tal fato levou os legalistas a prenderem diversos norte-americanos, depois

do italiano Lourenço, Garibaldi envolveu-se em uma batalha naval contra a corveta do império Regeneração, sob a liderança do capitão-tenente Francisco Romano da Silva, que despejou sobre os barcos republicanos suas baterias de canhões. A luta foi dura, mas acabou com a vitória dos rebeldes, tendo em vista que *"por fim Garibaldi procura reparar os prejuízos sofridos refugiando-se no porto de Imbituba, onde salta e prepara um fortim, que a sagacidade o aconselha pela probabilidade de uma visita do inimigo, talvez mais aparelhado por outros recursos. E bem atinado foi, porque ao raiar da alva surgiram no porto os cascos arrogantes das escunas Andorinha, Bela Americana e patacho Patagônia, do cruzeiro imperial. De novo a luta recomeçou. O fortim, armado de um canhão do Seiual, correspondia ao mortífero fogo dos navios imperiais que, apesar das boas condições da marinhagem, sofriam danos com as descargas da esquadrilha republicana. Em pouco tempo o bordo do Rio Pardo, metido entre terra e o inimigo, ficou coberto de cadáveres. O sangue coloria de rubro as tábuas do convés e a mutilação dos corpos confundia-se com a desordem das munições e dos utensílios náuticos. No entanto, os republicanos não desanimavam. Em meio dos destroços da escuna revolucionária, Anita, a brasileira que ligara seu destino e seu nome aos do 'condottiere italiano', de espada em punho, animava seus companheiros. E já baixava a noite quando os imperiais, assombrados de tanto valor e cansados da refrega, mandaram sair a Bela Americana em busca de socorros. Então, no silêncio noturno, iludindo a vigilância dos dois restantes vasos inimigos, Garibaldi conseguiu escapar-se com sua esquadrilha para o porto da Laguna, onde chegou pela madrugada de 6 de novembro de 1839. Após dois dias de terrível combate. Laguna caiu em poder dos republicanos e passou a chamar-se cidade juliana, elevada a capital do novo Estado da Confederação Rio-Grandense"*[1090].

A tomada de Laguna representou uma forte derrota para as forças imperiais e um alento para os republicanos. Com aquele porto nas mãos, os rebeldes teriam condições de receber os gêneros necessários ao consumo de suas forças. Depois de nomear e demitir vários presidentes e

da retomada de Porto Alegre, entre eles o cônsul Isaac Austin Haÿes e o novo imediato do Toucan Walther Hathaway. Marinheiro de grande habilidade, foi responsável por conduzir o lanchão Seival no seu trajeto lacustre desde a lagoa dos Patos até a, na época, vila de Laguna. Morreu no combate de Laguna, em 15 de novembro de 1839.

[1090] DUQUE-ESTRADA, Luiz Gonzaga; Francisco Foot Hardman (ORG.); e Vera Lins (Orgs.). *Revoluções brasileiras*, cit., p. 173-174.

generais, a corte decidiu colocar seu soldado mais ilustre, o Barão de Caxias, como presidente da província[1091].

Na capital da República, Bento Manoel voltara a integrar as tropas imperiais, enquanto Bento Gonçalves entregava o governo a seu substituto, José Gomes de Vasconcelos Jardim[1092], e passava a comandar uma coluna de farrapos. Bento Manoel, para tentar derrotar os antigos companheiros, divide o exército imperial em sete brigadas, confiadas a militares experimentados, com os coronéis Caldwell, Marques de Souza, Felipe Nery, Silva Tavares e Medeiros. Logo, os republicanos proporiam um acordo ao Império para encerrar os combates. É que, além do cansaço com uma guerra tão demorada, um inimigo comum, d. Juan Manoel Rosas, o ditador de Buenos Aires, demonstrava interesse em tomar o Rio Grande[1093].

Assim, em 1º de março de 1845, na localidade de Ponche Verde, foram juradas a união e a tranquilidade da província do Rio Grande do Sul. A Guerra dos Farrapos foi motivada pelos interesses privados de uma oligarquia fundiária que desenvolvera um acentuado grau de autonomia graças à sua importância na manutenção da fronteira meridional. Não havia nos seus propósitos quaisquer propostas que atendessem a eventuais demandas das camadas populares. As adesões que as tropas formadas pelos rebeldes receberam se deram por razões já bem conhecidas no espaço platino a partir das lutas geradas pelo processo de descolonização: os homens livres, brancos ou indígenas, provinham quase todos das estâncias de criação onde, desde muito tempo, mantinham relações sociais de dependência com os proprietários; neste sentido, a guerra era um prolongamento do trabalho de proteção dos senhores de terra e gado[1094].

[1091] Ibidem, p. 174.

[1092] José Gomes de Vasconcelos Jardim (1773 – 1854) – Fazendeiro, maçom, médico-prático e militar. Participou da Revolução Farroupilha desde o início. Foi na Estância das Pedras Brancas, sua propriedade, que foi planejado o ataque à Porto Alegre, dando início à guerra. Depois da prisão de Bento Gonçalves, Gomes Jardim assumiu a presidência da República Rio-Grandense interinamente.

[1093] DUQUE-ESTRADA, Luiz Gonzaga; Francisco Foot Hardman (ORG.); e Vera Lins (Orgs.). *Revoluções brasileiras*, cit., p. 174-175.

[1094] Ibidem, p. 178-179.

A Guerra dos Farrapos não foi uma rebelião totalmente popular, "mas não se diga que ela teria sobrevivido quase dez anos, mesmo com escassos dois ou três mil homens, mais da metade dos quais libertos, se não fosse pelo denodo destes soldados"[1095].

8.4.3 Balaiada (1838-1841) – Um conflito heterogêneo

A Balaiada – chamada assim porque seu líder, Manoel Francisco dos Anjos, tinha o apelido de Balaio – foi um movimento popular ocorrido no Maranhão e no Piauí, entre 1838 e 1841, no qual tomaram parte trabalhadores rurais. A razão inicial do movimento foi uma luta política entre dois partidos – o bem te vi, que representava os fazendeiros de gado liberais, ou bem te vi (nome de um jornal liberal, que aludia ao canto do passarinho) e os cabanos, os conservadores na região. Também se perfilaram ao lado dos bem te vis camadas populares e escravos do vale do rio Itapecuru, no Maranhão Oriental[1096].

O movimento contou com a participação de grupos desfavorecidos como vaqueiros, escravos e artesãos. As principais causas do levante estão ligadas à pobreza da população e aos desmandos dos grandes proprietários de terras. A província sofria com a concorrência do algodão americano, produzido no Sul dos Estados Unidos, que era superior ao nacional, sendo esta questão econômica uma das causas do conflito.

Cumpre destacar que o primeiro sistema constitucional implementado no Brasil foi o português de 1821, consequência imediata da revolução vintista. O novo regime lançou uma campanha para convencer os eleitores no Brasil de que a Constituição que estava sendo elaborada pelas Cortes iria promover a "regeneração" da pátria, unindo os portugueses dos dois hemisférios. Um segmento da elite maranhense aderiu ao projeto vintista, do qual esperava o fim do "despotismo" do antigo regime. A partir desse momento, a Constituição virou uma referência positiva para todos que se opunham ao absolutismo[1097].

No Maranhão, foi registrada uma série de violências cometidas contra os portugueses e a minoria branca que controlava o comércio local por

[1095] Dantas, Monica Duarte. *Revoltas, motins, revoluções*, cit., p. 254.

[1096] Vainfas, Ronaldo. *Dicionário do Brasil Imperial (1822-1889)*, cit., p. 71.

[1097] Dantas, Monica Duarte. *Revoltas, motins, revoluções*, cit., p. 280.

parte dos que se autodenominavam "patriotas". Formar-se-ia, então, um liberalismo popular, inspirado pelo liberalismo das elites, mas distinto dele em vários aspectos. Um jornal, o *Bem te vi*, escrito por Estevão Rafael de Carvalho (1808-1846), catedrático e professor, ex-aluno de Coimbra, foi decisivo para a deflagração do conflito. Ex-deputado na Corte, ele havia defendido temas revolucionários para a época, como a emancipação de todos os escravos pardos nascidos no Brasil e a separação da Igreja e do Estado. Lançado em junho de 1838, o jornal circulou com 29 números até as eleições em outubro do mesmo ano[1098].

A Balaiada caracterizou-se por ser uma rebelião socialmente heterogênea da qual participaram fazendeiros, vaqueiros, camponeses e escravos. Raimundo Gomes, importante líder da Balaiada e vaqueiro da fazenda do Padre Inácio Mendes, era tido como "comandante em chefe", no entanto os grupos rebeldes funcionavam de forma autônoma[1099].

Os mesmos lemas são usados por todos os rebeldes. Sempre reiteram a sua fidelidade ao imperador, à Constituição, ao catolicismo e à pátria brasileira. Cartas e proclamações geralmente terminam dando vivas a estas referências fundamentais do ideário Bem te vi, por exemplo: "Viva a Religião Católica. Viva O Senhor D. Pedro 2°. Viva a Constituição. Viva as Tropas Bem te vis"[1100].

A "opressão" se referia, em primeiro lugar, ao "despotismo" dos prefeitos contra os homens pobres e livres, como o recrutamento arbitrário, ou maus-tratos que dispensavam aos presos. O recrutamento infringia a "Lei da Constituição". A Constituição, pelo contrário, junto com a figura do imperador formam os dois pilares que, na visão dos rebeldes – e não somente eles –, sustentavam a sociedade imperial e deviam unir todos os brasileiros. A ênfase na religião católica era complementada pela acusação de que os cabanos formavam sociedades secretas, por meio das quais haviam conseguido usurpar o poder na província. Aqui se expressava o receio das sociedades restauradoras que – como no resto do Brasil – se

[1098] Ibidem, p. 281.
[1099] Ibidem, p. 278.
[1100] Ibidem, p. 286.

destacaram no Maranhão depois de 1831, mas também a desconfiança católica da maçonaria[1101].

Assim como a Constituição e a religião, também a defesa da liberdade e da pátria são frequentemente associadas. Um manifesto, inclusive, apela aos maranhenses para que "a custa da própria vida defendemos a liberdade". Ao lado da luta pela liberdade, e pelos direitos garantidos pela Constituição, algumas cartas sugerem que há outra pela igualdade[1102].

O "Comandante em chefe", como os demais rebeldes, explicava o desrespeito aos direitos dos cidadãos brasileiros pelo fato de que ainda eram os "portugueses" que mandavam na província[1103]. Os rebeldes estavam convencidos de que os cabanos, unidos aos portugueses, queriam "fazer-nos seus escravos". Mas de que escravidão se trata? No discurso liberal das elites, o termo escravidão era frequentemente usado para descrever a exploração colonial e o absolutismo, e não o cativeiro dos africanos. No contexto maranhense da década de 1830, no entanto, quando homens de cor falavam de escravidão, também refletiam o seu medo de serem (re) escravizados[1104].

Os bem-te-vis, em nenhum momento, assumem que sua rebelião é dirigida contra o governo central. Consideram, pelo contrário, que estão defendendo a Constituição e o jovem d. Pedro II contra usurpadores portugueses e conservadores, que lograram tomar conta do governo provincial através de intrigas. Por essa razão, os vivas (à Constituição, à religião, à pátria e ao imperador) com as quais usualmente terminam suas proclamações soam, à primeira vista, nada revolucionárias[1105].

"Raimundo Gomes devia estar consciente de que a aproximação com os escravos punha ainda mais entraves a um perdão por parte da legalidade. Ao mesmo tempo, estava a par das mudanças políticas na Corte, que enfraqueciam o argumento para continuar a luta. No final de outubro de 1840, informava outro comandante rebelde que o imperador havia de ser aclamado, mas continua suas invectivas contra os cabanos. Partici-

[1101] Ibidem, p. 289.
[1102] Ibidem, p. 289.
[1103] Ibidem, p. 290.
[1104] Ibidem, p. 292.
[1105] Ibidem, p. 294.

pava que 'Francisco Ferreira [Pedrosa] ficara de se apresentar com as tropas todas' e adverte 'VS^{as}, não se chame ao engano pois segurem as armas nas mão e tratemos de abater o enimigo e não nos fiemos em palavriado de Cabanos'. Já em novembro declara ao comandante da vila do Rosário, que é do seu dever 'comunicar-se com os brasileiros amantes da Coroa do nosso imperador'. Agora insinua de novo que também quer se reunir ao partido da legalidade, pois 'já basta de vermos correr tanto sangue brasileiro'. Contudo, no dia seguinte informa, por carta, que não pode estar no ponto requerido 'por não ser-me conveniente' e pede licença para entrar com a sua força para dentro da vila, assegurando ao comandante que não haverá assassinatos nem roubos. Tática para confundir o inimigo ou tentativa sincera? Como seja, depois deste abortado intento, continua sua campanha contra as forças comandadas por Luís Alves de Lima e Silva. Em carta de dezembro relata que foi mandado pela legalidade à vila do Rosário para se certificar do perdão, e o que encontrou foi 'fogo que os cabanos me deiram'. O tom da carta sugere que se sente traído. Afirma ter 25.000 (sic) homens em armas municiadas, e termina a carta de maneira intransigente, reiterando o direito à igualdade dos caboclos: '[...] eu obedeço o meu imperador o Sr. D. Pedro 2°, pois é Senhor de minha cabeça e creio na religião católica a política na guerra é boa pois os caboclos também são fidalgo dado por sua Majestade'"[1106].

O líder da rebelião, Gomes, "acabou se entregando em janeiro de 1841, no último dia antes de findar o prazo para usufruir da anistia. Sua desconfiança em relação às forças da legalidade era justificada, pois morreu em seu poder pouco depois, em circunstâncias não esclarecidas, quando devia ser encaminhado para o desterro fora da província"[1107].

Os balaios conseguiram conquistar, em 1839, a cidade de Caxias, uma das mais importantes da província, mas foram batidos em 1840 pelo general Luís Alves de Lima e Silva, em combates que custaram a vida de quase 12 mil escravos e rebeldes. O então general ganhou do Império o título de Duque de Caxias, tornando-se um dos mais importantes militares do período imperial.

[1106] Ibidem, p. 301.
[1107] Ibidem, p. 301.

A derrota dos bem te vis resultou no aniquilamento de uma rica cultura política, fruto do envolvimento de amplos setores populares. Suas características democratizantes e igualitárias, resultado das experiências políticas do período 1820-40, ameaçavam o conservadorismo do segundo reinado. Sua supressão pela intervenção do governo central significou também o fechar das portas ao envolvimento das classes subalternas na política e a não absorção da cultura política regional. No Maranhão, como consequência da derrota da Balaiada, a política de exclusão foi mantida durante décadas, e abriu as portas ao coronelismo obscurantista[1108]. Na Balaiada morreram em torno de 12 mil combatentes do povo, o equivalente a 6% da população[1109].

8.4.4 Sabinada – revoltas de diversos grupos em busca de democracia

Por volta de 1837, Salvador enfrentava concorrência por parte do açúcar cubano, mais barato. Em outra senda, as restrições britânicas ao comércio de escravos prejudicavam a indústria de tabaco, que era dona de um importante mercado na África Ocidental. Além disso, a fuga de capital português, devido à Guerra da Independência, contribuiu para agravar ainda mais a crise[1110].

Além de tudo, o declínio econômico expunha as questões sociais e raciais da província, ante uma série de revoltas de escravos entre 1798 e 1835 que, com o intuito de acabar a escravidão na Bahia, culminou, em 1835, com a Revolta dos Malês, comandada por negros escravos muçulmanos que, ao contrário dos seus senhores, não eram analfabetos e liam o Alcorão em árabe[1111].

[1108] De fato, o Estado nordestino se caracterizou, principalmente após esta época, pelo domínio de famílias poderosas, coronelísticas, que dominaram por séculos a política local. A última a ser apeada do poder, somente em 2016, foi a dinastia Sarney, derrotada pelo governador Flávio Dino (PC do B). *Vide* DANTAS, Mônica Duarte. *Revoltas, motins, revoluções*, cit., p. 303.

[1109] CHIAVENATO, Julio José. *As lutas do povo brasileiro do "descobrimento" a Canudos*, cit., p. 25.

[1110] DANTAS, Mônica Duarte. *Revoltas, motins, revoluções*, cit., p. 259.

[1111] A população de Salvador, de acordo com uma estimativa de 1835, era composta de 17.325 escravos africanos, 4.615 africanos alforriados, 10.175 escravos nascidos no Brasil, 14.885 homens livres de cor e somente 18.500 brancos, brasileiros e portugueses. DANTAS, Mônica Duarte. *Revoltas, motins, revoluções*, cit., p. 259.

O ódio aos portugueses, principalmente aos imigrantes lusos que controlavam o mercado varejista de Salvador, espalhava-se entre as classes mais baixas. Os exaltados e os republicanos atiçavam as chamas da lusofobia[1112].

As revoltas do período, assim como a Sabinada, são interpretadas como reação à "revolução da independência, de caráter conservador", de 1822, na qual os senhores de engenho mantiveram, com sucesso, o seu domínio político e social sobre a sociedade baiana, em face dos desafios dos escravos e dos grupos urbanos. Incapazes de penetrar no relativamente fechado sistema político, os exaltados recorreram à violência, procurando aliados entre oficiais militares insatisfeitos e, algumas vezes, apelando para o apoio das massas urbanas. As pretensões do pequeno, mas atuante, grupo exaltado eram: maior autonomia para a Bahia; fim da dominação da aristocracia na sociedade brasileira; reformas liberais no sistema legal vigente; igualdade jurídica entre homens livres; redução dos altos impostos, sob o argumento de que só enriqueciam a Corte no Rio de Janeiro[1113].

Tratou-se a Sabinada de uma revolta situada no "mundo do governo", liderada por homens que, além de livres, compartilhavam a condição de proprietários. A situação era bem complexa:

> *"O contexto era das tensões no interior das elites e dos conflitos que opunham senhores e escravos, proprietários e despossuídos; brancos, negros e mestiços; africanos, portugueses e brasileiros. O clima de Salvador era particularmente tenso nos últimos meses de 1837 pela memória recente da revolta dos Malês*[1114]*, agravado pelas péssimas condições de vida resultantes de secas sucessivas, escassez e altos preços dos gêneros alimentícios, aviltamento da moeda. No plano mais geral, revoltas pipocavam por todo o Império, inclusive a Farroupilha, no Rio Grande do Sul e Santa Catarina, iniciada em 1835, que teria um significado especial para a Sabinada"*[1115].

[1112] Ibidem, p. 259.

[1113] Ibidem, p. 260.

[1114] Essa revolta contou com a participação de escravos de origem islâmica. Houve, também a participação de outras etnias africanas no movimento (etnia nagô). Postulava-se a libertação dos escravos africanos muçulmanos e a tomada do governo.

[1115] VAINFAS, Ronaldo. *Dicionário do Brasil imperial (1822-1889)*, cit., p. 666.

Em Salvador, os liberais exaltados opunham-se à submissão ao centro político do Rio de Janeiro. Participavam do movimento profissionais liberais (médicos, advogados, jornalistas), empregados públicos, pequenos comerciantes, artesãos e militares (oficiais e soldados), daí o caráter eminentemente urbano da Sabinada, também centrada na classe média[1116].

A adesão desses segmentos da população de Salvador esteve relacionada ao contexto de crise econômica da província, agravada ao longo dos anos 1830. Embora a presença de militares também se deva às dificuldades de sobrevivência, como nas anteriores reivindicações pelo aumento dos soldos, esta também se relacionava aos embates entre os dois grupos de oficiais: os que ingressaram como cadetes (descendentes de famílias de fazendeiros ou de militares tradicionais na região) e os que emergiram das fileiras (pertenciam a setores sociais economicamente menos privilegiados)[1117].

A proposta dos "sabinos" em termos políticos previa a autonomia total da província do governo central no Rio de Janeiro até o imperador completar 18 anos. Havia a proposta de instalação de uma Assembleia Constituinte para aprovação da legislação, e o advogado exilado nos Estados Unidos, Inocêncio da Rocha Galvão, era nomeado como presidente. Ainda não se sabia como efetivar a emancipação da província e a proclamação de uma república baiana[1118].

Com relação à escravidão, um decreto de 3 de janeiro de 1838 dizia que os escravos nascidos no Brasil que se alistassem no exército libertador conquistariam sua alforria. Os proprietários seriam indenizados pelo governo sabino que, por sua vez, seria ressarcido pelos próprios libertos, por meio da retenção de parte dos seus soldos. Apesar de os líderes

1116 Ibidem, p. 666.

1117 "Os primeiros controlavam os altos postos, constituindo minoria entre os oficiais que participaram da Sabinada, ao passo que os segundos, majoritários no movimento, incluíam em seus quadros muitos negros e mulatos. Um deles, chamado de Santa Eufrázia, destacou-se por ter comandado o famoso batalhão Libertos da Pátria – ou batalhão dos Leais à Pátria, composto pelos escravos crioulos que, lutando pela causa sabina, foram alforriados pelo governo rebelde. O major Santa Eufrázia suicidou-se ao ser capturado pelos inimigos imperiais". VAINFAS, Ronaldo. *Dicionário do Brasil imperial (1822-1889)*, cit., p. 666.

1118 Ibidem, p. 667.

da Sabinada terem sido julgados pelo crime de insurreição – designação dada exclusivamente aos levantes e revoltas escravas no Código Criminal de 1830 –, a Sabinada não era abolicionista. Em primeiro lugar, o decreto do governo rebelde previa alforria com indenização, medida perfeitamente inserida no sistema escravista. Além disso, limitava-se apenas aos escravos crioulos – nascidos no Brasil –, quando a maioria dos cativos da Bahia na época era de origem africana[1119].

Os discursos de conteúdo liberal do movimento referiam-se, antes de tudo, como no Manifesto assinado por João Carneiro, à dependência colonial associada ao exercício autoritário do poder sediado no Rio de Janeiro. O antilusitanismo disseminado entre os revoltosos relaciona-se, pois, aos conflitos que opunham "patriotas" ou "brasileiros", entendidos como os leais à emancipação política, e "marotos" ou "portugueses". Mas a Sabinada foi adquirindo as feições de um confronto entre ricos brancos-mestiços e pobres negros-mestiços. Antes que essa dimensão social se sobrepusesse às disputas políticas no interior das elites, e que os grupos médios urbanos perdessem o controle da situação, fez-se sentir a ação violenta da repressão, sob o comando do general João Crisóstomo Callado[1120].

As tropas legais tomaram Salvador em março de 1838 depois de cercá-la por terra e por mar. A violência da repressão foi intensa, além da lei de 30 de abril de 1838, que suspendeu os direitos individuais, e do envio de vários presos para fora da província antes de concluídos seus julgamentos[1121].

As estimativas oficiais indicam que morreram em combate 1.258 rebeldes e 594 soldados legalistas, sendo presos 2.989 revolucionários. Os considerados mais perigosos foram aprisionados em porões de navios, a maioria dos quais no navio-prisão denominado *Presiganja* – 780 prisioneiros. Doze militares foram condenados à morte por fuzilamento, e entre os rebeldes civis, seis – entre os quais Francisco Sabino e João Carneiro – foram condenados à forca. O decreto imperial de 22 de agosto de 1840 anistiou, porém, todos os envolvidos em crimes políticos, comutando as

[1119] Ibidem, p. 667.
[1120] Ibidem, p. 667.
[1121] Ibidem, p. 667-668.

penas, em alguns casos, para degredo dentro do País[1122]. A repressão à Sabinada foi implacável com os escravos e negros livres; no entanto, mais branda quanto à classe média[1123].

"A veneração da monarquia e da Igreja desempenhariam um papel importante no restabelecimento da ordem social. "Daniel Kidder[1124], que testemunhou a celebração do aniversário de Dom Pedro II, em 1839, descreveu um elaborado espetáculo representado para 'demonstrar a fidelidade deles (os baianos) ao trono'. Antes do *te-deum*, o arcebispo fez um enérgico discurso que se referia a muitas outras nações, 'exceto o herético e republicano Estados Unidos'. Dois mil e quinhentos homens desfilaram por uma cidade engalanada com bandeiras verdes e amarelas numa demonstração visível do poder de coerção do governo – virtualmente uma representação simbólica da captura da cidade – enquanto o arcebispo e o presidente da província desvelaram um proeminente retrato da figura de dom Pedro II. A veneração do altar e do trono, apoiada pelas forças armadas, e a condenação dos heréticos e desordeiros republicanos eram as inequívocas mensagens da cerimônia"[1125].

> *"Se a Sabinada tivesse sido uma revolta assustadora e inesperada, sua derrota aparentava ser a bandeira da virada da maré da anarquia e do republicanismo no Brasil. Em maio de 1838, na fala do trono, o regente Araújo Lima descreveu as condições internas do Brasil em termos otimistas, mesmo com rebeliões ainda sacudindo duas províncias. Na Câmara dos Deputados, em meio a aplausos, Gonçalves Martins articulou a percepção da Sabinada pelas classes dominantes: ele louvou 'a vitória' do governo 'sobre costumes bárbaros, sobre a derrota da civilização, sobre um perigo iminente que ameaçava todo o Brasil. Foi uma vitória alcançada sobre homens que ameaçavam a existência política do Império, que armavam os escravos em um país onde há mais escravos do que livres. Eles não tentavam mudar a forma do governo, queriam tudo destruir'.*

[1122] Ibidem, p. 668.

[1123] DANTAS, Mônica Duarte, *Revoltas, motins, revoluções*, cit., p. 271.

[1124] Daniel Parish Kidder (1815-1891) – Americano, missionário, metodista, professor de teologia, veio para o Brasil em 1837. Voltou para os EUA em 1840. Escreveu alguns livros sobre o Brasil, a saber: "O Brasil e os Brasileiros", com J. G. Fletcher, e "Reminiscências de viagens e permanência no Brasil, compreendendo notícias históricas e geográficas do Império e das diversas províncias".

[1125] DANTAS, Mônica Duarte, *Revoltas, motins, revoluções*, cit., p. 272.

Barreto Pedroso chamou-a de 'terrível lição' para o 'povo incauto', mas esperava que ela ensinasse o que 'os ambiciosos com suas sedutoras promessas de liberdade preparavam e [que o povo] aprendesse que só abrigados pela Constituição e pelo Trono teremos segurança e felicidade'. No seu relatório de 1840, o ministro da Justiça esperava para a Bahia que 'as memórias do passado pudessem advertir sempre a alguns poucos incautos sobre os perigos de uma agitação!'. O medo da instabilidade social que as revoltas exaltadas pudessem gerar apressou o Regresso conservador e encerrou a década de reformas liberais"[1126].

Enquanto a turbulência dos anos de 1830 e de 1840 deu lugar à "era dourada" de estabilidade política imperial de meados do século, a Sabinada foi deliberadamente esquecida. Só nos anos 1880, quando o republicanismo e o federalismo novamente se tornaram as bandeiras dos inimigos do Império, a Sabinada atraiu novo interesse. O bibliógrafo baiano, Augusto Vitorino do Sacramento Blake[1127], procurou reabilitar Sabino e a rebelião na *Revista do Instituto Histórico e Geográfico Brasileiro*, afirmando que "gente da primeira ordem" na Bahia apoiou a Sabinada[1128].

O líder e seu movimento, a Sabinada, contudo, não gozariam do mesmo renascimento de Tiradentes e da Inconfidência Mineira. Embora o dia 7 de novembro fosse festejado como precursor da liberdade republicana pela imprensa baiana na década de 1890, o sentido político da Sabinada era ambíguo. Em 1903, o *Correio do Brasil* observou que o movimento não era republicano, pois os sabinos cogitavam voltar ao Império por ocasião da maioridade de dom Pedro II. Ademais, era uma revolta por demais radical com muitos sobretons de protestos raciais e sociais[1129].

Em retrospecto, a Sabinada desafia fácil caracterização. Exaltados forneceram o discurso para uma rebelião "separatista", enquanto reconheciam a autoridade final do imperador brasileiro. Os oficiais do Exército e

[1126] Ibidem, p. 272-273.

[1127] Augusto Victorino Alves Sacramento Blake (1827 – 1903) – Foi médico, poeta, biógrafo e historiador. Estimulado por D. Pedro II e Rui Barbosa, escreveu seu famoso *Dicionário Bibliográfico Brasileiro*, contendo, em sete volumes publicados entre 1883 e 1902, a biografia de centenas de brasileiros da época.

[1128] DANTAS, Mônica Duarte, *Revoltas, motins, revoluções*, cit., p. 274.

[1129] Ibidem, p. 274.

da milícia usaram a revolta para reparação de suas queixas e para desfazer as reformas militares dos anos 1830. Muitos escravos lutaram no exército rebelde. Para eles, essa rebelião fazia parte da "guerra para acabar a escravidão na Bahia". A violência dos homens de cor livres das classes inferiores contra os que consideravam como inimigos – os "fofos aristocratas" e os portugueses – reflete a frustração deste grupo e indica uma incipiente conscientização de raça e de classe[1130].

Os motivos distintos dos diversos grupos envolvidos na Sabinada esclarecem que a rebelião ficou totalmente diferente do que os líderes intentavam. Sendo socialmente conservadores, perderam o controle do que haviam liberado. No centro do palco político brasileiro, os escravos e as classes inferiores de Salvador repudiavam o curso que o Império tomara nos quinze anos anteriores[1131].

Para concluir, é necessário considerar que o catalisador do movimento foi a fuga de Bento Gonçalves do forte do Mar, onde se achava encarcerado. A Bahia tinha sérios antecedentes revolucionários: os "Alfaiates", em 1798; a participação popular na Guerra de Independência; as rebeliões de escravos. Logo depois de sua evasão, o líder farroupilha incentivou o desencadeamento da revolta baiana, encontrando clima propício para sua pregação revolucionária[1132].

"A independência oficial do Brasil, prevalecendo sobre a libertação sonhada pelos patriotas – para usar uma palavra em voga na época –, frustrou grande parte da população. A independência oficial sedimentou uma estrutura econômica e política herdada da Colônia, pouco alterando a situação das massas. (...) A oportunidade perdida de democratizar a prática política, de um lado, e a insistência em manter inalterado o instituto da escravidão, de outro, fizeram aflorar o anacronismo do Estado brasileiro. (...) Apesar da aparente participação popular na Sabinada, prevalecia entre os revoltosos a classe média. Foi a insurreição mais discutida da história do Brasil, enquanto se processava"[1133].

1130 Ibidem, p. 275.

1131 Ibidem, p. 275.

1132 MENDES JR., Antonio; RONCARI, Luiz; e MARANHÃO, Ricardo. *Brasil, história, texto e consulta – Império*, v. 2, cit., p. 237.

1133 CHIAVENATO, Julio José. *As lutas do povo brasileiro – do "descobrimento" a Canudos*, cit., p. 40.

Naquela época, os partidos – Conservador e Liberal – eram diferentes apenas no nome e não se distinguiam quanto à ideologia. Ambos queriam tomar o poder, mas, uma vez no poder, a política de um conservador ou de um liberal não tinha distinção nítida. Os liberais eram na verdade bastante tradicionais, sendo defendidos pelo mesmo público. O que eles pretendiam, em geral, era derrubar o Partido Conservador, impedir que este adquirisse prestígio. Temiam que Araújo Lima chegasse a pôr termo à guerra dos Farrapos. E para vencer o Partido Conservador, planejam tornar D. Pedro maior.

Em 15 de abril de 1840, fundou-se a Sociedade Promotora da Maioridade. Figuras principais: Antônio Carlos de Andrada e Silva e Limpo de Abreu. Em 20-7-1840, Antônio Carlos e Limpo de Abreu pedem em Assembleia a formação de uma comissão que trataria do problema da maioridade de D. Pedro. A Assembleia concede. No dia seguinte, apresentam os resultados da comissão a favor da maioridade. Araújo Lima planeja um golpe contra o partido liberal, nomeando Bernardo Vasconcelos ministro do Império, sendo que este teria o direito de adiar a votação e o faz para novembro: a comissão vai consultar D. Pedro de Alcântara que responde "Quero já". Imediatamente a comissão exige a votação e sai vencedora. No dia 23 de julho de 1840, D. Pedro é considerado maior com 14 anos.

8.5 A economia no período regencial

A Regência enfrentou fortes crises econômicas durante seu período. Entre 1824 e 1829, o Império obtivera da Inglaterra empréstimos da ordem de 4,8 milhões de libras esterlinas. O dinheiro, entretanto, foi usado para pagar parte da indenização de 2 milhões de libras pedida por Portugal após a independência do Brasil e as próprias despesas motivadas pela Independência. Assim, a Regência receberia uma economia deficitária que acabou sendo financiada com emissão de papel-moeda, o que trazia ainda mais problemas. A quantidade de dinheiro à disposição dobrava, mas não havia lastro para isso[1134].

[1134] AVELLAR, Hélio de Alcântara. *História administrativa e econômica do Brasil*, cit., p. 222.

Como não era possível aumentar as taxas alfandegárias, em função de acordos que as fixavam bilateralmente, as emissões de dinheiro afetavam diretamente a taxa de câmbio, aumentando a paridade em mil réis da libra. Com isso, o câmbio, que oscilava nas taxas de 50 a 52 por libra, caiu a 20. A sobrevivência das populações urbanas ficou seriamente ameaçada com isso, pois os proprietários rurais tinham meios para se abastecer, apoiando sua produção nos escravos. Não havia políticas de industrialização, e a concorrência das manufaturas estrangeiras, associada à mentalidade estreita das classes dominantes, a aristocracia rural, latifundiária, escravocrata e defensora da monocultura, amplificavam ainda mais estas dificuldades[1135].

A causa mais importante do atraso da economia nacional, em toda a primeira metade do século XIX, era a estagnação das exportações, já que o açúcar enfrentava grandes dificuldades pelo fato de o mercado britânico ser abastecido por suas colônias das Antilhas, o norte-americano por Cuba e a Europa por açúcar de beterraba, obtido em seu próprio território. O algodão, outro produto agrícola, assumia importância local mais importante do que nacional, enquanto o fumo, o cacau e o arroz eram produtos secundários e o café ainda estava no início de sua expansão para tornar-se o mais importante da pauta de exportações brasileiras[1136].

Por outro lado, a existência da escravidão, o contingente mais importante da força de trabalho nacional, ajudou a impedir que ocorresse no Brasil a revolução tecnológica que mudou totalmente a economia europeia em épocas semelhantes. No que diz respeito ao tráfico de escravos, este continuava florescendo, apesar de todas as proibições em âmbito nacional e internacional. Os proprietários rurais e seus interesses faziam letra morta da vedação do tráfico de cativos, expressa na Convenção de 1826 e na rigorosa Lei Feijó, de 7 de novembro de 1831. A diferença é que, como era uma atividade ilegal, o tráfico não rendia impostos ao País[1137].

Restou ao governo regencial promover algumas providências, sem sistematização, para enfrentar a crise. Com o valor venal dos imóveis caindo vertiginosamente, as apólices da dívida pública não encontrando com-

[1135] Ibidem, p. 222.
[1136] Ibidem, p. 222.
[1137] Ibidem, p. 222-223.

pradores na Bolsa nem a 30%, com o retorno de colonos europeus, verificou-se a estagnação da vida mercantil. Algumas tentativas de debelar a crise foram: criação, na Fazenda Nacional da Lagoa Rodrigo de Freitas, de uma escola de agricultura teórica e prática; adoção de medidas de disciplina financeira; criação de banco[1138].

[1138] Ibidem, p. 223.

Capítulo 9
O SEGUNDO REINADO OU A "DEMOCRACIA COROADA"

O Segundo Reinado ou a Democracia Coroada apresenta de forma esquemática três fases:

1ª) Organização (1840-1850) – Principais destaques: "Pacificação Militar; 1845 – Fim da Guerra dos Farrapos; 1849 – Fim da Revolução Praieira e estabelecimento do sistema parlamentarista; 1847 – Criação do cargo de presidente do Conselho de Ministros, que seria indicado pelo imperador, que escolheria os ministros. O Executivo governa com o voto de confiança do legislativo".
2ª) Apogeu (1850-1870) – Principais destaques: "a) Política Interna – política de Conciliação dos partidos com o Marquês do Paraná de 1853 a 1856. Emprego do capital liberado a partir de 1850 (extinção do tráfico negreiro) em outros setores – grande desenvolvimento material – Surto Industrial – Mauá, primeiro homem de negócios no Brasil; b) Política Externa – Questões com a Inglaterra – 1844 – Lei Alves Branco; 1863 – Rompimento das relações devido à questão Christie com a Inglaterra; 1865 – Inglaterra procura reatar. Guerras na região da Prata – 1851-1870; 1851 – Argentina; 1864 – Uruguai; 1864 – Paraguai".
3ª) Decadência (1870-1889) – Principais destaques: "a) Declínio do Imperador; b) Questão Escravocrata (burguesia comerciante contra a aristocracia latifundiária e contra a monarquia); c) Questão Religiosa; d) Questão Militar; e) Positivismo; f) Os Partidos Políticos; g) O Desenvolvimento Econômico do Império".

9.1 Organização do Império – continuação das revoltas e a "pacificação militar"

O período regencial consolidou a aristocracia rural no poder e afastou as classes intermediárias.

O Golpe da Maioridade – a maioridade de D. Pedro II, que permitiu a sua posse, apesar da pouca idade, pode ser considerada um "golpe branco" da elite dominante, pois feriu a Constituição e o deixava sob domínio de um grupo político, que participou da campanha da maioridade. Eram predominantemente liberais e entre eles pontificavam Antônio Carlos Andrada e Martin Francisco de Andrada, além de Limpo de Abreu. O ministro das Relações Exteriores, Aureliano Coutinho, logo se destacaria como um dos principais membros dessa formação. A população acreditava, no entanto, que a figura de D. Pedro II no poder, embora ainda um adolescente, impediria que o Império se cindisse com as várias revoltas que assolavam o País no período. Este ministério liberal não conseguiu debelar as agitações e rebeliões que ocorreram no País.

Em 1841, o imperador demitiu o ministério. Em seguida, um novo grupo, conservador, assumirá o poder. Estes apresentaram dois decretos que previam o reestabelecimento do Conselho de Estado e a reforma do Código de Processo Criminal, deixando as eleições sob a responsabilidade da polícia e não do Poder Judiciário. A mudança levaria, para a oposição, à eternização da situação, que indicava os cargos da polícia, no poder. Em 1842, o imperador dissolveria a Assembleia Legislativa, fato que levou à eclosão de dois movimentos liberais de contestação, ambos abafados pelo brigadeiro Luís Alves de Lima e Silva, o barão e futuro Duque de Caxias. Ocorreram, respectivamente, em Sorocaba (SP), sob a chefia de Rafael Tobias de Aguiar[1139], e em Barbacena (SP), sob responsabilidade de Teófilo Otoni[1140]. No Rio de Janeiro, o escritor José Mar-

[1139] Rafael Tobias de Aguiar (1795-1875) foi um militar e político paulista. Atuou como presidente da província por duas vezes e deputado provincial. É considerado o fundador da Milícia Paulista, atual Polícia Militar.

[1140] Teófilo Ottoni (1807-1869) jornalista, político e comerciante brasileiro. Foi senador por Minas Gerais e hoje é homenageado com o nome de uma cidade naquele Estado.

tiniano de Alencar[1141], tido como um grande opositor do monarca que, futuramente, o enfrentaria por meio de artigos publicados nos jornais, retomaria o Clube dos Patriarcas Invisíveis, sociedade secreta voltada à contestação da monarquia e à difusão de ideias liberais. A assembleia dissolvida em 1842 era predominantemente liberal e havia sido eleita na chamada *Eleição do Cacete*[1142], do ano anterior, celebrizada por sua imensa violência[1143].

Em decorrência da política dos conservadores, novas revoltas liberais ocorrem no Império, a saber: São Paulo e Minas (1842), Revolução Praieira (1842) e continuou a Guerra dos Farrapos (já analisada em capítulo anterior).

9.2 As Rebeliões Liberais

9.2.1 A revolta em São Paulo e Minas Gerais

Ao saber das notícias sobre o início da rebelião em São Paulo, o governo nomeou José da Costa Carvalho, o Barão de Monte Alegre, que substituiu Tobias de Aguiar no comando do governo provincial. Este, em Sorocaba, foi proclamado o presidente interino da província na tentativa de criar um fato político e opor-se ao Império. Costa Carvalho fez, ao mesmo tempo, vários movimentos para impedir que o rival obtivesse apoio: colocou partidários seus no comando da guarnição da capital – nesse caso afastando o comandante anterior, simpático a Tobias de Aguiar – e nas de

[1141] José Martiniano de Alencar (1829-1877) – Cearense, escritor, professor, jurista e político, bacharel pela Faculdade de Direito de São Paulo, chefe de secção do Ministério da Justiça (Gabinete do Marquês de Itaboraí / 1868-1870), deputado por Ceará. Ficou célebre, contudo, por intermédio de sua obra literária, adotando o indianismo, romances históricos e citadinos como base para os seus romances. Principais obras: "O Guarani", Iracema", "As Minas de Prata", "A Guerra dos Mascates", "O Garatuja", "Cinco Minutos", "Lucíola", "Senhora" etc.

[1142] Ocorridas no fim de 1840, as Eleições do Cacete representaram o predomínio dos políticos liberais – que haviam apoiado o Golpe da Maioridade – contra os rivais conservadores. Os segundos apelidaram aquele pleito dessa forma em referência à violência que teria sido usada pelos liberais para conquistar o poder. Para garantir a vitória, o governo mudou as regras eleitorais, permitindo que vários presidentes de províncias fossem nomeados em vez de enfrentar as eleições.

[1143] Vainfas, Ronaldo. *Dicionário do Brasil Imperial (1822-1889)*, cit., p. 647.

São Roque e de Campinas. Ao mesmo tempo, obteve apoio de Curitiba. Assim, evitou que os revolucionários gaúchos ajudassem os rebeldes[1144].

Os rebeldes ainda tentaram, sem muito sucesso, atacar a capital, mas foram contidos por Caxias, que os derrotou próximo à ponte sobre o Rio Pinheiros, mais ou menos onde fica a atual, no bairro do mesmo nome. Posteriormente, o futuro duque seguiu para Sorocaba, conseguindo prender ali o antigo regente do Império, Diogo Feijó, que havia aderido à insurreição e foi confinado no Espírito Santo. Em Silveiras, no fim do Vale do Paraíba, houve um combate maior em que morreram 40 rebeldes e oito homens do governo. Tobias Barreto também foi aprisionado[1145].

Em Minas, o movimento se iniciou em Barbacena ao mesmo tempo em que estava sendo derrotado em São Paulo e se alastrou até Sabará. Em Queluz, divisa das províncias de São Paulo e Rio de Janeiro, os rebeldes obtiveram sua vitória mais expressiva. Em Ouro Preto, Caxias derrotou os inimigos, fazendo mais de 300 prisioneiros, entre os quais os principais líderes da contestação. A derrota definitiva, entretanto, seria em 20 de agosto de 1842 na cidade de Santa Luzia. O fato fez com que os liberais passassem a ser conhecidos como "luzias", em oposição aos conservadores, chamados de "saquaremas". Eles foram presos e, posteriormente, anistiados pelo imperador, em 1844. Passou a dirigir a província de Minas o ultraconservador Francisco José de Sousa Soares de Andreia. Os líderes do movimento foram Teófilo Otoni e Feliciano Coelho[1146]. Características do conflito:

[1144] Mendes Jr, Antônio, Roncari, Luiz & Maranhão, Ricardo, *Brasil: História texto e consulta – Império*, v. 2, cit., p. 259.

[1145] Ibidem, p. 260.

[1146] José Feliciano Pinto Coelho da Cunha (1792 – 1869) – Militar, nobre e político brasileiro. Em 1822, participou do movimento da Independência e, em 1830, elegeu-se deputado geral do Império. O regente Diogo Feijó, em 1835, nomeia-o governador da província de Minas Gerais e, em 1840, vota pela maioridade de D. Pedro II do Brasil. Em 1842, foi aclamado governador interino de Minas Gerais, em Barbacena, aceitando ser Comandante-Chefe da Revolução Liberal de Minas, ao lado de Teófilo Otoni, do Cônego Marinho e outros. Como estrategista militar, vence todas as batalhas, mas resolve recuar no quartel-general de Santa Luzia, para atender ao pedido de pacificação do futuro duque de Caxias, que o visitou na Vila de Cocais. Teve seus direitos políticos cassados, mas dois anos depois foi anistiado e eleito Deputado Geral de 1844 a 1848. Devido a sua lealdade,

"(...) Em ambos os lados – legalistas e rebeldes, vencedores e vencidos – houve um perfil recorrente. Quando o cônego Marinho afirma que irmão lutara contra irmão, ou que houve uma luta fraticida, opera-se claramente uma dramatização do movimento armado. Contudo não seria errôneo afirmar que grupos sociais semelhantes, senão idênticos, se enfrentaram em 1842 dentro do contexto da polarização política e da formação da própria luta político-partidária que vinha sendo gestada desde o período regencial. Por sua vez, a identificação de uma base social de lavradores, pequenos proprietários, trabalhadores urbanos, indivíduos com renda anual de 100$000rs não faz da "Revolução Liberal" um movimento popular ou que contemplasse em suas bandeiras demandas das camadas mais pobres da sociedade. Conservadores e Liberais se sucedem sem que haja diferença em sua política[1147]".

9.2.2 Revolta Praieira – Comerciantes contra latifundiários

Um dos mais importantes conflitos do Império, a Revolta Praieira, ocorrida entre os anos de 1848 e 1850, na província de Pernambuco, galvanizou as atenções no período. De caráter liberal e federalista, o conflito se iniciou quando os liberais pernambucanos indicaram o correligionário Antônio Pinto Chichorro da Gama[1148] para o cargo de governador. Sua indicação, que foi negada pelo Partido Conservador e seus aliados, gerou o conflito, após sua destituição pelo imperador D. Pedro II e a substituição pelo líder conservador e ex-regente Pedro de Araújo Lima, Visconde de Olinda. Empossado pouco tempo depois, o presidente da província, o conservador Herculano Ferreira Penna[1149], promovia uma perseguição sem tréguas aos seus inimigos liberais. Também conhecidos como "praieiros" pelo fato de o seu principal jornal, o *Diário Novo*, ficar na Rua da Praia, em Recife, os liberais chegaram a romper definitivamente com a situação após um conflito entre os dois partidos que se deu em Mussa-

D. Pedro II o intitulou barão de Cocais em 1855. Viria a falecer catorze anos depois, vítima de tuberculose. Ibidem, p. 260.

1147 DANTAS, Monica Duarte (org.). *Revoltas, motins, revoluções*, cit., p. 350.

1148 Antônio Pinto Chichorro da Gama (1800-1887) foi um juiz de fora, desembargador e político brasileiro. Presidente da província de Pernambuco e senador do Império de 1865 a 1887, também exerceu os cargos de deputado geral e ministro interino da Justiça.

1149 Herculano Ferreira Penna (1800-1867) foi professor, jornalista e político. Atuou ainda como deputado geral e presidente de várias províncias entre as quais Pernambuco, Minas Gerais, Espírito Santo, Pará e Amazonas.

pinho. Os principais líderes dos revoltosos eram o general José Inácio de Abreu e Lima, o capitão Pedro Ivo Veloso da Silveira, o deputado liberal Joaquim Nunes Machado[1150] e o jornalista Antônio Borges da Fonseca[1151].

Os conservadores eram ligados politicamente aos estrangeiros, principalmente portugueses, que dominavam o comércio a retalho (em partes) em Recife. Foram apelidados pelos rivais como "guabirus" – uma espécie de rato do banhado – em oposição aos praieiros, cujas fortunas haviam sido construídas na Rua da Praia. Em 27 de janeiro de 1849, as facções rivais travaram um grande combate nas imediações da capital pernambucana.

> *"As divisões dos rebeldes levantaram acampamento em direção do Recife, mas o inimigo estava vigilante. (...) No dia seguinte a infantaria dos rebeldes começou a tirotear com as avançadas adversárias, operando um ataque simultâneo das duas divisões, a que avançava pela Soledade, conduzida por João Roma, a que ia pelo sul, guiada por Pedro Ivo. (...) Estavam os revoltados conquistando o terreno aos governistas, quando apareceu pela retaguarda deles o exército do barão da Vitória. A luta tornou-se horro-*

[1150] Joaquim Nunes Machado (1809 – 1849) – Era o deputado pernambucano que mais se destacava em 1848. Em novembro daquele ano, chegou ao Rio de Janeiro a notícia de que estava prestes a ter início mais uma revolução em Pernambuco, desta vez promovida pelo "Partido da Praia", ou "Praieiro", do qual ele era membro. Com intuitos pacifistas voltou para Pernambuco, mas em 2 de fevereiro de 1849 era umas das lideranças de uma operação militar da Revolução Praieira que visava derrubar o governador. Neste combate veio a falecer.

[1151] Antônio Borges da Fonseca (1808 – 1872) – Jornalista, foi um dos líderes da Revolução Praieira. Filho de um jovem da aristocracia rural paraibana e de uma escrava índia, foi criado ora em Recife pela família paterna, de militares e políticos, ora na Paraíba pela mãe índia. Fundou vários jornais no Rio de Janeiro, Pernambuco e Paraíba. O mais famoso deles foi *O Repúblico*, que fundou no Rio de Janeiro em 1830, aos 22 anos de idade, tendo ficado conhecido por este apelido. Foi presidente nacional do Partido Liberal Brasileiro, tendo participação importante nos acontecimentos que determinaram a abdicação de Pedro I. Com a queda do Imperador retornou para a Paraíba em 1832, onde ocupou brevemente o cargo de Secretário de Governo, indo depois para Recife. Na Revolução Praieira, em Pernambuco, suas forças foram as últimas a serem capturadas e Borges da Fonseca deixou a fama de homem de grande liderança e coragem no comando de suas tropas. Cumpriu pena na Ilha de Fernando de Noronha, até ser anistiado dois anos depois. DUQUE-ESTRADA, Luiz Gonzaga; Francisco Foot Hardman (ORG.); e Vera Lins (Orgs.). *Revoluções brasileiras*, cit., p.183.

rosa porque os rebeldes viram-se estreitados entre dois fogos. Lucena, Leandro Gomes e Feitosa de Melo, oficiais comandantes dos praieiros, caíram prisioneiros; duzentos mortos, quatrocentos feridos e aprisionados foram os prejuízos daquelas divisões. (...) O mata-praieiro e o mata-cabana eram os gritos de entusiasmo que a tropa, em promiscuidade com estrangeiros e guabirus, fazia soar nas ruas. (...) Com os restantes, que poucos foram, formou-se uma pequena coluna de resistência para operar nos sertões. Mas, inutilmente, porque pouco depois João Roma caía prisioneiro; Borges da Fonseca foi agarrado nas matas do Cabá e Pedro Ivo, que se internara a fazer junção com o caudilho da Cabanada, Caetano Alves, ao termo de longo período de escaramuças, seguindo os conselhos paternos, apresentou-se ao novo presidente da província, Honório Hermeto Carneiro Leão. (...) A anistia apagou os ressentimentos partidários. Este movimento foi o último movimento rebelde que marcou o processo de construção do Império e eclodiu em Pernambuco em 7 de novembro de 1848. Sua repressão representou um marco fundamental na consolidação da vitória do projeto político conservador de cunho centralizado, implementado sob a direção saquarema e sob a 'ação ordenadora' e 'civilizadora' da Coroa"[1152].

As elites açucareiras – as mais poderosas da província de Pernambuco – estavam representadas no Partido Conservador, liderado pelos Rego-Barros, e também no Partido Liberal, que estava sob controle da poderosa família Cavalcanti, que era a mais influente da província na época[1153]. Em fins de 1842, havia sido fundado o Partido Nacional de Pernambuco, que era uma dissidência dos liberais. Esse grupo contava com o apoio do jornal *Diário Novo*, de Luiz Inácio Ribeiro Roma, filho do Padre Roma, famoso combatente da Revolução Liberal de 1817, e irmão de José Inácio

[1152] Ibidem, p. 183-185.

[1153] A família Cavalcanti, de origem florentina, iniciou-se no Brasil a partir do comerciante Filippo Cavalcanti que, em meados do século XV, veio para Pernambuco, ao que parece para escapar de perseguições políticas em sua terra, passando a residir na rica província, famosa pela produção de cana de açúcar. Casou –se com Ana Catarina de Albuquerque, formando o clã Albuquerque Cavalcanti. Na ocasião, durante a Revolta Praieira. mandavam na política pernambucana os irmãos Francisco de Paula Cavalcanti de Albuquerque, Antônio Francisco de Paula, Holanda Cavalcanti de Albuquerque e Luís Francisco de Paula Albuquerque Cavalcanti, aliados a Pedro de Araújo Lima. BARATA, Carlos Eduardo de Almeida e BUENO, Antônio Henrique da Cunha. *Dicionário das famílias brasileiras.* São Paulo: Originis-X, 1999, 2 v.

Abreu e Lima, o *general das massas*, que chegaria a ser general do exército libertador de Bolívar, tido como um dos libertadores da Venezuela[1154].

Logo, o Partido Nacional ganharia proeminência na política regional, o que lhe permitiria nomear Chichorro da Gama para presidente da província, em 1845. Sob o comando desse grupo, Antônio Borges da Fonseca, conhecido como o *República*, seria preso por crime de imprensa em função de um artigo que publicou no jornal *O Nazareno*, em 1847. A província vivera dois conflitos conhecidos como mata-marinheiros – entre 1847 e 1848 –, fortemente antilusitanos, nos quais brasileiros questionavam o controle das grandes casas mercantis por estrangeiros, principalmente portugueses e ingleses. O fato traria muita insatisfação à população, que via nisso a continuação do *status* colonial em que o Brasil ainda estava submetido a Portugal. Contribuiria para exaltar os ânimos, ainda, a difusão de ideias socialistas no Recife por parte do engenheiro francês Louis Vauthier e pelo professor do Liceu de Recife, Antônio Pedro de Figueiredo, além da Comuna de Paris, movimento revolucionário ocorrido na Europa no mesmo ano. Por força das influências, a Praieira produziu um documento, o *Manifesto ao Mundo*, no qual reivindicava o sufrágio universal, a liberdade de imprensa, a garantia de trabalho aos cidadãos, a nacionalização do comércio a retalho, a independência entre os poderes, a extinção do Poder Moderador, a organização federativa e a reforma do Poder Judiciário[1155].

Em 1845, os praieiros haviam se apossado do governo de Pernambuco. Com a chegada destes ao poder, várias providências foram tomadas para desarticular os rivais guabirus, agora na oposição. Como uma das primeiras medidas, foram feitas nomeações na polícia que começaram a propiciar a invasão dos engenhos dos inimigos sob vários pretextos legais. Os delegados João Roma (Poço da Panela) e Francisco Carneiro Machador (Freguesia dos Alagados) invadiam engenhos devido a acusações entre praieiros e guabirus de roubo de escravos. Na verdade, esses atos faziam parte das disputas eleitorais. Os guabirus reagiram contra os praieiros e se armaram contra a polícia (1847-1848). Em decorrência, as tropas

[1154] Vainfas, Ronaldo. *Dicionário do Brasil Imperial*, cit., p. 588.

[1155] Mendes Jr., Antônio, Roncari, Luiz e Maranhão, Ricardo. *Brasil, história, texto e consulta – Império*, v. 2, cit., p. 263.

praieiras do coronel Joaquim Feijó de Melo entraram em confronto e foram derrotadas pelos guabirus do coronel José Pedro.

Em Recife, Manoel de Souza Teixeira[1156] assumiu a presidência no lugar de Chicharro da Gama e tentou conciliar as partes. Neste contexto, os guabirus bem armados passaram à ofensiva e tentaram desarmar um delegado praieiro afastado (coronel Manoel Pereira de Moraes) acirrando os ânimos e radicalizando a rebelião[1157].

Os praieiros, para obter o apoio da população comum, o chamado "populacho" recifense e olindense, haviam proposto a nacionalização do comércio a retalho. Anteriormente, o antilusitanismo havia sido orquestrado por parte da elite política brasileira como uma arma no sentido de garantir o apoio popular à Independência. Agora, fazia parte das reivindicações de um grupo popular importante e havia sido abraçado por uma das facções em disputa em Pernambuco de forma a garantir, também, o suporte da população ao movimento. Em 26 e 27 de junho de 1848, vários motins, chamados de mata-marinheiros – marinheiros eram os lusitanos, tratados assim de forma pejorativa –, haviam ocorrido na cidade depois de uma briga entre um estudante brasileiro e um caixeiro português em um estabelecimento de carne seca na Rua da Praia. Naqueles dias, lojas foram saqueadas e houve confusão entre brasileiros e europeus que se encerraram com o saldo de cinco mortes entre os estrangeiros. Depois do conflito, uma multidão dirigiu-se à Assembleia Provincial levando uma petição que exigia a nacionalização do comércio a retalho e a expulsão dos portugueses solteiros num prazo de 15 dias. Uma tentativa de fazer

[1156] Manoel de Souza Teixeira (1785 – 1861) – Barão de Capibaribe, fez parte da Revolução Pernambucana de 1817, sendo preso e condenado a degredo perpétuo na África. Em 1821 foi anistiado e retornou para Pernambuco. Foi eleito vereador no Recife, tendo presidido a Câmara. Também foi eleito deputado provincial em várias legislaturas. Foi o 11º presidente da província de Pernambuco, sendo nomeado por carta imperial de 18 de fevereiro de 1841. Como vice-presidente exerceu a presidência interinamente duas vezes, de 5 de janeiro a 11 de julho de 1845 e de 19 a 26 de abril de 1848. Foi tenente-coronel da Guarda Nacional e agraciado com a comenda da Imperial Ordem de Cristo.

[1157] *Dicionário de História do Brasil*, Org. geral – Departamento Editorial Melhoramentos – Diversos autores. São Paulo: Edições Melhoramentos, 1973, p. 469.

virar lei a proposta acabou sendo derrotada. A principal exigência era de que nas lojas pelo menos um caixeiro fosse brasileiro[1158].

Os praieiros e republicanos uniram-se contra os guabirus. Sob o comando de Nunes Machado e Borges da Fonseca marcharam com 2,5 mil homens, entre os quais gente pobre do povo, contra o Recife, mas foram derrotados, nas imediações dos bairros de Afogados, pelas tropas legalistas do brigadeiro José Joaquim Coelho, Visconde de Muritiba e outros contingentes oficiais enviados pelo novo presidente da província Manoel Vieira Tost, Marquês de Muritiba. Os líderes rebeldes foram presos e processados. Nove foram condenados à prisão perpétua em Fernando de Noronha, entre eles Borges da Fonseca, o historiador José Inácio de Abreu e Lima, principal redator do *Diário Novo*, e Bernardo José da Câmara. Em 1852, o imperador determinou a anistia aos praieiros, o que levou ao encerramento da última revolta armada do Segundo Reinado[1159].

Em suma, havia, no entanto, outras razões para a disputa partidária que estavam além da questão meramente regional, a saber:

> *Ocupar as posições no aparato estatal não conferia apenas prestígio. Em Pernambuco, desde 1824, todos sabiam que a Corte não economizaria recursos para proteger seus aliados e esmagar seus inimigos. Ocupar o governo provincial significava dispor de recursos para a autoproteção nas localidades e se beneficiar de outros tantos favores econômicos e políticos.*
> *A participação da 'populaça' do Recife naquelas manifestações de rua e na rebelião não pode ser explicada pela simples e cega obediência ao patronato político local. Escrevendo logo depois da Praieira, Antônio Pedro de Figueiredo resumiu bem o problema: 'cumpre confessar que as massas que aderiram ao movimento de Pernambuco se houveram com tanto heroísmo, tanto calor, tanta dedicação, tanto desinteresse, que é mister que algum sentimento forte tivessem no coração e não fosse a simples obediência ao aceno de alguns que os tenha empenhado na luta'.*
> *De fato, a Praieira causou um estrago ainda maior do que o movimento de 1842 em Minas e São Paulo, fragilizando o Partido Liberal Pedro II encerrou ali a sua lua de mel com a oposição parlamentar. Quadrinha da época dizia assim, em referência à mais poderosa família local":*

1158 DANTAS, Monica Duarte. *Revoltas, motins, revoluções*, cit., p. 377.
1159 Ibidem, p. 378.

Quem viver em Pernambuco
Há de estar desenganado
Que ou há de ser Cavalcanti
Ou há de ser cavalgado"[1160].

Ao final do conflito, foram julgados e condenados como líderes do movimento Lopes Neto, Vilela Tavares, Borges Mendes, Abreu e Lima, Borges da Fonseca, Feliciano Joaquim dos Santos, Antônio Feitosa de Melo, Leandro Paes Barrete, Henrique Pereira de Lucena[1161] e Antônio Correia Pessoa de Melo. Em 28 de novembro de 1851 foi concedida anistia ampla, inclusive aos que se encontravam foragidos do País. As consequências do levante, em que os praieiros tentaram tomar o Recife e derrubar o presidente da província foram além. Com a continuação, o Partido Praieiro foi esmagado e os liberais acabaram relegados ao ostracismo político[1162].

É difícil saber quantas pessoas morreram na luta fratricida. No entanto, é possível ter uma ideia, ao menos básica, desse número.

> "*O cálculo das vidas perdidas, no entanto, é mais difícil, já que não contamos com estatísticas confiáveis. Apenas a título de exemplo, o ministro da Guerra, José Clemente Pereira, em seu relatório referente aos acontecimentos de 1842 e publicado no ano seguinte, atesta que foram enviados para ambas as províncias 3.124 soldados de 1ª Linha, dos quais 1.409 retornaram à Corte.*
> *(...) Em ambos os lados – legalistas e rebeldes, vencedores e vencidos – houve um perfil recorrente. Quando o cônego Marinho afirma que irmão lutara contra irmão, ou que houve uma luta fratricida, opera-se claramente uma dramatização do movimento armado. Contudo, não seria errôneo afirmar que grupos sociais semelhantes, senão*

1160 CARVALHO, Marcus J.M e CÂMARA, Bruno Dornelas. *A Praieira revisitada: considerações sobre o debate*. Brasília: Instituto Nacional do Livro – MEC, 1971.

1161 Barão Henrique Pereira de Lucena (1835-1913) – advogado pela Faculdade de Direito de Recife (1858), presidente das províncias de Pernambuco (1872), do Rio Grande do Norte (1871), da Bahia (1877) e do Rio Grande do Sul (1885), durante o regime monárquico. Amigo do Marechal Deodoro, após a República, foi governador de Pernambuco, ministro da Fazenda, das Obras Públicas e da Justiça. Foi, também, ministro do STF. Confrontou-se com os "republicanos históricos" para defender o "compadre" Deodoro.

1162 DANTAS, Monica Duarte (org.). *Revoltas, motins, revoluções*, cit., p. 359.

idênticos, se enfrentaram em 1842 dentro do contexto da polarização política e da formação da própria luta político-partidária que vinha sendo gestada desde o período regencial. Por sua vez, a identificação de uma base social de lavradores, pequenos proprietários, trabalhadores urbanos, indivíduos com renda anual de 100$000rs, não faz da 'Revolução Liberal' um movimento popular ou que contemplasse em suas bandeiras demandas das camadas mais pobres da sociedade"[1163].

Lembre-se de que Conservadores e Liberais se sucedem, sem que haja diferença em sua política.

Em 1845, ocorre o fim da Revolução Farroupilha[1164], no Rio Grande do Sul, província para a qual Caxias foi nomeado como presidente. Ele vence os ataques farroupilhas, cerca o inimigo e Davi Canabarro[1165] se entrega. A reforma eleitoral ocorreu em 1846, elevando-se ao dobro o que antes era exigido como renda mínima para ser eleitor. Ainda em 1847, o poderoso ministro Aureliano Coutinho vê sua influência ser nitidamente reduzida.

9.3 Apogeu do Império – o progresso, a política interna e a conciliação (1853 a 1858)

Foi uma fase de relativo progresso para o país. Os conservadores, que ascenderam com Pedro de Araújo Lima, o Visconde de Olinda, se mantiveram no poder durante 20 anos. No entanto, houve um período de (1853

[1163] Ibidem, p. 349.

[1164] Observamos na luta Farroupilha (segundo Werneck Sodré) dois campos, no que diz respeito à população: de um lado, os habitantes da campanha que viviam do pastoreio, e que se integravam na rebelião; de outro lado, permanecendo fieis ao Império, os habitantes do litoral marítimo e lagunar, que viviam da lavoura e do comércio, e em que o governo central se apoiou para manter a luta. A penoada, o gaúcho típico, o elemento do pastoreio vinculou-se aos farrapos. A rebelião foi um pouco entre a campanha e a cidade. A formação dessa frente, que não englobou a população inteira da província possibilitou a resistência, a sua duração, e deu sentido às suas reivindicações, em grande parte atendidas depois de 1845, quando os problemas Platinos passaram a preponderar sobre os problemas provinciais. Com o final das principais rebeliões o Império iria se consolidar. SODRÉ, Nelson Werneck. *História militar do Brasil.* São Paulo: Expressão Popular 2010, p. 143.

[1165] Davi Canabarro (1796-1867) foi um militar e revolucionário brasileiro, que lutou na Guerra da Cisplatina, Revolução Farroupilha e Guerra do Paraguai. CAGGIANI, Ivo.*David Canabarro, de tenente a general.* Porto Alegre: Martins Editora, 1992, p. 110.

a 1858) em que se desenvolveu a chamada "Política de Conciliação[1166]", levada a efeito por Honório Hermeto Carneiro Leão, Marquês do Paraná. Foi a pacificação dos políticos parlamentares, de liberais e de conservadores. O Gabinete do Marquês subiu a 6 de setembro de 1853 e foi até 1856, com a morte do presidente[1167].

Era talvez o único homem capaz de levá-la avante, pela sua energia, autoridade e conhecimento dos homens envolvidos na política. Com a sua morte, substituiu-o o ministro da Guerra – Luiz Alves de Lima e Silva, Caxias. Este foi intransigente e impediu de levar adiante a política de conciliação. Foi mantida a economia de exportação, que logo entrou em crise, durando até que o café permitiu o restabelecimento das condições normais para exportação. É da exportação que depende a renda nacional. Esta, por sua vez, destina-se, em parcela muito grande, à importação. A poupança doméstica é mínima e cresce muito lentamente; daí, a importação será reforçada por empréstimos externos, que se iniciaram com a autonomia. Em 1824 e 1825 houve empréstimos da Inglaterra. Até

[1166] "A conciliação não foi inventada em 1853, com o Gabinete do Visconde de Paraná (1853-1856). Tem raízes mais profundas e data, como vimos, da dicotomia terrorismo-amansamento que os brancos europeus tiveram que enfrentar aos primeiros contatos com os índios e negros, e das transigências aos antagonismos coloniais. Manifestara-se no convívio diário de tantas diferenças e divergências econômicas, sociais e culturais. As sucessivas gerações das minorias dominantes no Brasil tinham aprendido a conviver com multidões capadas e sangradas e se não tinham podido evitar de todo o processo histórico incruento muito fizeram para escamoteá-las de seus direitos, sem levá-las ao desespero. RODRIGUES, José Honório. *Conciliação e reforma no Brasil – um desafio histórico-político*, São Paulo: Nova Fronteira, São Paulo, 1982, p. 50-51.

[1167] O Marquês do Paraná tinha esse título por ter sido homenageado pelo apoio à luta para que o Paraná se emancipasse de São Paulo, em 1853. No entanto, não há registro de que ele tenha, ao menos uma vez na vida, ido à província que o homenageou com o título. Paraná foi acusado, em mais de uma ocasião, de enriquecimento ilícito e teve que se explicar na Assembleia Provincial. Inquirido por seus pares, não se furtou a dizer que havia ganho duas vezes na loteria, o que explicaria sua súbita riqueza patrimonial. Casado com uma prima, conseguiu que a família desta custeasse seus estudos de Direito em Coimbra. A sua família de origem era muito humilde para conseguir essa vitória. Defensor da escravidão, ele dizia que a escravidão é que "garante a riqueza do País". Sua história é contada no livro *Marquês do Paraná, avida pública e privada do 'El-rei'Honório Hermeto de Carneiro Leão*, de autoria do pesquisador paranaense Eduardo César Werneck.

1859 a balança comercial externa esteve deficitária, sendo o déficit sempre crescente.

Até 1844 (Lei Alves Branco, que elevava para 30% *ad valorem* a taxa para a maior parte dos produtos de importação) houve grande liberalismo, uma "desproteção" total do País. Notamos que a Lei Alves Branco não foi protecionista (não havia o que proteger), mas sim puramente fiscal; a importação deveria fornecer recursos públicos. Fica explicada a dependência econômica do Brasil na época pela balança do comércio exterior que assim se definia:

- concentração dos fatores de produção nos produtos primários destinados ao mercado exterior;
- absoluta necessidade de artigos manufaturados para consumo geral da população econômica válida, e procedentes do exterior;
- a tendência a uma política de empréstimos para saldar contas comerciais externas originadas dos déficits, como a uma política de acolhimento a investimentos externos a que se dava amplas garantias.

Os produtos exportados eram gêneros alimentícios tropicais ou matérias primas de origem vegetal e animal: café, açúcar, erva-mate, fumo, algodão, borracha, couro e peles. O café aparece como principal produto somente a partir de 1831.

Observando os quadros de importação, notamos a predominância da importação dos gêneros de consumo (vestuários e alimentícios), sendo quase mínima (com pequeno índice de crescimento para os fins do século XIX)[1168] a importação de gêneros de produção (máquina e carvão), a saber:

• 1839 a 1844
- alimentícios e vestuários – 80,8%;
- carvão e máquinas – 1,2%;
- não especificados – 18%.

1168 Com o advento da República começa a haver mudança nesse cenário. Seguem dados do período entre 1902 e 1904: alimentícios e vestuários – 53,6%; carvão, máquinas, gasolina, querosene e cimento – 14%; não especificados – 32,4%.

• 1870 a 1875
- alimentícios e vestuários – 79,4%;
- carvão e máquinas – 6,4%;
- não especificados – 14,2%

Quanto aos países com os quais o Brasil mantinha relações comerciais devemos notar que os grandes fornecedores (Grã-Bretanha, França e Alemanha) não eram grandes consumidores de matérias-primas brasileiras, porque possuíam colônias que os abasteciam. Isso explica por que sempre houve um déficit em relação a estas nações. Mas, a partir de 1860, as relações com os EUA passavam a cobrir este déficit, e o País começou a ter saldos crescentes, visto que os EUA ainda não eram grandes exportadores de produtos manufaturados e necessitavam de gêneros tropicais.

Em relação aos empréstimos, eles não cessaram. É que o serviço da dívida externa se prolongava e ia sobrecarregando cada vez mais a balança de pagamentos. Os empréstimos, quando se destinam a cobrir déficit na balança do comércio exterior, visam financiar a própria importação. Os empréstimos da Inglaterra, por exemplo, forçavam o Brasil a comprar seus produtos. Quando a balança de troca deixa de apresentar déficits, os empréstimos se destinam aos serviços internos, que se ampliam sempre, como no de transporte, iluminação, estradas de ferro. Houve empréstimos para o serviço interno e para a Guerra do Paraguai. A partir de 1860 passou a ser registrado saldo na balança comercial. De 1881 a 1890, o serviço de dívida absorveu 99% dos recursos obtidos com a exportação; no decênio seguinte absorveu 85%.

Embora o Brasil estivesse em fase de seu desenvolvimento econômico e houvesse balança comercial favorável, o câmbio se elevou e o País sempre pagou mais pela moeda estrangeira. O reflexo dessa ascensão cambial foi a elevação correspondente da dívida externa, contribuindo para agravar o ônus que pesava sobre o País.

9.3.1 A economia – do café à tentativa de industrialização

9.3.1.1 O café – novo produto "rei ou real" do Brasil

O café é originário do Egito ou da Abissínia (África). Foi difundido na Europa através dos italianos. Em 1720, um oficial francês trouxe para a

Guiana Francesa e daí veio para o Brasil, entre 1727 e 1729. O nome café, provavelmente, origina-se da palavra árabe *qahwa*, que significa vinho. A principal lenda para sua origem dá conta de um pastor de ovelhas, chamado Kaldi, que teria reparado na maior energia dos animais depois de comerem seus frutos. Monges católicos também teriam utilizado o produto obtido com seus frutos para garantir força para as orações No Brasil, o café se tornou o maior produto de comércio externo durante décadas, chegando a mais de 60% da pauta brasileira de exportações, e gerou até um modo de fazer política, a chamada política do café com leite, em que presidentes paulistas e mineiros se revezavam no comando do País. O café, pode-se dizer, também foi responsável pela introdução da ferrovia e até do futebol no Brasil[1169].

Na Europa, a *coffea arábica*, nome científico da bebida, era tida como um produto de alto consumo, indicado até como um remédio para enfermidades. Conforme visto a seguir:

> "*No Velho Mundo, no entanto, a coffea arabica já tinha certa penetração, como produto de luxo, sendo indicada como paliativo para várias enfermidades: Seca todo o humor frio, expulsa os ventos, fortifica o fígado, alivia os hidrópicos pela sua qualidade purificante, igualmente soberana contra a sarna e a corrupção do sangue, refresca o coração e o bater vital dele; alivia aqueles que têm dores de estômago e que têm falta de apetite; é igualmente bom para as indisposições frias, úmidas ou pesadas do cérebro ... O fumo que sai dela (vale) contra as defluxões dos olhos e os barulhos dos ouvidos, é soberana também para a respiração curta, para as constipações que atacam o pulmão, as dores nos rins, os vermes; alívio extraordinário depois de ter bebido demasiadamente ou comido*"[1170].

Assim, as casas em que era servida a bebida, também conhecidas como cafés, se tornariam um ponto de encontro dos intelectuais e dos

[1169] O jovem ferroviário Charles Miller, filho de ingleses e funcionário da São Paulo Railway (SPR), foi o responsável por trazer o esporte bretão para o Brasil ao voltar da London Bannister School, onde foi estudar na capital inglesa, trazendo entre seus pertences uma bola de futebol e dois jogos de camisa para times, além de um regulamento do novo esporte.

[1170] Mendes Jr, Antônio, Roncari, Luiz e Maranhão, Ricardo. *Brasil história texto e consulta – Império*, v. 2, cit., p. 287.

homens elegantes de capitais de vida cultural efervescente como Paris, Londres e Lisboa, entre outras. Nesses locais, se faziam grandes discussões políticas e filosóficas regadas a uma taça do fumegante *Mokka*, como eram conhecidos os cafés nobres. Na capital francesa, o *Café de la Regénce* era um local de discussões acaloradas das quais participavam intelectuais como Rousseau, Voltaire, Richelieu e Diderot. Da mesma forma, o *Virginia Coffee House*, na capital inglesa. Em Lisboa, o *Café Nicola* recebia com frequência o poeta Bocage, que lá fazia suas tertúlias divertindo e criticando seus compatriotas. Durante a Revolução Francesa, os cafés viraram locais de contestação à monarquia, em que era possível ouvir longos discursos contrários ao poder do rei[1171].

No Brasil, a planta foi introduzida pelo sargento-mor português Francisco de Melo Palheta que, em visita à Guiana Francesa, possessão daquele país nas Antilhas, teria cortejado a mulher do governador D'Orvilliers que lhe teria presenteado com sementes da preciosa rubiácea. Naturalmente, era proibido oferecer os frutos a estrangeiros. O fato se deu em 1727 e, ainda durante a viagem de navio, Palheta plantou três pés do café, dos quais cuidaria pessoalmente. Um deles chegou a Belém do Pará e ele o transplantou para sua chácara, nas cercanias da capital. Poucos anos depois, em 1731, a alfândega de Lisboa registrava a entrada de "café do Brasil". Logo, os engenhos de açúcar no Nordeste implantariam o hábito bem brasileiro do cafezinho, em substituição ao chá nacional ou importado da Índia que era servido às visitas e cedo se tornariam uma verdadeira instituição nacional[1172].

9.3.1.2 O café no Sudeste

Em pouco tempo, o café, novo produto nacional, se deslocaria do distante Pará para ser plantado no Rio de Janeiro, então capital do Brasil. O pioneiro da cultura da rubiácea foi o desembargador João Alberto de Castelo Branco, que plantou o produto nas imediações da atual Cinelândia. Quando o príncipe D. João chegou no Rio de Janeiro, em 1808, já havia na Baía da Guanabara uma rede de plantações. O consumo do produto na Europa no século XVIII, entretanto, já era grande. "Dobrou entre 1710 e

[1171] Ibidem, p. 287.

[1172] MELO, Clovis, *Os ciclos econômicos do Brasil*, cit., p. 119.

1720. Entre 1720 e 1730, época em que vieram para o Brasil as primeiras sementes, duplicou de novo. Mas entre 1730 e 1750 triplicou!"[1173].

Os grandes fornecedores mundiais eram, porém, o Haiti, a Guiana, as Antilhas e a distante Abissínia. O Nordeste, açucareiro e algodoeiro, ainda mais em crise econômica, não se adaptaria à nova cultura. O café é uma planta sensível, que necessita de um regime de chuvas adequado para sobreviver[1174].

No Brasil, se adaptaria formidavelmente no Rio de Janeiro, em Minas Gerais e, principalmente, São Paulo. No entanto, é somente no século XIX, quando os Estados Unidos, que procuravam sucedâneos para o chá, da sua ex-metrópole Inglaterra, se tornaram grandes consumidores de café, que o produto passa a ganhar grande expressão econômica, dominando definitivamente a pauta de exportações e a geração de riqueza no Brasil.

O café se tornaria uma das principais forças-motrizes da economia brasileira, superando facilmente o açúcar, como notamos a seguir:

> *"(...) O café tinha uma fome imensa de terras e de braços. As grandes fazendas se tornaram latifúndios ainda maiores do que engenhos de açúcar e algodoais do Norte. Propriedades agrárias de 100 mil alqueires, cobertas por milhões de pés de café e empregando de 2 a 10 mil pessoas, como se viu em São Paulo, no fim do século XIX, exprimiam bem a força das 'plantations' bandeirantes. A Santa Veridiana, a grande fazenda de Antônio Prado, foi citada como 'modelar', no sentido capitalista, pelo jornalista Max Leclerc. Uma sociedade requintada se forma à base do café: é ela quem manda Carlos Gomes à Europa, quem paga os estudos de mecânica de Santos Dumont, as viagens de Eduardo Prado e, no seu declínio, quem financia a Semana da Arte Moderna. Nos seus estertores dará ao mundo o gênio artístico de Portinari, filho de um imigrante de Brodósqui.*
> *O café atrai os capitais ingleses para o Brasil. A 'São Paulo Railway', a grande via férrea de penetração foi a 'estrada do café' por excelência. O porto de Santos é edificado para a sua exportação. As cidades paulistas passam de vilarejos a modernas metrópoles comerciais. E surgem nelas indústrias. É que São Paulo já era a maior força política do País. E a razão só pode ser encontrada na pujança econômica do café que, no período*

[1173] SIMONSEN, Roberto. *História econômica do Brasil* (1500-1820). Brasília: Edições do Senado, Brasília: Edições do Senado, 2005, p. 49.
[1174] MELO, Clovis, *Os ciclos econômicos do Brasil,* cit., p. 120.

de 1861/1889, já representava 53,81% das exportações no País. Na década de 1880 o Brasil se tornou o maior produtor mundial do café.
(...) Em 1887, a exportação paulista foi da ordem de 2,7 milhões de sacas. Na safra de 1889 houve uma queda de 600 mil sacas. O Brasil atinge, nesse ano, 57,% da produção mundial. (...) Mais de 50% do orçamento nacional já provinha da arrecadação de impostos realizada em São Paulo.
Em 1896 os preços do café caíram verticalmente. E isso causou um grande abalo na economia do País, a ponto do orçamento da República apresentar 'déficit' de 46.606 contos-ouro. Para poder obter recursos o Brasil conseguiu 4 milhões de libras, aos Rotschild, os tradicionais clientes do Império. Vendeu-se parte da Marinha, aos Estados Unidos. (...) O governo Campos Sales mendigou ao Rothschilds outro empréstimo de 10 milhões. O enviado do 'London and River Plate Bank' chegou ao Rio para propor uma moratória. 'Os capitais britânicos[1175] *investidos no Brasil atingiam mais de 80 milhões'. O Brasil tornara-se uma virtual colônia econômica inglesa"*[1176].

9.3.1.3 A distribuição das lavouras cafeeiras

1ª Região entre a Serra e o litoral

As plantações de café iniciam-se, em território brasileiro, na mata da Tijuca, que circunda o Rio de Janeiro. Daí, seguiria no sentido serra acima, em direção ao interior da província. Após a Independência, com o aumento da procura do produto no mercado, começou a expansão no rumo do vale do Rio Paraíba[1177].

2ª Vale do Paraíba

No Vale do rio Paraíba, entre o Rio de Janeiro e São Paulo, o café se espalharia pela região que se tornou uma de suas principais zonas de expansão no início da produção. Suas características eram:

"Os cafezais sobem pelo rio, invadindo a região oriental de São Paulo e a região fronteiriça de Minas Gerais. Em 1850, o vale está no auge de seu desenvolvimento econômico.

[1175] Belo, José Maria. *História da República*, São Paulo: Editora Síntese, 1956, p. 217.
[1176] Melo, Clóvis. *Os ciclos econômicos do Brasil*, p. 122-124.
[1177] Mendes Jr., Antonio; Roncari, Luiz; e Maranhão, Ricardo, *Brasil – história, texto e consulta – Império*, v. 2, cit., p. 288.

Na passagem do ano 1837 para 1838, o produto já conseguia ultrapassar o açúcar na pauta de exportações brasileiras, correspondendo agora a mais da metade do valor das relações comerciais externas do país. No Rio de Janeiro e no vale do Paraíba formavam-se as imensas fortunas dos 'barões do café', que foram um dos firmes sustentáculos do império até a sua queda, em 1889 (...).
Até o terceiro quartel do século passado, toda essa área que abrange a bacia do Paraíba e regiões adjacentes será o centro por excelência da produção cafeeira do Brasil. Comercialmente, orienta-se para o Rio de Janeiro, que é o porto de escoamento do produto e por isso seu centro financeiro e controlador. Pouco depois da metade do século passado, esta área representa o setor mais rico e progressista do país, concentrando a maior parcela de suas atividades econômicas. Atinge também, pela mesma época, o auge de seu desenvolvimento. Repetia-se, mais uma vez, o ciclo normal das atividades produtivas no Brasil: a uma fase de intensa e rápida prosperidade, segue-se 'outra de estagnação e decadência...' A causa é sempre semelhante: o acelerado esgotamento das reservas naturais por um sistema de exploração descuidado e extensivo. Caio Prado Jr. mostra como o desmatamento indiscriminado, a erosão, a má distribuição dos pés de café, transformaram a prosperidade do café vale-paraibano em um melancólico declínio, após algumas dezenas de anos"[1178].

As principais causas da decadência do cultivo do café no Vale do Paraíba foram: 1) exploração descuidada; 2) apenas se visava lucro imediato; 3) arrasamento da mata (mudança relativa do clima); 4) não se evita a ação da erosão, o que resulta no empobrecimento do solo.

3ª Oeste de São Paulo

Como consequência, a partir de meados do século XIX a região entre Campinas e Ribeirão Preto vai se converter na principal zona produtora do café, desbancando o Vale do Paraíba. No interior paulista, a erosão não prejudicará mais, como em outras áreas, o plantio do café. A terra roxa também será outra vantagem e o clima tropical de altitude favoreceu a cultura. O Porto de Santos será edificado, assim como a ferrovia, exclusivamente para transportar o café dessa região para exportação. É a área do Oeste Paulista que desbancará as mais antigas, convertendo-se no grande

[1178] Ibidem, p. 288.

celeiro nacional da rubiácea. Em fins do século XIX, Ribeirão Preto é o núcleo produtor do melhor café brasileiro. E São Paulo passa então a ocupar a dianteira na produção do café, que será fundamental para a própria economia estadual e brasileira nesse período. Sintetizando:

> *"A superioridade manifestada pela economia cafeeira no Primeiro Império e na Regência transformou-se numa força avassaladora no Segundo Império. Foi exatamente durante essa época, correspondente à segunda metade do século XIX, que o café encontrou, no Brasil, a zona ideal para o seu cultivo: o oeste paulista, na região que vai de Campinas a Ribeirão Preto. Escreve Sérgio Buarque de Holanda, 'Campinas produz apenas 8.801 arrobas de café e ocupa o nono lugar entre os principais municípios cafeeiros (...). Em 1854, com 335.550 arrobas, quase quarenta vezes mais, passa a quarto lugar, logo depois de Bananal, Taubaté e Pindamonhangaba. De acordo com os dados de Afonso Taunay, em sua 'Pequena História do Café no Brasil', enquanto no decênio de 1841-1850 a produção brasileira foi de 17.121 sacas de 60 quilos, no decênio seguinte ela saltou para 26.253 sacas. A contribuição de São Paulo para esses índices já era, nessa época, de cerca de 15% do total. O porto de Santos, cuja primeira remessa de café para o exterior data de 1792, passaria a ser o primeiro centro portuário de exportação do produto durante a década de 1860.*
>
> *Em matéria de organização, a lavoura cafeeira seguiu os moldes tradicionais e clássicos da agricultura do país: a exploração em larga escala, tipo plantação (a 'plantation' dos economistas ingleses), fundada na grande propriedade monocultural. Sobre a adoção do trabalho livre nas fazendas do oeste paulista, devemos lembrar que o pioneiro desta iniciativa foi o senador Nicolau de Campos Vergueiro, político e grande latifundiário, que trouxe, em 1847, 'suíços e alemães para trabalhar em sua fazenda de Ibicaba, no município de Limeira'. Apesar disso, a mão de obra assalariada só se tornaria importante no contexto da economia brasileira depois de 1870. Segundo Roberto Simonsen, as primeiras fazendas de café, tanto no vale do Paraíba, como no interior de São Paulo, não possuíam mais do que 50 mil pés. Caio Prado indica que a maior fazenda de café do Brasil (a São Martinho, em Ribeirão Preto), chegou a possuir mais de três milhões de plantas"*[1179].

[1179] Ibidem, p. 288-289

9.3.2 A tentativa de industrialização brasileira – o papel de Mauá[1180] na economia

O Brasil começava a tentar uma ainda incipiente industrialização, mas havia alguns obstáculos. Os principais foram: o clima tropical, visto que a economia do Brasil se desenvolvia com base na agricultura, para fornecer ao mercado europeu gêneros tropicais, como açúcar, tabaco, algodão, café e arroz, entre outros; o baixo teor técnico da mão de obra (boa parte dela escrava); a distância entre os minérios na indústria siderúrgica; a concorrência da industrializada Inglaterra, que dominou o mercado, por força dos acordos de 1808 e 1810, os quais reservavam vantagens especiais à indústria daquele país; e, por fim, o fato de a política do Brasil, depois da Independência, estar nas mãos da aristocracia rural, cujos interesses estavam centrados na economia de exportação de gêneros agrícolas. Esse aspecto se estenderia até o governo de Getúlio Vargas, que contrariou os interesses dos chamados barões do café.

Todavia, durante o período de conciliação, ocorre relativo progresso material no País. Teremos nesse período um pequeno surto industrial, representado pelo trabalho de Visconde de Mauá (Irineu Evangelista de Sousa). Nessa época ocorrem muitas transações bancárias e uma serie de emissões. Com a abolição do tráfico (1850), os capitais que eram completamente aplicados na agricultura, pecuária e compra de escravos, são desviados para outros empreendimentos[1181].

Portanto, "a segunda metade do século XIX abrir-se-ia com algumas modificações econômicas importantes no Brasil. Na origem destas mudanças, estava a abolição do tráfico negreiro, pela lei Eusébio de Queirós, aprovada em 1850. Ela será o último toque desta série de reformas que se sucedem desde aquele momento e que modificariam tão profundamente o País, tornando-o, de Colônia inteiramente submetida ao exclusivismo mercantil da Metrópole, em Estado soberano aberto à livre concorrência internacional"[1182].

[1180] Irineu Evangelista de Souza (1813-1889), o Visconde de Mauá, patrono da industrialização brasileira, armador e banqueiro.

[1181] MENDES JR., Antonio; RONCARI, Luiz; e MARANHÃO, Ricardo, *Brasil – história, texto e consulta – Império*, v. 2, cit., p. 211.

[1182] Ibidem, p. 293.

Dentre as consequências da Lei de 1850, destacou-se a sua contribuição para a diversificação das atividades econômicas do País. Até aquela data, mantida a importação de braços escravos para a lavoura – cerca de 50 mil por ano –, uma grande quantidade de capital era empatada na aquisição dessa mão de obra. Com a paralisação das atividades dos traficantes, essa vultosa quantia foi liberada, passando a ser aplicada em outros setores econômicos (transportes, comércio, indústria, bancos). Humberto Bastos, em seu livro *O pensamento industrial no Brasil*, mostra que, enquanto entre 1841 e 1845 foi expedida apenas uma patente industrial, entre 1851 e 1855 esse número subiu para quarenta. Também no meio circulante os efeitos da proibição do tráfico se faziam notar[1183].

No decênio 1850-1860 foram fundados nada menos de 62 empresas industriais, 14 bancos, 3 caixas econômicas, 20 companhias de navegação a vapor, 23 companhias de seguros, 8 estradas de ferro, além de empresas de mineração, transporte urbano e gás[1184].

O Brasil entrava num período de modernização econômica e começavam a aparecer os primeiros empresários burgueses, como foi o caso de Mauá, o Barão e Visconde de Mauá (Irineu Evangelista de Sousa), considerado o verdadeiro protótipo do capitalista brasileiro do século XIX.

9.3.2.1 Mauá sucumbe ao confronto com o imperialismo

O Visconde de Mauá, nascido em Arroio Grande (Rio Grande do Sul) em 1813, teve uma infância pobre. Órfão de pai, que morreu em conflitos na fronteira, vítima de ladrões de gado, viajou com seu tio para o Rio de Janeiro, onde se empregou como caixeiro num estabelecimento comercial. Aos 16 anos, transferiu-se para a casa Carruthers & Cia. (pertencente a ingleses), da qual acabaria por tornar-se sócio, sete anos mais tarde. O dono dessa empresa, Richard Carruthers, escocês, deixaria a empresa para ele ao perceber seu tino comercial e senso de empreendedorismo[1185].

Em 1840, Mauá fez uma viagem à Inglaterra em busca de recursos para investimentos. Lá, ao conhecer o forte capitalismo inglês, chegou à conclusão de que o Brasil necessitava de algo semelhante. De volta ao

[1183] Ibidem, p. 293.
[1184] Ibidem, p. 294.
[1185] Ibidem, p. 294.

País, encontrou uma situação cada vez mais favorável aos empreendimentos desse gênero: não apenas cessara o tráfico negreiro, liberando amplas parcelas de capital, mas também a nova política alfandegária iniciada por Alves Branco mostrava alguns efeitos protecionistas, tornando mais caros os manufaturados importados e abrindo possibilidades novas à indústria no País[1186].

É nesse período que se constroem as primeiras estradas de ferro, quando Mauá inaugura estaleiros e desenvolve o comércio e a indústria. Ele seria o responsável por construir a primeira ferrovia do Brasil, inaugurada em 1854, que ligava o Rio de Janeiro a Petrópolis. Era abolicionista convicto, contrário à existência da escravidão. Em vez de escravos, o industrial acreditava que o País deveria ter trabalhadores livres e assalariados, que consumissem os produtos da indústria. Suas principais obras foram: 1- Companhia de Estaleiro (72 navios para a Guerra do Paraguai); 2- Companhia Fluminense de Transporte (bondes com burros); 3- Companhia de Rebocadores a vapor (Rio Grande do Sul); 4- E. F. Rio Petrópolis (depois Leopoldina Railways); 5- Iluminação a gás no Rio de Janeiro (grupo Light); 6- Companhia de Navegação no Amazonas; 7- E.F. Recife – São Francisco (depois, Western).

No auge do seu poder, em 1860, o industrial controlava 17 empresas de várias áreas em seis países: Brasil, Uruguai, Argentina, Inglaterra e Estados Unidos. Em 1867, o valor total dos seus bens chegava a 115 mil contos de réis, o equivalente a 115 mil libras. Era superior ao orçamento do Império para o mesmo ano, da ordem de 97 mil réis (97 mil libras)[1187].

A última realização será a Estrada de Ferro Santos-Jundiaí, essencial para o transporte do chamado "ouro verde", o café. A Inglaterra, potência ameaçada pela ação de Mauá, usaria de sua força política e econômica contra o industrial brasileiro. Tinha grande interesse em dominar o mercado nacional. E, com isso, ele acabaria falindo alguns anos depois. Foi em relação às ferrovias que ocorreram alguns dos principais investimentos do visconde no setor de transportes. A razão é que o aumento de produção, principalmente do café, começava a exigir um sistema de

[1186] Ibidem, p. 294.

[1187] Caldeira, Jorge. *Mauá, empresário do Império*. Rio de Janeiro, Nova Fronteira, 1995, p. 320.

transportes mais moderno. Enquanto o produto era cultivado em áreas próximas ao litoral, o problema não se colocou, mas, à medida que os latifúndios cafeeiros se internavam no oeste paulista, tornou-se cada vez mais evidente a necessidade das estradas de ferro[1188].

Ainda uma vez coube a Mauá o pioneirismo: em 30 de abril de 1854 era inaugurada a primeira ferrovia brasileira, de 18 quilômetros, ligando a praia da Estrela, no Rio de Janeiro, à raiz da serra de Petrópolis, com os vagões puxados pela locomotiva *Baronesa*. A última faceta do empresário Irineu Evangelista de Sousa foi a de banqueiro: "O Banco Mauá, Mac Gregor &Cia. tinha filiais em Londres, Manchester e Paris, em Nova York (Mauá, Dixon & Cia.); no Rio Grande, Pelotas, Porto Alegre, Santos, São Paulo, Campinas e Pará; em Montevidéu, Salto, Paissandu, Mercedes e Cerro Largo – no Uruguai; em Buenos Aires e Rosário – na Argentina. A era Mauá colocava o Brasil dentro de uma perspectiva econômica mais moderna[1189].

O Império estava prosperando. Ocorre que: "(...) apesar desta estabilidade aparente, as contradições profundas do sistema, atenuadas embora, mas lavrando ainda ativamente na base da estrutura econômica e social do País, não tardarão em provocar novos desajustamentos e a dar origem a conflitos"[1190].

O primeiro problema do industrial surgiu quando a tarifa Alves Branco foi reformulada pela "tarifa Silva Ferraz" (1860). Desde que tinha sido aprovada, em 1844, aquela havia sido alvo de constantes ataques por parte dos comerciantes ligados ao comércio importador (quase todos estrangeiros, principalmente ingleses), a quem ela havia prejudicado. As pressões desse setor tornaram-se tão fortes que o governo acabou nomeando uma comissão para estudar a reforma da política alfandegária, em 1849. Os trabalhos da comissão estabeleceram novas taxas, reduzidas, para máquinas, ferramentas, ferragens e armas. Isso foi fatal ao maior dos estabelecimentos industriais de Mauá, o da Ponta da Areia,

1188 MENDES JR., Antonio; RONCARI, Luiz; e MARANHÃO, Ricardo. *História, texto e consulta*, cit., p. 295.

1189 Ibidem, p. 295.

1190 Ibidem, p. 295.

pois os produtos estrangeiros, agora mais baratos, passaram a fazer-lhe concorrência[1191].

Além do mais, "Irineu Evangelista foi quase sempre encarado com desconfiança e prevenção por setores governamentais – inclusive o próprio imperador –, que não lhe deram o devido apoio. Suas posições políticas, liberais e abolicionistas granjearam-lhe a antipatia e a oposição de muitos dos gabinetes da época. Finalmente, sua atitude contrária à Guerra do Paraguai (1864-1870) acabou por torná-lo definitivamente uma 'persona non grata' ao governo imperial"[1192].

Em resultado, a grande maioria das empresas do visconde acabou falida ou vendida a capitalistas estrangeiros. Os capitais ingleses seriam os mais beneficiados. Na sua Exposição aos Credores, que fez quando estava falindo, ele demonstrou a quem interessava que não tivesse indústrias[1193].

Sintetizando, no segundo Império houve apenas um surto das manufaturas têxteis e não uma Revolução Industrial, como ocorreu em outros países, principalmente na Inglaterra. As causas do surto foram: 1) 1844 – Lei Alves Branco, que aumentou para 30% a tarifa para os produtos ingleses. Apesar de ter sentido fiscal e não protecionista, deu algumas oportunidades à indústria; 2) 1850 – liberação do capital, antes empregado no tráfico negro e agora aplicado em outros setores, entre eles a indústria. No fim do Império, havia cerca de 100 estabelecimentos industriais, localizados no Rio de Janeiro, Minas (Juiz de Fora), Pernambuco, Bahia e Maranhão (Caxias). São Paulo ainda figurava em segundo plano. A localização dessa industrialização obedece aos seguintes fatores:

a) densidade demográfica, para que haja mão de obra e mercado; e

b) vizinhança das fontes de produção de matéria prima (o algodão).

A indústria não sairá desse patamar incipiente, e terá de enfrentar sérias dificuldades. O sistema fundamental da organização econômica nacional a impede de se desenvolver. A economia brasileira continuou baseada na exportação do gênero básico, o café. A partir de 1860, devido ao café, houve saldos favoráveis e isto escondeu as contradições. A indústria no Brasil, até meados do século XX, não será planejada. Vai se desen-

[1191] Ibidem, p. 296.

[1192] Ibidem, p. 296.

[1193] Ibidem, p. 296.

volver de surtos momentâneos, nos momentos de crise mundial, como durante as duas grandes guerras. Ela se desenvolvia, quando o País não podia importar; passada a crise, o Brasil continuava comprando do exterior, e a indústria caía na mediocridade mais uma vez.

9.3.3 Política externa (questão Christie - questões na Região do Prata - Rosas e Oribe - Aguirre)

9.3.3.1 Problemas com a Inglaterra

Desde 1808, com a abertura dos portos, a Inglaterra dominava o comércio brasileiro. Devido a sua força econômica e política fazia-se poderosa de tal forma que interferia em assuntos que somente aos brasileiros diziam respeito.

A partir da segunda metade do século XIX, porém, o prestígio inglês começou a decair. Várias foram as causas, mas podemos citar os atos de violência praticados pela Inglaterra, quanto à repressão ao tráfico de negros e a reação hostil daquele país diante da lei Alves Branco, que aumentou as tarifas para os produtos ingleses (30%). A Marinha inglesa reagiu atacando navios brasileiros.

A *Questão Christie* ocorreu quando o ministro no Rio de S. M. Britânica, Sir Willian Dougall Christie, péssimo diplomata, fez de dois acontecimentos sem importância graves problemas da política internacional, que quase levaram os dois países à guerra. Foram eles:

1) com o naufrágio do navio inglês *Príncipe de Gales*, em 1861, houve o roubo do carregamento que deu à praia, provavelmente realizado por brasileiros.
2) prisão de dois oficiais ingleses (1862) que, embriagados e à paisana, desacataram as autoridades. Christie fez uma série de exigências, pediu forte indenização, demissão de funcionários, pedidos de desculpas. O governo do Brasil se negou a satisfações e, diante disso, Christie ordenou que os navios britânicos, estacionados na Guanabara, atacassem os navios mercantes brasileiros, o que de fato não se concretizou. O imperador acabou pagando a indenização exigida pelo roubo e aceitou arbitragem para a outra questão.

Em 1863, novo episódio estremeceria as relações entre Brasil e Inglaterra. Uma esquadra inglesa que zarpara do Rio de Janeiro aprisionou navios mercantes brasileiros que estavam em alto-mar. O ministro brasileiro em Londres, o Barão de Penedo, reclamou junto ao governo da rainha Vitória satisfação pela ofensa que o País recebeu dos navios de guerra. Como não foi atendido, romperam-se relações com a Inglaterra e o ministro inglês Elliot, no Rio, foi convidado a deixar o País. A arbitragem foi do rei da Bélgica, Leopoldo I, que deu ganho de causa ao Brasil.

Em 1865 ocorreu o reatamento das relações entre os países. Um emissário da rainha Vitória, durante a Guerra do Paraguai, transmitiu ao imperador um pedido de desculpas da Inglaterra, que são aceitas, mas o país europeu não recuperará mais o seu prestígio anterior.

9.3.3.2 Questões na Região do Prata

O Brasil interferiu muitas vezes em questões privadas dos países limítrofes[1194], mas não o fez por desejos imperialistas, mas para impedir a realização dos planos imperialistas de Rosas (na Argentina) e López (no Paraguai) que pretendiam unir os países do Prata, recriando o antigo Vice-Reino do Prata. Além disso, o governo do Brasil uniu seus interesses aos dos proprietários do Rio Grande do Sul, que estavam sendo prejudicados pelos ataques constantes às suas terras. Isto porque as tropas dos países vizinhos, para se abastecer, invadiam e roubavam gado das terras brasileiras. Três guerras foram travadas pelo Brasil: a primeira, nos anos de 1851 e 1852, contra a Argentina, sob o domínio de D. Juan Manuel de Rosas, que era auxiliado pelo uruguaio D. Manuel Oribe. A segunda foi travada contra o Uruguai (1864 a 1865), cujo presidente, D. Atanásio Aguirre, lutando contra os colorados de Flores, permitiu que fossem saqueadas propriedades de súditos do Império junto à fronteira. De 1865 a 1870, tivemos a guerra contra o Paraguai, a mais difícil de todas, combatendo Francisco Solano López.

[1194] No final da década de 2010 temos as tentativas de interferência do governo Bolsonaro na política interna de alguns países, como a Argentina, ao fazer críticas ao candidato – depois presidente eleito – Alberto Fernandèz, a despeito das boas relações do Brasil com a Argentina, segundo sócio mais importante do Mercosul, depois do próprio Brasil.

As numerosas colônias espanholas fundadas na América foram congregadas em quatro grandes vice-reinos. Um desses era o do Prata, criado em 1776 e constituído pelos seguintes atuais países: Argentina, Uruguai, Paraguai e parte da Bolívia. Destacava-se na região o Porto de Buenos Aires, por onde era feito todo o comércio. As outras regiões ficavam prejudicadas pelo monopólio comercial de Buenos Aires e vai existir uma pressão interna e externa (Inglaterra, França e Brasil tinham interesses no comércio direto com as diversas regiões) contra esse domínio da Argentina.

Tanto que, por ocasião da Independência dessas colônias (conseguida através de luta, durante as guerras napoleônicas, com a queda do rei da Espanha), predominou o sentimento regionalista e algumas não quiseram aceitar a dominação das outras, vindo a formar, portanto, estados autônomos. Surgiram, porém, nesse ou naquele país do antigo vice-reino homens desejosos de refazer a unidade perdida por ocasião da Independência, estes foram: Rosas e López. Havia nos dois países partidos políticos inimigos: o Federalista, ou "Colorado[1195]", e o Unitário[1196], ou "Blanco"[1197], que discutiam sua organização interna.

Sinteticamente, as três guerras apresentam os seguintes fatos:

• Guerra contra Rosas e Oribe (1851 – 1852)

A Argentina visava restaurar em seu proveito a unidade do vice-reino do Prata. Quanto ao Paraguai, antiga colônia platina, perde as esperan-

[1195] Colorado – O partido com esse nome no Uruguai, tradicionalmente ligado á aristocracia agrária, foi fundado em 1836 e é um dos mais longevos do Ocidente. A agremiação com o mesmo nome no Paraguai foi fundada em 1887 por Bernardino Caballero que foi um dos principais generais de López na Guerra do Paraguai. ASSUNÇÃO, Moacir. *Nem heróis nem vilões – curepas, cambás, macaquitos e caboclos e outras revelações da sangrenta Guerra do Paraguai*. São Paulo: Record, 2012, p. 146.

[1196] Unitário. O Partido Unitário da Argentina tinha tendências liberais e era aliado da Grã-Bretanha. Defendia a necessidade de um Estado unitário, com sede em Buenos Aires, opondo-se a potências rivais que desejavam um governo descentralizado. ROMERO, Jose Luiz Beired.*Breve história da Argentina*. São Paulo: Ática, 1996, p. 112.

[1197] Blanco. No Uruguai, esse partido, ligado aos intelectuais de Montevidéu, surgiu com a fundação do Estado uruguaio em 1836, sempre com suas bandeiras brancas, em oposição aos colorados, e suas cores vermelhas. ASSUNÇÃO, Moacir, *Nem heróis nem vilões*, cit., p. 152.

ças (naquele país, Francia, seu ditador, fazia política do isolamento). Mas pretendia conquistar o Uruguai para dominar toda a bacia do Prata e ficar em ponto estratégico para o comércio mundial. Era ditador no país platino D. Juan Manuel de Rosas[1198], chefe do Partido Federalista, isto é, "Colorado". Rosas se colocou contra a eleição de Rivera para o governo do Uruguai e lançou contra ele os caudilhos Lavalleja e D. Manuel Oribe[1199].

Rivera dá a pasta da guerra a Oribe, que finge ceder. O presidente o apresenta como candidato à presidência. Depois de eleito, Oribe vai contra Rivera que toma novamente o poder. Oribe então une-se a Rosas que lhe dá o posto de general do Exército federado. O choque se dá em 1842, quando Rivera[1200] perde para Oribe.

[1198] "Militar e ditador, *em Buenos Aires, em 1793; † em Southampton, Inglaterra, em 1877. Comandante das milícias de Buenos Aires, destacou-se em 1827 no movimento revolucionário que derrubou Bernardino Rivadávia, elegendo-se em seguida governador "com poderes extraordinários" · (1829). Em março de 1831, tendo-lhe o Legislativo oferecido o cargo de governador e capitão-general da Província que vinha governando, impôs como condição, sem a qual não o aceitaria, a renovação da posse de cinco em cinco anos. Conseguiu, assim, estender seu governo por um largo período de vinte e três anos, durante os quais organizou a Confederação Argentina, integrada pelas Províncias de Buenos Aires, Entre-Rios, Corrientes, Santa Fé, San Juan e Córdova, entrando em conflitos generalizados com o Chile, Bolívia, Paraguai, Uruguai, França e Inglaterra. Fonte: ROMERO, Jose Luiz Beired.*Breve história da Argentina*, cit., p. 140.

[1199] "Militar e político uruguaio, † em 1792; tem Montevidéu, em 1857. A partir de 1825 participou das questões platinas em que esteve envolvido o Brasil. Ministro da Guerra durante o primeiro governo constitucional do Uruguai, exercido por Frutuoso Rivera, em 1-3-1835 assumiu o poder. Com isto se revoltou o seu antecessor, o que deu origem aos dois partidos tradicionais do país, o colorado, dos revoltosos, e o blanco, do governo. Em outubro de 1838 os colorados tomaram Montevidéu, recolocando Rivera na presidência. Refugiando-se em Buenos Aires, conseguiu Oribe o apoio de Juan Manuel de Rosas, que lhe confiou forças militares para o seu retorno ao governo do Uruguai. O auxílio argentino a Oribe motivou a declaração de guerra do Uruguai àquele país, conflagração que durou quase dez anos. Fonte: ROMERO, cit., p. 143.

[1200] "Militar e chefe de Estado uruguaio, *em Montevidéu, em 1791; † em Serro Largo, em 1854.Quando a Banda Oriental foi incorporada ao Reino Unido com o nome de Província Cisplatina (1821), Rivera passou a integrar o Exército Real no posto de coronel. Feita a Independência do Brasil, em outubro de 1822 assinou com outros oficiais a ata de aclamação de D. Pedro I, pelo qual em seguida se bateu contra as tropas portuguesas de D. Alvaro da Costa. Condecorado com a Ordem Imperial do Cruzeiro e promovido a brigadeiro, assumiu o comando-geral de todas as forças aquarteladas na Cisplatina, favorecendo a

Rosas bloqueia Montevideu e, como o embaixador do Brasil declara não reconhecer o bloqueio, a Argentina rompe relações com o Império. Enquanto isto, tropas de Oribe começaram a invadir o Rio Grande do Sul, assaltando as fazendas. Em resposta, os fazendeiros do Brasil invadem as terras do Uruguai, reclamando as reses perdidas. O Brasil une-se a Urquiza (líder argentino e antigo aliado de Rosas) que foi quem chefiou as forças aliadas, que saem vencedoras. Oribe logo capitula e Rosas é vencido em meados de 1852, na batalha de Monte Caseros.

• **Guerra contra Aguirre[1201] (1864 - 1865)**

No Uruguai, os dois partidos "Blanco" e "Colorado" continuaram disputando violentamente o poder. Só em 1856 é que se consegue organizar um governo regular, com Gabriel Antônio Pereira. Substituiu-o D. Bernardo Berro (Blanco). Em 1863, Venâncio Flores, do Partido Colorado, invade o Uruguai, com o apoio de Bartolomeu Mitre (Presidente da Confederação Argentina).

Novamente a questão nas fronteiras, com assaltos e reclamações do lado do Uruguai e do Brasil, pois os brasileiros, cansados de exigir providências por parte do Império, organizam bandos paramilitares para invadir as terras do Uruguai. É enviado como plenipotenciário do Brasil o deputado José Antônio Saraiva. Nada conseguiu e o Uruguai vai romper relações com o Brasil. Era presidente do Uruguai D. Atanásio Aguirre (Blanco).

Lecor quando em 1824 este entrou em Montevidéu.Fonte; SEVERO, Jose Antônio. *Cinzas do Sul*, vol. 2. Rio de Janeiro: Record, 1998, p. 46.

[1201] "Político uruguaio, † em 1875. Foi presidente do Senado, ocupando Interinamente a presidência da República em 1864. Nessa ocasião chefiou o partido *blanco*, permanecendo indiferente às reclamações do Governo Brasileiro, determinadas pelas frequentes incursões de uruguaios em território do Rio Grande do Sul, que ali assaltavam estâncias e roubavam gado. Em represália, estancieiros gaúchos sob a chefia do Barão de Jacuí chegaram a organizar idênticas expedições ao interior do Uruguai (V. Califórnias) e isto deu origem à missão especial do Conselheiro José Antônio Saraiva, que em abril de 1864 foi enviado àquele país a fim de persuadir e pacificar os contendores (V. Missão Saraiva).

A esquadra brasileira, sob o comando do Almirante Tamandaré[1202] uniu-se a Flores[1203] e iniciou as represálias contra Montevidéu. Com o sítio a Montevidéu, o sucessor de Aguirre, Tomás Villalba, procurou a paz, que foi assinada em 1865, obra do Visconde de Rio Branco. O governo provisório do Uruguai foi dado a Flores. As propriedades brasileiras foram restituídas.

• A Guerra do Paraguai (1864-1870)

O maior conflito vivido pelo Império naqueles tempos, entretanto, foi a Guerra do Paraguai (1864-1870) ou Guerra da Tríplice Aliança, que uniu o Brasil, Argentina e Uruguai contra o Paraguai, então uma potência militar com 80 mil homens em armas, o maior exército da região, entre fins de 1864 e o começo de 1870. Essa foi a maior guerra da América do Sul e a segunda mais cruenta do continente americano, somente superada pela Guerra da Secessão (1861-1865) que opôs o Norte ao Sul dos Estados Unidos. Na conflagração sul-americana podem ter morrido perto de 300 mil pessoas ante pouco mais de 600 mil no conflito norte-americano. A guerra ainda definiu as fronteiras dos países do Prata e, ao contrário das anteriores, ajudou a acarretar a ruína do Império, que sobreviveu somente 19 anos após o seu final, profundamente endividado (em consequência dos gastos com o conflito) e dividido[1204].

A guerra vai se iniciar ainda quando não tinha se encerrado definitivamente o conflito contra o Uruguai, ocupado pela esquadra brasileira.

[1202] Joaquim Marques Lisboa (Tamandaré – Almirante) (1807-1897) – Gaúcho, cursou a Academia da Marinha, chegando ao posto de Almirante. Como ministro do Supremo Tribunal Militar, reprimiu a Confederação do Equador e outras revoltas, além de lutar contra o Uruguai. Comandou a esquadra aliada (tratado da Tríplice Aliança) na luta contra o Paraguai com sucesso. Recebeu os títulos de Visconde, Conde e Marquês de Tamandaré. É considerado o "Patrono da Marinha Brasileira".

[1203] Venancio Flores (1809 – 1868) – Líder do Partido Colorado Uruguaio. Participou do Triunvirato que tomou o poder em 1853, após a deposição do presidente Juan Francisco Giró, do Partido Blanco. Posteriormente, assumiu a presidência do Uruguai e pediu ajuda militar e econômica do Brasil. Renunciou ao cargo presidencial em 1855. Comandou uma revolta (1863) contra a posse do Blanco Bernardo Prudencio Berro no governo uruguaio. Participou, do lado brasileiro, com Tamandaré e Mena Barreto, na Guerra do Paraguai, com destaque e sucesso. Voltou a presidência do Uruguai e foi assassinado.

[1204] Assunção, Moacir. *Nem heróis nem vilões*, cit., p. 350.

O maior diplomata daquele país – que depois terá morte trágica no Paraguai, onde se refugiou – Antônio de Las Carreras, enviado pelo governo uruguaio a Assunção, conseguiria convencer o presidente paraguaio, Francisco Solano López[1205], de que, após tomar seu país, o Império faria o mesmo com o Paraguai. Não era verdade, o Brasil não tinha nenhum interesse em anexar o Paraguai. Ao contrário, havia sido o primeiro país a reconhecer a jovem nação paraguaia após sua independência de Buenos Aires, em 1811, e tinha todo o interesse em manter o Paraguai como um país independente já que isso significava um anteparo à Argentina. Um Paraguai livre e não submetido ao vizinho platino era uma garantia de que o Brasil não teria duas fronteiras com o rival histórico, com quem o Império se aproximou pouco antes do início do conflito.

O primeiro ato da guerra foi o aprisionamento, sem prévia declaração de guerra, do navio brasileiro *Marquês de Olinda*, que ia para o Mato Grosso, levando a bordo o presidente da província, Carneiro de Campos[1206], e passava por Assunção. O presidente paraguaio ainda determinou a invasão do Mato Grosso, sob o comando do general José Félix Estigarribia, e do Rio Grande do Sul. Ele pretendia chegar ao Uruguai para juntar-se às forças de Aguirre contra o Brasil. Para isso, entretanto, tinha de passar por Corrientes. Pediu permissão ao presidente argentino Bartolomeu Mitre, que não cedeu. López invadiu a Argentina e Mitre vai se unir aos inimigos de López, os uruguaios de Flores, e aos brasileiros.

Foi organizada uma Tríplice Aliança contra López: Brasil, Uruguai e Argentina, cabendo a Mitre o comando geral. No comando supremo das

1205 Francisco Solano López (1826-1870) – Filho do presidente paraguaio Carlos Antonio López, foi preparado para sucedê-lo. Realizou missão diplomática na Europa para agradecer o reconhecimento da independência do Paraguai. Assumiu a presidência após a morte do pai e preparou um exército de 64 mil homens, além de uma reserva de 28 mil. Invadiu o Brasil, que era considerado imperialista, em 1864, desencadeando a Guerra do Paraguai, finalizada com a sua morte em Cerro-Corá, na divisa com o Mato Grosso, em 1870.

1206 Frederico Carneiro de Campos (1800-1867) acabou morrendo de fome e de maus tratos na fortaleza de Humaitá, no Paraguai, que foi conquistada pelos brasileiros meses depois. Cartas suas foram encontradas na maleta diplomática de López, depois de este ser morto por soldados do Império. Filhos seus, que também eram militares, participaram da guerra contra o Paraguai e a mulher, Auta França, enlouqueceu com o sofrimento do marido. ASSUNÇÃO, Moacir. *Nem heróis nem vilões*, cit., p. 285.

tropas brasileiras estava o general Manuel Luís Osório. O almirante Barroso era o comandante das forças navais que venceu a batalha naval de Riachuelo. Outra divisão paraguaia invadiu o Rio Grande, passando por São Borja até Uruguaiana. Aqui, Manoel Marques de Souza, Mitre e Flores obrigaram os paraguaios a renderem-se. A partir daí López recua para seu território, passa para a defensiva. Osório obtém as vitórias de *Estero Belaco* e *Tuiuti*, entretanto nada contaram ante o fracasso de Mitre e Marques de Sousa (Conde de Porto Alegre) contra as linhas de Curupaiti, que foi a maior derrota aliada na guerra.

Houve desavença entre os chefes: Mitre e Flores abandonaram quase que totalmente a luta. Osório, sozinho à frente da batalha, lembra o nome do então Marquês de Caxias para o comando. Com a nomeação de Caxias, houve séria crise de Gabinete e a substituição do ministério. Os primeiros meses de chefia do Marquês de Caxias foram de reorganização. Caxias atravessou o pântano e atacou o inimigo de surpresa, pela retaguarda, enquanto a esquadra atacava pela vanguarda. Derrotas sucessivas dos paraguaios ocorreram em Itororó, Avaí e Lomas Valentinas. Em janeiro de 1869, Assunção foi tomada – López perdera a guerra. Porém não se considerou vencido. Refugiou-se nas cordilheiras, para refazer suas forças. Caxias, seriamente doente, foi substituído pelo Conde D'Eu (Gastão de Orleans, marido da Princesa Isabel). Este seguiu o caminho de Caxias e acabou destruindo o que restava do Exército paraguaio. López não se entregou e por fim foi morto, quando tentava fugir (1 de março de 1870) na região conhecida como Cerro Corá (cercado de serras, em guarani). O cabo José Francisco Lacerda, o Chico Diabo, o atingiu com um golpe de lança e, posteriormente, ele foi alvejado com um tiro de carabina por um soldado brasileiro não identificado quando jogou sua espada contra o general José Antônio Corrêa da Câmara, comandante das tropas que o cercaram.

Em janeiro de 1872 assinou-se um conjunto de quatro tratados sobre paz, fronteiras, extradição, comércio e navegação. Apesar de ganhar militarmente, a guerra foi desastrosa também para o Brasil, pois lhe custou muitos milhares de vidas e muitas centenas de mil contos, sem que houvesse reais vantagens comerciais para o Império. Nada se podia lucrar da derrota de um vizinho que, embora militarmente forte, era economicamente débil e ficou reduzido pela guerra à penúria. O Paraguai não poderá pagar nem a mínima parte de sua dívida de guerra, que ficará em suspenso até época recente em que foi cancelada, no governo Getúlio Vargas. A Argentina fará o mesmo. O único resultado positivo da vitória brasileira será assegurar o franqueamento definitivo da livre navegação dos rios Paraguai e Paraná, de grande importância no Brasil para as comunicações com a província de Mato Grosso.

Mas o Mato Grosso era pobre, sem perspectivas no momento e não poderá aproveitar-se muito das vantagens obtidas com esta liberdade de comunicações. E esta via fluvial perderá mais tarde sua importância, pois o Mato Grosso se ligará ao litoral Atlântico por estrada de ferro direta. Por outro lado, a guerra do Paraguai comprometeu muito seriamente as finanças do Brasil. As despesas de guerra contam entre os principais fatores do desequilíbrio da vida financeira do País. Não poderá mais o Império equilibrar seus orçamentos, que já se achavam em estado precário e com a guerra ficavam irremediavelmente agravados. Acentuaram-se os empréstimos e as emissões vultosas de papel inconversível.

Desde o final da guerra e durante boa parte do século XX, a historiografia e os manuais didáticos brasileiros tenderam a ver a guerra a partir da ótica dos vencedores, explicando-a, no plano das causas imediatas, como uma reação do Império à agressão paraguaia, e no plano geral, como uma luta da civilização contra a barbárie representada pelo "tirano" Lopez. Inúmeros textos históricos ou literários foram produzidos, quadros foram pintados glorificando a vitória ou louvando a bravura dos brasileiros no conflito. O clássico do século XIX foi o épico *A retirada da Laguna*, de Alfredo d'Escragnolle Taunay, publicada em francês, em 1871, e traduzido em 1874. No polo oposto, quase 100 anos depois da guerra, divulgou-se a interpretação simplória que resumia a guerra aos interesses imperialistas britânicos, e os países aliados a meros títeres de uma Inglaterra interessada em estrangular o desenvolvimento autônomo do Paraguai. Mas nem a visão detratora do Paraguai nem a vitimizadora resistiram à crítica histórica mais cuidadosa.

A ideia tão difundida de que a Grã-Bretanha tinha interesse na guerra, dela participou indiretamente e com ela lucrou de maneira expressiva parece carecer de provas concretas, conforme sugere o historiador inglês Leslie Bethell no ensaio *O imperialismo britânico e a Guerra do Paraguai*. Refutando a identificação da Grã-Bretanha como "bode expiatório da guerra", e da devastação do Paraguai dela resultante, afirma que a responsabilidade do conflito coube aos países beligerantes, cada qual com sua motivação específica, configurando antes de tudo "uma guerra civil regional". Motivações regionais que emergiram, aliás, no conflituoso quadro político uruguaio – e não paraguaio –, cujos desdobramentos foram a verdadeira *casus belli* de 1864 ou, ao menos, seu pretexto. Os episódios de 1864 no Uruguai só fizeram aguçar um quadro de tensões muito antigo na região platina, que envolvia o controle da "banda oriental" do rio da Prata, gerando ora conflitos, ora alianças entre grupos brasileiros – sobretudo rio-grandenses – e facções argentinas e uruguaias, ao que se somariam as pretensões de Solano Lopez às vésperas da guerra[1207].

O estopim foi a intervenção do Império no Uruguai a favor do colorado Venâncio Flores, que se revoltara contra o governo blanco de Bernardo Berro, considerado lesivo aos interesses brasileiros, sobretudo os do Rio Grande. Cerca de 10% da população uruguaia era composta de brasileiros, detentores de 30% das terras na ex-Cisplatina, onde criavam gado com seus escravos e o transportavam para as charqueadas gaúchas. As medidas do governo blanco visando a restringir o assentamento brasileiro, taxar o comércio de gado e proibir a escravidão foram recebidas com hostilidade pelo gabinete liberal de Zacarias de Góis e Vasconcelos, adepto de uma política de aproximação com os rio-grandenses, eles que, décadas antes, haviam desafiado o Império com a Farroupilha. Do lado argentino, interessava a Bartolomeu Mitre afastar a possibilidade de um governo uruguaio que atuasse como refúgio de seus adversários federalistas, sobretudo após a unificação do país sob a hegemonia de Buenos Aires – e o partido blanco era visto como suspeito, no mínimo porque Flores, inimigo dos blancos, apoiara Mitre nos assuntos portenhos[1208].

[1207] Vale lembrar, entretanto, que a Inglaterra era a mais poderosa potência da época e dominava economicamente praticamente todo o mundo. Havia interesse, é claro, na manutenção desta hegemonia, portanto os ingleses estavam acostumados a intervir em países economicamente e militarmente mais frágeis, casos do Brasil, Argentina, Chile e outros. Dono da indústria mais poderosa da planeta, a Inglaterra se insurgia contra tentativas de atacar o domínio de suas manufaturas em todos os campos e tinha interesse econômico em vários produtos providos pelo Paraguai. Assim, é importante ver com certa cautela uma afirmação absoluta de que a potência inglesa não tinha interesse no fim da incipiente industrialização do Paraguai.

[1208] VAINFAS, Ronaldo, *Dicionário do Brasil Imperial*, cit., p. 323.

"O Paraguai até então não jogara nenhum papel de peso na região, nem possuía interesses específicos no Uruguai, mas firmara aliança com o governo blanco, em 1863, alegando preocupações com o equilíbrio de forças no Prata. O *ultimatum* imperial de agosto de 1864, exigindo do governo uruguaio a revogação das medidas antibrasileiras, acabaria respondido pelo ultimatum de Solano Lopez ao Brasil, ameaçando-o, caso interferisse nos assuntos uruguaios. De sorte que a invasão do Uruguai pelas tropas brasileiras foi retaliada pelo Paraguai com a apreensão do navio mercante *Marquês de Olinda*, em novembro de 1864, e a subsequente declaração de guerra, em 13 de dezembro, consumada com a invasão do Mato Grosso. Em janeiro de 1865, como a Argentina negara a Lopez permissão para cruzar o território das Missões a fim de atacar o Rio Grande e apoiar os *blancos* uruguaios, o Paraguai também declarou guerra à Argentina, em março, invadindo a província de Corrientes. Vitorioso Flores no Uruguai, firmou-se em 1º de maio a Tríplice Aliança, fixando os objetivos de acabar com a "ditadura do tirano" Solano Lopez, garantir a livre navegação fluvial na região e obter ganhos territoriais em favor da Argentina e do Brasil"[1209].

O Paraguai conseguira reunir contra si os três países numa guerra sem precedentes, sendo polêmica a motivação que teve para tanto e insuficientes as razões comumente alegadas, a exemplo das pendências com a Argentina quanto à navegação no sistema hidroviário do Paraguai-Paraná ou as disputas territoriais com o Brasil. Mas não é impossível que o Paraguai de Lopez aspirasse desempenhar, como já se sugeriu, um papel à altura do poder militar que construíra nas últimas décadas. É consensual na historiografia especializada que Solano Lopez arriscou muito ao deflagrar essa guerra, superestimando o poderio militar paraguaio, subestimando o potencial militar brasileiro – embora a organização militar do Império fosse de fato precaríssima – e apostando na neutralidade argentina, antiga rival do Brasil (tentou mesmo, em 1866, atrair Mitre para uma paz em separado). A primeira fase da guerra criou ilusões de vitória paraguaia, com a invasão do Mato Grosso, de Corrientes e do próprio Rio Grande, mas não do Uruguai, entre fins de 1864 e inícios de 1865. Em 11 de junho os paraguaios sofreram, porém, grande derrota na batalha naval

[1209] Ibidem, p. 323-324.

do Riachuelo, com a Armada brasileira, comandada pelo almirante Francisco Manuel Barroso da Silva, destroçando a inimiga no rio Paraná. Em terra, o Exército paraguaio se renderia aos aliados, em setembro de 1865, recuando para defender a fronteira sul do país[1210].

A segunda fase corresponde à aguerrida defensiva paraguaia perante o lento avanço aliado. "Ficaram célebres as batalhas de Tuiuti, em 24 de maio e 3 de novembro de 1866, nas quais foi rechaçada a contraofensiva paraguaia, com grande destaque para os brigadeiros Manuel Luís Osório e Mena Barreto. Mas a resistência paraguaia seria tenaz, impingindo grande derrota aos aliados na batalha de Curupati (22/9/1866) e defendendo com garra a fortaleza de Humaitá, cuja queda abriria o caminho dos aliados para Assunção. Somente em agosto de 1868 a fortaleza seria ocupada, com as forças brasileiras comandadas pelo marquês de Caxias. A guerra entrou na terceira e decisiva fase a partir da vitória aliada em Lomas Valentinas, em dezembro de 1868, e da ocupação de Assunção, em janeiro de 1869. Lopez iniciaria, então, uma guerra de guerrilha, refugiado a leste da capital, até sofrer derrotas fatais nas batalhas de Campo Grande, em agosto, e Cerro-Corá, em 1º de março de 1870, quando, encurralado, perdeu a vida. O comandante-em-chefe das forças aliadas era então o Conde d'Eu, que ficaria afamado pelos massacres perpetrados no Paraguai"[1211].

"A guerra mudaria, sem dúvida, o curso da história imperial. Antes de tudo, trouxe à tona o despreparo do Exército, fragilidade somente compensada pelos corpos de Voluntários da Pátria, criados por decreto de janeiro de 1865, assegurando soldo aos cidadãos entre 18 e 50 anos que se alistassem para a guerra. Mal armados, com fardas dispares, constituíram, junto com a Guarda Nacional, 75% dos efetivos brasileiros no conflito e tiveram 45% de baixas. Dentre eles, muitos libertos e mesmo escravos, que depois os republicanos chamariam de "voluntários a pau e corda", numa alusão ao recrutamento forçado. O fato, porém, é que muitos escravos se ofereceram para lutar, quer substituindo seus amos ou filhos deles, quer convencendo os senhores a "vendê-los para a guerra", pois em ambos os casos tinham a garantia, por lei, de "alforria imediata". Parte da oficialidade do Exército mas não da Marinha – saiu da guerra

[1210] Ibidem, p. 324.
[1211] Ibidem, p. 324-325

convencida de que a Monarquia não lhe dava o apoio devido. Por outro lado, a tomada de consciência do atraso brasileiro em face do modelo de civilização que o Império dizia defender na guerra – sobretudo pela manutenção da escravidão – alcançou muitos intelectuais e políticos do Segundo Reinado"[1212]. O fato é que o Exército saiu da Guerra do Paraguai como um ator político importante. O Império se viu forçado a criar uma força militar do nada. Antes desprestigiada e preterida pela aristocrática Marinha e, até mesmo, pela Guarda Nacional, a força terrestre ganhou um novo *status* no pós-guerra, reorganizada e fortalecida, com seus líderes tornando-se, aos poucos, republicanos.

O movimento abolicionista só faria crescer, a começar pela Lei do Ventre Livre (1871), e o movimento em favor da República se formalizaria no famoso Manifesto de 1870, origem do próprio Partido Republicano. "Se o Brasil destroçou o Paraguai, adensando por meio da vitória o sentimento patriótico sob o manto imperial, a monarquia sairia da guerra com o destino selado. O que Machado de Assis escreveu numa crônica de 1894, já na República, se ajustava como uma luva ao pós-guerra: 'Não há dúvida de que os relógios, após a morte de Lopez, andam muito mais depressa'"[1213].Após o conflito, começou a se desenhar o fim do Império, para o qual foi muito determinante a questão dos escravos. Na região, o Brasil era o único a manter essa nefasta instituição.

E qual foi o resultado da Guerra do Paraguai para o Brasil? O País foi, efetivamente, vencedor desse mais importante conflito que viveu em sua história que chegou a consumir, segundo estimativas confiáveis, cerca de 300 mil pessoas? ASSUNÇÃO considera em sua obra que, na verdade, embora vitorioso formal da conflagração, o Império Brasileiro não foi, ao fim, beneficiado com ela, a não ser pela anexação ao território nacional de terras, hoje parte do Mato Grosso do Sul, disputadas pelos dois países. Segundo o autor:

> *"Afinal de contas, quem ganhou a Guerra do Paraguai? O vitorioso Brasil certamente não o foi, e sua conquista militar sobre enormes percalços pode ser considerado uma vitória inútil. Por causa do conflito, o Império, que havia conquistado pouco tempo*

[1212] Ibidem, p. 325.
[1213] Ibidem, p. 325.

antes a supremacia na América do Sul diante da eterna rival Argentina e vivia, talvez, o seu melhor período, ao menos no front interno, adquiriu uma enorme dívida com os bancos ingleses que quase o levou à bancarrota. O estoque da dívida equivalia a 11 anos do orçamento imperial, que passou a ficar no vermelho a partir dessa época. Por fim, a guerra trouxe a república – forma de governo de todos os demais países americanos – ao Brasil, como consequência do fortalecimento do Exército e do seu distanciamento do poder imperial, além do descontentamento com o Império por parte de antigos aliados. Assim, a monarquia sucumbiu apenas 19 anos após o fim da guerra, embora o próprio Brasil e a Argentina tenham conquistado territórios em litígio que pertenciam ao Paraguai.

A pátria de López, obviamente, também não ganhou nada, muito pelo contrário. Teve sua infraestrutura praticamente destruída ao fim da guerra e nunca mais desfrutou o poder que ostentava ao tempo de Francia e dos López. (...) O Uruguai, por sua vez, cuja participação no conflito foi forte apenas no início, e a seguir apenas de forma simbólica, não obteve territórios reservados às duas potências mais fortes, nem o pagamento de indenizações que Brasil e Argentina requisitaram ao inimigo vencido. (...) Tirando todos esses protagonistas, o conflito, a nosso ver, teve apenas um vencedor: a Argentina, que, além de obter territórios há tempos em disputa com o vizinho Paraguai, conquistou sua unificação exatamente nesse período, por pressão da guerra, que forçou a união dos argentinos contra um inimigo comum. É preciso lembrar que, no início da Guerra do Paraguai, o país era dividido em dois, um com sede em Buenos Aires, dirigido pelo presidente Bartolomeu Mitre, e outro com sede em Paraná, Corrientes, sob o mando do poderoso caudilho Justo José de Urquiza. O conflito forneceu a razão e o pretexto para que o país se unificasse e logo se tornasse a segunda potência mais importante do hemisfério, imediatamente atrás do Brasil.

Um efeito positivo marginal foi o enriquecimento de alguns comerciantes argentinos, um deles Gregório Lezama, e a firma Lezica e Lanus, de Buenos Aires, que foram os fornecedores das tropas aliadas em campanha. O Brasil arcou com a maior parte dos gastos e, como dono do maior exército, perdeu muito mais gente que os argentinos. O conflito forneceu a base econômica e social para que o país platino se tornasse, no início do século XX, o mais rico e poderoso da América do Sul, suplantando o Brasil naquela época"[1214].

[1214] Assunção, Moacir. *Nem heróis nem vilões*, cit., p. 351-352.

9.4 Decadência do Império

9.4.1 A questão escravocrata – Os escravos e a luta pela liberdade no Brasil

A participação dos escravos nos movimentos políticos e sociais ocorreu da seguinte forma:

9.4.1.1 Antecedentes: Quilombos e guerrilhas

Os quilombos tiveram grande importância e caracterizam até hoje a luta dos negros contra o jugo da escravidão. "Edison Carneiro[1215], estudando as formas de luta dos escravos, caracteriza-as da seguinte maneira: a) a revolta organizada, pela tomada do poder, que encontrou a sua expressão nos levantes dos negros malês (muçulmanos), na Bahia, entre 1807 e 1835; b) a insurreição armada, especialmente no caso de Manoel Balaio (1839) no Maranhão; e c) a fuga para o mato, de que resultaram os quilombos. De "fato, essas três formas fundamentais de luta caracterizaram, de um modo geral, os movimentos dos escravos contra o instituto da escravidão"[1216].

"A Bahia, no século XIX, era uma província cuja economia se baseava quase exclusivamente na exportação de produtos agrícolas para o exterior, especialmente açúcar. A carestia de vida era alarmante, os víveres faltavam no mercado e seus preços eram elevadíssimos. O plantio exclusivo dos gêneros destinados à exportação era uma das causas fundamentais desse estado de coisas. Um economista da época dirá que os donos de terras não queriam perder os 'preciosos torrões do massapê" com a "mesquinha plantação de mandioca'. A carne era outro gênero caríssimo.

[1215] Edison de Souza Carneiro (1912 – 1972) – Escritor, diplomado em Ciências Jurídicas e Sociais, foi um dos maiores etnólogos brasileiros, comprometido com os estudos sobre a cultura afro-brasileira. Como folclorista e historiador, foi um dos mais destacados pesquisadores da cultura popular, tendo participado de movimentos que visavam ao conhecimento e valorização do folclore nacional. Viveu no Rio de Janeiro desde 1939, onde trabalhou como jornalista, ensaísta e professor, sempre voltado para as questões que tocavam a brasilidade e o popular. Militou no Partido Comunista Brasileiro (PCB) a partir da década de 1930.

[1216] Moura, Clóvis. *Rebeliões da senzala, quilombos e guerrilhas*. São Paulo: Anita Garibaldi, 2014, p. 145.

Ninguém podia criar o gado numa distância inferior a dez léguas do litoral. Além disso, o comércio abatedor era monopolizado, o que concorria ainda mais para o encarecimento do preço. A falta de estradas contribuía para dificultar o transporte do gado para o corte em Salvador"[1217].

A revolta contra esse estado de coisas começará com a revolta dos haussás, que delimitará o início do primeiro ciclo de lutas, no ano de 1807, e será dirigida por escravos maometanos. É verdade que – como acentua Nina Rodrigues[1218] – essa primeira escaramuça – como também a de 1809 – foi apenas um ensaio parcial e ainda vacilante da que eclodirá no ano de 1813, de proporções já bem maiores"[1219]. As principais revoltas foram:

- Insurreição da Vila de São Mateus (1822)
- Uma revolta a bordo de um "tumbeiro" da África, que carregava negros macuas (1823)
- Quilombo do Urubu (1826)
- A grande insurreição de escravos Nagôs (1835)
- A insurreição esquecida dos escravos haussás, tapas e nagôs (1844)

"A participação dos escravos nos movimentos políticos ocorridos durante o período da Colônia e do Império foi uma decorrência da situação social em que se encontravam. Havia nas Ordenações Manoelinas – estatuto que regeu a situação dos escravos até a Independência – um título regulando '*De Como se Podem Rejeitar Escravos ou Bestas por Doença ou Manqueira*"[1220].

Na Constituição de 1824 foram sumariamente excluídos do direito ao voto quaisquer pessoas com rendimentos anuais inferiores a 100 mil réis.

[1217] Ibidem, p. 129.

[1218] Raimundo Nina Rodrigues (1862-1906) – Maranhense, médico (Faculdade de Medicina de Salvador), professor, patologista, etnólogo, sociólogo e escritor. Apresentou diversos trabalhos, a saber: *A morfeia em Anajatuba, Das amiotrofias de origem periférica, Estudo sobre o regime alimentício do norte, Fragmentos da patologia interna, O alienado no direito civil brasileiro, Os africanos no Brasil, O animismo fetichista dos negros baianos.*

[1219] MOURA, Clóvis. *Rebeliões da senzala, quilombos e guerrilhas.* São Paulo: Anita Garibaldi, cit., p. 130.

[1220] Ibidem, p. 48.

volveu. Se é verdade que esses intelectuais desejavam acabar com a situação em que se encontrava a capitania e neste particular exerceram papel saliente e tiveram uma importância que deve ser destacada, o certo é que recuaram ou vacilaram à medida que os acontecimentos foram tomando caráter mais radical e a ele vieram se incorporar artesãos, soldados, alfaiates, sapateiros, ex-escravos e escravos. Será, pois, entre as camadas empobrecidas da capital baiana que o movimento encontrará base social e consolidar-se-á politicamente. Queriam a emancipação da capitania da tutela portuguesa, um regime de igualdade para todos, em que não mais houvesse preconceito de classe ou raça e cada um fosse julgado exclusivamente pelo seu merecimento"[1228].

É sabido que conjurados baianos mantinham "ligações estreitas com a França, dali recebendo livros e apoio para o movimento. Oficiais de navios franceses que aportavam na Bahia comunicavam-se com os conspiradores. Em 1792, a Metrópole recomendava ao Governo da Colônia vigilância severa ao navio francês *Le Diligent* que vinha à procura do explorador desaparecido *La Pérouse* mas, segundo pensavam os governantes lusos, tinha o objetivo secreto de disseminar entre nós 'o espírito de liberdade que reinava na França'. Octavio Tarquínio de Souza[1229] afirma que a mesma Carta Régia que denunciava as intenções do *Le Diligent* informava que a constituição francesa de 1791 já havia sido traduzida para o espanhol e o português. A sociedade secreta 'Cavaleiros da Luz', que se reunia provavelmente na casa de João Ladislau de Figueiredo e Melo[1230], como inúmeras outras criadas sob o manto de sociedades literárias, pregava as obras de Voltaire e os seus membros tinham entre os seus livros Mably,

[1228] Ibidem, p. 53.

[1229] Octávio Tarquínio de Sousa Amarantho (1889-1959) – Carioca, historiador, jornalista, bacharel em direito, escritor, ministro do Tribunal de Contas (TCU), presidente da Associação Brasileira de escritores. Publicou a revista "Du Brasil" e a "História dos Fundadores do Império do Brasil" (10 volumes). Morreu em desastre de avião.

[1230] João Ladislau de Figueiredo e Melo – Nasceu em Cachoeira, estudou em Portugal, era boticário (farmacêutico), voltando para o Brasil em 1789. Vivia no Bairro da Barra (Salvador), onde instalou-se em sua casa a Loja Maçônica Cavaleiros da Luz, sob os auspícios do Grande Oriente da França. Participavam das reuniões Francisco Antonio Gomes (iluminista riquíssimo), Cipriano Barata, Francisco M. Barreto etc. Fez ligação com Padre Roma em relação à Revolução de 1817.

Reynal, Condorcet, liam Adam Smith e discutiam as ideias dos enciclopedistas. Inúmeros 'papéis libertinos' chegavam para os conspiradores baianos como também ao Rio de Janeiro onde, em 1794, o padre José de Oliveira dizia que: meio Rio de Janeiro estava perdido e libertino'. Os intelectuais ligados às ideias liberais e que desejavam a emancipação da Colônia eram chamados de 'franceses' pela influência que os pensadores da França exerciam sobre eles"[1231].

O movimento, porém, não ganhava a amplitude exigida para conseguir vencer, pois os seus líderes não se sentiam inteiramente encorajados a se apoiarem nas camadas sociais mais descontentes e dar uma base social mais radical à revolta. Em consequência dessa posição meio expectante, a conjuração como que estaciona, surgindo as primeiras delações. O padre José Fonseca Neves delata-a. Apesar disso, prossegue a sua organização e surgem os seus primeiros líderes populares[1232].

"Luiz Gonzaga das Virgens[1233] é o primeiro que se destaca. Descontente com a orientação que vinham dando à revolta, inicia amplo movimento de agitação e difusão do programa dos inconfidentes que passou a ser pregado, durante as noites, nas ruas da capital baiana em manuscritos nos quais se lia: *"homens, o tempo he xegado para vossa ressureição, sim, para ressuscitardes do abismo da escravidão para alevantardes a sagrada bandeira da liberdade"*. Aluízio Sampaio informa ainda que os manuscritos continham o programa do movimento que era: 1.º) Independência da Capitania; 2.º) Governo Republicano; 3.º) Liberdade de comércio e abertura dos portos às nações, "mormente à França"; 4.º) Cada soldado terá saldo de 200 réis por dia; 5.º) Libertação dos escravos"[1234].

[1231] MOURA, Clóvis. *Rebeliões da senzala, quilombos e guerrilhas*. São Paulo: Anita Garibaldi, cit., p. 54.

[1232] Ibidem, p. 54.

[1233] Luís Gonzaga das Virgens e Veiga (1761-1799) – Baiano, participou como um dos líderes da Conjuração dos Alfaiates (Baiana). Era soldado, lia obras iluministas francesas, escrevia panfletos e pasquins que eram afixados nas ruas de Salvador defendendo a igualdade social, racial e a República. Foi condenado a morte pelo crime de Lesa-Majestade, sendo degolado e esquartejado.

[1234] MOURA, Clóvis. *Rebeliões da senzala, quilombos e guerrilhas*. São Paulo: Anita Garibaldi, cit., p. 55.

No entanto, já haviam sido tomadas as providências para que a revolta fosse sufocada. "O autor dos manuscritos é caçado pela polícia sendo preso em 24 de agosto. Tentam os seus companheiros arrancá-lo do cárcere, fracassando, no entanto, a tentativa dos conjurados, após o que, seguem-se novas delações, afastando-se muitos intelectuais do movimento, ficando na sua direção prática líderes saídos das camadas mais baixas e oprimidas da população da capitania: artesãos, ex-escravos e escravos. O governo iniciou imediatamente uma brutal repressão contra o movimento, detendo inúmeros dos seus participantes"[1235].

Os presos, quase todos, eram de origem humilde: João de Deus Nascimento, Manoel, Faustino dos Santos e Inácio da Silva Pimentel Luiz da França Pires e José do Sacramento, José Pires; Cosme Damião e Vicente Mina eram pardos livres, pardos forros (alforriados) e negros escravos. Dos presos, quatorze eram pardos forros ou livres; nove eram pardos escravos; um era negro escravo e dez eram brancos[1236].

Recolhidos à prisão ali permaneceram até que, em 22 de dezembro, foi enviada carta ao governador determinando que se realizasse o julgamento. Em novembro de 1799 terminava, com as seguintes sentenças: Luiz Gonzaga das Virgens condenado a morrer na forca e ter pés e mãos decepados e expostos em praça pública; João de Deus Nascimento, Lucas Dantas, Manoel Faustino dos Santos Lira também foram sentenciados à forca e esquartejamento, ficando seus corpos expostos em lugares públicos. Igual sentença foi decretada contra Romão Pinheiro, com a agravante de serem seus parentes considerados infames. (Posteriormente sua pena seria atenuada para degredo). O escravo Cosme Damião foi banido para a África. O pardo escravo Luiz da França Pires teve igual sentença e o pardo escravo José Pires, que conseguira fugir, foi condenado à morte[1237].

Finalmente, no dia 8 de novembro de 1799, foram enforcados na Praça da Piedade. Lucas Dantas e Manoel Faustino não aceitaram a extrema-unção que um padre franciscano lhes oferecera. Os quatro foram executados.

1235 Ibidem, p. 55.
1236 Ibidem, p. 56.
1237 Ibidem, p. 57.

9.4.1.3 Revolução Pernambucana de 1817 e a participação dos cativos

Da Revolução Pernambucana de 1817 o escravo também participará. Embora sua atuação não seja tão visível e ativa como na Inconfidência Baiana[1238].

"A Revolução de 1817 já não terá um sentido tão radical como a dos alfaiates baianos. Sua composição social será bem distinta, seu programa bem menos avançado e seus objetivos mais acanhados, sendo que no particular da abolição do trabalho servil, embora inicialmente se falasse em extinção da escravidão, logo após a vitória precária da revolução, o Governo Provisório apressava-se em esclarecer o assunto com o seguinte documento:

> *'Patriotas Pernambucanos! A suspeita tem-se insinuado nos proprietários rurais: eles creêm que a benéfica tendência da presente liberal revolução tem por fim a emancipação indistinta dos homens de côr escravos. o Governo lhes perdoa uma suspeita que o honra. Nutrido em sentimentos generosos não pode jamais acreditar que os homens, por mais ou menos tostados degenerassem do original tipo de igualdade; mas está igualmente convencido que a base de toda sociedade regular é a inviolabilidade de qualquer espécie de propriedade. Impelido destas duas forças opostas, deseja uma emancipação que não permita mais lavrar entre êles o cancro da escravidão; mas deseja-a lenta, regular, legal. O Governo não engana ninguém; o coração se lhe sangra ao vêr tão longínqua uma época tão interessante, mas não a quer prepóstera. Patriotas: vossas propriedades ainda as mais opugnantes ao ideal da justiça serão sagradas; o Governo porá meios de diminuir o mal, não o fará cessar pela força. Crede na palavra do Governo, ela é inviolável, ela é santa'.*

Joaquim Nabuco, comentando o documento, diz que os revolucionários pernambucanos viram-se colocados "entre a escravidão e o cadafalso". E para salvarem a pele tentaram uma aliança com o latifúndio. Para tal, levantando a bandeira de inviolabilidade da propriedade, um dos postulados teóricos do liberalismo, estenderam esse direito até a posse de outros seres (uma das características do direito das sociedades escra-

[1238] Ibidem, p. 58.

vistas), servindo, assim, à defesa da propriedade dos senhores de escravos que era reconhecida no País"[1239].

Mesmo assim, os escravos participam da revolução. Quando o Conde dos Arcos iniciou a repressão violenta e sanguinária contra o movimento pernambucano, ordenou o fuzilamento sumário de inúmeros cativos que lutavam ao lado dos republicanos. Na Paraíba, ao ser Amara Gomes Coutinho enforcada pela Justiça Imperial por haver participado da revolta de 1817, juntamente com ela subiram ao patíbulo, por crime idêntico, 24 cativos[1240].

"Em manuscrito transcrito por Gilberto Freyre afirma Luiz do Rego Barreto, em correspondência para a Metrópole, *que 'Não farão todos os Negros, nem todos as Mulatos as que tornarão a partida das Rebeldes e se unirão a elles; porém dos Homens destas côres aqueles, que abraçarão a cauza dos Rebeldes, a abraçarão na de hum modo excessivo, e insultante, e fizerão lembrar com frequência aos moradores as scenas de S. Domingos. Os homens mais abjetos desta classe, as mesmos, mendigos, insultarão seos antigos Benfeitores, seos Senhores, ou Senhoras e se promettião com todo despoja, a passe de huma Senhora, cama acontecimento infalível: este grao de orgulho já era temível quando o Governador Interina Rodriga José Ferreira Lobo entrou nesta Capitania, e huma das medidas mais esficazes que elle tornou foi punir promptamente com açoites a todos aqueles, de quem se sabia algum facto. notavel desta especie, ou que tenha commetido algum attentado a coberto da Rebelião'"*[1241].

Os escravos aproveitaram – como as próprias autoridades reconheceram – a revolta e tentaram infrutiferamente conseguir a liberdade.

9.4.1.4 Revolta de 1823

Após o fracasso da revolução de 1817, ainda em Pernambuco iremos encontrar os escravos preparando-se para novo levante, fato que se verificará no ano de 1823. Se na revolução de 1817 a participação dos cativos foi parcial, nesse levante de que nos ocuparemos agora foi decisiva e nele quase só tornaram parte cativos e ex-cativos. Seu líder era o mulato Pedro da Silva Pedroso. Com o levante de Pedroso, o comércio de Recife

1239 Ibidem, p. 58-59.
1240 Ibidem, p. 59.
1241 Ibidem, p. 60.

fechou suas portas e, durante dias, a cidade foi dominada pelos insurgentes. Enquanto durou a ocupação, os escravos e pardos cantavam nas ruas da capital pernambucana:

> *Marinheiros e caiados*
> *todos devem se acabar*
> *porque só pardos e pretos*
> *o país hão de habitar*[1242].

"A esse movimento aderiu a quase totalidade das forças da 1ª e 2ª Linha e as companhias Monta Brechas, Bravos da Pátria e Intrépidos, compostas de mestiços e negros. Durante a fase em que o movimento se considerou vitorioso, as ruas estavam cheias de 'grupos ruidosos de ínfima gentalha de cor e seminua'. Alarmados com a situação inesperada, os senhores de engenhos cedo se organizaram para liquidar o movimento de Pedroso. No Engenho do Cabo formou-se um verdadeiro exército recrutado pelos donos de engenhos de Pernambuco que, comandado por Pais de Barros, seguiu para esmagar a revolta. Segundo Alfredo de Carvalho estavam '*armados de grossos bacamartes de boca de sino, pesadas ganadeiras reunas, compridas lazarinas de fuzil, monstruosas pistolas de coldres, chuços de todos os formatos, ferrugentos espadões de gala, facões de rabo de galo, recurvos como cimitarras*'. As tropas conseguiram esmagar, com relativa facilidade, os homens de Pedroso"[1243].

9.4.1.5 Os escravos e a Revolução do Porto

Em 1821, em Minas Gerais, os negros escravos organizaram-se para impor as determinações da Constituinte (Cortes)... portuguesa. Quando chegou ao Brasil a notícia da Revolução Liberal do Porto, muito influenciada pela Revolução Francesa, e a principal causa da volta de D. João para Lisboa, os escravos em Minas Gerais, com base nessas ideias liberais, proclamam seus direitos "em toda a zona onde atuavam – Guaracaba, Sabará e Santa Rita, travando muitas vezes combates com os habitantes do Paraibuna e contra os pretos do Arraial de Santa Bárbara que se colocaram contra

[1242] Ibidem, p. 60.
[1243] Ibidem, p. 60-61.

o movimento. Algum tempo depois de haver Argoin, escravo de grande prestígio, iniciado o aliciamento de adeptos, já contava, em suas fileiras, com cerca de 15 mil cativos na região de Ouro Preto"[1244]. É que Argoin, e também os escravos, achavam que essas ideias libertárias que vinham da Europa eram para eles também, e não eram. Era só para os brancos.

A eles haviam aderido dois regimentos de Cavalaria Auxiliar da Comarca de Serro Frio. "Iniciaram, então, ataques aos negros da região que não haviam aderido à luta, matando-os. Criaram uma bandeira, usavam distintivos nas roupas e muitos deles festejavam antecipadamente a liberdade. Uma das proclamações do seu chefe diz: '*Em Portugal proclamou-se a Constituição que nos iguala aos brancos: esta mesma Constituição jurou-se aqui no Brasil. Morte ou Constituição decretamos contra Pretos e Brancos: morte aos que nos oprimirão – Pretos miseráveis! Vede a vossa escravidão: já sois livres. No campo de honra derramai a última gota de sangue pela Constituição que fizerão os nossos irmãos de Portugal*'. Depois de alguns combates, eles foram se separando até quando veio a independência do país o que fez com que julgassem que haviam atingido seus objetivos, dispersando-se em seguida"[1245].

9.4.1.6 Os escravos e a independência da Bahia

Ainda em outros movimentos iremos encontrar o negro escravo: quando, em 1823, as tropas do general português Inácio Luís Madeira de Melo foram expulsas da Bahia pelos batalhões patrióticos, eles participaram da luta no "Batalhão dos Libertos", formado por ex-escravos. Depois da Independência, pediram sua liberdade. Alguns, entretanto, lutaram pelo exército da Metrópole e 50 que foram presos acabaram fuzilados sumariamente pelo general francês Pierre Labatut[1246], que comandava o Exército

[1244] Ibidem, p. 62.

[1245] Ibidem, p. 63.

[1246] Pierre Labatut (dito Pedro Labatut) (1768-1849) – Francês, militar, lutou pela independência de colônias na América do Sul, como Nova Granada (com Bolívar), chegando ao Brasil em 1819. Foi contratado por D. Pedro para lutar contra as tropas lusas que resistiam à independência brasileira na Bahia com o posto de Brigadeiro. Desligado das tropas brasileiras (1829) foi reintegrado em 1831, no mesmo posto (Brigadeiro). Ajudou a reprimir revoltas internas, como no Ceará e os farroupilhas, quando foi derrotado. Reformou-se no posto de Marechal-de-Campo.

Pacificador Brasileiro. Este, um veterano das guerras napoleônicas, diria que deveriam ser formados corpos de Primeira Linha integrados pelos negros. "Estes indivíduos se tornarão bons soldados, conseguindo a liberdade, como me convenço experimentalmente com a conduta dos libertos do imperador que disciplinei e instruí", afirmou o militar, que derrotou o general português Madeira, forçando-o a retornar à sua terra[1247].

Na Paraíba, em 1874, "os negros escravos tiveram participação, também, no episódio da adoção do novo sistema de medidas (métrico decimal) que a população entendeu tratar-se de mais um imposto e promoveu passeatas pelas ruas de Campina Grande no movimento que se tornou conhecido como "Quebra quilos". Um grupo de escravos, comandados por um negro chamado Manuel do Carmo, assumiu a direção do levante. Eles foram até o presidente do Conselho Municipal, Bento Gomes Pereira, e exigiram que ele entregasse o livro de fundo da emancipação, no qual estavam os nomes dos novos escravos. Acabaram sendo enganados por Pereira que lhes entregou um livro qualquer como se fosse o que procuravam. Retornaram para Campina Grande onde pretendiam iniciar uma revolta, mas acabaram dispersando-se depois que souberam que seguia para a cidade um forte contingente de soldados sob o comando de Belarmino Ferreira da Silva. Diante do confronto que lhes seria desfavorável, eles resolveram internar-se nas matas e tornar-se quilombolas"[1248].

Na Sabinada, na Bahia, em 1837, quando Sabino Vieira insurgiu-se contra a monarquia, instalando uma república naquela província, a presença negra foi, igualmente, forte. Um corpo de tropa constituído de negros denominado batalhão dos "Leais à Pátria" sob o comando do major Santa Eufrásia combateu naquela ocasião. No movimento abolicionista é possível ver os negros atuando destacadamente ao lado dos mais radicais adeptos da causa, dentro das organizações abolicionistas ou fora delas. Luiz

[1247] Moura, Clóvis. *Rebeliões da senzala, quilombos e guerrilhas.* São Paulo: Anita Garibaldi, cit., p. 63.
[1248] Ibidem, p. 65.

Gama[1249], André Rebouças[1250], José do Patrocínio, intelectuais negros, contribuíram para apressar a extinção do instituto da escravidão[1251].

9.4.1.7 Legislação e economia no caminho da alforria

Vários fatores contribuíram para a queda do Império, e a questão escravocrata representou fator marcante, também, para o desprestígio do imperador, unindo progressistas e conservadores contra D. Pedro. Os primeiros porque julgaram que ele demorou muito a ceder e que só se preocupou com a abolição quando esta já era inevitável; os conservadores culparam-no por ter cedido às exigências dos progressistas. Assim, entre dois polos, o imperador ficará em uma situação difícil, ainda mais pelo fato de que um príncipe estrangeiro, o francês Conde D'eu, marido da

[1249] Luís Gonzaga Pinto da Gama (1830-1882) – Baiano, mestiço, filho de um nobre luso e uma alforriada negra, vendedora de rua em Salvador. O pai vendeu-o aos dez anos (mesmo sendo livre), e foi levado para o Rio de Janeiro (1840). Ficou com o comerciante Antonio Pereira Cardoso em São Paulo, onde foi alfabetizado. Conseguiu novamente a liberdade em 1848, quando entrou na Força Pública de São Paulo. Neste período, também, trabalhou como copista de escrivão do Delegado de Polícia. Ao sair da Força Pública foi nomeado amanuense da Secretária de Polícia de São Paulo. Passou, então, a escrever poemas satíricos, criticando a política, o conservadorismo, a escravidão e a Igreja. Lançou "Trovas Burlescas de Getulino", rejeitando o romantismo. Escrevia para os semanários "Diabo Coxo", o "Cabrião" e o "Radical Paulistano". Entrou para a Maçonaria em 1868, que defendia a abolição dos escravos e o ensino amplo. Brigou com o juiz municipal suplente favorável aos Senhores de Escravos e perdeu o cargo de amanuense. Passou, então, a advogar em defesa dos escravos, mesmo sem faculdade de Direito. Aderiu ao movimento republicano e colaborou para a criação do Partido Republicano Paulista (1873). Conseguia fundos para alforria de escravos por intermédio da Caixa Emancipadora Luiz Gama.

[1250] André Rebouças (André Pinto Rebouças) (1838-1898) – Baiano, mulato, criado no Rio de Janeiro, frequentou a Escola Militar e a Escola de Aplicação da Praia Vermelha, onde conseguiu o diploma de engenheiro militar (1860). Estudou, também, na Europa. Serviu na Guerra do Paraguai. Passou a dar aula na Escola Central (depois Politécnica) de cálculo, botânica, arquitetura e resistência de materiais, além de realizar projetos de obras para empresas privadas (Abastecimento de água e Alfândega e docas do Rio). Passou a apoiar a campanha abolicionista por intermédio da Sociedade Brasileira contra a Escravidão e a Confederação Abolicionista. Monarquista. Defendia a modernização do Brasil, e após a proclamação da República exilou-se com D. Pedro II e fixou-se em Lisboa. Morreu em Funchal (Ilha da Madeira) após cair de um penhasco.

[1251] MOURA, Clóvis. *Rebeliões da senzala, quilombos e guerrilhas*. São Paulo: Anita Garibaldi, cit., p. 66-67.

Princesa Isabel, é que poderia se tornar o próximo regente. Havia uma enorme rejeição na sociedade à possibilidade de a princesa do Brasil ficar sob a tutela de um nobre estrangeiro. E ainda mais de um estrangeiro que não gozava de muito prestígio e era chamado de "General Cortiço", por explorar habitações populares, destinadas à população mais humilde.

Duas datas marcaram o processo de libertação escravocrata: em 1850 houve a extinção do tráfico; e em 1888 consolidou-se a abolição da escravatura. Ocorre que, anteriormente, alguns fatores contribuíram para esse processo, como a influência das ideias liberais, cujos democratas lutavam a favor dos negros desde o século XVIII. Por exemplo, em 1758, o padre Manuel Ribeiro da Rocha escreveu sobre a defesa do negro, num texto intitulado *Etíope resgatado*. Depois, em 1789, a Inconfidência Mineira já pregava a libertação dos escravos. No século XIX, entre 1808 e 1822, Hipólito da Costa, com o seu jornal *Correio Brasiliense*, veiculado em Londres, ficou conhecido por seus ideais abolicionistas. Por fim, conforme será descrito a seguir, o papel da Inglaterra merece destaque, pois atuou contra o tráfico desde o século XVIII, dando mostras de sua posição quando o aboliu, em 1807, em suas próprias colônias.

Quando condena o tráfico, a Inglaterra tem os seguintes motivos: 1) o seu prestígio comercial nas costas da África (quer evitar a concorrência que o comércio de negros fazia ao seu comércio com as colônias); 2) impedir a concorrência entre as outras colônias e as suas; 3) o trabalho escravo era uma instituição conservadora e a Inglaterra queria a expansão do capitalismo. Outras conquistas inglesas na repressão ao tráfico: 1815 – Através do Congresso de Viena, conseguiu que os países acima do Equador abolissem o tráfico; 1817 – Inglaterra coloca-se contra o tráfico ilícito, reprimindo-o; 1826 – Só reconhece a Independência do Brasil mediante o tratado que determinava um prazo de 5 anos para a extinção do tráfico no País; 1831 – lei de Feijó para a extinção do comércio ilegal de escravos (não foi obedecida; Inglaterra inicia a repressão); 1845 – *Bill Aberdeen* – lei que declara lícito o apresamento de qualquer navio que comerciasse com escravos, ficando os infratores sujeitos a julgamento por pirataria perante os Tribunais do Almirantado inglês. Apesar da pressão (navios ingleses atacavam os brasileiros dentro de portos nacionais), o tráfico não cessou. Pelo contrário, de 1840 a 1850 houve uma reativação do contrabando de cativos devido ao surto cafeeiro em sua fase inicial. A partir de 1840, entraram no Brasil cerca de 50 mil escravos anualmente (1849 – entraram 54.000) enquanto que a média anual era de 20 mil a 30 mil negros por ano.

Ainda sobre esse tema, "a Lei nº 581 do Império do Brasil, aprovada em 4 de setembro de 1850 e conhecida como Lei Euzébio de Queirós, extinguiu finalmente o tráfico de escravos africanos para o Brasil, após mais de 30 anos de acordos não cumpridos com a Inglaterra. Desde finais do século XVIII, o comércio negreiro, até então legal e amplamente praticado pelos países europeus envolvidos na colonização americana, começou a perder progressivamente legitimidade, até tornar-se ilegal na maioria dos países que o praticavam, nas primeiras décadas do século XIX. De fato, o conhecido dilema entre a ideia de que os homens nasciam livres e iguais, reconhecida pelo liberalismo, e a manutenção da escravidão, amparada por constituições liberais, não foi específico do Brasil monárquico, mas ocorreu em toda a América. Nesse contexto, se a escravidão manteve em parte sua legitimidade em nome do direito de propriedade, o comércio negreiro, que implicava o ato de privação de liberdade, transformou-se rapidamente em prática infame"[1252].

Com a finalidade de ampliar os mercados consumidores a Inglaterra proibiu o tráfico de escravos em suas colônias, em 1807, "contrariando antigos interesses coloniais com representação no Parlamento inglês, transformou a repressão ao comércio de cativos em política de Estado para o governo britânico. Havia, no entanto, consenso sobre a importância econômica do tráfico africano para a lavoura de exportação e um enorme comprometimento do conjunto da população livre com a continuidade da escravidão. Em 7 de novembro de 1831, foi promulgada a primeira lei nacional proibindo a entrada de escravos africanos no país, prevendo pesadas penas a quem vendesse, transportasse ou comprasse aqueles recém-chegados, chamados boçais, estabelecendo a prova de conhecimento da língua portuguesa para identificá-los. Mas os esforços foram insuficientes para conter o contrabando, que era apoiado pelas populações locais e encontrava fácil mercado na conjuntura de expansão da cafeicultura. Nos poucos carregamentos apreendidos, os acusados

[1252] Vainfas, Ronaldo. *Dicionário do Brasil Imperial (1822-1889)*, cit., p. 473-474.

eram absolvidos. Os africanos assim recolhidos, a princípio, deveriam ser mandados de volta, pelo governo, para alguma parte do território africano, determinação que logo se mostrou impossível de ser cumprida"[1253].

Em agosto de 1845, o Parlamento inglês votou a já citada lei *Bill Aberdeen*, declarando legal o apresamento de qualquer navio brasileiro empregado no tráfico negreiro, mesmo em águas territoriais do Império, e dava aos tribunais da Inglaterra o poder de julgar os infratores por pirataria. Aumentaram, desde então, as incursões britânicas em águas territoriais brasileiras e os incidentes entre as autoridades britânicas e os navios nacionais. "Desenvolveu-se, especialmente na corte, um forte sentimento antibritânico. Foi nesse contexto que um novo gabinete conservador conseguiu aprovar no Parlamento, em 1850, a Lei nº 581, que concentrava a repressão ao contrabando de escravos no litoral do país e previa o julgamento de vendedores e transportadores, por juízes de direito e não por júri popular. Os fazendeiros porventura envolvidos na compra dos escravos contrabandeados continuaram, porém, sujeitos ao foro comum. Além disso, a nova lei autorizava a apreensão, no interior do país, apenas dos africanos boçais. Com isso, mesmo sem revogar a lei de 1831, restringia-se qualquer ação legal sobre os africanos adquiridos ilegalmente nas décadas anteriores, já transformados em ladinos[1254] e estimados em mais de um milhão de escravos. Inúmeros carregamentos foram apreendidos, punindo-se severamente vendedores e comandantes dos navios negreiros. Não faltaram nem mesmo prisões e enquadramentos exemplares de alguns dos fazendeiros envolvidos no comércio ilegal que, embora absolvidos, ficaram alijados da concessão de títulos de nobreza. A entrada ilegal de cativos decairia drasticamente após a aprovação da lei, para se tornar praticamente nula a partir de 1856, ano do último carregamento ilegal apreendido"[1255].

A maior parte das interpretações sobre a Lei Euzébio de Queirós e de sua eficácia na extinção do tráfico negreiro dedica-se a explicar como se

[1253] Ibidem, p. 474.

[1254] Escravos ladinos eram os que já sabiam falar português e que, muitas vezes, sabiam exercer um ofício. Os recém-chegados eram chamados de boçais, expressão que, nos dias de hoje, define pessoas ignorantes e toscas.

[1255] Vainfas, Ronaldo. *Dicionário do Brasil Imperial (1822-1889)*, cit., p. 474-475.

construíram as condições políticas de sua aprovação e implementação, em 1850, após décadas de resistência das elites imperiais em ceder, quer às pressões inglesas, quer às campanhas dos liberais mais doutrinários. A capitulação à pressão inglesa, sobretudo após a aprovação da *Bill Aberdeen*, foi aventada, pela oposição liberal da época, como a principal razão da direção adotada pelo gabinete conservador. Em discurso na Câmara em 16 de julho de 1852, Queiróz respondeu à crítica liberal, admitindo que o aumento da pressão inglesa, nos anos imediatamente anteriores à lei, associada à ausência de um discurso público de defesa da posição brasileira, impunham ao governo uma solução para o impasse, frisando, porém, que à ocasião e a forma adotadas para solucioná-lo foram exclusivamente internas, De fato, o envio da lei à Câmara foi precedido de negociações com a Inglaterra para que esta diminuísse sua ação em águas brasileiras, de modo a que fosse encaminhada uma solução política sem prejuízo da soberania nacional[1256].

E quais as consequências da extinção da escravatura?

1) Não traz grande consequência para a mão-de-obra, devido ao grande crescimento vegetativo do negro e, além disso, na zona do café, haverá a substituição do escravo pelo colono;
2) Quanto aos recursos em capital houve grande transformação. O tráfico era a atividade comercial que mais absorvia os recursos brasileiros. Com a extinção, os capitais disponíveis serão aplicados em outros setores como no café (que estava em ascensão), e em negócios como estradas de ferro, companhias de navegação e manufaturas. Foi o segundo grande surto industrial no Brasil: Vêm as primeiras máquinas destinadas à indústria (o surto de 1808 fracassara pela concorrência).
3) Formação de duas mentalidades: a) progressista, mentalidade pré-capitalista dos homens de negócios e dos fazendeiros do café em São Paulo. Estes vão ser a favor da abolição, – pois a escravidão será encarada como uma instituição do passado, contrária ao progresso do País. O escravo passa a ser encarado como um elemento

[1256] Ibidem, p. 475.

improdutivo que impedia o desenvolvimento, afugentando o braço imigrante e degradando o trabalho. Além disso, depois de 1850, tornou-se muito caro; b) conservadora – constituída pelos proprietários, ligada ao Império e ao trabalho servil.

Haverá, então, a intensificação da campanha escravocrata que segue a seguinte cronologia:

- 1865 – A partir deste ano, quase todas as forças sociais e políticas do País se colocavam contra o trabalho escravo. Em 1866, um projeto de Pimenta Bueno para a abolição total não foi aceito.
- 1868 – Organização do movimento Liberal Radical, que se coloca contra o Império por achar que se definia pelo passado (devido ao ministério conservador de julho de 1868).
- 1870 – Terminada a Guerra do Paraguai, o imperador D.Pedro II passa a se preocupar com a questão escravocrata e aderiu à campanha abolicionista. Compreendeu a situação que era de grande agitação e desordens que provocavam a insegurança do Império: fugas de escravos, alforrias particulares, nem mesmo as Forças Armadas davam conta de aprisionar os escravos que fugiam (até se recusavam).
- 1871 – Lei do Ventre Livre – O ministério do Visconde do Rio Branco assina a lei do Ventre Livre. Estancava a fonte vegetativa e levaria ao fim a escravidão, porém os abolicionistas não ficam satisfeitos: os filhos de escravos ficariam sob tutela até 21 anos e os proprietários se aproveitariam disso.

"Marco do processo abolicionista no Brasil, a Lei do Ventre Livre foi o nome que recebeu a Lei nº 2.040, de 28 de setembro de 1871. Nos seus artigos e parágrafos, muito além da questão do Ventre, regulavam-se variadas matérias que iriam aprofundar a intervenção do Estado nas relações entre senhores e escravos. Em termos gerais, a lei estabelecia a condição livre (de "ingênuo") aos filhos da mulher escrava que nascessem a partir daquela data, estabelecendo medidas, nos artigos 1º e 2º, sobre a criação e o tratamento das crianças. Até os oito anos os senhores seriam obrigados a criá-los e tratá-los: depois dessa idade tinham a opção, mediante uma indenização pelos cuidados prestados, de entregá-los ao Estado, que os encaminharia a instituições próprias. Caso preferissem ficar com as crianças, os senhores poderiam utilizar seus serviços até a idade de 21 anos. O artigo 3º criou um Fundo de Emancipação nas províncias para a compra da liberdade de escravos, oriundo de impostos, doações, loterias e multas impostas pela infração da própria lei. O artigo 4º reconheceu ao escravo o direito à formação de um pecúlio, fruto de heranças e doações, ou, com o aval de seu senhor, fruto do seu próprio trabalho"[1257].

Garantia ainda o direito do escravo à alforria, se tivesse meios para a indenização, à revelia da vontade senhorial, e não havendo acordo sobre seu valor, seria feito um arbitramento. Proibiu-se definitivamente a separação dos cônjuges e de seus filhos menores de 12 anos. O artigo 6º libertou os escravos que pertenciam ao Estado e os de usufruto da Coroa. Por fim, a lei estabeleceu que o governo deveria organizar uma matrícula geral de todos os escravos do Império, com declaração do nome, sexo, estado, ofício e filiação. Este último dispositivo da lei produziu documentação muito rica para os estudos sobre escravidão e demografia histórica, ao facilitar o acesso a estas informações, essenciais para os estudos posteriores[1258].

As principais bases da lei – ventre livre, pecúlio e alforria forçada – começaram a ser ventiladas na década de 1860, "quando o jurista José Antonio Pimenta Bueno, o Marquês de São Vicente, a pedido do próprio imperador, apresentou, em 1866, projeto ao Conselho de Estado que sequer foi discutido. No mesmo ano, repercutiu muito a resposta do gabinete liberal de Zacarias a uma mensagem que a Junta Francesa de Emancipação enviara ao imperador, apelando para que resolvesse o problema da escravidão no Brasil. Na resposta, o governo assumiu que 'a emancipação dos escravos, consequência necessária da abolição do tráfico', era 'uma questão de forma e oportunidade' e que assim que terminasse a Guerra do Paraguai ganharia prioridade[1259]. Ainda em 1867, a fala do trono do imperador assumiu a preocupação com o que denominou

[1257] Ibidem, p. 468-469.

[1258] Ibidem, p. 469.

[1259] Um humanista, amigo dos intelectuais e das ideias, d. Pedro II, certamente era abolicionista mas tinha a exata noção do que significava o trabalho escravo, uma instituição

'questão servil', apostando nos exemplos da história, que mostravam a necessidade de uma progressiva reforma para evitar os perigos de transformações revolucionárias. Todos os conselheiros concordavam, porém, que convinha esperar o fim da guerra, pois o exército se encontrava no exterior e a ordem social não poderia sofrer nenhum risco. Em 1868, uma comissão do Conselho do Estado elaborou o projeto que, com pequenos ajustes, seria discutido ao longo de 1871. As mudanças no cenário internacional, no final da década de 1860, com a derrota do sul escravista na guerra civil americana, e as discussões em torno da abolição em Cuba, último país a possuir escravos, junto com o Brasil, também serviram de incentivo para os defensores da reforma. Há registros de que o imperador, famoso pelo contato com intelectuais abolicionistas de todo o mundo, se sentia incomodado por comandar um país no qual vigorava a escravidão"[1260].

Foi com o visconde do Rio Branco, chefe do gabinete conservador entre 1871-75, que "o governo, em maio de 1871, encaminhou à Câmara o projeto sobre a Reforma do Elemento Servil. A enorme oposição ao projeto, sobretudo dos representantes das áreas cafeicultoras do Rio de Janeiro, São Paulo e Minas Gerais, indicaria o quanto os senhores de escravos não estavam convencidos da necessidade de reformas, ao menos a que o governo encaminhava. Muitas críticas foram feitas ao projeto. Reclamava-se do procedimento autoritário do governo, da ofensa ao direito de propriedade. Alegavam os opositores que os próprios escravos teriam prejuízos com a lei, pois ela separaria mães e filhos aos oito anos e seria injusta com os mais velhos, vendo os irmãos mais novos alcançarem a liberdade. Alardeava-se o perigo de indisciplina nas senzalas. Também não faltaram calorosas exclamações de que havia chegado a 'anarquia' e a 'revolução', o fim da monarquia, bem como ameaças de boicotes às exportações de café"[1261].

Apesar da oposição, o governo imperial conseguiu aprovar a lei. O apoio também veio da imprensa abolicionista, que inaugurava a sua atu-

na monarquia. E tinha a perfeita convicção de que perderia apoio dos fazendeiros ao defender o fim da escravidão, o que de fato se deu.

1260 VAINFAS, Ronaldo. *Dicionário do Brasil Imperial (1822-1889)*, cit., p. 469.

1261 Ibidem, p. 469-470.

ação, e de parte do Partido Liberal. Mas o fato é que, ao longo de 1871, ninguém podia prever exatamente os reais efeitos da lei, o quanto ela abalaria o domínio senhorial, apressando a abolição. A entrada em cena de intelectuais do porte de Joaquim Nabuco, do clero e dos abolicionistas que defendiam a abolição na tribuna (Rui Barbosa, José do Patrocínio, Quintino Bocaiúva[1262], André Rebouças) alterará, e muito, a relação de forças[1263].

A partir de 1880, a abolição passará a figurar no primeiro plano das preocupações nacionais. A campanha invade a rua. Fundam-se duas sociedades abolicionistas: Sociedade Brasileira contra a Escravidão e Associação Central Emancipacionista, ambas em 1883. Em 1884, as províncias de Amazonas e Ceará libertam os seus escravos. A Lei nº 3.270, de 28 de setembro de 1885, também conhecida como *Lei Saraiva-Cotegipe*, passou à história como Lei dos Sexagenários porque libertou os escravos com mais de 60 anos.

A lei de 1885 foi aprovada como o último ato legal relativo à emancipação dos escravos no Brasil e o gabinete Cotegipe empenhou-se , reprimindo o movimento abolicionista em todo o país. "A radicalização do movimento abolicionista e a generalização das fugas em massa de escravos levariam à renúncia de Cotegipe, em março de 1888. A mesma Câmara de maioria conservadora, eleita em 1886, que fora base de sustentação de toda a política repressiva de Cotegipe, votaria a abolição definitiva da escravidão sem qualquer condição em 13 de maio de 1888. Boa parte da historiografia sobre o processo abolicionista destacou o pequeno impacto prático das leis emancipacionistas, tendo em vista que tanto os ingênuos (crianças) nascidos após a Lei do Ventre Livre quanto os sexagenários libertos em 1885 estavam sujeitos à prestação de serviços aos seus antigos senhores. Desse ponto de vista, ninguém teria sido

[1262] Quintino Bocaiuva (Quintino Antônio Ferreira de Sousa Bocaiuva) (1836-1912) – Carioca, Jornalista, político, fundou o Partido Republicano. Lançou o Manifesto contra a Monarquia no jornal "A República". Fundou o jornal "O Globo" e dirigiu o "O País". Redigiu os primeiros decretos da República e foi nomeado ministro das Relações Exteriores em 1890. Foi senador e opositor do Marechal Deodoro e por isso foi preso. Exerceu o cargo de Presidente do Rio entre 1901 e 1903.

[1263] Vainfas, Ronaldo. *Dicionário do Brasil Imperial (1822-1889)*, cit., p. 470.

efetivamente libertado por aquelas leis, cujo impacto seria meramente simbólico no declínio da escravidão. Tais avaliações têm sido revistas por pesquisas que têm privilegiado as questões jurídicas relativas à obtenção de liberdade e seus efeitos práticos na diminuição acelerada do número de escravos, nas últimas décadas da escravidão"[1264].

O direito ao pecúlio e à autocompra, estabelecidos em 1871, fizeram explodir o número de alforrias remuneradas, bem como as contendas judiciais para o arbitramento do preço do escravo. Apesar disso, a lei pôde ser favoravelmente apropriada por cativos e seus aliados em luta pela liberdade. O número de escravos que se tornaram livres porque não foram matriculados segundo as exigências da nova lei foi impressionante (de 30 a 50% do número de escravos em 1885, dependendo da região). Nas últimas décadas da escravidão, a esfera jurídica se tornou, mais do que nunca, uma arena de luta pela liberdade, unindo escravos e abolicionistas[1265].

Dessa forma, em 1887 o Exército se nega ao papel de capitão do mato, após uma resolução, votada no Clube Militar. A partir daí os escravos passam a desconhecer a autoridade dos senhores. Isto devido à força que poderiam representar 800 mil escravos numa população de 14 milhões de habitantes.

9.4.1.8 Lei Áurea (1888) – conflito com a elite escravista

Em 13 de maio de 1888 a princesa Isabel sancionou, após a aprovação na Câmara e Senado, o Projeto de Lei nº 3.353, que extinguia a escravidão no Brasil, a *Lei Áurea*. Joaquim Nabuco explora o sentimentalismo e religiosidade da Princesa Isabel, que não ouve Cotegipe e decreta a Abolição. Em duas linhas a escravidão é liquidada: "Art. 1 – é declarada extinta a escravidão no Brasil. Art. 2 – Revogam-se as disposições em contrário". Com a aprovação da *Lei Áurea*, foram libertos os últimos 723.419 escravos do Brasil, num valor nominal de cerca de 20 milhões de libras esterlinas. Para os últimos senhores, a abolição foi vivida como uma experiência de derrota, em parte responsável pelo processo que no ano seguinte levou

[1264] Ibidem, p. 473.
[1265] Ibidem, p. 473.

à queda da monarquia. A ordem escravista, enfim extinta, durou mais de 300 anos no Brasil, com a libertação dos últimos escravos das Américas.

Segundo Osório Duque Estrada, em sua obra *A Abolição* (1918), a *Lei Áurea* não extinguia de fato a escravidão, mas apenas a declarava extinta, limitando-se assim a reconhecer um fato consumado. Resumindo, temos como causas da abolição:

1) a partir de 1850, grande parte da lavoura (a mais rica e progressista) tinha condenado como oneroso o trabalho escravo; enquanto o setor decadente da lavoura, com excesso de mão de obra, vende ou liberta os escravos, como acontece com os estados no Norte e Nordeste.
2) O Exército ter se recusado, a partir de 1887, a perseguir os escravos que fugiam;
3) O abandono em massa dos cafezais pelos escravos;
4) Os abolicionistas que compreenderam a situação e souberam incentivar a campanha a saber: havia os abolicionistas moderados (contra a luta dos escravos, como Joaquim Nabuco) e os abolicionistas radicais (incrementavam a luta – Raul Pompéia, Raimundo Correia e Luís Gama).

9.4.1.9 A abolição e suas consequências

As principais consequências da abolição foram:

a) *Políticas* – A abolição foi uma das causas do desprestígio do Imperador e veio apressar a República – (conservadores e progressistas, descontentes com a participação de D. Pedro II na campanha).
b) *Econômicas* – Haverá a mudança do eixo econômico do País para São Paulo, transformado no maior centro político e econômico. Isto porque São Paulo não sofrerá a crise de mão de obra devido à formação da mentalidade progressista que valorizou desde 1850 o trabalho imigrante, firmando acordos com alemães e italianos. Enquanto isto acontecia em São Paulo, o café decaia no Rio (Baixada Fluminense) e o açúcar e o algodão no Nordeste. O surto cafeeiro em São Paulo continuou em desenvolvimento. Os senhores do café vão aderir à República.
c) *Social* – (Colonização e imigração)

A transformação do trabalho servil para o trabalho livre foi muito lenta. Primeiro, ele deriva para uma espécie de servidão ou semi-servidão.

As relações entre proprietários e escravos influenciam as relações entre os proprietários e os imigrantes. Isto porque o escravo negro (devido ao longo período de escravidão) aviltava o trabalho e a remuneração. Portanto, o trabalhador livre encontrará no Brasil péssima situação. O trabalho livre foi decidido em forma de colonização e de imigração. No primeiro caso, o governo empregou grandes verbas para trazer famílias alemãs e fixá-las na terra. Porém aqui não os ajudava e a colonização (mesmo a inicial do Rio Grande do Sul) derivou para a formação de quistos isolados e que acabaram regredindo e se dedicando à cultura de subsistência; com isto o Brasil ficou desacreditado na Europa e o governo de Berlim proibiu a saída de seus cidadãos para o Brasil (1859).

O senador Nicolau de Campos Vergueiro – homenageado em uma importante rua na região central de São Paulo – foi o responsável pela primeira experiência de imigração, ao trazer, a partir de 1847, 2 mil famílias alemãs e suíças para sua fazenda de café, em Ibicaba[1266]. Neste caso, os próprios imigrantes arcavam com os custos da viagem, o que aumentou os protestos na imprensa europeia contra a imigração para o Brasil. Treze anos depois, o governo é que começará a organizar e pagar o transporte dos imigrantes para o Brasil. Naturais do Sul da Itália serão os primeiros a chegar e se constituirão em um dos mais expressivos grupos de estrangeiros no País, com a saturação da imigração para os Estados Unidos (os preferidos dos europeus). Até o final do século XIX, serão mais de 800 mil imigrantes – 600 mil dos quais italianos – que virão para o Brasil.

Enriquecidos com a abolição dos escravos, os senhores do café de São Paulo farão questão de ter em suas fazendas – apesar das relações conflituosas – os novos trabalhadores livres, escolhidos por serem brancos, católicos e falarem uma língua semelhante ao português. Assim, os italianos, portugueses e espanhóis serão os preferidos. A remuneração se

[1266] Em 1856, o sistema provou suas falhas. O suíço Thomas Davatz liderou uma revolta contra o senador Vergueiro e seu método de imigração. O episódio foi considerado um marco da luta trabalhista no Brasil. Revoltados, os colonos enfrentaram as autoridades e sua polícia. Boa parte acabou voltando para a Europa. O episódio ficou conhecido como Revolta dos Parceiros.

tornou dividida em duas partes: a parte fixa, independente de qualquer circunstância adversa e a variável, que dependia do volume da colheita.

Devemos lembrar, como consequência da abolição, o enriquecimento dos senhores do café de São Paulo. Estes, libertados da instituição arcaica do trabalho servil (um forte entrave ao progresso), entram numa fase de desenvolvimento, cujas relações de trabalho e produção far-se-ão dentro de um ritmo capitalista.

Segundo um critério apenas didático, colaboraram ainda para a queda do Império a questão religiosa, a questão militar e as revoltas urbanas, que serão abordadas nos próximos itens.

9.5 A Questão Religiosa e a maçonaria

Outro problema de repercussão desse período foi a questão dos bispos. Desde a Constituição de 1824, a Igreja ficara unida ao Estado que interferia através do Padroado (o Estado criava e provia os cargos eclesiásticos, de acordo com a Constituição de 1824, o que transformava o religioso num funcionário público) e o Beneplácito (só o Estado autorizava publicações de Bulas e reunião de concílios).

Após 1871, vai entrar a Igreja em conflitos com a Maçonaria. Depois da Independência, esta não era mais revolucionária, mas ligada ao Estado, dela fazendo parte membros do governo e também muitos religiosos, integrantes das irmandades ou congregações católicas.

Em 1871 era Grão-Mestre da maçonaria José Maria da Silva Paranhos, Visconde do Rio Branco, presidente do Conselho de Ministros. Quando aprovou a lei do Ventre Livre, foi feito um discurso por um padre maçom, e o bispo do Rio de Janeiro, D. Pedro Lacerda, voltou-se contra o religioso, censurando-o. A maçonaria censura a Igreja e assim começa a questão.

Em 1872, o bispo de Olinda, D. Vital Maria Gonçalves de Oliveira, resolve pôr em execução a Bula "Quanta Cura" que fazia parte da Encíclica *Syllabos* de 1864 e assinada pelo Papa Pio IX.

No documento, a cúpula da Igreja condenava a maçonaria, vista como uma ordem secreta e diabólica. A briga era na Europa, portanto não se aplicava ao Brasil, onde maçons integravam a Igreja e a bula não poderia ser interpretada ao pé da letra. Ainda assim, o bispo exigiu que as confrarias católicas expulsassem os membros da maçonaria que a integravam. No Pará, ocorreu o mesmo, após determinação do bispo D. Antonio de

Macedo. Revoltadas, as congregações negaram-se a cumprir as ordens. Solicitam o apoio do imperador, que envia um emissário ao papa. Este determinou a suspensão das interdições e a repreensão dos bispos. Antes de chegar a resposta, no entanto, D. Pedro II já tinha responsabilizado os religiosos, que se opuseram a levantar as interdições. Ambos foram processados no Supremo Tribunal de Justiça e condenados a quatro anos de prisão com trabalhos forçados. O papa, então, revogou a carta e as interdições continuaram em vigor. O povo, católico em sua esmagadora maioria, levantou-se contra o imperador, o que abalou o prestígio do Gabinete. Rio Branco, então, entregou o governo ao Duque de Caxias, que impôs a condição de que fosse concedida uma anistia aos bispos, o que ocorreu em 1875.

Para explicar melhor, a crise religiosa processou-se da seguinte forma[1267]:

Constituiu, na superfície, um conflito de jurisdição dos bispos do Pará e de Pernambuco com o poder civil, que, de 1872 a 1875, envolveu a imprensa e mobilizou considerável parcela da população.

No âmbito mais geral, a Questão Religiosa não pode ser compreendida sem referência à instituição do padroado, no Brasil, e à posição da Santa Sé, na Europa, naquele momento. Herança do período colonial, o padroado foi mantido na Constituição de 1824, o que significou a continuidade de uma política segundo a qual as iniciativas da Igreja dependiam da aprovação e dos recursos concedidos pelo Estado. Nessa conjuntura, ao mesmo tempo, o papado sentia-se ameaçado pelos avanços de uma sociedade cada vez mais secularizada a partir da Revolução Francesa e, sobretudo, pelo processo de unificação da Itália, os quais demoliam o ideário cultivado há séculos pela Igreja de sobrepor-se aos poderes temporais. Por isso em 1864, Pio IX promulgou a bula *Quanta Cura* e o *Syllabus errorum*, questionando o liberalismo e voltando a insistir na posição da Igreja como autoridade suprema sobre a sociedade, além de condenar, em 1865, a maçonaria, atribuindo-lhe a responsabilidade pelo que considerava a crescente impiedade do mundo[1268].

1267 VAINFAS, Ronaldo. *Dicionário do Brasil Imperial (1822-1889)*, cit., p. 608.
1268 Ibidem, p. 608.

No Brasil, desde a Independência, "a maçonaria servia de importante espaço de sociabilidade para as elites e convivia com práticas religiosas tradicionais"[1269]. Inicialmente, o conflito ficou restrito à imprensa, com farpas trocadas entre as publicações maçônicas e o jornal *A União*, criado por D. Vital e impresso na tipografia dos jesuítas. Em fins de junho de 1872, porém, uma circular secreta do bispo proibiu a participação de eclesiásticos em qualquer cerimônia maçônica. Em represália, uma loja convocou a celebração, para 21 de julho, da 'mais auspiciosa data para a humanidade', aquela em que fora suprimida, em 1773, "a nociva congregação dos jesuítas". A partir de agosto, a tensão aumentou, com as respostas dos maçons aos artigos de *A União* que criticavam a liberdade de culto e de pensamento, a separação da Igreja e do Estado e colocavam a Igreja acima do poder civil. Quando um jornal maçônico ousou publicar artigos de um protestante discutindo a perpétua virgindade de Nossa Senhora, o prelado lançou um interdito sobre duas capelas de irmandades que se recusavam a expulsar os confrades maçons. Em maio de 1873, D. Vital suspendeu das ordens o deão da catedral, próximo da maçonaria e líder do Partido Liberal na província"[1270].

Antes que um apelo ao papa surtisse efeito, a pressão dos liberais levou os conservadores no poder a acionar o solicitador-geral da Coroa que, em 16 de outubro de 1873, denunciou o bispo sob um artigo do Código Criminal. Indiciado pelo Supremo Tribunal de Justiça, D. Vital foi preso em 2 de janeiro de 1874 e transferido para o Rio de Janeiro, onde foi julgado a partir de fevereiro, juntamente com D. Antônio de Macedo Costa, bispo do Pará, que havia procedido da mesma forma. Ambos foram condenados à pena de quatro anos com trabalhos forçados, o que causou uma grande comoção. Várias províncias dirigiram abaixo- assinados, que totalizaram cerca de 100 mil assinaturas, à Câmara dos deputados, protestando contra o processo[1271].

Apesar de encerrada com a comutação da pena pelo imperador e a anistia concedida aos bispos em 1875, a Questão Religiosa, de um lado, acirrou a intransigência da alta hierarquia da Igreja, levando-a a assumir

[1269] Ibidem, p. 608.
[1270] Ibidem, p. 610.
[1271] Ibidem, p. 610.

uma atitude ambígua em relação ao Estado. De outro lado, porém, quebrou o encanto da função monárquica. Para as mentalidades secularizadas que defendiam o progresso, a atuação do governo no episódio revelou-se fraca e movida unicamente pelos interesses políticos do gabinete conservador. Para os fiéis tocados pelo ultramontanismo, a prisão dos bispos indicou o caráter arbitrário das instituições. Para a grande massa da população, ainda presa à religiosidade antiga, tudo aquilo não passara de uma impiedade[1272].

Consequências: 1) – Em alguns momentos, a postura do imperador acabou favorecendo os inimigos do Império; 2) a maçonaria perdeu muito no consenso geral da nação; 3) a Igreja saiu vencedora. Em 1890, será aprovado o decreto que separa a Igreja do Estado.

9.6 A Questão Militar – um golpe republicano. Foram três as questões militares

Finalmente, a Questão Militar ajudou a sepultar a monarquia. O conflito apresentou a seguinte evolução dos fatos:

O ministro da Guerra, o civil Alfredo Chaves, puniu o tenente-coronel Ernesto da Cunha Matos, que havia lutado na Guerra do Paraguai, e repreendera o ministro através de um jornal. A classe militar se ofendeu. Pouco depois, o major Antônio de Sena Madureira, também herói de guerra, foi censurado por discutir a respeito do abolicionismo. Não se conforma e começa a fazer campanha no seio do próprio Exército, principalmente na guarnição do Rio Grande do Sul, onde Deodoro da Fonseca era comandante e o apoiou. O governo manda chamar Deodoro para a capital. Ele convocou reunião no Rio com a presença de 200 militares. O gabinete o demitiu do cargo de quartel-mestre.

A situação ficou tensa e quase atingiu o ponto de rebelião. O ministério do Barão de Cotegipe sairá enfraquecido da contenda e a proibição aos militares de falar em público foi suspensa. O ministério de João Alfredo afastou Deodoro para o Mato Grosso. O novo Ministério do Visconde de Ouro Preto, Afonso Celso de Assis Figueiredo, manda chamar Deodoro. Os republicanos continuavam seu trabalho, integrando militares e civis

[1272] Neves, Guilherme Pereira das.*Receberás mercês: a mesa das consciências, as Ordens e o clero secular no Brasil -1808-1828*: Rio de Janeiro: Arquivo Nacional, 1997, p. 102.

e tratam de trazer Deodoro para a sua causa. Eles não teriam força para proclamar a República, caso não fosse a questão militar e caso não procurassem o apoio de uma ala da classe dominante. A crise se desenvolveu da seguinte forma:

"Foram três as Questões Militares que, juntamente com a Abolição e a Questão Religiosa, contribuíram para a queda da Monarquia e consequente Advento da República. A primeira questão ocorreu em 1883, quando se apresentou à consideração do Gabinete do Visconde, depois 2.º Marquês de Paranaguá, um projeto de lei propondo a reforma do Montepio Militar: estabelecia-se a contribuição obrigatória, desde logo considerada lesiva aos interesses econômicos da classe, além de inconstitucional, pelo que se formou na Escola Militar um diretório, cuja finalidade era impedir a aprovação do projeto. Presidido pelo tenente-coronel Antônio de Sena Madureira que atacou pela imprensa a ideia da referida reforma, e o projeto de lei que a instituía foi abandonado"[1273].

Outra questão foi uma segunda falta disciplinar do mesmo Sena Madureira, que ainda em 1884 recebeu festivamente na Escola de Tiro de Campo Grande, onde era comandante, o jangadeiro cearense Francisco do Nascimento, o Dragão do Mar. Este, em Fortaleza, se opusera ao embarque de escravos destinados às Províncias do Sul do Estado. Interpelado pelo novo ministro da Guerra, deputado Filipe Franco de Sá, o oficial respondeu que só devia explicações ao marechal-de-Exército Conde d'Eu. Com a atitude, Madureira se tornava um defensor do abolicionismo, ainda um tabu para o Império[1274].

Repreendido e retirado do comando da Escola de Tiro de Campo Grande, o militar passou a exercê-la na mesma unidade de ensino sediada em Rio Pardo, no Rio Grande do Sul, ali entrando em contato com outros abolicionistas e republicanos ardorosos, entre os quais Júlio de Castilhos[1275], que dirigia o jornal A *Federação*. A terceira e mais grave questão começou em 1885 e derivou de um incidente na fiscalização de uma com-

[1273] *Dicionário de História do Brasil*, cit., p. 445.

[1274] Ibidem, p. 445.

[1275] Júlio Prestes de Castilhos (1860-1903) – gaúcho, formou-se pela faculdade de direito de São Paulo (1881). Dirigiu o jornal *A Federação* (1884-1889) no Rio Grande do Sul. Positivista, "republicano histórico", foi deputado, duas vezes presidente do Rio Grande

panhia com sede no Piauí. Numa inspeção de rotina, o coronel Ernesto Augusto da Cunha Matos constatou um extravio de fardamentos e exigiu o afastamento do comandante da companhia, capitão Pedra José de Lima. Este tinha na Câmara um amigo, o deputado Simplício Vieira de Resende, que da tribuna censurou com veemência o coronel, acusando-o de parcialidade no julgamento do caso, e, no ardor do discurso, de covardia na Guerra do Paraguai. Esta era uma acusação falsa, já que o oficial sempre se portou valentemente no conflito[1276].

O então ministro da Guerra, Alfredo Chaves, saiu em defesa de Cunha Matos diante das acusações. "Pela imprensa, o militar rebatia as acusações de que era vítima: Advertido em Ordem do Dia, foi preso por 48 horas, tendo a defendê-lo no Senado o tenente-general 2.º Visconde de Pelotas, e, no Rio Grande do Sul, o mesmo tenente-coronel Sena Madureira, pelas colunas do jornal *A Federação*. Exercia o comando das Armas o marechal Deodoro da Fonseca. Simultaneamente, Deodoro solicitava e conseguia a sua exoneração de ambos os cargos, viajando para o Rio de Janeiro. Por esse tempo decidia o Conselho Supremo Militar suspender em parte as referidas determinações, declarando que 'os militares poderiam discutir pela imprensa, como quaisquer cidadãos; contudo, eram contrárias à disciplina as discussões pela imprensa entre militares, sobre assuntos de serviço'. Assim resolvida a questão, pronunciaram-se os oficiais anteriormente punidos, pleiteando a revogação das penas de que tinham sido objeto. Concordou o governo, declarando o Barão de Cotegipe que as notas das referidas punições seriam anuladas, desde que os interessados solicitassem a anulação. Estes, contudo, se negaram a fazê-lo, porque "se o governo errara, a ele cabia a iniciativa de cancelar as notas disciplinares"[1277].

Reacendia-se a questão, outra vez debatida com grande ardor, principalmente na reunião no Teatro Recreio Dramático do Rio de Janeiro, e durante a qual se deliberou solicitar a intervenção do próprio imperador D. Pedro II. Seguiu-se a exoneração do ministro da Guerra, bem assim a

do Sul (1891 e 1893). Realizou o projeto da Constituição gaúcha com base nos princípios do Augusto Comte e de base social. Elegeu Borges de Medeiros como sucessor.

[1276] *Dicionário de História do Brasil*, cit., p. 445.

[1277] Ibidem, p. 446.

do marechal Deodoro. A esta altura a Questão Militar era debatida pelos mais prestigiosos políticos do país, entre os quais o advogado Rui Barbosa que redigiu um Manifesto ao Parlamento e à Nação, assinado por Deodoro e o Visconde de Pelotas. E sabendo-se que a guarnição do Rio de Janeiro pretendia fazer um pronunciamento coletivo, aprovou-se no Senado uma moção ao imperador, convidando- o a mandar cancelar as punições impostas. D. Pedro II acedeu, encerrando-se a Questão Militar em maio de 1887, apenas dois anos antes da Proclamação da República. Mas os descontentamentos dos militares continuaram, até o golpe militar de 1889 quando, por orientação de oficiais positivistas, tomaram o poder, derrubando a monarquia, em meio a críticas ao Império.– Os cidadãos comuns também estavam descontentes com o imperador e seu regime. No fim do Segundo Reinado, houve várias revoltas populares, que descreveremos a seguir, e também foram responsáveis por desestabilizar o Império[1278].

9.7 Descontentamentos populares urbanos – As rebeliões no Império

9.7.1 Revolta do Vintém

Além das questões religiosa e militar que levaram à queda do Império, as revoltas populares também estiveram presentes nesse período da história do Brasil. Uma das mais impactantes marcas do descontentamento popular na época foi a Revolta do Vintém, tido como uma espécie de impostos antipopulares que causaram enorme revolta entre a população, principalmente a mais pobre. Em 13 de dezembro de 1879, o ministro da Fazenda Afonso Celso de Assis Figueiredo determinou um aumento de 20 réis na passagem dos bondes. A população revoltada arrancou os trilhos e virou os bondes. O Exército interveio e houve dez mortes após os confrontos com populares. Já nos primeiros dias do ano seguinte, foram registrados protestos por todo o Rio de Janeiro contra a medida. O líder abolicionista e republicano Lopes Trovão participou de revolta e se tornou um dos seus líderes mais radicais. A situação foi se tornando cada vez mais tensa. Nota-se::

[1278] Ibidem, p. 446.

"(...) O que houve é que entre as medidas que visavam sanar os problemas gerados pela crise financeira nacional, o Parlamento aprovou, em outubro de 1879, a cobrança do referido imposto limitado aos bondes que circulavam pela cidade do Rio de Janeiro. A taxa seria cobrada diretamente dos passageiros a partir de 1º de janeiro de 1880. No dia 28 de dezembro, uma concentração de aproximadamente 5 mil pessoas ocupou o campo de São Cristóvão. Um discurso inflamado de Trovão encorajou a multidão a dirigir-se em passeata até a residência de D. Pedro II, a fim de entregar-lhe uma petição solicitando a revogação do imposto qualificado como "iníquo e vexatório".

No entanto, o acesso ao palácio foi bloqueado por força policial, sob o comando do chefe de polícia Félix José da Costa e Silva. Neste mesmo dia, o imperador enviou um recado a Lopes Trovão dispondo-se a receber uma delegação, mas o republicano radical declarou que o "povo não voltava, uma vez que lhe fecharam da primeira vez as portas do palácio". A tensão aumentou e um novo comício para o dia 12 de janeiro foi convocado por Trovão e seus companheiros. O local escolhido foi o largo do Paço, no centro da cidade, e dessa vez a finalidade não era a revogação de uma lei considerada injusta, mas sim conclamar o povo a desobedecê-la"[1279].

Em decorrência disso, houve grande concentração popular:

"Assim, por volta do meio-dia, cerca de quatro mil pessoas encontravam-se reunidas no largo do Paço, de onde saíram em direção ao largo de São Francisco. No cruzamento entre as ruas do Ouvidor e Uruguaiana, os métodos de protesto pacíficos foram substituídos pelo quebra-quebra, resultando em trilhos arrancados, carros virados, burros que puxavam os bondes esfaqueados, tiros, agressões aos condutores. Para conter os revoltosos, a polícia contou com o reforço de mais de 600 soldados do Exército, sob o comando de Antônio Enéas Gustavo Galvão. Alvo de estocadas e tiros dados pelos soldados, a multidão dispersou-se, vencida. O confronto resultou em cerca de 15 feridos e três mortos"[1280].

"O protesto popular acabou por surtir efeito: em abril de 1880 os próprios diretores da companhia de bondes reivindicaram a supressão do imposto que, em setembro, foi efetivamente extinto"[1281].

[1279] VAINFAS, Ronaldo. *Dicionário do Brasil Imperial (1822-1889)*, cit., p. 640.

[1280] Ibidem, p. 641.

[1281] É impossível comentar a Revolta do Vintém sem lembrar-se, nos nossos tempos mais recentes, das Jornadas de 2013, quando os governos municipal e estadual de São Paulo – na ocasião, o governador Geraldo Alckmin (PSDB) e o prefeito Fernando Haddad (PT) tentaram aumentar as tarifas de ônibus e metrô em 20 centavos. Os jovens ligados ao

9.7.2 Revolta dos Quebra-quilos

Um outro movimento, o Quebra-quilos, ocorrido no Nordeste, também galvanizou as atenções no período, forçando o governo a enviar tropas para conter a revolta popular, ocasionada, nesse caso, por cobranças de impostos, principalmente o imposto do chão, que penalizava o pequeno comerciante. Na essência do protesto, no entanto, estava a mudança do sistema métrico então em uso, que incluía termos como "braça" e "légua" para o sistema métrico francês, considerado mais moderno, a partir de legislação aprovada na Câmara em 1862, mas que só entraria em vigor dez anos depois, em 1872. A Paraíba foi a província que concentrou a maior parte do movimento, lá liderado pelo vendedor de rapadura João Vieira, conhecido como João Carga d'Água. Acompanhado por vários companheiros, quase todos armados, entre os quais pontificavam João Manuel de Barros e Alexandre Viveiros, o comerciante invadia as feiras e quebrava os equipamentos de pesagem, gesto simbólico que significava o protesto contra a autoridade provincial. Também foram registrados ataques no Pernambuco, Rio Grande do Norte e Alagoas.

Curiosamente, a expressão quebra-quilos não é do Nordeste. Refere-se, na verdade, às arruaças ocorridas em 1871 no Rio de Janeiro, então capital federal, quando grupos marginais atacavam casas comerciais que estavam usando o novo sistema de pesos e medidas. Como gritavam "quebra os quilos, quebra os quilos", a expressão acabou sendo usada para nomear os participantes do movimento de contestação das novas medidas e pesos. Além de destruir os equipamentos, os revoltosos destruíram cartórios queimando documentos e libertaram presos dos presídios[1282]:

Movimento Passe Livre (MPL) foram às ruas, promoveram uma série de passeatas e, em algumas ocasiões, chegaram a enfrentar a Polícia Militar (PM). Alguns dias depois do início dos protestos, a exemplo do governo monárquico, ambos anularam o aumento, fazendo com que os preços se mantivessem iguais. Naturalmente, apesar da distância no contexto e no tempo, a Revolta do Vintém, de 1879, guarda semelhanças com a revolta dos jovens contra o aumento das passagens de ônibus e metrô em 2013. Em ambos os casos, os manifestantes saíram vitoriosos.

1282 Souto Maior, Armando de. *Quebra-quilos, lutas sociais no outono do Império*. São Paulo: São Paulo, 1978, p. 58.

"(...) O ato depredatório de quebrar as medidas do novo sistema de pesos e medidas nas feiras adquiriu pouco a pouco, entre os quebra-quilos, uma ritualidade que os identificava perante as vilas e cidades nordestinas. (...) A depredação era como que uma cerimônia de solidariedade, em cuja participação vinculavam-se mutuamente, adquirindo, assim, experiência contestatária nos vagos objetivos que pretendiam alcançar. Era um batismo"[1283].

"(...) O deslocamento de tropas, ordenado pelo governo, demonstra a dimensão de sua preocupação com o movimento: haviam seguido imediatamente para a Paraíba, pelo vapor "Mundahu", cem marinheiros, artífices e praças de linha. Da Bahia, meio batalhão deslocou- se para Pernambuco a bordo da corvete "Paraense", Da Corte partiria para o Nordeste o 14.º Batalhão e as corvetas "Ipiranga" e "Vital de Oliveira", juntamente com a fragata "Amazonas".
A partir desse momento, o Império não conseguiria mais se segurar"[1284].

9.8 A queda do Império – um golpe de estado republicano – Marechal Deodoro

O Império esgotou sua forma histórica de poder por não conseguir renovar-se. A República, no entanto, mesmo não sendo uma revolução, tornara-se um ato de acomodação das forças políticas e econômicas. Na verdade, consistiu numa espécie de modernização ou de remanejamento institucional porque as estruturas econômicas, os privilégios e o domínio político elitista permaneceram em sua essência. A sociedade agrária sobreviveu. Não houve uma ruptura extrema entre o Império e República. Como durante o Império, a República será liberal na forma, mas oligárquica quanto ao funcionamento. Externamente, apresenta-se como liberal, devido ao monopólio mundial de café; contudo, internamente, o Estado será autoritário e intervencionista.

Observa-se que, devido a esse desgaste, os apoiadores desapareciam paulatinamente, enquanto os rivais republicanos se tornavam dia a dia mais fortes. Depois do Manifesto Republicano de 1870, o prestígio destes crescia constantemente. Havia um temor de que o imperador, já muito doente, morresse e o poder passasse às mãos de um príncipe francês (Gastão de Orleans, o Conde D'Eu), marido da Princesa Isabel e que

[1283] Ibidem, p. 56.
[1284] Ibidem, p. 58-59.

enfrentava muitas desconfianças em vários setores do País. Era tido como arrogante, por falar com sotaque francês e por ser, conforme vimos anteriormente, dono de cortiços no Rio de Janeiro. A princesa era vista como uma carola, católica extremada, que poderia ser manipulada por Conde D'Eu.

Assim podemos sintetizar como ocorreu a queda do Império:

Em 15 de novembro de 1889, mesmo não havendo um partido Republicano Nacional, devido às ameaças de prisão do marechal Deodoro e ao ataque da polícia e da Guarda Negra ao Exército, o major Sólon Ribeiro movimenta uma coluna de 600 homens e acaba derrubando o ministério de D. Pedro II e o Império[1285].

À tarde (15.11.1889), José do Patrocínio, com uma malta de populares, apoia e proclama a República na Câmara Municipal do Rio. A República é proclamada por uma facção do Exército e por civis estupefatos. Os poucos republicanos dividem-se em três correntes:

a) "Históricos" (Quintino Bocaiuva): moderados;
b) "Jardinistas" (Silva Jardim): jovens pela ação violenta;
c) "Jovens oficiais" (ten. Cel. Benjamin Constant): positivistas.

A *Gazeta da Tarde*, às seis horas, publicava: "A partir de hoje, 15 de novembro de 1889, o Brasil entra em nova fase, pois se pode conside-

[1285] O marechal Deodoro da Fonseca queria apenas derrubar o Gabinete de Ouro Preto de Afonso Celso de Figueiredo, o Visconde de Ouro Preto, não o Império, mas os fatos acabaram se precipitando. Até o próprio marechal diria depois: "os principais culpados de tudo isso (a República) são o Conde D'Eu e o Visconde de Ouro Preto, o último por perseguir o Exército e o primeiro por consentir com a perseguição". Um dos últimos argumentos para convencê-lo a apoiar o movimento fora uma ordem de prisão que o major Sólon Ribeiro afirmou que havia contra ele. Outra justificativa fora a notícia da ascensão ao cargo de presidente do Conselho dos Ministros de um velho desafeto, Gaspar Silveira Martins, que havia vencido uma corte à bela viúva Baronesa do Triunfo contra Deodoro, quando este era presidente da província do Rio Grande do Sul. D. Pedro II chegou a propor o conselheiro José Antonio Saraiva como novo presidente do Conselho dos Ministros na tentativa de debelar a crise, mas desistiu ao perceber que não poderia resistir. *Vide* Gomes, Laurentino. *1889 – Como um imperador cansado, um marechal vaidoso e um professor injustiçado contribuíram para o fim da monarquia e a Proclamação da República no Brasil.* São Paulo: Globo Livros, 2016, p. 112.

rar finda a Monarquia, passando a regime francamente democrático com todas as consequências da liberdade. Foi o Exército que operou esta magna transformação; assim como em 7 de abril de 1831 ele firmou a monarquia constitucional, acabando com o despotismo do primeiro imperador, hoje proclama, no meio da maior tranquilidade e com solenidade verdadeiramente imponente, que queria outra forma de governo. Assim desaparece a única monarquia que existia na América..."[1286].

"O povo assistiu bestializado à Proclamação da República", escrevia o republicano histórico Aristides Lobo[1287], ministro do Interior do Governo Provisório do novo regime. Compreendia-se a atitude do povo, pois a República nada mais foi, uma vez ainda, do que uma nova composição das classes dominantes. Vale recordar que no fim do Império parte dela permanecia ligada à velha estrutura colonial e escravocrata, ansiando a outra por reformas que o antiquado e emperrado aparelho do Estado monárquico não lhe podia, ou que acreditava não lhe poder dar[1288].

Esta última fração da classe que se deslocara para novos setores da economia, o café, e que partilhava também do poder, necessitava de apoderar-se desse aparelho de Estado para pô-lo inteiramente a seu serviço. De um lado, "as reformas defendidas pela classe média e a sua disputa por uma participação no poder, só encontrariam oportunidade de concretizar-se pela aliança dos grupos mais atuantes dela com uma das frações da classe social dominante". A classe média nascente, cristalizada em torno das Forças Armadas, nesta encontraria o seu instrumento, e a instalação do regime republicano, como o dirá o mesmo Aristides Lobo, na sua correspondência para o *Diário Popular*, de São Paulo, "foi deles (dos militares), deles só"[1289].

O novo regime foi, assim, mais uma transformação de cúpula; foi o resultado de uma composição da burguesia com uma parte da plutocracia

[1286] Costa, Cruz. *Pequena história da República*. Rio de Janeiro: Civilização Brasileira, 1968, p. 53.

[1287] Aristides da Silveira Lobo (1839-1826) – Paraense, jornalista, político, participou do manifesto republicano, foi ministro do Interior do Governo provisório republicano, conflitou com o presidente Deodoro da Fonseca e demitiu-se (1890). Alcançou os cargos de deputado e senador (1892).

[1288] Costa, Cruz. *Pequena história da República*, cit., p. 55.

[1289] Ibidem, p. 56.

rural – representou, em suma, a ascensão de um governo burguês oligárquico. Foi o início da chamada República Velha, que se estendeu entre 1889 e 1930:

"Nesta transição consistirá a história do poder político nos primeiros trinta ou quarenta anos de República. A declaração do novo regime político, por certo, não tivera o condão de transformar a ordem política do País, nas suas bases sociológicas, e, nem sequer, nas suas bases jurídicas, já que grande parte da legislação e das instituições governamentais que o País criara durante o Império, especialmente durante o Segundo Império, continua na República. Os clãs rurais que se vinham transformando em organizações políticas mais amplas, de domínio regional, sob o beneplácito, se não do estímulo, do governo monárquico, prosseguem sua evolução (é o caso do domínio dos coronéis), durante a Primeira República (a que se prolonga até 1930). A alteração sensível é no sentido de romper o véu do patriarcalismo monárquico que escondia. e, de certo modo atenuava, o poder dessas oligarquias regionais nascidas dos clãs rurais. A República tem o condão de reconhecer mais abertamente o poder destes; de certo modo o federalismo tal como entendido e efetivamente praticado (...) significa o processo pelo qual se fortaleceu e surgiu à plena luz o poder das oligarquias regionais"[1290].

9.9 Tabela 1 – Gabinetes ministeriais – parlamentarismo à brasileira (1823 a 1878)

DATA	PARTIDOS	MINISTROS
17/06/1823	Não estavam organizados nos moldes em que funcionariam a partir de 1837	**Império:** José Joaquim Carneiro de Campos, depois Marquês de Caravelas, nomeado ministro do Império a 17 de julho de 1823, cumulativamente com a Pasta de Estrangeiros; serviu até 10 de novembro do mesmo ano na do Império, sendo nela substituído por Francisco Vilela Barbosa, e na de Estrangeiros até 14 de novembro do dito mês, sendo substituído por Luís José de Carvalho e Melo. **Justiça:** Sebastião Luís Tinoco da Silva, nomeado ministro da Justiça, em 28 de outubro de 1822, serviu até 13 de novembro de 1823, sendo substituído por Clemente Ferreira França. **Projeto Constitucional (16/08/1823).**

[1290] Ibidem, p. 56-57.

DATA	PARTIDOS	MINISTROS
10/11/1823	Idem	**Império:** Francisco Vilela Barbosa (depois Marquês de Paranaguá), nomeado ministro do Império e de Estrangeiros em 10 de novembro de 1823; serviu até 14 do mesmo mês, sendo substituído, na do Império, por Pedro de Araújo Lima, depois Marquês de Olinda. **Justiça:** Clemente Ferreira França (depois Marquês de Nazaré), nomeado ministro da Justiça em 10 de novembro de 1823, serviu até 21 do mesmo mês, sendo substituído por Sebastião Luís Tinoco da Silva.
14/11/1823	Idem	**Império:** Pedro de Araújo Lima (depois Marquês de Olinda), nomeado ministro do Império em 14 de novembro de 1823; serviu até 17 do mesmo mês sendo substituído por João Severiano Maciel da Costa. **Justiça:** Clemente Ferreira França (depois Marquês de Nazaré), nomeado ministro da Justiça em 10 de novembro de 1823, serviu até 21 do mesmo mês.
17/11/1823	Idem	**Império:** João Severiano Maciel da Costa (depois Marquês de Queluz), nomeado ministro do Império, serviu até 14 de outubro de 1824. **Justiça:** Sebastião Luís Tinoco da Silva, nomeado ministro a 21 do mesmo mês de novembro, serviu até 24 de Janeiro de 1826. **Carta outorgada (25/03/1824).**
14/10/1824	Idem	**Império:** Estevão Ribeiro de Resende (depois Marquês de Valença), serviu até 9 de novembro de 1825, sendo substituído pelo Visconde de Barbacena. **Justiça:** Sebastião Luís Tinoco da Silva, serviu até 21 de Janeiro de 1826, sendo substituído pelo Visconde de Caravelas.
09/11/1825	Idem	**Império:** Felisberto Caldeira Brant (Marquês de Barbacena), serviu até 21 de novembro de 1825, sendo substituído por José Feliciano Fernandes Pinheiro. **Justiça:** Sebastião Luís Tinoco da Silva, serviu até 21 de Janeiro de 1826, sendo substituído pelo Visconde de Caravelas.

DATA	PARTIDOS	MINISTROS
21/11/1825	Idem	**Império:** José Feliciano Fernandes Pinheiro, depois Visconde de São Leopoldo, serviu até 20 de Janeiro de 1826, sendo substituído pelo Barão de Lajes. **Justiça:** Sebastião Luís Tinoco da Silva, serviu até 21 de Janeiro de 1826, sendo substituído pelo Visconde de Caravelas.
20/01/1826	Idem	**Império:** interino João Vieira de Carvalho, depois Marquês de Lajes, serviu até 23 de Janeiro, sendo substituído pelo Visconde de Caravelas. **Justiça:** José Joaquim Carneiro de Campos, Visconde de Caravelas, serviu até 16 de Janeiro de 1827, sendo substituído pelo Marquês de Nazaré.
21/01/1826	Idem	**Império:** José Joaquim Carneiro de Campos, depois Marquês de Caravelas, serviu até 20 de novembro de 1827, sendo substituído por Pedro de Araújo Lima, depois Marquês de Olinda. **Justiça:** José Joaquim Carneiro de Campos, Visconde de Caravelas, serviu até 16 de Janeiro de 1827, sendo substituído pelo marquês de Nazaré.
20/11/1827	Idem	**Império:** Pedro de Araújo Lima, depois Marquês de Olinda, serviu até 15 de junho de 1828, sendo substituído por José Clemente Pereira. **Justiça:** Lúcio Soares Teixeira de Gouveia, nomeado em 21 de novembro de 1827, serviu até 18 de junho de 1828, sendo substituído por José Clemente Pereira, interinamente.
15/06/1829	Idem	**Império:** José Clemente Pereira, serviu até 4 de dezembro de 1829, sendo substituído pelo Marquês de Caravelas. **Justiça:** José Clemente Pereira, nomeado no dia 18 do mesmo mês serviu até 25 de setembro seguinte, sendo substituído por José Bernardino Batista Pereira.
04/12/1829	Idem	**Império:** Marquês de Caravelas, José Joaquim Carneiro de Campos, serviu até 12 de agosto de 1830, sendo substituído pelo Visconde de Alcântara. **Justiça:** Visconde de Alcântara, João Inácio da Cunha, serviu até 19 de março de 1831, sendo substituído por Manuel José de Sousa França.

DATA	PARTIDOS	MINISTROS
12/08/1830	Idem	**Império:** Visconde de Alcântara, João Inácio da Cunha, serviu até 4 de outubro de 1830, sendo substituído por José Antônio da Silva Maia. **Justiça:** Visconde de Alcântara, João Inácio da Cunha, serviu até 19 de março de 1831, sendo substituído por Manuel José de Sousa França.
04/10/1830	Idem	**Império:** José Antônio da Silva Maia, serviu até 18 de março de 1831, sendo substituído pelo Visconde de Goiana. **Justiça:** Visconde de Alcântara, João Inácio da Cunha, serviu até 19 de março de 1831, sendo substituído por Manuel José de Sousa França. **Código Criminal (18/12/1830).**
18/03/1831	Idem	**Império:** Visconde de Goiana, Bernardo José da Gama, serviu até 5 abril de 1831, sendo substituído pelo Marquês de Inhambupe. **Justiça:** Manuel José de Sousa França, serviu até 6 de abril, sendo substituído pelo Visconde de Alcântara.
05/04/1831	Idem	**Império:** Marquês de Inhambupe, Antônio Luís Pereira da Cunha, serviu até 6 do mesmo mês, sendo substituído pelo Visconde de Goiana. **Justiça:** Manuel José de Sousa França, serviu até 6 do mesmo mês, sendo substituído pelo Visconde de Alcântara.
06/04/1831	Idem	**Império:** Visconde de Goiana, Bernardo José da Gama, serviu até 26 do mesmo, sendo substituído por Manuel José de Sousa França. **Justiça:** Visconde de Alcântara, João Inácio da Cunha, serviu até 7, do mesmo mês, sendo substituído por Manuel José de Sousa França.
07/04/1831	Idem	**Império:** Visconde Goiana. **Justiça:** Manuel José de Sousa França, serviu até 05 de julho seguinte, sendo substituído pelo Padre Diogo Antônio Feijó.
05/07/1831	Idem	**Império:** Manuel José de Sousa França. **Justiça:** Diogo Antônio Feijó, serviu até 1º de agosto de 1832, sendo substituído por Manuel da Fonseca Lima e Silva.

DATA	PARTIDOS	MINISTROS
16/07/1831	Idem	**Império:** José Lino Coutinho, serviu até 03 de Janeiro de 1832, sendo substituído por Diogo Antônio Feijó.
03/08/1832	Idem	**Império:** Antônio Francisco de Paula Holanda Cavalcanti e Albuquerque, depois Visconde de Albuquerque, serviu até 13 de setembro de 1832, sendo substituído por Nicolau Pereira de Campos Vergueiro. **Justiça:** interino Pedro de Araújo Lima, serviu até 13 de setembro seguinte, sendo substituído por Honório Hermeto Carneiro Leão, depois Marquês de Paraná.
13/09/1832	Idem	**Império:** Nicolau Pereira de Campos Vergueiro, serviu até 23 de maio de 1833, sendo substituído por Aureliano de Sousa e Oliveira Coutinho (depois Visconde de Sepetiba). **Justiça:** Honório Hermeto Carneiro Leão, depois Marquês de Paraná, serviu até 14 de maio de 1833, sendo substituído por Cândido José de Araújo Viana, interinamente. Código de Processo Criminal (29/11/1832).
23/05/1833	Idem	**Império:** Aureliano de Sousa e Oliveira Coutinho, depois Visconde de Sepetiba, serviu até 10 de outubro do dito ano, sendo substituído por Antônio Pinto Chichorro da Gama. **Justiça:** interino Cândido José de Araújo Viana, serviu até 04 de junho de 1833, sendo a vaga preenchida por Aureliano de Sousa e Oliveira Coutinho.
10/10/1833	Idem	**Império:** Antônio Pinto Chichorro da Gama, serviu até 16 de Janeiro de 1835, sendo substituído por Manuel do Nascimento Castro e Silva. **Justiça:** Aureliano de Sousa e Oliveira Coutinho, depois Visconde de Sepetiba, serviu até 16 de Janeiro de 1835, sendo substituído por Manuel Alves Branco. Ato Adicional (12/08/1834) – Extinção do Conselho de Estado.

DATA	PARTIDOS	MINISTROS
14/01/1835	Idem	**Império:** Manuel do Nascimento Castro e Silva, serviu até 20 do mesmo mês, sendo substituído por Joaquim Vieira da Silva e Sousa, depois Senador pela Província do Maranhão. **Justiça:** Manuel Alves Branco, serviu até 14 de outubro de 1835, sendo substituído por Antônio Paulino Limpo de Abreu.
20/01/1835	Idem	**Império:** Joaquim Vieira da Silva e Sousa, serviu até 14 de outubro de 1835, sendo por Antônio Paulino Limpo de Abreu. **Justiça:** Manuel Alves Branco, serviu até 14 de outubro de 1835, sendo substituído por Antônio Paulino Limpo de Abreu.
14/10/1835	Idem	**Império:** interino Antônio Paulino Limpo de Abreu, depois Visconde de Abaeté, serviu até 05 de fevereiro de 1836, sendo substituído pelo Senador José Inácio Borges. **Justiça:** Antônio Paulino Limpo de Abreu, depois Visconde de Abaeté, serviu até 03 de junho de 1836, sendo substituído por Gustavo Adolfo de Aguilar Pantoja.
05/02/1836	Idem	**Império:** José Inácio Borges, serviu até 07 de junho de 1836, sendo substituído por Antônio Paulino Limpo de Abreu. **Justiça:** Antônio Paulino Limpo de Abreu, serviu até 03 de junho de 1836, sendo substituído por Gustavo Adolfo de Aguilar Pantoja e Francisco Gê Acaiaba de Montezuma assume em 16/05/1837.
07/06/1836	Idem	**Império:** interino Antônio Paulino Limpo de Abreu, depois Visconde de Abaeté, serviu até 29 de setembro de 1836, sendo substituído por Gustavo Adolfo de Aguilar Pantoja. **Justiça:** Francisco Gê de Acaiaba de Montezuma.
29/09/1836	Idem	**Império:** Gustavo Adolfo de Aguilar Pantoja, serviu até 1º de novembro de 1836, sendo substituído por Manuel da Fonseca Lima e Silva. **Justiça:** Francisco Gê Acaiaba de Montezuma.

DATA	PARTIDOS	MINISTROS
1º/11/1836	Idem	**Império:** Manuel da Fonseca Lima e Silva, depois Barão de Suruí, serviu até 18 de março de 1837, sendo substituído por Antônio Paulino Limpo de Abreu. **Justiça:** Francisco Gê Acaiaba de Montezuma.
18/03/1837	Idem	**Império:** interino Antônio Paulino Limpo de Abreu, depois Visconde de Abaeté, serviu até 16 de maio seguinte, sendo substituído por Manuel Alves branco, interinamente. **Justiça:** Francisco Gê Acaiaba de Montezuma.
16/05/1837	Idem	**Império:** interino Manuel Alves Branco, depois Visconde Caravelas, serviu até 18 de setembro seguinte, tomando a pasta Pedro de Araújo Lima. **Justiça:** Francisco Gê Acaiaba de Montezuma, serviu até 19 de setembro seguinte, sendo substituído por Bernardo Pereira de Vasconcelos.
17/09/1837	Conservador	Império: Bernardo Pereira de Vasconcelos. **Justiça:** Bernardo Pereira de Vasconcelos. Lei da Inerpertação do Ato Adicional (12/05/1840).
24/07/1840	Liberal	Império: Antônio Carlos Ribeiro de Andrada Machado e Silva. Justiça: Antônio Paulino Limpo de Abreu.
23/03/1841	Conservador	**Império**: Cândido José de Araújo Viana. **Justiça:** Paulino José Soares de Sousa. Reforma do Código de Processo (03/12/1841).
20/01/1843	Conservador	**Império:** José Antônio da Silva Maia. **Justiça:** Honório Hermeto Carneiro Leão.
02/02/1844	Liberal	**Império:** 2º Visconde de Macaé. **Justiça:** Manuel Alves Branco, substituído a 23 de maio por Manuel Antônio Galvão.
26/05/1845	Liberal	**Império:** Visconde de Macaé, substituído interinamente a 29 de setembro por Manuel Alves Branco. **Justiça:** Visconde de Macaé, interino, substituído interinamente em 5 de outubro por Antônio Paulino Limpo de Abreu que foi substituído em 26 de abril de 1846 por Joaquim Marcelino de Brito.

DATA	PARTIDOS	MINISTROS
05/05/1846	Liberal	**Império:** Joaquim Marcelino de Brito. **Justiça:** José Joaquim Fernandes Torres, substituído em 17 de maio de 1847 por Caetano Maria Lopes Gama.
22/05/1847	Liberal	**Presidente do Conselho:** Manuel Alves Branco. **Império:** Manuel Alves Branco, substituído interinamente de 20 de julho a 28 de agosto por Francisco de Paula Sousa e Melo; de 20 de outubro a 18 de novembro por Nicolau Pereira de Campos Vergueiro. **Justiça:** Nicolau Pereira de Campos Vergueiro, substituído interinamente em 1º de Janeiro de 1848 por Saturnino de Sousa e Oliveira, que foi substituído em 29 do mesmo mês por José Antônio Pimenta Bueno.
08/03/1848	Liberal	**Presidente do Conselho:** 2º Visconde de Macaé. **Império:** 2° Visconde de Macaé. **Justiça:** José Antônio Pimenta Bueno.
31/05/1848	Liberal	**Presidente do Conselho**: Francisco de Paula Sousa e Melo. **Império**: José Pedro Dias de Carvalho. **Justiça**: Antônio Manuel de Campos Melo.
29/09/1848	Conservador	**Presidente do Conselho**: Visconde de Olinda. **Império**: Visconde de Monte Alegre. **Justiça**: Eusébio de Queirós Coutinho Matoso da Câmara. 1850 – Código Comercial (25/06) / Lei das Terras (18/09 / Regulamento nº 737 (25/11).
11/05/1852	Conservador	**Presidente do Conselho**: Joaquim José Rodrigues Torres. **Império**: Francisco Gonçalves Martins. **Justiça:** José Ildefonso de Sousa Ramos, substituído em 14 de junho de 1853 por Luís Antônio Barbosa.
06/09/1853	Conciliação	**Presidente do Conselho**:Visconde, logo depois Conde e Marquês de Paraná. **Império**: Luís Pedreira do Couto Ferraz. **Justiça**: José Thomás Nabuco de Araújo.
04/05/1857	Conciliação	**Presidente do Conselho**: Marquês de Olinda. **Império**: Marquês de Olinda. **Justiça**: Francisco Diogo Pereira de Vasconcelos. Consolidação das Leis Civis.

DATA	PARTIDOS	MINISTROS
12/12/1858	Conservador	**Presidente do Conselho**: Visconde de Abaeté. **Império**: Sérgio Teixeira de Macedo. **Justiça**: José Thomás Nabuco de Araújo, substituído em 21 de março de 1859 pelo Barão de Muritiba.
10/08/1859	Conservador	**Presidente do Conselho**: Ângelo Muniz da Silva Ferraz. **Império**: Ângelo Muniz da Silva Ferraz, interino, substituído em 3 de setembro por João de Almeida Pereira Filho. **Justiça**: João Lustosa da Cunha Paranaguá.
02/03/1861	Conservador	**Presidente do Conselho**: Marquês de Caxias. **Império**: Francisco de Paula de Negreiros Saião Lobato, interino, substituído em 21 de abril por José Antônio Saraiva, que foi substituído a 10 de julho por José Ildefonso de Sousa Ramos. **Justiça**: Francisco de Paula de Negreiros Saião Lobato.
24/05/1862	Liberal	**Presidente do Conselho**: Zacarias de Góes e Vasconcelos. **Império**: Zacarias de Góes e Vasconcelos. **Justiça**: Francisco José Furtado.
30/05/1862	Liberal	**Presidente do Conselho**: Marquês de Olinda. **Império:** Marquês de Olinda. **Justiça**: Visconde de Maranguape, substituído a 8 de Janeiro por João Lins Vieira Cansansão de Sinimbu.
15/01/1864	Liberal	**Presidente do Conselho**: Zacarias de Góes e Vasconcelos. **Império**: José Bonifácio de Andrada e Silva. **Justiça**: Zacarias de Góes e Vasconcelos.
31/08/1864	Liberal	**Presidente do Conselho**: Francisco José Furtado. **Império**: José Liberato Barroso. **Justiça**: Francisco José Furtado. Lei das Hipotecas (24/09/1864) / Conclusão do Esboço do Código Civil do Império (Teixeira de Freitas).
12/05/1865	Liberal	**Presidente do Conselho:** Marquês de Olinda. **Império:** Marquês de Olinda. **Justiça:** José Thomás Nabuco de Araújo. Publicação do "Esboço".

DATA	PARTIDOS	MINISTROS
03/08/1866	Liberal	**Presidente do Conselho**: Zacarias de Góes e Vasconcelos. **Império:** José Joaquim Fernandes Torres. **Justiça:** João Lustosa da Cunha Paranaguá, substituído em 27 de outubro por Martin Francisco Ribeiro de Andrada.
16/07/1868	Conservador	**Presidente do Conselho**: Visconde de Itaboraí. **Império:** Paulino José Soares de Sousa (filho). **Justiça:** José Martiniano de Alencar, substituído em 10 de Janeiro de 1870 por Joaquim Otávio Nébias, que foi substituído em 9 de junho pelo Barão de Muritiba.
29/09/1870	Conservador	**Presidente do Conselho**: Visconde de São Vicente. **Império**: João Alfredo Correa de Oliveira. **Justiça:** Barão das Três Barras.
07/03/1871	Conservador	**Presidente do Conselho**: Visconde do Rio Branco. **Império**: João Alfredo Correa de Oliveira. **Justiça**: Francisco de Paula de Negreiros Saião Lobato, substituído em 20 de abril de 1872 por Manuel Antônio Duarte de Azevedo.
25/06/1875	Conservador	**Presidente do Conselho**: Duque de Caxias. **Império**: José Bento da Cunha Figueiredo, substituído em 15 de fevereiro de 1877 por Antônio da Costa Pinto e Silva. **Justiça**: Diogo Velho Cavalcanti de Albuquerque, substituído em 15 de fevereiro de 1877 por Francisco Januário da Gama Cerqueira.
05/01/1878	Liberal	**Presidente do Conselho:** João Luís Vieira Cansansão de Sinimbu. **Império:** Carlos Leôncio de Carvalho, substituído em 4 de junho de 1879 por Francisco Maria Sodré Pereira. **Justiça:** Lafaiete Rodrigues Pereira.

Capítulo 10
A CONSTITUIÇÃO DE 1891 E A ORDEM JURÍDICA NA REPÚBLICA VELHA (1889-1930)

10.1 A Constituinte republicana (1890) e a Constituição de 1891

A eleição para a Constituinte ocorreu em 15 de setembro de 1890. Um grupo de cinco juristas, conhecidos como a Comissão de Petrópolis redigiu, em dezembro daquele ano, um anteprojeto de Constituição. Entre eles participavam Joaquim Saldanha Marinho[1291], Rangel Pestana[1292] e Antonio Luís dos Santos Werneck[1293]. Enviado ao presidente Deodoro da Fonseca, o anteprojeto foi mandado para Rui Barbosa, que o alterou em inúmeros pontos, chegando mesmo a tomar como seu o anteprojeto, que desde então passou a ser conhecido como o "Projeto dos 5 + 1".

A base do anteprojeto era a Constituição dos Estados Unidos. Havia algumas influências argentinas e suíças, mas o molde era americano. O aparelho constitucional ficaria nas mãos da plutocracia do café. Eram 85 artigos e 12 disposições transitórias. Tinha um viés fortemente centraliza-

[1291] Joaquim Saldanha Marinho (1816-1895) – Pernambucano, bacharel em Direito, jornalista, promotor (Ceará), deputado (1848), presidente das Províncias de São Paulo e Minas Gerais, conselheiro de Estado e dirigiu "o Diário do Rio de Janeiro". Apoiou o movimento republicano e foi presidente do Conselho Federal integrado pelos Clubes Republicanos das Províncias. Tinha um estilo panfletário que se destacou durante a Questão Religiosa, quando publicou ataques aos bispos envolvidos, depois reunidos na obra "A Igreja e o Estado".

[1292] Francisco Rangel Pestana (1839-1903) – Carioca, bacharel em Direito (Faculdade de Direito de São Paulo), jornalista, Parlamentar Constituinte (1890-91), senador e vice-presidente do Banco da República. Fundou o jornal *A província*, depois *O Estado de S.Paulo* e, optando por ser deputado, passou o cargo para Júlio de Mesquita.

[1293] Antonio Luiz dos Santos Werneck – Era advogado, proprietário de terra em três Rios e sobrinho de Ignácio dos Santos Werneck, o barão de Bemposta. Fez parte da chamada "comissão dos 5", responsável pela elaboração do projeto da Constituição brasileira de 1891.

dor. A burguesia do café iria assumir o comando do governo republicano. O poder dos grupos rurais fica patente nesse primeiro momento. Os presidentes estaduais ficam fortalecidos e passam a poder pedir empréstimos no exterior, cobrar impostos de exportação e manter suas próprias forças armadas, no caso as milícias estaduais fortalecidas. Forma-se, enfim, a chamada Política dos Governadores. Na Constituinte, os positivistas, partidários da descentralização de poder, tiveram relativa influência por meio dos representantes do Rio Grande do Sul. Pouco mais de três meses depois, a nova Constituição era votada e promulgada, em 24 de fevereiro de 1891, apesar de recebida com desconfiança pela opinião pública. Tinha 91 artigos. Com algumas alterações, se prolongaria até a Revolução de outubro de 1930. De acordo com um estudioso do tema[1294]:

> "*O Congresso Constituinte funcionou ininterruptamente no antigo Palácio Imperial (Quinta da Boa Vista), quando foi promulgada a primeira Constituição republicana. Três meses, portanto, durante os quais discutiu, artigo por artigo, o projeto que Rui Barbosa revira e acrescentara. A estrutura desse anteprojeto foi preservada em sua essência e até em grande parte de sua redação, pois, a despeito da composição heterogênea daquela Assembleia, composta de muitos republicanos históricos e dos propagandistas do novo regime nos últimos 18 anos até 1889; adesistas, alguns dos quais provindos da monarquia; muitos militares; muitos juristas liberais e vários jovens inexperientes. Era unânime a Casa em relação ao objetivo principal, a consolidação da República Federativa e Federal, predominando maciçamente as presidencialistas do tipo norte-americano, já transplantado para a Argentina.*
>
> *Tinham experiência parlamentar apenas os que haviam feito suas primeiras armas na Câmara do Império. Eram eles, em geral, como na Constituinte de 1824, homens de profissões liberais e classes médias: juristas formados em São Paulo e Pernambuco; médicos diplomados na Bahia e no Rio; engenheiros civis e militares; jornalistas e homens de letras, oficiais do Exército e da Marinha. Vários eram funcionários públicos. Registrado que, dos 205 Deputados (havia ainda 63 Senadores), 46 eram militares. Esse aspecto, ligado às origens militares do Golpe de 15 de novembro de 1889, tendia a instilar no regime brasileiro germes do militarismo das Repúblicas hispano-americanas da vizinhança no continente, afastando-nos do modelo desejado, o dos Estados Unidos.*

1294 Baleeiro, Aliomar. *Constituições brasileiras,* vol. II -1891. Brasília: Senado Federal, 2000, p. 17.

Os assalariados do comércio e os operários ou artesãos praticamente não tiveram voz na Constituinte, embora o oficial do Exército Tasso Fragoso, logo nos primeiros dias da República, houvesse discursado, em tom positivista, no sentido de que "a nova filosofia" tinha como "objetivo imediato" o de "incorporar o proletariado à sociedade moderna...".

Dois outros estudiosos[1295] descrevem como se deu o início dos trabalhos da Constituinte:

A primeira Constituinte Republicana, formada por 205 deputados e 63 senadores, sob a presidência de Felício dos Santos, teve como conteúdo do juramento, ou 'formal compromisso de bem cumprir os seus deveres', a garantia de que os constituintes "guardariam a Constituição e sustentar a união, a integridade e a independência da República". Em mensagem ao Legislativo, o chefe do Governo Provisório, marechal Deodoro da Fonseca, sustentaria que "não há país que resista à desarmonia dos seus órgãos pensantes e dirigentes. A anarquia o convulsiona e o estrangeiro o invade", dizia. Além disso, havia no texto um severo ataque às instituições monárquicas: 'O Primeiro Império sucumbiu à impopularidade de um desmembramento do território nacional. O Segundo viveu sob constantes ameaças de invasões e absorções, a que a sua fatal política jamais soube impor silêncio... viemos de um passado de opressivas desigualdades sociais e de um regime em que o império da lei se achava completamente falsificado'[1296]".

Reunido, o Congresso Nacional designou uma comissão constitucional para manifestar-se sobre o projeto que o Governo Provisório lhe enviou. "Foi eleita a 'Comissão dos 21', em que cada membro representava um Estado. Algumas emendas apresentadas por esse grupo foram levadas em consideração: a que equiparava o processo de eleição de senadores ao da eleição de deputados; a eleição direta do presidente e do vice-presidente da República, a cessão ao Estado de terras devolutas, sem exceção e a liberdade de exercício de qualquer profissão, moral, intelectual e industrial. Foram praticamente irrelevantes as alterações sofridas pelo projeto do Governo Provisório na Assembleia Constituinte. A Constituição que

1295 BONAVIDES, Paulo e ANDRADE, Paes de, *História constitucional do Brasil*, cit., p. 220.
1296 Ibidem, p. 220-221.

saiu desse debate, a de 1891, foi uma das que menos tiveram elaboração na história constitucional brasileira"[1297].

No ato de sua promulgação, o presidente Prudente de Morais, futuro presidente da República, anotou: "Está promulgada a Constituição da República dos Estados Unidos do Brasil. E a nossa pátria, após 15 meses de um Governo revolucionário, entra, desde este momento, no regime da legalidade. E é força confessar que, graças aos esforços e a dedicação deste Congresso, legítimo representante da Nação, aliás recebido com desfavor e prevenção pela opinião, que conseguiu vencer e que termina seus trabalhos rodeados de estima e consideração pública, o Brasil, a nossa pátria, de hoje em diante, tem uma Constituição livre e democrática com o regime da mais larga federação, única capaz de mantê-la unida, de fazer com que possa desenvolver-se, prosperar e corresponder na América do Sul ao seu modelo na América do Norte. Saudemos, meus concidadãos, ao Brasil e à República brasileira. Viva a Nação brasileira"[1298].

A questão federativa foi o tema mais polêmico, que provocou grandes debates, durante a elaboração da Constituição. Travou-se uma disputa entre Rui Barbosa, favorável à centralização administrativa, e os deputados gaúchos Borges de Medeiros e Júlio de Castilhos, que lutaram por maior poder aos Estados[1299]. O senador Paulista Campos Salles e o catarinense Lauro Müller eram favoráveis a oferecer um leque mais amplo de competências aos Estados para que estes conquistassem a autonomia. Veterano da causa federativa desde a monarquia, Rui temia ver a União desmanchar-se na dissolução centrífuga. Diria que sua luta pretendia evitar que a União fosse "reduzida a miséria e ao descrédito".

Os federalistas, radicalmente contrários a um alargamento da esfera de competência da União, eram liderados por Júlio de Castilhos, em cuja formação estava presente o positivismo de Comte, que lhe comunicava politicamente uma dose de autoritarismo, de todo estranho à versão

[1297] Ibidem, p. 223-224.

[1298] Ibidem, p. 225.

[1299] Conf. estudo da Fundação Getúlio Vargas (FGV). Disponível em http://cpdoc.fgv.br/sites/default/files/verbetes/primeira-republica/ASSEMBLEIA%20NACIONAL%20CONSTITUINTE%20DE%201891.pdf. Acesso em 06 dez. 2019.

mais leve e dúctil[1300], inerente ao federalismo das autonomias estaduais preponderantes. Aliás, tanto os positivistas quanto os católicos fizeram sugestões e tentativas de influir na questão constitucional. O arcebispo da Bahia, d. Luiz Antonio Santos, bispo primaz do Brasil, alegou que a separação violenta, absoluta e radical que se estava tentando estabelecer entre a Igreja e o Estado produziria os mais funestos efeitos. "Uma nação separada de Deus", dizia, "rolaria por um fatal declive de decadência até o abismo, em que a devorariam os abutres da anarquia e do despotismo". Dois pontos, principalmente, desgostavam a Igreja: a proibição de estabelecimento de novos conventos e a secularização dos cemitérios, além, claro, da separação Igreja-Estado. O religioso procurava deixar claro, ainda, que a Igreja não era inimiga da República e que, ao contrário, tinha enfrentado muitos problemas com a monarquia, a começar pela Questão Religiosa que, como vimos, ajudou a precipitar o fim do Império[1301].

10.2 Características da Constituição de 1891 – poderes, justiça, rendas, Estados, Municípios, STM, direitos, eleições e partidos políticos

A Constituição promulgada em 24 de fevereiro de 1891 apresentava 91 artigos e mais oito das Disposições Transitórias. Caracteriza-se como a mais concisa das Constituições brasileiras. Dividia-se em cinco títulos, subdivididos em seções e estas, em capítulos.

No Título I, o mais longo, tratava-se da "Organização Federal", estruturando a forma de governo, isto é, sob regime representativo e presidencial, a República Federativa, integrada pelas antigas províncias, que agora passavam a se chamar Estados, e pelo Distrito Federal (Rio, o antigo "Município Neutro"). Reservava-se logo uma zona de 14.400 km2 no planalto central para a futura capital. Brasília teria sua construção iniciada somente cerca de 60 anos depois.

O artigo 6º, dos mais discutidos no regime dessa Constituição, permitia intervenção federal nos Estados e estabelecia os princípios constitucionais que estes deveriam respeitar para não sofrerem aquela medida extrema, que só seria usada em casos de grande gravidade. Nesse Título

1300 Significa "o que se pode conduzir, guiar", segundo o Dicionário Online de Português.

1301 BONAVIDES Paulo e ANDRADE, Paes de. *História constitucional do Brasil*, cit., p. 227.

I, regulavam-se os Três Poderes nacionais, segundo a clássica divisão de Montesquieu.

O Título II era reservado aos Estados-membros.

O Título III regulava os Municípios num artigo único e breve, o 68.

Por sua vez, o Título IV tratava "dos cidadãos brasileiros", dizendo quais os que gozavam dos respectivos direitos e incluía a "grande naturalização", isto é, a de todos os estrangeiros que, achando-se no Brasil a 15-11-1889, não declarassem, dentro de seis meses após a Constituição, o ânimo de conservar a nacionalidade de origem. Nesse Título IV está a Declaração de Direitos assegurados pela Constituição aos brasileiros e aos estrangeiros residentes no País.

O Título V cuidava das disposições gerais e era acompanhado das Disposições Transitórias. Ele regulava o estado de sítio, especificando as restrições que comporta nas medidas de repressão; responsabilidade dos funcionários, não se falando em direitos ou garantias a estes; serviço militar obrigatório e organização do Exército e da Armada; proibição de guerra de conquista; instituição de um Tribunal de Contas (seria, futuramente, o Tribunal de Contas da União – TCU)[1302]. Trazia, também, as modalidades de reforma da Constituição. Nas disposições transitórias, era determinada a eleição do primeiro presidente e do primeiro vice-presidente pelo Congresso, concedia-se uma pensão vitalícia ao último imperador, D. Pedro II, determinava-se a compra da casa em que morreu Benjamim Constant, colocando-se nela uma lápide "em homenagem ao grande patriota, o Fundador da República". A viúva de Constant deveria ter o usufruto do imóvel.

10.2.1 O Poder Legislativo

O Poder Legislativo era exercido pelo Congresso, ou seja, os senadores e deputados. O presidente da República poderia vetar projetos de lei

1302 O TCU, fundado naquela ocasião, é um órgão de auxílio do Parlamento, que fiscaliza as contas do Executivo e repassa os dados ao Legislativo, a quem compete, constitucionalmente, julgar seus resultados. Portanto, auxiia o Parlamento, mas não é submetido a ele. Por analogia, há Tribunais Estaduais de Contas em todos os Estados da Federação, Tribunais de Contas Municipais e somente dois Tribunais de Contas do Município, respectivamente em São Paulo e no Rio de Janeiro.

aprovados pelo Legislativo, mas somente no todo e não parcialmente, da mesma forma que ocorria nos Estados Unidos. O parlamentar tinha mandato de três anos. Os deputados passavam por eleição direta, na proporção de um para 70 mil habitantes. Quanto aos senadores, tinham mandato de nove anos, renovando-se um terço por triênio. Ambos eram considerados invioláveis por suas palavras e opiniões no exercício do mandato e gozavam de imunidade parlamentar, o que impedia sua prisão ou processo, salvo em casos de flagrante. Não podiam ser presos nem processados sem licença da Câmara. Entre as funções do Congresso estavam a votação do orçamento anual, a regulação do comércio exterior e interno, declarações de guerra e assinatura de tratados de paz, declarar o estado de sítio, fixar as forças de terra e mar, conceder anistia e legislar sobre todas as matérias de competência da União.

O regime era presidencialista, no modelo americano. Assim, o Executivo não podia fazer a dissolução da Câmara dos Deputados nem era obrigado, como no parlamentarismo, a escolher ministros de confiança do Legislativo ou exonerá-los se perdessem a confiança desta. Essa era uma diferença importante entre a Constituição de 1891 e a de 1824.

10.2.2 O presidente e o vice-presidente da República

No artigo 41, a Carta Magna dizia que presidente e vice-presidente da República deviam ser brasileiros natos, ter mais de 35 anos e estar no gozo dos seus direitos políticos. Ambos deviam ser eleitos diretamente e por maioria absoluta. O presidente tinha o direito de nomear e demitir livremente os ministros de Estado. Também chefiava o Exército e a Armada como comandante supremo destas armas. O chefe do Executivo ainda tinha a faculdade de declarar a guerra e promover a paz. Poderia sofrer impeachment – à maneira da Constituição americana. Ele seria processado e julgado pelo Senado nos crimes de responsabilidade, depois de declarada procedente a acusação pela Câmara dos Deputados e ficaria, nesse período, suspenso de suas funções. Em caso de crimes comuns, depois de declarada procedente a acusação, o processo e o julgamento do mandatário caberiam ao Supremo Tribunal Federal. A proposta previa que os crimes de responsabilidade seriam regulados em lei logo na primeira sessão legislativa. A Câmara fez isso, mas há interpretações de que

Deodoro desconfiou que isso fora tramado para condená-lo e, por essa razão, dissolveu o Congresso em novembro de 1891.

No caso de *impeachment* ou por outras razões, o vice-presidente da República substituiria o titular. Este tinha a incumbência de presidir o Senado. Se a vaga por morte ou outra causa do presidente ocorresse nos dois primeiros anos do quadriênio, para o qual fora eleito, ocorreria nova eleição. Mas, decorridos dois anos, sucedia o vice. Deodoro renunciou no primeiro ano e Floriano não mandou promover a nova eleição, o que representou um golpe de Estado e provocou revolta da Armada e turbulência no País. Alegou Floriano que o tempo que permaneceu Deodoro como presidente provisório devia ser computado e, dessa forma, ter-se-ia mais de dois anos, em clara manobra golpista, já que contrária ao disposto no texto constitucional.

Os ministros, por sua vez, não eram responsáveis pelos conselhos oferecidos ao presidente, mas respondiam pelos crimes qualificados em lei. O deputado ou senador que aceitasse um ministério teria que deixar seu mandato. Os ministros, ao contrário do que ocorria no Império, não podiam comparecer às sessões do Congresso, só podendo fazê-lo por escrito. Em casos de crimes comuns e de responsabilidade, os ministros seriam processados e julgados pelo Senado. Havia uma exceção, no entanto: se os crimes fossem conexos com os do presidente seriam julgados pelo Senado que era, também, responsável pelo julgamento de crimes de responsabilidade dos ministros do Supremo Tribunal. A Lei do Crime de Responsabilidade foi aprovado pelo Congresso em 1891 e, na condição do decreto número 30 de 8 de janeiro de 1892 foi sancionada por Floriano Peixoto – então presidente após a renúncia de Deodoro da Fonseca – logo depois da restauração do Congresso. O almirante Custódio de Melo[1303] havia feito a Revolta da Armada como reação ao golpe de novembro de 1891.

[1303] Custódio José de Melo (1840-1902) – baiano, contra-almirante, lutou na Guerra do Paraguai, foi deputado a constituinte em 1890-91 (pela Bahia). Combateu o Marechal Deodoro quando dissolveu o Congresso (03-11-1891), comandando a Revolta da Armada que culminou na renúncia do presidente da República. Foi ministro da Marinha no governo de Floriano Peixoto (1891-1893). Rompendo com Floriano Peixoto na discussão para eleições presidenciais, apoiou a Revolução Federalista no Rio Grande do Sul (1893),

10.2.3 A dualidade da Justiça

A Justiça Federal e a Estadual, além do Supremo Tribunal Federal, foram consagrados na Constituição de 1891, conforme dispunham os decretos de Campos Sales durante o Governo Provisório. Os juízes e tribunais federais, então, julgariam as causas de interesse da União, os crimes políticos e os contra a União, que incluíam falsificação de moeda, contrabando e descaminho, as causas entre os Estados da federação, as relacionadas ao Direito Marítimo e os tratados internacionais. O Supremo ficou responsável pelos crimes comuns do presidente e ministros, dos diplomatas, as causas entre a União e os Estados e os conflitos entre juízes federais ou entre estes e os estaduais. Além disso, poderia julgar, em grau de recurso, as causas analisadas pelos juízes e tribunais federais, e competia-lhe a revisão criminal. E, em recurso extraordinário, as decisões dos tribunais e juízes dos Estados quando se discutisse vigência e validade de leis federais negadas pela Justiça Estadual; divergência de interpretação entre Tribunais Estaduais; questões de Direito Criminal ou Civil Internacional. Em relação ao Império, os magistrados obtiveram novas prerrogativas. Por exemplo, podiam exercer atividade política-partidária e foi abolida a suspensão de juízes, que havia naquela época por ato do imperador. Além disso, havia garantia constitucional da vitaliciedade, salvo sentença condenatória, e irredutibilidade de vencimentos[1304].

Os presidentes dos tribunais, ao contrário do que ocorria nos EUA, eram eleitos por seus pares, os demais ministros, e o procurador-geral da República designado pelo presidente entre os ministros do Supremo. Os ministros eram nomeados pelo chefe do Executivo entre cidadãos de "notável saber e reputação", elegíveis para o Senado, ou seja, maiores de 35 anos. Como não havia previsão legal de que esse saber fosse jurídico somente, Floriano chegou a indicar um general e um médico, Barata Ribeiro, que exerceu o cargo. O Senado, no entanto, determinou que somente bacharel em Direito poderia ser ministro do STF[1305].

conseguindo o apoio da armada, com o intuito de "instaurar o império da constituição". Derrotado em 1894, asilou-se a bordo de um navio lusitano e voltou ao Brasil depois de anistiado. Deixou um livro de memorias: "O governo provisório e a revolução de 1893".

[1304] Baleeiro, Aliomar. *Constituições brasileiras – 1891*, cit., p. 292, v. II.

[1305] Ibidem, p. 292.

Os tribunais e juízes tinham a faculdade de declarar a inconstitucionalidade de leis e decretos em casos concretos, ou seja, dizer que alguma legislação não poderia ser aplicada por contrariar a Constituição. Um cidadão qualquer na mesma situação teria que propor uma ação pedindo a revogação da lei. A Justiça não revogava nem detinha o poder de declarar a lei inconstitucional em tese *erga omnes*[1306], como pode fazer hoje[1307].

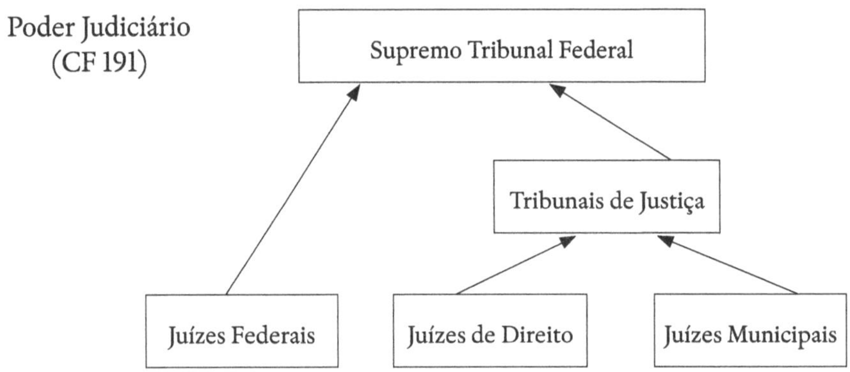

Vale salientar que a Carta determinou a instalação de um Tribunal de Contas (o Tribunal de Contas da União – TCU), sob sugestão de Rui Barbosa, o que jamais havia existido no regime monárquico, apesar de tentativas para a sua implantação após a Constituição de 1824. Além disso, convencionou-se que os militares de terra e mar tivessem foro especial em relação aos delitos militares. Foi instituída, então, a criação do Supremo Tribunal Militar, com membros vitalícios, e Conselhos de Justiça. A medida significava a continuação do Tribunal Militar fundado em 1808 pelo príncipe regente, o rei D. João VI. No entanto, a Constituição de 1891 colocou o órgão fora do capítulo do Judiciário como órgão administrativo com funções jurisdicionais, para garantia aos militares[1308].

[1306] Significa “à frente de todos”, ou seja, quando as decisões são vinculantes.
[1307] Baleeiro, Aliomar. *Constituições brasileiras – 1891,* cit., p. 292, v. II.
[1308] Ibidem, p. 293.

10.2.4 Discriminação das rendas

Uma inovação da Constituição de 1891 em relação aos tributos foi uma divisão expressa de arrecadação de impostos entre a União e os Estados. Determinou-se que estes repassassem o resultado de seus tributos para os municípios. Somente na Constituição de 1934 as cidades passaram a ter impostos exclusivos. A União, os Estados e os municípios podiam cobrar taxas em relação aos serviços prestados aos contribuintes e sobre as rendas dos seus bens e serviços como rendas industriais e comerciais. Eram da competência exclusiva da União impostos de importação, selos, taxas de correios e telégrafo. Os Estados podiam cobrar impostos pela exportação de seus produtos, sobre imóveis rurais e urbanos, transmissão de propriedade e selos sobre os atos de seu governo[1309].

Entre os impostos sobre transmissão de propriedade incluía-se o *causa mortis* (sobre heranças e legados) arrecadados pelos Estados. Os municípios podiam arrecadar, por cessão dos Estados, tributos, como o imposto predial urbano. As administrações municipais também podiam cobrar cumulativamente taxas sobre indústria e profissões. O que significa dizer que os contribuintes pagavam esse imposto ao Estado e ao município. As taxas de serviços municipais, como luz, lixo e limpeza pública, eram cobrados pelos municípios. O Ato Adicional de 1834 havia introduzido a competência de as províncias decretarem seus impostos, desde que não prejudicassem os "gerais", ou seja, os nacionais[1310].

10.2.5 Estados e Municípios

Os novos Estados, que substituíam as províncias do Império, deveriam se reger pela Constituição e suas leis locais, desde que respeitassem "os princípios constitucionais da União", para evitar inconstitucionalidades que atentassem contra o princípio da federação. Os itens a serem observados eram a forma republicana e representativa, o presidencialismo, a independência e harmonia dos poderes, a temporariedade de funções eletivas; responsabilidade dos funcionários; autonomia dos Municípios; capacidade de ser eleitor ou elegível da Constituição; regime eleitoral com garantia das minorias; inamovibilidade e vitaliciedade dos juízes e

[1309] Ibidem, p. 293.
[1310] Ibidem, p. 293.

irredutibilidade dos respectivos vencimentos; direitos políticos e individuais da Constituição a todos; não reeleição dos presidentes e governadores; e possibilidade de o Legislativo reformar a Constituição Estadual. Caso houvesse afronta a alguma dessas bases poderia ser decretada intervenção federal. No entanto, houve um caso singular: o Rio Grande do Sul, que adotou uma Constituição de inspiração positivista, reelegeu Borges de Medeiros durante 20 anos[1311].

O artigo 64 propiciou aos Estados as minas e terras devolutas do seu território, o que permanece até hoje, com a exceção das que ficam numa faixa de 150 quilômetros ao longo das fronteiras com países vizinhos (faixa de fronteira) e as necessárias às estradas de ferro. Por outro lado, os Estados tinham várias proibições: não podiam recusar fé a um documento da União ou de outro Estado, manter outra moeda em detrimento da federal, fazer guerra entre si e negar extradição, quando solicitado. Nas décadas seguintes, quase entrariam em conflito aberto dois Estados do Sul, Paraná e Santa Catarina, devido a disputa territorial, no episódio que entrou à história com o nome de Contestado[1312].

Segundo a Constituição, no seu artigo 68, os Estados deviam assegurar aos municípios a autonomia em tudo quanto respeitasse seu "peculiar interesse". Como a redação era pouco clara, especulou-se durante muito tempo se os Estados podiam nomear intendentes ou prefeitos. De uma maneira geral, as constituições estaduais estabeleciam que as cidades seriam reguladas por uma lei orgânica que se aplicava a todos. No caso do Rio Grande do Sul, tolerou-se que cada município instituísse sua própria carta[1313].

10.2.6 Declaração de Direitos, Federação, Presidencialismo e uma nova forma de "absolutismo"

Em resumo, os direitos encontravam-se explicitados da seguinte maneira:

a) Todos devem ter direito a liberdade, a segurança individual e direito à propriedade.

[1311] Ibidem, p. 293.
[1312] Ibidem, p. 293.
[1313] Ibidem, p. 293.

b) Todos são iguais perante a lei, sem distinção de raça, cor ou nascimento.
c) Haverá liberdade de crença e de pensamento, não podendo nenhum cidadão ser privado dos seus direitos civis e políticos por motivo religioso.
d) Não haverá pena de morte.
e) Estão abolidos os títulos de nobreza.
f) O ensino será laico.
g) Haverá separação entre a Igreja e o Estado.
h) O domicílio será inviolável.
i) Instituiu o *Habeas Corpus.*

Os direitos e garantias assegurados aos brasileiros e estrangeiros residentes no País eram listados no artigo 72. Estes não eram muito diversos dos que estavam inscritos na Carta Imperial de 1824, nem muito menores dos que figuraram nas Constituições de 1934, 1937, 1946, 1967, na Emenda nº 1/1969 e na Constituição de 1988.

Sob o ponto de vista ideológico, a Primeira República representou o coroamento do liberalismo no Brasil. Suas bases constitucionais, traçadas pela geração republicana de 1889 – à qual viera unir-se o mais conceituado crítico e poderoso opositor da política imperial vigente, o baiano Rui Barbosa – bem demonstravam o compromisso com a doutrina que não pudera medrar inteiriça no texto outorgado de 1824. Naquela ocasião, o absolutismo ficara patente no texto, sem limites, diante da criação do Poder Moderador, instituído de forma que contrariava os princípios de Benjamim Constant e Montesquieu. Esse momento se revelava da seguinte forma:

> *"Até mesmo as formas mais puras da construção liberal cedo se esclerosaram. Na região de governo, a força atrativa de um só poder aglutinava as oligarquias estaduais, e logo se manifestaria visível e ostentosa na pessoa do Presidente da República. Era este um monarca sem Coroa, um rei sem trono. As instituições mesmas se revelavam impotentes para: romper a tradição, o costume, a menoridade cívica, os vícios sociais ingênitos, que faziam a República padecer a desforrado passado. A lição era esta: ninguém decreta a supressão da história e da realidade, com lápis e papel, ao abrigo macio das antecâmaras do poder.*

> *(...) O cotejo Império – República mostra o passo largo que se dera: ali, a forma monárquica, com os laços perpétuos de uma sucessão dinástica; aqui, a modalidade desconhecida de um poder supremo que se renovava periodicamente em sua titularidade.*
> *Dantes, um sistema unitário e centralizador que asfixiava as mais remotas regiões periféricas do imenso País; agora, a autonomia das antigas Províncias, expandida a um tal grau de descentralização que a mudança do regime convertera em Estados e fizera de sua comunhão um laço perpétuo e indissolúvel de Estados, ou seja, uma federação. Mas federação estabelecida com todo o rigor do figurino americano, onde o constituinte pátrio fora inspirar-se.*
> *Ontem, adotava-se a forma parlamentar de governo penosamente instituída como brilhante conquista representativa à sombra benevolente de um Poder Moderador. Hoje, via-se algo extemporâneo e irrefletido: o modelo presidencial de governo, para o qual nem as elites se achavam bastantemente preparadas nem a sociedade suficientemente atraída. O golpe republicano cortara na raiz o processo evolutivo do parlamentarismo imperial. O próprio Rui externou depois certa amargura por haver sido o artífice de tão profunda mudança, da qual todavia só nos resultaram Golpes de Estado, ditaduras, sedições e desrespeito à ordem constitucional.*
> *(...) O presidencialismo efetivamente contribuíra para arruinar a harmonia e o equilíbrio dos poderes. Fomentando a expansão sem freios da autoridade do Presidente da República, fizera a pessoa do Primeiro magistrado se converter no centro de todos os poderes, de todas as decisões, de todos os movimentos da máquina de governo*"[1314].

O texto de 1891, enfim, consagrava o princípio da separação de poderes em conformidade com a teoria de Montesquieu. Deixava-se claro que a República não admitia privilégios de berço e desconhecia foros de nobreza. Ao mesmo tempo, extinguiam-se as ordens honoríficas existentes e suas prerrogativas e regalias. Ficava instituído o casamento civil, secularizados os cemitérios e o ensino se tornava definitivamente laico. Além disso, a pena de morte foi abolida, além de criado o *habeas corpus*, garantia constitucional contra o abuso de poder e a ilegalidade. O direito de propriedade ganhou previsão constitucional, assim como a isonomia de todos diante da lei, a livre manifestação do pensamento, a liberdade de

[1314] Bonavides, Paulo e Andrade, Paes de. *História constitucional do Brasil*, cit., p. 118.

associação, o direito de reunião, a inviolabilidade do domicílio como asilo do indivíduo e a instituição do Júri[1315].

No entanto, como apontado, o Executivo se mostrou como o mais poderoso na face de um presidencialismo onipotente. Por exemplo, "o instituto da intervenção federal, concebido para equilibrar e harmonizar poderes, transformara-se no mais poderoso instrumento político de arbítrio, que alargara a limites insuportáveis o absolutismo presidencial, com inteira sufocação das autonomias estaduais. O presidente da República era um monarca eletivo que se substituía a cada quatriênio"[1316]. Os Estados, por seu turno, passaram a viver o princípio de oligarquização. Foi instituída, pouco tempo depois, a política dos governadores. No ano de 1926, a primeira reforma da Constituição virá reforçar ainda mais o presidencialismo. O princípio federativo praticamente desaparece. O federalismo, de fato, existia apenas na letra da lei[1317].

O poder de pressão dos Estados mais fortes, como São Paulo e Minas Gerais, era muito grande e isso desequilibrava a federação. As unidades mais fracas tornavam-se, na prática, províncias do poder central, ao qual estavam submetidas. Nada muito diferente do Império. Além disso, não havia mecanismos que permitissem ao cidadão comum participação na vida política do País. "Durante a monarquia o unitarismo, porém, se achava posto pela Constituição: o Poder Central não era o braço do privilégio de dois grandes Estados, como os da aliança Minas-São Paulo, a aliança 'café com leite', consoante aconteceu na República"[1318].

De outra parte, embora tenha apresentado figuras jurídicas semelhantes ao Império, a Constituição republicana de 1891 também apresentou características completamente distintas da sua contraparte de 1824. O Poder Moderador foi abolido, assim como o Senado vitalício e a unidade Estado-Igreja. De certa forma, o Poder Moderador teve um sucedâneo na

[1315] Ibidem, p. 118.
[1316] Ibidem, p. 252.
[1317] Ibidem, p. 252.
[1318] Ibidem, p. 252.

atribuição às Forças Armadas da defesa contra o inimigo externo, assim como a defesa das instituições[1319]-[1320].

No restante do texto, o espírito liberal esteve presente. A divisão o mais equitativa possível dos poderes recebeu ênfase. Uma determinação muito importante dizia respeito à eventual intervenção da União nos Estados que só poderia ocorrer quando houvesse invasão estrangeira ou de um Estado em outro, para manter a forma republicana federativa, para reestabelecer a ordem e a tranquilidade, nesse caso por requisição expressa dos governos e para assegurar a execução de leis e sentenças federais[1321].

A participação dos militares na Proclamação da República e sua entronização nos ditames de 1891 era uma questão difícil para resolver. Não havia dúvida para os líderes republicanos da época da importância destes atores, sem o apoio dos quais a República não teria sido proclamada. A hegemonia desse grupo era muito fácil de perceber até pela presença de dois militares – os marechais Deodoro da Fonseca e Floriano Peixoto – como os dois primeiros presidentes do Brasil. O primeiro dissolveu o Congresso e decretou o estado de sítio. Peixoto que, como vice, tinha obrigação constitucional de decretar eleições após a renúncia de Deodoro, permaneceu no cargo até o fim, descumprindo a Carta que tinha jurado. Segundo os pesquisadores, somente após o episódio de Canudos, ocorrido entre 1896 e 1897, é que o Exército perdeu prestígio. Até então, vigorava o forte desejo de centralização e de hierarquia. O princípio federativo era estranho aos militares[1322].

Esse mesmo princípio, na prática, identificou-se com a lei do mais forte, dos clãs, ou seja, os Estados constituíram suas próprias oligarquias, que suplantavam a federação. Na década de 1920 foi possível verificar que a oligarquia cafeeira havia se sobreposto, por seu poder econômico e força política, às demais. Sua hegemonia seria ameaçada, entretanto, pela queda do preço do produto – o principal da balança comercial do País – no

[1319] Ibidem, p. 253.

[1320] Nos dias de hoje (2020), é forçoso reconhecer que o Supremo Tribunal Federal (STF), o principal órgão do Poder Judiciário, passou a considerar-se Poder Moderador.

[1321] Bonavides, Paulo e Andrade, Paes de. *História constitucional do Brasil*, cit., p. 253.

[1322] Ibidem, p. 253.

mercado internacional. Para proteger o preço do café, o governo optaria, num processo que o economista Celso Furtado apelidou de "socialização das perdas", fazer manobras econômico-financeiras que resultavam em inflação e desvalorização da moeda. Assim, as várias revoltas do período refletiriam, na prática, a luta das várias oligarquias regionais pelo poder. Uma das principais foi o movimento conhecido como tenentismo, em que jovens oficiais, majoritariamente de classe média, contestariam os presidentes do período. A revolta ganhou tanta força que um dos governos do período, o de Artur Bernardes (1922-1926), manteve-se, quase totalmente, sob estado de sítio. Naquela ocasião se cristalizaria a Política dos Governadores, em que estes personagens, antes secundários, se imbuíam de força desproporcional[1323].

Apesar das críticas que sofreu, a Carta foi emendada – ainda assim em poucos pontos – somente em 1926, ainda no governo de Bernardes, conforme veremos adiante. Entre suas falhas estavam a falta de determinação para que os Estados uniformizassem os nomes dos cargos do Executivo ou das Câmaras. Eventualmente, um Estado denominava seu dirigente principal de governador enquanto outro o chamava de presidente. O prefeito podia ser intendente ou superintendente. O vereador, por sua vez, podia receber o título de intendente[1324].

A reforma levou a um caráter nitidamente centralizador, reforçando o poder "imperial" do presidente e do Executivo, em consequência, enfraquecendo definitivamente o princípio federativo, agora pouco mais que uma peça de retórica. Os interesses regionais ganharam músculos ao mesmo tempo que em que o cidadão ficou, mais uma vez, tolhido do seu direito de participação na vida política do País, mesmo que a Constituição lhe garantisse a cidadania. A força do coronel regional se tornou cada vez mais semelhante à dos senhores feudais da Idade Média. No período vigorou, por exemplo, a chamada política do café com leite, durante a qual políticos dos Estados mais poderosos (casos de Minas Gerais e São Paulo) se revezavam no poder. Os partidos, por sua vez, sem nenhuma expressão nacional, funcionavam como uma espécie de fachada das oligarquias patriarcais. Os principais eram o Partido Republicano Paulista

1323 Ibidem, p. 254.
1324 Ibidem, p. 256.

(PRP) e o Partido Republicano Mineiro (PRM) que, apesar dos nomes iguais, praticamente não mantinham relação de espécie alguma[1325].

Em termos gerais, a Constituição de 1891 estabelecia que os Estados Unidos do Brasil, nome antigo do País, seriam compostos por 20 Estados, as antigas províncias, com o Distrito Federal, localizado no Rio de Janeiro, como o antigo município neutro, organizado em base republicana, representativa, federativa e presidencialista. O poder era exercido pelo povo, por meio de seus representantes eleitos diretamente. O Poder Executivo era exercido pelo presidente da República que, livremente, escolhia os ministros. O vice-presidente assumiria o cargo em caso de afastamento do titular, promovendo-se nova eleição no caso de afastamento definitivo antes de decorridos dois anos de exercício do cargo. Os quatro poderes do tempo do Império foram transformados em três: Executivo, Legislativo e Judiciário[1326].

- Executivo, exercido pelo presidente da República, eleito por voto direto, por quatro anos, com um Vice-Presidente.
- Legislativo, com duas casas temporárias, Câmara dos Deputados e Senado Federal que, reunidos, formavam o Congresso Nacional (promulgada a Constituição, o Congresso Constituinte transformou-se em Congresso Legislativo ordinário, com aquelas duas casas)[1327].
- Judiciário, com o Supremo Tribunal Federal, como órgão máximo, cuja instalação foi providenciada pelo Decreto 1°, de 26 de fevereiro de 1891, que também dispôs sobre os funcionários da Justiça Federal[1328].

Os três poderes exercer-se-iam de forma harmoniosa, mas independentemente.

No âmbito estadual e municipal os poderes, da mesma maneira, estão tripartidos[1329].

[1325] Ibidem, p. 257.

[1326] KOSHIBA, Luiz e PEREIRA, Denise Manzi Frayze. *História do Brasil*, cit., p. 220.

[1327] Ibidem, p. 220.

[1328] Ibidem, p. 220.

[1329] Ibidem, p. 220.

Outras características:

"A questão básica é o federalismo, tendendo ora ao predomínio da União, ora ao dos estados, ou unionistas e federalistas. Os unionistas, liderados pelo Ministro Rui Barbosa, foram vitoriosos. O estilo estava próximo do Império, marcado pelo sentido unitário. Se o modelo é norte-americano, os estudiosos já atentaram para a grande diferença entre os casos brasileiro e aquele. O Império era centralista, partindo-se de um complexo unitário para a descentralização, enquanto na República do Norte se partiu da descentralização para a unidade, de entidades que abdicam de suas prerrogativas em favor do centro, diferença a marcar com nota forte os dois casos, distinguindo-os desde a origem. A atribuição de tarefas e recursos acirrou os ânimos, sobretudo quanto às rendas – as da União e as dos Estados. A fórmula vitoriosa atentou mais para o poder central que o dos Estados. Quanto ao pretendido direito de terem legislação própria, este não foi negado, mas não se admitiu que em matéria básica – sistema legal, civil, comercial, criminal – as unidades legislassem; venceu a tese da legislação pelo Congresso Nacional. Como se sabe, nos Estados Unidos há enormes diferenças nas leis de um ponto para outro – lembrem-se os exemplos sobre a escravidão, o divórcio, ou os episódios da Lei Seca, proibitiva do álcool, nenhum deles possível no Brasil. Adotou-se um federalismo mitigado, não um federalismo sem peias, como era pedido pelos positivistas da bancada do Rio Grande do Sul"[1330].

Ainda permaneceria, por um bom tempo, o debate entre presidencialismo e parlamentarismo. Esse segundo só seria adotado no Brasil, e ainda de forma equivocada, em 1961, como veremos adiante, numa tentativa de restringir o poder do presidente João Goulart. "A prática da Constituição não foi simples. A renúncia de Deodoro, seu primeiro grande teste, levou ao questionamento da posse do vice, Floriano Peixoto. Na verdade, o documento de 1891 durou até 1930, quando um movimento armado derruba o governo e tenta outra ordem. O trabalho da Constituinte de 1890-91 durou quase quarenta anos"[1331].

Na prática, o sistema de propriedade vigente e o papel do Estado em face das relações de classe se manteve. Como não havia praticamente nada na Carta que remetesse a uma legislação social, a economia de base agrá-

1330 IGLÉSIAS, Francisco. *Trajetória política do Brasil* – 1500-1964, cit., p. 199-200.
1331 Ibidem, p. 200.

ria tradicional ainda dava as cartas e o atrasado latifundiário podia contar com os processos habituais de controle que asseguravam a continuidade de sua dominação sobre as massas despossuídas. Pelo caráter ateísta do positivismo, não se cita Deus em seu preâmbulo (conforme constava da Constituição Imperial) e estabeleceu a igualdade dos cultos[1332].

Com a introdução do federalismo, "os Estados ficavam autorizados a contrair empréstimos externos, constituir forças militares próprias – unidades federativas poderosas como São Paulo, Minas Gerais e Rio Grande do Sul montaram verdadeiros exércitos tão poderosos quanto o central –, cobrar impostos sobre exportação, bens imóveis, transmissão de propriedade, indústria e profissões interestaduais. A União tinha suas fontes de renda centradas, principalmente nos impostos de importação, selo e consumo. Além disso, dispunha de força militar e exercia a direção da política externa. Sob algumas condições pré-definidas podia intervir nos Estados e decretar o estado de sítio. "Entretanto, tal poder de coerção não era mais do que um reforço a serviço do interesse de oligarquias rurais, quer para manter uma ordem conservadora, quer em função das lutas políticas interoligárquicas"[1333].

De forma inédita naquela Carta, o artigo 14 previu que as Forças Armadas são instituições permanentes, destinadas à defesa da pátria no exterior e à manutenção das leis no interior. No artigo 77 uma demonstração do poder corporativo dos militares, que representavam um quarto dos constituintes: "os militares de terra e mar terão foro especial nos delitos militares". Os militares odiavam o civilismo do Império, quando dois terços dos ministros das pastas militares eram civis, os "casacas", como eram chamados pejorativamente pelos fardados[1334].

Ser eleitor era um direito, mas não de todos, concedido a brasileiros com mais de 21 anos. Logo, estavam excluídos os analfabetos (diversamente da Constituição de 1824), os mendigos, os praças de pré e os religiosos "de ordens monásticas, companhias, congregações ou comuni-

1332 Lopez, Luiz Roberto. *História do Brasil contemporâneo.* Porto Alegre: Editora Mercado Aberto, 1993, p. 24.

1333 Ibidem, p. 24-25.

1334 Villa, Marco Antonio. *A história das constituições brasileiras.* São Paulo: Leya Brasil, 2012, p. 32-33

dades de qualquer denominação sujeitas a voto de obediência, regra ou estatuto que importe a renúncia da liberdade individual". Na realidade, diante da exclusão dos analfabetos, a ampla maioria dos cidadãos acima de 21 anos era mera espectadora nas eleições. Entre os negros a situação era muito pior. Pelos dados de 1872, quando ainda havia escravidão, de 1.509.403 cativos, apenas 1.403 eram alfabetizados[1335].

Curiosamente, impunha-se, à força, aos estrangeiros que estavam morando aqui a cidadania brasileira: "os estrangeiros, que, achando-se no Brasil aos 15 de novembro de 1889, não declararem, dentro de seis meses depois de entrar em vigor a Constituição, o ânimo de conservar a nacionalidade de origem". Por não se manifestarem e até por desconhecerem a norma constitucional brasileira, centenas de milhares de estrangeiros transformavam-se em "brasileiros", o que se efetivou em período da grande imigração, em especial durante o fluxo de imigrantes que se dirigiam para o sul do País. Estes desconheciam a língua e as leis do Brasil; portanto, viviam somente ao lado dos seus pares, quase exclusivamente. Ao final, tornavam-se brasileiros, sem saber, pela força[1336].

Com relação à eleição para presidente, acrescente-se:

> "*(...) Os oito artigos que tratavam da eleição para Presidente da República acabaram servindo mais para inglês ver. Na primeira eleição presidencial direta, em 1894, sem a participação do eleitorado do Rio Grande do Sul, de Santa Catarina e do Paraná, por causa dos combates da Revolução Federalista, Prudente de Morais, candidato único, recebeu apenas 290 mil votos, isso quando a população brasileira alcançava 15 milhões de habitantes. As eleições foram marcadas pelo absenteísmo e pela fraude. Um ano após a promulgação da Constituição, Machado de Assis foi votar: 'Ignoro se a ausência de tão grande parte do eleitorado na eleição do dia 20 quer dizer descrença, como afirmam uns, ou abstenção, como outros juram. A descrença é fenômeno alheio à vontade do eleitor; a abstenção é propósito [..] O que sei é que fui à minha seção para votar, mas achei a porta fechada e a urna na rua, com os livros e ofícios. Outra casa os acolheu compassiva, mas os mesários não tinham sido avisados e os eleitores eram cinco. Discutimos a questão de saber o que é que nasceu primeiro, se a galinha, se o ovo era o problema, a charada, a adivinhação de segunda-feira. Dividiram-se as opiniões; uns foram pelo*

1335 Ibidem, p. 33.
1336 Ibidem, p. 33-34.

ovo, outros pela galinha; o próprio galo teve um voto. Os candidatos é que não tiveram nem um, porque os mesários não vieram e bateram dez horas'"[1337].

10.3 A Constituição de 1891 e a influência de outras Constituições

O historiador José Murilo de Carvalho identifica três correntes principais que disputavam a hegemonia do novo regime: o liberalismo americano, o jacobinismo à francesa e o positivismo. As três correntes combateram-se intensamente nos anos iniciais da República, até a vitória da primeira delas, por volta da virada do século. O entusiasmo pela França era tão grande que Silva Jardim, um dos líderes dessa corrente, chegou a pregar o fuzilamento do "desprezível Conde D'Eu" para lembrar a morte de Luís XVI. A Marselhesa era o hino de guerra do grupo e o brado de "Viva a República" era acompanhado de "Viva a França", terra-mater das tradições republicanas[1338].

O positivismo teria força a partir do intercâmbio que admiradores brasileiros dessa doutrina tiveram com políticos positivistas franceses, como León Gambetta e Jules Ferry. Comte apreciava a ideia de uma ditadura republicana. Essa ideia de progresso e ditadura tinha raízes muito profundas na tradição autoritária luso-brasileira. Ao utilizar, no entanto, o modelo americano, em lugar do francês, que previa a participação popular na política, houve a rejeição dessa participação. Assim, Montesquieu suplantaria Rousseau. De uma maneira geral, sobreviria apenas o transplante puro e simples de ideias, sem contexto, que deformariam a matriz[1339].

Em um exemplo, os poderes que a Constituição atribuirá ao presidente da República se aproximaram do modelo imperial anterior: O que, nesse passo, coincidiria com o figurino norte-americano, que, após vencer os impulsos revolucionários que objetivavam garantir as liberdades e abolir os controles dos cidadãos por um governo central, acabou por admitir um presidente com poderes semelhantes ao que antes exercera,

[1337] Ibidem, p. 36.

[1338] CERQUEIRA, Marcello. *A constituição na história*, cit., p. 442.

[1339] Ibidem, p. 443.Tal como sempre se deu no Brasil. A legislação estrangeira era simplesmente copiada, sem se atentar que as realidades de cada país são completamente diferentes, assim como sua história.

no período colonial, o representante do rei da Inglaterra. Mas se o presidente da nascente República sucede ao imperador, o Poder Moderador, antes execrado, será transferido, sem solução de continuidade, do imperador para o Exército tutelar: nos primeiros passos da República, diretamente, através dos consulados de Deodoro e Floriano: e depois, ora reservado, embora efetivo, à sombra do "poder civil", ora ostensivo, intervindo e ocupando, sem intermediários, a administração do Estado com ditadores militares[1340].

"Os militares se tornariam, como diz Raymundo Faoro, 'numa casta e sem estruturar-se numa classe'. Por sua vez, Rui Barbosa iria advertir, em 1898, que o predomínio da força armada deslocava o eixo da República, ou seja, o Supremo Tribunal da "legalidade" seria as forças armadas. O Exército, vale lembrar, depôs o primeiro presidente, enquanto a Marinha, ainda conhecida como Armada, tentou fazer o mesmo com o segundo. Dar às armas voto deliberativo, lembrava o grande jurista brasileiro, equivale a 'abdicar nelas a soberania'"[1341].

Para Rui Barbosa, em vez das forças armadas, o Supremo Tribunal Federal (STF) é que deveria ser o árbitro da legalidade, por ser o Judiciário o único poder capacitado para resolver eventuais conflitos entre os poderes. No Brasil, o federalismo foi imposto à antiga organização imperial. Naquele momento, dois grupos se enfrentavam na definição constitucional do que viria ser o federalismo à brasileira. Rui, federalista (predomínio dos Estados) no Império ("Federação com ou sem monarquia"), recuaria para a posição unionista (predomínio da União), mais de acordo com a tradição unitária do Império, e centralizadora e tutelar do Exército, afinal vitoriosa[1342].

Quanto à Constituição de 1891, à época da apresentação do respectivo projeto pelo governo, para José Maria Bello, o texto se conformava com a Constituição dos Estados Unidos, apresentava influências argentinas e, em menor grau, traços da confederação da Suíça[1343].

[1340] Ibidem, p. 443.

[1341] Ibidem, p. 447.

[1342] Ibidem, p. 448.

[1343] Para José Maria Bello, por ocasião da proclamação da República, a atitude do povo foi de apatia e displicência. Além disso, para este autor, o fato de a proclamação da República

Em vez dos doutrinários franceses e ingleses de outrora, os publicistas norte-americanos. Como os homens de 1824, os de 1891 acreditavam religiosamente nas fórmulas do liberalismo político. Embutia-se o Brasil no molde norte-americano, como, outrora, o tinham enquadrado no constitucionalismo francês. Da extrema centralização para o mais largo federalismo, eis o salto que ele ia dar[1344].

Para Oliveira Viana[1345], ainda a respeito da Carta de 1891, "obra de mera improvisação em que um pequeno grupo de idealistas, meio diletantes, meio declamadores, se viu de repente, pelo acontecimento absolutamente inesperado da queda do império carregado com a responsabilidade formidável de dar um governo e uma constituição ao Brasil"[1346].

E na visão de Virgínio Santa Rosa[1347], "Era o código mais perfeito do individualismo burguês, a consagração do desejo de infinito crescimento

ser desprovida de grande participação do povo se deve ao fato desta ter assumido a forma de conspiração. BELLO, José Maria. *História da República*, 1889-1954. São Paulo: Companhia Editora Nacional. In COSTA, Cruz. *Pequena história da República*. Rio de Janeiro: Civilização Brasileira, 1968, p. 66.

1344 COSTA, Cruz. *Pequena história da República*, cit., p. 66.

1345 Francisco José de Oliveira Viana (1883-1951), sociólogo e jurista, foi diretor do Instituto do Fomento do Estado do Rio de Janeiro (1926); membro do Conselho Consultivo do Estado; consultor jurídico do Ministério do Trabalho; membro da Comissão incumbida de elaborar o anteprojeto da Constituição (Comissão do Itamaraty) em 1932; membro da Comissão Revisora das Leis do Ministério da Justiça e Negócios Interiores e, finalmente, a partir de 1940, ministro do Tribunal de Contas da União. Obras: *Populações meridionais do Brasil* (1920); *Evolução do povo brasileiro* (1924); *O caso do Império* (1925); *História social do capitalismo no Brasil* (1951).

1346 VIANNA, Oliveira. *O idealismo da Constituição*. 2. ed. São Paulo: Companhia Editora Nacional, 1939, p. 57.

1347 Virgínio Marques Santa Rosa (1905 –2001) – Formou-se engenheiro ferroviário pela Escola Politécnica do Rio de Janeiro em 1927. Filiou-se à Liga de Defesa da Cultura Popular, também chamada Centro de Defesa da Cultura Popular, criada no Rio de Janeiro em abril de 1935 como um movimento político ligado à Aliança Nacional Libertadora (ANL). A liga tinha por objetivo principal estabelecer a aproximação do trabalhador manual com o trabalhador intelectual. Com a instalação do regime do Estado Novo, em novembro de 1937, foi fechada e muitos de seus integrantes foram presos. Após a extinção do Estado Novo (29/10/1945), Santa Rosa elegeu-se, em dezembro de 1945, suplente de deputado pelo Pará à Assembleia Nacional Constituinte na legenda do Partido Popular Sindicalista (PPS). No ano seguinte, foi eleito deputado estadual pelo Partido Social Progressista (PSP)

das plutocracias"[1348]. A Constituição apresentava princípios liberais, mas se chocara com os interesses da elite brasileira, por isso deixou de ser colocada em prática na sua íntegra, não passando de simples roteiro governamental.

10.4 A Reforma da Constituição de 1891

O presidente Artur Bernardes vai exigir, em 1926, e obter do Congresso, reformas da Constituição de 1891, de forma a ampliar seus poderes. Poderá, a partir disso, expulsar os chamados "estrangeiros indesejáveis", em geral anarquistas e socialistas italianos e espanhóis, e a limitar o alcance do *habeas corpus*, o que facilitará na punição dos seus inimigos, que serão enviados para prisões militares na Clevelândia, no Extremo Norte do País, e em outras regiões inóspitas. A reforma também lhe possibilitará intervir nos Estados e reforçar o poder da União[1349].

A oposição afirmará que a revisão ocorreu em estado de sítio e obedeceu à intenção de fortalecer o Poder Executivo, adotando novas medidas repressoras. Apesar das críticas, o governo e o Congresso continuaram a revisão da Carta Magna.

Ao todo, foram revistos cinco incisos do artigo 69 da Constituição de 1891, acerca dos casos em que o governo federal podia intervir nos Estados. As quatro modalidades eram vagamente enunciadas como princípios e, dada sua generalização, constituía uma arma de abuso dos governos violentos e arbitrários. Os acontecimentos ocorridos durante os 35 anos de sua vigência serviram de lição para concretização das aludidas modalidades. Foi o que fez a revisão de 1926, especificando os casos em

tomando posse em 1947. No pleito de outubro de 1950 obteve um mandato na Câmara dos Deputados na legenda da Coligação Democrática Paraense, integrada pela União Democrática Nacional (UDN), o Partido Libertador (PL), o Partido Social Trabalhista (PST) e o PSP, ao qual era filiado. Tomou posse em fevereiro de 1951 e, reeleito em outubro de 1954 na legenda do PSP, tornou-se vice-líder do partido na Câmara em junho de 1957. Findo o seu mandato em janeiro de 1959, não mais retornou à Câmara dos Deputados. Afastado do cenário político, dedicou-se à literatura. Publicou *A desordem* (1932), *O sentido do tenentismo* (1933), *A estrada e o rio* (romance, 1964), *Paisagens do Brasil* (1935) e *Dostoievski: um cristão torturado* (1980).

[1348] BALEEIRO, Aliomar. *Constituições brasileiras – 1891*, cit., p. 293-294.

[1349] BONAVIDES, Paulo; e ANDRADE, Paes de. *História constitucional do Brasil*, cit., p. 237.

que os demais poderes federais poderiam pedir, decretar e executar a intervenção. O que foi feito perdurou na Constituição de 1934 (art. 12), assim como na de 1946 (art. 12) e na de 1969 (art. 10), com modificações de expressão e colocação[1350].

Devido à nova redação do art. 69, ficou o presidente Washington Luís, sucessor de Bernardes, impossibilitado de intervir nos Estados de Minas Gerais e Paraíba em 1930, para castigar-lhes a rebeldia política[1351].

Em matéria financeira, aboliram-se as intituladas "caudas orçamentárias", impedindo que a lei que prevê a receita e fixa a despesa contivesse disposição acerca de matéria estranha à sua finalidade e proibindo o Congresso de conceder créditos ilimitados (parágrafos 1º e 2º). Quem examina textos idênticos nas leis básicas posteriores (Constituição de 1934, arts. 39, 40 e 50, parágrafos 3º e 4º; Constituição de 1946, arts. 65, 66, 73 e 75; Constituição de 1969, art. 61) verifica que tudo o que foi revisto teve permanência nestas constituições posteriores[1352].

De acordo com a interpretação literal do artigo 37, § 19 da Carta de 1891, o presidente teria de vetar todo o projeto de lei ou sancioná-lo. A revisão constitucional de 1926 sustou situações idênticas com a substituição do parágrafo 1º do art. 37, permitindo o exercício do veto parcial. E essa modificação continuou a perdurar nas Constituições posteriores, de 1934 e 1946[1353]. Tal disposição permaneceu válida na Constituição de 1988.

Uma mudança adicional foi o esclarecimento das dúvidas sobre a competência do Supremo Tribunal Federal e da Justiça Federal em face da jurisprudência dominante, oriunda das decisões daquele, o que perdurou ainda durante a vigência da Constituição de 1934 (art. 76). No tocante às garantias constitucionais, que eram em número de 31, a revisão constitucional de 1926 acrescentou mais três: a obrigação dos funcionários públicos de pagarem os impostos devidos, a permissão de o Poder Executivo expulsar os estrangeiros nocivos à ordem e à segurança pública e a proi-

[1350] SILVA, Hélio e CARNEIRO, Maria Cecília Ribas. *Os presidentes: Artur Bernardes- 12º presidente do Brasil (1922-1926)*. São Paulo: Editora Três, 1984, p. 146.

[1351] Ibidem, p. 146.

[1352] Ibidem, p. 147.

[1353] Ibidem, p. 147-148.

bição da alteração dos vencimentos dos funcionários por um simples ato do Poder Executivo. Essas, assim como as demais então existentes, continuaram nas Constituições posteriores (1934, art. 113, e 1946, art. 141)[1354].

No que diz respeito às garantias individuais, Bernardes sofreu tremenda crítica pelo fato de ter contido em sua verdadeira finalidade o instituto do *habeas corpus* (art. 72, §22). No entanto, a reforma limitou a garantia do *habeas corpus* aos casos de prisão ou de ameaça de constrangimento ilegal à liberdade de locomoção[1355].

Um dos primeiros revisionistas a manifestar-se antes mesmo da assinatura e promulgação da nova Carta foi o deputado Constituinte de Goiás, Leopoldo de Bulhões, que na época disse:

"Por isso eu disse e repito: ela (a Constituição) não pode satisfazer a este País e sinto profundamente que, antes de assiná-la, me veja forçado a declarar a V. Exa. que ela carece de revisão. A revisão será mais breve do que se suspeita, consagrando a liberdade bancária, a liberdade de navegação de costeagem, a incompatibilidade absoluta de cargos, a discriminação real e completa das rendas e, antes de tudo e sobretudo, a liberdade de legislação, isto é, o direito de cada Estado decretar as suas leis civis, comerciais e criminais, princípio este que foi, ontem, sumariamente executado nesta Casa"[1356].

A reforma se fez ao longo de um processo que se iniciou em 1924 e terminou em 1926, ao término do governo de Artur Bernardes. A iniciativa política de reforma coube ao Catete, tanto que na primeira mensagem presidencial de Bernardes ao Congresso, em 1924, fora já matéria dominante a revisão constitucional, enumerando o presidente os seguintes tópicos, em ordem sucessiva, muitos dos quais constavam, desde muito, dos manifestos reformistas precedentes, mas que não haviam ainda logrado concretizar-se numa proposta efetiva na esfera parlamentar: a eliminação da chamada cauda orçamentária, a proibição da reeleição dos governadores, a obrigatoriedade de relatórios anuais destes ao presidente da República dando-lhe ciência da situação vigente nos respectivos estados, a introdução do veto parcial, a criação de Tribunais

1354 Ibidem, p. 148.

1355 Ibidem, p. 148.

1356 Bonavides, Paulo e Andrade, Paes de. *História constitucional do Brasil*, cit., p. 233.

federais de segunda instância, as restrições à aplicação do *habea scorpus*, a proteção da economia nacional mediante a interdição dos trustes, a defesa do País contra os estrangeiros indesejáveis e a questão da propriedade e da exploração das minas e riquezas do subsolo, problema diante do qual Pandiá Calógeras[1357], escritor e ministro da Guerra no governo de Epitácio Pessoa, e Artur Bernardes assumiram posições de manifesto teor nacionalista[1358].

O jurista Afonso Arinos descreve os passos que conduziram à sua concretização. Em junho de 1924, debaixo da vigência do estado de sítio, tiveram início os trabalhos da revisão, com a reforma do Regimento da Câmara dos Deputados. No ano seguinte, a 3 de julho, o projeto, composto de 76 emendas, teve entrada à Câmara, sendo posteriormente submetido a uma Comissão Especial de 21 membros, entre os quais Herculano de Freitas, João Mangabeira, Gilberto Amado e Viana de Castro, líder do Governo. Entre os opositores, os deputados Adolfo Benjamim, Plínio Caiado, Batista Luzardo, Venceslau Escobar, Leopoldo de Oliveira e Alberto de Moraes[1359].

A tramitação da reforma "prosseguiu em setembro de 1925 com dois lances que, de certo modo, tendo em vista acelerar-lhe o curso, contribuíram, entretanto, para enfraquecer o conteúdo revisionista do projeto: no dia 18, fez-se a retirada de 43 das 76 emendas apresentadas, e no dia 26 um novo corte se deu, com a retirada de mais 26 emendas, restando tão somente sete que foram logo aprovadas, ainda em setembro em primeira discussão. Em outubro, as sete emendas ficaram reduzidas a cinco substitutivos"[1360].

A 23 de outubro o projeto passara na Câmara, sendo enviado ao Senado, onde também ocorreu, no ano seguinte, reforma do regimento, para apressar-lhe a tramitação. "No Senado, as votações da reforma se

[1357] João Pandiá Calógeras (1870-1934) – Carioca, político, formado na Escola de Minas de Ouro Preto, escritor, parlamentar por Minas Gerais, ministro da Agricultura (1914), da Fazenda (1916) e da Guerra (único civil – 1919). Publicou: "As Minas do Brasil e sua legislação", "Política Exterior do Brasil" e "Formação Histórica do Brasil".

[1358] BONAVIDES, Paulo; e ANDRADE, Paes de. *História constitucional do Brasil*, cit., p. 237.

[1359] Ibidem, p. 237.

[1360] Ibidem, p. 237-238.

encerraram a 25 de novembro de 1925, tendo havido duas modificações relativas ao capítulo sobre Declaração de Direitos. Os trabalhos prosseguiriam na Câmara, encerrando-se em 8 de julho. A partir da Câmara, o projeto dirigiu-se ao Senado, onde tramitou de 7 de agosto a 3 de setembro de 1926, data em que, aprovadas as emendas, concluiu-se a primeira e única revisão da Carta Constitucional de 1891, revisão tardia e inócua"[1361].

No governo de Artur Bernardes (1922-1926) houve uma reforma constitucional. A seguir duas das alterações efetivadas:

> *Emendas à Constituição Federal de 1891.*
> *Nós Presidentes e Secretários do Senado e da Câmara dos Deputados, de acordo com o § 3º do art. 90 da Constituição Federal e para o fim nele prescrito, mandamos publicar as seguintes emendas á mesma Constituição aprovadas nas duas Câmaras do Congresso Nacional:*
> *"Substitua-se o art. 6º da Constituição pelo seguinte:*
> *"Art. O Governo federal não poderá intervir em negocios peculiares aos Estados, salvo:*
> *I – para repelir invasão estrangeira, ou de um Estado em outro;*
> *II – para assegurar a integridade nacional e o respeito aos seguintes principios constitucionaes:*
> *a) a forma republicana;*
> *b) o regime representativo;*
> *c) o governo presidencial;*
> *d) a independência e harmonia dos Poderes;*
> *e) a temporariedade das funcções electivas e a responsabilidade dos funcionários;*
> *f) a autonomia dos municípios;*
> *g) a capacidade para ser eleitor ou elegível nos termos da Constituição;*
> *h) um regimen eleitoral que permitta a representação das minorias".*
> *Substitua-se o art. 72 da Constituição pelo seguinte:*
> *"Art. A Constituição assegura a brasileiros e a estrangeiros residentes no paiz a inviolabilidade dos direitos concernentes á liberdade, á segurança individual e á propriedade, nos termos seguintes:*

[1361] Ibidem, p. 238.

§ 1º Ninguem póde ser obrigado a fazer, ou deixar fazer alguma cousa, senão em virtude de lei.
§ 2º Todos são iguaes perante a lei.
A Republica não admitte privilegios de nascimento, desconhece fóros de nobreza, e extingue as ordens honoríficas existentes e todas as suas prerogativas e regalias, bem como os titulos nobiliarchicos e de conselho.
§ 3º Todos os individuos e confissões religiosas podem exercer publica e livremente o seu culto, associando-se para esse fim e adquirindo bens, observadas as disposições do direito commum.
§ 4º A Republica só reconhece o casamento civil, cuja celebração será gratuita".

10.4.1 Considerações sobre as revisões da Constituição de 1891

"Promulgada a Constituição de 1891, cedo teve início a campanha revisionista do texto adotado. Uma das características primaciais do Estado liberal, derivado do constitucionalismo da Revolução Francesa, fora em relação à lei fundamental o excesso de formalismo e rigor com que se intentava fazer intangíveis, tanto quanto possível, os dispositivos consagrados pelo órgão da soberania nacional, subtraindo-os à mudança e ao abalo das crises ou fiando deles a continuidade perene das instituições"[1362].

"Pretendia-se, por conseguinte, formular e estabelecer, pelas vias do regime constitucional, as bases de uma sociedade de equilíbrio, na qual as esferas mais importantes repousassem sobre uma concepção individualista de franquias pessoais e livre iniciativa econômica e empresarial, alicerces de um Estado de Direito, que jamais suspeitava das crises ulteriores reservadas à evolução do próprio sistema capitalista, cujas bases competitivas de mínima ingerência possível do Estado, a credulidade liberal cuidava factível manter intactas. A rigidez constitucional era assim o corolário jurídico dessa concepção otimista, que animara a feitura dos textos fundamentais, cuja estabilidade devia compor a base de todo o arcabouço político e social das instituições produzidas pela soberania burguesa, em nome da nação e da sociedade"[1363].

"A Constituição do Império, estreando os princípios liberais na organização política do País, conservava ainda uma face autoritária, tradu-

[1362] Ibidem, p. 231-232.
[1363] Ibidem, p. 232.

zida nos poderes conferidos ao imperador, mas nem por isso deixava de proteger com garantias formais de continuidade o texto constitucional, precisamente na parte que mais de perto entendia com a estrutura dos poderes políticos e com os direitos da pessoa humana, ao dificultar-lhe o processo de mudança, em razão de entender consubstanciadas ali todas as regras materialmente constitucionais, distintas das demais, tornadas flexíveis, ou seja, desfalcadas dos requisitos especiais ou distintas daquelas exigidas para a produção legislativa ordinária"[1364].

"Com a Carta Republicana, houve comparativamente certa atenuação temporal de rigidez para efeito de concretização de uma determinada reforma da Constituição, mas, em contrapartida, a rigidez se dilatou a todas as disposições constitucionais, caindo portanto a separação entre a parte rígida e parte flexível da Constituição, singularmente característica do processo reformista do texto imperial, ao mesmo passo que se introduzia também um elemento novo de participação derivada da vontade dos entes da federação qualificados para a iniciativa do ato constituinte de reforma"[1365].

"O poder de reforma constitucional estabelecido esbarrava, contudo, numa interdição perpétua à extinção da forma republicana de governo, uma rigidez intransponível desconhecida à Carta Imperial e aqui introduzida por um provável influxo do constitucionalismo francês no berço da Primeira República, donde provavelmente procedia o dispositivo, ali formulado com o intuito de conjurar o temor de uma recaída no regime monárquico; apreensões estas que excitavam o ânimo dos autores das leis constitucionais francesas instituidoras do sistema republicano. Aliás, durante a ditadura de Floriano, o fantasma da restauração instigava o Poder ao transbordamento de medidas repressivas, a que não escapou sequer Rui Barbosa, basicamente o autor da Constituição e o cérebro que redigiu o primeiro ato constituinte da República, do ponto de vista material, a saber, o famoso Decreto nº 1, cujos artigos mudaram a face do regime e fizeram o Brasil seguir um outro caminho político com a criação de instituições diametralmente distintas"[1366].

[1364] Ibidem, p. 232.
[1365] Ibidem, p. 232.
[1366] Ibidem, p. 232-233.

"A aspiração teórica do reformismo nas letras políticas de mais prestígio durante a Primeira República se encontra na obra de Silveira Martins[1367], denominada *Democracia Representativa*, em que ele se fez o grande precursor do voto proporcional, com base no quociente eleitoral, em substituição do voto majoritário, bem como noutro livro do mesmo autor intitulado *Do governo presidencial*, onde ele se voltava para o aperfeiçoamento do sistema presidencialista de governo"[1368].

Outro teórico do reformismo constitucional cuja obra fez proselitismo menos nos círculos liberais do que naquelas esferas intelectuais e políticas, mais inclinadas a soluções nacionalistas de direito, foi indubitavelmente Alberto Torres, que escreveu *O problema nacional brasileiro* e *A organização nacional*, este último trazendo por apêndice um projeto de Constituição, o qual outra coisa não significava senão um feixe das reformas indicadas pelo sociólogo, cuja influência se fez sentir com mais força e intensidade depois da Revolução de 1930. Descendo a análise, da esfera teórica para o campo da ação política, verifica-se que o revisionismo esteve presente no programa de combate do Partido Federalista de Silveira Martins, em 1892, descambando no ano seguinte para a luta armada e parlamentarista contra Júlio de Castilhos, em âmbito estadual, e contra Floriano e sua ditadura, em plano nacional[1369].

Durante a Presidência de Campos Sales, quando era presidente de São Paulo o conselheiro Rodrigues Alves, a quem o destino reservaria duas investiduras presidenciais no transcurso da Primeira República, a chamada Primeira Dissidência Paulista lançou em 1901 um manifesto louvando a Carta Republicana, segundo ela, "um monumento de sabedoria legislativa", mas ao mesmo passo reconhecendo a conveniência e a necessidade de reforma e aperfeiçoamento de algumas de suas disposições[1370].

[1367] Gaspar da Silveira Martins (1834-1901) – gaúcho, formado pela Faculdade de Direito de São Paulo, juiz municipal no Rio de Janeiro, deputado provincial e senador pelo Rio Grande do Sul, conselheiro e presidente do Rio Grande do Sul. Com a proclamação da República esteve no exílio e voltou durante o governo de Floriano Peixoto, quando apoiou a Revolução Federalista (1893). Após a assinatura da paz em Pelotas (1895), retirou-se para a sua fazenda no Uruguai, onde veio a falecer.

[1368] Bonavides, Paulo; e Andrade, Paes de. *História constitucional do Brasil*, cit., p. 233.

[1369] Ibidem, p. 233-234.

[1370] Ibidem, p. 234.

"As alterações propostas pelos dissidentes paulistas abrangiam: a eleição do Presidente da República por todo o Congresso Nacional; a supressão do cargo de Vice-Presidente da República, alteração do período presidencial no caso de vaga do Presidente da República; o comparecimento dos ministros de Estado às Câmaras do Congresso; a diminuição do número de deputados e fixação do seu máximo para os Estados; aumento do período das sessões legislativas anuais, sem subsídio nas prorrogações; prorrogação das leis orçamentárias anuais, por ato do Poder Executivo, para evitar o conflito legal entre os dois Poderes – Legislativo e Executivo; a competência privada do Congresso Nacional para legislar sobre o processo civil, comercial e criminal da República, estabelecendo assim nas mãos da União a unidade do direito substantivo e adjetivo; a interpretação do art. 69 para fixar a especialização de competência dos três Poderes federais em matéria de intervenção da União nos Estados; a revogação do § 3º do art. 9º sobre tributação das importações de mercadorias estrangeiras pelos Estados; a competência exclusiva da União, para decretar taxas de selo de papel e dos correios; a revogação do art. 64, parágrafo único, sobre bens da União, em razão do seu caráter de transitoriedade; e, finalmente, a restrição a estrangeiros, relativa à capacidade aquisitiva de imóveis no território nacional"[1371].

"O Diretório do Partido Federalista do Rio Grande do Sul publicou também no Rio de Janeiro, em 3 de setembro de 1901, um documento revisionista da Constituição de 1891, ao transcurso, portanto, dos dez anos de sua promulgação. O Manifesto preconizava, entre outras, as seguintes mudanças: a eleição do presidente da República pelo Congresso Nacional (sistema francês), a supressão do cargo de vice-presidente da República, o alargamento dos casos de intervenção federal nos Estados, o comparecimento dos ministros às sessões do Congresso, a reunião e deliberação dos ministros em Gabinete ou Conselho, com um presidente, sob a direção do Presidente da República, bem como a instituição da responsabilidade ministerial, reforma que equivaleria a introduzir no País a modalidade parlamentar de Governo da maneira mais atenuada possível, fixação do mandato presidencial em sete anos, e alteração quan-

[1371] Ibidem, p. 234.

titativa na composição da Câmara, que ficaria reduzida a 150 Deputados, aproximadamente"[1372].

"Em 1910 a plataforma presidencial de Rui Barbosa, candidato de oposição às correntes situacionistas, trouxe novamente à batalha a necessidade de promover ampla reforma do sistema constitucional vigente com o advento da República"[1373].

Dentre os tópicos da proposta nascida da Campanha Civilista constavam a idade do direito processual, porquanto "no Brasil, onde o direito substantivo é um, só força era ser um só o sistema do processo, e ter o organismo judiciário um caráter uno", acrescentando o preclaro jurista que "entre nós os males da variedade na jurisprudência se vão tornando incomportáveis". Reclamava também a definição dos princípios constitucionais da União, cuja observância se impunha aos Estados-membros da Federação[1374]. A Campanha Civilista também é crítica ao chamado 'voto de cabresto', em que chefetes do interior controlam os votos dos seus agregados.

Antes mesmo de deflagrada a "Campanha Civilista, que trazia no seu bojo o pensamento e o compromisso da reforma constitucional, já a cruzada de revisão da Carta de 91 se empenhara em fundar, em 1904, conforme relata Afonso Arinos, um partido revisionista, de âmbito nacional, encabeçado por Lauro Sodré[1375] e que contava nas suas hostes personalidades de grande relevo na vida pública do País, quais sejam, o conselheiro piauiense Coelho Rodrigues, o cearense Belisário Távora, o paraibano Almeida Barreto, os pernambucanos Martins Junior e José Mariano, o sergipano João Barreto e os gaúchos Pedra Moacyr e Alfredo Varela. Mas o mesmo Arinos apontou a causa do malogro dessa iniciativa revisionista, em razão de estarem os membros do partido mais empenhados em fazer

1372 Ibidem, p. 234.
1373 Ibidem, p. 235.
1374 Ibidem, p. 235.
1375 Tenente Lauro Nina Sodré e Silva (1858-1944) – Jacobino floranista, participou da proclamação da República. Foi conselheiro de Benjamin Constant. Agitador republicano, foi eleito senador. Foi governador do Pará, iniciou as agitações que culminaram na Revolta da Vacina. Ferido durante os combates, foi preso em um navio de guerra durante 10 meses.

oposição ao Governo de Rodrigues Alves do que em ultimar e concretizar as reformas propostas"[1376].

A contrarreforma constitucional teve também seus vultos de destaque, aqueles que almejavam, na medida do possível, a intangibilidade da Lei Maior. Dentre os vultos dessa corrente, ressalte-se a figura de Rodrigues Alves, presidente da República, e o caudilho Borges de Medeiros, que enfeixava em suas mãos a liderança política do Rio Grande do Sul[1377].

"Ambos não trepidavam em condenar a reforma e ver nela um manancial de perigos à estabilidade republicana, em razão das crises que o País atravessava, sobretudo na época em que ainda ecoava o trucidamento de Pinheiro Machado, líder político gaúcho, a personalidade política mais fanática na oposição às reformas constitucionais e, por isso mesmo, o alvo predileto de muitas críticas e antipatias da parte dos que propugnavam o saneamento da ordem constitucional"[1378].

A década de 1920 "principiou debaixo da ação política hegemônica de dois presidentes: Epitácio Pessoa e Arthur Bernardes, numa ocasião em que o debate transcendera da esfera jurídica para o campo estritamente político das agitações oposicionistas. Houve a esta altura a intervenção ostensiva do elemento militar, conforme patenteou em correta análise dos acontecimentos o publicista Afonso Arinos de Melo Franco"[1379].

O reformismo jurídico da Constituição se atrasou em relação ao fato político. Era tarde, portanto, quando se fez a revisão de 1926. "A Constituição de 1891 definhava: as realidades do País, tornando-se cada vez mais amargas, invalidaram por inteiro o projeto reformista. (...) O divórcio entre a Constituição de 1891 e a realidade política e social do Brasil, ou seja, genericamente, aquele contraste já estabelecido por Nabuco entre o País legal e o País real, onde reside a verdade conceitual e científica de uma constatação sociológica, se fizera de tal modo nítido e irrecusável, que já não era possível atenuá-lo por uma reforma tantas vezes reprimida e procrastinada pelas resistências do poder"[1380].

1376 BONAVIDES, Paulo; e ANDRADE, Paes de. *História constitucional do Brasil*, cit., p. 235-236.

1377 Ibidem, p. 236.

1378 Ibidem, p. 236.

1379 Ibidem, p. 236.

1380 Ibidem, p. 236-237.

"Quando o governo federal das oligarquias elegeu o caminho da reforma legal e encetou seriamente a tarefa de levá-la a cabo, era demasiado tarde: do outro lado, os revisionistas se haviam transformado em revolucionários; já não havia descontentes da Constituição, ansiosos por fazer-lhe acréscimo ou modificações, mas descontentes do próprio regime, da perversão do sistema, da massa de vícios oligárquicos que afetavam todas as estruturas do poder e impetravam um imediato saneamento político contra a corrupção dos costumes e das práticas governativas eleitorais, em cujo âmago a representação se tornara o fantasma da soberania nacional"[1381].

As modificações oriundas das emendas de 1926 foram as seguintes: "A primeira novidade é a introdução acrescida ao preâmbulo exatamente para anunciar a reforma cumprida. Dizem nela os Presidentes e Secretários do Senado e da Câmara dos Deputados que a proposta de emendas aprovadas pelas Câmaras do Congresso Nacional nas sessões ordinárias de 1925 e 1926, e já publicada, se incorpora ao texto da Constituição, conservados os preâmbulos e as assinaturas dos Constituintes de 1891.

Um dos artigos mais largamente atingidos pela revisão foi o artigo 69, pertinente às hipóteses de intervenção do governo federal em negócios peculiares aos Estados"[1382].

A regra geral anterior da não intervenção somente admitia quatro exceções: "a primeira, para repelir invasão estrangeira ou de um Estado em outro; a segunda, para manter a forma republicana federativa; a terceira, para restabelecer a ordem e a tranquilidade nos Estados, à requisição dos respectivos governos; e a quarta, para assegurar a execução das leis e sentenças federais"[1383].

O item segundo, "relativo à manutenção da forma republicana federativa, foi substituído, alargado e enriquecido com a inserção dos princípios constitucionais tornados agora explícitos e irretorquíveis. A nova redação fazia permissiva a intervenção do Governo Federal para assegurar a integridade nacional e o respeito aos princípios constitucionais. Declinava a emenda aprovada doze princípios assim enunciados: a forma republi-

[1381] Ibidem, p. 237.
[1382] Ibidem, p. 238.
[1383] Ibidem, p. 238.

cana, o regime representativo, o governo presidencial, a Independência e harmonia de poderes, a temporariedade das funções e a responsabilidade dos funcionários, a autonomia dos municípios, a capacidade para ser eleitor ou elegível nos termos da Constituição, a não-reeleição dos presidentes e governadores e, finalmente, a possibilidade de reforma constitucional e a competência do Poder Legislativo para decretá-la"[1384].

"Com essa emenda resolvia-se um dos problemas mais cruciais e controversos da Primeira República: o da intervenção federal nos Estados, fonte de muitos abusos de parte da União, ou seja, da autoridade presidencial que se movia não raro desembaraçadamente dentro de uma esfera de arbítrio e de isenção de freios constitucionais, sobretudo por obra da indefinição, no texto da Lei Magna, dos princípios sobre os quais assentava o edifício constitucional em seus fundamentos"[1385].

"O item terceiro do art. 6º, anterior à reforma, dispunha que o Governo Federal interviria "para restabelecer a ordem e a tranquilidade nos Estados, à requisição dos respectivos governos". Com a emenda revisora, o enunciado novo, sem perda da generalidade, qualificou de modo mais objetivo o caráter dessa intervenção, garantido o livre exercício de qualquer dos poderes estaduais, indicando a legitimidade da solicitação e tornando ainda possível essa intervenção, independentemente da solicitação dos legítimos representantes, para pôr termo à guerra civil, hipótese em que aqueles poderes, não obstante, seriam respeitados"[1386].

O item quarto trouxe um considerável acréscimo, configurando um novo caso de intervenção: o da reorganização das finanças do Estado, "cuja incapacidade para a vida autônoma se demonstra pela cessação de pagamentos de sua dívida fundada, por mais de dois anos"[1387]. A esse item fez-se um aditamento de três parágrafos estabelecendo a competência privativa de cada um dos Três Poderes da União para decretar a intervenção federal nos Estados[1388].

[1384] Ibidem, p. 238-239.
[1385] Ibidem, p. 239.
[1386] Ibidem, p. 239.
[1387] Ibidem, p. 239.
[1388] Ibidem, p. 239.

Em se tratando de intervenção para assegurar o respeito aos princípios constitucionais da União, para decidir da legitimidade dos poderes em caso de duplicação e reorganizar as finanças do Estado insolvente, caberia privativamente ao Congresso Nacional decretá-la[1389].

Da competência privativa do presidente da República seria a intervenção nos Estados quando o Congresso a decretasse, quando o Supremo Tribunal a requisitasse, quando qualquer dos poderes públicos estaduais a solicitasse e, independentemente de provocação, nos demais casos previstos[1390].

A competência privativa do Supremo Tribunal Federal era de requisitar do Poder Executivo a intervenção nos Estados, a fim de assegurar a execução das sentenças federais[1391].

"No capítulo pertinente às atribuições do Congresso (art. 36), a revisão constitucional de 1926 fez alguns acréscimos à competência privativa do Congresso Nacional"[1392].

Na seara financeira, "caberia ao Congresso prorrogar o orçamento anterior quando até 15 de janeiro não estivesse o novo em vigor. Pelo parágrafo único daquele artigo, as leis de meios não poderiam conter disposições estranhas à previsão da receita e à despesa fixada para os serviços anteriormente criados, prevendo-se ainda no próprio texto constitucional as respectivas exceções. Também se vedava ao Congresso a concessão de créditos ilimitados (fim das caudas orçamentárias)"[1393].

Quanto ao capítulo das leis e resoluções, a inovação básica consistiu na introdução do veto parcial que, tanto quanto o veto total, deveria trazer os motivos que o fundamentavam. O veto deveria recair sobre um projeto de lei que o presidente da República, no todo ou em parte, considerasse inconstitucional ou contrário aos interesses nacionais[1394].

[1389] Ibidem, p. 239.
[1390] Ibidem, p. 239.
[1391] Ibidem, p. 239.
[1392] Ibidem, p. 240.
[1393] Ibidem, p. 240.
[1394] Ibidem, p. 240.

Com respeito à Justiça Federal, a reforma fortaleceu o Executivo, na medida em que restringiu a concessão do *habeas corpus*. Uma das emendas no artigo 59 da Constituição de 1891, o § 5º, tinha o seguinte teor: *"Nenhum recurso judiciário é permitido, para a justiça federal, ou local, contra a intervenção nos Estados, à declaração do Estado de Sítio e a verificação de poderes, o reconhecimento, a posse, a legitimidade, a perda de mandato aos membros do Poder Legislativo ou Executivo, federal ou estadual; assim como, na vigência do Estado de Sítio, não poderão os Tribunais conhecer dos atos praticados em virtude dele pelo Poder Legislativo ou Executivo"*[1395].

A revisão constitucional se ocupou também das relações entre a Igreja e o Estado para ressalvar que a representação diplomática do Brasil junto da Santa Sé não implicava violação do princípio que vedava subvenção oficial a culto ou Igreja. Ainda na Declaração de Direitos introduziu-se um dispositivo de caráter nacionalista, estabelecendo que as minas e jazidas minerais necessárias à segurança e defesa nacionais e as terras onde existirem não poderiam ser transferidas a estrangeiros. Finalmente, acrescentou-se ao artigo 72 da Declaração de Direitos o parágrafo 33, permitindo ao Poder Executivo expulsar do território nacional os súditos estrangeiros perigosos à ordem pública ou nocivos aos interesses da República[1396].

"A onda dos protestos de opinião, consumado o fracasso reformista de 1926, se fez avolumar em todo o País de Norte a Sul. A consciência da mudança abria o debate e ocupava a tribuna. A crise da lavoura cafeeira, às vésperas da sucessão presidencial, precipitava o desenlace da questão política. A inquietação sindical repercutia. O clamor cívico partia dos órgãos de imprensa e alimentava a efervescência dos quartéis"[1397].

"A pregação liberal, demandando a pureza representativa, se propunha a emancipar o sufrágio, que a fraude das atas eleitorais corrompia. A Nação enfim se agitava para o fragor de uma luta armada que não houve, mas cuja ameaça bastou para fazer vitoriosa a Aliança Liberal"[1398].

[1395] Ibidem, p. 240.
[1396] Ibidem, p. 240.
[1397] Ibidem, p. 259.
[1398] Ibidem, p. 259.

Observamos que "Rui, que anos antes já se decepcionara com a obra de que foi coautor, desfraldou francamente a bandeira do revisionismo, aliás tímido, expondo na plataforma da Campanha Civilista de 1910 alguns pontos que, em sua opinião, deveriam ser emendados. Onze pontos lhe pareciam intocáveis: a) República; b) federação; c) manutenção do território de cada Estado em 1910; d) igualdade de representações no Senado; e) liberdade religiosa com separação entre Igreja e Estado; f) competência da Justiça para julgar a inconstitucionalidade das leis; g) vedação de impostos interestaduais; h) irretroatividade das leis; i) ilegibilidade dos ministros e livre nomeação deles pelo presidente da República; j) autonomia dos Estados; k) intangibilidade da Declaração dos Direitos e Garantias (arts. 72 a 78). Esse rol exclui o parlamentarismo, que, entretanto, é discutido pelo maior dos brasileiros nesse dia, parecendo-lhe que esse sistema político não se conciliaria com a Federação"[1399].

Os pontos a alcançar seriam: "1º) unificação da legislação processual, desaparecendo a competência estadual para isso; 2º) unificação da magistratura; 3º) definição dos 'princípios constitucionais' a que deviam obedecer os Estados; 4º) garantias efetivas à magistratura; 5º) competência da União para intervir nos conflitos econômicos e tributários entre os Estados; 6º) restrições ao Estado de Sítio; 7º) polícia dos empréstimos estrangeiros aos Estados e Municípios; 8º) supressão do cargo de vice-presidente da República; 9º) supressão das 'causas orçamentárias', isto é, disposições legislativas estranhas à receita e à despesa; 10º) autorização do veto parcial"[1400].

Com o tempo, o pensamento de Rui "parece evoluir para o parlamentarismo, cujo sistema, entretanto, marca os primeiros revisionistas, desde o 3º ano da República, porque em 1893, simultaneamente, a volta do Governo de Gabinete não só serviu de pretexto ao movimento revolucionário de Silveira Martins, conflagrando o Rio Grande do Sul, ainda que suspeitado de mascarar a restauração monárquica, mas também foi exposto e advogado por um pensador indiferente ao trono caído, Sílvio Romero, que publicou "cartas abertas" a Rui Barbosa, mostrando agudamente o erro da adoção do presidencialismo. Esses pronunciamentos

[1399] BALEEIRO, Aliomar. *Constituições brasileiras*, cit., p. 38.

[1400] Ibidem, p. 38.

foram reunidos num pequeno volume sob o título de Presidencialismo e Parlamentarismo, e ainda hoje merecem leitura e reflexão"[1401].

Essa "aspiração do retorno ao Governo de Gabinete, pela saudade dos 50 anos de paz e liberdade do Império, de então por diante reapareceria de quando em quando, contando com arautos em livros, como Medeiros e Albuquerque, José Maria dos Santos e outros, dos quais Raul Pilla continuaria a ação até o golpe militar de 1964"[1402].

Nos últimos anos de sua vida, em algumas frases, inclusive em 1922 no prefácio da Queda do Império (reedição dos artigos do *Diário de Notícias*, em 1889), era bem calorosa a adesão de Rui Barbosa ao parlamentarismo. "Sobre este escreveu:

> '... a honra do regime parlamentarista é que, em quase toda a parte, tem sido para o bem. Considerai o desenvolvimento dessa Grã-Bretanha, cuja envergadura de asas abrange os oceanos. Seu progresso é o da inteligência, o da moralidade e o da força desses "comuns", em cujo seio reside o viveiro inesgotável de seus estadistas'.
>
> '... só no governo parlamentar existe o terreno capaz de dar teatro a essas cruzadas morais, a essas lutas pelas ideias nas regiões mais altas da palavra, onde elas se fecundam. No Presidencialismo, não há senão um poder verdadeiro: o de Chefe da Nação, exclusivo depositário da autoridade para o bem e para o mal'.
>
> 'Com o governo parlamentar as Câmaras Legislativas constituem uma escola. Com o presidencialismo, uma praça de negócios'"[1403].

Sintetizando, a Constituição de 1891 era "uma Constituição de espírito liberal, fortemente presidencialista, federal e democrática, calcada nos moldes da Constituição Norte-Americana de 1787. Constituía-se o Brasil numa federação de vinte Estados, aos quais se concedia ampla autonomia, econômica e administrativa; estes eram governados por um Presidente eleito diretamente pelo povo, com mandato de quatro anos. O presidente da República, eleito pelo sufrágio universal direto do povo,

[1401] Ibidem, p. 38.
[1402] Ibidem, p. 38.
[1403] Ibidem, p. 39.

governava durante um quatriênio, constituindo o Poder Executivo. Os membros do Congresso Nacional, órgão do Poder Legislativo, composto do Senado Federal e da Câmara dos Deputados, eram também eleitos diretamente pelo povo, os Deputados para um período de 4 e os Senadores, para um período de 9 anos. O Supremo Tribunal Federal era o órgão superior do Poder Judiciário. Consagrava-se ampla liberdade individual, política e econômica, e tornava-se o Estado laico, sem religião oficial"[1404].

10.4.2 Síntese da reforma da Constituição de 1891 em 1924-1926

Em linhas gerais, principais mudanças:

- expulsão dos chamados "estrangeiros indesejáveis" (rebeldes em geral e anarquistas);
- mudanças (limitação) no sistema do *habeas corpus*;
- vetos parciais do presidente da República;
- alargamento do poder de intervenção nos Estados pelo governo federal[1405].
- proibição da "cauda orçamentária", ou seja, impedimento de que a lei que prevê a receita e fixa a despesa tenha disposição estranha à sua finalidade;
- reforço do poder da União[1406].

Para os oposicionistas da época, a revisão constitucional serviu de pretexto para atacar o governo de Artur Bernardes. A primeira alegação foi a de que a revisão teve lugar sob estado de sítio. E, de fato, assim aconteceu. A segunda fundamentava-se na tese de que se tratava de matéria da competência do Congresso Nacional e que, no entanto, as reuniões efetuavam-se no Palácio do Catete. E, de fato, tal coisa ocorreu, e com a maior publicidade. Por último, afirmou-se que a revisão obedeceu ao intento de fortalecer o Poder Executivo e adotar medidas opressoras[1407].

[1404] *Dicionário de História do Brasil*, p. 172.

[1405] Silva, Hélio e Carneiro, Maria Cecília Ribas. *Os presidentes: Artur Bernardes (1922-1926)*, cit., p. 146.

[1406] Ibidem, p. 146.

[1407] Ibidem, p. 146.

Quanto à competência privativa do Congresso Nacional (art. 34), foram esclarecidas as redações de várias atribuições e introduzidas duas medidas de alta moralidade, contra as quais há muito deblateravam os iconoclastas de todas as situações[1408].

Quem examina textos idênticos nas leis básicas posteriores (Constituição de 1934, arts. 39, 40 e 50, parágrafos 3º e 4º; Constituição de 1946, arts. 65, 66, 73 e 75; Constituição de 1969, art. 61) verifica que tudo o que foi revisto ainda perdura[1409].

Uma coisa que muito dificultava os presidentes da República bem intencionados, durante a vigência da Constituição de 1891, era o exercício do direito do veto. De acordo com a interpretação literal de seu art. 37, parágrafo 19, o presidente teria de vetar todo o projeto de lei ou sancioná-lo. E em vista dessa generalizada interpretação do referido inciso constitucional, a lei orçamentária vinha enxertada de inúmeras disposições absurdas, incluídas no açodamento da última discussão para regular, no maior número dos casos, imoralíssimas pretensões pessoais. Em princípio de 1922, o presidente Epitácio Pessoa vetou a lei orçamentária votada para aquele ano e convocou extraordinariamente o Congresso Nacional para elaborar outra, o que acarretou grande despesa[1410].

A revisão constitucional de 1926 sustou situações idênticas com a substituição do parágrafo 1º do art. 37, permitindo o exercício do veto parcial. A mesma coisa aconteceu com a revisão dos artigos 59 e 60, no tocante ao Poder Judiciário Federal[1411]. As dúvidas quanto à competência do Supremo Tribunal Federal e da Justiça Federal foram esclarecidas em face da jurisprudência dominante, oriunda das decisões daquele, o que perdurou ainda durante a vigência da Constituição de 1934 (art. 76). A Carta Constitucional de 1937 suprimiu a primeira instância da Justiça Federal, transferindo-lhe as atribuições para a Justiça Estadual, e a Constituição de 1946 manteve essa transferência e criou a segunda instância federal com o Tribunal Federal de Recursos. Mas a competência deste e

1408 Ibidem, p. 147.
1409 Ibidem, p. 147.
1410 Ibidem, p. 147.
1411 Ibidem, p. 147.

a do Supremo Tribunal continuou a mesma na revisão constitucional de 1926[1412].

Em relação às garantias constitucionais, que eram em número de 31, a revisão constitucional de 1926 acrescentou mais três: a obrigação dos funcionários públicos de pagarem os impostos devidos, a permissão de o Poder Executivo expulsar os estrangeiros nocivos à ordem e à segurança pública e a proibição da alteração dos vencimentos dos funcionários por um simples ato do Poder Executivo. Essas, assim como as demais então existentes, continuaram nas Constituições posteriores (1934, art. 113, e 1946, art. 141)[1413].

Quanto às garantias individuais: "Bernardes sofreu tremenda crítica pelo fato de ter contido em sua verdadeira finalidade o instituto do *habeas corpus* (art. 72, parágrafo 22), restrito, desde sua origem e entre os povos juridicamente mais adiantados, exclusivamente à liberdade de locomoção, mas que o arbítrio judicial deu um grande elastério, transformando-o em assegurador de direitos políticos e patrimoniais"[1414].

Essa restrição causou um benefício indireto, porque fez com que se cogitasse desde logo da adoção do *Bill Right of Mandamus*, introduzindo, nas instituições jurídicas brasileiras, através do mandato de segurança, a garantia máxima da cidadania, pela Constituição de 1934 e mantida em 1946, continuando o *habeas corpus* com a sua finalidade histórica, restaurada pela revisão constitucional de 1926[1415].

10.4.3 O Código Civil afinal:

Houve diversas tentativas para elaborar o Código Civil Brasileiro:

1) Augusto Teixeira de Freitas, que após escrever a Consolidação das Leis Civis iniciou o Esboço do Código Civil.
2) José Tomas Nabuco Araújo[1416], que também não conseguiu concluir a empreitada.

[1412] Ibidem, p. 148.
[1413] Ibidem, p. 148.
[1414] Ibidem, p. 148.
[1415] Ibidem, p. 148.
[1416] José Tomas Nabuco de Araújo Filho (1813-1878) – Baiano, magistrado, politico (deputado, senador e presidente de província). Em 1872 foi incumbido de organizar o

3) Joaquim Felício dos Santos[1417], que realizou os apontamentos para o Código Civil Brasileiro.
4) Antônio Coelho Rodrigues[1418], que fez o projeto de 1893, rejeitado por Floriano Peixoto
5) No governo Campos Sales foi convidado para tocar o "projeto" o jurista Clóvis Bevilácqua[1419], que lecionava na Faculdade de Direito de Recife. O seu projeto foi muito criticado por Rui Barbosa e Inglês de Sousa e discutido no Congresso Nacional durante quinze anos. Foi promulgado em 1916 com a Lei nº 3.071.

Na história do direito nacional, o Código Civil brasileiro submeteu-se a longo período embrionário, da Independência à República. Na verdade, a atividade legislativa, desde o início, limitou-se ao campo administrativo, perdurando quase intocável a oportunidade de amadurecimento do direito privado, tal como o havíamos herdado de Portugal, na medida em que o nosso direito civil foi, basicamente, o das Ordenações Filipinas, desde 1603 até a promulgação do Código Civil Brasileiro em 1916, que, *a posteriori,* seria revogado pela Lei n. 10.406, de 2002, que instituiu o novo Diploma Civil, vigente até hoje no País.

Como revelado, a ideia de um Código Civil nasceu com a própria independência. Explique-se que a lei de 20 de outubro de 1823, ao confirmar

Código Civil com base no trabalho inacabado de Teixeira de Freitas. Destacava o efeito pratico da legislação e não a metafisica do Direito.

[1417] Joaquim Felício dos Santos (1822-1895) – Mineiro, formou-se pela Faculdade de Direito de São Paulo (Largo São Francisco), jurista, historiador, jornalista e politico (deputado geral e senador). Teve como principal trabalho o Projeto do Código Civil Brasileiro de 1882.

[1418] Antônio Coelho Rodrigues (1846-1912 ?) – Nascido no Piauí, estudou na Faculdade de Direito de Recife e atuou no Partido Conservador. Foi deputado geral, senador, prefeito no Distrito Federal e professor na Escola de Recife. Participou da elaboração do Projeto de Código Civil, concluindo em 1893, mas rejeitado pelo governo e travado no Senado.

[1419] Clóvis Beviláqua (1859-1944) – Cearense, estudou na Faculdade de Direito de Olinda (Recife), jurista, promotor, filosofo, historiador e legislador (membro da Assembleia Constituinte do Ceará). Adepto do positivismo, atuou na "Escola do Recife" e participou da Fundação da Academia Brasileira de Letras. Em 1899 foi convidado pelo ministro da Justiça Epitácio Pessoa para redigir o Código Civil Brasileiro. Concluiu o trabalho em seis meses, mas a sua aprovação demorou 16 anos, devido varias emendas e analises. O Código Civil foi promulgado em 1916 e vigorou a partir de 1917.

as Ordenações, previu expressamente que estas se manteriam em vigor "enquanto se não organizar um novo Código"[1420].

Em 25 de março de 1824, o art. 179, n. XVIII, da Constituição da época dispôs: "Organizar-se-á, o quanto antes, um Código Civil e um Criminal, fundados nas sólildas bases da justiça e da equidade"[1421].

Em 1845, o Barão de Penedo apresentou ao Instituto da Ordem dos Advogados Brasileiros o trabalho *Da Revisão Geral e Codificação das Leis Civis e do Processo, no Brasil.*

Euzébio de Queirós, notório homem público desse período, mostrou-se cético à elaboração de um Código Civil, por isso sugeriu a adoção do *Digesto Português* de Correia Telles. Essa proposta, no entanto, foi rejeitada em parecer do Instituto dos Advogados[1422].

Em 15 de fevereiro de 1855, conforma havíamos visto anteriormente, o Império firmou contrato com o jurista baiano Teixeira de Freitas, que edificou as bases do direito privado brasileiro, a fim de promover a consolidação de diversas leis civis. Comprometido com a necessária unificação do direito privado, à análise crítica do direito português, francês e alemão e à seleção de inúmeras leis, regimentos, alvarás, decretos e resoluções, concluiu o trabalho em 1858. Ao todo, promovera anotações de 1.333 artigos[1423].

Na sequência, D. Pedro II editou o Decreto n. 2.318, de 22 de dezembro de 1858, em que "providencia sobre a confecção e organização do Código Civil do Império". Segundo disposição do art. 1º do referido decreto, o ministro e secretário de Estado dos Negócios da Justiça do imperador, conselheiro Nabuco de Araújo, deveria contratar um jurisconsulto da sua escolha para redigir o Projeto do Código Civil do Império. Concluso o projeto, este seria examinado por uma comissão de sete jurisconsultos da Corte e Império[1424].

[1420] FRANÇA, R. Limongi. Reforma do Código ou Consolidação das Leis Civis?. *Enciclopédia Saraiva do Direito*. São Paulo: Saraiva, 1977, p. 17, v. 25.
[1421] Ibidem, p. 17.
[1422] FRANÇA, R. Limongi. Reforma do Código ou Consolidação das Leis Civils?, cit., p. 18.
[1423] SILVA, Joseane Suzart Lopes da. Teixeira de Freitas, o jurista que sedimentou o direito privado em prol da sociedade. Disponível em https://www.conjur.com.br/2017-out-23/teixeira-freitas-jurista-sedimentou-direto-privado#top. Acessado em 20 jan. 2020.
[1424] FRANÇA, R. Limongi. Reforma do Código ou Consolidação das Leis Civis?, cit., p. 19.

Em 10 de janeiro de 1859, Teixeira de Freitas foi escolhido pelo Governo Imperial para dedicar-se à organização do projeto de Código Civil. Com a edição do Decreto n. 2.337, de 11 de janeiro de 1859, o jurista firmou um contrato em que se comprometia a terminá-lo até 31 de dezembro de 1861[1425].

Ocorre que Teixeira não conseguiu terminar seu trabalho nesse prazo, sendo prorrogado até 30 de junho de 1864.

Conforme determinava o Decreto n. 2.318, de 1858, seria formada a comissão de sete jurisconsultos da Corte e do Império para avalizar o projeto. O aludido trabalho iniciou-se em 20 de abril de 1965, mas foram suspensos em 31 de agosto, visto que apenas 15 artigos se submeteram ao crivo de análise.

Devido à queda do Ministério Nabuco de Araújo, Martim Francisco Ribeiro de Andrada[1426] assumiu a pasta. Ao identificar falta de apoio em sua empreitada, Teixeira de Freitas renunciou ao Projeto e enviou em 20 de novembro de 1866 uma carta contendo os referidos motivos de sua decisão. O ministro recusou a renúncia, por isso o jurisconsulto, em ofício de 20 de setembro de 1867, propôs a seguinte alteração: haveria um Código Civil geral e outro especial[1427].

Em decorrência, houve quem apoiasse a mudança de rumos, como Lacerda de Almeida e Carlos de Carvalho, mas outros a condenaram, na medida em que o prazo de conclusão estava se estendendo[1428].

1425 Ibidem, p. 19.

1426 Martim Francisco Ribeiro de Andrada (1775-1844) – Santista, da família dos Andrada, cursou Humanidades no Brasil, Bacharelou-se em Ciências Matemáticas e Naturais (Universidade de Coimbra), político, inspetor geral das Minas de São Paulo, ministro da Fazenda do Primeiro Reinado e deputado Constituinte (1823). Após a demissão ministerial dos irmãos Andrada por D. Pedro I, passou a fazer oposição ao governo pelos jornais "O Tamoio" e o "Sentinela da Liberdade à Beira do Mar da Praia Grande", com matérias antilusitanas. Após a Dissolução da Constituinte (1823) foi preso e depois exilou-se na França com os irmãos. Voltou para o Brasil em 1828 e, após ligeira prisão, retomou as atividades políticas sendo eleito Deputado por Minas Gerais (1830).

1427 França, R. Limongi. Reforma do Código ou Consolidação das Leis Civis?, cit., p. 20.

1428 Ibidem, p. 21.

Teixeira desejava que o Código abarcasse o direito civil e comercial, pois, ao contrário, ficaria submetido ao Código Comercial. Contudo, o governo vetava a inclusão das relações comerciais no Código.

Em 18 de novembro de 1872, por Aviso, o Governo Imperial rescindiu o contrato com Teixeira de Freitas. Enquanto isso, de forma surpreendente, o Código Argentino, publicado um ano antes, abarcou grande parte do que o jurisconsulto brasileiro havia apresentado em seu trabalho[1429].

Depois, foi publicado o Decreto n. 5.164, de 11 de dezembro de 1872, que dispôs sobre a aprovação do contrato celebrado com o Conselheiro de Estado José Thomaz Nabuco de Araujo para a redação do projeto de Código Civil do Império. Segundo o texto da condição de número 3, o trabalho ficaria concluído no prazo de 5 anos, estes contados de 1º de janeiro de 1873.

Com a morte de Nabuco, o filho Sizenando Nabuco tentou apresentar o que havia sido pronto, ou seja, 300 artigos, mas devido ao fato de se tratar de um manuscrito com sinais particulares, não foi possível traduzi-los[1430].

A próxima empreitada coube ao senador mineiro Joaquim Felício dos Santos, que obteve do Conselheiro Lafayett, então ministro da Justiça, permissão para trabalhar no Código de forma gratuita, o que lhe consumiu três anos. Logo, em 1881 apresentou ao Governo Imperial *Apontamentos para o Projeto do Código Civil brasileiro*, com 2.602 artigos[1431].

Então, o sucessor de Lafayette na pasta da Justiça, Souza Dantas, nomeou em julho do mesmo ano uma comissão para promover a análise do material, cujo parecer ficou pronto em 27 de setembro, nos seguintes termos: "tendo os Apontamentos para o projeto de Código Civil brasileiro súbito mérito, como trabalho preparatório, pode o seu Autor, retocando-os com arte, aparelhar um projeto em condições de franca revisão e que, entretanto, "no ponto em que param, não subministram base suficiente"[1432].

[1429] Ibidem, p. 21.
[1430] Ibidem, p. 22.
[1431] Ibidem, p. 22.
[1432] Ibidem, p. 23.

Apesar disso, Felício dos Santos apresentou o projeto à Câmara dos Deputados em sessão de 25 de março de 1882. Em 1884, foi editada a edição do *Projeto de Código Civil Brasileiro e Comentário* em 5 volumes, com 2.692 artigos[1433].

Apenas em 6 de junho de 1889 se organizou outra Comissão do Código Civil, dela fazendo parte Coelho Rodrigues, sob a presidência do Imperador Pedro II. Esse trabalho foi interrompido em 15 de novembro, devido à proclamação da República[1434].

O projeto de Felício dos Santos foi publicado novamente em 1891, agora com 2.762 artigos, mediante autorização do ministro da Fazenda, Alencar Araripe, com o intuito de ser apresentado ao Congresso Nacional. Mas em tempos de República, o então ministro da Justiça Manuel Ferraz de Campos Salles, ao retomar os trabalhos do Código Civil, deixou de lado o projeto de Felício dos Santos, incumbindo, em nova fase, agora a Antônio Coelho Rodrigues, que havia sido autor da Lei do Casamento Civil (Decreto n. 181, de 24 de janeiro de 1890)[1435].

O aludido trabalho foi apresentado ao Governo em 23 de fevereiro de 1893, tendo bebido da fonte do Código de Zurique, o que não foi visto com bons olhos pelo marechal Floriano, que preferia o projeto anterior de Felício dos Santos[1436].

Dessa forma, num entrave político, o senador do Piauí Coelho Rodrigues convenceu a Mesa da Casa a nomear uma comissão para escolher entre os projetos de Felício dos Santos e Coelho Rodrigues. Ao final, o segundo acabou sendo aprovado e, mais tarde, em 1897, passou a contar com 2.734 artigos, além de outros oito, relativos às disposições transitórias[1437].

Mas o caso envolvendo a escolha entre os dois projetos ainda repercutia. Diante da confusão política, em 1899 o ministro Epitácio Pessoa convidou o professor Clóvis Beviláqua para conduzir o projeto. Antes mesmo de assumir, o professor recebeu duras críticas de Rui Barbosa,

1433 Ibidem, p. 23.
1434 Ibidem, p. 23.
1435 Ibidem, p. 23.
1436 Ibidem, p. 24.
1437 Ibidem, p. 24.

que previa um trabalho desastroso, e de Inglês de Souza, contrário até mesmo à codificação.

Em outubro do mesmo ano, o governo já havia recebido o projeto, ocasião em que Sílvio Romero, por meio de relatório da Comissão da Câmara dos Deputados, atribuiu-lhe a denominação *Projeto Primitivo*[1438].

Passada essa fase, o projeto foi examinado pela Comissão dos Cinco, que, juntamente com o ilustre Lacerda de Almeida, iniciaram os trabalhos em 29 de março de 1900 e os finalizaram em 2 de novembro.

O *Projeto Revisto* foi apresentado à Câmara dos Deputados com mensagem presidencial de 17 de novembro de 1900. Em 26 de maio de 1901 formou-se uma comissão de 21 deputados, que contava com o Prof. Azevedo Marques[1439] e a relatoria geral de Sílvio Romero[1440].

Iniciadas as discussões em 27 de julho, que resultaram 69 reuniões, em 26 de fevereiro de 1902 o relatório de Sílvio Romero fora entregue ao plenário da Câmara[1441].

Por sua vez, 21 de março de 1902 foi a data em que, encerradas as discussões na Câmara, o Projeto Final foi endereçado ao Senado. Lá, formou-se uma comissão sob a presidência de Rui Barbosa[1442].

Ocorre que antes do registro oficial da entrada do projeto no Senado, o respectivo *Parecer* já estava pronto com data de 3 de abril. A redação, mesmo com as correções gramaticais de Ernesto Carneiro Ribeiro, do Colégio da Bahia, foi duramente criticada, o que motivou atraso por mais catorze anos[1443].

Em suma, entre 1902 e 1916, os debates jurídicos e filológicos estenderam-se sob os apontamentos de Rui Barbosa e Carneiro Ribeiro, além das manifestações do Supremo Tribunal Federal, das diversas Faculdades de

[1438] Ibidem, p. 25.

[1439] José Manuel de Azevedo Marques (1865 – 1943) – Depois de ter sido advogado militante, promotor e juiz de Direito, teve carreira brilhante como professor da Faculdade de Direito da Universidade de São Paulo, onde se formara, em 1886. Foi também deputado federal e, no ápice da carreira política, entre 1919 e 1922, foi ministro das Relações Exteriores, no governo de Epitácio Pessoa. Foi presidente da OAB-SP por três biênios.

[1440] França, R. Limongi. Reforma do Código ou Consolidação das Leis Civis?, cit., p. 26.

[1441] Ibidem, p. 26.

[1442] Ibidem, p. 27.

[1443] Ibidem, p. 27.

Direito, do Instituto da Ordem dos Advogados e de eminentes políticos e juristas. Em 1906, por exemplo, Clóvis Bevilácqua publicou o estudo *Em defesa do Projeto do Código Civil brasileiro*, com 540 páginas[1444].

O projeto retornou à Câmara somente em 31 de dezembro de 1912, e no início de 1913 a imprensa oficial publicou o *Projeto Último*, contendo as emendas do Senado e os pareceres da Câmara sobre essas emendas, totalizando 929 páginas.

Sem muita agilidade na votação para aprovar o Código, apenas em 1º de janeiro de 1916 aquela embrionária ideia de Código Civil, representada pela lei de 20 de outubro de 1823, assumiu forma finalmente com o advento de sua sanção e aprovação, entrando em vigência 1 ano após ser publicada, ou seja, 1º de janeiro de 1917.

A redação final do Código Civil de 1916 correspondia aos anseios da sociedade da época, por isso o teor patrimonialista e individualista do Diploma Civil. Ocorre que, diante das mudanças na sociedade, e por influência do texto da Constituição de 1988, em que o postulado da dignidade da pessoa humana ganhava força, a perspectiva civilista mudou. Em vez da anterior preocupação patrimonialista, almejava-se unificar o conteúdo da dignidade da pessoa humana às matérias de Direito Privado, e o Direito Civil deveria ser interpretado à luz da nova Carta de 1988.

Nesse passo, o Código de 1916 seria revogado. Por 27 anos, tramitou o projeto de novo Código Civil. Destacam-se as seguintes etapas do processo legislativo que conduziram à formatação atual do diploma civil de 2002, hoje vigente:

- **1969**: o governo militar inicia a elaboração do novo Código Civil, formando-se, em 23 de maio, a Comissão de Revisão e Coordenação

1444 Este filólogo "respondeu com as suas *Ligeiras Observações sobre as emendas do Dr. Ruy Barbosa – feitas à redação do Projeto do Código Civil,* datadas de 25 de setembro de 1902. O folheto, incisivo e autorizado, feriu os brios do Conselheiro, dando azo a que em 10 de outubro de 1903 o *Diário do Congresso Nacional*, n. 120, publicasse um alentado suplemento, com a magistral *Réplica*, cujo impacto sacudiu a opinião pública do país. No ano seguinte essa obra integrou o volume II da publicação oficial dos *Trabalhos da Comissão Especial do Senado*. Em 1953 dela se deu uma outra edição oficial, em dois alentados volumes, insertos nas *Obras Completas* de Ruy." França, R. Limongi. Reforma do Código ou Consolidação das Leis Civis?, p. 28.

dos Projetos de Códigos do Ministério da Justiça, composta por 11 deputados titulares e 11 suplentes, da ARENA e MDB, sob a supervisão científica do professor Miguel Reale.

- **1975**: o então Presidente Ernesto Geisel assina a mensagem presidencial n. 160, de 10 de junho, em que comunica o encaminhamento do Projeto de Lei n. 634/1975, tendo como relator geral o senador Josaphat Marinho. Ao todo eram 2.099 artigos. Em setembro do mesmo ano foram apresentadas 1.063 emendas e promovidas as conferências de juristas. Distribuição das emendas no texto do Código:

Projeto de Lei nº 634/1975	Nº de emendas recebidas
Parte Geral	1 a 303
Parte Especial, Livro I, Do Direito das Obrigações	304 a 534
Parte Especial, Livro II, Da Atividade Negocial	535 a 616
Parte Especial, Livro III, Das Coisas	617 a 719
Parte Especial, Livro IV, Do Direito de Família	720 a 992
Parte Especial, Livro V, Do Direito das Sucessões	993 a 1056
Parte Especial, Livro VI, Livro Complementar	1057 a 1063

Fonte: França, Limongi, Reforma do Código ou Consolidação das Leis Civis? *Enciclopédia Saraiva do Direito*. São Paulo: Saraiva, p. 44, v. 25, 1977.

- **1984**: em 16 de maio, aprova-se na Câmara dos Deputados a redação final, oferecida pelo relator deputado Ernani Satyro. Em 25 de junho, encaminha-se o projeto de novo Código Civil ao **Senado**, onde se realiza a leitura do texto e constituição de comissão especial. Nesta Casa do Congresso o Projeto de Lei tramitou sob n. 118. A apresentação de 360 emendas se dá no dia 19 de outubro, e os trabalhos pouco avançaram.
    - as discussões sobre as emendas, mediante comissões especiais, ocorrem em setembro de 1986, junho de 1989, junho de 1991 e março de 1995. Na sequência, em 6 de maio de 1995, são apresentadas 6 emendas. Miguel Reale, bem como instituições, participam da análise da matéria.
- **1997**: republicação das emendas em 1º de abril. O relatório final do relator senador Josaphat Marinho é apresentado em 5 de novembro.

Posteriormente, em 26 de novembro, ocorre a votação das emendas, e a redação final concretiza-se em 11 de dezembro.

- **1999**: em segundo turno na Câmara dos Deputados, constitui-se, em 15 de março, comissão para analisar as emendas oferecidas pelo Senado.
- **2000**: discussão final do Projeto de Código Civil no Congresso Nacional, com aprovação do parecer do relator deputado Ricardo Fiúza. Nesse estágio, como o projeto tramitava há 23 anos e havia pontos defasados de matérias, houve uma negociação com os presidentes da Câmara (deputado Michel Temer) e do Senado (Senador Antônio Carlos Magalhães), para, mediante alteração no regimento interno do Congresso Nacional, promover ajustes "imprescindíveis", sob o risco de aprovação de dispositivos inconstitucionais.
- **2001**: aprova-se a redação final, sendo esta encaminhada para sanção do então presidente da República Fernando Henrique Cardoso.
- **2002**: publicado nosso segundo Código Civil em 10 de janeiro como a Lei nº 10.406.

Capítulo 11
O CENÁRIO EM QUE FOI APLICADA A CONSTITUIÇÃO DE 1891 E SEUS REFLEXOS JURÍDICOS E SOCIAIS – A REPÚBLICA VELHA (1889 A 1930)

11.1 Governo Provisório com Deodoro (15-11-1889 a 24-2-1891)[1445] – Um monarquista na República

No mesmo dia do golpe da República, à noite, formalizou-se a composição do Governo Provisório, composto por Deodoro da Fonseca (1827 – 1892) – presidente, Benjamin Constant – Guerra, Quintino Bocaiúva – Relações Exteriores, Rui Barbosa – Fazenda, Aristides Lobo – Interior, Campos Sales – Justiça, Eduardo Wandenkolk[1446] – Marinha e Demétrio Ribeiro[1447] – Agricultura. O primeiro decreto republicano foi logo assinado. O artigo 1º previa: "Fica proclamada provisoriamente e decretada como forma de governo da Nação Brasileira – A República Federativa". Provisoriamente porque, segundo o artigo 7º, se aguardaria "o pronunciamento definitivo da Nação, livremente expressado pelo sufrágio popular"[1448].

1445 Destaque-se que a fase inicial da República ficou conhecida como a "República da Espada".

1446 Eduardo Wandelkolk (1838-1902) – carioca, almirante, destacou-se na Guerra do Paraguai. Com a proclamação da República, assumiu o ministério da marinha, foi constituinte e senador pelo Distrito Federal (RJ). Foi reformado e desterrado para o Amazonas durante o governo de Floriano Peixoto por ser oposicionista. Apoiou a Revolta Federalista e ajudou a bombardear o Porto do Rio Grande. Preso, após a absolvição, chefiou o estado-maior da armada até 1902, quando faleceu.

1447 Demétrio Nunes Ribeiro (1854-1931) – jornalista e político. Foi ministro da Agricultura no governo provisório da República em 1889.

1448 Castro, Celso. *A Proclamação da República*, Rio de Janeiro: Jorge Zahar, 2000, p. 75.

As primeiras medidas governamentais foram:

- Decreto instituindo o novo regime e dissolvendo as Câmaras Municipais, o Conselho de Estado e destituindo os presidentes das províncias, que se transformaram em Estados, por governadores.
- Cada Estado tem sua Câmara Legislativa e sua Constituição.
- Banimento da Família Real para a Europa. D. Pedro II reclamaria que não queria sair do País de madrugada, "como um negro fugido". A família só pôde retornar na década de 1920.
- Marcação de eleições para uma Assembleia Constituinte em 15 de setembro de 1890 e criação de uma Comissão para elaborar o projeto Constitucional.
- Nova Bandeira, com o dístico positivista "Ordem e Progresso" (Decreto nº 4 – 19.11.1889), baseada em máxima de Augusto Comte[1449].
- Separação da Igreja e do Estado. Regulamentação do casamento e registro civil. Liberdade de culto.
- O Rio de Janeiro recebe o título de Distrito Federal.
- Reforma do ensino militar ("desenvolvimento da ideia do soldado-político").
- Reformulação do Código Criminal.
- Unidade de Direito e dualidade da magistratura.
- Naturalização dos estrangeiros que assim o desejassem[1450].

11.1.1 O Encilhamento

No primeiro mandato republicano, entre 1889 e 1891, um tema que marcou o período foi a reforma financeira denominada Encilhamento[1451],

[1449] Tratava-se do lema político do positivismo. No original, "o amor por princípio, a ordem por base e o progresso como fim". Como os principais republicanos eram positivistas, a ideia era homenagear o fundador da doutrina.

[1450] Mendes Jr., Antonio; Roncari, Luiz; e Maranhão, Ricardo, *Brasil – história, texto e consulta – República Velha*, cit., p. 152, v. 3.

[1451] A expressão, originada das corridas de cavalo, refere-se ao momento, antes da largada, em que os cavalos estão emparelhados (encilhados) e prontos para correr. A analogia com a política financeira quer dizer que havia a chance, graças à especulação, de enriquecer rapidamente, mas com grande risco de perder tudo.

lançada pelo ministro da Fazenda, Rui Barbosa, a partir de um decreto de 18 de janeiro de 1890. A ideia do ministro era aumentar o meio circulante e incentivar a industrialização por meio de créditos fiscais. A proposta inicial previa que os bancos teriam o encargo de amortizar a dívida pública a partir de um fundo de 10% sobre os lucros brutos das instituições financeiras, o que faria com que, em 50 anos, a dívida pública estivesse totalmente resgatada. Os bilhetes bancários gozariam de todos os privilégios inerentes às cédulas do Tesouro, sendo concedida a eles preferência para toda espécie de concessão de obras públicas e de empréstimos à agricultura[1452].

Rui explicitou os interesses da burguesia nacional com as seguintes medidas:

- anulação dos empréstimos à lavoura;
- tentou assentar a garantia do meio circulante sobre títulos de divida pública;
- tentou industrializar o Brasil, desvinculando-se de sua natureza exclusivamente exportadora de matéria-prima;
- aumentou as tarifas para os produtos importados, e abriu crédito para as indústrias;
- criou o banco de crédito popular, visando dar assistência ao trabalhador na construção de habitações;
- delatou a intervenção do capitalismo internacional em nossa economia. Criticou principalmente o acordo comercial a ser realizado em 1891 com os americanos, pelo qual ocorria a abertura do mercado brasileiro às manufaturas ianques sem taxas alfandegárias, em troca de nossa matéria-prima (principalmente açúcar), numa tentativa de levantar a agricultura nordestina.

Os interesses dos países desenvolvidos exportadores também foram fatais para o fracasso do plano. Eles não permitiram que uma nação sul-americana, tradicional importadora, disputasse espaço no mercado internacional com os países mais ricos. Exemplo disso foi o Acordo

[1452] Mendes Jr., Antonio; Roncari, Luiz; e Maranhão, Ricardo, *Brasil – história, texto e consulta – República Velha*, cit., p. 152.

Comercial Brasil – Estados Unidos, assinado em 1891, que isentava de taxas de importação as manufaturas norte-americanas entradas no País, em troca de açúcar, café e outros produtos primários, desestimulando claramente a indústria brasileira que porventura conseguisse estabelecer-se. Esse tipo de acordo, extremamente danoso à tentativa de criar as indústrias nacionais, atrasaria em décadas a formação da infraestrutura com esse fim[1453].

Rui criticou o paternalismo americano, e não aprovou a conclusão daquele acordo, que foi assinado após a sua queda. Em suma, procurou concentrar-se nos aspectos que suscitavam maior atenção de nossa economia: tarifas, créditos, legislação de sociedades anônimas, emissões etc. Para conseguir os objetivos preconizados, Rui autorizou a emissão de papel moeda por intermédio de Decreto de 17/01/1890 (Rio – Salvador – Porto Alegre – São Paulo).

Todavia, as nossas condições econômicas e sociais não possibilitavam o desenvolvimento do capitalismo nesse período, pelas seguintes razões:

- carência de um grande mercado interno;
- áreas de grandes latifúndios, com características feudais;
- estrutura totalmente colonial do País.

Para que houvesse uma transformação radical, eram necessárias modificações profundas na estrutura socioeconômica do País.

Ocorre que o plano não funcionou da forma esperada. Uma onda de inflação, iniciada ainda no Império, se agravaria com a reforma. Uma febre de especulações tomou conta do País, com a criação de empresas fantasmas, cujos títulos eram incorporados ao seu elenco e garantidos pelo Estado. Em seguida, o que se viu foram quebras e fechamentos de firmas, com milhares de pessoas perdendo todos os seus recursos para a especulação. A oposição dos grandes especuladores, ligados ao capital externo, havia sido determinante para o insucesso do plano. A industrialização, em um país pré-escravista, não veio e a situação se complicou ainda mais. Somente a partir da metade do século seguinte o Brasil conseguiria tocar

[1453] Ibidem, p. 153.

um projeto autônomo de industrialização. Naquele momento, ainda era uma nação agrária e pobre. E a situação gerou uma crise econômica e financeira que se prolongou por anos.

No entanto, a elite nacional recuou diante desse impasse. As medidas tomadas por Rui foram completamente desacreditadas, e a reforma foi denominada encilhamento, em face da emissão considerada inflacionária. Além disso, a política econômica implantada teria ocasionado inúmeras falências, jogo violento na bolsa, a criação de companhias fantasmas e, portanto, caos econômico para o Brasil.

Outra medida de Rui foi a anulação das indenizações pagas pelo extinto regime imperial aos antigos latifundiários escravistas, para compensar a perda de seus escravos[1454]. Como é claro, isto suscitou uma violenta oposição ao ministro da Fazenda por parte dos velhos escravocratas. Felisbelo Freire, que seria ministro da Fazenda entre 1893 e 1894, diria mais tarde, em seu "Relatório do Ministério da Fazenda" (1894), que essas indenizações, cujo objetivo principal era o de "sustentar o trono abalado em seus mais fundos alicerces, somente serviram para gravar o Tesouro com a enorme responsabilidade de 86.000 contos..."[1455].

O período do Governo Provisório foi marcado por diversas crises, como o empastelamento do jornal *Tribuna Liberal* por oficiais do Exército e a demissão coletiva dos ministros (20/01/91) porque Deodoro queria entregar o porto de Torres (RS) para um amigo pessoal. A seguir, tema importante do início da República, as características gerais do governo do marechal Deodoro.

[1454] Em 11 de novembro de 1890, Rui Barbosa, então ministro, respondeu da seguinte forma a um grupo de ex- escravocratas que pediram que o governo subvencionasse um banco encarregado de indenizar os proprietários de escravos e seus herdeiros "prejudicados pela lei de 13 de maio de 1888": "mais justo seria e melhor se consultaria o sentimento nacional se se pudesse descobrir meios de indenizar os ex-escravos, não onerando o Tesouro." *Vide* LACOMBE, Américo Jacobina, SILVA, Eduardo e BARBOSA, Francisco de Assis. *Rui Barbosa e a queima dos arquivos.* Rio de Janeiro: Casa de Rui Barbosa, Rio de Janeiro, 1999, p. 28

[1455] MENDES JR., Antonio; RONCARI, Luiz; e MARANHÃO, Ricardo. *Brasil – história texto e consulta – República Velha*, v. 3, p. 153.

11.2 Marechal Deodoro (25-2-1891 a 23-11-1891)[1456]

O período que antecede a eleição de Deodoro, no final do governo provisório, foi conturbado. A começar por novembro, houve um levante militar em Desterro e uma rebelião de marujos da corveta Niterói. No dia 18 de dezembro, revoltou-se o 2º Regimento de Artilharia do Rio de Janeiro, mas foi contido. Após três dias, o presidente editou um decreto que limitava as liberdades e punia os que incitassem a indisciplina militar, ainda que esta se mostrasse flagrante nos quartéis. Na sequência, o governo suprimiu a liberdade de imprensa, deportou o visconde de Ouro Preto, seu irmão, Carlos Afonso de Assis Figueiredo, e o general Gaspar da Silveira Martins. Além disso, instituiu um tribunal excepcional para julgar os que promovessem a subversão. As iniciativas moralizadoras dirigiram-se contra os capoeiras, sob a alegação de que promoviam desordens, por exemplo os Nagoas e os Guaimamns[1457], bandos conhecidos como maltas, que juntavam vários capoeiristas e aterrorizavam o Rio de Janeiro. Em 1890, a arte marcial brasileira havia sido proibida em todo o território nacional. Os seus praticantes eram marginalizados e presos pela Polícia[1458].

[1456] "Proclamador da República do Brasil, chefe do Governo Provisório e presidente da República eleito pelo Congresso em 1891, ★ em Alagoas em 5-8-1827; ✞ no Rio de Janeiro em 23-8-1892. Ingressou na Escola Militar em 1843; tenente em 1848, foi destacado para Pernambuco, onde participou da repressão ao movimento conhecido por Revolução Praieira. Promovido a capitão, tomou parte na Guerra do Paraguai, na qual se consagrou como autêntico herói. Passando a ocupar o posto de brigadeiro em 1874 e o de marechal-de-campo em 1884, foi um dos líderes das chamadas Questões Militares, que surgiram no último decênio do Segundo Reinado e as quais, bem exploradas pelos republicanos, muito contribuíram para a posterior proclamação do novo sistema político. Fundador e primeiro presidente do Clube Militar (1887), incumbiu-se de apresentar à Princesa D. Isabel o requerimento pelo qual a classe militar se negava a prender escravos fugidos. Encarregado do comando em Mato Grosso (1888), retornou ao Rio de Janeiro em setembro de 1889, constituindo-se no principal chefe militar do movimento que culminou na Proclamação da República". *Vide Dicionário de História do Brasil,*cit., p. 244.

[1457] Incumbiu-se da "profilaxia social" o bacharel João Batista Sampaio Ferraz, nomeado chefe de Polícia, efetuando várias prisões e mandando os "facínoras" para Fernando de Noronha, ocasionando uma crise famosa no ministério, por causa da prisão do filho do Conde de Matozinhos, proprietário do jornal *O Paiz*. FROTA, Guilherme de Andrea. *Quinhentos anos de história do Brasil*. Rio de Janeiro: Biblioteca do Exército, 2000, p. 485.

[1458] Nagoas: representavam a capoeira africana (além-mar) – usavam a cor branca. Os

As divergências entre o chefe do Executivo e o seu ministério tornaram-se frequentes. A 30 de janeiro de 1890, Demétrio Ribeiro foi substituído por Francisco Glicério[1459]; a 8 de fevereiro, exonerava-se Aristides Lobo, nomeado, em seu lugar, José Cesário de Faria Alvim[1460]. Em abril, criava-se a Pasta da Instrução, Correios e Telégrafos, entregue ao general Benjamim Constant, sendo chamado o general Floriano Peixoto (segundo colocado nas eleições) para o Ministério da Guerra. Evidenciava-se nítida a ascendência de Rui Barbosa sobre os colegas e sobre o generalíssimo que o estimava e o admirava[1461].

O empastelamento[1462] do jornal monarquista *A Tribuna* (novembro de 1890) e o assassinato de um operário chamado Romariz[1463] foram

guaiamuns: representa a capoeira crioula: usavam a cor vermelha. Os Nagoas ocupavam a periferia da área central da corte. Os guaiamuns ocupavam a área mais antiga da cidade. A cidade do Rio de Janeiro ficou dividida em duas áreas de influencia da política partidária da elite branca que usava os capoeiristas durante as eleições. A capoeira é um jogo corporal, de luta, esporte, ataque e defesa desenvolvida pelos escravos no Brasil, de origem angolana, minas, monjolos e cabinadas. Os capoeiristas tinham ódio dos republicanos orientados pelos políticos conservadores do Segundo Reinado que conseguiram o apoio de José do Patrocínio (negro) devido a simpatia da princesa Isabel pela abolição. Foi instituída a Guarda Negra (composta de capoeiristas) por José do Patrocínio com o intuito de proteger a Princesa Isabel que assinara a Lei Áurea. Representavam uma espécie de milícia que cometia atos de violência na cidade do Rio de Janeiro, contra adversários políticos da monarquia.

1459 Francisco Glicério de Cerqueira Leite (1846-1916) – paulista, foi professor, advogado e "republicano histórico". Participou ativamente do golpe republicano. Foi ministro da Agricultura no governo provisório republicano (1890-1891) e deputado. Apoiou Floriano Peixoto na câmara dos deputados. Foi senador por São Paulo em 1902.

1460 José Cesário de Faria Alvim (1839-1903) – mineiro, advogado (largo São Francisco), deputado no regime monárquico e presidente da província do Rio de Janeiro durante a monarquia. Aderiu ao movimento republicano, foi governador de Minas Gerais, ministro do interior e prefeito do Distrito Federal (1898-1900).

1461 FROTA, Guilherme de Andrea. *Quinhentos anos de história do Brasil*. Biblioteca do Exército, cit., p. 486.

1462 O termo empastelar significa, em tipografia, misturar os tipos e outros elementos da impressão. Quando se usa em termos de veículos de imprensa equivale a um linchamento e representa uma forma violenta de censura contra aquele veículo. O jornal *A Tribuna*, que substituía o antigo *Tribuna Popular*, foi atacado e empastelado por militares antimonarquistas em 19 de novembro de 1890.

1463 Tratava-se de João Ferreira Romariz, tipógrafo de A Tribuna, que foi morto por

motivo de grande repercussão na opinião pública. O provável envolvimento de militares nesse incidente desgastou o governo. Campos Salles pediu demissão, e essa atitude foi tomada por todo o ministério, decisão, no final, reconsiderada. Nova divergência se instaurou por causa da construção do porto de Torres, que visava a atender necessidades dessa região sul-rio-grandense. Deodoro da Fonseca desejava conceder a obra a um amigo e lhe dar, também, garantias de juros [se o capital empregado não rendesse pelo menos 8% de juros ao ano o governo subsidiava a diferença]. O ministério negou-se a aceitar os desejos do marechal, transformando o caso em questão pessoal. O impasse terminou com um pedido de demissão coletiva (21.01.1891)[1464].

No dia 25 de fevereiro de 1891, por eleição indireta, o marechal Deodoro da Fonseca, com 129 votos, contra 97 dados a Prudente de Morais, transformou-se em presidente da República. O vice-presidente, eleito com 153 votos, foi o marechal Floriano Peixoto, derrotando o almirante Eduardo Wandenkolk, que obteve apenas 57 votos. Entre os quatro que participaram da eleição, três eram militares. O inconformismo, desde os primórdios republicanos, parece ser a tônica da política brasileira, sob a alegação de que uma eventual derrota nas urnas seja algo inadmissível, em especial nos casos da eleição para presidente da República. Daí as prévias ameaças como "se ganhar, não leva", "não tomará posse", "haja o que houver, não botará os pés no Palácio", se o fizer "será tirado a tapas", alegações presumidas ou comprovadas de fraudes, de coações etc., até os recursos de pura chicanice eleitoreira como a invocação de princípios e normas existentes, o da... "maioria absoluta", por exemplo, nascidos nas reuniões secretas dos partidos, que, derrotados, procuram o apoio de subterfúgios eleitorais e de apaixonados politicoides.

militares deodoristas. O fato chamou a atenção do escritor Lima Barreto, que escreveu o conto "A sombra de Romariz", baseado nas histórias contadas por seu pai, João Henriques, que era amigo pessoal de Romariz, com quem trabalhava no jornal *Tribuna Popular*. Romariz foi morto pelos militares que invadiram a redação à busca de seu editor, Carlos de Laet, jornalista monarquista. Como não o encontraram, mataram o revisor a tiros. SCHWARCZ, Lilia Moritz. *Lima Barreto – triste visionário*. São Paulo: Companhia das Letras, 2002.

1464 FROTA, Guilherme de Andrea. *Quinhentos anos de história do Brasil*. Biblioteca do Exército, cit., p. 486.

Destaque-se a ameaça que foi feita pelos deodoristas e que se tornou pública pelo editorial de "*Gazeta de Notícias*", redigido dez dias antes do pleito: "Há uma frase que nestes últimos tempos e nesta Capital tem conquistado furos de cidade: sair a procissão à rua. Diz-se, por exemplo, falando da próxima eleição presidencial, que se Fulano for eleito, ou Sicrano não o for, mandará o vencido que a procissão saia à rua, a fim de tirar a justa desforra ao vencedor"[1465].

Os partidários de Prudente de Morais, por outro lado, e por proposta de Campos Sales, também deliberaram (caso este conseguisse derrotar o marechal Deodoro) instalar o governo legal da República no próprio edifício onde funcionava o Congresso Constituinte – o antigo Palácio Imperial da Quinta da Boa Vista, hoje Museu Nacional – e ali aguardar o desenrolar dos acontecimentos, já que o almirante Custódio José de Melo[1466] articulara, com oficiais da esquadra, sustentar, pela voz dos canhões dos navios de guerra ancorados na Baía da Guanabara, a vitória do senador paulista. Derrotado Prudente, os seus inconformados partidários vingaram-se ao aclamar ruidosamente a posse do marechal Floriano Peixoto como vice-presidente da República. José de Medeiros e Albuquerque, que foi testemunha ocular da cena, relata que "a intenção de desfeita a Deodoro era tão clara que o velho marechal empalideceu. Seus olhos fuzilaram de cólera"[1467].

[1465] Esse tipo de comportamento e de pensamento, lamentavelmente, é uma marca do Brasil, onde, em geral, dificilmente os vencidos respeitam a regra eleitoral e normalmente se insurgem contra os vencedores. A democracia, como vemos, só serve se for favorável aos respectivos interesses. Se não o for, não presta.

[1466] Custódio José de Melo (1840-1902), militar e político, foi ministro da Marinha em duas ocasiões, adido militar do Brasil na Europa e um dos mais destacados líderes da Revolta da Armada. Ele pretendia tornar-se presidente da República e demitiu-se do Ministério da Marinha em abril de 1893.

[1467] Lembre-se de que a eleição de Deodoro da Fonseca, em 25 de fevereiro de 1891, no dia posterior à promulgação da Constituição, já tinha sido problemática. Temendo perder o pleito no Congresso – a primeira eleição presidência foi indireta – para Prudente de Morais, os partidários do marechal pressionaram os parlamentares. O Congresso estava ocupado por soldados à paisana e policiais, de forma ostensiva. Os Constituintes militares estavam armados no interior do recinto de votação. O Clube Naval divulgou uma nota afirmando que seria agradável à Marinha a eleição do Marechal Deodoro da Fonseca. À boca pequena, os militares espalhavam que uma derrota do marechal levaria ao fechamento

O governo de Deodoro foi curto, nove meses, devido às seguintes questões:

- Era "unionista", centralizador;
- nomeou governadores estaduais, mesmo depois das eleições para Constituinte (nem sempre de forma feliz);
- colidiu com o Parlamento
- ficou em minoria no Congresso;
- foi marcado por irregularidades administrativas e escândalos;
- ameaçou dissolver o Congresso;
- houve desgastes militares: facções contrárias do Exército (Floriano) e da Marinha (Custódio de Melo).

Como Deodoro temia *impeachment*, diante da aprovação de uma lei sobre "responsabilidade do presidente da República", vetou tal projeto de lei; depois, diante da violência dos ataques que lhe eram desferidos pelos adversários, acabou dissolvendo o Congresso em 3 de novembro de 1891 e decretou o estado de sítio, contando com o apoio do Exército (parte), e de praticamente todos os governadores estaduais. Destaque-se que a oposição a Deodoro formara-se no Governo Provisório, chegando mesmo a transformar-se em séria dissidência entre aqueles que haviam criado o novo regime[1468].

do Congresso e à imposição de uma ditadura. Nesse sentido, *vide* VILLA, MARCO ANTONIO. *A história das constituições brasileiras*, cit.,p. 37.

1468 FROTA, Guilherme de Andrea. *Quinhentos anos de história do Brasil*, cit., p. 485 e MAIOR, Souto. *História do Brasil*, cit., p. 311. Destaque-se que "Tobias Monteiro em seu livro Pesquisas e Depoimentos narra o que lhe contou o Barão de Lucena a propósito dos acontecimentos relacionados com o Golpe de Estado de 3 de novembro. Terminada a leitura do decreto de dissolução do Congresso, dissera-lhe o Marechal que, naquele decreto, faltava um artigo: o de sua renúncia ao cargo de presidente da República. Acrescentava que tencionava apenas manter-se no poder até a reunião do novo Congresso, o que se deveria dar em maio. 'Reunido o novo Congresso, eu lhe enviarei a minha renúncia e declararei, na mensagem, que me demito para me punir a mim mesmo, porque não quero que este meu ato seja jamais invocado como precedente para autorizar futuras dissoluções do Congresso!". COSTA, Cruz. *Pequena história da República*, cit., p. 60.

Apenas o governador do Pará, Lauro Sodré, não apoiou o golpe de Deodoro. No Rio Grande do Sul, porém, alguns militares aliados a opositores do governo depuseram o governador Júlio de Castilhos, e constituíram uma junta de governo denominada "governicho". Em paralelo, o almirante Custódio José de Melo, no Rio de Janeiro, procura anular o golpe de Deodoro, ao ocupar, na manhã de 23 de novembro, vários navios e, ameaçando bombardear a cidade, intima o governo à rendição.

Embora Deodoro contasse com o apoio da maioria da guarnição militar, preferiu renunciar ao poder, evitando assim uma guerra civil. Ao entregar o governo ao vice-presidente Floriano Peixoto, encerrava sua carreira política e militar[1469].

O presidencialismo assumia caráter cada vez mais onipotente. Os sufrágios, comprovou-se, também eram manipulados, por isso considerava-se ilegítima a participação do cidadão nas eleições. Até mesmo o instituto da intervenção federal, a qual deveria ser usada somente em casos extremos, tornara-se um instrumento de arbítrio. Assim, dia após dia, o presidente da República assumia, cada vez mais, um perfil "imperial", não muito distante do poder enfeixado pelo monarca que fora forçado a se exilar na Europa. A diferença é que o presidente era um "monarca eletivo" substituível a cada quatriênio[1470].

11.3 Marechal Floriano Peixoto (23-11-1891 a 15-11-1894) - um governo jacobino

Ao suceder o marechal Deodoro, Floriano Peixoto (1839 – 1895) afrontou o texto constitucional, isto porque, na condição de vice de Deodoro, em vez de convocar eleições, ocupou efetivamente a vaga de presidente[1471]. Na verdade, Floriano recebeu um governo combalido, imerso numa grave crise política e econômica. Durante a posse, proclamou que a Carta Constitucional havia sido promovida pelas armas, assumindo que a conquista da liberdade e da República deu-se em função da união indissociável entre o povo e as Forças Armadas[1472].

[1469] Maior, Souto. *História do Brasil*, cit., p. 312.

[1470] Bonavides, Paulo e Andrade, Paes de, *História constitucional do Brasil*, cit., p. 250.

[1471] Costa, Cruz. *Pequena história da República*, cit., p. 70.

[1472] Ibidem, p. 70.

Para remediar aquele conturbado momento de transição, em que se dissolveram as assembleias estaduais, Deodoro contou com homens de sua confiança nos governos dos Estados. Em decorrência, a política agitou-se, pois o Congresso, que apoiara Floriano para reagir contra Deodoro, acabou cindindo-se na defesa da autonomia estadual. Entrou em divergência com o ministro da Marinha, Custódio José de Mello, anteriormente um aliado[1473].

Rui Barbosa, nesse momento, decidiu renunciar ao mandato de senador, e disse: "de uma ditadura que dissolve o Congresso Federal, apoiando-se na fraqueza dos governos locais para outra que dissolve os governos locais, apoiando-se no Congresso restabelecido, não há progresso apreciável"[1474]. Posteriormente, acabou fugindo do Brasil e se exilando na Inglaterra.

Havia quem apoiasse Floriano com entusiasmo, como os republicanos de São Paulo e, do mesmo modo, os positivistas que ainda possuíam influência entre os grupos militares e que, em Floriano, julgavam vislumbrar o ditador central que sempre aconselharam. No Rio Grande do Sul, o presidente Júlio de Castilhos, cuja ideologia era positivista (ou quase positivista), aderira ao Golpe de Deodoro mas, passado o primeiro momento, reaproxima-se de Floriano[1475].

Floriano enfrentou nos primeiros dias de janeiro de 1892 uma sublevação na fortaleza de Santa Cruz, no Rio de Janeiro, mas com rapidez impediu que o movimento adquirisse maiores proporções. Nesse contexto, a imprensa insinuava que a Constituição deveria ser respeitada, visto que o art. 42 previa nova eleição presidencial em caso de vacância do cargo[1476].

Mas os partidários de Floriano defendiam que ele deveria completar os quatro anos de presidência com base na interpretação das Disposições Transitórias da Carta, cujo entendimento era no sentido de que o

[1473] Até o ministro da Marinha de Floriano, Custódio José de Mello, que, em 23 de novembro, se pusera à frente da armada contra Deodoro, demonstrou que desafiaria Floriano, mas este pacientemente esperou o momento para anular-lhe a ação. Costa, Cruz. *Pequena história da República*, cit., p. 71.

[1474] Ibidem, p. 71.

[1475] Ibidem, p. 72.

[1476] Ibidem, p. 72.

presidente e o vice-presidente, eleitos pelo Congresso, ocupariam a presidência e a vice-presidência durante o primeiro período presidencial. Diante das duas interpretações possíveis, o Congresso acabou acolhendo a que decorria das disposições transitórias da Constituição, de forma que, sem a conclamação de novas eleições, Floriano manteve-se na chefia do governo da República. Mas políticos e militares contrários à posse do novo presidente postulavam novas eleições e a saída do governo comandado pelo então vice-presidente. Em síntese, os fatos marcantes que se sucederam no governo florianista foram os seguintes:

- Suspensão do estado de sítio e da dissolução do Congresso, que se reunirá em 18 de dezembro.
- Proposta de nova política econômica.
- Depostos os governos e dissolvidas as assembleias, formaram as "derrubadas".
- Levante das fortalezas de Santa Cruz e Lage, em janeiro de 1892.
- Manifesto dos 13 generais contra Floriano – são demitidos[1477].
- Apesar de Deodoro não ter completado dois anos de mandato, e de necessariamente serem convocadas novas eleições, Floriano se opôs e defendia a interpretação contida nas "disposições transitórias" da Constituição, cujo entendimento lhe garantiria a permanência no cargo de presidente.
- 14 de abril de 1892: houve um manifesto deodorista, atacando o governo e que culminou em deportações.
- Revolução Federalista no Rio Grande do Sul (fev./1893 a 1895).
- Constituição positivista do Rio Grande do Sul (Júlio de Castilhos): reeleição dos presidentes; nomeava o vice; Câmara exclusivamente

[1477] Trata-se o manifesto de um documento assinado por treze autoridades militares em 31 de março de 1892 e publicado em 6 de abri. A assinatura deu-se no início do governo de Floriano Peixoto, e contestava a legitimidade do seu governo, sendo criticado pela repressão imposta às rebeliões nos estados, na medida em que, dado o contexto, convocava-se nova eleição para a presidência da República.

orçamentária. Foi nomeado como ministro da Fazenda Serzedelo Correia[1478].

O governo abriu crédito especial para as indústrias a fim de socorrê-las da dificuldade financeira. Com o aumento das importações, a medida do governo de auxílio ao plano interno feriu os negócios realizados pelas companhias internacionais, o que gerou combate e críticas contra o incentivo à indústria. Os latifundiários também irão criticar acirradamente essa política de Floriano. Observam-se pressões, portanto, do exterior (exportadores) e locais (aristocracia rural); todavia, Floriano baixou a 17 de dezembro um decreto que no art. 9º autorizava o Banco do Brasil a emprestar até 100 mil contos de réis à indústria nacional.

As modificações foram implementadas no sistema tarifário, visando impedir a concorrência estrangeira à embrionária indústria nacional. Realizou-se, também, a reforma bancária, que deixava apenas para o governo central as emissões monetárias.

11.3.1 Revolução Federalista

Na gestão de Floriano, o Rio Grande do Sul conviveu com uma grave situação política em que partidários (os "pica-paus") do chefe republicano local, Júlio de Castilhos, perseguiam com violência os oposicionistas, representantes do Partido Federalista, os "maragatos"[1479]. Os castilhistas recebiam apoio de Floriano no sentido de impedir a ascensão ao poder do antigo conselheiro do Império, Gaspar Silveira Martins. Para impedir a

[1478] Serzedelo Correia (1853-1932) – foi seminarista no Pará e posteriormente ingressou na Escola Militar (RJ). Após a República exerceu os seguintes cargos: deputado (1892), ministro da Fazenda (substituindo Rodrigues Alves), e prefeito do Distrito Federal (Rio de Janeiro – 1909). Defendeu o desenvolvimento industrial brasileiro. Escreveu: *O problema econômico do Brasil* (1903), de cunho protecionista.

[1479] Maragatos – facção política gaúcha durante a Revolta Federalista. Defendiam o Federalismo. Era um nome pejorativo oriundo da província espanhola de Maragateria que não tinha "boa fama", por serem nômades e realizarem roubos e pilhagens. Posteriormente, migraram para a cidade de São José (Uruguai), trazendo a "má fama" até o território brasileiro. Os republicanos, adeptos de Júlio de Castilhos, passaram a chama-los de "Maragatos", porque roubavam gados e cavalos durante a Revolta Federalista. Os maragatos chamavam os "republicanos" de "pica-paus" porque as tropas governamentais usavam bonés vermelhos parecido com as cristas deste pássaro.

posse de Júlio de Castilho, os maragatos recorreram às armas, mas foram derrotados e, em retirada, rumaram para o Uruguai e a Argentina[1480]. Os legalistas eram Pinheiro Machado, Carlos Teles e Artur Oscar. Após se reorganizarem nesses países, os maragatos, sob o comando dos comandantes militares que se opunham a Júlio de Castilhos, João da Silva Tavares (Joca Tavares) e o caudilho uruguaio-brasileiro Gumercindo Saraiva[1481], retornaram para invadir o Rio Grande do Sul em 2 de fevereiro de 1893, cujo novo conflito terminou em 10 de agosto de 1894, com a morte do caudilho, que foi degolado. Dadas as proporções desse embate, o movimento acabou sendo chamado de Revolução Federalista.

Contida a Revolução, houve fuzilamentos sumários. Diante de uma série de medidas drásticas a mando de Floriano, houve ainda mais insatisfação. Por exemplo, agiu contra a oposição da Marinha, sob o comando do marechal almirante Eduardo Wandenkolk, figura destacada no cenário político, que foi preso por ter se envolvido na guerra do sul[1482].

Desde o Império, as rivalidades entre o Exército e a Marinha eram notórias. Do lado do Exército, no geral os oficiais provinham da pequena burguesia, e o reduzido soldo concedido à carreira predispusera o Exército para as reformas, sobretudo depois da Guerra do Paraguai. Dessa forma, a Abolição e a República encontraram ambiente mais propício no Exército do que na Marinha, cuja oficialidade se constituía, em regra, de remanescentes da aristocracia imperial[1483].

Floriano não depositava confiança na Marinha. Exemplo disso foi a iniciativa do almirante Wandenkolk, presidente do Clube Naval, de ter

[1480] Sob o ponto de vista ideológico, os federalistas nem comungavam a ideia da Federação, na medida em que postulavam a existência de um poder federal forte (naturalmente sem a presença de Floriano Peixoto) e a adoção do regime parlamentarista, a exemplo do que vigorou durante o Segundo Reinado. MENDES, Jr, Antonio e RONCARI, Luiz. *Brasil – história, texto e consulta – República Velha*, v. 3. São Paulo: Brasiliense, 1976, p. 159.

[1481] Gumercindo Saraiva (1848-1894) – caudilho gaúcho, participou da Revolução Federalista, liderada por Silva Tavares. Realizou o Plano de invasão de Santa Catarina e do Paraná. Voltando para o Rio Grande do Sul, morreu em combate. Foi criado no Uruguai, falava mal o português e tinha antecedentes criminais.

[1482] MENDES JR., Antonio; RONCARI, Luiz; e MARANHÃO, Ricardo, *Brasil – história, texto e consulta – República Velha*, cit., p. 160.

[1483] MAIOR, Souto. *História do Brasil*, cit., p. 313.

ajudado, com alguns navios, os federalistas do Rio Grande do Sul, o que resultou em sua prisão em Santa Catarina pelo cruzador *República. Não faltaram acusações por parte dos simpatizantes de Floriano e republicanos mais exaltados; apontou-se como* uma traição à República a tendência restauradora (volta ao regime monárquico) de alguns elementos influentes na Armada[1484].

Na noite de 5 para 6 de setembro de 1893, o almirante Custódio José de Melo, ex-ministro de Floriano, dirigiu-se com vários oficiais e alguns deputados federais para bordo do navio *Aquidabã,* onde içou a bandeira da revolução que visava a "restaurar o império da Constituição", conforme declarava o manifesto então divulgado[1485].

11.3.2 A Revolta da Armada

Praticamente em concomitância com a Revolução Federalista, em 6 de setembro de 1893 teve início a Revolta da Armada. No caso deste movimento, rebeldes gaúchos invadiram Santa Catarina, uniram-se a revoltosos da Marinha e avançaram em direção ao Paraná. Os maragatos, então chefiados por Joca Tavares, combatiam no Rio Grande do Sul e mantiveram-se na luta até meados de 1894 quando, dizimados pelas forças florianistas e castilhistas, refugiaram-se de novo no Uruguai. Mesmo enfraquecidos, os "maragatos" promoveram outras investidas durante o governo Prudente de Morais[1486].

Registre-se que durante a revolta da Armada os estrangeiros romperam relações diplomáticas com o governo. Além disso, nos combates travados entre as forças do Governo e os insurretos houve intervenção da esquadra estrangeira ao lado dos últimos, tendo sido encontrados estilhaços e cascos de *shrapnells* e granadas com insígnias inglesas que foram atirados contra os legalistas nas lutas de Armação, Ponta D'Areia e Toque-Toque. No forte de Gragoatá caíram várias granadas de origem portuguesa[1487].

[1484] Ibidem, p. 313.

[1485] Ibidem, p. 314.

[1486] MENDES JR., Antonio; RONCARI, Luiz e MARANHÃO, Ricardo,*Brasil – história, texto e consulta*, cit., p. 159.

[1487] CARNEIRO, Glauco, *História das revoluções brasileiras*, cit., p. 78.

Há suspeita de que Floriano beneficiou-se da intervenção estrangeira, e não a Armada. O armistício assinado entre Custódio de Melo e o governo da República foi rompido unilateralmente por Floriano em pouco tempo, pois conseguiu habilmente, por meio de sua diplomacia, que a Marinha americana interviesse na revolução. O almirante americano Andrew Benham, a 28 de janeiro, enviou ultimato a Saldanha (a essa época no comando dos revoltosos) e suspendeu o bloqueio do porto do Rio de Janeiro à força, rompendo-o com o disparo de onze petardos que partiram do seu cruzador-encouraçado, atingindo o navio de guerra brasileiro *Trajano*, de madeira[1488]. As lutas entre maragatos e chimangos continuaram espaçadamente até o governo que sucede Floriano e até 1923, quando o general Setembrino de Carvalho, ministro da Guerra de Artur Bernardes, consegue o "pacto das Pedras Altas".

11.3.3 A Revolução Federalista – conexão com a Revolta da Armada (uma síntese)

Houve atos ilegais de ambas as partes durante esse conflito. Em 13 de março Saldanha da Gama pede asilo a uma corveta portuguesa que o leva até o Uruguai. Para o governo, as forças navais estrangeiras estavam de acordo com os rebeldes, pois nem autorização pediram à Capitania dos Portos para mudar de lugar na baía. Além disso, por todo o tempo da revolta, cessaram os estrangeiros qualquer relação diplomática normal com o governo[1489].

Contrapondo à digna atitude do embaixador alemão, conde de Luxbourg, que declarou "não poder seu país participar de qualquer atitude

[1488] "A verdadeira história dessa intervenção, sugerida, aceita, solicitada e tão altamente benéfica ao marechal Floriano Peixoto quanto funesta à Marinha, intervenção esta atentatória ao brio dos brasileiros a tal ponto que mereceu a mais desprimorosa referência por parte do 'valente' almirante americano, ao afirmar 'que a amizade entre o Brasil e os Estados Unidos baseia-se no respeito e talvez em alguma coisa mais' (textual: 'That friendship is founded on respect with perhaps a little thing of something else...')". Mendonça, Lauro Nogueira Furtado de Mendonça, apud Carneiro, Glauco. *História das revoluções brasileiras*, cit., p. 78.

[1489] Ibidem, p. 78.

que importasse em desrespeito à soberania brasileira", outros representantes estrangeiros confabulavam manobras atentatórias ao País[1490].

Uma comissão de diplomatas estrangeiros, tendo à frente o decano, o inglês Hugh Wyndham[1491], foi sondar Floriano para saber como receberia ele o desembarque de contingentes militares de seus países para "garantirem seus nacionais respectivos". Floriano, indignado, encarou o estrangeiro, apontou-lhe o dedo e só respondeu: "à bala!" E, logo depois, autorizou as tropas que guarneciam o litoral "a varrer com metralha a marinhagem estrangeira que tentar desembarcar". Eles, porém, não desembarcaram[1492].

À ordem de Floriano, a vigilância redobrou e, por excesso de zelo das tropas que guarneciam o cais Pharoux, criou-se um sério incidente com as forças navais estrangeiras. Não conhecendo bem as intenções de uma lancha do cruzador italiano *Bausan*, que se aproximava do cais, a guarnição varreu-a a metralha, sem saber que a embarcação apenas vinha deixar o cônsul daquele país que fora a bordo. Morrendo o marinheiro Micheli Gidachino[1493], viu-se o governo praticamente obrigado a indenizar a sua família em cem contos de réis, o que foi feito de imediato[1494].

Sobre a continuidade do conflito, no Rio Grande do Sul, houve a tentativa por parte de Custódio de Melo de tomar a cidade de Rio Grande, dispondo do cruzador *República*, de quatro navios mercantes armados e de dois mil homens em tropa de desembarque. Não consegue, pois o

1490 Embaixadores dos países latinos sul-americanos lançaram um comunicado negando a sua participação nos ditos entendimentos mantidos por ingleses, franceses, portugueses etc. Também o governo, indignado, fez publicar pelos jornais o seguinte boletim: "Tendo sido espalhadas mensagens em que se admitia a possibilidade de esta capital ser entregue à anarquia e ao saque, o Governo declara que dispõe de todos os elementos para manter a ordem, e que fará imediatamente fuzilar todos aqueles que atentarem contra a propriedade particular." Carneiro, Glauco. *História das revoluções brasileiras*, p. 79.

1491 Hugh Wyndham, embaixador inglês (1836-1916), foi ministro do Brasil de 1888 até 1894. Tentou manter a naturalidade britânica durante a Revolta da Armada.

1492 Carneiro, Glauco, *História das revoluções brasileiras*, cit., p. 79.

1493 Micheli Gidachino – marinheiro, pertencia ao cruzador italiano Bausan, que trazia o cônsul e foi metralhado pelos brasileiros durante a Revolta da Armada, vindo a falecer.

1494 Carneiro, Glauco, *História das revoluções brasileiras*, cit., p. 79.

governo de Júlio de Castilhos preparara-se suficientemente para defender a cidade[1495].

Em Santa Catarina, a nova esquadra governista[1496], comandada por Jerônimo Gonçalves[1497], torpedeia o couraçado *Aquidabã,* cuja tripulação, conseguindo salvar-se, ainda tenta juntar-se às últimas tropas revolucionárias. Não podendo resistir, acaba internando-se no Uruguai e na Argentina. Fracassara a Revolta da Armada, terminando a Revolução Federalista[1498]. Em Santa Catarina, foram fuzilados sumariamente muitos revolucionários.

Morreram na Revolução Federalista 10 mil soldados ao longo de 31 meses, entre republicanos e federalistas. Os habitantes do sul, representados também por poloneses e italianos, radicados em colônias, submeteram-se a toda sorte de privações. O curso do conflito apresentou a seguinte cronologia:

- Partido Federalista Brasileiro (Silveira Martins): pretende governo parlamentarista e restauração monárquica.
- Castilhistas (pica-paus) vs. federalistas (Maragatos), cujos chefes são Silveira Martins, Gumercindo Saraiva, general. Silva Tavares, coronel. Salgado.
- Floriano apoia os castilhistas (necessitava da bancada gaúcha no Congresso).
- A partir do Uruguai, ocorreram três invasores federalistas ao Rio Grande do Sul. Principais combates: Cerco de Bagé; Batalha de Passo Fundo; e Cerco da Lapa.
- Fins de 1893, articulação da Revolução federalista com a Revolta da Armada.
- Movimento encerrado em julho/1895.

1495 Maior, Souto, *História do Brasil,* cit., p. 314.

1496 Alguns navios de guerra foram adquiridos nos Estados Unidos. De acordo com Joaquim Nabuco, as tropas foram contratadas para auxiliar o governo federal.

1497 Jerônimo Francisco Gonçalves – almirante reformado, foi herói da guerra do Paraguai, ocasião em que comandou a "esquadra de papelão", montada por Floriano, para combater a Revolta da Armada.

1498 Maior, Souto, *História do Brasil,* cit., p. 314.

- Repercussão de rivalidade entre o Exército e a Marinha (aristocrática).
- Floriano conta com o apoio do Exército e do Congresso, decreta estado de sítio e determina a formação de "Batalhões Patrióticos".

Pela ordem dos fatos tivemos:

- rebeldes rumam para o sul e tomam Desterro (SC), onde formam governos provisórios e aliam-se aos federalistas (setembro de 1893);
- duelo diário com as fortalezas, no Rio;
- dezembro/1893: adesão do contra-almirante Saldanha da Gama (visava a restauração monárquica);
- janeiro/1894: tomada de Curitiba e resistência da cidade da Lapa;
- fevereiro/1894: ataque repelido a Niterói;
- março/1894: asilo dos marinheiros do Rio em corvetas portuguesas;
- rompimento das relações diplomáticas Brasil-Portugal.

11.3.4 O jacobinismo brasileiro

O "Marechal de Ferro" é o símbolo do "jacobinismo"[1499] nacional (republicanismo radical). Por jacobinismo entende-se o "termo importado da Revolução Francesa, cujo significado mudou através dos tempos. No

[1499] "O comportamento dessa pequena burguesia radical era chamado jacobino, devido a analogias formais com o comportamento revolucionário dos radicais da Revolução Francesa. Porém não existiu no Brasil um verdadeiro jacobinismo, revolucionário no discurso e na ação. O contexto histórico brasileiro não permitiria a existência de tal movimento". MENDES JR., Antonio; RONCARI, Luiz e MARANHÃO, Ricardo, *Brasil, história, texto e consulta – República Velha*, cit., p. 158.

"Quem não conhece a história da República francesa de 1793, quais os indivíduos e os partidos que mais se salientaram contra o poder dos reis e o feudalismo, supõe que jacobinismo significa inimigos da liberdade e de todos os direitos do homem. Quando tomamos para o nosso jornal o nome de *O Jacobino* como para a organização d'uma associação, é que este nome representa o de uma falange, homens que souberam ser nobres e grandes pelo amor ardente que consagravam à Pátria e à República. Definido sem contestação séria que foram os jacobinos na França que, em vez de serem os demolidores do templo da liberdade, da Pátria e da República, queriam a autonomia de seu País, e uma República democrática, razão por que, inspirados nesse passado glorioso dos jacobinos, não duvidamos de, adotando suas doutrinas como foco de luz incandescente para livrar o povo das trevas, constituirmo-nos em partido jacobino." PENNA, Lincoln de Abreu. *Uma história da República*. Rio de Janeiro: Nova Fronteira, 1989 p. 53.

Império, definia os republicanos ardorosos; após a República, os partidários do presidente Floriano Peixoto. Devido às manifestações ruidosas que estes promoviam, jacobino tornou-se sinônimo de desordeiro e hoje identifica o revolucionário radical e extremista"[1500].

Floriano favoreceu a predominância de setores radicais do republicanismo, pois, em vez de se enfraquecerem, aumentaram suas forças na campanha oposicionista a Deodoro[1501]. Pode-se citar o republicanismo radical, por exemplo, na ocasião em que, no Sul, houve fuzilamentos e as mortes de Gumercindo Saraiva e Saldanha da Gama[1502] e a consolidação da República no plano militar.

Por outro lado, Floriano preocupou-se em garantir melhores condições de vida aos pobres. No âmbito de uma necessária reformulação das próprias estruturas sociais, nos primeiros dias de governo, decretou redução no valor do aluguel das casas de operários. Em outro decreto, interveio no mercado de carne, concedendo isenção de impostos sobre o gado em pé, bem como sobre a carne à venda nos açougues, promovendo, assim, a queda dos preços[1503].

Outra ação vinculada ao combate a especuladores dos gêneros alimentícios, que aumentavam preços, sonegavam alimentos, dominavam o mercado pelo controle da matança e da intermediação entre os criadores e os revendedores da cidade, cite-se a ação do prefeito do Distrito Federal, nomeado pelo presidente, Barata Ribeiro, que enviou ao Conselho Municipal mensagem pedindo autorização para construção de outros matadouros, mediante concorrência pública, e combatendo a subordi-

[1500] *Vide* SILVA. Beatriz Coelho. *Jacobinismo*. Rio de Janeiro: Centro de Pesquisa e Documentação de História Contemporânea do Brasil (CPDOC), 2017.

[1501] SODRÉ, Nelson Werneck *et al*, *História nova do Brasil*, cit., p. 125.

[1502] O carioca Luís Filipe de Saldanha da Gama ou *Almirante Saldanha da Gama*, nome este mais conhecido (Campos dos Goitacazes, 7 de abril de 1846 – Campo Osório (RS), 24 de junho de 1895), foi um militar brasileiro da arma da Marinha (contra-almirante), tendo participado da Segunda Revolta da Armada (1893), substituiu Custódio de Melo quando se aliou aos federalistas gaúchos. Fracassou na ocupação de Niterói e pediu asilo a navio de guerra luso, tendo fugido para lutar no rio Grande do Sul, onde morreu na defesa dos federalistas.

[1503] SODRÉ, Nelson Werneck *et al*, *História nova do Brasil*, cit., p. 130.

nação a interesses estrangeiros que nos levava a importar o gado lanígero (ovelhas) em vez de aproveitarmos o nacional[1504].

Em resposta a essa medida, os estocadores retiveram o produto. Então, o prefeito tomou novas medidas por meio de manifesto endereçado ao povo.

> *"Apesar dos esforços que tem feito a administração municipal para prover o mercado de carne, já garantindo a livre concorrência, já suportando pesadíssimos encargos, não conseguiu hoje obter o número de reses necessárias para o consumo de amanhã, por se terem recusado a vendê-las os comissários, não obstante haver em Santa Cruz um 'stock' de 4.000 reses. A existência de grande quantidade de carne frigorífica no nosso porto (...) atenua as dificuldades do momento, dando ao governo municipal o tempo necessário para agir, de modo a libertar a população deste distrito do monopólio exercido pelos comissários de Santa Cruz"*[1505].

No dia seguinte, o governo emitiu novo comunicado, tabelando o preço de venda da carne a 100 réis por quilo acima do preço médio em São Diogo, que, por sua vez, era determinado em concorrência. Para controle do público, determinou, mais tarde, a fixação diária do preço da carne em cartazes colocados na cidade[1506]. Outro monopólio rompido, na gestão Barata Ribeiro, foi o da venda do pescado. Umas poucas bancas, na Praça do Mercado, detinham, desde 1873, garantidas por lei, o privilégio da venda de peixe para todo o Rio de Janeiro[1507].

11.3.5 Floriano e as relações diplomáticas no período – a política externa

Durante os acontecimentos de revoltas contra seu governo, em que navios estrangeiros, ancorados no mar territorial brasileiro, até auxiliaram os revoltosos, repercutindo seriamente nas relações com os respectivos paí-

[1504] Ibidem, p. 131.
[1505] Ibidem, p. 131.
[1506] Ibidem, p. 131.
[1507] Ibidem, p. 132.

ses, a diplomacia de Floriano revestia-se de caráter especial, e suas ações consistiam em medidas mais enérgicas a fim de coibir tais abusos[1508].

A população tinha profundo ódio pelos estrangeiros, notadamente ingleses, portugueses e franceses, pois estes protegiam abertamente os insurgentes, "facilitando-lhes a correspondência, o comércio, o transporte de gêneros alimentícios, aguadas, peças de máquinas nos navios e, mais grave ainda, munições de guerra, como fez o cruzador inglês *Beagle*"[1509].

Quanto aos portugueses, estes eram declaradamente atingidos pela ira do povo, uma vez que o cônsul e o secretário da Legação de Portugal eram considerados os transmissores de notícias e notas telegráficas, algumas vezes falsas[1510]. Em várias ocasiões oficiais estrangeiros pressionaram Floriano no sentido de que as baterias que haviam sido instaladas nos morros, para defender a cidade e oferecer resistência aos contínuos bombardeios, fossem retiradas, principalmente depois do incidente de graves proporções, em que vários comandantes, a pretexto do boato de que a cidade ia ser saqueada, resolveram, caso isto se desse, desembarcar contingente de 700 homens para defender os seus súditos. Eis a nota em que o ministro inglês noticia o fato e que foi afixada em vários pontos da cidade:

[1508] No porto do Rio de Janeiro estavam fundeados vasos de guerra da Inglaterra, Portugal, França e Estados Unidos, para "protegerem" a vida de seus respectivos súditos e suas propriedades. Sob esse disfarce, tais nações tornaram parte ativa na luta que se travava, ora ajudando materialmente os revoltosos, ora usando a pressão diplomática, ameaçando intervir militarmente na cidade que eles achavam "indefesa". SODRÉ, Nelson Werneck *et al. História nova do Brasil*, cit., p. 149.

[1509] "Acontecimentos como esses não eram particulares ao Brasil. O tipo de relações existente entre países de economia colonial, como era o nosso, e países de economia mais avançada, quase sempre foram de dependência e de constante quebra da autonomia dos primeiros. Os problemas surgidos no quadro das relações internacionais, em que se colocavam em jogo interesses econômicos, foram resolvidos, em grande parte, pelo emprego da força, como o demonstram as várias intervenções estrangeiras nos países da América Latina. A participação insólita de Portugal, favorecendo os revoltosos, encontra explicação no fato de grande parte dos negócios comerciais aqui existentes pertencerem a portugueses. As desconfianças do governo brasileiro em relação aos portugueses eram, portanto, justificadas." SODRÉ, Nelson Werneck *et al. História nova do Brasil*, cit., p. 149.

[1510] Ibidem, p. 150.

"Mensagem do S. Ex. Hugh Wyndham Esq. – As forças reunidas estrangeiras já tomaram as necessárias medidas para proteger todos os estrangeiros, se a cidade for entregue à anarquia e ao saque. Em tal caso deverão procurar o Largo do Paço, onde serão protegidos pelas forças reunidas da esquadra estrangeira.
O Sr. Wyndham foi informado de que Santa Cruz será bombardeada entre meio dia e uma hora de hoje, o mais tardar, e recomenda a todos os súditos ingleses que se retirem sem demora para lugares seguros"[1511].

Ao final da luta entre os revoltos os e as forças legalistas houve incidente diplomático de profunda repercussão nas relações entre Portugal e o Brasil:

"Assim que a esquadra chegou ao Rio, foi procurada por representante de Saldanha da Gama para negociar a rendição que não chegou a se efetuar. Iniciado o combate, não oferecendo os rebeldes resistência, suspenderam-se as hostilidades para apurar a causa do ocorrido: os tripulantes dos navios revoltos os haviam abandonado, pedindo asilo aos navios portugueses. As explicações que o corpo diplomático português havia fornecido ao governo brasileiro eram de que os asilados seriam desembarcados somente em Portugal. Isso não aconteceria. Mais tarde, os 253 revoltos os, em companhia de Saldanha da Gama, seriam desembarcados em Montevidéu e juntar-se-iam aos federalistas, no Sul. Tal fato causou o rompimento de relações entre o Brasil e Portugal"[1512].

O referido episódio seria, posteriormente, revisto pelo governo português, em processo contra o comandante dos navios então fundeados na Guanabara. Salm de Miranda[1513] cita trecho do libelo acusatório do promotor da Justiça, no Conselho de Guerra da Marinha, em que a ingerência é reconhecida oficialmente. Assim definiu o promotor o problema:

"Que durante a guerra civil do Brasil, época da revolta dos almirantes brasileiros Custódio José de Melo e Saldanha da Gama, o capitão de fragata Augusto de Castilhos, comandante da corveta Mindelo e comandante das forcas navais em serviço na América do Sul[1514]*, com a missão especial de dar proteção aos súditos portugueses ali estabelecidos, afastou-se da verdadeira linha de conduta, violando a estreita neutralidade,*

[1511] Ibidem, p. 150.
[1512] Iibidem, p. 150.
[1513] Salm de Miranda é um dos principais biógrafos de Floriano Peixoto, autor do livro *Floriano*, da Biblioteca do Exército, lançado em 1963.
[1514] Augusto de Castilho (1841-1912) chegou a ser julgado em Conselho de Guerra em Portugal, mas foi absolvido. Maçon, exerceu o cargo civil de deputado e governador-geral de Moçambique. Levados a Buenos Aires e Montevidéu, os revoltosos acabaram fugindo e, posteriormente, se juntando a seus companheiros no Rio Grande do Sul, o que desgostou

que naquela qualidade e como neutro ou estranho à luta, devia manter em tal conjuntura ao oferecer asilo a bordo dos navios portugueses a Saldanha da Gama, ao tempo em que este não se tinha ainda pronunciado pela revolta e durante o período em que o mesmo Gama se dizia solicitado pelos dois partidos contendores.
Posteriormente, reiterou depois o oferecimento de asilo para o caso de abandonar a luta; dando lugar o primeiro oferecimento a decidir o mesmo Gama no sentido de aderir à revolta; e mostrando a reiteração do mesmo por parte do arguido Castilho uma decidida proteção pela causa dos revoltosos, envolvendo os fatos, além da quebra de neutralidade por parte do arguido Castilho, implícitos atos de hostilidade para com o governo legal brasileiro, e de natureza, visto a alta importância militar e política de Saldanha da Gama, a expor o Estado a uma declaração de guerra ou a motivar represálias sobre os portugueses; acontecimentos que, conquanto se não tivessem dado, contribuíram poderosamente para a interrupção das relações diplomáticas entre os dois países..."[1515].

Esse inquérito visou somente afastar o governo português de qualquer participação oficial nos acontecimentos, colocando toda a culpa do ocorrido no comandante da esquadra lusa fundeando na Guanabara, permitindo o posterior reatamento de relações entre os dois países[1516].

A sucessão – para suceder a Floriano Peixoto, que retinha a presidência em virtude da renúncia de Deodoro, foram articuladas as candidaturas de Rangel Pestana, Gabriel e Francisco Glicério, que recusaram a indicação de seus nomes e, por isso, chegou-se seriamente a pensar na permanência do marechal Floriano, prorrogando-se o estado de sítio e o adiamento da convocação do Congresso, alegando-se, ainda, que Floriano, ao combater o espírito de revolta e sufocar a guerra civil, não pudera dar à organização geral do Brasil em moldes desejáveis aos verdadeiros patriotas, todo o seu proverbial devotamento. Era indispensável conservá-lo no poder por mais dez anos. Era o surgimento do "continuísmo" que se tornaria, igual ao inconformismo, às endemias políticas do Brasil quase periódicas e sempre perturbadoras da sua ascensão democrática.

profundamente o governo brasileiro. FREIRE, João. *Augusto Castilho e a revolta da Marinha brasileira em 1893-1894*. Lisboa: Academia da Marinha, 2018.

1515 SODRÉ, Nelson Werneck *et al. História nova do Brasil*, cit., p. 149-151.

1516 Ibidem, p. 151.

11.4 Prudente de Morais (1894/98) – os civis no poder – a Revolta de Canudos e o Exército – a consolidação da ordem civil. Vice-presidente: Manoel Vitorino[1517]

Sucede a Floriano um advogado paulista, de Itu, Prudente José de Morais e Barros (1841 – 1902), que, eleito em 1º de março daquele ano, juntamente com o médico baiano Manoel Vitorino Pereira (jacobino), este para a vice-presidência, consegue a cessação das lutas desencadeadas contra o seu antecessor, sendo pela posteridade designado "O Pacificador da República". Prudente de Morais obteve 290.883 votos e seu vice 266.000 votos.

11.4.1 "A sociedade civil no poder"

O primeiro civil da recém-proclamada República, Prudente de Morais foi eleito e tomou posse. Havia um clima de relativa paz ainda do tempo do Império, apesar da pobreza da população, com uma maioria analfabeta e desassistida em tudo, sem saúde e sem escolas, marginalizada do processo social. Havia reduzido grupo que obtinha suas rendas no comércio exportador e constituía os ricos. Daí falar em certo divórcio entre o governo e a sociedade. Com isso, a política é sacudida de quatro em quatro anos pela disputa da sucessão presidencial. Eleito o novo presidente, de acordo com a lei, tem-se uma fase que se estende de 1894 a 1922, podendo chegar até 1930, quando o País continua a crescer, obtém recursos com o café e durante algum tempo com a borracha, intensifica a diversificação agrícola, com o algodão, o cacau, o fumo, o mate; além do avanço da extração de minérios.[1518]

Apesar disso, houve mudanças. Em primeiro lugar, a sociedade se diversifica: antes polarizada, com escravos e senhores, pouco sobrava para os segmentos médios, agora com perspectivas. A imigração europeia, de forte impulso na época, vai alterar a sociedade, pela influência do estran-

[1517] Manuel Vitorino Pereira (1854-1902) – Baiano, médico, professor, jornalista, politico, senador, governador da Bahia e vice-presidente da República no quadriênio de Prudente de Morais. De origem operária, exerceu os ofícios de marceneiro e carpinteiro, pertenceu ao movimento jacobino florianista. Foi acusado de tramar o assassinato do presidente Prudente de Morais.

[1518] IGLÉSIAS, Francisco. *Trajetória política no Brasil – 1500-1964*, cit., p. 205.

geiro que traz de seus países experiências originais em várias áreas do conhecimento, inclusive até ideologias revolucionárias do anarquismo e do socialismo, com o momento propício à expansão pelo crescimento do proletariado urbano, principalmente em cidades como São Paulo e Rio de Janeiro. As quatro primeiras décadas do novo regime se passarão com marcas de transformação social, embora lenta[1519].

O período apresenta o seguinte contexto:

Política interna – o choque entre dois grupos distintos, que representam o atual governo e o anterior:

a) prudentistas x florianistas (líderes destes, respectivamente, Júlio de Castilhos e Francisco Glicério[1520]);
b) dois levantes na Escola Militar do Rio (1895 e 1897), que foram reprimidos.

Mesmo com as mudanças, o florianismo, ou seja, a admiração pelo ex-presidente Floriano Peixoto por parte dos militares, ainda sobrevivia. Na Escola Militar, os jacobinos prepararam uma revolta contra o novo mandatário. Em maio de 1897, ocorreu a revolta da Escola Militar, motivada pela decisão do governo de remeter para o Rio Grande do Sul, onde eram esperadas perturbações, armas e munições pertencentes à Escola:

> *"Na realidade a revolta vinha se preparando de longa data pelo fermento das ideias jacobinas e florianistas trabalhando o espírito dos mestres e dos alunos. Tendo sido proposta, na Câmara, congratulação ao governo pela repressão, Glicério combateria a iniciativa, que representava 'arma política', destinada a dividir a representação nacional, compelindo-a 'condenar a solidariedade legalista e republicana que nos prende àquele*

[1519] Ibidem, p. 206.

[1520] Francisco Glicério de Cerqueira Leite (15-8-1846 / 12-4-1916), abolicionista, foi um político que se destacou em São Paulo pelo fortalecimento do partido. Trabalhava como tipógrafo, professor de primeiras letras e escrevente de cartório e depois o título de "advogado provisionado". No Direito, passou a prosperar, mesmo sendo autodidata. Foi fotógrafo também e era maçom. Republicano e abolicionista, esteve envolvido na jornada de 15 de novembro de 1889. Glicério era a figura que fazia a propaganda da República em São Paulo. Era a encarnação do Partido Republicano Paulista. Em abril de 1893 ocorreu a formação do PRF com Francisco Glicério.

histórico depósito das nossas afeições', referindo-se à Escola Militar. A proposta foi rejeitada"[1521].

No Sul, a Revolução Federalista que se iniciou no governo de Floriano e, depois, foi pacificada na gestão de Prudente de Morais, garantiu ao então presidente prestígio político suficiente para fortalecer-se no poder durante os primeiros dois anos de seu governo. No entanto, cabe destacar que os frutos da pacificação, entre outros o do renascimento econômico, foram colhidos pelo seu vice, Manoel Vitorino, representante da ala florianista, que não tinha os mesmos laços com a oligarquia cafeeira que Prudente. O presidente afastou-se em 1896 devido a uma cirurgia nos rins. Após seu retorno, veio a sofrer um atentado, em 5 de novembro de 1897, por parte do praça do Exército Marcelino Bispo, que tentou matá-lo a tiros no Arsenal de Guerra, no Rio, quando recebia as tropas vencedoras em Canudos. O ministro da Guerra, marechal Carlos Machado de Bittencourt, interpôs-se entre o presidente e o soldado, que errou os tiros, e foi mortalmente ferido com dois golpes de punhal no peito, o que o levou à morte. Bispo foi imediatamente preso e, dois meses depois, encontrado morto, enrolado em um lençol na cela em que estava detido, o que prejudicou as investigações sobre quem foi o mandante do atentado. O atentado, não assumido por nenhuma corrente política, deu força moral e política para que o governo propusesse e conseguisse o estado de sítio. Sob situação excepcional, Prudente perseguiu seus adversários e iniciou o domínio inconteste de São Paulo sobre o conjunto da nação. A partir daquela época, o Estado cafeeiro se tornaria o que se chamou depois de "locomotiva da nação". De origem cafeeira, ligado aos fundadores de São Paulo, o presidente afastou os militares da política, e os poderosos latifundiários é que ganharam força.

***Política externa*:**

a) "Questão das Missões" (de Palmas); resolvida a favor do Brasil pelo arbitramento de Grover Cleveland, presidente dos EUA – 1895;

[1521] SODRÉ, Nelson Werneck. *História militar do Brasil*, cit., p. 180.

b) Ocupação da ilha da Trindade pela Inglaterra (1895), devolvida graças aos ofícios de Portugal com a qual o Brasil reatou relações;
c) "Questão do Amapá" com a França (1895), resolvida a favor do Brasil pelo arbitramento do presidente Walter Hausser da Suíça (1900).

11.4.2 A revolta de Canudos e o Exército

A grande revolta do período de Prudente foi Canudos, na Bahia. O movimento iniciou-se em 1893, incentivado pelo cearense Antônio Vicente Mendes Maciel, depois apelidado Antônio Conselheiro[1522], que surgiu

[1522] MENDES JR., Antonio; RONCARI, Luiz e MARANHÃO, Ricardo, *Brasil – história, texto e consulta – República Velha*, v. 3, cit., p. 165.
"O messias brasileiro mais conhecido e estudado foi Antônio Conselheiro, cuja família se celebrizara numa dessas lutas frequentes do interior do Brasil, a luta entre Maciéis e Araújos, no Ceará. (...) Antônio Vicente Mendes Maciel foi a princípio um romeiro, sendo provável que então tenha atravessado o Ceará, em direção à Bahia. Nesse período de sua vida, que vai de 1867 até 1873, as notícias escasseiam; em 1873 aparece em Itapicuru, no norte da Bahia, já agora missionando por conta própria, na figura inconfundível que Euclides da Cunha imortalizou: '... E surgia na Bahia o anacoreta sombrio, cabelos crescidos até os ombros, barba inculta e longa; face escaveirada, olhar fulgurante ...'. Vivia de esmolas, aceitando somente o necessário para o sustento de cada dia. Além de pregar e de fazer realizar novenas e procissões, construía capelas, reparava muros de cemitério e queimava em autos de fé tudo quanto lhe parecia não condizer com o melhor sentir religioso. Crescia-lhe a fama de maneira desmedida e, à sua chegada em qualquer burgo, movimentava-se toda a redondeza para vê-lo, ouvi-lo, consultá-lo. Chamavam-no Irmão Antônio, denominação que não indica ainda o chefe, mas apenas aquele que auxilia e socorre. Manifestava dons terapêuticos, realizando curas extraordinárias: 'um fio de sua barba, um fragmento de unha possuíam extraordinárias virtudes contra vários males'. Não tardou que a notícia de milagres viesse aumentar o seu renome: quando rezava, a Virgem chorava lágrimas de sangue; madeiros pesadíssimos eram erguidos apenas por dois homens como se fossem plumas, à sua ordem; em determinada hora do dia, 'entrava em êxtase, para se comunicar com o próprio Deus'. A princípio andava sozinho, mas pouco depois 'encalçavam-no na rota desnorteada os primeiro fiéis', que o acompanhavam em todos os passos. Sua primeira tentativa de fixação foi na comarca de Itapicuru, com a fundação do Arraial do Bom Jesus, que logo se tornou 'quase uma cidade'; ali permaneceu por mais ou menos doze anos, tendo construído uma capela às expensas do povo. À medida que a fama se espalhava, adquiria o manso pregador certos traços de agressividade; passou a ter desavenças tanto com as autoridades locais quanto com as eclesiásticas, por motivos banais. Seus adeptos, naturalmente, tomavam-lhe as dores, dispostos a resolver belicosamente as

como profeta, pregando nas pequenas cidades contra a República e suas instituições, entre elas o casamento civil[1523].

A revolta de Canudos chegou a seu ponto culminante em 1897. O movimento foi apontado inicialmente como uma revolta monárquica, apesar do seu cunho messiânico e regional. O vice-presidente Manoel Vitorino – em exercício da presidência devido a uma cirurgia renal de Prudente – mandou combater a rebelião, mas não conseguiu sucesso[1524].

Antônio Vicente Mendes Maciel, o Antônio Conselheiro, de uma família de sitiantes cearenses, após lutar contra a prepotência dos Araújos (latifundiários), em luta aberta contra a sua família Maciel, e ter fracassado o seu casamento, abandonou os seus pertences e resolveu tornar-se um santo. Levava vida de asceta e trajava uma camisola, sandálias e bordão; fazia as suas pregações no meio do sertão nordestino. Com o passar do tempo grande multidão juntou-se a ele, pois segundo as suas pregações ocorreriam os seguintes fatos:

desinteligências. A proclamação da República fê-lo endurecer nesta fase; opondo-se-lhe abertamente, encarando-a como o prenúncio do fim do mundo, 'deixou a vila de Bom Jesus, quase por ele edificada', enveredando um dia sertão afora seguido dos fiéis, procurando no deserto dos chapadões desolados pela seca um local propício para instalar a Nova Jerusalém, onde os privilegiados pudessem esperar tranquilos o anunciado Juízo Final, furtando-se ao republicano governo do Anticristo. Alcançou com sua gente velha fazenda de gado abandonada à beira do Vaza-Barris, e ali se instalou, denominando Belo Monte o arraial que imediatamente surgiu. Sermões e milagres continuavam atraindo para a antiga fazenda de Canudos multidão de fiéis, desejosos de conhecer o ente extraordinário e de viver sob suas leis. Seus sermões, 'oratória bárbara e arrepiadora (...), misto inextricável e confuso de conselhos dogmáticos, preceitos vulgares da moral cristã e de profecias esdrúxulas ...', giravam sempre em torno de determinados temas, ressaltando as profecias relacionadas com esperanças milenaristas em torno do iminente regresso de D. Sebastião. A República, reinado do Anticristo, era indício seguro de que o fim do mundo não tardava e contaminara já a própria Igreja Romana, que não escapava também de suas objurgatórias. Mas em seguida D. Sebastião introduziria no mundo o paraíso terrestre, adquirindo Canudos foros de antecâmara do Éden, nova terra de Canaã". QUEIROZ, Maria Isaura Pereira de. *O messianismo no Brasil e no mundo*. 3.ed. São Paulo: Alfa-Ômega, 2003, p. 203-205.

1523 *Dicionário de História do Brasil*, cit., 112.

1524 Manoel Vitorino foi suspeito de participar do complô contra Prudente na ocasião do atentado que culminou na morte do ministro da Guerra Carlos Machado de Bittencourt. *Vide* MENDES JR., Antonio; RONCARI, Luiz e MARANHÃO, Ricardo, *Brasil – história, texto e consulta – República Velha*, v. 3, cit., p. 166.

- D. Sebastião, rei de Portugal, sairia das ondas do mar com todo o seu exército e iria restabelecer a monarquia;
- o clero estava completamente errado, e a verdadeira religião era a sua;
- o mundo brevemente iria acabar.

As suas pregações foram surtindo efeito no sertanejo espoliado pelo latifúndio, e o Conselheiro acabou sendo "O Milagreiro do Sertão".

Em 1893, fixou-se na Bahia, à margem do riacho Vaza-Barris, onde construiu uma igreja, na antiga fazenda de Canudos.

Com o passar do tempo o arraial foi aumentando devido ao grande número de sertanejos que afluíram para ver Antônio Conselheiro e "seus milagres".

Em novembro de 1896, devido às denúncias efetuadas pelo arcebispo da Bahia, D. Jerônimo Tomé da Silva contra o Conselheiro, e alguns saques efetuados em regiões próximas a Canudos pelos jagunços que protegiam o lugarejo, ocorre a primeira expedição (enviada pelo governo do Estado) a fim de "dissolver o grupo de fanáticos"; todavia, a expedição é desbaratada em Uauá, sendo o tenente Pires Ferreira obrigado a fugir com seus homens. Morreram 80 soldados. Foi enviada uma segunda expedição comandada pelo major Febrônio de Brito, que tinha metade da sua tropa com soldados do governo federal, mas também foi derrotada. Enquanto isso, no Rio, corriam boatos de que os inimigos do governo e monarquistas uniram-se aos jagunços.

Devido a esse impasse, o governo foi obrigado a enviar uma terceira expedição comanda pelo "louco sanguinário de Desterro", Antônio Moreira César, que havia cometido atrocidades em Santa Catarina. Essa expedição contava com 1.300 homens e uma bateria de artilharia Krupp. Na tentativa de ataque a Canudos, Moreira César foi ferido no ventre e veio a morrer na fuga, a exemplo do capitão Salomão da Rocha, da Artilharia, e do coronel Pedro Nunes Ferreira Tamarindo.

Prudente de Morais, que retornava ao poder, após estar algum tempo afastado por motivo de saúde, manda que se tomem medidas enérgicas contra o "reduto monarquista", e monta, então, a quarta expedição, que é comandada pelo general Artur Oscar de Andrade Guimarães, sob a orientação direta do marechal Carlos Machado Bittencourt, ministro da

Guerra. Essa expedição contava com 6 mil homens, 6 brigadas e vários canhões[1525].

Daí por diante, as lutas contra os fanáticos foram violentas, mas a 30 de setembro de 1897 ocorreu o ataque final ao reduto, que foi defendido até o último homem; as casas foram tomadas uma a uma e, a 5 de outubro, estava liquidada a vila de Canudos. As tropas legalistas haviam perdido 4 mil homens, mas tinham realizado um verdadeiro massacre contra aquela população sertaneja faminta e ignorante[1526].

Antônio Conselheiro (após ser desenterrado), teve a cabeça decapitada. E assim acabou a luta do governo contra aquele "bando de maltrapilhos analfabetos e subnutridos", que com rifles, bacamartes e facões do mato conseguira derrotar tropas regulares municiadas com armas de guerra[1527].

Na realidade, o famigerado "inimigo da república", Antônio Conselheiro, não passava de um velho com mais de 70 anos, com doença física e mental e que nas últimas fases da luta não sabia o que se passava em seu redor. Quanto à população, esta era completamente atrasada, não sabendo distinguir monarquia de república[1528].

O massacre de Canudos foi bem descrito pelo jornalista de *O Estado de S. Paulo*, Euclides da Cunha, em seu livro *Os sertões*, obra-prima da literatura brasileira. No mesmo período, surge outro movimento religioso em Juazeiro (Ceará), e a figura do "Padim Ciço", o Padre Cícero, entra em vertiginosa ascensão, tornando-se o "santo do Nordeste".

Os militares estavam descontentes, sendo que em maio de 1897 eclodiu a revolta na Escola Militar. No Rio de Janeiro, a população estava apreensiva, e uma série de tumultos havia ocorrido. Isso traz sério descontentamento nas fileiras do Exército.

Havia lutas políticas entre as oligarquias latifundiárias e o florianismo (que dizia resguardar as reivindicações populares e a democracia). Na verdade, o Exército começava novamente a ser marginalizado, além de o governo fazer empréstimos externos em larga escala, assim como foi

1525 MAIOR, Souto. *História do Brasil*, cit., p. 318.
1526 Ibidem, p. 318.
1527 Ibidem, p. 318-319.
1528 Ibidem, p. 319.

o caso do *Funding* a 7 de julho de 1898. A situação do país era crítica; todavia, com a criação do estado de sítio, Prudente de Morais conseguiu governar durante o último ano com relativa tranquilidade[1529].

11.4.3 A consolidação da ordem civil

A estabilidade do governo de Prudente passava tanto pela pacificação em Canudos quanto pela solução da crise parlamentar, devido, em parte, ao caminho tomado pelo governo para resolver a situação econômico-financeira[1530].

O café sofria processo de grande desvalorização[1531] e o governo se viu obrigado a tomar medidas rigorosas para se impor enquanto poder constituído. Os florianistas continuavam criticando as novas autoridades e tentando reassumir o poder. Através de Rodrigues Alves, titular da pasta da Fazenda no biênio 1895/96, Prudente de Morais e a oligarquia cafeeira já haviam recomposto razoavelmente a economia, concentrando no Tesouro a capacidade de emissão, frustrando a euforia expansionista cultivada por alguns setores importantes da vida pública do País, nos governos anteriores. Mesmo com a situação econômica bastante abalada pela queda do preço do café, não havia força socioeconômica que objetivamente pudesse se contrapor à oligarquia do café[1532]. O presidente assinaria, em dezembro de 1897, um decreto que significava o fim da proteção estatal ao café, principal produto de exportação do País e força motriz de São Paulo. Os chamados barões do café, que começavam a ter prejuízo com a venda do produto, começaram a lutar por empréstimos e redução de 25% das taxas em geral[1533].

Agora que o café vendia mal, com seu preço oito vezes diminuído em nove anos e com uma inflação galopante encarecendo todo e qualquer produto de consumo, era preciso, aos olhos dos cafeicultores, conseguir

[1529] Ibidem, p. 319.

[1530] Mendes Jr., Antonio; Roncari, Luiz e Maranhão, Ricardo. *Brasil – história, texto e consulta – República Velha*, cit., p. 165, v. 3.

[1531] Em 1896 o preço do café era oito vezes menor que dez anos antes.

[1532] Mendes Jr., Antonio; Roncari, Luiz e Maranhão, Ricardo. *Brasil – história, texto e consulta – República Velha*, cit., p. 165.

[1533] Ibidem, p. 166.

bons empréstimos (e lançar para o futuro as dívidas) e, para isso, era preciso mostrar muito boa vontade para com os capitalistas estrangeiros, financiadores da economia, os Rotchilds e seus parceiros. O decreto mudava totalmente a política alfandegária, reduzindo em 25% as taxas em geral, chegando, contudo, a reduzir em 80% as taxas sobre alguns produtos especiais. "*A reação fora longe demais. Ela atingira interesses solidamente estabelecidos, como o das fábricas de tecidos de algodão que foram duplamente prejudicadas, pois a nova pauta, além de reduzir as taxas sobre tecidos, aumentara as do fio*". Com isso, preparava-se o caminho para novos empréstimos, o que de fato foi conseguido por Campos Sales, nas suas negociações dos meses de abril e maio de 1898[1534].

Já reestabelecido, Prudente de Moarais voltou a se fortalecer. É que a notícia do fracasso da expedição em Canudos por ocasião da gestão do vice-presidente, Manoel Vitorino, culminando com a morte dos comandantes republicanos, gerou uma reação incrivelmente violenta no Rio de Janeiro. Os florianistas se reorganizavam e atacavam violentamente os monarquistas cariocas, matando várias pessoas, sob as vistas complacentes da polícia[1535].

Economia – na seara econômica, o Decreto de 17 de dezembro de 1897 marca o fim do protecionismo, num período em que o preço do café se reduziu muito e, por consequência, a inflação atingiu níveis alarmantes, a ponto de afetar o consumo de qualquer produto. Devido a essa situação, os cafeicultores buscam empréstimos e financiamentos a longo prazo[1536].

O referido decreto resultou na redução de taxas em geral ao patamar de 25%. Quanto a determinados produtos o índice representou 80% de redução, a exemplo do praticado nas fábricas de tecidos de algodão, que, por sinal, foram prejudicadas em razão do aumento das taxas sobre os fios. Rodrigues Alves entrou em entendimento com grupos internacio-

[1534] Ibidem, p. 166.

[1535] Ibidem, p. 166.

[1536] O ritmo dos novos empréstimos se mantiveram no governo seguinte, no de Campos Sales, destacando-se as negociações entre abril e maio de 1898.

nais para conseguir empréstimos com o objetivo de tentar solucionar o impasse financeiro[1537].

Quanto ao término do governo de Prudente de Morais, as finanças nacionais, abaladas pela longa luta no Sul e pelos sucessivos levantes, encontravam-se em precária situação, o Tesouro Nacional estava reduzido à penúria, praticamente falido. Não havia recursos para pagar os empréstimos estrangeiros. O jeito seria fazer novos empréstimos, mas os credores não confiavam no governo da República e este utilizou a fórmula do *funding loan*, em que a dívida seria consolidada para pagamento em 63 anos a juros de 5% ao ano[1538].

Os Rothschilds, credores do Brasil desde o Império, apressavam-se em auxiliar o devedor em expectativa de falência para uma primeira concordata. Empenhavam-se para o *funding loan* as receitas das alfândegas, as receitas da maior estrada de ferro do País – condições essas muito duras para a suscetibilidade nacional. Julgava-se possível improvisar uma rápida industrialização no plano nacional. Em países subdesenvolvidos, porém, como é o Brasil, observa M. Gunnar Myrdal[1539], "a política está nas mãos de grupos oligárquicos (...) e as pessoas que estão no poder preocupam-se, com frequência, com o desenvolvimento econômico num sentido restrito, porém, desejam que esse desenvolvimento ocorra sem nenhuma mudança da estrutura social da qual eles são os privilegiados. Foi o que aconteceu – e acontece – desde os primeiros dias do regime republicano (...)"[1540].

[1537] MENDES JR., Antonio; RONCARI, Luiz e MARANHÃO, Ricardo, *Brasil – história, texto e consulta – República Velha*, cit., p. 166.

[1538] "Acordo financeiro internacional, pelo qual o país credor suspende, durante algum tempo, a cobrança dos juros de empréstimos anteriores, a fim de que ° país devedor, mediante o recebimento de um novo empréstimo, disponha de meios e tempo para refazer-se e saldar o seu débito. Em relação ao Brasil, é conhecido o *funding loan* de 1898, negociado pelo Presidente Campos Sales com numerosos banqueiros europeus, visando a restauração das finanças da República, empreendida pelo seu ministro da Fazenda, Joaquim Duarte Murtinho." *Dicionário de História do Brasil*, cit., p. 254.

[1539] Gunnar Karl Myrdal (1898-1987), economista, sociólogo e político sueco, estudioso dos países subdesenvolvidos, ganhou, junto com o também economista e professor Friedrich Hayek, o prêmio Nobel de Economia em 1974. Professor da Universidade de Estocolmo, celebrizou-se por juntar pesquisas econômicas com estudos sociológicos.

[1540] COSTA, Cruz. *Pequena história da República*, cit., p. 87.

A sucessão – o Partido Republicano Paulista (PRP) indicou Campos Sales governador de São Paulo à presidência com apoio de Prudente de Morais. O concorrente da oposição foi Lauro Sodré. Campos Sales foi eleito com 420.286 votos, contra 38.929 do concorrente[1541].

11.5 Manuel Ferraz de Campos Sales (15-11-1898 a 15-11-1902) – a política dos governadores e o Coronelismo. Vice-presidente: Francisco de Assis Rosa e Silva

Campos Sales (1841 – 1913) exercera o cargo de presidente do Estado de São Paulo (cargo equivalente a governador). Filho de famílias tradicionais paulistas, conduziu sua campanha para as eleições presidenciais de março de 1898 com habilidade. Tinha como opositor, lançado pelo que restava do Partido Republicano Federal (PRF), o ex-governador paraense Lauro Sodré, ligado aos jacobinos; por isso mesmo, a campanha de Sales evitou identificar-se com Prudente de Morais, que tinha uma reconhecida impopularidade[1542].

O mandatário escolheu seus ministros, independentemente do Legislativo e segundo as qualidades pessoais de cada um. Joaquim Murtinho é o ministro das Finanças. Epitácio Pessoa ocupa o Ministério da Justiça e Interior. Severino Vieira é a única exceção, pois é escolhido para o Ministério da Indústria porque o presidente eleito pede ao governador da Bahia, Luís Viana, que indique um nome de sua preferência. Olynto de Magalhães, conhecido da Europa e diplomata, torna-se ministro das Relações Exteriores. O Ministério da Guerra é ocupado pelo marechal João Nepomuceno de Medeiros Mallet. O Ministério da Marinha cabe ao contra-almirante Carlos Baltazar da Silveira[1543].

Campos Sales enfrentaria, logo de cara, uma situação complicada em termos econômicos. Diante desse cenário, ele precisou de um Congresso dócil a seus planos, decidido a prestar o seu concurso ao governo. Defensor da agricultura, avesso ao auxílio do Estado à indústria, fortemente

[1541] Ibidem, p. 88.

[1542] Mendes Jr., Antonio; Roncari, Luiz e Maranhão, Ricardo. *Brasil – história, texto e consulta – República Velha*, v. 3, cit., p. 195.

[1543] Carone, Edgar. *A República Velha – as instituições e classes sociais*. São Paulo: Difel, 1978, p. 174.

comprometido com o capital estrangeiro, colocaria toda a nação a serviço da ideia de que o Brasil deveria produzir o que sabia "fazer melhor" e importar o que os outros países "faziam melhor"; ou seja, colocava-se consciente e claramente a favor da "divisão internacional do trabalho" imposta pelo imperialismo. Seria, também, o primeiro presidente brasileiro a falar sobre privatização de empresas públicas[1544]. Em sua visão, o País deveria fornecer matéria-prima às nações mais desenvolvidas e assumir um papel de subordinação e de dependência diante dos países mais ricos, ao comprar deles produtos manufaturados que têm maior valor agregado e são, portanto, bem mais caros que os mais simples.

Uma das primeiras medidas anunciadas foi a política de contenção de gastos e as medidas fiscais para aumento de arrecadação. A necessidade de satisfazer os compromissos externos – *Funding Loan* – e a estabilização financeira interna, fazem com que o governo relegue a segundo plano os partidos políticos e os interesses regionais. Logo no início do governo, verifica-se forte recessão; posteriormente, a taxa cambial melhora, dívidas são pagas e o orçamento passa a ser superavitário. Aos poucos, uma nova política regional será implantada[1545].

Seu jogo político seria sistematizado por um mecanismo que se tornaria fundamental no Estado oligárquico desde então, denominado "Política dos Governadores". Mas antes, é necessário verificar também o significado econômico-financeiro que essa articulação política teria. Na economia, ele retomaria a política de Prudente de Morais de empréstimos a longo prazo, o *funding loan*[1546].

11.5.1 Economia

A política financeira da República (Joaquim Murtinho) – quando Prudente passou o poder a Campos Sales, a situação financeira do País era extremamente grave. Pelo lado das despesas governamentais, tinha havido muitos gastos, particularmente militares, devidos às lutas dos agitados períodos de Floriano e Prudente; e de longo prazo, os gastos vinculavam-se ao

1544 MENDES JR., Antonio; RONCARI, Luiz e MARANHÃO, Ricardo, *Brasil – história, texto e consulta – República Velha*, v. 3, cit., p. 195.

1545 SOUTO MAIOR. *História do Brasil*, cit., p. 321.

1546 LEAL, Victor Nunes. *Coronelismo, enxada e voto*, cit., p. 197.

pagamento das eternas dívidas com os banqueiros ingleses, herdadas do Império e aprofundadas por uma República igualmente dependente[1547].

Pelo lado das receitas do Estado, a situação era mais complicada. Desde o Império, os produtores agrários brasileiros se beneficiavam das desvalorizações cambiais. Toda vez que produtos como o café, o açúcar, o cacau tinham seu preço em moeda estrangeira reduzido no mercado internacional, os exportadores pressionavam para que o mil-réis fosse desvalorizado em relação à moeda inglesa. Embora recebessem menos lá fora, o valor da moeda externa aumentava aqui dentro, o que compensava o prejuízo pela manutenção da possibilidade de pagar os gastos internos. Isso funcionava como uma espécie de "socialização das perdas", pois como o País importava grande parte do que consumia, todos os consumidores pagavam o prejuízo dos exportadores, já que os produtos importados ficavam mais caros com a desvalorização cambial[1548].

Entretanto, para as finanças do governo, isso se mostrava problemático, pois enquanto os impostos (particularmente as rendas de alfândega, fonte fundamental da receita federal) eram arrecadados em moeda nacional, as compras feitas pelo governo no exterior, garantias de juros eram feitas em moeda estrangeira; a desvalorização cambial deixava, assim, o governo cada vez mais endividado. Sem outra saída, o novo presidente se viu obrigado a pedir um novo empréstimo. A falta de crédito dos produtores agrícolas complicava ainda mais a situação. Na verdade, o País estava à beira da bancarrota. Assim, os banqueiros ingleses só emprestariam mais recursos se o Brasil fizesse uma série de concessões. Em decorrência dessa situação, foi implantado o *funding loan*[1549].

O *funding loan* (6/1898) – Recém-eleito, Campos Sales embarcou em abril de 1898 para a Europa, para solicitar dos banqueiros ingleses, Rotschild em particular, uma solução para a crise financeira. As negociações foram demoradas, incluindo a vinda de Sir Toothal, do *London and River Plate Bank*, ao Rio de Janeiro. Os credores concordaram com uma moratória de três anos no pagamento de nossas dívidas, durante os quais seriam empregados (em títulos depositados em Londres) ao Brasil 10 milhões de

[1547] Ibidem, p. 197.
[1548] Ibidem, p. 197.
[1549] Ibidem, p. 197.

libras esterlinas, para formar um "funding-loan" a ser amortizado em dez anos. Como os britânicos estavam ressabiados, pois seus capitais investidos no Brasil já atingiam a casa dos 80 milhões de libras, Campos Sales ofereceu como garantia do pagamento da dívida nada mais nada menos que toda a renda da alfândega do Rio de Janeiro, das demais alfândegas, se necessário, e as receitas da Estrada de Ferro Central do Brasil e do serviço de abastecimento de água do Rio de Janeiro. Eram o que se poderia chamar de "joias da Coroa" da economia nacional. O acordo incluía a queima de papel-moeda em quantidade equivalente à das emissões do "funding", para acabar com a inflação e provocar a deflação da moeda (o que seria seguido por uma série de outras medidas anti-inflacionárias[1550].

Quanto às medidas do ministro de Finanças de Campos Salles, Joaquim Murtinho[1551], ressalte-se que se voltavam à política econômica e financeira do Império. Em uma de suas mensagens (maio de 1899) Campos Sales definia a sua orientação: "é tempo de tomar o caminho certo; e o que devemos fazer para esse fim é nos esforçarmos para exportar tudo quanto pudermos produzir em melhores condições do que outros países e importar tudo quanto eles possam produzir em melhores condições do que nós". Frustraram-se, assim, todos os sonhos e tentativas de industrialização[1552].

As antigas classes rurais, agora livres para atuar graças ao federalismo, chegariam logo a uma política de valorização de seu produto agrícola, o café, garantidora de seus lucros. "Para efetivar essa política, entretanto, era indispensável o apoio externo. Esse apoio é encontrado no capital finan-

1550 Ibidem, p. 197.

1551 "Médico, engenheiro e político (1848-1911), considerado a maior autoridade do seu tempo em Terapêutica Homeopática, lecionou na Escola Politécnica (antiga Escola Central, onde se formara em Matemática e Ciências Físicas), vindo depois a diplomar-se em Medicina pela Faculdade do Rio de Janeiro. Senador pelo Mato Grosso na Primeira Constituinte da República, ocupou a pasta da Viação na presidência de Prudente de Morais e a da Fazenda na de Campos Sales, quando pôs em severa aplicação o *fundingloan* negociado por aquele presidente na Europa, em 1898; aumentando as taxas existentes e criando novos impostos, como o de consumo, reformou as tarifas alfandegárias, introduzindo-lhes uma taxa-ouro de 10% sobre o valor das mercadorias importadas". *Vide Dicionário de História do Brasil*, cit., p. 384-385.

1552 Costa, Cruz. *Pequena história da República*, cit., p. 89.

ceiro, e a aliança, que antes era tácita, fica estabelecida de modo ostensivo. A partir de 1898, pois, o imperialismo está instalado oficialmente na política do café (...). Para estabelecer essa política de associação com o imperialismo, a classe senhorial deverá organizar-se internamente"[1553].

Em síntese, a situação financeira era calamitosa, pois tínhamos:

- inflação;
- queda da taxa cambial e do preço do café;
- déficits orçamentários e no balanço de pagamentos;
- dívidas não saldadas com a Inglaterra;
- acordo com os credores: Rotschild, assinado por Campos Sales (ainda não empossado);
- moratória de 3 anos para pagamento dos juros dos empréstimos;
- amortização das dívidas suspensas por 13 anos (começa em 1911) e a ser realizado novo empréstimo de 10 milhões; garantia: rendas da Alfândega do Rio;
- retirada da circulação de papel-moeda equivalente a 10 milhões (câmbio de 18 d. por mil – réis).

11.5.2 A "Política dos Governadores" e o Coronelismo

Para diminuir a força dos partidos, o presidente criou a chamada "Política dos Governadores", segundo a qual os senadores e deputados correligionários dos governadores passavam a ter acesso direto ao governo. Em troca, o presidente receberia apoio integral dos governadores na política nacional. O principal resultado dessa política seria a formação de poderosas oligarquias estaduais que buscavam se perpetuar, por meio da fraude e da intimidação dos eleitores, no poder em várias regiões. São Paulo e Minas Gerais, estados mais ricos e populosos, conquistavam de vez a primazia absoluta na direção da política republicana[1554].

Assim, no plano político, com a Política dos Governadores, para que o presidente obtivesse apoio de que precisava no Congresso Nacional, prestigiaria o reconhecimento dos deputados e senadores federais indicados pelos governadores dos Estados, desde que estes o apoiassem em

1553 Ibidem, p. 90.

1554 Carone, Edgar. *A República Velha – as instituições e classes sociais*, cit., p. 174.

todos os assuntos referentes à política geral do país. Daí a "degola" dos candidatos oposicionistas e a garantia para execução da sua rígida política financeira. Ocorre que, com a adoção dessa política, Campos Sales enfrentou adversários implacáveis, entre os quais o jornalista Edmundo Bittencourt, autor de violentos artigos contra a Política dos Governadores, e o economista Vieira Souto, que condenava o deflacionismo do ministro da Fazenda, considerando-o exagerado. Houve ainda alterações da ordem em vários Estados, principalmente em Mato Grosso[1555].

Os Estados, então, passaram a ser praticamente "propriedade" de poderosos grupos que os dominaram de vez. O próprio presidente seria um representante de uma oligarquia paulista ou mineira. Nessa época se celebraria a famosa política do "curral eleitoral" na qual as oligarquias locais jamais perderiam o mando. Os eleitores votavam somente naqueles candidatos indicados pelos poderosos mandatários, que ainda precisavam ser reconhecidos no Congresso. As principais características dessa política foram:

- Troca de favores entre o governo federal e os governos estaduais – os candidatos para o Congresso eram reconhecidos desde que identificados com as situações estaduais (em troca, estas apoiavam em tudo o governo federal);
- O mecanismo de reconhecimento funcionava através da "Comissão dos 5", a serviço do governo federal, que depurava os candidatos oposicionistas;
- São Paulo e Minas Gerais conquistando a hegemonia política, graças ao peso econômico e demográfico (gênese da chamada "política do café-com-leite");
- Consolidação do poder republicano no nível político[1556].

Essa política passava por um entrosamento perfeito entre União e Estados que se refletia num Congresso "domesticado" pelo Executivo. Se um deputado da oposição conseguisse ser eleito, não seria empossado e

[1555] *Dicionário de História do Brasil*, cit., p. 111.

[1556] MENDES JR., Antonio; RONCARI, Luiz e MARANHÃO, Ricardo. *Brasil – história, texto e consulta – República Velha*, v. 3, cit., p. 198.

diplomado. Sofreria a "degola" a partir da ação da comissão de reconhecimento de poderes que seria formada pelo presidente da Câmara na gestão anterior e outros quatro integrantes escolhidos por ele. No Nordeste foi onde se sentiu, inicialmente, a ação do novo esquema. Não ficou ninguém da oposição. Na Paraíba, terra do ministro Epitácio Pessoa, titular da Justiça, a lista de seus adversários foi "degolada", apesar de contar com 5 mil votos contra somente mil do grupo que o apoiava. No Rio Grande do Sul, houve algo parecido: o general Pinheiro Machado não conseguiu se reeleger deputado, mas, em menos de um ano, estava empossado e liderando todas as operações relacionadas à questão. O esquema garantiu a perpetuação no poder de famílias dominantes, como os Accioly, no Ceará; os Nery, no Amazonas; os Rosa e Silva, em Pernambuco; e os Murtinho (parentes do ministro da Fazenda) em Mato Grosso[1557].

Campos Sales dizia, abertamente, que o Poder Legislativo, que ele próprio controlava, só aceitaria em seus quadros "o elemento eleito pela política dominante no respectivo Estado". O funcionamento dessa engrenagem, que impedia a vitória da oposição, devia-se à chamada "degola", conforme vimos anteriormente. Além disso, o grupo oligárquico mais poderoso, o Partido Republicano Paulista (PRP), aliado a seus congêneres de Minas Gerais e Rio Grande do Sul, conquistava a hegemonia em nível federal. Era a vitória das oligarquias dos dois maiores produtores de café do Brasil, São Paulo e Minas Gerais. O Rio Grande do Sul, por sua vez, ficou isolado nos primeiros anos da República. Manteve-se o princípio da política do café com leite. Dos 11 presidentes eleitos da República Velha, seis foram paulistas, três mineiros e somente dois de outros Estados. Era esta política que dava também sustentação ao coronelismo[1558].

11.5.3 O Coronelismo – conceito e evolução histórica

O termo "coronel" origina-se da patente da Guarda Nacional concedida pelo Império ou comprada pelos grandes fazendeiros, comerciantes e industriais. Na República, em virtude do poder central – principalmente nos níveis estadual e federal –, estimula-se o predomínio dos coronéis nos municípios. Naquele nível, o local, a vontade do coronel será vista como

[1557] Ibidem, p. 198.
[1558] Ibidem, p. 199.

lei. Assim, os municípios passam a ser dominados pelos coronéis, que contam com uma "força armada particular", formada por seus jagunços. Dessa forma, serão capazes de interferir politicamente em seus domínios, a favor dos seus candidatos. A importância do coronel será medida pela capacidade de controlar, mesmo que usando a força, o maior número de votos (que depois apresentará como sendo de cabresto), o que lhe permitirá manter seu prestígio mesmo fora de sua área de atuação, podendo pressionar os governos estadual e federal para obter favores que, por sua vez, oferecem condições de continuar o domínio internamente, em sua área[1559].

Após a proclamação da República os grandes proprietários buscavam uma forma de manter sua influência política. A escolha foi a adoção de esquemas de dominação nas relações de caráter pessoal. Assim se os "pobres do campo" acudiam ao proprietário para explorar uma pequena roça, ou criar alguns animais, em troca de serviços oferecidos "de forma gratuita" ao coronel, na política, ao receberem proteção contra a polícia e a justiça, aqueles pobres homens recrutavam-se na companhia fiel de seus senhores coronéis, seja nos protestos das contendas por terra, seja nas eleições e na vingança contra uma afronta sofrida[1560].

Logo, o "coronelismo", ou seja, o domínio dos grandes coronéis estaduais, passou a ter enorme força no período da República Velha, principalmente no governo de Campos Sales, mas não somente nesse período. Esse fenômeno sociológico apresenta as seguintes características:

- Era base de sustentação do poder republicano.
- Manipulação pelos grandes proprietários dos "votos de cabresto", em troca de atendimento a certas necessidades (empreguismo).
- Os "coronéis" são sempre governistas[1561].

O coronelismo, como uma política de poder para os grandes proprietários rurais, que mantêm sob cabresto sua clientela, formada por

[1559] Koshiba, Luiz e Pereira, Denise Manzi Frayse. *História do Brasil*, cit., p. 225.

[1560] Mendes Jr., Antonio; Roncari, Luiz e Maranhão, Ricardo. *Brasil – história, texto e consulta – República Velha*, cit., p. 190, v. 3

[1561] Ibidem, p. 190.

empregados, moradores e vizinhos, se estendeu até a Revolução de 1930, quando foi sensivelmente diminuído. Como fenômeno sociológico, foi estudado pelo pesquisador Victor Nunes Leal, em sua obra clássica *Coronelismo – enxada e voto*, publicado em 1948, que o definiu como "uma forma peculiar de manifestação do poder privado, ou seja, uma adaptação em virtude da qual os resíduos do nosso antigo e exorbitante poder privado têm conseguido coexistir com um regime político de extensa base representativa"[1562].

As relações pessoais do coronel lhe garantiam o controle político de uma vasta área, tida como seu "curral eleitoral" na qual ele era visto como um "protetor" e um "compadre" de seus subordinados. As eleições, lembra o autor, eram um desdobramento dessa relação. "São, pois, os fazendeiros e chefes locais que custeiam as despesas de alistamento e da eleição (...). Documentos, transporte, alojamento, refeições, dias de trabalho perdido, e até roupa, calçado, chapéu para o dia da eleição, tudo é pago pelos mentores políticos empenhados na sua qualificação e comparecimento (...). É, portanto, perfeitamente compreensível que o eleitor da roça obedeça à orientação de quem tudo lhe paga, e com insistência, para praticar um ato que lhe é completamente indiferente"[1563].

Assim, o coronel se apossava do poder municipal e garantia a nomeação das autoridades locais, além de assegurar obras como escolas, correio, ferrovias, agência de bancos. Se um adversário da localidade ou da cidade vizinha ameaçava o seu domínio, o coronel fazia uma eleição "a bico de pena", ou seja, fraudulenta, na qual se registravam nas folhas de votação até os votos dos "eleitores fantasmas". Caso não funcionasse o método, o caminho era partir para o enfrentamento armado, com os seguidores do coronel transformados em jagunços. Vencedores em suas áreas, os coronéis eram reconhecidos pelo governo federal como legítimos representantes de suas áreas de influência. Dessa forma, se montou e se consolidou, durante a República Velha, um sólido sistema oligárquico dominado por, no máximo, duas ou três famílias poderosas em cada Estado, que se revezavam no poder[1564].

[1562] Ibidem, p. 190.
[1563] Ibidem, p. 191.
[1564] Ibidem, p. 191.

Por exemplo, conforme indicado anteriormente, além dos Nery que dominavam no Amazonas, dos Chermont e dos Lemos no Pará, dos Benedito Leite e Urbano Leite no Maranhão, havia também os Pires Ferreira no Piauí, a oligarquia Accioly e os seguidores do Padre Cícero no Ceará, as oligarquias dos Albuquerque Maranhão, dos Chaves e dos Medeiros no Rio Grande do Norte, os Lopes Machado e o monsenhor Walfrido Leal de um lado e, de outro, os Venâncio Neiva e Epitácio Pessoa na Paraíba, os grupos de Rosa e Silva e de Dantas Barreto em Pernambuco, a oligarquia dos Malta e Costa Rego em Alagoas, as oligarquias Dória e Lobo em Sergipe, e na Bahia, o grupo de Luís Vianna, Severino Vieira e José Marcelino de Souza até 1912, J. J. Seabra e Antônio Muniz de 1912 a 1924 e após 1924 o domínio dos Calmon e Mangabeira[1565].

No sertão nordestino, por sua vez, verificaram-se muitos embates baseados no conflito de interesses entre proprietários de terras e comerciantes. No Vale do Cariri, região Sul do Ceará, entre 1901 e 1910 os chefes políticos de oito municípios foram violentamente derrubados por movimentos armados comandados por comerciantes locais. O chefe de Crato, Luís Alves Pequeno, primo do oligarca Acioly, da mais poderosa oligarquia local, era rival do coronel Domingos Furtado, que representava os interesses dos pecuaristas. Pequeno, por sua vez, era representante da burguesia comerciante. Na Paraíba, também se dava conflito semelhante, inclusive com a participação de cangaceiros armados, culminando com a fuga do Estado do líder dos rebeldes, o Bacharel Santa Cruz[1566], que se refugiou no Cariri. No Ceará, o padre Cícero Romão Batista e seu lugar-tenente, o médico baiano Floro Bartolomeu, lideraram um grupo armado que acabou depondo o governador Franco Rabelo. Na Bahia, o poder político no interior estava concentrado nas mãos do coronel Horácio de Matos, comerciante em Lavras Diamantinas, e seu aliado, Franklin

[1565] Ibidem, p. 191.

[1566] O bacharel Santa Cruz era o nome pelo qual era conhecido o ex-promotor paraibano Augusto Santa Cruz que, depois de atuar como promotor de justiça, formado pela Universidade de Direito de Recife, tornou-se líder de grupo cangaceiro na Paraíba. Buscou a proteção de Padre Cícero e fixou-se em Juazeiro. Posteriormente anistiado, tornou-se juiz e atuou, como magistrado, na maior batalha da história do cangaço em Serra Grande, no Pernambuco. NUNES FILHO, Antonio. *O guerreiro togado*. Universidade Federal de Pernambuco (UFPE), 1997.

de Oliveira. Entre 1910 e 1920, aliados a dissidentes de Salvador, estes coronéis levantaram-se contra o governo estadual e somente uma intervenção federal no Estado conseguiu manter o equilíbrio de forças[1567].

Na base do sistema coronelista estava a mecânica eleitoral corrupta e excludente. Somente cerca de 6% da população era eleitora, já que analfabetos e mulheres não votavam. E a maior parte desse eleitorado era manipulada. Primeiro, pelo voto de curral, predominante no interior, onde o incontestado poder dos coronéis agrupava os submissos eleitores em grupos fechados, votando em quem o potentado local mandasse (e sem qualquer possibilidade de rebeldia individual ou em pequenos contingentes, pois o voto não era secreto e os jagunços e delegados de política vigiavam atentamente as eleições). Segundo, pelo voto de cabresto, na cidade e no campo, voto comprado por meio de favores ou mesmo de dinheiro vivo. Finalmente, nas mesas eleitorais os coronéis e seus prepostos faziam votar fantasmas, ausentes, falsificavam as atas e faziam sumir o menor traço de oposição. Se algum "coronel" dissidente da política estadual conseguisse fazer representantes ao Congresso, a "degola" se encarregava do resto[1568].

Neste sentido, "considerando-se que 'a ação do coronel tende para a esfera privada e a das oligarquias tende para a esfera pública', com essa transformação das oligarquias estaduais, o próprio poder municipal é também levado a modificar-se. Sua margem de autonomia se reduz e, principalmente, a maior proximidade e a eficácia da máquina de controle faz com que o chefe local, em proporção crescente, só possa manter seu prestígio e sua clientela eleitoral utilizando-se de favores concedidos pelo Estado. A partir do momento em que as oligarquias estaduais se veem envolvidas em projetos econômicos ou administrativos mais amplos, que ultrapassam os limites municipais e até mesmo estaduais (concessões de terras, negociatas com grupos nacionais ou estrangeiros, planos de colonização), os chefes locais passam à condição de peões ou, na melhor das hipóteses, de sócios menores em jogadas que os obrigam a pensar muito

[1567] Mendes Jr., Antonio; Roncari, Luiz e Maranhão, Ricardo. *Brasil – história, texto e consulta – República Velha*, cit., p. 191-192.

[1568] Ibidem, p. 192.

além do âmbito local e dos vínculos concretos que mantêm com suas clientelas"[1569].

Com o passar do tempo, formam-se prósperos coronéis, capazes de enfrentar sucessivos embates políticos, se comparados àqueles, agora decadentes, por estarem atrelados a atividades econômicas em declínio[1570].

No Nordeste, por exemplo, a modernização da agricultura de exportação serviu para interligar ainda mais frações das oligarquias e importantes coronéis aos mecanismos do mercado internacional, capacitando-os a exigir da União atenção especial para seus problemas. Mas os coronéis ligados à agricultura tradicional e à pecuária foram abandonados, sujeitos às secas e aos bandos de cangaceiros, endividaram-se com as casas comerciais, e foram perdendo o poder de outrora. Assim, a estrutura de poder nacional foi, progressivamente, sendo tecida em torno dos interesses dos grandes Estados e conjugada com as aspirações da burguesia que se firmava no centro-sul do país[1571].

[1569] Várias das disputas coronelísticas submeteram-se a transformações que se processavam em toda a sociedade. Em Pernambuco, por exemplo, durante muito tempo a oligarquia se dividiu por conflitos que opunham os velhos senhores de engenho aos novos usineiros, cada facção com seus aliados no sertão. O triunfo dos usineiros, contudo, se consolida na década de 20 pela realização de uma obra vultosa à época: o reaparelhamento do porto de Recife, consumindo a maior parte das disponibilidades financeiras do Estado. *Vide* MENDES JR., Antonio e MARANHÃO, Ricardo. *Brasil – história texto e consulta – República Velha*, cit., p. 192-193.

[1570] Ibidem, p. 193.

[1571] Na década de 1920 os movimentos políticos de cunho regionalista, representantes das elites regionais decadentes, manifestam-se contra os efeitos destruidores da modernização capitalista. Em 1923, José Américo de Almeida escreve *A Paraíba e seusproblemas*, na qual retrata o abandono em que se encontram os Estados mais pobres devido à seca, esquecidos pelo poder central. Até a Revolução de 1930, quando o próprio José Américo será nomeado ministro da Viação e Obras Públicas do Governo Provisório, esse fato "simbolizará a adesão das elites nordestinas ao poder central, ao lado dos revolucionários de todo o país, inaugurando uma nova fase da política nacional, pois suas reivindicações passam a ser atendidas não mais segundo um esquema de favoritismo clientelístico, mas, sim, pelo reconhecimento de que a unidade política das classes dominantes tem como denominador comum e pano de fundo não a competição intraclasses mas a homogeneização das condições objetivas que permitem ao conjunto da burguesia dominar toda uma Nação".

Durante a década de 1920, os negócios dos novos coronéis deixam de se restringir às velhas contendas sertanejas, mas alçam voos mais altos nas bolsas de valores, frequentadas por qualquer próspero capitalista[1572]. Ressalte-se que esse sistema, destinado a defender os interesses da elite agrária e de seus sócios ingleses, dependente das flutuações do preço do café no mercado internacional, era instável na sua estrutura, visto que, no nível econômico, era necessário consolidar a sistemática de garantia de preços da rubiácea, o que só seria conseguido no final do governo de Rodrigues Alves. E sob o aspecto político, a sua instabilidade reside no afastamento das outras classes sociais da conjuntura nacional. Claro, se lhes fosse possível expressar vontade própria, aumentariam as tensões políticas. Por último, note-se que as divergências entre grupos dominantes em cada Estado, ou entre as elites de dois Estados, não tinham como se expressar eleitoralmente; isso originaria a necessidade permanente do uso da violência, se pelos "coronéis" do sertão em nível local, seja pela violência oficial, que constantemente acionava as Forças Armadas para intervir nos Estados, sempre que a situação estadual fugisse ao seu controle[1573].

Já durante o governo de Campos Sales, houve exemplos de instabilidade no sistema do coronelismo. O vice-presidente da República, o pernambucano Rosa e Silva, apoiado pelos políticos de seu Estado e do Maranhão, agitou a política com uma campanha contra a política finan-

MENDES JR., Antonio; RONCARI, Luiz e MARANHÃO, Ricardo. *Brasil – história texto e consulta – República Velha*, cit., p. 193.

[1572] Exemplo dessa geração de coronéis empreendedores, industrialistas e prósperos é o do Coronel Delmiro Gouveia. As novas oligarquias, sentindo o novo sopro da História após a I Grande Guerra, tratam de se capacitar para os novos tempos. Em quase todos os Estados dedicam-se a pôr fim nos conflitos armados com que tradicionalmente os coronéis resolviam suas contendas. Durante a década de 1920 é intensificado o combate ao banditismo e tem início o esforço em prol do "desarmamento do sertão", ou seja, o desarmamento dos coronéis. São reaparelhadas as polícias estaduais e o seu poder centralizado pelas oligarquias, aniquilando totalmente as velhas milícias municipais controladas pelos proprietários. Para o coronelismo, pois, a Revolução de 30 apenas seria a culminância deste processo iniciado na década de 20. MENDES JR., Antonio; RONCARI, Luiz e MARANHÃO, Ricardo. *Brasil – história texto e consulta – República Velha*, cit., p. 193.

[1573] MENDES JR., Antonio; RONCARI, Luiz e MARANHÃO, Ricardo. *Brasil – história texto e consulta – República Velha*, cit., p. 199.

ceira de Murtinho. E dentro do próprio Estado de São Paulo surgiu, em 1901, a chamada "Dissidência Paulista", chefiada pelo próprio Prudente de Morais e pelo jornalista Júlio de Mesquita, do jornal *O Estado de S. Paulo*, entre outros. A "Dissidência" exigia uma revisão constitucional capaz de controlar a excessiva soma de poderes que o presidente possuía, além de contestar o seu critério de escolha para o governo estadual[1574].

Apesar disso, durante o governo de Campos Sales, o grupo dirigente da oligarquia consolidou uma sistemática de funcionamento do Estado, necessária à dominação de classe. Nessa sistemática, um maior equilíbrio entre a União e os Estados foi obtido, à custa da ausência completa de partidos nacionais, vigente desde o enterro do PRF até ao final da República Velha (com a exceção efêmera do Partido Republicano Conservador de Pinheiro Machado e o fenômeno, de pouco peso político, da fundação do Partido Comunista em 1922). A implantação desse sistema coroou a organização de uma sociedade dependente do capital imperialista, sociedade organizada em todos os seus níveis para reproduzir esse capital e dos seus sócios menores, os capitalistas brasileiros"[1575].

11.5.4 Sucessão

Os líderes de todos os Estados se reuniram num congresso nacional e indicaram o nome de Rodrigues Alves, ex-presidente de São Paulo, para presidente da República. A oposição foi liderada no pleito por Quintino Bocaiúva, e Ubaldino Amaral figurou como dissidente. O resultado da eleição, realizada dia 1º de março de 1902, foi o seguinte: Rodrigues Alves teve 592.039 votos, Quintino Bocaiúva teve 52.359 e Ubaldino Amaral 5.371 votos.

11.6 Francisco de Paula Rodrigues Alves (15-11-1902 a 15-11-1906) – saneamento do Rio de Janeiro e revoltas. Vice-presidente: Francisco Silviano de Almeida Brandão

Francisco de Paula Rodrigues Alves (1848 – 1919), o quinto presidente brasileiro, foi mais um dos mandatários surgidos durante a política dos governadores. Ex-governador de São Paulo, era advogado e fazendeiro,

1574 Ibidem, p. 199.
1575 Ibidem, p. 200.

assim como seus dois antecessores representando a economia cafeeira. Fruto da política do café com leite, teve como vice-presidente um mineiro, Afonso Pena, que se tornaria presidente posteriormente. Durante seu mandato enfrentou grandes dificuldades com revoltas militares e problemas externos, mas foi beneficiado pela expansão da economia agroexportadora e pelos empréstimos externos. Na medida do possível, manteve a política econômica de Campos Sales e Joaquim Murtinho e investiu em obras públicas. Uma das mais importantes foi a revitalização da capital federal, o Rio de Janeiro, em parceria com o prefeito Francisco Pereira Passos. Também construiu um moderno porto no Rio e contratou a construção de outros na Bahia, Ceará e Rio Grande do Sul[1576].

11.6.1 A Economia

Em maio de 1903, era assinado contrato de empréstimo de 8,5 milhões de libras esterlinas (£8.500 mil), juros de 5%, garantido especialmente pela primeira hipoteca de uma taxa especial de 2% em ouro sobre a importação, e por todas as outras rendas dos portos e docas. Esse empréstimo foi obtido mediante a garantia das rendas do estabelecimento aos credores estrangeiros. O café e a borracha foram os grandes responsáveis pelo *boom* de exportação durante seu governo[1577]. Estes produtos agrícolas sustentavam a economia; o crédito externo estava restabelecido.

A Borracha – A planta gomífera, cujo nome científico é *Ficus Elasticus*, tem seu habitat em uma faixa delimitada ao norte e ao sul do Equador, pelo paralelo 28. Quarenta e nove espécies situam-se nesta zona. Apesar de nativas e de espalharem-se pelas Américas e pela África, é no vale do Amazonas que se encontram as suas maiores reservas e algumas das melhores qualidades da espécie. Já em 1851, o Brasil passará a exportar 1,8 mil toneladas, total que sobe para mais de 8 mil em 1887. A partir de 1895, o produto passa a ser muito mais procurado porque começará a ser usado para fabricação de pneus de automóveis. Na mesma época, começa a ocorrer o êxodo de nordestinos – impelidos pela famosa seca dos três

[1576] Ibidem, p. 200.
[1577] Ibidem, p. 200.

setes (entre 1877 e 1890) – para a região amazônica. Tornam-se os "soldados da borracha", retirando o látex, a matéria-prima da planta, de uma região inóspita e de acesso difícil. Logo, o Acre, área que pertencia à Bolívia, começará a ser ocupado por brasileiros que explorarão o produto. Até 1910, o Brasil exportará quase 100% da produção mundial de borracha. No entanto, possessões europeias na África começarão, também, a explorar o produto. Haverá grandes plantações na Costa do Ouro e no Congo Belga, mas isso não abalará, inicialmente, o quase monopólio brasileiro na exportação do produto. Ante mais de 24 mil toneladas plantadas pelo Brasil na região norte, os seus concorrentes produzirão 8,5 mil, mas a demanda chega a 53 mil toneladas. Enquanto durou, o chamado Ciclo da Borracha transformou Manaus na "Paris dos trópicos", título também disputado por Belém[1578].

As duas primeiras décadas da República vão beneficiar-se dessa situação, o que permite um desenvolvimento extraordinário, porém fugaz, à região. Por algum tempo, a capital amazonense, Manaus, torna-se uma das cidades mais importantes do mundo, com grande desenvolvimento cultural. Com o aumento da produção e a demanda crescente, que propiciarão bons preços à borracha e lucros compensadores aos produtores. De 1889 a 1910, o aumento anual de preços é constante, passando de 166 libras a tonelada, naquele primeiro ano, para 639 em 1910. Não só a exploração se intensifica nas florestas virgens, sempre à procura de novas reservas naturais, como a produção aumenta paulatinamente. A borracha aumenta espetacularmente sua porcentagem no total de exportações brasileiras, de 0,1 em 1821-1830, para 2,3 na década de 1850, 8,0 em 1881-1890, atingindo seu clímax no período de 1901-1910. A partir desse momento, novos problemas surgem, alguns dos quais foram denunciados como perigos potenciais[1579].

1578 Carone, Edgar. *A República Velha – instituições e classes sociais*, cit., p. 61.
1579 Ibidem, p. 61.

EXPORTAÇÃO DA BORRACHA						
Decênios	Toneladas	Valor		Valor médio por unidade (por tonelada)		% sobre o total da exportação
		1000 contos de réis	££ 1000 Ouro	mil-réis	£ ouro	
1891-1900	213.755	1163,3	43,666	5:442$	204,3	15,0
1901-1910	345.079	2268,8	134,394	6:575$	389,5	28,2
1911-1920	328.754	1406,8	83,036	4:279$	252,6	12,1
1921-1930	202.784	820,4	20,631	4:049$	101,8	2,6

A concorrência asiática – os holandeses já haviam tentado, em 1860, implantar a seringueira em Java, mediante plantio das sementes do gênero. Doze anos depois, os ingleses também tentam o mesmo, mas as sementes dos gêneros *Hévea*, *Manihot* e *Castiloa*, que uma expedição ao Panamá e Amazonas envia ao Jardim Botânico de Kew (Londres), não produzem o resultado esperado. Porém, a expedição de Henry Wickham a Santarém, Província do Pará, consegue melhores resultados: em 1876, ele entrega ao Jardim de Kew 70.000 sementes da *Hevea brasiliensis*, das quais germinam 2.700, que foram distribuídas para Colombo (Ceilão), Singapura e outras partes da Malásia[1580]. A lavoura racional, com sementes selecionadas, permite o aproveitamento agrícola e industrial da goma, enquanto o Brasil somente exporta a matéria-prima, sendo ultrapassado por seus concorrentes. Em 1902, o sudoeste asiático exporta modestamente 508 toneladas; em 1910, 11.176; em 1914, sua produção já supera a de todos os outros países, com 75.692. Daí por diante sua ascensão é contínua[1581].

[1580] Tratou-se, claramente, de um caso de biopirataria. As 70 mil sementes foram contrabandeadas a partir de Santarém, no Pará, pela expedição do aventureiro inglês Henry Alexander Wickhan (1846-1928), que as enviou para o jardim botânico inglês. Com o material genético da *Heveas Brasiliensis* em mãos, os biólogos ingleses fizeram vários enxertos e a transformaram em sementes de excelente qualidade. Em 1895, começaram a plantar a seringueira em suas possessões de Singapura e da Malásia. Em pouco tempo, o Brasil sucumbiria diante de concorrentes capazes de produzir borracha mais barata e dominando todo o ciclo de industrialização do produto. *Dicionário de História do Brasil*, cit., p. 133.

[1581] CARONE, Edgar. *A República Velha – instituições e classes sociais*, cit., p. 62.

PRODUÇÃO E CONSUMO MUNDIAL DA BORRACHA

Anos	PRODUÇÃO (t.)				CONSUMO	ESTOQUES	
	S. E. Ásia	Brasil	Restantes	Total	Total	Ano	Em Trânsito
1900-1904	4 572	146 758	87 430	238 760	281 940		
1905-1909	23 876	184 076	137 488	345 440	391 160		
1910-1914	193 040	187 141	176 085	556 260	579 120		
1915-1919	1 046 480	156 572	99 968	1 303 020	1 132 840	1919	38 100
1920-1924	1 761 236	100 463	33 301	1 905 000	1 918 208		220 980
1925-1929	3 144 012	111 649	84 439	3 340 100	3 230 880		429 260

A primeira vez que a Ásia supera a produção mundial é em 1914, quando o consumo iguala a produção. A situação ainda se sustenta devido à guerra, e os preços continuam a variar entre 49 e 57 centavos a libra; porém, com o fim da conflagração, a facilidade de transporte permite a inundação do mercado mundial pela Ásia e a formação contínua de estoques. O plano Stevenson, para contenção da produção e do mercado, tenta, com resultados insatisfatórios, o reerguimento dos preços: estes giram, em 1921, ao redor de 16 centavos, sobem a 29 em 1923, 72 em 1925 (devido a certo esgotamento das seringueiras da Ásia), 22 em 1928 e 10 em 1930. O seu fracasso é completo[1582].

11.6.2 O trabalho e a comercialização

Ao contrário do que se poderia imaginar, a perda da supremacia mundial da borracha pelo Brasil não faz com que o País passe a adotar técnicas mais racionais de produção. O sistema de exploração, baseado nos latifúndios e no trabalho solitário do seringueiro na floresta, permanece. Calcula-se em 300 milhões o número de seringueiras exploráveis, mas elas estão espalhadas pela floresta e a possibilidade de aproveitamento é de apenas 6%. Os trabalhadores vivem em ranchos na beira do rio e coletam látex em uma tigela, depois de caminhar quilômetros por dia, em uma média de 8 a 12 litros do líquido que se transformará na borracha. A partir disso, faz uma bola de látex, cujo peso varia de 10 a 40 quilos. O seringueiro, quase sempre um nordestino jovem e forte, viverá em con-

1582 Ibidem, p. 62.

dições lastimáveis e passará boa parte do seu tempo pagando ao dono do seringal os seus gastos com comida. Vai ficar, no final, com somente 10% do valor pelo qual vendeu a borracha. Muitos dos trabalhadores morrerão dentro da floresta sem que se saiba quase nada sobre eles. São dizimados aos milhares pela fome, miséria e doenças tropicais[1583].

Além disso, as grandes firmas exportadoras, filiais de congêneres alemãs, americanas, inglesas e francesas e sediadas nas capitais dos Estados amazônicos, é que, ao lado de algumas companhias brasileiras, monopolizarão o comércio do produto. Os protestos contra o sistema são esporádicos. As denúncias na Câmara Federal, de escritores como Euclides da Cunha, Barbosa Rodrigues e outros, são de pouco resultado prático. Por sua vez, os pedidos de ajuda oficial – fundação de estabelecimentos de crédito ou controle federal sobre a exportação – ficam em projeto. A constatação da futura ameaça asiática não abala ninguém, na certeza de constante predomínio mundial brasileiro. Em menos de um século, toda a riqueza gerada pela borracha vai desaparecer. Os capitais desta imensa riqueza são gastos nababescamente em suntuosidades, ou são remetidos para o exterior. O que permanece é a técnica arcaica e a exploração desumana[1584].

No governo de Rodrigues Alves, sinteticamente, ocorreram os seguintes fatos: reorganização das Forças Armadas; melhoramentos dos portos e estradas de ferro; saneamento das grandes cidades.

11.6.3 O saneamento do Rio de Janeiro – Oswaldo Cruz e a vacina obrigatória contra a varíola

Com a preocupação de beneficiar e tornar as principais cidades mais atraentes, a cidade do Rio de Janeiro foi, nesse contexto, reconstruída em 1903. Pereira Passos, engenheiro, responsabilizou-se pela reforma urbana, fosse pelo emprego de negociações, da força e até de atos extralegais. Mas a repercussão dessas iniciativas do governo nem se comparam

[1583] Ibidem, p. 62.
[1584] Ibidem, p. 62.

com as atribulações em 1904, que surgiram em decorrência da vacinação obrigatória contra a varíola e outras doenças, como a febre amarela[1585].

Para combater o problema da saúde na Capital, o presidente determina a criação da Diretoria Geral de Saúde Pública, sob o comando do jovem médico sanitarista Osvaldo Gonçalves Cruz, estudioso de microbiologia. Nomeado para a diretoria em março de 1903, Cruz apresenta, no mês seguinte, um plano de combate à febre amarela, baseado na experiência americana em Cuba, sob protestos nos meios médicos e políticos, visto que propunha métodos de profilaxia contra a doença até então, em boa parte, desconhecidos[1586].

Na verdade, "a classe médica se divide entre os que acham que o contágio se dava pelo contato com o doente e aqueles que acreditam que fosse transmitido pelo mosquito. A Comissão de Higiene da Câmara acabou não aprovando o plano de Oswaldo Cruz"[1587]. Em abril, o novo dirigente da Saúde Pública, o conselheiro Nuno de Andrade, apresenta à Câmara um plano de combate ao mosquito da febre amarela, mediante a constituição da Brigada Sanitária, segundo o processo adotado em Cuba, mas o pedido não foi atendido[1588].

[1585] Doenças como febre amarela, disenteria, varíola, febre bubônica e outras endemias ameaçavam a saúde pública na capital carioca e em outras cidades brasileiras – litoral e interior. Isso afastava a vinda de estrangeiros para o Brasil e daqueles que desejavam aqui residir, em prejuízo do comércio e da imigração. Desde o período colonial o País convivia com essas doenças. A febre amarela, por exemplo, manifestou-se em 1640 e persistira até o fim do século XVII; após desaparecer, retornou em 1849, vinda de New Orleans; daí em diante, a epidemia recrudesce ou diminui segundo a época. Os anos de 1863, 1889, 1891, 1892, 1894 e 1896 são de surto e grande número de vítimas. CARONE, Edgard. *A República Velha (instituições e classes sociais)*, cit., p. 198.

[1586] Ibidem, p. 198.

[1587] CARONE, Edgard. *A República Velha (instituições e classes sociais)*, cit., p. 199.

[1588] As medidas profiláticas contra o mosquito são chamadas com desprezo de "despotismo sanitário". Os positivistas, no começo de sua campanha, atacam o Conselheiro Nuno de Andrade, pelo seu rigor em cumprir a "higiene oficial". Acusam-no de considerar a moléstia "resultante do meio exterior" e não de origem "moral"; ele "arma o forte contra o fraco", "arranca os filhos de suas mães, estas de seus filhos, para lançá-los nos seus horríveis hospitais, que devassa a propriedade alheia com interdições, desinfecções etc.". CARONE, Edgard. *A República Velha (instituições e classes sociais)*, cit., p. 200.

Em maio, há manifestações, e o governo proíbe os *meetings*. Em 28 de junho de 1904, o Executivo envia ao Congresso o anteprojeto sobre a vacinação e revacinação. A reação à vacina vai se tornando cada vez mais agressiva. Médicos, como Soares Rodrigues, Paula Lopes, Antônio da Costa e Dantas Júnior, colocam-se contrários à proposta. Os ataques agora são inflamados. O jornal *Correio da Manhã* lidera e publica a opinião dos positivistas, que se opõem à legislação. O clima é de descrença em relação à nova forma de combate à doença.

"Os positivistas[1589], entre civis e militares, encaminharam, em 7 de julho, um memorial à casa legislativa, que, entre outras disposições, previa: 'O materialismo médico nada respeitava: nem o pudor, nem o respeito devido à delicadeza feminina! Nem a bondade para com as crianças, nem o acatamento à velhice. A vacinação obrigatória teria assim contra ela, decididamente, a ciência e a moralidade positivistas'"[1590].

Ocorre que o Senado, em sessão de 20 de julho, aprova o projeto de lei. Em agosto, a febre amarela atinge o Rio, em um novo surto, e a Diretoria Geral da Saúde Pública, por intermédio de boletins, divulga os meios de transmissão e profilaxia da doença[1591]. E em outubro, uma nova lei, de autoria do médico Melo Bastos, confere poderes aos organismos sanitários para vacinar a população e até, se for o caso, demolir construções para evitar a propagação do mal. Os fiscais passam a agir acompanhados por policiais e são acusados de derrubada maciça de casas em bairros pobres[1592].

Com a aprovação dessa lei, os conflitos dessa ação sanitária seriam resolvidos por um juiz especialmente instituído para essas situações e os danos, reclamados pelos interessados[1593]. Na Câmara dos Deputados, a Lei n.º 1.261, de 31 de outubro é regulamentada por Decreto em 9 de

1589 O positivismo de Comte apregoava uma concepção científica, mas no Brasil, como sempre acontecia, a prática não acompanhava a teoria, havendo uma deturpação dos princípios positivistas, assim como a introdução de conceitos estranhos à doutrina, que levou à crise. É bom pensar que essas deformações acompanham a República até os nossos dias.

1590 Carone, Edgard. *A República Velha (instituições e classes sociais)*, cit., p. 202.

1591 Ibidem, p. 203.

1592 Ibidem, p. 203.

1593 Ibidem, p. 203.

novembro, que "torna obrigatória em toda a República a vacinação e a revacinação contra a varíola", luta esta liderada por Oswaldo Cruz[1594].

Em síntese, o Rio foi remodelado pelo prefeito Pereira Passos e saneado contra a febre amarela e varíola por Osvaldo Cruz. Tais obras seriam feitas; porém, conforme o critério autoritário e elitista que dominava o Estado. Rodrigues fez aprovar uma lei especial, adiando as eleições do Conselho Municipal (equivalente às atuais câmaras de vereadores). Podendo dispor do dinheiro da Prefeitura, o prefeito age livremente. Sua tarefa seria cumprida com o sacrifício da população pobre e de classe média da capital, desalojada do centro, vendo seus cortiços e casebres derrubados (o "bota-abaixo" virou uma espécie de palavra de ordem da administração). As demolições aumentaram o preço dos aluguéis e a população de baixa renda viu-se expulsa para longe[1595].

Oswaldo Cruz colocou "em prática um plano para o combate à febre amarela, que simplesmente foi imposto à população, sem o necessário esclarecimento. Enquanto as elites vibravam com as obras públicas e o chamado "reerguimento econômico", a imensa maioria da população mal tinha onde morar e sofria a violência governamental como se fosse culpada da própria miséria. Os positivistas desconfiavam da ideia de que a febre amarela era transmitida pelo mosquito, defendida por Cruz. Somando-se a isso a falta de esclarecimento governamental, criou-se o clima de insatisfação que levaria à "Revolta da Vacina", motivada pela vacinação obrigatória contra a varíola"[1596].

11.6.4 A Revolta da Vacina

No mês de outubro de 1904, "com a aprovação da lei que propunha a vacinação obrigatória contra a varíola a todos os brasileiros com mais de

[1594] A imprensa, a população, políticos e militares, diante da imposição da nova lei, manifestavam-se contra a dominação oligárquica. Os agitadores da oposição alertavam para o perigo de lares invadidos pelos funcionários da Saúde Pública, acompanhados de policiais, para injetar o desconhecido líquido nos corpos dos cidadãos, à força. MENDES JR., Antonio; RONCARI, Luiz e MARANHÃO, Ricardo. *Brasil – história texto e consulta – República Velha*, cit., p. 201.

[1595] MENDES JR., Antonio; RONCARI, Luiz e MARANHÃO, Ricardo. *Brasil – história texto e consulta – República Velha*, cit., p. 201.

[1596] Ibidem, p. 201.

6 meses de idade[1597], a oposição 'jacobinista', liderada pelo senador Lauro Sodré e pelo deputado Barbosa Lima, opôs-se fortemente à ideia. Sem informação suficiente e vítima, na mesma época, da reforma urbana do Rio de Janeiro promovida pelo prefeito, a população também se colocou contra, assim como parte dos militares. Os trabalhadores, em especial o Centro das Classes Operárias, dirigida por Vicente de Souza, em aliança com setores positivistas, opuseram-se à proposta. Na verdade, Sodré era contrário ao governo e usava a questão da vacina como um pretexto. Seu discurso, no dia em que se criou a Liga contra a Vacinação Obrigatória, reunindo todos os descontentes, foi ilustrativo: 'Esse governo só tem o rótulo de republicano, porque isto que nós temos como forma de governo é uma República falsificada e deve haver a repulsa porque à Nação assiste o direito de repelir a força pela força... Essa lei iníqua, arbitrária e deprimente provoca a reação, que deve ser feita por todos os meios, inclusive à bala'"[1598].

Os distúrbios começam em 10 de novembro, havendo choques esporádicos entre polícia e populares. "No dia 11, anuncia-se um comício contra a vacina, e a Cavalaria, a Infantaria e as forças policiais estão de prontidão no Largo de São Francisco de Paula. Camadas populares formam a grande massa dos comícios e, mais tarde, das arruaças. O 'bota-abaixo'[1599] desloca milhares de pessoas de suas casas, o que provoca mal-estar gene-

[1597] Na véspera do decreto da vacina obrigatória, o governo se previne contra a reação: o ministro do Interior, da Guerra e o chefe da polícia se reúnem e adotam medidas preventivas de segurança, fechando áreas da cidade e proibindo o acesso da população (5.10.1904). Os atos de rebeldia são tantos que a situação é imprevisível: em Mairinque (SP), 36 operários são despedidos por não se submeterem à "tirânica medida"; na Bahia, praças do Regimento de Cavalaria da Polícia recusam-se a receber a vacinação contra a peste bubônica. No Congresso, Lauro Sodré e Alfredo Varela lideram o boicote às medidas do governo. Médicos como Leandro Muniz da Mota e Raul Pederneiras subscrevem o "apelo ao povo contra a vacina obrigatória". Jornais, como o *Correio da Manhã* e *Comércio do Brasil* fazem campanha contrária. Havia profissionais da medicina que eram contrários à vacinação por várias razões e isso, naturalmente, repercutia na população. CARONE, Edgar. *A República Velha (instituições e classes sociais)*, cit., p. 198-214.

[1598] MENDES JR., Antonio; RONCARI, Luiz e MARANHÃO, Ricardo. *Brasil – história texto e consulta – República Velha*, v. 3, cit., p. 202.

[1599] A expressão "bota abaixo" refere-se à forma como a população se referia à radical reforma urbana do Rio de Janeiro, então capital federal.

ralizado. Outro fato se acrescenta à situação: é a crise comercial de maio de 1904, que leva muitos comerciantes à falência. Dessa maneira aumentam o desemprego e a revolta, exacerbando-se as críticas ao governo[1600]. Ocorrem várias prisões, resultado de pequenos choques com populares que protestam contra a situação e de provocações aos guardas. Os incidentes que começam nesse local logo abrangem a rua do Ouvidor e imediações"[1601].

No dia 11 de novembro "cerca de três mil pessoas comparecem à sede da Liga Contra a Vacinação Obrigatória, convocada para uma reunião. Em seu discurso Barbosa Lima afirma que o povo não devia suportar as imposições do governo dos fazendeiros, que, após haver explorado os pobres escravos, explorava a República. Lauro Sodré, por sua vez, ao liderar o boicote às medidas do governo, diz no Congresso que 'só um governo de fazendeiros a podia decretar' (a vacina). Ao final homenageou Benjamin Constant, Floriano Peixoto e a República[1602]. No dia 13, tomando proporções gigantescas, milhares de pessoas, vindas das favelas e dos cortiços, encheram as praças, como a Tiradentes, a vaiar a polícia e o governo. A tropa, sob o comando do general Piragibe[1603], chefe de polícia, avançou de sabre desembainhado sobre a multidão. Houve tiroteios, com mortos e feridos de ambos os lados"[1604].

[1600] Carone, Edgard. *A República Velha (instituições e classes sociais)*, cit., p. 205.

[1601] Ibidem, p. 205.

[1602] Em Mairinque, Estado de São Paulo, 36 operários são despedidos por não se submeterem à "tirânica medida"; na Bahia, praças do Regimento de Cavalaria da Polícia recusam-se a receber a vacinação contra a peste bubônica. Os jornais enchem-se de noticiários de pessoas que se negam a ser vacinadas e de outras que foram vacinadas. *Vide* Carone, Edgard. *A República Velha (instituições e classes sociais)*, cit., p. 198-214.

[1603] Antônio Carlos da Silva Piragibe, militar cearense que atuou na Revolta Federalista no Rio Grande do Sul, no início do século XX, comandava então a polícia do Distrito Federal.

[1604] "A população se dispersava e se reaglutinava em outros pontos. Logo surgiram barricadas de paralelepípedos e madeira. "Enquanto isso, novos movimentos se dão no centro – e começam a ser quebrados combustores de iluminação, vitrinas de casas etc.; bondes são virados para servirem de trincheiras. As ruas General Câmara, Ouvidor, Prainha, Av. Passos, Imperatriz e outras ficam tomadas de barricadas; postos policiais são assaltados. A luta se intensifica, e as tropas policiais, ajudadas pelos bombeiros, são incapazes de vencer todos os focos populares". *Vide* Carone, Edgard. *A República Velha (instituições e classes sociais)*, cit., p. 206.

Na sequência, tornou-se grande o número de mortos, de bondes incendiados, delegacias assaltadas e combates violentos, com a intervenção de unidades do Exército. Entretanto, a revolta tomaria outra dimensão com a entrada em cena de militares revoltosos[1605]. Enquanto isso, o movimento militar e positivista não se prende ao de origem popular, mas ao político e positivista. Como os interesses entre as classes não estão interligados, o movimento se enfraquece. A revolta popular antecede à militar; porém, esta última tem caráter totalmente distinto, presa como é à tradição do jacobinismo e do poder da farda, pois se utiliza de alianças com monarquistas descontentes e políticos oposicionistas[1606].

Em suma, a regulamentação da vacina em 9 de novembro de 1904 foi a gota que fez extravasar o descontentamento do povo e que o levou à revolta, iniciada no dia seguinte, 10 de novembro. Os choques entre polícia e populares resultaram em mortos e feridos de ambos os lados[1607].

11.6.5 A revolta militar no Rio de Janeiro

Diante do clima de comoção popular, Rodrigues Alves invoca o apoio do Exército para auxiliar na repressão, uma vez que a polícia estava esgotada[1608]. No dia 14 de novembro, após a ação militar de apoio à Brigada Policial, oficiais reúnem-se no Clube Militar e concluem que o governo está em situação insustentável. Decidem enviar um *ultimatum* a Rodrigues Alves. Representados pelo general Olímpio da Silveira, este se dirige, à tarde, ao palácio do governo e, timidamente, intima o presidente a demitir J. J. Seabra do seu posto. Rodrigues Alves manda que o comandante se entregue, mas ele volta ao Clube Militar. Entre os conspiradores, deci-

[1605] MENDES JR., Antonio; RONCARI, Luiz e MARANHÃO, Ricardo. *Brasil – história texto e consulta – República Velha*, v. 3, cit., p. 202.

[1606] Ibidem, p. 202.

[1607] Ibidem, p. 202.

[1608] Enquanto as autoridades discutem as medidas a serem tomadas, o número de bondes incendiados e combustores quebrados aumenta. Comerciantes fornecem gratuitamente latas de querosene para atear fogo aos bondes, e rolhas, que espalhadas no chão, fazem escorregar os cavalos da Força Pública. No final do dia, o número de mortos, feridos e presos aumenta assustadoramente. Mas as ruas centrais continuam controladas pelos revoltosos e as trincheiras construídas estão incólumes. *Vide* CARONE, Edgard. *A República Velha (instituições e classes sociais)*, cit., p. 206.

didos a apressar o golpe, o major Gomes de Castro acaba sendo enviado à Escola Militar do Realengo; o general Silvestre Travassos, para a Praia Vermelha; e o Dr. Vicente de Souza intensifica a agitação entre o povo[1609].

No mesmo dia, a revolta tem início: a missão do major Gomes e Castro malogra devido a um incidente: ao ser visto, o general Hermes da Fonseca, chefe da Escola Militar, com o apoio dos cadetes, que não mais atendem às ordens do major, determina a sua prisão[1610]. Alunos e oficiais que não estavam na Escola do Realengo, ao saberem desse acontecido, reúnem-se com os colegas da Praia Vermelha. "Às 18h30 chegam Lauro Sodré, Alfredo Varela, o general Travassos e outros. Os alunos se revoltam, atacam prédios do estabelecimento, armam-se, dão vivas a Lauro Sodré. O comandante da Escola, general José Alípio Fontoura de Macedo Constallat, se retira da escola. Depois de se organizarem, sob o comando de Travassos, cerca de 300 alunos municiados e armados, acompanhados dos chefes revoltosos, dirigem-se ao palácio do governo, para depor Rodrigues Alves. Neste momento tomam consciência de que estão isolados, pois, a missão, enviada à Fortaleza de São João para buscar armamentos, fracassa; o coronel Marcos Porto, comandante da Fortaleza, prendera os soldados implicados no conluio"[1611].

A notícia dos acontecimentos chega ao conhecimento do governo, que organiza tropas sob o comando do general Antônio Carlos da Silva Piragibe. "O encontro entre as duas tropas se dá na rua da Passagem. O combate é tenaz, apesar de terem os rebeldes somente 100 cartuchos para cada soldado e algumas peças de artilharia, enquanto os governistas se encontram fortemente armados e com 2 mil soldados. Depois de meia hora, com mortos e feridos, os legalistas abandonam o confronto e as armas"[1612].

O general Travassos e Lauro Sodré são feridos e a vitória momentânea acaba sendo uma derrota, pois, desarvorados, os alunos revoltosos não

1609 Ibidem, p. 209.
1610 Ibidem, p. 210.
1611 Ibidem, p. 210.
1612 Ibidem, p. 210.

perseguem os legalistas, mas vão à procura do tenente Potiguara[1613]. Este os aconselha a voltarem à Escola e eles acedem[1614].

Enquanto isto, o governo reage contra a derrota do general Piragibe. A notícia do desastre faz com que o ministério, políticos situacionistas e militares acreditem em perigo iminente e peçam a Rodrigues Alves que embarque em um navio de guerra. Dizendo ser o Catete o seu "lugar", este se nega a abandonar o cargo. O governo reorganiza suas forças, faz com que protejam o palácio e manda tropas, comandadas pelo coronel Caetano de Faria, tomarem a Escola da Praia Vermelha; por outro lado, determina que navios de guerra bombardeiem os revoltosos[1615].

No dia 14, os combates começam cedo. As barricadas das ruas da Alfândega, General Câmara, São Pedro, Avenida Passos são assaltadas e resistem aos ataques. Carroças de limpeza pública são derrubadas e reforçam os entrincheiramentos. Na rua Senhor dos Passos, viram-se e incendeiam-se, de uma vez, 17 bondes, que servem de trincheiras; a polícia ataca os revoltosos, e é rechaçada à bala. O comércio fecha suas portas, o pânico é geral, duas delegacias são tomadas nesse dia, e os combates se repetem nos subúrbios de Vila Isabel e Santa Teresa; em São Cristóvão, Largo do Estácio, rua do Resende, no Matadouro, rua Voluntários da Pátria e outros locais. Aumenta o número de vítimas[1616].

Na madrugada do dia 15, Rodrigues Alves, retomando a ofensiva, fez bombardear por navios de guerra a Escola Militar, enquanto as tropas comandadas por Caetano de Faria lhe faziam o cerco. Naquela manhã, os cadetes se renderam. Centenas de prisões, inclusive de civis, desbarataram o resto da revolta[1617]. Quanto ao movimento popular, na última grande resistência houve um violentíssimo tiroteio entre a bem armada tropa legal e os canos cheios de dinamite, bombas, pedras e revólveres da

[1613] Tertuliano de Albuquerque Potiguara (1873-1957), militar natural de Sobral (CE), foi um dos mais importantes oficiais do Exército no período. Combateu no Contestado e na Revolução de 1924, em São Paulo. Tornou-se deputado federal e sofreu um atentado em que uma banana de dinamite, enviada pelo Correio, destruiu um braço seu.

[1614] CARONE, Edgard. *A República Velha (instituições e classes sociais)*, cit., p. 211.

[1615] Ibidem, p. 212.

[1616] Ibidem, p. 212.

[1617] MENDES JR., Antonio; RONCARI, Luiz e MARANHÃO, Ricardo. *Brasil – história texto e consulta – República Velha*, cit., p. 202.

massa amotinada. Outra luta violenta deu-se na Saúde, onde se destacou um negro apelidado de Prata-Preta, que sozinho enfrentava a força policial com dois revólveres, atirando sem parar[1618].

Ao final do dia 16 as forças legais retomaram o controle da cidade. Decreta-se, nesse dia, o estado de sítio para o Distrito Federal e Niterói, que é prorrogado por mais 30 dias. E a partir do dia 16, com a destruição de várias trincheiras e a prisão e morte de mais de uma centena de civis no Rio de Janeiro, o governo assume controle total da cidade[1619]. Em represália do governo, os alunos das escolas militares são enviados à cidade do Rio Grande, onde o coronel Dantas Barreto os dispersa pelas unidades fronteiriças; depois, mediante decreto, são expulsos do Exército. Além disso, as Escolas Militares da Praia Vermelha e a do Realengo são extintas[1620].

Quanto aos líderes dos movimentos, Barbosa Lima, que só fizera críticas durante os debates parlamentares, é marginalizado; Lauro Sodré, que fugira quando fora ferido, é preso três dias depois e, em dezembro, é processado pelo Senado; Serzedelo Corrêa é desterrado para Mato Grosso. Devido à lentidão da Justiça, grupos fazem pressão para aprovar a lei da anistia (Rui Barbosa e outros senadores), sendo esta sancionada no começo de setembro de 1905[1621].

Os "positivistas vieram a público, dizendo que 'a Igreja Positivista do Brasil, de acordo com os seus antecedentes, combate a vacinação obrigatória por todos os meios pacíficos, em nome da liberdade espiritual. Mas ela não tem solidariedade alguma com o movimento revolucionário atual no Rio, movimento que ela condena radicalmente como contrário, ao mesmo tempo, à ordem e ao progresso. Não é lícito acusar indistintamente os positivistas brasileiros pela conduta política de pessoas que não fazem parte de nossa Igreja, embora se digam positivistas ou possam passar por positivistas. Porque não temos cessado de mostrar que tal conduta é contrária às prescrições as mais formais da Religião da Humanidade'.

[1618] Ibidem, p. 202.

[1619] CARONE, Edgard. *A República Velha (instituições e classes sociais)*, cit., p. 213.

[1620] Ibidem, p. 214.

[1621] Ibidem, p. 214.

Após os acontecimentos, o governo decidiu suspender a obrigatoriedade da vacina"[1622].

11.6.6 Revolta na Bahia

No dia 19 de novembro, na Bahia, uma parcela de amotinados do 9º Batalhão de Infantaria sob o comando do alferes Teodomiro Ramos de Queiroz, oficial do Estado-Maior, impede a entrada e saída de todos. O comandante interino do 9º B.I., o major Inocêncio Fabrício de Matos, é morto. Parte do 9.° B.I. acompanha Teodomiro, que se dirige ao 5.° Batalhão, que não adere ao movimento e há confronto. Diante disso, os revoltosos percorrem o centro de Salvador, dando vivas à República e a Lauro Sodré. Depois de ocuparem os prédios do Correio, da Alfândega, jornais e de controlarem uma parte da cidade, recebem a adesão de um destacamento militar do 16.° Batalhão. Há a intervenção das forças legais, comandadas pelo coronel Sotero de Menezes, que trava tiroteio com os rebeldes, sendo ferido e preso o alferes. Controla-se a situação[1623].

11.6.7 O Convênio de Taubaté (1906)

Tratou-se de tentativa de "valorização do preço do café" em virtude da superprodução. O referido acordo foi assinado por São Paulo, Minas Gerais e Rio de Janeiro, prevendo, em linhas gerais, a retenção do excesso do café sobre o consumo mundial, a fim de aumentar o preço[1624]. A retenção dos excedentes era feita com base de financiamentos externos (sobretaxa incidente sobre cada saca de café), com garantia do café depositado em portos estrangeiros[1625].

Na realidade, sob pressão dos protestos dos cafeicultores, de autoridades e pessoas não diretamente ligadas ao café, o governo já manifestara a referida forma de intervenção, haja vista que a grande colheita de 1895 motivou, inicialmente, um convênio para a organização do Serviço de Propaganda do produto; o então presidente do Estado de São Paulo, Ber-

[1622] Ibidem, p. 214.
[1623] Ibidem, p. 214.
[1624] MENDES JR., Antonio; RONCARI, Luiz e MARANHÃO, Ricardo. *Brasil – história texto e consulta – República Velha*, cit., p. 203.
[1625] Ibidem, p. 203.

nardino de Campos, enviou projeto à Assembleia Estadual, concedendo empréstimos rurais. A última das soluções é a do Congresso de Lavradores Paulistas, que concluiu ser a crise de caráter financeiro[1626].

A política financeira anterior de Campos Sales levou o pânico aos produtores de café. Entre 1898 a 1906 as reclamações são intensas, a ponto de se defender, em 1898, a destruição de 20% da produção, o que equivale a 1 ou 2 milhões de sacas, para equilíbrio entre produção e consumo[1627]. Até que em 1906, na colossal safra, a contínua pressão dos fazendeiros obriga o governo a tomar medidas. "A iniciativa cabe a Jorge Tibiriçá, governador do Estado de São Paulo, que começa por abaixar os impostos sobre o café e regulariza outras medidas econômicas em favor de seu financiamento. Depois, São Paulo une-se aos governos mineiro e fluminense e envia emissários para entrar em entendimentos com os deputados e senadores federais, sem ferir as suscetibilidades de Rodrigues Alves, que não apoia o emprego de medidas oficiais para o caso. Por fim, com autorização da Câmara Estadual, reúnem-se em Taubaté, nos dias 26 e 27 de fevereiro de 1906, os governadores Jorge Tibiriçá, Nilo Peçanha e Francisco Sales, e concretiza-se, então, o convênio, a primeira intervenção estatal para proteger um produto e para benefício de uma classe"[1628].

Como o governo de Rodrigues Alves[1629], em 3 de maio de 1906, se nega a endossar o futuro empréstimo, Tibiriçá, ao obter alteração do

[1626] Carone, Edgar. *A República Velha – instituições e classes sociais*, cit., p. 38.

[1627] "Na Câmara são apresentados projetos (1900) de auxílio pecuniário aos lavradores. Em 1901, no Congresso de lavradores paulistas, estes e os comissários de Santos insistem para que outros Estados eliminem parte da safra. A Secretaria da Fazenda do Estado de São Paulo retoma o tema do monopólio estadual. A primeira medida concreta é a proibição pelo governo paulista, de novas plantações e replantas, pelo prazo de 5 anos (1902). Depois, entre 1902 e 1903, Quintino Bocaiúva e Alfredo Elis pedem preço mínimo para o produto; reúne-se em São Paulo e Belo Horizonte o congresso cafeicultor, em que os lavradores clamam pela melhoria de preços, por empréstimos à lavoura etc. Movimentos semelhantes repetem-se até 1905. Porém, é a atitude oficial do Governo de São Paulo que vai concretizar este anseio geral. Em 1903, Alexandre Siciliano publica o seu plano, cujas conclusões são fundamentais para o futuro Convênio de Taubaté." Carone, Edgar. *A República Velha – instituições e classes sociais*, cit., p. 39.

[1628] Ibidem, p. 39.

[1629] "Rodrigues Alves se opõe à estabilização cambial e à proteção aos cafeicultores. São da mesma opinião o *Jornal do Comércio* e Lorde Rothschild: o primeiro é especificamente

artigo 1.º do Convênio, estipulou que "no primeiro ano os Estados contratantes manteriam o preço de 32$000 a 36$000 ouro por saca de 60 quilos, tipo 7, americano; nos anos seguintes, poderia ir a 40$000. A taxa de 3 francos por saca seria cobrada pelos Estados. O texto modificado é aprovado pela Câmara e pelo Senado, mas com a Caixa de Conversão isto só se dará mais tarde"[1630].

Note-se que, entre fevereiro e junho de 1907, o governo paulista diminui as compras de café. Especuladores estrangeiros forçam a baixa, mas o governo responde imediatamente, dizendo que não jogaria o seu estoque no mercado e que continuaria a comprar o produto. E mais: considera um absurdo taxar o café no país produtor, quando a questão essencial seria a do consumo[1631]. Em síntese o convênio previu a retenção do excesso do produto sobre o consumo mundial, a fim de aumentar o preço.

contrário à solução da crise do café e à Caixa de Conversão, e o segundo considera a valorização uma aventura. Assim, reforçado em sua opinião, Rodrigues Alves responde, em 12 de março de 1906, a Jorge Tibiriçá, que lhe escrevera no dia 2 de março, pedindo reunião extraordinária do Congresso; afirma que a iniciativa fora precipitada e, mesmo aceitando algumas de suas conclusões, o Congresso não seria convocado." Ibidem, p. 40.

1630 Ibidem, p. 40.

"O empréstimo inicial é feito com os banqueiros alemães da Brasilianische Bank für Deutschland, que cedem 1.000.000 de libras; depois, com J. Henry Schrôder, de Londres, conseguem-se 2.000.000; e com o National City Bank, de Nova Iorque, 1.000.000. Sendo insuficiente esta quantia, o governo paulista obtém das maiores casas exportadoras um adiamento de 80% do valor da saca, com a condição de que o correspondente à parte financiada ficasse depositado em seus armazéns. O contrato de compras oficiais é feito com a firma alemã Theodor Wille. Com estas condições, até fevereiro de 1907 são comprados quase 8 milhões de sacas, do tipo 7 para baixo, pelo preço médio de 42,5 francos; os tipos 8 e 9 são recusados. Diante da grita dos produtores do tipo inferior, como os de Minas Gerais e da Bahia, Afonso Pena encarrega o Banco do Brasil de adquiri-lo." Ibidem, p. 40.

1631 De acordo com interesses capitalistas específicos os exportadores poderiam impor o preço e revender o produto nos seus países, com uma margem maior de lucros. Assim, logo no início do Convênio, em março de 1906, o café baixa 20 pontos na Bolsa de Nova Iorque. Vários banqueiros ingleses condenam o plano; Rothschild nega-se a conceder o empréstimo e, quando decrescem as compras, a partir de fevereiro de 1907, imediatamente declara que o plano fracassara. Os jornais ingleses, como *Financial News* e *Brazilian Review*, e americanos, como *Journal of Commerce*, traduzem o pensamento do mercado internacional do café: protestam porque o governo paulista formara um grande "corner" e retera o

Consequências da política de valorização – dado o sucesso da primeira valorização, Tibiriçá consegue em julho de 1907 "empréstimo de 3 milhões de libras, agora mediante contrato direto entre a União e Rothschild; para complementá-lo, mais 2 milhões, em setembro, do sindicato franco-americano de Percival Farqhuar, que inicia a sua penetração imperialista no Brasil. O maior deles, entretanto, é o de 1908, contraído por Albuquerque Lins, que fora escolhido sucessor de Tibiriçá porque apoiava a valorização. Em julho desse ano, ele consegue modificar o texto do Convênio e introduzir novos artigos: imposto adicional de 20% sobre o que exceder 9 milhões de sacas exportadas, 9,5 milhões no ano seguinte e 10 milhões nos anos subsequentes; a sobretaxa passa de 3 para 5 francos, e é autorizado o empréstimo de 15 milhões de libras. O aditivo é aprovado pelo Legislativo Paulista; Câmara e Senado Federal são favoráveis ao endosso do empréstimo pela União; Afonso Pena acata a decisão, e a subscrição popular ao empréstimo é um sucesso em Londres, Paris etc."[1632].

A garantia estadual à produção, o inesperado aumento de preços e a euforia da nova situação levam os fazendeiros a novas plantações, conforme o quadro a seguir:

EXPORTAÇÃO DE CAFÉ						
Decênio	Sacas de 60kg (1000 sacas)	Valor		Valor p/ saca		Porcentagem na exp. nac.
		contos de réis	1000 £ Ouro	em réis	em £ ouro	
1891-1900	74.491	4691906	187917	62$986	2 52	64,5
1901-1910	130.599	4179817	244146	32$005	1 87	51,3
1911-1920	120.503	6446400	364842	53$496	3 03	53,0
1921-1930	139.532	22807858	561035	463$460	4 02	69,6

produto. São de opinião que o mercado deve ser livre e que as vendas devem seguir a lei de oferta e procura. CARONE, Edgard. *A República Velha – instituições e classes sociais*, cit., p. 41.

1632 Ibidem, p. 43.

A melhoria de preços também é um incentivo aos produtores estrangeiros, os quais percebem que a solução brasileira se reflete no mercado mundial. A sua produção aumenta e, a partir de 1910, o total deixa de ser estacionário em 4 milhões de sacas, para atingir, após 1927, a casa dos 10 milhões. O que sucede é, na verdade, a intensificação de plantações em outros países, asseguradas pelas valorizações brasileiras, que funcionam como instrumentos de controle de mercado: o governo segurando os excedentes e jogando com preços, ficando, porém, o ônus financeiro inteiramente para o Brasil, os benefícios desta política sendo compartilhados por todos[1633].

Nessas condições, "o problema da superprodução tende a retornar: é aflitivo, mas ainda não é dramático. Só vai surgir em toda sua plenitude em 1929, quando a ele somam-se outros fatores. Nas décadas de 1910 a 1920 a queda de produção e o aumento de consumo ajudam a diminuir os excedentes; em 1915, para uma produção mundial de 21.304.000 sacas, temos o consumo de 20.687.000. Dez anos depois, em 1925, no *rush* dos anos de 1920, reflexo dos bons preços da década anterior, temos a produção de 24.017.000 para 21.697.000 de consumo; em 1927, 36.194.000 para 23.536.000; em 1929, 38.379.000 para 23.552.000. Dessa maneira, a produção cresce cada vez mais, numa infindável repetição da política de valorização e que, mesmo após 1930, não se interromperá"[1634].

Quando a Caixa de Conversão[1635] entrou em funcionamento, a enorme safra de 1906 havia sido colhida. O governo paulista estava endividado em vários milhões de libras esterlinas e já havia comprado milhões de sacas de café. Enquanto os políticos paulistas faziam manipulações na arena política nacional, os administradores tratavam de conseguir, com

[1633] Ibidem, p. 45.

[1634] Ibidem, p. 45.

[1635] Foi um mecanismo econômico por meio do qual o governo recebia moeda estrangeira e ouro e devolvia ao investidor bilhetes no valor da moeda entregue, fosse ouro, dólares, libras esterlinas ou liras, no mesmo valor do dinheiro. Sob supervisão do Ministério da Fazenda, foi criado pela Lei 1.575, de 1906, a partir do Convênio de Taubaté. Fonte: mapa da Administração Pública. Disponível in http://mapa.an.gov.br/index.php/dicionario-primeira-republica/752-caixa-de-conversao.

comerciantes e bancos estrangeiros, os suportes financeiro e institucional necessários às operações da valorização[1636].

Depois do *funding loan*, não era mais possível desvalorizar o mil réis para compensar a depreciação do café em libras esterlinas (política inflacionista que interessava ao setor cafeeiro de Taubaté vai também "socializar as perdas", pois compromete as finanças do País com os empréstimos)[1637].

Apesar da oposição do mercado capitalista mundial, "a ajuda de banqueiros e firmas capitalistas de várias nacionalidades suaviza a reação ao aumento do preço do produto. Assim, os quase 8 milhões de sacas compradas com a valorização são armazenadas e warrantadas[1638] em portos americanos e europeus, sob fiscalização brasileira, mas consignadas às grandes firmas exportadoras estrangeiras. O balanço de 1907 mostra que todos os compromissos externos foram saldados e que o lucro obtido é imenso. Afinal, comprova-se a viabilidade do plano dos fazendeiros e a vitória da iniciativa estatal no comércio"[1639].

11.6.8 Política externa

a) A questão do Pirara – tratou-se de disputa de terras e definição da fronteira entre o Brasil e a ex-Guiana Inglesa, hoje denominada República da Guiana, pois, a partir de 1840, com base em informações relativas à cartografia, à demografia, às relações culturais, à fauna e flora, colhidas dessa região por uma expedição a pedido da *Royal Geographic Society* (Grã-Bretanha), os ingleses interessaram-se por ocupar de forma efetiva a região do Pirara, sob a alegação de que as terras pertencentes aos comerciantes holandeses (a leste dos rios Cotingo e Tacutu), foram passadas aos ingleses, com base no relatório da expedição de Richard Shomburgk, a serviço da referida instituição britânica, e de que o território em referência era ocupado por índios "independentes" que reclamavam a proteção do

[1636] Holloway, Thomas H. *Vida e morte do Convênio de Taubaté – a primeira valorização do café*. Trad. Márcio Doctors. Rio de Janeiro: Paz e Terra, 1978, p. 66.
[1637] Costa, Cruz. *Pequena história da República*, cit., p. 93.
[1638] Diz-se de mercadorias que contam com warrant, ou seja, garantias legais.
[1639] Costa, Cruz. *Pequena história da República*, cit., p. 93.

Império inglês em face da imposição de trabalhos forçados por portugueses e brasileiros locais[1640].

Tendo como defensor dos interesses brasileiros Joaquim Nabuco e árbitro o rei italiano Vitor Emanoel III, foi reconhecido como dos britânicos a maior extensão do território em discussão: 13.570 km² ao Brasil; e 19.630 km² para os britânicos[1641].

b) A questão do Acre – o que hoje corresponde ao atual Estado do Acre pertencia à Bolívia, mas o território foi povoado por seringueiros brasileiros, quase todos eles nordestinos que fugiram da seca em direção à Floresta Amazônica[1642].

O governo boliviano, em 1867, após a derrota brasileira em Curupaiti, durante a Guerra do Paraguai, exigiu a demarcação de fronteira comum e, após as negociações, firmou-se o tratado de Ayacucho, dispondo que o Acre ficaria com o estado boliviano, apesar de o Brasil conseguir uma cláusula para reivindicação futura da área contestada. A base da reivindicação era o princípio *uti possidetis*, pois havia retirantes nordestinos da seca, principalmente cearenses, ocupando a região. Na zona contestada estava a cidade de Puerto Acre. Em consequência do acordo, os brasileiros rebelaram-se[1643].

1640 "O termo Pirara denomina um rio da Guiana, localizado próximo dos atuais territórios da fronteira entre os rio Cotingo-Tacutu e Buroburo-Essequibo, a leste de onde hoje está o atual Estado de Roraima. No passado, segundo informações de estudos antropológicos, Pirara era uma maloca Makuxi, situada na margem sul de um igarapé do mesmo nome e que, na segunda metade do século XIX, quando a maloca já havia desaparecido, tornou-se referência ao processo de demarcação do território entre Brasil e Guiana. Os dois países escolheram como marcos de fronteiras os rios dessa região pertencentes à bacia do rio Essequibo-Rupununi, no caso da Guiana, e a bacia do rio Branco, no caso do Brasil". Oliveira, Reginaldo Gomes de; Magalhães, Maria das Graças dias. A questão do Pirara: Roraima. Universidade Federal de Roraima: *Revista de Ciências Humanas*, n. 14, 2008, p. 104.

1641 A demarcação concretizou-se no governo de Getúlio Vargas, entre 1930 e 1938, por uma Comissão Mista Remarcadora de Limites, que de acordo com o Tratado e Comissões assinados em Londres, em 22 de abril de 1926, foram iniciados os trabalhos na confluência do rio Maú com o Tacutu. *Vide* Oliveira, Reginaldo Gomes de; Magalhães, Maria das Graças dias. A questão do Pirara, cit., p. 114.

1642 Carneiro, Glauco. *História das revoluções brasileiras*, cit., p. 126.

1643 Ibidem, p. 126.

O aventureiro Galvez – Concomitantemente, assumia Luiz Galvez Rodrigues de Arias um cargo no consulado boliviano em Belém do Pará. No início de 1899, ficou incumbido de traduzir um documento para o inglês, assinado por José Parvicini (ministro boliviano) com o visto do cônsul dos EUA (W. E Kennedy)[1644]. Tal fato ficou conhecido como "o caso Galvez". O americano era primo do então presidente daquele país, Theodore Rooselvet.

O texto determinava:

"1º – Os Estados Unidos da América do Norte gestionarão, por via diplomática, da República do Brasil o reconhecimento dos direitos da República da Bolívia nos territórios do Acre, Purus e Iaco, hoje ocupados de acordo com os limites estabelecidos pelo tratado de 1867;
2º – Os Estados Unidos da América do Norte se comprometem a facilitar à República da Bolívia o numerário e apetrechos bélicos de que esta necessite em caso de guerra com o Brasil;
3º – Os Estados Unidos da América do Norte exigirão que o Brasil nomeie dentro do corrente ano uma comissão que, de acordo com a Bolívia, deslinde as fronteiras definitivas entre o Purus e o Javari;
4º – O Brasil deverá conceder a livre navegação dos afluentes do Amazonas aos barcos de propriedade boliviana, assim como o livre trânsito pelas alfândegas do Pará e Manaus às mercadorias destinadas aos portos bolivianos;
5º – Em recompensa aos seus bons ofícios a Bolívia concederá aos Estados Unidos da América do Norte o abatimento de 50% dos direitos da borracha que sair com destino para qualquer parte da dita nação, e este abatimento durará pelo prazo de dez anos;
6º – No caso de ter que apelar para a guerra, a Bolívia denunciará o tratado de 1867, sendo então a linha limítrofe da Bolívia a Boca do Acre, e entregará o território restante, isto é, a zona compreendida entre a Boca do Acre e a atual ocupação, aos Estados Unidos da América do Norte em livre posse;
7º – Os gastos que ocasionar uma guerra serão pagos pelos Estados Unidos da América do Norte, recebendo, em hipoteca, a renda das alfândegas bolivianas"[1645].

1644 Ibidem, p. 126.
1645 Ibidem, p. 127.

A 9 de maio de 1899 escapava de Belém a canhoneira americana *Wilmington*, comandada pelo capitão Chapman Todd, levando a mensagem com destino às mãos do presidente William McKinley, mas Galvez não ficara indiferente ao que se sucedera. Revoltado com o teor do documento, abandonou o consulado boliviano e, de imediato, empenhou-se em envolver o governador do Pará, Paes de Carvalho, a fim de que houvesse uma reação contra o assentado conluio, produto da época imperialista de então. Dado o insucesso de sua tentativa, embarcou para Manaus, onde, em longa conversa com o governador do Amazonas, Ramalho Júnior, conseguiu convencê-lo das graves consequências que a perda do Acre resultaria para o tesouro amazonense, com a supressão das vultosas rendas dos impostos sobre a borracha[1646].

Ramalho Júnior auxiliou Galvez de forma clandestina, fornecendo--lhe dinheiro e armas. O espanhol reuniu amigos e partiu para uma quixotesca aventura: assegurar, pelas armas, a independência do Acre. O navio-gaiola *Cidade do Pará* transportou-os para os confins da selva, onde, precisamente a 14 de julho de 1899, para comemorar o 110º aniversário da Queda da Bastilha, começou a existir mais uma nação livre, organizada sob a forma republicana: o Estado Independente do Acre. Luiz Galvez Rodrigues de Arias era o chefe supremo do Estado recém-nascido, embora tivesse insistido em que fosse um brasileiro o ocupante do cargo. Os acreanos o receberam com alegria, como receberiam qualquer outro que lhes fosse levar socorro contra o que eles consideravam uma intromissão da Bolívia. O que importava era salvar o Acre, independentemente da procedência do herói[1647].

Em menos de 24 horas "Galvez mobilizara uma milícia e enviara despachos para todos os principais países europeus, 'designando representantes diplomáticos do novo Estado que acabava de tirar do nada'. Ocorre que um dos súditos arrebatou-lhe o poder e ele foi preso e recambiado para Manaus, de onde foi enviado para Recife, vivendo na miséria, até que um auxílio generoso do governador Ramalho Júnior, que não o esquecera, possibilitou-lhe embarcar para a Europa. A partir de então, nada

[1646] Ibidem, p. 127.
[1647] Ibidem, p. 127-128.

se soube a seu respeito"[1648]. Em 1900, o general boliviano José Manuel Pando Suaréz, à frente de uma expedição militar, ocupou o Acre. Em reação, os brasileiros locais proclamaram um segundo estado independente do Acre, tendo como líder Rodrigo de Carvalho[1649].

Bolivian Syndicate – Em 1901 a Bolívia arrendou o Acre para a empresa liderada pelos ianques, *Bolivian Syndicate*, que além de explorar a borracha, fazer a administração fiscal e policial, poderia ter até um exército e uma esquadra. O presidente de honra da empresa era o primo do presidente Theodore Roosevelt. A reação contra esse domínio internacional passa a ser comandada por Plácido de Castro, que arquitetou uma luta de guerrilha contra a empresa americana e os bolivianos[1650].

Em 6 de agosto de 1902, dia da independência da Bolívia, os brasileiros tomaram por via armada a intendência boliviana, liderados por Plácido de Castro. Em outubro do mesmo ano, as tropas bolivianas foram derrotadas e, em janeiro de 1903, realizou-se a *Acta de Capitulacion de Puerto Acre*, com vitória para os brasileiros, que estruturaram um governo para o novo estado[1651]. Após vários desentendimentos entre Plácido de Castro e as tropas do exército brasileiro deslocadas para a região, o Barão do Rio Branco[1652] confirma a liderança de Plácido de Castro e em 17 de novembro de 1903 assina o Tratado de Petrópolis, incorporando uma área de 191 mil quilômetros para o Brasil. Em 1908, Plácido de Castro foi assassinado[1653].

As premissas do Tratado foram as seguintes:

- anexação do território do Acre ao Brasil, sendo que este teve que pagar uma indenização de 2 milhões de libras esterlinas à Bolívia;

[1648] Ibidem, p. 128.
[1649] Ibidem, p. 128.
[1650] Ibidem, p. 129.
[1651] Ibidem, p. 133.
[1652] Rio Branco criou procedimentos técnicos para a atuação do Itamaraty, no sentido de realizar negociações vantajosas para o Brasil, evitando confrontos com outros países. No governo de Jair Bolsonaro o Itamaraty tem realizado um trabalho contrário a estes princípios, sob a direção do diplomata Ernesto Henrique Fraga Araújo, discípulo de Olavo de Carvalho.
[1653] Carneiro, Glauco. *História das revoluções brasileiras*, cit., p. 135.

- indenização, paga pelo governo brasileiro ao *Bolivian Syndicate*, no valor de 110 mil libras esterlinas. A indenização era relativa à finalização do contrato de arrendamento que essa empresa tinha com o governo boliviano, para explorar recursos na região;
- o Brasil cedeu à Bolívia algumas faixas de terras na região da foz do rio Abunã (na fronteira norte entre Brasil e Bolívia), e na região de fronteira no estado do Mato Grosso;
- o Brasil deveria construir uma ferrovia, para que os bolivianos pudessem fazer o escoamento de sua produção. Após quase sete anos de construção, a Estrada de Ferro Madeira-Mamoré ficou pronta em 1912.

11.6.9 Sucessão de Rodrigues Alves

Na época, as forças políticas estaduais questionavam sobre o direito do presidente da República de indicar seu sucessor, conforme a tradição imposta pela política do café com leite. *A priori,* concorreram também à presidência o baiano Rui Barbosa e o gaúcho Pinheiro Machado, que lideravam o movimento contra a candidatura oficial. Ocorre que Bahia e Rio Grande do Sul são Estados que não pretendiam colidir contra Rodrigues Alves e os grupos dominantes de São Paulo. Sendo assim, Machado escolheu outro paulista – Campos Sales – para contra-atacar o candidato Bernardino de Campos. Diante do impasse, Pinheiro Machado articula a campanha pró-Afonso Pena e, dado o seu controle sobre o Legislativo, fomenta a ideia de que, por faltar partidos nacionais, o Legislativo é a representação das vontades estaduais. A estratégia possibilita a formação da famosa Coligação, apoiada pela assinatura de 150 deputados e senadores. Rui Barbosa, que pretendia torná-la um partido, desliga-se do agrupamento. A eleição foi tensa.

11.7 Afonso Pena (15-11-1906 a 14-6-1909) – o continuísmo político. Vice-presidente: Nilo Procópio Peçanha

Afonso Pena (1847 – 1909), mineiro, Bacharel em Direito pelo Largo São Francisco (SP). Foi deputado provincial e geral no Império. Ocupou o Ministério da Guerra (1882), da Justiça (1885) e foi vice-presidente da República (1903). Defendeu a abolição da escravatura e a ampliação do direito do voto. Incentivou a imigração dos japoneses e a organização das colônias europeias no sul.

Eleito com 288.285 votos, Afonso pena tomou posse em 25 de novembro de 1906 e cercou-se de "homens novos", formando o "Jardim da Infância"[1654], ou seja, o grupo dos seus ministros, todos muito jovens, entre os quais Davi Campista[1655], na Fazenda, e como líder da minoria, Carlos Peixoto Filho.

Bem antes de eleger-se, Afonso Pena declarara em um pronunciamento que, visando o funcionamento regular e eficaz das instituições,

[1654] "Tratava-se de um grupo de jovens de bases sólidas dentro dos partidos estaduais, sem prestígio político, nomeados por Rodrigues Alves como líderes no Congresso e nas pastas ministeriais. (...) apareceu como uma primeira tentativa das pequenas bases políticas oligárquicas estaduais de lutar contra o sistema político dominante. Rui Barbosa, situacionista da Bahia, consultado pessoalmente sobre a candidatura de David Campista, respondeu: 'Nenhum cidadão se deve considerar candidato, enquanto não designado por um movimento de opinião pública, por um partido político, ou por um Estado da União'. A situação se divide – embora a maior parte da bancada parlamentar dissesse apoiar o candidato do Presidente da República, parte da base da sustentação do governo, a política mineira, cindiu-se com a recusa pública de alguns chefes em aceitar David Campista. São Paulo, entretanto, numa atitude duvidosa, mantinha em aberto a velha aliança com Minas, ao mesmo tempo em que aprovava a política de valorização do café preconizada por Afonso Pena. Pinheiro Machado, por sua vez, apresentou uma lista de nomes que teriam o beneplácito do Rio Grande do Sul, prevendo que a eleição de David Campista iria confirmar a marginalização dos gaúchos. Diante da permanência do candidato oficial, aderiu à candidatura de Hermes da Fonseca lançada por setores militares e políticos dissidentes. A desistência de David Campista marcou o desmoronamento do 'Jardim da Infância', no momento em que Hermes aceitou definitivamente ser candidato. As lideranças políticas estaduais ainda olhavam com desconfiança uma candidatura militar. Porém o oferecimento da vice-presidência ao oficialismo mineiro, que tomou de surpresa os líderes paulistas, consubstanciando a candidatura Wenceslau Brás, unificou os mineiros que, com pequenas exceções, colocaram-se ao lado de Hermes da Fonseca. A morte prematura de Afonso Pena (1909) levou Nilo Peçanha ao poder. Este apresentando uma pretensa neutralidade frente à campanha eleitoral que se aproximava, constituiu seu ministério através de políticos que tendiam a confirmar a candidatura Hermes". MENDES JR., Antonio; RONCARI, Luiz e MARANHÃO, Ricardo, *Brasil – história, texto e consulta*, cit., p. 244.

[1655] David Moretzsohn Campista (1863-1911) – Carioca, bacharel em Direito (Faculdade de Direito de São Paulo (1883), promotor (Minas Gerais), deputado, ministro da Fazenda (1906-1909), foi indicado por Afonso Pena para ser candidato a presidência da República. Representou o Brasil na Dinamarca, onde faleceu.

Governo e Congresso deveriam atuar segundo a competência que lhes fora delegada, ou seja: "nem o Poder Executivo deve procurar legislar, nem o Congresso governar; o contrário importaria na violação flagrante do regime em ponto essencial"[1656].

Ao dar sequência à gestão anterior de Rodrigues Alves, Afonso Pena propiciou a mais alta taxa de investimento de capitais na indústria (12,4 %). Além disso, destacou-se por uma inteligente política de povoamento. Quanto ao café, este se valorizou, passando a haver equilíbrio estatístico entre a produção e o consumo[1657].

Na presidência, incentivou a construção de ferrovias, das quais a principal foi a Estrada de Ferro Noroeste do Brasil; interiorizou o Brasil ao integrar a região amazônica ao Rio de Janeiro por meio do telégrafo, instalado pela expedição do sertanista Cândido Rondon; fez a primeira compra estatal de café, tirando o encargo que era somente de São Paulo, Minas e Rio de Janeiro, segundo o Convênio de Taubaté. Além disso, modernizou o Exército e a Marinha. Seu lema era: "governar é povoar". Além disso, incentivou a imigração para o Brasil, o que levou à chegada do primeiro navio com imigrantes japoneses ao Brasil, o Kasatu Maru, em 1908.

Mas ele enfrentou no Senado a oposição de Pinheiro Machado, que se intensifica principalmente em face das indicações de jovens para os ministérios. Na verdade, o problema já havia desde o governo Rodrigues Alves, pois a escolha de novos políticos desagrada as lideranças estaduais, que, por questões de prestígio ou de hierarquia, preferiam que a escolha recaísse em pessoas mais velhas e de posições políticas destacadas[1658].

[1656] CARONE, Edgard. *A República Velha: evolução política*, cit., p. 229.

[1657] COSTA, Cruz. *Pequena história da República*, cit., p. 94.

[1658] "(...) Pinheiro Machado (...) procura ligar-se a elementos recalcitrantes da bancada mineira – Sabino Barroso, Astolfo Dutra –, numa tentativa de prevenir-se para o futuro. Frio e calculista, com grande tarimba política, sabendo esperar, Pinheiro Machado aguarda os acontecimentos, que finalmente eclodem pouco antes do problema sucessório de Afonso Pena. Quando volta da viagem ao Rio Grande do Sul, em março de 1908, é pequena a recepção que recebe no cais Faroux, sinal de que os políticos estão começando a se afastar dele; depois, em conversa com Afonso Pena, este reafirma que Carlos Peixoto é seu candidato à terceira reeleição para líder na Câmara Federal. A declaração é sinal de que o governo não aceita a proposta feita por Pinheiro Machado, em fins de 1907: este

11.7.1 Sucessão

A sucessão de Afonso Pena (falecido em 1909, sucedeu-lhe o vice-presidente da República, Nilo Peçanha) traria, como sempre ocorre na sucessão presidencial, "certos desencontros e agitação nos grupos políticos dominantes. Houve, então, um choque, mais aparente do que real, entre as oligarquias"[1659].

Em síntese, principais ocorrências de seu governo:

- Conserva o Barão do Rio Branco (Exterior) e convida o marechal Hermes da Fonseca para ministro de Guerra.
- Pretendia libertar-se da tutela de Pinheiro Machado (Bloco "Morro da Graça").
- Os grupos articulam-se ao sabor das lideranças pessoais.
- Melhoramentos portuários e ferroviários.
- Participa da Conferência de Paz de Haia (1907) – destaque para Rui Barbosa.
- Reforma financeira de David Campista (intervencionista e protecionista): criação da Caixa de Conversão (1907), que manteve baixa a taxa cambial (15 d. por mil-réis), beneficiando diretamente os exportadores e indiretamente os industriais (será fechada no governo Hermes).
- Lançada pelo governo a candidatura à presidência de David Campista (apoiada por Afonso Pena), sofreu a oposição de Rui Barbosa.
- O Marechal Hermes, que havia modernizado o Exército, candidata-se à sucessão.
- Surgem ataques de Carlos Peixoto Filho (presidente da Câmara pela terceira vez). Demissão de Hermes que tem o apoio de Pinheiro Machado.
- O "Jardim da Infância" é derrotado.

continuaria a apoiar o situacionismo se o líder governamental fosse substituído. Entretanto, a eleição de Carlos Peixoto para líder do governo não leva a um rompimento definitivo das partes, porque Rui Barbosa intervém pessoalmente junto ao presidente da República dando-se, momentaneamente, uma solução conciliatória". Carone, Edgar. *A República Velha: evolução política*, cit., p. 230.

[1659] Costa, Cruz. *Pequena história da República*, p. 94.

– Após falecer (junho/1909), Afonso Pena foi sucedido pelo vice-presidente, Nilo Peçanha.

11.7.2 A sucessão – campanha civilista

A denominação "campanha civilista", lançada pelo Partido Republicano Paulista – PRP, surgiu devido à candidatura de Rui Barbosa à presidência, ou seja, de um candidato civil em disputa contra um militar, Hermes da Fonseca[1660]. Procurava demonstrar que um militar não seria a melhor escolha para o Brasil.

Albuquerque Lins (Presidente de São Paulo) e Rui Barbosa comandaram o movimento antimilitarista, e "a base política da campanha concentrava-se na oligarquia de São Paulo, ainda que os partidários combatessem, em tese, o 'Brasil inculto, oligárquico e autoritário'. Rui contou com o apoio de uma propaganda maciça: 'Caravanas, trens e navios especialmente fretados, levavam Rui e seus adeptos ao norte e ao sul. Se os poderes públicos da União e dos Estados dominados pelas oligarquias que prestigiavam a candidatura militar dispunham de dinheiro, empregos, toda a máquina do poder, os paulistas proporcionaram a Rui o que ele necessitava para uma campanha em larga escala, como jamais se fizera no País. São Paulo, à sombra da valorização do café, pagava tudo, tudo subvencionava, caravanas, hospedagens, despesas de locomoção e propaganda. Houve por parte do governo federal igual facilidade no uso das verbas oficiais'"[1661].

A partir do governo Afonso Pena os políticos paulistas representaram, com certeza, a vanguarda da defesa do café, e as medidas políticas tomadas por eles visavam, antes de mais nada, esse alvo, por isso a imposição de uma candidatura não significava exatamente o objetivo maior, mas sim garantir as bases para continuação da política de favorecimento à cafeicultura, mantendo a coesão interna do partido, articulando um sistema de alianças para futuras implicações políticas, a exemplo do que ocorreu

[1660] MENDES JR., Antonio; RONCARI, Luiz e MARANHÃO, Ricardo. *Brasil – história, texto e consulta – República Velha*, v. 3, cit., p. 244.
[1661] Ibidem, p. 244.

anteriormente com a escolha do Vice-Presidente de Rodrigues Alves, o mineiro Afonso Pena[1662].

11.7.3 Rui *versus* Hermes

O movimento de Rui Barbosa apresentava-se da seguinte forma:

- revelaria, com a divisão dos grupos oligárquicos, o primeiro sinal de seu lento declínio, em cujo contexto também Rui Barbosa se enquadrava no jogo dessas oligarquias, ainda que elas o temessem em virtude de sua voluntariosa independência dos interesses partidários;
- Rui Barbosa pleiteava o voto secreto e a revisão constitucional.
- principalmente após ter representado o País em Haia, em 1907, na 2ª Conferência da Paz, tratava-se o intelectual Rui Barbosa de uma referência nacional, em oposição ao empirismo de políticos vulgares, representantes da ignorância dos "coronéis"[1663].

Em consequência desse entrechoque entre civilismo, representado por Rui Barbosa, o jurista culto e erudito, e o militarismo, representado pelo marechal Hermes da Fonseca, o militar inculto e bronco, origina-se um longo, paradoxal e complexo processo de ideias que conduzirá ao fenômeno político do "tenentismo" de 1922 e aos "ideais" dos burgueses liberais, ditos "progressistas", que preparam a Revolução de outubro de 1930. Ainda que a oposição nesse estágio eleitoral fosse ainda tímida, com o passar do tempo passaria por um processo de decantação e conduziria Vargas ao poder[1664].

[1662] Ibidem, p. 245.

[1663] "Há aí um curioso fenômeno de bovarismo que cumpre estudar de mais perto e aprofundar. É estranho que o povo, mesmo o dos centros urbanos, na sua maioria constituído de analfabetos, admirasse um homem distante, possuidor de uma imensa biblioteca e que esse povo dizia, na sua ignorância, conhecer todas as línguas e haver lido todos os livros! Os políticos matreiros, porém, desconfiavam desse letrado, orador prolixo, que lhes falava uma língua rebuscada que eles não entendiam." Costa, Cruz, *Pequena história da República*, cit., p. 95.

[1664] Mendes Jr., Antonio; Roncari, Luiz e Maranhão, Ricardo. *Brasil – história, texto e consulta – República Velha*, cit., p. 244, v. 3.

Dessa corrida à presidência, tanto na candidatura de Rui Barbosa como na de Hermes da Fonseca, os dinheiros públicos generosamente subvencionaram os candidatos, ora o governo federal apoiando o marechal, ora os cofres do Estado de São Paulo sustentando o candidato civil. Mas o café mantinha o seu preço alto e a borracha ainda se vendia, a tonelada, a 640 libras. A situação era de euforia, de aparente euforia[1665].

Apesar do vínculo militar, Hermes da Fonseca procurava desvencilhar-se dessa imagem, como certa vez em um discurso em sua homenagem durante a campanha presidencial:

> "*a minha condição de soldado não emprestará uma feição militarista ao meu governo. De origem genuinamente civil, amparada pelos chefes situacionistas da quase unanimidade dos Estados e pelos seus opositores, a minha candidatura não irrompeu do seio das classes armadas, cuja ação, aliás, não pode ser indiferente aos interesses políticos e sociais de nossa Pátria*"[1666].

Na campanha usou a vassoura[1667] como símbolo para varrer a possibilidade dos civilistas. Mas a manifestação constante de militares a favor de Hermes da Fonseca é extrema a ponto de haver interferência em São Paulo: em janeiro de 1910, a pretexto de manobras, enviam-se tropas do Exército para o Estado. Nesse contexto, o ministro da Agricultura, Antônio Carlos Rodrigues, pede demissão do cargo devido à posição parcial do governo federal em relação a São Paulo; ele é substituído por outro paulista, Rodolfo Miranda, fervoroso hermista. Esse clima de exaltação e arbitrariedades conduz a uma série de choques e denúncias[1668].

O resultado das eleições foi o seguinte: Rui obteve nos grandes centros boa votação, totalizando 222.822 votos, mas a máquina eleitoral do

[1665] Ibidem, p. 245.

[1666] CARONE, Edgard. *A República Velha: evolução política*, cit., p. 246.

[1667] Hermes da Fonseca antecedeu o ex-presidente Jânio Quadros no uso do símbolo da vassoura para representar limpeza contra a corrupção econômica e política. Por sinal, as campanhas brasileiras são marcadas pelo emprego demagógico de símbolos que aludem à integridade moral e política, mas sem atingirem, na prática, o correspondente resultado durante a condução da gestão pública nos planos federal, estadual e municipal.

[1668] MENDES JR., Antonio; RONCARI, Luiz e MARANHÃO, Ricardo. *Brasil – história, texto e consulta – República Velha*, cit., p. 246, v. 3.

governo, principalmente em Minas e no Norte, garantiu a vitória do candidato militar, com uma margem de 403.867 votos[1669]. Rui considerava fraudulenta a eleição. Definido o pleito, confirmou-se o predomínio do sistema oligárquico e de suas formas pragmáticas e eleitorais de pressão. Mesmo quando Rui Barbosa contesta os resultados eleitorais dos Estados hermistas, ele não põe em dúvida o que se dá naqueles que o apoiam. O que temos nas eleições de 1910 é uma mudança nos métodos da campanha eleitoral, mas permanência das formas de eleição[1670]. O caudilho Pinheiro Machado transforma-se no supremo coronel dos políticos do País, o "coronel dos coronéis".

11.8 Nilo Peçanha (14-6-1909 a 15-11-1910) – um governo tampão e a campanha civilista

Nilo Peçanha (1867 – 1924), natural de Campos dos Goytacazes (RJ), estudou na Faculdade de Direito do Largo São Francisco (SP) e depois ingressou na Faculdade de Direito do Recife (PE), quando se bacharelou em 1887. Em 1888 voltou para sua cidade natal, onde exerceu a profissão de advogado. Atraído pela política, foi um dos fundadores do Clube Republicano de Campos e candidatou-se à Câmara dos Deputados do Império nas eleições de 1889, mas não conseguiu se eleger.

Com o advento da República, Nilo Peçanha elegeu-se deputado ao Congresso Constituinte de 1890-1891 e à primeira legislatura do Congresso Nacional. Foi reeleito sucessivamente até 1903, quando se tornou presidente do estado do Rio de Janeiro. Junto com Jorge Tibiriçá (São Paulo) e Francisco Sales (Minas Gerais) formou o trio de presidentes estaduais que decidiram pelo programa de valorização do café no convênio assinado em Taubaté, São Paulo, em 1906.

Antes de terminar o mandato, Nilo Peçanha candidatou-se à vice-presidente da República na chapa de Afonso Pena (Minas Gerais), para o quadriênio de 1906-1910. Eleito, assumiu a vice-presidência da República. Com a morte do titular assumiu a presidência da República, mas governou por curto período. Como principais fatos de seu governo pode-se citar:

[1669] Costa, Cruz. *Pequena história da República*, cit., p. 96.
[1670] Carone, Edgard. *A República Velha: evolução política*, cit., p. 245.

- Criação do Serviço de Proteção aos Índios (atuação do marechal Cândido Rondon).
- "Campanha Civilista" - marechal Hermes (apoiado pelo governo federal e Pinheiro Machado) *versus* Rui Barbosa (apoiado por São Paulo, Bahia e Rio de Janeiro)[1671].

11.9 Marechal Hermes Rodrigues da Fonseca (15 de novembro de 1910 a 15 de novembro de 1914) – os militares voltam ao poder. Vice-presidente Venceslau Brás

Ao começar seu governo, a fim de demonstrar que os desentendimentos do passado estariam esquecidos, Hermes da Fonseca (1855 – 1923) pediu a Rui Barbosa que o auxiliasse na indicação dos nomes de seu ministério, mas os indicados são todos de seus partidários, numa afirmação dos grupos e Estados que o apoiam. Em decorrência, esse ministério será mais instável do que qualquer outro até então, pois, a maior parte de seus membros quer o cargo para usá-lo como trampolim da ambição de seus Estados[1672].

O papel do Coronel dos coronéis – o senador gaúcho Pinheiro Machado influenciou o governo do marechal Hermes Rodrigues da Fonseca e forçou a derrubada dos grupos dominantes nos diversos Estados mediante intervenções federais, até mesmo daqueles que se perpetuavam no poder e despertavam insatisfação ao povo. Diante do êxito que vinha alcançando, Pinheiro cogitou intervir no Estado de São Paulo, haja vista que ele não

[1671] Ibidem, p. 122.

[1672] Outras características aparecem do governo Hermes da Fonseca: a ocupação de cargos políticos por jovens – Flores da Cunha, chefe de polícia; Maurício de Lacerda, oficial de Gabinete – e grande participação de membros de sua família na política. Mas a tendência dominante, liderada por Pinheiro Machado no Congresso, é excluir das diversas Comissões todos os membros da minoria parlamentar, para conseguir o controle absoluto das decisões. A tentativa de centralização política feita por Pinheiro Machado começara antes da posse de Hermes da Fonseca. O líder gaúcho sabia que os simpatizantes militares do marechal ambicionavam não só torná-lo um nome vitorioso, mas pretendiam posições e o controle político. Logo, Pinheiro Machado incentiva a criação de um novo partido, o Partido Republicano Conservador, para pressionar Hermes da Fonseca e os militares, que pretendiam atacar as oligarquias dos Estados, cuja maioria era favorável ao político gaúcho. *Vide* CARONE, Edgard. *A República Velha: evolução política*, cit., p. 255.

se conformava com o fato de o Partido Republicano Paulista apoiar Rui Barbosa. Ocorre que o então secretário de Segurança, Washington Luís, preparou a Força Pública com armas modernas e uma missão francesa que a adestrava. Assim, esse foi o único Estado temido por Pinheiro[1673].

A política das salvações – o então presidente adotara uma política que visava tirar o poder das mãos dos grandes fazendeiros que comandavam as oligarquias. No Norte e no Nordeste, por exemplo, houve a substituição dos políticos pelos militares na chefia dos Estados. Em decorrência, houve incidentes e conflitos sangrentos; em Salvador, tiros de canhões incendiaram o Palácio do Governo e a Biblioteca Pública; a mesma violência verificou-se em Manaus; no Recife, luta nas ruas. Houve ainda agitações no Pará, em Alagoas, no Sergipe, no Espírito Santo, no Estado do Rio e no próprio Distrito Federal[1674].

Pinheiro Machado (Senador), por sua vez, anulava mandatos políticos de deputados e senadores eleitos que não fossem da sua simpatia, enquanto o Exército promovia intervenções federais, com a derrubada de facções oligárquicas nos Estados 'pequenos' e sua substituição por outras facções: do Amazonas ao Espírito Santo"[1675]. As "derrubadas" afetam os interesses de Pinheiro Machado, mas ele recupera seu prestígio no fim do governo Hermes. Exemplo: o afastamento do "salvador" coronel Franco Rabelo do governo do Ceará, depois da revolta sertaneja promovida pelo Padre Cícero.

11.9.1 Os Conflitos

11.9.1.1 A Revolta da Chibata e o episódio do navio Satélite

Tratou-se de um movimento insurrecional marcante, ocorrido no início do governo do marechal Hermes da Fonseca, em repúdio ao recrutamento à força e sem critério do pessoal da Marinha de Guerra, que era escolhido desde entre simples filhos indisciplinados até pais de família, literalmente arrancados de seus Estados e, quando convinha a aplicação

1673 Salgado, Plínio. *História do Brasil.* São Paulo: FTD, 1970, p. 187-188, v. 2.

1674 *Dicionário de História do Brasil*, cit., p. 243.

1675 Ibidem, p. 243.

de castigos, eram submetidos a açoites de chibata – uma corda de linho molhada atravessada por agulhas de aço – perante os demais[1676].

A sublevação, em resposta aos castigos físicos, ao trabalho excessivo e aos baixos salários, deu-se em 22 de novembro de 1910, e partiu de uma ação dos marujos dos encouraçados "Minas Gerais" e "São Paulo", em sua maioria negros, sob a liderança do marinheiro João Cândido, que manobrou a esquadra com perícia de experimentado oficial[1677].

A fim de controlar a situação, Pinheiro Machado enviou um representante a bordo do "Minas Gerais" para conhecer as reivindicações dos marinheiros, que exigiam o fim do alegado regime de escravidão, imposto pela Marinha; a reforma do código interno, considerado por eles imoral; a extinção da chibata e de outros castigos semelhantes; e reivindicavam aumento do soldo. Se no prazo de 12 horas não fossem atendidos, iniciariam o bombardeio da capital federal[1678].

Na época, somente Rui Barbosa e poucos parlamentares defenderam os marinheiros, enquanto a oficialidade pretendia boicotar o projeto de anistia discutido no ministério. Ao fim, decidiu-se pela anistia, e os marinheiros aceitaram depor as armas, mas, na prática, o governo não cumpriria a referida promessa e promoveria a vingança contra os revoltosos posteriormente[1679].

Esse fato ocorreu no navio cargueiro *Satélite* (1911), que ficou conhecido pela brutalidade como foram tratados e mortos os seus tripulantes. No navio, ao sair do Rio de Janeiro (1910), foram embarcados e amontoados nos porões imundos 105 ex-marinheiros, 44 mulheres da vida, 298

1676 Mendes Jr., Antonio; Roncari, Luiz e Maranhão, Ricardo. *Brasil – história, texto e consulta – República Velha*, v. 3, cit., p. 247.

1677 A disciplina e o recrutamento impostos pela Marinha datava dos códigos do século XVIII, ainda que seus encouraçados, comprados do governo britânico, acompanhassem através dos tempos a modernização tecnológica. Em 1890, o governo provisório havia permitido vinte e cinco chibatadas para as faltas graves, mas sem especificá-las. Os marinheiros submetiam-se ao desprezo por parte dos oficiais. Estes, educados e treinados pelos técnicos estrangeiros, não assumiram a mentalidade das modernas frotas. Mendes Jr., Antonio; Roncari, Luiz e Maranhão, Ricardo. *Brasil – história, texto e consulta – República Velha*, v. 3, cit., p. 247.

1678 Ibidem, p. 247.

1679 Ibidem, p. 247.

marginais e 50 praças do Exército rumo ao vale do Amazonas, mais precisamente Santo Antônio da Madeira. Em Recife, às 2 horas da manhã (25-12) foram fuzilados seis homens, dois deles atirados ao mar antes de serem executados, morrendo afogados, visto estarem com os pés e braços amarrados. No dia seguinte, às 23 horas, fuzilados mais dois ex-marinheiros. Ao todo, morreram inicialmente nove pessoas. No dia 3 de fevereiro (1911) foram entregues à Comissão do então capitão Cândido Rondon 200 homens, conforme ordem do governo. Os restantes teriam de descer com eles, sendo deixados pelas margens do rio, vindo a trabalhar com os seringueiros[1680].

11.9.1.2 Conflito da Ilha das Cobras

No dia 9 de dezembro, depois do boato de que o exército invadiria os navios e as bases navais para massacrar os marinheiros, teve início uma revolta no Batalhão Naval da ilha das Cobras e no cruzador ligeiro Rio Grande do Sul, sem a participação de João Cândido que foi preso. Isolados, os revoltosos foram dizimados, apesar de hastearem a bandeira branca. Em seguida, o governo se valeu do acontecido para obter a aprovação do estado de sítio e deflagrar a repressão aos anistiados[1681].

As condições de funcionamento da ilha das Cobras eram péssimas e contribuíram para a deflagração do conflito. Cárceres abarrotados de prisioneiros, acomodações insuficientes para os fuzileiros, péssima situação econômica faziam com que os boatos de rebelião deixassem o ambiente carregado de tensão. Em face do coro "Viva a Liberdade", as autoridades predispuseram-se a atuar. A ilha das Cobras foi reduzida a um monte de ruínas, sob o fogo de terra e de mar e com o assalto do Exército[1682].

[1680] Carone, Edgard. *A República Velha: evolução política*, cit., p. 263.

[1681] Mendes Jr., Antonio; Roncari, Luiz e Maranhão, Ricardo. *Brasil – história, texto e consulta – República Velha*, v. 3, cit., p. 247.

[1682] O ataque aconteceu no mesmo dia em que Rui Barbosa defendia um anteprojeto para abolir definitivamente a chibata. Aproveitando a situação, o governo impôs estado de sítio, encarcerando 600 pessoas, entre elas os líderes dos marinheiros e João Cândido. Muitos morreram nos cárceres, outros foram enviados para a Amazônia, e só poucos chegaram a julgamento. Mendes Jr., Antonio; Roncari, Luiz e Maranhão, Ricardo. *Brasil – história, texto e consulta – República Velha*, v. 3, cit., p. 247.

Além das medidas legais contra os revoltosos – prisão, processo –, o governo puniu os chefes das revoltas de forma terrível: no dia 24 de dezembro, João Cândido e mais 17 pessoas foram levados ao Quartel General do Exército, acompanhados de ofício do Quartel General da Marinha: "o comandante Marques da Rocha mandou o carcereiro... recolher a essa prisão ('Prisão Solitária') 18 homens e recomendou que, depois de fechada, fossem as chaves entregues a ele, comandante, o que foi feito. Alta madrugada de 25, o carcereiro, chamado pelo guarda, notou que dentro da prisão havia qualquer coisa anormal, porque, da parte de fora se ouviam gritos abafados". O carcereiro avisa seus superiores, mas, "pouco depois deste fato, cessou por completo o rumor dentro da prisão, sendo encontrados 16 mortos, sobre dois sobreviventes – o marinheiro João Cândido e um soldado naval". Segundo Cândido, "*a prisão era pequena e minava água por todos os lados. As paredes estavam pichadas. A gente sentia um calor de rachar. O ar, abafado. A impressão era de que estávamos sendo cozinhados dentro de um caldeirão. Alguns, corroídos pela sede, bebiam a própria urina... A pretexto de desinfetar o cubículo, jogaram água com bastante cal. Havia um declive e o líquido, no fundo da masmorra, se evaporou, ficando a cal. A princípio ficamos quietos para não provocar poeira. Pensamos resistir aos seis dias de solitária, com pão e água. Mas o calor, ao cair das 10 horas, era sufocante, gritamos. As nossas súplicas foram abafadas pelo rufar dos tambores. Tentamos arrebentar as grades... Nuvens de cal se desprendiam do chão e invadiam os nossos pulmões, sufocando-nos. A escuridão, tremenda. A única luz era* um candeeiro a querosene. *Os gemidos foram diminuindo até que caiu o silêncio dentro daquele inferno... Quando abriram a porta já tinha gente podre...*"[1683]. João Cândido foi expulso da Marinha, passando a viver em São João de Meriti, na Baixada Fluminense. Paupérrimo e doente, morreu aos 89 anos.

11.9.1.3 A Revolta de Juazeiro: A Igreja na política e o papel de Padre Cícero

Diferentemente do planejado pelo governo federal, as medidas de intervenção dos militares nos Estados foram anuladas por um movimento revolucionário no Ceará, momento culminante da contraofensiva de

[1683] Carone, Edgar. *A República Velha: evolução política*, cit., p. 262.

Pinheiro Machado, que exercia influência sobre os coronéis do Norte e Nordeste[1684].

Por meio da política das salvações, em que Hermes da Fonseca promovia intervenções federais nos Estados a fim de fazer frente ao poder das oligarquias, em 15 de julho de 1912 empossou o novo interventor (governador) do Ceará, o coronel Franco Rabelo, em substituição a Nogueira Acioly. Ocorre que, sem experiência administrativa, rodeado por grupos oligárquicos do Estado, que eram oposição e agora pretendem se firmar a todo o custo, Rabelo promove, no início de governo, certas medidas que prejudicarão sua gestão[1685], como o afastamento de Padre Cícero[1686] da prefeitura de Juazeiro.

"Quando escolheu os secretários, Rabelo sofreu resistência quanto à indicação de alguns nomes, daí resultando numa oposição favorável aos interesses da família dos Acioly, o mais poderoso clã cearense. Essa ação será reforçada em novembro de 1912, quando a Assembleia pretende cassar o mandato de Franco Rabelo. Com a maioria oposicionista,

[1684] Ibidem, p. 286.

[1685] Ele separa a política da administração e deixa a primeira para o partido, enquanto se ocupa da segunda. De outro lado, desde o início do seu mandato, ele está grandemente isolado. Embora contasse com o apoio popular e do partido que o elegeu, no plano federal nem Hermes da Fonseca nem Pinheiro Machado e o Partido Republicano Conservador têm simpatia por ele. No plano interior, ele tem contra si o aciolismo e o padre Cícero. Essa falta de bases coronelística e federal, mais amplas, lhe serão fatais. *Vide* CARONE, Edgard. *A República Velha: evolução política*, cit., p. 287.

[1686] Segundo José Maria Belo, "o padre Cícero não diferia muito em sua ação da exercida por Antônio Conselheiro, contra cujo arraial, em Canudos, haviam combatido as forças republicanas. Ambos eram produto do mesmo ambiente de fanatismo ingênuo, de sofrimentos recalcados, de retardamento social". Suspenso das ordens sacerdotais, convertera-se o padre Cícero numa espécie de profeta dos sertões secos do Nordeste. As rudes populações da vasta região que se estende do *hinterland* do Piauí à Bahia, abandonadas pelo governo, entregues aos próprios instintos, reconheciam-lhe, humildemente, a autoridade. Era o 'padrinho universal': sob a sua poderosa proteção, abrigavam-se igualmente as almas simples e os cangaceiros endurecidos no crime. À sua voz levantar-se-iam batalhões de crentes, dispostos a tudo. Mas ao contrário de Antônio Conselheiro, não eram estranhas ao padre Cícero as ambições políticas. Disciplinara-se no velho partido dominante do Ceará em troca dos poderes de suserano que as autoridades públicas lhe permitiam na região sertaneja. CARNEIRO, Glauco. *História das revoluções brasileiras*, cit., p. 185.

os deputados pedem *habeas corpus* ao Supremo Tribunal Federal para se reunirem no dia 9. No Rio de Janeiro realiza-se uma reunião no Morro da Graça (residência de Pinheiro Machado) e delibera-se sobre a política do Ceará, que 'foi sancionada pelo presidente da República, que afirma solenemente que garantirá o *habeas corpus* impetrado pela maioria dos congressistas cearenses, reconhecendo e apoiando os intuitos liberais da mesma Assembleia'. Dias depois, Rabelo telegrafa a Hermes dizendo que aceitará o *habeas corpus*, mas que a convocação da Assembleia fora feita por 'meios fraudulentos'"[1687].

Na sequência dos acontecimentos, em vários municípios ocorrem manifestações que se opõem à Assembleia. "Nesse contexto, o comércio fecha suas portas diante da exaltação popular em Fortaleza, até que, no dia 9 de novembro, cerca de 10 mil pessoas cercam o prédio da Assembleia. A população dirige-se aos bairros, enfrenta os capangas dos Acioly em tiroteios, incendeia as residências de José Acioly, de Tomás Acioly, deputado Guilherme da Rocha e Gracho Cardoso. Por sua vez, a fábrica de tecidos de Nogueira Acioly e o jornal *O Unitário* são saqueados"[1688].

Em janeiro de 1913, o resultado das eleições da Assembleia confere vitória esmagadora ao situacionismo. "A oposição, sem titubear, procura retomar o poder por meio da força. Marretas (partidários do 'coronel' João Brígido dos Santos) e aciolistas procuram ajuda no plano federal. Neste momento, a ação de Floro Bartolomeu, que é amigo do Padre Cícero, é fundamental. Sob a liderança dos dois, obtém-se o apoio dos coronéis da zona do Cariri. Bartolomeu e outros emissários vão ao Rio de Janeiro, onde obtêm a garantia do auxílio material do governo (armamentos) e a simpatia de Pinheiro Machado"[1689].

Inicia-se, então, a revolução em Juazeiro, no dia 9 de dezembro de 1913. A partir do dia 15, são construídos valados ao redor da cidade, isto é, emprega-se a tática de defesa e não de ataque. Por sua vez, tenta-se legalizar a revolução, o que leva os rebeldes, no dia 18, a criar a Assembleia revolucionária, que nomeia Floro Bartolomeu presidente do Ceará[1690].

[1687] Carone, Edgard. *A República Velha: evolução política*, cit., p. 286.
[1688] Ibidem, p. 287.
[1689] Ibidem, p. 287.
[1690] Ibidem, p. 288.

Para impor resistência ao movimento revolucionário, Franco Rabelo organiza, sob apoio militar, a primeira expedição contra Juazeiro. Comandados pelo coronel Alípio Lima Barros, mil homens – soldados e jagunços – chegam ao Crato no dia 18. No dia seguinte, é enviado um *ultimatum* ao Padre Cícero e, em 20 de dezembro, a tropa marcha sobre Juazeiro, a 14 quilômetros de Crato. Devido aos valados, os combates limitam-se à troca de tiros entre ambas as facções. Um segundo ataque resulta em novo fracasso. As tropas governamentais retiram-se derrotadas[1691].

Diante desse desfecho, "o marechal Hermes pretende aproveitar-se da derrota para agir contra Franco Rabelo, seja pela retirada de oficiais favoráveis ao governador do Estado, pela interdição para entrada de munições pelo porto de Fortaleza, seja pela proibição de transporte de munição pelas estradas de ferro. Assim, a ação de Rabelo fica prejudicada. Em decorrência, Crato e Barbalha são tomadas pelos rebeldes, assim como Redenção, Soure e Trapiá, e o processo de invasão a Fortaleza inicia-se"[1692].

[1691] Ibidem, p. 288.

[1692] No Senado Federal, Rui Barbosa, Irineu Machado e outros mostram a ação parcial do governo em relação aos acontecimentos, até que seja decretado o estado de sítio por Hermes da Fonseca entre os dias 4 e 31 de março. Decreta-se, em seguida, a prisão dos generais Taumaturgo de Azevedo, Feliciano Mendes de Morais e Mena Barreto. Os jornais *Correio da Manhã*, *O Imparcial* (para o qual Rui Barbosa colabora), *A Época*, *A Noite*, *A Última Hora* e *O Malho* são fechados. Rui Barbosa e Irineu Machado fogem para São Paulo, enquanto jornalistas de primeira linha são presos. Em São Paulo, as manifestações populares demonstram repulsa ao estado de exceção. Embora o Supremo Tribunal Federal tivesse decretado a soltura de deputados presos, Hermes da Fonseca prorrogou duas vezes o estado de sítio, de 31 de março até 30 de abril e uma terceira vez, de 30 de abril a 30 de outubro. Em maio e junho, São Paulo e Minas tentam impedir a continuidade do estado de sítio e só no último momento é que votam a favor dele. Estas decisões não impedem as bancadas dos Estados em questão de se reunirem para determinar a política que devem adotar, como é o caso da escolha de Wenceslau Braz para candidato ou a crítica ao último estado de sítio pedido por Hermes da Fonseca. É verdade que elas votam pela prorrogação, mas o Partido Republicano Paulista, em nota oficial, diz "manifestar-se, pelos meios constitucionais e consoantes à mesma orientação, contra a última prorrogação do estado de sítio; concorrer com seus esforços para o rápido andamento do processo de reconhecimento de presidente e Vice-Presidente da República". Nos meses seguintes, a bancada paulista e outros políticos manifestam continuadamente sua posição contra o estado de sítio. *Vide* Carone, Edgard. *A República Velha: evolução política*, cit., p. 288.

No início de fevereiro, enquanto Franco Rabelo insiste com Hermes da Fonseca para que mande tropas federais, a fim de dominar a rebelião, o general Setembrino de Carvalho (18-2-1914), ponto final da articulação pinheirista, tenta convencer o governador a renunciar. Hermes da Fonseca declara o estado de sítio para a capital federal (4-3-1914). Franco Rabelo perde o controle militar, percebendo, dia a dia, o avanço das tropas de jagunços sobre a capital. Setembrino continua impassível, apesar do auxílio que a população lhe pede. Rabelo nega-se a renunciar. No dia 10, o general telegrama a Hermes da Fonseca, informando-o de que a situação é calamitosa e de que Fortaleza está para ser invadida; em vista dessa situação, o ministro da Justiça decreta o estado de sítio no Ceará, mas o governador permanece no seu posto até o dia 14. No mesmo dia, Setembrino é empossado como interventor do Estado e toma as primeiras medidas para o término da luta militar[1693]. Os Acioly, Marretas e todos os elementos afastados anteriormente retornam, ainda que não tão poderosos como antes.

11.9.2 A crise militar

A revolta do Ceará resultou numa crise nos meios militares sem precedentes. Até então, não havia ocorrido abalo no próprio seio das forças armadas, numa demonstração de rebeldia contra o chefe do governo. A situação é tal, que o desgaste militar, que começara com o problema sucessório nos Estados, prossegue com uma atitude crítica dos militares constitucionais, e termina condenando a política de intervenção pró-Padre Cícero. Agora a crise atinge o cerne de apoio ao governo, numa demonstração de desagregação militar[1694].

O problema começa em fins de fevereiro de 1914, ainda que tenha havido o registro de prisões de sargentos por razões políticas. "Na verdade, são os reflexos dos acontecimentos finais da revolução no Ceará que provocam atitudes mais críticas. Franco Rabelo envia contínuos telegramas a Hermes da Fonseca, denunciando a parcialidade do governo federal, a ação das tropas do Exército a favor dos rebeldes. Por sua vez, o marechal Osório de Paiva felicita Rabelo pela sua atitude, e 28 oficiais da

[1693] Ibidem, p. 288.
[1694] Ibidem, p. 289.

guarnição do Ceará telegrafam ao Clube Militar do Rio de Janeiro, consignando apoio ao governador. No mesmo dia, o coronel Franco Rabelo envia telegrama ao Clube Militar, no qual afirma que foi empossado pelo povo e não que quis deixar 'escravizar-se à política do senador Pinheiro Machado'"[1695].

11.9.3 Política Externa

Mantido o Barão do Rio Branco no Ministério do Exterior; o desenvolvimento econômico do País sofreu os efeitos da instabilidade política; retraíram-se os capitais estrangeiros; declínio da borracha na Amazônia diante da concorrência asiática[1696]. – Em 1914 (julho) ocorre o assassinato do arquiduque Francisco Fernando, da Áustria, dando início à 1ª Guerra Mundial em agosto. O Brasil se considerou em rigorosa neutralidade. Em decorrência da crise econômica, o governo foi obrigado a negociar, em 1914, um novo "funding loan", empréstimo este que aumentou a derrocada financeira do Brasil.

Em síntese, o governo do Marechal Hermes da Fonseca viveu em crônico estado de sítio, suspensas algumas das garantias constitucionais, ainda que mantidas as Câmaras. Três meses antes de expirar o seu mandato, estalava, conforme vimos, a Primeira Guerra Mundial.

11.9.4 A sucessão presidencial

A candidatura Pinheiro Machado à sucessão foi rejeitada por São Paulo e Minas Gerais (Pacto de Ouro Fino)[1697]. Os dissidentes do Partido Republicano conservador fundaram a coligação São Paulo, Rio de Janeiro, Ceará e Minas Gerais.

Pinheiro Machado apareceu como candidato natural devido à sua condição de líder político nacional, ao passo que o Partido Republicano Paulista – PRP, ao afastar sua candidatura, reaproximou-se do Partido

[1695] Ibidem, p. 289.

[1696] *Dicionário de História do Brasil*, cit., p. 244.

[1697] Celebrado entre o governador paulista, Cincinato Braga, e seu colega mineiro, Júlio Brandão, em 1913, o pacto fixava a alternância de políticos paulistas e mineiros no governo federal. Era o famoso pacto café com leite, unido as duas principais economias brasileiras. Pinheiro Machado, poderoso "coronel" gaúcho, era adversário dessa fórmula.

Republicano Mineiro – PRM. Com a desistência de Pinheiro à candidatura na Convenção do Partido Republicano Conservador – PRC, o nome de Venceslau Brás, líder mineiro e vice-presidente da República, aparecia como o mais cotado para a presidência. O "pinheirismo", sem poder enfrentar as forças mineiras e paulistas, acabou confirmando o nome de Venceslau Brás, estabelecendo-se assim um consenso quanto ao novo governo e a consolidação da "política do café com leite" até 1930, visto que a candidatura de Rui Barbosa também não decolou, tendo obtido 47.782 votos, enquanto Venceslau teve 532.107 votos[1698].

11.10 Venceslau Brás Pereira Gomes (1914-1918). Vice: Urbano Santos da Costa Araújo

Venceslau Brás Pereira Gomes (1868-1966), mineiro de São Caetano da Vargem Grande (hoje Brazópolis), advogado formado pela Faculdade de Direito do Largo São Francisco (SP), exerceu, entre outras atividades, as funções de vereador, promotor, secretário do Interior (Minas Gerais), presidente de Minas (1908-1910) e vice-presidente da República (1910).. Sua eleição consagrou, mais uma vez, o pacto do café com leite entre São Paulo e Minas Gerais, marcado pelo Pacto de Ouro Fino, celebrado em 1913 na cidade mineira do mesmo nome. Foi eleito em 1º de março de 1914 com 532.107 votos ante 47.782 atribuídos ao advogado e jornalista baiano Rui Barbosa. Rui, na verdade, afastou-se do pleito, o que fez de Venceslau Brás um candidato único. Seu período à frente da Presidência da República foi marcado por graves crises como a Primeira Guerra Mundial (1914-1918), a revolta do Contestado (que herdou do governo anterior), a Gripe Espanhola de 1918 e as paralisações de trabalhadores no ano anterior, especialmente em São Paulo e Rio de Janeiro. Se dizia que era o governo dos "3 G – Guerra, Gripe e Greves"[1699].

Venceslau Brás "era político de carreira na fase republicana; tendo-a iniciado ao eleger-se deputado estadual por Minas Gerais (1892), passou depois para a Câmara Federal, como líder mineiro; foi presidente de Minas, cargo a que renunciou no primeiro ano de administração, para

[1698] *Dicionário de História do Brasil*, cit., p. 244.

[1699] Castro, Therezinha de. *História da civilização brasileira*. v. II, Rio de Janeiro: Record: 1969, p. 372.

eleger-se vice-presidente. Durante o governo Hermes, viveu isolado em sua fazenda em Itajubá, sem demonstrar interesse pelos acontecimentos. Seu quadriênio foi bastante agitado no exterior, em virtude da 1ª Guerra Mundial, e também nos meios políticos do País, graças à oposição que se formou contra o senador Pinheiro Machado. Dois fatos principais fizeram desencadear a onda de tumultos contra o parlamentar sulista na Câmara, por parte das bancadas pernambucana e mineira, principalmente, como nas ruas do Rio de Janeiro: o caso das eleições no Estado do Rio e a eleição de Hermes da Fonseca para o Senado"[1700].

11.10.1 Queda de Pinheiro Machado

O político gaúcho Pinheiro Machado era um dos personagens mais poderosos da República Velha[1701]. "Respeitado por seus seguidores e odiado

[1700] Ibidem, p. 372.

[1701] Nas eleições para o Governo do Estado do Rio, durante a Presidência de Hermes, Nilo Peçanha havia concorrido ao pleito contra o situacionismo local, que apoiava Feliciano Abreu Sodré, candidato de Pinheiro Machado. Surgindo o impasse sobre quem, na realidade, havia sido o eleito, o caso foi entregue ao Supremo Tribunal, que confirmou a vitória de Nilo Peçanha. Não satisfeito, Feliciano Abreu Sodré impetra o pedido de intervenção, que chega à Assembleia no final do Governo Hermes. Assim, a questão iria ter o seu desfecho final no Governo Venceslau Brás. No Congresso, a oposição obstruía as manobras de Pinheiro Machado, impedindo a aprovação da intervenção solicitada. Tentando obter a adesão de Venceslau Brás, o Senador gaúcho viu que não poderia dominar esse novo Presidente, tal como fizera com Hermes, quando do caso cearense. Não conseguindo demover o político mineiro, diz Mozart Monteiro, em artigo que escreveu para *O Jornal* (29/9/1928), dar-se-ia a ruptura entre Pinheiro Machado e o chefe da Nação: "Pois meu caro Venceslau, o velho Pinheiro Machado, propagandista da República, tem o desprazer de lhe declarar que vai deixar de apoiar o seu Governo". Mesmo assim, prevaleceu no caso político do Estado do Rio a sentença do Supremo Tribunal e Nilo Peçanha tomou posse do seu cargo. A atitude firme de Venceslau Brás marca o início da derrubada de Pinheiro Machado. No Partido Republicano Conservador – PRC, os que ainda se submetiam a contragosto ao predomínio pinheirista, aproveitam a brecha para se rebelarem, apoiados no próprio Presidente da República, que encarnara a ofensiva. Assim, aos civilistas, que em torno de Rui Barbosa já vinham combatendo Pinheiro Machado, juntar-se-iam os antigos hermistas, afastados do poder durante o quadriênio do Marechal, graças à supremacia que este dera ao Senador gaúcho. Na Câmara Federal, o Deputado Gonçalves Maia, respondendo a Simões Lopes, que procurara defender Hermes, concluía: "Também votei nele e hoje reconheço que errei". Embora tenha perdido o caso das eleições

pelos opositores, que já eram muitos, sabia que sua vida estava correndo perigo; embora tenha redigido o seu testamento político, enfrentava os inimigos com coragem. Uma dessas cenas que comprova isso é descrita por Raul Alves de Sousa, em sua *História Política dos Governos da República*:

> "*Em dias de abril de 1915, o povo apinhado defronte de O País, apupava o diretor deste órgão da imprensa e insultava o senador rio-grandense, vociferando ameaças. Um nosso companheiro de passeio comentava, ao avizinhar-se da turba arruaceira, a exacerbação dos ânimos e o desespero de indivíduos obcecados pela ideia anárquica de assassinar o general da política e dos pampas. Mal fechava os lábios na articulação do comentário tenebroso, quando automóvel de aristocrática estrutura aproximou-se de nós e do agrupamento amotinado, tocando seu sinal de convite à franquia do trânsito. Pinheiro e o chofer eram os únicos passageiros do elegante veículo. Nenhum traço de hesitação descompunha o semblante calmo e desassombrado do chefe do PRC, que se dirigia para a sede das conferências do seu partido, para combinar com os correligionários algum assunto da atualidade... Como por encanto, a onda alvoroçada silenciou diante da aparição súbita do injuriado, e o carro aberto atravessou garbosamente as alas estupefatas que o condão do valor altivo do seu ocupante e dono, dignamente lhe abriram.*[1702]
>
> *No retorno para casa, amigos advertiram-lhe do inconveniente de regressar por entre o tropel recrudescido e anárquico, de cujo seio repercutiam impropérios ao seu nome. O general, porém, redarguiu-lhes em tom de impaciência e censura: – "considero a coragem predicado o mais louvável de um homem de Estado; se eu não voltar pela mesma via pública, dirão com razão os meus críticos ser uma covardia". E despedindo-se de todos desceu as escadas. Depois de consultar ao chofer se trazia arma de fogo, recomendou-lhe em voz alta para que todos os presentes escutassem: "Só tire a sua arma quando eu tirar a minha; só dispare o seu primeiro tiro quando eu disparar o meu*""[1703].

no Estado do Rio, continuava Pinheiro Machado a dominar o Legislativo, através das degolas que fazia aos candidatos eleitos que não seguiam seus princípios. Assim, quando se discutia no Congresso uma reforma eleitoral que pusesse um fim a tais manobras, Gonçalves Maia resumiu a questão numa única frase: "Elimine-se o General Pinheiro Machado". *Vide* Castro, Therezinha de. *História da civilização brasileira*, cit., p. 371-372, v. II

[1702] Ibidem, p. 372.

[1703] Ibidem, p. 372.

No dia 8 de setembro de 1915, Pinheiro Machado foi à tarde, ao Senado, onde pretendia apressar o reconhecimento do marechal Hermes da Fonseca, que fizera eleger senador pelo Rio Grande do Sul. A sessão encerrou-se mais cedo e ele aproveitou a ocasião para visitar políticos paulistas, hospedados no Hotel dos Estrangeiros, no Catete. Começava a subir as escadas do saguão do estabelecimento, quando um seu conterrâneo, Manso de Paiva, o apunhala pelas costas. Segundo testemunho dos políticos tudo se passou muito rapidamente e o senador gaúcho disse estas palavras: "a*h! canalha! apunhalaram-me!*[1704]"; morrendo em seguida[1705].

O assassino foi preso em rua próxima, trazendo no bolso um bilhete – com erro de ortografia, mas bem redigido, levando-se em conta o seu semianalfabetismo: "*Causo seija morto pelos capangas deste Homem que me leva a praticar este ato, não culpem a ninguém como Riograndense vingo os meus conterrâneos mortos nas ruas de Porto Alegre e como brasileiro afronta atirada sobre um povo robado e esfomeado. Francisco Manso de Paiva Coimbra*".

O processo Manso de Paiva atraiu as atenções do País. Embora tenha se chegado à conclusão de que o criminoso agira por conta própria, muitos fatos fizeram com que permanecessem as suspeitas de que cumprira

[1704] Em relação a atentados, vale lembrar outros que ocorreram na história política brasileira, como o ataque a faca ao presidente Prudente de Moraes em 5 de novembro de 1897, quando seu ministro da Guerra, Marechal Bittencourt, morreu esfaqueado em seu lugar; João Pessoa, que tinha sido candidato à vice-presidência da República ao lado de Getúlio Vargas, e presidente do Estado da Paraíba – cargo que equivalia ao de governador – foi morto a tiros pelo advogado João Duarte Dantas, em 26 de julho de 1930; o "atentado da rua Tonelero", em que o jornalista e político Carlos Lacerda quase foi morto, no Rio, no dia 5 de agosto de 1954, vitimando o Major Rubens Vaz, seu segurança, fato que gerou grave crise política e militar que culminou com a exigência da renúncia de Getúlio Vargas – e com o seu suicídio no dia 24 do mesmo mês; no dia 25 de julho de 1966, ainda no período inicial da ditadura militar, o marechal Arthur da Costa e Silva chegava ao aeroporto do Recife, em Pernambuco, como parte da campanha presidencial que realizava à época, quando um atentado a bomba no saguão do aeroporto matou duas pessoas (o jornalista Edson Régis e o vice-almirante Nelson Gomes Fernandes), feriu outras 14 e por pouco não machucou o candidato; em 2018 o então candidato a presidente, Jair Bolsonaro, sofreu atentado a faca na cidade de Juiz de Fora, ato praticado de forma isolada por Adélio Bispo, que posteriormente foi diagnosticado como sendo inimputável e por esse motivo colocado em medida de segurança.

[1705] CASTRO, Therezinha de. *História da civilização brasileira*, cit., p. 372.

ordens de inimigos do senador gaúcho. Se isso foi verdade, Manso de Paiva cumpriu a sua longa pena de prisão, sem jamais ter acusado os seus cúmplices. Com a morte do caudilho, Venceslau Brás consegue apaziguar as divergências políticas em alguns Estados como Paraná, Santa Catarina e Mato Grosso[1706]. Retoma, na sequência, a redação do projeto do Código Civil, elaborado pelo jurista e professor Clóvis Beviláqua.

11.10.2 Política Externa e economia

Graças à Primeira Guerra Mundial, o Brasil vende muitos gêneros alimentícios e matéria-prima, afinal, a Europa está em guerra e precisa de produtos agrícolas. O País cria, também, muitas indústrias numa tentativa de substituir as importações dos produtos que não vinham mais, em razão do conflito europeu[1707].

Depois da crise de 1898, o Brasil passaria por novo período de dificuldades a partir de 1913. Com a guerra balcânica, os preços dos produtos de exportação caíram, fazendo com que diminuísse a capacidade do País de importar. No caso brasileiro, a manutenção de um alto índice de importações gerou um déficit na balança comercial. A taxa cambial de 1914 caiu abaixo da taxa de estabilização, fazendo com que houvesse uma corrida à Caixa de Conversão no sentido de trocar divisas por moeda nacional[1708].

Com a intensificação do conflito, além da fuga de divisas, o capital estrangeiro deixou de entrar. Isto agravou a situação brasileira em relação à sua dívida externa. A partir de 1915, estes déficits foram financiados por emissões. Estas também foram realizadas no sentido de fomentar e amparar a produção nacional[1709].

Em relação ao café, não houve a necessidade de intervenção no mercado para garantir a renda do setor até 1916. Na verdade, passada a dificuldade inicial, a exportação se normalizou. Os EUA e os países neutros da Europa foram os principais clientes.

[1706] Ibidem, p. 372.

[1707] MENDES JR., Antonio; RONCARI, Luiz e MARANHÃO, Ricardo. *Brasil – história, texto e consulta – República Velha*, v. 3, cit., p. 258.

[1708] Ibidem, p. 258.

[1709] Ibidem, p. 258.

Em 1917, porém, grandes dificuldades começaram a surgir no setor cafeeiro: a Inglaterra suspendeu as suas compras; os EUA as diminuíram pelo fato de terem entrado em guerra; e o Brasil declarou guerra à Alemanha, rompendo sua neutralidade. Dificultando ainda mais, esperava-se uma safra volumosa para 1916-17. Em julho de 1917, os estoques se ampliaram para 6 milhões de sacas. Dada esta situação, o governo federal forneceu, através de emissões, 110.000 contos ao Estado de São Paulo que, em conjunto, retirou do mercado mais de 3 milhões de sacas. Com isto, iniciou-se a segunda valorização. Pelo restabelecimento do comércio internacional e com as geadas ocorridas em 1918, a oferta do produto se reduziu e os preços se elevaram durante a guerra, apesar de não ter havido uma diminuição na quantidade de exportações, o valor do café caiu em razão da diminuição dos preços internacionais dos produtos. Houve uma queda de 44% do poder aquisitivo das exportações durante os anos de 1914 a 1918 em relação aos anos de 1911 a 1913, fazendo com que as importações caíssem 55,4%[1710].

É pouco provável que tenha ocorrido um surto industrial durante o período de guerra em decorrência desta queda acentuada na capacidade de importar. As importações de bens de capital caíram, no período, em 1/5 do importado em 1911-13. Além do mais, o consumo aparente de aço caiu em 1/5 no mesmo período e o consumo aparente de cimento, cerca de 1/3. Sabendo-se que os bens de capital só seriam produzidos em quantidade a partir de 1930, e que tanto o aço como o cimento ampliariam a sua produção dez anos depois, pouco se pode esperar em termos de uma expansão industrial considerável no período. O que ocorreu foi um aumento da demanda de produtos alimentares importados pelos países europeus, fazendo com que houvesse uma reorganização na pauta de exportações[1711].

"Para que os frigoríficos pudessem desenvolver-se no período, foi importante o aumento da capacidade instalada de energia elétrica nos anos anteriores. A procura internacional também fez com que os pro-

1710 Ibidem, p. 259.
1711 Ibidem, p. 259.

dutos de algodão ampliassem as suas exportações, em especial para a Argentina e África do Sul"[1712].

11.10.3 A Primeira Guerra Mundial e o Brasil

Durante a Primeira Guerra, o Brasil conseguiu, conforme vimos, fazer muitos negócios com os países europeus, já que estes estavam impossibilitados de produzir. Pequenas oficinas transformaram-se em fábricas e venderam toda sua produção para as nações europeias. Ao observar isso, o governo decidiu oferecer incentivos à instalação de indústrias e tentar promover uma rápida industrialização do País. Não era interesse entrar na conflagração, mas, em outubro de 1917, navios brasileiros foram torpedeados por alemães e, assim, o Brasil se viu forçado a participar do conflito, ao lado dos Aliados[1713].

Do lado em que formaram os brasileiros, estavam a Grã-Bretanha, a França e a Rússia (que depois abandonou o conflito após a vitória dos bolcheviques na Revolução Russa), a Itália e, posteriormente, os Estados Unidos. Na extremidade contrária, a Alemanha e a Áustria. Havia muita rivalidade entre os dois blocos. Inicialmente um conflito europeu, a luta se generalizou depois com a participação de países de fora do continente, como o Japão, que apoiou os Aliados já em 1914, e os Estados Unidos, que só se decidiram em abril de 1917. A entrada dos norte-americanos neutralizaria a vantagem obtida pela Alemanha no front oriental, pouco mais de seis meses depois, com o armistício unilateral dos bolcheviques após terem tomado o poder na Rússia[1714].

A declaração de guerra do Brasil, em outubro, pôs fim a três anos de neutralidade. Nesse período, a maioria dos brasileiros era, previsivelmente, favorável ao lado em que se encontrava a França, país que exercia forte influência sobre as elites locais. O apoio aos Aliados, entretanto, não era unânime. O próprio ministro das Relações Exteriores, Lauro Müller, descendente de alemães, defendia o país de seus antepassados. No Exército, também havia divisão de opiniões. Vários oficiais mais gra-

[1712] Ibidem, p. 259.

[1713] Pilagallo, Oscar. *A história do Brasil no século 20* (1900-1920) Folha explica, Publifolha, São Paulo, 2002, p. 70.

[1714] Ibidem, p. 69.

duados, entre eles alguns treinados pelo próprio Exército alemão, alinhavam-se com o império da Europa central. Essa posição se tornou insustentável no primeiro semestre de 1917, quando embarcações brasileiras foram atacadas pela Marinha daquele país. Em retaliação, Venceslau Brás tomou navios mercantes alemães ancorados em portos brasileiros. Em 25 de outubro, mais uma embarcação brasileira foi afundada, levando o governo a declarar, em seguida, estado de guerra contra a Alemanha[1715].

A participação militar do Brasil na guerra foi praticamente nula. O país enviou equipes médicas para a França e uma pequena força naval para a costa africana, onde grande parte da tripulação morreu vítima de gripe espanhola. Ao chegar a Gibraltar, na entrada do Mediterrâneo, a missão brasileira recebeu a notícia de que a guerra terminara. Depois da morte de 8,5 milhões de pessoas, o armistício, com a capitulação da Alemanha, foi assinado em 11 de novembro de 1918[1716].

A guerra na Europa estrangulou o comércio internacional, pressionando os preços no mundo todo. No Brasil, a carestia esteve associada também à especulação provocada pela escassez de alimentos. A crise econômica engrossou o caldo do descontentamento popular, o que ajudou a causar as primeiras grandes greves no País[1717].

Em meados de 1917, praticamente todos os 50 mil operários de São Paulo pararam por alguns dias os bairros industriais da cidade. O movimento foi reprimido pelo governo, mas no final houve negociação. Embora os trabalhadores tenham obtido aumento salarial, o ganho foi logo anulado pela inflação. As greves continuaram. Até 1920, São Paulo e Rio de Janeiro foram palco de centenas delas. No Rio, então capital federal, onde havia mais trabalhadores brasileiros, as paralisações, influenciadas por um movimento vagamente socialista, tinham caráter mais reivindicatório. Em São Paulo, devido à maior presença de estrangeiros, sobretudo imigrantes italianos e espanhóis, predominava o enfoque anar-

[1715] Ibidem, p. 70.

[1716] Ibidem, p. 70.

[1717] Ibidem, p. 70-71.

cossindicalista, segundo o qual as reivindicações imediatas seriam apenas um instrumento da grande ação revolucionária[1718].

11.10.4 A Guerra do Contestado, o messianismo e o imperialismo

O conflito do Contestado foi um dos maiores do período, comparável ao de Canudos, na Bahia. Síntese dos fatos:

- Movimento messiânico nos sertões limítrofes do Paraná e Santa Catarina, região disputada por ambos os Estados.
- Líder: José Maria.
- Várias expedições malogradas.
- Divisão de 6 mil soldados, comandados pelo general Setembrino de Carvalho, domina o levante.

"O misticismo sertanejo – transformado em fanatismo – aliou-se novamente, desta vez no Sul, ao banditismo, e ambos foram explorados politicamente para a eclosão dos acontecimentos na região contestada entre Paraná e Santa Catarina, a partir de 1912. Expedições punitivas foram rechaçadas, como em Canudos, com grande número de baixas entre as forças estaduais, forçando os dois Estados a solicitarem a intervenção federal"[1719].

Militarmente falando, a Campanha do Contestado foi mais difícil para o Exército do que a de Canudos. Nesta, o inimigo ficou desde logo locali-

[1718] A Greve de 1917, comandada por anarquistas em São Paulo, foi a mais importante, tida como a primeira greve geral da história do Brasil. Depois que se iniciou uma paralisação no Cotonifício Crespi, no bairro da Mooca, motivada por brutalidade dos patrões contra as operárias, os trabalhadores começaram a promover piquetes e em um deles um jovem sapateiro anarquista, José Gimenes Martinez, foi morto a tiros pela Força Pública (atual Polícia Militar) na frente da fábrica Mariângela, do conde Francisco Matarazzo. Depois disso, os trabalhadores, quase todos anarquistas, radicalizaram o movimento e promoveram uma greve geral, com depredações de bondes e de fábricas. Os trabalhadores só voltariam ao trabalho depois que uma comissão de jornalistas, negociando em nome do governo, prometeu aumentos de salários e atendimento de outras reivindicações. As promessas não foram cumpridas em sua totalidade Dalle, Isaías. *100 anos de greve geral – passado ou futuro?* Fundação Perseu Abramo, São Paulo, 2017, p. 16.

[1719] Carneiro, Glauco. *História das revoluções brasileiras*. São Paulo: Edições O Cruzeiro, 1965, p. 203.

zado, estando toda dificuldade nas marchas de aproximação e na escolha da posição conveniente para o canhoneio necessário ao avanço da infantaria. Mas no Contestado, a zona de operações abrangia uma superfície de setenta léguas de sertão bravio e impenetráveis florestas, estando o inimigo disseminado em vários e inacessíveis redutos[1720].

Antes de examina o que foi essa luta, convém saber que nela houve, a exemplo de Canudos e Juazeiro, personalidades carismáticas ("os monges") que se aproveitaram da ingenuidade dos sertanejos, da situação de miséria social em que a zona vivia e do mercenarismo de jagunços para conflagrar suas áreas de influência[1721].

A briga pelos limites – o oeste catarinense foi motivo de questão de limites por duas vezes; a primeira com a República Argentina, e a outra com o vizinho Estado do Paraná. Segundo provam dados colhidos por Armênio Cordeiro, em 1891 a Argentina levantou a questão de limites com o Brasil, na região compreendida entre os rios Iguaçu e Uruguai. Reportando-se à época missioneira, entendia que os limites deviam ser os rios Chapecó e Chopin. Entregue a questão ao arbitramento dos Estados Unidos, seu presidente, Grover Cleveland, em 1895, deu ganho de causa ao Brasil, defendido pelo barão do Rio Branco. A fronteira passaria a ser pelo Peperiguaçu e pelo Santo Antônio, o que deu ao País uma área de 30.600 km[1722].

Resolvido o litígio internacional, Paraná e Santa Catarina continuaram a disputa que foi objeto de uma decisão em 1901 quando, ainda a pedido de Santa Catarina, o Supremo Tribunal Federal deu-lhe razão, autorizando a que passasse para sua jurisdição o território abaixo dos rios Saí e Iguaçu[1723].

Os governos, então, passaram a fazer concessões de terras em benefício de políticos influentes, a troco de quase nada. Com isso eram explorados os caboclos, primitivos moradores da gleba. E quando, por volta de 1910, começaram a correr os trens pela ferrovia recém-construída, aumentou a cobiça dos negociantes de terra, que enxergaram longe as

1720 Ibidem, p. 203.
1721 Ibidem, p. 203.
1722 Ibidem, p. 204.
1723 Ibidem, p. 204.

possibilidades de exploração da região, em detrimento dos interesses dos agricultores e moradores tradicionais da zona, que não viram no caminho de ferro senão a maior destruição de seus direitos[1724]. Eclodiram, assim, vários movimentos revoltos na zona contestada, juntando-se bandoleiros (assalariados pelos interesses das facções envolvidas no litígio) e fanáticos, estes reunidos em volta de "monges" milagrosos.

As empresas estrangeiras e o imperialismo na região – A região do Contestado, nos primeiros anos do século XX, passou a ser bastante mais agitada, na medida em que elementos modernizadores começaram a se introduzir, acirrando desta forma as contradições. "As condições vigentes na área por esse tempo eram tensas em decorrência, tanto de conflitos políticos locais, na zona de Curitibanos, , como da expulsão de posseiros de terras que vinham sendo ocupadas pela 'Brazil Railway' e pela 'Southern Brazil Lumber & Colonization'. Estas duas empresas, financeiramente ligadas ao grupo dirigido por Farquhar, obtiveram amplas concessões territoriais no planalto catarinense. A primeira delas, tendo contratado a construção do trecho ferroviário que liga União da Vitória a Marcelino Ramos (1908), tornou-se proprietária de uma faixa de 15 quilômetros de cada lado do traçado da estrada, de onde passou a expulsar os ocupantes. O mesmo ocorreu, a partir de 1911, nos 180 mil hectares obtidos pela Lumber"[1725].

O desespero dos moradores da região aumentava à medida que a construção da estrada de ferro expulsava-os de suas terras. Os habitantes viam nas pregações de um monge que surgiu, por essa época, um lenitivo para suas aflições. O monge, chamado José Maria, dizia-se irmão do lendário João Maria da Revolução Federalista de 1893 e começou a pregação pelo sertão catarinense[1726]. Como estava chegando a época das festanças do Senhor Bom Jesus, uma comitiva de festeiros procurou o pregador com o encargo de levá-lo para as festas que iriam se realizar em Taquaruçu. "Ficou assentado, afinal, que o novo monge seguiria logo, ainda a tempo de estar presente, em princípios de agosto, à festa do São Bom Jesus, em

[1724] Ibidem, p. 204.
[1725] Ibidem, p. 204.
[1726] Ibidem, p. 205.

Taquaruçu. E dias mais tarde partiu ele à frente da comitiva (...). Eram cerca de 300 pessoas"[1727].

Taquaruçu era praticamente o centro das tensões acumuladas em toda a região. Era nessa região que estavam situados os escritórios da "Brazil Railway". É interessante notar que alguns "coronéis", que estavam com seus poderes locais abalados, apoiavam o movimento e os próprios seguidores do monge achavam-se, de certa forma, protegidos. "O chefe político de Curitibanos não via com bons olhos o ajuntamento de Taquaruçu, em zona sob a sua jurisdição; tanto mais que o monge estava inteiramente às boas com o adversário político do Coronel Chiquinho, o Coronel Henriquinho de Almeida, em cujas terras se instalara e que protegia. Em telegrama ao Governo do Estado, o Coronel Chiquinho denunciou o agrupamento de Taquaruçu como subversivo e monárquico pedindo garantias e tropas durante o governo de Hermes da Fonseca, em 1912.

Os monges – A origem do fanatismo no Contestado "pode ser remontada ao aparecimento, naqueles sertões, em princípio de 1896, de um velho eremita, cujo verdadeiro nome era Anastas Marcof, de nacionalidade francesa, que se fez conhecido como o 'monge' João Maria de Jesus'"[1728].

Da crença que inspirou, principalmente depois de morto, "valeu-se um ex-praça do Exército, Miguel Lucena, que apareceu na região, em 1912, dizendo chamar-se José Maria de Santo Agostinho e se afirmando sobrinho do 'monge' João Maria. Começando sua vida de místico no município de Campos Novos, José Maria, mesclando suas tarefas de curandeiro e profeta, se fez propagandista político, pregando a restauração da monarquia'"[1729].

Com tais intuitos, organizou sua gente, criando uma guarda de "elite" composta de 24 sertanejos, a quem denominou "os doze pares de França", rememorando sua leitura predileta de infância e juventude: *As aventuras de Carlos Magno*[1730].

1727 Ibidem, p. 205.
1728 Ibidem, p. 205.
1729 Ibidem, p. 206.
1730 Ibidem, p. 206.

A política reinante no Contestado iria desencadear a perseguição. O ciúme existente entre paranaenses e catarinenses acenderia o estopim. Afirma Osvaldo Cabral[1731] que cada uma delas olhou apenas para a preponderância do outro lado. Desencadeou-se, por isso, a luta[1732]. Ao Paraná, José Maria não pareceu o chefe de fanáticos religiosos, mas sim o invasor catarinense que pretendia acabar naquela região o *utipossidetis* (elemento de convicção dos direitos paranaenses sobre a terra contestada). A presunção foi a de que, futuramente, Santa Catarina alegaria o direito de ocupação para reivindicar a posse[1733].

Na verdade, os catarinenses apenas esperavam a execução da sentença do STF, de 1901, que lhes havia sido favorável, no sentido de incorporar o território abaixo dos rios Saí e Iguaçu. No caso de José Maria, apenas o jogaram para o outro lado. Uma primeira expedição paranaense foi repelida pelos fanáticos. À notícia desse revés, o capitão João Gualberto Gomes de Sá Filho, do Paraná, fez marchar sua tropa para derrotar os rebeldes.

A 12 de outubro de 1912, "Gualberto chegou à União da Vitória e, no dia seguinte, tomou o caminho do sertão e enviou um ultimato a José Maria, '*intimando-o a comparecer com urgência ao acampamento a fim de explicar os motivos da reunião de tanta gente armada naquela zona, sob pena de, em caso de não atendida a intimação, abrir combate de extermínio, a fim de fazer voltar à zona o regime da ordem e da lei*'"[1734].

O "monge" não atendeu à intimação e preparou uma emboscada para a tropa legal. A metralhadora *Maxim* que a expedição levava caiu na água. Avistando três casas que supunham ser as dos caboclos, os soldados se aproximaram e foram recebidos pelo fogo de uma coluna de sertanejos. Mesmo assim ocuparam as casas, onde só encontraram mulheres e crianças. Nesse instante, 50 homens a cavalo, acompanhados de 200 outros, a pé, os atacaram[1735].

[1731] Osvaldo Cabral (1903-1978), natural de Santa Catarina, foi um professor universitário, historiador e político brasileiro.

[1732] Carneiro, Glauco. *História das revoluções brasileiras*, cit., p. 206.

[1733] Ibidem, p. 206.

[1734] Ibidem, p. 206.

[1735] Ibidem, p. 206.

A luta foi dantesca. A força legal, em menor número, foi forçada a recuar. A metralhadora enguiçou. Os soldados foram cercados e aniquilados. João Gualberto reconheceu o "monge" pelo barrete de pelo de onça e o matou a tiros, , mas sucumbiu nas mãos de fanáticos que o despedaçaram a facão[1736]. "Foi assim, com um desastre dessas proporções, que praticamente se iniciou a Campanha do Contestado. O sacrifício do capitão João Gualberto alarmou todo o País, repetindo a emoção que a morte de Moreira César, em Canudos, provocara. Novamente se teceram as mais desencontradas versões sobre o objetivo dos rebeldes. Estes lutavam por melhores condições de vida. No bolso de um jagunço morto em 1915 foi encontrada uma carta na qual o sangue derramado pelo portador havia inutilizado a maior parte. Mas, por acaso, salvara-se o trecho que é um depoimento pungente: '*Nois não tem direito de terra, tudo é para as gentes da Oropa*'" (...)[1737].

A situação ficou limitada a pequenas escaramuças, até que um ano depois surgiu Eusébio Ferreira dos Santos e, com ele, Taquaruçu. "Eusébio fora um pequeno comerciante, que acreditava piamente nas palavras de José Maria. Para o sertanejo inculto, a questão era posta em termos mais simples: 'a República o perseguia, não cuidava do seu futuro nem de sua família, expulsava-o da terra para entregá-la ao estrangeiro, e, além de tudo, maltratava-o'. ... Um dos sertanejos prestou outro depoimento eloquente, num simples bilhete: '*Nós estava em Taquaruçu tratando da noça devoção e não matava nem robava, o Hermes mandou suas força covardemente nos bombardiar onde mataram mulheres e crianças portanto o causante de tudo isto é o bandido do Hermes e portanto nós queremos a lei de Deus que é a monarquia. O governo da república toca os filhos brasileiros dos terreno que pertence a nação e vende para o estrangeiro, nós agora estemo disposto a faser prevalecer os noços direito*'"[1738].

Com o desenvolvimento do reduto de Taquaruçu, foi organizada uma nova expedição militar. Mas a espionagem acompanhava a manobra. Foi um novo desastre para a tropa legal: vanguardas jagunças emboscaram o capitão Adalberto, impondo-lhe uma retirada precipitada. Organizou-se

[1736] Ibidem, p. 207.
[1737] Ibidem, p. 208.
[1738] Ibidem, p. 210.

uma segunda expedição. Ao todo, 750 homens. A 3 de fevereiro de 1915, toda essa tropa estava no Espinilho, sob o comando do tenente-coronel Aleluia Pires[1739].

No dia 8, iniciou-se o bombardeio pela artilharia. "As 150 granadas tinham despedaçado mais de uma centena de jagunços. Demerval Peixoto, pesquisador do conflito, sentiu a mudança de rumo na conduta dos sertanejos e deste modo a expressa, em seu livro *Campanha do Contestado*[1740]: '*O fanatismo estava suplantado pelo banditismo. Cada vez mais crescente, a exacerbação dos matutos deixava convencer que não se tratava mais de agrupamentos fanáticos a dispersar, mas de maltas de jagunços e facínoras. As realidades da guerra haviam demonstrado aos ignorantes – mas não destituídos de inteligência – matutos que os 'passes' e as bênçãos dos 'monges' e falsos profetas de nada valiam diante da inclemência do fogo dos canhões e das metralhadoras. O chefe espiritual viu-se de repente substituído pelo chefe guerrilheiro*"[1741].

Uma expedição aprestou-se para sufocar Caragoatá. O Comando Militar concentrou na região, sob a chefia do general Carlos Frederico de Mesquita[1742], 1.500 homens, divididos em três colunas, mas estes voltaram aos seus batalhões após algumas derrotas.

A expedição Setembrino – O general Setembrino de Carvalho, antes de iniciar as operações de guerra fez um apelo para que os jagunços se rendessem. Estes não o atenderam. O governo federal já se apercebera que estava desperdiçando homens e munição ao enviar pequenos contingentes. O comando da expedição fechou as linhas de um quadrado, encerrando nele o banditismo. Iniciou-se nessa última fase da Campanha do Contestado a participação da força aérea[1743] no combate às insurreições. Em fevereiro de 1915, o tenente-aviador Ricardo Kirk, que era um dos pilotos, acidentou-se e morreu. Esta foi a primeira vez que se usou força aérea em combate no Brasil.

[1739] Ibidem, p. 210.

[1740] Obra da Fundação Cultural de Curitiba, Curitiba, 1995, p. 112.

[1741] Ibidem, p. 210

[1742] Esse oficial, um veterano das guerras brasileiras, participou de três conflitos, a Guerra do Paraguai, a campanha de Canudos e a campanha do Contestado. Assunção, Moacir. *São Paulo deve ser destruída*, Rio de Janeiro: Record, 2015, p. 115.

[1743] Foi a primeira vez que o Brasil utilizou aviões como arma de guerra, e justamente contra a população rural.

Em fevereiro de 1915, a Coluna Sul marchou para Santa Maria. O coronel Estillac Leal[1744], seu comandante-geral, à vista das baixas que sofreu a tropa no combate, ordenou o recuo para a tapera Granemman. Quem vai descrever esse malogrado ataque a Santa Maria é o general João Pereira de Oliveira:

"Eram, exatamente, 6h30min do dia 8 de fevereiro de 1915 quando, consoante a ordem de ataque expedida no dia anterior, os dois grupos em que se fracionara a Coluna Sul se movimentaram. Sigamos o da esquerda. No momento em que este (constituído pelo 57º BC, 1ª e 3ª Companhias do 58º, 2ª Seção da1ª Cia. de Metralhadoras, sob meu comando, e trem de combate) alcançou a orla da basta e sombrosa mata, tudo delatava a ignorância, pelos pandilheiros, de sua aproximação. Alertaram-nos, porém, as celsas flamas e o crepitar do incêndio ateado por mãos-desacauteladas a velhas palhoças em abandono e ao taquaral vizinho. E isto foi coisa que, para logo, se observou, pelos toques de buzina e os rufos de tambor, que começaram a ecoar no silêncio aterrador da mata, sinal de alarma entre os celerados. (...)O 57º, porém, a despeito do inopino daquele esbarro, não susteve o avanço. Ao revés, avivou-lhe, atrevidamente, o ritmo, até o momento em que, dois quilômetros mais para a frente, a ponta da vanguarda, chocando-se com os bandoleiros, travou com eles tiroteio cerrado. Às oito horas, ordenando ao resto da força que se deitasse, adiantou-se o coronel Francisco Raul d'Estillac Leal na direção do fogo. Ao alcançar, porém, o local do encontro, já a vanguarda havia repulsado o adversário, e continuava, firme, o avanço, embora zimbrada seguidamente a tiros, que a desfalcavam, enquanto flanqueadores do 57º e 58º BC vasculhavam o taquaral que perlongava a estrada. Isto não obstante, o coronel já não volveu ao lugar em que, até então, marchara. Passou a deslocar-se à retaguarda do 57º, de onde mais fácil lhe seria acompanhar os acontecimentos e dar, em tempo, as ordens que tivesse por indispensáveis.

Fez bem. Porque a progressão se foi tornando cada vez mais agra, entre sibilos de balas providas, repetidamente, de atiradores que não se viam, nem se sabia onde se alapavam, até que, afinal, às 8h45min, topando a vanguarda com a forte trincheira adversa que barrava a estrada, pôde ele fazer uma ideia imediata da situação. As primeiras disposições para o ataque quem as tomou foi o comandante do 57º. E estas consistiram em

[1744] O general Newton Estilac Leal (1893-1955) foi um militar nacionalista, defensor do monopólio estatal do petróleo. Participou das revoltas de 1922 e 1924, além da Revolução de 1930. Foi presidente do Clube Militar.

manter uma companhia na estrada e desenvolver as duas outras à direita e à esquerda desta, de modo que se formasse, assim, uma barreira, de encontro à qual se fossem quebrar, partissem de onde partissem, quaisquer arremetidas do adversário. (...)Diante desse patente desfalecimento, ao menos passageiro, do adversário, oriundo, decerto, de claros não-minguados abertos em suas hostes, ao comandante da Coluna afigurou-se propícia a oportunidade para lançar novo e ainda mais desesperado assalto, partindo dos flancos (...).
À vista desse crescer contínuo e assustador de baixas, expediu o cel. Estillac, às doze horas, uma ordem à 2ª Cia. do 58º, estacionado em Tapera, para que enviasse um pelotão, destinado ao transporte de mortos e feridos. E continuou na luta. Sem artilharia, porém, para arrasar os obstáculos próximos e dali desalojar os bandoleiros que neles se abrigavam, *e já sem poder contar, a pleno, com os fogos de metralhadoras, pois iriam estes, talvez, ceifar os elementos que mais se haviam acercado do adversário, teve o cel. Estillac de se contentar em vê-la prosseguir com aquela mesma feição de autêntica monteada humana, que de parte a parte se exercitava, com igual astúcia e com graves perdas para um bando e outro. Só quando lhe parecia um tanto abalada a resistência oposta pelos guerrilheiros é que ele buscava recomeçar o avanço.*
Ali, recebeu o cel. Estillac uma comunicação do major Ciríaco Lopes Pereira, cujo grupo tanto o preocupava: 'Sr. coronel. Estou em circunstâncias críticas, mata fechada, eriçada de emboscadas. Já morreu o tenente Orestes e tenho dois homens feridos. Isto não é nada; porém acaba de ser gravemente ferido o vaqueiro José da Cruz Santos; já não fala, ninguém conhece a mata e só tenho um recurso: retirar e o faço, acredite, pesaroso e contrariadíssimo'"[1745].

Conclui o general: "*Terminavam, assim, sem o triunfo que imagináramos, todos os esforços e sacrifícios feitos contra o reduto de Santa Maria, naquele dia aziago, em que as nossas perdas ascenderam a setenta homens...*"[1746].

Reforçada, a coluna em março iniciou novo ataque. "Dias depois, o general Setembrino reuniu os chefes das quatro colunas e combinou um ataque simultâneo. O destacamento Leste chegara à localidade de Chico Melo, onde deveria reunir-se ao contingente de Potiguara. Mas não o encontrou. Em vez do combinado, o capitão tomara o rumo de Tamanduá, vencera 114 quilômetros, destruíra todos os restantes ajuntamentos

[1745] Carneiro, Glauco. *História das revoluções brasileiras*, cit., p. 214-216.
[1746] Ibidem, p. 217.

de jagunços e destroçara 400 homens. No vale de Santa Maria atacou sozinho a maior concentração de jagunços que o Exército enfrentara até então, com exceção de Canudos"[1747].

A luta foi violenta. O reduto avançado de Aleixo caiu a 2 de abril. No dia seguinte, Potiguara atacou o reduto principal, que caiu diante do ímpeto do assalto. A jagunçada passou a sitiar a tropa que, não querendo abandonar a posição, enviou apelo a Estillac, redigido por Potiguara: *"Estou aqui neste inferno, depois de dez dias de marchas horrorosas, sendo oito de combate dia e noite. Peço-te que avances com a máxima urgência a fim de me auxiliar no resto da nossa espinhosa missão. Tenho grande número de feridos e já enterrei muitos oficiais e praças. Espero-te com urgência a fim de não perder mais gente, pois estou com a tropa em preparativo de ataque. Calculo hoje uns oitenta a cem jagunços, pois temos mortos uns 385 e feridos algumas outras centenas, ficando todos os redutos em cinzas"*[1748].

O coronel Estillac Leal admirou-se de receber mensagem de Potiguara, a quem supunha muito longe dali. Logo que recebeu o apelo,penetrou na picada. Não foi difícil transpor o obstáculo e fazer junção com os sitiados que, vendo os companheiros chegarem, atacaram, por sua vez, deixando os jagunços remanescentes entre dois fogos. Estava finda a campanha que tantas vidas custara, entre elas as de 20 oficiais e 300 soldados do Exército. O cálculo das baixas dos jagunços orçou em quase três mil. Haviam sido necessárias treze expedições para sufocar esse movimento revolucionário sertanejo[1749].

O Acordo – Como sempre, veio o acordo depois da batalha. Em 1916, a zona estava pacificada, com os dois governadores celebrando um acordo no Rio de Janeiro, a 20 de outubro de 1916.A zona litigiosa ficou dividida, mais ou menos, ao meio, cabendo, todavia, a Santa Catarina a maior porção. Havia, também, outro ingrediente na luta do Contestado[1750]: o impe-

[1747] Ibidem, p. 217.
[1748] Ibidem, p. 218.
[1749] Ibidem, p. 213.
[1750] Ibidem, p. 213.

rialismo americano, na figura da empresa *Brazilian Lumber*, do capitalista Percival Farquhar[1751].

11.11 Delfim Moreira[1752] (15-11-1918 a 28-7-1919) – um governo tampão

Delfim Moreira (1868 – 1920) era o vice de Rodrigues Alves[1753], o qual nem assumiu a presidência em 1918 por ter contraído a gripe espanhola[1754]. Delfim continuou no governo até a realização das eleições

[1751] Percival Farquhar [1864-1953], filho de quacres (seita religiosa protestante inglesa), foi um destacado empreendedor americano do ramo ferroviário e um dos últimos construtores de impérios. *Vide* GAULD, Charles A. *Farquhar, o último titã – um empreendedor americano na américa latina*. São Paulo: De Cultura, 2006, p. 31-32.

[1752] "Delfim Moreira da Costa Ribeiro o – Político e administrador brasileiro, ★ em Cristina (MG) em 7-11-1868; ✞ em Santa Rita do Sapucaí (MG) em 1-7-1920. Formado pela Faculdade de Direito de São Paulo (1890), elegeu-se deputado estadual em 1894; secretário do interior em 1902, senador estadual em 1907, deputado federal em 1909, renunciou ao mandato no ano seguinte para assumir, pela segunda vez, as funções de secretário do Interior. Presidente do Estado de Minas em 1914. Eleito vice-presidente da República na chapa que formou com Rodrigues Alves em 1918 e, falecendo este antes de assumir o cargo, exerceu-o interinamente até que pudesse ser eleito e empossado um novo presidente: sete meses depois transferiu o poder ao presidente então eleito, Epitácio Pessoa. Durante a. interinidade também não se encontrava em boas condições de saúde o presidente em exercício, cabendo os encargos do governo ao titular da pasta da Viação, Afrânio de Melo Franco, por isso o ministro mais importante na época, sobretudo para as questões políticas. Delfim Moreira exercia ainda a vice-presidência quando morreu, sendo substituído pelo novo vice-presidente eleito, Francisco Alvaro Bueno de Paiva (1861-1928)." *Vide Dicionário de História do Brasil*, cit., p. 382.

[1753] Ruy Castro, em artigo publicado na Folha de S.Paulo em março de 2020, afirmou que Rodrigues Alves morreu não em consequência da gripe espanhola, mas sim da beribéri que agregou uma gripe comum e, um ano depois (1919), foi levado a óbito. A beribéri é causada pela ausência de vitamina B1, apresentando distúrbios circulatórios, secretores, sensitivos e motores.

[1754] A gripe espanhola é uma doença aguda, de evolução rápida e geralmente benigna, podendo entretanto assumir, em condições ainda não suficientemente conhecidas, características graves e fatais. Transmitida por contato direto, por meio de gotículas nasofaringianas que o enfermo elimina ao tossir ou espirrar, a *influenza* tem como sintomas iniciais calafrios, sensação de frio, febre, dores de cabeça, prostração intensa e dores musculares, principalmente nas costas, ombros e pernas. A temperatura corporal do gripado pode chegar até a 40 graus centígrados e persistir alta em média de um a seis dias. "Sobre a pandemia gripal no Brasil de 1918 pouco se sabe, inclusive pela quase inexistência de informações sobre o número de óbitos causados pela *influenza*. A primeira experiência

(1919), não tendo se interessado pela questão sucessória, pois aos 41 anos se encontrava doente e enfraquecido. Morreu em 1920, portanto, no quadriênio que se seguiu a seu curto governo.

11.11.1 A campanha sucessória

Durante a campanha, destacaram-se dois principais candidatos à presidência: Epitácio Pessoa (Paraíba) e Rui Barbosa (Bahia). Nilo Peçanha apresentou a candidatura do político baiano Rui Barbosa que, no entanto, foi mais uma vez abandonada, visto que os líderes de vários Estados, como Minas, São Paulo e Rio, o consideravam excessivamente intransigente. Quanto aos governantes de São Paulo e Minas Gerais, respectivamente Altino Arantes e Artur Bernardes, eram considerados inexperientes para aspirar a uma candidatura ao cargo máximo da nação. Em virtude disso, o político mineiro Raul Soares apresentou a candidatura do senador paraibano Epitácio Pessoa, que representara o Brasil na Conferência de Versalhes. Na oposição, contra o candidato da situação, Rui perderia mais uma vez a chance de governar o Brasil, pois recebeu, em 12 de abril de

brasileira com a gripe deu-se com a missão médico-militar enviada ao campo de guerra europeu. Após uma atribulada travessia do Atlântico, a esquadra brasileira chegou à África, atracando em Dacar, porto do então Senegal Francês. Como a pandemia já infestava aquela cidade, em pouco tempo a maior parte da esquadra enfermou-se. No dia 15 de setembro, calculou-se em mais de uma centena os brasileiros mortos pela *influenza*, fato que determinou o pronto retorno dos sobreviventes ao Brasil e a substituição destes por um novo contingente de médicos e marinheiros a ser enviado ao teatro de guerra da Europa.
É bem provável que os primeiros casos de influenza tenham ocorrido a partir de 14 de setembro, quando um vapor de bandeira inglesa, o *Demerara*, chegou aos portos brasileiros. Proveniente de Liverpool e tendo feito escala em Lisboa, o navio atracou sucessivamente em Recife, Salvador e Rio de Janeiro, tendo alguns de seus tripulantes gripados: estava instalado o problema.
Em fins de setembro a gripe já grassava epidemicamente nos três portos brasileiros mencionados e ainda na Paraíba e no Espírito Santo. Até o final do mês seguinte, praticamente todo o país já se apresentava contaminado pelo vírus gripal.
É certo que a influenza chegou até os mais distantes e isolados pontos do território nacional. A gripe causou grande número de óbitos, inclusive entre a população indígena. Inicialmente o mal foi detectado nas aldeias próximas das cidades e vilas. Paulatinamente, a gripe atingiu grupos mais isolados, dentre eles os internados na Floresta Amazônica, onde dizimou inúmeras tribos. Bertolli Filho, Claudio. *A gripe espanhola em São Paulo 1918*. São Paulo: Paz e Terra, 2009, p. 115

1919, 116.414 votos contra 286.373 de Epitácio Pessoa. Morreu poucos anos depois, em 1923[1755].

Anote-se que São Paulo fora o principal Estado a vetar o nome de Rui Barbosa. Embora a agremiação dominante, o Partido Republicano Paulista (PRP), o tenha adotado, os membros da sua comissão central rejeitaram o intelectual baiano. O governador Altino Arantes demonstrou apoio a ele, mas líderes importantes, como Rodolfo Miranda, Antonio Lacerda Franco e Oscar Rodrigues Alves, vetaram-no em definitivo. É nesse momento e contexto que Minas sugeriu em 20 de fevereiro, seis dias antes da Convenção para a escolha do candidato, o nome de Epitácio Pessoa por se tratar de um candidato neutro, apesar do caráter secundário na política nacional do Estado da Paraíba, escolha esta que evidenciou a inexistência de um nome de peso no sistema dominante[1756]. Na verdade, a velha geração, composta por nomes como Campos Sales, Rodrigues Alves, Francisco Sales e João Pinheiro, estava em processo de desaparecimento, enquanto a nova, formada, entre outros, por Artur Bernardes, Antonio Carlos, Altino Arantes e Washington Luís, apenas começava a aparecer[1757]. Na convenção, deputados e senadores dão 139 votos a Epitácio. Rui fica com apenas 43. Convidado para comparecer ao evento, não aceita porque sabia que o nome de Epitácio já estava escolhido de antemão mesmo estando no Exterior, na Conferência de Versalhes. As eleições presidenciais, em 12 de abril de 1919, consagram o nome de Epitácio, que em julho retorna ao Brasil, vindo dos Estados Unidos. Obteve 286.373 votos na eleição.

11.12 Epitácio Lindolfo da Silva Pessoa (28-7-1919 a 15-11-1922) – vice-presidente: Delfim Moreira

Natural de um Estado pobre, à margem do poder, a Paraíba, Epitácio Pessoa (1865 – 1942), aos 54 anos, governou o país sob forte tensão. Ainda

[1755] Castro, Therezinha de. *História da civilização brasileira*, cit., p. 375.

[1756] "A Convenção situacionista se realiza no dia 25 de fevereiro, no prédio do Senado. São deputados e senadores que elegem Epitácio Pessoa com 129 votos, obtendo Rui Barbosa apenas 42. O Estado de São Paulo vota quase que maciçamente a favor de Epitácio, com exceção de Júlio de Mesquita e Sampaio Vidal; dos outros Estados, somente a oposição é que sufraga o senador baiano". *Vide* Carone, Edgard. *A República Velha – evolução política*, cit., p. 319.

[1757] Ibidem, p. 319-321.

no Império, fora partidário dos ideais republicanos e abolicionistas. Elegeu-se, em 1890, deputado federal por seu Estado e promoveu oposição a Floriano Peixoto no Legislativo. Jurista, colaborou na confecção do Código Civil, assessorando Clóvis Bevilacqua. Foi presidente de Pernambuco Império, ministro da Fazenda de Deodoro, da Justiça de Campos Sales, e deputado federal e senador pela Paraíba. Ao escolher os ministros, optou por técnicos, desagradando os políticos. Por exemplo, para a Justiça, escolheu o advogado pernambucano Alfredo Pinto. Para a pasta da Viação, o escolhido foi o paulista Pires do Rio, engenheiro e ex-diretor do Instituto Federal de Obras contra as Secas (Dnocs). Para o Exército, indicou o civil Pandiá Calógeras[1758].

Como nordestino, fez questão de olhar com atenção e interesse os problemas da região, com ênfase no combate à seca, o grande flagelo da localidade. Criada a Inspetoria Federal de Obras contra a Seca devido aos problemas que assolavam essa região, foram construídos 220 poços, 205 açudes e 500 km de vias férreas locais[1759]. Todavia, o problema da região não era questão de açude e as medidas perderam-se nas boas intenções do governo.

11.12.1 Os ministros civis e o Exército

A escolha dos auxiliares cabia privativamente ao presidente, por isso mesmo que eram pessoas de sua confiança pessoal, e não de confiança política das câmaras ou dos partidos.

Conforme mencionado anteriormente, Epitácio Pessoa promoveu ampla reforma ministerial que foi mal recebida pelos políticos. Na área militar, procedeu à nomeação de titulares civis, iniciativa esta que ficou registrada em suas anotações por ocasião da viagem de retorno de Paris ao Brasil:

> "*Separar as pastas militares da administração dos serviços do Estado-Maior. A primeira é apolítica e, por sua natureza mesma transitória; o segundo é técnico e profissional e deve ser, o mais possível, permanente. A administração deve ficar a cargo de um*

1758 Castro, Therezinha de. *História da civilização brasileira*, cit., p. 375.
1759 Ibidem, p. 376.

civil, justamente para afastar a força armada da política; o preparo da tropa caberá ao militar sem intervenção nem mesmo do ministro"[1760].

Em relação ao novo ministro da Guerra Civil, Pandiá Calógeras, com base na orientação da Missão Francesa, procurou modernizar as forças armadas. Criou quartéis modelos, distribuiu o ensino militar, criou em definitivo o Estado Maior. Foram lançadas as bases para a Aviação Militar, que a essa altura age conjuntamente com a Marinha (só em 1941 será criado o Ministério da Aeronáutica).

Quanto à escolha de seu ministério, Epitácio, ao justificar os motivos, aludiu ao período imperial, período em que os civis ofereceram uma colaboração eficaz à administração militar. Mesmo durante a Guerra do Paraguai, só por cinco meses a Pasta da Guerra esteve com militar, e a da Marinha esteve sempre com civil. Citou o exemplo de países de melhor organização bélica em terra e mar, como a França e a Inglaterra. Nem durante a guerra deixaram de entregar a civil a defesa de sua honra militar e da sua independência política: *"E nunca se ouviu dizer que aqueles generais ou seus subordinados se houvessem reunido alguma vez para planejar a deposição do governo, sob o pretexto de que este usurpara, em favor de civis, postos e funções que de direito lhes tocavam"*[1761].

11.12.2 A economia

Inicialmente, Epitácio Pessoa mostrou-se contrário ao protecionismo e à emissão de moeda sem lastro. Depois, promoveu a defesa do café, a começar por uma política de retenção de estoques nos portos nacionais e mediante uma política inflacionária. Fez um empréstimo de 9 milhões de libras esterlinas e determinou a retenção de parte do estoque do café nos portos, a fim de evitar o aviltamento dos preços do produto no mercado internacional. A medida atendia ao pleito dos industriais, lavradores e negociantes de café. A Grã-Bretanha era o principal mercado do País, enquanto o Brasil, na época, comprava dessa potência mundial basicamente bens manufaturados, os de maior peso na pauta. Outros países

[1760] Silva, Hélio e Carneiro, Maria Cecília Ribas. *Os presidentes – Epitácio Pessoa11º Presidente do Brasil 1919-1922*, São Paulo: Editora Três, 1984, p. 36.
[1761] Ibidem, p. 37.

com os quais o Brasil mantinha relação comercial de importância: Alemanha, França e Estados Unidos[1762]. E foi exatamente deste último, potência que começava a ascender mundialmente, que o presidente brasileiro fez o primeiro empréstimo. Até então, a Grã-Bretanha era o principal fiador do Brasil.

Destaque-se que a balança comercial do País apresentava desequilíbrio nos acordos com estas nações. Por exemplo, em 1904, nas relações comerciais com os americanos, enquanto as importações totalizavam 2.855.700 libras esterlinas, os Estados Unidos compravam do Brasil o equivalente a 19.521.550 libras esterlinas[1763].

Ocorre que durante a Primeira Guerra Mundial esse cenário se modificou. Em 1917, enquanto a Alemanha deixou de exportar para o Brasil, e a França reduziu, de forma considerável, o vínculo comercial que mantinha, em compensação os americanos passaram a exportar carvão, gasolina, querosene e farinha de trigo tanto para o Brasil quanto aos aliados. Em consequência, no pós-guerra, a Grã-Bretanha acabou sendo suplantada pelos americanos, com exceção dos anos de 1922 e 1923. No que dizia respeito a veículos automotores, gasolina e querosene, além de matérias-primas industriais como carvão e cimento, a presença dos Estados Unidos era dominante e se consolidara, expulsando em definitivo os rivais britânicos e alemães do mercado nacional[1764].

Essa transição em parte pode ser atribuída ao declínio da participação inglesa no capital industrial. Mas não só a isto. Explica o economista Paul Singer:

> *"É claro que a conquista de boa parte do mercado brasileiro por produtos americanos e alemães em detrimento dos ingleses decorre da crescente superioridade industrial dos primeiros em relação aos últimos, no plano mundial. Mas este fato não esgota a questão. O refluxo inglês se dá também porque o capital daquele país não soube acompanhar a nova etapa que se abria na história econômica do Brasil com a industrialização de importações. O capital britânico procurou se aproveitar da industrialização brasi-*

[1762] Ibidem, p. 39.

[1763] Mendes Jr., Antonio; Roncari, Luiz; e Maranhão, Ricardo. *Brasil – história, texto e consulta – República Velha*, cit., p. 261.

[1764] Ibidem, p. 261.

leira para vender equipamentos, mas aparentemente não confiou em sua continuidade para nela arriscar inversões próprias... Desta maneira, o capital britânico deixou passar uma oportunidade que os americanos e alemães aproveitaram. Em outros setores de atividades, que não o industrial, o desaparecimento do capital britânico decorreu de sua capacidade de acompanhar a evolução tecnológica. É o que se pode verificar no caso do transporte... Assim, enquanto as grandes companhias automobilísticas americanas, como a General Motors e a Ford, se instalavam no Brasil, abrindo um mercado que iria se expandir rapidamente, o capital inglês continuaria invertido nas ferrovias, que com o tempo se tornariam deficitárias e acabariam sendo encampadas pelo governo, a maior parte na década de 1940"[1765].

A década de 1920 caracterizou-se como um período muito importante para a economia de exportação do Brasil, com destaque para o café, produto que havia passado por duas valorizações e premiado com um sistema de defesa permanente a partir de 1924. A média de produção, que se situara entre 14,1 milhões de sacas entre 1919/20 e 1923/24, subiu para 18,2 entre 1925/26 e 1928/29, atingindo 24,2 entre 1929/30[1766].

Ressalte-se que o Brasil foi prejudicado por uma geada em 1918, mas, em compensação, as safras de 1920 e 1921 chegaram a 16,2 milhões de sacas. Fatores como produção extremamente elevada e depressão da economia americana em 1920 trouxeram a perspectiva de uma crise na economia brasileira. Assim, fez-se, em 1921, a terceira valorização do produto, com um crédito concedido pela Carteira de Redesconto do Banco do Brasil. Procurou-se, além da retirada do produto do mercado, regular a sua entrada nos portos[1767].

1765 Ibidem, p. 261-262.

1766 O que explica a ascensão da atividade agrária são fatores como a abundância de terras de boa qualidade e a ampliação da oferta de mão de obra, resultado da imigração e do crescimento interno. Lembre-se de que o fim da guerra, por sua vez, trouxe a recuperação e o início da estabilização das nações industrializadas, tradicionais compradoras de café. Com isso, o mercado passou por um processo de forte ampliação. Assim, em média, no período 1920-1928, a taxa anual de crescimento do volume de produção das culturas de exportação (com forte predominância do café) foi de 9,0%, enquanto a da produção agrícola, como um todo, foi de 4,5% e a da produção industrial, de apenas 3,9%. Ibidem, p. 262.

1767 Ibidem, p. 262.

Na tentativa de valorizar e financiar o café, o Brasil pediu vários empréstimos, como vemos a seguir:

1921 – US$ 50 milhões, prazo de 20 anos. Era o vigésimo primeiro empréstimo da República, e foi negociado com os banqueiros Dillon, Read & Co. Inc. dos Estados Unidos (o primeiro com os EUA, conforme explicado anteriormente).

1922 – 9.000.000 de libras, juros de 7½%, prazo de 30 anos a partir de 1923, sendo negociado com os banqueiros N.W. Rothschild & Sons, Baring Brothers & Co. J. Genry Schroedar e Co. e Dillon, Read e Co.

1922 – US$ 25 mil, juros de 7%, prazo de 30 anos, negociado com banqueiros Dillon, Read & Co. Inc.

1922 – o governo assumiu a dívida da Companhia de Ferro Vitória e Minas, no valor de 14.850.500 francos a juros de 5% com Credit Mobiler Français, transação esta realizada em 1910.

O governo, para contornar a crise financeira, tentou efetuar emissões vultosas, contrariando as diretivas do relatório do Ministério da Fazenda. Em 1919, foi criada a carteira de emissão e redesconto do Banco do Brasil. A crise financeira, daí por diante, crescera violentamente, e faltou dinheiro suficiente para o governo efetuar pagamento dos militares e do funcionalismo público. Com a política emissionista, o câmbio ficara oscilando, a ponto de baixar gradativamente. Por conseguinte, houve acentuados déficits orçamentários e o aumento do custo de vida, que resultou em descontentamentos tanto do povo quando dos militares.

Em conclusão, apesar da melhora na situação do café, a balança comercial brasileira, conforme indicado anteriormente, apresentou déficits consecutivos que agravaram a situação do balanço de pagamentos, já sobrecarregado com os empréstimos estrangeiros. A dívida externa, entre 1921-22, ampliou-se em 25%. Emissões foram realizadas tanto para a valorização como para o financiamento dos déficits do governo central, fazendo com que os preços se elevassem a partir de 1922. Foram realizados os primeiros empréstimos norte-americanos para obras contra as secas do Nordeste. Foi nesse contexto que Artur Bernardes, o presidente que sucedeu a Epitácio Pessoa, assumiu o poder. Suas preocupações maiores foram, então, a contenção das despesas e as restrições às emissões, de maneira que visavam a estabilidade econômica e a reorganização do balanço de pagamentos para a retomada das amortizações do segundo "Funding Loan", que deveria ocorrer a partir de 1927[1768].

11.12.3 A questão dos minérios e Farquhar *versus* Bernardes

A situação econômica não dava nenhum sinal de melhora. O então ministro da Fazenda, Sampaio Vidal, demonstrou a péssima situação cambial do Brasil, que acumulava muitos déficits orçamentários e queda nas exportações, conjugadas com a diminuição da renda interna. O governo resolveu emitir moeda, o que levou à inflação. No entanto, a política de alargamento de créditos, para sustentar o preço do café no mercado externo, continuou. Em julho de 1919, pouco após sua eleição, Epitácio vai conhecer o magnata americano Percival Farqhuar, que lhe apresentará um plano para explorar minérios em Itabira, Minas Gerais. A empresa do milionário construiria uma estrada de ferro industrial e uma usina com capacidade inicial de 150 mil toneladas para explorar o produto. Em 29 de maio de 1920 foi assinado o primeiro contrato de concessão de Itabira. A execução, entretanto, dependia de um contrato também com o governo de Minas, sob o comando de Artur Bernardes, que se colocaria contrário à iniciativa[1769].

O presidente do Estado, um austero ex-aluno do Convento do Caraça, com fama de nacionalista, tinha como secretário o professor Clodomiro de Oliveira, da Escola de Minas de Ouro Preto. Ele e Bernardes vetaram a exportação do minério e o monopólio que, na prática, beneficiaria a Itabira Iron, empresa formada pelo americano. Farquhar lutará por 20 anos pela concessão, obtendo algumas vitórias, mas perdendo a causa no final. O grupo de nacionalistas contrários à concessão aumentará cada vez mais. Em fevereiro de 1911, o governo concede a uma firma brasileira facilidades para a instalação de uma usina de minério de ferro com capacidade para 150 mil toneladas (a mesma proposta pelo empresário

[1768] Mendes Jr., Antonio; Roncari, Luiz; e Maranhão, Ricardo. *Brasil – história, texto e consulta – República Velha*, cit., p. 262.

[1769] Silva, Hélio e Carneiro, Maria Cecília Ribas. *Os presidentes – Artur Bernardes 12º Presidente do Brasil (1922-1926)*, cit., p. 149.

americano). O jornal *Correio da Manhã* e outros críticos se colocam contrários à proposta. O resultado é que somente uma parte da usina projetada funcionará[1770].

Em 1917, funda-se a Companhia Siderúrgica Mineira, que funcionará bem até 1920. Em seguida, começa a passar por dificuldades financeiras e investidores belgas resolvem participar da empresa. Ela ressurgirá como Companhia Belgo-Mineira. Artur Bernardes e Raul Soares, seu sucessor na presidência do Estado, se mostram contrários à simples exportação do minério, desejando a implantação de uma indústria siderúrgica no País, o que só existia de forma incipiente. Posteriormente, como presidente da República, cujo mandato se iniciará em 1922, Bernardes promulgará um decreto, em 9 de janeiro de 1924, que possibilita o surgimento de pequenas usinas, distribuídas entre Minas e São Paulo. Até 1930, as usinas vão produzir ferro gusa, ferro laminado e aço. A produção, no entanto, será pequena e, na maior parte, ainda utilizam a lenha vegetal como combustível[1771].

Após três governos sucessivos em Minas, ou seja, de Bernardes, Raul Soares e Fernando Melo Viana, Itabira obteria sua concessão, celebrada em 12 de novembro de 1928, somente no governo de Antônio Carlos Ribeiro de Andrada, que viria a seguir. No entanto, o advento da Revolução de 1930 não favoreceu Itabira, pois o ministro da Viação do governo provisório, José Américo de Almeida[1772], rescindiu o contrato com a empresa. O assunto passou a ser estudado por uma Comissão Nacional de

[1770] Carone, Edgar. *A República Velha – instituições e classes sociais*, cit., p. 91.

[1771] Ibidem, p. 92.

[1772] José Américo de Almeida (1887-1980) – Paraibano, escritor, bacharel pela Faculdade de Direito de Recife (1908), político, secretário do Interior de João Pessoa, Procurador-Geral da Paraíba, Interventor Federal no seu Estado, ministro da Viação (1935) e ministro do TCU, senador e governador da Paraíba (1951). Foi candidato à presidência da República (1937), tolhido pela Ditadura do Estado Novo. Contudo, o maior destaque ficou em sua obra literária regional, a saber: *A Bagaceira* (1928), *A Paraíba e seus problemas* (1923), *O Ciclo Revolucionário do Ministério da Viação, Reflexões de uma cabra* (1922), *O boqueirão* (1935), *Coiteiros* (1935), *Ocasos de sangue* (1954), *Discursos de seu tempo* (1964), *A palavra e o tempo* (1965), *O ano do nego* (1968), *Eu e eles* (1970), *Quarto minguante* (1975), *Antes que me esqueça* (1976), *Sem me rir, sem chorar* (1984). Participou da Academia Brasileira de Letras e do Instituto Histórico e Geográfico de São Paulo.

Siderurgia. Com a reunião da Assembleia Constituinte, o problema passa a ser debatido pelo Legislativo, em que o agora deputado Artur Bernardes tem atuação destacada. Anos mais tarde, quando Farquhar estava próximo da vitória definitiva, ocorre o Golpe de 10 de novembro de 1937, ocasião em que se institui o Estado Novo, e Vargas fecha o Congresso. Sobrevém a Segunda Guerra Mundial, e Getúlio consegue implantar a siderurgia pelo Estado[1773].

11.12.4 A crise social – anarquistas, comunistas e as greves

Não bastasse o fato de que o aumento do funcionalismo civil e militar piorava ainda mais o cenário, a situação econômica e social do País continuava grave. O grande número de manifestações de trabalhadores entre 1917 – quando ocorrerá a primeira greve geral da história do Brasil, em São Paulo – e 1920 comprova as dificuldades financeiras, o que vai culminar na crise de 1920. Epitácio Pessoa, ao constatar que a situação era calamitosa, pois, de 1914 a 1918, os cinco exercícios liquidaram-se com déficit de mais de um milhão de contos de réis, assim expôs publicamente: *"considero um dever de patriotismo expor estes fatos ao Congresso e à Nação, na esperança de que facilitem ao Governo o empenho de tirar o país desta situação lamentável"*[1774]. O aumento do funcionalismo civil e militar agrava mais a crise do Tesouro.

Anarquismo – O movimento era assim definido pelo jornal anarquista *A Plebe*, de São Paulo:

> *"Os anarquistas querem uma sociedade sem governos, sem leis, constituída por federações de trabalhadores, que produzam segundo suas capacidades e consumam segundo suas necessidades; uma sociedade onde toda a terra e suas riquezas sejam de todos os trabalhadores; uma sociedade sem opressão da massa trabalhadora por uma minoria de ricos egoístas; uma sociedade sem dinheiro, instrumento dos agiotas; uma sociedade*

[1773] Silva, Hélio e Carneiro, Maria Cecília Ribas. *Os presidentes – Artur Bernardes 12º Presidente do Brasil (1922-1926)*, cit., p. 150.
[1774] Carone, Edgar. *A República Velha – instituições e classes sociais*, cit., p. 92.

sem polícias, sem prisões, sem misérias, sem ditaduras; uma sociedade onde o indivíduo desenvolva livremente sua personalidade no trabalho, na ciência, nas artes"[1775].

Ocorre que parte da burguesia e do clero exigiam repressões as mais violentas contra as manifestações doutrinárias dos anarquistas, contra as greves e qualquer forma de reivindicação acintosa aos interesses patronais. Em 1901, verificou-se uma greve na fábrica Tabacow, em São Paulo "por irregularidade de pagamento". Segundo *O Amigo do Povo*, essa greve, que iniciou segundo o planejado, acabou mal, "pela atitude pouco enérgica mantida pelos nossos companheiros dessa casa e pela falta de solidariedade entre eles existente. Nessa greve puderam também os nossos companheiros notar a costumada deslealdade dos patrões; dentro de poucos meses, estava esquecida por eles a promessa de pagar pontualmente"[1776].

Ainda em São Paulo, houve uma greve na fábrica Diodatto Lemme, na qual se esgotaram "todos os meios para se chegar a um acordo com os proprietários." Os grevistas reivindicaram: fixação de pagamentos nos dias 1 e 16 de cada mês "como nas outras casas". Os trabalhadores da Diodatto recebiam da Liga de Resistência, entre Chapeleiros e Anexos, o auxílio de 90 mil réis cada um, durante a parede. O *Amigo do Povo* trazia a seguinte advertência, em italiano, língua familiar à maior parte dos operários paulistas, para que não comprassem os chapéus da referida fábrica: *"No compraie capelli della fabrica di Diodaito Lemme"*[1777].

Em 1905, outra greve de grandes proporções assustava a classe dirigente de São Paulo. Os operários da Companhia Paulista exigiam aumento de salários. Nessa altura, os estudantes de São Paulo solidarizaram-se com os grevistas, havendo intervenção da polícia. Os operários fizeram manifestações no centro da cidade. No mesmo ano, no Rio, entraram em greve os empregados de bondes, os chapeleiros da fábrica de Mangueira

[1775] Bastos, Abguar. *Enciclopédia dos temas brasileiros- história da política revolucionária no Brasil*, 1º volume: 1900-1932; 2º volume: 1933-1945, São Paulo: Ler e Viver, 1978, p. 110.
[1776] Ibidem, p. 110.
[1777] Ibidem, p. 110.

e os da fábrica Martins Tinoco & Cia., que "pretendia rebaixar o preço da mão de obra"[1778].

Em 1906, os anarquistas anunciavam uma greve geral para a conquista da jornada de trabalho de oito horas. Nesse ano, os jornais operários *Terra Livre* e *Novo Rumo* apelavam para que os operários brasileiros dessem um dia de salário para "auxiliar os que, na Rússia, tão heroicamente lutavam pela liberdade". *Novo Rumo*, no Rio, abria a primeira subscrição brasileira em favor dos socialistas russos. Depois da redação do periódico, o primeiro subscritor que se apresentou foi uma operária de nome Matilde, que assinou um recibo de mil réis, partindo, assim, de uma mulher, a primeira contribuição brasileira a favor dos revolucionários russos[1779].

Em 1907, a repercussão da greve de metalúrgicos da fábrica de pregos Ipiranga em São Paulo garantiu aos trabalhadores "9 horas de trabalho em vez de 11 e meia como marcava o novo regulamento; uma hora em vez de meia, para o almoço; 50% além do salário equivalente a esse tempo no trabalho suplementar; expulsão de alguns 'crumiros'[1780] e a readmissão de todos os grevistas"[1781].

No mesmo ano, de Campinas, interior paulista, vieram notícias acerca de uma greve de colonos das fazendas Chapadão, Taperá e Araci. Reclamavam 200 réis de aumento no preço do alqueire de café colhido. No mesmo município, entravam também em greve os pedreiros e serventes. Aqueles pediam 15% de aumento nos salários; estes, 2 mil réis para a diária de prestação de serviços[1782].

Também em "1907, houve, em Santos, uma série de 'greves rápidas e enérgicas para melhorar um pouco as até então intoleráveis condições de trabalho'. Quando chegou a vez dos estivadores (na época ainda comumente chamados de 'trabalhadores do porto'), ocasião em que estes 'tiveram de enfrentar a poderosa Companhia das Docas, assim como os interesses dos comissários de café e dos fazendeiros, que dominam no Estado

[1778] Ibidem, p. 111.

[1779] Ibidem, p. 111.

[1780] Crumiro – furador de greve. Fonte: *Dicionário Houaiss da língua portuguesa*, São Paulo: Objetiva, 1998, p. 312.

[1781] Bastos, Abguar. *Enciclopédia dos temas brasileiros*, cit., p. 111.

[1782] Ibidem, p. 111.

de São Paulo e até no Brasil', a cidade de Santos 'foi inundada de tropas... Vieram dois encouraçados... Prisões, espancamentos, assaltos, expulsões sem processo... As violências foram inauditas'"[1783].

Greve geral – Os anarquistas comandaram, em julho de 1917, uma greve geral em São Paulo, paralisando completamente, durante vários dias, todo o movimento da cidade. Os operários de todas as fábricas exigiram aumento de salário. Com a adesão de diversos grupos de trabalhadores, interromperam-se todas as atividades. O comércio fechou, os transportes pararam e o governo, impotente, não conseguiu dominar o movimento pela força. Os grevistas tomaram conta da cidade por 30 dias. Leite e carne só eram distribuídos a hospitais e, mesmo assim, com autorização da comissão de greve. O governo abandonou a capital. A oposição serviu de intermediária, e as reivindicações foram aceitas. Os operários voltaram ao trabalho. O governo agiu; porém, com sua habitual má-fé, prendeu, espancou, processou e expulsou a maioria dos chefes do movimento; não cumpriu as promessas que fizera. Em 1917, o Congresso Nacional aprovou a criação da Comissão de Legislação Social[1784].

O III Congresso da Confederação Operária Brasileira realizou-se no Distrito Federal, em 1920; no ano anterior, em Versalhes, o Brasil aprovava a reivindicação das oito horas de trabalho. Em 1920 existia um Partido Comunista do Brasil, conforme publicado na *Voz do Povo*, de 15-12-1920; em Cruzeiro, cidade ferroviária de São Paulo, o proletariado já sofrera grande influência do movimento anarcossindicalista[1785].

Em 1921, uma onda de terror abateu-se sobre o proletariado. Mais de 150 trabalhadores de diversos setores foram encarcerados, torturados ou

[1783] Ibidem, p. 112.

[1784] Ibidem, p. 113.

[1785] Até, pelo menos, 1920, os periódicos anarco-sindicalistas emitiram conceitos e publicaram comentários, notas, documentários, sempre favoráveis à Revolução Russa. Em suma, antes e durante a Primeira Guerra Mundial houve vários partidos socialistas, mas de duração efêmera, a mais das vezes por falta de base socialista de seus componentes. Esses grupos socialistas eram mais fortes em São Paulo, onde os italianos sentiam a progressão do movimento socialista em sua pátria e almejavam transplantá-lo também para sua terra adotiva. De todos esses grupos ou partidos, parece-nos que o Partido Socialista de Campos, Estado do Rio, foi o que permaneceu em funcionamento mais tempo, cerca de dez anos. Ibidem, p. 114.

deportados. A Ilha Rasa[1786] foi transformada em presídio político. Nessa época, o movimento operário começou a passar por um grande processo de autocrítica em suas organizações, procurando um grupo varrer toda a influência anarquista e consolidar a teoria revolucionária da luta de classes e da organização unitária do proletariado[1787].

O movimento grevista e a fundação do PCB -- nasceram, assim, em fins de 1921, os primeiros grupos comunistas brasileiros. Antes, já existiam pequenos grupos simpatizantes, sobressaindo, dentre eles, o Centro Maximalista de Porto Alegre, fundado em 1919; em 7-11-1921 foi fundado, na rua do Senado, 215, o Centro Comunista; em 1921, eles se organizaram com o objetivo de promover a fundação do Partido Comunista do Brasil[1788]. E a agremiação foi fundada em 1922.

Apenas durante quatro meses o PC funcionou com sede aberta, em seus primeiros dias de existência. Em 1922, o levante do Forte de Copacabana e as agitações que seguiram trouxeram o estado de sítio. O partido mergulhou na ilegalidade, da qual só emergiria vinte e três anos depois, em 1945[1789]. Manteve, entretanto, forte atividade, mesmo na clandestinidade.

O Congresso de fundação do partido decorreu de um trabalho de preparação por cinco meses. Sob a iniciativa e a direção do Grupo Comu-

[1786] Localiza-se no litoral do Rio de Janeiro, a cerca de aproximadamente 9 quilômetros da Ponta do Arpoador.

[1787] Bastos, Abguar. *Enciclopédia dos temas brasileiros*, cit., p. 114.

[1788] Eram ao todo nove delegados que representavam grupos do Distrito Federal e dos Estados do Rio, São Paulo, Pernambuco e Rio Grande do Sul. Com uma única exceção, o alfaiate Manoel Cendon, que era socialista, os demais eram militantes ativos do movimento anarcossindicalista, alguns com mais de dez anos de lutas operárias. Apenas dois eram intelectuais; dois eram alfaiates, um tipógrafo, um vassoureiro, um eletricista, um barbeiro, um operário em construção civil. A reunião dos militantes dava-se na pequena sala de visitas de uma casa de residência da família de Astrogildo Pereira, na rua Visconde do Rio Branco, 651, em Niterói. Assim, em 1922, surgia o Partido Comunista, oriundo de uma ala anarquista, sob a influência direta da Revolução Socialista de Outubro. Foi o primeiro partido de âmbito nacional. Os diversos partidos existentes eram conglomerados com interesses e programas imediatistas, sem unidade, sem programas definidos, sem objetivos amplos. Ao mesmo tempo aparecia no Rio o jornal *Movimento Comunista* e, em São Paulo, *A Plebe*. Ibidem, p. 113.

[1789] Ibidem, p. 114.

nista instalado no Rio a 7 de novembro de 1921, outros grupos se organizaram, nos centros operários mais importantes do País, com o objetivo de marchar para a fundação do Partido. Tinha-se em vista estabelecer certos pontos de apoio nas regiões onde havia alguma concentração de massa operária[1790].

O mensário *Movimento Comunista*, editado pelo Grupo do Rio, já em seu primeiro número (janeiro de 1922) explicava claramente o que se pretendia: "Com referência à organização partidária, desejamos e preconizamos a união, solidamente baseada num mesmo programa ideológico, estratégico e tático, das camadas mais conscientes do proletariado. As experiências próprias e alheias nos aconselham unidade de concentração de esforços e energias, tendo em vista coordenar, sistematizar, metodizar, a propaganda, a organização e a ação do proletariado"[1791].

Os grupos comunistas eram constituídos, em sua absoluta maioria, por operários ativistas do movimento sindical. Desde o início se constituiu o partido sobre uma firme base proletária, daí por que o 1° Congresso se desenvolveu em estreita ligação com a atividade dos comunistas dentro dos sindicatos, com a sua participação nas lutas operárias e nas ações de massa. Frise-se que, simultaneamente, os comunistas sustentavam intensa campanha ideológica de esclarecimento e definição de princípios em luta aberta e cerrada contra a ideologia anarquista até então predominante[1792].

11.12.5 Cronologia do movimento grevista

Em 1917, inaugura-se a fase revolucionária das greves; até 1919, elas atingem intensidade e um grau tático nunca alcançados. O operariado toma consciência de que pode apossar-se do poder, mas falta-lhe organização partidária. Nesses anos ocorrem movimentos paredistas de envergadura, mostrando a força e a possibilidade de vitórias gerais do proletariado. Por

[1790] Carone, Edgar. *A República – instituições e classes sociais*, cit., p. 211.

[1791] A classe operária brasileira da época não dispunha de organização política em partido independente. No caso dos sindicatos operários, sua tendência revolucionária era de orientação anarquista, sem qualquer forma de direção unitária e centralizada. Ibidem, p. 211.

[1792] Ibidem, p. 212.

outro lado, as ações desses anos representam a falência das ideias anarquistas e o sinal da necessidade de uma nova teoria político-organizatória. A conscientização política, e não só aquela do meio sindical, surge com os comunistas logo nos anos seguintes[1793].

Em São Paulo, "nas fábricas, circulava o jornal *A Plebe;* e no Rio, aparecia o *Movimento Comunista.* A *Revista do Brasil,* nº 53, de 1920, abre suas páginas com 'A Democracia Funcional na Rússia', de José Ingenieros que, em seguida, divulgaria no Brasil outro trabalho sob o título 'Maximalismo'[1794]. Ingenieros não acreditava que a quietude voltasse ao seio da 'geração da guerra', porque se ia assistir a 'novas formas de equilíbrio político e social'"[1795].

11.12.6 A intervenção federal na Bahia

As eleições para o governo do Estado da Bahia, de 9 de dezembro de 1919, vencida por J. J Seabra, levaram a uma luta armada entre coronéis[1796] da

[1793] Ibidem, p. 226.

[1794] Bastos, Abguar. *Enciclopédia dos temas brasileiro,* cit., p. 113.

[1795] Ibidem, p. 113.

[1796] "O Coronel Horácio de Matos, grande chefe coronelístico da zona diamantífera da Bahia, é quem comanda a revolta. O seu contato com outros grandes coronéis do vale do São Francisco permitem que ele domine logo todo o sertão: os combates se intensificam nos fins de janeiro e os revoltosos, num avanço esmagador, derrotam todas as formações governamentais – soldados e tropas coronelísticas situacionistas. Chapada Velha, Chocho do Pega, Chuve, Prata, Barro Vermelho, Wagner, Riachão, Baixa Grande, Barra, Palmeiras, Capivari, Xique-Xique são vilarejos e municípios que caem em suas mãos e nas do coronel Anfilófio Castelo Branco, de Abílio Rodrigues de Araújo e de outros. O governo estadual, que aplica todas as suas forças para esmagar a revolta – além de aliciar tropas coronelísticas no interior – procura ainda debelar a oposição em Salvador. A chegada de J. J. Seabra à capital, no começo de fevereiro, provoca uma onda de mortes; a cidade fica em pânico, são tiroteios que se repetem diariamente, é o comércio que fecha suas portas por dias ou é a Associação Comercial, que pede à sua congênere do Rio providências junto ao governo federal. As vitórias da oposição no interior continuam e as tropas de Horácio de Matos tomam Orobó; Anfílófio Castelo Branco ameaça Juazeiro; e Marcionílio Antonio de Souza encaminha-se em direção de Nazaré. Daí, os três se dirigem para Salvador. Diante disto, Antonio Moniz pede, no dia 17 de fevereiro, a intervenção federal. Rui Barbosa se avista com Epitácio Pessoa, que sugere vários alvitres, todos no sentido de que a oposição depusesse as armas (30). A negativa da oposição leva Epitácio a decretar intervenção no dia 23, argumentando que a 'requisição é feita por um governo, cuja legalidade não se

situação (seabristas) e da oposição, esta representada por Rui Barbosa e Paulo Fontes, candidato derrotado. Diante da ameaça de combates entre os dois grupos em Salvador, Epitácio decretou intervenção armada no Estado com o objetivo de garantir a posse do correligionário, Seabra. A oposição, ao se opor à medida, acusou o governo de parcialidade. Logo, o presidente tomará partido, também, nos conflitos regionais do Amazonas e intervirá, assim como fez na Bahia, no Espírito Santo. O caso lhe trará ainda impopularidade nos círculos políticos locais. No Estado do Norte, a ação do governador Alcântara Bacelar e do presidente da República leva o candidato Rêgo Monteiro ao governo do Estado e ao fechamento, pela força, da Assembleia Legislativa, onde estavam os principais opositores dos governos estadual e federal. A nova intervenção traz danos à imagem pública de Epitácio Pessoa[1797].

11.12.7 – Evolução da Crise

- Em 26 de abril de 1922, foi deposto o governador do Maranhão por militares.
- Em 28 de abril, foi sufocado o levante da esquadra sediada na Guanabara.
- No Ceará, brigas entre oficiais e o governo.
- Em Alagoas, as tropas militares desfilaram cantando a marchinha política que gozava o candidato oficial: *Ai, seu Mé, ai, seu Mé, lá no*

contesta'; 'fá-lo-á, todavia, com moderação, sem atender à exaltação das paixões políticas do Estado'. A verdade é que Epitácio Pessoa já mandara tropas federais para Salvador e, com a intervençao, sao 6 mil soldados que vão se antepor às forças revolucionárias; a promessa do presidente da República a Otávio Mangabeira, de que não mandaria um só soldado, não é, assim, cumprida. Com o decreto da intervenção, o general Cardoso de Aguiar é nomeado interventor e suas primeiras medidas se fazem no sentido de instaurar a censura e mandar tropas ocuparem regiões estratégicas no interior; depois entra em contato individual com cada um dos chefes sertanejos, começando com Anfilófio Castelo Branco e Marcionílio Antonio de Souza, que depõem as armas; Horácio de Matos é o último a aceitar a ideia de trégua. Enquanto se divulga a notícia de que J. J. Seabra tomará posse no dia 29 de março, o general Cardoso de Aguiar, por intermédio de seus emissários, firma a paz no interior". CARONE, Edgard. *A República Velha: evolução política*, p. 330-331.

[1797] MENDES JR., Antonio; RONCARI, Luiz; e MARANHÃO, Ricardo. *Brasil – história texto e consulta República Velha*, cit., p. 337.

palácio das Águias, pois é, não hás de botar o pé. Era uma referência a Artur Bernardes, cujo perfil, magro e afilado, lembrava o de um carneiro. O palácio das Águias era o nome pelo qual era conhecido o Palácio do Catete, no Rio, sede oficial do governo. Bernardes odiava essa música.

- Em Santa Catarina, os militares tentam um frustrado levante.

As causas dessas agitações decorriam da incompatibilidade entre o Exército, que representava as camadas médias da população brasileira, e Bernardes, que foi apoiado pelas classes dominantes. O povo, com o Exército, queria reformas; as oligarquias desejavam continuar no poder. Ao se divulgarem algumas cartas falsas em que Bernardes atacava violentamente o Exército[1798], houve o rompimento brusco entre as partes. Devido a esse entrave, o marechal Hermes da Fonseca, que procura sublevar as tropas militares de Pernambuco, é preso. Outra consequência foi o fechamento do Clube Militar (presidido por Hermes), que vinha efetuando uma série de reuniões e críticas violentas ao governo por intermédio dos jovens oficiais.

11.12.8 – Outros fatos do governo de Epitácio Pessoa

- Visita do rei Alberto I da Bélgica ao Rio de Janeiro, Minas e São Paulo (de 19 de setembro a 15 de outubro de 1920).
- Os restos mortais de D. Pedro I e de sua mulher D. Tereza Cristina foram trazidos para o Brasil (1920).
- Falece a Princesa Isabel em Paris (1921).
- Visita do presidente lusitano Antônio Jose de Almeida (1922).
- Revogação do banimento da Família Real (1922).
- Exposição Internacional do Rio de Janeiro (em comemoração ao centenário da independência), que procurou mostrar o desenvolvimento do Brasil nos últimos anos, no campo da pecuária, agricultura etc.
- Recenseamento do País.
- O Brasil participa da Liga das Nações.

[1798] E não foram escritas por ele, conforme se confirmou posteriormente.

- Comemoração, em 1922, do centenário da Independência do Brasil, com a Exposição Internacional e diversas festividades no Rio de Janeiro. Também foi criada a 1ª Universidade do Brasil no Rio de Janeiro, posteriormente Universidade do Brasil e nos dias de hoje Universidade Federal do Rio de Janeiro (UFRJ).

11.12.9 Evolução da crise e sucessão presidencial

O presidente passou a enfrentar uma oposição cada vez mais forte dos grandes Estados, o que o levou a unir-se aos Estados nordestinos e nortistas para tentar contrabalançar a força financeira e política do Centro-Sul. São Paulo, em especial, impôs-lhe forte oposição em alguns momentos, gerando profundos desgastes. Durante o período sucessório presidencial, além dos nomes de Artur Bernardes, da situação, e Nilo Peçanha, da oposição, surge, então, a indicação de Hermes da Fonseca, que estava na Europa. Ao voltar ao País, este é ovacionado por um grupo de oficiais militares do Exército e da Armada (Marinha), que oferece um banquete em sua homenagem. Representantes do Congresso, do Supremo Tribunal Federal, do Conselho Municipal e dos Estados-maiores das Forças Armadas participaram dessa atividade, demonstrando o prestígio do ex-presidente[1799].

11.12.9.1 As cartas falsas e a violência na luta pelo poder

Artur Bernardes, ex-presidente de Minas Gerais, esteve no meio de muita polêmica ainda na fase de sua campanha. Apoiado por Minas, São Paulo e pelo próprio presidente, Bernardes disputou as eleições com Nilo Peçanha, que, sob o lema "Reação Republicana", recebeu o apoio do Rio de Janeiro, da Bahia (onde não haviam cicatrizado ainda as feridas da intervenção federal), Pernambuco e Rio Grande do Sul. Em campanha violenta, com acusações de parte a parte, comícios virulentos e brigas pelos jornais, um dos episódios mais marcantes foi o das "cartas falsas", em que adversários de Bernardes tentaram intrigá-lo com os militares, visando abrir caminho para Hermes da Fonseca[1800].

[1799] CARONE, Edgar. *A República – instituições e classes sociais*, cit., p. 333.

[1800] Como se nota, os efeitos das falsas notícias, hoje as denominadas *fake news*, já impactavam de forma negativa os debates públicos. As cartas falsas usadas contra

No dia 9 de outubro de 1921, o *Correio da Manhã* publicou fac-símile da primeira das duas cartas atribuídas a Artur Bernardes e artigo sob o título "Injurioso e Ultrajante"; na carta, Hermes era chamado de "sargentão sem compostura" e os militares de "canalhas", "venais" etc.[1801]. Apesar da falsidade, uma comissão do Clube Militar[1802] considerou a correspondência uma carta autêntica. Os jornais de São Paulo e do Rio iniciaram um debate sobre a referida autenticidade, assunto este principal do Congresso. Na Câmara, o deputado Bueno Brandão, líder da maioria e da bancada mineira, atacou o *Correio da Manhã* e leu um telegrama de Bernardes:

> *"Acabo de receber pelo telégrafo, o teor de uma carta a mim atribuída e publicada em um matutino dessa capital, redigida em termos altamente agressivos ao Exército e à Marinha nacionais, a S. Exa. o Sr. Presidente da República e ao Exmº Sr. Marechal Hermes da Fonseca.*
> *'Trata-se, como é do conhecimento público, de uma das cinco cartas cuja forjadura foi denunciada pela imprensa, citadamente o Jornal do Comércio e de cuja existência mesmo antes disso já sabíamos, pois andaram oferecidas à venda na mais repulsiva das chantagens. Embora esse fato e a própria redação da carta, destoante do mais elementar sentimento de responsabilidade e grosseiramente ofensiva da verdade, atestem a auda-*

Bernardes bem poderiam ser comparadas às notícias falsas dos dias de hoje que tentam intrigar personagens da política e destruir reputações.

1801 Carta publicada no *Correio da Manhã: "Belo Horizonte, 3-6-1921. Amigo Raul Soares, Saudações afetuosas. Estou informado do ridículo e acintoso banquete dado pelo Hermes, esse sargentão sem compostura, aos seus apaniguados, e de tudo que nessa orgia se passou. Espero que use com toda energia, de acordo com as minhas últimas instruções, pois, esse canalha precisa de uma reprimenda para entrar na disciplina. Veja se o Epitácio mostra agora a sua apregoada energia, punindo severamente esses ousados, prendendo os que saíram da disciplina e removendo para bem longe os generais anarquizadores. Se o Epitácio com medo não atender, use de diplomacia que depois do meu reconhecimento ajustaremos contas. A situação não admite contemporizacões: os que forem venais, que é quase a totalidade, compre-os com todos os seus bordados e galões. Abraços do Artur Bernardes".* SILVA, Hélio e CARNEIRO, Maria Cecília Ribas. *Os Presidentes – Epitácio Pessoa – 11º Presidente do Brasil (1919-1922)*, cit., p. 60.

1802 O Clube Militar foi fundado no Segundo Reinado (1887) durante a Questão Militar, passou a atuar defendendo a abolição dos escravos e participou da crise que derrubará D. Pedro II do poder. Na República terá forte atuação durante as rebeliões tenentistas, ocorridas a partir do levante do Forte de Copacabana (os 18 do forte – 5-7-1922).

ciosa falsificação, passível de repressão penal, far-me-á V.Exa. o obséquio de afirmar da Tribuna da Câmara que tal documento é absolutamente apócrifo e não passa de um visível embuste destinado a malquistar-me com as respeitáveis entidades ali alvejadas, todas elas merecedoras da mais alta estima e profundo respeito. Atenciosas saudações'. Artur Bernardes"[1803].

11.12.9.2 Manifesto à Nação do Clube Militar

Logo depois da publicação da primeira carta, o Clube Militar fez uma reunião para tratar da questão, sob a presidência de Hermes da Fonseca. Uma moção, assinada pelos 80 sócios presentes, reproduzida a seguir, afirmava que o Exército não "asseguraria ao presidente o exercício desse cargo":

> *"À NAÇÃO – O Clube Militar – órgão das classes amadas – julga de seu dever declarar que o público conceito emitido pelo sr. Artur Bernardes, na sua carta de 3 de junho último, colocou o Exército na contingência de reagir imediatamente, porque, ou S. Exa. tem razão em nos qualificar de canalha real e venal, ou inutilmente ultrajou o Exército. Na primeira hipótese, deve ser dissolvido pois a defesa da Nação não pode estar confiada a janízaros e canalhas; na segunda, S. Exa. criou absoluta incompatibilidade entre a sua pessoa e o Exército.*
>
> *Existe, pois, um dilema, como solução única: ou a nossa dissolução, ou o Exército não aceita que S. Exa. seja o Presidente da República.*
>
> *O Exército proclamou, consolidou e entregou a República aos senhores políticos profissionais, que podem governá-la sem ultrajar aos que têm convicção da pobreza honrada. E é assim, com tais fundamentos que o Exército implora à Nação a eleição de qualquer outro brasileiro para Presidente da República pois não podemos assegurar ao sr. Artur Bernardes o exercício desse cargo"*[1804].

No dia seguinte, o *Correio da Manhã* publicou a segunda carta, sendo esta analisada por jornalistas que verificaram as falhas de ortografia, as letras dobradas e a falta de sílabas para responder aos quc questionaram a autenticidade da primeira correspondência:

[1803] Silva, Hélio e Carneiro, Maria Cecília Ribas. *Os presidentes – Artur Bernardes 12º Presidente do Brasil (1922-1926)*, cit., p. 61.

[1804] Ibidem, p. 62.

"Minas, 6-6-921
Meu caro Raul Soares
Saudações afetuosas.
Ciente dos dizeres da última carta, fico inteirado dos compromissos tomados para o resultado seguro da Convenção. Todavia, desacordo com outra prorrogação porque nela devia ter sido realizada antes da chegada do Nilo, pois, como V. disse, esse moleque é capaz de tudo. Remova toda dificuldade como bem entender não olhando despesas, o que já fiz ver ao João Luiz.
Das classes armadas nada devemos temer, devido aos compromissos assumidos pelo Epitácio, agindo com toda a energia.
Da política mineira só tenho a adiantar que os elementos do Sales estão sendo trabalhados tenazmente para abandoná-lo e que a sua candidatura à presidência do Estado está garantida porque obrigaremos os políticos recalcitrantes, sob pena de perderem as suas posições, e V. quando me suceder continuará a levar na devida verba o que faltar das grandes despesas que estamos fazendo, para que depois não venha a se dar escândalo.
Abraço do
Artur Bernardes"[1805].

As cartas geraram grande tensão à campanha eleitoral e insubordinação nos quartéis, visto que oficiais, na maioria "tenentes", pregavam de forma aberta a conspiração, caso Bernardes fosse eleito. Além disso, ameaças de golpe pairavam no ar em todos os Estados. Enquanto isso, no Clube Militar, o tenente Gwaier de Azevedo[1806], ajudado pelo tenente

1805 Ibidem,p. 63.

1806 Domingo, 2 de julho de 1922. O decreto de fechamento do Clube Militar, anunciado pelo governo, é debatido em Assembleia dirigida pelo marechal Hermes da Fonseca, presidente do Clube. Presentes cerca de 600 oficiais, em clima de grande agitação. Contra o tenente Gwyer de Azevedo, que discursa na tribuna, disparam apartes o major Euclides Figueiredo, o coronel Tertuliano Potiguara, os generais Setembrino de Carvalho, Napoleão Felipe Aché, Carneiro de Fontoura, membros da cúpula militar comprometida com a velha ordem que começava a desmoronar. O relato do episódio, firmado pelo próprio tenente Gwyer de Azevedo, é representativo da tensão que marcava a época. Oito anos e três meses mais tarde, a oligarquia cafeeira seria derrubada do poder pela Revolução de 1930. O debate, histórico, se deu da seguinte forma, com os ânimos exaltados:
Tenente Gwyer: ... Os jornais noticiam que o senhor Presidente da República ...vai mandar seus agentes fecharem amanhã o Clube Militar, baseado numa lei que proíbe as sociedades de anarquistas, de cáftens e de exploradores do lenocínio...

Antônio de Siqueira Campos, além de chamarem Epitácio de "ladrão" e "bandido", denunciaram, baseados em números, a corrupção de generais, a exemplo do general Setembrino de Carvalho, chefe da campanha do Contestado, que teria desviado 2.600 contos de réis em víveres, com recibos falsos; e o general Potiguara, que teria falsificado notas de compra de 20 mil pares de botas[1807].

Diante da insubordinação de oficiais mais rebeldes, para coibir o sentimento de Revolução, Epitácio reprimia-os com censuras, prisões e transferências, chegando a transferir grande parte da guarnição do Rio de Janeiro para o interior. Apesar da identificação dos falsários, Oldemar Lacerda e Jacinto Guimarães, a crise militar durante a campanha mostrava-se tenaz[1808].

Major Euclides Figueiredo: O senhor Presidente da República tem toda a razão.
Tenente Gwyer: Vossa Excelência concorda que o presidente feche o Clube Militar baseado naquela lei?
Major Euclides Figueiredo: Concordo.
Tenente Gwyer: Então Vossa Excelência é cáften? É explorador do lenocínio?Queira desculpar porque, francamente, eu não sabia.
Coronel Tertuliano Potiguara: Vossa Excelência se atreve a chamar o senhor presidente da República de bandido?
Tenente Gwyer: Ele não é somente bandido, é ladrão também, está provado...
Coronel Potiguara: Vossa Excelência é um cretino.
Tenente Gwyer: Cretino é Vossa Excelência. Não estamos no Contestado, onde Vossa Excelência mandava fuzilar a torto e a direito...
General Setembrino de Carvalho: Fosse eu presidente do Clube, esse oficial não continuaria a falar.
Tenente Gwyer: ... Como poderia ser presidente deste Clube um oficial-general que na campanha do Contestado roubou da nação dois mil e seiscentos contos, assinando recibos fantásticos de víveres e deixando os soldados morrerem de fome?
Coronel Potiguara: Vossa Excelência é um caluniador:
Tenente Gwyer: Vossa Excelência toma as dores porque mandou encher de palha os 15 vagões que deveriam levar roupas para os soldados no Contestado, remeteu 30 volumes de pedras no lugar de 30 volumes de granadas ... fluidificou 20 mil pares de botas de montaria que nunca foram vistas, em ponto algum do planeta, a não ser nas algibeiras de Vossa Excelência, vastas como o oceano...
Marechal Hermes: Não posso aceitar os termos em que o senhor está se expressando...-
Tenente GWyver; Senhor presidentes, estamos às portas da revolução
Fonte: Sodré, Nelson Werneck, *História Militar do Brasil*, São Paulo: Civilizaçao Brasileira, 1965, p. 202.

1807 Mendes Jr., Antonio; Roncari, Luiz; e Maranhão, Ricardo. *Brasil – história texto e consulta – República Velha*, cit., p. 338.

1808 Ibidem, p. 338.

Indignado, o candidato à Presidência Artur Bernardes negou com veemência os termos das cartas. Reconhecera que o material era uma boa imitação de sua letra, mas destacou que o falsário havia deixado de cortar o "t" de Artur. Afonso Pena, quando lhe perguntou se não seria possível que ele próprio, alguma vez, esquecesse o corte, Bernardes respondeu que isso fora objeto de censura de seu pai, um português severo, para quem a *assinatura era a própria fisionomia do indivíduo*. Desde então nunca mais deixou de cortar o "t'. Conta Afonso Pena que acumulava, no momento, a Pasta do Interior e Justiça com a de Finanças, que mandou fazer uma busca em atos assinados pelo Presidente de Minas, não encontrando um só em que o "t' não estivesse cortado[1809].

11.12.9.3 O fechamento do Clube Militar e a prisão do ex-presidente Hermes da Fonseca

Epitácio foi acusado pelo Clube Militar de utilizar o Exército na sucessão do governo pernambucano. A defesa da autenticidade das cartas pela instituição levaria a uma crise sem precedentes na história do Brasil[1810].

O então ministro da Guerra, Pandiá Calógeras, começa a enfrentar críticas de seus subordinados, um dos quais, o general Luís Barbedo[1811], comandante da Região Militar do Distrito Federal. A razão foi um elogio do militar ao tenente-coronel Aristóteles de Menezes, que foi censurada por Calógeras. Em resposta, Barbedo devolve o aviso ao ministro, dizendo que ele está "fora da lei". Acaba demitido e censura o rival por, segundo ele, "instalar desunião no Exército". A vinda da missão francesa, coman-

[1809] Indignado, ao negar a autoria das cartas, Bernardes declarou: "Eu não mandaria essa carta a meu pai, por intermédio do meu filho". *Vide* Silva, Hélio e Carneiro, Maria Cecília Ribas. *Os Presidentes – Epitácio Pessoa – 11º Presidente do Brasil (1919-1922)*, cit., p. 70.

[1810] Sodré, Nelson Werneck. *História militar do Brasil*, cit., p. 202.

[1811] Luís Barbedo – Assentou praça no Rio de Janeiro de 1875. Fez o curso de artilharia e também formou-se engenheiro pela Escola Politécnica do Rio de Janeiro. Era general e chegou a comandar a 1ª Região Militar no Rio de Janeiro, entre 1920 e 1921. Visto com desconfiança pelo governo, foi um dos primeiros a aderir à Revolução Tenentista de 1924 e é tido como responsável pela "conversão" de major fiscal da Força Pública paulista, Miguel Costa, à causa dos revoltosos.

dada pelo general Gamelin[1812], ao País, cria mais descontentamento já que parte dos militares prefere o ensino tático alemão. A vinda da missão leva a um choque entre o general Bertoldo Klinger[1813] e os instrutores estrangeiros. Klinger acaba afastado e vai ser o adido brasileiro em Lima. Também são retirados da instrução na Escola Militar o capitão Pantaleão Pessoa e o tenente Osvaldo Cordeiro de Farias[1814]. Vários outros militares são afastados e, em alguns casos, presos[1815].

Parte dos oficiais, entretanto, dão apoio ao governo. "São os generais Setembrino de Carvalho, Carneiro de Fontoura, Abílio de Noronha, Eduardo Sócrates, Alfredo Ribeiro da Costa, João de Deus Mena Barreto e centenas de outros oficiais menos graduados que se manifestam constantemente pela legalidade. E o mesmo se dá com a maior parte dos jornais e grande número de bancadas situacionistas. O marechal Hermes é preso e o Clube Militar, fechado. Em decorrência, eclode a revolta do Forte de Copacabana. O que mais revoltou os militares foi o fato de o fechamento do Clube ter sido determinado com base em uma lei que considerava

1812 O general Maurice Gamelin (1872-1958), chefe da Missão Francesa, teve participação nas batalhas da França na I Guerra Mundial e era um defensor ardente da República.

1813 Bertoldo Ritter Klinger (1884-1969) – Gaúcho, militar pela Escola Preparatória de Tática de Rio Pardo e da Praia Vermelha. Fez os cursos de Engenharia Militar e o curso do Estado Maior. Participou da Coluna Prestes, foi chefe de polícia do Rio de Janeiro (1930) e se exonerou por divergir de Getúlio Vargas. Em julho de 1932, como Comandante Militar em Mato Grosso, sublevou-se contra o governo e aderiu ao General Isidoro Dias Lopes, que liderou a Revolução Constitucionalista Paulista. Posteriormente alcançou o Comando Geral das Tropas Paulistas.

1814 Osvaldo Cordeiro de Farias (1901-1981) – Gaúcho, militar, participou das Revoltas Tenentistas (1922) e da Revolução Paulista (1924), da Coluna Prestes (1926) e da Revolução de 1930. Foi Chefe de Polícia de São Paulo (1931 a 1932), combateu a Revolução Constitucionalista, interventor no Rio Grande do Sul (1938-1943). Participou da FEB na Itália, ajudou na deposição de Vargas em 1945, organizou a ESG com o objetivo de estudar a realidade Brasileira. Foi governador de Pernambuco (1954) e Chefe do Estado-Maior das Forças Armadas (1961). Apoiou o Golpe Militar de 1964, foi ministro extraordinário da Coordenação dos Organismos Regionais (1964 a 1966), discordou do presidente Costa e Silva, criticou o Ato Institucional nº 5 e defendeu a abertura Política.

1815 Carone, Edgar. *A República – instituições e classes sociais*, cit., p. 341.

algumas associações nocivas à sociedade, como clubes de cáftens ou de bicheiros"[1816].

A conspiração militar contra o governo segue em marcha. O general Barbedo vai a São Paulo em busca de arregimentar tropas do Exército e da Força Pública (atual Polícia Militar) para derrubar o governo, mas sua missão fracassa. No Rio Grande do Sul é um civil, Borges de Medeiros, um dos chefes da Reação Republicana, que incentiva a rebeldia contra as autoridades. O próprio líder da oposição, Nilo Peçanha, declara apoio à reação contra o governo, mas, convidado, nega-se a integrar uma revolta.

Os tenentes é que desencadearão o movimento revolucionário no Rio de Janeiro que entrou para a história com o nome de Revolta do Forte de Copacabana, iniciado nessa fortaleza, na praia de mesmo nome. Na ocasião, o quartel era comandado pelo capitão Euclides da Fonseca, filho de Hermes[1817].

11.12.9.4 A Revolta do Forte de Copacabana e os tenentes (1922)

Os fortes que se revoltaram: Vigia e Copacabana. Com a saída do quartel, membros da escola militar de Realengo foram desarmados e detidos, sem resistência. Uma guarnição, que se revoltou em Mato Grosso, sob o comando de Clodoaldo da Fonseca (sobrinho de Hermes), foi dominada pelas tropas legais, restando, na última etapa de resistência, o Forte de Copacabana, tendo à frente o capitão Euclides da Fonseca (filho de Hermes), que efetuou bombardeios contra o Palácio do Catete.

O Capitão Euclides da Fonseca tentou firmar um pacto com o governo, mas foi aprisionado e levado para o Catete, onde pediu ao tenente Siqueira Campos que se rendesse para as tropas legalistas, por intermédio de um comunicado telefônico. Em vão seu pedido, os revoltosos não aceitaram a proposta. Diante desse impasse revolucionário, Siqueira Campos, juntamente com 18 companheiros marcham para o Catete, seguindo pela Avenida Atlântica. Vão enfrentar 3 mil homens da legalidade e, ao final, escaparam Siqueira Campos e Eduardo Gomes, muito feridos. Quase todos foram baleados e mortos.

1816 Ibidem, p. 341.
1817 Ibidem, p. 353.

Na madrugada de 5 de julho de 1922 eclodiu a revolta. O Forte de Copacabana fez disparos às 1h30 da manhã, anunciando a insurreição. Quem estava à frente do movimento eram jovens tenentes. Os políticos da oposição e os altos comandos militares não integrariam a revolta. Nilo Peçanha e o governador derrubado da Bahia, J. J. Seabra, opuseram-se ao movimento. Da mesma forma, líderes civis como Edmundo Bittencourt e seu *Correio da Manhã;* e Júlio de Mesquita, dono do jornal *O Estado de S. Paulo,* queriam distância dos revoltosos, embora fossem aliados da véspera. Os tenentes, no entanto, não desistiram. Sua ideia era impedir a posse de Bernardes. O governo cercou o forte por terra e por mar, propondo-lhe a rendição. Apesar da evidente impossibilidade de vitória, os líderes do forte, o capitão Euclides Hermes da Fonseca e os tenentes Siqueira Campos e Eduardo Gornes, dispuseram-se a resistir até ao fim, deixando sair os soldados que não estivessem dispostos a morrer pela causa[1818].

Na manhã do dia 6, depois da saída dos desistentes do movimento, só ficaram 28 soldados no forte. Ao constatarem que não poderiam resistir, parte fugiu e 17 apenas resolveram seguir pela praia para combater as tropas legalistas. Eram comandados por Siqueira Campos e um civil, Otávio Correia, que se juntou a eles. Na altura da esquina da Rua Barroso com a Avenida Atlântica iniciaram um combate feroz contra seus inimigos. No meio da luta suicida, o corneteiro revolucionário Manoel Antônio dos Reis conseguiu esgueirar-se até junto de Siqueira Campos que atirava initerruptamente com seu fuzil e travou o seguinte diálogo:

> "– Podemos começar a morrer! – proclamou Siqueira Campos, exaltado.
> O negro discorda, veemente e magnífico:
> – Qual o quê, Tenente. Óia só o bandão deles. Nós já estemos é morto...".

Na sua simplicidade, Reis estava certo. Ele morreu mesmo, diante de um número incontavelmente maior de inimigos. Siqueira Campos e Eduardo Gomes, por sua vez, foram um dos poucos que escaparam feridos do combate. Gomes ainda viveria para se tornar uma das maiores lendas

1818 MENDES JR., Antonio; RONCARI, Luiz; e MARANHÃO, Ricardo. *Brasil – história texto e consulta República Velha*, cit., p. 339.

vivas do tenentismo. A carreira de outro sobrevivente, Siqueira Campos, só se encerraria em virtude de um acidente aéreo, cujo avião, que saiu de Buenos Aires, caiu no Uruguai, anos depois. O fato é que o heroísmo dos jovens tenentes, dispostos até a morrer por causa de um ideal, contagiou o País e imortalizou o movimento[1819].

Em seu depoimento, "Siqueira Campos relatou o ocorrido: '*Marcharam pela praia de Copacabana mais de um quilômetro, sem encontrar tropa. Em caminho explicavam aos moradores os motivos por que haviam abandonado o Forte. Foram assim até à altura do Hotel Inglês, onde beberam água. Já haviam encontrado oficiais e praças do 39º Regimento que lhes gritavam de longe que se rendessem ao que eles respondiam que fizessem fogo contra eles. Continuaram pela praia até à rua que passa em frente à igreja sita na Praça Serzedelo Correia: aí receberam tiros e começou o tiroteio. A princípio ficaram em pé na Avenida Atlântica e depois passaram à praia. Pouco tempo antes um civil se havia aproximado do grupo e, mostrando-se indignado com a situação, pediu uma arma; como o tenente Newton tinha um fuzil e um revólver, passou-lhe o fuzil; o depoente entregou-lhe também o fragmento da bandeira destinado ao capitão Euclides. O tiroteio continuou forte da parte dos atacantes e pouco intenso do lado dos que acompanhavam o depoente, que recomendava economizassem munição a fim de não caírem prisioneiros por falta dela. Começaram a cair os feridos: o primeiro, foi o tenente Eduardo Gomes, seguindo-se-lhe depois o tenente Newton, que se queixou da perna quebrada; depois o depoente com uma bala na região abdominal escutando, apesar de ferido, que o tiroteio continuava já reforçado por metralhadoras. No meio da ação notou que alguns dos seus companheiros queriam cessar o fogo; disse então ao tenente Carpenter que dirigisse esses tais, desarmados, no rumo da igreja e que ele, Carpenter, com os mais que ficassem, não atirassem nessa direção. Sabe que alguns saíram, não pôde verificar, porque estava ferido e deitado na areia. Momentos depois o tiroteio cresceu de intensidade, enquanto do lado do depoente só um ou outro respondia. Afinal, o depoente ouviu gritos, escutou estas palavras: 'levantem, levantem', viu o tenente Newton, mesmo deitado, usar do seu revólver, gesto que o depoente não pôde imitar por falta de forças. As tropas do governo aproximaram-se e transportaram a braço o depoente*'"[1820].

[1819] Ibidem, p. 340.

[1820] SILVA, Hélio e CARNEIRO, Maria Cecília Ribas. *Os presidentes – Epitácio Pessoa – 11º presidente do Brasil (1919-1922)*, cit., p. 123.

Segundo o brigadeiro Eduardo Gomes, eram 12 os componentes deste gesto. Com o massacre efetuado na areia de Copacabana, terminava a frustrada revolta. Era a primeira tentativa no sentido de realizar algumas reivindicações para a classe média e o povo brasileiro que se encontrava marginalizado da vida político-econômica do País. A partir desse momento, o Exército catalisará todas as atenções para os seus objetivos que é o do povo, e tem início a uma série de revoltas, sob a supervisão dos jovens oficiais – é a fase do tenentismo.

Uma reportagem da *Gazeta de Noticias*, publicada no dia seguinte aos fatos, conta a história de três oficiais e 15 praças empreendendo a caminhada em direção à morte certa. É a origem do mito dos 18 do Forte. Esse número de combatentes nunca existiu. Quando ficou deliberada a resistência até a morte, muitos se retiraram ficando, apenas, os 28 mencionados por Siqueira Campos e aos quais foi distribuída a bandeira, dividida em 28 pedaços. Os problemas com os militares, especialmente os tenentes, no entanto, não acabará. Ao contrário, se acentuará na administração seguinte[1821].

11.12.9.5 O Tenentismo

Foi um movimento que surgiu entre a jovem oficialidade do Exército e pretendia promover a melhoria do Brasil com a substituição dos homens que o governavam[1822]. A evolução do movimento obedeceu três etapas:

[1821] Ibidem,p. 124.

[1822] O tenentismo, de acordo com Virgínio Santa Rosa em sua obra *O Sentido do Tenentismo* (p. 17), surgiu na década de 1920 como um movimento político-militar ligado aos oficiais de baixa patente tendo como principal bandeira a moralização da vida política brasileira e a inclusão/participação de maiores setores sociais nas decisões da vida política do país: propugnavam o fim do voto do cabresto, o voto secreto e reformas educacionais.
Posteriormente, avançaram no sentido de também pautar reformas sociais no Brasil Simplificando, foi um movimentos rebelds dos jovens oficiais militares contra a política "café com leite" e o "coronelismo" durante a República Velha. Apresentavam ideias "vagas e superficiais" e sem um programa bem definido. Teve inicio com o levante dos 18 do Forte de Copacabana (1922). Afinal, o exército era o refugio das classes mais humildes e da baixa classe media e pregavam: – Valorização das instituições militares, moralização da política, centralização de Estado e modernização do País. O movimento tenentista cresceu ao longo da década de vinte e desaguou na Revolução de 1930. "*O Programa de reformas sociais do tenentismo embora ainda em fase inteiramente primitiva, inclinava-se a uma*

- na primeira, os oficiais agiram de uma forma isolada, sendo os pronunciamentos só militares, e nos quartéis visam apenas a luta armada.
- na segunda, haverá ligações com elementos políticos, locais ou regionais, em particular do setor gaúcho, crescendo o movimento e assumindo coloração partidária.
- na terceira, houve ligação com os opositores do governo federal; os problemas são nacionais e culmina com a Revolução de 30.

11.12.9.6 As eleições

As eleições de 1º de março de 1922 darão a vitória à situação. Artur Bernardes obtém 466.877de votos e Nilo Peçanha, 317.714. O opositor pede a formação de um Tribunal de Honra para verificar os votos, mas o Congresso nega o pedido e o ex-presidente de Minas é reconhecido como vencedor. Em uma reunião no Palácio do Catete, após as eleições, o então ministro da Guerra, Pandiá Calógeras, dirá ao presidente Epitácio que 90% da oficialidade do Exército é "antibernardista". O dado fará o presidente afirmar que "o Artur Bernardes – é a minha convicção – não se aguentará 24 horas no Catete"; "*exatamente, a desistência de Bernardes seria a solução*". Estava enganado. Bernardes não desistiria, nem se negaria a assumir o cargo para qual foi eleito[1823].

O novo presidente Artur Bernardes tomaria posse em 15 de novembro daquele ano, mas seu mandato praticamente inteiro se passou em estado

aliança mais estreita com a pequena burguesia brasileira. E, nesse sentido, adotava uma orientação de cunho social-democrata. Programa de classe média, igualmente longe de extremos burgueses e proletários. Um capitalismo moderado, pequeno burguês – o individualismo democrático recheado com organizações sindicais, cooperativas de produção e consumo, lei de salário mínimo, legislação sobre horas de trabalho, regularização "A essência do movimento tenentista consistiu no seu papel ligado ao processo de ascensão da burguesia brasileira, em luta contra o absoluto domínio exercido pela classe latifundiária. Tal luta, na área política, iniciou-se com a própria República. A ascensão burguesa sofreu uma derrota, entretanto, com a imposição da chamada "política dos governadores", iniciada por Campos Sales, e complementando necessariamente a política econômica e financeira defendida por Joaquim Murtinho. Era o pleno domínio das oligarquias, que se refletiu, de forma ostensiva, no problema da representação, relegando os atos eleitorais a simples farsas, em que o latifúndio escolhia e impunha os seus representantes, vedando às demais classes e camadas sociais brasileiras, o direito à representação".

1823 CARONE, Edgar. *A República Velha – evolução política*, cit., p. 347.

de sítio. Durante o período, vai enfrentar muitas revoltas, boa parte das quais patrocinadas pelos "tenentes", a expressão da classe média em armas.

11.13 Artur da Silva Bernardes (1922-1926). Vice: Urbano Santos, que morreu e foi substituído por Estácio Coimbra

Arthur Bernardes (1875-1955), natural de Viçosa (MG), cidade da qual se tornou chefe político após a morte do seu sogro, Carlos Vaz de Melo, chegou, em 1915, à presidência de Minas Gerais, terra de uma das mais poderosas oligarquias nacionais. Seria empossado, em 1922, na Presidência da República, ainda sob efeitos da campanha difamatória que sofrera, fruto das "cartas falsas" que lhe foram atribuídas. Praticamente todo o seu mandato, muito conturbado por revoltas civis e militares, transcorreu em estado de sítio. Depois, como senador, admitiria que, mais que presidente, foi "um chefe de polícia"[1824].

Em seu "Manifesto à Nação, publicado após a posse, Bernardes dizia que 'o presidente esqueceria as queixas do candidato'. Não foi o que aconteceu. Desde a posse, em 15 de novembro de 1922, o País viveu sob estado de sítio, em regime policial. A oligarquia dominante sentira pela primeira vez a necessidade de seu reforço com novas medidas legislativas e executivas contra as dissidências e o exemplo de 1922. É verdade que partidários de Nilo Peçanha, seu opositor, desencantados com a posse do presidente mineiro, já vinham tentando acordos; os militares voltaram aos quartéis e os mais exaltados pediram reforma. A resposta foi medida extrema contra qualquer oposição. A reação vai abafá-la momentaneamente, mas operariado e classe média continuam a luta por suas reivindicações. A cerimônia de posse foi transferida do Senado para a Câmara, devido à distância a ser percorrida pelo cortejo presidencial e às consequentes medidas de segurança que se tornariam necessárias. A justificativa para o ato foi: 'dada a anarquia mental que ora observamos, o pendor das classes para a indisciplina e a tendência social para o desprestígio da autoridade, julguei necessária uma Polícia forte...'. Na prática, as medidas

[1824] Castro, Therezinha de. *História da civilização brasileira – República*, p. 384, v. II.

discricionárias do período anterior serão mantidas, tal como o estado de sítio"[1825].

A formação do ministério, organizado desde o começo de outubro, constitui-se um problema grave que Artur Bernardes teve que vencer. Do ponto de vista das forças civis, o apoio é quase total, pois o Rio Grande do Sul deixa de fazer oposição parlamentar depois de 5 de julho. A Bahia e o Estado do Rio não representam, numericamente, uma força ponderável; e, os outros Estados estão unidos em torno do presidente. Daí a escolha recair em João Luís Alves[1826] (Minas Gerais), para ministro do Interior; José Alves Pacheco (Piauí), Exterior; Rafael de Abreu Sampaio Vidal (São Paulo), Fazenda; Francisco Sá (Ceará), Viação e Obras Públicas; Miguel Calmon de Pin e Almeida (Bahia, da oposição), Agricultura; almirante Alexandrino de Alencar, Marinha[1827].

Política interna – Em consequência do episódio das cartas falsas, o presidente enfrentava rejeição de parte do Exército. Diante da necessidade de escolher um ministro da Guerra que não levantasse críticas, o nome escolhido foi o do general Setembrino de Carvalho – o homem que derrotou a revolta do Contestado e que, como comandante da 4ª Região Militar, tinha muita habilidade política e prestígio na tropa. Para chefe de polícia foi escolhido o general Carneiro de Fontoura, tido como um torturador e apelidado de "general Escuridão" pelos seus críticos por causa da violência no trato com os inimigos e em referência racista à cor de sua pele. Era uma homenagem do novo presidente aos homens que o ajudaram na repressão ao antibernardismo, mas a escolha lhe trará muitos problemas em um futuro próximo. Além de violento, o auxiliar sairá do governo acusado por corrupção[1828].

Porém, a promessa de Artur Bernardes em sua plataforma, de que se esqueceria dos agravos passados, não passa de esperanças, pois, ele acha que a situação exige medidas drásticas. Na realidade, mantêm-se medidas

[1825] CARONE, Edgar. *A República Velha – evolução política*, cit., p. 362.

[1826] General Luis Alves Leite de Oliveira Salgado – Participou da República Federalista. Era parceiro de Gumercindo Saraiva e ocupou Laguna. Atacou a cidade do Rio Grande. Foi derrotado e capitulou em 1894.

[1827] CARONE, Edgar. *A República Velha – evolução política*, cit., p. 361.

[1828] Ibidem, p. 362.

discricionárias do período anterior, o que significa que a violência aparece para as oligarquias como solução aos atos revolucionários das classes médias – civis, militares – e operárias. Nunca, em períodos anteriores, o governo enfeixara tantos poderes excepcionais. Apesar de alguns votos contrários, o Congresso renova continuamente o estado de sítio: Epitácio Pessoa conseguira a sua prorrogação até 31 de dezembro de 1922 e, agora, Artur Bernardes a prolonga até abril de 1923 e, pela segunda vez, até 31 de dezembro de 1923[1829].

Oposição e estado de sítio – Os principais rivais, Nilo Peçanha e Borges de Medeiros, além do governador baiano, J. J. Seabra, estão na Reação Republicana, grupo de oposição que o novo presidente vai esmagar. Um novo componente na luta, entretanto, o tenentismo, surgirá durante o seu mandato e se transformará numa força ponderável na política brasileira durante toda a década de 1920 e após. A identificação entre as diversas formas de oposição que se aglutinam neste momento faz com que o governo use de medidas excepcionais e se aproveite de incidentes locais para manter o domínio sobre os focos de resistência. A primeira oportunidade aparece em dezembro de 1922 no caso do Estado do Rio de Janeiro. Nilo Peçanha, ex-governador, apresenta Raul Fernandes, seu candidato, que vence as eleições ante o candidato da oposição, Feliciano Sodré. Bernardes não perderá a oportunidade para destruir seus inimigos. Tanto Fernandes quanto Sodré se dizem vencedores do pleito e o Estado fica sob um comando dual[1830].

Raul Fernandes, sob orientação do ex-presidente Nilo Peçanha, teme a ação federal do novo presidente Artur Bernardes. Assim, pede *habeas corpus* ao Supremo Tribunal Federal para garantir sua posse. Concedido este, o governo federal manda tropas para assegurar a sua posse (31.12.1922), mas é sintomático que Feliciano Sodré tenha "a simpatia de Bernardes; as atas de sua Assembleia são publicadas também pelo oficioso *Jornal do Comércio* e ele é empossado no mesmo dia que Raul Fernandes"[1831].

Em 1º de janeiro de 1923, "Bernardes recebe um telegrama de Raul Fernandes e agradece dizendo que recebera também uma mensagem do

[1829] Ibidem, p. 363.
[1830] Ibidem, p. 363.
[1831] Ibidem, p. 363.

outro governador; com Feliciano Sodré faz a mesma coisa. Toda a encenação é para encobrir a realidade que começa a aparecer: as lutas armadas no Estado. Logo depois das posses, grupos partidários de Feliciano Sodré dizem-se ameaçados e começam a reagir. Do dia 1º a 10 de janeiro, o Estado é assolado pela violência: Câmaras Municipais favoráveis a Nilo Peçanha são depostas, a Força Pública se subleva, os militares rebeldes em Niterói só obedecem às ordens do Exército, os tiroteios tornam-se cada vez mais violentos, até que, diante da perda total da autoridade pelo situacionismo, Bernardes decreta intervenção federal no Estado e nomeia Aureliano Leal como interventor. Este anula a eleição de 1921, marcando-a para alguns meses depois. O problema vai ser discutido na Câmara Federal, mas o caso do Rio Grande do Sul abafará totalmente as repercussões à intervenção federal. Depois de uma série de percalços, Feliciano Sodré, candidato do presidente, é que será eleito para o período governamental seguinte (dez. 1923-1927). Peçanha começaria a perder força"[1832].

O estado de sítio facilitará a ação do presidente. Decretado em 5 de julho, deveria terminar em 31 de dezembro, mas Bernardes prorroga-o pela primeira vez até maio de 1923, véspera da abertura do Congresso. Os poderes excepcionais lhe darão liberdade de ação contra os oposicionistas[1833].

Antes da época da abertura do Senado, o governo começou a tratar no próprio palácio da revisão constitucional, acelerando posteriormente o trabalho. Num clima de coerção foram promovidas reformas reacionárias, como a restrição de direitos individuais, com limitação do *habeas corpus* e retirada de julgamento por júri dos crimes políticos imprescritíveis, quando o acusado estivesse exilado. Na sua política intervencionista e para terminar com as contínuas reeleições permitidas pelas constituições do Rio Grande do Sul, Alagoas, Paraná e Santa Catarina, Bernardes consegue proibi-las. Mantém veto parcial à criação de juízes e tribunais regionais e, numa degola dos adversários, consegue a depuração de deputados e senadores, entre eles seu grande crítico, senador Irineu Machado, que ganhara a eleição no Rio apesar dos recursos oficiais a favor de seu

[1832] Ibidem, p. 364.

[1833] Carone, Edgar, *Revoluções do Brasil contemporâneo*, cit., p. 43.

competidor. Completando o quadro da reação, o governo consegue sancionar a Lei de Imprensa. O governo poderia, doravante, controlar todas as informações e manter a censura nos jornais. Completavam-se as medidas de endurecimento do regime[1834].

11.13.1 Política interna – o Pacto de Pedras Altas e a Revolução de 1924

Pacto de Pedras Altas – a situação do Rio Grande do Sul. O Estado convivia com um contexto de crise política e econômica. Borges de Medeiros, governo autoritário da época, enfrentava a oposição liderada por Assis Brasil, que rejeitava, pelas armas, a continuidade do atual governo caso o então presidente do estado concorresse à quarta reeleição[1835].

A formação da intitulada Aliança Libertadora, sob orientação de Assis Brasil, opunha-se a essa oligarquia que insistia em governar o Estado. Como Borges de Medeiros venceu as eleições gaúchas de 25 de novembro de 1922, estourou a guerra civil no Estado no ano seguinte. Os revoltosos, formados pelo grupo que havia perdido as eleições, esperavam contar com o apoio de Bernardes. Por sua vez, no Rio, a missão do novo deputado gaúcho, Getúlio Vargas (futuro ditador civil), era a de persuadir o governo federal de que a autonomia do seu Estado não devia ser violada; e que Borges de Medeiros estava disposto a entrar em negociações, para pôr fim ao conflito. Interrogado na ocasião pela *Gazeta de Notícias*, sobre o "irremovível" Presidente do Rio Grande do Sul, a cujo partido estava filiado Vargas, respondeu o jovem deputado:

> "*Os senhores aqui, no Rio, formam uma ideia muito errada do modo de ser do Sr. Borges de Medeiros. Todos o imaginam um homem violento e pessoal. Não há tal. Pensa que ele se mostra infenso a uma fórmula honesta que consulte os superiores interesses do Estado? Nada disso, meu amigo. Ele está pronto a discutir a fórmula. Apenas exige que os revolucionários deponham primeiro as armas, para depois entrar em confabulações*"[1836].

[1834] Ibidem, p. 44.

[1835] CASTRO, Therezinha de. *História da civilização brasileira*, cit., p. 386.

[1836] Ibidem, p. 385.

Apesar da superioridade militar da situação, a oposição obteve avanços políticos no "Pacto de Pedras Altas", de dezembro de 1923, sob a égide do ministro da Guerra, general Setembrino de Carvalho. Nesse contexto, procurando pôr um fim à luta civil gaúcha, Artur Bernardes enviou o general para servir de mediador entre as facções. Firmava-se então o referido Pacto entre os emissários de Borges de Medeiros e Assis Brasil. O acordo foi considerado como uma vitória dos oposicionistas de Assis Brasil, pois Borges de Medeiros consentiu que se modificasse a Constituição do Rio Grande do Sul, de tendências nitidamente positivistas, caindo assim o parágrafo que permitia a reeleição do Presidente estadual[1837].

A crise militar e a revolução de 1924. Esta fase foi marcada por descontentamento entre jovens oficiais: corrupção eleitoral, incompetência, necessidade de mudar os homens do governo.

O mal-estar com os militares deixou marcas. Alguns dos militares oposicionistas, em parceria com civis, vão iniciar um processo de revoltas, logo após a morte, em março de 1924, do principal opositor de Bernardes, Nilo Peçanha, e ao afastamento de J. J. Seabra do governo da Bahia. Nilo Peçanha e o general Isidoro Dias Lopes se reúnem e desenvolve-se a formação de um plano comum. Nos últimos meses de 1923, Joaquim e Juarez Távora, militares influentes no Exército, entram em contato com colegas, sediados no Sul. A partir de fevereiro de 1924, Joaquim Távora percorre todas as unidades do interior de São Paulo, Mato Grosso, Estado do Rio de Janeiro, incitando companheiros a aderirem à revolução[1838].

A falta de chefia civil leva os militares a se rearticularem novamente. Apesar de Isidoro entrar em contato com Júlio de Mesquita e outros elementos da Dissidência Paulista, os resultados são nulos, e a chefia do movimento cai nas mãos do general Isidoro Dias Lopes, que era um oficial da reserva, sendo ele escolhido porque os da ativa não aceitaram integrar a revolta[1839].

A perda e a desarticulação momentânea são compensadas por novos contatos com os revoltosos em São Paulo, Mato Grosso e outros Estados

[1837] Ibidem, p. 385.

[1838] Carone, Edgard, *Revoluções do Brasil contemporâneo*, cit., p. 371.

[1839] Ibidem, p. 371.

e, pela amplitude do apoio da Força Pública de São Paulo. O major fiscal Miguel Costa e outros oficiais desta corporação voltam a se articular de maneira mais profunda. A Força Pública (atual Polícia Militar) representava uma força ponderável no País, como uma espécie de exército estadual, com artilharia e aviação, treinado por militares franceses mesmo antes de o Exército fazer o mesmo[1840].

O plano final é iniciar o movimento em São Paulo, que seria seguido pela revolução em outras unidades da Federação. A escolha do Estado de São Paulo se deve ao grande apoio neste Estado, e ainda ao fato de ser esta a unidade mais rica. Porém, devido a razões de segurança, a data é marcada somente três dias antes. Escolhe-se o dia 5 de julho porque está de guarda no palácio dos Campos Elíseos, sede do governo estadual, um oficial revolucionário da Força Pública. Miguel Costa, Joaquim Távora, Ricardo Hall, Newton Estilac Leal, Eduardo Gomes, Juarez Távora, Custódio de Oliveira e centenas de outros tenentes, tomam posição e na madrugada de 5 de julho de 1924 a revolução eclode na capital paulista. Curiosamente, a data marca, também, os dois anos do levante tenentista que entrou para a história com o nome de 18 do Forte, liderado por tenentes rebeldes do Forte de Copacabana[1841].

Com objetivos declarados de redemocratizar o País e pôr fim à oligarquia do Partido Republicano Paulista (PRP) e Partido Republicano Mineiro (PRM), cerca de mil homens do Exército e da Força Pública iniciaram na madrugada do dia 5 a revolta que se tornou conhecida na historiografia como "a revolução esquecida". Nesta madrugada, Joaquim Távora e Eduardo Gomes sublevam o 4.° B.C. de Santana e dirigem-se para os quartéis da Luz; às 5 horas estes estavam cercados. Miguel Costa se junta às tropas e inicia-se o assalto aos quartéis da Força Pública. Os tenentes Índio do Brasil e Castro Afilhado tomam o 4.° B.; Eduardo Gomes e Nitrino, o 1º; Asdrúbal Gwyer, Arlindo de Oliveira e Joaquim Távora, o Corpo Escola; e Miguel Costa, o Regimento de Cavalaria. O elemento surpresa não pudera funcionar em virtude dos desencontros, mas até as 6 da manhã grande parte das tropas existentes na capital tinha

[1840] Ibidem, p. 372.
[1841] Ibidem, p. 372.

aderido ou estava presa pelos revolucionários. Os rebeldes estavam em São Paulo, sob nomes falsos, esperando a hora de agir[1842].

Mas surge uma resistência inesperada. O general Abílio de Noronha, chefe da Região Militar, é informado do levante, e às 5 da manhã chega ao 4° R.I. de Santana e retoma o quartel com os soldados indecisos que ali tinham ficado; daí dirige-se ao 4.° B.F.P., na Luz, e retoma-o; vai ao Corpo Escola e tenta prender Gwyer, mas este foge e volta com Joaquim Távora, sendo então ambos presos. Os revolucionários, não sabendo da retomada do 4° Batalhão, vão sendo aprisionados à medida que nele penetram; e assim Juarez e Joaquim Távora, índio do Brasil e Castro Afilhado ficam retidos logo de manhã pelo capitão Moraes Pinto[1843].

De manhã, tropas revolucionárias são enviadas para o centro. Já a notícia da revolta fora transmitida para o Rio. Às 7 horas o tenente Simas Enéas ocupa o Telégrafo Nacional e às 7h30 dá-se o ataque aos Campos Elíseos, sede do governo, que resistem a Newton Estilac Leal e rechaçam um segundo ataque às 10 horas. Enquanto isso, a Estação da Sorocabana é ocupada pelo tenente José de Oliveira França; a da Luz, por João Cabanas; e a do Norte (atual Brás), por Arlindo de Oliveira[1844].

A resistência governamental concentrava-se em Campos Elíseos, no 4.° Batalhão da Força Pública, na Usina Elétrica da Light, na rua Paula Sousa, no Q.G. da Rua Conselheiro Crispiniano e no Telégrafo. A situação militar de 6 a 8 de julho é de defensiva governamental e ação dos revolucionários. As ruas de São Paulo transformaram-se em campos de combate. Ambas as partes careciam de coordenação militar. Os revolucionários esperavam tomar São Paulo imediatamente[1845].

Apesar da tomada do 4° B.F.P., uma parte dos revolucionários, entre eles Isidoro, pensa em abandonar São Paulo para combater em outros locais Mas, apesar da promessa de Bernardes de enviar mais reforços, do auxílio militar que chegara, da reorganização do comando militar e da resistência existente, o governador Carlos de Campos abandona São Paulo, a conselho militar, no dia 8, indo para Guaiaúna. No dia 9, quando

[1842] Ibidem, p. 373.
[1843] Ibidem, p. 373.
[1844] Ibidem, p. 374.
[1845] Ibidem, p. 374.

João Cabanas tenta atacar os Campos Elíseos, encontra-o abandonado. O presidente (cargo equivalente ao de governador), Carlos de Campos, havia se refugiado na região de Guaiaúna, na Penha, região leste da cidade, distante quase 10 quilômetros do centro[1846].

A debandada legalista aumenta de 9 para 10 e chegam do interior reforços revolucionários, mas, a partir do dia 10, começa a contraofensiva. Os legalistas ocupavam uma linha do Cambuci ao Ipiranga. A defesa revolucionária, do Brás à Liberdade e do Belenzinho à Mooca, sofre ataques governistas. A partir do dia 11, o governo começa a usar indiscriminadamente a artilharia contra objetivos militares e civis, o que leva a população ao pânico e à fuga para o Interior. A cidade, já dona de um parque industrial de grande importância, viverá o maior bombardeio de sua história que matou, quase exclusivamente, civis inocentes. Números oficiais vão indicar 503 mortes, quase 5 mil feridos e 300 mil refugiados em uma população de 700 mil pessoas[1847].

A situação militar permanece a mesma até o dia 15. Nestes dias os combates se generalizam, sendo os mais violentos no Belenzinho. No dia seguinte morre Joaquim Távora, em uma perda difícil para a revolta. O contínuo reforço governista, o sacrifício inútil que significava permane-

[1846] Ibidem, p. 374.

[1847] São canhões ultramodernos, de fabricação francesa, que espalharão bombas e granadas no "bombardeiro terrificante", praticado pelo governo federal contra a cidade, numa estratégia também utilizada pelos exércitos alemães na Primeira Guerra Mundial (1914-1918), que receberia muitas críticas de especialistas, como um crime de guerra contra a população civil. Eles estarão postados no adro da Igreja da Penha e nas colinas da Vila Matilde, lugares altos em uma cidade sem edifícios. Famílias inteiras perecerão sob os escombros das casas simples e 30 somente no ataque ao Theatro Olympia, no Brás. O bombardeio ocorreu da seguinte forma: "O terror se apossa rapidamente desses bairros pobres e humildes como a Mooca, onde vivem também milhares de imigrantes estrangeiros, na maioria italianos recém-chegados ao Brasil. O povo, enlouquecido pelas bombas que não param de cair sobre as casas, foge, inicialmente, para a rua, sem saber como se defender. Muitas famílias se refugiam nos porões para escapar das granadas lançadas por canhões. O impacto dos obuses dissolve o casario baixo em nuvens avermelhadas. Os telhados e as paredes desabam sob o impacto do bombardeio. A artilharia do governo chega a fazer 130 disparos por minuto". O conflito também foi a primeira vez em que se usaram tanques de guerra no Brasil. MEIRELLES, Domingos. *As noites das grandes fogueiras – uma história da Coluna Prestes*. Rio de Janeiro: Record, 2000, p. 310.

cer em São Paulo e a vontade de continuar a luta fizeram com que Isidoro e os revolucionários abandonassem a cidade na madrugada de 27 de julho[1848].

Ao mesmo tempo que se combate em São Paulo, colunas revolucionárias – ou grupos que apoiam a revolução no momento em que ela se concretiza – ocupam várias cidades do interior paulista: Rio Claro, Jundiaí, Campinas, Itu, Itapira, São Simão, Amparo, Araras, Pirassununga, São Carlos, Rio Preto, Botucatu. A diversificação de pontos nevrálgicos e a ação da Coluna da Morte, destacamento móvel do tenente João Cabanas, que ocupa Campinas e Bauru, são fatores favoráveis à fuga dos tenentes de São Paulo para Bauru. A Coluna Paulista, como é chamada, sai de São Paulo com quase 6 mil homens. Impossibilitados os revolucionários de prosseguir pela Estrada de Ferro Mogiana, entram pela Sorocabana até Botucatu, onde travam combate com forças legalistas[1849].

Em começo de agosto, as tropas param em Assis, onde o Estado Maior discute planos futuros, como o ataque a Mato Grosso ou a ligação com os revolucionários do Rio Grande do Sul. Acossados constantemente pela fome, a Coluna Paulista chega às barrancas do rio Paraná e, nos dias 17 e 18 de agosto, ataca a cidade de Três Lagoas; prevenidos do perigo, os legalistas conseguem repelir os ataques de Juarez Távora. A derrota leva os rebeldes a aceitarem a ideia do general João Francisco, de irem para o Paraná. Depois, em setembro, Guaíra cai em suas mãos e efetiva-se a conquista da Foz do Iguaçu e Catanduvas[1850].

Nesta zona inóspita e de fácil defesa – rodeada de matas e rios – os revolucionários permanecem de outubro de 1924 a março de 1925. Até 15 de novembro a situação apresenta-se calma; porém, tropas coronelísticas de Pais Leme atacam inicialmente Catanduvas; depois, reforçados por tropas do 13° R.I. de Ponta Grossa, artilharia e comandadas pelo general Cândido Rondon, os legalistas tomam Belarmino (10.1.1925) e cercam em definitivo Catanduvas (11.1.1925). Até a queda da cidade (27.3.1925), os combates entre Nelson de Melo, João Cabanas e os legalistas são de grande envergadura. Em Foz do Iguaçu, no Paraná, ocorrerá a fusão entre

1848 Carone, Edgard. *Evolução política*, cit., p. 375.

1849 Ibidem, p. 375.

1850 Ibidem, p. 375.

a Coluna Paulista e a Coluna Gaúcha, comandada pelo capitão Luiz Carlos Prestes, que segue combatendo. O resultado da junção será a Coluna Miguel Costa-Prestes, que continuará a luta[1851].

A Revolução de 1924 nos Estados. A revolução de São Paulo devia estourar concomitantemente à de outros lugares do Brasil. No entanto, isso não ocorre por várias razões, o que leva os rebeldes a agirem em tempos diferentes ou desistirem de seus intentos[1852].

Intrinsecamente presas ao movimento inicial de São Paulo temos as revoluções em Mato Grosso, Sergipe, Pará, Amazonas e Rio Grande do Sul, que se fazem de julho a outubro de 1924. No dia 12 de julho de 1924 o tenente Pedro Martins da Rocha, ajudado pelo tenente Riograndino Kruel, prende toda a oficialidade do 10º Regimento de Cavalaria Independente em Bela Vista, Mato Grosso. Logo, telegrafa a Isidoro, pondo-se a serviço da revolução. Porém, os sargentos da unidade sublevadas se reúnem e prendem todos os cabeças da revolta[1853].

Em Sergipe, a revolta se faz no momento em que o 28º B.C. se prepara para ir ao Sul reprimir a revolução. Liderada pelo capitão Eurípedes Esteves Lima e os tenentes Augusto Maynard Gomes, João Soarino de Melo e Manuel de Mendonça, os revoltosos tomam Aracaju. O governa-

[1851] Um dos líderes da resistência na capital e motor da retirada dos rebeldes de São Paulo, o tenente João Cabanas e sua Coluna da Morte, não acompanhará a Coluna Miguel Costa-Prestes. Com apenas 80 homens, o oficial – de quem se dizia ter poderes sobrenaturais e usava uma grande capa preta sobre os ombros – protegeu a retaguarda da Coluna Paulista usando métodos de guerra psicológica, entre elas colocar um enorme tronco pintado de preto em um vagão, que era confundido, a distância, com um canhão poderosíssimo. Além disso, determinava a seus soldados que gritassem e atirassem o tempo todo, para dar a impressão de que eram mais do que efetivamente contavam e usava um pedaço de madeira com um ferro acoplado que, batido um no outro, produzia o som de uma metralhadora (a matraca), assustando seus inimigos, que pensavam combater um verdadeiro exército. Para completar, mandava telegramas aos chefes de estação, requisitando comida e cavalos para ... mil homens, o que afastava os rivais da região, com medo de enfrentar tantos soldados. O governo chegou a oferecer uma recompensa de 5 mil réis (uma fortuna na época) por sua cabeça. O oficial rebelde refugiou-se no Paraguai e lá escreveu o livro *O tenente Cabanas e a Coluna da Morte*, contando suas peripécias. Posteriormente anistiado, dedicaria-se à política no Brasil. Assunção, Moacir. *São Paulo deve ser destruída*, cit., p. 114.

[1852] Carone, Edgard. *Evolução política*, cit., p. 376.

[1853] Ibidem, p. 376.

dor Gracho Cardoso é preso e forma-se uma Junta Governativa Militar. Até 2 de agosto a cidade fica em suas mãos, faz-se o alistamento popular. Tropas legalistas atacam os revolucionários, que são presos ou fogem para o Interior[1854].

O movimento no Amazonas, que se irradia para o Pará, é mais consistente e articulado. Dias antes da tomada do poder pelos tenentes, o governo federal avisa as autoridades de Manaus. No dia 23, os revolucionários tomam de assalto o prédio da polícia e o palácio do governo; o governador foge. Durante um mês o governo nomeado controla a região: o 1º tenente Ribeiro Júnior é nomeado governador militar; Crisanto Jobim, funcionário federal, é secretário do governo; Francisco Aguiar, agrimensor, dirige a Comuna; Olegário Castro é chefe da polícia; Paulino de Brito orienta o *Diário Oficial*. A união entre militares e civis (do velho regime, que aderem) neste caso, leva a uma radicalização ideológica e prática contra o domínio da oligarquia e do imperialismo estrangeiro. São convocados reservistas; impõe-se um Tributo de Redenção, isto é, impostos sobre os ricos para benefício dos pobres; extingue-se a tavolagem; luta-se contra açambarcadores de gêneros; faz-se a requisição do jornal *A Imprensa*; a posse do mercado e matadouro, de propriedade da Manaus Market, firma inglesa, e sua entrega à Comuna de Manaus; mandam-se tropas ocuparem o forte de Óbidos, extingue-se a Força Policial e obriga-se a empresa Manaus Market a pagar impostos atrasados[1855].

Apesar do dinamismo dos rebeldes e de sua ação pelo rio Amazonas, o isolamento da região não lhes é propício. O governo federal facilmente pôde organizar uma expedição marítima, chefiada pelo general João de Deus Mena Barreto, que, à frente de uma esquadra, toma Óbidos (20.8), afunda o navio *Jari* e retoma Manaus[1856].

A revolução no Rio Grande do Sul é a que se dá mais tardiamente: mais cuidada, ela é a única que tem ligação organizada com a de São Paulo. Em 29 de outubro, estoura na região de Missões, onde se rebelam os corpos de Uruguaiana, São Borja, São Luís e Santo Angelo. De Uruguaiana, Juarez Távora ataca Alegrete. Em novembro a coluna de civis e militares vai

[1854] Ibidem, p. 376.
[1855] Ibidem, p. 377.
[1856] Ibidem, p. 377.

atacar os legalistas em Guaraí, travando o combate de Guaçu-Boi com as forças do general Flôres da Cunha[1857].

Na região das Missões a organização inicial permitiu maior resistência e eficácia. A revolta começa sob a direção do tenente Mário Fagundes Portela e em seguida do capitão Luís Carlos Prestes. Concentram-se em São Luís das Missões as tropas do Batalhão de Engenharia de Santo Ângelo, sublevadas por Prestes. A permanência dos revolucionários na região seria a sua derrota, pois o governo concentrava tropas para sufocar o último reduto rebelde. A solução teria sido ir a Foz do Iguaçu, como pedia Isidoro[1858].

Rompem as primeiras escaramuças entre o 2° Destacamento e legalistas em Tupaceratã, onde o número reduzido obriga os revolucionários a fugirem do combate. Sendo preciso um mês para abrir caminho até Iguaçu, João Alberto e Siqueira dirigem-se ao campo de prisioneiros de Clevelândia, no Paraná, não chegando, porém, a atingi-lo. Quando a picada ficou pronta e a vanguarda com Prestes atravessava o rio Iguaçu, a notícia da queda de Catanduvas chega aos gaúchos. Prestes protege a estrada de Catanduvas para que todos possam atravessá-la e chega a Santa Helena, porto no rio Paraná, onde encontra as tropas paulistas, que se dá em 12 de abril de 1925. Nessa reunião de paulistas e gaúchos decide-se prosseguir a campanha pelo Brasil afora, num incentivo à rebeldia[1859].

Mais uma vez, o governo pedirá o estado de exceção, que havia sido suspenso em 31 de dezembro de 1923 e, mais uma vez, com a exceção de Adolfo Bergamini, Azevedo Lima e outros líderes oposicionistas, todo o Congresso apoia o pedido de Artur Bernardes: é concedido o estado de sítio por 60 dias, na Capital Federal e nos Estados do Rio de Janeiro e São Paulo, ficando o presidente da República autorizado a "prorrogá-lo, a estendê-lo a outros pontos do território nacional e a suspendê-lo no todo ou em parte". Em setembro, o governo o prolonga até 31 de dezembro e o estenderá a Mato Grosso, Sergipe, Pará, Amazonas e Bahia; daí em diante ele passa a ser prorrogado, várias vezes, até 31 de dezembro de 1926[1860].

[1857] Ibidem, p. 377.
[1858] Ibidem, p. 378.
[1859] Ibidem, p. 378.
[1860] Ibidem, p. 380.

A radicalização e as arbitrariedades tornam-se constantes, e o governo estende sua reação a todos os campos: o número de prisões arbitrárias feitas em São Paulo, depois da revolução, é calculado em 10 mil pessoas; todos que procuraram colaborar com os tenentes revolucionários – em São Paulo, Sergipe, Amazonas – são processados e presos. Firmiano Pinto, então prefeito de São Paulo, Júlio de Mesquita, diretor de *O Estado de S. Paulo*, José Carlos de Macedo Soares, presidente da Associação Comercial, e centenas de outras personalidades da oligarquia urbana, que procuram mitigar a situação desesperada da capital paulista, sofrem processos, acusados de conivência com a nova situação. O número de militares atingidos é grande e, mesmo o General Abílio de Noronha, chefe da R.M. de São Paulo, é demitido de seu posto, acusado de negligência. Interessante observar que nenhum deles é "revolucionário" ou "revoltoso". São cidadãos comuns, lideranças, que tentaram diminuir o sofrimento da população[1861].

As congratulações a Artur Bernardes, tanto do Congresso como da maioria dos governadores, mostram-no usando de "serena energia e imperturbável intrepidez". Os governadores lhe dão apoio e, por outro lado, formam-se Batalhões Patrióticos em São Paulo, Paraná, Santa Catarina, Rio Grande do Sul, Sergipe e, depois, nos Estados percorridos pela Coluna Prestes, numa demonstração do temor das oligarquias à revolução. Às prisões arbitrárias – Maurício de Lacerda fica detido três anos sem processo – acrescenta-se o envio de presos para Clevelândia, e os maus tratos aos prisioneiros e o grande número de processos contra os suspeitos e revolucionários. As medidas discricionárias se fazem sob total controle do governo, porque nenhuma forma de denúncia é viável, devido à censura total dos meios de informação. Somente com a prescrição de tempo é que se consegue a soltura de alguns presos, depois de concessão de *habeas corpus* pelo Supremo Tribunal Federal"[1862].

A Clevelândia era um presídio político situado nos confins de Roraima, quase no fim do Brasil, em meio à selva amazônica. Antigo quartel militar de fronteira, constituiu-se num presídio extremamente duro, no qual morriam, com frequência, presos vítimas de doenças tropicais. Para lá

[1861] Ibidem, p. 380.
[1862] Ibidem, p. 381.

foram enviados revoltosos de 1924, anarquistas e os marginais comuns do Rio de Janeiro. Ao menos metade dos 900 prisioneiros não retornaram, perecendo no local. O governo de Bernardes fazia tudo o que era possível para não cumprir *habeas corpus* determinados pela Justiça, Somente no fim do seu governo, os primeiros presos começaram a ser libertados[1863].

Ao fim da revolta, o bombardeio da capital por tropas federais destruiu 2 mil prédios, a imensa maioria de uso civil, como eram civis dois terços das vítimas da revolta. Como é possível explicar que o governo tenha usado contra sua própria população o chamado bombardeio terrificante, em que tiros de canhão e bombas são disparados a esmo contra uma cidade populosa, mesmo sabendo que a maioria absoluta das vítimas será de civis sem relação com os combates?

Para explicar esse procedimento, lembre-se de que o bombardeio terrificante, usado pelos alemães na Primeira Guerra Mundial contra os belgas e franceses, é um crime de guerra, previsto nas Convenções de Haia. Esse tipo de ataque se diferencia, de acordo com o autor, do bombardeio de destruição, quando a intenção é destruir os armamentos e suprimentos do inimigo, e do bombardeio de ocupação, quando se pretende ocupar áreas em poder dos rivais. O bombardeio terrificante serve somente para espalhar o terror, forçando a população, em luta pela sobrevivência, a expulsar as tropas rebeldes[1864].

Em outras palavras:

> *"Certamente, com a estratégia de atacar de longe em vez de ir ao combate direto com seus inimigos, o governo pretendia poupar o Exército legalista, por considerar que expulsar os rebeldes – militares treinados, que possuíam armamento moderno, inclusive artilharia – da cidade ocupada poderia ser, guardadas as proporções, mais difícil que a luta no arraial de Canudos e no Contestado, conflitos civis recentes, em que o Exército estivera envolvido. Ambos eram estudados nas academias militares desde o início do século e, por certo, povoavam as preocupações dos estrategistas militares. E quem eram esses homens que atacavam impiedosamente a cidade? Alguns, como o ministro da Guerra, Setembrino de Carvalho, e os generais Eduardo Sócrates e Ter-*

[1863] ASSUNÇÃO, Moacir. *São Paulo deve ser destruída* – a história do bombardeio à capital na Revolta de 1924, cit, p.282

[1864] Ibidem, p. 110.

tuliano Potiguara, haviam participado de algumas das guerras civis mais cruentas do Brasil. Os três, em situação distinta, estiveram no Contestado, ocorrido entre 1912 e 1916 na fronteira entre o Paraná e Santa Catarina. Carvalho era o comandante do Exército em confronto com sertanejos na época, tendo sob o seu comando os então capitães Sócrates e Potiguara, o segundo, que combateu no Brás e no Belenzinho em São Paulo, foi acusado de torturar prisioneiros e de corrupção durante o conflito"[1865].

11.13.2 A Grande Marcha – Prestes, o tenentismo e a ideologia

A Revolução do Rio Grande do Sul, em outubro de 1924, gerou a "Coluna Prestes", que percorreu 25 mil quilômetros nos sertões, sob o comando do general Miguel Costa e do capitão Luís Carlos Prestes e acabou se internando na Bolívia (1927)[1866].

"A 'Grande Marcha', designação dada pelo historiador Hélio Silva à Coluna Prestes, foi, sem dúvida alguma, o ponto culminante do movimento tenentista. Significou, para os moços idealistas das grandes cidades litorâneas, um contato com a dura e trágica realidade em que estavam submersas vastas camadas de nossas populações interioranas"[1867].

De maneira geral, a Coluna merece uma análise em duas dimensões: a militar e a político-social. A dimensão militar, mesmo não sendo seu aspecto mais relevante, é, no entanto, um feito militar extraordinário. Contando com a participação de militares bem preparados, aguerridos e motivados politicamente, a Coluna acabou por ser classificada como modelo da luta sutil de guerrilhas[1868].

[1865] Ibidem, p. 110.

[1866] MENDES JR., Antonio; RONCARI, Luiz; e MARANHÃO, Ricardo. *Brasil história – texto e consulta – era de Vargas*, v. 4 São Paulo: Brasiliense, 1976, p. 48.

[1867] Ibidem, p. 48.

[1868] De acordo com Laerte Souto Maior, um dos biógrafos de Prestes, sua epopeia comoveu líderes como Mao-Tse Tung, o líder chinês da Grande Marcha (em 1949) e Fidel Castro, chefe da Revolução Cubana, dez anos depois. Ambos, ao conhecerem o comandante da Grande Marcha, demonstraram grande admiração e disseram que a Coluna Prestes, que conheceram por meio do livro do então deputado comunista e escritor Jorge Amado, *O Cavaleiro da Esperança*, havia sido fundamental para seus movimentos guerrilheiros de combate ao poder do Estado. Fidel, aliás, cita isso em sua autobiografia, louvando a importância da estratégia dos brasileiros em sua marcha a partir da Sierra Maestra contra os exércitos de Fulgêncio Batista durante a Revolução Cubana, que liderou ao lado de

A dimensão política da Coluna supera suas lições de estratégia militar, pois o contato dos revolucionários com a realidade brasileira teve consequências sociais e políticas do maior alcance. Sem a marcha, os tenentes não teriam trazido para a Revolução de 1930 a autoridade e a confiança de que se valeram para impor seu programa. Apesar dessa significação profunda que adquiriu a Coluna, de ser ela, na expressão dos revolucionários, a chama que mantinha a Revolução, nunca conseguiu mais que uma sensibilização superficial nas grandes massas para as quais dizia voltar-se. Estas não acorreram ao chamado paternal dos "tenentes", não se colocaram sob sua proteção para, juntos, pôr nos eixos uma República que "nascera bem", mas que se "desvirtuara" em meio ao caminho[1869].

A formação da Coluna. Enquanto as forças vindas de São Paulo se batiam no sudoeste do Paraná, explodiu no Rio Grande do Sul, em 28 de outubro de 1924, nas regiões missioneira e serrana, o levante que teve a participação de Luiz Carlos Prestes, João Alberto, contando com a ajuda do tenente-coronel Juarez Távora e do tenente Siqueira Campos[1870].

Em fins de dezembro, "conseguindo furar o bloqueio que lhe haviam imposto no Rio Grande do Sul, Prestes avançou para o norte em busca da 'Coluna Paulista'. Esta é alcançada em abril de 1925 e nesse momento contava Prestes 800 dos 1.500 homens com que iniciara a luta. Em carta a Isidoro, Prestes observava que tivera que lutar mais contra o desânimo e a fraqueza de alguns companheiros do que propriamente com o inimigo. Solicitando recursos em armas e munições, pedia também licença para 'movimentar-se', amadurecendo a ideia básica que regulou os passos da Coluna: '*A guerra, no Brasil, qualquer que seja o terreno, é a guerra de movimento. Para nós, revolucionários, o movimento é a vitória. A guerra de reserva é a que mais convém ao governo, que tem fábricas de munição, fábricas de dinheiro e bastantes analfabetos para jogar contra as nossas metralhadoras*'. Prestes não via qualquer possibilidade em pôr um fim à Revolução. Para ele a guerra de movimento adquiria um objetivo preciso: 'Com minha coluna armada

Ernesto Che Guevara. Souto Maior, Laerte. *Luiz Carlos Prestes na Poesia*. Curitiba: Travessa dos Editores, 2006, p. 67.

1869 Mendes Jr., Antonio; Roncari, Luiz; e Maranhão, Ricardo. *Brasil história – texto e consulta – era de Vargas*, cit., p. 49, v. 4.

1870 Ibidem, p. 49.

e municiada, sem exagero julgo não ser otimismo afirmar a V. Exa. que conseguirei marchar para o norte e dentro de pouco tempo atravessar o Paraná e São Paulo, dirigindo-me ao Rio de Janeiro, talvez por Minas Gerais'"[1871].

O fracasso parcial do levante rio-grandense, com a derrota das forças irregulares comandadas por Honório de Lemos e seus companheiros, com o desastre de Catanduvas (fins de março), onde os revolucionários foram derrotados em um confronto de posições, levou o movimento revolucionário às portas da dissolução. No dia 12 de abril, em reunião presidida por Isidoro, em que as figuras mais importantes eram Miguel Costa e Prestes, este teve que lutar contra a ideia predominante, que era a de emigrar. Praticamente sozinho, defendeu a ideia da continuidade da luta, na forma como foi exposta acima, e o seu vigor acabou por convencer aos demais[1872].

Organização. Decidido que a Coluna não emigraria nem abandonaria a luta, colocou-se de imediato um grave problema: romper o cerco das forças legalistas que comprimiam os revolucionários contra a fronteira. A solução encontrada foi internar-se no Paraguai, o que foi feito de 27 a 29 de abril, com a vanguarda da coluna penetrando no Mato Grosso no dia 30[1873].

A Coluna, que iniciou sua marcha organizada em dois destacamentos, o do Rio Grande e o de São Paulo, reestruturou-se mais à frente com o objetivo de evitar conflitos derivados da diversificação de origem. Com a integração das duas colunas, ficou sendo esta sua organização: comandante, general Miguel Costa; chefe do E. M., coronel Prestes; e ainda quatro destacamentos comandados, respectivamente, por Cordeiro de Farias, João Alberto, Siqueira Campos e Djalma Dutra[1874] [1875].

[1871] Ibidem, p. 49.

[1872] Ibidem, p. 49.

[1873] Ibidem, p. 49.

[1874] Djalma Soares Dutra (1895 – 1930) – Cursou a Escola Militar do Realengo, no Rio de Janeiro. Em 1922, envolveu-se com os movimentos revolucionários daquele ano e foi considerado desertor quando servia no regimento de Dom Pedrito (RS). Teve participação destacada na Coluna Prestes, comandando um dos quatro destacamentos em que se dividia o exército rebelde que percorreu cerca de 25 mil quilômetros pelo interior do Brasil entre 1925 e 1927. Após as tropas da Coluna, já desgastadas pela longa marcha, terem

Na "organização da Coluna merece destaque a 'Epopeia das Potreadas'. Iniciadas a partir de Mato Grosso com o objetivo de abastecer a Coluna, acabaram por adquirir uma dimensão maior, que foi além das suas originais funções. Lourenço Moreira Lima[1876] demonstra sua importância: '*Ali (em MT) teve início a epopeia das potreadas, pequenas patrulhas de cinco a quinze homens que se afastavam para os flancos, a fim de arrebanhar animais, e que se tornaram esplêndidos exploradores. Os 'potreadores' se distanciavam, muitas vezes, trinta a cinquenta léguas do grosso da Coluna, devassando grandes áreas, descobrindo o inimigo onde ele se achava, incomodando-o e trazendo-o sempre em sobressalto, na incerteza de nossa direção*'"[1877].

Com essa organização, a Coluna dava a impressão de ser maior e mais poderosa do que na realidade o era. Sua mobilidade, a ação das potreadas e dos destacamentos que se afastavam até 100 léguas do grosso da tropa, acabaram por confundir as forças que lhe davam combate, não permitindo sua localização mais precisa e fazendo aumentar as lendas sobre o movimento[1878].

abandonado o território brasileiro, encerrando aquela fase da luta, exilou-se na Argentina junto com a maioria dos demais líderes revolucionários. Em 1929, viajou clandestinamente ao Brasil, em companhia de Siqueira Campos, para preparar uma insurreição em São Paulo. Em janeiro de 1930, foi preso na capital paulista, mas logo conseguiu fugir da prisão, retornando imediatamente ao trabalho revolucionário. Com a derrota da candidatura oposicionista de Getúlio Vargas nas eleições presidenciais realizadas em março daquele ano, voltou a São Paulo para preparar a deflagração do movimento armado que visava depor o presidente Washington Luís. Em seguida, viajou a Buenos Aires para tentar convencer Luís Carlos Prestes a não divulgar um manifesto que havia redigido com violentas críticas aos líderes do movimento. Em outubro, quando a revolução teve início, encontrava-se em Minas Gerais, onde participou de combates. Morreu em outubro de 1930, quando tomava parte na tomada do 4º Regimento de Cavalaria, sediado em Três Corações (MG).

1875 MENDES JR., Antonio; RONCARI, Luiz; e MARANHÃO, Ricardo. *Brasil história – texto e consulta – era de Vargas*, cit., p. 49.

1876 Lourenço Moreira Lima (1881 – 1940) – Advogado e revolucionário brasileiro, responsável pelos registros dos fatos ocorridos durante a marcha da Coluna Prestes pelo país, durante meados dos anos 1920. Como historiador oficial e secretário de campanha da Coluna Prestes, escreveu um clássico, um livro importantíssimo para o estudo da história política brasileira: "A Coluna Prestes – marchas e combates".

1877 MENDES JR., Antonio; RONCARI, Luiz; e MARANHÃO, Ricardo. *Brasil história – texto e consulta – era de Vargas*, cit., p. 49.

1878 Ibidem, p. 50.

A luta com os coronéis. A coluna dirigiu-se do Mato Grosso, passando por Goiás, para o Nordeste, atingindo o Estado do Maranhão no mês de novembro de 1925, chegando logo depois a ameaçar diretamente a cidade de Teresina. Nessa região, percorrendo quase todos os seus Estados, os revolucionários vão passar quase um ano em confronto direto com as forças do latifúndio[1879].

Em vários momentos do confronto entre as forças revolucionárias e o governo federal, os "tenentes" enfrentaram forças regulares que por vezes apresentavam efetivos razoáveis. Mas o governo não fez economia de recursos e meios para esmagar seus contendores, unindo geralmente no combate as forças federais, as polícias estaduais, as forças de jagunços comandadas pelas oligarquias e até mesmo o cangaço[1880]. Podemos, no entanto, afirmar que, no Nordeste, foram as tropas irregulares do latifúndio que mais deram combate à Coluna. Na Bahia, os jagunços do coronel Horácio de Mattos perseguiram os guerrilheiros de Prestes por centenas de quilômetros[1881].

[1879] Ibidem, p. 50.

[1880] Até mesmo Virgulino Ferreira, o *Lampião*, o maior cangaceiro do País na época, foi "contratado" para enfrentar a Coluna Prestes, recebendo, para isso, a patente de capitão das Forças Patrióticas, munição, armamento moderno, fardamento e dinheiro. O bandoleiro foi contatado por um emissário ligado a Floro Bartolomeu, médico baiano que era uma espécie de chefe militar do líder religioso Padre Cícero Romão Batista e, como era devoto do padre, seguiu com o bando para Juazeiro. Também havia a promessa de ter seus crimes perdoados caso participasse da luta contra o "comunismo". O bando de Lampião acabou travando apenas alguns combates com patrulhas avançadas de Prestes na região de São Miguel, em Alagoas e, ao perceber que não teria sua "patente" reconhecida pelos militares pernambucanos, os seus inimigos mais ferozes, o bandoleiro resolveu "desertar" da luta. Ambos nascidos em 1898, Lampião e Prestes tinham a mesma idade em março de 1926, quando o bandoleiro e seu bando entraram em Juazeiro. A família do cangaceiro acabou sendo protegida pelo padre e vivendo na cidade. Bartolomeu, que também era deputado federal, morreu no mesmo ano, em tratamento de saúde no Rio de Janeiro. ASSUNÇÃO, Moacir. *Os homens que mataram o facínora – a história dos grandes inimigos de Lampião*, cit., p. 126.

[1881] MENDES Jr, Antonio; MARANHÃO, Ricardo e RONCARI, Luiz. *Brasil – história texto e consulta – era de Vargas*, v. 4, cit., p. 50.

Nas palavras de Nelson Werneck Sodré[1882], o latifúndio sentia a ameaça que a Coluna representava, organizando, em consequência, seus exércitos particulares arregimentados nas regiões em que dominavam absolutos. "Tais acontecimentos", observa, "viriam revelar, entretanto, a forma nova de organização militar irregular de que as oligarquias lançavam mão, e que substituiria a velha tropa da Guarda Nacional, que haviam utilizado tanto, em outros tempos: os bandos de jagunços (...) Nos Estados economicamente poderosos (as oligarquias) constituíam forças policiais organizadas como pequenos exércitos; nos Estados economicamente fracos, armaram os próprios exércitos privados dos latifundiários. Sobre esses dois suportes é que assentou o combate aos revolucionários tenentistas, desde que estes empreenderam a arrancada pelo interior, com a Coluna Prestes"[1883].

As relações com os camponeses. Os "tenentes" tentaram cativar o sertanejo submetido a séculos de opressão. Destruíam os troncos, as gargalheiras e correntes que encontravam nas prisões, libertavam os presos e nas escolas davam sumiço às palmatórias usadas para esbordoar as crian-

[1882] Nelson Werneck Sodré (1911 – 1999) – Cursou a Escola Militar do Realengo de 1931 a 1933. No ano seguinte, foi destacado para o 4º Regimento de Artilharia Montada, em Itu – SP. Nesse período, escrevia para o *Correio Paulistano* duas vezes por semana e começava a despontar como escritor. Após a decretação do Estado Novo (10/11/1937), tornou-se ajudante-de-ordens do general José Pessoa, designado comandante da 9ª Região Militar, em Mato Grosso, em março de 1938. Foi nessa ocasião, quando o Exército foi chamado a intervir em conflitos de terra entre grandes proprietários e agricultores pobres naquele estado brasileiro, que Sodré teria iniciado a sua rotação à esquerda, na direção do marxismo. Ainda em 1938, publicou seu primeiro grande livro, *História da literatura brasileira*, uma análise das questões literárias a partir das relações de propriedade e dos conflitos sociais. No início dos anos 1940, amigo pessoal de Graciliano Ramos, Jorge Amado e vários expoentes da literatura no período, já teria ingressado no Partido Comunista Brasileiro (PCB), então Partido Comunista do Brasil. Após a renúncia do presidente Jânio Quadros (25/08/1961), apoiou a posse do seu sucessor legal, o vice-presidente João Goulart, que fora vetada pelos ministros militares. Por conta disso, foi preso e interrogado durante dez dias e destacado, contra a sua vontade, para servir em Belém. Insatisfeito, passou à reserva no início de 1962 na patente de general, pois possuía o curso de Estado-Maior. Faleceu em Itu no dia 13 de janeiro de 1999.

[1883] Mendes Jr., Antonio; Roncari, Luiz; e Maranhão, Ricardo. *Brasil história – texto e consulta – era de Vargas*, cit., p. 50.

ças. Examinavam processos e destruíam todos aqueles que não estavam de acordo com as regras mais elementares da jurisprudência[1884].

Tudo isso fizeram "sem, no entanto, cativar, atrair para sua causa essas populações. Moreira Lima observa que apenas nos Estados do Maranhão e Piauí se depararam com populações que francamente demonstraram seu carinho à causa tenentista, havendo um número razoável de adesões. 'A Coluna percorrera quase todo o Brasil sem conseguir galvanizar as energias do povo para a conquista da sua liberdade. Em nossa longa marcha, apenas em dois Estados houve movimentos sérios de caráter popular a nosso favor, e dos quais resultou o aumento das nossas forças. Nos demais, o número de voluntários foi simplesmente ridículo'"[1885].

Além dessa apatia e indiferença das populações interioranas com relação às propostas dos revolucionários, um outro problema explica o afastamento: o governo federal não só mobilizou todas as forças ao seu dispor para enfrentar os "tenentes", como também propalara pelo interior que a Coluna era composta por um bando de assassinos acostumados às maiores violências. Essa propaganda teve os resultados esperados: à simples aproximação da Coluna, as populações abandonavam as cidades e sítios ou então organizavam-se para combatê-la[1886].

O governo Bernardes – o estado de sítio. O governo de Artur Bernardes foi marcado pelo seu confronto com o movimento revolucionário. O estado de sítio que fora suspenso em 31 de dezembro de 1923, voltou a ser pedido na mesma tarde em que explodiu o segundo "5 de julho", para o Distrito Federal, Estados do Rio de Janeiro e São Paulo. Votado para vigorar durante 60 dias, havia, no entanto, a possibilidade de prorrogá-lo e estendê-lo a outros pontos do território nacional. Em setembro foi prolongado até o dia 31 de dezembro e daí, de maneira consecutiva, até o final do ano de 1926[1887].

A repressão estabelecida foi sistemática e abrangente. Bernardes não se voltou apenas para a destruição do movimento tenentista, que se expressava com um vigor intenso através da Coluna Prestes. Em São

[1884] Ibidem, p. 50.
[1885] Ibidem, p. 50.
[1886] Ibidem, p. 51.
[1887] Ibidem, p. 51.

Paulo, em torno de 10 mil pessoas são presas de forma arbitrária e nos Estados todos aqueles que colaboraram com os "tenentes" são submetidos a processos. Tendo fracassado as sublevações de apoio à Coluna, não encontrando franca adesão por parte das populações nordestinas, os revolucionários retrocederam sobre seus passos. A Coluna, que entrara no Maranhão em novembro de 1925 com 900 homens, chegando à Bahia com 1200, atingiu Mato Grosso, em novembro de 1926, com apenas 600 homens, praticamente desarmados e desmuniciados. Fazia-se necessário reexaminar a situação, pensando em alternativas[1888].

Acreditando no êxito do movimento no Rio Grande do Sul, Isidoro pediu que a Coluna se mantivesse em armas por mais dois meses, a partir de 23 de novembro. Se o movimento fracassasse, a Coluna deveria internar-se na Bolívia, o que de fato aconteceu em 3 de fevereiro de 1927.[1889]

O exílio. Após mais de dois anos de luta, a Coluna entrou na Bolívia com 600 homens. Restavam 90 fuzis e quatro metralhadoras. O fracasso da Coluna não significou, no entanto, o fim do movimento. Aos poucos os revolucionários foram se concentrando em Buenos Aires, onde se iniciou uma nova fase para o tenentismo, mas que foi também um novo momento dentro do processo revolucionário. Caio Prado Jr. viu desta maneira a questão:

> *"Quando a Coluna Prestes depõe armas e encerra sua grandiosa trajetória, o País estará maduro para o ato final da derrocada de suas decrépitas instituições. Seguir-se-á a trégua do quadriênio Washington Luís que, aproveitando-se de um momento de euforia econômica internacional, refletida no Brasil, tentará galvanizar a decadente República Velha. Mas, no estrangeiro, os exilados da Coluna Prestes conservavam intacto o ideal revolucionário; e dentro do País, em grande parte devido à sua ação e ao seu exemplo, a agitação continuava a fermentar surdamente. Apesar da suspensão temporária de hostilidades abertas, a revolução brasileira marchava para diante"*[1890].

A Coluna Prestes foi um subproduto da Revolução de 1924 em São Paulo e no Rio Grande do Sul, pois,

[1888] Ibidem, p. 51.
[1889] Ibidem, p. 52.
[1890] Ibidem, p. 52.

"O tenentismo revelaria quadros de valor excepcional; a Coluna reuniu, deles, o que havia de melhor. A História confirmaria, através de curvas, altos e baixos, avanços e recuos, a importância, a dimensão qualitativa da maioria desses quadros. Mas, desde o levante na região missioneira, um deles avultaria e sua autoridade não cessaria de crescer, até se tornar lendária. Luiz Carlos Prestes, jovem capitão, mostraria, como chefe, em condições excepcionalmente difíceis, suas qualidades militares invulgares. Hélio Silva apresenta assim o início dessa carreira de revolucionário: '*A notícia da queda de Catanduvas alcançou Prestes, quando ele acabava de atravessar o Iguaçu. Agora, era toda a Coluna que estava ameaçada de destruição, pois das barrancas desse rio até a estrada de rodagem ligando Catanduvas a Vila da Foz, compreendia um trajeto de mais de 100 quilômetros de maus caminhos a percorrer. Prestes não era homem que recuasse diante dessa dificuldade. A figura do chefe impunha-se desde o primeiro momento. João Alberto traça o seu perfil de grande comandante, escandalizando os revolucionários gaúchos com o seu aspecto em tudo contrário à concepção que eles tinham de um guerreiro. Pequeno de estatura, o culote subindo-lhe pelos joelhos, montado a cavalo com a sela militar ladeada de alforjes cheios de mapas, constitui um conjunto grotesco, incompatível com a tradição de um chefe gaúcho, sempre vestido a caráter, temerário, desafiador, espetacular*'"[1891].

No Maranhão, "a autoridade de Prestes estava já consagrada: '*Prestes conseguiu impor-se, inteiramente, a todos os seus soldados, pelo exemplo do seu estoicismo sem alardes e da retidão da sua justiça, despertando neles uma afeição decidida e desinteressada, capaz dos maiores sacrifícios. E imperou, incontrastavelmente, sobre aquelas almas insubmissas, mais como um amigo, a quem se dedica devotadamente, e no qual se confia em absoluto, do que como chefe*'. Destacar-se-ia, entretanto, na manobra que ficou conhecida como 'laço húngaro': 'Prestes repetiu a manobra realizada em Pernambuco, após o combate da fazenda Cipó, marchando, porém, para Oeste, para dar a impressão de que avançava para aquele rio, mudando logo de direção. Descreveu, assim, um arco de círculo e, entrando novamente na Bahia, deu à nossa marcha em território baiano e mineiro a forma de um grande laço hún-

[1891] Ibidem, p. 52.

garo, das faldas setentrionais do Grão Mogol à margem do S. Francisco, no lugar Saco e no povoado Rodelas'"[1892].

A sua "capacidade de dar exemplo foi enorme: '*Quando cheguei ao pouso, Prestes já se achava ali, apesar de caminhar a pé desde muitos dias, nessa marcha, que teria de prosseguir até muito além de Sento Sé, num percurso de mais de duzentas léguas, perlustrando as caatingas e as margens alagadas do S. Francisco, transpondo as serranias e chapadões, num esforço admirável de resistência, rapidez, energia e vontade*'. A 20 de janeiro de 1926, quando de sua promoção a general, Prestes receberia, no Boletim n.º 21 da Coluna, a nota que destacaria suas eminentes qualidades de 'bravura, inteligência, dedicação, abnegação, capacidade de comando, estoicismo e desinteresse pessoal'. Essa grandeza confirma-se após a internação na Bolívia: '*Prestes formou os seus homens e fez-lhes um apelo para que fosse recolhido todo o dinheiro que houvesse em poder de oficiais e soldados. Organizou-se uma comissão de oficiais para a busca e apreensão de valores, o que se fez com a concordância de todos. Desde os mais graduados até as ordenanças do próprio Prestes, todos se submeteram à revista. Foram recolhidos apenas quinze mil cruzeiros. A Coluna emigrava pobre e honrada. Prestes distribuiu esse dinheiro entre os doentes mais graves e deu liberdade a quem se quisesse movimentar*'"[1893].

A ideologia tenentista. Vale destacar o que foi o tenentismo, movimento liderado por militares de baixa patente, muito presente na história do Brasil naquele período. Em resumo: tínhamos jovens oficiais com visão golpista, elitista e centralizadora, afinada com lideranças das oligarquias. Seu programa, de característica liberal, não questionava as estruturas. Na verdade, ficava apenas na superfície dos grandes problemas nacionais. O "desgaste institucional" (farsa eleitoral, conchavos populistas, abusos dos "grandes Estados") demandava uma atualização institucional, uma reforma política que superasse a ordem federativa e fosse mais atenta às exigências do conjunto do Brasil (voto secreto, reforma administrativa e do ensino, Independência do Judiciário). Além disso, os "tenentes" não se articularam concretamente com nenhuma camada social, portanto, nem sempre foram representantes da "classe média", numericamente

[1892] SODRÉ, Nelson Werneck. *A Coluna Prestes.* Rio de Janeiro: Civilização Brasileira, 1978, p. 340.
[1893] Ibidem, p. 340.

inexpressiva e socialmente dependente da classe dominante. Ou seja, o "tenentismo foi o termo adotado para designar um conjunto de revoltas militares ocorridas nos anos 1920 contra o governo federal. As revoltas tenentistas eram apoiadas por setores da classe média urbana. Os oficiais (tenentes e capitães) reivindicavam a moralização política, abalada pela corrupção eleitoral, a valorização das Forças Armadas e o aumento dos soldos; combatiam a República oligárquica, assumindo a missão de promover a "salvação nacional"[1894]. Estes jovens oficiais, que depois chegaram ao generalato, estariam presentes em praticamente todos os principais momentos da história política brasileira no século XX.

O coronel Frutuoso Mendes, um de seus principais líderes, em depoimento pouco conhecido, além dos pontos habitualmente referidos pelos seus companheiros de ideias, menciona, como causa dos levantes militares, "a política dos empréstimos, de quem se diz nacionalista, entregando-nos aos *yankees*, guardando-se por ele e a eles nos vendendo". *Outros afirmam que, aos pontos normalmente mencionados, juntam-se o abuso de crédito do País e os vexames infligidos por potências estrangeiras"*[1895].

O general Isidoro Dias Lopes, logo após o segundo 5 de julho, o de 1924, isto é, no ano seguinte, escreve que, o Brasil "está falido e não pode pagar os fabulosos juros de sua fabulosa dívida, apesar dos milhões de contos de réis extorquidos ao povo nestes últimos 20 anos". Na verdade – insistia – o País contemplava "*uma oligarquia plutocrática enriquecer até a quinta geração, enquanto trinta milhões de habitantes, quase em miséria, são cada vez mais explorados. Esses 10 mil, do vasto sindicato, são compostos dos grandes industriais, seus parentes e amigos do peito; dos presidentes da República, presidentes dos Estados, senadores, deputados federais e estaduais, parentes, compadres e nepotes de toda sorte"* . São análises um pouco vagas, mas cujo conteúdo, sem muitas dúvidas, pode ser qualificado como anti-imperialista[1896].

Se o próprio chefe do levante paulista, "o marechal Isidoro Dias Lopes, teme entregar armas aos anarquistas, no segundo 5 de julho, quando estes as solicitam, para apoio na luta, já o general Olinto de Mesquita

[1894] Cerezo, Miguel Castro (Coord.). *História do Brasil – das origens ao século XXI* , Enciclopédia do Estudante, São Paulo: Moderna, 2008, p. 132.

[1895] Sodré, Nelson Werneck. *A Coluna Prestes*, cit., p 62.

[1896] Ibidem, p 62-63.

Vasconcelos, na retirada de São Paulo, doa terras aos índios das barrancas do Paraná, concitando-os a 'varrer o capitalismo do Brasil', pois, dizia, 'só haverá realmente Povo, quando desaparecerem as castas. O comunismo é o único processo capaz de resolver esse problema'. Essa proclamação, de 7 de setembro de 1924, era pioneira, no sentido de pregar 'a queda do regime capitalista, o advento, no Brasil, das novas aspirações da humanidade'. Mas o próprio Prestes, em outubro de 1924, quando se levanta, na região missioneira do Rio Grande do Sul, coloca, como é costumeiro entre os tenentes rebelados, apenas a purificação do regime, indo, no extremo limite, à necessidade '*de restabelecermos a situação financeira do Brasil, para recobrarmos o dinheiro que os nossos maus governos nos roubaram e podermos assim evitar que, em 1927, o governo inglês venha tomar conta das nossas alfândegas e das nossas ricas colônias, para cobrar a dívida do Brasil*'"[1897].

Porque, "na essência, a ideologia tenentista é pequeno-burguesa, reformista, colocada no plano ético. Um rol de referências prova isso com abundância. Bem diz Hélio Silva: '*O segundo 5 de julho foi a reafirmação do inconformismo da mocidade militar ante os desmandos que continuavam, a fraude que conspurcava a democracia e a recusa da anistia, por todos reclamada'. Ao levantar-se, no Rio Grande do Sul, Prestes almeja 'que a vontade soberana do povo seja uma verdade respeitada nas urnas, porque eles querem que sejam confiscadas as grandes fortunas feitas por membros do governo, à custa dos dinheiros do Brasil, porque eles querem que os governos tratem menos da politicagem e cuidem mais do auxílio ao povo laborioso'. Os revoltosos de São Paulo querem 'a Pátria como a deixou o Império, com os mesmos princípios de integridade moral, consciência patriótica, probidade moral e alto descortino político'. Como condições para tentativa de pacificação, ainda na capital paulista, Isidoro alinha as seguintes características do conteúdo do movimento: 'Constituinte, que manterá a República Federativa; diminuição do número de Estados; separação de Igreja e Estado; proibição dos impostos interestaduais; proibição de reeleição de presidentes e governadores; obrigação do futuro governo provisório de manter as atuais relações internacionais e os compromissos da União, Estados e Municípios; o voto secreto; a unificação da magistratura e do processo; e reformas tributárias e aduaneiras*'"[1898].

[1897] Ibidem, p 63.
[1898] Ibidem, p 64.

Era manifestação isolada, porém, fruto da intuição. "No mais, as menções repetem, como refrão, os mesmos termos políticos, definindo o nível ideológico do movimento. No balanço final de sua narrativa épica, o cronista da Coluna insistiria nos mesmos pontos: '*As revoltas de 22 foram meros episódios iniciais da Revolução. [...] A compressão monstruosa exercida pelo governo inaugurado a 15 de novembro de 22 contra as liberdades públicas, com adoção da lei infame, aumento do regime da espionagem e delação, o desrespeito às decisões do Supremo Tribunal, as intervenções nos Estados do Rio e Bahia, a pressão imoralíssima exercida no processo movido aos revolucionários de 5 de julho e de Mato Grosso – processo indecoroso, processo de arraial, processo canalha que constitui a página mais abjeta da história judicial do Brasil – mais avolumaram e precipitaram a onda revolucionária*'. *Adiante: 'O Brasil não é uma senzala do sr. Washington Luís e dos seus serviçais. O Brasil é a pátria de todos os que nasceram, cresceram e vivem sob os seus céus e não a fazenda de meia dúzia de patifes enriquecidos à custa dos cofres públicos e de negociatas acanalhadas'. A pátria estava 'reduzida a uma vasta senzala de quarenta milhões de escravizados'; era preciso, por isso, que 'seja purificada a nossa bela nacionalidade'*, ainda que fosse 'pelo fogo'"[1899].

Se a marcha da Coluna, "expressando os anseios da pequena burguesia brasileira, encontrava extraordinária ressonância no espírito de extensas camadas da população, a figura de seu condutor crescia, assumindo proporções lendárias: *Prestes, em 1924, não era comunista. Como a de todo tenente patriota, sua mentalidade não ultrapassava os limites dos ideais democráticos pequeno-burgueses. Como autêntico representante dessa pequena burguesia antifeudal é que Prestes abalou o Rio Grande do Sul à frente da tropa e iniciou a Grande Marcha. Não foi, pois, nos idos de 24, o proletariado que levantou o culto de Prestes, mas a classe média das cidades. Os povos ignorantes e aturdidos do sertão viam em Prestes o mistério da audácia, da vida, da grandeza e do atrevimento dos homens urbanos. Formavam a sua lenda, como os escravos e os servos formavam as lendas dos castelos. Nada mais épico, para a burguesia, do que esse Cavaleiro da Esperança, que desafiava exércitos, rompia um áspero território de oito milhões de quilômetros quadrados, atravessava, sem saber nadar, centenas de rios, transpunha vales e cordilheiras, rodeava mesopotâmias selvagens e florestas sombrias. Quem*

[1899] Ibidem, p 65-66.

ignorasse, entretanto, que cada etapa histórica contém o germe da seguinte, estaria incidindo em profunda incompreensão do processo"[1900].

Em termos numéricos, a Coluna andou por todos o Brasil, em dois anos (647 dias de marcha) e não parou mais de 48 horas em lugar algum. Com cerca de mil homens, usaram cerca de 100 mil cavalos, abateram perto de 30 mil reses. Cerca de 600 soldados e 70 oficias morreram, dos quais 68 em combate. Gastaram-se 350 mil tiros em 53 combates. Nada de prático realizou, entretanto, por causa de:

- falta de unidade ideológica, com membros de tendência fascista, comunista etc.
- falta de objetivos políticos e de programa. Queriam apenas trocar os homens do governo.
- não ocuparam as cidades principais durantes o trajeto e, nem procuraram entrar num contato íntimo com o povo sertanejo. A revolta tinha uma base completamente urbana, sem conhecer os problemas do campo brasileiro.
- projeção individual e culto ao personalismo.

Na realidade, os revolucionários não poderiam realizar nada de prático, pois pensavam que a falha estava apenas nos homens (queriam tocar apenas Bernardes por Wenceslau Brás) e não viam o problema estrutural do país.

11.13.3 Política Externa

O Brasil abandonou a Liga das Nações, em 1926, porque se opunha à política de reconciliação seguida por Sir Austen Chambelain, ministro inglês dos Negócios Estrangeiros, em relação à Alemanha. A inclusão desse país na Liga levou o embaixador brasileiro, Afrânio de Melo Franco, a retirar-se ostensivamente dela em 10-6-1926[1901].

O caso é que ao lado dos Estados Unidos, em 1919, logo após o fim da Primeira Guerra, o Brasil havia se tornado membro-fundador da Liga das Nações (organização que antecedeu a ONU), mas se opôs à proposta

[1900] Ibidem, p 66-67.
[1901] *Dicionário de História do Brasil*, cit., p. 75-76.

de que a Alemanha se tornasse membro permanente, ao lado de potências como EUA, Grã-Bretanha, França, Itália e Japão, todas vencedoras da guerra. No entanto, o Brasil continuou como membro não permanente e poderia perder o posto para o país europeu. Os EUA já não estavam mais na Liga e o País, sob orientação do presidente Arthur Bernardes, resolveu também deixar a organização. A atitude rendeu críticas internas e externas ao Brasil.

11.13.4 A cultura no período e a Semana de Arte Moderna

No período do governo Bernardes, a literatura brasileira apresentava poucas inovações. Era um período marcado pelo academicismo, pela repetição de fórmulas antigas, de períodos anteriores. Em termos de poesia, o parnasianismo já havia esgotado seu veio e a prosa pós-naturalista cultivava o gosto pelos temas mórbidos. A intelectualidade de então, circulava em torno da Academia Brasileira de Letras (ABL), fundada por Machado de Assis em 1897. Será uma espécie de oficialização literária[1902].

Produtos típicos da época são, "no romance, amenidades cheirando a crônica social num Afrânio Peixoto, ou a retórica oficialesca de um Coelho Neto, que adquirira estatuto de gênio; a voga do conto sertanejo, pretensioso e artificial, em que o homem do campo recebe um tratamento que vai do jocoso ao pitoresco, num Cornélio Pires, ou num Catulo da Paixão Cearense. Em poesia, vigora a repetição de um Parnaso já decadente, como atesta o crítico da época: 'A poesia parnasiana entre nós já se tornou fatigante em retardatários, imitadores provincianos que aprenderam as excelências técnicas de seus mestres, igualaram quase a sua perfeição, e, por assim dizer, banalizaram até o fastio a sua estética. Daí o desencanto de antigos segredos, o excesso de sonetos, perfeitos e inúteis, aos milhares, aos milhões'"[1903].

Contemporâneos dessa fase de "quase estagnação da literatura", os autores simbolistas destacam-se por veicular novas propostas estéticas; entretanto permanecem à margem da literatura oficial, como veremos. Assim como em relação aos poetas simbolistas, aparece como grande des-

[1902] MENDES JR., Antonio; RONCARI, Luiz; e MARANHÃO, Ricardo, *Brasil história, texto e consulta – República Velha*, v. 3, cit., p. 349.
[1903] Ibidem, p. 349.

taque do período a prosa de Euclides da Cunha, Lima Barreto, Monteiro Lobato e Graça Aranha. Tais escritores, por diferentes caminhos, rompem o marasmo da cultura oficial verbalista e alienada, impulsionando a literatura para o caminho da renovação que se verificará em 1922, na Semana de Arte Moderna[1904].

O simbolismo, tido como ressurgimento de algumas orientações românticas, foi o desenvolvimento poético mais original da mesma época. Em relação ao Realismo e ao Parnasianismo, sua oposição fundamental consiste na não aceitação das dualidades sujeito/objeto, artista/assunto, que têm, segundo eles, afinidades misteriosas, afinidades vagamente delineadas. Dessa forma, o espírito não apreende totalmente o objeto: cabe-lhe sugerir, nunca esgotar o real. A obra, portanto, não se fecha em sua integridade, mostrando-se fugidia, "não raro incompleta, mais voltada para a Música do que para as Artes Plásticas, tão caras aos parnasianos em busca de solidez e relevo". A recusa do racional, a busca da fluidez e do mistério levam os autores simbolistas a utilizar recursos expressivos –, a repetição sistemática de palavras e frases, a atenuação e deslocamento das tônicas, por exemplo – conseguindo, assim, efeitos mais musicais no verso, o que confere ao poema força de envolvimento misterioso, atmosfera de sonho. Para isso concorre também o vocabulário adequado aos temas preferidos da morte, do distanciamento, das cerimônias litúrgicas, das paisagens vagas, povoadas de cisnes, lagos, luares e neblinas[1905].

Esses procedimentos poéticos já se encontram em Cruz e Souza[1906], poeta catarinense que inovou a linguagem poética com a publicação de "Broquéis," versos, e "Missal," poemas em prosa, ambos de 1893. Embora ainda predomine o soneto e, portanto, o decassílabo, o metro perde, em Cruz e Souza, o rigor exigido pelo Parnaso: deslocam-se os acentos tradicionais, afrouxa-se o ritmo, intensifica- se o fluxo sonoro através de aliterações, rimas e ressonâncias internas:

[1904] Ibidem, p. 350.

[1905] Ibidem, p. 350.

[1906] João da Cruz e Souza (1862-1898) – Catarinense, filho de escravos alforriados, estudou e tornou-se professor. Abolicionista, publicou crônicas e poesias em jornais. Redigiu para o jornal Tribuna Popular. Escreveu, entre outras, as seguintes obras: "Tropos e Fantasias", "Broquéis", "Missal", "Evocações", "Faróis" e "Últimos Sonetos". Foi um poeta simbolista.

"Visões, salmos e cânticos serenos
Surdinas de órgãos flébeis, soluçantes ...

....

Vozes, veladas, veladoras, vozes
Volúpias de violões, vozes veladas,

....

(Violões que choram)"[1907].

O aspecto gráfico altera-se pela profusão de maiúsculas usadas para dar valor absoluto a alguns termos (Céus, Dons, Desejos, Horas, Formas, Visões...), e pela quantidade de reticências. Seus temas não fogem ao ideário simbolista: visões de formas luminosas, translúcidas, desejo de transcendência, angústia e amor sublimado[1908].

Já em Alphonsus de Guimaraens[1909], temos a insistência nas tonalidades fugazes, nas musicalidades vagas, nas penumbras, com tal delicadeza e discrição que permitiram a Tristão de Ataíde chamá-lo poeta lunar em contraposição a Cruz e Souza, poeta solar. Essa constância se manifesta também na sua temática. O autor de "Kyriale" (1902) faz convergirem para um tema único – a morte da amada – os diferentes aspectos de seu universo semântico: a natureza, a arte, a religiosidade. O motivo da amada ausente aparece também. em "Rosa. Mística" e no "Septenário das Dores de Nossa Senhora," obras em que as imagens corpóreas são transfi-

[1907] MENDES JR., Antonio; RONCARI, Luiz; e MARANHÃO, Ricardo. *Brasil história – texto e consulta – era de Vargas*, cit., p. 350.
[1908] Ibidem, p. 350.
[1909] Alphonsus de Guimaraens, pseudônimo de Afonso Henrique da Costa Guimarães (1870 – 1921) – Foi um poeta brasileiro. Seus sonetos apresentam uma estrutura clássica e são profundamente religiosos e sensíveis, a medida em que explora o sentido da morte, do amor impossível, da solidão e da inadaptação ao mundo. Sua obra, predominantemente poética, consagrou-o como um dos principais autores simbolistas do Brasil. Traduziu também poetas como Stéphane Mallarmé. Sua poesia é quase toda voltada para o tema da morte da mulher amada. Embora preferisse o verso decassílabo, chegou a explorar outras métricas, particularmente a redondilha maior (terminado em sete sílabas métricas).

guradas pela invocação de um mundo lunar, em que a figura feminina se mostra ora desmaterializada, ora santa[1910].

Ao estudo pormenorizado das correntes simbolistas no Brasil, feito por Andrade Muricy[1911], devemos o recente e renovado interesse pela escola, sobretudo pela figura de Cruz e Souza[1912]. Isolado e acima dessas correntes, aparece o paraibano Augusto dos Anjos, considerado o mais original dos poetas brasileiros surgidos entre Cruz e Souza e os modernistas. Os versos de seu único livro, "Eu", escritos numa linguagem forte, permeada de um jargão científico incomum no gênero, expressam a angústia profunda ante "a fatalidade que arrasta toda a carne para a decomposição".

Apesar de seu ar geral de novidade – as manifestações simbolistas levavam o pitoresco nome de "novismo" na época –, o simbolismo brasileiro não chegou a se firmar como um movimento literário organizado. Marginal em relação à literatura oficial, não exerceu aqui a função relevante que o distinguiu na literatura europeia através dos grandes mestres Verlaine, Rimbaud, Mallarmé. Aqui permaneceu insulado, "uma espécie de tendência excêntrica, de segundo plano", em meio ao longo período realista-parnasiano que lhe sobreviveu. A expansão dos grupos simbo-

1910 Mendes Jr., Antonio; Roncari, Luiz; e Maranhão, Ricardo. *Brasil história – texto e consulta – era de Vargas*, cit., p. 350.

1911 José Cândido de Andrade Muricy (1895 – 1984) – Foi um dos mais eminentes críticos musicais e literários do Brasil. Estudou piano com Marieta Brandão e Hugo Antônio de Barros. Na cidade natal estudou ainda com Leo Kessler. Transferiu-se para o Rio de Janeiro em 1916, tornando-se aluno de Luciano Gallet e Tomás Terán. Formou-se em Direito em 1919 e viveu na Suíça de 1923 a 1925. Em 1927, fundou a revista Festa e a partir de 1937 assumiu a crítica musical do Jornal do Commércio, onde escrevia regularmente na coluna Pelo Mundo da Música, sucedendo a Oscar Guanabarino. Foi professor do Conservatório de Canto Orfeônico, do Conservatório Brasileiro de Música e da Escola de Música Sacra. Em 1952, foi nomeado diretor do Theatro Municipal do Rio de Janeiro e para o Conselho Federal de Cultura. Em 1972, recebeu o Prêmio Machado de Assis, da Academia Brasileira de Letras, pelo conjunto de sua obra. Foi o maior crítico musical de sua época. Escreveu livros sobre música e literatura. Foi presidente da Academia Brasileira de Música, em sucessão a Villa-Lobos, em 1959. Faleceu em 1984, no Rio de Janeiro.

1912 Mendes Jr., Antonio; Roncari, Luiz; e Maranhão, Ricardo. *Brasil história – texto e consulta – era de Vargas*, cit., p. 351.

listas correu paralela à do neoparnasianismo. Segundo Alfredo Bosi[1913], o fenômeno do insulamento simbolista não deve causar estranheza: "O movimento, enquanto atitude de espírito, passava ao largo dos maiores problemas da vida nacional, ao passo que a literatura realista-parnasiana acompanhou fielmente os modos de pensar, primeiro progressista, depois acadêmicos, das gerações que fizeram e viveram a Primeira República"[1914].

Também contemporâneos da geração que se prendia aos velhos cânones realista-parnasianos, Euclides da Cunha, Lima Barreto, Monteiro Lobato e Graça Aranha dela se destacam por não repetir o romance oitocentista. Tais autores, no seu esforço de penetrar mais fundo na realidade brasileira, são os arautos de novas tendências. Sua atitude antipassadista e seu inconformismo cultural lhes conferem o "papel histórico de mover as águas estagnadas da belle époque, revelando, antes dos modernistas, as tensões que sofria a vida nacional". Com eles vêm à tona as oposições campo/cidade, branco/mestiço, rico/pobre, cosmopolita/brasileiro, imigrante/nacional, com que se vê o quadro assimétrico do sistema social da República Velha[1915].

A publicação de "*Os Sertões*" de Euclides da Cunha – livro calcado numa interpretação rigidamente naturalista dos fatos sociais – vai coroar, em 1902, o movimento "cientificista" da segunda metade do século XIX. Ao mesmo tempo, prenuncia o esforço de veracidade que os modernistas mais tarde efetuarão. Ao documentar a luta desigual entre os jagunços de Antônio Conselheiro e as tropas do exército em Canudos, Euclides vale-se de um estilo forte e persuasivo, cujas marcas mais salientes são a obsessão do termo exato e a utilização de figuras como a hipérbole e a antítese como recursos expressivos. "Abriu-se separação radical entre o sul e o norte;" "os vales secos fazem-se rios;" "vaqueiros rudes e fortes, trocando, como heróis decaídos, a bela armadura de couro pelo uniforme reles de brim americano": a junção dos contrários produzindo o

[1913] Alfredo Bosi (1936) – Professor emérito da Universidade de São Paulo, autor, crítico e historiador da literatura brasileira, membro da Academia Brasileira de Letras desde 2003.

[1914] MENDES JR., Antonio; RONCARI, Luiz; e MARANHÃO, Ricardo. *Brasil história – texto e consulta – era de Vargas*, cit., p. 351.

[1915] Ibidem, p. 351.

agigantamento das impressões mostra também que as ações e as pessoas se movem num contexto de hostilidade. Aqui, a contradição fundamental é litoral/sertão[1916].

A denúncia, ainda hesitante em Euclides da Cunha, irá firmar-se em Lima Barreto, agora pela via satírica. O cenário é então a cidade do Rio de Janeiro. Em *Recordações do escrivão Isaías Caminha* e *Triste fim de Policarpo Quaresma*, Barreto tece a crítica da burocracia, das instituições, do linguajar, do modo de vida da Primeira República. Nesses romances há muito de crônica: ambientes familiares, cenas cotidianas, tipos de café, de jornal, em que desfilam personagens-tipo ou mesmo caricaturas do político, do jornalista, do militar, do burocrata carioca do início do século. Seu estilo inovador destoa da maré de academismo da época. A linguagem corre solta, fluente, irregular, sem retoques. Vale lembrar também o tom polêmico de *Vida e morte de M. J. Gonzaga de Sá* e *Os Bruzundangas* sua obra satírica por excelência[1917].

À medida que rompem com a cultura oficial, alienada e verbalista, e abrem caminho para sondagens sociais e estéticas retomadas a partir de 22, Graça Aranha e Monteiro Lobato, assim como Euclides da Cunha e Lima Barreto, despontam como autores "pré-modernistas". Ambos achavam-se impregnados de forte sentimento nacional e consciência crítica dos problemas brasileiros. Tanto Lobato articulador de campanhas nacionalistas, prosador de *Urupês*, *Cidades mortas* e *Negrinha*, entre outras obras, quanto Graça Aranha, com suas teses renovadoras e a ficção de "Canaã," intervieram como doutrinadores participantes da renovação literária e intelectual que se formava[1918].

No primeiro pós-guerra a intelectualidade brasileira mostrava-se mais atenta aos fatos do ocidente europeu. Em parte essa atenção crescente explicava-se pela maior participação do Brasil nos acontecimentos políticos mundiais, como a Conferência de Versalhes.[1919]Assim como no plano político, na literatura isso também se verificava. Uma nova geração artística achava-se aberta aos estímulos das vanguardas europeias: tinha notí-

[1916] Ibidem, p. 351.
[1917] Ibidem, p. 351.
[1918] Ibidem, p. 351.
[1919] Ibidem, p. 352.

cia do que se fazia na França, na Itália futurista, na Alemanha expressionista, na Rússia revolucionária. Já em 1912, Oswald de Andrade retomava da Europa empunhando o Manifesto Futurista, que Marinetti lançara nas páginas do *Fígaro* em 1909[1920].

A industrialização projetara São Paulo como grande centro. Essa era a área em que o conflito urbano/rural se mostrava mais agudo, com o predomínio da cidade. As greves operárias de 1917, 1918 e 1920, em São Paulo e no Rio, e a fundação do Partido Comunista em 1922 testemunham a efervescência social do período. Em São Paulo os imigrantes, em número crescente, engrossavam as agitações anarquistas. Chegavam os grandes mitos do século: a velocidade, a mecanização crescente da vida, as maravilhas da técnica. Respirava-se na capital paulista um clima de entusiasmo e autossuficiência, como atestam as palavras de Menotti del Picchia[1921] no *Correio Paulistano* de 10-5-1920: "*São Paulo de hoje, o São Paulo tumultuário e nababesco, chegou a tal fastígio econômico que começa a dedicar seus ócios de enriquecido às produções de arte. Este fenômeno, inédito ainda para a nossa vida de*

[1920] Ibidem, p. 352.

[1921] Menotti Del Picchia (1892 – 1988) – Poeta, romancista, ensaísta, cronista, jornalista, advogado, tabelião e político brasileiro. Filho do jornalista Luigi Del Picchia e de Corina Del Corso, imigrantes italianos, com cinco anos de idade mudou-se com a família para a cidade de Itapira. Iniciou seus estudos em Campinas, São Paulo e seguida estudou no Ginásio Diocesano São José, em Pouso Alegre, Minas Gerais. De volta a São Paulo, ingressou na Faculdade de Direito do Largo de São Francisco, concluindo o curso em 1913. Nesse mesmo ano publicou seu primeiro livro "*Poemas do Vício e da Virtude*". No ano seguinte voltou para Itapira, onde trabalhou como advogado e dirigiu os jornais *Diário de Itapira* e *O Grito!* Uma de suas obras mais marcantes é o poema "Juca Mulato", de 1917, em que aborda a temática do caboclo. Foi um dos articuladores e ativista da Semana de Arte Moderna, que ocorreu em São Paulo, entre 13 e 18 de fevereiro de 1922. Em 1933, convidado por Assis Chateaubriand, assumiu a direção do jornal *Diário da Noite*. Em 1938 foi indicado pelo governador Ademar de Barros, para a direção do Serviço de Publicidade e Propaganda do Estado de São Paulo. Em 1942, passa a dirigir o jornal *A Noite*. Em 1943, ocupou a cadeira n. 28 da Academia Brasileira de Letras. Entre os anos de 1926 e 1962, Menotti ocupou os cargos de deputado estadual em duas legislaturas e federal em três legislaturas, ambos pelo Estado de São Paulo. Em 1960 recebeu o Prêmio Jabuti de Poesia. Em 1968 foi agraciado com o título de Intelectual do Ano. Em 1987, é inaugurada em Itapira a Casa Menotti Del Picchia, para preservação do seu acervo. Faleceu em São Paulo, no dia 23 de agosto de 1988.

nacionalidade nascente, é agradável de se constatar. Registra um duplo progresso: financeiro e cultural!"[1922].

"Futuristas". Foi nesse ambiente de inquietação que se formou o grupo que a crítica conservadora da época denominava "os futuristas" de São Paulo. Os modernos não se declaravam, nessa ocasião, dentro da escola de Marinetti. Havia até os que a combatiam. Mas os termos "futurismo", "futurista" figuravam diariamente na imprensa, adjetivando tudo o que se afastasse um milímetro do academismo reinante. A etiqueta tinha então sentido pejorativo, significando pelo menos falta de equilíbrio e, no extremo, "loucura"[1923].

Mas não demorará muito para que o grupo de intelectuais paulistas aceite o desafio dos conservadores. E os "avanguardistas" se dirão "futuristas", os futuristas de São Paulo. O grupo, heterogêneo, tem como denominador comum apenas uma atitude contestatória em relação aos padrões estéticos vigentes. Para a crítica, tal atitude é "futurismo". Em resposta, o grupo adota o rótulo. "Para aborrecer e para marcar a diferença entre os novos e os conservadores." A ira da crítica provoca a coesão do grupo[1924].

Jovens escritores, poetas e críticos, como Mário de Andrade, Oswald de Andrade, Menotti del Picchia, Sérgio Milliet, Rubens Borba de Moraes, Cândido Mota Filho, que já em 1917 tinham-se entusiasmado com a pintura de Anita Malfatti e, depois, com a escultura de Brecheret, atiram-se à luta. Querem realizar nas letras a renovação que nas artes plásticas já se iniciara. O inimigo é o velho bolor do academismo, com todos os seus "neos" e "ísmos": neoparnasianismo, neo-simbolismo, romantismo, regionalismo...[1925].

Tais debates giravam em tomo de tudo o que cheirasse a "passadismo." Atacavam no romantismo o seu aspecto piegas e sentimental, incompatível com o dinamismo da sociedade nova; que São Paulo representava. Peri – o grande herói do Romantismo brasileiro – é eleito símbolo dos concei-

[1922] MENDES JR., Antonio; RONCARI, Luiz; e MARANHÃO, Ricardo. *Brasil história – texto e consulta – era de Vargas*, cit., p. 352.
[1923] Ibidem, p. 352.
[1924] Ibidem, p. 353.
[1925] Ibidem, p. 353.

tos ultrapassados. Quanto ao parnasianismo e ao neoparnasianismo, que grassavam na poesia da época, os jovens repudiavam suas regras de composição fixas, o soneto com "chave de ouro" à la Bilac, a rima, a métrica. Como contraponto celebravam o verso livre. No romance, reagiam contra o realismo que "seguia à risca o receituário materialista; que guardava com carinho casos tétricos de patologia ... , que tinha desviado o sentimento artístico para a pedanteria científica". Também a voga do conto ou do romance regionalista não escapa ao crivo dos modernos: o intelectual paulista, "deslumbrado com a metrópole cosmopolita, não encontra justificativa para a literatura de iaiás e ioiôs, para as letras caipiras". Enfim, os novos pregam uma arte desprendida do realismo descritivo, do objetivismo limitador da criação, das fórmulas fixas. Como sintetizaria mais tarde Oswald de Andrade: "Nenhuma fórmula para a contemporânea expressão do mundo. Ver com olhos livres... Obuses de elevadores, cubos de arranha-céu e a sábia preguiça solar. A reza. O Carnaval. A energia íntima. O sabiá. A hospitalidade um pouco sensual, amorosa. A saudade dos pajés e os campos de aviação militar..." (Manifesto da Poesia Pau-brasil)[1926].

Mário de Andrade. Essa arte começa a esboçar-se na sua poesia, ainda convencional: "Há uma gota de sangue em cada poema", de 1917. Os versos retóricos, dirigidos contra o militarismo alemão, apresentam vez por outra alguma ousadia léxica ("E o vento continuou com seu oou ... "), que atraiu Oswald de Andrade e chamou a atenção de Manuel Bandeira que, ao lê-los, considerou-os "ruins, mas de um ruim esquisito...". Mas a nova poesia explode, ainda com Mário de Andrade, na "Paulicéia Desvairada," obra conhecida pelos modernistas antes da Semana de 22. Os versos estranhos de Mário em que "nas noites do Cambuci os bondes sapateiam nos trilhos" ou "projetam um orifício de luz na treva cor de cal," são para Oswald a concretização das novas propostas estéticas. Num artigo para o *Jornal do Comércio*, Oswald nomeia Mário "O Meu Poeta Futurista". O Modernismo, nesta etapa, é um movimento essencialmente urbano, paulistano mesmo. Os versos de Mário de Andrade cantam a Paulicéia,

[1926] Ibidem, p. 353.

com seus italianos, seus milionários, burgueses e operários, suas fábricas e costureirinhas, seus imigrantes em ascensão social[1927].

11.13.5 A Semana de Arte Moderna na São Paulo cosmopolita

Às vésperas da Semana, o grupo inicial, agora coeso, expandia-se: polemizava na imprensa, lançava manifestos, travava contatos com o Rio de Janeiro, onde se encontravam Manuel Bandeira, Sérgio Buarque de Holanda, Villa-Lobos e Ronald de Carvalho, entre outros. Obtivera o apoio da burguesia e contava com as simpatias do governo paulista. Tinha a adesão de um nome consagrado pela Academia Brasileira de Letras – Graça Aranha –, recém-chegado da Europa, onde respirara os ares da nova estética. Já estava preparado o terreno para a Semana de Arte Moderna.

Realizada no Teatro Municipal de São Paulo, que permaneceu aberto de 11 a 18 de fevereiro de 1922 para exposições, a Semana apresentou três agitados espetáculos, de que participaram representantes das novas tendências da música, das artes plásticas e da literatura. Causando forte impacto no público, ainda acostumado com a velha arte, a Semana de Arte Moderna foi "a plataforma que permitiu a consolidação dos grupos, à publicação dos livros, revistas e manifestos, numa palavra, o seu desdobrar-se em viva realidade cultural".

Da Semana até ao final da década apareceriam as obras fundamentais para a compreensão do Modernismo brasileiro. Entre elas figuram *Memórias sentimentais de João Miramar* (1924), *Pau-brasil* (1925), *Estrela de absinto* (1927), de Oswald de Andrade; *Losango cáqui* (1926) e *Macunaíma* (1928), de Mário de Andrade; *Ritmo dissoluto* (1924), de Manuel Bandeira; *Meu* c *Raça* (1925), de Guilherme de Almeida; *Vamos caçar papagaios* (1926) e *Martim Cererê* (1928), de Cassiano Ricardo; *Brás, Bexiga e Barra Funda* (1928), de Alcântara Machado; *Chuva de pedra* (1925), de Menotti del Picchia; *O estrangeiro* (1926), de Plínio Salgado.

Como desdobramentos da Semana, surgiriam, também, no decorrer da década, grupos que iriam se aglutinar em torno de periódicos e revistas como *Klaxon*, *Estética*, *Revista de Antropofagia*, *Anta*. Esses grupos

[1927] Ibidem, p. 353.

representariam dentro do Modernismo tendências conflitantes dos mais diversos matizes, percorrendo ideários que vão desde o futurismo – primitivismo inicial de *Klaxon*, passando pela polêmica arte-engajada/arte-autônoma em *Estética*, anarquismo e surrealismos de várias procedências, até às correntes que saltam do nacionalismo estético para o nacionalismo político, chegando até às beiras do fascismo – o "Verde-Amarelismo," o "Movimento da Anta", portanto, de São Paulo.

Em suma, a Semana de Arte Moderna de São Paulo partira um movimento de renovação literária e artística, significativo de mudança de mentalidade. "Manifestado especialmente pela arte, mas manchando também com a violência os costumes sociais e políticos... foi o prenunciador, o preparador e por muitas partes, o criador de um estado de espírito nacional. A transformação do mundo, com o enfraquecimento dos grandes impérios, com a prática europeia de novos ideais políticos, a rapidez dos transportes e mil e uma outras causas internacionais, bem como o desenvolvimento da consciência americana e brasileira, os progressos internos da técnica e da educação, impunham a criação de um espírito novo e exigiam a reverificação e mesmo a remodelação da inteligência nacional. Isto foi o movimento modernista, de que a Semana de Arte Moderna ficou sendo o brado coletivo principal"[1928].

11.13.6 A Sucessão de Bernardes

A Aliança Libertadora era a oposição ao presidente Arthur Bernardes, no entanto, ele se mantém forte à base da coerção e do estado de sítio. Aos pedidos de anistia dos "tenentes" e rebeldes em geral que se levantaram contra seu governo, Bernardes diz que "os que se rebelam para obter o perdão do crime no entanto o repetem, o agravam e o proclamam". A dureza do regime conta com o apoio das oligarquias estaduais, o que o faz forte. Em 1925, o líder da maioria, o mineiro Antonio Carlos, reúne-se com o então presidente de São Paulo, Carlos de Campos, e define a escolha de Washington Luís Pereira de Souza, o Paulista de Macaé, como sucessor de Bernardes. O então presidente (governador) de Minas, Melo Viana, se coloca contrário em reportagem publicada nos jornais até que

[1928] Costa, Cruz. *Pequena história da República*, cit., p. 106-107.

recebe o convite para ser o vice-presidente. Imediatamente muda de lado. Em setembro, a convenção vai homologar a candidatura de Washington Luís e de Melo Viana, respectivamente, para os cargos de presidente e vice-presidente da República. Era a continuação da política do café com leite que colocava, mais uma vez, lado a lado, os dois mais poderosos e ricos Estados brasileiros[1929].

Assim, embora se anunciasse o advento da nova presidência como uma garantia de paz e de recuperação econômica, não era difícil aos que melhor observavam o processo dos acontecimentos desse tempo, verificar o progressivo desmoronamento da estrutura política republicana de 1891, o progressivo declínio das oligarquias encarnadas no partido único de que era o símbolo, no País, o Partido Republicano Paulista, conhecido sob a sigla de PRP. O futuro presidente, Washington Luís, foi apresentado em setembro de 1925 como candidato único do partido. Nas eleições presidenciais, obteve 688.528 votos[1930], o equivalente a 99,84% dos votantes. Seu concorrente, do Partido Republicano Democrático (PRD), o gaúcho Joaquim Francisco de Assis Brasil, conseguiu apenas 1.116 votos, o equivalente a 0,16% do colégio que elegeu Washington Luiz.

11.14 Washington Luís Pereira de Souza (15/11/1926 a 24/10/1930) – "A questão social é um caso de polícia". Vice: Fernando de Melo Viana

Washington Luís (1869-1957) nasceu em Macaé, no Rio de Janeiro, mas construiu sua carreira política em São Paulo, onde foi deputado estadual, prefeito, senador e presidente (atual governador). Seu lema durante o mandato foi "governar é abrir estradas", o que fez muito no período. Tornou-se famoso por sua elegância e porte e foi o último presidente do período conhecido como República Velha. O novo mandatário, que aparecia com frequência em revistas populares, beneficiou-se da impopularidade de seu antecessor, Artur Bernardes, que saiu muito desgastado do cargo. Não teve competidor. O País estava cansado daquelas lutas, e o presidente de São Paulo conquistará o apoio dos políticos e do povo,

1929 CARONE, Edgard. *Evolução política do Brasil*, cit., p. 391.
1930 Ibidem, p. 392.

cansado dos três movimentos revolucionários que vivera no período de Bernardes[1931].

A eleição não fora contestada. Ninguém alegara o vício da fraude, invalidando o pronunciamento das urnas e exaurindo de autenticidade e autoridade o seu mandato. No entanto, os processos de escolha, eleição e reconhecimento haviam repetido os mesmos erros e vícios que a República herdara do Império. A última intervenção revolucionária se extinguia no Sul, nos derradeiros movimentos da Coluna Relâmpago; Isidoro Dias Lopes logo se comunicara com Osvaldo Cordeiro de Farias e Djalma Dutra, concordando que Miguel Costa e Luís Carlos Prestes emigrassem para a Bolívia. O deputado gaúcho Batista Luzardo recebia daquele mesmo chefe militar de 1924 a credencial para pleitear a anistia[1932].

O novo presidente Washington Luís tomou medidas logo no início do seu mandato que lhe garantiam simpatias, como extinguir a censura à imprensa, mandar libertar todos os presos políticos sem processo formado e desativar alguns presídios, como o da ilha de Trindade e o de Clevelândia, antiga colônia agrícola transformada em masmorra no governo de Arthur Bernardes. Ainda suspendeu o estado de sítio em que se encontrava o País e permitiu a legalização do Partido Comunista, na época, Partido Comunista do Brasil (PCB)[1933].

No entanto, tais medidas liberais duraram até meados de 1927, e o regime logo voltaria a endurecer. Com o crescimento da oposição, Washington Luís conseguiu a aprovação de um projeto de lei de Aníbal de Toledo, que criava rigorosa censura à imprensa e continha outras limitações à liberdade de expressão. A "*Lei Celerada*", como se tornou conhecida, provocou a reação dos opositores na Câmara e no Senado. Não obstante, sua aplicação provocou a prisão de vários jornalistas e operários e recolocou o PCB e seus membros na ilegalidade. As críticas da imprensa

[1931] SILVA, Hélio; e CARNEIRO, Maria Cecília Ribas. *Os presidentes – Washington Luís – Revolução de 30 (1926-1930)*. São Paulo: Três, 1983, p. 19.

[1932] Ibidem, p. 20.

[1933] KOIFMAN, Fábio (Org.) *Presidente do Brasil – de Deodoro a FHC*. Rio de Janeiro: Editora Rio, 2002, p. 270.

e da sociedade em geral contra a nova legislação foram contundentes, afinal Washington Luís considerara a questão social "um caso de polícia"[1934].

Em dezembro de 1928, o presidente brasileiro recebeu o recém-eleito presidente dos Estados Unidos, Herbert Clark Hoover, que governaria entre 1929 e 1933. No mesmo mês, retornou da França o cientista brasileiro Alberto de Santos Dumont, tido como o inventor do avião. Como iria passar pelo Rio de Janeiro, jornalistas e políticos começaram a organizar uma recepção, pretendendo dar caráter oficial à ocasião. Porém, Washington Luís negou-se a participar – segundo se afirmou à época, para não ofender Hoover, dado que os Estados Unidos reivindicavam a primazia da invenção do avião[1935].

Durante seu mandato, os pedidos pela anistia aos envolvidos nos levantes ocorridos nos anos anteriores foram voz constante dos políticos de oposição. Os "rebeldes de 1922", no Forte de Copacabana, e os "rebeldes de 1924", em São Paulo, que deram origem à Coluna Prestes, ainda viviam na clandestinidade em diversos pontos do País e do exterior. A própria Coluna Prestes só se exilou na Bolívia no início de seu mandato. Homem obstinado, Washington Luís não só não assinava a esperada anistia como também mantinha ativo serviço de espionagem no Distrito Federal. A polícia acompanhava de perto todos os passos da Coluna Prestes, assim como de outros suspeitos, como políticos e jornalistas, que continuavam a conspirar em constantes viagens pelo Brasil e exterior[1936].

[1934] Ibidem, p. 270.

[1935] Ibidem, p. 271. Os americanos defendem que o avião foi inventado pelos irmãos Wilbur e Orville Wright, que voaram com uma máquina impulsionada por trilhos, a *Flyer 1*, em 1903, somente para poucas testemunhas, enquanto Santos Dumont voou com o *14 Bis* em Paris, para mil pessoas, em 1906. O artefato do brasileiro não fazia curvas corretas, ao contrário do dos americanos. No entanto, a máquina destes precisava de um sistema de trilhos para levantar voo, ao contrário do *14 Bis*, que tinha voo autônomo. Modernamente, tanto o brasileiro quanto seus rivais são considerados pioneiros da aviação mundial, assim como o alemão Otto Lillental e o também americano e rival dos irmãos Wright, Samuel Langley.

[1936] Koifman, Fábio. *Presidentes do Brasil – de Deodoro a FHC*, cit., p. 271.

11.14.1 A economia, as finanças e a Caixa de Estabilização

A principal preocupação de Washington Luís era a reforma financeira, visando a estabilização monetária e cambial. O ministro da Fazenda nomeado era Getúlio Vargas (então deputado federal pelo Rio Grande do Sul), que teria, futuramente, uma participação decisiva no fim do mandato do presidente a que servia[1937].

Ainda não havia decorrido um mês de sua posse na Presidência da República e Washington Luís remetia ao Congresso Nacional um projeto de reforma da moeda, que foi apresentado pelo deputado paulista Júlio Prestes de Albuquerque. Washington Luís inspirara-se na reforma de Raymond Poincaré, presidente da França, que presenciara em sua viagem à Europa. Eram, porém, diversas as condições da França e do Brasil. Poincaré, que governou aquele país durante 1913 e 1920, conseguiu convencer os investidores de que o governo dispunha de meios capazes de revigorar rapidamente o franco, fazendo que refluíssem os recursos que os próprios franceses, assustados com a queda da cotação de sua moeda, haviam transferido para o estrangeiro. Ao mesmo tempo afluíram abundantemente as divisas que precipitaram a alta do franco[1938].

Washington Luís preferiu não procurar taxa mais elevada do que a média vigente, como se fez nas experiências de quebra do padrão monetário. Fez a taxa descer de 5 dólares. Foi o que se chamou estabilizar o *câmbio vil*. O plano desdobrava-se em três fases: a estabilização propriamente dita, preparatória da conversão; a conversibilidade, que precederia a circulação monetária; a cunhagem do cruzeiro, que assim se chamaria a nova moeda, indicando a circulação-ouro. Ficava estabelecida a nova prioridade do mil réis em 0,200 grama-ouro, nove décimos fino, correspondendo ao câmbio sobre a libra de 5 115/118, valendo a libra 40$000. Um novo aparelho, a Caixa de Estabilização, teria a faculdade de emitir papel-moeda contra os depósitos-ouro do Brasil em Londres ou em Nova Iorque. Essa atribuição seria transferida ao Banco do Brasil quando fosse extinta a Caixa de Estabilização. Ao Banco do Brasil caberia manter o câmbio na paridade nova, cujas taxas deveriam corresponder

[1937] SILVA, Hélio; e CARNEIRO, Maria Cecília Ribas. *Os presidentes – Washington Luís – Revolução de 30 (1926-1930)*.São Paulo: Editora Três, 1984, p. 29.
[1938] Ibidem, p. 29.

à situação exata da moeda nacional. O cruzeiro, criado para substituir o mil-réis, corresponderia a 200 miligramas-ouro. À Caixa de Estabilização seria recolhido o ouro existente e o que viesse a entrar no País. Coexistiriam, durante algum tempo, três moedas: o papel inconversível do Tesouro; as notas antigas do Banco do Brasil e as cédulas-ouro da Caixa de Estabilização[1939].

O início da aplicação do plano correspondeu a um período de euforia. Havia ordem nas finanças, mantinham-se o equilíbrio orçamentário e os altos preços do café. A defesa desse produto passara aos Estados, e São Paulo criara o Instituto do Café. Não tendo a faculdade de emitir, o Estado recorria, por intermédio do Instituto do Café, aos banqueiros estrangeiros. O serviço desses empréstimos fazia-se com a cobrança de taxas especiais, em ouro. Os fundos do Instituto eram recolhidos ao Fundo do Estado que financiava a lavoura. Os Estados produtores de café reuniam-se anualmente, determinando as quotas de exportação. Assim se fazia o controle do mercado. O Instituto fixava os preços, embora restringindo as ofertas nos mercados mundiais e acumulando estoques. Era mais um artifício que uma defesa do produto. A especulação forçou a alta exagerada, enquanto a retenção subia a 22 milhões de sacas nos armazéns reguladores[1940].

Getúlio Vargas, ministro da Fazenda, antes de trocar a Pasta pelo governo do Rio Grande do Sul, concedia entrevista ao jornalista Sertório de Castro, de *O Estado de S. Paulo*, dizendo serem "*inegáveis as vantagens já conseguidas pela estabilização, que imprimia às transações um cunho de firmeza e de confiança, ao mesmo tempo que valorizava a produção. (...) Isso está-se notando – observava com rigorosa propriedade – no comércio, nas indústrias, na economia nacional. Os especuladores de câmbio estavam mudando de profissão, porque esta já não rendia*"; São também seus estes conceitos: "*O valor do mil-réis mantinha-se nas proximidades da taxa de seis pences, pela ação do Banco do Brasil, que passava a exercer seu verdadeiro papel de regularizador do câmbio, em vez do de especulador*"[1941].

[1939] Ibidem, p. 30.
[1940] Ibidem, p. 30.
[1941] Ibidem, p. 31.

E acrescentava que aquele instituto conseguia mantê-lo sem o menor sacrifício, o que provava que "o governo não criou taxa, não a aumentou, nem a diminuiu". Tomou a média das oscilações cambiais, e fixou-a. Tanto foi natural e acertada essa escolha que quase não sentíamos que se estava realizando uma grande reforma. "Os mais insofridos queriam ver logo o desaparecimento do papel-moeda e o cruzeiro luzente circulando sem contraste. Uma reforma desta ordem não se realiza com um passe de mágica"[1942].

E o governo tomou as providências para a reforma: mandou incinerar em novembro de 1928 o saldo orçamentário do exercício do ano anterior, apurado na importância de 21.000:000$, segundo os balancetes fornecidos pela Contadoria Geral da República. Anunciou esse saldo na mensagem de 3 de maio. As leis orçamentárias para o exercício de 1928, acusando um déficit de 151.990:288$, foram parcialmente vetadas, como meio de afirmar que o governo estava decidido a cumprir o dever de promover o equilíbrio do exercício financeiro que se ia iniciar. Obteve, assim, um saldo de 198.354:196$. Durante aqueles primeiros dois anos, manteve-se a ordem cambial entre o mínimo de 527/32 e o máximo de 531/32. As reservas de ouro quase duplicaram na Caixa de Estabilização. Em sua última mensagem, o presidente informava que seria declarada a conversibilidade desde que houvesse quantidade de ouro depositado em determinada relação com a circulação, a fim de que pudesse ser feita a troca imediata das notas[1943].

Em outubro de 1929 uma surpresa desagradável: a crise de depressão que assolava os Estados Unidos provocou o crack da Bolsa de Nova Iorque e a maior crise do capitalismo mundial: 13 milhões de desempregados, queda de 80% sobre o nível dos preços anteriores à Primeira Guerra, falências bancárias e comerciais. Retraído o crédito externo, logo se esgotaram os recursos do Instituto do Café. O governo de São Paulo apelou para o presidente da República, que recusou o auxílio. A crise instalou-se no Brasil. Acelerou-se a demanda das notas da Caixa de Estabilização. Baixaram os depósitos-ouro de cerca de 800 mil contos, em janeiro

[1942] Ibidem, p. 31.
[1943] Ibidem, p. 32.

de 1930, a 125 mil, em setembro, cotando-se a libra esterlina com o ágio 6$000 sobre a taxa de reforma[1944].

O problema refletiu-se com força na obra administrativa de Washington Luís que precisou ser sacrificada. O plano rodoviário que dera o *slogan* de seu tempo – governar é abrir estradas – seria a realização duradoura. A Rio-Petrópolis, a Rio-São Paulo e outras rodovias foram iniciadas ou melhoradas, mas a situação econômica preocupava e muito. Em suma, o quadro era o seguinte:

- "Taxa vil" – 6 d. por mil-réis;
- Criação da Caixa de Estabilização (1926) com faculdade emissora contra garantia–ouro.
- Crise de 1929: ruiu a Caixa com a retirada dos empréstimos-ouro estrangeiros.
- A política de "valorização do café" passou às mãos do Instituto do Café que financiava as culturas e a construção de armazéns. Em 1929, os armazéns reguladores "tinham 22 milhões de sacas de café e a crise da Bolsa de Nova Iorque cortou os recursos externos. Washington Luís recusou-se a financiar o café com emissões de papel-moeda.

Ainda em dezembro de 1926, o presidente assinou a lei da reforma monetária, de nº 5.108. Ela também criava uma nova moeda – o cruzeiro, cujo padrão Washington Luís mandou cunhar e depositar na Casa da Moeda – e dispunha sobre a estabilização do câmbio, a conversão da moeda que precederia a circulação monetária e outras providências. Criou-se também a Caixa de Estabilização para receber um encaixe inicial de 10 milhões de libras esterlinas e foi fixada a taxa cambial em 6 pence"[1945].

Descompasso entre o governo federal e a burguesia cafeeira. Apesar de a produção acompanhar o ritmo do crescimento populacional, o grande *crack* de 1929 atingiria o País, ocasionando uma das mais sérias crises do café, o principal produto de exportação da pauta brasileira. A crise "dividia

[1944] Ibidem, p. 33.

[1945] KOIFMAN, Fábio (Coord.). *Presidentes do Brasil – de Deodoro a FHC*, cit., p. 270.

a própria classe dos senhores de terras e, portanto, começava a trazer dissensões entre os que faziam a política, embora dentro das normas da rotina a que a deformação do regime levara. Os velhos mecanismos de que se valia o grupo dominante não feriam em seus efeitos de manipulação apenas a classe dos trabalhadores e a classe média, feriam também amplos setores da própria classe dominante, a que não aproveitavam, antes prejudicavam. As disparidades de que o Brasil era palco, isolavam o setor ligado à exportação. Enquanto a sua política proporcionava lucros que podiam ser distribuídos em parcelas menores, aos setores delas desligados, através de mecanismo orçamentário, tudo corria mais ou menos bem. Quando aquela política não dava lucros, os efeitos divisionistas eram profundos"[1946].

Em razão disso, sobretudo a classe média via, nos vagos ideais de tenentismo, a "salvação". Os vagos ideais eram, como dizia o próprio Luís Carlos Prestes, ideais românticos de mocidade.

> *"Começava por supor que tudo dependia dos homens que estavam no poder, e que a simples substituição deles levaria a resultados significativos. Admitia que a corrupção era o vício fundamental do regime, bem em si. Os princípios a que obedeciam os revolucionários, ainda quando claramente" formulados, subordinavam-se tão simplesmente a um binômio: representação e justiça. (...) O que mais feria a classe média, sofrendo as consequências do agravamento a que levava a política de concentração da renda e de socialização dos prejuízos, era a falha de representação eleitoral. .. Se os tenentes desejavam, como a classe média, a mudança de homens, a classe dominante que não se ligava à exportação do café, desejava a mudança de política. Neutralizar a liberdade com que o setor do café manipulava os mecanismos econômicos e financeiros parecia a amplos grupos da classe dominante, entregues a outras formas de produção, uma necessidade"*[1947].

A questão social é de polícia. A questão social que chega a ameaçar o poder da velha oligarquia está dominada, a exemplo das revoltas tenentistas e do avanço do movimento operário. Em 1927, a Lei Celerada entra em vigor contra os tenentes e também os operários filiados à organização

[1946] Costa, Cruz. *Pequena história da República*, cit., p. 108.
[1947] Ibidem, p. 109.

revolucionária BOC (Bloco Operário Camponês). A aparente calmaria política do governo de Washington Luís era enganosa. No final do seu mandato, todos os vícios acumulados pela República Oligárquica conduzem a uma solução violenta, interrompendo subitamente o seu curso"[1948]. Era a Revolução de 1930.

Um dos fatores básicos da Revolução de 1930 foi a crise da política de valorização do café, em virtude da violenta crise do capitalismo (1929). A grande depressão solapa a base artificial em que vem se mantendo a lucratividade dos grandes cafeicultores. Os efeitos da crise são: retração do mercado consumidor; suspensão do financiamento para estocagem do café; exigência da liquidação imediata dos débitos anteriores[1949].

11.14.2 A sucessão de Washington Luís e a aliança liberal

A sucessão de Washington Luís, derrubado em uma revolta liderada por Getúlio Vargas e sua Aliança Liberal, teve momentos tensos. Iniciou-se o ano de 1929 e a crise mundial abalou também a economia brasileira. O mercado não tinha como absorver a grande safra de café produzida nesse ano. Os cafeicultores paulistas exigiam que o Banco do Brasil comprasse a produção excedente, mas Washington Luís recusou-se a atendê-los, Dessa forma, a oligarquia rural paulista passou a ser mais um dos opositores do presidente[1950].

A formação de partidos oligárquicos oposicionistas e os agrupamentos das lideranças tenentistas no exílio são fatores sintomáticos do fenômeno de contestação que vai se criando. O fundamental é que eles irão se somar à cisão das cúpulas oligárquicas, permitindo à Aliança Liberal maior reforço e maleabilidade de ação. Sem a experiência revolucionária anterior, sem a existência dos quadros do tenentismo e, por sua vez, sem os contatos anteriores dos dissidentes com os revolucionários, os conchavos para a revolução de 1930 não se teriam dado[1951].

No Rio Grande do Sul e em Minas Gerais, os situacionistas locais procuram um *modus vivendi* com as oposições – fato raro na política oligár-

[1948] Koshiba, Luiz; Pereira, Denise Manzi Frayse. *História do Brasil*, cit., p. 253.
[1949] Ibidem, p. 253.
[1950] Koifman, Fábio (Coord.). *Presidentes do Brasil – de Deodoro a FHC*, cit., p. 271.
[1951] Carone, Edgard. *A República Velha – evolução política*, cit., p. 404.

quica –, o que permite uma maior conjugação de forças. O início desta reviravolta dá-se no Rio Grande do Sul. Devido ao Tratado das Pedras Altas, Borges de Medeiros não pode voltar a se reeleger, o que o leva a escolher seu sucessor, na pessoa de Protásio Alves, mas uma parte do Partido Republicano discorda[1952].

Depois de muitas *demarches*, a escolha recai no ministro da Fazenda de Washington Luís, Getúlio Vargas. Este, que fora líder da bancada federal e, depois, auxiliar direto do presidente da República, mostra-se conciliador com os oposicionistas gaúchos; com a sucessão no Estado, o próprio Washington Luís esforça-se para a sua indicação. Eleito, Vargas é empossado em 25 de janeiro de 1928. Em Minas Gerais, Antonio Carlos Ribeiro de Andrada sucede Melo Viana, sendo indicado pelo Partido Republicano Mineiro (1926). Seu governo introduz medidas liberais, preconizadas pelas oposições, que repercutem favoravelmente: lei sobre o voto secreto e cumulativo, reforma do ensino, entre outras[1953].

Se as medidas liberais se fazem nos dois Estados, só Antonio Carlos pensa em termos de sucessão presidencial. Sua ambição é demonstrada através de uma série de atos, entre eles a visita a São Paulo. O que pretende é insistir no acordo tácito entre Minas e São Paulo: o paulista Washington Luís sucedera ao mineiro Artur Bernardes e, agora, novamente, a vez cabia a Minas Gerais. Porém, os primeiros rumores sobre a sucessão (outubro de 1928) apontam Altino Arantes e Getúlio Vargas. Neves da Fontoura[1954], novo líder da bancada gaúcha, confidencia a Manuel Vilaboim, líder da maioria, que o Rio Grande do Sul não pensa em sucessão presidencial. Antonio Carlos permanece silencioso. Mas o Partido Repu-

[1952] Ibidem, p. 404.

[1953] Ibidem, p. 405.

[1954] João Neves da Fontoura (1887-1963) – Gaúcho, bacharel em Direito (Faculdade de Direito de Porto Alegre), jornalista, político, deputado estadual e federal e vice-presidente do Rio Grande do Sul (1927). Ajudou a organizar a Aliança Liberal e participou da Revolução de 1930. Dissidente de Vargas, ajudou a Revolução Constitucionalista de 1932 (SP) e exilou-se na Argentina. Voltou ao Brasil, foi eleito Deputado Federal (1934) e se voltou para a Diplomacia, participando da Conferência de Havana. Embaixador na França (sem atuação devido ao domínio nazista), em Lisboa (1943-1945), ministro das Relações Exteriores (1946-1953). Comandou a Delegação Brasileira na ONU após a 2ª Guerra Mundial. Participava da Academia Brasileira de Letras.

blicano Paulista oferece banquete a Júlio Prestes (26.11.1928), em que Flôres da Cunha preconiza a aproximação do Rio Grande do Sul com São Paulo[1955].

Em maio, Antonio Carlos dá uma entrevista, na qual reafirma que esperará o momento oportuno para voltar à questão. Só a minoria oposicionista ou outros pequenos grupos colocam a necessidade de escolha de candidatos – Getúlio, Luís Carlos Prestes, Antonio Carlos –, mas os próprios interessados mostram-se reticentes. O mineiro tem certeza de que Washington Luís pretende indicar Júlio Prestes, o que o faz aproximar-se dos gaúchos. Mesmo antes do lançamento oficial, tudo leva a crer que o presidente da República deseja escolher o último como continuador de sua política administrativa, financeira e de defesa do café. Além da antipatia que Washington Luís tem por Antonio Carlos, a carreira de Júlio Prestes é o resultado dessa amizade: sua rápida ascensão política, depois, sua escolha para líder da maioria e, com a morte súbita do governador paulista Carlos de Campos, sua eleição[1956].

Por outro lado, o governo toma medidas econômicas intransigentes contra Minas. Os entendimentos iniciais fazem-se somente em janeiro de 1929, com a proposta mineira de lançar candidatura gaúcha, insistindo em forçar a saída de Prestes. A resposta de Getúlio, datada de 21 de janeiro, diz que o Rio Grande, apesar do auxílio federal, não tem compromissos sobre a sucessão presidencial. Só em junho é que Francisco Campos[1957] e João Neves da Fontoura reúnem-se novamente para reafirmar os entendimentos sobre o veto de Minas a Júlio Prestes, a desistência da candidatura mineira, a apresentação de um nome gaúcho – mesmo escolhido por Washington Luís. O resultado é a aliança secreta entre Minas e Rio Grande, em 17 de junho de 1929, na qual, além daquelas condições, indica-se o nome de Getúlio Vargas ou Borges de Medeiros para candi-

[1955] Carone, Edgard. *A República Velha – evolução política*, cit., p. 405.

[1956] Ibidem, p. 405.

[1957] Francisco Campos (Francisco Luís da Silva Campos) (1891-1968) – Mineiro, advogado, jurista, ministro de diversos governos, notabilizou-se quando fez a Constituição Ditatorial de 1937, iniciando o Estado Novo (1937-1945) de Vargas. Colaborou juridicamente com o Golpe Militar de 1964 e, no campo da educação, era conhecido pelos estudantes como Chico Ciência durante a Ditadura de Vargas.

dato; e se fosse escolhida por Washington Luís, Minas só aceitaria com um vice gaúcho. Estava alicerçada a Aliança Liberal[1958].

O acordo firmado precipitadamente traz preocupações a Getúlio. Pelos compromissos firmados, o Rio Grande poderia, no futuro, sofrer dissabores, ao passo que Minas já se debatia contra o governo. De outro lado, a carreira política de Getúlio, de ministro das Finanças a governador, fora feita com a simpatia de Washington Luís; é verdade que este conseguira um *modus vivendi* com a oposição libertadora[1959].

11.14.2.1 Eleição e complô revolucionário

A situação vai-se modificar logo. Em julho, Getúlio Vargas escreve uma carta e pede a Flôres da Cunha que a entregue ao presidente. Este, abalado com a surpresa, não chegava a entender, repetindo: "não pode ser...", diante de uma confissão que renegava todas as provas, todas as cartas que afirmavam exatamente o contrário. Nela Getúlio historia a sua candidatura, com a "condição de que essa candidatura fosse primeiramente submetida ao sr. Washington Luís", o qual, "estava certo, não teria motivo para recusá-la"; e ele, Getúlio, como homem de partido, submetia-se àquela situação. No dia 22, Antônio Carlos, por intermédio de Afrânio de Melo Franco, entrega uma carta em que confirma sua posição e a escolha do candidato. Washington Luís responde aos dois em cartas datadas de 26. Aceitando o desafio, insinua a Getúlio que desista de seu intento, que acredita ser devido à posição partidária. A formação da Aliança Liberal em 17 de junho de 1929 é o resultado do acordo entre Minas Gerais e o Rio Grande do Sul e da aceitação da candidatura Getúlio Vargas pelo Partido Republicano Mineiro[1960].

Mas o que aparece como fundamental é a pressão política e econômica federal contra os Estados aliancistas: é o Banco do Brasil que obriga a Paraíba a lhe pagar as suas dívidas. A convenção situacionista, reunida no dia 12 de setembro de 1929, indica Júlio Prestes e Vital Soares (da Bahia) como candidatos a presidente e vice-presidente da República[1961].

[1958] CARONE, Edgard. *A República Velha – evolução política*, cit., p. 406.
[1959] Ibidem, p. 406.
[1960] Ibidem, p. 408.
[1961] Ibidem, p. 408.

Temeroso da situação mineira e dos perigos para a Aliança e para o seu Estado, Vargas manda em novembro um primeiro emissário sondar Rio e São Paulo sobre a possibilidade de uma conciliação. Os inconvenientes e compromissos secretos não impedem que a campanha eleitoral da Aliança Liberal se realize, começando com a viagem de Vargas a São Paulo (30.12.1929) e, depois, ao Rio de Janeiro (3.1.1930)[1962].

A Aliança Liberal engloba parte de um eleitorado urbano que representa porcentagem pequena no cômputo geral – pequenas oposições estaduais e o situacionismo dos Estados do Rio Grande do Sul, Minas Gerais e Paraíba. Por sua vez, Washington Luís aglutina o apoio de todos os Estados – exceção aos da Aliança[1963].

Washington Luís escolheu Júlio Prestes (presidente de São Paulo) para sucessor, preterindo Antônio Carlos (presidente de Minas Gerais) e ferindo a "Política de café com leite". Apesar do apoio de 17 Estados brasileiros ao candidato de "bolso de colete", Minas Gerais com Antônio Carlos Ribeiro de Andrada, Paraíba com João Pessoa e Rio Grande do sul com Getúlio Vargas rebelaram -se. A posição mais incômoda e delicada era a de Antônio Carlos. Conforme o acordo tácito da política do café com leite, o indicado deveria ser ele. Não o sendo, não poderia aceitar calado a afronta, sob pena de ver desmoralizados seu nome e seu Estado. Só lhe restava apoiar outro candidato: poderia parecer revanche ou ressentimento lançar-se na disputa. Foi assim que se formou a "Aliança Liberal", sob a presidência do presidente mineiro, que indicou Getúlio Vargas para Presidência e João Pessoa para vice[1964].

Daí por diante, a briga pelo predomínio político será violenta, pois, segundo o maquiavélico presidente de Minas, era necessário: "Fazer a revolução antes que o povo o faça". Na realidade, com essa frase Antônio Carlos observava que após as falhas do governo anterior, ante o aparecimento de lideranças novas no movimento tenentista, haveria uma tendência para mudança ou revolução. A revolução que deixou de ser feita de forma pacífica pelos homens do governo, os chamados estadistas, poderia ser levada a cabo pelo povo em armas, liderado pelos tenentes".

[1962] Ibidem, p. 408.

[1963] Ibidem, p. 410.

[1964] Ibidem, p. 411.

Para conquistar as massas, a Aliança Liberal, composta, agora, por pessoas de tendências diversas, encontrará uma campanha demagógica visando a desmoralização do governo. O programa dispunha sobre: anistia geral; revogação das leis compressoras da liberdade; criação de colônias agrícolas; a questão social deveria ser estudada.

Em suma: "O programa é mais do povo que do candidato". Com essa plataforma populista, o "partido libertador" procura motivar as camadas populares, e o faz. Enquanto a oposição apresentava um programa que atendia aos interesses das camadas mais politizadas da população, o PRP continuava sem nenhum planejamento nem plataforma definida (isto é, continuava com a de Washington Luiz) que motivasse o povo.

Em janeiro de 1930, Vargas chegou ao Rio de Janeiro para apresentar-se aos eleitores. Diante de uma multidão aglomerada na recém-aberta esplanada do Castelo, inovou ao ler sua plataforma política para o povo. Até então, os programas eram apresentados em banquetes, para convivas especialmente selecionados[1965].

O resultado do pleito de 1º de março de 1930 deu a vitória a Júlio Prestes, eleito com 1.091.709 votos, o equivalente a 59,57% dos votos ante 742.794 de Getúlio Vargas. A fraude, dominante na época, verificou-se dos dois lados, pois de outra forma não poderia ser explicado o resultado obtido por Vargas em seu estado: 298 mil votos contra apenas 982 dados a Júlio Prestes. O Partido Comunista Brasileiro, então denominado Partido Comunista do Brasil (PCB), lançou como candidato o operário Minervino de Oliveira, pelo Bloco Operário e Camponês, obtendo uma votação ínfima (720 votos)[1966].

A maior parte do situacionismo dissidente pretende voltar às boas com o governo, já que o compromisso da Aliança Liberal é provisório, uma vez que não se consubstancia em partido ou formas de união permanente. A ideia de transformar a Aliança Liberal em partido, bem como as manifestações contra Washington Luís são, no momento, formas de rebeldia de pequeno alcance. Vargas reconhece que deve "acatar a decisão dos

[1965] Koifman, Fábio (Coord.). *Presidentes do Brasil – de Deodoro a FHC*, cit., p. 271.

[1966] Abreu, Alzira Alves de *et al* (Coord.). *Dicionário histórico-biográfico brasileiro: pós-1930*. 2. ed. rev. e atual. Rio de Janeiro: FGV, 2001. 5 v., p. 4996.

poderes competentes, instituídos para apuração e reconhecimento das eleições". Isto é, aceita a derrota eleitoral[1967].

Enquanto a crise se manifesta abertamente entre os membros da Aliança Liberal – e pequenos grupos radicais tentam articular um movimento revolucionário –, o governo federal mantém-se firme na sua política. As eleições dão vitória real aos seus candidatos à presidência e vice-presidência, mas é o reconhecimento dos deputados e senadores que vai levantar novas celeumas: pelo acordo secreto entre Getúlio Vargas e Washington Luís – Missão Paim Filho –, o governo não tomaria nenhuma medida de desforço contra o Rio Grande do Sul; por isto é que, entre abril e maio de 1930, são sistematicamente "degolados" 14 deputados situacionistas de Minas Gerais e todos os deputados da Paraíba, e nenhum do Rio Grande do Sul[1968].

Então, os oposicionistas começarão a tramar o "grande complô" para derrubar o governo e as reuniões aconteciam em todo o País, e particularmente no Rio Grande do Sul e Minas, com a participação atuante de João Neves, Oswaldo Aranha, Batista Luzardo, Francisco Campos, Virgilio de Melo Franco, Flores da Cunha e os chefes militares: Juarez Távora, João Alberto, Cordeiro de Farias, Gois Monteiro, etc. Na Paraíba, o candidato a vice, João Pessoa, foi morto em um crime passional[1969]. Com essa morte a situação em todos os setores, inclusive na Câmara dos Deputados, fica tensa, principalmente após o discurso realizado por Lindolfo Collor (futuro ministro do Trabalho) que, todo de preto, exclamava: "presidente Washington Luiz, o que fizestes com João Pessoa?" o palácio emudece. A revolta estava completamente montada, faltava apenas a eclosão que deveria ser iniciada pela oficialidade das forças armadas (tenentes).

[1967] Carone, Edgard. *A República Velha – evolução política*, cit., p. 415.

[1968] Ibidem, p. 416.

[1969] O presidente (cargo equivalente ao atual governador), João Pessoa foi morto com três tiros pelo advogado paraibano João Dantas na Confeitaria Glória, no centro de Recife, em 26 de julho de 1930. O crime não teria motivações políticas, embora os Dantas acusassem Pessoa de persegui-los na Paraíba. Dantas estava muito revoltado pelo fato de a correspondência entre ele e sua amante, Anaíde Beiriz, ter sido divulgada pela polícia paraibana e resolveu se vingar no governador. Acabaria sendo morto na prisão. O crime precipitou a Revolução de 1930, cujos líderes o instrumentalizaram para fins políticos. *Vide* Meirelles, Domingos. *1930, Os órfãos da Revolução*. Rio de Janeiro: Record, 2005.

11.14.3 O papel da Aliança Liberal na Revolução de 1930

A oposição formou a Aliança Liberal no início de agosto de 1929, para tornar sua ação mais concreta. Em 12 de setembro, uma convenção de delegados dos partidos dominantes de 17 estados, liderados por São Paulo, homologou as candidaturas de Júlio Prestes e Vital Soares à presidência e vice-presidência da República. Pouco depois, em 20 de setembro, em convenção realizada no Rio de Janeiro, a Aliança Liberal aprovou a chapa Vargas-João Pessoa e sua plataforma eleitoral, redigida pelo republicano Lindolfo Collor[1970].

Ainda em 1929, a corrente mais radical da Aliança Liberal, formada por João Neves da Fontoura, Osvaldo Aranha e Virgílio de Melo Franco, passou a admitir a hipótese de desencadear um movimento armado em caso de derrota nas urnas. Como primeiro passo, buscou-se a colaboração dos "tenentes", tendo em vista seu passado revolucionário, sua experiência militar e seu prestígio no interior do Exército. Essa aproximação já estava em curso, mas os contatos desenvolviam-se com grande dificuldade devido a desconfianças recíprocas. Na Aliança Liberal estavam alguns dos principais adversários dos "tenentes", como Artur Bernardes, Epitácio Pessoa e João Pessoa — este último, como ministro do Superior Tribunal Militar (STM), julgara vários militares rebeldes[1971].

Os "tenentes" tampouco tinham uma posição homogênea. Enquanto vários oficiais como Juarez Távora, João Alberto Lins de Barros e Antônio de Siqueira Campos aderiram à ideia de colaborar com a Aliança Liberal, Luís Carlos Prestes, o mais importante chefe do tenentismo, mostrava reservas quanto ao movimento. Exilado em Buenos Aires, nesse estágio Prestes se dedicava ao estudo do marxismo, o que determinou uma revisão profunda em sua concepção de vida, e segundo ele próprio, levou-o a compreender que os problemas brasileiros não podiam ser resolvidos com uma simples mudança de homens na presidência da República. Contudo, ao verificar que a maioria dos seus companheiros se aproximava da Aliança Liberal, Prestes aceitou encontrar-se com Vargas em Porto Alegre. Segundo seu depoimento, o encontro ocorreu em

1970 Abreu, Alzira Alves de *et al* (Coord.). *Dicionário histórico-biográfico brasileiro: pós-1930*, cit., p. 4996.

1971 Ibidem, p. 4996.

setembro de 1929 (de acordo com Hélio Silva e John Foster Dulles, em novembro) no palácio Piratini. Clandestino no Brasil, Prestes teria sido recebido à meia-noite e teria dito que não estava ali para dar seu apoio à candidatura de Getúlio, e sim para discutir o que considerava fundamental para uma revolução anti-imperialista e agrária. Comparecera ao encontro porque seus companheiros lhe haviam dito que Vargas queria, em verdade, fazer uma revolução, ao que, ainda de acordo com seu depoimento, Getúlio teria respondido: "Fique tranquilo, você não vai se decepcionar comigo"[1972].

Por sua vez, em carta a João Neves, datada de 13 de setembro de 1929, Vargas referia-se à posição de Prestes nos seguintes termos: "O Carlos Prestes declarou que, sendo para regenerar os costumes políticos do Brasil, está pronto a nos acompanhar... para a revolução. Quer apenas que lhe forneçam os meios materiais. Não acredita, porém, em eleição, em vitória das urnas, nem isso lhe interessa. Essa é a sua mentalidade; essas as suas disposições." Continuando em sua análise sobre a posição de Prestes, Vargas declarava: "Penso que não é lícito lançarmos o País numa revolução, sacrificarmos milhares de vidas, arruinar e empobrecer o Estado, só para combater um homem, que atualmente nos desafia e que é o presidente da República. Se formos vencidos, ele ainda será glorificado, com o título de restaurador da ordem e reconsolidador do regime. Não é possível ensanguentar o Brasil, por causa desse homem"[1973].

Essa carta pode ajudar no esclarecimento de um ponto importante das articulações da revolução, pois a bibliografia sobre o período refere-se a dois encontros entre Vargas e Prestes: o primeiro em novembro de 1929; e o segundo, fevereiro de 1930. Em depoimento publicado em 1982, Prestes afirma que os encontros tiveram lugar, na verdade, em setembro de 1929 e em janeiro de 1930[1974].

Em carta de 22 de novembro de 1929 a Silo Meireles[1975] e a Osvaldo Cordeiro de Farias, Prestes exprimia sua posição contrária ao apoio à can-

[1972] Ibidem, p. 4996.

[1973] Ibidem, p. 4996.

[1974] Ibidem, p. 4997.

[1975] Silo Furtado Soares de Meireles (1900 – 1957) – Ingressou na Escola do Realengo em 1919. Nessa escola participou, em julho de 1922, da tentativa insurrecional que deu

didatura de Vargas, afirmando, porém, que não tomaria nenhuma posição pública sem primeiro entregar o posto de comandante militar da revolução brasileira em Buenos Aires. Referia-se à disputa presidencial nos seguintes termos: "Dia a dia aumenta em mim a convicção de que tais liberais desejam tudo, menos a revolução". E acrescentava: "Resta-nos um único caminho: o caminho pelo qual venho há muito me batendo e que consiste em levantarmos com toda a coragem uma bandeira de reivindicações populares, de caráter prático e positivo, capazes de estimular a vontade das amplas massas de nossa paupérrima população das cidades e do sertão"[1976].

Enquanto a campanha eleitoral prosseguia, em dezembro de 1929, Vargas, pouco seguro em relação ao futuro, estabeleceu um acordo com Washington Luís através de seu correligionário político Firmino Paim Filho, à revelia de Minas Gerais e da Paraíba. Nesse acordo ficou acertado que, caso fosse derrotado nas eleições, Vargas se conformaria com o resultado e passaria a apoiar o governo constituído. Em compensação,

origem ao movimento tenentista. Foi preso em virtude de seu envolvimento na rebelião, só recuperando a liberdade em 1927. Fixou-se, então, por um breve período em Recife, onde colaborou no Diário da Manhã. De volta ao Rio de Janeiro, manteve-se em contato com círculos conspiratórios. Em 1930, juntou-se a Luís Carlos Prestes na Argentina, participando da fundação da Liga de Ação Revolucionária (LAR), organização que se propunha a trabalhar por uma revolução agrária e anti-imperialista. Foi um dos poucos remanescentes do movimento tenentista a seguir a orientação de Prestes, negando-se a participar da Revolução de 1930 por considerá-la uma mera disputa entre forças oligárquicas. Junto com Prestes viveu alguns anos na União Soviética, no início da década de 30, e ingressou no Partido Comunista Brasileiro, então Partido Comunista do Brasil (PCB). Em 1935, regressou ao Brasil clandestinamente. Como membro do Comitê Central do PCB, colaborou na estruturação da Aliança Nacional Libertadora (ANL), frente política que reunia diversos setores de esquerda, entre eles os comunistas. Nessa época, foi designado para organizar camponeses para a luta armada no Nordeste. Participou, em novembro de 1935, do levante militar deflagrado em nome da ANL em Recife. Por conta disso foi preso e teve cassada a sua patente militar. Em 1937, conseguiu fugir da prisão e se juntou aos contingentes militares arregimentados pelo governador gaúcho Flores da Cunha, então em franca oposição ao governo de Vargas. Em 1945, deixou o PCB por discordar da posição do partido, que defendia a convocação de uma Assembleia Nacional Constituinte com Vargas no poder. Em 1951, foi reincorporado ao Exército.

1976 ABREU, Alzira Alves de *et al* (Coord.). *Dicionário histórico-biográfico brasileiro: pós-1930*, cit., p. 4997.

Washington Luís e Júlio Prestes comprometiam-se a não apoiar divergentes da situação no Rio Grande do Sul. Comprometiam-se igualmente a reconhecer os candidatos gaúchos eleitos ao Congresso Nacional[1977].

Também no início de 1930 foram organizadas caravanas que percorreram Minas e as principais cidades do Norte e do Nordeste sob a chefia de João Pessoa. Durante a campanha ocorreram choques violentos entre situacionistas e oposicionistas em Garanhuns (PE), Vitória (ES) e Montes Claros (MG). Nesta última cidade, um comício da Concentração Conservadora (alinhada a Júlio Prestes), nos primeiros dias de fevereiro, foi interrompido por um tiroteio que deixou vários mortos e feridos, incluindo-se entre os últimos o vice-presidente Melo Viana, pisoteado no tumulto que se estabeleceu[1978].

11.14.4 A Revolução de 1930

O início da Revolução foi às 17:30 horas do dia 3 de outubro no Rio Grande do Sul, com três ataques a posições militares de Porto Alegre. No Morro do Menino Deus, os defensores se renderam após a morte do seu comandante. No quartel-general do 7º Batalhão de Caçadores (7º BC), comandado pelo coronel Benedito Marques da Silva Acauan, a determinação de resistir surpreendeu todas as expectativas. O 7º BC só se entregou depois que seu comandante certificou-se de que todas as demais unidades federais de Porto Alegre haviam sido subjugadas[1979]. O chefe militar no Rio Grande do Sul foi o coronel Albano Pedro Aurélio de Góis Monteiro, que dominou a situação em todo o estado em quatro dias.

Na madrugada de 4 de outubro, todas as unidades militares de Porto Alegre já se encontravam sob o controle dos revolucionários. No interior do estado quase não houve luta. Vargas divulgou, no próprio dia 4, um manifesto conclamando o povo gaúcho às armas: "Estamos diante de uma contrarrevolução para readquirir a liberdade, para restaurar a pureza do regime republicano". Os gaúchos atenderam ao apelo e, em poucos dias, cerca de 50 mil voluntários alistaram-se para lutar na insurreição. Góis Monteiro decidiu que os prisioneiros fossem encaminhados para dois

1977 Ibidem, p. 4997.
1978 Ibidem, p. 4997.
1979 Ibidem, p. 5000.

navios ancorados no litoral, onde permaneceriam até que a revolução decidisse sobre seu destino. Encontravam-se, entre os oficiais aprisionados, o general Gil de Almeida e o coronel Euclides de Oliveira Figueiredo[1980]. No dia 5 de outubro, todo o estado havia aderido à revolução[1981].

Em Belo Horizonte, a revolução eclodiu no mesmo dia e na mesma hora em que as forças gaúchas tomaram o quartel-general de Porto Alegre. Os mineiros revolucionários iniciaram o movimento prendendo o tenente-coronel José Joaquim de Andrade, comandante do 12º Regimento de Infantaria. O chefe militar da revolução em Minas era o tenente-coronel Aristarco Pessoa (irmão de João Pessoa). O governo mineiro, já presidido por Olegário Maciel, estava comprometido com o movimento[1982].

Quanto ao Norte e Nordeste do País:

> *"tiveram a Paraíba como sede do movimento revolucionário, Juarez Távora como comandante militar e José Américo de Almeida como chefe civil da revolução. Mas o movimento não eclodiu na Paraíba no dia 3 de outubro, porque houve um erro de entendimento entre Juarez e Osvaldo Aranha. Todas as quinzenas, Juarez mandava para o quartel-general de Porto Alegre, em código, as datas mais convenientes para o início da revolução. Os dias coincidiam exatamente com aqueles em que estava de prontidão a companhia comandada por Juraci Magalhães, a única unidade dentro do 22º BC onde havia uma organização verdadeiramente revolucionária comandada pelo próprio Juraci, por Jurandir Mamede, Agildo Barata e Paulo Cordeiro. Juarez recebera do Sul um telegrama comunicando que a revolução eclodiria no dia 3 de outubro. O comunicado dizia que nesse momento todos os companheiros deveriam cumprir sua tarefa. Juarez respondeu a esse telegrama, sem querer usar as palavras movimento ou revolução, dizendo apenas que estava de acordo e pedindo licença para iniciar 'a marcha para o Sul' na madrugada de 3 para 4 de outubro. Juarez pretendia iniciar o movimento às duas horas da madrugada do dia 4. Quando os conspiradores no Sul receberam o telegrama, entenderam que Juarez também deflagraria a revolução às 17:30h*

[1980] Euclides de Oliveira Figueiredo depois se tornaria um personagem central da história da Revolução de 1932 em São Paulo e era pai do último presidente da ditadura militar, o general João Batista de Oliveira Figueiredo.
[1981] Abreu, Alzira Alves de *et al* (Coord.). *Dicionário histórico-biográfico brasileiro: pós-1930*, cit., p. 5000.
[1982] Ibidem, p. 5000.

do dia 3 e iniciaria a marcha em direção a Recife na madrugada do dia seguinte. Esse engano foi quase fatal"[1983].

Em Recife:

"nas duas primeiras horas da madrugada do dia 4 de outubro, quando teve início o levante revolucionário, o comando das tropas do governo já estava alertado, o que permitiu forte resistência. Quando Juarez Távora chegou a Recife vindo da Paraíba, percebeu que seria inútil insistir na tomada do quartel do 21º BC. Foi então ao encontro dos jovens do 33º Tiro de Guerra, dirigido pelos sargentos Eli Coutinho e Nélson, que serviam no 21º BC, e pediu-lhes ajuda. Junto com Afonso de Albuquerque Lima, procurou em seguida o capitão de polícia Muniz Faria e ordenou-lhe que seguisse para o quartel da Soledade para reforçar o grupo de jovens revolucionários que naquele momento estava atacando o 21º BC. Ordenou-lhe também que lá resistisse até a chegada de reforços da Paraíba. Retornou depois a João Pessoa e deu ordens para que fosse iniciada a descida para Recife. O batalhão de Agildo Barata partiu imediatamente, seguido de Juraci Magalhães e Paulo Cordeiro"[1984].

O movimento em Pernambuco contou com ampla participação popular. Após o levante do Tiro de Guerra e o assalto ao 21º BC, os revolucionários comandados pelo capitão Muniz Faria atacaram o paiol do quartel da Soledade, distribuindo armas e munições aos populares que aderiram à revolução. No dia 5 de outubro pela manhã, ao chegarem os reforços da Paraíba, a capital pernambucana já se encontrava sob completo controle das forças revolucionárias[1985].

A resistência em Recife durou, de toda forma, até o dia 6 de outubro, quando Estácio Coimbra, presidente do estado, abandonou o governo. As tropas revolucionárias marcharam então em direção a Alagoas, de onde, após a derrubada do governo, dirigiram-se para a Bahia passando por Aracaju. Não houve resistência em Sergipe, pois o 28º BC aderiu à revolução. As tropas legais estabeleceram na Bahia o quartel-general das

[1983] Ibidem, p. 5000.

[1984] Ibidem, p. 5000.

[1985] Ibidem, p. 5001.

Forças em Operação no Norte da República (FONR), sob o comando do general Antenor de Santa Cruz Pereira de Abreu[1986].

A marcha das colunas revolucionárias gaúchas continuava em direção a São Paulo. O destacamento principal deslocava-se por via férrea, sob as ordens de Miguel Costa. Enviado a Curitiba para coordenar a ação das tropas que estavam sendo transportadas do Rio Grande do Sul, João Alberto não encontrou dificuldades para avançar até Capela da Ribeira, a leste de Itararé, além da divisa do Paraná com São Paulo[1987].

A 10 de outubro, acompanhados de todo o estado-maior civil e militar da revolução, Getúlio Vargas e Góis Monteiro seguiram de trem com destino ao norte do Paraná, prevendo choques violentos com as tropas legalistas comandadas pelo general José Pais de Andrade[1988].

> *"Vargas e sua comitiva permaneceram em um dos vagões da composição ferroviária, enquanto Góis montou seu quartel-general numa das dependências do grupo escolar da cidade. Ali, planejou o ataque geral que, tomando como base a frente de Itararé, seria desfechado sobre São Paulo no dia 25 de outubro. Ainda em Ponta Grossa, porém, Góis foi informado pelo seu ajudante de ordens das ocorrências no Rio de Janeiro que culminariam com a deposição do presidente Washington Luís*[1989].

Washington Luís foi substituído por uma junta governativa provisória, composta pelo general Tasso Fragoso, seu chefe, o general João de Deus Mena Barreto e o almirante Isaías de Noronha. Ainda no dia 24, a junta organizou um novo ministério, do qual faziam parte, entre outros, o general José Fernandes Leite de Castro (Guerra), Isaías de Noronha (Marinha) e Afrânio de Melo Franco (Relações Exteriores). Com a situação na capital sob controle, a junta enviou o primeiro de uma série de telegramas a Vargas, propondo a suspensão total das hostilidades em todo o País, mas nada adiantando sobre a transferência do poder aos chefes da revolução. As verdadeiras intenções da junta não eram claras. A nomeação do ministério e a adoção de medidas legislativas indicavam sua

1986 Ibidem, p. 5001.
1987 Ibidem, p. 5001.
1988 Ibidem, p. 5001.
1989 Ibidem, p. 5001.

disposição de permanecer no poder como um fato consumado. Vargas comunicou de Ponta Grossa imediatamente à junta que prosseguiria a luta se não fosse reconhecido como chefe de um governo provisório. Em 28 de outubro, o impasse foi finalmente superado, após entendimento firmado por Aranha e Collor, emissários de Vargas, e o general Tasso Fragoso. Em proclamação ao País, a junta comunicou a decisão de transmitir o poder a Vargas[1990].

A caminho do Rio, em trem militar, Vargas entrou em São Paulo. A cada parada que o trem fazia em território paulista, juntavam-se à caravana revolucionária próceres do Partido Democrático (PD) de São Paulo, que desejavam substituir o PRP na chefia do governo do estado. Chegando à capital paulista em 29 de outubro, Vargas optou pela formação de um secretariado democrático, que deveria atuar em colaboração com João Alberto, designado delegado-militar da revolução em São Paulo[1991].

Em 31 de outubro, precedido por 3 mil soldados gaúchos, Vargas desembarcou no Rio, de uniforme militar e com grande chapéu gaúcho. Finalmente, em 3 de novembro de 1930, Vargas tomou posse como chefe do Governo Provisório[1992]. As mudanças políticas, sociais e econômicas que tiveram lugar na sociedade brasileira no pós-1930 fizeram com que esse movimento revolucionário fosse considerado o marco inicial da República Nova ou Segunda República no Brasil[1993].

As motivações, ideias e objetivos que levaram ao movimento armado de 1930 na década de 1920, quando apareceram mais claramente os efeitos políticos do processo de urbanização e de industrialização e quando novas forças sociais, principalmente as camadas médias e as massas urbanas, começaram a exigir uma participação política que até então lhes fora vedada. As reivindicações e pressões dessas novas forças levaram à contestação do Estado oligárquico, na medida em que este era incapaz de absorver suas demandas[1994].

[1990] Ibidem, p. 5002.
[1991] Ibidem, p. 5002.
[1992] Ibidem, p. 5002.
[1993] Ibidem, p. 5002.
[1994] ABREU, Alzira Alves de *et al* (Coord.). *Dicionário histórico-biográfico brasileiro: pós-1930*, cit., p. 4996.

Politicamente, essa fase da vida brasileira se caracterizava pelo domínio das oligarquias agrárias sob a hegemonia dos cafeicultores. Em nível local, o poder era exercido por chefes de famílias — os "coronéis" —, que controlavam os votos de seus parentes, amigos e subordinados e normalmente ocupavam e monopolizavam todos os cargos estaduais[1995]. As origens imediatas do movimento de 1930 encontram-se no encaminhamento da escolha dos candidatos à presidência da República para o quadriênio 1930-1934, quando ocorreu uma cisão entre os estados de Minas Gerais e São Paulo[1996].

Sintetizando, seguem nos próximos tópicos as principais características do período que antecede a Getúlio Vargas.

11.14.4.1 Aspectos econômicos da República Velha (1889-1930) - a questão fundiária (suportes jurídicos)

"Ao ser proclamada a República, o novo governo procurou fazer algumas modificações na vida econômica e política do País, desenvolvendo a industrialização e dando autonomia às antigas províncias, transformadas em Estados. A política de industrialização não foi bem sucedida, levando ao 'encilhamento[1997]', e o problema do acesso à propriedade da terra foi freado, impedindo que a grande massa pobre alcançasse o status de cidadania'[1998].

No início do período republicano, a grande propriedade rural ocupava as maiores extensões, sobretudo nas áreas de mais fácil acesso aos trans-

[1995] Ibidem, p. 4997.

[1996] Ibidem, p. 4997.

[1997] O encilhamento foi um problema causado pela política do então ministro da Fazenda, Rui Barbosa, em 1890, que, sob a justificativa de estimular a industrialização no país, adotou uma política baseada em créditos livres aos investimentos industriais garantidos pelo aumento da emissão de papel-moeda. Pelo modo em que o processo foi legalmente estruturado e gerenciado, junto com a expansão dos capitais financeiro e industrial, o País passou a sofrer com desenfreada especulação financeira em todos os mercados e forte alta inflacionária, causadas pela desconfiança oriunda de determinadas práticas no mercado financeiro, como excesso de lançamento de ações sem lastro, e posteriores ofertas públicas de aquisição, visando o fechamento de capital. Fonte: *Dicionário Aurélio*, São Paulo: Abril, 1998, p. 112.

[1998] Silva, Sergio S. e Szmrecsányi, Tamás. *História econômica da Primeira República*. São Paulo: Edusp-Hucitec, 2002, p. 147.

portes: os grandes proprietários – fazendeiros de gado ou produtores de artigos de exportação – controlavam tanto a vida econômica como a política dos novos Estados[1999].

Durante a República Velha (1889-1930), os governos permaneceram indiferentes às pressões populares a favor de uma reforma agrária. Enquanto nos Estados as oligarquias mantinham um férreo controle contra qualquer tentativa de reforma, as massas populares espoliadas não se organizaram para obter o acesso a terra, vivendo à mercê dos grandes proprietários e dos grandes posseiros[2000]. Na verdade, quanto aos quarenta anos da Primeira República a questão fundiária e agrária foi se agravando à proporção que crescia a população e/ ou novos espaços eram incorporados ao território nacional.

Assim, na Amazônia, que fora conquistada em função da escravização e exploração dos indígenas em função das "drogas do sertão", ocorreu uma grande revolução a partir das últimas décadas do século XIX, quando o mercado internacional, em consequência da descoberta do processo de vulcanização da borracha, acelerou a demanda do produto. O fato provocou a intensificação do processo migratório para a Amazônia, por parte de nordestinos, e a desorganização da economia extrativa não especializada e da pequena agricultura de subsistência, por meio da apropriação de grandes áreas pelos seringalistas, financiados pelas casas aviadoras[2001].

O seringalista, com o apoio de jagunços e do governo, apossava-se da desembocadura de um rio, estabelecia a sede do seringal e abria as "estradas" que levavam às seringueiras, e estas passavam a ser exploradas por trabalhadores migrantes do Nordeste[2002]. O Nordeste semiárido foi povoado pelos colonizadores baianos e pernambucanos, em função da pecuária, a partir do século XVI. Eles eram estimulados pela necessidade de produzir animais de tração, couro e carne para alimentar a área açucareira da Mata pernambucana e do Recôncavo da Bahia[2003].

[1999] Ibidem, p. 147.
[2000] Ibidem, p. 147.
[2001] Ibidem, p. 148.
[2002] Ibidem, p. 149.
[2003] Ibidem, p. 150.

A cana de açúcar, cuja principal característica era o latifúndio, ocupou a faixa oriental do Nordeste, a chamada região da Mata e o Recôncavo Baiano. Mais bem situada do que na Europa, e dispondo de clima quente e úmido, de solos de barro vermelho e de massapê, a região oferecia boas condições à cultura da cana de açúcar. O açúcar no século XVI já se tornara o principal produto de exportação do Brasil, despertando a cobiça de outros povos colonizadores europeus, como ingleses e holandeses. A cana de açúcar implantou na região uma civilização patriarcal, a qual deu origem a uma oligarquia que, durante o período colonial e imperial, do alto de suas casas-grandes, ditava as normas da vida política brasileira. Esse grupo controlou as melhores terras do Nordeste e expandiu a sua influência econômica para as áreas vizinhas, vindo a controlar a vida política e econômica de vários Estados, sobretudo de Pernambuco e da Bahia[2004].

No Sul do Brasil, "*observa-se um grande contraste na ocupação da terra, de vez que a porção ocidental foi ocupada, a partir do século XVII pela pecuária, iniciada pelos jesuítas em suas missões, e continuada, após a destruição das mesmas, tanto na Campanha como nos planaltos ocidentais do Paraná e de Santa Catarina. Aí os campos de criação eram contínuos, pelos territórios, inicialmente espanhóis, e em seguida argentinos e uruguaios. Na porção oriental, onde dominavam áreas montanhosas cobertas de florestas, os portugueses haviam introduzido açorianos no litoral (século XVIII), e alemães e italianos no interior (séculos XIX e XX), a fim de garantirem a integração do sul do País à América Portuguesa. O Império não só continuou, como até intensificou esta política, visando também eliminar os grupos indígenas que se localizavam entre as porções oriental e ocidental*"[2005].

Naquele período os governos estaduais, que se tornaram responsáveis pela política de colonização e pela distribuição das terras devolutas, procuraram não só intensificar a imigração estrangeira como diversificá-la quanto à origem. Daí a grande afluência de russos, poloneses, ucranianos, letos, lituanos e a formação de colônias multinacionais. Estabeleceu-se, assim, um contraste entre as áreas de domínio da pequena e média propriedades e as áreas de grande latifúndios pecuários, voltando-se as pri-

[2004] Ibidem, p. 150-151.
[2005] Ibidem, p. 154.

meiras, dominantemente, para o autoconsumo e para o mercado nacional e as segundas para a exportação para outras regiões e outros países[2006].

11.14.4.2 Industrialização e classe operária

Foi em São Paulo, nas regiões do Oeste Paulista, que a mão de obra escrava foi abandonada. "Pagava-se o produto do trabalho do lavrador em dinheiro, o que aumenta o volume da circulação; isto é fundamental. Pois provoca o aparecimento, ou o fortalecimento, do crédito bancário. Os bancos desenvolvem-se, e com eles tudo fica mais fácil de ser negociado; tudo adquire valor de troca: até a terra, sagrada instituição em uma sociedade agrícola, fica mais fácil de ser comprada e vendida"[2007].

O imigrante, com a rudeza do trabalho no campo, os maus tratos, os enganos, o "roubo do preço" do armazém da fazenda, tem atração pela cidade. Lá há emprego e salário constantes. A fuga do campo desses homens, famílias inteiras de imigrantes, povoa a cidade de São Paulo, em um crescimento demográfico acentuado, desde a década de 1870. E é nesse período que a fábrica começa a aparecer. Há registros de que em 1855 São Paulo possuía poucas serrarias e algumas fiações. Em 1885, em um inquérito parlamentar, devido a problemas alfandegários, contaram-se 13 fiações de algodão, 1 fiação de lã, 4 fundições, e um número desconhecido de serrarias. O relatório oficial de 1895 indica mais de 100 firmas que utilizam energia mecânica. Quanto ao século XX, temos grandes surpresas: o levantamento de indústrias de 1901 fala de 170 fábricas, 50 delas com mais de 100 operários. Em 1907, o centro industrial do Rio de Janeiro realizou um levantamento sobre o número de fábricas paulistas: registrou 326, empregando mais de 24.000 operários[2008].

A produção variava, atingindo na segunda década do século vários setores:

> *"na construção civil produziam-se telhas, cimento, pregos, canos de cerâmica, madeiras serradas, como também chapas de vidro e material de encanamento. Outras áreas: cer-*

[2006] Ibidem, p. 154.

[2007] Trevisan, Leonardo. *A República Velha – história popular do Brasil.* São Paulo: Global, 1985, p. 39.

[2008] Ibidem, p. 39-40.

veja, bebidas doces (vasilhames para engarrafá-las), sapatos, caldeiras, tecidos, móveis, peças de cantaria, farinhas, potes, panelas e chapéus... (...)de 1909 a 1913 houve um aumento de 70 mil para 195 mil toneladas métricas de importações de produtos de ferro, aço e máquinas. Quando ocorreu a Primeira Guerra (1914/1919), isto pouco preocupou nossos industriais. Em verdade, a guerra por um lado ajuda a indústria devido à queda do volume de importações para consumo (obrigatoriamente começou-se a fabricar no País). Por outro lado, também dificultou a nossa industrialização, pois a chegada das máquinas, que impulsionavam a indústria, foi interrompida. Porém, foi essa mesma Grande Guerra que abriu incríveis oportunidades para a nossa recém instalada indústria: a exportação"[2009].

Esse "barulho" perturbava o fazendeiro de café. É verdade que alguns fazendeiros começaram a gostar dele e até a praticá-lo. Os do Vale do Paraíba já vinham, havia tempo, deslocando capitais para as atividades industriais. Mas só alguns. Outros fazendeiros começaram a gostar da ideia da carne congelada. Uma usina de Barretos em 1914 exportara a primeira tonelada para, em 1918, junto a outras três usinas, embarcar 32 mil toneladas. Os fazendeiros viam nisto (a possibilidade de criação de gado), uma utilização das suas terras inúteis para o café[2010].

A classe operária e o início da industrialização – No entanto, quanto às condições de vida e trabalho daqueles que mexiam com as máquinas, aos operários pagava-se uma remuneração pouco compensadora, para dizer o mínimo, tanto é que:

"Por dez horas de trabalho um operário ganhava por volta de quatro mil réis diários, em 1920. Este dinheiro comprava meio quilo de arroz e macarrão, banha e café. Obviamente só o trabalho do chefe de família era pouco; mulher e filhos dividiam as agruras do cotidiano da fábrica. Às vezes estas fábricas eram fétidos porões, com muitas máquinas, próximas demais umas das outras, ambientes superaquecidos, escuros, constantemente úmidos. Um terço desta força de trabalho era composta de mulheres e a metade dos operários era menor de 18 anos por volta de 1920, segundo informe das próprias

[2009] Ibidem, p. 40.
[2010] Ibidem, p. 40.

indústrias. Estes operários eram em sua imensa maioria imigrantes, que já haviam conhecido o trabalho nos campos de café"[2011].

Quanto às condições de moradia, estas eram ainda piores que as do trabalho. Grandes cortiços povoam os bairros operários, como Brás, Mooca, Bom Retiro. Pequenos quartos destinavam-se a numerosas famílias. Algumas indústrias assustam-se com a possibilidade de revolta e imaginam algum assistencialismo. Caracterizam, contudo, pequenas minorias[2012].

O quadro dramático ainda possuía outro ângulo: o acidente de trabalho:

"Ele vitimava principalmente crianças mais desatentas ao perigo, ao descuido, ou mesmo mais fáceis de serem vencidas pelo cansaço. As condições da fábrica facilitavam o acidente. O acidente era o pavio da explosão, com ele a revolta aparecia, mais rápida. Primeiro é espontânea, primitiva, porém rapidamente alcança organização. Ao imigrante, a Europa mostrara muitas ideias: socialistas, anarquistas – que aqui encontram habitat ideal para germinar. Em uma sociedade tão desigual, como era a sociedade brasileira do tempo, ideias de construção de uma sociedade de homens iguais germinam rápido"[2013].

Nesse cenário, os operários brasileiros passam a se organizar no final do século XIX e início do século XX em Congressos. Por exemplo, os socialistas realizaram o I Congresso em 1892 com o objetivo de criar o Partido Socialista Brasileiro, o que não aconteceu na prática. Depois, com a criação do Centro Operário Radical, no Rio de Janeiro, contando com a participação de positivistas, social-marxistas e anarquistas, foi elaborado um programa de ação. É bastante confuso, ataca muitas frentes ao mesmo tempo, porém é interessante como retrato das primeiras perspectivas operárias. Entre suas reivindicações estão: modificação do regime da propriedade; apropriação e subdivisão do solo, extinção de privilégios e monopólios de todas as categorias; interferência comunista dos interes-

[2011] Ibidem, p. 40.
[2012] Ibidem, p. 41.
[2013] Ibidem, p. 41.

ses do trabalhador nos proventos do trabalho; reivindicação dos direitos comunais ou do Estado sobre todas as empresas de utilidade pública; leis repressivas da usura e do mercantilismo; estatística monetária, imposto sobre a renda, regulamentação industrial e equitativa; limite máximo do dia de trabalho; interdição do trabalho para os menores de 14 anos; estabelecimento obrigatório de um dia de descanso na semana; fiscalização severa do Estado sobre a higiene das habitações e das oficinas; assistência obrigatória dos industriais nos acidentes de desastres ou moléstias sobrevindos do trabalho; repressão do parasitismo; limitações das funções subsidiárias; reduções das funções públicas; reforma do ensino, com instrução primária obrigatória, doutrinamento nas escolas da moral utilitária e fraternal.

Além disso, se metia a legislar internacionalmente ao pedir solução pelo arbitramento dos problemas das guerras; transformação gradual dos Exércitos permanentes em milícias cívicas para os serviços da paz; liberdade de ação, considerados os direitos análogos e paralelos dos indivíduos nas comunidades; integridade dos atributos de independência nas crenças religiosas; revisão das Constituições; reforma dos códigos; simplificação das leis; extinção dos Senados estaduais; remodelação do regime forense, que incluía reorganização dos Tribunais. Justiça gratuita, reconsideração do estado civil da mulher, elevação moral da família, repressão dos vícios, educação dos costumes e leis de amparo e proteção para a velhice e invalidez. Portanto, como é fácil perceber, o programa de ação tinha um alcance que ia muito além de simples reivindicações trabalhistas. Em alguns momentos trata de problemas comuns a toda a humanidade e, em outros, aborda questões ligadas à moral e aos costumes[2014].

O documento denuncia outras particularidades da industrialização, como a não obrigatoriedade do descanso semanal (prova de que ainda nesta época isso não fora concedido). Mesmo assim, com inimigos tão poderosos (o Estado era o primeiro deles, pois só há duas décadas acabara com a escravidão legal, oficial), o movimento operário enfrentava outro inimigo, este mais perigoso: a divisão interna em muitas linhas políticas. As diferenças entre eles, entre os anarquistas e os socialistas, vão desde os

[2014] Ibidem, p. 42.

objetivos a serem alcançados até a ação prática, muito distinta para cada um deles. A começar pelos socialistas, estes, em 1908, divulgam um programa elaborada pelo Centro Socialista Paulistano, dirigido por Antonio Piccarolo. Alguns trechos desse programa:

> *"O insucesso do passado é devido à pretensão de impor um programa de ação anacrônico, um programa abstrato, utópico, em contraste com as condições presentes. Precisa-se logo estabelecer um programa de ação prática, consoante com as condições do momento.*
> *(...) Convencidos ainda de que, no momento atual do Brasil, faltam as condições de utilidade prática para um programa de ação socialista, no sentido em que esta palavra é tomada nos países adiantados, onde já existe uma burguesia e um proletariado.*
> *(...) Os componentes do Centro Socialista Paulistano julgam útil e necessário dirigir os próprios esforços e o próprio apoio a tudo quanto serve para aproximar o advento de condições em que se torne possível uma ação socialista propriamente entendida, dispostos, logo, a apoiar tudo quanto significa progresso sobre as condições atuais, isto é: no campo da agricultura e entre os trabalhadores agrícolas julgam útil, de conformidade com este programa, provocar e apoiar todas as iniciativas que tendem a aumentar a liberdade e a Independência dos colonos, substituindo as condições atuais que o aproximam do servo da gleba"*[2015].

A característica deste programa é a de reformar a sociedade. Transformá-la partindo de sua realidade atual. Radicalmente contrários a essa ideia estão os anarquistas, para quem "tomar parte na vida pública" era perigoso para a classe operária, pois poderiam ser enganados. Alguns pontos básicos dos primeiros anárquicos:

> *"Cabe ao operário possuir o brio de sua profissão e de sua classe: afastar-se prudentemente de carreiras que levem ao homem a subserviência e a desonra; ter grande solidariedade internacional com os operários"*[2016].

Também o anarquismo pregara um anticlericalismo radical:

[2015] Ibidem, p. 42-43.
[2016] Ibidem, p. 43.

"A Igreja deve ser combatida com palavras e ações contrárias ao obscurantismo incutido nas crianças através da educação"[2017].

Constante é também a oposição à guerra (lembremo-nos de que o período conhece a Primeira Guerra Mundial). A ação parlamentar é rejeitada porque "implica a delegação de poderes, o que constitui séria divergência doutrinária"[2018].

As diferenças entre socialistas e anarquistas são basicamente de conteúdo, e as perspectivas de cada tendência são bem distintas. Porém, o autor indaga se essas diferenças chegavam às massas operárias e se estas compreendiam e distinguiam essas diferenças programáticas. As "elites operárias", as vanguardas, conheciam e defendiam-nas publicamente em comícios, reuniões. Quanto à massa, há dúvidas[2019].

As condições de vida dos operários, o seu duro cotidiano, impulsionavam-nos (mais que as distinções programáticas) às revoltas. As greves eram constantes. Para o cafeicultor a greve assustava; a sua memória leva-o à infância, quando conhecera a "tranquilidade" da escravidão. Mas os tempos mudaram. Enquanto o país paga a desvalorização da moeda, mantendo magicamente o preço do seu café, as paralisações ocupam as avenidas, as fábricas. Os cafeicultores – donos do poder – começam a conviver com ela, acostumam-se. O barulho das cidades preocupa muito o cafeicultor, mas a greve preocupa-o menos. Para a greve, ele contava com a cavalaria[2020].

Logo, na República Velha, o Brasil não apresentou diferenças substanciais em relação à fase anterior da Monarquia, visto que, a exemplo do período anterior, predominaram o poder civil, as oligarquias rurais e a monocultura de exportação; no caso, representada pelo café, cuja ascensão, de resto, já vinha se verificando desde a década de 1840.

A República Velha careceu de legislação social e eleitoral adequadas, bem como de partidos nacionais, pois marcada por um extremo federalismo, o qual ia ao extremo de permitir que se cobrassem os chamados

[2017] Ibidem, p. 44.
[2018] Ibidem, p. 44.
[2019] Ibidem, p. 44.
[2020] Ibidem, p. 44.

impostos interestaduais. Com a cisão acontecida na classe dominante em 1929 e 1930, do que resultou a luta entre São Paulo e Minas pela sucessão de Washington Luís, foi possível a Revolução e a decorrente ascensão de Vargas ao poder.

O novo Brasil, que então surgiria, seria marcado pela ênfase em novos valores. Emergiram o nacionalismo, o populismo, o sindicalismo. Verificou-se, no correr dos anos seguintes, uma lenta passagem do Brasil agrário para um Brasil urbano e industrial. A nova burguesia não logrou se impor imediatamente, mas a velha oligarquia também não mais conseguiu recuperar o "status" anterior. O Estado getulista procurou se ligar com amplos segmentos sociais, mas nenhum em particular dispôs de força suficiente para fixar as diretrizes do governo, como tinha sido até 1930. A isso se chamou populismo.

Quanto aos aspectos econômicos, houve profundas mudanças após 1930. A crise do café, em decorrência da recessão mundial, acarretou o desvio de capitais para a indústria. A aquisição dos estoques pelo governo varguista impediu uma onda de desemprego na monocultura. E a impossibilidade de importar artigos manufaturados, já que não se podia exportar café, acabou tornando necessário satisfazer-se internamente a demanda interna de semelhantes artigos. Em outras palavras, a crise mundial terminou sendo o fator impulsionador da arrancada do País pais rumo à industrialização. O centro dinâmico da economia passou do mercado externo para o mercado interno.

Perante as transformações econômicas a que o Brasil se submeteu, e que foram complementadas com o novo surto de algodão, que então pode ser vendido para a Alemanha, o Estado teve de intervir no âmbito jurídico, ao estabelecer uma legislação social capaz de apaziguar o setor trabalhista e, no tempo do Estado Novo (1937-1945), no plano econômico, chegou a investir diretamente nos setores ligados aos bens de capital, setores de importância estratégica fundamental e grandes exigências de investimento, impossíveis ao capital privado. Assim, nasceram a Usina de Volta Redonda e a Cia. Vale do Rio Doce, marcos da nova política intervencionista adotada pelo Estado em relação à economia. Portanto, o processo de industrialização e trabalhista pós-1930 foi definido por Celso Furtado como "a metamorfose do capital agrário oriundo do café para a instalação da indústria". O governo de Getúlio Vargas, fruto da Revolução de 1930, então, promoveria várias e profundas transformações econômicas no Brasil.

11.15 Junta Provisória (24/10/1930) – generais Tasso Fragoso, Mena Barreto e almirante Isaías de Noronha depõem Washington Luís, assumem temporariamente o poder e entregam o governo a Getúlio (3/11/1930)

Os generais Tasso Fragoso e Menna Barreto dirigiram-se ao Palácio Guanabara. Depois de rápidos entendimentos, foram bem-recebidos por aqueles oficiais que do lado de fora guardavam a residência presidencial. Dentro do palácio, Washington Luís teimava em não renunciar[2021].

Os generais golpistas entraram e solicitaram a presença do presidente. Encontraram Washington Luís rodeado de seus ministros. O general Tasso Fragoso declarou: "Sr. presidente, venho mais uma vez patentear a minha lealdade – assegurando-lhe a vida, comunicar-lhe que a Junta Governativa está formada e que ela pede a V. Exa. a sua renúncia, a fim de evitar mais derramamento de sangue". Contudo, Washington Luís manteve-se irredutível em não renunciar. Os oficiais retiraram-se da sala, deixando o presidente e seu ministério isolados e completamente cercados por militares insurretos[2022].

Temia-se pela vida do presidente. Com os jardins do palácio tomados pela multidão e por grande número de civis armados, os generais pressentiam que a situação poderia ficar fora de controle. Resolveram convidar o cardeal Leme, nome pelo qual era conhecido o arcebispo Sebastião Leme da Silveira Cintra, para convencer Washington Luís a deixar o palácio sem a necessidade de usar a força[2023].

No fim da tarde, o cardeal conseguiu dissuadir o presidente da ideia de permanecer na presidência. Os dois saíram juntos do Palácio Guanabara em direção ao Forte de Copacabana, onde o presidente deposto ficou detido, mas em segurança[2024].

[2021] Koifman, Fábio (Coord.), *Presidentes do Brasil – de Deodoro a FHC*, cit., p. 299.
[2022] Ibidem, p. 299.
[2023] Ibidem, p. 300.
[2024] Ibidem, p. 300.

Na mesma noite, Vargas e os demais presidentes de Estados receberam um telegrama:

> *"Tenho a honra de comunicar a V. Exa. que, com a cooperação da massa popular, as classes armadas realizaram hoje, sem efusão de sangue, a mudança da alta administração do País, no patriótico intuito de pôr um paradeiro à chacina que ameaçava degradar a família brasileira. O ex-presidente foi recolhido, ao entardecer, ao Forte de Copacabana; o ex-ministro da Justiça, ao 1° Regimento de Cavalaria; o ex-ministro da Guerra, à Fortaleza de São João; os demais ministros estão em liberdade. A Junta Provisória apela para que todos os brasileiros suspendam imediatamente quaisquer hostilidades.*
> *Saudações*
> *Pela Junta Provisória, General Tasso Fragoso"*[2025].

Aparentemente, a Junta Governativa não pretendia dar simplesmente a posse da Presidência a Vargas. Por outro lado, alguns "revolucionários" da "Aliança Liberal" olhavam com surpresa ou muita desconfiança o golpe perpetrado pelos generais, que se adiantaram para depor Washington Luís, sem esperar a chegada de Vargas ao Rio de Janeiro[2026].

A composição do governo assim se conformou:

> *"O primeiro ministério do Governo Provisório mostrava a heterogeneidade do grupo que apoiou a revolução e refletia os compromissos dos revolucionários. Foram mantidos os três ministros nomeados pela junta militar em 24 de outubro, a saber: Leite de Castro (Guerra), Isaías de Noronha (Marinha) e Afrânio de Melo Franco (Relações Exteriores). Osvaldo Aranha, o principal articulador da revolução, ficou com o Ministério da Justiça; Juarez Távora foi escolhido, como representante dos 'tenentes', para a pasta da Viação e Obras Públicas; José Maria Whitaker, banqueiro paulista do café, ligado ao PD, ficou com o Ministério da Fazenda; Assis Brasil, líder do PL gaúcho, assumiu o Ministério da Agricultura. Para os dois novos ministérios criados logo após a vitória da revolução, o da Educação e Saúde Pública e o do Trabalho, Indústria e*

[2025] Ibidem, p. 301.
[2026] Ibidem, p. 301.

Comércio, foram respectivamente nomeados o mineiro Francisco Campos e o gaúcho Lindolfo Collor"[2027].

O Governo Provisório foi reconhecido logo na primeira semana pelas principais potências estrangeiras, e a vitória da revolução completou-se com o exílio de Washington Luís, de Júlio Prestes e de outras personalidades ligadas àquele governo que até pouco tempo governava o País. Já por duas vezes o cardeal dom Sebastião Leme se oferecera como mediador e colocara o Palácio São Joaquim, sua residência, à disposição[2028]. Uma Junta Militar, formada pelos generais Augusto Tasso Fragoso, João Menna Barreto, almirante Isaías de Noronha, procurou novamente o religioso. Este, depois de obter do general Tasso Fragoso o compromisso de que a vida de Washington Luís e de seus acompanhantes seria respeitada, dispôs-se a ir pela terceira vez ao Palácio Guanabara, praticamente nas mãos dos "revolucionários"[2029].

O cardeal já havia apresentado o teor do comunicado da Junta Militar aos ministros quando passou o documento às mãos do presidente, que disse:

> *"Bem, sou muito grato a V. Eminência. Como vê, já não tenho soldados nem armas. Desde a manhã, estou prisioneiro neste salão. (...) Deixarei, pois, o palácio, cedendo à violência. Para mim, não peço garantias, mas peço-as todas para os ministros e amigos que estão na outra sala"*[2030].

Washington Luís despediu-se dos que haviam permanecido a seu lado. Informado de que iria ser conduzido preso ao Forte de Copacabana, entrou no automóvel de Dom Sebastião, no qual viajou também o general Tasso Fragoso. Saíram pelo portão dos fundos do palácio, tomando o Túnel Velho até alcançar o Forte de Copacabana. Quando lá chegaram,

[2027] ABREU, Alzira Alves de *et. al.* (Coord.). *Dicionário histórico-biográfico brasileiro: pós-1930*, cit., p. 5001-5002.
[2028] KOIFMAN, Fábio (Coord.). *Presidentes do Brasil – de Deodoro a FHC*, cit., p. 273.
[2029] Ibidem, p. 273.
[2030] Ibidem, p. 273.

o presidente entregou o revólver que havia mantido para sua defesa no bolso do sobretudo[2031].

Dois dias depois, Washington Luís completou seus 61 anos na prisão. Em 21 de novembro de 1930, embarcou no navio *Alcântara*, rumo à Europa, para um longo exílio[2032]. Os setores que fizeram a Revolução de 30 destacam-se com bastante nitidez, assim como suas divisões quanto aos objetivos e finalidades do movimento vitorioso. Os velhos oligarcas que participaram da Revolução esperavam simplesmente obter o poder. Os jovens oligarcas (a "ala jovem" da Aliança Liberal) queriam algumas reformas políticas e vieram a se constituir numa espécie de equivalente civil do "tenentismo". O Partido Democrático de São Paulo viu no liberalismo um meio de alcançar o governo estadual e foi para alcançá-la que apoiou os revolucionários. Finalmente, os "tenentes" desejavam o centralismo e reformas sociais e foram os que realmente batalharam pela causa do progresso nacional com um sentimento idealista autêntico, embora com as inevitáveis deformações oriundas dos objetivos desejados[2033]. Era o início da chamada República Nova, mas com personagens antigos.

[2031] Ibidem, p. 273.

[2032] Ibidem, p. 273.

[2033] Lopez, Luiz Roberto. *História do Brasil contemporâneo*, cit., p. 63.

REFERÊNCIAS

ABRANCHES, Sergio. *Presidencialismo de coalizão - raízes e evolução do modelo político brasileiro*. Rio de Janeiro: Companhia das Letras, 2018.

ABREU, Alzira Alves de *et al* (Coord.). *Dicionário histórico-biográfico brasileiro: pós-1930*. 2. ed. rev. e atual. Rio de Janeiro: FGV, 2001. 5 v.

AB'SÁBER, Tales. *Lulismo, carisma pop e cultura anticrítica*. São Paulo: Hedra, 2012.

—. *Dilma Rousseff e o ódio político*, São Paulo: Hedra, 2015.

ADAMS, Ian e DYSON, R. W. *50 pensadores políticos essenciais da Grécia antiga aos dias atuais*, Rio de Janeiro: Difel, 2006.

ADORNO, Sérgio. *Os Aprendizes do Poder*. Rio de Janeiro: Editora Paz e Terra, 1988.

AGOSTINHO, Santo. *A Cidade de Deus*: parte II, Petrópolis: Vozes, 2010.

ALMEIDA, Ângela Mendes, *A República de Weimar e a ascensão do nazismo*. Col. Tudo é História, São Paulo: Brasiliense, 1990.

ALMEIDA, Leandro Thomaz de. "Matar um homem não é defender uma doutrina, é matar um homem": notas sobre a estratégia argumentativa de Sébastien Castellion no caso Miguel Servet. *Revista USP de Letras Clássicas*, São Paulo, v. 17, n. 1, p. 97-108, 2013.

ALMEIDA, Paulo Roberto de. *Nunca antes na diplomacia: a política externa brasileira em tempos não convencionais*. Curitiba: Appris, 2014.

—. *Formação da diplomacia econômica no Brasil: as relações econômicas internacionais no Império*. 3. ed. Brasília: Funag, 2017.

—. *A Constituição contra o Brasil – ensaios de Roberto Campos sobre a Constituinte e a Constituição de 1988*. São Paulo: LVM Editora, 2018.

—. *Contra a corrente: ensaios contrarianistas sobre as relações internacionais do Brasil. 2014-2018*. Curitiba: Appris, 2019.

—. *Miséria da diplomacia*: a destruição da inteligência no Itamaraty. Boa Vista: Editora da UFRR, 2019.

—. *O Itamaraty num labirinto de sombras*: ensaios de política externa e de diplomacia brasileira. Brasília: Diplomatizzando, 2020.

—. *O Mercosul e o regionalismo latino-americano*: ensaios selecionados, 1989-2020. Brasília: Diplomatizzando, 2020.

—. *A ordem econômica mundial e a América Latina*: ensaios sobre dois séculos de história econômica. Brasília: Diplomatizzando, 2020.

—. *Uma certa ideia do Itamaraty: a reconstrução da política externa e a restauração da diplomacia brasileira*. Brasília: Diplomatizzando, 2020.

ALMOND, Mark. *O livro de ouro das revoluções*. São Paulo: Ediouro, 2011.

ALVES, Cleger Francisco. A influência do pensamento de Benjamim Constant na formação do Estado Imperial Brasileiro, Brasília: *Revista de informação legislativa*, v. 45, n. 180, p. 65-75, out./dez. 2008.

AMARAL, Diogo Freitas do. *História do pensamento político ocidental*. Coimbra: Almedina, 2012.

ANDERSON, PERRY. *Espectro - da direita à esquerda no mundo das ideias*. São Paulo: Boitempo, 2011.

ANTUNES, Ricardo. *A desertificação neoliberal no Brasil (Collor, FHC e Lula)*. São Paulo: Autores Associados, 2004.

—. *O privilégio da servidão*. São Paulo: Boitempo Editorial, 2018.

AQUINO, Fernando; AQUINO, Rubim Santos Leão de; VIEIRA, Fernando Antonio da Costa; AGOSTINO, Carlos Gilberto Werneck; e ROEDEL, Hiran. *Sociedade brasileira: uma história através dos movimentos sociais*. Rio de Janeiro: Record, 1999.

AQUINO, Tomás de. *Suma Teológica I e II*. Coleção Os Pensadores. São Paulo: Nova Cultural, 2000.

ARANHA, Maria Lúcia de Arruda. *Maquiavel – a lógica da força*. 2. ed. São Paulo: Moderna, 2006.

ARAUJO, Cícero Romão Resende de. *A forma da república da constituição mista ao Estado*. São Paulo: Martins Fontes, 2013.

ARAÚJO, Rosalina Corrêa de. *O Estado e o Poder Judiciário no Brasil*. Rio de Janeiro: Lumen Juris, 2000.

ARRETCHE, Zaira Maria. *A ideia da representação nas teorias democráticas elitista* - republicana e democracia radical. Dissertação (mestrado em Ciências Humanas) - Universidade Federal de Pelotas: Pelotas, 2011.

ARISTÓTELES, *A política*. Lisboa: Publicação Europa-América, 1995.

ARMESTO, Felipe Fernandéz. *Américo: o homem que deu nome ao continente*. São Paulo: Companhia das Letras, 2002.

ARON, Raymond. *O marxismo de Marx*. São Paulo: Benvirá, 2012.

ARRAES, Virgílio Caixeta. O novo é o velho: o conservadorismo como força política na Itália. Meridiano 47, Brasília, v. 2, n. 10\12, p. 17-19, abr./jun. 2001. Disponível em: <http://periodicos.unb.br/index.php/MED/article/view/4679/3921>. Acesso em: 19 nov. 2019.

ASSUNÇÃO, Moacir e ASSUNÇÃO, Marcondes Pereira. *Ficha limpa, a lei da cidadania*. Realejo, Santos, 2010.

—. *Nem heróis nem vilões - curepas, cambás, macaquitos e caboclos e outras revelações da sangrenta Guerra do Paraguai*. São Paulo: Record, 2012.

— *São Paulo deve ser destruída*. Rio de Janeiro: Record, 2015.

—. *Os homens que mataram o facínora – a história dos grandes inimigos de Lampião*. Rio de Janeiro: Record, 2007.

AVELLAR, Hélio de Alcântara. *História administrativa e econômica do Brasil*. São Paulo: Fename, 1970.

AZEVEDO, Antonio Carlos do Amaral. *Dicionário de nomes, termos e conceitos históricos*. São Paulo: Lexicon, 2012.

BALEEIRO, Aliomar. *Constituições brasileiras, 1891*. 3. ed., v. II. Brasília: Senado Federal, 2012.

— e SOBRINHO, Barbosa Lima. *Constituições brasileiras – 1946*. 3. ed., v. V. Brasília: Senado Federal, 2001.

—; CAVALCANTI, Themístocles Brandão; BRITO, Luiz Navarro. *Constituições brasileiras – 1967*. 3. ed., v. VI. Brasília: Senado Federal, 2012.

BANDECCHI, Brasil. *História econômica e administrativa do Brasil*. 4. ed. São Paulo: Didática Irradiante, 1970.

BARACHO, José Alfredo de Oliveira. Teoria da Constituição. *R. Inf. Legis*. a. 15, n. 58, abr/jun, 1978.

BARAQUIM, Noella e LAFFITTE, Jacqueline. *Dicionário Universitário dos Filósofos*. São Paulo: Martins Fontes, 2007.

BARATA, Carlos Eduardo de Almeida e BUENO, Antônio Henrique da Cunha. *Dicionário das famílias brasileiras*. São Paulo: Originis-X, 1999, 2 v.

BARBOSA, Alexandre de Freitas; e KOURY, Ana Paula. Rômulo Almeida e o Brasil desenvolvimentista (1946-1964): ensaio de reinterpretação. *Revista Economia e Sociedade*. Campinas, v. 21, Número Especial, p. 1108, dez. 2012.

BARRETO, Tobias. *A questão do poder moderador e outros ensaios brasileiros*. Petrópolis: Editora Vozes, 1977.

BARROSO, Luís Roberto. *O direito constitucional e a efetividade de suas normas: limites e possibilidades da constituição brasileira*. 3. ed. Rio de Janeiro: Renovar, 1996.

BASTOS, Abguar. *Enciclopédia dos temas brasileiros- história da política revolucionária no Brasil*, 1º volume: 1900-1932; 2º volume: 1933-1945. São Paulo: Ler e Viver, 1978.

BATISTA, Felipe de Alvarenga. *Os Tratados de Methuen de 1703, guerras, portos, panos e vinhos*. Rio de Janeiro: Ed. UFRJ, 2014.

BAUMAN, Zygmunt. *Modernidade líquida*. Rio de Janeiro: Zahar, 2001.

BEARD, Henry e CERF, Christopher. *Dicionário do politicamente correto*. São Paulo: L&PM, 2007.

BEER, Max. *História do socialismo e das lutas sociais*. São Paulo: Expressão Popular, 2006.

BELO, Filomena; e OLIVEIRA, Ana. *A Revolução Francesa*. Lisboa: Quimera, 2001.

BENEDINI, Giuseppe Federico. A Rússia czarista e as origens da Revolução: um ensaio. *Cadernos do Tempo Presente*, n. 19, mar./abr. 2015.

BENEVIDES, Maria Victoria de Mesquita. *O governo Kubitschek*. Rio de Janeiro: Editora Paz e Terra, 1979.

—. *A cidadania ativa*. 3.ed. São Paulo: Ática Editora, 1991.

BERCOVICI, Gilberto; LIMA, Martonio Mont'Alverne Barreto; BELLO, Enzo. O fim das ilusões constitucionais de 1988? *Revista Direito & Práxis*, Rio de Janeiro, p. 1-43, 2018.

—. A problemática da constituição dirigente: algumas considerações sobre o caso brasileiro. Brasília: *Revista de Informação Legislativa*, a. 36, n. 142, abr./jun. 1999.

—. Carl Schmitt, o estado total e o guardião da constituição, *Revista Brasileira de Direito Constitucional*, n. 1, jan./jun. – 2003.

—. *Constituição econômica e desenvolvimento - uma leitura a partir da Constituição de 1988*. São Paulo: Malheiros, 2005.

—; MASSONETTO, Luís Fernando. A constituição dirigente invertida: a blindagem da Constituição Financeira e a agonia da Constituição Econômica. Coimbra: Faculdade de Direito da Universidade de Coimbra, *Boletim de Ciências Económicas*, v. XLIX, 2006.

BERTOLLI FILHO, Claudio. *A gripe espanhola em São Paulo 1918*. São Paulo: Paz e Terra, 2009.

BEWES, Diccon. *Swiss watching*, London: Nicholas Brealey Publishing, 2010.

BIGNOTTO, Newton. *Maquiavel - filosofia passo a passo*. Rio de Janeiro: Jorge Zahar, 2003.

BITTAR, C. B. Eduardo; ALMEIDA, Guilherme Assis de. *Curso de filosofia do direito.* 7. ed. São Paulo: Atlas, 2009.

BOBBIO, Norberto. *A era dos direitos.* Rio de Janeiro: Elsevier, 1992.

—. *Nem com Marx, nem contra Marx.* São Paulo, UNESP, 2006.

—, BOVERO, Michelângelo. *Sociedade e Estado na Filosofia Política Moderna.* São Paulo: Brasiliense, 1991.

— *et al. Dicionário de Política* - A-K. 13. ed. Brasília: UnB, 2007.

BÖCKENFÖRDE, Ernst-Wolfgang. *História da filosofia do direito e do estado - Antiguidade e Idade Média.* Porto Alegre: Sergio Antonio Fabris Editor, 2012.

BOCZAR, Sônia, Referendo e iniciativa popular na perspectiva dos modelos suíço e norte-americano (*dissertação de mestrado na Universidade de São Paulo – USP*). Orientador: Manoel Gonçalves Ferreira Filho, 1994.

BODIN, Jean. *Os seis livros da República* – livro primeiro. Trad. José Carlos Orsi Morel. São Paulo: Ícone, 2011.

BOLLE, Monica Baumgarten de. *Como matar a borboleta-azul: uma crônica da era Dilma.* Rio de Janeiro: Intrínseca, 2016 (edição digital).

BONAVIDES, Paulo. *Curso de Direito Constitucional.* 6. ed., São Paulo, Malheiros, 1996.

— e ANDRADE, Antônio Paes de. *História constitucional do Brasil.* Rio de Janeiro: Editora Paz e Terra, 1991, p. 92.

— e —. *História constitucional do Brasil.* 8. ed. Brasília: Editora OAB, 2006.

BORGES, Alexandre Walmott. *Clássicos de direito constitucional.* Curitiba: Clássica Editora, 2013.

BORGES, Maria de Lourdes Alves. *História e metafísica em Hegel*: sobre a noção do espírito no mundo. Porto Alegre: EdiPUCRS, 1998.

—. *A atualidade de Hegel.* Florianópolis: Universidade Federal de Santa Catarina, 2009.

BORJA, Sergio Augusto Pereira. *O projeto democrático.* São Paulo: Ricardo Lenz Editor, 2001.

—. Estudo sobre o bloco-constitucional da antiga URSS. *Revista Justiça e História.* Porto Alegre: Tribunal de Justiça do Estado do Rio Grande do Sul, v. 7, n. 13, p. 175–231, 2007.

BOTELHO, Catarina Santos. A história faz a constituição ou a constituição faz a história? - Reflexões sobre a história constitucional portuguesa. *Revista do Instituto do Direito Brasileiro da Faculdade de Direito da Universidade de Lisboa - RIDB*, 2013.

BOTTOMORE, Tom. *Dicionário do Pensamento Marxista*. Rio de Janeiro: Jorge Zahar Editor, 1983.

BOWDER, Diana. *Dicionário biográfico – quem foi quem em Roma Antiga*. São Paulo: Art Editora, 1995.

BRAGA, Hugo Wolovikis. Lavagem de dinheiro e o estudo do Tratado de Cooperação Jurídica em Matéria Penal entre a República Federativa do Brasil e a Confederação Suíça. *Revista do Tribunal Regional Federal da 1ª Região*, v. 18, n. 10, out. 2006.

BRANDÃO, Cláudio; SALDANHA, Nelson; FREITAS, Ricardo (coords.). *História do Direito e do pensamento jurídico em perspectiva*. São Paulo: Atlas, 2012.

BRAUDEL, Fernand. *Memórias do Mediterrâneo*. Lisboa: Terramar Editores, 2001.

BROCHADO, Mariá. O estado suíço e seus cantões. *Revista Veredas do Direito*. Belo Horizonte: Dom Helder - Escola de Direito, ano 1, n. 2, p. 103-112, 2004.

BROWN, Archie. *Ascenção e queda do comunismo*. Rio de Janeiro: Record, 2011.

BUARQUE, Felício. *Origens republicanas*. São Paulo: Editora Edaglit, 1962.

BUENO, José Pimenta. (Marquês de São Vicente). *Direito Público Brasileiro e análise da Constituição do Império*. São Paulo: Ed. 34, 2002.

BULOS, Uadi Lammêgo. *Curso de direito constitucional*. São Paulo: Saraiva, 2007.

BURKE, Edmund. *Reflexões sobre a Revolução em França*. Brasília: Editora UnB, 1982.

BUSHKOVITCH, Paul. *História concisa da Rússia*. São Paulo: Edipro, 2014.

CAENEGEM, R. C. Van. *Uma introdução histórica ao direito constitucional ocidental*. Lisboa: Fundação Calouste Guberkian, 1998; São Paulo: Martins Fontes, 2000.

CAGGIANI, Ivo. *David Canabarro, de tenente a general*. Porto Alegre: Martins Editora, 1992.

CALDERA, Alejandro Serrano. *Os dilemas da democracia*. São Leopoldo: Editora Unisinos, 1996.

CALDEIRA, Jorge. *Mauá, empresário do Império*. Rio de Janeiro, Nova Fronteira, 1995.

CALLINICOS, Alex. *A vingança da história* – o Marxismo e as revoluções do Leste Europeu, Rio de Janeiro: Jorge Zahar, 1982.

CALVIN, John. "Commentaries on Daniel". In *On God and Political Duty*. Indianapolis: Bobbs-Merrill, 1956.

CAMPOS, Raimundo C. B. e ALMEIDA JR., Antonio M., *Curso Abril Vestibular – história geral*, n. 09, São Paulo: Abril Cultural, 1972.

CAMPOS, Roberto. *O século esquisito*. São Paulo: Topbooks, 1990.

—. *A Lanterna na Popa*. São Paulo: Topbooks, 1994.

CANOTILHO, José Joaquim Gomes. *Constituição dirigente e vinculação do legislador: contributo para a compreensão das normas constitucionais programáticas.* 2. ed. Coimbra: Coimbra Editora, 2001.

—. Rever ou romper com a constituição dirigente? Defesa de um Constitucionalismo moralmente reflexivo. *Revista do Processo.* São Paulo: Revista dos Tribunais, abr.-jun. 2000.

—. *Direito constitucional e teoria da constituição.* 3. ed. Coimbra: Almedina, 1998.

CARNEIRO, Glauco. *História das revoluções brasileiras.* São Paulo: Edições O Cruzeiro, 1965.

CARONE, Edgar. *A República Velha – as instituições e classes sociais.* São Paulo: Difel, 1978.

—. *Evolução política do Brasil,* vol 2. São Paulo: Difel, 2000.

CARVALHO, Claudia Paiva. Desafios democráticos para a constituição dirigente: entre vinculação e abertura constitucional. Brasília: *Revista Jurídica da Presidência,* v. 14, n. 103, jun./set. 2012.

CARVALHO, José Murilo de. *Visconde do Uruguai.* São Paulo: Editora 34, 2002.

—. *A construção da ordem - teatro de sombras.* Rio de Janeiro: Editora Civilização Brasileira, 2003.

CARVALHO, Laura. *Valsa brasileira - do boom ao caos econômico.* São Paulo: Todavia, 2018.

CARVALHO, Manuel Proença de. *Manual de ciência política e sistemas políticos e constitucionais.* 3.ed. Lisboa: Quid Juris Sociedade Editora, 2010.

CARVALHO, Marcus J.M e CÂMARA, Bruno Dornelas. *A Praieira revisitada: considerações sobre o debate.* Brasília: Instituto Nacional do Livro - MEC, 1971.

CASTELLS, M.; HALL, P.; HALL, P.G. (2004). *Technopoles of the world: the making of twenty-first-century industrial complexes.* London: Routledge.

CASTRO, Celso. *A Proclamação da República,* Rio de Janeiro: Jorge Zahar, 2000.

CASTRO, Therezinha de. *História da civilização brasileira.* v. II, Rio de Janeiro: Record: 1969.

CAVA, Bruno. *A multidão foi ao deserto - as manifestações no Brasil em 2013.* São Paulo: Annablume, 2013.

CEREZO, Miguel Castro (Coord.). *História do Brasil - das origens ao século XXI.* Enciclopédia do Estudante, São Paulo: Moderna, 2008.

CERQUEIRA, Marcelo. *A Constituição na história.* Rio de Janeiro: Revan, 2002.

CHÂTELET, François. *Hegel.* Rio de Janeiro: Jorge Zahar, 1995.

—; DUHAMEL, Olivier; PISIER-HOUCHNER, Évelyne. Trad. Carlos Nelson Coutinho. *História das ideias políticas.* Rio de Janeiro: Jorge Zahar Editor, 1985.

CHEVALLIER, Jean-Jacques. *As grandes obras políticas*: de Maquiavel aos nossos dias. Rio de Janeiro: Agir, 1973.

CHIAVENATO, Julio José. *As lutas do povo brasileiro - do "descobrimento" a Canudos.* São Paulo: Moderna, 1988.

CÍCERO. *Da República.* Coleção Mestres pensadores. São Paulo: Editora Escala, 1995.

CIORAN, Emile Michel. *Antologia do retrato - De Saint-Simon a Tocqueville.* Rio de Janeiro: Rocco, 1998.

COELHO, Diva Julia Sousa da Cunha Safe; COELHO, Saulo de Oliveira Pinto; DINIZ, Ricardo Martins Spindola. Constituição, constitucionalismo e efetividade na China: ilações entre cultura tradicional, práxis política e discurso constitucionalista no contexto chinês. *Revista da Faculdade de Direito UFPR*, Curitiba, PR, Brasil, v. 62, n. 3, p. 187-220, set./dez. 2017. ISSN 2236-7284.

COMPARATO, Fábio Konder. *A afirmação histórica dos direitos humanos.* 2.ed. São Paulo: Saraiva, 2001.

—. A constituição de 1988: o direito e o avesso. In BENEDITO, Alexandre; FREITAS, Aline da Silva; e COSTA, Pedro Vitor Melo (orgs.). *Constituição Federal 30 anos - há o que comemorar?* Londrina: Thoth Editora, 2019.

CONSTANT, Benjamin. *Principes de politique*, Hofmann/Droz, 1980, t. I e II.

—. Da liberdade dos antigos comparada à dos modernos. Trad. Loura Silveira. Revista Filosofia Política, n. 2, 1985, p. 7-25. Disponível em: http://caosmose.net/candido/unisinos/fa/benjamin.doc. Acesso em: 17 jul. 2018.

COQUARD, Olivier. *Marat, o amigo do povo.* São Paulo: Scritta, 1996.

CORDEIRO, Néstor Luís. *A invenção da filosofia*, São Paulo: Odysseus, 2011.

CORDON, Juan Manoel e MARTÍNEZ, Tomás Calvo. *História da filosofia.* Coimbra: Edições 70, 1995.

COSTA, João Cruz. *Pequena história da República.* Rio de Janeiro: Civilização Brasileira, 1968.

COSTA, Maria Emilia Viotti da. *Da Monarquia à República - momentos decisivos.* 6.ed., São Paulo: Brasiliense, 1994.

COUTELLE, José Eduardo. Por que a Inglaterra não aderiu ao Euro? São Paulo: *Revista Superinteressante*, 4 jul. 2018.

COUTINHO, Sheyla Yvette Cavalcanti Ribeiro. Os princípios no direito constitucional brasileiro: diretrizes de regulação a partir dos trabalhos de Ronald Dworkin e Hans-Georg Gadamer. *Revista Teorias do Direito e Realismo Jurídico*, 2016.

CROISET, A. *As democracias antigas*. Rio de Janeiro: Garnier, 1923.

CROUZET, Maurício (Coord). *História geral das civilizações (17 v.)*. Trad. Vítor Ramos e J. GUINSBURG. São Paulo: Divisão Europeia do Livro, 1960, v. IV e XV.

CRUZ, Leonildo e CIRNE, Liana. *A Constituição Traída*. Curitiba: Hedra, 2017.

CUNHA, Diogo. O negacionismo como estratégia política e discurso de ódio, disponível em https://www.cartamaior.com.br/?/Editoria/Politica/O-negacionismo-como-estrategia-politica-e-discurso-de-odio-E-algumas-licoes-da-experiencia-francesa-/4/43903. Acesso em 08 jan 2020.

CUNHA, Paulo; e CABRAL, Fátima (orgs.). *Nelson Werneck Sodré - entre o sabre e a pena*. São Paulo: Unesp, 2006.

CUNHA, Paulo Ferreira da. *Miragens do direito*. Campinas: Milenium, 2002.

DAHL, Robert. *Sobre a democracia*. Brasília: Editora UnB, 1998.

DALLARI, Dalmo de Abreu. *Elementos de teoria geral do Estado*. 3.ed. São Paulo: Saraiva, 1976.

—. *A constituição na vida dos povos*. 2.ed. São Paulo: Saraiva, 2012.

DANTAS, Miguel Calmon. Ode ou réquiem pela Constituição Dirigente? Disponível em www.facs.br/revistajuridica/edicao_maio2005/.../doc_01.doc. Acesso em: 14 de jan. de 2013.

DANTAS, Monica Duarte (org.). *Revoltas, motins, revoluções: homens livres e libertos no Brasil do século XIX*. São Paulo: Alameda Editorial, 2011.

DAHRENDORF, Ralf. *Reflexões sobre a revolução na Europa*. Rio de Janeiro: Zahar, 1991.

D'ARAUJO, Maria Celina. *O Estado Novo*. Col. Descobrindo o Brasil, Rio de Janeiro: Zahar, 2000.

DARNTON, Robert e DUHAMEL, Olivier. *Democracia*. São Paulo: Record, 2001.

D'ÁVILA, Luiz Felipe. *As Constituições do Brasil*. São Paulo: Brasiliense, 1993.

DELGADO, Paulo. 30 anos de uma constituição traída: "nunca foram solucionados os enigmas da Constituição de 88". In BENEDITO, Alexandre; FREITAS, Aline da Silva; e COSTA, Pedro Vitor Melo (orgs.). *Constituição Federal 30 anos - há o que comemorar?* Londrina: Thoth Editora, 2019.

DELLAGNEZZE, René, *Os 100 anos da Revolução Russa de 1917, a Constituição da Federação da Rússia e os direitos humanos*. Disponível em https://docplayer.com.br/61778350-Os-100-anos-da-revolucao-russa-de-1917-a-constituicao-da-federacao-da-russia-e-os-direitos-humanos.html cit., Acesso 20 jan 2020.

DENT, N. J. H. *Dicionário Rousseau*. Trad. Álvaro Cabral. Rio de Janeiro: Jorge Zahar, 1996.

DENISVO, A. e KIRICHENKO, M., *Soviet State Law*, Moscow: Foreign Languages Publishing House, 1960.

DEROSA, Cristian. *O poder moderador e o legado de Benjamin Constant no Brasil*. Disponível em http://hid0141.blogspot.com.br/2011/04/o-poder-moderador-e-o--legado-de.html. Acesso em 04 dez. 2019.

DIAS, Mariana Dattolli Gouveia. *A efetividade das normas constitucionais programáticas*. Publicado no site *Conteúdo Jurídico*, em 24 de maio de 2015, disponível em https://conteudojuridico.com.br/consulta/Artigos/39393/a-efetividade-das--normas-constitucionais-programaticas, Acesso 12 dez 2019.

Dicionário Larousse Cultural da Língua Portuguesa. São Paulo: Nova Cultural, 1990.

Dictionnaire historique de la Suisse (DHS). Hauterive: Editions Gilles Attinger, 2002.

DIDEROT e D'ALEMBERT. Trad. Maria das Graças de Souza. *Verbetes políticos da enciclopédia*. São Paulo: Unesp, 2006.

DIMOULIS, Dimitri. *Dicionário Brasileiro de Direito Constitucional*. 2.ed. São Paulo: Saraiva, 2012.

—. A introdução do controle de constitucionalidade difuso na Grécia - um caso de "ativismo judicial" na Europa do século XIX. *Revista Brasileira de Direito Constitucional*, n. 1, jan. jun. 2003.

DINUCCI, Aldo. *Górgias de Leontinos*. Col. Sofistas. São Paulo: Oficina do Livro, 2017, v. I.

D'IPPOLITO, Francesco e FIGUEIREDO Marcelo. *Mani Pulite Operação Mãos Limpas - 25 anos depois*. Extraído do site migalhas.com.br (Migalhas de peso). Acesso em 13 nov 2019.

DISTEN, Yoran. *Guerra, agressão e legítima defesa*. Barueri: Manole, 2001.

DÓRIA, Palmério. *O príncipe da privataria*. São Paulo: Geração Editorial, 2013.

DOWBOR, Ladislau. *A era do capital improdutivo*: A nova arquitetura do poder, sob dominação financeira, sequestro da democracia e destruição do planeta. 2. ed., São Paulo: Autonomia Literária, 2018.

DRAIBE, Sônia Miriam. O "Welfare State" no Brasil: características e perspectivas. *Ciências Sociais Hoje*, 1989. São Paulo: ANPOCS e Vértice, 1989.

DULCI, Luiz. *Um salto para o futuro*. São Paulo: Editora Perseu Abramo, 2013.

DUNN, John. *A história da democracia – um ensaio sobre a libertação do povo*. São Paulo: Unifesp, 2016.

DUPEUX, Louis. *História cultural da Alemanha*, Trad. Elena Gaidano, São Paulo: Civilização Brasileira, 1992.

DUQUE-ESTRADA, Luiz Gonzaga; Francisco Foot Hardman (ORG.); e Vera Lins (Orgs.). *Revoluções brasileiras*. São Paulo: Unesp, 1998.

DUROZOI, Gérard e ROUSSEL, André. *Dicionário de filosofia*, São Paulo: Papirus, 1993.

DUVERGER, Maurice, *As modernas tecnodemocracias*. São Paulo: Paz e Terra, 1975.

DWORKIN, Ronald. *A raposa e o porco-espinho - justiça e valor*. São Paulo: Martins Fontes, 2015.

—. *O império do direito*. 3.ed. São Paulo: Martins Fontes, 2014.

DWYER, Frank. *Danton*. Col. Os grandes líderes São Paulo: Nova Cultural, 1987.

EAGLETON, Terry. *Marx*. São Paulo: Unesp, 1999.

ELIAS, Norbert. *Os alemães*. Rio de Janeiro: Jorge Zahar, 1996.

Enciclopédia Barsa Universal. São Paulo: Barsa Planeta, 1964. v. 17.

Enciclopédia do Mundo Contemporâneo. 3.ed. São Paulo: Publifolha, 2002.

ESPÍNDOLA, Alberi. *Rousseau - pontos e contrapontos*. São Paulo: Barcarolla, 2012.

SILVA, Nuno J. Espinosa Gomes da. *História do direito português*. Lisboa: Fundação Calouste Gulbenkian, 2006.

FAORO, Raymundo. *Os donos do poder*. Porto Alegre: Editora Globo S.A., 1976.

FARIA, José Eduardo. *Retórica política e ideologia democrática: a legitimação do discurso liberal*. Rio de Janeiro: Graal, 1984.

—. *O direito na economia globalizada*. São Paulo: Malheiros, 2004.

FARHAT, Said. *Dicionário Parlamentar e Político: o processo político e legislativo no Brasil*. São Paulo: Melhoramentos, 1996.

FÁTIMA, Branco Di. *Dias de tormenta: os movimentos de indignação que derrubaram ditaduras, minaram democracias e levaram a extrema direita ao poder no Brasil*. São Paulo: Geração Editorial, 2019.

FAYE, Emmanuel. *Heidegger* – a introdução do nazismo na filosofia. São Paulo: É Realizações, 2015.

FERGUSON, Niall. *Empire: The rise and demise of the British world order and the lessons for global power* (em inglês). [S.l.]: Basic Books, 2002.

FERNANDES, Antonio Teixeira. *O estado democrático e a cidadania*. Porto: Edições Afrontamento, 1998.

FERNANDES, Antonio José. *Introdução à ciência política*. Porto: Porto editora, 2010.

FERNANDES, Luís. As armadilhas da globalização. *In* Carrion, Raul K.M. e VICENTINI, Paulo G. Fagundes. *Globalização, neoliberalismo, privatizações – quem decide este jogo?*, Porto Alegre: UFRGS, 1997.

FERRO, Marc. *História de França*. Lisboa: Edições 70, 2011.

FILGUEIRAS, Luiz e GONÇALVES, Reinaldo. *A economia política do governo Lula*. Rio de Janeiro: Contraponto, 2007.

FITZGERALD, Ross (Org.). *Pensadores políticos comparados*, Col. Pensamento Político, v. 52, Brasília: Editora UnB, 1980.

FIUZA, Ricardo Arnaldo Malheiros. *Revista Informativo Legislativo*. Brasília, ano 29, n. 113, jan./mar. 1992.

FLORENZANO, Modesto. *As revoluções burguesas*. Col. Tudo é história. São Paulo: Brasiliense, 1981.

FLORY, Thomas. *El Juez de Paz y el Jurado en el Brasil Imperial*. México: Fondo de Cultura Econômica, 1986.

FORTES, Luiz R. Salinas. *O iluminismo e os reis filósofos*. Col. Tudo é História. São Paulo: Brasiliense, 1993.

FRANÇA, R. Limongi. Reforma do Código ou Consolidação das Leis Civis?. *Enciclopédia Saraiva do Direito*. São Paulo: Saraiva, v. 25, 1977.

FRANCO, Afonso Arinos de Melo. *Curso de direito constitucional brasileiro*. Rio de Janeiro: Forense, 1960.

—. *História e teoria dos partidos políticos no Brasil*. São Paulo: Editora Alfa Omega, 1974.

FRASER, Antonia. *A conspiração da pólvora - terror e fé na Revolução Inglesa*. Rio de Janeiro: Record, 1998.

FRIEDE, Reis. Que não se culpe a Constituição de Weimar! *Revista de Direito*. Universidade Federal de Viçosa, 2019.

FRIEDRICH, Carl J. *Uma introdução à teoria política*. Rio de Janeiro: Zahar, 1970.

FROTA, Guilherme de Andrea. *Quinhentos anos de história do Brasil*. Rio de Janeiro: Biblioteca do Exército, 2000.

FURET, François. História das Revoluções, n. 6, v. I, *Revista O Cruzeiro*, São Paulo: Editora Três, 1974.

— e OZOUF, Mona. *Dicionário Crítico da Revolução Francesa*. Rio de Janeiro: Nova Fronteira, 1989.

GALBRAITH, John Kenneth. *1929 – A Grande Depressão*. São Paulo: Larousse, 1996

—. *A Paz indesejável? Relatório sobre a utilidade das guerras*. Paris: Calmann-Lévy edit., 1968.

GALGANO, Francesco. *Le Institutioni dell'Economia Capitalística*. Bologna: Zanichelli, 1984.

GAULD, Charles A. *Farquhar, o último titã – um empreendedor americano na américa latina*. São Paulo: De Cultura, 2006.

GERHARD COLM, Theodore Geiger. *A economia dos Estados Unidos*. Trad. Octávio Mendes Cajado. São Paulo: Cultrix, 1968.

GIANOTTI, José Arthur. *Lições de filosofia primeira*. Companhia das Letras, São Paulo, 2001.

GILISSEN, John. *Introdução histórica ao direito*. 3.ed. Lisboa: Fundação Calouste Gulbenkian, 2011.

GIORDANI, Mário Curtis. *História da Grécia*. Petrópolis: Vozes, 1984.

—. *História de Roma*. 3. ed. Petrópolis: Vozes, 1972.

—. *História do mundo feudal*. 3.ed. Petrópolis: Vozes, 1997.

—. *História do século XX*. São Paulo: Ideias e Letras, 2012.

GODOY, Arnaldo Sampaio de Moraes. O direito constitucional francês. Teresina: *Revista Jus Navigandi*, n. 1656, 13 jan. 2008.

GOMES, Fernanda da Silva. *Rousseau - democracia e representação*. Florianópolis: Universidade Federal de Santa Catarina, 2006.

GONÇALVES, Míriam (Org.). *Enciclopédia do golpe*. Bauru: Canal 6 Editora, 2018, 2 v.

GONZÁLES, Horácio. *Karl Marx*. São Paulo: Brasiliense, 1984.

GONZÁLEZ, Justo. *História del Cristianismo*. Miami: Editorial Unilit, 1994.

GORCZEVSKI, Clóvis; BOTELHO, Edison; LEAL, Mônica Clarissa Hennig. *Introdução ao estudo da ciência política, teoria do Estado e da Constituição*. Porto Alegre: Verbo Jurídico, 2007.

GOYARD-FABRE, Simone. *O que é democracia?* Trad. Claudia Berliner. São Paulo: Martins Fontes, 2003.

GRACIELA, Nayara. *O federalismo e a democracia na Suíça*. Disponível em http://www.conteudojuridico.com.br/artigo,o-federalismo-e-a-democracia-na-suica,32163.html. Acesso 15 dez. 2019.

GRANT, Michael. *Civilização clássica - história resumida (Grécia e Roma)*. Rio de Janeiro: Jorge Zahar, 1994.

GRAU, Eros Roberto. *O direito posto e o direito pressuposto*. 4. ed. São Paulo: Malheiros, 2002.

GRAY, John. *Voltaire*. Col. Grandes filósofos. São Paulo: Unesp, 2012.

GRAZIA, Sebastian de. *Maquiavel no inferno*. Trad. Denise Bottmann. São Paulo: Companhia das Letras, 1993.

GRINBERG, Keila. *Código Civil e cidadania*. Rio de Janeiro: Jorge Zahar Editora, 2001.

Grunberg, Gérard. *La France vers le bipartisme? La présidentialisation du PS et de l'UMP*. [S.l.: s.n.], 2007.

GRUPPI, Luciano. *Tudo começou com Maquiavel*. São Paulo: L&PM Editores, 1996.

GHELERE, Gabriela Doll. *A liberdade individual para Benjamin Constant*. Dissertação de mestrado. Universidade de São Paulo - Departamento de Filosofia: São Paulo, 2008.

GUERRA, Elizabete Olinda. Vida e pensamento político de Carl Schmitt: breves considerações, *Profanações*, Ano 4, n. 1, p. 64-75, jan./jul. 2017.

HAMILTON, Alexander; MADISON, James e JAY, John. *Os federalistas*. Brasília: UnB, 1984.

HAMLYN, D. W. *Uma história da filosofia ocidental*. São Paulo: Jorge Zahar Editor, 2002.

HAMPSON, Norman. *A primeira revolução europeia*. Lisboa: Editorial Verbo, 1996.

HIRST, Paul. *A democracia representativa e seus limites*, Rio de Janeiro: Zahar, 1992.

HOBSBAWM, Eric J. *A era dos extremos*: o breve século XX. 2. ed. São Paulo: Companhia das Letras: 1997.

HOETZSCH, Otto. *A evolução da Rússia*. Lisboa: Editorial Verbo, 1966.

HOLLOWAY, Thomas H. *Vida e morte do Convênio de Taubaté - a primeira valorização do café*. Trad. Márcio Doctors. Rio de Janeiro: Paz e Terra, 1978.

HOUAISS, Antonio. *Dicionário Houaiss da Língua Portuguesa*. Rio de Janeiro: Objetiva, 2001.

HUISMAN, Denis. *Dicionário dos filósofos*. São Paulo: Martins Fontes, 2001.

HUME, David. *História da Inglaterra - da invasão de Júlio Cesar à revolução de 1688*. 2.ed. São Paulo: Unesp, 2017.

—. Col. *Os pensadores*. 3.ed. São Paulo: Abril, 1984.

HUSZAR, George B. *Aplicações práticas da democracia*. Trad. J. L. Melo. Rio de Janeiro: Record, 1965.

IGLÉSIAS, Francisco. *Constituintes e Constituições brasileiras*. Coleção Tudo é História. São Paulo: Brasiliense, 1982.

IGLÉSIAS, Francisco. *Trajetória política do Brasil: 1500 - 1964*. São Paulo: Companhia de Letras, 1993.

QUEIROZ, Maria Isaura Pereira de. *O messianismo no Brasil e no mundo*. 3.ed. São Paulo: Alfa-Ômega, 2003.

JANOT, Rodrigo e CARVALHO, Jaílton de. *Nada menos que tudo: bastidores da operação que colocou o sistema político em xeque*. São Paulo: Planeta, 2018.

JANUZZI, Giovanni. *Uma breve história da Itália*. Buenos Aires: Letemendia, 2005.

JEFFERSON, Thomas. *Escritos políticos*. Col. Os Pensadores. São Paulo: Abril Cultural, 1979.

JINKINGS, Ivana; DORIA, Kim e CLETO, Murilo (org.). *Por que gritamos golpe?* São Paulo: Boitempo Editorial, 2016.

JOHANN, Ernst e JUNKER, Jörg. *A República de Weimar (1918-1933)*, Excerto da História da Cultura Alemã dos Últimos Cem Anos. Munique: Nymphenburger Verlagshandlung, 1974.

JONES, Peter V., *O mundo de Atenas*. São Paulo: Martins Fontes, 1997.

JUDT, Tony e SNYDER, Timothy. *Pensando o século XX*. Rio de Janeiro: Objetiva, 2014.

KAGAN, Donald. *A guerra do Peloponeso*. Rio de Janeiro: Record, 2006.

KANT, Immanuel. *A religião nos limites da simples razão*. Trad. Artur Morão. Covilhã: LusoSofia, 2008.

—. *Doutrina do direito*. São Paulo: Ícone, 2013.

—, *Crítica da razão prática*. São Paulo: Martins Fontes, 1998.

KAUFMANN, A. e HASSEMER, W. *Introdução à filosofia do direito e à teoria do direito contemporâneas*, 2. ed. Lisboa: Fundação Calouste Gulbekian, 2015.

KEANE, John. *vida e morte da democracia*. Coimbra, Edições 70, 2011.

KELLER, Vilma (colab. especial). "*Café Filho*" (verbete). Rio de Janeiro: CPDOC | FGV - Centro de Pesquisa e Documentação de História Contemporânea do Brasil. Extraído de http://www.fgv.br/cpdoc/acervo/dicionarios/verbete-biografico/joao-cafe-filho. Acesso em 18 dez 2019.

KELLY, Paul *et al.* Trad. Rafael Longo. *O livro da política*. São Paulo: Editora Globo, 2013.

KELSEN, Hans. *Autobiografia de Hans* Kelsen. Trad Gabriel Nogueira Dias e José Ignácio Coelho Mendes Neto. Rio de Janeiro: Forense Universitária, 2011.

KERVÉGAN, Jean-François. *Hegel, Carl Schmitt* – O político entre a especulação e a positividade. Barueri: Manole, 2006.

KOERNER, Andrei. O Poder Judiciário na Constituição da República. *Dissertação de Mestrado em Ciência Política* - USP - S.P., 1992.

KOIFMAN, Fábio (Org.) *Presidente do Brasil - de Deodoro a FHC*. Rio de Janeiro: Editora Rio, 2002.

KONRAD, Diorge. *Em tribunais, política e justiça não nascem irmãs*, publicada no site www.vermelho.org.br, disponível in http://www.vermelho.org.br/coluna.php?id_coluna_texto=4983&id_coluna=14. Acesso em 12 dez. 2019.

KOSHIBA, Luiz; PEREIRA, Denise Manzi Frayze. *História do Brasil*. São Paulo: Atual, 1996.

KRITSCH, Raquel. Política, religião, revolução e soberania em "Reflexões sobre a revolução em França" do conservador E. Burke. *Revista Espaço Acadêmico*, n. 123, ago 2011.

KUGELMAS, Eduardo. *Marquês de São Vicente*. São Paulo: Editora 34, 2002.

LACOMBE, Américo Jacobina. A Cultura Jurídica in *História Geral da Civilização Brasileira*. T.II, v. 3. O Brasil Monárquico. Dir. HOLANDA, Sérgio Buarque. São Paulo: Editora Difel, 1976.

LATINI, A. Sidney. *A implantação da indústria automobilística no Brasil*. São Paulo: Alaúde, 2007.

LEAL, Aurelino. *História constitucional do Brasil*, Rio de Janeiro: Imprensa Nacional, 1915.

LEAL, Victor Nunes. *Coronelismo, Enxada e Voto*. São Paulo: Alfa Omega, 1986.

LEGROS, Robert. *O advento da democracia*. Lisboa: Instituto Piaget, 2001.

LEPAPE, Pierre. *Voltaire: nascimento dos intelectuais no século das luzes*. Rio de Janeiro: Jorge Zahar, 1995.

LIGUORI, Guido; e VOZA, Pasquale (orgs.). *Dicionário gramsciano (1926-1937)*. São Paulo: Boitempo Editorial, 2017.

LIMA, Heitor Ferreira. *História político-econômica e industrial do Brasil*. São Paulo: Companhia Editora Nacional, 1970.

—. *História do pensamento econômico no Brasil*, São Paulo: Editora Nacional, 1978.

LINDOSO, José Antônio Spinelli. União Soviética: da Nova Política Econômica (NEP) à construção do "socialismo num só país". Universidade Federal do Rio Grande do Norte: *Revista Cronos*, v. 14, n. 1, p. 114, 2013.

LIPSON, Leslie. *A civilização democrática*, v. I. Rio de Janeiro: Zahar Editores, 1966.

LOPES, José Reinaldo de Lima. *O direito na história - lições introdutórias*. 3.ed. São Paulo: Atlas, 2008.

—; ACCA, Thiago dos Santos; QUEIROZ, Rafael Mafei Rabelo, *O direito na história*, São Paulo: Método, 2006.

LOPEZ, Luiz Roberto. *História do Brasil contemporâneo*. Porto Alegre: Editora Mercado Aberto, 1993.

LOUREIRO, Isabel. *A revolução alemã* [1918 – 1923], Col. Revoluções do Século XX, São Paulo: Editora UNESP, 2005.

MABOTT, J. D. *O Estado e o cidadão: uma introdução à teoria política*. Rio de Janeiro: Zahar, 1968.

MACIEL, José Fabio Rodrigues; AGUIAR, Renan. *Manual de História do Direito*. 9. ed. São Paulo: Saraiva, 2019.

—; Madeu, Diógenes. *Introdução ao estudo e à teoria geral do direito*. São Paulo: Saraiva, 2015.

— (Coordenador). *Formação Humanística em Direito*. 2. ed. São Paulo: Saraiva, 2015.

—. *Teoria Geral do Direito*: segurança, valor, hermenêutica, princípios, sistema. São Paulo: Editora Saraiva, 2004.

MALACARNE, Cassiano. *Decretais de Gregório IX* (Livro 5, Títulos 1-2). Tese de doutorado. Porto Alegre: Universidade Federal do Rio Grande do Sul, 2016.

MANFRED, A. Z. *A concepção materialista da Revolução Francesa*. São Paulo: Global, 1989.

MANNION, James. *O livro completo da filosofia*. São Paulo: Madras, 2004.

MANSO, Bruno, SOLANO, Esther e NOVAES, Willian. *Mascarados, a verdadeira história dos adeptos da tática black bloc*. São Paulo: Geração Editorial, 2014.

MARÉS, Carlos F. de Souza Filho. O Direito Envergonhado (O direito dos juízes no Brasil), in *Estudos jurídicos* - PUC, n. 1, Curitiba, 1993.

MARIA, José. *História da República*. São Paulo: Editora Síntese, 1956.

MARQUES, J. Luiz. *O socialismo*. Porto Alegre: UFRGS, 1991.

MARTINS JUNIOR, José Izidoro. *História do direito nacional*. Rio de Janeiro: Typographia da Empreza Democrática Editora, 1895. Disponível em http://www2.senado.leg.br/bdsf/handle/id/224218. Acesso em 13 nov. 2019.

MARTINS, Carlos Estevam. Da globalização da economia à falência da democracia. *Economia e Sociedade*, Campinas, (6): 1-23, jun. 1996.

MARX, Karl. *Manuscritos econômico-filosóficos*. Trad. Jesus Ranieri. São Paulo: Boitempo Editorial, 2004.

MASCARO, Alysson Leandro. *Filosofia do direito*, 6. ed. São Paulo: Atlas, 2018.

MASSIE, Robert K. *Catarina, a grande - retrato de uma mulher*. Rio de Janeiro: Rocco, 2012.

MATTOSO, José. *História de Portugal - antes de Portugal*. Lisboa: Círculo de Leitores. 1992, v. I.

MCCOOK, Alison. *Is peer review broken?*. Reprinted from the Scientist 20(2) 26, 2006.

MEIRELLES, Domingos. *1930, Os órfãos da Revolução*. Rio de Janeiro: Record, 2005.

—. *As noites das grandes fogueiras – uma história da Coluna Prestes*. Rio de Janeiro: Record, 2000.

MELO, Clóvis. *Os ciclos econômicos do Brasil*. Rio de Janeiro: Ed. Laemmert, 1969.

MELLO, F. I. M. Homem de. A Constituinte perante a História. In *A Constituinte de 1823*. LIMA SOBRINHO, Barbosa *et al*. Brasília: Centro Gráfico do Senado, 1973.

MELLO, Evaldo Cabral de. *Frei Joaquim do Amor Divino Caneca*. São Paulo: Editora 34, 2001.

MELLO FRANCO, Afonso Arinos. *Estudos de direito constitucional*. Rio de Janeiro: Freitas Bastos, 1957.

MENDES, Conrado Hübner. A política do pânico e circo. In *Democracia em risco? 22 ensaios sobre o Brasil de hoje*. São Paulo: Companhia das Letras, 2019.

MENDES JR., Antonio; RONCARI, Luiz e MARANHÃO, Ricardo. *Brasil - história, texto e consulta*. São Paulo: Brasiliense, 1979. 4v.

MENDONÇA, J. X. Carvalho. *Tratado de direito comercial brasileiro*. Rio de Janeiro: Livraria Freitas Bastos, 1953.

MENDONÇA, José Vicente dos Santos. Vedação do Retrocesso: O que é e como Perder o Medo, in: *Revista de Direito da Associação dos Procuradores do Novo Estado do Rio de Janeiro*, vol. XII. Rio de Janeiro: Lúmen Juris, 2003.

MENDOZA, Plínio Apuleyo; MONTANER, Carlos Alberto; e LLOSA, Álvaro Vargas. *A volta do idiota*. Rio de Janeiro: Odisseia Editorial, 2007.

MENEZES, Paulo Braga de. *As constituições outorgadas ao Império do Brasil e ao Reino de Portugal*. Rio de Janeiro: Arquivo Nacional, 1974.

MENEZES FILHO, Naercio; e SOUZA, André Portela. *A carta - para entender a Constituição*. São Paulo: Todavia, 2019.

MERCADANTE, Paulo. *A consciência conservadora no Brasil*. Rio de Janeiro: Editora Civilização Brasileira 1972.

MILL, Stuart. *Considerações sobre o governo representativo*. Brasília: Editora UnB, 1981.

MONTEIRO, Daniel Lago. Anarquia e conformação das coisas: algumas observações sobre revolução, história e linguagem em Edmund Burke. *Revista dos Departamentos de Filosofia da Universidade Federal do Paraná e da Universidade Federal de São Carlos*, v. 8, n. 1, 2011, p. 11-22.

MONTEIRO, Tobias. *História do Império: a elaboração da independência*. Belo Horizonte: Itatiaia-Edusp, 1981.

MONTESQUIEU, Charles Louis de Secondat. *Do espírito das leis*. Col. Os Pensadores. São Paulo: Abril Cultural, 1973.

—. *O espírito das leis*. Trad. Pedro Vieira Mota. São Paulo: Saraiva, 1987.

MOOREHEAD, Alan. *A Revolução Russa*. São Paulo: Ibrasa, 1960.

MORAES, Alexandre de. *Constituição da República: um projeto de nação - Homenagem aos 30 anos*. Brasília: OAB Editora, 2018.

MORAES, Alexandre de. *Direito constitucional*. 34. ed. São Paulo: Editora Atlas, 2018.

—. *Direitos humanos fundamentais - teoria geral*. 11. ed. São Paulo: Grupo GEN/Atlas, 2016.

—. *Improbidade administrativa*. 2. ed. Rio de Janeiro: Forense, 2016.

—. *Pareceres de direito público*. 2. ed. São Paulo: Atlas, 2015.

—. *IV Relatório Supremo em números - O Supremo e o Ministério Público*. Rio de Janeiro: FGV Rio, 2015.

—. *Jurisdição Constitucional e Tribunais Constitucionais - Garantia Suprema da Constituição*. 3. ed. São Paulo: Atlas, 2013.

—. *Presidencialismo*. 2. ed. São Paulo: Atlas, 2013.

—. *Constituição do Brasil Interpretada e Legislação Constitucional*. 9. ed. São Paulo: Atlas, 2013.

—. *Os 20 Anos da Constituição da República Federativa do Brasil*. São Paulo: Editora Atlas, 2009.

—. *Manual Atlas - Constituição da República Federativa do Brasil*. 30. ed. São Paulo: Editora Atlas, 2009.

—; SMANIO, G. P. *Legislação Penal Especial*. 10. ed. São Paulo: Editora Atlas S/A, 2008.

—. *Direito constitucional administrativo*. 4. ed. São Paulo: Editora Atlas, 2007.

—. *Constitucionalismo social*. São Paulo: LTr, 2003.

—. *Agência Reguladoras*. São Paulo: Editora Atlas, 2002.

—. *Administração Pública*. São Paulo: Revista dos Tribunais, 2002.

—. *Arguição de descumprimento de preceito fundamental: análise à luz da Lei nº 9.882/99*. São Paulo: Editora Atlas, 2001.

—. *Direito constitucional - Questões Ministério Público e Magistratura*. 2. ed. São Paulo: Editora Atlas, 2001.

MORAES, João Baptista Mascarenhas de. *A FEB pelo seu comandante*. Rio de Janeiro: Biblioteca do Exército Editora, Rio de Janeiro, 1947.

MORAES, Ricardo Quartim de. A evolução histórica do Estado Liberal ao Estado Democrático de Direito e sua relação com o constitucionalismo dirigente. *Revista de Informação Legislativa*, Brasília, ano 51, n. 204, p. 269-285, out./dez. 2014.

MORAIS, Fausto Santos de. A teoria constitucional e a morte do caráter dirigente e compromissório: pressupostos para uma teoria da Constituição brasileira. *Conteúdo Jurídico*, Brasília-DF: 16 jan 2020. Disponível em: https://conteudojuridico.com.br/consulta/Artigos/25711/a-teoria-constitucional-e-a-morte-do-carater-dirigente-e-compromissorio-pressupostos-para-uma-teoria-da-constituicao-brasileira. Acesso em: 16 jan 2020.

MOREIRA, Nelson Camatta. Dignidade humana na Constituição Dirigente de 1988. Belo Horizonte: *Revista Brasileira de Direito Público - RBDP*, ano 6, n. 21, abr. 2008.

MOREIRA, Ivone. Análise do conceito de natureza humana em Burke e Rousseau, *Gaudium Sciendi*, n. 5, p. 149-166, dez. 2013.

MORO, Sergio Fernando. Considerações sobre a operação *manipulite. R. CEJ, Brasília*, n. 26, p. 56-62, jul./set. 2004.

MORRISON, Wayne. *Filosofia do direito - dos gregos ao pós-modernismo*. 2. ed. São Paulo: Martins Fontes, 2012.

MOSS, Robert. *O colapso da democracia*. Lisboa: Edições FP, 1979.

MOSSÉ, Claude. *Péricles, o inventor da democracia*. São Paulo: Estação Liberdade, 2008.

—. *Dicionário da Civilização Grega*. Trad. Carlos Ramalhete. Rio de Janeiro: Jorge Zahar Editor, 2004.

MOURA, Clóvis. *Rebeliões da senzala, quilombos e guerrilhas*. São Paulo: Anita Garibaldi, 2014.

MOURA, Maurício e CORBELINI, Juliano. *Eleição disruptiva – por que Bolsonaro venceu*. São Paulo-Rio de Janeiro: Record, 2019.

MOURRE, Michel. *Dicionário de história universal*. Lisboa: ASA, 2005.

NABUCO, Joaquim. *Um estadista do Império*. Rio de Janeiro: Editora Nova Aguilar S/A, 1975.

NASCIMENTO, Maria das Graças. *Voltaire, a razão militante*. São Paulo: Moderna, 2004.

NASCIMENTO. Walter Vieira do. *Lições de história do direito*. Rio de Janeiro: Forense, 1990.

NEME, Mario. *Fórmulas políticas no Brasil holandês*. São Paulo: Difusão Europeia do Livro - Difel-Edusp, 1971.

NETO, Cláudio P. S. e SARMENTO, Daniel. *Direito constitucional- teoria, história e métodos de trabalho*. Belo Horizonte: Fórum, 2012.

NETO, Lira. *Getúlio (1930-1945): do governo provisório à ditadura do Estado Novo*. São Paulo: Companhia das Letras, 2013.

NETTO, Vladimir. *Lava-jato*. São Paulo: Geração Editorial, 2015.

NEVES, Guilherme Pereira das. *E receberá mercê: a mesa da consciência e Ordens e o clero secular no Brasil -1808-1828*: Rio de Janeiro: Arquivo Nacional, 1997.

NEVES, Marcelo. *A constituição simbólica.* São Paulo: Ed. Acadêmica, 1994.

NICOLA, Ubaldo. *Antologia ilustrada de filosofia.* Rio de Janeiro: Globo, 2005.

NIEBUHR, H. Richard. *As origens sociais das denominações cristãs.* Trad. Antônio Gouvêa Mendonça. São Paulo: Aste, 1992.

NOBRE, Marcos. *Imobilismo em movimento - da abertura democrática ao governo Dilma.* São Paulo: Companhia das Letras, 2013.

NOGUEIRA, Octaciano. *Constituições Brasileiras*: 1824. Coleção Constituições Brasileiras. Brasília: Senado Federal e Ministério da Ciência e Tecnologia, Centro de Estudos Estratégicos, 2001.

NUNES, Silvio Gabriel Serrano. *As origens do constitucionalismo calvinista e o direito de resistência: a legalidade bíblica do profeta em John Knox e o contratualismo secular do jurista em Théodore de Béze* (tese de doutorado). Universidade de São Paulo: São Paulo: 2017.

OLIVEIRA, Cecília Helena Lorenzini de Salles. Nação e cidadania: a constituição de 1824 e suas implicações políticas. Bragança Paulista: *Revista Horizonte*, 1998.

—. *Zacarias de Góes e Vasconcelos.* São Paulo: Editora 34, 2002.

OLIVEIRA, Liziane Paixão de. A soberania frente à globalização. *Revista do Programa de Mestrado em Direito do UniCEUB*, Brasília, v. 2, n. 1, p. 202-225, jan./jun. 2005.

OLIVEIRA, Raul José de Galaad. *Poder soberano e Constituições europeias.* Disponível em http://www2.Senado.leg.br/bdsf/bitstream/handle/id/771/R154-05.pdf?sequence=4. Acesso em 31 out. 2019.

OLIVEIRA, Reginaldo Gomes de; MAGALHÃES, Maria das Graças dias. A questão do Pirara: Roraima. Universidade Federal de Roraima: *Revista de Ciências Humanas*, n. 14, 2008.

OSBORNE, Catherine. *Filosofia pré-socrática.* Porto Alegre: L&PM Pocket Encyclopaedia, 2013.

PACHUKANIS, B. Eugeni. *Teoria geral do direito e do marxismo.* São Paulo: Boitempo Editorial, 2017.

PADOVANI, Humberto e CASTAGNOLA, Luiz. *História da filosofia.* São Paulo: Melhoramentos, 1998.

PAIM, Antonio. *Marxismo e descendência.* Col. História e Pensamento. São Paulo: Vide Editorial, 2009.

— e BARRETO, Vicente. *Evolução do pensamento político brasileiro.* Belo Horizonte: Itatiaia, 1989.

PAPINEAU, David. *Filosofia – grandes pensadores, principais fundamentos e escolas filosóficas*. São Paulo: Publifolha, 2009.

PATARRA, Ivo. *Petroladrões*. São Paulo: Luneta, 2016.

PAUPÉRIO, Arthur Machado. *Teoria democrática do Estado*, Rio de Janeiro: Forense Universitária, 1997.

PEIXINHO, Manoel Messias. *Os direitos fundamentais nas constituições francesas*. Disponível em http://www.publicadireito.com.br/artigos/?cod=b1bc40d056bad6ec. Acesso em 22 nov. 2019.

PELLEGRIN, Pierre. Trad. BERLINER, Claudia. *Vocabulário de Aristóteles*. São Paulo: Martins Fontes, 2010.

PENNA, Lincoln de Abreu. *Uma história da República*. Rio de Janeiro: Nova Fronteira, 1989.

PEREIRA, Maria Helena da Rocha. *Estudos de história da cultura clássica - cultura grega*. LIsboa: Fundação Calouste Gulbenkian, 2017.

PEREIRA, Merval. *O lulismo no poder*. Rio de Janeiro: Record, 2010.

PÉRRONET, Michel. *Revolução Francesa em 50 palavras-chaves*. Trad. Rita Braga. São Paulo: Brasiliense, 1989.

PERRY, Marvin. *Civilização ocidental, uma história concisa*. 4. ed., Martins Fontes: São Paulo, 2015.

PIGNERO, Jean. *As constituições democráticas do terceiro milênio*. Porto: Edições Enfrentamento, 1990.

PILAGALLO, Oscar. *A história do Brasil no século 20* (1900-1920). Col. Folha explica, Publifolha, São Paulo, 2002.

—. *A história do Brasil no século 20 (1920-1940)*. Col. Folha Explica. 2.ed. São Paulo: Publifolha, 2009.

—. *A história do Brasil no século 20 (1960-1980)*. 2.ed. São Paulo: Publifolha, 2009.

—. *A história do Brasil no século 20 (1980-2000)*. 2. ed. Col. Folha Explica. São Paulo: Publifolha, 2009.

PLOKHY, Seehii. *O último império: os últimos dias da União Soviética*. São Paulo: Leya, 2014.

PIRES, Francisco Murari. O *methodus* e a *Clio* tucidideana: as figurações heroicizantes do historiador. Belo Horizonte: *Varia história*, v.28, n. 47, jan./june, 2012.

POLETTI, Ronaldo. *Constituições brasileiras, 1934*. 3. ed. Brasília: Senado Federal, 2012, v. III.

POLITZER, Georges. *Princípios elementares de filosofia*. São Paulo: Fulgor, 1967.

POMAR, Pedro Estevam da Rocha. *Massacre na Lapa: como o Exército liquidou o Comitê Central do PCdoB*. São Paulo: Fundação Perseu Abramo, 1976.

PONDÉ, Luiz Felipe. *Guia politicamente incorreto da filosofia – um ensaio de ironia*. São Paulo: Leya, 2012.

POPPER, Karl. *A Sociedade Aberta e seus Inimigos*. Belo Horizonte: Itatiaia, 2006.

PORTO, Walter Costa. *Constituições brasileiras – 1937*. 3.ed. Brasília: Senado Federal, 2012, v. 4.

—. *Dicionário do voto*. Brasília: Giordano, 1995.

POSADA, Adolfo. *La Nouvelle Constitution Espagnole*. Paris: Librairie du Recueil Sirey, 1932.

PRADEAU, Jean François (coord.). *História da filosofia*. São Paulo: Vozes, 2011.

PRADO JR., Caio. *Evolução política do Brasil e outros estudos*. São Paulo: Editora Brasiliense, 1999.

—. *Evolução política do Brasil*. São Paulo: Editora Brasiliense, 1972.

PRIORE, Mary Del. *Histórias da gente brasileira: República: memórias (1889-1950)*, v. 3. Rio de Janeiro: Leya, 2017.

RAMON, Isabel de Cabo. *Turquia, Grécia y Chipre - historia del Mediterráneo oriental*. Barcelona: Universidad de Barcelona, 2005.

RAMOS. Dirceo Torrecillas. *Autoritarismo e democracia*. São Paulo: Madras, 1988.

RAMOS, Flamarion Caldeira; MELO, Rúrion e FRATESCHI, Yara. *Manual de filosofia política*. 2.ed. São Paulo: Saraiva, 2015.

RAMOS, Marcelo Maciel. *Os fundamentos éticos da cultura jurídica ocidental*. São Paulo: Alameda Editorial, 2012.

RANCIÈRE, Jacques. *O ódio à democracia*. São Paulo: Boitempo, 2005.

RANIERI, Nina. *Teoria geral do Estado*. São Paulo: Manole, 2004.

RAWLS, John. *Conferências sobre a história da filosofia política*. São Paulo: Martins Fontes, 2012.

—. *Uma teoria da justiça*. Lisboa: Presença, 1993.

REALE, Giovanni. *Sofistas, Sócrates e socráticos menores*. São Paulo: Edições Loyola, 1998.

RÉGIS, Osni de Medeiros. Observações sobre a nova Constituição da União Soviética. *Revista Sequência*, ano I, 1º semestre, p. 29-36, 1980.

REIS FILHO, Daniel Aarão. *A revolução alemã* - mitos e versões. São Paulo: Brasiliense, 1984.

RÉMOND, René. *O século XX - de 1914 aos nossos dias*. São Paulo: Cultrix, 1974.

—. *Introdução à história do nosso tempo* – do antigo regime aos nossos dias. Lisboa: Gradiva, 2017.

REVUNENKOV, V. G. *História dos tempos atuais* - 1917-1957. Rio de Janeiro: Editora Vitória, 1961.

RICHARD, Lionel. *A República de Weimar*. Trad. Jônatas Batista Neto. São Paulo: Companhia das Letras, 1983.

RISCAL, Sandra Aparecida. *O conceito de soberania em Jean Bodin: um estudo do desenvolvimento das ideias de administração pública, governo e Estado no século XVI*. Campinas: Universidade Estadual de Campinas, Faculdade de Educação (tese de doutorado), 2001.

RIZZI, Ester Gammardella. *Democracia e transformações sociais no estado parlamentar: Kirchheimer e a República de Weimar*. São Paulo: Faculdade de Direito da Universidade de São Paulo (dissertação de mestrado), 2011.

ROCHA, Cleidson de Jesus. *Princípios de política - o Estado segundo Benjamin Constant*. Acre: UFAC. [s.d].

ROCHA, Justiniano José. *Ação, reação, transação*. Rio de Janeiro: [s.e], 1855.

RODRIGUES, Gefferson Ramos. Ordem na baderna. Rio de Janeiro: UFF, *Revista de História*, fev. 2017.

RODRIGUES, José Honório. *Conciliação e reforma*. Rio de Janeiro: Civilização Brasileira, 1965.

RODRIGUES, Theófilo Codeço Machado; FERNANDES. Pedro de Araújo. *Constituições soviéticas*: da dissolução do Estado ao Estado-Partido. Rio de Janeiro: *Revista Direito e Práxis*, v. XX, n. X, 2018.

RODRÍGUEZ, Ricardo Vélez. *O liberalismo francês - a tradição doutrinária e a sua influência no Brasil*. Disponível em https://www.academia.edu/11727947/O_LIBERALISMO_FRANC%C3%8AS_-_A_TRADI%C3%87%C3%83O_DOUTRIN%C3%81RIA_E_A_SUA_INFLU%C3%8ANCIA_NO_BRASIL. Acesso 20 jan. 2020.

—. *Benjamin Constant de Rebecque e as origens do liberalismo doutrinário*. Juiz de Fora: UFJF, 2011.

—. *A democracia liberal segundo Alexis de Tocqueville*. São Paulo: Mandarim, 1998.

ROMERO, Jose Luiz Beired. *Breve história da Argentina*. São Paulo: Ática, 1996.

ROQUE, José Manuel de Carvalho. *Weimar* – Factores de colapso de um regime. 2013. Instituto Superior de Ciências Sociais e Políticas, Universidade Técnica de Lisboa (dissertação de mestrado). Disponível em: https://www.repository.utl.pt/handle/10400.5/5881. Acesso em: 30 out. 2019.

ROSENBERG, Arthur. *Democracia e socialismo*. São Paulo: Global, 1986.

ROSENFIELD, Denis L. *O que é democracia*. São Paulo: Brasiliense, 1984.

ROUSSEAU, Jean Jacques. *O contrato social e outros escritos*. São Paulo: Cultrix, 1990.

Royal Society. *Knowledge, networks and nations: scientific collaborations in the twenty-first century*. United Kingdom: Elsevier, 2011.

SADEK, Maria Tereza e QUIRINO, Celia. *O pensamento político clássico*. São Paulo: T.A Queiroz Editor, 1992.

SAINT-CLAIR, Clóvis. *Bolsonaro: o homem que peitou o Exército e desafia a democracia*. Rio de Janeiro: Máquina de Livros, 2018.

SALDANHA, Nelson. *Formação da teoria constitucional*. Rio de Janeiro Renovar, 2000.

SALGADO, Plínio. *História do Brasil*. São Paulo: FTD, 1970, v. 2.

SALLES, Hyllo Nader de Araújo. *Negócios e negociantes em uma conjuntura crítica: o porto de Salvador e os impactos da mineração - 1697-1731*. Juiz de Fora: Universidade Federal de Juiz de Fora, 2014.

SALOMÃO, Khalid Fernandes. *Reflexões sobre soberania, uma trajetória do pensamento clássico às questões contemporâneas*. Rio de Janeiro: PUC (dissertação de mestrado), 2007.

SANDRINI, Marcos. *As origens gregas da filosofia*. São Paulo: Vozes, 2011.

SARCEDO, Leandro. *Política criminal e crimes econômicos – uma crítica constitucional*. São Paulo: Alameda, 2012.

SARLET, Ingo Wolfgang. Proibição de retrocesso, dignidade da pessoa humana e direitos sociais: manifestação de um constitucionalismo dirigente possível. In: *Constituição e democracia* - estudos em homenagem ao professor J.J Gomes Canotilho. São Paulo: Malheiros, 2006.

—. *A eficácia dos direitos fundamentais*. 6. ed.. Porto Alegre: Livraria do Advogado Editora, 2006.

SCANTIMBURGO, João de. *O Brasil e a Revoluçao Francesa*, São Paulo: Pioneira, 1973.

SCHIOPPA, Antonio Padoa. *História do direito na Europa*. São Paulo: Martins Fontes, 2014.

SCHMIDT, Paulo. *Guia politicamente incorreto dos presidentes da República*. São Paulo: Leya, 2017.

SCHMITT, Carl, *Teologia política*. Belo Horizonte: Del Rey, 2006.

SCHOLZE, Victor. Emprego da teoria da constituição dirigente adequada à realidade brasileira. Teresina: *Revista Jus Navigandi*, ano 19, n. 4129, 21 out. 2014.

SCHUMPETER, Joseph A. *Capitalismo, socialismo e democracia*. São Paulo: Editora Unesp, 2017.

SCHWANITZ, Dietrich *et al. Cultura geral – tudo o que se deve saber*. São Paulo: Martins Fontes, 2009.

SCHWARCZ, Lilia Moritz. *Lima Barreto – triste visionário*. São Paulo: Companhia das Letras, 2002.

—; STARLING, Heloísa. *Brasil: uma biografia*. São Paulo: Companhia das Letras, 2015.

SCRUTON, Roger. *O que é conservadorismo*. São Paulo: É Realizações, 2015.

SCURR, Ruth. *Pureza fatal*. Rio de Janeiro: Record, 2009.

SECCO, Lincoln, *História do PT*. Cotia: Ateliê Editorial, 2018.

SEGRILLO, Ângelo. *Os russos*. São Paulo: Contexto, 2012.

SELLERS, Charles, MAY, Henry; Mc MILLEN, Neil R. *Uma reavaliação da história dos Estados Unidos*, Rio de Janeiro: Jorge Zahar Editor, 1990.

SEN, Amartya. *A ideia de justiça*. São Paulo: Companhia das Letras, 2011.

Senado Federal, *Constituição do Brasil e Constituições estrangeiras*. Brasília: Gráfica do Senado Federal, 1987.

SÉRGIO, António. *Breve interpretação da história de Portugal*. Coleção Clássicos Sá da Costa. Lisboa: Livr. Sá da Costa, 1972.

SERRA, Antonio Truyol y. *História da filosofia, do direito e do Estado*. Lisboa: Instituto das novas profissões, 1993. 2 v.

SEVERO, Jose Antônio. *Cinzas do Sul*. Rio de Janeiro: Record, 1998. v.2.

SGARBI, Adrian. *O referendo*. São Paulo: Renovar, 1999.

SIEYÈS, Abade. *Exposição refletida dos direitos do homem e do cidadão*. 2. ed., São Paulo: Atlas, 2015.

SILVA. Beatriz Coelho. *Jacobinismo*. Rio de Janeiro: Centro de Pesquisa e Documentação de História Contemporânea do Brasil (CPDOC), 2017.

SILVA, Hélio e CARNEIRO, Maria Cecília Ribas. *Os presidentes: Artur Bernardes - 12º presidente do Brasil (1922-1926)*. São Paulo: Editora Três, 1984.

— e —. *Os presidentes – Epitácio Pessoa 11º Presidente do Brasil 1919-1922*. São Paulo: Editora Três, 1984.

— e —. *Os presidentes – Washington Luís - Revolução de 30 (1926-1930)*. São Paulo: Editora Três, 1984.

SILVA, Ivan de Oliveira. *Curso moderno de filosofia do direito*. São Paulo: Atlas, 2012.

SILVA FILHO, João Antonio da. *A democracia e a democracia em Norberto Bobbio*. São Paulo: Verbatim, 2014.

SILVA, José Afonso da. *Curso de direito constitucional positivo*. 16. ed. São Paulo: Malheiros, 1999.

—. O sistema representativo e a democracia semi-direta: democracia participativa. São Paulo: *Revista do Advogado*, 2003.

—. *Aplicabilidade das normas constitucionais*. 6. ed. São Paulo: Malheiros, 2004.

SILVA, Joseane Suzart Lopes da. Teixeira de Freitas, o jurista que sedimentou o direito privado em prol da sociedade. Disponível em https://www.conjur.com.br/2017-out-23/teixeira-freitas-jurista-sedimentou-direto-privado#top. Acessado em 20 jan. 2020.

SILVA, Rogério Forastieri da. *A Revolução Francesa*. São Paulo: Núcleo 1989.

SILVA, Sergio S.; SZMRECSÁNYI, Tamás. *História econômica da Primeira República*. São Paulo: Edusp-Hucitec, 2002.

SILVEIRA, Denis Coitinho. Teoria da justiça de John Rawls: entre o liberalismo e o comunitarismo. Revista *Trans/Form/Ação*, São Paulo, 30(1): 169-190, 2007.

SILVEIRA, Renato de Mello Jorge. A aplicação da teoria da cegueira deliberada nos julgamentos da operação Lava Jato. *Revista Brasileira de Ciências Criminais*. Vol. 122/2016, p. 255-280, set. / out. 2016.

SIMÕES, Edson. *Intercâmbio cultural Brasil-Japão*. Coordenação: Kiyoshi Harada. São Paulo: Cadaris Comunicação, 2016 (coautoria).

—. *Tribunais de Contas – controle externo das contas públicas*. São Paulo: Saraiva, 2014.

—. *Tratado de Direito Financeiro*. Coordenação: Ives Gandra da Silva Martins, Gilmar Mendes e Carlos Valder Nascimento. Saraiva, São Paulo, 2013 (coautoria).

—. *Tratado de Direito Municipal*. Coordenação: Ives Gandra da Silva Martins e Mayr Godoy. São Paulo: Quartier Latin, 2012 (coautoria).

—. *Constituição Federal. 20 anos. Avanços, contribuições e modificações no processo democrático brasileiro*. Coordenação: Ives Gandra da Silva Martins e Francisco Rezek, Revista dos Tribunais, São Paulo, 2008 (coautoria).

—. *USP 70 Anos – Imagens de uma história vivida*. Organização: Shozo Motoyama (USP-CHC – Universidade de São Paulo, Centro de Interunidade de História da Ciência). São Paulo: Edusp, 2006 (coautoria).

—. *Construindo o futuro – 35 anos de pós-graduação da USP*. Organização: Shozo Motoyama (USP-CHC). São Paulo: Parma, 2004 (coautoria).

—. *50 Anos do CNPq – Conselho Nacional do Desenvolvimento Científico e Tecnológico contados pelos seus presidentes*. Organização: Shozo Motoyama (USP-CHC). São Paulo: Fapesp, 2002 (coautoria).

—. *Centenário: contribuição da imigração japonesa para o Brasil moderno e multicultural*. São Paulo: Paulo's Comunicação e Artes Gráficas, 2011 (coautoria).

—; ANTUNES, Celso. *Curso de geografia do Brasil*. São Paulo: Harba, 1985.

SIMONSEN, Roberto. *História econômica do Brasil* (1500-1820). Brasília: Edições do Senado, 2005.

SINGER, André. *Os sentidos do lulismo: reforma gradual e pacto conservador.* São Paulo: Companhia das Letras, 2012.

SKIDMORE, Thomas E. *Brasil de Getúlio a Castelo* – 1930-64. São Paulo: Companhia das Letras, 2010.

SKINNER, Kentin. *As fundações do pensamento político moderno.* São Paulo: Companhia das Letras, 1996.

SMITH, Douglas. *Rasputin, fé, poder e declínio dos Romanov.* São Paulo, Companhia das Letras, 2008.

SOARES, Luiz Eduardo. *O Brasil e o seu duplo.* São Paulo: Todavia, 2018.

SOARES, Marco Antônio Striquer. *Plebiscito, o referendo e o exercício do poder.* São Paulo: Celso Bastos, 1998.

SODRÉ, Nelson Werneck. *A Coluna Prestes.* Rio de Janeiro: Civilização Brasileira, 1978.

—. *História militar do Brasil.* São Paulo: Expressão Popular, 2010.

—; MELLO, Maurício Martins; UCHOA, Pedro Celso; FIGUEIRA; Pedro Alcântara; FERNANDES, Rubens Cézar; SANTOS, Joel Rufino dos. *História nova do Brasil.* São Paulo: Loyola, 1993.

SOLANO, Esther; MANSO, Bruno Paes; e NOVAES, Willian. *Mascarados.* São Paulo: Geração Editorial, 2014.

SOBOUL, Albert. *A Revolução Francesa.* São Paulo: Difel, 1982.

SOUTO MAIOR, Armando de. *História do Brasil.* São Paulo: Companhia Editora Nacional, 1968.

—, Armando de. *Quebra-quilos, lutas sociais no outono do Império.* São Paulo: São Paulo, 1978.

—, Laerte. *Luiz Carlos Prestes na Poesia.* Curitiba: Travessa dos Editores, 2006.

SOUSA, José Antonio Soares de. *A vida do Visconde de Uruguai.* São Paulo: Cia. Editora Nacional, 1944.

SOUZA, Braz Florentino de Henriques. *Do Poder Moderador.* Brasília: Senado Federal, 1978.

SOUZA, Ítalo Roberto Fuhrmann e. O princípio da proibição do retrocesso social como categoria autônoma no direito constitucional brasileiro: Conceito, fundamentação e alcance normativo frente a atual dogmática dos direito fundamentais. *Revista Brasileira de Estudos Constitucionais.* Belo Horizonte, v. 6, n. 23, jul./set. 2012.

SOUZA, Jessé; GRILLO, André. *A ralé brasileira, quem é e como vive*. São Paulo: Contracorrente, 2009.

—. *A radiografia do golpe*, São Paulo: Leya, 2015.

—. *A tolice da inteligência brasileira – ou como o país se deixa manipular pela elite*. São Paulo: Leya Brasil 2015.

—. *A elite do atraso – da escravidão à Lava Jato*. São Paulo: Leya 2017.

—. *A classe média no espelho – sua história, seus sonhos e ilusões, sua realidade*. São Paulo: Sextante, 2018

—. *Subcidadania brasileira: para entender o país além do jeitinho brasileiro*. São Paulo: Leya Brasil, 2018.

—. *A guerra contra o Brasil: como os EUA se uniram a uma organização criminosa para destruir o sonho brasileiro*. São Paulo: Sextante, 2020.

SOUZA, Maria das Graças de. *Natureza e ilustração sobre o materialismo de Diderot*. São Paulo: Unesp, 2002.

—. *Ilustração e história*. São Paulo: Fapesp, 2001.

SPECTOR, Céline. *Vocabulário de Montesquieu*. São Paulo: Martins Fontes, 2011.

SPIRE, Arnaud. *Marx esse desconhecido*. Lisboa: Edições Piaget, 2004.

STRECK, Lenio Luiz. *Hermenêutica jurídica e(m) crise*. Porto Alegre: Livraria do Advogado, 2009.

—. *Jurisdição constitucional e hermenêutica*. Rio de Janeiro: Forense, 2004.

—; MORAIS, José Luis Bolzan de. *Ciência política e teoria geral do estado*. 4. ed. Porto Alegre: Livraria do Advogado Editora, 2004.

TÁCITO, Caio. *1988 - Constituições brasileiras*. 3.ed.. Brasília: Senado Federal, 2012.

TAVARES, Ana Lucia de Lyra. A Constituição Brasileira de 1988: subsídios para os comparatistas. *Revista de informação legislativa*, v. 28, n. 109, p. 71-108, jan./mar. 1991.

TAVARES, Luís Henrique Dias. *História da Bahia*. 4. ed. Salvador: Itapuã, 1969.

TELLES, Ignácio da Silva. *A experiência da democracia liberal*. São Paulo: Revista dos Tribunais, 1977.

TEPEDINO, Gustavo José Mendes; FACHIN, Luiz Edson (Org.). *Doutrinas essenciais*: obrigações e contratos. São Paulo: RT, 2011, p. 15, v. 1.

THALMANN, Rita. *A República de Weimar*. Trad. Álvaro Cabral. Col. Cultura contemporânea, n. 11, Rio de Janeiro: Jorge Zahar Editora, 1988.

TOCQUEVILLE, Alexis de. *Lembranças de 1848, as jornadas revolucionárias de Paris*. São Paulo: Companhia das Letras, 1991.

—. *Igualdade social e liberdade política*. São Paulo: Editora Nerman, 1988.

—. *Viagens à Inglaterra e à Irlanda*. São Paulo: Imaginário, 2000.

TOMAZELI, Luiz Carlos, *O estado liberal e a democracia direta*. Porto Alegre: EDIPUCRS, 1999.

TORRES, João Camilo de Oliveira. *A democracia coroada* - teoria política do Império do Brasil. Rio de Janeiro: Vozes, 1964.

—. *Interpretação da realidade brasileira*. Rio de Janeiro: Livraria José Olympio, 1969.

—. *O Conselho de Estado*. Rio de Janeiro: Edições G.R.D., 1965.

TRAGTENBERG, Maurício. *A Revolução Russa*. 2. ed. São Paulo: Unesp, 1988.

TREVELYAN, G. M. *História concisa da Inglaterra*. Lisboa: Editora Europa-América, 1942, v I e II.

TREVISAN, Leonardo. *A República Velha – história popular do Brasil*. São Paulo: Global, 1982.

VAINFAS, Ronaldo. *Dicionário do Brasil Colonial* (1500-1808). Rio de Janeiro: Objetiva, 2001.

—. *Dicionário do Brasil Imperial* (1822-1889). Rio de Janeiro: Objetiva, 2002.

VASCONCELOS, Arnaldo. *Direito, humanismo e democracia*. 2.ed. São Paulo: Malheiros, 2006.

VERDÚ, Pablo Lucas. Lugar de la Teoria de la Constitución em el marco del derecho político. *Revista de Estudios Políticos*, Instituto de Estudios Políticos, v. 188, mar./abr., 1973.

VIANNA, Oliveira. *O idealismo da Constituição*. 2. ed. São Paulo: Companhia Editora Nacional, 1939.

VIEIRA, Oscar Vilhena. *A batalha dos poderes*. São Paulo, Companhia das Letras, 2018.

VILANI, Maria Cristina Seixas. *Origens medievais da democracia moderna*, Inédita: [s.l], 2000.

VILLA, Marco Antonio. *A história das constituições brasileiras*. São Paulo: Leya Brasil, 2012.

—. *Década perdida – 10 anos de PT no poder*, Rio de Janeiro: Record, 2013.

VILLAVERDE, João. *Perigosas pedaladas*. São Paulo: Geração Editorial, 2016.

Vocabulário Ortográfico da Língua Portuguesa. 5. ed. Rio de Janeiro: Academia Brasileira de Letras, 2009.

VOEGELIN, Eric. *História das ideias políticas - Idade Média até Tomás de Aquino*. São Paulo: É Realizações, 2012, v. II.

VOLTAIRE. *Comentários políticos*. São Paulo: Martins Fontes, 2001.

WALSH, R. *Notices of Brazil*. Boston: Richardson, 1831, v. II.

WARDE, Walfrido. *O espetáculo da corrupção, como um sistema corrupto e o modo de combatê-lo estão destruindo o País*. São Paulo: Leya, 2017.

WEBER, Max. *A ética protestante e o "espírito" do capitalismo*. São Paulo: Companhia das Letras, 2004.

WEEKS, Willian Earl. *Bulding the continental empire: the american expansionism from the revolution to the Civil War*. New York: American Ways, 1996.

WEFFORT, Francisco Corrêa. *Os clássicos da política*. 11. ed. São Paulo: Ática, 2006. v. 2.

WERTHEIN, Jorge. *Aspectos éticos da sociedade da informação: a marca da UNESCO no debate global*. Brasília: Observatório da Sociedade da Informação - Unesco, 2003.

WIKER, Benjamin. *Dez livros que estragaram o mundo e outros cinco que não ajudaram em nada*. Lisboa: Alêntheia, 2015.

WILLIAM, Wagner. *O soldado absoluto*. Rio de Janeiro: Record, 2002.

WILSON, Arthur M. *Diderot*. São Paulo: Perspectiva, 2012.

WITTMAN, Donald. A. *O mito do fracasso da democracia*. Rio de Janeiro: Bertrand Brasil, 1999.

WOLFF, Jonathan. *Introdução à filosofia política*. São Paulo: Madras, 2010.

WOKLER, Robert. *Rousseau*. São Paulo: L&PM Pocket Encyclopaedia, 2012.

WOODCOCK, George. *História das ideias e movimentos anarquistas - a ideia*. São Paulo: L&PM, 2003.

ZAGREBELSKY, Gustavo. *A crucificação e a democracia*. São Paulo: Saraiva, 2016.

ZIMMER, Robert. *O portal da filosofia*. São Paulo: Martins Fontes, 2010.

ZSCHIRNT, Christiane. *Livros, tudo o que você não pode deixar de ler*. São Paulo: Globo, 2000.

[s.a]. *Robespierre – o líder da Revolução Francesa*. Col. Grandes Personagens da História Universal, fascículo 48, São Paulo: Abril, 1988.